药品 GMP 指南 第2版

厂房设施与设备

国家药品监督管理局食品药品审核查验中心◎组织编写

GMP

中国健康传媒集团
中国医药科技出版社

内 容 提 要

"药品 GMP 指南"（第 2 版）由国家药品监督管理局食品药品审核查验中心组织编写。《厂房设施与设备》分册内容紧扣《药品生产质量管理规范（2010 年修订）》及其附录的要求，结合国内外制药行业的具体实践，吸收参考了国际组织和监管机构有关指南的关键变化。本书分为七个部分，新增工艺气体系统、信息化和计算机化系统、先进制造三个部分，同时对厂房、设备、空调净化系统和制药用水系统四个部分进行了修订。

本书可供药品生产企业、药品上市许可持有人、工程设计、设备制造、药品监管机构等相关人员和检查员参考使用。

图书在版编目（CIP）数据

厂房设施与设备 / 国家药品监督管理局食品药品审核查验中心组织编写；高天兵，郑强主编 . — 2 版 . —北京：中国医药科技出版社，2023.4
（药品 GMP 指南）
ISBN 978-7-5214-3819-2

Ⅰ . ①厂… Ⅱ . ①国… ②高… ③郑… Ⅲ . ①制药厂—厂房—质量管理—中国—指南②制药厂—化工制药机械—质量管理—中国—指南 Ⅳ . ① F426.7-62

中国国家版本馆 CIP 数据核字（2023）第 042749 号

责任编辑　王　梓
美术编辑　陈君杞
版式设计　也　在

出版　**中国健康传媒集团** | 中国医药科技出版社
地址　北京市海淀区文慧园北路甲 22 号
邮编　100082
电话　发行：010-62227427　邮购：010-62236938
网址　www.cmstp.com
规格　787 × 1092 mm $\frac{1}{16}$
印张　59 $\frac{1}{2}$
字数　1186 千字
初版　2011 年 8 月第 1 版
版次　2023 年 4 月第 2 版
印次　2023 年 6 月第 2 次印刷
印刷　三河市万龙印装有限公司
经销　全国各地新华书店
书号　ISBN 978-7-5214-3819-2
定价　498.00 元

获取新书信息、投稿、为图书纠错，请扫码联系我们。

编　委　会

编写说明

"药品 GMP 指南"丛书自 2011 年 8 月出版以来，对帮助我国制药行业更好学习、理解、实施药品生产质量管理规范（GMP）发挥了重要作用，同时也为药品 GMP 检查员提供了学习教材。十年来，我国制药工业质量管理体系建设不断完善，质量管理水平不断提升，《药品管理法》《疫苗管理法》《药品注册管理办法》《药品生产监督管理办法》等法律、部门规章陆续修制定，以及多个 GMP 附录颁布实施，不断加强与完善了药品 GMP 实施的要求。随着国家药监局成为 ICH 管委会成员，疫苗国家监管体系通过世界卫生组织 NRA 评估，积极筹备申请加入药品检查合作计划（PIC/S），我国药品监管国际化程度日益深化。特别是近十年来国际药品 GMP 指南不断更新，涉及数据可靠性、无菌产品、连续制造等新理念、新标准、新技术，产业界对于"药品 GMP 指南"丛书内容更新修订的需求日益迫切。

2021 年 8 月，在国家药品监督管理局以及相关业务司局的支持和指导下，国家药品监督管理局食品药品审核查验中心会同北京大学知识工程与监管科学实验室和中国健康传媒集团中国医药科技出版社组织开展"药品 GMP 指南"修订工作。

"药品 GMP 指南"第 2 版以上版内容为基础，结合过去十几年国内外制药行业的具体实践，吸收 ICH、WHO、PIC/S、美国 FDA、EMA 有关指南，以及借鉴 ISPE、ISO、PDA、APIC 等有关指南的关键变化，旨在服务于知识和创新驱动的产业发展和以患者为中心、基于风险的科学监管。

来自 130 多家国内外药品监督管理机构、生产企业和研究机构的 500 余位专家积极参与再版修订工作，完成了 500 多万字的稿件，内容较上版增加近 1 倍。

"药品 GMP 指南"第 2 版《质量管理体系》分册新增研发质量体系、数据可靠性策略章节和药品上市许可持有人管理要求等;《厂房设施与设备》分册新增工艺气体系统、信息化和计算机化系统、先进制造三个部分;《口服固体制剂与非无菌吸入制剂》分册新增吸入制剂、缓控释制剂和中药颗粒剂附录，技术转移、工艺验证、共线生产等内容;《无菌制剂》分册新增生物制品（单抗）和细胞治疗产品两个部分，以及脂质体和预灌封注射剂产品、一次性使用技术和免洗物料等;《质量控制实验室与物料系统》《原料药》分册对接国内外产业法规指南全面升级，并就实验室调查、微生物实验室、供应商管理、委托储存、临床用原料药、溶媒回收等热点内容进行专题讨论。

　　本次修订得到了国家药品监督管理局以及相关业务司局的支持和指导，北京大学知识工程与监管科学实验室和有关企业给予了全力配合。在此，谨对关心和支持本次修订的各级领导和专家表示衷心的感谢！特别感谢北京市药品审评检查中心、辽宁省药品审评查验中心、上海药品审评核查中心、江苏省药品监督管理局审核查验中心、山东省食品药品审评查验中心、广东省药品监督管理局审评认证中心对本丛书审核工作给予的大力支持。

　　"药品GMP指南"第2版涉及的内容广泛，虽经努力，但因时间仓促、水平有限，错漏之处恳请广大读者批评指正。

国家药品监督管理局食品药品审核查验中心
2023 年 1 月

总 目 录

前　言

本书是"药品 GMP 指南"丛书之一，由国家药品监督管理局食品药品审核查验中心组织编写而成，紧扣《药品生产质量管理规范（2010 年修订）》的要求，本书分为厂房、设备、空调净化系统、制药用水系统、工艺气体系统、信息化和计算机化系统、先进制造七个部分。

厂房、设备、空调净化系统和制药用水系统四个部分为再版修订内容；工艺气体系统、信息化和计算机化系统、先进制造三个部分为再版新增内容。以前一版指南为基本参考资料，结合过去十余年法规更新和国内外药业实践经验及新技术发展，对原有内容开展修订，并引入新的行业关注以及行业未来发展趋势介绍。

各部分内容从法规要求、背景介绍、技术要求、实施指导展开描述，并提供实例分析及要点备忘，兼顾实用性和指导性，可供药品生产企业、药品上市许可持有人、工程设计、设备制造、药品监管机构等相关人员和检查员参考使用。

本书中如无特别说明，GMP 均指《药品生产质量管理规范（2010 年修订）》及其附录；如无特别说明，《中国药典》均指现行版。

厂　房

GMP

目录

1.1 概述

　　GMP 的核心就是防止药品生产过程中的污染、交叉污染以及混淆、差错等风险。本章将依据厂房设施的生命周期管理，重点从厂区总体布局、生产区、仓储区、质量控制区、辅助区等五个小节，通过质量法规风险和技术风险的评估，说明厂房设计的技术要求与实施要点。

　　厂房选址应考虑周围环境、气象条件和地质条件，减少制造产品与外部环境发生交叉污染和质量影响的可能性。设施设备选型应考虑全生命周期的管理，并从预期功能、GMP 合规、设备工艺布局符合性等方面考量。

　　医药工业洁净厂房设施的设计除了要满足 GMP 的相关规定之外，还应当符合国家的有关法规，执行现行有关的标准、规范，符合实用、安全、经济的要求，节约能源和保护环境。在可能的条件下，积极采用先进技术，既满足当前生产的需要，也要考虑未来的发展。对于现有建筑技术改造项目，需从实际出发，充分利用现有资源；对于工业园区租赁厂房的情形，也需要符合 GMP 对厂房设计的要求。

　　用于药品生产的设施应以满足现行 GMP 为最基本的要求，并在此基础上优化，以满足生产的要求及企业的商业利益。优化的设施设计与厂区的实际情况、生产的具体要求、生产方式、设备的选择等紧密相关。本章阐述的是为满足现行 GMP 基本要求的一些指南，以供设施设计时参考，并提供了一些典型设计来举例说明。

　　关于细胞治疗产品厂房设施与设备内容，请参考本丛书《无菌制剂》分册细胞治疗产品部分相应内容。

法规要求 ....

药品生产质量管理规范（2010年修订）

第四章 厂房与设施，第一节 原则

第三十八条 厂房的选址、设计、布局、建造、改造和维护必须符合药品生产要求，应当能够最大限度地避免污染、交叉污染、混淆和差错，便于清洁、操作和维护。

第三十九条 应当根据厂房及生产防护措施综合考虑选址，厂房所处的环境应当能够最大限度地降低物料或产品遭受污染的风险。

第四十条 企业应当有整洁的生产环境；厂区的地面、路面及运输等不应当对药品的生产造成污染；生产、行政、生活和辅助区的总体布局应当合理，不得互相妨碍；厂区和厂房内的人、物流走向应当合理。

第四十一条 应当对厂房进行适当维护，并确保维修活动不影响药品的质量。应当按照详细的书面操作规程对厂房进行清洁或必要的消毒。

第四十二条 厂房应当有适当的照明、温度、湿度和通风，确保生产和贮存的产品质量以及相关设备性能不会直接或间接地受到影响。

第四十三条 厂房、设施的设计和安装应当能够有效防止昆虫或其他动物进入。应当采取必要的措施，避免所使用的灭鼠药、杀虫剂、烟熏剂等对设备、物料、产品造成污染。

第四十四条 应当采取适当措施，防止未经批准人员的进入。生产、贮存和质量控制区不应当作为非本区工作人员的直接通道。

第四十五条 应当保存厂房、公用设施、固定管道建造或改造后的竣工图纸。

1.1.1 厂址选择与外部环境

实施指导

厂房的选址是药品生产企业实施好 GMP 的基础。企业根据已明确的发展战略规划，来确定生产范围，并提出生产详细需求作为选址的基础。企业选址时应考虑以下几点。

A. 地理位置选择

企业在选址时，第一个选择是厂区地理位置的选择，地理位置选择应考虑以下因素。

● 与物料供应商及客户的地理关联性：主要包括原料供应商、客户、产品运输方式，企业可结合销售区域辐射面积、产品物流运输，确定厂址位置，降低物流成本。

● 选址地的社会联系：主要包括政府（区域规划、法规限制）、人员（劳动力）、当地服务设施等。

B. 自然环境选择

药品生产企业确定地理位置后，需对厂址所处的自然环境进行考察，确保厂房厂址外部自然环境的大气条件良好、土地无污染、水源状况良好等。厂址选择时还需考虑远离霉菌源和花粉传播源，以减少花粉对产品污染与交叉污染，如在厂区内可多植草种树，尽量避免种植花卉。

● 空气、土壤、水源：厂址宜选择在大气含尘、含菌浓度低，无有害气体，自然环境好的区域。如无空气、土壤和水的污染源、污染堆等。

厂址选择时考虑土壤的底土及地质结构、土壤质量情况。药品生产企业的地面与路面尽量不起尘、不发尘，并具备一定的自净能力。

厂址选择时考虑水源状况，对水质进行评估。

● 虫害和鼠害：厂址的选择应避免设置在周围虫害和鼠害严重的地区，防止鼠类进入仓库，蚊虫等通过新风口进入空气净化系统，或通过人流物流通道进入生产区域，使产品受到污染。

C. 非自然环境选择

指除自然环境以外的其他因素，包括周围交通情况，供水、供电、供气、供汽的能力，上下游企业，环境保护与安全生产等。

● 周边场所：厂址应远离铁路、码头、机场、交通要道以及散发大量粉尘和有害气体的工厂、贮仓、堆场等严重空气污染的区域，避开水质污染、振动或噪声干扰的区域。

● 供水、供电、供气、供汽：厂址应选择在水、电、气、汽供给充足，切换便利的区域，以确保生产动力来源有保障。此外，企业还应关注厂址现有公用线路或管线的迁移对厂房建筑、药品生产工艺和产品质量的影响。

● 环保与安全：厂址选择时应考察周围企业的"三废"（废气、废水、废渣）排放的种类与数量，避免上游企业的"三废"对生产和产品质量的影响。药品生产企业，尤其是化药、原料药生产企业，在选址与规划时，应确保"三废"处理的渠道和空间，满足国家对环境保护的要求。

药品生产企业还应按国家相关规定，与相邻企业、居民区或其他设施保持一定安全距离，如防火、防爆要求距离，噪音、卫生要求距离等。此外，厂址选择时还应考察所处环境发生自然灾害的频次，如洪涝灾害、滑坡泥石流、地震等。

实例分析

【实例1】厂址的选择示例

下面将通过案例来说明厂址的选择分析（图1-1）。

（1）项目概况

某制药企业规划建造大规模厂房（规划用地约200亩），用做药品生产。规划厂房地块位于郊区某主干道旁。地块所处环境信息如下所述。

○ 规划用地东北一侧：地块东北一侧有一宽4~5m生活污水管网，距离约10m；农民公寓若干，距离约20m；郊区某主干道，距离约70m。

○ 规划用地西北一侧：已建成的高架公路一条，距离约50m。

○ 规划用地西南一侧：有一条高压线穿过，距离40m；有一条规划路，距离约15m。

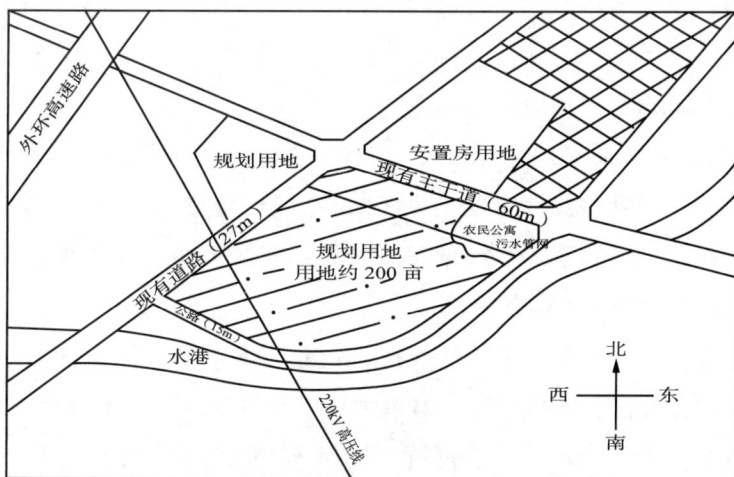

图1-1 某企业规划厂址选取地块示意图

（2）项目分析

综合分析，本项目存在环境污染缺陷问题，选址不适宜作药品生产厂房。具体分析如下。

- 严重水污染：东北一侧红线内横跨一条生活污水管网，存在严重的污染源（且处于上风向）。
- 严重空气污染：东北一侧、西北一侧距离马路太近，路面散发大量粉尘，存在严重空气污染，且厂房内易产生明显震感和噪声。
- 生活污染：东北一侧距离红线外民房太近；西南一侧距离规划道路间距太小。

1.1.2 厂区规划与总体布局

实施指导

A. 厂区规划的要素

在新厂建设过程中，首先可根据地块特点进行整体规划；其次可根据生产规模，结合产品生产工艺，合理布置厂区建筑物。一般来说，厂区规划需考虑的要素包括但不限于以下几点。

- 满足生产工艺：企业根据品种的不同，产品生产工艺需要，制定物料流程基本模式与产品工艺过程的相互关系，并在此基础上制定公用主要管线分布模式与专用走廊，以生产工艺为主线条，保证产品质量。

- 合理分区：即通过制定物料流程基本模式与产品工艺过程的主要相互关系，把类似的作业或功能组合在一起，并拟定场地主要基础设施，制定厂区内运输及人流物流的模式，防止人流、物流的交叉污染。

- 制定厂区规划布局图：编制一张厂区发展基本规划布置图，包括制定各项规划及厂区发展的实施规划。要针对地理风向的特点、工艺路线的合理性、高效管理的需要及防止污染区域的影响等，科学布置厂区功能区。同时，企业应使规划的设施便于扩建，使规划的设施具有灵活性。

- 安全与生态：为避免厂区过分拥挤，企业应保留部分不安排用途的面积。企业还可以通过选择方位、排列整齐、缩短距离以及尽量减少门窗等措施来节约能源，同时为美化外观、公司形象及自然环境，应保证厂区的绿化率。此外，企业还应考虑职工的安全与便利、厂区 EHS（环境，健康，安全）规划。

B. 厂区规划的构成及技术要点

企业对厂区进行规划前，应根据产品特点和生产工艺，确定厂区的构成单元，即功能区。药品生产厂区一般分为生产区、仓储区、质量控制区、辅助区与厂房设施、预留规划区等。各功能区及设计技术要点如下所述。

● 生产厂房：应考虑产能的匹配及预留扩产的可能性，设置合理的人流和物流，应采用先进的工艺技术保证前瞻性，尽可能采取自动化、智能化管理，功能区面积足够，能防止污染与交叉污染的发生。生产特殊性质的药品，如高致敏性药品（如青霉素类）或生物制品（如卡介苗或其他用活性微生物制备而成的药品），必须采用专用和独立的厂房、生产设施和设备。

● 质量控制区：功能间应满足需要，与生产车间、仓储区较近，充分考虑通风，保证检测环境和有效节能，应设置书写区，持续稳定性考察依据稳定性样品数量可考虑采用专用房间代替稳定性考察箱，也可用密集柜方式留样以节省空间。

● 仓储区：通常设有原料库、中间体库、成品库、五金库、标签区、取样区等专区，原料库、中间体库、成品库包括阴凉库、常温库、冷库方式。应设有消防及通风、防鼠防虫等设施，并充分考虑与生产区的物流方法。

● 办公及生活区：生活区应与生产区分开，办公区有行政办公室、会议区、培训室、接待区、资料室等；生活区包括厨房、配餐、宿舍、活动设施等，设计应考虑其活动不得对生产带来不利的影响与污染。

● 公用设施：包括机修间、电力间、制水间、热力间、空调间、空压间、除尘间、弱电设施、特殊气体间等。公用设施的设计应满足生产工艺的需要，并不得对生产带来不利的影响与污染。

● 危险品库：应考虑乙醇、油类、化学试剂等易燃易爆危险物料的安全存放，应按危险品库设计规范要求进行选址和设计，且在整个厂区空调新风口的下风处。控制人员进出，保持避光、通风、监控状态，并与周边设施保持一定的安全距离。

● 锅炉房及污水站：应设置在厂区常年风向的下风向，与生产厂房保持一定距离，其烟尘或气味不能对生产车间产生不良影响。污水站布置时，还须考虑地势高度的影响，宜设置在相对低洼处。

● 人流、物流：厂区须设置独立的人流和物流出入口，物流口宜与厂区仓储区相靠近；人流与物流不得交叉，若在生产区设置参观通道，应考虑员工通道与参观通道不相互干扰，合理布局。

● 室外管网：室外管网包括雨水管、污水管、电线（缆）、通讯线（弱电）、蒸汽

9

管、水管等，其布置方式好坏直接影响厂区的美观。室外工艺管网布置可采用地埋管道沟方式和高架管道桥方式。在实际设计与施工时，尤其要注意雨水管和污水管应分设，不交叉混流。

C. 厂房总体布局要求

厂区总体布局应符合现行国家标准 GB 50187《工业企业总平面设计规范》，同时应满足 GMP 相关厂房设施的要求。

企业确定厂区总体设计规划、布局后，结合产品生产规模及工艺需要设计生产厂房。在规划生产厂房时，应合理布置生产车间、公用设施及辅助设备；应做到以生产工艺流程为核心，人流与物流流向无交叉、易于分开，辅助公用工程靠近生产线的负荷中心，以利于管线的合理布置和废能的综合利用；根据主流风向合理布局各功能区，体现以人为本的设计思想。同时，需考虑厂房设施发展趋势以及新政策要求，如在设计中考虑 EHS 的要求。可从以下几方面综合考量。

- 结合地块特性，合理布置各功能单元，如厂区可按行政区、生产区、辅助区和生活区等规划布局。
- 按生产功能分区，各区功能集中，特性明确，位置合理，既相对独立又有机联系，充分规划物流方式。
- 按工艺及生产组织要求，理顺各功能单元相互关系，合理安排各功能单元相对位置，防止混淆、污染与交叉污染。
- 全面考虑远期和近期工厂发展用地预留。远期与近期结合，充分考虑分期实施的条件、时机及各期工程间的联系，同时兼顾各功能区扩展扩建要求，保证项目的可持续发展。
- 满足规范及生产要求，兼顾 EHS 要求。通道间距能满足运输和管线合理布置的条件，并符合防火、抗震、安全、环保、噪声等规范和 GMP 的要求。
- 各类管线布置应顺而短，减少损失，节省能源。
- 厂区主要道路应贯彻人流与物流分流的原则。道路设计要适应人流、物流合理组织，内外运输相协调，线路短捷、顺畅；避免或减少折返迂回运输。
- 医药工业洁净厂房应布置在厂区内环境清洁、人/物流不穿越或少穿越的位置，并考虑产品工艺特点和防止生产时交叉污染的措施。
- 生产厂房布局应根据主流风向及生产流程、供料、供电、供热、供气、给排水情况综合考虑，洁净区和生活区应置于厂区的最大频率风向上风侧，原料药生产区、三废化处理、锅炉房等有严重污染的区域应置于厂区的最大频率下风侧。

- 青霉素类高致敏性药品生产厂房应位于厂区其他生产厂房全年最小频率风向的上风侧。高致敏性药品（如青霉素类）或生物制品（如卡介苗或其他用活性微生物制备而成的药品），必须采用专用和独立的厂房、生产设施和设备。

- 医药工业洁净厂房周围宜设置环形消防车道（可利用交通道路），面积较大的厂房需在厂房内设置消防车道。消防车道的设置应符合现行国家标准 GB 50016《建筑设计防火规范》及 GB 51283《精细化工企业工程设计防火规范》的有关规定。

- 洁净厂房周围道路面层应选用整体性好，发尘少的材料。

- 医药工业洁净厂房周围应绿化，宜减少露土面积。不应种植散发花粉或对药品生产产生不良影响的植物。

- 产生或使用相同易燃易爆物质的厂房，应尽量集中在一个区域；对性质不同的危险物质的生产或使用，尤其是两者相遇会产生爆炸物质的情况，其生产区域应分开设置。防爆区域内有良好的通、排风系统及电气报警系统，并与其他区域用防爆墙隔离，防爆要求应符合 GB 50016《建筑防火设计规范》及 GB 50058《爆炸危险环境电力装置设计规范》的规定。

- 动物房的设置应符合现行国家标准 GB 14925《实验动物环境及设施》的有关规定。动物房宜位于其他医药工业洁净厂房全年最小频率风向的上风侧。

实例分析

【实例 2】厂区规划模式示意

企业可以根据自身生产规模、产品特点和发展规划等选择最优的厂区规划，可以参考以下模式。

（1）相互独立规划模式

模式特点：每个单体均集成仓库、车间、成品库等；各单体互不发生人 / 物流联动。一般一层布置库房、公用工程、总更衣间等，二、三层布置车间，辅助设施相对分散，多采用垂直物流设计（图 1-2）。

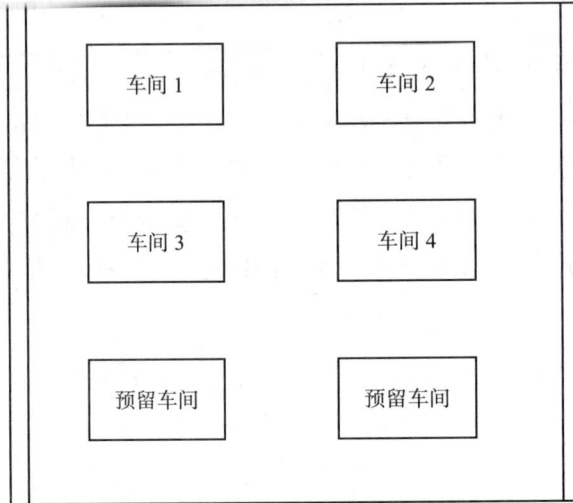

图 1-2 相互独立规划模式示意图

常用范围：适用于药品物性特殊，消防要求严格，物流量较少，产品工艺差别较大，各品种建筑空间需求差别较大等情形。

（2）整体集成模式

模式特点：厂区通过建筑空间的整合，用连廊连接，将不同功能区规划为整体空间，形成一体化厂房。厂房扩建一般采用相邻扩建或场地预留方式。公用工程大部分集中。物流距离缩短，便于规划（图 1-3）。

常用范围：适用于厂区面积有限，药品物性无独立厂房要求，所生产产品较为明确的情形。

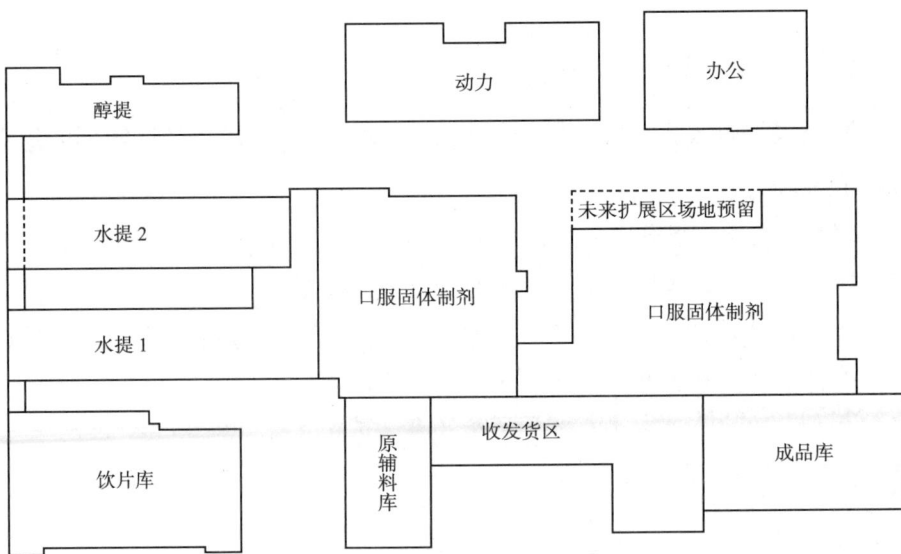

图 1-3 整体集成模式示意图

（3）拼搭组合模式

模式特点：厂区总体规划主物流通道和人流通道，解决厂区整体物流联系。整体厂区总体设计和总体预留，厂房扩建一般设置为贴邻扩建方式，做好场地预留。公用工程相对集中（图1-4）。

常用范围：追求功能优先原则，厂区功能规划需求较确定，便于扩建厂房，适合分期建设，减少二次规划，降低成本。

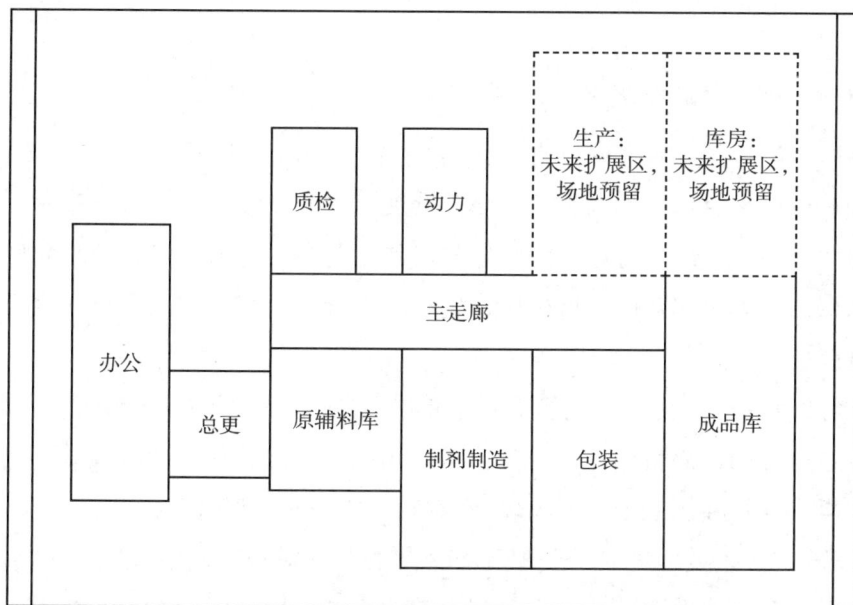

图1-4 拼搭组合模式示意图

1.1.3 厂房设施的设计和使用要求

实施指导

物料的投放和转运方式，产品的生产规模和生产方式等对生产设施的设计和使用具有不同的要求。物料的投放和转运方式，指开放式、密闭式或半开放半密闭式等。产品的生产批量，如大批量或小批量。产品的生产方式，包括单一品种生产、多品种阶段性生产、多品种同时生产等，以适应产品所用物料和产品的不同性质及要求，如化学原料药、非无菌制剂（如口服固体制剂和液体制剂、外用制剂）、无菌制剂（如注射剂、眼用制剂）等。本小节重点介绍厂房设施设计的通用要求。

在评估药品生产的质量风险时，厂房设施的合理设计和实施是规避生产质量风险及 EHS（环境，健康，安全）风险的最基本、最重要的前提。其中，包括合适的空间设计、合理的人/物流设计、恰当的隔离设计以及合适的建筑装修材料的使用。合适的空间应满足人员操作、生产设备/支持系统以及物料的暂存和储存的需要；除此之外，对生产中设备清洁方式和日常维护因素，在设计中也要给予充分的考虑。人/物流的设计要兼顾 GMP 要求、生产效率、产品过程控制和必要的隔离技术的采用。在洁净区域和非洁净区域之间或者不同洁净等级区域之间，应用气锁间、更衣间、洁净走廊和非洁净走廊设计等。

A. 厂房设计的总体要求

（1）厂房设计的基本要素　在厂址确定后，企业应根据厂址所处环境的风向、地形地貌等做厂区总体规划与布局，然后开展厂房施工设计。厂房设计时，应以生产车间为主体中心，综合考虑车间总体布局和工艺布局，给生产管理和质量管理提供便利和保证，再对辅助区、行政区、生活区进行分区布置。厂房设计时应重点考虑以下要素。

● 与生产工艺相匹配：在建筑面积、布局、柱距、跨度、剖面形式、厂房高度、结构和构造等方面需满足生产工艺的要求。比如：不同类别生产车间对环境的洁净要求不同，洁净车间应远离污染源，并布置在上风向或平行风向。

● 技术先进性：尽量采用先进技术和先进材料，满足坚固、轻便、通风、采光、节能等方面的建筑参数要求。在厂区建设前，充分开展调研与考察，尽量采用绿色节能高效的技术。

● 环境、健康和安全（EHS）。

● 满足经济实用和可持续发展需要：厂区设计时，统筹规划各分区，以节约用地。厂房设计时，合理有效利用建筑空间，以提高空间利用率，降低材料消耗和造价。另外，在总体设计时，还应结合企业发展规划和产品布局，预留后续发展空间，实现企业可持续发展的需求。

（2）工艺布局和要求　工艺布局应遵循"三协调"原则，即人流、物流协调，工艺流程协调，洁净级别协调。

● 对于人流、物流，应尽量减少迂回与交叉，并应配备与生产规模相适应的人净、物净措施及物料中间站。

● 对于工艺流程布局，应尽量减少生产流程的迂回、往返。操作区内仅放置与操作有关的物料，设置必要的工艺设备；用于制造、贮存的区域不得用作非本区域内工作人员的通道。

● 在满足工艺条件的前提下，为保证净化效果，洁净区/房间宜按下列要求布局：空气洁净度高的房间或区域宜布置在人员最少到达的地方，并靠近空调机房；不同洁净级别的房间或区域宜按空气洁净度的高低由里及外布置；空气洁净度相同的房间宜相对集中；不同空气洁净度房间之间相互联系要有防止污染措施，如气闸室、空气吹淋室或传递窗等。

B. 防止污染、交叉污染、混淆和差错的设计

厂房的选址、设计、建造、改造及维护必须符合药品生产要求，应当能够最大限度地避免污染、交叉污染、混淆和差错，便于清洁、操作和维护。

● 厂房选址的环境应能使物料或产品遭受污染的风险最小。如：厂房的设计应能最大程度防止昆虫或其他动物的进入。

● 生产区和暂存区应当有足够的空间，确保有序地存放设备、物料、中间产品、待包装产品和成品，避免不同产品或物料的混淆、交叉污染，避免生产或质量控制操作发生遗漏或差错。

● 贮存区应有足够的空间，以便有序地存放各类物料和产品：起始物料、包装材料、中间体、半成品与成品，以及待验、合格、不合格、退回或召回的产品等。不合格、退回或召回的物料或产品应隔离存放。

● 厂房应当按生产工艺流程及相应洁净级别要求合理布局。

● 合理设计各区域的人流与物流通道，生产相关区域不应当作为非本区工作人员的通道。

● 根据风险的大小，尽可能采用专用厂房和设备来生产或包装，以控制某些药品所具有的风险。以下情形，宜考虑使用专用设施：该风险不能通过操作或技术措施足够控制；毒理学科学数据无法支持对风险进行控制（例如，类似 $\beta-$ 内酰胺的高致敏物料）；通过毒理学评估所获得的相关残留限度不能采用经过验证的分析方法检测得到满意的结果。

● 产尘区及湿度大的功能间，采取保持相对负压、空调全排风或其他专用措施，如设置缓冲间（相对正压）。

● 多品种生产设计，应通过空调系统的有效设计，防止交叉污染发生。

● 管道、照明设施、送风口和其他公用设施的设计和安装应避免出现难以清洁的部位。应尽可能做到在制造区外部对它们进行维护。

C. 药品生产受控环境的分区和基本要求

国内外在药品生产环境的分区上趋于一致，通常分为以下 4 个区域。

● 室外区。厂区内部或外部无生产活动和更衣要求的区域，通常与生产区不连接的办公室、机加工车间、动力车间、化工原料储存区、餐厅、卫生间等在此区域。

● 一般区和保护区。厂房内部产品外包装操作和其他不将产品或物料明显暴露操作的区域，如外包装区、QC 实验区、原辅料和成品储存区等。

一般区：没有产品直接暴露或没有直接接触产品的设备和包材内表面直接暴露的环境。如无特殊要求的外包装区域，环境对产品没有直接或间接的影响。环境控制只考虑生产人员的舒适度。

保护区：没有产品直接暴露或没有直接接触产品的设备和包材内表面直接暴露的环境。但该区域环境或活动可能直接或间接影响产品。如有温湿度要求的外包装区域、原辅料及成品库房、更衣等。

● 洁净区（分级控制区）。厂房内部非无菌产品生产的区域和无菌药品灭（除）菌及无菌操作以外的生产区域。非无菌产品的原辅料，中间产品，待包装产品，以及与工艺有关的设备和内包材能在此区域暴露。如果在内包装与外包装之间没有隔离，则整个包装区域应归入此等级的区域。

● 无菌区。无菌产品的生产场所。

D. 设计和施工要求

在评估和控制药品生产质量风险时，厂房设施的合理设计和实施，是规避生产质量风险及 EHS 风险最基本和最重要的前提，可参照 GB 50073《洁净厂房设计规范》和 GB 50457《医药工业洁净厂房设计标准》。洁净厂房的施工及质量验收可参照 GB 51110《洁净厂房施工及质量验收规范》。

（1）建筑结构设计

● 建筑平面和空间布局应具有适当的灵活性。医药洁净室（区）的主体结构宜采用大跨度的柱网结构，不宜采用内墙承重。

● 洁净厂房围护结构的材料应能满足保温、隔热、防火和防潮等要求。

● 洁净厂房主体结构的耐久性应与室内装备、装修水平相协调，并应具有防火、控制温度变形和不均匀沉陷性能。厂房沉降缝、伸缩缝等变形缝不宜穿过医药洁净室（区）。当不可避免时，应采取相应的防护措施。同时要符合国家建筑物节能设计的相关要求，如外墙保温要求。

● 生产区各工艺房间层高应根据工艺需求分别设计。综合考虑建筑结构、工艺操作、设备维修空间和 HVAC 系统节能运行等综合因素。

● 洁净室内的通道宽度应满足物流、设备搬运及人员疏散的要求，物流通道宜设置防撞构件。

● 生产车间常设计成二至三层，可利用重力垂直输送物料。

● 洁净室应设置技术夹层或技术夹道。穿越楼层的竖向管线需暗敷时，宜设置技术竖井。技术夹层、技术夹道和技术竖井的形式、尺寸和构造，应满足风管、动力管线、工艺管道及辅助设备的安装、检修和防火要求。

● 当厂房包含一般生产区和洁净生产区时，其平面布局和构造处理应避免一般生产区对洁净生产区产生不利影响。

（2）洁净厂房室内装修

● 洁净厂房的建筑围护界区和室内装修，应选用气密性良好，且受温度和湿度变化影响下变形小的材料。饰面材料应易于清洁、耐消毒，不应释放或析出对药品质量产生影响的物质。

● 洁净室墙面和顶棚应光洁、平整、耐腐蚀、耐冲击、易清洗，应减少凹凸面，墙面颜色应便于识别污染物。墙面与顶棚采用涂料面层时，应选用不易燃、不开裂、耐腐蚀、易清洗、耐消毒、表面光滑、不易变质、生霉的材料。

● 洁净室内墙壁和顶棚的交界处以及墙壁与墙壁的交界处，应平整、光洁、无裂缝、接口严密、无颗粒物脱落，并应易清洁、耐消毒。墙壁和地面交界处宜做成弧形，踢脚不应突出墙面。当采用轻质材料隔墙时，应采用防碰撞措施。

● 洁净室的地面应整体性好、平整、耐磨、耐撞击，不易积聚静电，易除尘清洗，表面颜色及光泽度均匀一致。基层宜采用混凝土并设置钢筋网；有甲、乙类区域，地面应有不发火、防静电措施，潮湿地区应做防潮处理。

● 技术夹层为轻质吊顶时，宜设置检修通道。

● 洁净厂房夹层的墙面、顶棚应平整、光滑，宜采用涂料饰面防止脱落。

● 建筑风道和回风地沟的内表面装修，宜与整个送风、回风系统的洁净要求相适应，表面光洁、耐腐蚀，易于清洁。

● 洁净室的色彩宜淡雅柔和。顶棚和墙面的光反射系数宜为 0.60~0.80，地面的光反射系数宜为 0.15~0.35。

● 洁净室的门窗、墙壁、顶棚、地面结构和施工缝隙，应采取密闭措施。

● 洁净厂房不宜设置外窗。当必须设置时，应为双层中空玻璃固定窗，并应具有良好的气密性，能防止空气的渗漏和水汽的结露；靠洁净室室内一侧窗不宜设窗台，如有窗台时宜呈斜角，以防积灰并便于清洗。

● 门尺寸应满足正常运营的运输、设备安装维修、人员疏散要求。门扇及其夹芯材料应采用不燃材料。

● 洁净室内密闭门应朝空气洁净度高的房间开启，洁净级别相同时，宜向相对压差高的房间开启；无窗洁净室的密闭门上宜设视窗，视窗宜采用双层玻璃，玻璃表面与门扇齐平。

● 洁净室的门安装，框与墙体连接应牢固，缝隙内应用弹性材料嵌填饱满，表面应用密封胶均匀密封。门槛密封面上有密封条时，在门扇关闭后，密封条应处于压缩状态。门把手如突出门面，不宜有锐边、尖角，应圆滑过渡。

● 洁净室的窗安装，窗面应与其安装部位的表面齐平，当不能齐平时，窗台采用斜坡、弧坡，边、角应为圆弧过渡。窗玻璃应用密封胶固定、严封。安装玻璃前应彻底擦净内表面和夹层空间。双层玻璃窗的单面镀膜玻璃应设于双层窗最外层，双层或单层玻璃窗的镀膜玻璃，其膜面均应朝向室内。窗帘或百叶不得安装在室内。产生化学、放射、微生物等有害气溶胶或易燃、易爆场合的观察窗，应采用不易破碎的材料制作。

● 洁净室装饰工程施工应在主体结构、屋面防水工程和外围护结构验收完成后进行。施工时应与其他工种制定明确的施工协作计划和施工程序，施工现场应实行封闭清洁管理，在洁净施工区内进行粉尘作业时，应采取有效防止粉尘扩散的措施。施工现场环境温度不宜低于5℃。当现场低于5℃时，应采取保障施工质量的措施，对有特殊要求的装饰工程，应按设计要求的温度施工。

（3）给排水和工艺管道设计安装

● 洁净室内应减少敷设管道，给水排水主管道应敷设在技术夹层、技术夹道内或地下埋设。引入洁净室内的支管宜暗敷。当明敷时，应采用不影响生产质量要求的材质。与本区域无关的管道不宜穿越。

● 洁净厂房内的管道外表面宜光滑、易于清洁，并应采取防结露措施。

● 给排水支管及消防喷淋管道穿过洁净室顶棚、墙壁和楼板处应设套管，管道与套管之间必须有可靠的密封措施。

● 生活给水管应采用耐腐蚀，安装连接方便的管材，可选用无缝钢管、镀锌钢管、金属复合管等。生活排水管宜采用无缝钢管、球磨铸铁管、双层PVC管等。管道配件材料应与管道材料相适应。

● 排水系统，应根据排出的废水性质、浓度、水量等确定。有害废水应经废水处理，达到国家排放标准后排出。

● 洁净室内的设备排水以及重力排水管道，不建议与排水地漏直接相连。应在排水设备重力排水管道出口以下部位设置水封装置。排水系统应设置透气装置。必要时，排水口应设置空气阻断装置。排水地漏建议采用上部水封密封，加上地面下部 U 型弯水封的双水封密封装置。防止倒灌，防止微生物侵入。

● 排水立管不应穿过 A 级和 B 级医药洁净室（区）。排水立管穿过其他医药洁净室（区）时，不得设置检查孔。

● 无菌生产的 A/B 级洁净区内不得设置水池和地漏。

● 洁净厂房内采用的卫生器具、管材、管架及其附件等，应易于清扫，不易积存污物。

● 应对洁净室的主要管道状态进行标识，如使用明确的文字和标识对管道内容物和流向进行标识。

● 消火栓宜设置在非洁净区域或洁净度级别低的区域。设置在洁净区域的消火栓应嵌入安装。设置气体灭火系统时，不应采用卤代烷以及能导致人员窒息的灭火器。当采用自动喷水灭火系统时，宜采用预作用式自动喷水装置。

● 有高致病性微生物污染的排水管道宜设置透明套管。致病微生物严重污染的排水管道如设有自动阀，应在其前后再设手动阀，阀门安装位置和方式应有采用蒸汽和其他灭菌的条件。致病微生物严重污染的排水管道上的通气孔应伸出屋顶，距站人地面应在 2m 以上，周边通风良好，并远离进气口。

（4）电气、照明设计安装

● 洁净区内的配电设备，应选择不易积尘、便于擦拭、外壳不易锈蚀的小型暗装配电箱及插座箱，贵重设备仪器、功率较大的设备及重要区域用电宜由配电室直接供电。

● 洁净区内的电源进线应设置切断装置。切断装置宜设置在洁净区域外便于操作管理的地点。配电线路宜按不同区域设置配电回路。通风系统的配电线路宜根据不同分区设置配电回路。

● 洁净区内不宜设置大型落地安装的配电设备。

● 洁净区内的电气管线管口，以及安装于墙上的各种电器设备与墙体接缝处均应有可靠密封。

● 洁净区内的电气管线宜暗敷，电气线路保护管宜采用不锈钢管或其他不易腐蚀的材料。

● 洁净区应根据生产要求提供足够的照明。主要工作室的照度宜不低于300lx；对照度有特殊要求的生产部位可设置局部照明。厂房应配备应急照明设施。若产品对某种光颜色敏感，应依照产品特性选择适宜的灯具。

- 洁净区内应选用外部造型简单、不易积尘、便于擦拭、易于消毒杀菌的照明灯具。

- 洁净区内的一般照明灯具宜明装。采用吸顶安装时，灯具与顶棚接缝处应采用可靠密封措施。如需采用嵌入顶棚暗装时，除安装缝隙应可靠密封外，其灯具结构必须便于清扫，能在顶棚上更换灯管并进行检修。

- 洁净区内与外界保持联系的通讯设备，宜选用不易集尘、便于擦洗、易于消毒灭菌的洁净电话。

- 根据生产管理等要求，洁净厂房可设置闭路监视系统及门禁控制系统。

- 洁净厂房应根据使用要求采取静电防护措施。如：空气调节系统宜采取防静电接地措施；区域内产生静电危害的设备、流动液体、气体或粉末管道应采取防静电接地措施。

（5）环境、健康和安全（EHS）　医药工业洁净厂房设施的设计除了要严格遵守 GMP 的相关规定之外，还要遵循国家或行业对厂房设施 EHS 方面的法律法规和技术标准，如：现行国家标准 GB 50016《建筑设计防火规范》、GB 50222《建筑内部装修设计防火规范》、GB 50974《消防给水及消火栓系统技术规范》、GB 50084《自动喷水灭火系统设计规范》及 GB 50140《建筑灭火器配置设计规范》的有关规定。

- 下列部位应设可燃气体报警装置和事故排风装置，报警装置应与相应的事故排风机联锁：
  - 甲、乙类火灾危险生产的气体入口室；
  - 管廊，上、下技术夹层或技术夹道内有可燃气体管道的易积聚处；
  - 洁净室内使用可燃气体处。
- 可燃气体管道应设下列安全技术措施：
  - 接至用气设备的支管和放散管，应设置阻火器；
  - 引至室外的放散管，应设防雷保护设施；
  - 应设导除静电的接地设施。
- 氧气管道应设下列安全技术措施：
  - 管道及其阀门、附件应经严格脱脂处理；
  - 应设导除静电的接地设施。
- 气体管道应按不同介质设明显的标识。

- 各种气瓶库应集中设置在洁净厂房外。当日用气量不超过 1 瓶时，气瓶可设置在洁净室内，但必须采取不积尘和易于清洁的措施。

举例：防爆厂房设计的关注点

包括但不限于以下几点：

• 有爆炸危险的厂房与周围建筑物、构筑物应保持一定的防火间距。

• 有爆炸危险的厂房平面布置最好采用矩形，与主导风向垂直或夹角不小于45°，以有效利用风的对流，将爆炸性气体吹散，在山区，宜布置在迎风山坡一面且通风良好的地方。

• 防爆厂房宜单独设置。如必须与非防爆厂房贴邻时，只能一面贴邻，并在两者之间用防火墙或防爆墙隔开。相邻两厂房之间不应直接有门相通，以避免爆炸冲击波的影响。

• 有爆炸危险的设备尽量避开厂房的梁、柱等承重结构。防爆厂房内的高大设备宜布置在厂房中间，矮小设备应靠外墙门窗布置，以免挡风。

• 有爆炸危险的厂房、库房，宜采用单层建筑。

• 在容易发生爆炸事故的场所，应设置隔爆设施，如防爆墙、防爆门和防爆窗等，以限制爆炸事故波及的范围，减轻爆炸事故所造成的损失。

• 有爆炸危险的厂房内不应设置办公室、休息室。如必须贴邻本厂房设置时，应采用一、二级耐火等级建筑，并应采用耐火极限不低于3小时的防火墙隔开和设置直通室外的安全出口。

• 有爆炸危险的甲、乙类生产部位不得设在建筑物的地下室或半地下室，以免发生事故影响上层，同时也不利于疏散和扑救。这些部位应设在单层厂房靠外墙或多层厂房的最上一层靠外墙处；如有可能，尽量设在敞开或半敞开式建筑物内，以利于通风和防爆泄压，减少事故损失。

• 有爆炸危险的甲、乙类生产厂房总控制室应独立设置；其控制室可毗邻外墙设置，并根据安全风险评估确定相应的抗爆或加固措施。

E. 运行和维护要求

（1）昆虫和动物控制　昆虫或其他动物进入制药生产区域，对产品潜在的质量风险很大。制药工厂应结合原辅物料特性以及建筑物的特点，设置厂房外环境控制、厂房内一般生产区控制以及生产洁净区控制三道虫鼠害防线，根据防范策略制定切实有效的防虫防鼠措施。

通常，单一的防虫防鼠措施很难完全控制多种类型昆虫和动物侵入的风险，如飞虫、爬虫、鼠类和鸟类等。企业应根据厂区环境和其他实际情况，建立包括数种方法的虫害控制系统，如通过定制绘图、编号标识、定期检查评估效果和趋势分析

（必要时）等方式综合控制虫鼠对药品生产的风险。必要时，也可以请外部公司提供专业服务。

昆虫和动物控制措施包括但不限于以下内容。

● 远离垃圾源，避免昆虫滋生和老鼠聚集。

● 外部环境卫生管理，消除有害生物的孳生地、栖息地和吸引源，降低有害生物的密度，减少外部威胁。尤其在虫害严重的季节，对厂房建筑物周边环境的虫害治理非常重要，可根据实际环境情况，结合初始虫害趋势分析、昆虫种类、昆虫数量、季节等制定虫害服务的频次。

● 建筑物的密封和密闭管理，如地面硬化处理、墙面与地面的交界处密封处理、门窗采用密闭效果良好的设计等，阻挡或杜绝有害生物侵入途径。

● 生产区、仓储区等进出口，设置防昆虫和动物进入的设施和措施。常见的防虫措施包括风幕、捕虫灯、灭虫灯、粘虫胶等。防鼠措施包括粘鼠板、超声波驱鼠器、捕鼠笼、外门密封条、挡鼠板、诱饵站等。诱饵站不能设置在厂房内部，必须保证产品质量安全。诱饵站放置于入口周围，沿墙放置。

● 生产区、仓储区等与室外相连的通风口，采取有效措施防止昆虫和鸟类等进入，例如加装防虫网。

● 建筑物外部和内部墙面、地面出现裂缝，要及时修补和维护。

● 企业应建立昆虫和动物控制的书面管理程序，内容包括昆虫和动物控制的基本要求、实施程序、检查记录、统计分析及设施设备的布置、维护保养等。并做好相应记录，一旦发现异常情况，及时报告，采取应对措施。

举例：老鼠防治方法

● 用防鼠器、金属网板或忌避材料等封闭鼠类洞穴、通道，破坏生存空间。

● 超声波忌避，将超声波发生器置于鼠活动场所，鼠在超声波作用下会感到恶心、眩晕而立刻逃离，达到防鼠的目的。

● 捕获法，布放粘鼠板、鼠夹、鼠笼等捕获。

● 化学灭鼠，在鼠类的栖息区域设置诱饵站。

● 重点防治区域：建筑内部重点区域设置粘鼠板监测和预防老鼠的入侵，对建筑物重要的设备间、强弱电井道、天花板及隐蔽的地方进行化学方法结合防治。如：建筑进出通道两边；天花板上方、线槽和管道上；各类设备间强、弱电和上下水井道；其他可能导致老鼠进入的通道口；餐厅、厨房及仓库等。

举例：蚊、蝇防治方法

● 环境防治，改造、净化环境，垃圾集中处理，消灭蚊蝇孳生地。

- 防护措施，安装风幕、门垂帘、纱窗等进行蚊虫的防治。

- 灭蚊蝇灯，电击式、粘捕式灭蚊灯清洁、安全。

- 化学药物喷洒，用高效低毒安全的化学药物对户外重点防治区域进行滞留喷洒或空间喷洒。

- 重点防治区域：建筑外围的部分沿墙地面及墙面；户外垃圾桶；阴沟、污水处理及易积水的洼地；餐厅及厨房、洗手间等。

（2）洁净厂房的清洁和消毒　制药企业洁净厂房内表面必要时可采用化学、物理或其他的方式进行定期的清洁和消毒，杀灭病原微生物，使微生物总量控制在洁净环境日常监测的范围内，以防止微生物对生产车间环境可能产生的影响及污染。

清洁和消毒工作需考虑的内容和要求，包括但不限于以下几点。

- 清洁剂：应具有高效、环保、无残留、水溶性强、浓度明确、配制简便等特性。

- 消毒剂：使用符合原卫生部颁布的《消毒管理办法》要求的消毒剂，定期轮换交替使用，以防止微生物产生耐受性。

- 企业应建立书面的清洁和消毒管理程序，针对不同对象制定适宜的清洁 / 消毒方法、频次、接受标准等，规定消毒剂配制方法等，并及时做好相关日志和记录。清洁 / 消毒对象包括：墙面、地面、设备、地漏、洗手池、空调风口等。

- 应对洁净区的清洁 / 消毒工作人员制定相应的培训计划。培训应包含通用培训课程和特定培训课程，并通过考核。

- 通过环境监测报告的数据分析，评估清洁 / 消毒方法的有效性。

- 洁净区由于维修、施工、停电等特殊因素造成的洁净区域环境受到影响，需各相关部门评估并确认是否需要采取额外的消毒。在施工之前，应由相关责任人确认是否需要进行环境监测。维修时，人员应做必要的环境控制工作（如设备保护、人物流）。

控制洁净厂房尘埃粒子数的同时，需要对其微生物进行控制。经过生产活动，如设备运行、人员走动、物料流转等，可能会引发洁净室内微生物的生长繁殖。因此，除对洁净厂房进行常规清洁、消毒外，还应考虑在特殊情况下（如发生设备更换、染菌等）进行空间消毒。常见的空间消毒方式，主要包括紫外线消毒、化学熏蒸消毒和汽化过氧化氢灭菌（VHP）等，以下做简要介绍。

①紫外线消毒：紫外线属于电磁波辐射，穿透能力差，仅能杀灭直接照射到的微生物，杀菌能力随使用时间增加而降低，但较易穿透清洁空气，一般广泛应用于空气灭菌及表面灭菌，其杀菌作用最强的波段是 250~270nm。紫外线杀菌受相对湿

度的影响较人，当洁净室内相对湿度≥60%叫，其灭菌效果明显减弱，空气相对湿度较高时，应适当延长照射时间。另外，紫外灯安装形式为非内嵌式，且使用过程中清洁消毒造成灯管变色、变形，照射强度难以检测，消毒时间累计繁琐，消毒效果不明显，鉴于其消毒效果的特点，可将其作为一种空间消毒的辅助、增强手段。

②化学熏蒸消毒：熏蒸消毒操作方法为将消毒剂溶液盛装容器放于加热源上，关闭空调风机，接通加热源，消毒剂熏蒸完后关闭热源，作用预定时间（熏蒸时间通常不低于2小时）后，开启空调风机通风至安全条件方可进入。

化学熏蒸消毒使用的化学试剂包括甲醛、戊二醛、乳酸、丙二醇和过氧乙酸等。以甲醛为例，其是一种灭菌剂，对所有的微生物都有杀灭作用，包括细菌繁殖体、芽孢、真菌和病毒。熏蒸消毒效果优于紫外线消毒法，但操作起来较复杂，其残留物会附着在壁板上，需要擦除，由于甲醛有一定刺激性和腐蚀性，必须确保消毒后充分通风，在甲醛浓度降低至可接受范围内，人员方可进入相关区域。乳酸熏蒸消毒对人体无伤害。丙二醇熏蒸效果与乳酸效果相当，本身虽然毒性小，但其在高温作用下会裂解为甲醛等众多有毒物质，因此熏蒸使用过程中应做好人员防护。不管使用何种消毒剂熏蒸，在使用前均需要计算消毒灭菌空间体积，包括房间体积与风管体积，根据体积计算消毒剂使用量。对于C/D级别洁净厂房一般无需熏蒸消毒，可视情况而定。

③汽化过氧化氢灭菌（VHP）：VHP（H_2O_2）一般是将一定浓度的食品级过氧化氢溶液，通过汽化器汽化成过氧化氢蒸汽，并通过喷嘴将过氧化氢蒸汽输送到密闭空间内进行消毒，其对微生物有广谱杀灭作用，包括细菌繁殖体、芽孢、真菌和病毒等。该方法可以通过空调系统的循环达到所有洁净室（包括空调系统在内）的整体消毒，也可以通过独立的装置在厂房内进行消毒，因其最终分解产物为氧气和水，十分环保且无毒，目前逐渐被医药洁净室普遍采用。但是，VHP的缺点是价格昂贵，对洁净室设备、材料的耐腐蚀性要求较高（VHP有强氧化性）。

④臭氧消毒：臭氧是一种广谱杀菌剂，可杀灭细菌繁殖体和芽孢、病毒、真菌等，但对真菌孢子作用弱，可用于无人情况下洁净室内空间的消毒。由于其最终分解产物为氧气，不存在任何有害残留物，故称无污染消毒剂，目前已被广泛应用，但也存在对设施设备电器原件损伤、消毒效果不强等问题。

总之，无论采取哪种方式对空间进行消毒，都应在结束后进行清洁，避免消毒剂的残留，对产品产生影响，对人员造成伤害。

（3）洁净厂房人员进入控制

● 建立生产区域人员进入权限制度，控制非生产人员（例如外部技术服务人员、外来参观人员等）进入生产区域和不同生产区域的人员的流动。

● 当外部非生产人员需进入生产区域时，应有工作人员陪同，培训并监督执行洁净区域的更衣流程和个人卫生事项要求。如：不得化妆和佩戴饰物；生产区、仓储区应当禁止吸烟和饮食，禁止带入食品、饮料、香烟和个人用药品等非生产用物品；洁净区避免裸手直接接触药品、与药品直接接触的包装材料和设备表面。

● 企业可以设立门禁系统或中央监控系统等硬件设施，支持控制生产区域人员进入权限制度。

● 企业应建立人员卫生操作规程，内容包括与健康、卫生习惯和人员着装相关内容，并对人员进行培训，确保正确理解规程内容。当体表有伤口、患有传染病或其他可能污染药品的疾病时，要求生产人员及时报告。

（4）厂房设施运维和竣工图管理

● 厂房设施主管部门应建立厂房设施的日常检查流程，制定厂房设施完好标准，定期对厂房设施进行维护保养，保持厂房设施的良好 GMP 状态，将厂房设施对生产活动的潜在不良影响降到最小。检查范围包括：生产车间地面、墙面和吊顶、建筑缝隙（如外窗、外门、喷淋头、空调风口、灯具等）、建筑物外墙和屋面防水、技术夹层和空调机房等。

● 必须在特定环境下进行的作业应有相应的环境保护措施。施工时可能会产生交叉污染，如大的粉尘、异味和噪声，都必须得到相关部门评估批准并完成相关培训后方可进行施工。

● 对可能引起质量风险的厂房设施的变更，要遵守变更管理流程，经过相关部门综合评估后，方可实施。

● 基于风险建立 GMP 相关的厂房设施竣工图清单，根据业务需要进行实时更新，更新需要备注理由。

● 厂房设施因技改项目发生改变时，GMP 相关图纸必须得到及时更新，否则不能通过项目验收，受控图纸变更需质量部门批准。

● 应制定相关文件，明确竣工图签批、存档、借用等方面的管理要求。

实例分析

【实例 3】口服固体制剂生产企业对厂房设施装修实施指导

● 一般区：该区域没有产品直接暴露或直接接触产品的设备，没有包材内表面暴露于环境和生产人员。如：无特殊要求外包装区域，环境对产品没有直接或间接的影响。环境控制只考虑生产人员的舒适度。

● 保护区：该区域没有产品直接暴露或直接接触产品的设备，没有包材内表面暴露于环境和生产人员。但该区域环境或活动可能直接或间接影响产品。如：有温湿度控制的外包装区域、原辅料及成品库房、更衣室等。

● 分级控制区（如 D 级）：该区域对环境、设施以及工作流程都有明确的定义，需控制和日常监测，预防产品的交叉污染或质量属性的改变。如取样间、称量间、制造和内包装区域、清洗间，在这些区域，产品、原辅料暴露在房间环境，或者与产品接触的设备部件暴露在房间环境。在控制区，环境参数（温度、湿度和空气过滤质量）有明确的定义，并通过验证。

详情见表 1-1。

表 1-1　口服固体制剂生产企业对厂房设施装修实施指导一览表

建筑单元	一般区	保护区	控制区（如 D 级）
地面	通常采用标准化施工规范。典型的建筑材料包括：无缝水泥面、环氧面、耐磨涂层等	通常采用标准化施工规范。典型的建筑材料包括：无缝水泥面、环氧面、水磨石、乙烯无缝复合地板革、无缝乙烯材料	表面光滑、易于清洁。典型的建筑材料包括：环氧面、乙烯复合地板革、无缝乙烯材料，或其他耐腐蚀、静电等材料。地漏应有固定盖板
内墙	无特殊施工要求。典型的建筑基层材料包括：石膏板、砖混墙、混凝土砌块。注意：内表面处理应平整，不易积尘	通常采用标准化施工规范。典型的基层材料包括：混凝土砌块、石膏板、砖混墙、彩钢板等（表面装饰材料要耐用和易于清洁），墙四周密封无缝隙	墙表面坚固，无气孔。典型的基层材料包括：混凝土砌块、砖混墙、彩钢板等（表面装饰材料包括：环氧涂料、树脂类涂层、金属或 PVC 层），墙四周密封无缝隙
外墙	外墙表面整洁，平整。典型的外墙建筑材料包括：砖混墙、剪力墙、钢结构等，并具有外保温层	外墙表面整洁，平整。典型的外墙建筑材料包括：砖混墙、剪力墙、钢结构等，并具有外保温层	外墙表面整洁，平整。典型的外墙建筑材料包括：砖混墙、剪力墙、钢结构等，并具有外保温层
天花板、吊顶	如果无物料或产品暴露，一般不强求建筑吊顶（如：库房）	这些区域一般需要吊顶。典型吊顶形式：采用悬挂式吊顶（如：聚酯材料、增强塑料、金属板、矿棉板等易于清洁的无孔材料）	吊顶要求密封无缝，承受室内压力，保护产品，避免吊顶以上空间的污染。典型的吊顶材料（如：密闭悬挂式彩钢板、聚酯材料、增强塑料、金属板等易于清洁的无孔材料），吊顶的结构应符合压差控制要求

建筑单元	一般区	保护区	控制区（如 D 级）
建筑结合处（墙/墙、墙/顶、墙/地）	符合一般建筑施工标准规范	墙/地结合处，通常并不要求与地面做成整体及圆弧处理。但建议对墙的根部进行加强处理，特别是墙体材料为石膏板、彩钢板时。墙/墙、墙/顶结合处通常不要求圆弧处理	墙/地结合处，通常要求与地面做成整体及圆弧处理。同时对墙的根部进行加强处理，特别是墙体材料为石膏板、彩钢板时。墙/墙、墙/顶结合处通常不要求圆弧处理，但应保证结合处易于清洁
门、窗	应该满足一般的建筑规范	应该满足一般的建筑规范。对外窗户要求密封并具有保温性能，不能开启。对外应急门要求密封并具有保温性能	典型的材料包括：涂漆钢门窗、不锈钢门窗、铝合金门窗，有腐蚀区域宜使用玻璃钢、增强塑料。门窗表面应光洁，不要求抛光表面，但要考虑易于清洁。厂房内门如需满足风平衡漏风要求，则不需要完全密封。对外窗户要求密封并具有保温性能，不能开启。对外应急门要求密封并具有保温性能
五金器具	通用五金件要求，符合相关的建筑规范，符合使用要求	通用五金件要求，符合相关的建筑规范，符合使用要求	选择便于清洁的设计结构。典型的材料有电镀表面的金属或不锈钢
工作平台	适宜的材料如玻璃钢、环氧树脂、铝材、钢材、不锈钢等	适宜的材料如玻璃钢、环氧树脂、铝材、钢材（有表面涂层）、不锈钢。工作平台龙骨不建议使用钢管。如果采用一部分外露的龙骨型钢机构，应保证无死角便于清洁	适宜的材料如玻璃钢、环氧树脂、铝材、钢材（有表面涂层）、不锈钢。工作平台龙骨不建议使用钢管。如果采用一部分外露的龙骨型钢结构，应保证无死角便于清洁
穿墙、地、天花板到房间的管道等部件的密封	一般不要求密封。不包括有防火和热传导方面的要求	应该通过填充的方法密封，如橡皮泥、硅胶等，以预防不同区域之间的交叉污染。必要时采用不锈钢盖板覆盖以便于清洁。穿墙管道应按规范配有穿墙套筒	应该通过填充的方法密封，如橡皮泥、硅胶等，以预防不同区域之间的交叉污染。穿墙管道应按规范配有穿墙套筒。如果要求使用防火型密封填料，可采用阻燃硅胶，必要时采用不锈钢盖板覆盖以便于清洁

27

【实例4】无菌制剂生产企业对厂房设施装修实施指导（表1-2）

表1-2　无菌制剂生产企业对厂房设施装修实施指导一览表

建筑单元	一般区	保护区	C、D级区	A、B级区
地面	通常采用标准化施工规范。典型的建筑材料包括：无缝水泥面、环氧面、耐磨涂层等	通常采用标准化施工规范。典型的建筑材料包括：无缝水泥面、环氧面、水磨石、乙烯复合地板革、无缝乙烯材料	表面光滑、易于清洁。典型的建筑材料包括：环氧面、乙烯复合地板革、无缝乙烯材料或其他耐腐蚀、静电等材料。地漏应有固定盖板	不能有可能滋生微生物的接合缝。地面应坚固，无孔，利于清洁和消毒。典型的材料包括：乙烯基卷材和环氧地面。墙根部与地面一体化。不能设置水槽和地漏
内墙	无特殊施工要求。典型的建筑基层材料包括：石膏板、砖混墙、混凝土砌块。注意：内表面处理应平整，不易积尘	通常采用标准化施工规范。典型的基层材料包括：混凝土砌块、石膏板、砖混墙、彩钢板等（表面装饰材料要耐用和易于清洁）。墙四周密封无缝隙	墙表面坚固，无气孔。典型的基层材料包括：混凝土砌块、砖混墙、彩钢板等（表面装饰材料包括：环氧涂料、树脂类涂层、金属或PVC层）。墙四周密封无缝隙	不能有可能滋生微生物的接合缝。内墙表面应坚固，无孔，利于清洁和消毒。典型的材料包括：乙烯基卷材或者直接喷涂在墙表面、彩钢板等
天花板吊顶	如果无物料或产品暴露，一般不强求建筑吊顶（如：库房）	这些区域一般需要吊顶。典型吊顶形式：采用悬挂式吊顶（如：聚酯材料、增强塑料、金属板、矿棉板等易于清洁的无孔材料）	吊顶要求密封无缝，承受室内压力，保护产品，避免吊顶以上空间的污染。典型的吊顶材料（如：密闭悬挂式彩钢板、聚酯材料、增强塑料、金属板、石膏板等易于清洁的无孔材料）。吊顶的结构应符合压差控制要求	不能有可能滋生微生物的接合缝。吊顶表面应坚固，无孔，利于清洁和消毒。典型的材料包括：石膏板（表面涂刷有防腐蚀涂层）、乙烯基卷材（要注意接缝处缝隙的处理）或者直接喷涂在墙表面、彩钢板等。吊顶固定装置（灯具，空调散流器）的表面应尽可能与天花板平齐及密封。消防喷淋头应暗装并与天花板密封，可熔片和天花板之间不能使用填充物密封

建筑单元	一般区	保护区	C、D 级区	A、B 级区
建筑结合处（墙/墙、墙/顶、墙/地）	符合一般建筑施工标准规范	墙/地结合处，通常并不要求与地面做成整体及圆弧处理。但建议对墙的根部进行加强处理，特别是墙体材料为石膏板、彩钢板时。墙/墙、墙/顶结合处通常不要求圆弧处理	墙/地结合处，通常要求与地面做成整体及圆弧处理。同时对墙的根部进行加强处理，特别是墙体材料为石膏板、彩钢板时。墙/墙、墙/顶结合处通常不要求圆弧处理，但应保证结合处易于清洁	墙/地结合处，通常要求与地面做成整体及圆弧处理。墙/墙、墙/顶结合处应圆弧处理
门、窗	应该满足一般的建筑规范	应该满足一般的建筑规范。对外窗户要求密封并具有保温性能，不能开启。对外应急门要求密封并具有保温性能	典型的材料包括：涂漆钢门窗、不锈钢门窗、铝合金门窗，有腐蚀区域，宜使用玻璃钢、增强塑料。门窗表面应光洁，不要求抛光表面，但要考虑易于清洁。厂房内门如需满足风平衡漏风要求，则不需要完全密封。对外窗户要求密封并具有保温性能，不能开启。对外应急门要求密封并具有保温性能	符合建筑规范。典型的材料包括：涂漆钢门窗、不锈钢门窗、铝合金门窗，有腐蚀区域，宜使用玻璃钢、增强塑料、PVC。所有的门、窗表面的设计和制造应便于清洁。门窗表面应光洁，不要求抛光表面，但要考虑易于清洁。厂房内门如需满足风平衡漏风要求，则不需要完全密封。对外窗户要求密封并具有保温性能，不能开启。对外应急门要求密封并具有保温性能
五金器具	通用五金件要求符合相关规范，符合使用要求	通用五金件要求符合相关建筑规范，符合使用要求	选择便于清洁的设计结构。典型的材料有电镀表面的金属或不锈钢	尽可能采用暗装及密闭结构以便于清洁。典型的材料有电镀表面的金属或不锈钢
穿墙、地、天花板到房间的管道等部件的密封	一般不要求密封。不包括有防火和热传导方面的要求	应该通过填充的方法密封，如橡皮泥、硅胶等以预防不同区域之间的交叉污染。必要时采用不锈钢盖板覆盖以便于清洁。穿墙管道应按规范配有穿墙套筒	应该通过填充的方法密封，如橡皮泥、硅胶等以预防不同区域之间的交叉污染。穿墙管道应按规范配有穿墙套筒。如果要求使用防火型密封填料，可采用阻燃硅胶，必要时采用不锈钢盖板覆盖以便于清洁	应该通过填充的方法密封，如橡皮泥、硅胶等以预防不同区域之间的交叉污染。穿墙管道应按规范配有穿墙套筒。如果要求使用防火型密封填料，可采用阻燃硅胶，必要时采用不锈钢盖板覆盖以便于清洁

1.2 生产区

法规要求 ···

药品生产质量管理规范（2010年修订）

第四章　厂房与设施，第二节　生产区

第四十六条　为降低污染和交叉污染的风险，厂房、生产设施和设备应当根据所生产药品的特性、工艺流程及相应洁净度级别要求合理设计、布局和使用，并符合下列要求：

（一）应当综合考虑药品的特性、工艺和预定用途等因素，确定厂房、生产设施和设备多产品共用的可行性，并有相应评估报告；

（二）生产特殊性质的药品，如高致敏性药品（如青霉素类）或生物制品（如卡介苗或其他用活性微生物制备而成的药品），必须采用专用和独立的厂房、生产设施和设备。青霉素类药品产尘量大的操作区域应当保持相对负压，排至室外的废气应当经过净化处理并符合要求，排风口应当远离其他空气净化系统的进风口；

（三）生产β-内酰胺结构类药品、性激素类避孕药品必须使用专用设施（如独立的空气净化系统）和设备，并与其他药品生产区严格分开；

（四）生产某些激素类、细胞毒性类、高活性化学药品应当使用专用设施（如独立的空气净化系统）和设备；特殊情况下，如采取特别防护措施并经过必要的验证，上述药品制剂则可通过阶段性生产方式共用同一生产设施和设备；

（五）用于上述第（二）、（三）、（四）项的空气净化系统，其排风应当经过净化处理；

（六）药品生产厂房不得用于生产对药品质量有不利影响的非药用产品。

第四十七条 生产区和贮存区应当有足够的空间，确保有序地存放设备、物料、中间产品、待包装产品和成品，避免不同产品或物料的混淆、交叉污染，避免生产或质量控制操作发生遗漏或差错。

第四十八条 应当根据药品品种、生产操作要求及外部环境状况等配置空调净化系统，使生产区有效通风，并有温度、湿度控制和空气净化过滤，保证药品的生产环境符合要求。

洁净区与非洁净区之间、不同级别洁净区之间的压差应当不低于 10 帕斯卡。必要时，相同洁净度级别的不同功能区域（操作间）之间也应当保持适当的压差梯度。

口服液体和固体制剂、腔道用药（含直肠用药）、表皮外用药品等非无菌制剂生产的暴露工序区域及其直接接触药品的包装材料最终处理的暴露工序区域，应当参照"无菌药品"附录中 D 级洁净区的要求设置，企业可根据产品的标准和特性对该区域采取适当的微生物监控措施。

第四十九条 洁净区的内表面（墙壁、地面、天棚）应当平整光滑、无裂缝、接口严密、无颗粒物脱落，避免积尘，便于有效清洁，必要时应当进行消毒。

第五十条 各种管道、照明设施、风口和其他公用设施的设计和安装应当避免出现不易清洁的部位，应当尽可能在生产区外部对其进行维护。

第五十一条 排水设施应当大小适宜，并安装防止倒灌的装置。应当尽可能避免明沟排水；不可避免时，明沟宜浅，以方便清洁和消毒。

第五十二条 制剂的原辅料称量通常应当在专门设计的称量室内进行。

第五十三条 产尘操作间（如干燥物料或产品的取样、称量、混合、包装等操作间）应当保持相对负压或采取专门的措施，防止粉尘扩散、避免交叉污染并便于清洁。

第五十四条 用于药品包装的厂房或区域应当合理设计和布局，以避免混淆或交叉污染。如同一区域内有数条包装线，应当有隔离措施。

第五十五条 生产区应当有适度的照明，目视操作区域的照明应当满足操作要求。

第五十六条 生产区内可设中间控制区域，但中间控制操作不得给药品带来质量风险。

1.2.1 生产制造区

A. 生产制造区 GMP 风险分析

相对而言，生产制造区厂房设施设计内容中的 GMP 风险将更加深远地影响产品质量，在设计初期综合考量药品特性、工艺路线、生产规模等，进行系统化设计，并预留扩建空间，有利于空间有效利用及合理工艺布局，有助于降低污染和交叉污染的风险。另外，药品生产过程就是对大量原辅料进行化学或物理等方式处理，而且大多数生产活动由生产人员直接参与，所以对人员和环境的保护也格外重要。在工艺风险评估中，需关注但不限于以下内容：

- 物料和产品特性，综合考虑合规要求、工艺及布局、设施设备选择、产品保护、人员保护、环境控制等方面；
- 人流、物流、容器流及废物流规划，避免可能的交叉污染风险；
- 产品种类数量、生产规模，避免因拥挤和周转等造成差错和混淆风险；
- 存在共线生产时，建立控制策略以避免污染、交叉污染风险；
- 生产设备的工艺水平；
- 洁净级别设置的合理性及控制的有效性；
- 若采用连续制造工艺，考虑其对车间布局的影响。

在本节中，我们将从产品特性要求，人流、物流规划，平面布局设计，工艺技术应用这几方面介绍 GMP 和 EHS 规范在生产区域的实施情况。

B. 产品特性要求

表 1-3 介绍了产品特性对生产区平面布局的影响。

表 1-3　产品特性对生产区平面布局影响一览表

产品特性	风险	平面设计方案优化
爆炸性	系统 / 设备爆炸，人员伤亡或财产损失	遵守国家防爆设计规范和施工规范，降低风险
光 / 紫外线的敏感度	物料、产品特性改变	合适的自然采光和照明设计

产品特性	风险	平面设计方案优化
吸湿性	物料、产品特性改变	采用缓冲间等隔离设施，抑制水汽进入生产区
流动性	物料传输方式影响	垂直传料和水平传料的选择，与此相适应的层高设计
可清洁性	产品交叉污染；频繁的房间清洁	房间装修材料能够忍耐频繁地清洗、冲刷
化学反应能力	侵蚀房间装修材料，频繁维护或更新	房间装修材料能够忍耐化学物的侵蚀
EHS 高风险	对人员造成伤害，受控物料流失，环境污染	采取缓冲间隔离设计，设置安全监控和门禁系统，控制废物的处理，设计排风、过滤系统
高致敏性、高活性及有害等	产品交叉污染；对人员造成伤害，造成环境污染	单独布置与其他产品分开，或者采取连线生产、使用独立专用空调系统、关注有害气体排放及处理、布置单向人流通道等措施

C. 物流规划

物流是指物料货物获取、加工和处理以及在指定区域内分配所有相关业务的联动。具体包括：加工、处理、运输、检测、暂存和储存等。合理的物流规划能够有效消除混淆，提高与其他房间内的其他生产程序的兼容性。

在人流和物流规划中，首先需考虑物流规划，即生产工艺路线。将建筑物内的生产过程，分解成单个步骤并体现在流程图中，每个加工步骤必须分配到设备上，每台设备分配到房间或洁净区里，然后建筑物内的房间或区域分成若干单元反映物料的流动。无论采用何种方式，必须保证所采用的方式不会对药品生产造成不利影响，例如交叉污染、仪器设备复杂致使所需的确认或验证无法有效实施等。

（1）物流规划主要设计原则

● 综合考虑物流路线的合理性和逻辑性，最小化交叉污染。

● 减少物料处理工艺步骤，缩短物料运输距离，避免冗余迂回、往返。

● 物料输送中充分考虑人机工程设计。如：输送管道的直径、提升机规格、合适的走道宽度和门洞尺寸。

● 采取合适的保护措施，避免污染和交叉污染：

  ○ 进入有空气洁净度要求区域的原辅料、包装材料等应有清洁措施，如设置原辅料外包装清洁室、包装材料清洁室，必要时脱除外包装并将物料放置在洁净托板或容器上等；

  ○ 进入非最终灭菌产品生产区的原辅料、包装材料和其他物品，除满足以上要水外还应设置灭菌设施；

○ 生产过程中产生的废弃物出口不宜与物料进口合用一个气闸或传递窗（柜），宜单独设置专用传递设施；

○ 极易造成污染的物料，如部分原辅料，必要时可设置专用出入口。如易与其他物料产生化学反应及交叉污染的物料；

○ 生产操作区内应只设置必要的工艺设备和设施，用于生产、贮存的区域不得用作非本区域内工作人员的通道；

○ 客梯和货梯宜分开设置，不能混用，电梯不能设在洁净区内；

○ 不同洁净级别房间之间联系频繁时，宜设有防止污染的措施，如缓冲间、气闸室、传递窗等。

（2）常见物料输送方式　物料从仓库发货进入车间，到进入车间后按照工艺流程在各工序的流动，以及最终成品或半成品从生产区转运至仓库，均涉及物料的运输和输送。在生产过程中，物料输送是重要环节之一，可将其分为三类：间接输送、直接输送和自动化输送。

● 间接物料输送：传统方法使用物料桶（容器）进行配料及物料传送，是最基本的传料方式。在选择物料桶时，需考量以下方面：

○ 应考虑物料桶的大小/容量是否能与物料量匹配，太大不方便运输，太小则会增加输送次数，进而加大过程风险；

○ 应采取必要的密闭/密封措施，确保传输过程中不泄露；

○ 应考虑装料/卸料过程污染风险，以及容器对物料的影响。

● 直接物料输送：通过固定的连接，如管道、软管、旋管等将设备连接起来，产品通过这些连接从一个设备传送到另一个设备，中间不需要物料桶运输；常见的有重力输送、气动/真空输送、柔性螺旋输送机输送等方式。选择此种输送方式时，需考量以下方面：

○ 应考虑管道的清洁消毒和干燥方式等，以及对产品质量的影响；

○ 拆卸的管道、软管、旋管及相关设备配件应设置专门的区域放置；

○ 软管、旋管及相关设备配件应设置更换周期，期间定期检查，出现问题及时更换；

○ 气动/真空传料：最小化物料传送空间需求，减少运输时间，降低劳动强度，在平层建筑结构即可满足要求，但其清洁消毒、物料隔离等需要更为合理细致的验证方案；

○ 垂直传料：需要高层或者多层的建筑结构设计，优点是减少或避免了生产工序间的操作，不受到生产设备批次能力限制，物料暂存区域设置减少，但其在结构和技术上复杂，在清洁消毒和工艺控制等方面需要更复杂的验证工作（图 1-5）。

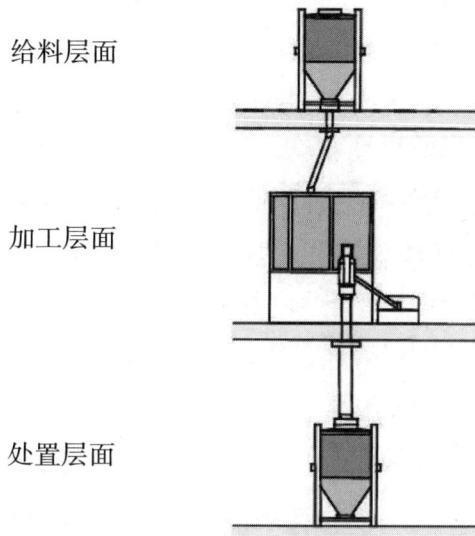

给料层面

加工层面

处置层面

图 1-5　垂直传料示意图

- 自动化传送：
  - 采用 AGV 自动配送生产物料，物流门采用自动门禁识别系统；
  - 采用穿梭车或传送带等方式，实现物料的无人化配送；
  - 建立工厂内物流追溯系统，实现原辅料仓库、车间生产工序、成品仓库物流全过程的物流追溯；
  - 车间内暂存间物料纳入物料状态及数据管理 MES 系统，并与 WMS、ERP 共享现场库存数据。

D. 人流规划

人流规划主要关注人员对产品、产品对人员及生产环境的风险。涉及的人员包括：生产人员、参观人员、维修人员及管理人员等。

从保护产品角度来讲，人流规划需考虑以下几点。

- 应配备人员进入控制系统，如门禁系统，避免未经授权人员进入。
- 应设置人员净化用室（区），包括从室外进入厂房一般区、从一般区进入洁净区以及不同洁净级别区域的进出等。非无菌产品生产和无菌产品生产的人员净化用室的具体设计，以及人员进入一般区、洁净区和无菌区的更衣流程，请参见本分册

"1.5 辅助区 A.更衣间"内容。

- 对不宜同时进／出的区域，可配备气锁间和声光报警系统、互锁装置等。
- 对于特定人流缓冲间，应限制同一时间进出人数上限。
- 生活使用房间，包括休息室、厕所、淋浴室等，可根据实际情况进行设置，宜设置在洁净区域以外，避免对洁净区域造成不良影响。

E. 生产制造区平面布局设计

生产制造区应当有足够的空间，确保设备等的有序存放和生产活动的有序进行，避免不同产品或物料的混淆和交叉污染，避免生产操作发生遗漏或差错。

在生产区平面布局设计中，要综合考虑人流、物流及工艺流的因素，最终确定最佳的生产空间，这不仅有利于管理、减少环境清洁及消毒工作，也有利于节约能源。如必要，也可预留部分扩建空间。

（1）洁净车间设计的技术要点

- 流程布置的逻辑
  - 设计时以生产工艺为主线，各生产功能区尽可能靠近与其相联系的生产区域，减少运输过程中的污染与交叉污染等。如：称量室宜靠近原辅料储存区，清洗室和生产区域靠近设置，包衣液或黏合剂配液间临近包衣和制粒间。
  - 在满足生产工艺和噪声要求的前提下，空气洁净度等级高的洁净室或洁净区宜靠近空气调节机房，空气洁净度等级相同的洁净室或洁净区宜集中布置。
  - 除了生产工艺所需房间外，还需合理设置辅助生产区域的面积（如：休息室、设备维护保养空间）。
- 生产制造区域的空间
  - 工艺设备本身及清洗设备的空间需求。洁净厂房内，应有工作服的洗涤、干燥或灭菌室，并符合相应的空气洁净度要求。应分别设置待清洗设备和容器具的存放区、洗涤区和干燥区或灭菌区。有洁净度要求的设备及容器具，其干燥或灭菌后存放的区域的洁净级别应与使用的该设备及容器的洁净区的洁净级别相同。
  - 应设置与生产规模相适应的原辅料、中间产品、待包装产品、成品暂存区域，并清晰标识各功能区域。
  - 工艺设备支持系统的空间需求。为避免外来因素对药品产生污染，在进行工艺设备平面布置设计时，洁净生产区内只设置与生产有关的设备、设施。其

他支持系统，如空气压缩机、真空泵、除尘设备、除湿设备、排风机等应与
生产区分区布置，防止造成药品污染。

- 空气洁净度要求和净化空调系统
  ○ 合理设置洁净级别，按照产品的需求设置适宜的洁净等级。
  ○ 各区域洁净度应与生产操作要求相一致。洁净室内空气洁净度要求高的工序
    应布置在上风侧，易产生污染的工序或设备应布置在靠近回风口位置。洁净
    级别相同的房间尽可能地结合在一起。相互联系且洁净级别不同的房间之间
    要有隔离和压差控制，以减少污染和交叉污染。
  ○ 在满足生产工艺和空气洁净度等级要求的条件下，洁净厂房内各种固定设施
    （如送风口、照明器、回风口、各种管线等）的布置，应优先考虑净化空调
    系统的要求。
- 产尘操作间防止粉尘扩散、避免交叉污染措施
  ○ 对产尘操作间，包括：干燥物料或产品的取样、称量、粉碎、混合、过筛、
    压片、充填、原料药干燥等，若不能做到全封闭操作，除了设计必要的除
    尘装置外，还应考虑设计缓冲室（气锁间），以避免对邻室或共用走廊产生
    污染。
  ○ 对固体制剂配浆等散热、散湿量大或有机溶剂量大的岗位，除设计通风排湿
    装置外，也可设计缓冲室，避免由于散湿、散热量大，或有机溶剂扩散而影
    响相邻洁净室的操作和环境空调参数。
  ○ 产尘工序宜设置全排风，洁净级别相同的房间尽可能地结合在一起。
  ○ 产尘操作单元的除尘设施应相对一般工序的检查、清理频率更高。
- 人流或物流，更多请参见本小节"C. 物流规划"和"D. 人流规划"
  ○ 功能间不得用作人流或物流通道。
  ○ 洁净区的通道，应保证能直接到达每一个生产岗位、中间体储存间。不应把
    其他岗位操作间或存放间作为物料和操作人员进入本岗位的通道，不应把一
    些双开门的设备作为人员的通道，如双门烘箱。
  ○ 在不影响工艺流程、工艺操作、设备布置的前提下，相邻洁净操作室，可在
    隔墙上开门，开传递窗或设传送带用来传送物料。
- 共线生产设计考虑
  ○ 对于共线生产的厂房设计，应尽量减少空气传播风险。在空调设计方面，使
    用正压缓冲间减少粉尘在不同功能间之间的转移；应有适当的排风或封闭措
    施来控制粉尘和气溶胶在源头或风管中的扩散，选择合适规格的过滤器以确

保丢除空气中的污染物。

○ 不得在同一生产操作间同时进行不同品种和规格药品的生产操作，除非没有发生混淆或交叉污染的可能。同一生产线需分时段生产不同品种和规格药品，应进行充分的风险评估，有明确可执行的防止混淆或交叉污染的措施。

● 对于强致敏性、高活性以及有毒有害等特殊药物，如青霉素类、某些激素类药物，要按生产工艺及 GMP 的要求，其生产设备及净化空调系统应为专用，生产区域或生产厂房应单独布置并与生产其他药品严格分开。

● 连续制造对于车间布局的影响，如在线检测设备的布置。此时，在生产布局上应考虑控制室的设置，并可相应减少半成品存储空间。应考虑大型设备安装和维修的运输路线，并预留设备安装口和检修口。

● 洁净厂房内应少设隔间，但在下列情况下应予分隔：按生产的火灾危险性分类，甲、乙类与非甲、乙类相邻的生产区段之间，或有防火分隔要求者；生产联系少，并经常不同时使用的两个生产区段之间。

（2）典型的口服固体制剂主要生产单元

● 典型的口服固体制剂生产单元包括：粉碎、称量配料、混合、制粒／干燥／整粒、压片、胶囊填充、包衣等，以及辅助生产单元（黏合液配制、包衣液配制、容器和模具清洗、物流走道、过程控制、气锁间等）。如是中药制剂，还有提取、浓缩、收粉等。

● 提取区：中药制剂的浸膏物提取、浓缩通常设置在一般生产区域，要考虑高温、高湿对生产环境、设备设施及人员的影响，提取区域大多宽阔、高大，应考虑清洁操作的便利；收粉通常设置在洁净区域内，要考虑人员、物料进出的便捷；对于药渣的收集、处理应有合适的方案。

● 粉碎区：粉碎经常是开放性操作，粉尘很大，要仔细考虑对产品和操作人员的防护。对高活性物料的粉碎，要在层流罩下或隔离器内进行，以降低产品暴露和人员接触的风险，以及外围一般房间区域的防护级别。在某种情况下，粉碎可以产生可燃性尘粒，对房间造成爆炸风险，需要进行安全分析和风险评估，确定爆炸风险是否存在，必要时要为房间安装防爆门。

● 配料称量区：需根据称量物料的暴露等级，设置专门的称量间，并配备必要的层流罩、手套箱等。控制粉尘扩散并对员工进行保护。处理高危物料的配料区，在房间建筑材料的选择上，要考虑使用坚硬的、可清洁的表面材料，在防护设备出现泄漏时可以对房间进行净化处理。另外在该区域出口可以考虑安装用于员工淋浴的淋浴器，以方便员工在紧急情况下去除污染。必要时，空调系统进行全新风和回风过滤的设计，人流可设计为单向流，进行一次性更衣。

• 制粒区：制粒可以是高剪切或低剪切的湿法制粒（以水或有机溶剂制备黏合剂），或是干法制粒，近几年采用沸腾制粒的方式居多，一般是在密闭的工艺下操作。产品的投料和传送可以是开放的或者密闭的。因近几年大产能制粒机的普及，所以在设计时要考虑层高的因素。因为在产品投料和传送时会产生粉尘，要考虑建筑表面涂料的可清洁性。由于制粒过程涉及粉尘和（或）易燃（爆）的有机溶剂，设备和房间要采取必须的、适当的安全措施。虽然防爆型流化床干燥器的防爆门可水平向外墙开启或者垂直向屋顶开启，提供了平面布局的灵活性，在考虑流化干燥器的定位时，需考虑防爆门的位置。

• 压片/胶囊填充区：粉料会以不同的方式（物料桶提升翻转加料、IBC 直接加料、真空加料、手工加料等）加入到压片和胶囊机上，压片和胶囊机上以及填充区会有暴露的药品粉尘。压片机应配有除尘器，在压片过程中，除尘器应开启，以除去机器上积累的药粉，压片机除尘器的开停应评估是否影响房间的净化空调风量供应，必要时要相配合。建议压片机配备金属检测器和筛片机等，特别是咀嚼片等。输送颗粒的管道应注意其清洁、消毒及烘干，设置定期检查，一旦发现问题及时更换。

需要对药片或胶囊进行检查或片重检测时，检测仪器可放于操作间内部，也可单独设置房间（防止不同批次检测产生混淆），设计该区域时要考虑留出相应的区域，方便进行这些操作。

• 包衣区：如果使用的包衣液中含有机溶剂，要考虑可燃性液体的使用要求，需要进行安全分析和风险评估，以确定配备相应的安全装置。

F. 几种不同的固体制剂厂房平面布置

（1）一层独立平面布置 平面布置指车间生产操作功能间（含 D 级控制区和一般生产区）、辅助功能间、辅机房（空调、除尘、制水、空气压缩机等）全部在同一个楼层的平面进行布置，采用钢结构单层设计的厂房适合采用这种工艺布局。

采用这种布局方法存在以下几个问题：辅机房间设置分散，难以做到集中管理；部分操作功能间的空调、水、电、气、汽输送管道偏长，同一车间相差好几倍，对有压力要求的公用工程末端方面的使用效果影响较大。该方法的最大好处就是节省建筑成本。

（2）二层工艺布置 二层布置是将公用设施布置在二层，工艺设备布置在一层，工艺生产线采用平面布置，按照工艺要求各工序紧凑布局，物流、人流距离最短，避免往返，物流路线顺畅，方便物料运输和生产操作，最大限度地避免人物流交叉，提高生产效率。其次公用管线最短、输送距离相对均衡，动力处于负荷中心，设备维修方便，降低公用工程的能耗。功能分区清晰、便于管理。

这种设计将生产用房、辅助用房、公用工程用房等有机地组合在一起，形成大体量、多功能的设计，保证生产的流畅性和设备维护的便利性，使得工艺更加优化，高效低能。

（3）立体工艺布置　立体工艺布置是包含"封闭系统、标准化容器、重力流动系统、人物分流、生产区域独立、自动化区域、自动化原材料运输、信息系统、计算机化控制生产系统、连续化生产"等多个要素的集成设计。

一般采用三层建筑（图1-6），以重力流跨层密闭转运为主要物流形式，所有物料和产品均在标准化设计的容器和管道中流转，减少洁净生产区面积和人工搬运；同时采用计算机化系统如仓储管理系统（WMS）、生产制造执行系统（MES）等对物料和生产流程进行全过程控制，最大限度地减少交叉污染和人为差错。

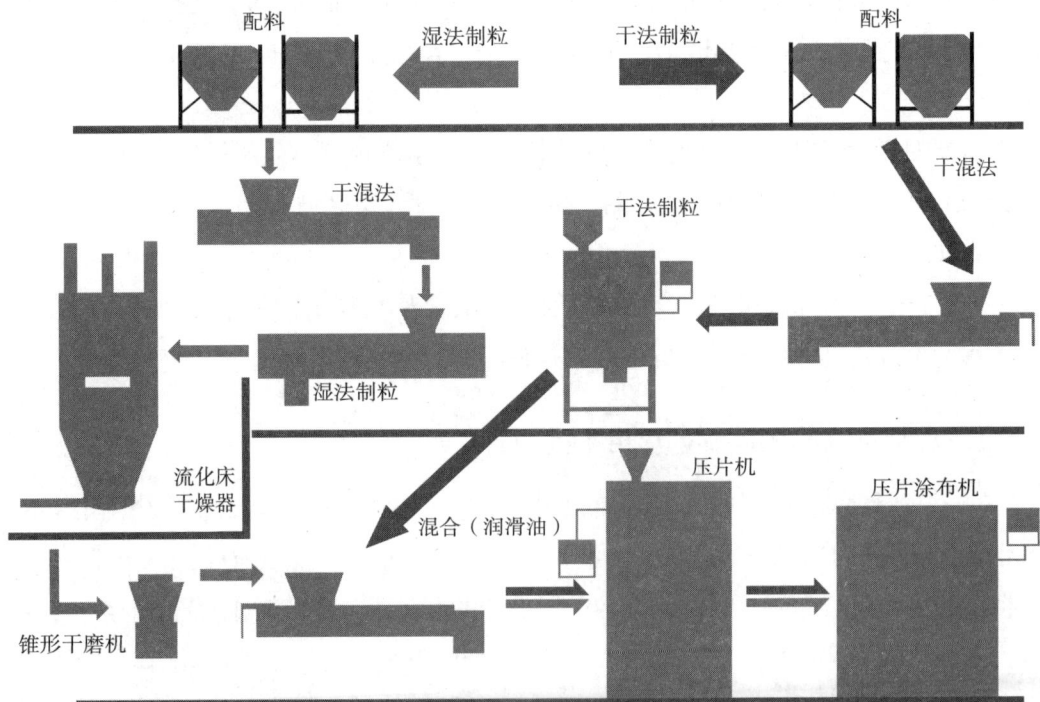

图1-6　立体工艺布置图

（4）多剂型车间设置　固体制剂车间大多存在多剂型车间，就是将常见剂型如片剂、颗粒剂、胶囊剂的生产工艺集成在一个车间，满足多剂型、多品种的生产需求，这种设计充分利用固体制剂部分工序相同或相近，可参考一层、二层、立体的布置方式，主要区别在内包装工艺和内包装形式的不同，可通过设置多个内包装区域以满足需求。

实例分析

【实例5】某企业口服固体制剂生产厂房设计示例

某企业口服固体制剂生产厂房设计时，采用双"U"形建筑设计。

（1）"U"形生产工艺设计（图1-7） 物料按工艺流程从脱外包间（U形的进口）脱包进入，经过缓冲暂存后，进入制粒，通过总混、压片，在包衣（U形底部）转头进入中间站、内包装，从外包装（U形的出口）生产结束。物料、成品从车间同一侧进出，物料工艺运输路线最短，而且为集中设计车间外部物流通道创造了条件，实现了仓储与车间物流路径的最短；人员从车间物流进出口的另一端进入车间，实现人流与物流的隔离。

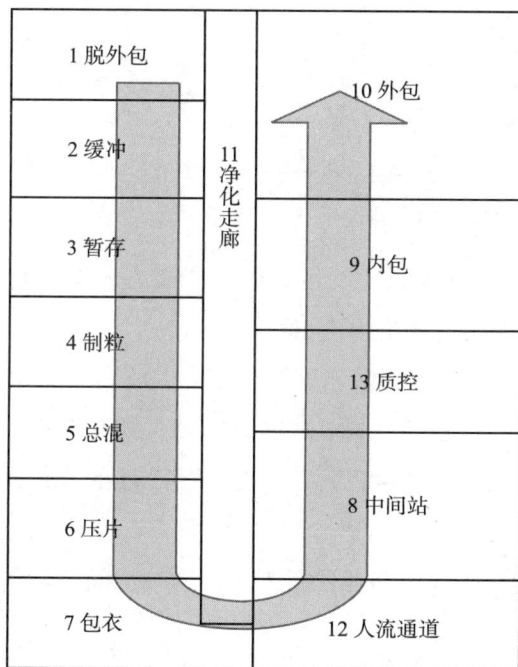

图1-7 生产工艺"U"形设计示意图

（2）生产工艺设备与公用设施上下"U"形连接（图1-8） 在生产工艺设备的垂直上方配套公用及辅助设施，形成"U"形连接，使管道及设施连接路线最短，降低能耗，便于维护。

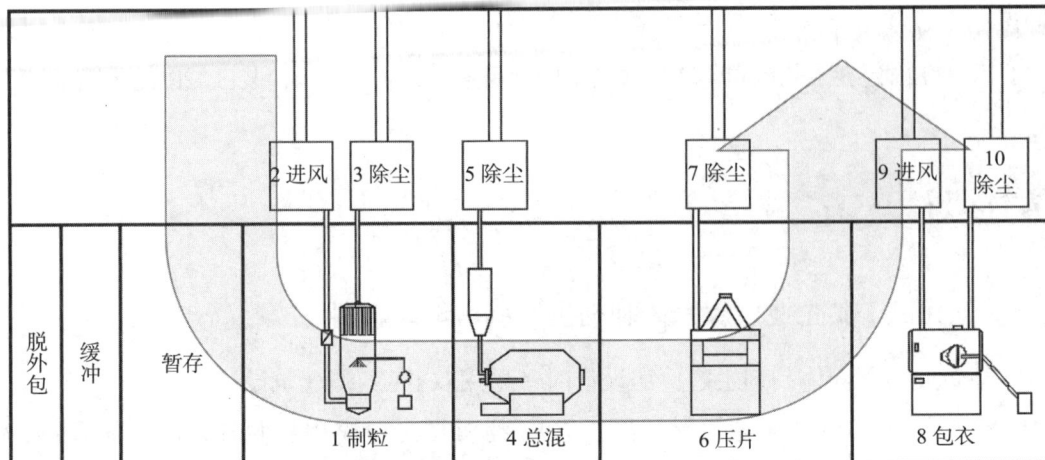

图 1-8　生产工艺设备与公用设施上下 "U" 形连接设计示意图

上述这种双 "U" 形建筑设计将生产用车间、辅助用房、公用工程用房等有机地组合在一起，有利于生产的流畅性和设备维护的便利性。

1.2.2 包装区

实施指导

A. 包装区 GMP 风险分析

大多数生产企业同时具备制造和包装的生产能力，少数制剂生产企业只完成半成品制造，包装后工序转运到其他工厂来完成。

以下 GMP 厂房设施风险在包装车间需要重点关注。

● 混淆：大量半成品、包装材料、成品会同时存放在现场，周转频繁。

● 污染：半成品运输过程产生的污染。包装后工序的外包材对前工序暴露的药品和内包材的污染。

● 交叉污染：包装机头部位存在暴露工序，同一房间不同包装线之间，存在潜在的交叉污染。

● 环境污染：包装前工序和包装后工序连接传送时造成的污染。

针对以上风险，可以通过优化工艺路线和人流物流设计、厂房设施平面布局设计，来减少或消除这些风险。

B. 工艺路线和人流、物流设计

● 对于口服固体制剂半成品从中转库房通过"密闭桶"转运到包装线，翻转提升装置将"密闭桶"通过"快速接头"连接到包装线。

● 固体口服制剂包装形式多为铝塑板包装、瓶装、桶装、袋装，产品工艺路线宜设计为：上料—灌装—封口—贴标—装盒—检验—中包—装箱—封箱—检验。通常封口前称为前工序，封口后称为后工序。

● 前工序洁净级别应与制造区等同，后工序是一般区或保护区，人流、物流不宜穿越前工序和后工序。

● 包装前工序的内包材经取外包装和清洁后，从进料区进入包装线，边角料尽可能设计在机器后部取出，不走回头路。

● 包装后工序人流、物流宜从包装工艺末端进入包装线（区）。

● 内包材不宜与外包材使用同一运输路线。

● 包装前工序进入人员不宜与后工序出来人员走同一通道。

● 液剂、乳膏剂中间体可通过密闭容器周转运输或传料管道直接运送到包装线。

C. 平面布局设计

● 包装车间的设置，宜邻近生产车间和仓储区。

● 包装区域要设置与生产规模相适应的物料暂存空间。

● 每条包装线的宽度和长度要合适，适应包装设备产量、物料布置和人员操作的要求。

● 同一房间不同包装线之间要有隔离措施。

● 对于产品暴露的前工序（内包装）应与装盒、装箱等后工序（外包装）物理隔断，以避免后工序的粉尘污染。如存在连动生产，则应设置相应的缓冲装置及合理的压差，以避免污染前工序环境。

● 如果在内包装与外包装之间没有隔断，则整个包装区域应设置与内包装相同的洁净等级，气流组织应设计为从内包装区向外包装区流动。

● 设置与产品内包装相适应的洁净等级的模具清洗、干燥和存储间。

● 必要时，设置废弃包装材料和不合格包装产品的储存间。

实例分析

【实例 6】某企业口服制剂生产车间物流示例（图 1-9）

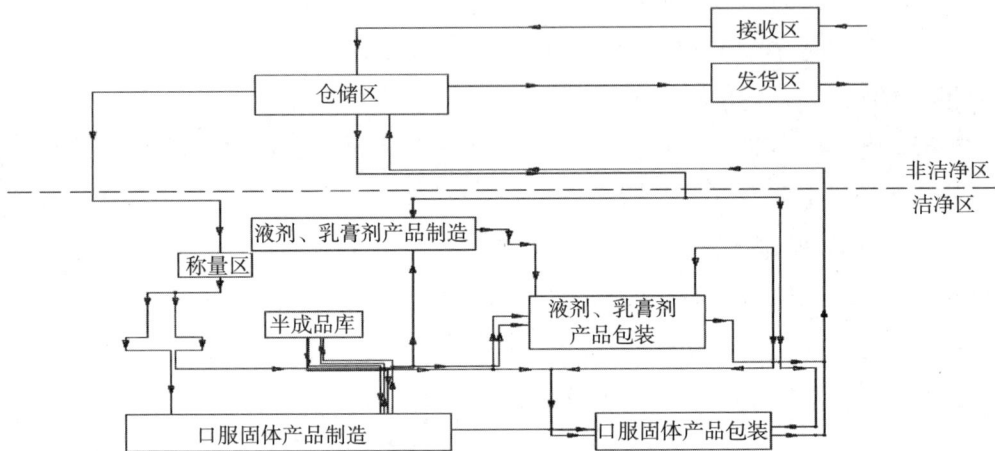

图 1-9　口服制剂生产车间物流图示例

● 仓储区靠近生产区，设于中央通道一侧，仓储区与生产区的距离要尽量缩短，可以方便地将原辅料分别送至各生产区并接受各生产区的成品，减少途中污染。

● 进入生产区的物料和运出生产区的成品其进出口分开设置，在仓储区和生产区之间设有独立输送原辅料的入口和输送成品的出口，有效避免物流中原辅料和成品的交叉污染。

● 物料入口单独设置，并设置缓冲区，物料在缓冲区内清除外包装，传递路线为单向流，其尽量短；物料进入洁净区之前必须进行清洁处理。

● 设置与生产和洁净级别要求相适应的中间产品、待包装产品的贮存间，保证物料分区存放。

● 整个生产流程为单向物流，既有效地减少了交叉污染的概率，又提高了生产效率。

1.3 仓储区

药品生产质量管理规范（2010 年修订）

第四章 厂房与设施，第三节 仓储区

第五十七条 仓储区应当有足够的空间，确保有序存放待验、合格、不合格、退货或召回的原辅料、包装材料、中间产品、待包装产品和成品等各类物料和产品。

第五十八条 仓储区的设计和建造应当确保良好的仓储条件，并有通风和照明设施。仓储区应当能够满足物料或产品的贮存条件（如温湿度、避光）和安全贮存的要求，并进行检查和监控。

第五十九条 高活性的物料或产品以及印刷包装材料应当贮存于安全的区域。

第六十条 接收、发放和发运区域应当能够保护物料、产品免受外界天气（如雨、雪）的影响。接收区的布局和设施应当能够确保到货物料在进入仓储区前可对外包装进行必要的清洁。

第六十一条 如采用单独的隔离区域贮存待验物料，待验区应当有醒目的标识，且只限于经批准的人员出入。

不合格、退货或召回的物料或产品应当隔离存放。

如果采用其他方法替代物理隔离，则该方法应当具有同等的安全性。

第六十二条 通常应当有单独的物料取样区。取样区的空气洁净度级别应当与生产要求一致。如在其他区域或采用其他方式取样，应当能够防止污染或交叉污染。

1.3.1 仓储区 GMP 风险

- 物理空间不足，不利于物料和产品的有序存放，增加差错和混淆的风险；尤其是产品种类、规格繁多，相应的原辅料、包装材料、中间产品和待包装产品、成品数量大的情况。

- 功能区域划分不明确或标识存在不足，不利于物料或产品的入库、贮存和出库等的管理，增加差错和混淆的风险。如未设置不合格区，存在合格物料与不合格物料混淆的风险。

- 仓储区设施的设计和建造存在缺陷，如：不利于维持良好的仓储条件，接收、发放和发运等区域防虫鼠进入、防外界天气（雨、雪）影响的设施不足，未设置去除外包装污染物的缓冲清洁区等。

- 温湿度控制、监控及记录存在不足，如：空调设计不当导致温湿度分布不均匀，温湿度监控记录缺陷等。

- 对于高活性的物料或产品以及印刷包装材料的贮存管理不当。

- 物料贮存、转运、发放过程中因破损造成的污染。

- 采用计算机化仓储管理系统时，计算机化系统宕机或停电等应急管理措施不足，以及计算机化系统验证相关执行情况不足。

1.3.2 仓储区设计原则

仓储区设计的基本需求包括以下几点。

- 通常以仓储需求、贮存条件、GMP 要求三个方面为基础，结合药品生产企业自身的特点（如仓储区建筑面积、建筑结构、仓储容量需求、周转率等），考虑消防、安全性等因素，对仓储区进行设计、建造或改造，以满足国家药品管理法规和安全法规等要求。

- 仓储区设计需要体现规范性、合理性、技术性、先进性、经济性，与储运流程相适应，避免人流、物流的路线交叉，防止混淆和差错、污染和交叉污染等风险。

- 仓储区设计通常还需要考虑满足企业长期发展需求和企业规划。

根据上述基本需求，企业在对仓储区设计时通常需考虑满足以下基本要求，包括但不限于以下内容。

- 仓储区设计应以达到国家消防、安全要求为基础。

- 仓储区设计应以满足《药品生产质量管理规范（2010年修订）》要求为前提。

- 仓储区应有足够的面积和空间，安置设施设备、储存物料和产品、便于人员操作，与生产规模相适应，满足仓储容量需求。

- 仓储区的设计应充分利用仓库面积和空间。

- 仓储区设计应确保和满足物料和产品的贮存条件要求。

- 仓储区的建筑设施、设备布局、设计、维护能够最大限度降低发生差错的风险，并能够进行有效的清洁和维护，以防止混淆和差错、污染和交叉污染等风险，总体而言，应能避免对物料和产品产生不良影响。

- 仓储区设计需要考虑缩短储存物料位置和人员的搬运距离。考虑仓库技术作业程序，有利于提高仓库作业效率。

- 仓储区的设计应考虑运输车辆便于进出。通常进入库区的道路不宜少于两条，以便火灾发生时的安全疏散和尽快扑灭。

- 生产过程中物料储存区的设置应靠近生产单元，面积合适。可分散或集中设置。

- 非 GMP 相关物料（如办公用品、劳保用品、促销用品等），建议和 GMP 相关物料单独设置，减少 GMP 仓库建设规模，降低仓库管理成本。

- 仓库和外界、仓库与生产区交界处应当能够保护物料和产品免受外界天气的影响，其交界处都应有缓冲间，缓冲间进出均应设门，并设互锁，不允许进出门同时开启。

- 仓库应做到人流、物流分开。必要时可在仓库人流入口处设有更衣室等设施。

- 仓储区应有足够的空间用于待验品、合格品、不合格品、退货的存放，每批次物料、产品应当有明确的状态标识，不合格的物料、产品的每个包装容器上均应当有清晰、醒目的标志，对于不合格品及退货物料采用物理隔离方式储存。但如果完全采用计算机化仓储管理系统，物料的状态标识及隔离可以在系统中进行，可以不涉及物料的物理隔离，但需要保证具有与物理隔离同等的安全性。

- 配置合适的空调通风设施，以保持仓库内环境满足物料的温湿度要求。根据产品及物料的贮存条件，选择常温库、阴凉库或冷库等进行贮藏。由于仓库空间较大，宜通过当地最热和最冷季节的温湿度分布验证，确认空调通风设施的性能。

- 在原辅料、包装材料区应设置取样间或取样车。取样装置根据需要装有层流装置、除尘装置等。取样间内取样时通常放一个品种，一个批号的物料，以免混料混淆。仓储区的取样区洁净级别应与生产要求一致。

● 仓库设计一般采用全封闭式，可采用灯光照明和自然光照明，采用灯光照明需满足建筑照明设计标准 GB 50034 要求。仓库周围一般不设置窗户，即便有窗也不允许开启，以防积尘，也防鼠类、虫类进入，如采用自然光照明，窗户应安装窗帘等防晒设施，避免阳光长时间直射物料或产品。有窗部位外面可安装铁栅栏，以保证物品安全。

● 仓库的地面要求平整，尤其是高位货架和高位铲车运作区，要求地面平整。平整度应符合国家质量验收标准，且应满足自动化仓储设备运行精度的要求。

● 高位货架宜采用质量较好的冷轧钢板制作。焊接货架焊接处要求无夹渣、未焊透、未熔合、虚焊、气孔、裂纹、凹坑、咬边、焊瘤等缺陷，表面要进行防锈处理。货架竖立时要求测量其垂直度，其偏差应满足相关规范要求。

● 仓库地面要进行硬化处理，其处理可用环氧树脂、聚氨酯涂层或耐磨金刚砂固化地坪，一般不用水泥地面，尤其用高位铲车运作时，易起尘，难以清洁。

● 仓库内不设地沟、地漏，避免细菌滋生。仓库内应设洁具间，放置专用的清洁工具，用于地面、托盘等仓储设备的清洁。

● 仓库地面结构要考虑承重。高层货架已不再用地脚螺丝预埋件固定，而用膨胀螺栓或化学锚栓固定，装卸均较简便。物料都应堆放在托盘上，宜采用金属或塑料托盘，其结构应考虑便于清洁和冲洗。

● 对于头孢类、青霉素类、激素类产品，由于容易降解和失效，应分开放置，同时宜采用吸塑包装，以免交叉污染。

● 青霉素类和头孢素类用的托盘应分开，不能和一般物料用托盘混用，如要混用，需用清洗剂（如氢氧化钠溶液或氨溶液）清洗，以防交叉污染。

● 对于贮存条件或安全性（特殊的温度、湿度要求或麻醉药品、精神药品、医疗用毒性药品、放射性药品、药品类易制毒化学品）有特殊要求的物料或产品，仓储区应有特殊储存区域以满足特殊要求的物料或产品的储存要求。

1.3.3 仓库分类分区

遵循 1.3.2 仓储区设计原则，本节将从仓库类型、GMP 要求和贮存条件三个方面进行介绍和阐述。

按库房类型仓库可分为：高架库、平面库、多层库、棚库和露天库，仓库分类如图 1-10 所示。

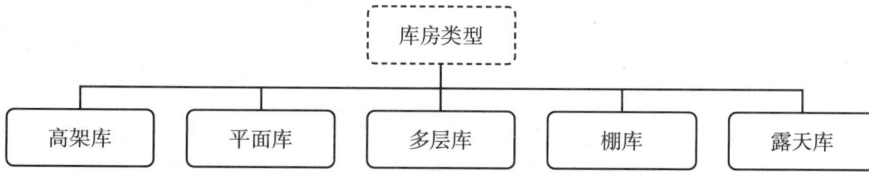

图 1-10　按库房类型分类的仓库

A. 高架库介绍

高架库也称为立体库、高架仓库，一般是指采用几层、十几层或几十层高的货架储存单元物料和产品，用相应的物料搬运设备进行货物入库和出库作业的仓库。目前，自动化立体库一般由高层货架、巷道堆垛机、输送机、控制系统和计算机管理系统等构成，可以在计算机化系统控制下完成单元物料和产品的自动存取作业。高架库的主要特征如下：

- 高架库厂房多为单层、封闭式建筑结构；
- 高架库的货架为多层结构，具有一定高度，一般净高高于 9m；
- 高架仓库主要由托盘、钢结构的高层货架（焊接式、组合式）以及轻钢结构或浇铸混凝土构成的屋顶和墙壁组成。

高架库特别是智能化立体仓库，通常在大型企业运用较多，主要是满足企业规模化生产对仓储容量的需求。智能化立体仓库一般是由自动化立体仓库、立体货架、有轨巷道堆垛机、高速分拣系统、出入库输送系统、物流机器人系统、信息识别系统、自动控制系统、计算机监控系统、计算机管理系统以及其他辅助设备组成，并且还要借助当下最火热的物联网技术，如射频识别（RFID）技术，通过先进的控制、总线、通讯等手段，实现对物料或产品的自动出入库作业。

B. 平面库介绍

平面库为单层、封闭式的仓库，是药品生产企业常用的仓库类型。依据平面库的建筑设施和结构类型，可以储存不同危险级别的物料和产品，所有的仓储技术均可采用；具备日常运作和紧急状态时物流操作的简捷性、目标可达性（即容易存取物料和产品）。平面库的主要特征如下：

- 平面库一般为单层、封闭式建筑结构；
- 平面库一般采用托盘储存物料或产品；
- 平面库的设计高度：对于划区堆垛储存的平面库，一般高度为 4m 左右；对于使用提升叉车或轨道式自动货架储存的平面库，一般高度不超过 9m；

● 平面库叮设计成地面库（仓库地面水平与运输路面水平相同），或带有坡度的仓库（仓库地面水平高出运输路面水平 1~2m）。决定平面库的水平高度的两个主要因素为：进出仓库的运输工具 / 车辆的主要类型和运输设备的结构。地面库便于侧面装卸的运输工具 / 车辆，地面库的优点就是可以从侧面将大体积的货物装载进货车；带有坡度的仓库便于从厢式运输工具 / 车辆或有一定高度护栏的运输工具 / 车辆尾部装卸货物。两种设计的平面库可综合运用，以达到减轻劳动强度、降低操作难度、高效运作的目的。

平面库是药品生产企业普遍运用的一种仓库类型，能够满足一般生产企业对仓储和物料管理的需求和要求。

C. 多层库介绍

多层库从物流和技术安全角度而言，是一种最不可取的仓库类型，主要原因如下：

● 多层库通常为多楼层建筑结构，楼层间采用楼板分隔，其建筑的承重结构使仓储的有效使用面积和仓储技术的使用受到较大限制；

● 物料、产品以及人员在垂直方向的活动需要使用电梯、升降机等设施，使物料和产品的接收、储存和发运等流转效率受到限制，同时也应考虑电梯井的防火措施；

● 除仓库一层外，其他楼层的紧急逃生和消防受限。不利于物资、人员的紧急疏散和消防急救。风险缓解措施包括在建筑上部楼层室外增加露台和紧急逃生梯，用于紧急逃生和消防使用，并避免在地下楼层储存物料和产品。

多层库适用于周转率低的物料和物品储存，如作为档案室、贮藏室和备品备件库使用。也适用于其物料储存楼层与下一步的生产操作活动可直接相连的情况，如用于储存灌装包装材料的楼层和灌装车间在同一楼层并相互连接。

由于多层库存在上述物流和消防安全方面的诸多局限性，药品生产企业新建仓库应慎重考虑使用此种仓库类型。对于这种仓库的使用，为减低物流的局限性，一般将使用频率高、用量大的原料或（和）辅料等物料、成品储存在一层或低层；建议设置备用电梯、货梯或采用其他有效的措施降低设备、设施导致的物料和产品流转受阻，影响常规生产和操作。

D. 棚库介绍

棚库由储存区域和轻质顶棚构成，一面、两面或三面有围墙或矮墙，为半封闭式建筑结构。顶棚可以防止顶部的雨水和光线对储存区的影响，棚库与高架库、平面库、多层库一样，应规定未经授权的人员不得进入。棚库可以设置火灾报警系统，半自动或全自动灭火系统。棚库不适用于储存温度敏感性、爆炸性、与水发生反应以及非防水性材料包装的物料或产品等。棚库一般用于存放贮存条件要求低，塑料或铁质容器包装的物料或产品，需要强调，由于棚库缺少必要的硬件保护措施，有毒、辐射等有特殊管理要求的物料不得使用棚库储存。这种仓库在一些原料药生产企业中可见使用。

E. 露天库介绍

露天库一般在开放式的特定区域内，使用大体积、大容量的储罐储存物料，或储存由塑料或铁质容器包装的物料，露天库一般不建议用于储存成品。该种类型的仓库无法防止雨、雪、霜、冻等自然条件对物料造成的影响，不适用于储存温度敏感性、爆炸性、与水发生反应以及非防水材料包装的物料等。如果储存能够引起水污染的物料，应设有贮液槽或贮水池以防止物料污染的雨水直接排入城市排水系统。有可能需要有喷淋或加热系统或措施以避免物料过热或冻结。露天库一般用于气体、易燃液体等物料的储存，其主要缺点如下：

- 受光线照射而加热物料或产品，可能引起物料或产品破坏；
- 雨雪、霜冻等造成物料或产品破坏；
- 发放或发运前需对外包装进行充分的清洁；
- 导致物料或产品包装破损（例如：腐蚀）；
- 由于腐蚀、雨水等导致包装标识缺损；
- 导致外包装锈蚀，影响销售。

按 GMP 要求仓库可分为：仓储区域和辅助区域。仓储区域通常分一般储存区、不合格品区、退货区、特殊储存区；辅助区域通常分接收区、发货区、取样区、托盘清洗区、办公／休息区。

按贮存条件仓库可分为：一般库、常温库、阴凉库、冷库、有特殊贮存条件的其他库，以及化学危险品库和特殊药品库等。

按 GMP 要求、贮存条件仓库分类相关详细描述参见本丛书《质量控制实验室与物料系统》分册"仓储区设施和设备"部分。

药品生产企业可根据实际情况和需求，选择性进行划分。仓库的分类以上述三种分类方式综合运用较为多见。

实例分析

【实例 7】制药工厂仓库布局示例（图 1-11）

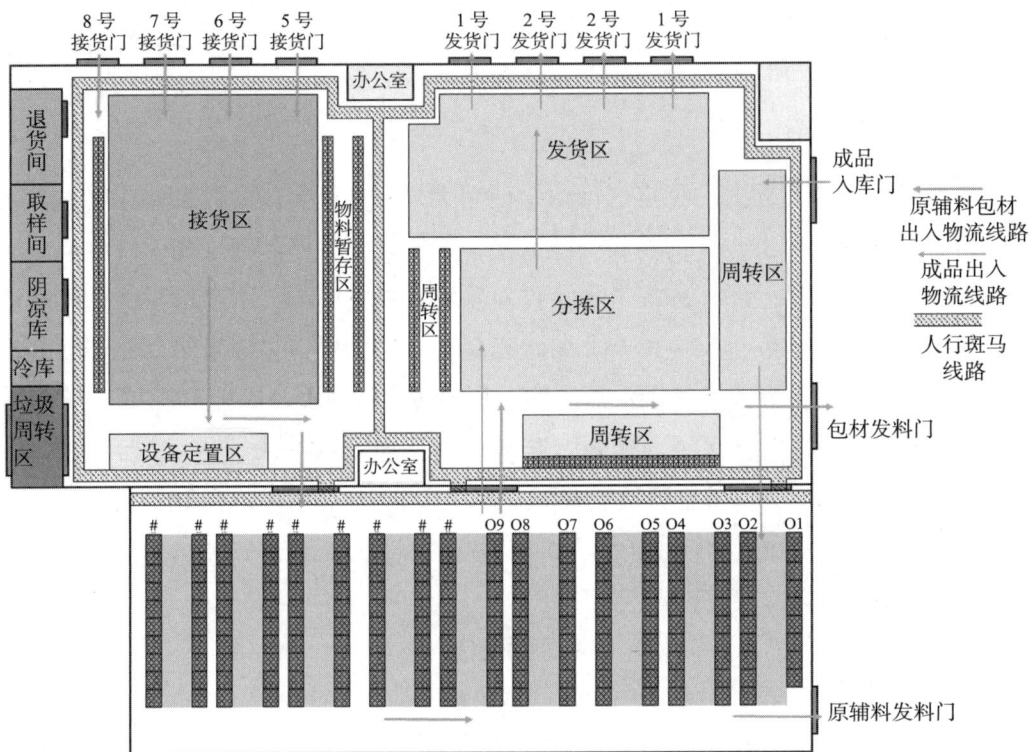

图 1-11　药厂仓库平面布局示例

链接系统

对于仓储区管理的详细描述参见本丛书《质量控制实验室与物料系统》分册"仓储区设施和设备"部分。

1.4 质量控制区

本节内容主要探讨药品生产的质量控制区设计与建造，运行与维护的基本原则。

法规要求 ·

药品生产质量管理规范（2010 年修订）

第四章 厂房与设施，第四节 质量控制区

第六十三条 质量控制实验室通常应当与生产区分开。生物检定、微生物和放射性同位素的实验室还应当彼此分开。

第六十四条 实验室的设计应当确保其适用于预定的用途，并能够避免混淆和交叉污染，应当有足够的区域用于样品处置、留样和稳定性考察样品的存放以及记录的保存。

第六十五条 必要时，应当设置专门的仪器室，使灵敏度高的仪器免受静电、震动、潮湿或其他外界因素的干扰。

第六十六条 处理生物样品或放射性样品等特殊物品的实验室应当符合国家的有关要求。

第六十七条 实验动物房应当与其他区域严格分开，其设计、建造应当符合国家有关规定，并设有独立的空气处理设施以及动物的专用通道。

1.4.1 设计与建造

A. 总体平面布局

制药企业的质量控制区是指质量控制（QC）实验室，其规模和布局可根据企业实际工作量的大小，以及企业生产药品的主要质量控制内容和检测项目进行设置，应与企业的检验要求和业务量相适应，并满足各项实验需要。

根据 GMP 中的相关要求"质量控制实验室通常应与生产区分开"，制药企业质量控制区的设置通常应与生产区相对独立，但考虑到企业生产中的实际效率和管理，如取样的方便，质量控制区又不应与生产区太远。

依照以上原则，企业总体平面布局中质量控制区的设置有如下建议：

- 质量控制区可与生产区位于同一建筑物内，分区设置；
- 质量控制区位于独立的建筑物，但临近生产区。

B. 建筑布局

因制药企业的规模、仪器设备的水平、检测的方法、企业管理制度、操作习惯等不同，每个企业质量控制区的建筑布局也会不同，而且随着法规的发展，药品的质量检验也在不断引进新方法、新技术以及先进的仪器设备，对质量控制区的布局要求也在不断地提高。

考虑质量控制区会放置大量精密仪器设备以及未来发展的灵活性，从建筑设计的角度建议采用钢筋混凝土框架式结构，使建筑既有良好的抗震性能，又能方便未来改造。根据实验室建筑的具体情况以及考虑到节能的要求，实验室的净高建议为2.5~3.0m，其技术夹层的高度可根据所需空调形式及结构形式来决定。考虑到质量控制实验室涉及高压灭菌锅、培养箱等大型设备，如设置在二层或二层以上楼层的还应根据设备重量准确计算建筑楼面载荷，以确保安全。

C. 功能布局

质量控制实验室应有足够的空间以满足各项实验的需要，每一类分析操作均应有单独的、适宜的区域，设计中根据产品检验的实际需求，建议遵循布置原则：干湿分开便于防潮、冷热分开便于节能、恒温集中便于管理、天平集中便于称量取样。一般包括以下主要功能房间或区域。

- 样品的接收/贮存区
- 试剂、标准物质的接收/贮存区

质量控制区内可设置独立的试剂存放间，试剂存放间的设计应满足相关化学品存放要求，对于易燃、易爆试剂的存放应符合相关安全规范，并有防爆和防止泄露的设施。从安全的角度考虑，质量控制区内所设置的试剂存放间内所存放的化学品能满足日平均使用量即可，不宜存放大量化学试剂。大量的化学品应储存在专门独立的房间或建筑物内。试剂存放应该具备良好的通风设施，普通化学试剂和毒性化学试剂应分开存放。对照品或标准品、基准试剂应按规定存放，并有专人管理，使用及配制应有记录。有温湿度储存要求的场所应有温度、湿度监测装置。

- 清洁洗涤区

用于实验用器皿（如试管等）的清洗；清洁洗涤区的设置应靠近相关实验室，便于容器的送洗和取用。

- 特殊作业区（如高温实验室）

高温实验室可根据企业质量控制区的实际情况设置，用于放置干燥箱、烘箱、马弗炉等高温设备的房间，一般应远离试剂存放间及冷藏室，房间设置温感、烟感报警器，并设置机械排风。高温实验室内存放的烘箱、马弗炉等高温设备，应考虑到散热和安全，高温设备离墙应有一定距离，建议不得少于15cm。

- 留样观察室

质量控制区中设置留样观察的场所。包括原辅料、包装材料及成品的留样，其场地应能满足留样的要求，有足够的样品存放设施，有温湿度监测装置和记录，可分开、分区设置，室内应注意通风和防潮设计，有阴凉贮存要求的还应设置阴凉室。留样观察室的存放条件与产品规定的储存条件一致，设计需考虑可放置监测温度、湿度的相关装置。留样观察室主要有常温留样观察室、阴凉留样观察室、冷冻（冷藏）留样观察室。建议设置在人员走动较少的区域，阴凉留样观察室、冷冻（冷藏）留样观察室设置时从节能考虑应避免日晒。

留样观察室其储存条件与物料或产品储存条件相同则也可放置在仓储区，并采取适当的隔离措施。

加速/长期稳定性考察室宜与留样观察室分开设置。进行加速/长期稳定性考察宜采用恒温恒湿考察室或考察箱进行样品贮存。采用考察箱的，所用房间满足一般区域要求即可。

● 分析实验区（包括化学分析、仪器分析）

分析实验室建议具备必要的通风设施和避光设施，对于某些仪器建议安装局部通风设施。

①分析实验室的设施：实验台应防滑、耐酸碱、表面易于清洁，且具备一定的缓冲作用，不易引起玻璃容器的破碎。

考虑健康安全方面的影响，通风橱内部不宜设置电源插座、开关，使用有机溶剂的还应该配备防爆电机和开关，在正常使用位置通风橱的面风速 > 0.5m/s。为保证使用的安全性，通风橱宜设置风速实时显示面板。

洗刷池应耐酸碱，表面易于清洁。

②化学分析实验室：化学分析实验室是对原料、中间产品、成品进行化学测试和检验、试剂配制、滴定分析等的工作场所，是主要的分析检测场所，占地面积可相对较大。为了方便操作，建议与天平室、仪器室等邻近。

③仪器分析实验室：仪器分析实验室通常包括普通仪器室、精密仪器室等。各室可根据企业检验需要进行设置，应尽可能远离振源、高温，并靠近化学分析实验室，仪器的布局应与内部设施和仪器的要求相适应，其空间能满足仪器摆放和实验空间的需求。对于某些需要使用高纯度气体的仪器，建议设立独立的气体存储间，并符合相关安全环保规定。标定间的温湿度应与实际实验温湿度相一致。试验时的温度，未注明者，系指在室温下进行。

普通仪器室：主要放置溶出仪、pH 计等。

精密仪器室：由于高灵敏度仪器（如红外光谱仪、原子吸收光谱仪、液相色谱仪、气相色谱仪、紫外分光光度计等）易受静电、振动、潮湿或其他外界因素的干扰，建议设置独立实验室，应远离振源，防止气流和磁场干扰，为方便使用建议布置在质量控制区的中央，天平台要牢固防振，并有适合的高度与宽度，室内要干燥明亮。

● 微生物实验室

微生物实验室一般由微生物检测室及相配套的培养间、准备间、清洗间、灭菌间等构成。因为无菌室（或半无菌室）是洁净区域，人员出入应设置更衣及缓冲间，物料或物品出入也应设置缓冲间（或传递窗），培养皿、培养基等均需进行灭菌方能进入。无菌室在能直接被外界观察到的地方，建议设置观察窗，方便对操作人员操作安全性进行观察。微生物实验室同时还应设置配套的培养间、准备间、清洗间、灭菌间等。微生物实验室需考虑消防逃生要求。可以考虑使用双向开启门，需充分考虑门的密封性；也可采用单向开启门加经密封处理过的逃生门组合。

①微生物检测室：微生物检测室是进行微生物学质量检测的场所。微生物检测室一般应包括无菌检查室、微生物限度检查室和阳性对照室、生物效价室等，有洁净级别要求的实验室应与其他实验室分开设置，有独立的人员进出通道和物料进出通道，独立的空调系统。检测室的内部应简洁无杂物，易于清洁和消毒。对无菌制剂及非无菌制剂的微生物检测，如：注射剂、眼用制剂、口服固体制剂、口服液体制剂、外用制剂等应在 B 级背景下的 A 级单向流洁净区域完成，或在 D 级背景下的隔离器中进行；微生物限度检查实验应在不低于 D 级背景下的生物安全柜或 B 级洁净区域进行。

②微生物准备间：准备间应有足够的空间放置高压灭菌器和其他压力容器，并与无菌操作间之间应有传递窗等相连的物流通道。

③微生物灭菌间：为避免物流交叉污染，应设置独立灭菌间，废物处理与培养基的准备应有物理上的隔离。

- 实验动物房

实验动物房布局应与其他区域严格分开，其设计、建造应符合国家有关规定。

实验动物房内的设施应符合国家有关规定，应有独立的空气处理设施以及动物专用通道。

实验动物的饲养、实验、清洗、消毒、废弃物等各室应分开。

- 标本室

标本室宜设置为独立房间，实行专人管理，确保标本档案的安全储存；房间温湿度应与标本存储的要求一致。除另有规定外，标本室宜通风良好、避免潮湿、避免阳光照射；标本应排放整齐、分类清晰、各标本之间宜有适合的空间，避免挤压；并确保安全、防火及防盗。

- 办公室

质量检验中涉及大量文件记录，检验人员可在实验室现场记录，也可设置独立办公室，如设置独立办公室建议靠近相关实验室，便于检验人员在做实验的同时进行相关文件记录。

- 人员用室

例如更衣室和休息室，更衣间每人使用面积推荐不小于 $0.6m^2$，应设置更衣柜及换鞋柜。

- 其他辅助功能区

①气瓶间：气瓶间是存放质量控制区检验等操作所必需的氢气、氧气、乙炔等压缩气体钢瓶的场所。气瓶间内应保证阴凉，气温不宜超过 30℃，远离火种、热源。

防止阳光直射，且该房间的位置应便于日常气体的更换。气瓶间设计应符合国家相关安全法规的要求，必须考虑防爆，室内通风良好，其顶部或上部设气窗或排气孔，排气孔应朝向安全地带。

惰性气体钢瓶可与其他气体钢瓶同室放置，易燃易爆气体钢瓶与助燃气体钢瓶不能同室放置。气瓶间须考虑通风及电气防爆，原则上不允许设计安装插座。惰性气体、氧气的钢瓶室内，要安装换气扇，并安装氧气检测探头。

②毒性化学品存放间：毒性化学品存放间是存放高毒性化学品的场所，根据相关法规要求应独立设置，有单独的门禁装置，房间内设置专柜双人双锁储存，并建立严格的入库、出库和使用记录。存放间存储的化学品满足日常用量即可，大量的化学品存放于相应要求的仓库内。

③公用设施辅助功能区：主要指质量控制区所属的空调机房、配电室、管道井等辅助区，应注意辅助区不得与质量控制区相互污染和相互干扰。空调机房的设置，在保证没有相互污染和相互干扰的情况下，从节能的角度，应尽量考虑就近设置，可缩短送回风管路。管道井的设置，有排风要求的房间尽量集中、对齐布置，以便管道井的设置。

④应急冲淋器及应急洗眼器：经常使用强酸强碱、有化学品烧伤危险的实验室，在出口就近处建议设置应急喷淋器及应急眼睛冲洗器。数量可根据实验室面积大小设置，对于单走道两面布置的质量控制区，可在走廊的合适位置设置立式应急喷淋器及应急眼睛冲洗器。

D. 布局技术要求

• 质量控制检验、留样观察以及其他各类实验室通常应与药品生产区分开设置。

• 阳性对照、无菌检查、微生物限度检查和抗生素微生物检定等实验室，以及放射性同位素检定室等建议分开设置。

• 无菌检测实验室应在 B 级背景下的 A 级单向流洁净区域完成，或在 D 级背景下的隔离器中进行；微生物限度检查实验应在不低于 D 级背景下的生物安全柜或 B 级洁净区域进行；阳性对照试验和抗生素微生物检定试验应根据所处理对象的危险程度分类及其生物安全要求，在相应等级的生物安全实验室内进行。各微生物实验室应根据各自的空气洁净度要求，设置相应的人员净化和物料净化设施，并应有效避免互相干扰。

• 有特殊要求的仪器建议设置专门的仪器室并有相应的措施。

• 原料药中间产品质量检验对环境有影响时，其检验室不应设置在生产区内。

● 实验室动物房应与其他区域严格分开，并应具有独立的空气处理设施和动物专用通道。

● 称量间宜设为独立房间，摆放称量的台面应坚固稳定，抗振性能良好；且房间温、湿度应相对恒定；如有必要，称量间宜设置缓冲间，缓冲间温湿度及压力应与称量间一致，以防止空气流动对称量准确性的影响；称量间周边房间不宜有振动、高温、强磁等对称量准确性有影响的设备。称量间送、回风口宜尽量远离称量工作台。

● 既有建筑改造为质量控制区时，应对原有建筑进行结构验算，并仔细检查原有结构，对原结构中出现的裂缝或缝隙应采取措施进行加固和密封。

实例分析

【实例 8】质量控制区总体布局示例（图 1-12）

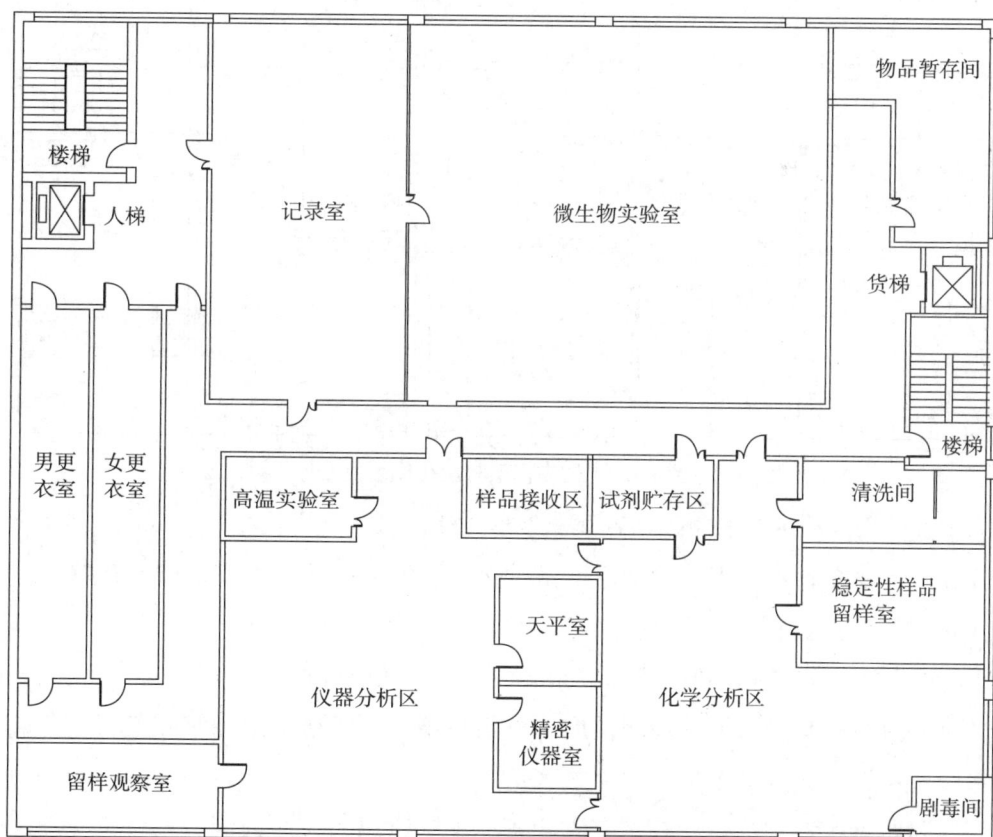

图 1-12 质量控制区总体布局示例图

①质量控制区按使用功能布局明确；

②有独立的精密仪器实验室；

③烘箱、马弗炉等高温设备放置在独立的高温实验室，远离试剂存放和冷藏室，且有物理隔断；

④人流、物流分开，减少了交叉污染，人员从左面人员通道出入化学、仪器、微生物等实验室，物料从右面物料通道出入化学、仪器、微生物等实验室；

⑤不仅有一个试剂贮存区，用于贮存普通化学制剂，而且有单独的有毒化学品储存间。

【实例9】微生物实验室布局示例（图1-13）

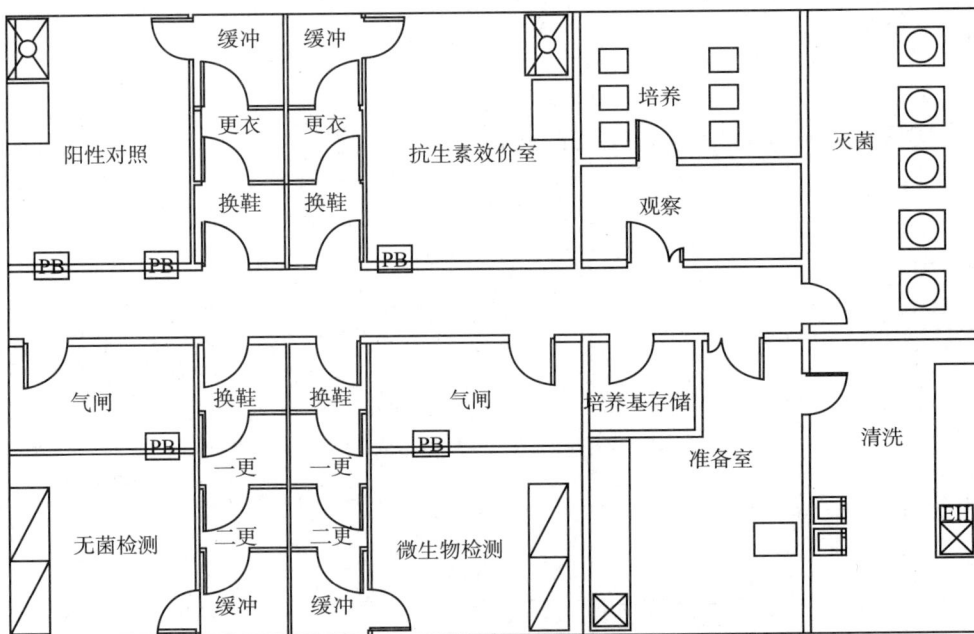

图1-13 微生物实验室布局示例图

①微生物实验室基本功能区齐全，分布合理；

②微生物实验室中无菌检测室、微生物检测室、阳性对照室、抗生素效价室等有独立的更衣及缓冲间；

③微生物实验室中清洗、准备、培养、灭菌等功能区独立明确；

④无菌检测室、微生物检测室应与外部环境形成正压，阳性对照室、抗生素效价室应与外部环境形成负压；

⑤阳性对照室、抗生素效价室宜配备单独的空调系统。人流、物料应分开，避

免交叉污染，物料传递宜采用单向流。如实在空间受限，使用传递窗传递物料后需消毒。

1.4.2 运行与维护

A. 设施维护总体要求

● 质量控制区的设施维护范围包括但不限于建筑／房间（墙壁、隔离物、地面、天花板、门窗等）；与公用设施连接部分（流体出口阀门、空调出风口、电气照明灯具、插座、门禁控制面板等）；足够的人机工程设施或安全设备（货架、水池、紧急洗眼器等）。

● 质量控制区的设施维护包括但不限于维修管理，设施可靠性和外观检测，设施管理、清洁、消毒，虫控管理等。

● 质量控制区如设置更衣间，更衣间设施必须清洁，并备用洗手、消毒和干燥用品（一次性纸巾、干燥器）并配备清洁用水。

● 质量控制区设施需设置工厂进出控制系统，仅授权的员工允许进入指定区域。

● 质量控制区设施需要定期进行资产确认及监控。至少包括关键报警及报警趋势，维护和校验趋势，日常巡检／资产检查，资产相关偏差，分析数据（设施公用系统监测及环境检查），资产变更，设施使用（预防交叉污染，空气平衡，过滤，物料流等）。

● 质量控制区设施的退役。当 GMP 厂房计划不再使用需拆除时，需要执行 GMP 厂房退役流程。

B. 设施维护管理要求

● 质量控制区设施需根据实际制定相应检查策略：在任何时刻的随机检查，即任何人发现不符合期望要求的缺陷都需要汇报给相应责任人。按生产日常活动或维修计划的例行检查，即相关维修人员根据文件要求在日常工作中执行。停产检修前的周期性检查，即相关规定人员按规定的频率执行。所有的发现项都需要有记录，便于后续的追溯。

● 质量控制区设施的检查点接受标准：需根据各自生产特点，制定相应切实可行的验收标准。包括但不仅限于：墙、顶、地面、视窗、门、灯具、家具、洁具、标签和标识。

● 质量控制区设施维修时，各主材、辅材需得到各相关部门的确认。维修／改造完成后，需完成相应的调试和确认。

● 质量控制区设施的发现项需要根据活动或有关房间环境中微粒和微生物污染的可能性及区域洁净等级、活动 / 材料的接近程度、观察缺陷程度来确定发现项的关键程度，从而决定措施的优先级。

● 质量控制区设施的发现缺陷的定级建议分为三个风险等级（高、中、低）。高风险指对产品或环境有污染的风险，影响功能或对整体外观有明显的影响，则需要立即通知相关责任人，评估影响，执行维修活动。中风险指对产品或环境污染有限，如果不立即改正，可能在未来对质量和环境产生影响，需要根据相关责任人的决定尽快完成维修活动。低风险指不太可能对活动或环境产生污染，行动项在停线检修期间执行。

链接系统

质量控制区的洁净等级、气流组织、压差控制和温湿度控制参见本分册"空调净化系统"部分。质量控制区的管理要求参见本丛书《质量控制实验室与物料系统》分册。

1.5 辅助区

法规要求 ....

药品生产质量管理规范（2010年修订）

第四章　厂房与设施，第五节　辅助区

第六十八条　休息室的设置不应当对生产区、仓储区和质量控制区造成不良影响。

第六十九条　更衣室和盥洗室应当方便人员进出，并与使用人数相适应。盥洗室不得与生产区和仓储区直接相通。

第七十条　维修间应当尽可能远离生产区。存放在洁净区内的维修用备件和工具，应当放置在专门的房间或工具柜中。

实施指导

　　辅助区包括多个功能间（区域），如更衣间（含人员气锁间）、物料转运（含气锁间）、休息室、盥洗间、维修间等。休息室的设置不应当对生产区、仓储区和质量控制区造成不良影响；更衣室和盥洗室应当方便人员进出，并与使用人数相适应，盥洗室不得与生产区和仓储区直接相通；维修间应当尽可能远离生产区，存放在洁净区内的维修用备件和工具，应当放置在专门的房间或工具柜中。换鞋、存外衣、盥洗、厕所和淋浴等生产辅助房间，应采取通风措施，其室内的静压值应低于洁净区。

A. 更衣间

进入制药工厂内一般区、洁净区和无菌区的人员更衣设施，应根据生产性质、产品特性、产品对环境的要求等设置相应的更衣设施。更衣室应提供更衣区域和设施供人员存外衣，换鞋、洗手（消毒）、更换洁净工作服等。

更衣设施须结合合理的更衣顺序、洗手（消毒）程序、洁净空气等级和气流组织及合理的压差和监控装置等来满足净化更衣的目的。

更衣室的通用要求如下。

● 更衣间的大小与同时需更衣的人员数量相适应。

● 更衣间不能用于运送产品、物料或设备。

● 无菌更衣间应按照气锁方式设计，使更衣的不同阶段分开，尽可能避免工作服被微生物和微粒污染，更衣室应有足够的换气次数，更衣室后段的静态级别应与其相应洁净区的级别相同。气锁间两侧的门不应同时打开，可采用互锁系统，防止两侧的门同时打开。气锁两侧门建议采用相互可视或配备指示装置的方式提示操作人员是否可开启气锁门。

（1）总更衣间（区域） 通常人员进入制药工厂区或车间内，首先会有第一次更衣，即从室外区进入一般区或保护区的更衣。也称为总更衣。

总更衣的目的是为员工从室外区进入一般区进行缓冲，将生活用品留置于总更间，使员工在一般区的操作活动符合质量安全的要求。

人员从厂区室外环境进入厂区内一般区环境，人员在总更衣间脱掉外衣和鞋子，更换统一的工衣和工鞋，通常在总更衣间设置衣柜、每位员工均有专用的衣柜，脱换外衣和鞋子可在一个区域内依次进行。总更衣间没有空气洁净度的要求，但保持总更衣间的通风干燥和干净是必要的。总更衣后，人员可进入一般区，如外包装区、储存区等。

（2）进入洁净区的更衣 通常人员进入洁净区有两种途径。一种途径是经过总更衣后从一般区经生产车间第二次更衣后进入洁净区，另一种途径是从室外区不经过总更衣而经生产车间更衣后直接进入洁净区。

进入洁净区的更衣的目的：

● 保护产品不受操作人员的污染，如操作人员的皮肤、头发；

● 保护产品不受洁净区外部环境的污染，主要污染源来自工作鞋、衣服、洁净室室外空气的进入等；

● 保护操作人员不受产品影响；

● 减小不同物料和（或）产品之间的交叉污染，防止在离开洁净区时带出吸附在衣服上的产品和物料。

更衣室通常分为两个区域，非洁净更衣区和洁净更衣区，人员在非洁净更衣区脱下外衣和鞋子，洗手或消毒后，进入洁净更衣区，更换洁净衣后，进入洁净生产区。

经过总更衣后从一般区经生产车间第二次更衣后进入洁净区。更衣室的这两个区域，可以设置在一个房间内，分两个区域设计。更衣室两侧门互锁（相当于气锁间）。房间内气流从洁净更衣区流向非洁净更衣区，然后直接排放室外，不回风。气流方向按梯度设计从洁净生产区，到洁净更衣区，再到非洁净区更衣区，再到室外，该房间（气锁间）的两侧压差大于 10Pa（注意是更衣间两个门之间的压差）。

从室外区不经过总更衣而经生产车间更衣后直接进入洁净区。更衣间应设置为两个房间，第一个房间为非洁净更衣区，更换外衣（鞋）和洗手；另一个房间为洁净更衣区，更换洁净衣等，第二个房间两侧门互锁，房间（气锁间）的两侧压差大于 10Pa，气流方向按梯度设计从洁净生产区，到洁净更衣区，再到非洁净更衣区，再到室外。更衣室的两个区域应分别设置更衣柜（架），更衣柜和存放更衣柜的房间的空间应足够大，更衣柜顶部应与房间吊顶相连接或设计为斜面，更衣柜内宜通风。

更衣室的两个区域应设置必要的镜子，标志和图示以确保人员能正确着装。

更衣室的两侧门应设计为互锁，但这种互锁在火灾报警时应自动禁用。

在多品种同时生产时，依据产品种类和活性需要，可在每个操作间设置气锁间；人员进出应有必要的防止交叉污染的措施，如更换鞋套等。若在洁净区内，需要设计一个专门区域，专用于生产某个或某类特殊产品（如高活性物料、涉及特殊的有机溶剂、特别的湿度要求等，其生产方式可为单一产品生产或阶段式生产），可为进入该区域设置额外的更衣间。

对生产青霉素等高致敏性药品、某些甾体药品、高活性药品及有毒害药品人员的更衣室，应采取防止有毒有害物质被人体带出的净化措施，如分别设置进退两个更衣室，人员进入时，洁净更衣间采用正压气室，防止生产区内的活性物料或产品流进更衣室；人员退出时，在另一更衣室可以先雾淋，然后再脱衣，并采用负压气室，防止附着在衣物上的活性物料或产品流出更衣室。

（3）进入无菌区的更衣 无菌区是无菌产品的生产场所，进入无菌区的更衣要求与进入一般区和洁净区的更衣要求有一定的不同，其目的是保障产品的无菌性。无菌更衣无论在更衣设施的设计，还是无菌服装材质和款式的设计、更衣程序、空调洁净度及气流组织等各个方面都有最高的要求。

　　无菌更衣设施的设计是更衣程序的硬件保证，起着极其重要的作用。在无菌更衣设施的设计上国内外已有以下共识和实践：进入和离开无菌区宜采用不同路线通过更衣室，避免对无菌环境和无菌衣的污染；无菌更衣室后段的静态级别应与其相应洁净区的级别相同。

　　进入无菌区的更衣通常有以下两种途径：人员从一般区先进入 C 级区，再从 C 级区进入无菌区；人员从一般区一次性进入无菌区。

　　第一种途径：人员从一般区先进入 C 级区的更衣程序（仅供参考）。

- 从一般区走廊进入更衣间（人员已经穿上了统一的工服）；
- 在更衣间内非洁净区去除所有外衣（如裤子、衬衫等），将其放入个人更衣柜；
- 洗手（可用饮用水洗手）；
- 跨过隔离凳，同时穿鞋套或更换 C 级区内使用的专用鞋；
- 穿上连体洁净服装（清洁但不是无菌）；
- 戴上头套和口罩；
- 洗手或消毒（非水性的洗涤或消毒剂）。

　　从一般区到 C 级区，可在一个房间的两个区域中完成上述操作（欧洲工厂多见），亦可在一个房间完成上述 1~4 步操作，在另一个洁净房间完成上述 5~7 步的操作。

　　从 C 级区到一般区，与上述操作程序相反，逆向离开这个区域。

　　C 级区的服装通常可在一个班次或一天内，重复使用，在洁净更衣侧，通常设置挂衣架。

　　无菌区操作人员再从 C 级区进入无菌区。

①从 C 级区进入 B 级区，典型的更衣顺序如下（仅供参考）。

- 脱去 C 级区穿的外衣、头套、口罩和鞋（除了必需的基本内衣）；
- 戴上新的洁净头套；
- 手消毒（无水消毒剂）；
- 穿上专用内衣（清洁但非无菌）；
- 穿上洁净鞋子；
- 跨过隔离凳或通过房门进入无菌更衣区；
- 戴上第一层无菌手套；
- 戴上无菌头套和口罩；
- 穿上连体无菌服装；

　　◦ 穿上无菌靴（鞋）套；

　　◦ 带上眼镜或护目镜；

　　◦ 在镜子前检查穿戴；

　　◦ 手消毒（无水消毒剂）；

　　◦ 戴上第二层无菌手套；

　　◦ 手消毒（无水消毒剂），进入无菌区域。

　　②上述更衣操作可在一个房间的两个洁净区域内完成（欧洲工厂多见），也可在两个房间内分别完成。

　　③更衣间非洁净区和洁净区两侧均不设水池洗手。无菌外衣仅一次性使用，洁净内衣可多次使用但仅限于一天内使用。

　　第二种途径：无菌区操作人员从一般区一次性进入无菌区。

　　①更衣通常从一般区到洁净区，再到无菌区。

　　②典型的更衣顺序如下：

　　◦ 脱外衣、头套、口罩和鞋等（除了必需的基本内衣），将其放置到个人更衣柜；

　　◦ 戴上新的洁净头套；

　　◦ 洗手（可用水洗，也可用无水清洗）；

　　◦ 进入第二个房间，洁净区更衣；

　　◦ 穿上洁净鞋子；

　　◦ 穿上洁净内衣；

　　◦ 手消毒（无水）；

　　◦ 跨过隔离凳或通过房门进入无菌更衣区；

　　◦ 无菌更衣（同以上从 C 级区进入无菌区的程序）。

　　③上述更衣操作可在两个房间的两个洁净区域内完成（第一个房间为一般区到 C 级区，第二个房间为 C 级区到 B 级区，欧洲工厂多见），也可在三个房间内分别完成（第一个房间为一般区，脱衣脱鞋等，洁净送风；第二个房间为 C 级区，洁净更衣；第三个房间为 B 级区，无菌更衣）。

B. 盥洗室

　　盥洗室（厕所、淋浴室）可根据需要设置，应当方便人员安全使用，而且不得对生产带来不利影响。

　　• 盥洗室不得与生产区及仓储区直接相连，要保持干净，通风，无积水。盥洗室应根据实际使用情况提供足够的洗手消毒和干燥设施。

- 盥洗室应方便人员出入，面积与使用人员数量相适应。
- 盥洗室必须设置在洁净更衣室外，设计时需考虑员工使用方便。
- 若采用人员从室外区直接进入洁净区时，通常应单独设置一个脱外衣和脱鞋的房间，盥洗室也可设置在人员脱外衣间的区域内，与之相连，应采取必要的防污染措施，如设置缓冲间、除湿、排风等。
- 淋浴室一般可设置在总更衣间区域内，与之相连，做到干湿分离。厕所一般设置在总更衣间后的一般区内，方便外包装区域和仓储区人员进出，设计厕所时应采取必要防污染措施，如设置缓冲间、除湿、排风等。

C. 物料进入洁净区

各种物料在送入洁净区前必须经过净化处理，有的物料只需一次净化，有的需二次净化。若一次净化不需要室内环境的净化，可设于非洁净区内。二次净化要求室内具备一定的洁净度，可设于洁净区内或与洁净区相邻。物料路线与人员路线应尽可能分开，如果物料与人员只能在同一处进入洁净厂房，也必须分门而入。

应防止原辅料、内包装材料、器具等可能对洁净区产生污染。在物料进入洁净区的物料入口处，可设置一个清扫物料外包装的场所，即外包装清洁室（其目的和人流路线中的换鞋、更衣相同），原辅料和包装材料的外包装清洁室，应设在一般生产区。进入洁净区的物料、容器及工具，可结合企业实际采取有效的消毒处理方式，由缓冲间（或传递窗）送入，消毒效果需经确认。缓冲间两侧门应互锁（相当于气锁间），气流可以从缓冲间向外包装清洁室流动并直接排放室外，不回风，气流方向按梯度设计从洁净生产区，到缓冲间，再到外包装清洁室，再到室外。缓冲间（气锁间）与外包装清洁室的压差应大于10Pa。

多层厂房的货梯不能设置在洁净区内，只能设在一般区或控制区内。若设在洁净区内，则需在电梯出入口处增加一缓冲间，该室应对控制区保持负压状态。进入货梯的物料容器均应先进行清洁。

洁净室之间物料或物品长时间连续传送时可采用传送带方式。由传送带造成的污染或交叉污染，主要来自传送带自身的"沾尘带菌"和带动空气造成的空气污染。除传送带本身能连续灭菌（如隧道式灭菌设备）外，否则传送带不得在A/B级洁净区与低级别洁净区之间穿越。采用传送带向高级别洁净区传送物料时，只能用分段传送带方式传送。

D. 洁净工服洗衣室

洁净工服洗衣室可设置在 D 级区域内，满足工艺要求。建议靠近脏衣存放间和更衣间，便于洁净工服的清洗和使用。人流设计可采用单向流方式，防范交叉污染的发生。

实例分析

【实例 10】洁净区更衣流程示例（图 1-14~ 图 1-17）

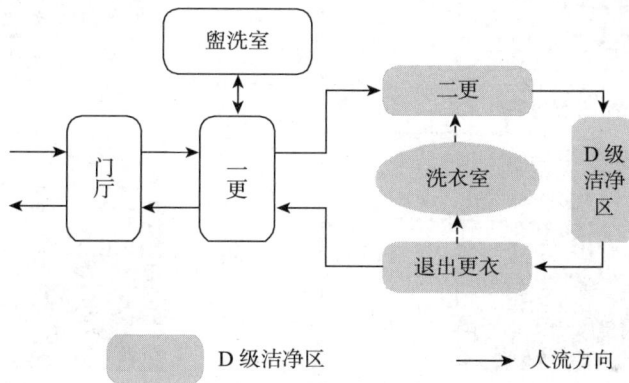

图 1-14　进入 D 级洁净区更衣流程图示例

更衣退出通道一般仅用于高活性药品以及粉尘污染较大的生产区的净化更衣区。

其目的主要为：避免生产过程中产生的污染物对净化更衣环境产生不利影响；避免生产过程中产生的污染物通过更衣通道带出生产区。

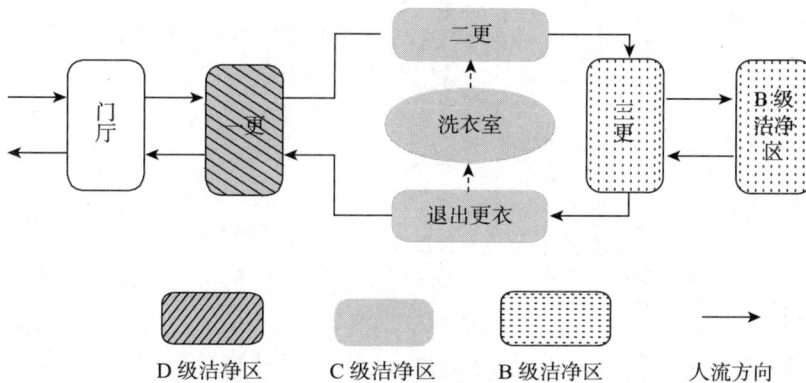

图 1-15　进入 B 级洁净区更衣流程图示例

69

更衣柜	干手器
自动感应水龙头	手消毒器
清洁免提电话	门禁互锁器

图 1-16　更衣室常用设施示例

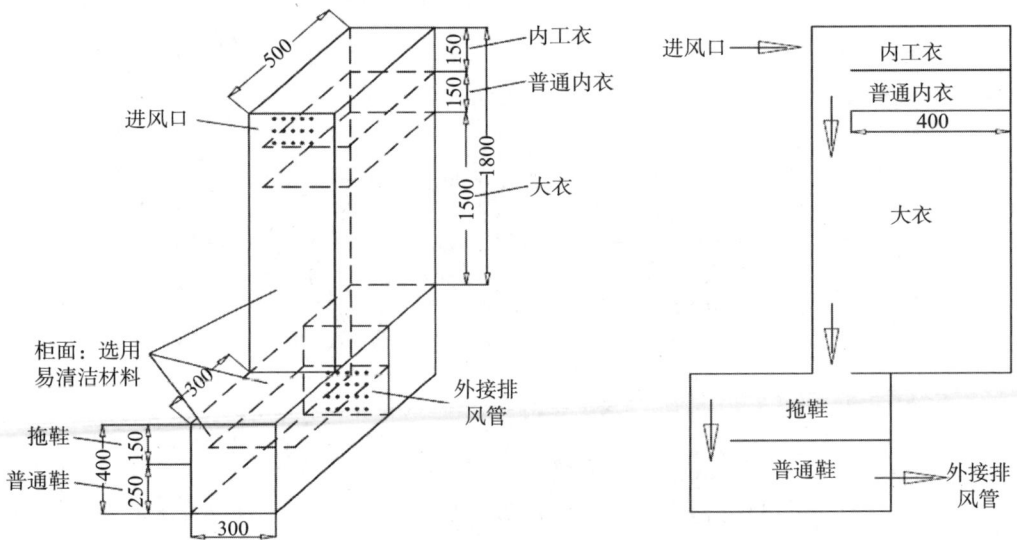

图 1-17　更衣柜示例

该更衣柜设计有如下特点：

● 内部布局明确、清晰，由上而下，依次可存放洁净内工衣、非洁净工衣、外衣、拖鞋、鞋；

● 更衣柜上部有外接送风、下部有外接排风，气流方向由上至下，保证整个更衣柜内部实现空气流动，可带走异味；

● 更衣柜下部鞋柜外凸 300mm，员工在更衣或换鞋时可以坐，替代凳子功能，更衣室不需单独布置更衣或换鞋所需的凳子，便于清洁。

链接系统

关于进入洁净区和无菌区的各种更衣间的平面布置、洁净等级、气流组织、温湿度要求、压差控制等，请参见本分册"空调净化系统"的更衣室设计相关内容。

设　备

GMP

目 录

2.1 设备生命周期管理

背景介绍

建立有效、规范的"设备管理"体系，确保所有生产相关设备在其生命周期内均处于有效控制，设备活动都有据可查，便于追踪，最大程度降低药品生产过程中发生的污染、交叉污染、混淆和差错，是当前制药企业设备管理始终追求的目标。

实施指导

生命周期管理理念广泛适用于厂房、设施、公用工程、工艺设备及其相应控制系统等领域。设备生命周期管理可作为协助设施设计以及工程人员开发和维护设备的工具。

（1）定义用户需求　用户需求是指根据设备预期用途定义设备要求，是设计和测试的源头和基础。设备需求的来源需要考虑企业内部和外部环境的要求。定义设备用户需求，通常首先对产品质量的影响程度进行评估，然后据此对设备进行影响分类等级划分。可以参考 ISPE 调式和确认指南。用户需求文件通常包括但不限于以下内容。

- 描述设备的预期用途。
- 描述对设备的要求，并尽量可以测量（测量代表测试的结果可量化、衡量）和确认。
- 说明用户需求的来源。
  - 用户需求的类别应包括：
    - 质量；
    - 业务；
    - 环境、健康和安全（EHS）。
  - 用户需求的来源应包括：

- 系统风险评估［包括关键方面（CAs）和相关关键设计要素（CDEs）］、遗留系统评估；
- 产品工艺要求（如关键质量属性、关键工艺参数、GMP 法规要求、质量要求等）；
- 国家和地区以及企业要求；
- 业务，环境、健康和安全要求；
- 工程规范及行业标准要求；
- 项目管理的要求。

用户需求文件需由跨部门（生产、工程、质量、研发、法规、EHS 等）相关专家共同制定和审核，最终由质量部门批准，并在设备生命周期内进行维护和更新。

● 设备对产品质量影响评估及等级划分。

企业可以结合产品特性和实际业务流程对设备进行等级划分。ISPE 调试和确认指南中提供了建议的划分方法，如下。

直接影响系统，须进行调试和确认。所有的调试和确认计划及执行必须由质量部门批准。如直接接触产品的洁净压缩空气、注射用水以及工艺设备。

非直接影响系统［如间接影响系统和（或）无影响系统］，仅须进行调试。调试活动的内容应基于业务和 EHS 的关键性由主题专家来决定。如服务于行政楼的冷却水或冷冻水属于无影响系统，如果是用于直接影响系统的冷冻水应属于间接影响系统，因此需要在一定程度上关注设计对于流量（最小，最大）的要求。

系统关键性划分的具体标准可以参照 ISPE 指南卷 5：调试与确认中关于系统的分类标准。标准包括 8 个问题，如果任何一个问题的结果为"是"，系统则被划分为直接影响系统，具体请参考本分册 2.4.2 项下表 2-1。建议评估小组至少包括设备的使用部门、维护部门、EHS 部门、研发或技术服务部门、质量部门的相关代表。

（2）设计与设计确认 一个好的设计开始于一个能够被设计者很好理解的用户需求和技术要求。尤其是非标设备，设计过程中应当有生产、维修、工程、质量等多个部门的专业人员共同参与，帮助设计者进行新设备的设计。在设计之前了解产品以及操作过程，生产过程决定设计，而不是相反。经济因素对于项目成功起到关键作用，所以预算要合理。

设计审核：设计过程要充分理解质量源于设计的理念，并组织有效的设计审核，以确保设计与用户需求一致，识别出存在的风险，并制定相应的控制策略。严格执行设计审核可（或有助于）提高设计质量，并能有效减少后续设计变更（一般代价很高）。更多关于设计审核建议可以参考 ASTM E2500-13。合理的设计审核通常包括但不限于以下内容：

- 设计审核贯穿于整个设计过程，可在概念设计到最终设计中分别进行。要根据安全、健康、环境、人机工程学、操作、维护、法规要求及成熟的行业实践等进行设计；

  - 审核设计单位及人员的资质，包括项目管理和工程设计方面的专业能力；

  - 审核设计过程中的变更管理；

  - 审核设计单位的文件管理能力；

  - 进行设计审核，以确保设计符合相关要求（法规、行业、公司要求），同时符合设计专业的设计标准；

  - 运用 GEP 良好的工程方法和标准，以得到合理的有成本效益的方案；

  - 了解关键设计在运用层面的可靠性。

设计确认：仅直接影响系统需要设计确认。需提供文件化的资料证明设备的设计满足预期用途。完善的设计确认是保证实现用户需求及设备性能的重要环节。更多设计确认内容请参考本丛书《质量管理体系》分册确认与验证相关内容，这里仅从工程技术层面对设计确认的重点进行阐述。

  - 确保用户需求中的所有产品和工艺的需求已经在设计中充分考虑和实施；

  - 确保用户需求中的质量和法规要求已经在设计中充分考虑和实施；

  - 确保设计确认的人员经过培训，完全了解用户需求以及确认的流程；

  - 所有的测试方案和确认主计划都应事先得到相关部门批准；

  - 设计确认应当证明厂房、设施、公用工程、设备的设计符合预定用途和 GMP 要求，要运用科学的理论和实践来证明结果已完全满足了《用户需求说明》；

  - 确认《用户需求说明》的各项要求是否在设计时合理考虑并得到实现，例如是否可以实现易清洗的要求，是否能够有效避免混淆、差错、污染、交叉污染的功能要求；

  - 确认设备的关键参数、标准是否满足产品的工艺和生产工艺要求，如设备的关键参数应有设计计划书，关键设备、部件的材质应有选材说明书；

  - 确认设计符合程度，检查相关工程图纸、计算书、设备选型资料是否满足需求，记录和保存所有的确认活动所产生的文件。

设计确认最终需要形成记录和报告，来说明设计是符合预期用途的。报告需要获得各代表部门（工程、生产、质量等）的批准。

（3）安装、调试与确认　对新设备制造过程应有有效的监督，确保设备的性能可以达到预期。技术人员对关键设备应进行工厂验收测试（factory acceptance test，FAT），在设备发到最终客户前检查确认关键指标是否符合设计要求。正确的执行 FAT 测试能够提前发现问题并及时采取措施，可明显减少项目时间。为确保设备到货后可以顺利进行现场安装、调试和确认，可以进一步通过现场验收测试（site acceptance test，SAT）来确认运输过程是否对设备造成不利影响，以及检验设备性能是否满足设计要求和预期用途，并提供书面的记录和证明。调试和确认计划需要在执行前完成批准。

设备的安装确认（installation qualification，IQ）：提供文件化的资料证明厂房、设施或设备的建造和安装符合设计标准（如建造、物料）。根据设计文件正确安装，检查和确认安装的过程，保证关键部件符合批准的接受标准。

调试和确认的区别：

● 调试包括开机、关机，使之正确运行的内容；

● 调试方案和过程可能记录许多问题与解决措施，由项目工程师负责；

● 确认文件正确，关注于 GMP 质量影响的关键特性；

● 确认方案需保证后续审计人员能够理解；

● 所有系统都需要安装和调试，但并非所有系统都需要确认，但是直接影响系统必须符合 GMP 要求并进行确认。确认通常包括设计确认、安装确认、运行确认和性能确认。

设备启用前需建立日后运行和维护所需的基本信息，包括建立：

● 设备位号、技术参数、规格、图纸、财务信息、确认与验证、变更、维护维修等，推荐采用计算机化系统来进行设备管理；

● 操作和维修人员应得到相应培训，（如果需要）并完成资质确认。

（4）运行和维护

● 建立设备的标准操作程序，并按照程序进行操作；

● 建立设备的清洗、清洁标准操作程序，并按照程序进行操作；清洗、清洁标准操作程序需根据清洁验证中确认的参数起草；

● 建立设备的预防维修计划、日常保养计划，主要包括：检查、清洁、调整、润滑、维修、更换零件等工作；

● 建立设备的仪表校准计划；

● 建立设备的使用日志；

● 建立设备的备品备件管理程序；

● 建立设备的故障查询与调查程序，对于导致产品质量风险的问题或较大和频繁发生的设备故障，应由维修主管组织相关人员成立设备故障分析小组，遵照事先制定的程序对设备故障进行分析并采取相应的纠正和预防性措施；

● 维修部门应建立设备可靠性的管理流程、关键衡量指标，收集历史数据并对其进行回顾和分析，以决定设备的可靠性功能，并从设计、维护、操作等环节制定和采取相应措施来降低失效的发生几率，提升设备可靠性；

• 对于直接影响系统，设备使用过程中的任何功能、用途或位置等方面的变更需执行变更流程（例如设备转移、改造、停用），以评估质量风险，批准后方可执行；

• 重新启用变更的设备需要进行使用前的功能和性能确认。

对于直接影响系统，应对设备性能和状态进行监控，以保证设备处于确认状态并持续符合预期用途。监控建议在针对独立事件（如设备变更、偏差、关键报警等）的评估基础上，同时包含周期性的趋势分析，以确保设备在其生命周期内持续符合其预期用途。当监控活动中发现设备有潜在不符合其预期用途或不在确认状态的情况，需立即开展调查，评估对产品质量的影响和设备再确认的需要。

（5）退役和报废　建立设备的退役和报废管理流程，对于不能满足既定用途的设备需按照制定的流程进行审批和报废。设备报废的管理流程包括以下注意事项。

• 对于直接影响系统的设备报废，需要详细评估设备在退役、报废之前是处在确认的状态，不会因设备的性能不良而影响产品质量。通常需要遵守变更管理流程。设备在报废前需要根据设备确认策略进行再确认或评估确认状态，以证明报废前始终保持良好的功能并保持在确认的状态。对于仪表报废，通常会进行最后一次校准以证明其测量误差在允许范围内，否则需要评估对产品质量的影响。对于非直接影响系统的设备报废流程，可从 GMP 合规的角度适当简化。

• 需要终止设备（包含仪表）的预防维修计划和备件购买计划，以及更新对应的主数据。

• 在设备管理系统中作相应记录并对停用设备进行现场标识或移出生产区。

• 更新相应的流程和文件。

• 整理好设备的存档信息，满足公司文件保存的要求，便于以后查询和追溯。

📋 要点备忘

• 准确定义和批准用户需求：《用户需求说明（URS）》需符合相关设备技术规范语言，其中对关键技术指标、参数、功能做详细而明确的描述，URS 将用于采购合同、设备设计、制造、安装、调试、验收的技术文件。同时需考虑设备可靠性、当前技术能力、投资成本方面因素，还需评估实现 URS 的可行性和风险。

• 设备确认及放行：设备进入使用阶段前需进行设备确认，其是证明设备达到预期要求的有效手段。设备确认是阶段交付验收以及贯穿在整个确认过程（DQ–IQ–OQ–PQ）中的符合性确认工作，每个环节都应有执行人、复核人，并设置可接受标准，若出现不符合项，执行偏差处理程序。

● 建立标准操作程序和维护计划：依据确认结果以及验证数据建立设备使用、清洁、维修标准操作程序，以规范操作和维修工作，保证设备处于良好的运行状态。

● 设备故障根本原因分析：设备故障根本原因分析、对产品质量影响评估以及纠正措施是应对质量风险、安全风险和多发故障的有效措施，应组织维修工程师和操作人员进行专业技术分析，找出根本原因，确定维修方案，确保设备恢复正常运行状态，保证设备持续满足生产合格产品的要求。

● 设备确认状态监控与再确认：设备需要按照事先批准的确认计划进行确认，以检查设备完全满足用户需求和相关法规的要求。完成初始确认后，设备可以放行投入使用。在使用期间需要制定设备确认策略和计划，制定设备确认状态的监控和评估方法，保证设备始终处在良好的确认状态。通常可以采用两种方法：一是建立评估方法并持续监控和分析，基于分析结果确定是否需要进行再确认；二是基于风险评估制定并执行设备的周期性再确认。

实例分析

【实例 1】制定设备维护计划（图 2-1）

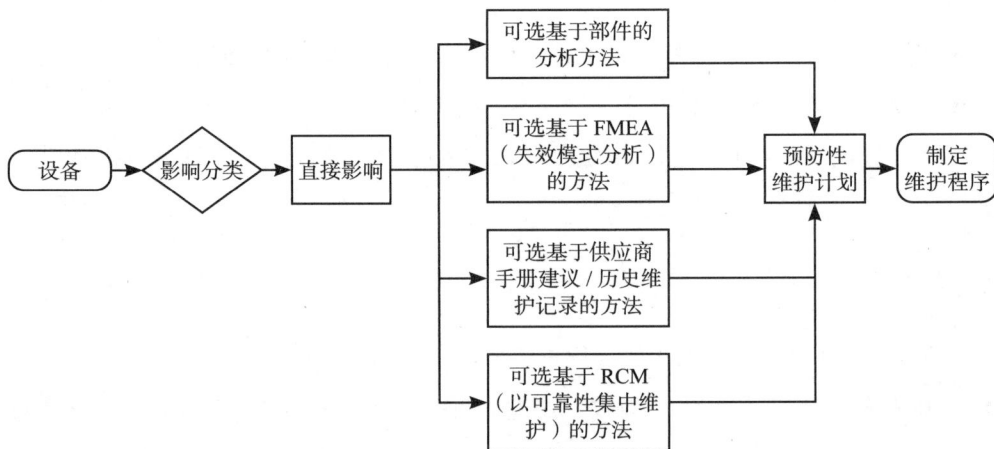

图 2-1 设备维护计划流程图示例

注：1.RCM（reliability centered maintenance）是一种以可靠性为中心的维护工具，用于通过了解和发现设备主要功能，功能故障，故障模式和故障影响来确保过程或设备的固有设计可靠性，与 FMEA 不同的是 RCM 不会特别详尽的识别所有可能的故障失效模式以及针对失效模式深入的影响分类和风险评估。

2.对于非直接影响系统，可参照上述方法制定维护计划，也可直接制定维护计划。

说明：基于所参考的标准，设备的影响分类可以分成直接影响和非直接影响［间接影响和（或）无影响］，或者可以分成直接影响和无影响；设备维护策略的制定可只依据质量方面评估，也可以综合考量 EHS、生产操作和运维等角度。

2.2 设备的设计选型

法规要求 ....

药品生产质量管理规范（2010 年修订）

第七十一条 设备的设计、选型、安装、改造和维护必须符合预定用途，应当尽可能降低产生污染、交叉污染、混淆和差错的风险，便于操作、清洁、维护，以及必要时进行的消毒或灭菌。

第七十四条 生产设备不得对药品质量产生任何不利影响。与药品直接接触的生产设备表面应当平整、光洁、易清洗或消毒、耐腐蚀，不得与药品发生化学反应、吸附药品或向药品中释放物质。

第七十五条 应当配备有适当量程和精度的衡器、量具、仪器和仪表。

第七十六条 应当选择适当的清洗、清洁设备，并防止这类设备成为污染源。

第七十七条 设备所用的润滑剂、冷却剂等不得对药品或容器造成污染，应当尽可能使用食用级或级别相当的润滑剂。

第七十八条 生产用模具的采购、验收、保管、维护、发放及报废应当制定相应操作规程，设专人专柜保管，并有相应记录。

背景介绍

制药设备设计和选型应符合预期用途，避免设备自身对生产环境和产品产生污染，以降低对产品质量和患者安全的风险。设备设计和选型的方法可基于科学的质量风险管理和质量源于设计（QbD）理念。设备设计和选型需综合考量各方面需求，通常可通过起草《用户需求说明（URS）》文件来提供指导，可从设备的技术先进性、生产工艺适用性、经济合理性方面进行可靠性论证分析，并对设备的可用性、可靠性、可维护性、可行性、可操作性、安全性、卫生性、节能性、柔性、配套性服务等方面进行市场调查和综合分析比较，确保设计和选型满足要求。对于允许人员直接干预的工艺，可采用隔离或定制的方法尽可能减少干预的影响。

用户需求说明是设备设计和选型的依据，决定了设备的性能，同时是设备的设计、采购、制造、安装、调试、验收等的基础，需要有经验的专业人员起草，并由各专业人员充分讨论定稿。

📋 技术要求

（1）工艺要求

● 产品和（或）工艺需求应尽可能描述清楚，如产品前景、批量大小和范围、工艺描述/流程图/预计工艺时间、已知操作范围和关键工艺参数范围、已知的操作限制或困难、相关材料和工艺的安全信息、已知物料与容器结构的相容性、清洗方法/溶剂和限度、过去同一产品或相似产品的生产经验等，以便于设备的设计选择。

● 特定的工艺需考虑人/物流设计和空气质量，并减少可能产生的混淆及化学或生物污染。

● 根据实际工艺和产品情况，还可适当考虑设备的柔性设计，通过设备的多功能、多用途设计，满足多类型产品的生产需求。

● 设备选择首先要满足工艺流程、各项工艺参数要求，并依据这些要求选择设备相应的功能，这一点尤为重要。

● 设备最大生产能力应大于设计工艺要求，尽量避免设备长期在最大能力负荷下运行。

● 设备的最高工作精度应高于工艺精度要求，对产品质量参数范围留有调节余量。

（2）功能要求

● 设备所需的功能特征，应基于产品的工艺需求进行设计，通常包括操作功能、工艺程序及操作配方、控制回路和联锁功能、报警功能、密码权限、系统数据及其他控制系统所需具备的功能等。

● 无菌生产设备选择时，应尽量采用在线清洗（CIP）功能和在线灭菌（SIP）功能。

• 除了工艺需求功能要求外，还需注意考虑后续日常操作和维护的需求。如能够从关键区域外维护保养设备，以及用于确认与验证测试的取样和接入点，如验证孔、验证垫圈，以便于确认与验证过程中探头和指示剂等的便捷放入，确保确认与验证的状态与实际生产工艺的一致性。其在设备设计过程中应考虑且其位置应具有代表性。

（3）设备性能要求

• 设备的性能参数设计应基于工艺需求，尽可能的量化，通常包括设备的产能、储存能力及与工艺相关的关键工艺参数，必要时还需对相关参数的控制精度进行说明。

• 设备的设计还应符合相应的环境分类标准，如设备外部元器件和设备内部分别符合的洁净度标准，以防止设备自身对环境的污染。

• 设备的运行需确保持续的稳定性，以降低干扰的频率。

（4）设备结构选择

• 制药设备机械传动结构应尽可能简单，应根据设备实际运用来设计，并尽可能采用模块化设计，确保易拆卸、可清洗和可灭菌性。

• 设备结构设计需便于操作，例如：操作人员活动距离最短，活动空间适当，不易发生操作错误，合理的人机工程设计避免人员疲劳发生的差错，操作界面尽可能采用熟悉的语言避免误操作，对于关键参数的操作有提示及再次确认步骤，影响工艺参数的重要报警宜有系统提示和声光报警。

• 设备结构需考虑方便维修，例如：采用可靠性设计，有足够的维修空间拆装零部件，易损零件应便于拆装，有逻辑关系的传动系统零位有明确标记，尽可能采用故障报警系统显示重要故障信息，所有电线及接线端子具有可靠连接和标号，配电箱有上锁挂牌的功能。

• 设备的结构应考虑允许在不影响关键工艺区域的情况下进行维护的设计。如将真空泵放在洁净区域外。

• 工艺接触面通常应光洁，接触药品的表面需圆弧过渡、平整、光洁、无死角，便于清洗，同时考虑加工可行性，不接触药品的部位表面也应平整、光洁、便于清洁。

• 设备尽可能选择密闭工艺过程结构设计，以避免暴露产生污染及交叉污染。

• 需要更换的模具和需清洗的部件，易拆、易装、耐磨损并且定位准确，零件上和安装部位宜有清晰可见的零件号和定位标记，以保证零件安装正确，避免错位和混淆。

- 设备的润滑和冷却部位应可靠密封，防止润滑油脂、冷却液泄漏对药品或包装材料造成污染，对有药品污染风险的部位应使用食品级润滑油脂和冷却液。

- 对生产过程中释放粉尘的设备，应封闭并有吸尘或除尘装置，吸尘或除尘装置的出风口应有过滤及防止空气倒灌的装置。

（5）材料选择

- 直接接触产品的材料，包括焊接材料和垫片，其选择需考虑材料的相容性，需查明材料物理化学特性，保证其不与药品发生反应、吸附药品或向药品中释放物质等，并根据产品工艺特性考虑耐温、耐蚀、耐磨、强度等特性进行适当选择，并耐受常规的清洁剂和消毒剂，避免盲目选择不能满足工艺要求或产生浪费。

- 金属材料，目前制药行业多采用不锈钢材料，如对接触药品处目前国内药企可能多采用超低碳奥氏体不锈钢316L，不接触药品的重要部位可选用304不锈钢。应注意超低碳不锈钢易发生渗碳反应，316L周围不宜安装铁碳溢出的材料，如316L管道其支架采用304不锈钢或者胶木等类型，通常不采用高碳类的碳钢或镀锌类的材料。其他的金属材料，如镍合金、铜合金或特殊合金等，其实际材料的选择宜根据产品的特性以及材料的耐久性、可清洁性和可灭菌性等因素进行综合考虑。

- 非金属材料，如密封圈、垫圈和垫片类等，多采用聚四氟乙烯（PTFE）、聚偏氟乙烯（PVDF）、聚丙烯（PP）、聚乙烯（PE）、聚甲醛（POM）等。橡胶密封材料多采用天然橡胶、硅橡胶等化学特性比较稳定的材料。

- 以上材料需要供应商提供相应的符合性材质证明。

（6）检测功能

- 设备选型推荐考虑在线检测功能，对大批量生产过程中的关键工艺参数进行在线监测尤为重要。

- 衡器、量具、仪器和仪表的选择尽可能考虑采用公制计量单位，能明确辨认计量单位。测量范围、精度、分辨率能满足工艺要求，不应以测量设备的最高精度定义为工艺需求精度。

- 通常在线检测感应器需考虑耐腐蚀性、耐温性、稳定性、可校准性、可维护性，不与药品发生反应、吸附、释放等情况，必要的时候可以考虑冗余设计。接触药品部位表面光洁平整无死角，还需考虑人身安全因素，如：连接可靠、无超标电离辐射等。关键工艺参数检测结果最好有数据记录及趋势图，便于分析、追踪。

- 在易发生偏差的部位安装相适应的检测控制装置，并有声光报警、自动剔除或自动反馈纠正功能。

- 通常报警信息的显示最好有优先级区分，如以不同的颜色显示，以便于人员按照事件的严重程度进行优先级的处理。

（7）自控系统

● 制药设备宜采用以 PLC（programmable logical control）/DCS（distributed control system）为主的自控系统，因为其具有高稳定性、保密性、便捷性、控制能力、计算能力、自动检测能力、自动诊断能力、人机交互等优势。

● 设备的自控系统在设计前应按照工艺需求和用户需求起草详细自控系统功能描述文件，并得到用户的审核批准，以保证自控系统符合用户需求并给验证提供可检查的依据。

● 控制系统的操作可以根据工艺需求和实际的操作需求，采用就地 / 远程的模式。

● 操作界面应便于用户操作，屏幕高度应基于人体工程学设计，并根据需求和场景合理考虑其可移动性。

● 根据设备的功能用途，控制系统宜根据风险评估的结果配置审计跟踪功能，能够显示在获取、处理、报告、存储原始数据时对数据进行的所有操作。并且还需包含电子签名、报警记录及关键报警的确认功能、权限管理功能，以及数据的备份、保存和恢复等功能，以确保数据的完整、可靠和安全。

● 在自动化安全方面，必须确保采用的控制系统软件具有正版授权。设备异常或者断电时，设备的控制系统要求进入安全的连锁状态，重新通电时需要人为操作设备进行解锁。在信息化安全方面，必须确保信息化系统软件具有正版授权，网络处于安全状态。信息化系统要具备防病毒、防非法入侵等功能。其所有数据的采集、处理完成后自动存储于数据库中，并记录当前过程值和过程值的时间戳、实时和历史的图形趋势，且能够在历史数据库中查询和导出测量过程值的数据。新的原始数据不能覆盖现有的数据，且所有自动存储的数据可以备份和恢复。

（8）环保、健康、安全要求

● 设备选择需考虑当地政府对安全、环保的法规要求。

● 特种危险设备需选择有设计、制造、安装资质的供应商。

● 特种危险设备、管道需有安全卸压装置、防腐防泄漏装置、防爆防静电装置、困境通讯装置、紧急故障切断功能。

● 排放的工艺废水和工艺废气需经过恰当的处理，使其满足环保规范要求。

● 设备需考虑人身和产品安全。通常有过载保护、进入危险部位的光电感应停机保护、安全报警装置、电离辐射防护、噪音及照度控制等设计。

● 设备考虑人机工程设计，减少劳动者的劳动强度和长期高频活动损伤。

● 尤其对产生粉尘、易燃挥发性气雾的设备、环境需充分考虑设计防爆、防静电装置。

● 当存在强效或致敏性产品的气溶胶或生物安全级别（BSL）有要求时，需充分考虑对人员和产品的安全设计。

（9）对公用工程的要求

● 为设备提供的动力能源（水、电、气等）、废水废气排放应相匹配，并与设备同时设计、同时施工、同时验收。

● 生产设备与厂房设施、动力与设备以及使用管理之间都存在互相影响与衔接的问题，要求设备接口及工艺连线设备要标准化，在工程设计中处理好接口关系。

● 公用工程的规模设计最好考虑设备的瞬间和日常的需求。

实施指导

制药设备设计选型要求通常描述在 URS 中，需要考虑以下因素。

（1）产品物理特性、化学特性　如产品剂型、外形尺寸、密度、黏度、熔点、热性能、对温湿度的敏感程度、适宜的储存条件、pH、氧化反应、毒性、腐蚀性、稳定性、其他特殊性质。

（2）生产规模要求　根据市场预测、生产条件、人力资源情况，预计设备涉及产品的年产量，每日班次。

（3）生产工艺要求

● 根据市场预测和生产条件提出能力需求，例如：生产批量，包装单位数量，装箱单位数量，生产设备的单位产出量，提升设备的最大提升重量和高度等。

● 根据生产工艺流程提出设备工作流程需求。

● 根据生产工艺提出对设备功能需求，例如：温度范围及精度需求，速度范围及精度需求，混合均匀度需求，供料装置需求，传输装置需求，检测装置需求，成型需求，剪切需求，灌装精度、灌装形式需求，标记功能需求，装盒形式需求，中包形式需求，装箱形式需求，封箱捆扎形式需求，托盘摆放形式需求等。

（4）关键材料要求　根据接触物料特性、环境特性、清洗特性、保证不与药品发生化学变化或吸附药品，而提出关键材料材质要求。

（5）清洁/消毒与灭菌要求　例如：物料接触处无死角，表面粗糙度，就地清洗射流强度、覆盖面积，清洗剂要求，器具表面无目视可见残留物，表面或者清洗水质量应符合相关药典及企业内部质量标准的要求。

SIP 管路系统在设计时需考虑灭菌验证期间，温度探头和指示剂放置的便捷性，以确保验证的状态与实际生产状态的一致性。

建议选择作用快速、无毒无残留、对设备腐蚀性低的产品用于清洁/消毒/灭菌。使用清洁剂时，其清洁工艺需要考虑经验证的冲洗步骤。同时对设备应充分考虑其清洁/消毒/灭菌后的残留问题，如具备条件建议对其残留进行监测，如 VHP 后的安全浓度监测。对于难以清洁/消毒/灭菌的产品，可以适当选用专用的设备。

（6）在给定条件下设备的稳定性需求　新设备在设计时要特别考虑设备的可靠性、可维修性，同时还应对新设备所配备的在线/离线诊断帮助或设备状态监控工具等进行明确和说明。例如：单机连续运行 300 分钟无故障，说明书自动进盒成功率，指定电器控制元件的生产厂家、品牌、认证标记等。

（7）设备布局要求　根据生产工艺要求和生产条件确定设备安装区域、位置、固定方式（通常给出设备布置图）。

（8）环境要求　根据生产工艺和产品特性提出对环境需求。例如：环境空气的洁净级别要求，环境温度/相对湿度允许范围，光照度允许范围，物料摆放空间要求，物料转运通道要求。

（9）包装材料要求　根据产品特性（剂型、稳定性等）提出对包装材料要求，例如：PP 塑料瓶装、纯铝管、PVDC- 纯铝箔铝塑泡罩包装、成型铝 - 铝箔泡罩包装、PVC 袋装、BOPP 膜中包、双瓦楞纸箱等。

（10）外观要求　例如：表面涂层色彩要求，拉丝处理、光滑、无毛刺、除锈去污、表面平面度、直线度，表面镀铬，不锈钢亚光，表面氧化防腐处理，表面喷塑，表面涂装某牌号的白色面漆。

（11）操作要求　例如：操作盘安装位置、操作盘显示语言处理、汉语标识、某工位配置桌椅。

（12）环境、健康、安全要求　符合国家相关机器设备环境控制规范、当地的环保和行业安全规范，如电气安全法规、操作平台的防护栏、电机及机械运动部件的适宜防护、潜在危险源的标识等。同时还需考虑设备的密封性要求（泄漏限度值要求），以实现对产品和人员的保护。

（13）公用工程要求　符合当地的用电安全标准、工艺介质需求、排放标准，最大产能下和瞬时条件下的能耗。

（14）技术资料要求　通常纸质版和电子版各一份，内容建议包括但不限于以下方面：设计资料，操作手册，维护手册（包括维修卡、润滑卡），安装手册，竣工图纸，技术图纸，主要部件清单，报警及连锁清单，备件手册或备件清单，外购件技术资料，记录和控制卡（装箱单，产品合格证，软件备份，计量仪表鉴定证明，关键部件材质证明，关键部件的粗糙度检测报告，工艺管道的焊接、检测的相关记录和资质，试验记录，试车记录，售后服务联系地址，控制系统软件清单、版本号和备份软件）。

（15）维护维修要求　例如：关键的部件清单及备货、易损部件便于更换、各部位易于接近且有维修空间、故障自动检测系统、IOT 系统、控制系统恢复启动备份盘、远程维护可能性。

（16）仪器仪表要求　例如：测量仪表具有溯源性、测量范围、测量仪表的分辨率、测量仪表的精度等级、测量仪表采用标准计量单位、仪器仪表的数量、仪器仪表的冗余配置点满足设备操作和安全的需要。

（17）服务要求　例如：项目进度、运输 / 安装和调试服务要求、测试 / 验证服务和文件要求、培训要求、保修服务要求维修反应时间。

2.3 设备技术资料管理

法规要求

药品生产质量管理规范（2010年修订）

第七十三条 应当建立并保存设备采购、安装、确认的文件和记录。

背景介绍

本节描述的是设备技术资料管理，不包括设备使用过程中的使用、清洁、维护保养等记录设备活动的资料，这些资料请参见本丛书《质量管理体系》分册文件管理相关内容。

建立一套有效的、规范的、切实可行的设备技术资料管理模式，保证设备资料的编写、修订、存档、发放及收回工作安全、可靠、有序，能及时、准确无误地向用户提供完整的资料，使生产、维修活动得以正常进行。

设备技术资料一般包括：

● 设备项目计划（可行性分析）、设备申购审批表、用户需求、购买合同、技术要求；

● 设备使用说明书、设备维护保养手册、备件手册（清单）、外购件技术资料、设备相关计算机化系统移交文件包；

● 到货装箱单、材质证明、生产许可证明（特种设备）、仪表校准证明；

● 设计、制造、安装过程施工记录、工厂验收测试文件、到货验收记录、现场验收测试文件、调试和确认文件；

● 竣工图纸；

● 补充资料（设备升级或改造）。

实施指导

（1）资料的接收

● 项目竣工资料交付，应由技术人员审核，符合设计要求和现场实际方可接收；

● 在编写、修订或补充技术资料和图纸时，建议统一编号管理，应包含正确、恰当的信息确保可追溯，并由相关人员进行审核；

● 通过对资料的原始电子版本备份、限制访问权限等方法确保其安全。

（2）资料的存档、分发与收回

● 常用技术资料（如设备使用说明书、设备维修手册、备件手册、竣工图纸等），推荐一般不少于两套，一套交资料室存档，另一套可用于生产、维修活动的借阅；

● 常用技术资料推荐使用电子版技术资料，做成 PDF 文件，并有备份，谨防修改；

● 设备批准报废后，应通知资料管理员，从借阅人收回所有的技术资料和复制件，整理好设备的存档信息，满足公司文件保存的要求，便于以后查询和追溯。

（3）技术资料的保管和借阅

● 推荐设备技术资料应有专用的资料室保管，资料室应干燥通风，有资料柜或密集架，设备使用资料保存在质量体系控制下的文档管理处；

● 存档资料应加锁并与可借阅资料分开保管；

● 保存的资料和记录有详细的台账，最好纳入设备计算机管理系统；

● 相关人员在借阅技术资料前，必须填写资料借阅登记表；

● 当资料借阅者归还资料的同时，资料管理者应及时在借阅登记表中注销，并填写归还日期；

● 技术资料管理者每年进行一次外借资料的普查工作，平时不定期地督促借阅者按期归还所借资料，以达到资源共享的目的；

● 系统软件移交文件包的保存介质应妥善管理，在整个保存期内远离容易发生损坏的区域，在存放周期内，管理员需至少进行一次检查并按照要求备份；

● 所有资料借阅人员都应严格遵守保密协议，履行保密义务；

● 技术资料应保存至设备报废前所生产的最后一批产品的有效期后至少一年（确认文件需按照质量管理体系文件管理要求长期保存）。设备报废后，档案管理员应对档案进行封存处理，到保存期后销毁。

（4）资料的补充

● 设备进行更新改造或计算机化系统升级后应及时归档更改后的资料，补充到原技术资料中；

● 补充资料一般包括设备改造或升级资料，如改造方案、施工资料和记录、调试和确认文件、更新后的图纸、升级系统软件的移交文件包等。

2.4 设备调试与确认

法规要求

药品生产质量管理规范（2010 年修订）

第一百三十八条　企业应当确定需要进行的确认或验证工作，以证明有关操作的关键要素能够得到有效控制。确认或验证的范围和程度应当经过风险评估来确定。

第一百三十九条　企业的厂房、设施、设备和检验仪器应当经过确认，应当采用经过验证的生产工艺、操作规程和检验方法进行生产、操作和检验，并保持持续的验证状态。

第一百四十条　应当建立确认与验证的文件和记录，并能以文件和记录证明达到以下预定的目标：

（一）设计确认应当证明厂房、设施、设备的设计符合预定用途和本规范要求；

（二）安装确认应当证明厂房、设施、设备的建造和安装符合设计标准；

（三）运行确认应当证明厂房、设施、设备的运行符合设计标准；

（四）性能确认应当证明厂房、设施、设备在正常操作方法和工艺条件下能够持续符合标准。

第一百四十二条　当影响产品质量的主要因素，如原辅料、与药品直接接触的包装材料、生产设备、生产环境（或厂房）、生产工艺、检验方法等发生变更时，应当进行确认或验证。必要时，还应当经药品监督管理部门批准。

以及《药品生产质量管理规范（2010年修订）》计算机化系统和确认与验证附录。

2.4.1 用户需求说明

用户需求说明（URS）汇集了来自多学科资源的系统需求，以支持系统设计，调试与确认（C&Q），操作和维护。在 C&Q 流程中，URS 是一个基本文档，用于识别系统的产品和工艺要求。这些与产品质量相关的用户需求是以产品知识（CQAs）、工艺知识（CPPs）、法规要求和企业的质量要求为基础的。URS 中的产品和工艺要求是 C&Q 流程的输入，基于科学知识，将 QRM 应用于 C&Q。

建议按照可能影响产品质量的每个系统或直接影响系统来开发 URS。并不是一定需要有单独正式的 URS 文档。URS 的说明可以包含在其他文件中，比如，采购清单，功能规范，变更请求或者数据表。对于标准的、现成的或简单的系统，比如标准市售设备（COTS），URS 说明可能是一个采购订单，供应商单页选型纸，或者数据表。系统将根据此文件进行调试和确认。

图 2-2 显示了直接影响系统的 C&Q 流程中的活动和文档之间的关系。

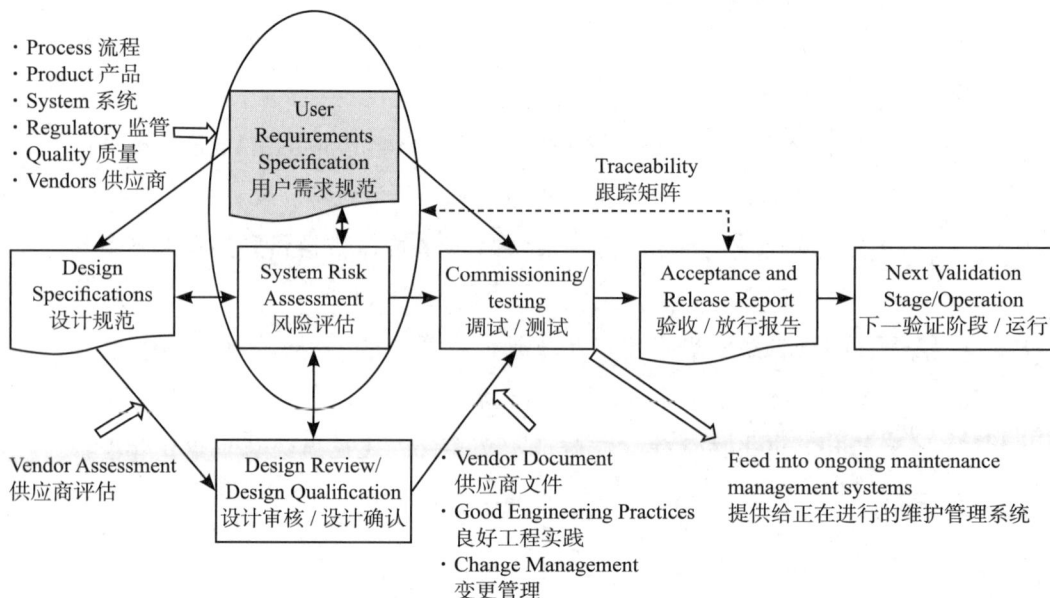

图 2-2　C&Q 活动和文档的关系图 – 用户需求说明

A. 用户需求说明的开发

URS 定义了系统必须满足的要求，以满足预期的用途，它不用详述如何满足这些需求。URS 由项目专家小组制定，专家小组可在整个生命周期中对 URS 进行修订。

URS 文件通常包括但不限于：

- 目的和范围；

- 定义和缩写；

- 参考资料；

- 系统描述；

- 用户需求：能力，产品物理特性，关键质量属性和关键工艺参数，自动化和电子记录（包括数据可靠性、数据存储 / 显示、报警功能等），设计要求，需要的公用工程条件，操作与维护的要求；

- 其他要求；

- 变更历史。

URS 中需描述每个需求的类别和来源。

需求的类别可能包括，例如：

- 质量；

- 商业；

- 环境、健康、安全（EHS）。

需求的来源可能包括，例如：

- 产品和工艺的要求：产品和工艺知识（CQAs，CPPs，CAs），GMP 法规要求，工厂质量要求；

- 系统风险评估；

- 任何受控参数的范围和精度；

- 适用的国家、地区、企业的要求；

- 商业、EHS、系统所有者和主题专家（SMEs）的需求；

- 工程规范和行业要求（如 ASME，ASTM，ISO）；

- 项目要求文件或项目章节；

- 遗留系统的评估。

图 2-3 所示为通常用作单个系统的 URS 输入的数据源。

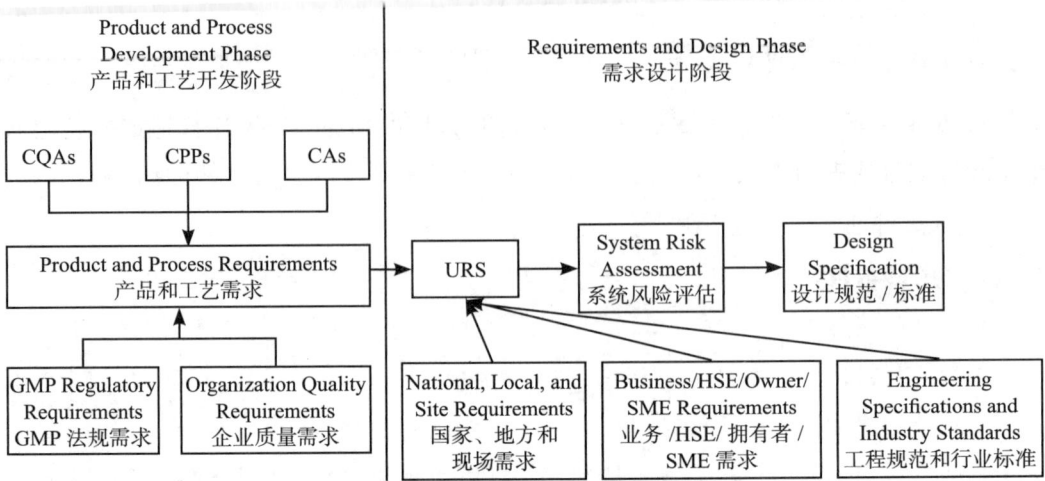

图 2-3　用于开发用户需求说明的数据源

在项目早期阶段可能会对 URS 进一步详细说明，并作为用于确认系统适合预期目的的参考。

URS 还应包括以下内容：

● 数据可靠性的要求；

● 数据存储、显示的要求；

● 报警要求，识别关键报警的要求；

● 系统自动化的要求，如对于具备复杂连接（例如数据归档）和交互（例如报警启动）的自控系统，可以单独起草用户需求说明，但是系统之间需要有明确的界限。

URS 不包括以下内容：

● 如何满足需求；

● 详细设计规范；

● 操作顺序；

● 通用申明（例如必须符合当地法规，必须符合所有的 GxPs）；

● 一些政府 / 国家参考（例如非特定代码 ASME，ISO 标准）；

● 合同条款和交付；

● 无法核实的参数；

● 设备类型的标准功能。

B. 用户需求说明的批准和变更

URS 须经系统所有者、相关的主题专家及质量部门批准。如果质量部门已批准了 URS 中质量要求的源文件，则质量部门可无需批准 URS。

在系统整个生命周期内（从开发到运行维护，直至系统退役），在 URS 获批后，如有变更需求，需根据情况更新 URS。并根据系统风险评估对可能影响产品质量的变更等进行评估，以确定风险是否可接受或确定是否需要额外的风险控制。URS 的变更需要通过变更程序管理。

2.4.2 系统风险评估

A. 系统分类

企业可以结合产品特性和实际业务流程对设备进行等级划分。ISPE 调试和确认指南中提供了建议的划分方法，可划分为直接影响系统、非直接影响系统［如间接影响系统和（或）无影响系统］。系统划分后便于确定后续对系统需进行的工作，通常情况下，直接影响系统需做调试与确认，非直接影响系统可仅做调试。需注意，以往组件分类可以作为系统分类的子分类进行，新的确认方法下组件分类不再是必要的，整体地从整个工艺流程来识别系统的关键设计要素（CDEs）是更有效、更科学的方法。

对非直接影响系统，调试范围由主题专家基于系统的业务和 EHS 关键性决定。例如，行政大楼的冷水系统（非直接影响系统）可能只需平稳的供给即可。而用于工艺设备（直接影响系统）的冷冻水系统（非直接影响系统），除了要求平稳的供给，同时需要在最小和最大设计流量下确保是平稳的，以确保系统运行期间的可靠性能。

B. 系统边界

项目通常以系统进行划分，以便于施工管理、文件整理和系统的调试与确认。系统边界是设计图纸上的标记，用以将系统彼此区分开来，包括所有组件和管道，以逻辑方式定义系统中包含什么和不包含什么。系统边界应当在项目的早期（如在基础设计阶段）进行定义和记录，以便于前期澄清和后续执行系统风险评估。通常在调试与确认计划中，系统边界应被定义，以确保系统调试与确认涵盖整个项目范围：这通常记录在工艺管道仪表流程图（P&ID）或工艺流程图（PFD）中。

供应商的供货范围通常用作定义系统边界的基础。但是，需仔细审查这些边界，因为以不同的方式定义边界可能更有好处。

在项目的早期阶段，还可以进一步细分系统边界，以便于不同供应商同步开发调试与确认文档。例如，压缩空气系统的 URS 可以包括制备和分配两个部分，每个部分可单独有一套调试与确认文档，然后在调试与确认计划中进行定义，一个供应商提供制备系统 URS 调试与确认资料包，另外一个供应商提供储存和分配系统 URS 调试与确认资料包。以上方式可能更便于执行，但是无论采取何种策略，系统都需要满足其 URS。

C. 系统分类标准

系统关键性划分的具体标准可以参照 ISPE 指南卷 5：调试与确认系统分类标准。该分类标准由 8 个问题组成，任何一个问题的结果为"是"，系统则被划分为直接影响系统。

表 2-1　系统分类标准：8 个问题

编号	问题	附加信息
问题 1	该系统是否包含关键方面 / 关键设计要素（CAs/CDEs）或者执行功能，用于满足一个或者多个包括关键工艺参数在内的工艺需求	这个问题有两个输入：产品和工艺知识，如果系统控制或者监控关键工艺参数，那么该问题的答案为"是"。 例如：某药品贮存条件为特定温度下的冷库中贮存，冷库的温度就是一个影响产品质量的关键工艺参数，那么实现温度监控功能的 EMS 系统就是一个直接影响系统
问题 2	该系统是否与产品或者工艺流程直接接触？这种接触是否有可能影响最终产品质量或者对患者构成风险	需要考虑的风险因素：GMP 要求产品接触材料是无反应、无添加剂、无吸附性，这样药品的安全性、有效性、质量或者纯度不会受到影响。 与制造过程接触的材料是否会发生腐蚀，并将腐蚀产物带入制造过程。如果这些风险因素是系统固有的一部分，那么该问题的答案应该为"是"
问题 3	该系统是否用于提供辅料或者制备某种成分或者溶剂（如 WFI），以及该物料的质量（是否符合规定的质量标准）是否会影响最终产品的质量或对患者构成风险	需要考虑的风险因素：为了确保产品的质量，所用工艺助剂、成分、溶剂等是否需要明确规定需求。 辅料、原料或溶剂是否能将其他成分引入工艺流程（如微生物污染、腐蚀产物、系统清洗不当产生的残留物等）。如果这些风险是系统固有的一部分，那么该问题的答案为"是"
问题 4	该系统是否用于清洁、消毒或灭菌，系统故障是否导致无法充分清洁、消毒或灭菌，从而给患者带来风险	需要考虑的风险因素：清洁、消毒和灭菌系统的正常运行是否对产品质量至关重要（在大多数情况下是这样）。 用于清洁、消毒或灭菌的（如 WFI、纯净水、纯蒸汽、清洗或灭菌化学品）的物料的质量：是否引入任何杂质到工艺设备；是否影响清洁、消毒或灭菌过程的有效性和可重复性。 如果这些风险是系统固有的一部分，那么该问题的答案为"是"

编号	问题	附加信息
问题 5	该系统是否需要建立适当的环境（例如氮气保护、密封工艺、暴露灌装区域空气质量、温度湿度等，当这些参数是 CPPs 一部分时），以及该过程和系统的故障是否会对患者构成风险	在工艺的不同阶段，可能需要控制温度、湿度、无菌、无氧或加压的环境；提供这种环境的系统（包括在洁净室内提供无菌空气、单向流动 / 高效空气过滤器过滤空气或与工艺流程接触的氮气）将属于此类系统。 如果系统不能正常运行或不能提供必要的质量环境意味着存在产品质量风险，那么该问题的答案为"是"
问题 6	该系统是否使用、生产、处理或存储用于接收或拒绝产品、CPPs 或电子记录的数据，以符合 GMP 相关要求	该标准针对固件、软件、PLC、BAS、SCADA、电脑、网络、电子表格和数据库。 比如 EMS 系统产生 GMP 数据（冷库温湿度监控、洁净区压差监控），问题答案为"是"；BMS 系统不产生 GMP 数据，问题答案为"否"
问题 7	该系统是否提供容器封口或产品保护，其失效将对患者构成风险或导致产品质量下降	需要考虑的风险因素：系统是否提供封口或密封；在运输或产品转运期间，系统是否控制或提供外部环境。 如果这些风险是系统固有的一部分，那么这这问题的答案为"是"
问题 8	该系统是否提供识别信息（如批号、有效期、防伪特征），且无需单独验证，或者该系统是用于验证这些信息的	需要考虑的风险因素：如果任何包装部件受损，是否将导致对产品质量或特性的影响；执行标签批号、有效期核实和准确打印的系统。 如果这些风险是系统固有的一部分，那么该问题的答案为"是"

D. 系统风险评估介绍

系统风险评估是质量风险管理（QRM）应用于检验直接影响系统的产品质量控制。该评估确定了将系统风险降低到可接受水平所需的关键设计控制（CAs/CDEs）和工艺控制。执行系统风险评估的项目团队需了解工艺背后的科学原理和关键质量属性（CQAs）相关风险。

对于直接影响系统应当执行系统风险评估。对于标准的或者简单的系统，如果评估后认为没有必要执行系统风险评估，可使用简单的协议或者报告来提供安装和操作以满足系统需求的书面证据。

图 2-4 显示了直接影响系统 C&Q 流程中的活动和文件之间的关系。

系统风险评估完成后，检查 URS 以确保 CAs/CDEs 已包括在内；若未包括在内，则应修订将其加入 URS 中。用于降低风险的过程控制元素应该添加到 C&Q 范围中。

系统的验收和放行涉及的控制措施如下：已经证明设计控件按照指定的方式运行，工艺过程控制已经就位。

101

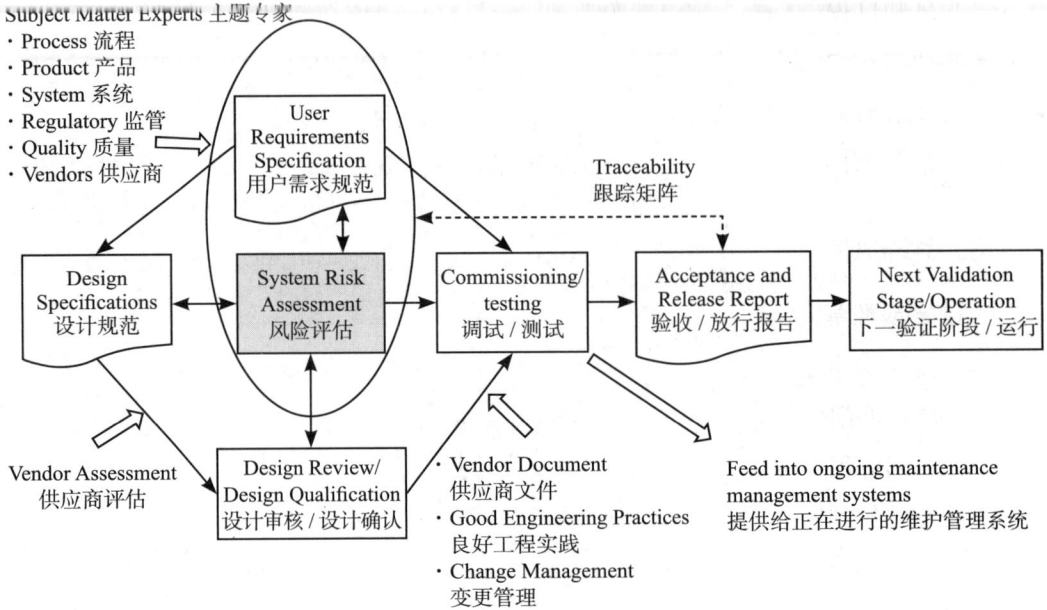

Subject Matter Experts 主题专家
· Process 流程
· Product 产品
· System 系统
· Regulatory 监管
· Quality 质量
· Vendors 供应商

User Requirements Specification 用户需求规范

System Risk Assessment 风险评估

Design Specifications 设计规范

Traceability 跟踪矩阵

Commissioning/testing 调试 / 测试

Acceptance and Release Report 验收 / 放行报告

Next Validation Stage/Operation 下一验证阶段 / 运行

Vendor Assessment 供应商评估

Design Review/Design Qualification 设计审核 / 设计确认

· Vendor Document 供应商文件
· Good Engineering Practices 良好工程实践
· Change Management 变更管理

Feed into ongoing maintenance management systems 提供给正在进行的维护管理系统

图 2-4   C&Q 活动和文档的关系图 – 风险评估

风险评估的理由包括但不限于以下几点。

● 传统的确认方法没有直接利用调试文件；相反，它通常依赖于另外一组文档，安装确认（IQ）和运行确认（OQ）方案。这些方案是文件化的证据，证明系统是根据其规范安装和运行的。IQ/OQ 的范围由各种要素决定，如工厂相关指南、供应商规范、用户需求、法规和其他相关指导文件。

● 这种传统的确认方法常常导致 IQ/OQ 活动超出必要的范围，并重复在工程启动和调试期间已经进行过的成功测试。此外，因为项目团队预计将执行额外或者重复的测试，调试活动通常不够健全或者没有良好的记录。

● 本指南提出更为简化的 C&Q 方法，将项目工程文档（调试检查和测试文件）用以提供系统已安装及运行符合标准的文件证据。为系统编制了 CQAs 和相关的 CPPs 文件，并开发了系统风险评估，以定义 CQAs 的潜在风险，并识别设计（CAs、CDEs）和用于减轻这些风险程序控制。确认系统适用于预期目的，风险控制（设计和程序控制）已到位并按规定运行。

风险评估的目的和益处包括以下几点。

● 系统风险评估有多种用途：

　○ 识别、评估和记录 CQAs 和相关控制的质量风险；

　○ 识别并记录控制和管理或者降低已识别的风险所需的设计和过程控制，这些设计的基本原理可以记录在系统评估记录中，设计控制（CAs/CDEs）的测试和过程控制的验证提供了用于支持系统确认的文档。

- 提供有关 DQ 范围的指导。
- 提供验收和放行的依据所需要的信息。
- 为质量部门监督提供重点。

E. 系统风险评估程序

- 制定基准草案。组建小型团队制定初始基准草案，团队成员应包括：
  - 有经验的指导专家；
  - 质量部门代表；
  - 工艺过程 / 系统 SMEs。
- 执行系统风险评估。初始基准完成后，组建审查团队审查基准草案，并确定风险概要。该审查团队一般由具有不同经验的团队代表组成，以提供广泛的视角；团队成员应包括生产、维护、工程、流程开发以及供应商等的代表。

表 2-2 风险等级定义

风险级别	定义
低	被认为是可以接受的，不需要采取行动。在规定的控制措施运行下，风险发生的可能性被认为很低，并且检测能力稳健
中	通常被认为是不可接受的，需要通过设计（CAs/CDEs）和（或）过程控制来降低风险。然而，SME 评审人员也可以认为中等风险通过特定流程可以接受，并决定接受该风险
高	被认为是不可接受的，需要通过设计（CAs/CDEs）和（或）过程控制来缓解。在某些情况下，SME 评审人员可能会认为这些控制是不合适的，例如，如果风险发生、运营挑战或其他原因，实现成本将超过已发生的成本。SME 可以建议接受风险较高的系统；在这种情况下，评估需要被高层管理人员接受

风险等级是综合考虑整个工艺过程确定的，因此，如果工艺流程被更改，可能需要审查 / 更新系统风险评估。这方面应该通过变更程序解决。

- 风险状况的确定还应基于 SME 对工艺流程 / 系统的经验。在定义失败或发生危险的风险时，SME 还应考虑所列的控制措施已到位并按预期运行。
- 系统风险评估期间定义的设计（CAs/CDEs）和（或）过程控制被认为是系统需求的一部分，应包括在 URS 内。在系统风险评估完成后，应更新 URS 以包括这些控制措施。如果使用追溯矩阵作为管理 C&Q 执行过程的工具，那么 CDEs 只需添加到追溯矩阵中，以确保将来被合理充分的测试和确认，而不需要更新 URS。
- 在系统风险评估期间设计和过程控制的确认需要包括在 C&Q 计划范围内，也可以添加到可跟踪矩阵中。

F. 系统风险评估的时间安排

● 系统风险评估可以在概念设计完成后和详细设计开始之前进行，并可以根据需要稍后更新。无论新系统或者改进系统，都可以在获得施工设计图纸和规格时完成系统风险评估。这些图纸和规格代表了将要构建的内容，包括通过设计审核 / 设计确认流程进行的任何更改。因此，系统风险评估可以在此阶段得到确认和批准。

● 系统风险评估定义了系统风险概况，即，在核实风险控制措施已经经过验证并按规定运作后的情况。在验证完成之前，它被认为是一项临时风险评估。

● 对于新系统，在设计过程中尽可能早开始系统风险评估是有益的，因为这样可以通过设计和过程控制任何已识别的风险。大部分风险控制是通过系统设计来实现的；仅仅做流程控制被认为是不充分的。

● 对于标准或简单的风险易识别的系统，系统风险评估可以在系统最终设计审核之前任何时间执行，还可以使用供应商标准的安装和运行验证文档。设计确认还可以确认系统风险控制是否充分。

直接影响系统的活动顺序如图 2-5 所示。

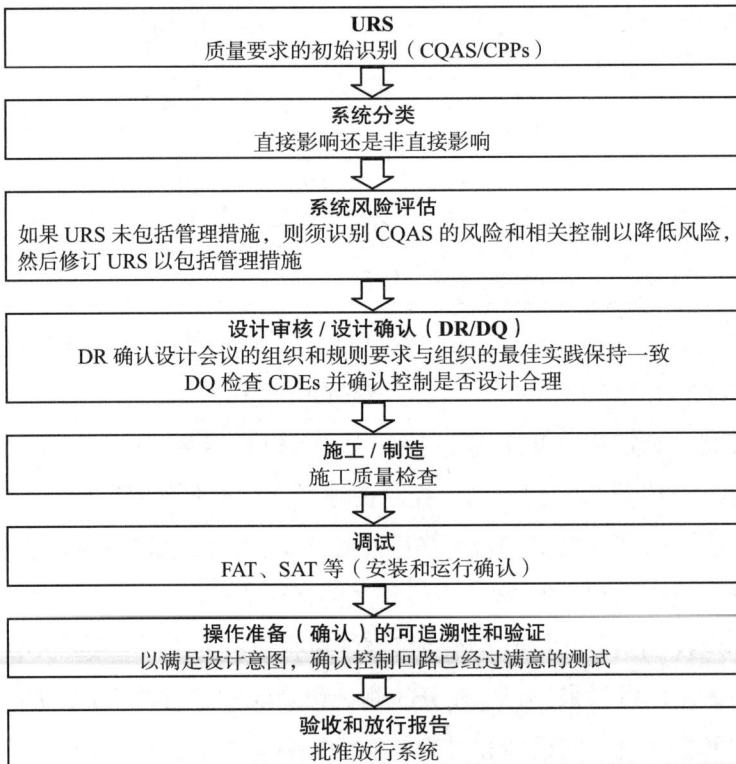

URS
质量要求的初始识别（CQAS/CPPs）

系统分类
直接影响还是非直接影响

系统风险评估
如果 URS 未包括管理措施，则须识别 CQAS 的风险和相关控制以降低风险，然后修订 URS 以包括管理措施

设计审核 / 设计确认（DR/DQ）
DR 确认设计会议的组织和规则要求与组织的最佳实践保持一致 DQ 检查 CDEs 并确认控制是否设计合理

施工 / 制造
施工质量检查

调试
FAT、SAT 等（安装和运行确认）

操作准备（确认）的可追溯性和验证
以满足设计意图，确认控制回路已经过满意的测试

验收和放行报告
批准放行系统

图 2-5 直接影响系统的活动顺序

G. 系统风险评估的生命周期

● 根据项目规模、时间和复杂性，在完成系统风险评估后，可能会提供其他产品/工艺过程或系统知识。如果这些附加的知识影响系统风险，需要检查和更新系统风险评估。

● 系统风险评估不仅是基于时间的定期审核；在发生与系统性能相关的偏差时，重新评估风险配置文件并确定是否需要更新。系统风险评估也可以用作系统潜在变更的参考文档。

● 对于系统的任何变更，URS 和系统风险评估都应作为变更管理过程的一部分进行评审。如果提议的变更引入额外的风险或影响现有的风险控制，则需要审查和更新系统评估和相关的 URS。

2.4.3 设计审核和设计确认

本小节提供执行和记录设计审核（DR）和设计确认（DQ）的建议指导，强调设计审核的重要性，作为一个持续的过程贯穿在新系统或者改进系统的设计阶段中。

设计审核确保设计所交付的产品与 URS 和系统风险评估期间制定的控制措施相一致。如果执行得当，设计审核可以减少费用高的设计相关变更需求，设计确认仅用于直接影响系统。

设计确认包含许多质量部门批准的正式文件，以显示设计中的关键方面和相关关键设计要素对关键工艺参数和关键质量属性的可追溯性。

设计审核和设计确认并非单独的活动，但为独立的文件。其中设计确认侧重于关键方面和关键设计要素，且将相关质量部门作为批准人。应尽量减少重复工作，最终的设计审核报告是设计确认流程的关键输入。

A. 设计过程

● 设计过程可分为几个阶段，以确保设计可交付成果得到充分开发，风险得到识别和减轻，项目（如定义）符合财务目标。设计过程的各个阶段：

  ○ 概念设计（CD）；
  ○ 基础设计（BD）；
  ○ 详细设计（DD）。

设备的设计通常会加速流程，CD/BD 合并实施。

● 概念设计和基础设计阶段定义了项目的工作范围。

在概念设计阶段，可以评估满足 URS 的几种方法。应评估这些替代方案对业务目标、项目成本和质量风险的影响。项目利益相关者应选择首选方案；然后该项目进入到基础设计阶段。

在基础设计阶段提供更加成熟的工作范围。基础设计包括了已经签发的设计文件；它是详细设计的基础，该阶段签发施工文件。

● 在设计过程中，需要遵循良好的工程管理规范来支持相关数据和文档的完整性。设计审核活动包括根据工程标准和商务、运营和质量要求评估可交付成果，以及确定差距并提出必要的纠正措施。在此过程中，使用良好的文档实践对这些活动进行文档化管理，可以更好地支持后面的设计审核和设计确认工作。

● 基于科学和风险的设计审核方法。

制造过程的质量风险评估（包括支持过程和关键系统的环境条件）是 C&Q 范围之外的一项重要活动，可能影响设计的早期阶段。设计阶段系统风险评估通常使用来自过程风险评估和其他过程知识来评估过程控制失效模式下的系统设计。这些评估是科学和基于风险的 C&Q 方法的组成部分。

设计阶段质量风险评估是一个迭代过程，与过程系统的设计开发相关联。系统风险评估的审评以及结果如何影响提出的设计应包括在设计审核的范围内。

B. 设计审核

● 设计审核的目的

在制造系统的整个生命周期中，对规范、设计、设计开发和持续改进变更进行了计划和系统地审查。设计审核根据标准和要求评估可交付的成果，发现问题并提出必要纠正措施。

设计审核包含系统设计的质量关键和非关键方面。

设计审核的记录结果应作为任何设计修订的基础，以纠正所审核的设计中的缺陷。

● 项目专家和质量部门的职责

在整个设计过程中，由跨部门审核团队对系统的设计进行审核，确保产品和工艺流程符合用户要求，GMP 和法规要求。跨部门审核团队应包括具有相关产品和工艺设备经验的、熟悉控制措施、设施专业知识的主题专家，以确保所审核的设计可以满足 URS，有效运行并能持续生产优质产品。

直接影响系统做设计审核时，跨部门审核团队还应包括质量部门代表，以确保满足所有质量要求。这可以帮助加速设计确认的审核和批准过程。

- 设计审核程序

在设计审核之前，应将设计文件分发给审核团队，确定全面的审核流程。作为设计审核的一部分，项目经理和设计负责人有责任确保合适的参与者参加。在设计审核期间，质量部门、运营部门和生产部门的高级管理层负责确保具有经验的代表参与。

项目团队应根据系统类型、大小和风险定义设计审核的执行方法，该方法应记录在适用的计划（如项目执行计划、C&Q 计划）中，并得到批准。

设计审核工作的形式和文档应遵循 ICH Q9 质量风险管理的原则，即与风险水平相对应。设计审核文件可以采用项目会议记录或笔记的形式，对于高度关键的新系统，设计审核记录需更加专注和详细。

对于成型设备，设计审核应考虑系统或设施操作的复杂性、风险以及质量。供应商文档通常用于进行这些审核，如有必要，供应商技术代表可参与设计审核。设计审核重点应放在由设备控制的关键工艺参数和产品所需的关键方面 / 关键设计要素（CAs/CDEs）上。

- 设计审核同时关注设计中的工程设计和质量方面

设计审核中工程设计方面的重点是系统技术方面，目标是验证系统的可操作性、可维护性和安全性。主题专家、系统所有者和任何其他利益相关者均需要在场；质量部门可选择是否参加这些侧重于技术方面的审核，但质量部门的参与会简化设计确认的步骤。

设计审核的质量方面重点是影响产品质量的符合性元素和系统设计的关键方面 / 关键设计要素（CAs/CDEs），目标是验证设计对法规要求的符合性。强烈建议质量部门以质量为重点参与这些审核，并记录这些审核。

- 设计审核结果

设计审核项目团队应建立适当方法，以记录和分发设计审核结论，并管理任何后续的变更。该结论应确认设计的持续适用性，并确认设计符合预期目的。

设计审核团队负责向管理层传达任何影响设计的问题。

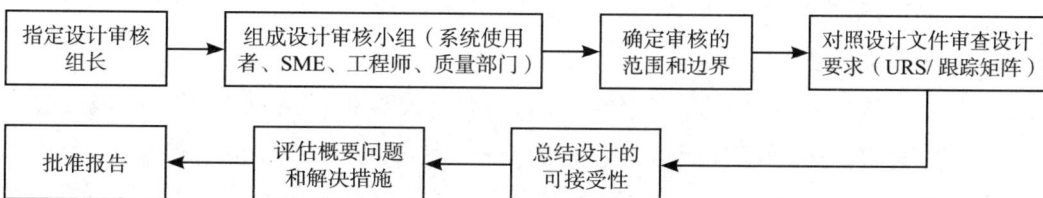

图 2-6　设计审核流程图

C. 设计确认

● 设计确认的目的

设计确认指提供文件证明新的或改造的直接影响系统的设计适合预期需求，其目的是确认设计符合 URS 中列出的质量用户需求，确认设计是否能够充分控制系统风险评估期间识别的产品质量和患者安全风险，确认实施这些要求和风险控制所需的关键方面 / 关键设计要素（CAs/CDEs）。

● 设计确认的先决条件

○ 批准的 URS；

○ 功能需求（用于自动化系统）；

○ 在系统风险评估中，不可接受的风险已经识别；

○ 完成设计审核，并确认所有影响 CAs/CDEs，CPPs 和 CQAs 的设计问题都已经关闭，并包含在最终设计中。

项目经理负责确保所有先决条件都已完成，并在设计确认审核之前提供给参与者。设计确认应安排充足的时间对所涉及材料进行初步审核。

● 设计确认过程

设计确认是审核和批准最终系统设计的文件化过程，以确认以下内容：

○ 系统 URS 中的所有流程和产品要求已纳入设计；

○ 系统 URS 的质量和法规要求已纳入设计；

○ 对关键方面 / 关键设计要素（CAs/CDEs）的设计方法的任何更改都已经进行了适当的审核；

○ 审查设计审核文档，确认质量部门是否包含在设计审核中，如项目计划中所定义的，并为设计提供适当的输入；

○ 执行设计确认的方法应在计划文件中定义。对于小型项目，可能会在完成所有设计后整体执行设计确认。对于中 / 大型项目，可将设计划分为几个区域或功能，在每个设计完成时执行设计确认；

○ 制定执行设计确认的计划、范围以及批准流程。这些信息可用于编制独立系统或集成系统的文档；

○ 可追溯矩阵可用于记录关键方面和关键设计要素（CAs/CDEs），以及关键工艺参数的可跟踪性。CAs/CDEs 的验收标准也可以记录在可追溯矩阵中。

● 最终设计确认报告

应包括但不限于以下内容：

○ 任何必要的风险审核与记录设计控制元素；

○ 识别用于控制的每个关键设计要素，识别潜在的过程故障；

○ 通过检查或测试可以验证每个关键方面和任何支持关键设计要素的描述（验收标准）；

○ 关键设计要素以可验证的方式满足产品或工艺要求。

设计确认完成后，发布最终设计确认报告，说明设计适合于预期目的，并由工程、生产和质量部门等批准。

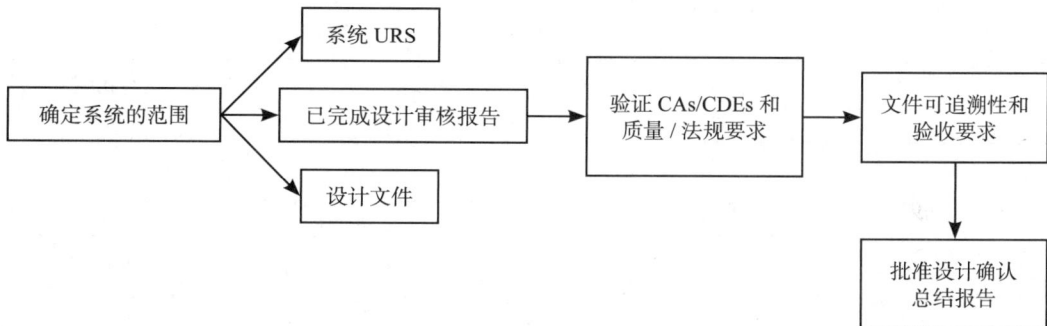

图 2-7 设计确认流程图

2.4.4 变更管理

企业应在设备或系统的整个生命周期中建立相应变更管理流程。对企业而言，实施基于质量风险管理的变更管理是实施 QRM 管理中调试和确认的最大挑战之一。本小节应用了 ICH Q9 的原则，介绍两种变更管理模式的方法：工程变更管理（ECM）和质量变更控制（QCC）。

当对系统进行修改、更改、添加、删除或改进时，其功能、物理功能或性能与更改前不同，则被视为变更；用相同的部件替换系统的现有部件（类似）可能不被视为变更，但企业应定义并遵循可靠的评估流程，管理这种"类似"的更改过程。

变更管理可称作为书面的计划，内容包括但不限于：

● 定义可更改的内容；

● 确定变更对产品的影响风险；

● 定义何时应涉及质量部门的流程；

● 建立启动、审核和批准变更流程；

● 建立评估变更影响的流程。

变更管理是实施变更的良好管理流程，是良好的企业实践，符合监管要求，有助于确保控制对系统当前状态及其所属进程的影响，并可用于为专家审核和批准提供基础。另外，变更管理系统中各利益相关方应了解变更管理的目的和特点，并有效使用以得到技术合理的解决方案，并避免其阻碍创新和持续改进。

同时，变更管理对于控制产品质量和患者安全风险至关重要。并在系统完整生命周期内执行变更管理流程，以期系统能够得到实际改进。

图 2-8 提供了 C&Q 项目执行生命周期中的变更管理应用程序，并说明了 ECM 和 QCC 两种变更管理模式之间的差异。

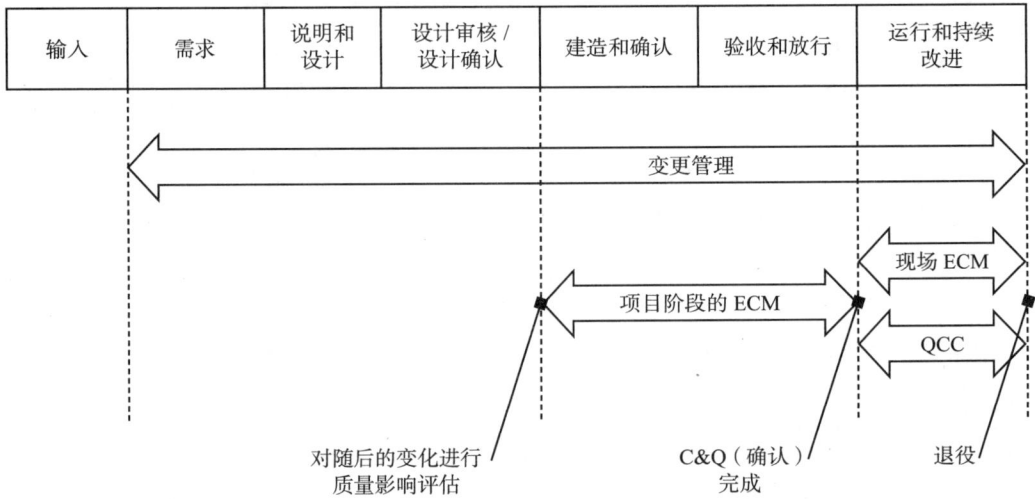

图 2-8　调试和确认项目执行生命周期中的变更管理应用程序

表 2-3　ECM 和 QCC 之间的差异

工程变更管理（ECM）	质量变更控制（QCC）
• 由工程或运营部门管理 • 要求对 CA/CDE 和 CPP 进行的更改需要由质量单位系统更改批准 • 并由相应的中小企业和系统所有者执行标准 • 在验收和放行之前在项目期间适用 • 也可能在后续生命周期管理对非关键方面、组件或功能的更改（由系统风险评估确定和记录）的生命周期管理期间应用于站点级别	• 由质量保证（AQ）管理 • 要求更改在启动前由质量部门预先批准 • 需要评估和记录变更对系统合格 / 验证状态的影响 • 重新认证需要由质量部门批准，以及变更后验证文件 • 适用于 C&Q 质量单元验收和放行后以及后续生命周期管理期间的项目，除非通过系统风险评估为非关键方面、组件或功能明确定义

A. 工程变更管理

工程变更管理（ECM）是工程质量流程的关键组成部分，它提供了整个工程质量流程中的主要控制机制，对丁支持关键质量属性实施法规 / 质量控制至关重要。主题专家、系统所有者和质量部门（如果 CAs/CDEs 受到影响）应参与评估、审查和批准潜在影响、变更的预期目的以及实施变更所需的工作。

ECM 的主要应用领域有三个：

- 为运行期间支持 GMP 和非 GMP 规范的系统提供生命周期管理；
- 在项目阶段提供主要变更管理机制，包括旨在支持 C&Q 的工作（例如，在 DR/DQ、制造 FAT/SAT 和 C&Q 验证期间）；
- 管理和记录确认的系统非关键方面的技术更改。

ECM 系统的审核和批准方法应能够实现有效和快速的变更管理，使其具有足够的灵活性，以适应：

- 项目阶段及相关监管影响；
- 对制造、维护和系统生命周期的影响。

变更的文档级别应与变更相关的风险级别相对应，应定义：

- 何时何地可以在组织内应用 ECM；
- QA 管理的质量变更控制（QCC）开始在项目生命周期中运用的节点。

● ECM 的范围和顺序

基于科学和风险的方法，在最早验收和放行阶段之前不启动 QA 管理的 QCC。从监管角度来看，只有在系统验收和放行（用于执行 PQ/ 工艺验证或用于商业用途的制造）之后，使用 CA/CDE 的系统更改才应经过 QA 管理的 QCC。

在系统运行阶段，ECM 可以继续应用于系统的非关键方面。因此，应评估对系统的每次更改，以评估 CAs/CDEs 是否受更改影响。

● ECM 的运用

表 2-4 提供了不同变更类型举例，并给出了建议的变更管理机制。该举例意在提醒，变更管理机制的实际应用应基于组织程序。

表 2-4　变更举例和建议的变更管理机制

更改说明	没有质量部门参与的 ECM	带质量部门批准的 ECM	质量控制变更
新系统或对现有系统的修改仅影响非 GMP 法规（如安全、环境等）	√		
在其生命周期的任何阶段更改为支持 GMP 流程的系统，但其本身不包含 CA/CDE（即不是直接影响系统）	√		

更改说明	没有质量部门参与的 ECM	带质量部门批准的 ECM	质量控制变更
C&Q 期间不影响 CA/CDE 或其验收标准的更改	√		
C&Q 期间修改或影响 CA/CES 或其验收标准的更改		√	
对质量部门以前批准的任何文档、规范或要求的更改		√	
接受和放行包含 CA/CDE 的系统		√	
接受和放行包含 CA/CDE（合格系统），经质量部门批准的系统，然后发生的变更			√
如果通过风险评估证明合理并符合当地质量部门的程序和批准，则在接受和放行的合格系统的非关键方面后发生变化	√		

注：具有质量单位批准的 QCC 和 ECM 之间的区别包括：QCC 要求质量单位预先批准变更；具有质量单位批准的 ECM 只需要在验收和放行之前或批准相关活动之前，质量部门批准 ECM 管理的更改。

B. 调试和确认的变更管理

在新系统用于商业或临床操作之前，在 C&Q 或项目生命周期内，与设计或功能变更相关，但对于产品质量和患者没有风险。因此，在实施变更之前，没有监管要求质量部门的批准，但是，在成功实施产品和工艺流程用户要求以及作为已批准的系统风险评估的一部分，确定和批准的风险控制策略时，存在潜在风险。质量部门应在验证测试之前批准对与 CAs/CDEs 相关的设计或预期功能或验收标准的任何更改（包括由设计更改驱动的任何新的 CAs/CDEs）。除了在 DR/DQ 之后维护预期设计外，ECM 还在确保了在 C&Q 期间生成的数据和证据的完整性方面发挥作用。ECM 管理了 C&Q 期间的变更和变更可能会影响的变更前已完成的测试和测试证据。

不符合验收标准的调试测试结果要求：

- 事件记录描述；
- 采取纠正措施的说明；
- 更正后重新测试或重新验证结果；
- 评估纠正措施对已收集的任何测试结果或其他证据的影响，并确定任何相关的重新测试要求。

应在 C&Q 记录中注明，并采取措施纠正项目以满足验收标准。如果在采取纠正措施后无法满足验收标准，SME 应评估问题并确定是否可以接受。应在调试记录中注明为何可以接受有关差异处理的详细信息。

C. 运营阶段的变更管理

验收和放行后，在系统投入生产使用后，对合格系统的任何更改都可能影响产品质量和患者安全。GMP 法规通常要求质量部门预先批准（在非紧急实施之前批准）可能影响产品质量的变更。当使用基于风险的方法时，当更改影响 CA/CDE 时，应当应用 QA 管理的 QCC。

接受和放行后，有些方案允许在没有质量部门参与的情况下应用 ECM。组织应制定程序，说明在组织或设施中使用 ECM 的具体要求。可能允许在没有质量部门参与的情况下应用 ECM 的常规操作包括：

- 对系统非 GMP 方面的更改；
- 对系统非关键方面的更改（根据系统风险评估确定）；
- 某些类别的更改，如类似更改，如在已完成的验证和批准的验收和放行文档中记录。

当使用 QCC 来管理更改时，应使用日志或跟踪系统来维护具有 CAs/CDEs 的系统的变化历史记录。提供此功能的工具可能已上市。应能够按需检索对合格系统的所有更改的完整记录。

D. 工程变更管理流程

通过 ECM 流程，合格代表对拟议更改的影响进行审核，批准或拒绝该请求，并管理和跟踪其实施过程和结果。ECM 是有效管理项目执行以及相关成本和进度的良好工程实践。

ECM 流程可包含以下内容。

- 已记录的发起人姓名和日期。
- 变更说明，包括受影响的系统或区域和预期用途。
- 评估变更对以下方面的潜在影响：
  - 质量要求；
  - 项目时间表；
  - 项目预算（相对于最新核定预算）；
  - 系统范围、设计或性能要求（包括安全性、可操作性、可靠性、施工、调试、运行和维护）；

○ 其他系统；

○ 工程文档；

○ 确认文件（包括系统的分类）。

- 向利益相关方通报拟议变更通知。

- 批准或拒绝拟议变更的记录。

- 跟踪至完成。

成功实施变更管理系统的一个关键考虑因素是采用灵活的方法。变更管理系统应该能够适应生命周期的所有阶段。将在项目生命周期中应用的变更管理系统的要素如下。

- 项目概念阶段：需要明确定义哪些文档由 QA 控制，哪些文档仅应要求涉及 QA。关键产品和流程知识文档（如 URS、中试阶段流程报告、前端研究 / 设计、系统风险评估和验证总计划）为基本设计、CQAs 和 CPPs 的要求提供了基础。这些关键文档的变更应在质量部门批准后使用 ECM 进行处理。变更管理需要确保这些变更得到评估、实施和批准，并分析对产品质量和患者安全的潜在影响。

- 设计阶段：在此阶段，变更管理应符合 GEP 原则，并经主题专家批准。考虑到设计阶段存在变更频繁的特点，变更的提出、批准、实施和跟踪机制应当灵活简单。应将已批准的变更通知领导层，包括系统所有者。应当充分认识到设计开发和设计变更之间的区别。最终设计应当通过 DR/DQ 进行评估，以核实是否满足用户需求说明和相关设计意图。设计阶段完成时，DR/DQ 完成。此时，ECM 应用于 GEP 变更，经质量部门批准的 ECM 应用于 CAs/CDEs 中的变更。

- 施工和 C&Q 阶段：在此阶段，对于大型项目，现地和项目主要由合同组织控制。在这种情况下，应使用合同组织的变更管理政策并由业主输入来实现变更。在施工过程中，许多变更是由安装环境的实际情况与设计意图驱动的。这些影响质量的变更需要进一步审核和批准。所有的设计变更均应记录，作为 GEP 的一部分。

施工和 C&Q 阶段的典型变更，如下。

○ 与现场检查和测试性能相关的典型变更：

■ 由控制的；

■ 变更后可能需要重新测试的；

■ 附加到文档的新表单 / 结果；

■ 重新测试结果是否符合要求。

○ 偏离规范（specification），通常分为三类：

■ 立即更正（例如，管道标签）：更正、重新检查和记录；

■ 稍后更正（或影响其他检查／测试）：使用差异／剩余工作清单或变更管理；

■ 无法更正：需要由技术审阅者进行评估并采取行动。

○ 偏差：只有在性能测试期间，当产品和流程的用户要求未得到满足，或质量风险控制（CAs/CDEs）因其特征、功能或组件故障而未得到满足时，才会发生偏差。需要执行以下步骤：

■ 质量和生产部门的文档和评估；

■ 确定可归属的原因；

■ 采取的纠正措施，包括定义、批准、实施、测试、确认、记录和文件化等要素。

如果没有质量影响，可以考虑临时放行。偏差的纠正应按以下首选顺序进行处理：①设计变更，②安装变更，③运营变更。

不可纠正的偏差可能需要 SOP 或其他程序变更（即程序控制）来弥补缺陷。

2.5 设备维护与维修

法规要求 ··

药品生产质量管理规范（2010 年修订）

第七十一条 设备的设计、选型、安装、改造和维护必须符合预定用途，应当尽可能降低产生污染、交叉污染、混淆和差错的风险，便于操作、清洁、维护，以及必要时进行的消毒或灭菌。

第七十二条 应当建立设备使用、清洁、维护和维修的操作规程，并保存相应的操作记录。

第七十九条 设备的维护和维修不得影响产品质量。

第八十条 应当制定设备的预防性维护计划和操作规程，设备的维护和维修应当有相应的记录。

第八十一条 经改造或重大维修的设备应当进行再确认，符合要求后方可用于生产。

背景介绍 ─────────────

设备维护的目的是降低设备故障概率，保证设备持续产出高质量的产品。设备的维护可以分为检查、维修和保养三类；也可分为预防性维修、预测性维修和故障维修三类。两种分类方式本质相通，日常检查和后续跟踪过程即是预防性维修；设备发生故障后的维修，即是故障维修。

企业的设备维护或使用人员应定期对设备与工具进行维护保养，防止设备故障对药品的安全性、有效性以及质量可控性的影响。企业应当建立书面的设备预防性

116

维修计划，并按其周期性实施；制定书面的预防性维修操作规程，并按其执行，同时做好相关台账和记录。对设备进行维护后及时进行设备清洁，如必要，应进行消毒或灭菌，以保证再次使用时不会对产品质量造成影响。

本小节将主要讨论设备维护策略评估，预防性维护的实践与建议，备品备件的管理，设备润滑管理及日常设备使用时发生故障后的维修和维修记录。

2.5.1 设备维护策略评估

实施指导

引进新设备时，对新设备建立设备编号和名称，该名称和编号将伴随设备的整个生命周期。

为了确保设备性能的一致性，在设备引进阶段，要求设备制造商提供设备维护、大修等详细技术资料。技术资料应至少包括：预防维修手册、推荐的备品备件、易损件清单等。预防维修手册应详细描述具体的维修点、维修步骤，以及采用工具、注意事项等。

企业维修部门应当建立预防维修文件体系，建立时可以综合考量维修人员的技能水平、同类设备的维护经验、设备的使用频率等历史信息，以及供应商提供的维修方法。

企业应当制定设备维护策略。维护策略的制定可基于设备等级风险分析，如可通过评估系统对产品质量和设备稳定性影响的程度，确定该系统中的关键性部件，并通过对这些关键部件的风险的识别和评估，有针对性地选择维护保养、定期维修的措施，并制定合理的维护、维修频次，从而有效降低风险，保证产品质量。

系统是指有确认运行功能（例如设备、设施、计算机化系统硬件/软件）的工程组件组合。关键部件是指系统的某个部件，其运行、接触、数据、控制、报警或故障对产品质量有直接的影响。

设备或工艺系统根据系统风险评估可分为直接影响、非直接影响或无影响设备或系统。使用系统风险评估（SRA）工具，识别设备关键方面/关键设计要素（CAs/CDEs）和用于减轻这些风险的程序控制。再根据设备结构原理，使用风险评估工具（如FMEA）对设备性能稳定性进行风险分析，结合厂家建议的维护和维修方法制定设备维护保养策略。

伴随设备投入使用，维修部门应当基于实际情况不断优化已建立的预防维修计划的内容，如定期从设备使用、维修、校准、变更、偏差等方面对预防性维护计划进行回顾及评估。并且任何针对预防性维护内容的调整，如增加或删除设备、调整维护的内容、改变维护频率等，都需要经过批准。

本小节【实例分析】实例 2 提供了预防维护计划制定流程示例。

实例分析

【实例 2】预防维护计划制定流程示例（图 2-9）

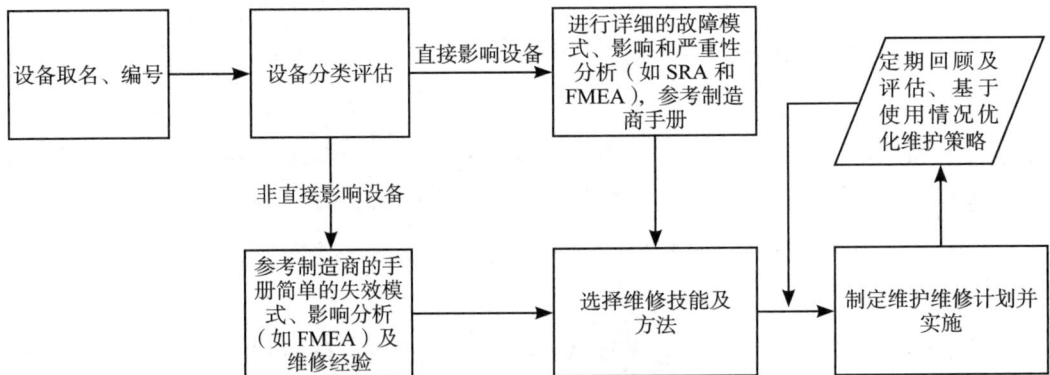

图 2-9　预防维护计划制定流程图

2.5.2　预防性维护

企业应当建立书面的预防性维护的管理和标准操作程序，规范管理所有生产相关的设备及辅助系统的维护和维修活动，并做好相应活动的台账和记录。

A. 预防性维护分类

预防性维护可分为自主维护和专业维护。

自主维护是指由经培训并考核合格的岗位操作人员自主完成的维护工作。主要包括：自主清洁、自主点检、自主润滑三个项目。

- 自主清洁指每天、每周进行的清洁项目，具体清洁内容规定在岗位操作管理规程中，主要针对设备的外表面进行清洁，并不涉及设备内部传动机构的清洁。

- 自主点检指每天或每班生产前、中、后开展的设备运行状态的点检，具体点检内容规定在设备操作管理规程中。

- 自主润滑指每天、每周开展的润滑项目，具体内容规定在设备维护规程中，主要内容是添加润滑油和润滑脂，具体润滑方法为油壶注入和油枪压入。

专业维护是指超出岗位操作人员的能力范围，由专业设备工程师开展的维护项目。其具体内容规定在设备维护规程中，主要包括专业清洁、专业润滑、专业检查、部件更换等项目。

- 专业清洁指对设备内部传动机构的清洁，需要拆除设备的外罩或者部件方可开展的清洁。
- 专业润滑指对传动部件，尤其是针对需要拆除设备的外罩或者部件方可开展维护的传动部件添加润滑油或者润滑脂。
- 专业检查指对设备易损部件进行检查、测试，以判断是否完好。
- 部件更换指对易损部件，按照维护周期进行更换。

B. 预防性维护计划制定与执行

预防性维护计划应由工程／维修部门制定，关键设备的预防性维护计划需经过质量部门的批准。

设备预防性维护计划，通常包含但不限于以下基本内容：

- 设备名称；
- 设备编号；
- 负责部门或人员；
- 具体的维护内容；
- 每项维护项目的时间及期限、周期（频率）。

预防性维护的频率可根据以下内容确定：

- 用途（相同的设备由于用途不同，可能需要设定不同的维护频率）；
- 经验；
- 设备回顾报告；
- 风险分析；
- 供应商的建议。

通常情况下，制定预防性维护计划可从设备的电气和机械方面着手，并结合不同维护周期侧重不同的检修项目。例如：一般设备的维护和保养计划可以规定每6个月对设备进行小范围的预防性维护；每12个月进行较大范围的预防性维护，同时检查6个月预防性维护中的项目；每48个月进行设备整体范围的预防性维护，同时包含 6 个月和 12 个月所实施的维护项目。企业有时将这种整体范围的预防性维护称作大修。本小节【实例分析】实例 3 提供了压片机预防性维护时间及项目示例，供参考制定其他设备的维护计划。

通常，首先确定各生产设备每次维修的项目和维修频率，并综合设备所有的维护项目制定年度维护计划；然后根据年度维护计划制定月度检修计划表，并按照计划实施。本小节【实例分析】实例 4 提供了关键设备年度、月度检修计划表示例，供参考。

C. 预防性维护计划执行

日常使用的设备应严格按照"预防性维护计划"开展周期性维护工作。如果因特殊情况无法或不需实施预防性维护工作的，如设备改造 / 替换、长时间停用、缺少维护备件、生产安排困难等，应经主题专家评估后由相应部门提出申请，基于评估结果决定是否需要执行变更。

实际维护时间与计划维护时间应当相接近，若时间超过允许的偏移范围应提前发起变更，并经过审批。本小节【实例分析】实例 5 提供了各维护周期允许偏移范围示例。

因车间停产或临时长期停产，导致生产设备及公用系统停止使用或暂停使用时，预防性维护要求应根据相关操作程序或者变更流程执行。

当出现未按照批准的预防性维护计划执行的情况时，应根据偏差处理流程进行调查、评估，并在必要时采取适当的纠正或预防措施。

预防性维护工作完成后及时审核确认，如未能达到预期目的，则申请重新开展维护，维护记录与原记录一并存档。维护完成后由维护责任人对关键设备的维护情况进行评价，并经使用部门确认，评价内容包括但不限于：设备维护计划执行情况、异常记录与评估结果等，必要时需开展调试或确认。本小节【实例分析】实例 6 提供了设备预防性维护流程的示例。

每年根据设备的维护管理规程和维护计划实施情况，制订并复核下一个全年的维护计划，经质量部门确认后执行。

实例分析

【实例 3】压片机预防性维修检修内容计划示例（表 2-5）

表 2-5　压片机预防性维修检修内容计划

文件编号：＿＿＿＿＿＿＿＿＿　　　设备编号：＿＿＿＿＿＿＿＿＿　　　页码：＿＿＿＿＿＿

序号	检修项目	检修完好标准	检修方法	检修工具	实施部门	检修周期
1	检查润滑系统有无泄漏、堵塞、缺损	润滑系统无泄漏、堵塞、缺损	开启润滑系统，点动运行设备，目视检查润滑油管有无泄漏、堵塞、破损	无	生产车间	6 个月
2	检查上、下压轮是否磨损，相应轴承是否转动灵活，无晃动	上、下压轮无磨损，相应轴承转动灵活，无晃动	目视检查和手摸上下压轮表面是否平整光滑；手动盘动压轮检查相应轴承是否转动灵活、无晃动	无		
3	检查上行、下行轨道是否磨损	上行、下行轨道无磨损	目视检查上行、下行轨道有无磨损痕迹；装上冲头空机运转，观察有无明显异响	无		
4	检查强迫加料器传动系统转动是否灵活	强迫加料传动系统转动灵活	手动检查强迫加料器传动机构转动是否灵活、是否有异响	无		
5	更换上冲、下冲密封圈	上冲、下冲密封圈已更换	目视检查密封圈有无磨损	无		
6	清洁电控柜、变频器	电控柜、变频器已清洁	使用防静电毛刷或压缩空气进行清理（停电开展）	静电毛刷		
7	检查减速机是否运转平稳、无噪音	减速机运转平稳、无噪音	空机运行设备，观察减速机运转是否平稳、无噪音	无		12 个月
8	更换充填轨	充填轨更换	拧开导轨固定螺丝，换上新导轨，锁紧固定螺丝，并使用水平尺检查充填轨道水平性	内六角、水平尺		

续表

序号	检修项目	检修完好标准	检修方法	检修工具	实施部门	检修周期
9	更换电机轴承	电机轴承已更换	将电机拆下，松开皮带，拆除电机盖板，取出转子，用拉马将轴承取出；换上新轴承，手动转动检查轴承转动是否灵活、不卡顿	扳手、螺丝刀、拉马	生产车间	12 个月
10	更换减速机润滑油，更换蜗杆轴端油封	减速机润滑油，蜗杆轴端油封已更换	松开放油孔的螺丝，将旧润滑油排出干净，换上新的润滑油；用螺丝刀将油封取出，装上新的油封，并安装平整	扳手、螺丝刀、橡皮锤		
11	清理减速机积垢	减速机已清理	使用一次抹布除去减速机积垢	一次性抹布		
12	检查转台冲模孔是否磨损，必要时进行修理	转台冲模孔无磨损	手动转动转台，逐一目视检查转台每个冲模孔有无磨损	无		48 个月
13	检查涡轮蜗杆减速机，涡轮表面是否磨损，蜗杆轴头是否磨损	涡轮表面无磨损，蜗杆轴头无磨损	目视检查涡轮软齿面有无磨损；目视检查蜗杆有无磨损	无		
14	更换强迫加料器	强迫加料器已更换	将强迫加料器打开，取出轴承；将新的轴承安装后，手动转动检查轴承转动是否灵活、不卡顿	扳手、内六角、橡皮锤、拉马		

起草人：_____   审核人：_____   批准人：_____

【实例4】某制药企业年、月度关键设备预防性维修计划表（表2-6，表2-7）

表2-6　制药企业××××年关键设备预防性维修计划表

文件编号：_____　设备编号：_____　页码：_____

序号	设备名称	设备编号	月份											
			1	2	3	4	5	6	7	8	9	10	11	12
1	压片机	00001	PM						PM					
2	造粒机	00002	PM						PM					
3	包衣机	00003	PM						PM					
……			……						……					

编制人/日期：_____　审核人/日期：_____　批准人/日期：_____

表2-7　制药企业××××年××月关键设备预防性维修计划表

序号	设备名称	设备编号	检修类别	检修日期	维修人员	验收人员	指导文件	完成情况
1	压片机	00001	PM					
2	造粒机	00002	PM					
3	包衣机	00003	PM					
……	……	……	……					

编制人/日期：_____　审核人/日期：_____　批准人/日期：_____

【实例5】各维护周期允许偏移范围示例（表2-8）

表2-8 各维护周期允许偏移范围

维护周期	实际维护时间与计划维护时间允许偏移范围
1个月	±7天
3个月	±15天
6个月	±20天
12个月	±30天
12个月以上	±45天

123

【实例 6】预防性维护计划流程示例（图 2-10）

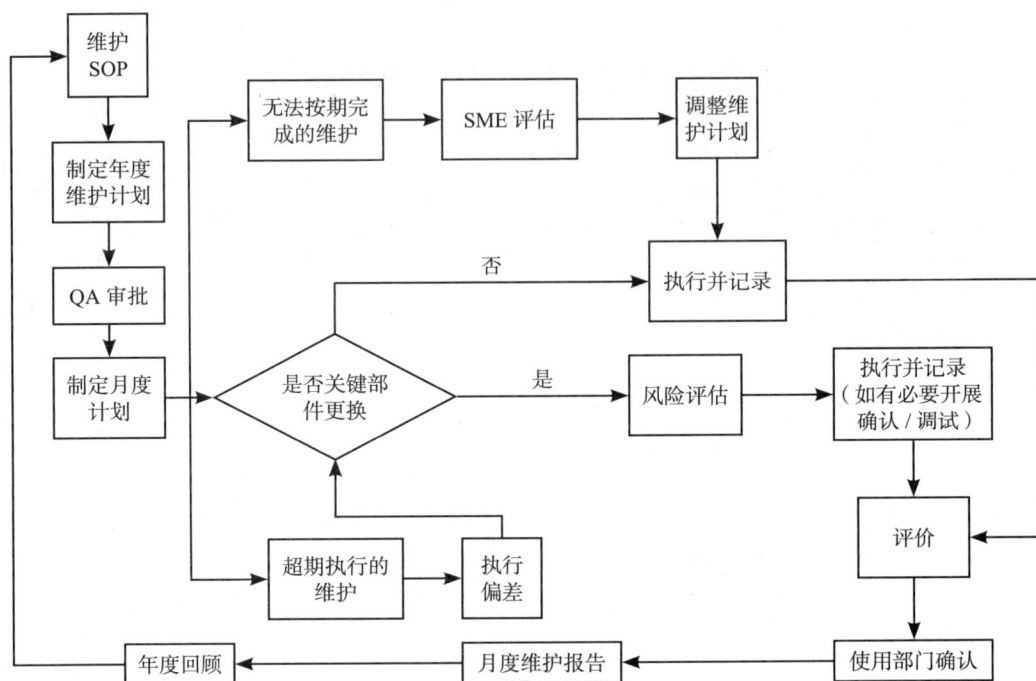

图 2-10　预防性维护计划流程图

D. 设备润滑

　　设备润滑是设备维护活动的一项重要内容，其主要目的是减少设备零部件的磨损，延长设备的使用寿命。企业应当建立书面的设备润滑管理程序，规范管理设备润滑，避免润滑工作带来的产品污染风险。建立设备润滑管理程序时，建议考量以下方面。

　　➢ 根据设备结构，结合供货商建议，为每个设备建立润滑卡，卡片内容包括但不限于：润滑类型（即润滑脂、润滑油以及对应油号）、加注量、加注方式、润滑周期、润滑人员信息等。润滑项目等可同步至设备预防性维护计划并做好相应记录。

　　➢ 根据设备的结构，明确必需使用食品级润滑剂的润滑点。

　　➢ 如果润滑剂发生变化，应事先依据变更控制流程得到确认。

　　➢ 建立基于设备的润滑标准操作规程，对维修人员、生产人员等执行润滑工作的人员进行培训，并考核。

> 确保润滑剂容器洁净，对容器明确标识，防止误用，以避免造成污染。

> 设备选型时，建议供应商充分考虑因设计原因导致润滑剂对产品造成污染的情况，并制定控制措施，如通过设计接油装置（如接油槽、接油环等）以防止污染的发生。

> 设备使用人员和维护人员应定期检查和保养设备润滑系统，及时清除可能对产品造成污染的润滑油及其他污染物。

> 定期检查设备冷却系统，确保冷却液未泄露。

> 使用部门应配备适当的工具，以实现润滑操作，如润滑油／润滑脂不同剂量的加注需求，必要时可采取自动化加注润滑装置。

> 将润滑油存放在适当的存放条件下（如温湿度要求）；另外，分类存放各类润滑油，避免混用。

> 部分润滑油，特别是食品级润滑油，应有相应的有效期管控要求，领用润滑油时遵循先进先出的原则。

本小节【实例分析】实例 7 提供了某企业瓶装包装线设备润滑卡示例。

实例分析

【实例 7】某制药企业瓶装生产线设备润滑卡示例（表 2-9）

表 2-9　00001 瓶装生产线设备润滑卡

编号	设备代号	润滑点	润滑点名称	数量	润滑方法	用量	油品规格	润滑周期	备注
1	00001	理瓶机	主减速箱	2	注油	100ml	ISOVG-320 齿轮油	1 年	
		灌装机	齿轮	10	喷剂	30~50ml	齿轮喷剂	90 天	
		输送链	滚动轴	9	注油	1~2 滴	ISOVG-32 齿轮油	7 天	
		贴签机	转轴	12	注油	1~2 滴	ISOVG-32 齿轮油	7 天	
		提升翻转机	提升链	1	喷涂	500ml	链条喷剂	30 天	
			涡轮变速箱	2	换油	上限	ISOVG-320 齿轮油	1 年	

2.5.3 故障维修

故障维修指当设备在运行中出现故障或发现存在故障隐患时所采取的纠正性的措施，主要包括维修或备件更换等活动。企业应当建立书面故障维修工作流程，规范设备故障维修工作的开展，并做好相关台账和记录。

A. 故障维修流程

设备发生故障后，按照经批准的管理程序和标准操作程序进行预检查、上报、维修活动。关键设备和非关键设备的处理流程、维修后的调试或确认流程等都需得到质量部门批准。关键设备的故障应沟通至相关部门（如生产部门、QA），并由 QA 组织相关部门进行风险分析，评估故障对产品的影响及后续产品处置，并确定是否需要开启偏差流程及制定纠正和预防措施。

使用部门填写维修申请单或类似文件发起申请，批准后由设备维修部门或外方公司实施。

维修完成后，进行必要的清洁（例如：清除润滑油等残留物，必要时进行消毒或灭菌等），确保维修活动不会对后续的生产操作以及产品质量造成影响，如有必要，需要进行部分或全部的再确认，最终经 QA 批准方可投入使用。

设备出现故障还需考虑预防性维护项目和周期是否合理，如有必要，需要调整设备的预防性维护内容及维护周期。本小节【实例分析】实例 8 提供了关键设备故障维修的流程示例。

例如，瓶装生产线上的数粒机计数传感器损坏导致数粒不准确，直接影响产品瓶装量准确性进而影响产品的质量。该设备技术传感器为关键部件，其损坏应属于重大偏差，应首先填写偏差报告表报质量管理部门，质量管理部门组织人员分析故障对产品质量的影响，并对设备损坏前使用此设备分装的产品进行追踪，考察是否存在瓶装量不准确的情况。而后及时进行维修，维修完成后应对数粒机的性能进行确认，合格后方可再次投入使用，并视情况更新预防性维护计划，关注对该关键部件的测试与检查。

B. 维修计划

- 维修部门会同各相关部门确定车间停工时间，公布停工计划表。
- 明确停产期间清洁、人员、合同方以及物料控制等方面的各项要求，并保证按计划进行。

- 明确停产期间对环境监测方面要求，并保证按计划进行。
- 维修部门有效利用停工计划时间，合理安排并按流程执行维修活动。
- 维修部门可借助先进技术，如传感技术、信息采集处理技术、干扰抑制技术、模式识别技术等，根据设备的健康状态来安排检修计划，实施设备检修。

C. 外方公司维修

维修活动可以由具有资质的外方服务商来承担，完成预防性维修、纠正性维修、紧急维修等任务。聘请外部公司执行维修活动时，企业应当与外部公司签订合同，明确双方职责，并得到企业维修部门以及安全部门的同意，并且在工作期间，内部维修人员应对外方人员的行为负责。外部公司按照作业流程开始工作之前，应接受企业维修程序的培训，并确认外部维修人员满足该维修流程中的各项要求。维修活动中涉及外部公司技术操作规程时，应得到维修管理部门的审核，并作为相关维修工单的附件。应做好所有维修活动相关台账、记录和报告，并存档管理。

D. 注意事项

- 根据建立的维修工单程序，对于各部门所有维修活动建立维修计划及维修相关文件或记录。
- 直接影响系统设备所有维修活动的支持文件或记录，均应得到 QA 部门的审核或确认；非直接影响系统设备所有已执行维修活动的支持文件或记录，基于风险确定是否需要经过 QA 部门审核或确认。
- 任何设备在停用或从系统中移除时，应该遵循企业相关流程，填写相应记录，并得到 QA 部门的同意。
- 在某些特殊的区域履行维修活动之前应事先得到安全部门的批准（如登高作业、进入限制区、动火作业等）。正式作业开始前，批准文件必须准备齐全，并且应在每个区域进行明确的警示或标识。
- 所有进入维修活动区域的内部或外部公司维修人员应穿戴必要的防护服。
- 作业之前，应先对这些区域进行安全方面的评估。

实例分析

【实例8】关键设备故障维修流程示例（图2-11）

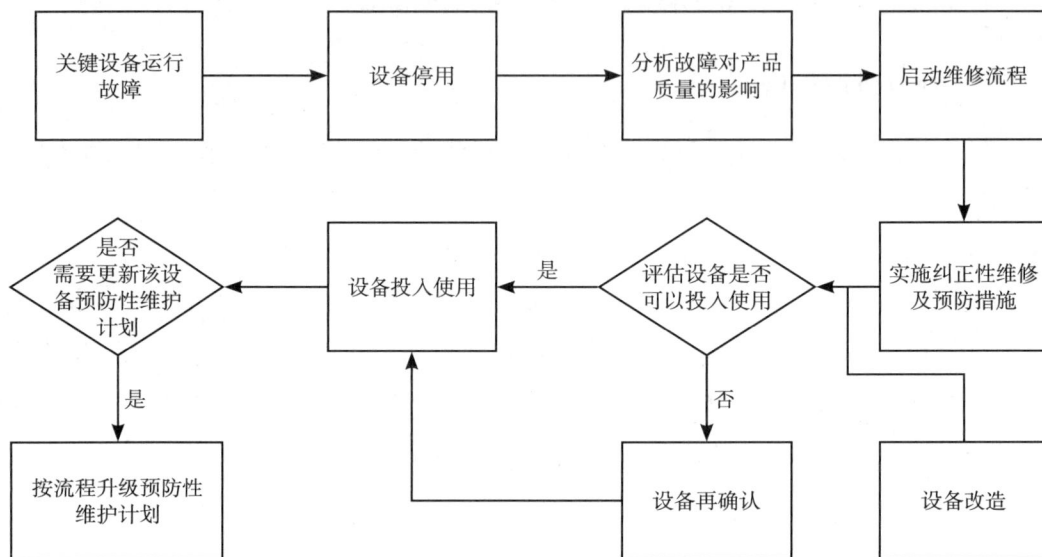

图 2-11　关键设备故障维修流程图

2.5.4　备品备件

A. 备件管理

● 企业应当建立书面的程序或工作流程，规范管理所有备品备件的采购、质量要求、库存要求、发放和归还等。该程序建议包括但不限于以下内容：

　　○ 库存管理体系，包括备件关键性分级、库存变更、定期盘点、新备件增加、与维护保养工作计划的衔接等；

　　○ 库房运作，包括收货、检查、质量确认、备件发放和退回控制、已维修和可维修备件处理、低值易耗品的发放；

　　○ 可维修部件必须和新部件采用相同的质量控制要求。

● 使用部门和维修部门应熟悉备件库存和库存管理流程。

● 具备相关的流程支持备件评估，并明确备件存放条件（例如：对于电器元件考虑温湿度控制）。

● 对于特殊材质要求的备件，在首次采购时要求供应商提供相关报告证明，包括：化学兼容性、生物安全性、材质证书以及其他的相关测试报告等。

●应建立计划内维护保养和维修活动需要使用的成套备件的管理流程，并且应为这些计划内使用的备件开辟单独存放区域。

●备件库应干净整洁、管理有序，备件及所在位置都应有清晰的标识及数量。

●库房安全程序应规定：最大程度地降低未授权或未受控备件流入和流出库房的风险，同时，避免阻碍正常工作的进行。

●部分定制类加工配件在入库时需要对其进行充分验收，包括但不限于尺寸测量、材质检验，必要时应上机进行验收。

B. 备件分类

建议企业对设备备件进行分类管理，针对不同类别备件的使用制定相应的管控措施，如开展调试或设备确认。备件可分为四类，如下，供参考。

●相同部件：相同功能，相同规格，相同生产厂家，相同部件编号。

●等同部件：相同功能，相同规格，不同生产厂家或同一生产厂家的不同部件编号。

●替代部件：相同功能，不同规格。

●不同设计部件：不同功能。

C. 备件关键性分级

建议企业对设备备件进行关键性分级，评估内容包括但不限于以下方面：

●备件是否直接接触产品；

●备件是否用来建立或者维持一个系统的关键状态；

●备件是否用来控制影响产品质量的关键工艺参数，且没有其他独立设备来确认该部件；

●备件记录的信息是否用于支持批放行依据；

●日常操作中发生备件失效或报警的历史情况，以及失效或报警是否影响产品质量。

D. 备件的使用

●良好维修作业规范确立了备件一致性需求的标准。

●对于关键备件的更换，维修部门应建立书面程序并得到质量部门的批准，用于确认领用备件与原件的一致性（备件的性能、技术规格和可维护性与原件完全一致的备件称为一致性备件），并做好文件记录和说明。对于非关键部件的更换，可以仅在维修工单上注明即可。

- 更换备件时应优先考虑使用"相同部件"。
- 如关键备件更换不完全符合一致性原则，可遵照变更控制流程启动相应变更。
- 备件更换完成后，在投入使用前应完成相应清洁、消毒和灭菌（如需要）等，并进行适当的测试。再确认活动应确保设备能正常工作并满足预期的要求。
- 企业也可使用计算机化系统对备件进行编号管理，建议使用不同编码方式对符合和不完全符合一致性原则的配件进行区分，以便于后期判断。
- 经打磨、调整或维修的关键备件在使用前，必须由设备工程师正确评估部件所属类型。清洁应作为评估的一部分以确保其不会对产品或样品产生污染风险。

2.5.5 维修记录

企业应当做好所有维护和维修活动的台账、记录和报告，并按文件管理要求进行管理和存档。维修记录通常包括设备使用日志，以及专门详细记录维修活动内容的维修工单。

A. 设备使用日志

根据法规的要求，关键的设备应具备使用日志，用于记录所有的操作活动，例如：设备的使用、确认、变更、校准、清洁、维修等。记录中应包括操作日期和操作人员签名、所生产及检验的药品名称（或编号）、规格和批号等。使用日志是一个简要的概况性文件，其中只需简要记录所执行的活动以及参考文件编号即可，无需重复记录详细内容，但应确保可以通过日志追溯到相关的文件或记录。

使用日志应放置在设备的现场，按时间顺序进行记录。企业应定期审核设备使用日志，确保记录的正确性和完整性，并对设备的运行状态进行评估。企业可以选择使用纸质记录或电子化的系统记录。

B. 维修工单

维修工单（maintenance work order）是维修部门实施维修活动的过程文件，该文件记录了维修工作的原因、计划安排、执行时间、备件消耗、设备状况参数等维修过程中发生的详尽信息。

根据设备维护的分类，可将维修工单大致分为两类：计划性的维修工单（如预防性维修、有计划实施的纠正性维修、设备技术改造等）及非计划性的维修工单（如故障维修）。也可根据维修申请部门对维修需求的紧迫程度，对维修工单进行优先级的定义，如紧急维修工单、非紧急维修工单等。

维修优先级示例，供参考：

①紧急维修（emergency）——期望立即执行；

②高优先级（high）——期望在 48 小时内执行；

③中等优先级（medium）——期望在一周内执行；

④低优先级（low）——不紧急的工作，在一个月内安排执行即可。

维修申请部门提出申请时，应首先在维修工单上填写报修信息，包括但不限于以下内容：

- 故障设备或设施的功能位置和设备代码；
- 故障或隐患发生的时间；
- 故障现象描述（可用事先定义的代码表示）；
- 故障结果描述。

维修部门接到维修工单后，按照流程对设备进行预检查，对故障风险进行评估，若为关键设备的故障应沟通至相关部门（如生产部门、QA），并由 QA 组织相关部门进行风险分析，评估故障对产品的影响及后续产品处置，并确定是否需要开启偏差流程及制定纠正和预防措施；故障风险评估需质量部门批准后方可实施设备维修。

维修工作完成后，维修人员清晰、准确、完整、如实地填写维修工单上规定的栏目，特别需要对发现的问题及实施的维修进行详细说明。维修工单上记录的内容包括但不限于：

- 故障原因描述（或故障代码）；
- 故障处理内容；
- 备件和材料使用情况；
- 维修工作执行时间记录（开始和结束时间）；
- 系统、设备状况参数（如过滤器与泵的压差、电机电流测试值、液位值等）。

根据维修工单上的信息，企业还可以建立设备维护历史记录表，帮助了解设备运行整体概况，用于支持优化设备预防性维修内容及维护周期等，从而获得对其更有效的维护。

2.6 设备使用和清洁

法规要求 ···

药品生产质量管理规范（2010年修订）

第七十二条 应当建立设备使用、清洁、维护和维修的操作规程，并保存相应的操作记录。

第八十二条 主要生产和检验设备都应当有明确的操作规程。

第八十三条 生产设备应当在确认的参数范围内使用。

第八十四条 应当按照详细规定的操作规程清洁生产设备。

生产设备清洁的操作规程应当规定具体而完整的清洁方法、清洁用设备或工具、清洁剂的名称和配制方法、去除前一批次标识的方法、保护已清洁设备在使用前免受污染的方法、已清洁设备最长的保存时限、使用前检查设备清洁状况的方法，使操作者能以可重现的、有效的方式对各类设备进行清洁。

如需拆装设备，还应当规定设备拆装的顺序和方法；如需对设备消毒或灭菌，还应当规定消毒或灭菌的具体方法、消毒剂的名称和配制方法。必要时，还应当规定设备生产结束至清洁前所允许的最长间隔时限。

第八十五条 已清洁的生产设备应当在清洁、干燥的条件下存放。

第八十六条 用于药品生产或检验的设备和仪器，应当有使用日志，记录内容包括使用、清洁、维护和维修情况以及日期、时间、所生产及检验的药品名称、规格和批号等。

第八十七条 生产设备应当有明显的状态标识，标明设备编号和内容物（如名称、规格、批号）；没有内容物的应当标明清洁状态。

第八十八条 不合格的设备如有可能应当搬出生产和质量控制区，未搬出前，应当有醒目的状态标识。

第八十九条 主要固定管道应当标明内容物名称和流向。

实施指导

企业应当建立书面的设备使用和清洁规程，规范设备操作和清洁，确保设备处于正常状态，以持续生产出质量合格的产品，并做好使用和清洁日志和记录。设备的使用和清洁应包含但不限于以下内容。

- 设备使用：依据设备的性能、生产工艺、产品特性及环境、健康、安全管理等方面的要求，建立详细的设备标准操作规程用于指导设备日常操作。
- 设备使用日志：应有合适的设备使用记录，用于追溯设备的历史使用情况。
- 设备清洁：设备的清洁对防止产品污染及交叉污染至关重要。企业应根据设备形态、所生产产品性质制定适当的清洁程序用于指导日常设备清洁。设备的清洁程序不仅要包含设备清洁方法，还要规定设备的清洁用具、清洁剂、干燥及储存方法、储存时限等。设备清洁应有记录，用于追溯设备清洁历史。
- 设备状态标识：用以指示设备运行状态、清洁状态、产品名称或内容物等重要信息。企业应当建立设备状态标识指导程序。
- 设备的退役：企业应当建立设备退役管理规程。确保设备退役前仍符合预定用途。

2.6.1 设备的使用

实施指导

A. 设备使用标准操作规程范围

- 主要生产和检验设备均应建立设备使用标准操作规程。辅助设备依照其是否需要员工进行日常操作及操作复杂程度确定是否需要单独的使用标准操作规程，也可以将其包含在主要设备的使用标准操作规程中。
- 设备标准操作规程的建立建议参考设备 / 设施的操作说明书、相关技术文件制走。同时，所有标准操作规程的内容和参数，都应与批准的设备确认、工艺验证或方法验证的结果保持一致。

● 首次投入使用的生产设备在工艺验证未执行前可参考设备／设施的操作说明书、相关技术文件及研发或中试生产所确定的操作参数进行起草。待工艺验证完成后根据验证结果对原操作规程进行修订。

B. 设备使用标准操作规程内容

设备使用标准操作规程应包括但不限于以下内容。

● 目的：清楚描述该规程建立目的，至少应包含设备名称、使用部门和（或）岗位、设备用途。

● 范围：概述该规程的主要内容。

● 职责：明确设备使用过程中各部门、岗位人员职责。

● 操作步骤或方法

○ 对于复杂设备，可描述设备涉及的主要部件及构造，以便理解具体操作步骤。对于简易设备，可不做该规定。

○ 对设备操作涉及各类屏、盘、键、钮等的功能做适当说明。

○ 设备开启前检查：应明确规定设备开启运行前应做哪些检查。包括但不限于设备的运行状态、清洁状态、阀门状态、设备确认或校准状态，涉及称重或计量的设备还应检查日常精度确认是否已按规定完成。对于有开机要求的，应写明开机先决条件，确认设备已满足开关机要求后，再启动设备。

○ 设备的使用与工艺或检验方法密不可分，因此设备操作步骤应根据工艺或检验要求，依照操作顺序逐一进行描述。必要时，可以使用操作流程图和（或）设备图片辅助说明。操作描述应简洁易懂，便于岗位员工阅读使用。

○ 应包含设备的操作参数范围，该参数范围与工艺／检验方法相关。必要时，可对目标值进行规定。

○ 应对每一步操作应达到的状态做出规定。

○ 涉及换班操作的，应对交接班时的注意事项做出规定。

○ 应有详细的停机描述，包括停机前的检查、停机的具体操作。如有停机先决条件的，应在程序中明确，确认满足停机条件后再关机。

○ 设备故障执行流程。可单独制定设备维修程序，在设备使用标准操作规程中链接该程序，以便操作人员在设备发生故障后按规定执行。

● 设备生产操作相关的环境、安全等规定。如人员资质、自动化设备的参数维护、个人防护用品（personal protective equipment，PPE）、安全须知、异常情况处理等。

- 设备操作和使用参数需要同验证和确认过的参数保持一致。如使用过程中，已确认的参数范围需发生变化时，应纳入变更管理。
- 设备使用记录：详见 2.6.2 设备使用日志。

C. 设备使用标准操作规程中计算机化系统部分应包含的内容

对附带计算机化系统的设备标准操作规程，除上述本小节上述的规定外，还应考虑以下几点。

- 对计算机化系统的配置信息做出描述。
- 对计算机化系统的紧急停车、系统通电等事项做出详细操作要求和步骤描述。
- 操作权限描述。
- 建议在设备操作规程中链接计算机化系统的审计跟踪、数据备份、数据恢复等具体规定的操作规程编号，有利于设备日常管理时的整体性。
- 建议将计算机化系统相关的文件做成清单，并定期进行审核，确保关联文件的有效性。

计算机化系统的数据安全性尤为重要。应对用户权限、数据存储、操作可追溯性等做出详细规定。

📋 要点备忘

设备标准操作规程用于指导岗位日常操作。其描述应与设备的预期使用目的相符且便于操作人员理解。设备标准操作规程的参数范围均应有明确出处，如验证文件、确认文件、使用手册等。设备的操作参数变化应纳入企业变更管理。以此确保设备的操作、工艺、检验方法等的一致性。

2.6.2 设备使用日志

实施指导

A. 设备使用日志目的及基本要求

- 建议制定设备使用日志通用管理程序，明确设备设施使用日志管理指南。用于指导企业内部具体设备设施使用日志的起草及执行。

• 设备使用日志旨在追溯设备使用历史。设备使用日志应依据设备的使用（如专线设备还是混用设备）、设备的复杂程度（如操作时是单一设备还是多个设备组合使用）等来制定合适的使用日志。

• 设备使用日志应进行定期审核，以确保信息记录的及时性及准确性。

B. 设备使用日志内容

设备使用日志应包括但不限于以下内容。

• 设备名称、设备编号或位号。

• 使用日期、使用部门或岗位。

• 生产或检测的产品相关信息。

• 如设备在使用过程中出现异常情况可在使用日志中做备注，依据异常情况等级也可链接偏差编号。

• 对有需要做安全状态检查的设备，建议将设备安全状态检查作为设备使用日志的一部分，如机械防护及安全联锁状态等。

• 记录人。

设备的使用日志旨在追溯设备的使用历史。对于专用设备，如已有其他可追溯设备使用情况的记录，可考虑不单独设置设备使用日志。

设备使用日志应体现设备的清洁、维修、维护、确认等信息，用以体现设备使用周期的完整状态。设备的使用和清洁均为设备日常操作，企业可考虑将设备使用日志与设备的清洁记录相结合，将设备的清洁信息记录在设备使用日志中。公司需依据自身情况制定合适的设备使用日志规则。

设备使用日志在设计时应考虑操作人员的填写便捷性，避免大篇幅书写操作内容。

C. 设备使用日志的填写及复核

• 设备使用日志的填写应符合良好记录规范的要求，做到及时、准确、字迹清晰可辨、无漏填、错填。

• 企业根据设备的使用目的、关键程度及日志所包含的内容对设备使用日志设定合理的第二人复核规则。如设备为关键生产或检测设备，且无法通过其他相关记录获知设备使用情况，设备使用日志建议由第二人及时复核。如设备使用日志中的信息可以通过其他记录进行追溯，如生产批记录、检测批记录、维修维护记录等，则设备使用日志可设定定期复核。

D. 设备使用日志的领用与存档要求

● 设备使用日志的领用应受控。建议由指定部门进行发放。

● 正在使用的日志应放在操作人员可以及时、方便获取的设备作业现场。设备使用日志使用过程中如出现破损，应依据破损情况及是否有记录内容丢失确定处理措施。如破损日志无记录信息丢失但不便于继续使用，可对其进行回收存档后重新发放新使用日志。如破损导致记录内容丢失，则建议开启偏差调查。

● 设备使用日志的存档应遵循企业文件存档原则。日志存档于指定位置，在未达到存档年限前不得随意进行销毁。

E. 电子日志

对经评估需要进行电子日志管理的设备及系统应考虑以下几方面。

● 用于电子记录的计算机化系统应按要求经过验证且通过后才能使用。计算机化系统验证应包括对电子记录的验证，如电子记录的用户权限、电子签名、数据的安全、存储、数据的一致性（对有自动抓取数据的情况，应验证导入电子记录中的数据与原数据的一致性）、记录的备份、记录及数据的删除、数据的可追溯性等。

● 应建立单独的电子日志管理规程。电子日志管理基本规定与本章节 A 至 D 项设备使用日志通用要求一致。

● 电子日志管理规程除上述设备使用日志要求外，还应至少包含对如下内容的规定：用户权限管理、电子日志的安全管理、数据的备份、备份恢复。这些内容应与企业计算机化系统管理方针保持一致。因每个设备使用及电子日志格式等有区别，建议企业对每台有电子日志的设备起草单独的电子日志管理规程，以明确电子记录的数据填写方式等，该部分内容亦可包含在设备使用操作规程中。

● 电子使用日志应定期备份，并确保备份数据的完整性。电子日志的备份要求与计算机化系统数据备份要求一致。

● 电子日志的查阅：电子日志应具有实时查阅的功能。电子日志需有复核，复核频率等与企业纸质设备使用日志复核原则一致。企业应明确电子日志的定义。数据在传输过程中所产生的设备通讯语言与电子日志不同。这类通讯数据一般不需要额外进行审核。

● 电子日志的存档期限与纸质记录一致。应有合适的场所用于电子日志的存档。

基于企业电子日志存储介质的不同，电子日志存储环境应满足要求，如环境湿度。

· 电子日志的销毁：企业应建立适用于电子日志销毁的程序，规定电子日志销毁的审批流程、销毁的方式、销毁数据的复核等。

基于电子日志的特性，企业应制定程序避免电子日志的非授权复制及非授权打印。此外，如需要打印电子日志的，企业应有程序规定电子日志的打印及受控流程。只有受控的打印版电子日志才是有效的。

📋 要点备忘

设备日志应与设备相对应，能清晰体现设备信息。

· 设备日志的目的是追溯设备的使用情况，其设计应同时考虑信息的完整性及员工书写的便捷性。

· 设备日志应按规范填写并定期审核。

· 设备日志的发放应受控。

· 设备日志应按规定存档，不能随意销毁。

· 设备电子日志管理原则与纸质设备使用日志相同。用于记录的计算机化系统需完成并通过计算机化系统验证后方能投入使用。

· 电子日志尤其要注意数据的安全性。企业需建立良好的电子文件复核、备份、存档、销毁方针政策。

实例分析

【实例9】某企业对设备日志的填写要求

（1）设备使用日志可以设计统一填写模板，设备、产品等相关信息在设备使用日志封面体现。如：设备日志的封面设计，可以将设备名称、设备位号、使用产品名称、使用部门、日志使用的起始和终止日期、记录本编号设计在封面上，如果其中有项目不适用，填写 N/A。

（2）设备使用日志的填写、发放、归档应在日志管理规程中做出规定。

· 设备日志按要求分发登记、审核和归档。

· 设备在连续使用过程中，每班次填写正常生产过程中相关信息，并需填写人签名确认。其他异常情况在日志中详细说明，并按照内部流程进行处理。

- 日志的填写应字迹清晰，语句简练、准确，无漏填或差错；如因差错需重新填写时，作废的单元应保留，注明作废原因，由注明人签名，并填写日期，不得撕掉并造成缺页。

- 如果设备为专用设备，在封面上填写使用的产品名称，日志中无需再次填写产品名称。

- 如果设备的使用、清洗、维护和维修在其相应的记录中已经详细记录了使用、清洗、维护和维修过程，在日志中无需重复记录这些过程，简单的概述相关活动即可。

（3）对设备使用记录的具体填写方式可在规程中做出规定。

- 仪器 / 设备使用

仪器 / 设备在日常检测、生产过程中，操作人需要在附件中记录设备使用的时间，生产的产品名称、批号信息，并签名。若仪器 / 设备具有单独的使用记录，使用相应的记录来记录使用信息。

- 仪器 / 设备清洗

仪器清洗通常是检测使用前后进行，或者结合仪器维护时进行，需要根据使用情况以及维护的内容记录相应的清洗。

设备在日常清洗、生产前、生产后的清洗以及过效期清洗，设备维护和（或）维修后进行的清洗，详细的设备清洗过程由操作人员在相应的设备清洗记录中记录，填写清洗时间和清洗类型，如有对应的生产批次信息，需记录批号。

- 设备维护及维修记录的填写也应有相应的填写规定。

（4）不需要单独设备使用日志的设备：对于一套设备机组包含多个附属设备或部件，与物料有直接接触，但属于设备特定所带的附属设备的，统一在主设备使用日志中进行记录。如连接软管、泵、在线 pH 计、在线 DO 计、CIP 清洗罐、高位槽、热水储罐、缓冲罐、提升机以及与安全相关的设备等。

【实例 10】设备 / 仪器使用记录模板（表 2-10）

表 2-10　设备 / 仪器使用记录

时间	操作项目	操作项目描述	操作人签名 / 日期
	使用□ 清洁□ 维护□ 维修□		

续表

时间	操作项目	操作项目描述	操作人签名 / 日期
	使用□ 清洁□ 维护□ 维修□		

说明:
（1）操作项目:根据设备操作内容,在"操作项目"一栏中具体的"□"中打"√"。
（2）操作项目描述:
   • 使用填写相应产品批号;
   • 设备清洗类别:生产前清洗、生产后清洗,过有效期清洗及维修后清洗;
   • 仪器清洗类别:检测前清洗、检测后清洗和维护保养后清洗;
   • 维护填写维护类别、维护记录本编号和页码;
   • 维修简要描述维修项目、维修记录本编号和页码。

2.6.3 设备的清洁

实施指导

A. 程序要求

• 企业应建立设备清洁标准操作规程,必要时应同时建立设备消毒标准操作规程。设备的清洁方法包含在线清洗、离线清洗等多种清洗方法。企业应根据产品性质、设备形态制定合理的设备清洁规程。需要消毒的设备,应当起草设备消毒标准操作规程,或将详细的消毒操作方法包含在清洁标准操作规程中。设备的清洁及消毒应能有效去除设备中的残留物质等,以防止污染及交叉污染。

• 设备清洁标准操作规程应包含清洁用具、清洁剂、清洗方法（包括前一批次残留的标识、印记的清除）、干燥及存储方法、设备使用后至清洗前最大时间间隔（dirty hold time）及设备清洗后储存时间（clean hold time）即清洗有效期。所有设备清洁均应及时记录。设备清洁记录应能反映设备的清洁过程及清洁时间。设备清洁记录可以是批生产记录的一部分,也可以设计清洁专用记录,但需同时在批生产记录中体现清洁操作已按标准操作规程执行。

• 设备的清洁方法及消毒方法需经过验证。清洁验证从清洁方法对待清洗物去除的有效性、清洗剂及消毒剂的残留量、取样及检测方法等方面做出科学评判。详见本丛书《质量管理体系》分册清洁验证相关内容。

B. 清洗剂及消毒剂的使用要求

● 设备清洗剂及消毒剂的选择：如设备清洁需用到清洗剂及消毒剂，应在使用前对其适用清洁范围、最佳使用条件、MSDS、配制注意事项、清洗剂及消毒剂清除方法等做研究。清洁验证中应包含其清洁、消毒有效性的研究及清洁剂、消毒剂残留量的研究。

● 选用的清洗剂及消毒剂需经质量部门批准后才能投入使用。此外，对于消毒剂企业应考虑其耐药性，可进行定期考察或制定合理的防止耐药性产生的方案，如两种或两种以上消毒剂轮换使用。

● 如设备清洁需要用到清洗剂及消毒剂，则需对清洗过程中用到的所有清洗剂及消毒剂的名称、使用浓度、配制方法、清洗环节、使用方法（包括作用时间、是否需要搅拌、搅拌频率及搅拌时间等）等做详细规定，以确保日常操作严格按照规程执行。

● 对于非专用设备，在规程中应明确转换生产时设备是否需要额外清洗，额外清洗步骤需详细描述。

● 如消毒剂或清洗剂需要更换，需通过变更流程进行控制。

C. 清洁用水及溶剂的要求

设备清洁一般会用到水或溶剂。设备清洁用水及溶剂的质量要求依据所生产产品的性质（如无菌、非无菌）及设备所处工艺步骤的不同而不同。一般应从以下几方面进行考虑：

● 清洁用水及溶剂中的微生物水平、悬浮物质及其他固体颗粒情况；

● 清洁用水的级别建议参考生产时该步骤用水要求，如生产用水为纯化水或注射用水，则至少最后一次清洁用水应使用同样标准的水；

● 清洁用水及溶剂应定期进行质量监测。清洁用水的质量监测可与制药用水系统相关监测同步进行，清洁用溶剂的监测及使用量应记录；

● 清洁用溶剂的使用安全，及清洗后的水及溶剂的处理。

D. 设备使用周期内的清洁、消毒注意事项

设备的清洁包含新设备投入使用前的清洁、设备正常生产使用、维修后的清洁等。设备不同使用阶段的清洁及消毒关注点建议如下。

● 新设备的清洁与消毒

○ 新设备及新改造设备中可能有设备制作过程中使用或残留的油污、蜡等，因此新设备、新容器或新改造的设备及容器在使用前需要有额外的清洁步骤以达到去污、除油、去蜡的效果。

● 正常生产使用的设备清洁与消毒

○ 企业按照验证过的清洁及消毒规程进行日常设备清洁与消毒。员工需接受清洁及消毒规程的培训后方可执行相关清洁操作。所有清洁及消毒都应及时记录以确保追溯性。

○ 如未按规定程序进行设备的清洁与消毒，建议开启偏差调查，除调查偏差根源外还应重点评估对产品污染及交叉污染的风险。

○ 已清洗设备存储环境温度、湿度、洁净等级等应与生产过程的环境保持一致，建议针对不同使用要求进行分区定置管理，必要时可采取密封、单间、专区存放等存储形式。并制定严格的防止污染、交叉污染和混淆的措施。

○ 已清洗设备状态标识按照状态管理程序规定的要求进行，对清洁状态做出定义，并规定标识管理的内容，确定标识形式、标识内容，如设备名称、编号、清洁时间、最长存放有效期、清洁负责人等信息。

○ 规定对已清洁设备在使用前清洁状态的检查方法，确保对各类设备清洁与消毒的有效性。

○ 对超出设备清洁有效期的设备，再次使用前需重新进行清洗。

● 设备维修后的清洁与消毒

○ 对于维修及故障后的设备应根据设备维修的内容确认是否需要按新设备进行去污、除油、去蜡的清洁操作。如设备维修未涉及内表面且无油污等异物引入，则按常规清洁消毒规程进行清洁。

○ 设备退役前建议执行正常清洁消毒规程，确保设备无产品及清洁剂残留。

E. 对清洗站设施设备的要求

● 清洗站内用于清洁的设备、设施，其造型与设计建议与生产设备要求一致。

● 建议建立清洗站设施设备的使用、清洁、消毒记录。

● 建议清洗站用于清洁的设备设施有明确标识。不同区域（如：待清洗设备处于不同洁净级别、待清洗设备用于特殊产品生产等）的清洁设备设施不建议混用，或基于风险评估判断是否可混用。

📋 **要点备忘**

企业应建立设备清洁、消毒规程。

- 清洁及消毒规程需详细，并能指导员工日常操作。
- 员工在操作前需接受清洁及消毒规程的培训。
- 所有的清洁与消毒方法均应经过验证。
- 设备清洁用清洁剂、消毒剂的使用等应做规定。
- 设备不同使用阶段清洁及消毒关注点不同。
- 设备清洁与消毒应及时记录。
- 清洗剂及消毒剂的更换需通过变更进行控制。
- 清洁消毒状态应符合标识清晰。状态标识合理设置，应包含重要信息，如清洁消毒日期、有效期等。
- 清洗站设施设备要求。

2.6.4 设备状态标识

实施指导

A. 设备状态标识管理规程

- 企业应制定设备状态标识管理规程，包括生产设备、检验设备、公用设备等。
- 良好的设备状态标识管理可以减少人为差错，保证设备的正常使用。
- 设备状态标识应能如实准确地反映设备当前状态。
- 设备状态标识管理规程建议包含如下几点：人员职责，各种状态的定义，状态标识牌的形态、材料，状态标识牌内容组成，使用介绍，状态标识牌的控制及维护。

B. 设备状态标识管理内容

设备状态通常包括：设备的运行状态、设备的使用状态、设备的清洁状态等。对于固定管道设施还包括：内容物名称、流向标识。公用介质管进入洁净室，在洁净室内，需要在对应的介质管上（边）标注介质内容物。各种状态的定义应在设备状态标识管理规程中做出解释。

● 设备运行状态标识

设备运行状态通常包括：正常运转、停机、维修等。在设备的日常使用中，严格遵守设备状态管理标准操作规程描述，如实将设备当前的运行状态记录或显示在状态标识牌中。

● 设备的使用状态

设备的使用状态即设备当前生产产品的相关信息，如产品名称、批号等。

● 设备的清洁状态

设备的清洁状态通常包括：待清洁、已清洁、清洁失效；待消毒、已消毒、消毒失效等。设备的清洁状态应如实记录或显示在状态标识牌中。状态标识牌应能体现清洁的重要信息，如清洁日期、失效期、签名等。

● 公用工程设备、固定管道设施的状态标识

建议对生产过程中公用工程设备、固定管道设施等的运行状态标识进行管理，特别是固定管道设施，需明确各种状态及标识的定义，并以明确的文字和标识对管道内容物和流向进行标识。并规定定期对标识进行检查和维护。

● 设备确认及仪表校准状态标识

设备的确认状态、确认有效期，仪表的校准状态、校准有效期也需要进行标识。设备的确认与仪表校准通常为周期性行为，因此建议确认及校准状态标识与设备状态标识分开管理。设备确认及校准状态标识建议固定于设备易于发现的位置，以便于使用人员在设备、仪表使用前确认设备处于确认、校准有效期内。

● 设备状态标识的可视化

建议对不同状态的标识使用颜色区分管理，便于操作人员了解和辨识。不同介质的管路，国标（GB）中有具体标准。企业可以参考 GB 标准编写标准操作规程。

C. 特殊状态的设备状态标识要求

● 建议明确各种特殊状态的定义及标识，如：禁用、暂停使用、限制使用、报废。设备特殊状态标识建议用醒目的状态标识颜色，以防止错用。

● 不合格的设备应尽可能搬出生产或质量控制区。

● 设备的报废应有相应的管理规程，对报废设备建议尽快清理出生产或质量控制区域。

D. 设备状态标识其他注意事项

● 设备状态标识的材质应考虑所使用的工艺步骤及环境。特殊区域，如洁净区，

状态标识应避免死角且易于清洁及消毒。

● 设备状态标识所记录的内容应清晰，并且在状态更换前字迹不易被擦拭或去掉。

● 固定管路内容物名称及流向的标识可以选择喷涂、粘贴等多种方式。但要确保标识清晰，不易脱落。

● 应建立状态标识检查复核机制，尤其在状态转换时，要有复核机制确保状态标识信息转换的准确性。对于固定状态标识，应定期检查，发现标识脱落或字迹不清晰的情况应及时替换新的标识标签或重新喷涂。

📋 要点备忘

应建立设备状态标识管理规程。

● 设备状态标识的设计应涵盖设备运行状态、使用信息、清洁状态等。

● 设备不同状态可通过状态标识牌的不同颜色进行区分。

● 设备状态转变时应有机制确保状态标识信息转换的准确性。

实例分析

【实例11】某企业设备状态标识管理规程

（1）设备状态标识管理规程中应对各种状态的定义做出规定。

①设备运行状态

● 运转：表示这是正在被使用的完好设备，设备处于运作状态。

● 停机完好：表示该设备处于停机状态，设备完好。

● 维修：表示该设备不能正常运作，处于维修过程中或等待维修的状态。

②清洗状态

● 待清洗：表示该设备已使用过未清洁，或者是设备经过维修未清洁。

● 已清洗：表示该设备已清洁，处于清洁有效期内。

● 清洁失效：表示该设备已超过清洁有效期，或者是其他原因导致。

● 空白状态：通常与设备运转配合使用，即不需要表示设备清洁状态。

（2）设备状态标识管理规程中建议对标识牌形式、内容、使用做出规定及解释。

● 设备状态标识牌的形式。

- 非洁净区采用平板式塑料板印字设计。
- 洁净区采用不锈钢平板刻字设计。
- 设备状态标识牌的内容。
- 平板式塑料板印刷设计设备状态牌，由上下两部分内容组成：
  - 从上往下第一部分是设备运行情况：运转、停机完好、维修。状态标识下面为批号和日期。操作人员签名在第二部分；
  - 从上往下第二部分是清洁状态：待清洗、已清洗、清洗失效、空白状态。状态标识下面为清洗日期、失效日期和签名；
  - 不同状态标识牌颜色要求："运转""已清洗"采用绿底黑字；"维修""待清洗"采用红底黑字；"停机完好""清洗失效"采用黄底黑字。
- 不锈钢平板刻字状态标识牌，由上下两部分内容组成：
  - 从上往下第一部分是设备运行情况：运转、停机完好、维修，可使用记号笔进行选择。状态选择标识下面需要用记号笔填写对应的批号、日期。操作人员签名在第二部分；
  - 从上往下第二部分是清洁状态：待清洗、已清洗、清洗失效，可使用记号笔进行选择。状态选择标识下面需要用记号笔填写对应的清洗日期、失效日期、签名。
- 设备状态标识牌使用：
  - 设备运转状态对应空白清洗状态，设备停机完好状态可对应已清洗、待清洗或清洗失效（根据实际情况显示）的清洗状态，设备维修状态可对应已清洗、待清洗或清洗失效（根据实际的维修情况显示）的清洗状态；
  - 对于连续运行的且不涉及批号操作的设备，如冰箱、培养箱、公用系统设备等，根据实际使用情况，对批号、日期栏填写标注 N/A；
  - 当设备状态处于"停机完好"，且清洗状态处于"已清洗"，表示设备处于待用状态。

（3）设备状态标识牌的控制建议包含对状态改变、审核等做出规定。

- 每件生产设备以及辅助设备都需有设备状态标识牌。
- 设备状态标识牌应挂在设备醒目位置，操作人员应维护牌面整洁，如有破损或字迹模糊应及时更换。
- 每次设备改变了状态，由当时的岗位操作人员负责将相应的设备状态标识牌的内容进行改变。
- 岗位班长按生产要求，负责检查设备状态标识牌的正确性。

• 设备长期停机期间，若设备有清洁状态的，过清洗有效期后，将清洁状态转为"清洗失效"，设备状态标识牌的其余信息仍应维持原状，直到已重新清洗或有其他活动时方可更换设备状态标识牌。

• 设备使用部门负责监督设备状态牌操作的规范性。

• 设备使用部门应负责本部门设备完好性检查，如检查出设备有异常，应及时换至维修状态，并安排维修。

2.7 设备退役管理

A. 设备退役管理规程

● 应建立书面设备退役管理规程。

● 设备退役前应进行必要的确认，以确保设备退役前仍符合预定用途。对无法执行确认的设备，建议对设备的使用情况进行回顾评估。

● 设备退役后，如果不能及时搬离原场地，应有明确状态标识。

● 设备退役时应确保所有相关的文件记录已归档。

B. 计算机化系统退役

● 对于计算机化系统的退役，根据系统的复杂程度可建立设备退役计划。退役计划可包括以下几方面：

❖ 职责描述及负责人；

❖ 退役系统的介绍，包括用途、使用部门等；

❖ 风险分析；

❖ 数据的迁移计划；

❖ 数据的备份；

❖ 信息安全措施；

❖ 退役过程及步骤计划。

● 系统的使用部门或系统的负责人需要确保设备、系统的退役按照相应的规程或退役计划执行。相应的数据已成功转移或备份，相关文件已存档。

更多关于计算机化系统退役的相关内容，请参见本分册"信息化和计算机化系统"部分相关内容。

实例分析

【实例12】计算机化系统退役后数据的管理

计算机化系统是一个范围较广的定义。企业在日常运营过程中会用到各种复杂程度、关键程度等均不同的计算机化系统。对于计算机化系统的退役，企业应根据系统的关键程度、复杂程度制定不同的退役策略。计算机化系统退役应涵盖在企业变更管理系统中。对于退役过程中及退役后系统数据的管理，以下做法供参考。

A. 基于电脑的单机版计算机化系统：如该系统为用于生产过程控制、放行检测等的关键计算机化系统，在退役前应制定系统退役计划，包括但不限于上述对计算机化系统退役计划的规定。在计算机化系统退役计划执行过程中以下几点应注意。

● 所有关键计算机化系统的退役均应通过变更执行。在变更委员会批准前不得执行退役操作。

● 原计算机化系统在退役前应执行必要的确认工作，目的是确保计算机化系统在退役前所有功能均满足原定使用目的。所有产生的数据均真实可靠。如未执行该操作，则很难证明系统上次确认到退役期间使用的可靠性。如待退役计算机化系统因故障无法执行确认，企业需启动偏差调查及风险评估，并通过恢复备份的系统及备份数据来证明该系统在故障前所产生的数据及过程控制是可靠的。

● 退役系统的存档：此处分两种情况，如该单机版系统可通过存档并在其他电脑中进行系统及数据的恢复，则在执行完所有的数据及系统备份后不保留原电脑；在存档期内，定期对系统恢复进行确认（确认该系统仍可在当下的计算机操作系统中恢复），并选取部分数据进行恢复确认，确认数据仍可读。如该单机版系统因陈旧或版权限制等原因导致系统本身无法在其他电脑中恢复，则退役计算机化系统应包含对电脑的存档；在存档期内应定期开机（如年度）并打开系统，以确认电脑仍可用，系统仍可打开并可查看数据。

B. 随着科技的进步，基于电脑的单机版计算机化系统逐渐被服务器所取代。对基于服务器的计算机化系统退役需注意以下几点。

一般服务器中会连有不止一个计算机化系统。当某个计算机化系统退役时，可通过变更退役该系统，并对该待退役计算机化系统进行确认。退役的系统对服务器日常使用无影响，也无需对服务器进行额外的确认等相关工作。对于退役系统的存档，企业可定期查看（如年度）系统及数据的可读性。一般服务器均有另外的备份服务器，即系统及之前产生的数据均已进行了备份，企业在进行定期查看时要包含对备份数据的查看，确保备份数据的可读性。待存档年限到了后进行删除。注意数据删除前应有申请、批准、复核。建议由档案保存人（一般为原系统使用部门）进行申请，质量部门进行批准，质量部门及使用部门共同复核后由 IT 部门进行数据删除。

C. 基于云端的计算机化系统，如文件管理系统、培训管理系统等退役前期工作应重点关注。此类系统中的数据（文件）不会随着系统的退役而失效。一般均需继续使用。此时企业应考虑原系统与待用系统间数据的兼容性，即：原系统中的数据是否可准确的转移至新系统中。如文件管理系统不能实现数据自动迁移，会给企业及使用人员带来极大的工作量。该数据的迁移需经过确认，确保文件迁移前后的一致性。

- 该类设备的退役建议组织项目组来完成。
- 可分阶段（如按部门、按年限等）执行数据的迁移。
- 原系统应在数据迁移全部完成后继续保留一段时间，以防异常事件发生（如新系统不稳定、新系统培训需要更长时间等）。建议原系统继续保留一到两年时间。在此期间企业应有文件规定原系统使用目的，并限制该系统的登录等权限，明确该系统已停止使用。
- 对于原系统，因是基于云端的系统，可存档电子数据。电子数据保存年限与企业存档原则一致。

D. 非关键计算机化系统退役：对于非关键计算机化系统，如辅助计算机化系统，可简化退役流程。与关键设备系统相比，设备退役后系统及数据的定期查看频率可适当降低。

E. 退役计算机化系统的保存年限与设备的用途有关。参照企业对各类数据存档期限的规定。

【实例 13】设备退役管理

- 设备退役前应处于受控状态。设备退役应通过变更执行。设备退役前应对设备进行必要的确认以证明设备退役前仍符合预期使用目的。如设备因故障等原因无法执行设备确认的，建议启动偏差调查或其他正式的调查报告，调查内容应涵盖设备上次确认至今的使用状态、对生产或检测的影响及其他方面的评估。此外，还应回顾设备上是否存在各类仪表、仪表的校准状态等。

● 设备退役前是否需要确认基于设备的复杂程度及使用目的。简单设备如辅助型设备（泵、辅助加热系统等）无需执行设备确认。

● 设备停止使用至搬离前应有明确的设备状态标识指示设备当前状态。

● 设备退役时建议对设备档案等进行回顾，将设备所有相关文件进行归档。

● 对于复杂设备，可起草设备退役计划，明确责任人、执行周期、罗列涉及的文件等，便于质量部门的追踪审核并可防止文件缺失。

● 简单设备退役可采用设备退役评估表格的形式对设备退役过程进行评估、追溯与批准（表 2-11）。

表 2-11　设备 / 仪器退役评估表格

Basic info. 基本信息	Equipment/ Instrument Name 设备 / 仪器名称	ID 位号 / 编号	Dep.&Location 部门 & 位置	Used for 设备 / 仪器原用途
Part 1: Retirement plan 第 1 部分：退役计划				
User assessment 使用部门评估	Planned retirement date 计划退役日期： Reasons for retirement 退役理由： Effect on production/test 对生产 / 检测的影响： Re-qualification or not before retirement 设备 / 仪器退役前是否再确认： Re-calibration or not before retirement 设备 / 仪器退役前是否再校验： Comment on handling of electronic data 设备电子数据处理意见： Update/withdraw relative SOPs 相关程序更新 / 取消： Archive 归档： Assessed by/date 评估人签名 / 日期： Manager signature/date 经理签名 / 日期：			
Qualification execution department 执行部门意见	Retirement way 退役方式： 1. □ Out of use, delivered to ＿＿＿＿department 退出使用，设备 / 仪器交由 ＿＿＿＿ 部门保留 2. □ Tear down/destroy 拆除 / 销毁 3. □ Other 其他 Assessed by/date 评估人签名 / 日期： Manager signature/date 经理签名 / 日期：			
QA	Signature/date 签名 / 日期：			

Part 2: Retirement confirmation 第 2 部分：退役确认		
User 使用部门	Implementation 完成情况：	Signature/date 签名 / 日期：
Qualification execution department 执行部门	Implementation 完成情况：	Signature/date 签名 / 日期：
QA	QA comments QA 评估：	Signature/date 签名 / 日期：

2.8 校准

药品生产质量管理规范（2010 年修订）

第九十条 应当按照操作规程和校准计划定期对生产和检验用衡器、量具、仪表、记录和控制设备以及仪器进行校准和检查，并保存相关记录。校准的量程范围应当涵盖实际生产和检验的使用范围。

第九十一条 应当确保生产和检验使用的关键衡器、量具、仪表、记录和控制设备以及仪器经过校准，所得出的数据准确、可靠。

第九十二条 应当使用计量标准器具进行校准，且所用计量标准器具应当符合国家有关规定。校准记录应当标明所用计量标准器具的名称、编号、校准有效期和计量合格证明编号，确保记录的可追溯性。

第九十三条 衡器、量具、仪表、用于记录和控制的设备以及仪器应当有明显的标识，标明其校准有效期。

第九十四条 不得使用未经校准、超过校准有效期、失准的衡器、量具、仪表以及用于记录和控制的设备、仪器。

第九十五条 在生产、包装、仓储过程中使用自动或电子设备的，应当按照操作规程定期进行校准和检查，确保其操作功能正常。校准和检查应当有相应的记录。

背景介绍

A. 术语定义

关于检定、校准、计量确认的概念，中华人民共和国计量技术规范 JJF 1001—2011《通用计量术语及定义》分别给出了定义。

● 检定（verification）：计量器具的检定（verification of a measuring instrument）简称计量检定（metrological verification）或检定（verification），指查明和确认测量仪器符合法定要求的活动，它包括检查、加标记和（或）出具检定证书。

注：在 VIM（国际法制计量术语汇编）中，将"提供客观证据证明测量仪器满足规定的要求"定义为验证（verification）。

● 校准（calibration）：在规定条件下的一组操作，其第一步是确定由测量标准提供的量值与相应示值之间的关系，第二步则是用此信息确定由示值获得测量结果的关系，这里测量标准提供的量值与相应示值都具有测量不确定度。

注：

①校准可以用文字说明、校准函数、校准图、校准曲线或校准表格的形式表示。某些情况下，可以包含示值的具有测量不确定度的修正值或修正因子。

②校准不应与测量系统的调整（常被错误称作"自校准"）相混淆，也不应与校准的验证相混淆。

③通常，只把上述定义中的第一步认为是校准。

● 计量确认（metrology confirmation）：为确保测量设备处于满足预期使用要求的状态所需要的一组操作。

注：

①计量确认通常包括：校准和验证、各种必要的调整或维修及随后的再校准、与设备预期使用的计量要求相比较以及所要求的封印和标签。

②只有测量设备已被证实适合于预期使用并形成文件，计量确认才算完成。

③预期使用要求包括：测量范围、分辨力、最大允许误差等。

④计量要求通常与产品要求不同，并不在产品要求中规定。

根据以上《通用计量术语及定义》中的描述，我们日常工作中通常说的"仪表校验"其实是计量确认的大部分工作。当然，其中最核心的工作内容是"校准"。

B. 整体概要

药品质量是企业的生命，计量工作则是保证产品质量的重要手段。为此制药企业应该建立计量管理体系，依据体系指导并开展企业内计量校准工作的实施，应设专门的部门和人员管理并执行计量工作，应建立计量管理规程、校准台账计划、校准操作程序、校准记录表。校准工作中出现的偏差和变更应遵循企业相应的偏差和变更的流程。

根据《中华人民共和国计量法》第九条的规定：

"县级以上人民政府计量行政部门对社会公用计量标准器具，部门和企业、事业单位使用的最高计量标准器具，以及用于贸易结算、安全防护、医疗卫生、环境监测方面的列入强制检定目录的工作计量器具，实行强制检定。未按照规定申请检定或者检定不合格的，不得使用。实行强制检定的工作计量器具的目录和管理办法，由国务院制定。

对前款规定以外的其他计量标准器具和工作计量器具，使用单位应当自行定期检定或者送其他计量检定机构检定。"

企业使用的工作计量器具，应同时具备两个条件才属于强制检定：既用于贸易结算、安全防护、医疗卫生、环境检测四个方面，又列入强制检定的工作计量器具目录。对于国家规定强制检定的计量器具，应当由合适单位进行检定，不在强制检定范围内的计量器具，企业可以自行决定。

检定只能通过政府计量行政部门指定的法定计量检定机构或者授权的计量技术机构进行。所以在实际操作中非强制检定的计量器具，通常都进行校准活动。企业应该根据事先定义好的周期，由有资质的人员或机构对相关的计量器具进行校准。

通常情况下，只有检定操作才会产生结论，也就是计量器的"合格"与"不合格"。但是在实际日常操作中，对于校准，企业也会根据实际情况给予一个结论，合格或不合格。根据校准的定义，校准是测量标准提供的量值与相应示值之间的关系，对于每一个被校准的仪表，其日常校准的范围应该至少覆盖并宽于其使用的范围。结果的判定，是企业根据该仪表校准的结果数值，并参考该仪表的准确度对产品质量或 EHS 的风险大小来进行判定。

技术要求

保留所有校准活动的原始数据记录表。

- 所有测量设备都有对应的唯一的仪表编号。
- 建立不同类型测量设备的校准方法，该方法合适并便于操作。
- 应该有合适的校准周期和工艺使用限度。
- 计量标准器应该比被校准仪表有更高的精度等级，并能够溯源到国家、国际或认可组织的标准。
- 应有书面文档能够证明计量人员被培训过并能开展工作。

实施指导

2.8.1 计量器具分类

在实施计量校准过程中，企业可根据实际情况选择测量仪器分类。分类完成之后，选择内部校准或外部校准。无论是内部校准还是外部校准，都必须有校准记录数据作为支持。

A. ISPE 分为关键性和非关键性

首先成立关键性评估小组，小组成员应包括设备使用人、专业工程师、QA 人员等。在执行仪表关键性分类之前，小组成员应先熟悉工艺设备或系统的工艺需求，以便于在正式评估之前对工艺设备或仪表具备基本的了解。待小组成员熟悉需求之后，开始对仪表的关键性、校准周期、校准细节和校准的合理性进行评估分类。

关键性仪表包含以下三种。

- 生产关键仪表：失效会直接影响到产品质量的仪表。
- 工艺系统关键仪表：失效会直接影响工艺或系统的性能，间接影响到产品的最终质量或安全的仪表。
- 安全 / 环境关键仪表：指的是失效会直接影响到安全和环境的仪表。

非关键仪表：指的是失效对生产、工艺系统、安全和环境没有直接的影响的仪表。

B. 分类管理

企业对仪表的分类，可以针对仪表的功能作用，对产品质量、工艺、EHS、设备运行等的影响程度，根据风险的大小进行分类。比如反应温度是关键工艺参数，所以温度的准确性会影响到产品质量，那么测量反应温度的温度计，就是非常关键的仪表。对于洁净区空调系统来讲，如果洁净区的温湿度超过了一定的范围，会增加微生物生长的几率，所以洁净区温湿度计是比较重要的。

企业可以基于风险的评估，对仪表进行分类，根据分类的结果，对不同类别的仪表实行不同的管理。但是有两类仪表是比较特殊的，第一种是国家规定需要强制检定的仪表，这些仪表必须要根据规定的周期到法定认可的机构进行检定，并领取证书。第二种特殊的仪表是读数作为参考的仪表，这种类型的仪表的读数，一般仅作为参考和监视，对产品没有影响。这类仪表可以不在日常的校准计划内，但也要纳入整体的仪表管理范畴，并且需要在现场做好必要的标识，以便在现场能够快速确认该仪表不在日常校准计划内。

2.8.2 仪表特性

A. 仪表范围

正常情况下，测量仪器要求校准到满量程时应该能够达到供应商所提供的精度要求。如用来测量或控制一个更小的工艺操作范围，则应该缩小校准范围。

当定义测量仪器的校准范围和偏差时，应考虑设计范围、测量范围、仪表精度、工艺需求范围及精度等。

图 2-12 所示是可参考的校准范围层次。

• 仪表设计范围

测量仪器的设计范围或最大可操作范围是制造商提供的，这个范围必须足够宽以确保仪器在整个范围内能可靠、合格地运行。

• 设备校准范围

测量仪器的校准范围至少应该等于确认范围，非线性仪表经常会用到很宽的校准范围。

• 设备确认范围

设备确认范围应包括生产操作要求范围，至少应该与其工艺要求范围相一致。

● 工艺验证范围

工艺验证的范围应该包括最佳设备性能范围，这一范围有可能通过验证过程中在较宽测试范围内进行的产品工艺的挑战性试验确认，或通过不符合事件历史数据分析来确定不会产生问题的范围。

● 工艺操作范围

工艺操作范围是指工艺操作运行所涵盖的数值范围。

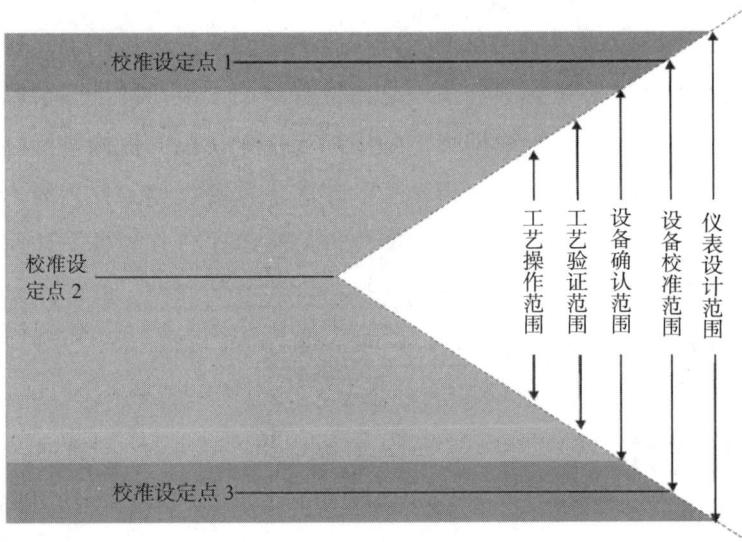

图 2-12　校准范围层次

B. 仪表精确度

测量仪器仪表性能的常用指标包括：精确度、不确定度、分辨率、重现性、反应时间和稳定性等。评价仪器仪表要求的精确度时，对于 GMP 要求或生产工艺中每个关键参数，应该设定参数范围或限值，并在公司标准或工艺验证文件中明确。

仪器的指示值将受到不确定度的影响（如仪器的精确度）。对于工艺限度内的真实条件，仪器必须提供一种措施确保极限条件下，不确定度不会超出工艺和警戒值的差异。这个差值就是仪器允许限度，确定仪器最小的精确度要求。

推荐使用比工艺允许限度更高精度的仪器，当仪器发生漂移时，生产工艺仍然能够保持在正常的限度范围内。

漂移和限度示意图见图 2-13。

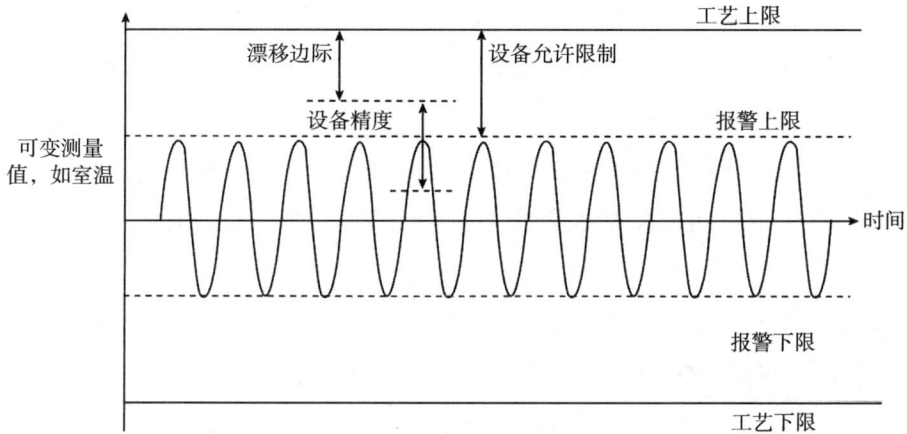

图 2-13　漂移和限度示意图

例如，生产工艺的温度控制范围：工艺限度为 22℃ ±2℃，警戒限为 22℃ ±1℃。

为了保证温度在工艺限度内，在警戒限的端点，测量仪器温度的准确度必须小于 ±1℃。如果仪器的漂移超出了准确度水平，那么就可能发生超出工艺限度的偏差。

如果仪器的准确度为 ±0.5℃，则仪器可以漂移 0.5℃，仍能确保生产维持在工艺限度内。

2.8.3 校准周期制定

对于校准的仪表，其校准周期由企业自行决定。企业应基于对该仪表的风险程度以及仪表不准确程度的风险影响来制定校准周期，一般考虑以下因素。

- 仪表基于风险评估结果的分类情况：
  - 为了满足工艺要求对仪表期望值；
  - 仪表不准确程度对工艺和产品的影响；
  - 对仪表满足要求的可信赖度。
- 设备制造厂商的要求和建议。
- 仪表的关键性、使用场合和使用频次。
- 相关标准或法规。
- 以往校准记录所得的趋向性和漂移量的数据。
- 仪表维护和使用的记录。
- 校准失败的结果。

● 经验。

大多数情况下，校准周期并不是固定不变的，可基于历史校准数据和仪表的稳定情况缩短或延长校准周期。比如，连续三个校准周期仪表显示值都准确且没有进行调节，可以根据仪表的关键程度对校准周期进行延长。一般来说，在一次延长校准周期时，新校准周期不推荐超过两倍的原周期。校准周期的变化要遵循变更管理的要求。

2.8.4 第三方校准

企业可以自行决定仪表的校准由企业内部执行或是委托第三方进行。但不管是企业内部校准，还是委托第三方外部校准，都必须由具备资质的人员／机构执行。企业内部员工，应经过适当的培训，并通过考核成为有资质的人员。另外，不管是企业内部校准或委托第三方校准，都要使用合适的标准器，并遵循相应的规程，如果企业内部不能满足该要求，应当选择第三方机构校准。

第三方机构在对制药企业的工艺仪表和测试设备开展校准工作时，应该具备一定的校准技术能力和相关资质，并依据 GMP 规范要求开展企业内的计量校准服务。

在现场校准时可以选择使用企业的校准操作程序或第三方的校准程序。在这两种情况下，第三方的校准程序必须符合制药企业在文档、程序和培训管理等方面的最低要求。原始数据可以由第三方保留或提供给制药企业，以备故障排查、事件调查和审计活动等。当第三方使用自己的测试设备进行校准，其必须能够校准溯源到国家标准。

第三方的校准行为应该被定期审核。

2.8.5 校准文件

A. 校准台账

校准台账概述了每台测量仪器的性能指标，应经相关部门审核批准后执行。除此在台账中还应该有具体描述校准实施的计划，该计划可按月、周、天执行。

校准计划的制定应根据本章 2.8.3 "校准周期制定"中的原则，并考虑生产计划和维修计划等信息综合制定。

当需要改变关键测量仪器的控制参数、分类等级、允差和校准周期时，应开展风险评估，并根据要求执行变更处理流程，依据变更之后的结果更新台账。

仪表台账通常包括但不限于以下内容：

- 仪表的唯一编号；
- 仪表的型号和出厂编号；
- 仪表的关键性等级分类；
- 仪表的测量范围、精确度；
- 仪表的校准范围；
- 校准周期、校准目标日；
- 所用的校准方法；
- 所使用的房间或功能位置。

B. 校准操作程序

校准操作程序应当按照仪表校准的要求，参考设备仪器资料起草制定，经相关部门审核批准后执行。

校准操作程序通常包括但不限于以下内容：

- 校准目的、相关人员职责；
- 程序编号、批准日期、执行日期和修订版本号；
- 被校准测量仪表的名称或型号；
- 所用的计量标准器的名称、型号；
- 详细的、合适的测试操作步骤和计算过程；
- 校准报告的模板；
- 制定程序所参考的说明书或相关标准等；
- 如出现校准不合格，执行偏差的处理流程。

C. 校准记录表

a. 校准记录表

校准记录表必须经过相关部门审核并获批准后执行。如果测量仪器出现超差需要调整，记录调整前和调整后的校准数据，调整完成之后应该及时更新校准台账等相关文档。

校准记录表通常包括但不限于以下内容：

- 记录表的编号、修订日期、修订版本号；
- 被校准仪表的名称、唯一编号、型号和出厂序列号；
- 计量标准器的名称、编号、校准有效期、计量合格证明编号、型号、出厂序列号；

- 所参考的校准操作程序和方法；

- 执行人签名和日期；

- 校准设定值、校准的可接受允许误差。

记录表中所制定的允许误差必须合理而且可行，制定依据可参考产品工艺的使用要求、制造厂商提供的技术指标和测量设备的验证结果等。

b. 校准结果的判定

通常情况下，只有检定操作才会有合格/不合格结果的判定。但在操作层面上，企业应该根据校准的结果，给仪表一个结果判定。对于第三方校准的仪器仪表，企业应该根据校准报告，基于对仪表风险的评估，给出相应的结果判定。

- 校准结果合格：贴合格标签，可继续使用。建议合格标签包含校准有效期，以方便在现场快速识别仪表是否在校准有效期内。

- 校准结果不合格：贴禁用标签，禁止继续使用，将不合格仪器尽可能的撤离现场，同时报告 QA 部门。对不同级别的仪表，按照既定的规程进行相应的处理。

2.8.6 计量标准器管理

计量标准器处于量值传递系统的中间，介于基准器具和被校准工作仪表之间，主要用于体现标准量值并向工作仪表进行量值传递，由国家法定计量机构或授权的计量单位执行定期检定或校准。图 2-14 是量值溯源关系图示例。

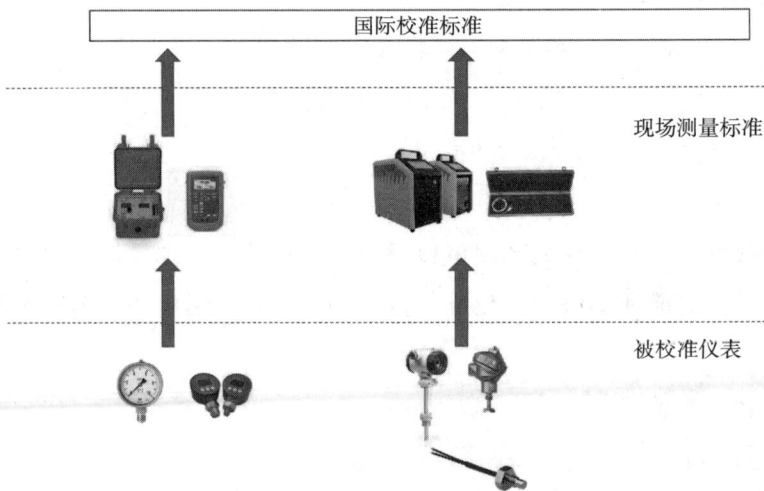

图 2-14　量值溯源关系图示例

● 计量人员应该为每台计量标准器建立台账，内容包括计量标准器的名称、规格型号、量程、准确度、生产厂家、出厂编号、检定单位、检定周期、使用的有效期、检定或校准证书编号。除此之外，还应该注明计量标准器发生的故障情况、时间、修理内容、日期等。

● 通常情况下，至少使用高出一个等级的计量标准器，从而使校准的误差尽可能缩小。标准器应该有很高的精度、准确性和重复性，其误差应不超过被校准仪表在使用时误差的 1/5~1/3，此时标准器本身的允许误差将不被考虑。如标准器低于三倍控制原则，有必要参考该标准器的证书标示的参数作为修正后的判定依据。

● 应对计量检定机构出具的校准证书或校准报告能否达到使用要求进行审核和评估。建议有书面的结果确认判定过程。

● 标准器检定不合格，应该立即停止使用。并对该标准器所校准过的工艺仪表进行评估，有必要时执行偏差处理流程。

● 标准器发生损坏或异常，经修复后，检定结果达不到原精度的，并在允许使用精度范围内，予以降级使用（由上一级检定单位确定）。应在检定证书上注明检定前后的级别。报废的计量标准器应隔离存放，并在台账中注明。

2.8.7 回路校准和单个设备校准

随着各种自动化、信息化系统不断进入，很多生产／过程控制中用到的仪表已经不是传统的单一就地显示的仪表了。很多都是通过采集、变送、显示的方式，前端传感器得到的数据最后在各种计算机化系统的软件中显示数据。

对于这样的体系，企业可以根据实际情况采用两种校准方式。

第一种是回路校准，把整个回路看作一个系统，校准时在前端提供一个稳定的有确定值的环境，然后在不同的地方进行读数，比如现场读数、软件中读数、记录仪中读数，将读取数值比对，达到校准的目的。如果校准通过，则可以认为整个回路是经过校准的。

第二种是离线校准，将仪表、传感器拆下后，在比较受控的环境中，在操作台上对仪表、传感器进行校准。这种方式可以提供不同的环境（比如不同温度）下的仪表校准。但单个仪表校准后仍然建议将仪表装到回路上，用至少一个点来确认整个回路是没有问题的。

实例分析

【实例 14】仪表标签

制药企业应明确定义仪表的状态标签，其目的是防止误用不符合规定的仪表。将标签张贴在测量仪表附近的控制单元上比较显眼的位置，并用不同的颜色表示不同的仪表状态，以便于使用人员进行观察。设备操作人员和使用者有责任在每次使用前检查仪表标签的状态。

下面是四类仪表标签的示例（图 2-15）。

（1）绿色准用标签　本次校准结果符合规定要求，可在至下次校准日期前使用。标签上应注明：仪表编号、校准日期、校准执行人和下次校准日期。

（2）红色禁用标签　本次校准结果有一项以上参数不符合规定或因故暂时停用。标签上应注明：仪表编号、校准日期、校准执行人。

（3）红绿限用标签　本次校准结果有个别量程超出允差范围，但不影响使用要求，可在限定的范围内使用。标签上应注明：仪表编号、校准日期、校准执行人、限用范围。

例如：工艺生产中的一个不可拆卸的关键压力表，其工艺最大使用点为 0.2MPa 左右，该压力表经过校准在 0.8~1.0MPa 量程范围内出现超差，但是在 0~0.8MPa 的量程范围内校准是符合要求的，将此情况报告 QA，经评估在限定范围内并不影响使用要求，可在仪表状态标签上标明限定范围后继续使用。

（4）黄色准用标签　此标签表明该仪表只进行安装前校准。标签上应注明：仪表编号、校准日期、校准执行人。

仪表编号：　　校准日期：	仪表编号：　　校准日期：
校准执行人：　下次校准日期：	校准执行人：　禁止使用
绿色准用标签	红色禁用标签
仪表编号：　　校准日期：	仪表编号：　　校准日期：
校准执行人：　限用范围：	校准执行人：　准予使用
红绿限用标签	黄色准用标签

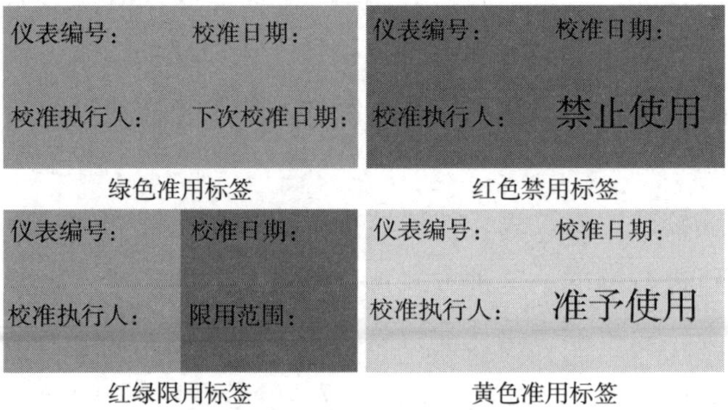

图 2-15　四类仪表标签示例

[实例15] 校准台账（表2-12）

表2-12 校准台账示例

序号	仪表信息				工艺系统				校准计划												关键性/非关键性	校准程序编号	使用房间	使用功能位置
	仪表编号	仪表名称	规格型号	序列号	范围	精度	校准范围	校准周期	一月	二月	三月	四月	五月	六月	七月	八月	九月	十月	十一月	十二月				
1	1/A/THE-01	温湿度变送器	HMD60Y	R1630055	-20~80℃ 0~100%RH	±0.5℃ 2%RH	10/20/30℃ 30%~100%RH	6个月	4						4						生产关键仪表	CAL063	A04	空调回风温湿度
2	1/A/TE-01	温度传感器	QAM21.2	2435243	0~60℃	±0.5℃	10/20/30℃	6个月				11								11	生产关键仪表	CAL063	A04	空调送风温度
3	1/A/FH01-PT01	静压差变送器	P-2000	9529	0~250Pa	±2Pa	50~250Pa	6个月			6						6				生产关键仪表	CAL025	A08	空调送风压力
4	1/A/FH01-DP01	初效过滤压差表	2000-500	R950308 MS12	0~500Pa	±2Pa	50~450Pa	1年			17										非关键仪表	CAL014	A09	空调送风压差
5	1/A/FH01-DP02	中效过滤压差表	2000-500	R950308 NH152	0~500Pa	±10Pa	0~500Pa	1年			19										非关键仪表	CAL014	A10	空调送风压差
6	1/A/FH01-DP03	高效过滤压差表	2000-500	R950308 MS151	0~250Pa	±5Pa	0~250Pa	1年			18										过程关键仪表	CAL014	A03	空调送风压差

空调净化系统

GMP

目 录

3.1 概述

3.1.1 背景

采暖通风与空气调节系统（heating ventilation and air conditioning，HVAC 系统），在我国 GMP 中称为空调净化系统，是制药工厂的关键系统之一，对确保持续稳定地生产出符合预定用途和注册要求的药品具有重要的影响。对药品生产环境进行合理的设计、建造、调试、运行和维护，有助于确保产品的质量，提高产品的可靠性，同时降低工厂初期的投资成本和后期的运行成本。

对于制药工厂而言，HVAC 系统是企业能源消耗的重要组成部分，设计中必须将药品生产质量管理规范（GMP）和良好工程实践规范（GEP）融合在一起，同时还需要考虑其他方面的因素，特别是关于如何提供一个清洁、安全的空间环境。

3.1.2 目的

本指南的目的是理解 HVAC 系统在保护产品、人员及环境等方面所起作用的重要性，并针对 HVAC 系统在制药工厂内的实施情况提出了具体建议，由此帮助实现对厂房内空气环境的全面控制。

3.1.3 范围

本指南的范围包括：
- 为各类制药生产设施提供 HVAC 系统规范和辅助资料；
- 概述 HVAC 系统的基本原理，并统一术语。

本指南还将涵盖生命周期内 HVAC 系统的各种要求，包括：

- 风险评估；
- 确定用户需求；
- 系统的设计；
- 系统的建设（包括设备规格与安装要求）；
- 系统的调试/确认；
- 系统的运行/维护。

本指南参考了如下组织/机构的建议、标准和准则：

- 国家药品监督管理局（NMPA）；
- 世界卫生组织（WHO）；
- 国际人用药品注册技术协调会（ICH）；
- 国际标准化组织（ISO）；
- 欧洲药品管理局（EMA）；
- 美国食品药品管理局（FDA）；
- 药品检查合作计划（PIC/S）；
- 国际制药工程协会（ISPE）。

本指南并不是一本包罗万象的 HVAC 系统设计手册，也无法涉及所有 HVAC 系统的情形。本指南不具强制执行效果，对企业或监管部门均无约束力，企业可采用替代办法满足 GMP 要求，任何超出我国 GMP 要求的内容或措施仅供企业参考。

3.1.4 作用

本指南简要介绍了按照药品 GMP 要求建设的生产场所的 HVAC 系统的基本情况，并且还将：

- 为制药工业提供关键 HVAC 系统问题的通俗易懂的知识；
- 提供涉及这些问题的、普遍认可的行业规范相关实施指南；
- 帮助经验不足的人士了解不同 HVAC 系统的设计方案选择；
- 帮助创造医药生产良好环境，确保药品质量；
- 使专业质量控制人员理解 HVAC 系统参数对产品质量及患者安全的重要性；
- 使企业避免成本增大但无明显效益的 HVAC 系统方案（例如：提高无菌生产区空气洁净等级的过度设计）；
- 强调涉及产品要求的 HVAC 系统参数与"可自由决定"的 HVAC 系统的参数

（更多受到商业因素的驱动，例如：按客户要求设计空调系统、冗余系统、不锈钢风管、压差控制等）之间的差异。

3.1.5 目标

本指南的目标是：

- 澄清 HVAC 系统的相关问题；

- 考虑 HVAC 系统控制（BMS）和监测（EMS）系统的要求；

- 具体阐述如何在 HVAC 系统设计中符合 GMP 的要求。

本指南适用于制药工厂的有关人员，包括：

- 制药工厂 HVAC 系统的运行、维护人员；

- 制药工厂生产质量管理人员；

- 从事制药工厂 HVAC 系统设计的工程师；

- 从事 HVAC 系统设备制造、安装、调试的专业人员；

- 从事药品监管的专业人士；

- 将要从事上述工作但在 HVAC 系统领域经验不足的人员。

3.2 对受控环境的要求

3.2.1 药品生产对环境的基本要求

背景介绍

在药品生产过程中，存在着各种各样影响药品质量的因素，包括环境空气带来的污染，药品间的交叉污染和混淆，操作人员的人为差错等。为此，必须建立起一套严格的药品质量体系和生产质量管理制度，最大限度地减少影响药品质量的风险，确保患者的安全用药。

作为药品生产质量控制系统的重要组成部分，药品生产企业 HVAC 系统主要通过对药品生产环境的空气温度、湿度、悬浮粒子、微生物等的控制和监测，确保环境参数符合药品质量的要求，避免空气污染和交叉污染的发生，同时为操作人员提供舒适的环境。另外药厂 HVAC 系统还可减少和防止药品在生产过程中对人造成的不利影响，并且保护周围的环境。

法规要求

《药品生产质量管理规范（2010 年修订）》对药品生产环境的基本要求作了明确规定。

药品生产质量管理规范（2010 年修订）

第四十六条 为降低污染和交叉污染的风险，厂房、生产设施和设备应当根据所生产药品的特性、工艺流程及相应洁净度级别要求合理设计、布局和使用，并符合下列要求：

（一）应当综合考虑药品的特性、工艺和预定用途等因素，确定厂房、生产设施和设备多产品共用的可行性，并有相应评估报告；

（二）生产特殊性质的药品，如高致敏性药品（如青霉素类）或生物制品（如卡介苗或其他用活性微生物制备而成的药品），必须采用专用和独立的厂房、生产设施和设备。青霉素类药品产尘量大的操作区域应当保持相对负压，排至室外的废气应当经过净化处理并符合要求，排风口应当远离其他空气净化系统的进风口；

（三）生产β-内酰胺结构类药品、性激素类避孕药品必须使用专用设施（如独立的空气净化系统）和设备，并与其他药品生产区严格分开；

（四）生产某些激素类、细胞毒性类、高活性化学药品应当使用专用设施（如独立的空气净化系统）和设备；特殊情况下，如采取特别防护措施并经过必要的验证，上述药品制剂则可通过阶段性生产方式共用同一生产设施和设备；

（五）用于上述第（二）、（三）、（四）项的空气净化系统，其排风应当经过净化处理；

（六）药品生产厂房不得用于生产对药品质量有不利影响的非药用产品。

第四十八条 应当根据药品品种、生产操作要求及外部环境状况等配置空调净化系统，使生产区有效通风，并有温度、湿度控制和空气净化过滤，保证药品的生产环境符合要求。

洁净区与非洁净区之间、不同级别洁净区之间的压差应当不低于10帕斯卡。必要时，相同洁净度级别的不同功能区域（操作间）之间也应当保持适当的压差梯度。

口服液体和固体制剂、腔道用药（含直肠用药）、表皮外用药品等非无菌制剂生产的暴露工序区域及其直接接触药品的包装材料最终处理的暴露工序区域，应当参照"无菌药品"附录中D级洁净区的要求设置，企业可根据产品的标准和特性对该区域采取适当的微生物监控措施。

第五十三条 产尘操作间（如干燥物料或产品的取样、称量、混合、包装等操作间）应当保持相对负压或采取专门的措施，防止粉尘扩散、避免交叉污染并便于清洁。

3.2.2 我国法规对药品生产受控环境的基本要求

在 GMP 无菌药品附录中，对无菌药品生产过程的空气悬浮粒子、微生物限度及其监测等作了具体规定，同时对无菌药品生产各过程的空气洁净度要求，也作了明确说明。

法规要求 ....

A. 对空气悬浮粒子的基本要求

药品生产质量管理规范（2010 年修订）无菌药品附录

第八条　洁净区的设计必须符合相应的洁净度要求，包括达到"静态"和"动态"的标准。

第九条　无菌药品生产所需的洁净区可分为以下 4 个级别：

A 级：高风险操作区，如灌装区、放置胶塞桶和与无菌制剂直接接触的敞口包装容器的区域及无菌装配或连接操作的区域，应当用单向流操作台（罩）维持该区的环境状态。单向流系统在其工作区域必须均匀送风，风速为 0.36~0.54m/s（指导值）。应当有数据证明单向流的状态并经过验证。

在密闭的隔离操作器或手套箱内，可使用较低的风速。

B 级：指无菌配制和灌装等高风险操作 A 级洁净区所处的背景区域。

C 级和 D 级：指无菌药品生产过程中重要程度较低操作步骤的洁净区。

以上各级别空气悬浮粒子的标准规定如下表：

洁净度级别	悬浮粒子最大允许数 / 立方米			
	静态		动态[3]	
	≥ 0.5μm	≥ 5.0μm[2]	≥ 0.5μm	≥ 5.0μm
A 级[1]	3520	20	3520	20
B 级	3520	29	352000	2900
C 级	352000	2900	3520000	29000

续表

洁净度级别	悬浮粒子最大允许数 / 立方米			
	静态		动态[3]	
	≥ 0.5μm	≥ 5.0μm[2]	≥ 0.5μm	≥ 5.0μm
D 级	3520000	29000	不作规定	不作规定

注:(1)为确认 A 级洁净区的级别,每个采样点的采样量不得少于 1 立方米。A 级洁净区空气悬浮粒子的级别为 ISO 4.8,以 ≥ 5.0μm 的悬浮粒子为限度标准。B 级洁净区(静态)的空气悬浮粒子的级别为 ISO 5,同时包括表中两种粒径的悬浮粒子。对于 C 级洁净区(静态和动态)而言,空气悬浮粒子的级别分别为 ISO 7 和 ISO 8。对于 D 级洁净区(静态)空气悬浮粒子的级别为 ISO 8。测试方法可参照 ISO 14644-1。

(2)在确认级别时,应当使用采样管较短的便携式尘埃粒子计数器,避免 ≥ 5.0μm 悬浮粒子在远程采样系统的长采样管中沉降。在单向流系统中,应当采用等动力学的取样头。

(3)动态测试可在常规操作、培养基模拟灌装过程中进行,证明达到动态的洁净度级别,但培养基模拟灌装试验要求在"最差状况"下进行动态测试。

B. 对微生物的基本要求

药品生产质量管理规范(2010 年修订)无菌药品附录

第十一条 应当对微生物进行动态监测,评估无菌生产的微生物状况。监测方法有沉降菌法、定量空气浮游菌采样法和表面取样法(如棉签擦拭法和接触碟法)等。动态取样应当避免对洁净区造成不良影响。成品批记录的审核应当包括环境监测的结果。

对表面和操作人员的监测,应当在关键操作完成后进行。在正常的生产操作监测外,可在系统验证、清洁或消毒等操作完成后增加微生物监测。

洁净区微生物监测的动态标准[1]如下:

洁净度级别	浮游菌 cfu/m³	沉降菌(φ90mm) cfu/4 小时[2]	表面微生物	
			接触(φ55mm) cfu/ 碟	5 指手套 cfu/ 手套
A 级	< 1	< 1	< 1	< 1
B 级	10	5	5	5
C 级	100	50	25	–
D 级	200	100	50	–

注:(1)表中各数值均为平均值。

(2)单个沉降碟的暴露时间可以少于 4 小时,同一位置可使用多个沉降碟连续进行监测并累积计数。

C. 对空气悬浮粒子的监测要求

药品生产质量管理规范（2010 年修订）无菌药品附录

第十条 应当按以下要求对洁净区的悬浮粒子进行动态监测：

（一）根据洁净度级别和空气净化系统确认的结果及风险评估，确定取样点的位置并进行日常动态监控。

（二）在关键操作的全过程中，包括设备组装操作，应当对 A 级洁净区进行悬浮粒子监测。生产过程中的污染（如活生物、放射危害）可能损坏尘埃粒子计数器时，应当在设备调试操作和模拟操作期间进行测试。A 级洁净区监测的频率及取样量，应能及时发现所有人为干预、偶发事件及任何系统的损坏。灌装或分装时，由于产品本身产生粒子或液滴，允许灌装点 ≥ 5.0μm 的悬浮粒子出现不符合标准的情况。

（三）在 B 级洁净区可采用与 A 级洁净区相似的监测系统。可根据 B 级洁净区对相邻 A 级洁净区的影响程度，调整采样频率和采样量。

（四）悬浮粒子的监测系统应当考虑采样管的长度和弯管的半径对测试结果的影响。

（五）日常监测的采样量可与洁净度级别和空气净化系统确认时的空气采样量不同。

（六）在 A 级洁净区和 B 级洁净区，连续或有规律地出现少量 ≥ 5.0μm 的悬浮粒子时，应当进行调查。

（七）生产操作全部结束、操作人员撤出生产现场并经 15~20 分钟（指导值）自净后，洁净区的悬浮粒子应当达到表中的"静态"标准。

（八）应当按照质量风险管理的原则对 C 级洁净区和 D 级洁净区（必要时）进行动态监测。监控要求以及警戒限度和纠偏限度可根据操作的性质确定，但自净时间应当达到规定要求。

（九）应当根据产品及操作的性质制定温度、相对湿度等参数，这些参数不应对规定的洁净度造成不良影响。

第十二条 应当制定适当的悬浮粒子和微生物监测警戒限度和纠偏限度。操作规程中应当详细说明结果超标时需采取的纠偏措施。

D. 对无菌药品生产过程的环境要求

无菌药品按其最终去除微生物的方法的不同，分为可最终灭菌无菌药品和非最终灭菌无菌药品两类。我国 GMP 对无菌药品各生产工艺过程的洁净度作了明确规定。

药品生产质量管理规范（2010 年修订）无菌药品附录

第十三条 无菌药品的生产操作环境可参照表格中的示例进行选择。

洁净度级别	最终灭菌产品生产操作示例
C 级背景下的局部 A 级	高污染风险[1] 的产品灌装（或灌封）
C 级	1. 产品灌装（或灌封）； 2. 高污染风险[2] 产品的配制和过滤； 3. 眼用制剂、无菌软膏剂、无菌混悬剂等的配制、灌装（或灌封）； 4. 直接接触药品的包装材料和器具最终清洗后的处理。
D 级	1. 轧盖； 2. 灌装前物料的准备； 3. 产品配制（指浓配或采用密闭系统的配制）和过滤直接接触药品的包装材料和器具的最终清洗

注：（1）此处的高污染风险是指产品容易长菌、灌装速度慢、灌装用容器为广口瓶、容器须暴露数秒后方可密封等状况；

（2）此处的高污染风险是指产品容易长菌、配制后需等待较长时间方可灭菌或不在密闭系统中配制等状况。

洁净度级别	非最终灭菌产品的无菌生产操作示例
B 级背景下的 A 级	1. 处于未完全密封[1] 状态下产品的操作和转运，如产品灌装（或灌封）、分装、压塞、轧盖[2] 等； 2. 灌装前无法除菌过滤的药液或产品的配制； 3. 直接接触药品的包装材料、器具灭菌后的装配以及处于未完全密封状态下的转运和存放； 4. 无菌原料药的粉碎、过筛、混合、分装
B 级	1. 处于未完全密封[1] 状态下的产品置于完全密封容器内的转运； 2. 直接接触药品的包装材料、器具灭菌后处于密闭容器的转运和存放
C 级	1. 灌装前可除菌过滤的药液或产品的配制； 2. 产品的过滤
D 级	直接接触药品的包装材料、器具的最终清洗、装配或包装、灭菌

注：（1）轧盖前产品视为处于未完全密封状态；

（2）根据已压塞产品的密封性、轧盖设备的设计、铝盖的特性等因素，轧盖操作可选择在 C 级或 D 级背景下的 A 级送风环境中进行。A 级送风环境应当至少符合 A 级区的静态要求。

E. 对非无菌药品生产过程的环境要求

我国 GMP 及有关附录，对非无菌药品的生产环境也作了明确规定。

药品生产质量管理规范（2010 年修订）

第四十八条 应当根据药品品种、生产操作要求及外部环境状况等配置空调净化系统，使生产区有效通风，并有温度、湿度控制和空气净化过滤，保证药品的生产环境符合要求。

洁净区与非洁净区之间、不同级别洁净区之间的压差应当不低于 10 帕斯卡。必要时，相同洁净度级别的不同功能区域（操作间）之间也应当保持适当的压差梯度。

口服液体和固体制剂、腔道用药（含直肠用药）、表皮外用药品等非无菌制剂生产的暴露工序区域及其直接接触药品的包装材料最终处理的暴露工序区域，应当参照"无菌药品"附录中 D 级洁净区的要求设置，企业可根据产品的标准和特性对该区域采取适当的微生物监控措施。

药品生产质量管理规范（2010 年修订）原料药附录

第三条 非无菌原料药精制、干燥、粉碎、包装等生产操作的暴露环境应当按照 D 级洁净区的要求设置。

药品生产质量管理规范（2010 年修订）生物制品附录

第二十一条 无菌制剂生产加工区域应当符合洁净度级别要求，并保持相对正压；操作有致病作用的微生物应当在专门的区域内进行，并保持相对负压；采用无菌工艺处理病原体的负压区或生物安全柜，其周围环境应当是相对正压的洁净区。

药品生产质量管理规范（2010 年修订）血液制品附录

第十四条 原料血浆破袋、合并、分离、提取、分装前的巴氏灭活等工序至少在 D 级洁净区内进行。

第十五条　血浆融浆区域、组分分离区域以及病毒灭活后生产区域应当彼此分开，生产设备应当专用，各区域应当有独立的空气净化系统。

第十六条　血液制品生产中，应当采取措施防止病毒去除和/或灭活前、后制品的交叉污染，病毒去除和/或灭活后的制品应当使用隔离的专用生产区域与设备，并使用独立的空气净化系统。

药品生产质量管理规范（2010年修订）中药制剂附录

第十一条　中药提取、浓缩、收膏工序宜采用密闭系统进行操作，并在线进行清洁，以防止污染和交叉污染。采用密闭系统生产的，其操作环境可在非洁净区；采用敞口方式生产的，其操作环境应当与其制剂配制操作区的洁净度级别相适应。

第十三条　浸膏的配料、粉碎、过筛、混合等操作，其洁净度级别应当与其制剂配制操作区的洁净度级别一致。中药饮片经粉碎、过筛、混合后直接入药的，上述操作的厂房应当能够密闭，有良好的通风、除尘等设施，人员、物料进出及生产操作应当参照洁净区管理。

第十四条　中药注射剂浓配前的精制工序应当至少在D级洁净区内完成。

第十五条　非创伤面外用中药制剂及其他特殊的中药制剂可在非洁净厂房内生产，但必须进行有效的控制与管理。

药品生产质量管理规范（2010年修订）放射性药品附录

第十条　无菌放射性药品生产应当在专门区域内进行，并符合洁净度级别要求。操作放射性核素应在相对负压、具备辐射防护措施的封闭环境下进行。操作挥发性放射性核素还应具有专用设施，排风口具备有效的去污处理措施。即时标记生产中使用的单向流工作台可在正压的情况下操作。无菌放射性药品的操作区，其周围应当是相对正压的洁净区。

第十一条　除有充分风险评估依据，来自放射性洁净区的空气不可循环使用。放射性洁净区的空气如循环使用，应采取有效措施避免污染和交叉污染。即时标记药品洁净区空气可以循环使用。

第十五条　放射性药品的生产操作应当在符合下表中规定的相应级别的洁净区内进行，未列出的操作可参照下表在适当级别的洁净区内进行：

洁净度级别	放射性药品生产操作示例
C 级背景下的局部 A 级	未采用除菌过滤工艺的非最终灭菌的反应堆和加速器放射性药品（小容量注射剂）的制备、过滤； 非最终灭菌的反应堆和加速器放射性药品（小容量注射剂）的灌装； 医用放射性核素发生器的灌装及配套无菌产品的生产； 放射性药品配套药盒（冻干粉针剂）的灌装、冻干和转运； 正电子类放射性药品（小容量注射剂）的灌装； 即时标记放射性药品（小容量注射剂）的标记和灌装； 无菌体内植入制品的分装与密封； 无菌药品直接接触药品的包装材料、器具灭菌后的装配以及处于未完全密封状态下的转运和存放
C 级	采用除菌过滤工艺生产的非最终灭菌的反应堆和加速器放射性药品（小容量注射剂）的制备和过滤； 最终灭菌的反应堆和加速器放射性药品（小容量注射剂）的灌装； 医用放射性核素发生器的物料准备和组装； 放射性药品配套药盒（冻干粉针剂）的物料准备、产品配制； 正电子类放射性药品自动合成环境（操作箱）； 即时标记放射性药品（小容量注射剂）的淋洗； 采取密闭方式（操作箱）生产无菌放射性药品的环境； 无菌体内植入制品的清洁和灭菌以及使用前需灭菌的体内植入制品清洁、分装与密封； 直接接触无菌药品的包装材料和器具的最终灭菌
D 级	口服制剂的物料准备、产品配制和灌装或分装； 正电子类放射性药品制备的密闭设备外环境； 无菌体内植入制品的焊封； 直接接触非无菌药品的包装材料、器具的最终清洗、装配或包装； 放射免疫分析药盒的生产

第十六条　动态监测可能造成尘埃粒子计数器损坏、环境污染等危害时，可在备调试、维护和模拟操作期间进行净化空气悬浮粒子和微生物测试。

第十七条　放射性生产区空气净化系统的送风、压差应能有效防止放射性核素外溢。

药品生产质量管理规范（2010 年修订）中药饮片附录

第十九条　直接口服饮片的粉碎、过筛、内包装等生产区域应按照 D 级洁净区的要求设置，企业应根据产品的标准和特性对该区域采取适当的微生物监控措施。

第二十三条　中药饮片炮制过程中产热产汽的工序，应设置必要的通风、除烟、排湿、降温等设施；拣选、筛选、切制、粉碎等易产尘的工序，应当采取有效措施，以控制粉尘扩散，避免污染和交叉污染，如安装捕尘设备、排风设施等。

第二十五条 仓库内应当配备适当的设施，并采取有效措施，对温、湿度进行监控，保证中药材和中药饮片按照规定条件贮存；贮存易串味、鲜活中药材应当有适当的设施（如专库、冷藏设施）。

3.2.3 国外法规对药品生产受控环境的基本要求

国外相关的药品生产管理法规，如欧洲药品管理局（EMA）、美国食品药品管理局（FDA），世界卫生组织（WHO）等，在其各自颁布的药品生产质量管理文件中，对无菌药品生产环境的空气悬浮粒子数、微生物限度等均作了具体规定。

A. 欧洲药品管理局（EMA）的基本要求

欧洲药品管理局（EMA）的 GMP，第四卷，"附录 1 无菌药品的生产"（2022 年 8 月 25 日发布）中，对无菌药品生产环境的洁净等级和环境监测要求作了规定。

（1）对空气悬浮粒子的要求　对于洁净室和洁净空气设备的确认：

4.26 洁净室分级是洁净室确认的一部分，是一种根据洁净室或洁净空气设备的标准通过测定总微粒浓度来评估空气洁净度水平的方法。应安排和执行分级活动，以避免对工艺或产品质量产生任何影响。例如，初始分级应在模拟操作期间进行，再分级应在模拟操作或无菌工艺模拟试验（APS）期间进行。

4.27 对于洁净室分级，应测定等于或大于 0.5μm 和 5μm 的微粒总数。应按照表 3–1 中规定的限度，在静态和模拟操作中都进行测定。

表 3–1　各级别最大允许的总微粒浓度

级别	≥ 0.5μm 的微粒总数最大限度 /m³		≥ 5μm 的微粒总数最大限度 /m³	
	静态	动态	静态	动态
A 级	3520	3520	未规定[a]	未规定[a]
B 级	3520	352000	未规定[a]	2930
C 级	352000	3520000	2930	29300
D 级	3520000	未预先确定[b]	29300	未预先确定[b]

注：（a）在 CCS 或历史趋势表明的情况下，可以考虑包括 5μm 微粒的分级。

（b）对于 D 级，动态限度未预先确定。生产商应根据风险评估和适用的常规数据建立动态限度。

对于环境监测：

9.14 应建立总微粒监测计划，以获得数据用于评估潜在污染风险，并确保无菌操作环境维持在经确认的状态。

9.15 表3-2给出了各级别环境监测的空气浮游微粒浓度限度。

表3-2 环境监测最大允许的总微粒浓度

级别	≥ 0.5μm 的微粒总数最大限度 /m³		≥ 5μm 的微粒总数最大限度 /m³	
	静态	动态	静态	动态
A 级	3520	3520	29	29
B 级	3520	352000	29	2930
C 级	352000	3520000	2930	29300
D 级	3520000	未预先确定[a]	29300	未预先确定[a]

注：(a)对于D级，动态限度未预先确定。生产商应根据风险评估和适用的常规数据建立动态限度。

（2）对微生物限度的要求 对于洁净室和洁净空气设备的确认：

4.31 应确定洁净室的微生物污染水平，作为洁净室确认的一部分。采样点的数量应基于有文件记录的风险评估、房间分级结果、气流可视化研究以及对该区域要进行的工艺和操作的知识。表3-3给出了各级别确认过程中的微生物污染最大限度。确认应包括"静态"和"动态"条件。

表3-3 确认过程中最大允许的微生物污染水平

级别	浮游菌 cfu/m³	沉降菌（直径 90mm） cfu/4 小时[a]	表面微生物（直径 55mm） cfu/ 碟
A 级	无生长		
B 级	10	5	5
C 级	100	50	25
D 级	200	100	50

注：(a)沉降碟应在操作期间暴露，并在最多4小时后按要求更换。暴露时间应基于回收研究，并且不应使所用培养基干燥。

对于环境监测，表3-4列出了活性微粒污染的行动限：

表 3-4 活性微粒污染的最大行动限

级别	空气样 cfu/m³	沉降碟（直径 90mm） cfu/4 小时[a]	接触碟（直径 55mm） cfu/ 碟[b]	手套印（含双手 5 指） cfu/ 手套
A 级	无生长[c]			
B 级	10	5	5	5
C 级	100	50	25	–
D 级	200	100	50	–

注：（a）沉降碟应暴露在 A 级和 B 级区操作期间（包括设备安装），并在最多 4 小时后按要求更换（暴露时间应基于验证，包括回收研究，不应对所用培养基的适用性产生任何负面影响）。对于 C 级和 D 级区，暴露时间（最多 4 小时）和频率应基于 QRM。单个沉降碟的暴露时间可以少于4 小时。

（b）接触碟限度适用于 A 级和 B 级区内的设备、房间和洁净服表面。C 级和 D 级区通常不需要进行常规工作服监测，具体取决于其功能。

（c）应注意，对于 A 级，任何生长结果都应触发调查。

B. 美国食品药品管理局（FDA）的基本要求

美国食品药品管理局（FDA）《工业指南 - 用无菌工艺生产的无菌药品》（2004年 10 月），对无菌药品的生产环境洁净等级作了规定。

对空气悬浮粒子和微生物限度的要求见表 3-5。

表 3-5 美国 FDA 对空气悬浮粒子和微生物限度的要求[a]

洁净度级别	ISO 规定	≥ 0.5μm 粒子 /m³	浮游菌行动限 （cfu/m³）	沉降菌行动限 （直径 90mm 沉降碟；cfu/4 小时）
100	5	3520	1[b]	1[b]
1000	6	35200	7	3
10000	7	352000	10	5
100000	8	3520000	100	50

注：（a）上述空气洁净度分级数据均为邻近暴露的物料 / 物品处测量的数据。

（b）从 100 级（ISO5）环境取样通常不应产生微生物污染。

C. 世界卫生组织（WHO）的基本要求

世界卫生组织（WHO）在其专家委员会技术报告 TRS 1044，2022，附录 2 中，规定了无菌药品生产环境的各洁净级别悬浮粒子浓度和确认过程中最大允许微生物污染水平（表3-6），并规定了环境监测中最大允许总微粒浓度和活性微粒污染的最大行动限度（表3-7）。

表3-6 WHO对各洁净级别的空气悬浮粒子浓度和确认过程中微生物污染水平的要求

各洁净级别的空气悬浮粒子浓度要求				
级别	≥ 0.5μm 的微粒总数最大限度 /m³		≥ 5μm 的微粒总数最大限度 /m³	
	静态	动态	静态	动态
A 级	3520	3520	未规定(a)	未规定(a)
B 级	3520	352000	未规定(a)	2930
C 级	352000	3520000	2930	29300
D 级	3520000	未规定(b)	29300	未预先确定(b)

各洁净级别的确认过程中微生物污染水平要求			
级别	浮游菌 cfu/m³	沉降菌（直径 90mm） cfu/4 小时(c)	表面微生物（直径 55mm） cfu/ 碟
A 级	无生长		
B 级	10	5	5
C 级	100	50	25
D 级	200	100	50

注：（a）在 CCS 或历史趋势表明的情况下，可以考虑包括 5μm 微粒的分级。

（b）对于 D 级，动态限度未预先确定。生产商应根据风险评估和适用的常规数据建立动态限度。

（c）沉降碟应在操作期间暴露，并在按要求更换（或在最多 4 小时后）。暴露时间应基于回收研究，并且不应使所用培养基干燥。

表3-7 WHO对环境监测中最大允许总微粒浓度和活性微粒污染的最大行动限度的要求

环境监测中最大允许总微粒浓度要求				
级别	≥ 0.5μm 的微粒总数最大限度 /m³		≥ 5μm 的微粒总数最大限度 /m³	
	静态	动态	静态	动态
A 级	3520	3520	29	29
B 级	3520	352000	29	2930
C 级	352000	3520000	2930	29300
D 级	3520000	未预先确定(a)	29300	未预先确定(a)

续表

环境监测中活性微粒污染的最大行动限度要求				
级别	空气样 cfu/m³	沉降碟 （直径 90mm） cfu/4 小时[b]	接触碟 （直径 55mm） cfu/ 碟[c]	手套印 （含双手 5 指） cfu/ 手套
A 级	无生长[d]			
B 级	10	5	5	5
C 级	100	50	25	—
D 级	200	100	50	—

注：（a）对于 D 级，动态限度未预先确定。生产商应根据风险评估和适用的常规数据建立动态限度。

（b）沉降碟应暴露在 A 级和 B 级区操作期间（包括设备安装），并在最多 4 小时后按要求更换（暴露时间应基于验证，包括回收研究，不应对所用培养基的适用性产生任何负面影响）。对于 C 级和 D 级区，暴露时间（最多 4 小时）和频率应基于 QRM。单个沉降碟的暴露时间可以少于 4 小时。

（c）接触碟限度适用于 A 级和 B 级区内的设备、房间和洁净服表面。C 级和 D 级区通常不需要进行常规工作服监测，具体取决于其用途。

（d）应注意，对于 A 级，任何生长结果都应触发调查。

D. 国际标准化组织（ISO）的基本要求

国际标准化组织（ISO）下属的技术委员会 TC 209，在编号 ISO 14644-1: 2015 的技术标准中，对洁净室受控环境的悬浮粒子浓度作了规定（表 3-8）。

表 3-8　国际标准化组织对洁净受控环境中悬浮粒子浓度的要求

ISO 级别 （N）	大于或等于所示粒径的粒子最大浓度限值（个 / 每立方米空气）					
	0.1μm	0.2μm	0.3μm	0.5μm	1μm	5μm
ISO 1 级	10	2				
ISO 2 级	100	24	10	4		
ISO 3 级	1000	237	102	35	8	
ISO 4 级	10000	2370	1020	352	83	
ISO 5 级	100000	23700	10200	3520	832	29
ISO 6 级	1000000	237000	102000	35200	8320	293
ISO 7 级				352000	83200	2930

续表

ISO 级别（N）	大于或等于所示粒径的粒子最大浓度限值（个 / 每立方米空气）					
	0.1μm	0.2μm	0.3μm	0.5μm	1μm	5μm
ISO 8 级				3520000	832000	29300
ISO 9 级				35200000	8320000	293000

注：因测量方法具有不确定性，确定级别水平的浓度数据的有效数字不应超过 3 个。

3.2.4 各标准的综合比较

由上述各个法规的要求可知：

● 各主要国家 / 组织对药品生产受控环境的空气悬浮粒子指标，均以 ISO 的分级标准为准。

● ISO 将空气悬浮粒子浓度作为洁净室受控环境的唯一指标，并且涵盖了从 0.1~5.0μm 之间的粒子浓度范围。其他国家或组织的 GMP 通常规定等于和大于 0.5μm 和 5.0μm 两种粒子的浓度（WHO 则分为 0.5~5.0μm 和大于 5.0μm 两种规格）。

● EMA 和 WHO 的 GMP 规范对无菌药品受控环境采用 A~D 分级标准，并且每一等级均对应 ISO 相应的等级（ISO5 级对应 A 级、7 级对应 B 级、8 级对应 C 级，D 级没有相应的 ISO 级别对应）。而美国 FDA 的 GMP 标准仍采用每立方英尺含 0.5μm 微粒数作为分级标准，并且参考了 ISO 的级别（ISO5 级、7 级、8 级）。

● 我国、EMA、WHO 的 GMP 规范对无菌药品受控环境的悬浮粒子分别有"静态"和"动态"两种标准，并且规定了系统从"动态"恢复到"静态"的时间限度（生产结束、人员撤离，经过 15~20 分钟自净后）。

● 美国 FDA 的 GMP 规范对受控环境的悬浮粒子指标仅适用于"动态"，但建议周期性的进行静态微粒浓度测量，以监测洁净区的总体状况。同时美国 FDA 的标准中没有与 EMA 标准相当的 D 级。

● 各 GMP 规范均对药品生产受控环境的微生物限度有规定，如浮游菌、沉降菌、接触碟和手套接触法等，并且均规定了相应的警戒限度和纠偏限度。而 ISO 则没有微生物指标要求。

● 我国 GMP 与欧盟 GMP 在洁净室分级、空气悬浮粒子浓度、微生物限度等指标上完全一致。但我国 GMP 对非无菌药品的生产环境，明确规定参照无菌药品的 D

级标准，而其他相关法规则无此要求。

药品生产受控环境的分级对比见表 3–9。

表 3–9 药品生产受控环境的分级对比

参考	描述			洁净等级			
– 我国 GMP 无菌药品附录 – EudraLex 第四卷，欧盟 GMP，附录 1 "无菌药品生产"（2009 年 3 月 1 日生效，其中轧盖条款 2010 年 3 月 1 日生效） –WHO TRS 961，2011 年，附录 6 "无菌药品"	描述性分类			A	B	C	D
	静态	每立方米的最大允许粒子数量	≥ 0.5μm	3520	3520	352000	3520000
			≥ 5μm	20	29	2900	29000
	动态	每立方米的最大允许粒子数量	≥ 0.5μm	3520	352000	3520000	不作规定
			≥ 5μm	20	2900	29000	不作规定
– EudraLex 第四卷，欧盟 GMP，附录 1 "无菌药品生产"（2023 年 8 月 25 日生效，第 8.123 条于 2024 年 8 月 25 日生效） –WHO TRS 1044，2022 年，附录 2 "无菌药品 GMP"	描述性分类			A	B	C	D
	静态	每立方米的最大允许粒子数量	≥ 0.5μm	3520	3520	352000	3520000
			≥ 5μm	未规定	未规定	2930	29300
	动态	每立方米的最大允许粒子数量	≥ 0.5μm	3520	352000	3520000	未预先确定
			≥ 5μm	未规定	2930	29300	未预先确定
– 美国 FDA，2004 年 10 月，"工业指南 – 用无菌工艺生产的无菌药品"	洁净区分级（0.5μm 粒子 /ft³）（ISO 规定）			100（ISO5）	10000（ISO7）	100000（ISO8）	未定义
	动态	最大允许粒子数量	≥ 0.5μm	3520	352000	3520000	不作规定

189

3.3 系统设计

3.3.1 HVAC 系统的基本概念

3.3.1.1 环境分级

空气中含尘浓度和微生物含量是无菌产品（特别是某些生物制剂）洁净室环境条件的重要衡量标准，洁净室等级就是根据这些衡量标准的不同数值确定的。

环境等级有几种类似的提法：ISPE 指南采用的是 ISO 标准的"级"，如"7 级"即为 ISO 7（0.5μm 粒径：352000 个 /m³；5μm 粒径：2930 个 /m³）。通过对比,ISPE 的"7 级"同欧洲标准的 C 级静态标准。

我国 GMP、PIC/S GMP 和欧盟 GMP 均采用了相同的分级标准即 A、B、C、D 级。

另外 CNC（Control Not Classified）区域经常作为洁净区的支持区域，也在行业内广泛使用。这个区域需要暖通空调系统的过滤，且需同时控制人员出入和区域的清洁性。对于环境参数的具体控制要求，需根据区域最终用途确定。

详见本分册 3.2.2 以及表 3-9"药品生产受控环境的分级对比"。

3.3.1.2 级别的保持

设计者可能习惯运用洁净室等级，对应换气次数（室内换气次数）这一"经验法则"。经验丰富的设计者会将这种方法应用在方案设计中，然后再根据对工艺流程的进一步了解调整所需换气次数。

设计者应考虑换气次数、空气含尘浓度、洁净室自净时间的相互关系。虽然换气次数是制药企业暖通空调系统设计中的重要参数，但是，相对于生产房间的分级而言，换气次数与自净能力之间有着更紧密的关系，换气次数取决于房间尺寸和空气流量。对于特定的房间，给定换气次数即确定了房间的送风量，从而影响到工程投资和生命周期成本。

3.3.1.3 微粒生成率（悬浮粒子生成率）

如果已知洁净室内微粒数量、洁净室送风量及送风中微粒含量，即可通过计算得出微粒生成率（PGR）。然后可将 PGR 值应用于同类设施的相同生产房间。

微粒生成率按下式计算：

$$PGR = (m - Q \times a) / V$$

式中，m：洁净室内微粒（0.5μm）数量（粒）；

      Q：洁净室送风量（m³/h）；

      a：0.5μm 微粒含量（粒/m³）；

      V：洁净室体积（m³）；

      PGR：微粒生成率（粒/h·m³）。

当采用经验数据进行悬浮粒子监控时，应考虑产品自身产生的微粒，这并非污染物。如无菌粉末填充时微粒数较多，这同填充工艺相关，并非洁净室设计失败。

尽管运行中的设备可产生大量微粒，但操作人员仍是微生物污染的主要来源，加强对人体释放总微粒数的控制有助于加强对洁净室内微生物污染的控制。

在保证室内洁净要求的前提下，可以减少房间的送风量，但仍应维持室内温湿度、自净时间、室内新风要求以及和相邻房间或区域压差等要求。

3.3.1.4 产品及工艺考虑

对产品和工艺过程的了解是良好 HVAC 系统设计的关键。

产品可能受到温度、湿度、来自外界的空气污染或产品之间交叉污染的影响，而操作人员也可能会暴露于空气悬浮有害物中。

HVAC 设计首先确保满足工艺过程和药品生产所需的空气环境。在满足以上需求的情况下，应考虑确保生产人员的舒适性，保护设施内部人员和设施外部人员不受空气中有害物质的危害。

3.3.1.5 污染控制

医药洁净室暖通空调系统应能控制空气污染，以保证药品安全性、有效性和质量可控性。洁净室污染控制通常可通过以下方式实现，即：向工作场所送入经过净化过滤的空气，同环境空气混合并稀释洁净室空气中的污染物。

3.3.1.6 微粒总数与活性微粒

大多数悬浮粒子都不具有生命力，只有一小部分微粒具有生命力，比如细菌和病毒，它们是可以繁殖的，这些带有微生物的活性微粒同不带微生物的微粒一起运动，会污染到其他微粒。

3.3.1.7 温度、相对湿度对污染控制的影响

健康人产生的环境污染物很少，坐着工作时，一名普通工人每分钟释放 100000 个微粒（粒径 ≥ 0.3μm）。一名发热、身体不适的工人每分钟可能释放数百万个上述粒径范围内的微粒，包括更多的细菌。较高的温度和湿度还会加快表面微生物的生长速度，对产品质量产生影响。

3.3.1.8 单向流罩（单向流区域）对换气次数的影响

由单向流罩流出的空气常比洁净室内空气洁净得多，这部分来自单向流区域的相对洁净的空气与 HVAC 系统的送风共同稀释室内含尘空气。

除可减少室内微粒外，单向流区域内空气还有助于加快洁净室的自净速率。但是，在计算房间换气次数时，不能将单向流区域罩最大风量包括在内，过滤后的空气返回进气口仅能在局部区域创造超净环境，因为：

● 这部分空气仅对气流流经的区域产生影响，若罩入口靠近室内送风口，空气也可从捷径进入单向流区域，无助于在室内混合空气；

● 流出单向流区域的空气可能不如洁净室送风洁净，尽管罩下的关键位置可列入 A 级，但流出空气中可能已带有设备和人员散发的污染物；

● 为了避免 RABS 中 A 级区域开门后，门的内表面受到污染，无菌环境被破坏，建议在门打开的区域上方增加局部保护或 A 级空气供应，或其他可替代的避免污染的控制措施；

● 为了保证气流的稳定，减少区域间交叉污染的风险，建议无菌区的层流应为下回风，尽可能两侧对称布置，房间回风口不宜设置在层流附近；

● 通过在洁净室内使用配有高效空气过滤器（HEPA）的风机过滤机组（FFU）也同样可以提高室内空气洁净度和自净速率。

3.3.1.9 洁净室气流流向

室内送风口和排风口相对于污染源 / 热源以及气流障碍物的位置对于污染控制十

分重要，可通过调整末端送风口和排风口的位置，使产品和操作人员得到防护。过高的风速可能会在操作人员附近产生漩涡、涡流或溅射，增加了在有害物质暴露下的风险。在污染源附近设置局部送风和排风的做法是最为有效的。

利用适当流速和方向的置换气流（例如在单向流罩、局部排放口）比利用稀释通风能够更快地清除污染物，布置大量等间距分布的送风口（在相同流速条件下）能在室内形成"活塞流"。在这种情况下，空气基本上从天花板垂直向下流动，但流速并不恒定，这样能实现较快的自净（通常在 20 次 / 小时换气时，不到 10 分钟即可达到），同时还可避免洁净室内出现局部高微粒浓度的情况。应考虑洁净室内污染源的数量和强度，如果较低，那么在控制空气悬浮污染物方面，置换气流可能比稀释更有效。

3.3.1.10 气流方向和压差

按指定方向沿着建筑物缝隙（门缝、墙体贯穿处、导管等）的气流可以减少有害微粒的流通，如不存在较强干扰气流情况下，0.5~1.0m/s 流速能够控制较轻的粉尘和生物粒子。

控制气流方向的方法是控制相邻空间的压力，GMP 要求在洁净室与邻近洁净度较低的空间之间保持一个可测量的压差（DP），我国 GMP 不同空气级别之间的 DP 值规定为不低于 10Pa，美国 FDA 建议值为 10~15Pa。现行医药洁净室设计时涉及生物安全的压差可参考 GB 19489《实验室生物安全通用要求》要求设计，除生物安全特殊要求外通常以 12.5Pa 为指导值。

对于位于未列级的非无菌产品生产区，我国 GMP 规定可参照 D 级区的有关规定；ISPE 认为可采取能够测量到的压差或气流流速的方式，以及压差仪表无法测量到的气流流向进行防护。

在确定压差的情况下，ISPE 介绍了气流通过缝隙（如门缝）的简化计算方法。

$$V_P = 254 \times (\frac{Q}{0.3048 \times 4005 \times A})^2$$

式中：4005 为换算因子；

V 为速度，米 / 分钟（m/min）；

V_P 为速度压力，此处设为房间压差（Pa）；

A 为开孔面积，平方米（m²）；

Q 为空气流量，立方米 / 分钟（m³/min）。

由上式，当孔口面积 0.0929m²（1 平方英尺），气体流量为 25.2m³/min 时，在孔口两侧可形成约 12.5Pa 的压差。由于建筑结构缝隙的存在，通常会使室内渗漏风量要比计算风量要大，为满足压差要求，ISPE 建议再按每平方米房间面积附加（0.015~0.15m³/min）的风量（视结构和压差而定），此估值可在调试期间通过渗漏测试进行调整。

3.3.1.11 压差的测量与控制

通常采用两种监测方式：

- 洁净室之间；

- 洁净室与共用参照点之间。

只有几个压差计的小型工作场所可以优先选择读取不同等级区域之间的压力（没有气锁室时为洁净室之间的压差）；需要监测大量压差的大型设施通常采用共用参照点的方法，由此使压力传感器的数目实现最小化，同时最大程度减小复合误差。由于流量很小，所以压力测量管的规格也很小，管路规格的作用是使气压波得到延缓，压力测量基准点宜设置在有较大容积、开口较少，相对于室外无压力变化或变化缓慢的场所。

房间压力取决于对进出房间空气风量的控制，而这种利用动态气流平衡使房间达到规定 DP 值（压差）的方法得到了普遍的应用。

3.3.1.12 气锁

气锁室一般设置在洁净室的出入口，是用以阻隔外界污染气流和控制压差而设置的缓冲间，这些气锁室通过若干扇门对出入空间进行控制，同时还为穿/脱洁净服、消毒、净化等操作提供场所，常见的气锁室压力设计有三类：

- 梯度式——空气从压力高处通过气锁室流向低处；

- 正压式——气锁室位于压力最高处，空气从气锁室向外流出；

- 负压式——气锁室位于压力最低处，空气由外向气锁室流入。

3.3.1.13 悬浮粒子监测

根据我国 GMP 规定应对洁净区的悬浮粒子进行动态监测。
包括：

- 在关键操作的全过程，包括设备组装、对 A 级区进行微粒监测、生产过程中的污染（如活生物、放射危害）可能损坏尘埃粒子计数器时，应当在设备调试操作和模拟操作期间进行测试；

- 在 B 级区可采用与 A 级区相似的监测系统，根据 B 级区对 A 级区的影响程度，调整采样频次和采样量；

- 按质量风险管理原则对 C 级和 D 级（必要时）进行动态监测。

欧盟 GMP 附录 1（2022 年）无菌药品的生产，对于 A、B、C 级需进行静、动态悬浮粒子的监测，D 级只规定了静态，动态标准未明确规定，生产商应根据风险评估和适当的常规数据，来建立动态的限度。对于连续监测的要求包括：

- A 级区，悬浮粒子监测应该在整个关键操作中连续进行，包括设备组装；

- 建议在 B 级区域使用类似的系统，尽管采样频率可能会降低。B 级区域的监测频率和样本量应合适，以便程序能够捕获任何污染水平升高和系统恶化，如果超出警戒水平，应触发报警；

- 在选择监测系统时，应考虑到生产作业中使用的材料（例如，涉及活生物体、粉状产品或放射性药物的材料）所带来的可能引起生物或化学危害的任何风险。

如果由于所涉工艺过程存在污染物，并且可能会损坏悬浮粒子计数器或出现危害（例如：活生物体、粉末产品或放射性危害），所采用的监测频率和策略应能确保暴露在风险前后的环境级别。

美国 FDA 的 2004 年版工业指南规定，在无菌产品生产中的每个生产班次期间，均应实施定期监控，PIC/S GMP、ISO 14644、NEBB 和 PDA 近年来也有许多指南可供采用。

根据上述规定和指南，在基于风险评估的基础上，新扩建无菌工艺生产线宜安装连续监测系统，便于更好地了解生产过程中关键操作部位的空气环境状况，确保持续的控制水平。

3.3.1.14 空调机组（系统）分区

生产区一般划分为若干分区，每个分区均配备一个单独的空气处理机组（AHU），一个分区通常被视为一种类型的工艺过程或洁净等级的区域。比如，口服固体制剂的压片区或无菌产品的所有分级区域，分区还应考虑到对产品和操作人员的风险评估。

如将一个制药生产区分为若干分区，其优势包括：

- 使用多套 AHU，可改善整个区域的可靠性，如果某一单元发生故障，其他机组尚可继续运行；

- 使用多套较小的机组可便于调试实现送风平衡，并降低自动平衡或压力控制的要求；

● 总体能耗低，因为在不使用自动平衡装置情况下，每个分区只使用其需要的这部分能耗，在闲置期间能耗会更低；

● 由于可采用管径较小的分配风管，便于在尺寸较小的吊顶空间内布置；

● 更易对制药厂进行局部改造，对单个分区所使用的小型空气处理机组的改造升级，比供多个分区使用的集中式单套机组容易得多；

● 可将经由 HVAC 系统造成的产品交叉污染的可能性降至最低，可对有害物质实施隔离；

● 避免在同一区域中的交叉污染；

● 对于发热量大，产湿量大的房间为了避免对其他房间的温湿度产生影响，可不利用回风，直接进行排放。

但采用多套较小空气处理机组时的劣势是将使初投资增加，日常的维护工作量也会增加。

对于运行班次或使用时间不同，对温湿度控制要求差别较大的生产区域，其空调系统亦应分开设置。

3.3.1.15 洁净室送风量与换气次数

医药洁净室用以稀释室内污染物、保持生产区环境要求的洁净空气送风量，应取下列最大值：

● 满足洁净室洁净度等级要求的送风量，包括满足洁净室 15~20 分钟自净时间所需的送风量；

● 根据热、湿负荷计算确定的风量；

● 补偿室内排风量和保持室内正压值所需新鲜空气量之和；

● 保证供给洁净室内每人每小时的新鲜空气量不小于 40m³；

● 系统总风量与设计风量的允许偏差应为 −5%~10%；

● 室内各风口的风量与各风口设计风量之差均不应超过设计风量的 ±15%；

● 系统的各项实测风量及换气次数应大于各自的设计风量或换气次数，但不应超过 20%。

洁净室的通风状况通常可用"换气次数"这一较为直观的表示方法，"换气次数"即为 1 个小时内室内空气被置换的次数。

洁净室换气次数同洁净室级别和自净时间有着紧密关系，详见本分册 3.5.2.1 换气次数。

3.3.1.16 空调系统的基本类型

空调系统可划分为：

• 直流风空调系统（100% 使用新风），即将经过处理的、能满足环境参数和洁净等级要求的室外空气送入，然后又将这些空气全部排出；

• 循环型空调系统（一定百分比的室外新风与室内回风相混合），即洁净室送风由部分经处理的室外新风与部分从洁净室空间的回风混合而成。室外新风量通常按洁净室内每名操作人员 $40m^3/h$ 计算，此外还应满足补偿从室内排出空气的需要。

由于循环型空调系统具有初投资和运行费用低的优势，故在空调系统设计中应尽可能合理采用循环型空调系统，但下列情况空调系统的空气不能循环使用：

• 不同净化空气调节系统；

• 生产过程散发粉尘的洁净室（区），其室内空气如经处理仍不能避免交叉污染时；

• 生产中使用有机溶媒，且因气体积聚可构成爆炸或火灾危险的工序；

• 生产过程中产生大量有害物质、异味或挥发性气体的生产工序；

• 散发粉尘或有害气体的区域；

• 排放易燃、易爆介质的区域；

• 排放介质毒性为现行国家标准 GB 5044《职业性接触毒物危害程度分级》中规定的中度危害以上的区域；

• 病原体操作区；

• 放射性药品生产区；

• 生物制品中三类以上毒种（含第三类）。

3.3.1.17 排风系统

排风可采用独立系统，用以去除工作区的固体微粒、气体或蒸汽等空气中的污染物。

下列情况的排风系统，应单独设置：

• 不同净化空气调节系统；

• 散发粉尘或有害气体的区域；

• 排放介质毒性为现行国家标准 GB 5044《职业性接触毒物危害程度分级》中规定的中度危害以上的区域；

• 排放介质混合后会加剧腐蚀、增加毒性、产生燃烧和爆炸危险性或发生交叉污染的区域；

- 排放易燃、易爆介质的区域；
- 病原体操作区、放射性药品生产区、生物制品中三类以上毒种（含第三类）。

洁净室（区）的排风系统，应符合下列规定：

- 应采取防止室外气体倒灌的措施；
- 排放口与其他药品生产用净化空调系统的新风口应相隔一定距离；
- 排放含有易燃、易爆物质气体的局部排风系统，应采取防火、防爆措施；
- 对直接排放超过国标排放标准的气体，排放时应采取处理措施；
- 特殊药品（如青霉素、头孢菌素类、甾体、激素类等）生产区的空气均应经高效空气过滤器过滤后排放；二类危险度以上病原体操作区及生物安全室，应将排风系统的高效空气过滤器安装在医药洁净室（区）内的排风口处。

采用熏蒸消毒灭菌的医药洁净室（区），应设置消毒排风设施。

3.3.1.18 空调机组的串联或并联应用

空调机组可以采用两台送 / 回风机的串联布置方式，用以补偿通过系统内 HEPA 过滤器较高的压降。串联布置还可采用一套 AHU 先对室外空气预处理，连接至一台或数台 AHU 循环机组作新风补充使用；对于仓库和大型研究试验室等空调面积较大的应用场合，通常可采用多台 AHU 并行排列的布局形式，这种方式可以提高可靠性，在一台设备故障情况下或系统负荷较小时，仍可使该区域维持最低可接受的条件。

3.3.1.19 湿度

空气一般为干空气和水蒸气的混合物，当湿空气不能再保持更多水分时，称为"饱和状态"。空气温度越低，所能保持的水分越少；空气温度越高，则能保持更多的水分。

湿度的概念是空气中含有水蒸气的多少，它有三种表示方法：

- 绝对湿度，表示为每立方米空气中含水蒸气的质量，单位是 kg/m^3；
- 含湿量，表示为每千克干空气中含水蒸气的质量，单位是 kg/kg 干空气；
- 相对湿度，表示为空气中绝对湿度与同温度下的饱和绝对湿度的比值（也即为空气中所含水汽量与该气温下饱和水汽量的比值），单位为百分比。

露点温度系使气体中水蒸气含量达到饱和状态的温度，是表示气体绝对湿度的方式之一。露点（dew point），又称露点温度（dew point temperature），在气象学中是指在固定气压之下，空气中所含的气态水达到饱和而凝结成液态水所需要降至的温度。

3.3.1.20 生命周期成本法

生命周期成本法是一种计算发生在产品生命周期内的全部成本的方法，以此来量化产品生命周期内的所有成本。医药工业 HVAC 系统设计除了要保护产品和生产人员以外，还需要考虑经济因素，总成本是决定 HVAC 系统采用哪种方案的主要因素之一。生命周期成本一般大于 HVAC 系统的初始（资本）成本。

3.3.1.21 空调系统的监测和控制

空调系统的监测和控制，通常的做法是通过检测系统（传感器、变送器、指示仪、记录仪、报警器等）对所确定的关键参数进行监控。在设计过程的早期阶段，应决定 HVAC 控制系统或多用途系统。例如，建筑物监控系统 / 建筑物自控系统（BMS/BAS）一般用于净化空调系统的调节系统，环境监控系统 EMS 一般作为洁净区内环境的检测和监测，两者宜分开设置。参考 GB 50457—2019，连续监测系统宜与净化空气调节系统的控制系统分开设置。

另一种监测和控制方法是配用一个独立的报警及关键数据管理系统，例如数据记录器程序控制系统，使 HVAC 控制系统仅适用于制药厂管理所需的控制和维护信息。

在仅需要监测数个 HVAC 参数的小型制药工厂，所有 HVAC 数据管理和控制均可被包括在过程控制内，如分散控制系统（DCS）、直接数字控制系统（DDC）、可编程控制系统（PLC）等。

3.3.1.22 报警延时

快速变化的参数，例如洁净室压力，有可能形成频繁报警，如在门开关之间。为减少非必要报警，通常通过设定报警延时的方式来过滤，在考虑经风险评估可接受（可结合日常通过时的数据）的情况下，报警延时时长应能涵盖人员和物料正常通过该门时的开启时间。

3.3.1.23 时间加权平均

在存在迅速改变信号条件下进行测量（例如风量测量），可能需要过滤，以免发生频繁报警。通常所选用的信号过滤器在记录和报警时，大多使用连续时间加权平均值信号，而不是瞬时信号。采用 4~10 秒间读数的连续平均值通常能剔除信号噪声。

3.3.2 设计基本过程

3.3.2.1 概述

HVAC 系统设计的目标是提供一个符合 GMP 的系统，确保其满足产品和工艺的需求以及良好工程规范（比如可靠性、可维修性、可持续性、灵活性及安全性）。除此之外，设计需要遵守一些地方性的有关安全、健康、环保等方面的规范和标准。

因此，HVAC 系统设计小组既应了解先进的 HVAC 系统设计、产品特点及其工艺过程，还应了解药品监管部门的最新要求。设计小组应考虑 HVAC 系统怎样与工厂设计、预期运行的其他方面相互融合，并且考虑因此会受到怎样的影响。通常情况下，与 HVAC 系统设计相关的问题包括：

- 人员、设备及材料、废物流的流向；
- 开放或封闭式的生产方式；
- 各个房间内实施的生产活动；
- 建筑与工艺布局；
- 房间装修及结构的严密性；
- 门的选择和位置；
- 气锁间的设置策略；
- 洁净服的穿着及清洁策略；
- HVAC 系统设备及风管的特殊要求；
- 进风口和排风口的位置。

就 HVAC 系统的设计层面而言，药品监管机构的 GMP 要求会对项目设计产生影响，特别是一些关键参数的确定。设计小组应协调处理 GMP 要求与适用于工厂和 HVAC 系统设计的国家 / 地方建筑规范 / 标准之间的矛盾和冲突，包括有关建筑、防火、安全、卫生、环保、劳动保护、节能、抗震等。此外，用户还有可能提出额外的要求。HVAC 系统设计工程师还应了解最新国外相关的法规和标准的发展，了解相关技术趋势，同时还应与其他专业人员密切配合，从而使项目获得最大范围的成功。

3.3.2.2 系统参数的确定

设计过程的第一个步骤是根据用户需求建立核心的 HVAC 系统参数。这需要根据生产工艺和产品质量标准，以及有关 GMP 的要求，确定关键的 IIVAC 系统性能参数，由此确定工厂设计的环境要求。有些参数可以直接控制（如洁净室温度），而另一些参数（如悬浮粒子）不能直接控制，它们是一些可控参数的结果（如洁净室压差、气流组织等）。

关键系统参数的确定是设计过程中的一个关键步骤，对工厂大小和复杂程度以及最终工厂的施工、调试、确认、运行和维护成本的影响最大。洁净等级或洁净区域的小范围递增会导致工厂的初始成本及之后的运营成本出现相对较大的增长。应通过风险评估仔细考虑工艺、设备及工厂人员与悬浮粒子、生物或化学污染等相关的洁净度要求，并明确地加以界定。

HVAC 系统工程师应在整个设计过程中发挥核心作用，帮助项目小组了解工厂或工艺对产品质量和生命周期成本的要求的内在含意。应预留充足的时间，以确定用户需求，并确保所有当事方完全理解用户需求。由此，就会减少在详细设计过程中出现的变更（及相应的代价高昂的变更 / 延迟），因此，从长远看来，这是有益的。

HVAC 系统参数类别通常包括以下几个方面。

- 洁净室指标一览表，包括：
  - 温度；
  - 相对湿度；
  - 洁净级别；
  - 自净时间；
  - 换气次数 / 风速；
  - 噪声；
  - 照度；
  - 压差或气流方向的要求。
- 初步的 AHU 数量及区域划分：
  - 服务区域；
  - AHU 基本配置（如回风或 100% 全新风）。
- 辅助 HVAC 系统清单：
  - 除尘；
  - 冷冻水；
  - 冷却塔；
  - 洗气塔 / 炭吸附；
  - 蒸汽（加热和加湿），臭氧（如有），热回收系统（如有）等。

● 系统的确认原则。

另外需考虑 HVAC 涉及的操作区域中局部空气处理系统（如层流罩、隧道烘箱）等对空调系统压差等的影响。

3.3.2.3 基础设计

在确定用户需求之后，将由 HVAC 系统工程师与项目组成员共同协作配合完成。基础设计包括：

● 基础设计说明书，包括设计依据、室内外空气环境参数，设计内容说明、关键要素等；

● 初步的各系统带控制点的气流与仪表图；

● 基本的平面布置图，包括主要设备布置、房间尺寸及风管走向；

● 洁净室分级图；

● 空调系统分区图；

● 压力或气流方向图；

● HVAC 系统主要设备规格参数。

在准备基础设计的过程中，下述问题必须得到考虑：

● 人员、产品、设备、物料、半成品和废弃物的流向；

● 气锁室（缓冲间）方案；

● 污染源、途径、风险及其控制；

● 能够满足用户需求的其他备选设计方案的风险评估；

● HVAC 系统的服务区；

● 洁净室的洁净度与产品污染风险之间的关系；

● 污染物残留的控制（即清洁或消毒）；

● 设备和系统的可靠性及备用策略；

● 设施和系统的灵活性；

● 施工及启动/调试的便利性；

● 维护、维修及操作的便利性；

● 调试与确认计划；

● 经济性及设施的生命周期成本。

3.3.2.4 详细设计

在基础设计获得批准之后，即可开始详细设计。在这个阶段中，应确定与工程相关的施工、安装、运行等技术细节。详细设计至少应包括：

- 基础设计文件资料的更新和细化；
- 各系统最终带控制点的气流与仪表图（AF&ID）；
- 设备、房间尺寸及风管布置设计图；
- 空调机组（AHU）组合图及其性能参数；
- 房间风口布置图；
- 系统操作控制原理；
- 房间送 / 回 / 排风量及风口形式规格表；
- 设备表和材料表；
- 施工说明；
- 工程设计详图；
- 计算书；
- 空调分区图；
- 压力分区图；
- 缩写及图例；
- 用户需求；
- 主要设备技术规格书。

关于 HVAC 系统的调试和确认，根据项目需要，可在设计阶段将调试和确认活动的计划包括在之前的各设计阶段中，以使项目的范围、成本和进度计划得到事先的考虑，避免产生负面影响，因为净化空调系统的设计缺陷通常在调试过程中才会变得显著。

3.3.2.5 设计确认

设计确认（design qualification，DQ）的目的，是根据相关文件和记录，证明设计达到了预定的用途和规范的要求。

GMP 对于设计确认提出了以下要求。

药品生产质量管理规范（2010 年修订）

第一百三十八条 企业应当确定需要进行的确认或验证工作，以证明有关操作的关键要素能够得到有效控制。确认或验证的范围和程度应当经过风险评估来确定。

第一百三十九条　企业的厂房、设施、设备和检验仪器应当经过确认，应当采用经过验证的生产工艺、操作规程和检验方法进行生产、操作和检验，并保持持续的验证状态。

第一百四十条　应当建立确认与验证的文件和记录，并能以文件和记录证明达到以下预定的目标：

（一）设计确认应当证明厂房、设施、设备的设计符合预定用途和本规范要求。

药品生产质量管理规范（2010 年修订）确认与验证附录

第五章　确认，第一节　设计确认

第十一条　企业应当对新的或改造的厂房、设施、设备按照预定用途和本规范及相关法律法规要求制定用户需求，并经审核、批准。

第十二条　设计确认应当证明设计符合用户需求，并有相应的文件。

欧盟 GMP "附录 15，确认和验证"，也有明确规定：

"设计确认

设备、设施、公用系统或系统确认的第一个步骤为设计确认（DQ），应证明设计符合 GMP 要求，并有相应记录。"

设计确认不是"设计审查和确认"，后者的主体是设计和设计管理部门，偏重于工程方面的因素，按照预先确定的用户需求（URS），从良好的工程实践（GEP）出发，对设计的方案是否合理有效、采用的技术是否成熟可靠、选用的设备是否先进合理、系统的运行是否安全高效、设计是否符合安全、卫生、劳动保护、环保、节能的法规和标准等方面对设计进行审查和确认。而设计确认的主体是药品生产企业，其目的是按照预先根据产品特性所确认的要求（URS），从药品合规性角度出发，确认生产过程中存在的影响药品质量的因素得到了有效控制。

设计确认主要依据的是药品生产质量管理规范（GMP）和根据产品特性所确定的用户需求（URS）与设计文件逐一进行确认，目的是保证用户需求的各项内容都得以响应，并满足药品的生产和相关法规的要求。设计确认可根据设计过程分阶段进行，由于 HVAC 系统的复杂性，在系统设备、风管等制作安装之前完成设计确认并预先发现问题加以解决，可有效避免施工过程中因变更造成的返工和时间损失，从而有效地控制了变更成本。

设计审查和确认可分为基础设计和详细设计两个阶段，每个阶段设计确认的要点有所不同。

基础设计阶段的设计确认审查要点通常包括但不限于：

- 空调系统关键参数（送风量、温湿度、压差及流向、洁净级别、自净时间）；
- 系统换气次数；
- 系统空气过滤器选择；
- 产品暴露 / 交叉污染控制；
- 空调机组分区；
- 循环风 / 直流风系统；
- 系统监测和控制方案；
- 排风过滤器；
- 设备 / 过滤器规格和维修；
- 空调机房位置及大小。

详细设计阶段的设计确认审查要点除了基础设计阶段审查要点外，还需考虑更多的因素，通常包括但不限于：

- 室外空调参数；
- 室外极端空调参数及其持续时间；
- 空调系统新风入口和排风口位置；
- 空调系统监测传感器数量和位置；
- 空调系统报警策略；
- 单个空调系统失效对生产的影响；
- 回风利用及交叉污染控制；
- 强效药品排风过滤器及其更换策略；
- 室内送风 / 回风 / 排风口位置；
- 加湿蒸汽质量；
- 风管材料及风管系统泄漏率；
- 空调设备 / 过滤器检修可操作性；
- 室外设备维护 / 更换可操作性；
- 系统工作寿命。

设计确认所确认的设计文件一般包括空调系统 P&ID 图、洁净房间平面布局图、送回排风口平面图、洁净送风平面图、洁净分区平面图、压差平面图、人流物流平面图、设备清单、材料清单、仪表清单、洁净电话平面图、安防/监控系统平面图、灯具平面图、开关插座平面图、门禁互锁平面图、电气原理图、电气施工图、设计说明书、风量平衡计算表、空气处理计算表（机组冷热负荷计算）、给排水平面图等。

设计确认根据用户需求说明中的各项要求逐一核对，通常包含但不限于以下内容：

- 产品和工艺要求；
- GMP 法规要求；
- 公用系统连接要求；
- 环境清洁 / 消毒需求确认；
- 环境监测需求确认；
- EHS（环境、健康、安全）需求；
- 文件要求。

3.3.2.6 风险评估

风险评估是一种评估系统及组件对产品质量所产生的影响的过程。由质量风险评估小组按照质量体系风险管理规程进行 HVAC 系统的风险评估。

目前大部分制药企业根据情况通常选择以下两种常见做法。一种是基于 ISPE 基准指南 – 第 5 卷《调试和确认》第一版，首先将系统分为直接影响系统、间接影响系统和无影响系统，其次针对直接影响系统的不同组件，评估功能 / 组件对关键工艺参数（CPP）产生的影响。另一种是基于产品和工艺风险以及 ISPE 基准指南 – 第 5 卷《调试和确认》第二版，首先将系统分为直接影响系统和非直接影响系统，其次对于直接影响系统进行系统风险评估，基于产品关键质量属性和关键工艺参数，识别系统的关键方面和关键设计元素，支持确认与验证工作的开展。

建议采用的方法是：通过识别 HVAC 系统参数评估对环境质量属性的影响，确定关键和非关键参数，并评估它们对产品质量或患者安全产生的影响。

风险评估小组首先要搜集给定的工艺或洁净等级信息，如：

- 产品特性；
- 易燃性 / 易爆性或危害因素；
- 环境空气等级；
- 开放 / 封闭的工艺；
- 最终灭菌 / 无菌工艺。

确定 HVAC 系统的系统边界并分类，例如：

- 可以根据区域位置对系统进行分类（例如：在房间层面上）；
- 可以根据相连的组件对系统进行分类（例如：AHU 系统）；
- 控制与监控系统既可以是一个独立的系统，也可以被包括在另一个系统中。

确定 HVAC 系统的系统参数，例如：

- AHU 相关参数：新风风量、送风风量、回风风量、排风风量、送风温湿度、回风温湿度、混合空气温湿度、送风静压、机组全压、机外余压等；
- 洁净区相关参数：洁净室压力、温湿度、换气次数、风速等。

确定关键参数，典型 HVAC 系统的关键参数通常包括下述各项：

- 温度；
- 相对湿度；
- 静态的微粒计数；
- 动态的总微粒计数（分级区域）；
- 洁净室内从动态到静态的自净时间；
- 送风 HEPA 过滤器的性能（等级、初阻力、终阻力、迎面风速等）；
- 换气次数 / 风量（影响粒子计数和恢复时间）；
- 区域压差（洁净室的保护）；
- 单向流风速；
- 关键区域的气流组织；
- 活性微粒的试验结果——空气中（与总悬浮粒子有关）；
- 活性微粒的试验结果——表面擦拭或表面接触碟试验（间接受 HVAC 系统影响）。

应对关键参数清单进行审查，以确保其将对产品质量和患者安全的风险降到最低水平。

确定对关键参数的管理方法，例如：

- 通过一个基于 SCADA 的独立环境监测系统对相对湿度进行监测；
- 通过一个基于 SCADA 的独立环境监测系统对温度进行监测；
- 通过一个在线粒子监测系统对空气质量进行监测；
- 根据 SOP 进行活性粒子的微生物监控测试；
- 通过一个基于 SCADA 的独立环境监测系统对洁净室压差进行监测；
- 确定拟采取的软硬件设计、C&Q 以及运行消毒维护措施内容；
- 剩余风险的评估与接受。

3.3.3 设计的基本考虑因素及措施

3.3.3.1 概述

空调系统应提供物理分隔，以防止产品之间出现交叉污染，可采用直流风空气，也可以采用独立（专用）空气处理机组，通过严格的空气过滤和适当的压差梯度实现对交叉污染的控制。独立空气处理机组选择利用回风时，应当考虑产品类型，以防止通过风道系统产生交叉污染，它还常用于分隔不同的区域，如：

- 生产区；
- 辅助生产区；
- 仓储区；
- 行政管理区；
- 机械动力区。

在特定产品的生产区，对不同操作单元的分隔，应证明其进一步的分隔成本因素是合理的。

为核心区域提供支持的辅助生产区，一般要求在生产过程中具有高可靠性，空调系统的配置可以考虑到备用率，或采取其他不增加额外风险的措施，以保证其正常的维护操作。

3.3.3.2 加热与冷却

- 在洁净室空调系统中，可采用带有传热翅片的冷热盘管、管状电加热等方式对空气实现加热与冷却，将空气处理至洁净室所要求的温湿度；
- 合理选用空气处理的冷热媒。对空气加热/冷却处理的冷热媒通常采用：冷热水、饱和蒸汽、乙二醇、电、各种制冷剂等，在确定冷热媒时，应根据对空气加热/冷却处理的要求、卫生要求、建厂条件、经济成本分析做出选择；
- 在寒冷地区，在新风量较大的情况下，应考虑对新风进行预加热，以防止下游的盘管冻结；
- 合理采用能量回收装置，包括对非生产区的热回收；
- 为带有再循环的单向流罩提供一定的冷却空气，以避免因风机热量而造成罩内空气局部过热的情况。

3.3.3.3 温度与相对湿度

3.3.3.3.1 一般要求

洁净室的温度与相对湿度应保证药品的生产环境和操作人员的舒适感。当药品生产工艺有温湿度要求应根据工艺确定。生产工艺无要求的企业可根据作业人员舒适度、产品特性、人员数量及操作等条件综合确定。建议参考 GB 50457《医药工业洁净厂房设计标准》，设定 A、B、C 级洁净区 20~24℃，相对湿度 45%~60%，D 级洁净区 18~26℃，相对湿度 45%~65%。人员净化及生活用室温度冬季为 16~20℃，夏季为 26~30℃。

3.3.3.3.2 特殊要求

• 洁净室温度和相对湿度控制范围不合理，可能导致产品质量受到影响，应根据稳定性研究确定产品或生产工艺要求的环境温度和相对湿度。就无菌设施而言，如果空气与产品直接接触（A 级开放式处理区），则温度可能会对产品质量产生影响，因此，可对温度范围实施限定。

• 对生物原料的处理区而言，保持洁净室的温度和相对湿度通常只是为了使操作人员感到舒适。大多数产品的加工在 C 或 D 级区内进行，并采用密闭操作方式。当生产设备不采用夹套进行温度控制时，此时若能证明洁净室的温度和相对湿度对产品质量或工艺有影响，则应将 HVAC 系统参数视为关键参数。

• 对固体制剂设施而言，虽然空气与产品直接接触，但通常情况下，温度并不对产品质量起到关键作用。设定值通常基于穿着洁净衣的操作人员的舒适感。许多粉剂产品具有吸湿性，一般要求相对湿度低于为确保操作人员舒适感而需要的相对湿度。产品或工艺可能需要严格的洁净室环境条件，以满足生产或保持产品质量的要求（例如：配料的吸湿性会导致产品在暴露于环境相对湿度条件时出现增重现象，这会对基于重量的配方产生影响）。

• 仓储区的温湿度应根据被贮存物品的性质及质量标准、药典、药品经营质量管理规范和其他资料确定。《中国药典》对药品、药用辅料、制药用水和国家药品标准物质的贮藏温度分为"阴凉处""凉暗处""冷处"和"常温（室温）"四种情况，具体的贮存温度分别是：阴凉处：不超过 20℃；凉暗处：避光并不超过 20℃；冷处：2~10℃；常温（室温）：10~30℃，且说明除另有规定外，贮藏项下未规定贮藏温度的一般系指常温。《药品经营质量管理规范》（2016 年版）规定企业应当根据药品的质量特性对药品进行合理储存，并按包装标示的温度要求储存药品，包装上没有标示具体温度的，按照《中国药典》规定的贮藏要求进行储存；储存药品相对湿度为35%~75%。一般制药企业根据需要可能设置的仓库类型有冷藏库、冷冻库、阴凉库、常温库、一般库（无温度特殊要求）等。关于库存区温湿度控制更详细的要求可参考本丛书《质量控制实验室与物料系统》分册。

- 房间的相对湿度（RH）会对暴露的产品或物料产生影响并使其吸潮，而对含水分的产品则几乎没有影响。对封闭和密封的容器而言，相对湿度要求通常并不严格。对湿度敏感的物料可根据需要将环境相对湿度控制在较低范围。

- 一般情况下，有贮存条件（温度、相对湿度）要求的区域，其贮存条件要得到控制和监测。

3.3.3.4 相对湿度控制

- 通常可采用冷却盘管、除湿机、加湿器等进行空气的相对湿度处理。空气中的相对湿度取决于通过冷却盘管低温水的温度及流量、制冷剂的蒸发温度以及除湿机、加湿机的能力。

- 对于低湿度洁净室（例如粉剂生产），应考虑应用除湿机和后冷却器。由于较高的投资和运行费，通常在需要露点温度低于 5℃时才使用。

- 如果室外的潮湿空气可以直接渗漏至工艺房间，而冷却盘管不足以达到洁净室的相对湿度要求，则也可能需要使用除湿器。对房间增加压力并加强管道密封，可以减少室外湿空气的渗漏量。

- 当洁净室有相对湿度要求时，夏季的室外空气应先经过冷却器冷却后再经加热器作等湿加热，用以调节相对湿度。

- 为了防止吸收水分，裸露的粉剂产品可能要求相对湿度低于40%。需注意当相对湿度过低（低于30%）时操作人员咽喉和眼睛会感觉不适。

- 如需要控制室内静电，则应在寒冷或干燥气候条件下考虑增湿。

- 加湿器的位置通常设在 AHU 中末端过滤器之前或在冷却盘管之后，当将加湿器设在风机之前时，设计应确保水滴不会溅落到风机入口，以免导致风机锈蚀；同时设计也应确保风机轴承座、皮带轮（如有）等转动部件不会因加湿而导致锈蚀损坏；皮带（如有）也可以在加湿环境内长时间使用；风机的驱动电机及接线盒也应考虑使用电气防护等级 IP54 以上级别，以免因加湿导致电机损伤。

- 加湿器不应该成为污染源，因锅炉蒸汽中含有抗腐蚀的化学添加剂，当风险不可接受时，可使用纯蒸汽或洁净蒸汽。

- 当化学干燥器不会变成污染源时，也可用硅胶或氯化锂等化学干燥剂。

3.3.3.5 多产品共线

综合考虑药品的特性（产品类别、毒性、活性、致敏性、溶解度、活性微生物、性状、物质状态等）、生产过程（生产工艺、所用物料特性等）、预定用途（给药途径、适应证、禁忌和联合用药、用药对象、用药剂量、长期用药等）、厂房设施与设备等因素，评估多产品共线生产的可行性，并形成共线生产可行性报告。共线 HVAC 系统设计可参考以下要求。

- 关于多产品共线 GB 50457《医药工业洁净厂房设计标准》进行了详细规定，另外 CFDI 发布了《药品共线生产质量管理指南》、WHO 发布了《使用共用设施生产时清洁验证中为识别污染风险而建立残留限度的不同方法—包括 HBEL—考量要点》、PIC/S 发布了《基于健康的暴露限（HBEL）评估及其在质量风险管理中的应用检查》（PI–052）、《基于风险防止药品生产中交叉污染以及 "基于风险预防生产中交叉污染实施" 以及 "在共用设施中生产不同药品时识别风险所用基于健康的暴露限设置指南" 问答》（PI–053）、"共线设施交叉污染检查备忘录"（PI043–1）、EMA 发布了《在共用设施生产不同药品的风险识别中使用的基于健康的暴露限度的指南》以及实施问答（EMA/CHMP/CVMP/SWP/169430/2012）、美国 FDA 发布了行业指南《预防非青霉素 β– 内酰胺类药物交叉污染的 cGMP 框架》、ISPE 发布了《基准指南 7 基于风险的制药产品生产》。

- 可参考 GB 50457《医药工业洁净厂房设计标准》要求服务于下列特殊性质药品生产的净化空气调节系统应独立设置，其排风口应位于其他药品净化空气调节系统进风口全年最小频率风向的上风侧，并应高于该建筑物屋面和净化空气调节系统的进风口，其中前 5 种药品生产线（车间或区域）的空气调节系统机房应独立设置：
  - 青霉素类等高致敏性药品；
  - 卡介苗类和结核菌素类生物制品、血液制品；
  - β– 内酰胺结构类药品（特例氨曲南为全合成的单环 β– 内酰胺类药品可按普通药品管理）；
  - 性激素类避孕药品；
  - 含不同核素的放射性药品；
  - 某些激素类药品、细胞毒性类药品、高活性化学药品；
  - 强毒微生物和芽孢菌制品等有菌（毒）操作区。
- 《药品共线生产质量管理指南》推荐，如果采用阳性供体的活体材料进行生产，应采用独立的空调系统，采用单独的生产设备，开口操作区域应保持相对负压。

● GMP 生物制品附录第十九条要求致病性芽孢菌操作直至灭活过程完成前应当使用专用设施。炭疽杆菌、肉毒梭状芽孢杆菌和破伤风梭状芽孢杆菌制品须在相应专用设施内生产。

● GMP 生物制品附录第二十三条，有菌（毒）操作区应当有独立的空气净化系统。来自病原体操作区的空气不得循环使用，来自危险度为二类以上病原体操作区的空气应当通过除菌过滤器排放，滤器的性能应当定期检查。

● GB 50457《医药工业洁净厂房设计标准》还要求特殊性质药品生产区排风系统的空气均应经高效空气过滤器过滤后排放。宜采用袋进袋出安全型高效过滤器。二类（含二类）危害程度以上的病原体操作区，应将排风系统的高效空气过滤器安装在医药洁净室内的吸风口，且对高效过滤器进行原位消毒和定期检漏。特殊性质药品的生产区应采取防止空气扩散至其他相邻区域的措施。

● 经综合考虑药品的特性、工艺和预定用途等因素，评估确定可多产品共线的 HVAC 系统在设计时需考虑以下因素：

　○ 共线产品的特性（类别、毒性、活性、致敏性、溶解度、活性微生物、性状等）及用途；

　○ 共线产品生产规模、工艺特性和工艺设备需求的异同；

　○ 共线产品的所用原辅料的特性；

　○ 可能残留物的特性；

　○ 区域分离（厂区、建筑空间、操作区域）；

　○ 共线产品的生产模式（同期生产、分阶段生产）；

　○ 共线产品的危害和技术控制措施的局限性；

　○ 共线产品的清洁程序及效果；

　○ 特殊情况（机组故障、意外泄漏等）。

● HVAC 系统在设计时根据产品特性和设备情况，可能采取相应的预防交叉污染措施如下：

　○ 多个房间或区域共用空调系统生产不同品种时，应针对每个产品特定危害进行评估以确定提供足够的保护；

　○ 独立的空调机组和送回风 HEPA 的应用；

　○ 暴露工序和产品应尽量远离房间送风口、回风和排风口；

　○ 对空调系统的回风和排风管路进行合理设计，选择合适规格的过滤器以确保去除空气中的污染物；

- 应有适当的排风或封闭措施来控制粉尘和气溶胶在源头或风管中的扩散;
- 加强空调系统排风和回风管路过滤器管理,制定合理的过滤器更换周期并定期监测重点位置过滤器两侧压差;
- 防止产品泄漏进入天花板或墙板、设备空隙或间隙、建筑物的孔洞或缝隙内,如墙洞、技术间或电气间;
- 用正压缓冲间减少粉尘在不同功能间之间的转移;
- 防止空调系统或公用系统维护或维修过程中导致产品的残留或积聚;
- 合理设计洁净区分级及对应的空调系统、压差梯度和气流;
- 气流模型的设计应考虑排风、真空传输系统和开门操作对气流的影响等情况;
- 设置专用的人流和物流通道、清洗间或加强的隔离措施;
- SIP 和 CIP 的应用;
- 通过自控手段进行同一区域内有交叉污染风险的人员和物料的短期管控,同时也可防止误入;
- 专用密闭工艺设备、管路及容器的应用;
- 气锁间、单独排风装置、喷淋装置的设置;
- 厂房设计时应考虑供电故障或其他任何非预期因素(如真空损失或压力逆转)情况下系统的可靠程度;
- 应有适当的程序来检测控制系统的故障,特别是生产高活性产品的车间;
- 其他根据评估报告拟采取的措施。

• 经评估可共线的药品生产区域的 HVAC 系统设计时,采取相应的预防交叉污染措施举例如下:

- 激素类药品、细胞毒性类药品、高活性化学药品经评估可共线时,应采用特别防护措施,如产尘区域 HVAC 系统可采取直排方式,可采取阶段性生产方式并经过必要的空调系统防止交叉污染的验证,证明空调净化系统潜在的交叉污染风险得到有效控制;
- 基因治疗和细胞治疗产品由于涉及的活体材料的可变性及可能含有传染性疾病的病原体,如质粒、病毒、病原体类产品的危害性较高,建议专用生产线或使用一次性生产系统进行生产。当多产品共线生产时应当采取合理的预防和控制措施,避免产品之间的污染和交叉污染,生产结束后,应对空调系统如风管、过滤器、洁净区及其设施设备等采取清洁灭活处理措施。

3.3.3.6 高毒性或高活性

高毒性、高活性产品：对于职业暴露等级（OEB）为 4 和 5 的产品可以认为是高毒高活产品。

高毒性药品主要指的是细胞毒性。常见的有抗肿瘤生物碱类、抗代谢物类、抗肿瘤抗生素类、烷化剂类、铂制剂类、其他细胞毒性药物。

高活性主要指的某种药物成分在极微量的情况下，就具有生物效用，彻底清洁及防扩散比较困难。常见的有激素类、避孕药类、抗癌类，但是又不是高致敏性（青霉素类等）。

典型的职业暴露等级分类见表 3-10。

表 3-10　职业暴露等级分类表

职业暴露等级 OEB	职业接触限值范围 OEL（$\mu g/m^3$）	慢性毒性	致癌性	突变性	性能	建议控制策略
1	≥ 500	低	无	无	药物活性低，非常安全	常规的房间通风系统，带有局部排气通风的常规开放式设备
2	100~500	低	无	无	成分有害，且（或）有低的药物活性	半封闭或全封闭的物料转运系统；层流/定向层流，工程化的局部排气通风
3	10~100	中	无	可能突变	成分有中等毒性且（或）有中等药物活性	使用直接耦合或封闭的系统进行转移；选择使用单向流设备
4	1~10	严重	可能致癌物	可能突变	成分有毒性且（或）有高的药物活性	全封闭工艺；直接耦合传递；隔离技术
5	< 1	非常严重	确认致癌物	高突变性	成分极毒，且（或）有非常高的药物活性	优先选择隔离技术；建议远程操作、全自动化

注：引自《药品共线生产质量管理指南（征求意见稿）》。

职业暴露等级（OEB）：对危害潜能渐增的生物制品或化合物的健康危害分类系统，根据化合物的药理或毒理特性，制定 OEB 的目的是为各个产品生产选择合适的生产设施和操作规程，制定一个分级标准。

职业接触限值（OEL）：某种污染物的最大空气悬浮粒子浓度，在该浓度下几乎所有工人能够日复一日的反复接触该污染物，且不会造成不良反应。通常以每天八小时的时间加权平均值来表示。

- 根据药品的 OEL 或 OEB，选择合理的设备、密闭装置和密闭防护措施，进而确定合理的 HVAC 系统的设计原则：
  - 当使用常规的开放式设备且容易接触到化合物或化合物容易扩散时，应设计受控的 HVAC 系统和局部排风系统；
  - 当使用封闭方式连接设备，密闭输送时，应设计气流隔离间和专用局部排风口。
- 一般高药理活性制剂使用常规的开放式设备且容易接触到化合物时 HVAC 系统的设计原则如下：
  - 为防止活性药物外泄，产品暴露的称量、制粒、总混、压片与包衣、胶囊充填、配液、灌装等高风险区域，要选择与 OEB 等级一致的防护措施，OEL 区相对于非 OEL 区域负压；
  - OEL 区和非 OEL 区域分别设置独立的空调 AHU 分区；
  - 设置正压气锁；
  - 人员更衣最好进出分开，人员出口需要设计设备紧急泄漏时人员风淋、雾淋或喷淋设施；
  - 洁净区内每一单元操作设置人流、物流及清洗间，将高风险操作限制在本单元区域内；
  - 空调系统的设计应考虑能量回收；
  - 技术夹层宜设置一个 0 压环路，各房间压力控制均连接至此环路，以保证此功能单元各房间基准压力相同，0 压环路上安装风减震阀，防止 0 压波动；
  - OEL 区空调系统防止高活性药物泄漏，送风采用一级高效过滤器（H14），排风及回风需采用中效过滤器加二级高效过滤器（H13）；对于经评估的非 OEL 区，回风口可只采用常规中效过滤器。

3.3.3.7 有害物质及其清除

- 在室内对溶剂进行处理情况下，应采用直流风系统。如果适用，可采用可燃气体探测器，以确保不会出现危险情况。特别是在采用再循环系统情况下，处理溶剂等危险物质的系统，宜遵守 GB 50016《建筑设计防火规范》。
- 根据 ISPE 的建议，在室内当溶剂含量达到爆炸下限的 25% 时，禁止使用循环空气。当溶剂量小或偶尔使用时，回风管应该配备碳氢传感器等控制装置，当回风中的可燃气体超过设定的报警或动作限值时，可将系统切换至 100% 室外空气。

- 服务于带有易燃易爆物质的工艺生产区，其排风设备应采用防爆型，如处于爆炸危险区域以外，则电机可以采用非防爆电机。

- 为洁净室内的飞尘或悬浮物质的控制提供局部排风，产生粉尘的设备应尽量设置防尘隔离措施。

- 处理特殊药品情况下，应采用能清除污染物，同时不会暴露并接触有害物的吸尘系统（如袋进袋出过滤器等）。

- 如果向大气进行排放，则应对排放物的成分、浓度等进行评估和分析，比如物质、形态（固体、蒸汽等）、含量及排放时间。为保护室外环境，防止气流再次进入 HVAC 系统，可能需要用涤气器、吸尘器、炭吸附及精细过滤器处理。如果采用，应尽可能回收排放气流中的能量，能量回收装置的结构和材质要与排放气流的成分相适应。

- 排风系统应根据具体情况考虑是否配置应急电源。如排烟系统，应设应急电源，设有多台排风机系统中（如实验室或特殊药品化学设施），应考虑至少一台风机使用应急电源。

- 在排气扇无应急电源情况下，应将报警器与应急电源相连接，或配备不间断电源（UPS），以确保针对排气故障发出信号（如不带压差检测的通风柜）。

3.3.3.8 产品污染控制

- 为防止通过压差气流导致污染物或溶剂蒸汽进入其他洁净室，当进行多产品同时生产时，可采用不同生产线直流式系统或专用空气处理系统，或采用 HEPA 过滤器处理回风（含有溶剂蒸汽的空气不适用）。

- 可以在各洁净室的回风管道中设一个遥控电动阀或自动风阀，以设定所需压差。对于简易设施，只需利用手动风阀即可实现平衡。

- 如果存在交叉污染问题，则应采用气流方向和可靠的压差措施，维持稳定的压差梯度，并对压差进行监测与报警（适用于分级区域）。

- 如果使用手控/遥控风阀，则风阀控制装置应由专人操作，相关各洁净室设置一个压差计，以便于实现监测。对于新建系统，建议安装空调自控调节系统，实现风阀和压差的联动调节。

- 建议洁净室操作区采用低位回风。

- 全室 A 级（ISO 4.8 级）洁净室或大面积单向流区域可能会被采用（比如冷冻干燥机的手动加载等），但不推荐使用，因为：

  ○ 它们将操作人员和产品同置于一个洁净空间内，易使产品受到污染；

- 气流形式表明，在位于关键活动区的洁净区中心的低位，存在一个回流空气的"死区"，存在影响产品质量的风险。例如，在冻干机门下部的低端回风可以改善门前侧的气流；
- 如果送风过滤器安装位置过高，那么空气到达关键区之前，气流流型会变差。开放式 A 级区域应保持小面积，并使 HEPA 过滤器尽可能靠近关键位置。
- 应根据防火、防潮、防腐和洁净度要求确定是否配置消声器。

3.3.3.9 AHU 应考虑的因素

- 在辅助生产区，若不涉及溶剂或特殊药品的处理，则空气系统可采用带有最小新风比，并维持室内压力的再循环形式。
- 应考虑循环回风 HEPA 过滤，防止交叉污染，同时限制暴露于再循环系统的人员。
- 除高毒、高活或高致敏性产品等有特殊要求外，直流风系统不要求为控制交叉污染而在排风系统中采用 HEPA 过滤。
- 不建议将生产区的循环回风作为非生产区的送风。
- 制药生产的空气处理系统常采用末端定风量控制和末端再热，用以恒定各生产房间的送风量并控制房间温度及相对湿度。
- 送风机宜配有变频控制器，风机通过变频方式调节转速实现风量调节，使所设定的风量不因系统中过滤器压降的增大而变化。
- 根据风险评估确定备用风机的必要性。推荐根据情况考虑使用备用电源系统，使风机在局部断电情况下仍能维持设计压差。
- 100% 全新风 AHU 机组易发生预热盘管被冻结的情形，采用可变水温定流量预热盘管或 AHU 内带旁通风阀的蒸汽盘管可有助于降低被冻结的风险。预热器采用丙二醇溶液也可以防止冻结。
- 推荐考虑为监测系统提供备用电源，以了解关键参数在断电过程中是否受到影响。
- 建议采用检修视窗和低压检修等，以供日常巡检的需要，确保 AHU 在正常运行的情况下可以对主要空气处理组件和传感器进行目视检查。

3.3.3.10 室外空气预处理

对新风进行过冷或干燥去湿预处理，并提供给一个或多个再循环机组，这种方式具有较高的能源效率。

应用：

● 应确定所要求的空气混合条件，它决定了可达到的相对湿度限值；

● 回风中的湿负荷应低于要求的空气混合条件（内部潜热负荷低）；

● 空调预处理设备的规格应能满足所要求的室外新风量；

● 由于内部潜热负荷（比如清洁工作）增加而导致设定的相对湿度值的偏离在允许范围内；

● 在室内显热量较低或室外空气占总风量较大比例情况下，预处理空气可以为空间提供全部冷量，这种配置可有较低的投资和运行费，但有可能导致受控空间内温度变化。只有在充分了解工艺流程、系统及环境情况下才可采用这种配置；

● 在使用多个再循环机组情况下，中央预处理系统可为所有 AHU 提供新风；

● 可为再循环 AHU 配置显热干冷却盘管，盘管只有少量排数、压降小，且无需集水盘。或者也可在再循环机组中安装排数较多的盘管和集水盘，以确保灵活性，并能使系统较快地从偏离状态恢复到原来的指定值；

● 室外空气利用小型除湿机进行预除湿，可以保证再循环空气的除湿要求（通过再冷却和再加热）；

● 建议预处理后的空气送至再循环空气的入口，以确保合适的混合和温度控制，便于系统平衡和压力平衡。不过，在再循环机组的下游侧混合空气也是可以的。

优点：

● 避免因对全部再循环空气的再冷却、再加热或除湿而造成的浪费；

● 由于不需要集水盘，可使用排数较少的冷却盘管和较小的除湿器（如需要），降低了设备费；

● 由于冷盘管的压降小，降低了能耗成本；

● 尤其适用于湿量为主要外部因素的系统。

缺点：

● 由于内部的潜热负荷或由非空调区域泄漏至回风管道的湿空气，因此有可能无法达到所需要的较低的相对湿度；

● 以后变更条件的灵活性较少；

● 如果回风相对湿度过高（室内潜热负荷较大时），可能不适用；

● 增加了对预处理设施的维护工作；

● 增加了预处理设备及风道系统所需要的空间；

● 如对预处理系统增加干燥除湿器，用以替代循环机组中的过冷和预热，则将增大设备的复杂程度。

当带有多个再循环机组时，应当注意：

- 如何保持在停止某些循环机组时，使运行中的其他系统仍维持恒定新风量；
- 当停止某些系统时，不使新风通过循环机组回风道污染洁净室。

3.3.4 无菌药品空调系统的设计

3.3.4.1 概述

对于拟建造的设施来说，了解掌握所生产的产品及其工艺特性是非常重要的。同时必须考虑到"GMP 关键参数"与设计经济性之间的关系。

设计师必须保证设计符合一系列相关的规范标准，包括建筑、安全、卫生、环境等，同时还必须满足将来工艺变化的可能。

3.3.4.2 HVAC 系统描述

HVAC 系统有两种基本的类别：

- 直流风空调系统（100% 使用新风）；
- 循环型空调系统（一定百分比的室外新风与室内回风相混合）。

HVAC 机组及其各部件均根据用户要求和环境参数进行设计。HVAC 系统的组成部件，包括排风机、回风机、热能回收系统等。另外还有一些辅助系统为空调系统提供冷热支持，如冷冻机、锅炉、压缩机、循环泵等。对于外界环境污染相对较严重的区域（雾霾或沙尘暴），为了避免频繁的更换过滤器所增加的生产成本，从而对生产进度造成影响，建议增加新风室，对环境空气进行初步的处理后，再进入空调机组处理体系中。对于不适合或无法增加新风室的情况，可在符合设计要求的情况下适当减少室外新风量，从而减少过滤器更换频率。

可采用再加热盘管对单独的空间或区域进行控制（这些区域的送风量必须维持恒定以保证一定的排风率），或采用变风量（VAV）加再热盘管的控制方式（此时房间的送风量不是非常关键，但可通过降低送入房间新风的办法节约能源）。当运用VAV 系统时，回风和排风系统必须与送风系统风量联动，以保证房间在风量降低时能保持设定的压差。

3.3.4.3 环境标准和 GMP

3.3.4.3.1 制药工业洁净室标准

制药工业洁净室环境分级标准详见本分册 3.2 部分。

核心区（无菌设施）环境级别划分举例见图 3-1。

由于房间在使用时会造成洁净度的降低，因此"静态"条件下的房间设计和测试必须按更高的标准进行，以便其能达到动态要求。

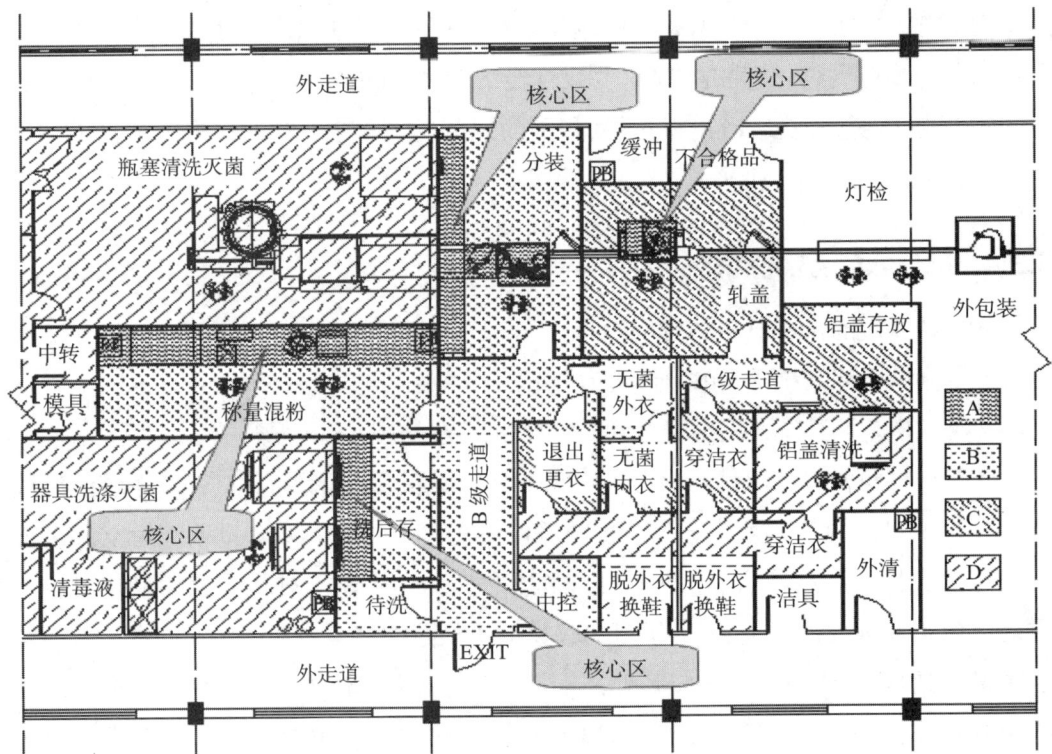

图 3-1　核心区（无菌设施）环境级别划分举例

设计师在确定"静态"条件下的设计参数时，应同时考虑抵消"动态"条件下房间内增加的粒子值。例如，按照"静态"A 级条件设计的房间，来满足"动态"下B 级的要求。此设计参数可在工艺 / 设备确认后，通过模拟操作时的粒子测量数据得以证明和支持。对无菌操作区的连续环境数据监测必须与工艺 / 设备确认过程中产生的动态数据进行比对。

当生产停止并且人员离开生产区域时，洁净区将开始恢复自净，房间将从"动态"变到"静态"，理论上房间将恢复到送风洁净状态。由于衣服上可能残留有较脏的污染物，更换衣服的速度过快将造成自净时间呈指数型状态，由此将延长达到静态的时间。

自净时间是评估一个特定洁净室整体性能的重要指标。自净时间的任何重大变动都预示着洁净室潜在问题的存在。

3.3.4.3.2　符合 GMP 要求的环境关键参数

下列环境参数对维持无菌生产设施符合要求是特别重要的：

● 环境条件（详见本分册 3.2.2 部分和表 3-7）；

● 核心区域内的可接受的单向流型（尤其关注动态）及其速度（A 级 0.36~0.54m/s 指导值）；

● 无菌室内保护核心操作区的气流组织；

● 温度和相对湿度（生产工艺有温湿度要求的洁净室根据工艺确定。生产工艺无要求的可参考 GB 50457《医药工业洁净厂房设计标准》设定，A、B、C 级洁净区：20~24℃，相对湿度 45%~60%；D 级洁净区：18~26℃，相对湿度 45%~65%）；

● 洁净区的空气换气次数（推荐按照 ISPE 中的 B 级区：40~60 次 / 小时，C 级区：20~40 次 / 小时，CNC 区：15~20 次 / 小时，也可根据 GB 50073《洁净厂房设计规范》B 级区：50~60 次 / 小时，C 级区：15~25 次 / 小时，D 级区：10~15 次 / 小时）。

3.3.4.9.1 讨论了对"GMP 关键参数"的监控需求。

温度和相对湿度参数主要取决于产品的要求和操作人员舒适度的需求，温度和相对湿度取值不当可能会引起微粒和微生物负荷的增加，进而影响到药品质量。

下列还有一些对无菌生产操作非常重要的环境参数，它们可能会对"GMP 关键参数"产生直接或间接的影响：

● 紊流洁净室的气流组织；

● 自净时间；

● 噪声超标水平（企业可根据实际情况确定，可参考 GB 50457《医药工业洁净厂房设计标准》非单向流洁净室不应大于 60dB，单向流、混合流洁净室不应大于 65dB）；

● 照度（企业可根据实际情况确定，可参考 GB 50457《医药工业洁净厂房设计标准》主要工作室一般照明的照度为 300lx，辅助区、走廊、气闸、人 / 物流净化区照度为 150~200lx）；

● 产品的职业允许暴露水平。

221

3.3.4.4 生产区布置和 HVAC 原理

3.3.4.4.1 核心区的确定

当产品可以最终灭菌时，工艺标准可以适当放宽。但无菌灌装产品的质量不能完全依赖于对成品的无菌保证水平测试，因此严格的工艺过程和环境条件控制仍然是必须的。

设计的第一步就是确定核心区，在该核心区内，产品容器／包装或产品所接触的表面有可能暴露并受到潜在的污染。下列为典型的无菌生产工艺核心区范围：

* 无菌配制和灌装区域；
* 灭菌后的小瓶／盖子进入无菌操作的区域；
* 产品容器在无菌操作区内打开的区域；
* 与产品容器相连接有可能暴露的区域；
* 灭菌后的容器／包装以及设备的产品接触表面在无菌操作区内的停留区域；
* 采用热力灭菌的容器／包装和设备接触表面经过灭菌后在无菌操作区内的冷却，无菌过滤器的连接、打开和组装容器／包装和设备接触表面清洗后等待灭菌以进入无菌操作区（该阶段必须确定时间限制）；
* 灭菌后设备的组装。

3.3.4.4.2 压差

为了防止"脏"空气污染"干净"空气，重要的方法是使高级别区域的空气流向低级别区域，形成不同区域的压差梯度。

生产区相同级别房间之间同样也应设定气流方向。遵循由核心区向外递减原理，这将减少对产品的潜在污染。

实际上气流流向是通过压差梯度来建立的。压差为设计者提供了实用和可计量的设计工具，以及可测量的具体目标值。当通过压差来建立梯度时，应考虑下列因素：

* GMP 和设计标准中规定的最低值；
* 现场能够测量得到的压差；
* 当气锁门打开时可接受的压差变化；
* 室内压力；
* 打开或关闭门的能力；

- 来自洁净区的漏风量（沿着门四周的渗漏）；
- 跨越不同区域或影响室内压力的设备对压差的影响；
- 门打开或关闭的可能延续时间（即压差短暂损失）；
- 对压差失效报警的响应程序。

工业上可接受的不同洁净级别之间的压差设计值是 10Pa（欧盟和 PIC/S 的 GMP 采用的压差值为 10Pa，美国 FDA 采用的压差值为 12.5Pa）。

对于相同级别之间的压差值各国法规、指南中均没有明确规定。行业在考虑降低污染、交叉污染的情况下，必要时也需设置适当的压差梯度。具体压差值需考虑能够控制气流流向为目的，并结合所使用的测量仪表的精度，常见的压差值为 5~10Pa。

当压差值选择过大时，就会使净化空调系统的新风量增大，空调负荷增加，使中效、高效过滤器使用寿命缩短，同时会增加洁净室空气泄漏，甚至出现建筑构造上的问题，所以只有在十分必要的情况下，再提高洁净室的最高压力限值。如适用，A 级、B 级洁净区最高绝对压力不宜超过 50Pa，C 级、D 级洁净区不宜超过 40Pa。另外，当室内压差值高于 50Pa 时，门的开关就会受到影响。参考 GB 50073—2013《洁净厂房设计规范》。

图 3-2 表示了离开核心区的气流流向。

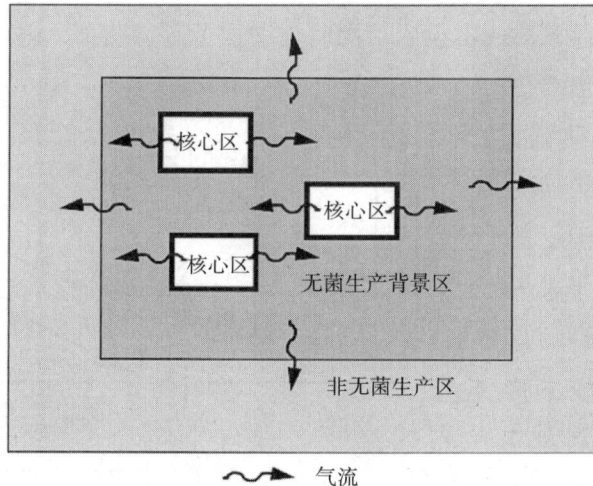

图 3-2　核心区气流流向图

压差值一般由核心区向外呈梯度递减。图 3-3 是根据图 3-2 的气流流向确定的压差数值。必须注意的是，在某些情况下，逐渐降低的压力理论上会形成较高的压差，例如从无菌操作房间至外走道的压差。

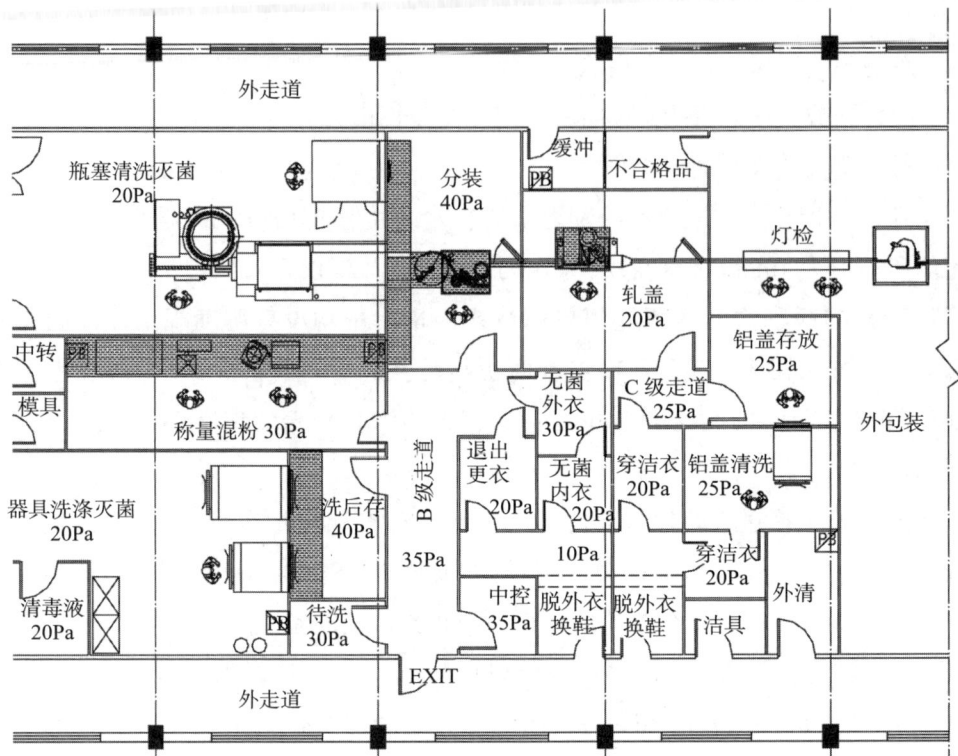

图 3-3　无菌操作区压差梯度举例

空气往低级别区域的渗漏意味着需要有"被清洁"的新鲜空气作补偿。这种补偿将增加过滤器、风机的成本投入，同时也增加了运行费用，因为过滤器的阻塞将形成阻力的增加，需要更大的风机功率去克服，同时也增加了过滤器更换的次数。所以，一方面尽量保持较低的压差将带来成本收益（在指南允许的范围内），另一方面较小的压差会使得系统控制变得复杂，要求设备具有很高的稳定性，从而增加设备投资及其维修成本。两者的关系如图 3-4 所示。

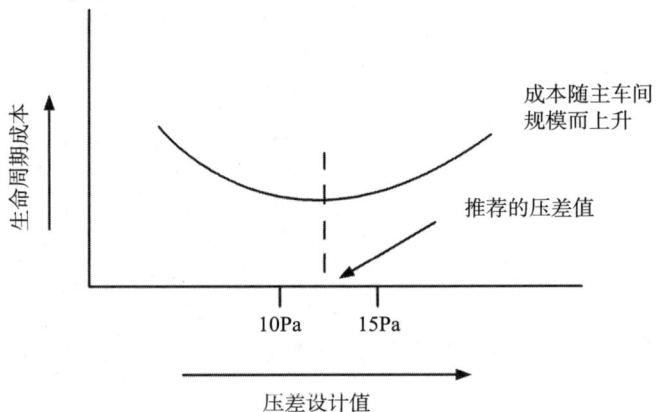

图 3-4　生命周期成本与设计压差对照

3.3.4.4.3 产品的活性与员工的保护

无菌生产技术的基本原理就是避免产品受到污染。但当产品具有极低的允许暴露限度时，操作人员对产品的污染和产品对操作人员的污染之间就产生了矛盾，同时对 HVAC 系统设计产生极大的影响。这一矛盾没有简单的答案，不同的产品和不同的工艺有不同的解决方案。

克服这一难题可行的方案之一是采用屏障隔离技术。参见本分册 3.5.1.3 隔离操作器。

3.3.4.5 HVAC 系统设计

3.3.4.5.1 HVAC 设计原则

从洁净室的设计实践中认识到，B 级环境条件可以通过空气的紊流稀释来达到，但 A 级就需要通过单向流置换系统来达到了。如图 3-5 所示。

在置换设计中，"脏"的空气将通过单向流形式被"干净"的空气置换掉。

在稀释设计中，"脏"的房间空气与"干净"的房间空气不断的混合，以降低房间内通过紊流混合的空气中的微粒负荷。

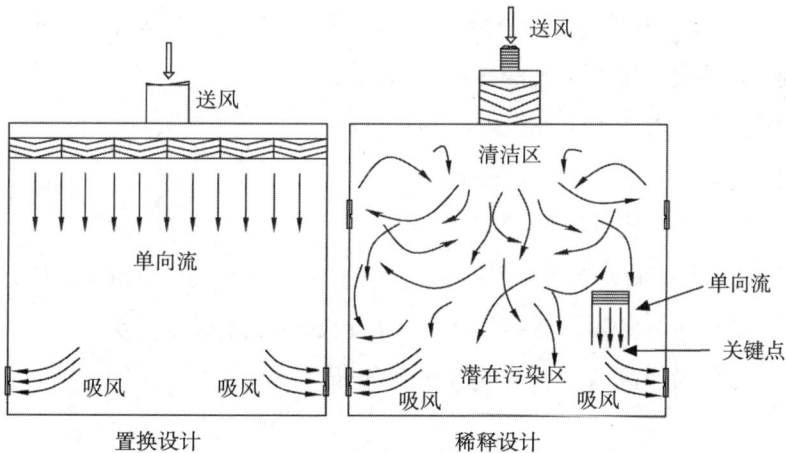

图 3-5 置换和稀释系统设计

图中所给出的用稀释方法进行设计的洁净室属于已知的混合流房间类别。高级别的环境则通过较小的置换系统，例如单向流单元来达到，此时紊流的空气被用来维持背景条件。

具有高换气次数（几百次）、高成本、高运行费用的类似"电子"厂房的全室置换系统（单向流）洁净室，并不能被大多数制药无菌洁净室所采用。

稀释设计（紊流）在 HVAC 系统设计中应用很广，该设计必须考虑到房间的布置和操作，以及对核心区提供适当的局部单向流的保护。另外有一点必须指出的是，有些空气流动较低的区域，如房间的角落，往往会成为微粒浓度非常高的地方。

必须说明的是经 HEPA 过滤器的单向流装置送出的空气，与来自房间 HVAC 系统的空气一样，同样会稀释房间内的悬浮粒子。这种来自单向流装置的空气会增加有效的房间换气次数，并且有利稀释。对新安装的 HVAC 系统来说，必须依赖房间的 HVAC 系统来满足最低的换气次数要求（单向流装置的作用不可计算在内）。

下面是三个紊流稀释洁净室的基本要求：

- 送入空间的空气必须比需要保持的房间空气条件更干净；
- 送入的洁净空气的体积必须足以抵消空间所产生的微粒数，并保持动态的环境条件；
- 必须使房间空气和送入的洁净空气充分混合以达到稀释的作用。

所有三个基本条件都必须在房间空气换气次数计算时得到反映。

为了保证无菌区能成功运行，为该区域服务的空调系统在设计时有许多因素需要考虑及处理。

3.3.4.5.2 操作因素

由于人体持续不断地释放微粒和微生物，因此操作人员被视为是无菌生产环境的最大威胁。了解人员是如何干扰各种环境条件并且对此如何加以控制，是非常重要的。HVAC 系统设计中需考虑的操作因素包括：

- 对无菌生产区操作人员数量的限制；
- 避免人员穿过核心区（除非是必须的）；
- 了解人员在正常操作时的位置；
- 若介入核心区的操作是无法避免的，可考虑采用手套接口以避免对核心区的污染；
- 了解人流路线，对频繁活动的区域（如更衣间）增加换气次数；
- 将进入无菌操作区的穿衣和脱衣路线分开。

3.3.4.5.3 物理因素

HVAC 系统要能始终维持一定的房间条件，也取决于设施的物理因素。良好的装修可方便清洁，如无脱落的表面，尽量少的房间角落。此外还有一些因素对保持压差梯度非常重要，例如：

- "穿越隔墙的孔洞"（如传送带、消防喷淋头的盖子等）；
- 门的缝隙和精度；

- 气锁如何保持压差梯度，门开启的时间长短（同时也要考虑到压差失去时的报警延迟）；
- 门的开关（能否克服压力而关闭与开启）；
- 设备位置；
- 核心区与操作人员和其他区域的相对位置；
- 动态的压力控制措施或维持房间之间压力稳定的静态系统；
- 房间消毒情况（消毒接触时间周期，异味如何更快地被稀释）；
- 避免洁净区内产生不可接受的涡流或死角（避免内部房间复杂的布局）。

另外还必须考虑到哪些变化在系统确认测试时是重要的，如门的开启对房间压力的影响等。

3.3.4.5.4 送风口和吸风口的位置

房间内的气流型态很难预测，并且将跟随区域内的生产设备、单向流装置、人员操作等因素的变化而改变。房间内送风口和吸风口的布置原则非常重要。

设计师必须对安装于系统末端的 HEPA 过滤器送风口的送风效果加以关注，使送风能与房间的空气充分混合，这是 HVAC 系统设计必须遵循的基本原则。送风口位置通常还应与照明灯具等相协调，因此其理想的位置可能是一个折中的方案。

在对布置进行最优设计时，下列因素往往被反复考虑到：

- 为满足房间换气次数而提供的送风量；
- 既达到房间预期空气质量和气流组织，又使末端 HEPA 过滤器单元数量最少，同时还要考虑减少过滤器的更换及其投入成本；
- 最佳的末端单元数量同时又可达到良好的空气分布；
- 末端单元外形尺寸和额定风量的标准化配置，以减少更换成本和增加有效使用率。

对于稀释设计来说，吸风口的位置不如送风口关键，因为它们对房间空气的流动影响很小，应位于空气流动较少的部位（比较理想的位置在房间内较低的角落）。

对于置换设计（如单向流），吸风口必须在低位处。

3.3.4.6 微粒污染的来源

3.3.4.6.1 内部来源

无菌生产中的污染源主要来自于：

- HVAC 系统；

- 工艺过程及其操作；
- 操作人员（通常情况下这是最大的污染源）；
- 设备或器具带入；
- 原辅包带入；
- 邻近的低受控区域。

假如提供的设计是合适的，那么 HVAC 系统将可减少微粒的污染。但并不表示无菌区的微粒污染可以完全消除。

工艺过程的污染则主要来自于无菌区域内设备的操作运行。例如，分装操作可能产生大量的微粒。在这种情况下，重要的是了解这种操作过程，识别可能产生的问题，并且隔离这种操作过程。这可能意味着区域的分隔，仔细设计的空气流向，压差的建立，或采用屏障隔离系统，以最大程度降低对产品的风险。

来自操作人员的污染代表了最大的风险，也是最难控制的污染之一。图 3-6 给出了典型的洁净室内操作人员的微粒产生示意图。

更重要的是操作人员所产生的微粒大多是微生物，因此人员的监控程序必须与无菌工艺的评估作为一个整体来一起考虑。

除 HVAC 设计之外，还必须保证无菌区所使用的衣服不会脱落颗粒物、材质符合要求，必须了解衣服对操作环境条件所产生的影响。对员工及其更衣程序进行良好的培训，有助于降低无菌区产生微粒的风险。更详细的信息可参考本丛书《无菌制剂》分册。

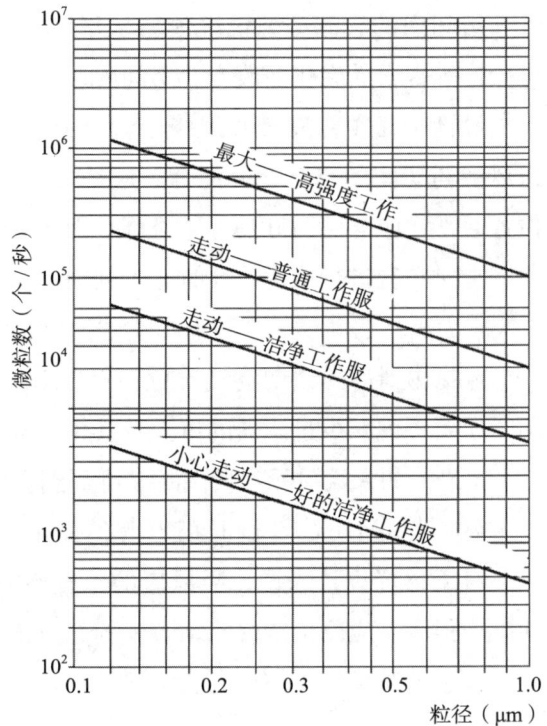

图 3-6　每人每秒钟所产生的微粒数（激光计数法）

3.3.4.6.2 外部来源

由于室外空气中微粒浓度随地点而不同，相应的决定了生产区 HVAC 系统的空气过滤配置方案。由此，任何能降低 HVAC 新风系统微粒负荷的措施，也将同时降低系统建设成本和运行成本，也即降低了生命-周期成本。图 3-7 给出了典型的室外空气微粒计数。

压差控制对维持无菌区稳态生产环境很重要。在设计中必须充分注意到过滤器堵塞将影响到 HVAC 系统的动态风量平衡。降低过滤器负载的措施有：

● 在没有交叉污染风险的前提下，尽量利用生产区的回风；

● 根据微粒情况仔细选择相应的过滤器；

● 关注新风入口位置；

● 当地空气质量情况。

根据图 3-7 给出的数值，每升未经过滤的新鲜空气中，含有 4×10^4 个 0.5μm 的微粒，相当于每立方米中含有 4×10^7 个（而 A 级的标准是每立方米含有 3520 个 0.5μm 的微粒）。

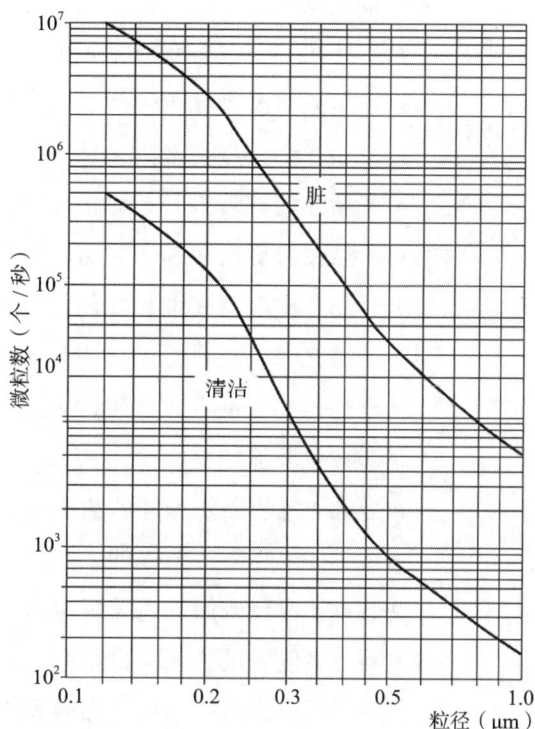

图 3-7　室外空气微粒数量（激光计数法）

3.3.4.7 HVAC 系统与工艺

HVAC 系统设计人员必须对无菌产品的特性、工艺过程和设备运行有充分的认识，并在 HVAC 系统设计中采取相应的措施，以保持无菌生产环境始终满足产品和工艺的要求。

3.3.4.7.1 产品和工艺要求

HVAC 系统设计师需对无菌产品特点有所了解，这是 HVAC 系统设计的基础：

● 产品最终灭菌的能力；

● 处理的限度（如温度、相对湿度）；

● 职业允许暴露限度；

● 产品类型（药品特殊性质、液体、干粉、固体混合物，以及其他理化参数）。

HVAC 设计师同样需了解下列对环境级别和保护系统将产生影响的工艺和生产的信息，这也是 HVAC 系统设计的基础。

➢ 产品流向
- 产品在哪一点将变成"无菌";
- 产品如何进入无菌生产区域;
- 产品在哪一点将暴露在环境中;
- 产品如何被装入其最后包装中;
- 产品在最后密闭前,是否已经转运入它的最后包装中;
- 产品在最后密闭前是如何保护的;
- 产品在哪一点已经被认为是密封在其最后包装中的;
- 产品是如何离开无菌生产区的。

➢ 容器/包装流向
- 容器/包装需要怎样的清洗;
- 容器/包装需要怎样的灭菌过程;
- 容器/包装如何进入无菌生产区;
- 容器/包装进入无菌生产区前是否需要冷却;
- 容器/包装是如何放置在灌装机、轧盖机上的;
- 放置无菌物料容器的地方是如何保护的;
- 容器/包装在灌装和密闭后是如何处理的。

➢ 操作人员的干预
- 操作人员在工艺过程的哪一步开始干预产品的;
- 操作人员在工艺过程的哪一步开始干预与产品直接接触的容器/包装的,这种干预的延续/频率和类型是怎样的;
- 无菌生产区内的容器/包装和产品是如何运输和处理的;
- 准备区内需要多少操作人员;
- 无菌生产区需要多少操作人员(一般包括生产操作、监督、取样、维护维修等人员);
- 在普通操作情况下,无菌区域操作人员的站立位置。

➢ 工艺设备
- 容器/包装在灭菌之前是如何清洗的;
- 采用何种灭菌设备将容器/包装运进无菌区;
- 灭菌后产品最终容器是否堆积;
- 设备部件是否会产生较大的微粒量;
- 设备的运行是否会影响环境参数(一般可能会影响温度、相对湿度、压力及微粒等）；

- 含有暴露的灭菌组件或产品的设备零件是否需要操作人员的例行干预；
- 设备是如何从无菌区内及无菌区外进行维护的。

➢ 其他

- 是否有其他需要进入无菌生产区的物品（一般包括容器具、工器具、记录纸和笔、消毒剂等）；
- 其他物品如何进入无菌区；
- 是否有任何需在无菌区内存放的与产品接触的物品（如设备零件、过滤器等）；
- 无菌区的清洁 / 消毒程序是什么；
- 设施的操作时间；
- 门是否具有连锁或报警系统以维持可能的空气压力平衡；
- 操作人员、废弃物以及其他物品如何退出无菌区；
- 特殊的生产工艺对环境参数的影响；
- 是否涉及高风险（粉尘、有毒有害物质）、生物安全保护和防爆等。

一旦产品得到确定，工艺知识也具备了，包括产品成分、在设施内的实际操作过程等。所有信息都齐全、核心区及其潜在污染风险得到确认，则环境条件也就落实了。一旦环境的"GMP 关键参数"得到确认，许可标准得到建立，则可开始着手设计以应对这些要求。

3.3.4.7.2 工艺设备运行

无菌生产工艺中，常用到热力灭菌器（包括湿热灭菌器和干热灭菌器），这类设备主要用于无菌生产区所用的包装容器、密封组件、工器具的最终灭菌，以使进入无菌生产区的物品达到无菌的目的。热力灭菌器在其工作时，会有热量产生，与生产环境存在空气的交换，因此会对无菌生产区的 HVAC 系统产生影响。无菌生产所采用的热力灭菌器有两种基本的形式：

- 静态设备——如湿热灭菌柜、干热灭菌柜、胶塞清洗机等；
- 动态设备——如灭菌隧道烘箱等。

湿热灭菌柜、灭菌隧道烘箱与 HVAC 系统的关键整合方面的资料可参见本分册 3.5.1.1。

无菌生产工艺中，常见的清洗干燥设备有洗瓶机、浸入式清洗机等，用于清洗干燥产品组件、盛放无菌物料容器以及设备组件等。清洗设备在运行时，可能会有水汽、热量以及空气交换的产生，进而影响生产环境。

无菌生产工艺中，常见可能产生微粒污染的设备有灌装设备和轧盖机。灌装设备和轧盖机在运行时会产生微粒或异物。

3.3.4.8 单向流设计的应用

3.3.4.8.1 局部气流型态

一般在核心区处会有几个单向流保护区同时存在。必须考虑到操作中局部气流运动对房间环境条件的影响。当操作进行时，空气型态将被改变，同时空间内的热负荷也非常大（例如，设备发热，灭菌后物品冷却产生的热量）。由此会产生热空气的流动，但这种间接的气流并不能带走来自人员等的污染物或微粒，对于核心区环境的风险依然存在。

原则上，单向流保护罩可将空气从较清洁的环境（包括产品、容器/包装或产品接触表面等暴露的地方）往操作员或其他潜在的污染源方向吹拂。动态气流型态必须在模拟操作条件下，用烟雾测试法进行证实。

3.3.4.8.2 水平和垂直单向流的比较

单向流保护装置有垂直流和水平流两种形式，各有优缺点。选用哪种形式的单向流保护装置由需要保护的物品或操作步骤来决定，特别是涉及操作人员的介入和其他潜在的污染源。理想的操作活动必须尽量靠近单向流保护面，同时使操作人员置于下风向，如图 3-8。

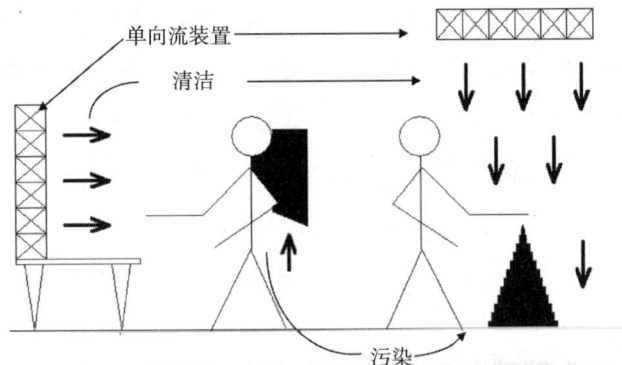

图 3-8　水平单向流与垂直单向流比较

注：单向流一旦受到污染，那么它的下游也同样被污染。

当大量的热负荷被冷却，如装载来自热空气烘箱内的小瓶的小车，热气流将对强制垂直气流产生干扰,因此设计时必须保证垂直气流能全面保护小车下层的物品。在这种情况下,可采用保护围帘,如图 3-9 所示。

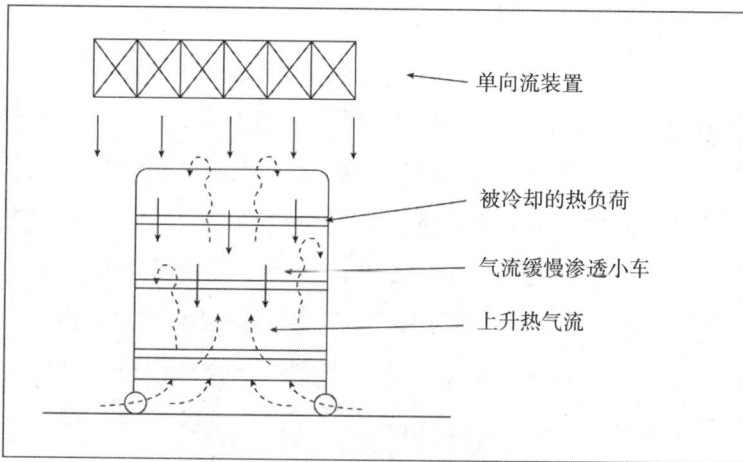

图 3-9　热气流与垂直单向流比较

当单向流中存在障碍时就有可能在下游形成区域死角,从而产生了潜在的"阴影"问题,如图 3-10。在这种情况下,就算有较高的空气换气次数也不足以降低粒子计数,且有可能在核心保护区记录到较高的粒子计数,此时建议可加大单向流的覆盖区域。

局部保护系统的设计必须解决潜在的矛盾,包括产品质量的保护、员工暴露的保护,以及可操作性等。从 GMP 的角度来说,产品质量的保护是最重要的保护。但必须找到平衡点,以保护产品不受人员的影响,反之亦然。可采用物理的隔离装置来解决这一矛盾。

有许多技术资料均提到了使用屏障或围帘对单向流的区域进行保护。本指南不讨论这方面的设计,但必须指出,在许多情况下这种系统是必要的。

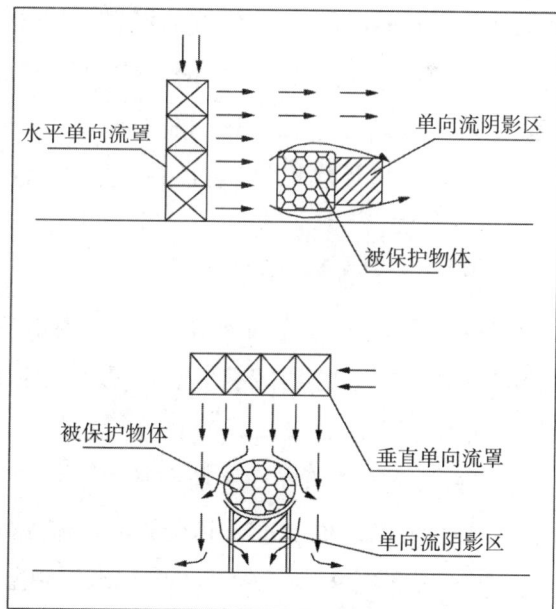

图 3-10　单向流阴影的形成

先进的计算机辅助气流设计程序已经得到应用,这可帮助建立初期的房间气流型态和单向流模型,但在最后的确认阶段还必须进行微调。

3.3.4.9 监控与控制

3.3.4.9.1 空气系统的监控

产品的无菌保证水平不可能通过在线进行评估。无菌产品所需的无菌保证度水平，表明了通过对成品的随机取样来发现任何无菌工艺的失效是不可能的。

粒子计数、动态空气取样等技术手段，以及沉降皿和接触皿的使用可以提供有用的数据。但即使采集到这些有用的数据，最终产品的无菌保证水平依然不能被认为是保险的。因此特别是采用无菌生产工艺的产品，无菌操作必须通过在严格受控环境下的所有关键步骤、干预动作验证程序来减少对产品的潜在污染。

正如前文所述，某些"GMP 关键参数"必须被监控和记录，尽管这个过程可能不连续进行。因此无菌生产需要高度可靠的设计、周全的考虑、符合要求的监控和记录程序，来最大程度地降低潜在风险。

无菌区内的压差在每班操作过程中应连续的监测、指示、报警和记录。同时还可适当地选取一些关键的压差测量值，作为整个 HVAC 系统"健康"状况的代表值。这些参数必须连续记录。在操作过程中如果这些指示值与正常的"合格值"相比变动很大，那么就必须对系统进行调查了。尤为重要的是无菌区内的操作员必须明白任何变化（瞬时的或长期的）的含义，以及这些变化对无菌操作区域所产生的影响。对连续记录的参数数量进行简化，将有助于生产操作人员理解各种偏差的含义。

记录压差失去（或减小）的过程（如由于气锁室门的打开）比仅记录压差绝对值来得更重要，因为压差的短暂失去更需关注。

3.3.4.9.2 HVAC 控制

HVAC 系统可作为对环境条件控制的支持系统，通过数据监控和记录，将"GMP 关键参数"提供给生产人员，从而对系统产生直接的影响。这个系统需要通过研究以确认其合乎要求。

这些"GMP 关键参数"监控和记录系统，最好单独设置，与其他 HVAC 控制系统（如楼宇控制系统 BMS）区分开，以避免确认过程变得复杂。

HVAC 的自动控制系统将主要用来控制温度和相对湿度等变量。同时在一些较复杂的系统中，还可对下列变量进行主动控制。

● 房间压差；
● 送风和排风（或回风）的定风量控制；

- 过滤器阻力（压降）条件监控；

- 动态的房间压力控制；

- 送排风机的频率；

- 冷冻水进出水温度和压力。

在设计中，还要考虑到当自控系统失效时，会对 HVAC 系统产生什么影响，例如要考虑当风量失去，或动态压力控制失效时。

3.3.4.9.3 影响关系示例分析

图 3-11 所示为无菌处理（分类空间）和 HVAC 部件关键参数之间的关系。暗框内项目更为关键（即产生直接影响），实框内显示的实际 HVAC 关键参数为温度／相对湿度、房间悬浮粒子数及生产环境。温度、相对湿度和微粒监测系统应符合条件。

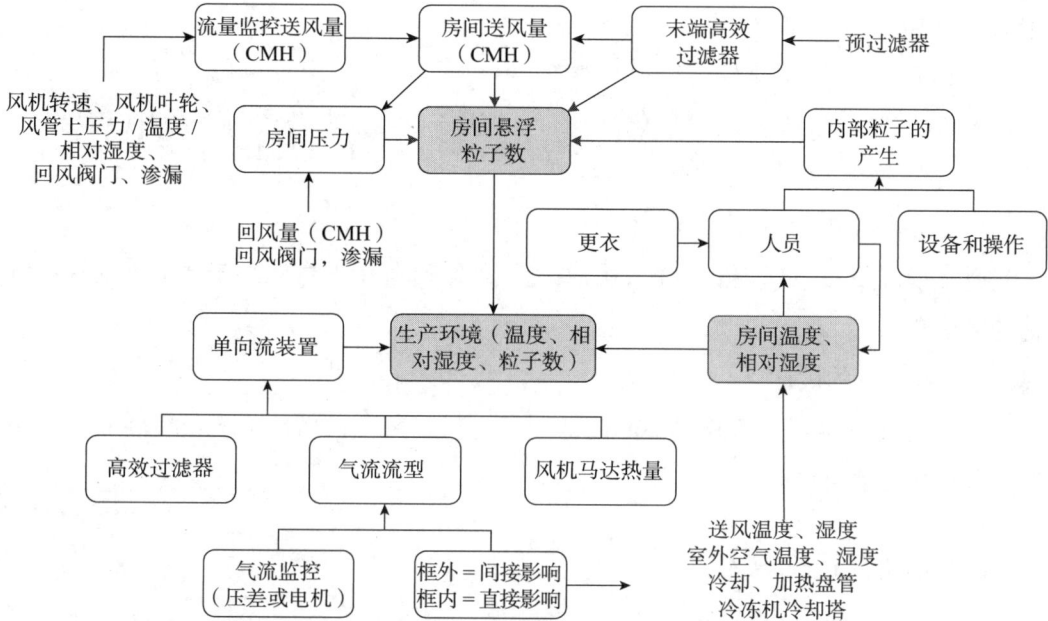

图 3-11 无菌区 HVAC 系统中关键参数的相互影响关系

二次参数（可影响 HVAC 关键参数）也通常包括在 HVAC 系统的验证中。

- 进入房间的风量，影响微粒计数和自净时间，在空气处理机组进行监测；

- 自净时间（定期试验）；

- 末端高效空气过滤器（HEPA）[注意：为符合良好工程实践规范（GEP）的要求，空气处理机组内根据需要安装合适的过滤器，以延长终端过滤器的寿命]；

- 内部微粒生成（要求对 HVAC 验证范围外的人员和工艺进行控制，但可能视移除微粒的局部排风而定）；

- 室内压力（阻止污染物进入）；
- 单向流区域气流型式；
- 单向流区域高效空气过滤器；
- 单向流区域气流监测器。

服务于非分类区域的 HVAC 系统部件对产品质量的影响有所不同，调试确认工作可集中在关键部件上（如监测系统、高效空气过滤器）。

3.3.4.10 生命周期成本关注

3.3.4.10.1 建设成本

用于无菌药品生产的 HVAC 系统成本很高，占了整个设施成本相当大的部分。HVAC 系统建设成本的变化范围非常大，取决于设计过程中所做的一些决策。影响 HVAC 成本的主要因素如下。

- 无菌生产区域的规模

无菌生产区域的规模应最优化，但不能危及于物料流向及其产品质量（HVAC 系统的规模必须相应的最佳化）。

- 考虑并确定工厂的备用策略

通常情况下，工厂主要的 HVAC 系统是否需要备用设置取决于故障模式风险评估的结果。

- 合理有效的设计

系统设计应合理有效并尽可能简洁明了，过于复杂的解决方案意味着更高的成本以及更多的故障可能。

3.3.4.10.2 运行成本

HVAC 系统设计将直接影响到生产设施的运行费用，特别是那些需要 24 小时不间断运行的场合。

设计时必须在设计过程中考虑以下几个影响因素。

- 合理先进的自动化控制；
- 洁净室环境参数和布置的合理性；
- 合理确定设备裕量（冷热量、风量）和选用节能产品；
- HVAC 系统的流程对产品特性的符合性；
- 合理的换气次数；

- 符合设施操作特性要求的、合理的自净周期；

- 合理的压差；

- 根据区域外界环境条件、计划回风利用情况，合理配置空调机组内的空气过滤器，以便延长 HEPA 过滤器使用期限；

- 尽量在设计中采用同一规格的 HEPA 过滤器，以减少备品备件总量；

- 便于维护和测试；

- 在没有交叉污染的前提下，尽量利用回风或热能回收；

- 良好的工艺 / 设备的确认以及设施的调试，符合良好工程实践规范要求；

- 需要考虑到管道静压和阀门及相关组件的阻力。

3.3.4.11 HVAC 系统的清洁和维护

3.3.4.11.1 HVAC 系统的清洁

HVAC 系统不能成为生产区的一个污染源。在设备和风管的安装过程中，HVAC 系统必须尽可能保持干净。可采取下列措施：

- 在安装之前密封已经预清洁的设备 / 风管；

- 用消毒剂完整地擦拭风管。

另外重要的是整个系统要留有清扫口，以便必要时，可对系统进行人工清洁和消毒。但是，留有人员入口与保持系统密封之间有矛盾，因此入口面板的设计必须合理、密封良好。

作为维持环境条件的组成部分，建议定期或临时的降低生产区及其 HVAC 系统的微生物负荷。这可包括下列措施：

- 对部分或全部系统采用熏蒸 / 气化或雾化等方式消毒；

- 在生产区进行消毒循环。

重要的是在设计阶段，就要了解如何进行控制，并采取适当的安全措施。例如，采用高效的过氧乙酸、过氧化氢等作为熏蒸剂，需要后续的通风以有效地排除熏蒸残留物。

另外，消毒剂不能降解其接触到的物质，如彩钢板、地面、过滤器的密封等。

3.3.4.11.2 维护策略

如果系统需要在特定的环境下可靠地运行，那么对无菌生产区 HVAC 设备的维护就显得非常重要。同时，必须使维护工作对设施的正常运行产生的影响最小。

如有可能，设备和服务系统的维护必须在无菌区外进行。例如对 HVAC 系统来说，不必进入无菌区，就可对风量平衡阀和控制元件进行维护。

设计师同时必须了解工厂设施的维护计划。例如安装风机轴承震动探测器，将对设备维护工作有利，可避免设施的非计划停工。

对故障现象高效率、快速的反应，将可抵消系统备份的增加。这就是为何采用标准配件如统一规格的 HEPA 过滤器的原因。

HVAC 维护人员必须受过良好的培训，必须对无菌区环境参数的变化有所警觉和记录，并理解其含义。反应的速度和准确度将影响设施的运行效率。HVAC 维护人员必须明白其工作或操作（例如打开运行中的空调箱的门）可能会干扰房间的"关键参数"，进而影响到产品的质量。

如果发生了超过正常操作范围的变化，但还是在工艺限度之内，此时需要额外的环境监控。例如，送风机风量低于所需的最低换气次数，或房间压力小于正常值，必须增加其他重要参数的收集，以判断房间环境是否依然受到控制。

重要的是某些部件更换和调整必须得到确认，以便证明仍然可以满足原来建立的操作参数。

3.3.4.11.3 HVAC 系统的确认

服务于无菌生产区的 HVAC 系统是一个"直接影响系统"，它的失效将直接影响到最终产品的质量。因此，确认、测试、启动等都必须严格遵循"良好的工程实践"的要求。关于这方面的内容可参见本分册 3.4.4 的内容。

3.3.4.11.4 空气过滤器

➤ 空气过滤器布置

服务于无菌生产区的 HVAC 系统其空气循环是一种通常的做法，也是一种良好的实例。这种方法可减小过滤器的微粒负荷，同时必须考虑到另外一些因素。

在多用途设施内的潜在的交叉污染；被产品所污染的空气的再循环将影响操作和维修人员，这种污染也许可通过设置回风过滤器来加以克服。过滤器必须是"安全更换"型，以保证维护人员的安全。

系统中 HEPA 过滤器安装位置的关键在于不使空气有被再次污染的可能。对于 D 级及其以上的净化级别，送风末端必须设置 HEPA 过滤器。

如图 3-12 所示，通常情况下，单个 HEPA 过滤器组已经足以将送风粒子浓度减少到合理的静态设计级别，例如 A 级的要求。但重要的是，用单一 HEPA 过滤器组不能将进风中的 0.5μm 粒子数降低到"零"。这使计算的换气次数与实际粒子数的增加产生偏离，特别对自净时间，因为相比较"静态"的条件，粒子计数的差异是很小的。

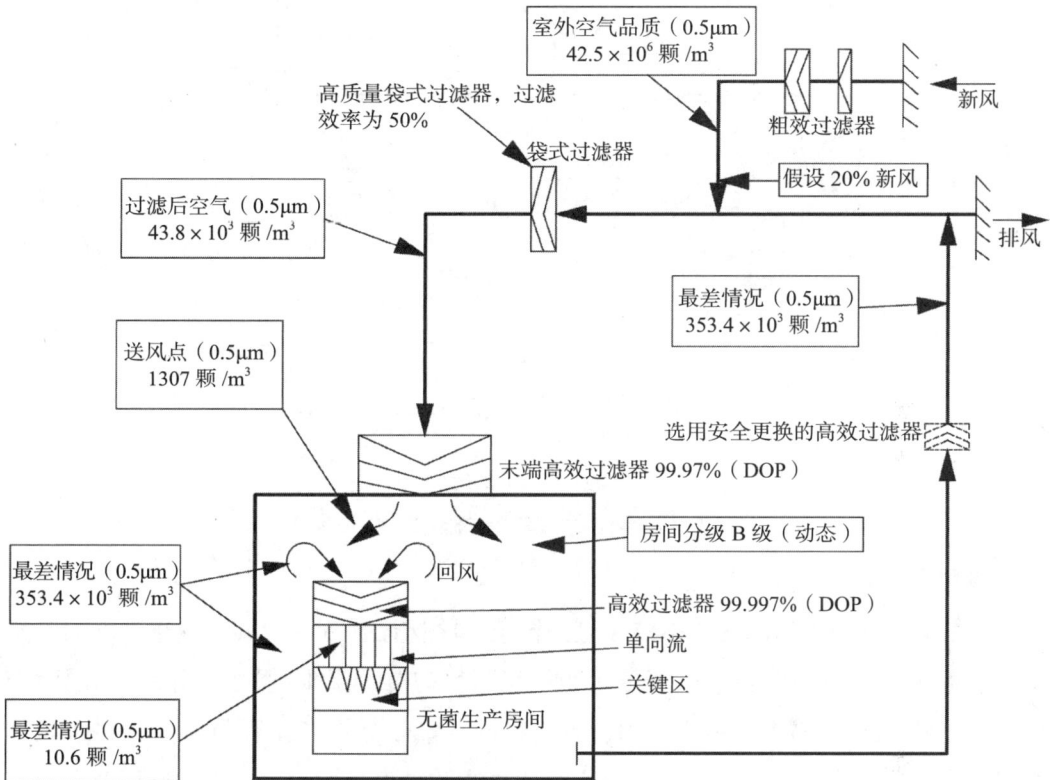

图 3-12　典型的无菌区过滤器

　　在使用单一过滤器的情况下，过滤器的阻塞问题会造成原设定的洁净区压差反向，从而对生产环境形成危险（图 3-13）。

　　初始条件下，过滤器会随时间的延长而逐渐被堵塞，压差会增大。HEPA1 会较 HEPA2 变得更脏，因为其送风量更大。由于系统的动态平衡是保持的，所以更多的空气会进入 HEPA2。这种过程将持续到进入两个过滤器的空气流量相一致。

　　经过一段时间的运行（排风量保持不变）不可接受的压差产生了。

　　由此可知，末端过滤器的堵塞会导致与预先设计的压差的不同。对此有几个不同的解决办法：

● 定期的更换 HEPA 过滤器；

● 在空调处理机组内安装 HEPA 过滤器，某种程度上保持末端两个过滤器的一致。

（a）初始条件

相反的流向与压力

（b）经过一段时间的运行

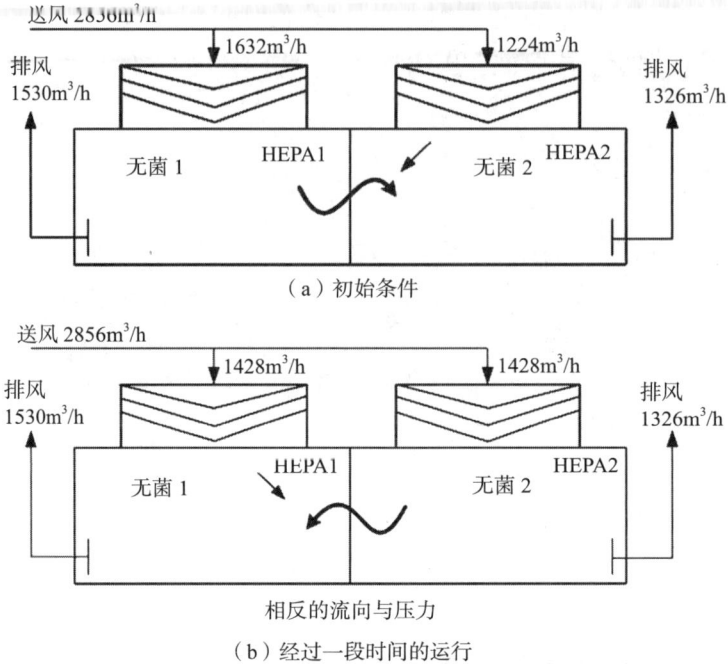

图 3-13　终端过滤器压差阻塞影响举例

该种方法有如下几个优点：

• 在空气处理机组内的主 HEPA 过滤器组，将保证"干净"的空气送到末端过滤单元。甚至当通过各个独立末端单元的气流不均匀时，因末端过滤器阻力不同而产生的压力不平衡影响将会最小。由此，它们的性能将在多年里保持不变，在送风和排风之间保持平衡，换句话说，可以不需要复杂和昂贵的控制手段来控制压差了。

• 大量的微粒负荷将作用在空气处理机组内的过滤器上，因此它们是需要定期更换的。通常数量更多的末端过滤器要比它们位于空气处理机组能得到更好的空气分布。

• 万一末端过滤器在 6 个月 HEPA 泄露测试中失败的话，两级 HEPA 过滤器将给予空调系统额外的性能保证。

• 在对末端过滤单元进行日常维护和更换时，主过滤器组可以保证有一个完整的"干净"的区域。这将减少无菌区域在维护完成后潜在的清洁负荷。

➢ HEPA 过滤器的原位测试

HEPA 过滤器的安装必须经过测试以证明其不存在旁路泄漏，以及过滤器没有缺陷（滤材、框架、密封件和过滤器组框架中的小孔和其他损伤）。ISO14644-3 推荐两种用于检测顶板、墙壁或设备上的过滤系统的方法，即气溶胶光度计法和光散射悬浮粒子计数器法。

单向流系统内的 HEPA 过滤器，必须在整个过滤面上进行测试，以保证过滤器下游的空气质量是有保障的。

对空调机组内的主 HEPA 过滤器组可在其下游进行单点测试（必须在离过滤器一定的距离外空气混合处）。这是因为空气在下游呈紊流状态并且是混合的，因此过滤器的整体效率是需要重点考虑的。

要使过滤器及其框架供货商／制造商了解过滤器是如何就地测试的，并且要使它们相应框架的安装能通过测试。

过滤器上游的颗粒挑战性测试不能破坏过滤器本身（例如，形成小孔）。

许多过滤器的泄漏源于密封问题。因此在设计过滤器分布方案时，就应该对过滤器的密封特别的注意，如有可能设置预 PAO 测试装置（例如密封的压力测试）。

另外，对干热烘箱和灭菌隧道的 HEPA 过滤器完整性测试需要特殊关注，因为这些设备都在非常高的温度下操作。高的操作温度超过了过滤器材料及其框架的设计参数，可能会使供货商提供的设备性能参数失效。同时在操作条件下的原位测试，即使有可能，也是非常困难的。

➢ 末端 HEPA 过滤器装置

HEPA 过滤器末端单元对于保证无菌区域整体性来说是非常重要的。在确定该单元时必须考虑一系列因素：

● HEPA 过滤器必须从无菌室内进行安装，并在由 HVAC 系统保证房间整体"干净"的条件下进行过滤器的维护；

● HEPA 过滤器最好设一个旁通装置，以便于在洁净区内对 HEPA 过滤器上游的气溶胶浓度进行测量；

● 根据 HEPA 过滤器尺寸，由终端单元送往扩散器的空气流速会降低而形成瓶颈，此时会造成性能下降。因此对应用"湍流"的房间的扩散器必须特别关注其性能表现。

3.3.4.11.5 空气处理机组

➢ 总体布置

空气处理机组最好处于正压工作状态，以减少"脏"空气的侵入。

消声器必须是非脱落型的并且必须位于所有 HEPA 过滤器组件的上游。

应尽可能避免使用加湿器，因为加湿器可能成为污染的来源（例如，微生物滋生）。如果需要加湿装置，则应采用适当的方式，如蒸汽注射进入空气流。应进行产品污染评估，确定加湿器是否需要使用纯蒸汽或洁净蒸汽。其中用于 A、B 级的加湿器建议采用纯蒸汽。

喷淋型冷却盘管不能采用。盘管下方的排水盘必须能使水排尽，避免水的滞留。必须对排水水封加以特别关注，特别在最大操作压力下，若水封在风机吸入段则要保证排水完全顺畅。

如果必须采用化学除湿的方法，那么化学除湿剂不能助长微生物，同时也不能有任何脱落物。

空气处理机组的组成包括各个功能段。内部结构不能有脱落物，缝隙尽可能小以防止尘埃聚集。

空气处理机组必须容易清洁，而且能耐受必要的熏蒸和消毒。

如空气处理机组内设置一级 HEPA 过滤器，则必须提供 PAO 测试的注入口，同时必须能够到达 HEPA 过滤器上游的任何部位。

设施必须考虑在进行 PAO 整体性测试时，能够降低新风量，使得进入系统的 PAO 测试的烟雾量刚好满足过滤器上游挑战性试验浓度。

考虑室外风压的影响，合理布置系统的进风口和排风口，使两者的相互影响最小。

➢ 工厂备份系统的考虑

无菌生产区必须始终保持相对其周边环境为正压。因此，对于工厂断电或风机皮带失灵等工厂故障所产生的结果必须有所认识。失效模式与影响分析（FMEA）是一种比较理想的风险分析方法，这将有助于对潜在的故障进行归类。

- 故障的影响；
- 故障发生的可能性；
- 故障显现的可能性。

由此，可以分析故障对环境"GMP 关键参数"的影响，以及采取何种克服措施以应对失去无菌条件的风险。

所采取的措施取决于风险及其条件的丧失（例如使产品置于风险中）的结果。其范围包括：

- 无任何措施（不常见）；
- 提供备用电源仅为保持压差；
- 提供备份电源以维持全部的环境条件（包括加热和冷却）；
- 全部的电源备份，包括不间断供电（UPS）；
- 双份的部件如风机、皮带等；
- 全部装置的备用（很不常见）。

➢HVAC 系统的空气泄漏

无论空气泄漏进 HVAC 系统或从系统中泄漏出，都会对设施的运行效率和运行费用产生重大影响。

空气泄漏进 HVAC 系统将影响系统的粒子计数，进而影响到过滤器的使用寿命和温湿度控制。而在设备间和服务区的空气通常是不受控的。

空气泄漏出 HVAC 系统损失则是巨大的，因为这些空气是经过调节、过滤和控制的。而且如果回风受到污染的话，还会有造成产品污染扩散的风险。如果无菌区域打算进行熏蒸，那么还会造成熏蒸气体对其他未受控区域的潜在污染。

因此空气处理机组、系统配件、维修入口和风管必须制造安装完好，以减少空气的泄漏。

整个风管系统的风道阻力必须认真计算，系统内的风机及其 HEPA 过滤器位置必须仔细考虑，并要有符合要求的漏风率标准。

3.3.4.12 实例分析

3.3.4.12.1 无菌区

无菌区 HVAC 系统流程见图 3–14（参照 ISPE 的 HVAC 指南 2008 年版）。

系统设计考虑因素如下：

● 关于产品要求和 HVAC 系统设计的详细背景资料，参见 3.3.4.1~3.3.4.10；

● 关于封闭式隔离装置和开放式隔离装置（比如 RABS）的作用，参见 3.5.1.3；

● 封闭式清洗设备可能不需要房间排风，但如果房间内设有可开关的排风机，则必须对洁净室的压力进行控制；

● 关于轧盖区的环境级别设置和 A 级气流保护，参见 3.5.1.2；

● 由于轧盖操作会有金属铝微粒产生，从而使操作环境的粒子水平上升，因此轧盖时应设置排风，并且排风点尽量靠近轧盖机，以最大程度减少轧盖区域的微粒数；

● 空气处理机组中的过滤器采用 G4 保护 F7/F8，可延长终端 HEPA 过滤器的使用寿命。如果末端过滤器在风机之后，而且冷凝排水水封有足够的高度，那么也可采用负压式的空气处理机组；

● 可通过对空气进行冷却或加湿来控制房间相对湿度。除湿系统通常用于露点低于 5℃ 的状态；

● 由于无菌区的送风量较大，室外新风可先预处理，并经中央空气处理机组分配至所需区域；

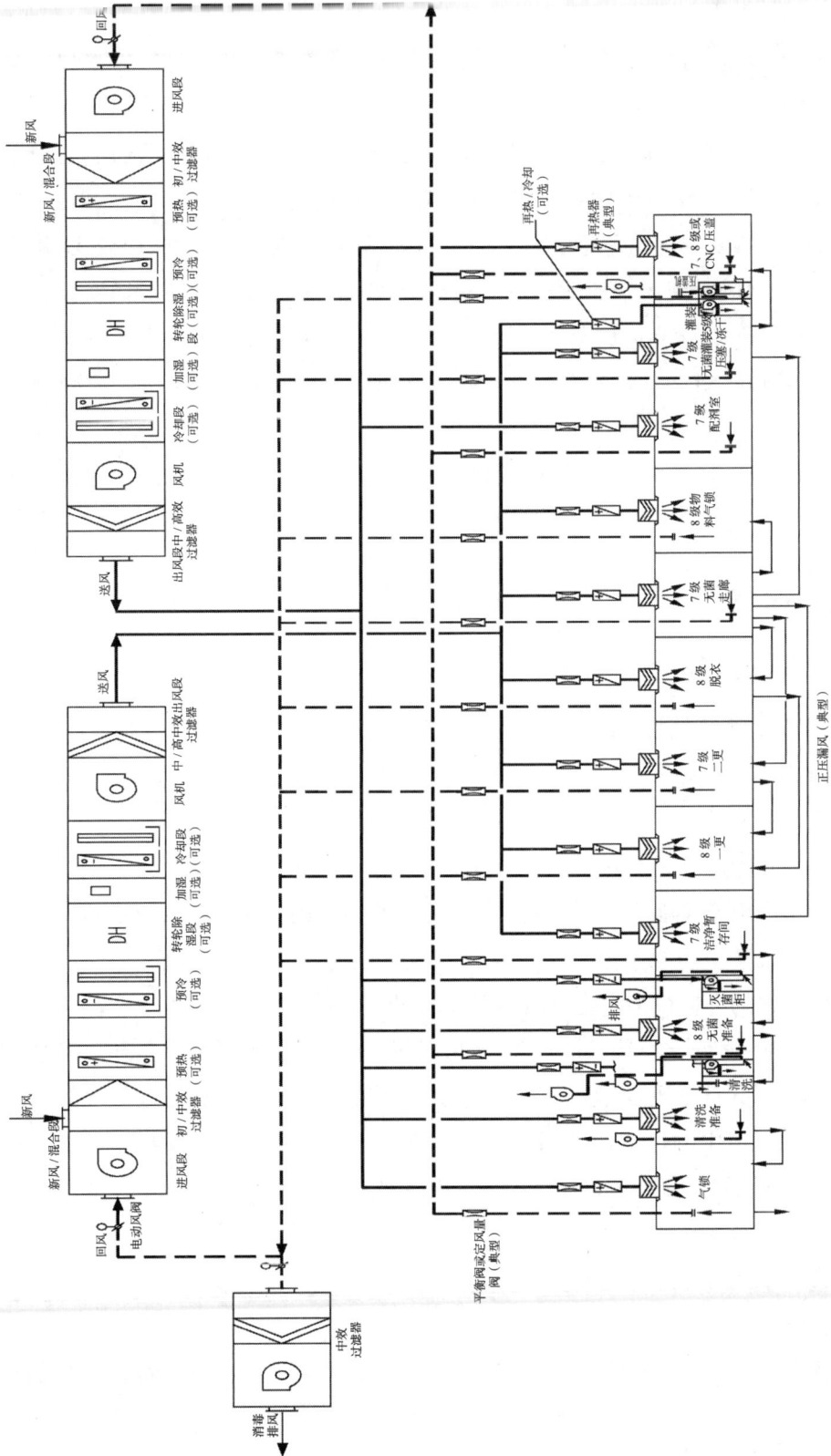

图 3-14 无菌区 HVAC 系统流程图（举例）

注：1. 当送风支管上不设再加热器时，空调箱内需设置再加热器；

2. 空调箱各功能段的选用及组合需根据实际空气处理流程确定。

- 在不同分级区域之间采用压差控制和设置气锁的方法来最大程度减少来自非控制区域的污染渗入；

- 建议使用超限报警和记录装置，以进行持续的洁净室压力监测。如果洁净室有严格的环境参数要求，或产品暴露于环境条件下，则有可能需要持续监测；

- 如果工艺排风量会发生变化、门频繁开启或门封的完好性随时间发生变化，则应考虑自动压力控制，从而将空间保持在规定的压力限值范围内；

- 对于低湿度的洁净室控制，应考虑进行除湿处理。由于大多数产品都是液体，因此，一般情况下不要求低湿度和除湿；

- 建议为无菌区设置专用的空气处理系统，并保持全天候运转，以维持压力控制；

- 洁净区的 HVAC 系统应当连续运转。当系统关闭或发生故障时，必须与 QA 部门一起制定使洁净室恢复正常工作条件的方案。这并不排除系统空闲时降低送风量的可能性；

- 风管系统应采用镀锌钢板制作，但暴露于生产区或有湿气的情形除外，在这种情况下，至少应采用 304SS 不锈钢，且带易清洁涂层。应考虑在洁净室内使用清洁剂；

- 向无菌区提供的空气应通过安装在天花板和（或）壁板上的末端 HEPA 过滤器。这些末端 HEPA 过滤器构成无菌边界的组成部分，并保护洁净室不受到外部污染。若在送风管道中使用箱式安装的 HEPA 过滤器，其不能替代末端 HEPA 过滤器。建议为过滤器完好性试验采用测试端口，由此在 HEPA 扩散器非无菌侧上游导入 PAO（试验用气雾剂）测试物质，并进行监测；

- 通过天花板安装式终端 HEPA 过滤器供给的空气应在壁板低处通过多个回风管道回风。空气处理机组内的回风空气应通过 MERV7（G4）折叠过滤器和 MERV13（F7）或 14（F8）袋式过滤器进行过滤，以延长 HEPA 过滤器的使用寿命。不建议将再循环式 HEPA/ 风机安装在天花板下方作为终端 HEPA 设备（除非没有可选方案），原因是它们需要在无菌区内进行维修；

- 无菌区内回风口的位置应靠近地板，最好在沿着洁净室的长边尺寸方向两面墙上（通常不少于两面墙），以确保气流的均匀性。回风口的数目越多越好。设备和器具不得阻挡回风口；

- 为了最大程度减少来自受控空间以外的污染物的渗入，需要确保空气压差。无菌区应采用正压设计，所有的门对受控区以外洁净度低的相邻区域保持关闭状态。洁净衣穿着区作为气锁室，通过送回风进行处理，相对于受控无菌区保持负压，相刘于外部和非受控区保持正压。压差通过气锁室进行测量；

● 各区域的送回风管道上均应有风阀，以确保正确的风量平衡。无菌室的布局应规定需要保持的压力关系。有暴露产品的洁净室大多数保持正压；而通向这个洁净室的前室依次保留越来越低的正压，直到非受控空间（一般建筑物）的零基准水平。如果强效产品采用开放式灌装工艺，而且空气中可能存在产品的悬浮粒子，那么可采用正压气锁室达到阻隔目的，使正压气锁室压力高于无菌灌装间，达到高压隔断。应确定各洁净室压力水平的控制范围，以使压力在该范围内浮动，并持续到达规定的压差；

● 应在受控空间（洁净区）以外的公用控制盘内安装手动/遥控仪表和控制装置或自动控制装置。可以配备一个音响警报器，以指示洁净室压力控制的缺失。这个警报器可以带手动复位装置，并配有硬拷贝输出装置，以指示超范围警报；

● 单向流在产品与无菌区内设备和人员产生的微生物和微粒污染之间起到屏障的作用。如果组件和设备没有受到单向流的保护，则末端 HEPA 过滤器应设置在产品暴露区的正上方；

● 如果为保持洁净室条件而设置的中央空调系统的风量不足以提供充足的自净换气，或者不足以保护产品、组件和设备，则可以采用辅助（"局部"）HEPA 过滤空气再循环系统。可以将经过冷却的空气再循环分配到 AHU 或单向流区域中（最好在风机入口处），以保持洁净室的温度。应考虑由局部再循环系统的风机电机产生的热量，否则会在无菌区内产生严重的温度梯度和过热现象。若风机 – 过滤器（HEPA）机组的回风口在低位处，则产生的气流可加强保护功能或加速自净；

● 在单向流区域的工作场所内的气流形式应统一，以确保涡流最小化。周围背景空气不能沿着单向流的屏障吸入工作区域。单向流区域内应提供 ISO4.8 级（A 级）空气，速度 0.45m/s（±20%）。测量位置在过滤器正面的下方 15~30cm 处。还应测量工作高度处的速度。在单向流区域的确认过程中，应利用气流流型（"烟雾试验"）确定最适宜的过滤器正面速度。应对单向流区域的工作性能（例如，压差、风速等）进行监测，并发出警报；

● 洁净室的温度应采用恒定送风量通过冷却/除湿盘管（相对湿度控制）的方式来控制，可通过加热盘管来调整参数。不建议采用通过冷却风量的变化来控制洁净室温度的系统，因为这将影响洁净室的压力控制；

● 在清洁消毒之后，可能需要 HVAC 系统快速恢复洁净室的条件。化学消毒剂及消毒的频率和持续时间可能对 HVAC 系统的材料有影响；

● 由于 A 级（ISO4.8 级）洁净室需要大量经过处理的风量才能达到单向流状况，

因此 A 级（ISO4.8 级）洁净室的空气一般采用再循环的方式。

回风管道设置调节阀，以保持洁净室的压力，同时送风管道上设置定风量控制器（CV）能够帮助保持流向洁净室的风量恒定（特别是在 AHU 中没有末端 HEPA 过滤器的情况下）。

3.3.4.12.2 无菌粉体强效化合物

无菌粉体强效化合物 HVAC 系统流程见图 3-15（参照 ISPE 的 HVAC 指南 2008 年版）。

系统设计考虑因素如下：

● 应将工艺操作过程局限在隔离装置内，并为隔离装置提供专用的 HVAC 系统；

● 如果工艺操作致使物料泄漏到洁净室内，则应通过全新风空调系统来保护 HVAC 系统和系统的其他洁净室不受到有害化合物的污染；

● 排风或回风管可以通过安装 HEPA 过滤器以保持清洁，并应采用预过滤器作保护。这些过滤器应位于洁净室内，确保穿着洁净衣、使用保护装备的人员可对它们进行维修。由于回风口过滤器阻力的变化，可能需要频繁更换过滤器或采用动态的房间压力控制；

● 如果回风过滤器的位置远离开放式工艺操作洁净室，则应将它们装在一个防护水平较高的袋进–袋出式过滤器箱体内，并进行相应的标识。这些过滤器含有潜在危害的化合物，当风机故障时要使微粒尽可能少的回至系统；

● 无菌衣穿着区应有 HEPA 过滤空气的送风，确保相对于受控无菌区保持负压，相对于非受控空间保持正压。更衣区应通过一个高压的 B 级气锁室与 B 级无菌灌装间隔开；

● 脱无菌衣区应通过一个低压气锁室与无菌灌装间隔开。脱无菌衣区相对于非受控侧的相邻空间应保持负压；

● 进入无菌灌装间的物料应通过一个经 HEPA 过滤的高压通道、高压箱或消毒器进行传递（正压气锁）。离开无菌填充洁净室的受污染物料应通过一个低压通道或低压箱进行传递（负压气锁）；

● 如果无菌产品是粉状的，可能需要极低的相对湿度。此时 AHU 系统的漏风率必须非常低，以使空气经过除湿步骤后，保持极低的相对湿度。对此应优先选用正压式 AHU 系统。

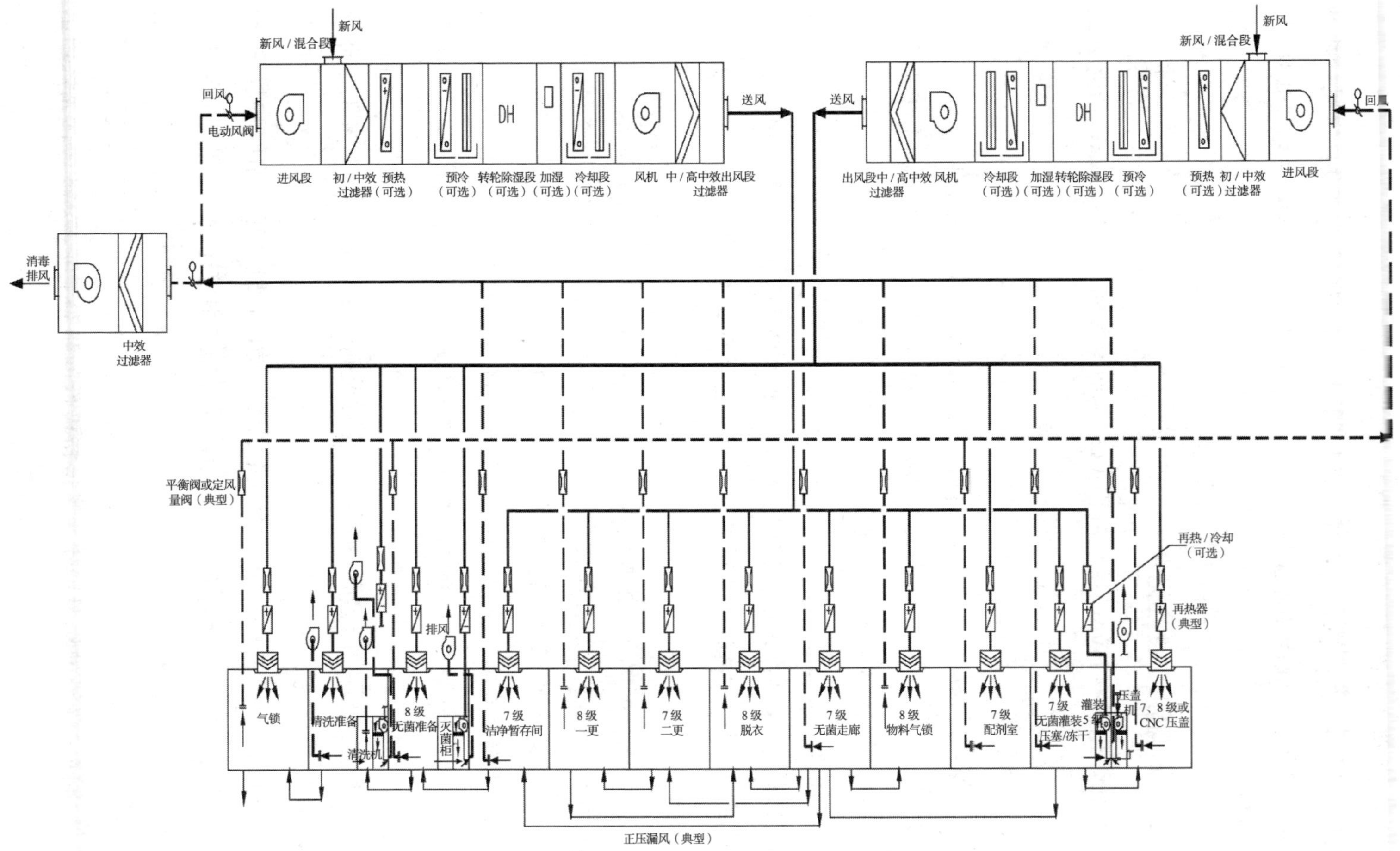

图 3-15 无菌粉体强效化合物 HVAC 系统流程图（举例）

注：1. 当送风支管上不设再加热器时，空调箱内需设置再加热器；

2. 空调箱各功能段的选用及组合需根据实际空气处理流程确定。

3.3.5 口服固体制剂生产空调系统

3.3.5.1 概述

本章节将根据明确的用户要求（URS）来进行 HVAC 系统的设计（例如，产品保护水平、产品和工艺要求、建筑设计等）。非 GMP 的要求，例如操作人员的保护、监控的预期、节能以及安全等也会在此涉及。

HVAC 系统将有助于减轻对产品和对人员的风险。这些作用包括：

- GMP 风险

  ○ 通过向房间输送温度、相对湿度和粒子数均符合用户要求的合格的空气来保护产品；

  ○ 通过建立压力和空气流向来避免其他区域的交叉污染。

- 非 GMP 风险

  ○ 对房间提供舒适标准的空气来对人员进行保护；

  ○ 将生产过程中产生的污染粒子排出，以保护人员和生产工艺；

  ○ HVAC 设计师必须理解 GMP 规范要求并熟悉各个不同文件对 HVAC 系统的要求。

另外还必须具备专门的知识，包括所有当地的建设规范、国家防火标准、环保标准、职业安全健康卫生标准等。

3.3.5.2 HVAC 系统描述

HVAC 系统有两种基本的类别：

- 直流风空调系统（100% 使用新风）；
- 循环型空调系统（一定百分比的室外新风与室内回风相混合）。

HVAC 机组及其各部件均根据用户要求和环境参数进行设计。HVAC 系统的其他组成部件，包括排风机、回风机、热能回收系统等。另外还有一些辅助系统为空调系统提供冷热支持，如冷冻机、锅炉、压缩机、循环泵等。对于外界环境污染相对较严重的区域（雾霾或沙尘暴），为了避免频繁的更换过滤器所增加的生产成本，从而对生产进度造成影响，建议增加新风室，对环境空气进行初步的处理后，再进入空调机组处理体系中。

可采用再加热盘管对单独的空间或区域进行控制（这些区域的送风量必须维持恒定以保证一定的排风率），或采用变风量（VAV）加再热盘管的控制方式（此时房间的送风量不是非常关键，但可通过降低送入房间新风的办法节约能源）。当运用 VAV 系统时，回风和排风系统必须与送风系统风量联动，以保证房间在风量降低时能保持设定的压差。

3.3.5.3 环境标准和 GMP

GMP 正文第四十八条规定："口服液体和固体制剂、腔道用药（含直肠用药）、表皮外用药品等非无菌制剂生产的暴露工序区域及其直接接触药品的包装材料最终处理的暴露工序区域，应当参照'无菌药品'附录中 D 级洁净区的要求设置，企业可根据产品的标准和特性对该区域采取适当的微生物监控措施。"关于 D 级洁净区的环境标准可参见本分册 3.2.2。

3.3.5.3.1 环境要素

为了满足人员舒适需求，需遵守 GB 50019《工业建筑供暖通风与空气调节设计规范》。当操作人员穿着防护服装，如洁净服套装、呼吸面具或带呼吸装置的连体衣服，此时上述的环境温度应适当降低以给操作人员提供舒适度。

产品可以决定操作或生产环境。许多产品在生产过程中是容易吸潮或对温度敏感的。所有这些条件必须在选择 HVAC 系统时得到考虑。

在口服固体制剂（OSD）生产设施中，最常见的污染是物料操作过程中的粉体（粉尘）污染。生产中必须对粉尘进行处理，这可避免操作人员暴露在潜在的高度有害的物质中，也可避免产品的交叉污染。必须对制粒、混合、干燥、压片等生产操作区进行风险分析，以判断这些区域采用直流风或循环风是否合适。采用直流风的方案将可防止产品或物料通过 HVAC 系统对整个生产区的蔓延，但运行成本较高。

无论是向生产区提供经过处理的空气以满足产品的质量要求，还是提供一定的气流型态以避免产品的污染，还需另外设置排风系统，以降低生产过程中产生的空气悬浮粒子的浓度。运用排风系统作为污染隔离的方法越来越被人们重视，该方法可以将高度危害的化合物在最初几个步骤的操作中产生的污染加以严格控制。

3.3.5.3.2 危害和有毒物质的隔离策略

物质悬浮粒子污染物必须控制在规定的浓度水平下。污染隔离方法取决于以下几个因素：

- 污染的特点；
- 工艺设备设计；

- 设备和操作步骤之间的平衡；

- 商业需要。

房间 HVAC 系统采用稀释排风设计，可以将正常生产过程或非正常条件下产生的污染物加以稀释和排出。下列几个因素必须加以考虑：

- 洁净室（区）送、回风口的合理布局，适当的空气换气次数可以将连续产生的污染物降低到较低的水平。这是 HVAC 系统高成本的原因所在，因为大量高品质的空气被直接排出了；

- 将非正常情况或紧急情况下产生的峰值污染降低到允许的可不采用呼吸器保护的分散时间；

- 较低的 HVAC 房间空气速度不能有效地将污染粒子去除。除了极小的颗粒外，几乎所有粉尘颗粒都需要在气流速度高于房间气流流速的情况下，才能被输送移走，否则粉尘将会在房间地板和设备上沉降。房间的气流可对气体和蒸汽污染物进行稀释，使其始终达不到较高的浓度。

局部排风（LEV）是一种点状污染源控制方法，它采用定型的气流型态以捕集生产操作中产生的粉尘或蒸汽，例如制粒、混合、称量或压片操作。对于 LEV 的运用必须进行风险分析。此时必须考虑下列因素：

- 必须在操作单元和操作人员之间设计适当的罩子或围挡，以避免将污染物引入工艺过程中。排风罩的气流型态必须防止污染物吹向操作人员呼吸的区域。排风罩作用很大程度上取决于操作人员的技术；

- 局部排风（LEV）风管支管中必须维持较高的流速以输送颗粒物。如果所收集的污染物具有粉尘或蒸汽爆燃危险性，此时空气污染控制装置必须设置在能使它们排出室外的位置。如果污染物是高度危险的，则必须选择另外的防止或抑制爆炸的策略；

- LEV 排风系统会对房间的 HVAC 系统空气平衡产生影响。如果没有额外的安全措施，LEV 排出的空气不能再次循环回到工艺区域；

- 当工艺房间的排风系统正在工作而 LEV 系统停止运行，此时必须采取一系列措施防止空气由停运的 LEV 系统倒灌；

- 清洁的问题需要关注，防止沉降脱落进入物料，另一方面尤其关注一些具有营养的物料粉末的沉积、附着，导致的微生物风险。

单向流罩是 LEV 运用的一种替代。这种装置是一个带有单向流并围绕工艺操作的装置，空气在其中被强制往下流动。在操作时，罩子中的空气将通过自带的 HEPA 过滤器进行循环。这种方法可以防止物品暴露，但不能防止物品散落到该区域地上；

这种方式比较适合于环绕较小的物品例如周转桶，而较大的物品如大包袋等则会挡住粉尘源。

3.3.5.4 设计考虑的因素

空调系统的参数取决于最终用户及其工艺过程。通常相对湿度可以通过控制送风相对湿度，或使用干燥剂来达到。而高相对湿度则可通过蒸汽电热加湿器来维持。最终用户和工艺过程可以决定加入到系统中的蒸汽的品质。加湿蒸汽可以用工厂蒸汽，也可以用纯化水制备的纯蒸汽，后者可以减少水汽化后进入空气中的粒子数量。

在非核心区，例如办公室、走廊或存放区，空气可以循环回到 HVAC 系统。而在核心区，例如压片、包衣、原料暂存，或其他可能会造成交叉污染的地方，则必须采用回风 HEPA 过滤器或采用直流风。

要使得直流风系统运行更有效，必须设置排风系统。排风系统可用来维持本区域与相邻区域之间一定的正压或负压。排风系统可分为两类。

一般排风系统：用于平衡送风系统的送风，同时可以提供不同区域之间的相对压差。

工艺排风系统：用于提供产品或人员保护。这些隔离系统可以包括罩子、保护围挡以及手套箱等。

其他工艺排风系统包括除尘器和带 HEPA 过滤器的集中排风系统。这些排风系统可以是独立的也可以是 HVAC 系统的组成部分。过量的排风（排风量超过了空调系统的送风量）会造成进入空间或建筑物的送风失去控制。同时这种失去控制的空气将影响区域的空气温度和相对湿度。这种渗透将影响区域内的空气粒子数，因为它们并没有经过过滤系统，而是由邻近的区域进入，甚至直接来自室外环境。

HVAC 系统设计的关键是提供整个建筑物总体上正压，而根据工艺或法规需求保持不同区域之间适当的相对压差梯度。必须考虑送排风量平衡，以及降低不受控的未经过滤空气的影响。随意的增加排风系统，将对整个区域条件不利，并且最终将影响区域的操作参数。

3.3.5.4.1 关键参数

当设计一个 HVAC 系统时，下列一些关键参数必须加以考虑：

- 满足操作范围要求或人员舒适度的房间温度和相对湿度；
- 室外空气设计条件；

- 过滤要求；

- 区域压力要求；

- 风量及换气次数要求；

- 控制要求。

微生物污染同样必须得到重视。如果空气悬浮粒子和蒸汽对另外一个区域中的产品或物料有不利的影响，那么区域中的气流相对方向也是一个关键参数。

在确定设计原则时，必须考虑一个可接受的操作范围。当温湿度或压差短期内处于指定参数之外，经过一段时间，将引起报警或反应。这些状况将通过空调控制和监控系统来实现。

➢ 温度

房间温度对于敞开和密闭操作（没有保温装置的设备或容器）来说都是关键的参数。许多产品、物料以及工艺过程都具有较宽的温度范围。但是范围越宽，它们暴露的时间就越短。如果产品或物料需要存放或暴露较长的时间，那么影响就会显现。

成品的贮存温度和相对湿度根据产品参数、药典规定和其他资料确定。《中国药典》对药品的贮存温度分为"阴凉处""凉暗处""冷处"和"常温"等四种情况，具体的贮存温度分别是：阴凉处：≤ 20℃；凉暗处：避光且≤ 20℃；冷处：2~10℃；常温：10~30℃。产品温度监控可通过房间温度监控来实现。

➢ 相对湿度

房间的相对湿度（RH）会对暴露的产品或物料产生影响并使其吸潮，而对含水分的产品则几乎没有影响。液体产品贮存时间长反而会失去水分。一般对湿度敏感的产品需要将环境相对湿度控制在 30%~50% 之间（标准温度和压力下，STP）。

加湿系统可设置在空气分配系统内或通过向受控空间直接添加水蒸气，用来保持所需的设定值，满足产品的设计条件和人员的舒适性。

当采用蒸汽加湿时，锅炉用水添加物不得对人员呼吸空气产生不安全影响，一些特定的产品和工艺可能会对这些添加物产生敏感。当环境必须采用湿度控制并且锅炉蒸汽的化学添加物为工艺所不允许时，可以采用纯水制备蒸汽或等效的其他蒸汽制备方法进行加湿，以避免这一问题。

当需要去湿时，不能对产品有不利影响。由于冷却盘管系统会产生大量的冷凝水，因此冷凝水必须排放完全，以避免产生微生物污染。由于转轮除湿器上的液体和物料可能会污染新风，并对暴露产品产生影响，必须对这种方法进行评估。安装终端 HEPA 过滤器可以减轻这种影响。

➢空气悬浮粒子

空气悬浮粒子污染类型见表 3-11。

表 3-11　空气悬浮粒子污染类型

污染类型	典型粒子粒径（μm）
粉尘 dust	0.1~75
烟雾 fume	0.001~1.0
烟 somke	0.01~1.0
薄雾 mist	0.01~10
蒸汽 vapor	0.005
气体 gas	0.005

对一个多品种且产品暴露的生产设施来说，采用专用的送风管、相互独立的空调系统，比利用回风过滤或直流风方式更有效、更节能。而送风过滤的要求则取决于产品的防护水平。

在 ISPE 的药品生产 HVAC 指南中，将固体制剂生产分为三个防护等级：

● 区域防护水平 1

产品不需要特殊的过滤要求。仅为了满足空调机组内部的盘管、配件或为了设施的清洁卫生需要进行过滤。建议可采用最低为 ASHRAE 30% 的过滤器或 MERV 6 级或 7 级的过滤器。与欧洲相当的标准可参考标准 EN779。如空气悬浮粒子含有花粉、煤粉、采石场粉尘，则过滤要求需要提高，过滤器效率参见表 3-12。

● 区域防护水平 2 和 3

建议最低的过滤等级为 MERV 13 或 14（ASHRAE 85% 过滤器）。如果空调系统利用回风，考虑节能，那么在送风和回风系统上装设 99.97% 的高效过滤器（EN1822）将可有效地防止暴露的产品和物料间产生交叉污染。

如果 HEPA 过滤器对于阻止交叉污染是关键的，那么过滤器本身必须是始终有效的。如果第一道 HEPA 过滤器失效会危及产品安全，那么必须考虑备用 HEPA 过滤器。不能将 HEPA 过滤器用于蒸汽或有害气体的过滤。

如果 HEPA 过滤器用于送风、排风系统，那么必须对过滤器的安装和完整性进行定期的监测，以确保其符合要求。需检测的项目包括使用光度计或粒子计数器对过滤器的边框和过滤表面进行扫描测试。

产品的污染可能会同时来自内部和外部环境。必须对空气处理系统进行适当的评估后，以此选用一种合适的过滤方法来消除粒子。在回风系统中，必须注意来自产品本身的交叉污染和来自室外空气的污染。如果 OSD 设施从事多品种生产，那么必须进行风险分析，以确定哪些区域即使安装了 HEPA 过滤器，其房间的空气也是不能回风的。

表 3-12　过滤器效率

捕捉效率[1]	效率[1]	MERV[2]	欧洲效率分级[3]
60%~80%	小于 20%	MERV 1~4	G1 G2
80%~90%	小于 20%	MERV 5	G3
90%~95%	20%~30%	MERV 6	G4
90%~95%	25%~30%	MERV 6~7	G4
95%	30%~40%	MERV 7~8	G4
95%~98%	40%~50%	MERV 8~9	F5
98%	50%~60%	MERV 9~10	F5
99%	60%~70%	MERV 10~11	F6
99%	70%~80%	MERV 12~13	F6
99%	80%~90%	MERV 13~14	F7
99%	90%~95%	MERV 14~15	F8
N/A	95% DOP	MERV 16	H11
N/A	99.97% 99.99% 99.999% 99.9995%	N/A	H13 – H14 U15

注：①依据 ASHRAE 52.1-1992 测试；
②依据 ASHRAE 52.2 测试；
③依据欧盟标准 EN779 和 EN1822。

➢ 房间相对压差

房间相对压差决定了房间的空气流向。房间相对压差在下列情况下将是一个关键的参数：

● 固体制剂或多品种生产设施，其物料部分或全部是固体形态，暴露于房间空气中，没有屏障或捕集装置，或者会随房间空气传播漂移至其他生产区。同样的对于气体产品而言，其蒸汽会对其他物料和产品造成有害的影响；

- 产品、物料或污染物的空气悬浮浓度较高从而对操作人员产生威胁。此时人员和暴露的物料将同时具有风险。

邻近非受控区域的空气悬浮粒子，会向各个方向运动。考虑到避免空气的交叉污染，不同区域间气流的速度和方向必须适当选择，防止空气回流造成的粒子和蒸汽污染。美国和欧洲对于口服固体制剂设施尚没有一个明确的压差的量化要求（数值）。现今我国 GMP 规定了洁净区与非洁净区之间、不同等级洁净区之间的压差应不低于 10Pa。

WHO 的技术报告 961，2011 提到："相邻两个区域间最能接受的可控制的压差值是 15Pa，但 5~20Pa 也是能接受的。"

通常，相对压差的建立主要用于减少粒子或蒸汽在暴露的工艺操作保护区和与其不兼容的操作区之间的传播。反之，压力建立可以减少来自室外、吊顶上、机房及类似区域的污染。气锁或缓冲区的设立，可以将生产区和邻近的公共走道、暂存区、非洁净区以及强效药品生产区分隔开。

WHO 的技术报告 961，2011 提到："一般而言，按照'动态'测试条件建立的房间级别必须具有能在短时间内通过自净达到'静态'级别标准的能力。"自净时间必须通过验证加以确定，一般的时间间隔是 20 分钟。

为了提供保护，当门关闭时，房间压力必须是明确的正压或负压。气锁或缓冲区可以提供额外的保护，特别当其一扇门是开启的时候。可用时间延迟联锁来提供附加的控制。当采用这种联锁时，必须考虑到应急情况下的逃生措施。气锁的压力可根据特定用途的不同而设置。可以是正压或负压。

在 HVAC 系统的操作和控制过程中，必须考虑到一些过程，如除尘、真空和工艺系统等，会引起气流的变化，进而影响到房间的压力。

ISO 14644-3 中 4.2.8 提出了需对封闭性的泄漏进行测试，是为了确定是否有未过滤的空气从洁净间/区范围以外通过接头、接缝、门缝和有压力的天花板侵入洁净间/区。并且在 B.8 中给出了具体的测试方法。其中常见的泄漏源包括但不限于以下原因：

- 吊顶未完全密封或下垂变形；
- 穿越硬隔断的空调风口密封不好；
- 照明器具密封不好；
- 穿墙安装的设备和管道的密封不好；
- 门密封条未安装妥当；
- 换气次数。

我国 GMP 法规未对换气次数有明确规定，换气次数应通过计算确定（参见 3.5.2.1）。

美国和欧洲对于固体制剂设施尚没有一个最小的换气次数的要求。WHO 技术报告 961，2011 建议换气次数在 6~20 次 / 小时之间。ISPE 建议 CNC 换气次数 15~20 次 / 小时。

换气次数范围的确定推荐根据企业具体实际情况确定。推荐参照 ISPE，也可参照 GB 50073。

对这些区域，进入和排出的空气还需考虑区域内的一系列要求，包括：

- 热负荷：室外太阳能热量以及内部设备运转产生的热量；
- 湿负荷：室外空气中的水分、设施内人员产生的水汽；
- 工作人员的数量和位置；
- 工作人员的着装；
- 工艺本身；
- 供风的洁净度；
- 供风、排风分布的覆盖方式和有效性；
- 控制和检测传感器的位置；
- 指定条件的位置非常重要。

使系统具备比其实际要求更高的换气次数的成本，无论从资本角度还是从系统操作成本角度来看，都是非常显著的。

3.3.5.4.2 监测和控制

当一些关键点的参数超过操作限度时，监测系统必须能够加以指示。GMP 关键房间的参数必须有仪表加以监测和报警。与 HVAC 控制系统分开，采用移动式或其他形式的仪表来进行监测、记录或报警。当监测参数开始漂移出控制范围时，应该报警指示。同样对风机、盘管或控制元件等设备的性能监测也是需要的。

房间关键参数控制的监控仪表也必须纳入确认、日常验证和变更控制的程序。确认计划必须包括用于关键参数的传感器、报警器和记录系统等。

仪表的精度范围也会影响到设计余量。必须特别注意传感器和监测器与区域的操作误差水平相适应。用于监测关键参数的传感器、变送器、指示器、记录器、报警器等必须进行定期校验。控制器和传感器设有检查孔能进行日常的维修和校验。

关键参数必须监测，无论是通过 HVAC 控制系统、工艺控制系统或人工方式。如采用人工方式进行监测，记录频率必须确保核心区的参数始终控制在可接受的操作范围内，如有偏离，偏离时段不会对产品和物料造成影响。HVAC 系统控制（如楼宇控制系统）在经过关键参数的验证后，也可提供适当的控制、数据处理和报警能力。但需要考虑到可靠性、漂移、重复性和可维护性等因素在内的生命周期成本。

某些传感器和控制器必须根据环境的危害性和风管的气流型态进行选择。

可采用气动控制器用于各种需要快速反应的场所，如控制阀、加湿器或风阀等。但是气动传感器和变送器不能用于那些关键区域的传送，因为它们对粉尘的灵敏度和精度范围均偏低。

3.3.5.5 房间空气系统

3.3.5.5.1 设备布置

在建筑布置设计中，必须注意 HVAC 系统的室外进风口和工艺排风口的距离。排风管（包括工艺系统放空）必须离进风口越远越好，并且应尽可能高，以减少交叉污染的威胁。当不能完全实现时，可加强进风过滤、排风过滤或洗涤，以及提高排风速度等，但屋顶高速风机可能会引起噪声问题。设备房间内的排风机和排风管不能泄漏，以免对工人、产品造成危害。

当排风会对环境形成污染时，应对排风进行处理。通常采用工艺隔离器、单点排风罩或工艺围护系统使排风量减少，从生命周期成本角度考虑会有一定的优势。

生产过程中散发粉尘较集中的设备或区域应设置除尘设施。采用单机除尘时，除尘机应设置在靠近发尘点的机房内。当它们安装在室内并且靠近外墙时，直接排至室外的风管长度不应超过 3m。当采用泄爆排风时，必须考虑当地的气候条件，如排风位置是否安全等。

3.3.5.5.2 风管

风管的漏风会随时间而增加，因此当各个房间需要维持一定的压力关系时，就必须权衡采用密封良好的风管系统所增加的投资与节约能源之间的关系。当房间压力是一个关键参数时，可对风管进行密封性试验和压力测试。

风管材料的选择必须考虑到操作环境的要求和清洁剂的特性。油漆风管不能用于暴露产品的生产。风管部件必须能适应风管系统内的湿度，以免产生腐蚀从而形成空气污染。除湿盘管必须具有耐腐蚀的集水盘，并且排水良好，防止腐蚀产品、霉菌、细菌等进入产品暴露的生产环境。

由于风管安装后很难清洗，因此在制作及安装过程中必须采取适当的防护措施。

包括：风管制作者可将风管用塑料布包裹密封起来，运到现场进行安装。现场安装时，风管必须始终得到保护，安装时风管开口处必须即时用塑料布覆盖以免杂物进入管道。

工艺生产区的送风管道不建议使用含渗透性的纤维内衬，或吸声材料，这些材料会成为细菌生长地，并且会形成粒子污染。如需要吸声，那么所用的材料应是非渗透性的，不含纤维物质的。在开始安装时，风管必须是清洁的或可在位清洁的。对送风管道而言，由于有相应的过滤器保护，所以不需要进行进一步的定期清洁。但是还需要提供适当的检查口以便对风管的清洁度进行定期检查。

除尘系统必须根据规范设计，表 3-13 给出了典型的除尘管道速度。

表 3-13　粉尘最小推荐输送速度

污染物	粉尘速度（m/s）
气体（非凝结性）	无最小值
蒸汽、烟、烟雾	10
轻 / 中等密度的粉尘，如锯末	15
平均密度粉尘	20
较重的潮湿的粉尘，会结块	25

除尘系统比普通的排风系统具有更高的排风速度和排放静压。

用于液体工艺系统的排风管道可能会有冷凝液存在。排风管的内壁必须耐受特殊产品的腐蚀，注意不锈钢和 FRP 材质的风管有一定的局限性。必须对镀锌风管的内部连接部件加以关注。应该考虑设置一些法兰及人孔等以便于拆卸清洁。风管布置必须防止冷凝液体反流至工艺设备中。

系统中的防火阀、风量阀、调节阀以及其他一些装置如加热盘管、加湿器、可变风量（VAV）箱等部件的维护要便利，最好从产品暴露区的外面加以维护，以免对这些区域产生污染风险或造成干扰。

有毒或高危害化合物等有害生产区域的排风必须考虑过滤，此时过滤器应该尽量靠近操作区，最好位于房间内，这样能防止危害物随排风管扩散。对过滤器的更换维护程序必须经过确认，以免危及环境或对操作人员产生危害。

3.3.5.5.3　生产区内的空气分配

气流组织必须从几方面加以评估，包括产品潜在的污染、有效的分配、混合流和单向流（如需要），以及合适的稀释和排风等。气流组织不能被随意地干扰，包括管道、电气装置、工艺设备、物料输送设备、操作人员以及门的开闭等。

送风散流器和格栅等的选型必须符合上述气流特性。这些装置的选型必须尽量减少来自空调机组的且通过风管系统传播的噪声；房间回风口和排风口必须安装适当，避免在清洗过程中被水溅落。

为维持区域的房间压差，房间回风口和排风口不能被阻塞。这些装置的任何阻塞将造成其效率的下降和风量的减小。

吊顶安装的送风口和房间低位安装的回风/排风口可以有助于房间气流的单向流动。如果此时回风/排风口安装有过滤器，那么过滤器的位置必须便于检查和更换。

3.3.5.6 生命周期成本关注

虽然存在着诸如 HVAC、建筑以及一些程序性步骤等来满足设施的要求，但是有一个可提供最低生命周期成本的最佳组合。生命周期成本分析中必须认识到风险和收益之间的关系，包括：

● 物理屏障能大大降低 HVAC 系统的要求，改善产品和工艺品质，但也会带来设施操作和清洁的障碍。屏障/隔离技术可帮助提供一些 GMP 要求、操作人员安全、建筑安全、环境保护方面的解决方法；

● 操作人员的保护措施，包括屏障/捕集装置、人员保护设备、用稀释排风来降低空气浓度等。这些措施可用于产品暴露和易燃物质等场合；

● 避免交叉污染的措施，包括直流排风系统、回风带过滤以捕集产品、专用的空调机组或局部捕集/隔离装置等；

● 工艺隔离控制措施，如中央集中除尘系统与分散就地除尘装置等；

● 必须考虑到除尘系统中不会因更换产品而发生化学反应；

● 对一个正常操作和维护的系统而言，房间之间由于除尘系统而引起的产品潜在交叉污染可能性必须很小；

● 一些通过建筑构造和布置代替 HVAC 系统起到防护作用，如前室或气锁等；

● 在极端室外条件下，能满足设计条件的系统冷却、加热、去湿和加湿能力；

● 许多 OSD 生产设施需要较高的房间排风量来满足危害物品保护的需要，这将引起较高的能耗。此时可采用热回收方法以改善能效。热回收系统包括回收转轮、加热管道以及板式热交换器等。必须注意当采用这些回收系统时，其成本（包括物料、维修、为克服热回收系统而增加的风机功耗）是否会与最初的回收目标偏离。如果输送系统包含危险物质时，那么这些系统的维修将是一个难题；

● 可靠性因素，如正常运行时间、有效性、系统质量、系统余量、系统与其他服务区之外的部件的资源分享等；

● 设施的预期使用期限及其将来用途的灵活性之间的考虑。HVAC 系统如按照今后的需要进行设计但按照目前较小的负荷进行运行，可能会增加温度和相对湿度控制的难度。

3.3.5.7 HVAC 系统的清洁和维护

3.3.5.7.1 设计过程中的清洁和维护

口服固体制剂的生产特点普遍为，多产品同时或阶段性的在同一厂房设施内进行生产的现象，且存在粉尘暴露的风险相当高，故在进行空调系统设计时，需考虑但不限于以下因素：

● 存在粉尘暴露的房间如利用回风，需安装合适等级的回风过滤器，减少粉尘被带入风管中，污染其他房间的风险；

● 粉尘暴露的房间回风不再利用，为了保护空气环境，需对排风经过适当级别的过滤。对于存在高毒或高活性的产品可参考本分册 3.3.3.6 中的相关要求；

● 不同的生产线分开设置空调系统；

● 送、回或排风管路设置清洁口，可根据产品风险、污染情况定期进行清洁；

● 局部排风（LEV）的操作和维护。

不同的生产线设置独立的局部排风系统，当更换品种时，对排风系统进行彻底清洁，避免不同品种之间的交叉污染。

3.3.5.7.2 运营过程中的清洁和维护

空调系统作为保证洁净区环境的关键设备，需对其进行定期的清洁维护保养，减少或避免由于设备突然停机，或内部组件污垢的长期积累，过滤器效率的降低，而影响产品质量或产生交叉污染的风险。

● 清洁

应定期对空调机组相关部件进行清洁，包括机组进风口、机组内外部各组件（箱体内外壁、冷热盘管、接水盘、风机、照明设施、视窗、初、中、高效过滤器等），以及与机组相连的动力管路、阀门，仪表和（或）传感器等电气元件等。

对于内部组件的清洁，可采用吹扫、冲洗、擦拭或其他可达到相同目的的清洁方式。对于不易在位清洗的部件或死角，必要时拆卸后清洁。最终清洁标准为目视表面洁净，无明显脏污。

对于机组的初效、中效等过滤器，通常采用记录压差的方式。常规过滤器的压差需设置相应的警戒限和行动限值，当达到警戒限值时需通知相应的洁净室内人员，当达到行动限值时需对过滤器进行更换，根据公司制定的标准操作程序对过滤器进行废弃或清洁，并更换新的或已清洁的过滤器。为了避免过滤器长时间使用对生产系统所带来的风险，需另外增加一个更换条件，即过滤器的单次最长使用时长。对于清洗后安装的过滤器，当再次安装后的阻力小于初阻力或大于等于需更换的行动限时，也应进行更换。已拆卸需要清洁的过滤器，必要时也应制定最多清洗使用次数。对于过滤器的清洁方式，可采用饮用水进行冲洗，标准为目视洗水澄清透明、无异物，或其他可以达到相同目的的方式。清洗后的过滤器需进行相应的干燥，应避免干燥过程中对过滤器造成二次污染。

建议定期对风管系统进行清洁，包括预留清洁观察口。必要时对风管内壁及内部的元器件进行清理，降低交叉污染的风险。

应定期对回、排风系统相关部件进行清洁，包括洁净区内的回排风口、风管以及与排风机组排风管道相关的终端排风过滤器。回、排风过滤器也需制定相应的清洁更换周期，以及清洗后使用次数。清洁时，打开外部百叶窗，将过滤器拆下，使用干净的抹布对风口的边框、百叶窗、风筒底部等部位，以及能够使用适当的清洁工具达到的风筒内壁进行清洁，标准为目视清洁无明显脏污。安装好备用过滤器或已清洁干燥的过滤器，关闭外部百叶窗，如百叶窗能够灵活移动的，需要将各百叶方向调整至和确认时基本一致的状态。对于回风管路内壁，必要时也需进行相应的清洁，清洁时可通过预留的清洁观察口，使用适当可伸缩的清洁工具或吸尘设备以及其他可以达到相同清洁效果的工具，对内壁进行清洁，标准为目视洁净，无明显脏污。

换下的回排风过滤器可使用饮用水进行冲洗，或其他等同的清洁方式，标准为目视清洁无明显脏污，干燥后密封储存备用。

清洁过程中，相关操作人员需根据清洁进度要求，及时填写清洁记录。对于高效过滤器的使用寿命可采样压降法、定期监测风量的周期性方法中的任一种或方法组合，以及其他能够代表过滤器过滤效率的方法。

其中压降法的原理更适用于配备了高效过滤器压差监测触发点（目前行业内针对新建或改建的系统普遍的做法是在关键房间内和系统最远端设置在线监测点）的系统。当过滤器两侧的压差达到标准操作程序中所规定的警戒限时（通常的做法设定为初始压降的2倍、低于初始压降，或经评估对房间的换气次数没有影响的其他合理的设定值）进行更换。建议对压差进行年度评估，以确定过滤器负荷的趋势，可作为调整日常维护、预测过滤器更换的依据。同时减少或避免维修和故障的频率。

当系统不具备压差监测时，过滤器的更换频率与用于维持压差的新风量、待过滤空气的颗粒负荷以及从洁净室再循环的空气量有关。应制定过滤器完整性测试和风量测试计划。如过滤器完整性测试合格，且房间总风量和每个风口风量满足要求时（所规定的换气次数），过滤器可继续使用。如出现完整性测试不合格或风量测试不合格时，应更换过滤器。需要说明的一点，即使以上两个项目在每次测试时均合格，也建议对过滤器的使用寿命制定最长期限。

当过滤器出现以下情形时也应进行更换。例如，环境监测结果达到或超过行动限（经分析为高效过滤器原因导致）、明显的损坏、过滤器变湿、过滤介质变色、过滤器的修补面积超过允许修补区域上限等。

- 过滤器的库存

不同种类的过滤器需作为关键备件进行管理。需储备不同规格的过滤器，以满足日常更换要求。药企可根据所使用过滤器的采购周期、自身产品的特点、房间的洁净分级情况以及所规定的更换周期，确认最佳库存量。

- 维护

日常维护：HVAC 系统启动前，应做好启动准备工作，检查空调机组传动皮带无断裂，风机周围无杂物，确认空调机组检修门锁好，各控制开关、阀门处于正确位置，空调机组的冷媒热媒供应正常。

空调机组启动时，应先启动高洁净度级别的机组，再启动低洁净度级别的机组，每台机组启动时应先启动送风机后启动排风机，确保洁净区始终处于正压状态，防止低级别及外界空气进入洁净区。

空调机组运行过程中，操作员工对设备的运行情况进行定时检查，对机组的过滤器压差、送、回风的温湿度等项目进行检查，对设备或风管的保温情况进行检查。并填写运行检查记录，及时发现隐患，尽早预防。

洁净室（区）内的操作人员需对系统确认期间确定的参数（例如，压差、温湿度、悬浮粒子等）定期进行检查记录。发现接近警戒限时需及时和空调系统岗位操作人员进行沟通，及时调整。当发现洁净室（区）内的参数超出标准要求时，必要时停止生产操作，密封物料，避免或减少影响产品质量的风险。

计划性维护：应制定空调系统的预防性维护保养计划，并对关键的部件制定检查或更换周期；对系统所涉及的仪表进行定期的校验，并保证所需适用的灵敏度和量程范围，保证其在有效期内有效运行；对洁净室（区）内的高效过滤器进行定期完整性和风量测试等，具体见 3.4.4.3 系统确认章节，以上操作均需进行相应的记录。维护过程尽可能在洁净室外进行，避免或减少对洁净环境的污染。新风滤网用于过滤新风中的大颗粒物，应进行定期检查和清洁，防止新风滤网堵塞，确保空调系统新风量稳定。

在北方地区冬季温度会低于0℃，冷水盘管存在冻裂的风险，应考虑采用降低冷冻水冰点温度或放空盘管的方式进行防冻。

定期检查空调机组冷凝水存水弯状态，确保水封良好，防止机组外空气通过疏水管路进入机组内部。

空调机组电机风机始终处于运转状态，应定期检查和维护空调机组配电箱，防止电机接线端子可能由于机组震动导致接线松动。

定期测试空调机组电机的绝缘电阻，确保电气设备的绝缘性能，防止电器设备漏电或短路事故的发生。

空调系统防火阀处于风管中长期不运行，有锈蚀失能的风险，防火阀误动作会导致机组送风不畅，影响洁净送风，应至少每年检查一次，确保防火阀外观完好无损，机械部分外表无锈蚀或变形。

当设备进行了关键的预防性维护检修或非计划性检修，或对设备功能进行了调整，需遵循偏差或变更控制程序，必要时对设备重新进行确认。

3.3.5.8 实例分析

3.3.5.8.1 口服固体制剂（非强效化合物）

在图3-16中，回风空气过滤器位于洁净室，这会导致洁净室的压差关系随过滤器的阻力而发生变化。因此回风管使用CVD，使空气流量保持恒定。

系统设计考虑因素如下：

● 口服固体制剂区域，应参照"无菌药品"附录中D级洁净区的要求设置，企业可根据产品的标准和特性对该区域采取适宜的微生物监控措施。洁净区与非洁净区之间、不同等级洁净区之间的压差应不低于10Pa；

● 如果依照WHO指南，那么这些设施可被设计为与相邻的无分级空间保持10~15Pa的压差；

● 工艺生产过程和工艺辅助生产区要求对关键参数进行控制和保持，以防止产品受到污染，这既包括多产品设施中来自另一种产品的污染，也包括来自外界或人员的污染。建议采用气锁室，以加强分隔；

● 开放式处理区应通过控制产品处理区或气锁室与周围空间之间的气流来维持洁净度；

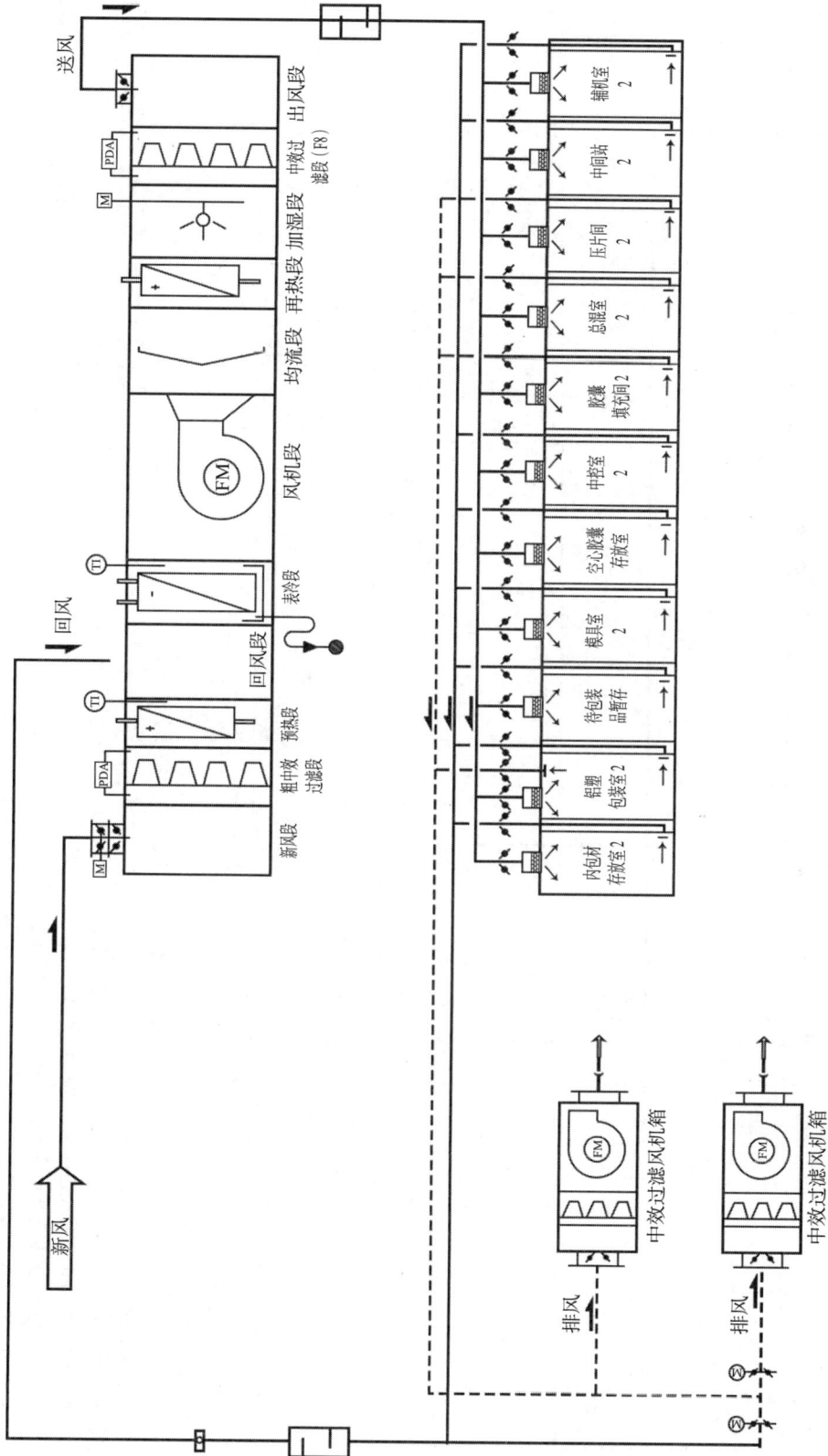

（a）

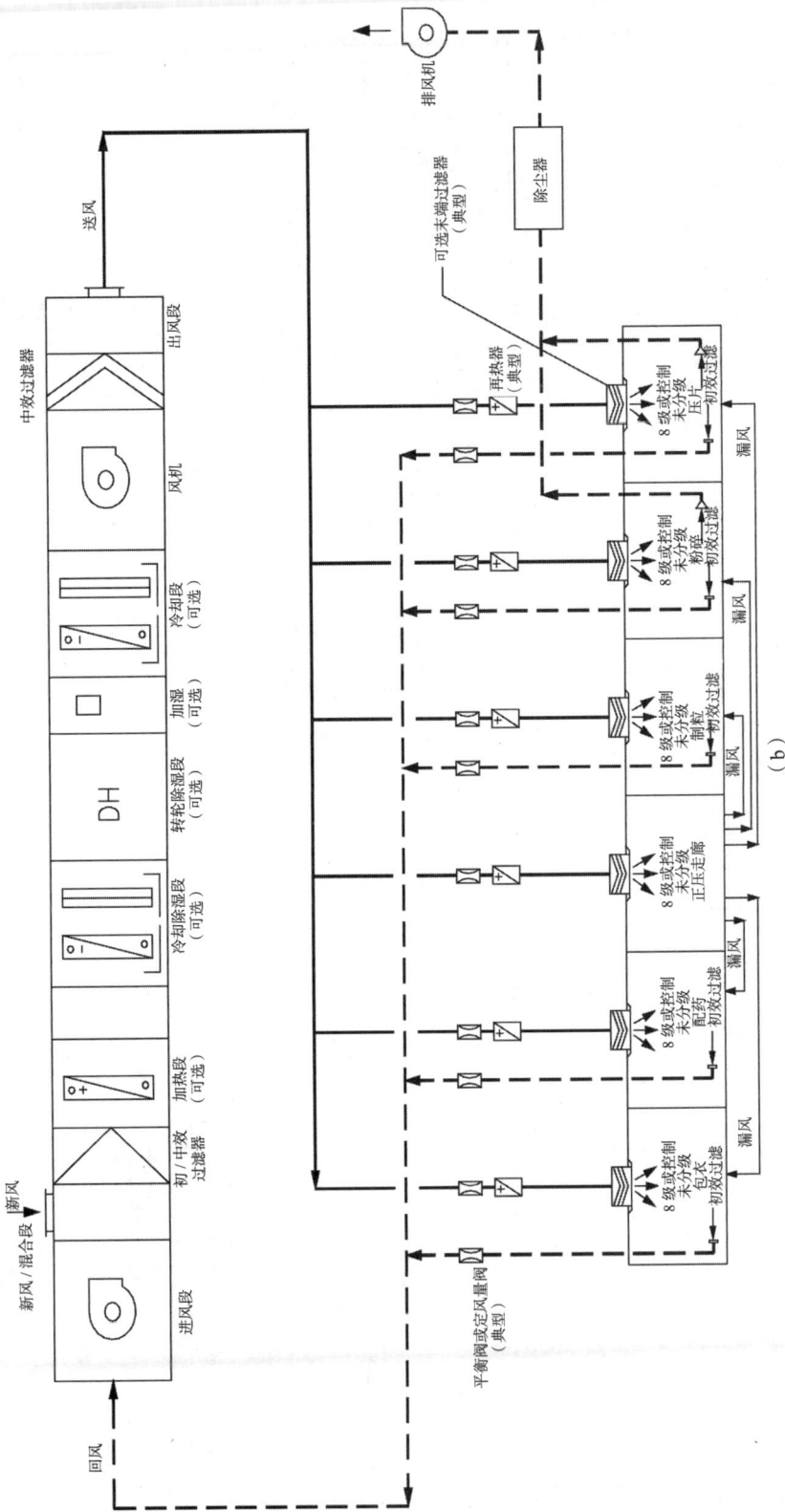

图 3-16 口服固体制剂（非强效化合物）空气流程图（示例）

注：1. 该流程图中（a）图设计方式可适用于多品种生产，在粉尘暴露局部位置需设置局部除尘装置，回风不再利用，经初效过滤后排放；（b）图设计可适用于单品种生产，但针对粉尘暴露局部设置需根据实际空气处理流程确定。

2. 空调箱各功能段的选用和组合需根据设计负荷实际确定。

3. 由于回风过滤器的变化，各房间回风均设 CVD 定风量阀。

4. 机组回风过滤器或房间压差、温度和相对湿度，通过 AHU 空调机组控制。

5. 在进行系统设计时，需根据产品的生产特点和可能的污染交叉情况，有效的控制措施，将污染和交叉污染的风险控制在可接受标准范围内的情况下，可对回风进行循环利用。

- 建议在污染程度最高的区域内，应通过一个清洁的气锁室（正压或负压）实现隔离。在使用溶剂的情况下，推荐采纳这种布置，以防止溶剂进入建筑物；

- 建议对周围洁净室进行气流方向的监测和报警（通过压差、热线法速度传感器、空气平衡、流动跟踪等）；

- AHU 过滤：建议采用 MERV7（G4）作为后续 MERV13/14（F7/F8）的预过滤；

- 末端过滤：在暴露的口服固体制剂和干型半成品（非无菌）区域，建议过滤效率达到 95%，但终端 HEPA 过滤器对多产品设施而言可能更为实用。在终端 HEPA 过滤器被用于交叉污染控制的情况下，95% 预过滤有助于延长终端过滤器的使用寿命；

- 大型设施可以考虑对外部空气进行预处理，然后再分配到局部再循环的 AHU，每一个 AHU 专用于一个产品系列；

- 回风或排风的格栅可以配备易于拆卸的过滤器。同时应考虑过滤器负荷对洁净室增压或气流方向的影响；

- 具有充足过滤能力的再循环系统不适用于存在溶剂的多产品区域；

- 气流及补给空气的输送应从操作人员呼吸区和洁净室入口向空气浮尘源流动；

- 开放作业区（例如：开放式包衣、压片及胶囊填充），应采用 LEV 的相关标准；

- 不允许将 LEV 排气向 AHU 或一般建筑物再循环；

- 如有多种产品同时生产，则需要再循环系统采用双重 HEPA 过滤（一个用于送风，一个用于回风）；

- 如有多种产品同时生产，可采用正压或负压气锁室，来避免公用走廊受到污染；

- 单一产品或多产品周期性生产设施可以采用正压公用走廊作为连接工艺流程的气锁室；

- 有多种产品同时生产的设施可以按照单一产品系列进行组织，以便运用本节中所述的正压走廊／气锁室概念。

3.3.5.8.2 口服固体制剂（强效化合物）

图 3-17 为口服固体制剂（强效化合物）空气流程。

强效 OSD 设施应遵守上述 OSD 指南，还应符合下列各项要求：

- 如果采用 100% 直流系统，ISPE 指南要求送风的最低过滤为 85%（MERV13 或 14）；

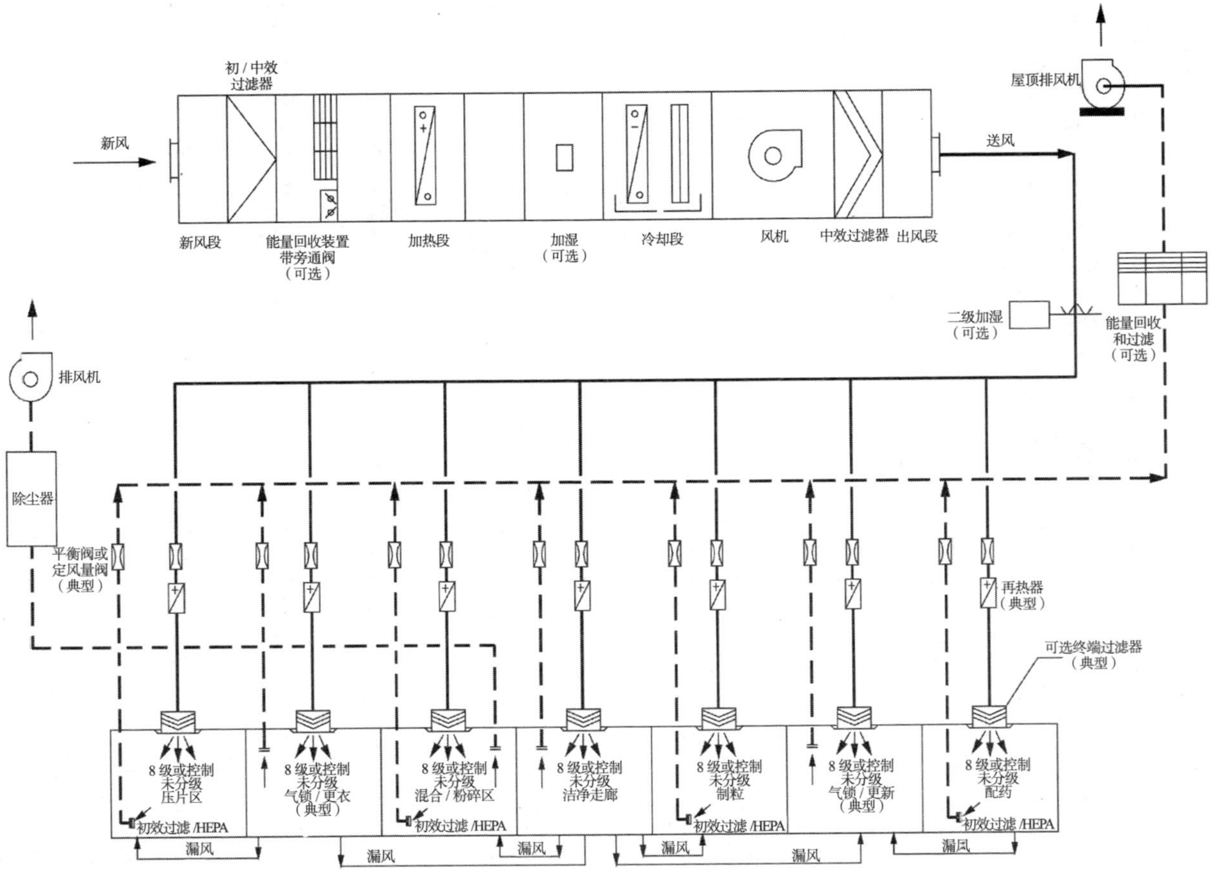

图 3-17 口服固体制剂（强效化合物）空气流程图（示例）

注：1. 该流程图可以用于单一产品的生产，存在粉尘暴露的房间排风时需经初效和高效过滤器两级过滤，不允许返回空调机组，其他辅助房间需结合产品和生产工艺的特点，在采取安全、有效的措施的情况下，回风可循环利用。

2. 空调箱各功能段的选用和组合需根据实际需求空气处理流程确定。

新风　新风段　初/中效过滤器　能量回收装置带旁通（可选）　加热段　加湿（可选）　冷却段　风机　中效过滤器　出风段　送风

屋顶排风机　能量回收过滤（可选）　一级加湿（可选）

可选终端过滤器（典型）　再热器（典型）

平衡阀或定风量风阀（典型）　除尘器　排风机

初效过滤/HEPA　8级或控制未分级　压片区

8级或控制未分级　气锁/更衣（典型）

初效过滤/HEPA　8级控制未分级　配料

初效过滤/HEPA　8级或控制未分级　混合/粉碎区

8级或控制未分级　洁净走廊

初效过滤/HEPA　8级或控制未分级　制粒

漏风

- 密闭防护是对这类物质的空气污染进行控制的主要途径。如果生产工艺能够被证实为封闭式，则回风应通过 HEPA 过滤。如果生产工艺不能被证实为封闭式，则应考虑直流送风系统或回风经过双重 HEPA 过滤；

- 当需要往工艺设备添加或从其中移出物料时，应该在防护装置打开处设置 LEV，也可根据需要采用其他相关的技术或手段；

- 只有当其他技术手段都不可行的情况下（如设备维修活动等），才能将 LEV 用于溶媒蒸汽的排放。如果在采用 LEV 的情况下，管道内有可能出现固体物质污染，此时 HEPA 过滤器可就近安装在洁净室处，置于空气处理机组之前，并且最好在回风管道内的袋进/袋出装置内；

- 应将与气流或防护失效相关的视听报警信号传送至受控空间，以确保人员的安全；

- 建议为粉体处理区设置气锁/前室，由此提供一道屏障，以保持其相对于走廊和工艺操作室之间为正压差（该区域也可作为更衣区）；

- 进入洁净衣脱衣区的气流应相对于走廊和工艺操作室保持负压，以防止微粒脱离衣服；

- 防止活性物质传播的辅助控制措施是洁净室内的气流方向。应确保送风在通过尘埃源之前首先流过操作人员呼吸区。如有可能，应确保送风从靠近洁净室入口的地方流向尘埃源，最后从远端墙上安装的低位回风口流出；

- 建议对产品暴露的受控区域采用专用暖通空调系统；

- 建议不要对开放式工艺洁净室排出的空气进行再循环。这些洁净室的空气系统应采用 100% 排放、直流送风的设计。如工艺过程是封闭的，那么利用回风并经过 HEPA 过滤也是合理的；

- 不建议将来自受控空间的空气再循环到其他区域；

- 不建议将来自设备后的局部排风（LEV）再循环到洁净室；

- 来自强效干燥产品处理区和 LEV 的排风，在排放到室外之前，需要通过 HEPA 过滤器过滤、气体洗气塔或其他相应的处理方法的处理；

- 排风/回风过滤器的位置应尽可能靠近处理区，以缩短有可能受到污染的空气管道的长度。可使用控制风门来抵消因排风/回风过滤器变脏而产生的洁净室压力上升；

- 如果排风/回风 HEPA 过滤器不在洁净室内，或者在预期空气粉尘较多的情况下，则应采用安全置换型，并配备袋进/袋出外壳和密封型风阀；

- 如果因 AHU 故障而导致产品防护失效，则终端送风 HEPA 过滤器可防止产品

269

污染回流至风管系统；

● 建议制定年度检测与预防性维修计划，以确保 HEPA 过滤系统的完好性。对于在工艺上使用的需要个人防护设备（PPE）的过滤器，应更频繁地进行检测；

● 为了保持防护的完整性，同时控制交叉污染和排放，应考虑对 HVAC 系统和工艺设备进行适当的监测和联锁。应对隔离器保护（DP）的性能进行监测。

3.3.6 原料药生产空调系统

3.3.6.1 概述

本节主要叙述化学合成或半合成的原料药（API）生产对空调系统的要求。原料药生产的特点是工艺过程长，反应步骤多，涉及物料特性差异大。在原料药生产中，大量用到易燃易爆的有机溶媒，同时有些原料、中间体和成品又具有一定的毒性、腐蚀性、挥发性、刺激性等，因此原料药生产的工艺控制水平直接影响到了生产环境的控制。生产过程中采用密闭工艺和屏障/隔离/限制等措施，可大大降低环境控制的要求，将生产环境控制在可接受的水平，反之，将大大增加 HVAC 系统的成本。

显著特点：多产品在同一洁净厂房内同时生产的可能性较小，多为间歇性的生产，也可以认为属于特殊的专线生产。

3.3.6.2 HVAC 系统描述

HVAC 系统有两种基本的类别：

● 直流风系统（100% 使用新风）：针对有易燃易爆类溶媒气体排放的区域，通常将区域内的空气通过尾气吸收装置吸收、处理后直接排放，而产湿产热的房间，通常将区域内的空气直接进行排放；

● 循环系统（一定百分比的室外新风与室内回风相混合）。

HVAC 机组及其各部件均根据用户要求和环境参数进行设计。HVAC 系统的其他组成部件，包括排风机、回风机、风管、热能回收系统等。另外还有一些辅助系统为空调系统提供冷热支持，如冷冻机、锅炉（提供蒸汽）、压缩机、循环泵等。对于外界环境污染相对较严重的区域（雾霾或沙尘暴），为了避免频繁的更换过滤器所增加的生产成本，或对生产进度造成影响，建议增加新风室，对环境空气进行初步的处理后，再进入空调机组处理体系中。

机组内的加热、增湿均不建议使用电加热、电增湿的方式，避免由于意外的溶媒泄漏增加安全隐患。

3.3.6.3 环境标准和 GMP

GMP 原料药附录规定非无菌原料药精制、干燥、包装等生产操作的暴露环境应按照"无菌药品"附录中 D 级洁净区的要求设置，企业可根据产品的标准和特性对该区域采取适宜的微生物监控措施。D 级洁净区的环境标准可参见本分册 3.2.2。

3.3.6.3.1 环境要素

房间参数会对产品和物料产生影响，这些参数包括温度、湿度和悬浮粒子。而微生物对于某些医药中间体而言也是一个重要的指标。

如果洁净室需要最小量的空气来维持房间的洁净度，那么房间送风量也是一个重要的参数。

房间压差也是一个重要参数，它被用来维持两个空间之间的气流方向，避免悬浮粒子的污染。有时也可采用气锁来对污染物进行充分的隔离。

制造商可采用"警戒"和"行动"两个预警。动作预警应该在调节范围的上下限处。警告预警主要设置在操作范围和调节范围的上下限之间，并用于在形成动作预警前，做出纠正。

3.3.6.3.2 特殊工艺

某些特殊的工艺操作，如原料或中间体的称量和配制，其产生的粉尘或气体可能会导致交叉污染，同时会对操作人员产生风险。当这些产品及其组分暴露在房间中时，可通过将房间气流从操作员一侧吹向产品一侧以降低对人员的影响，但此时产品会受到污染威胁。为此有必要向操作者提供特殊的防护工作服，或设置工作站，使得产品和操作员之间不会通过气流方式互相接触。

空气过滤必须满足产品要求。一些最终产品的分装必须在设有高效过滤器的单向流柜中进行，在这样的操作柜中，气流向下越过操作者和产品，离开工作站，朝房间后部流动。必须对操作中潜在的交叉污染进行评估并采用密闭的分配操作，以降低物料受保护的等级。

如果房间空气用于干燥或冷却暴露的产品，该房间应被视为生产设施的一部分。必须和其他有产品暴露的房间一样，确定关键的控制参数。非水性产品（含有溶媒）的敞开干燥方式，会增加人员暴露于危害环境中的风险，同时这种干燥方式也会使生产环境受到影响（易燃气体会散发到空间）。

采用屏障或隔离装置，例如手套箱或手套袋等，可以减少工艺所暴露的环境，并且还能大大减小 HVAC 系统的规模和成本。对于需要三级保护的高危险产品而言，当进行一系列操作（比如从烘箱向桶或粉碎机装卸料）时，所处的房间必须是洁净的且与相邻房间保持负压。如上述产品及其操作采用密闭工艺，产品不会暴露，则生产环境的 HVAC 系统可按一级保护等级进行设计，同时工作者的个人保护装备需求也可减少。在采用屏障或隔离操作技术时，也要考虑到密封隔离系统失灵的风险，并有相应的应急措施。

3.3.6.4 设计考虑因素

国际制药工程协会（ISPE）将原料药生产划分为三个保护等级：

- 一级保护：普通；
- 二级保护：防护；
- 三级保护：控制。

一级保护适用于封闭的工艺过程，原料、中间体和产品本身不会散发到环境中，同时外界的污染物也不会进入整个生产过程。整个工厂 / 车间处于良好的运行状态，设备、阀门、管道、仪表运行正常。在这种情况下，生产过程和产品本身对环境没有特殊要求。空气不需过滤，但是为了保护 AHU 中的盘管，同时为了人员健康和环境清洁，推荐采用 G4 或同等级别的过滤器。另外有些外界环境会含有花粉、煤灰、石灰渣、燃烧产生的残留颗粒物等，此时可采用更高过滤效率和捕尘能力的装置。一级区域的过滤系统必须经过调试。

二级和三级保护等级中，环境空气至少需要采用 F7 或同等级别的过滤器。如果空气从多产品生产区回到 HVAC 系统，必须在送回风管中使用恰当的高效过滤器（HEPA）来确保产品间不会交叉污染。当高效过滤器对防止污染和交叉污染有重要作用时，高效过滤器应该定期进行测试以确保其性能完好。当一级高效过滤器失效会危及产品时，应该考虑采用二级高效过滤器，以作为第一级高效过滤器的备份。该二级过滤器的性能和作用必须得到确认。高效过滤器一般不能充分过滤气体，回风中会夹带有害或不利的气体，这一点必须引起注意。

二级和三级保护等级的空气过滤系统主要是用来保护产品的，因此系统需要经过调试和验证。

3.3.6.4.1 关键参数

➢温度

对于开放式和封闭式的操作，房间温度可能是关键参数，这需要根据具体产品和工艺评估，确认合适的温湿度控制范围。大多数的中间体和（或）原料药组分、产品、物料和工艺都能承受较大的温度范围。然而，随着暴露时间的增加，温度范围可能减小。

比如，在典型的取样操作过程中，较大工艺罐中所含的物料温度不会有可察觉的变化。如果产品或物料需要贮存或暴露相当长的一段时间（例如从烘箱中取出后进行粉碎的过程），那么房间温度和相对湿度对于中间体/原料药的影响可能是重大的。

如果房间温度是关键的参数，那么空调系统必须进行调试并确认。

如果房间温度不是产品的重要参数，那么通常控制房间温度是用来保证房间内人员的舒适度。可参考医药工业洁净厂房设计标准 GB 50457—2019 对于 A、B、C级 20~24℃，D 级 18~26℃的相关要求。此类情况中，控温系统必须调试合格。

但是，当房间中人员的行动可能影响到产品时，例如由于过热而导致工作人员的活动或穿着不同级别工作服而排汗，此时舒适条件也会成为一个关键参数。

➢相对湿度

房间相对湿度、露点或绝对含湿量会影响暴露在环境中的中间体或产品。这些中间体或产品对空气湿度很敏感。

相对湿度对于含水产品的影响可以忽略，但液态产品在低湿房间内经过一段时间，会失掉水分。通常对暴露在环境中的湿度敏感产品要求相对湿度控制在30%~50%，但是对于一些有特别低湿度要求的产品，房间的相对湿度参数会更低。

如果房间相对湿度、露点或绝对含湿量是关键参数，相关系统需进行调试和确认。

由于蒸汽能抑制微生物的生长，因而被推荐用于加湿。

加湿蒸汽中的添加剂可能会对产品或工艺产生不良影响，经评估，必要时可以使用纯水制备蒸汽对系统进行加湿操作。

去湿系统不应污染产品。冷却盘管系统通常产生大量凝水，必须排放干净，以避免微生物的滋长。溶液型和干燥剂型的去湿系统，必须评估干燥剂转移进入送风的潜在性和对产品的影响。

通常推荐在过滤干燥设备的下游，至少采用 F7 过滤或同等程度的过滤器。

如果房间相对湿度不是重要参数，那么相对湿度的控制只要确保房间内人员的舒适和安全即可。可参考医药工业洁净厂房设计标准 GB 50457—2019 对于 A、B、C 级 45%~60%，D 级 45%~65% 的相关要求。此类情况中，控湿系统必须调试合格。

加湿蒸汽添加剂应确保室内人员呼吸安全，同时符合相关的室内空气质量（indoor air quality，IAQ）准则和地方的法规规定。

当房间中人员的活动可能会对产品产生影响时，房间的舒适条件就会成为重要参数。例如，由于相对湿度过大，而造成人员穿着洁净工作服进行生产活动时出汗，或由于工作房间过于干燥，而产生皮屑。

➢悬浮粒子

悬浮粒子必须得到控制，以防止来自室内外设施的污染和交叉污染。在空气处理系统中，必须对过滤设备进行评估，以确保对室外颗粒具有足够的过滤作用。在循环系统中，也必须评估空气过滤设备，防止室内常规颗粒和产品间的交叉污染。

如果同一个场合有多个品种生产，为了避免和降低交叉污染，必须对 HVAC 系统进行风险评估，以确定是否可以利用回风。

空气洁净度的要求取决于最终的产品剂型。如果最后的原料药暴露在房间中，那么房间悬浮粒子的级别必须和下一个生产步骤中暴露的产品所要求的生产场所的级别相一致。

过滤器的选择和安装位置通常会有以下三种情况：

● 直流式集中空调系统对过滤的要求较少，但是通常运行成本是最高的，安装成本中等（图 3-18）；

● 集中回风空调系统，通常从多产品区域回风，该系统安装成本和运行成本低，但较难防止交叉污染，因此要有最严格的过滤要求（图 3-19）；

● 专用回风型 AHU 系统（对于多产品区域）通常运行成本低，对过滤要求较低，但通常总安装成本是最高的（图 3-20）。

图 3-18、图 3-19 和图 3-20 将在 3.3.6.7 中详细介绍。

对于原料药生产来说，必须根据工艺过程和物料特性，通过风险评估来确定产品的保护等级。保护等级一旦确定，那么相应的环境条件，包括房间空气质量、房间装修标准、可清洁性、进入 / 离开程序、控制和隔离措施等也就得到了确定。

➢房间相对压力

不同区域之间流动的风速、风量或风向，能起到防止悬浮粒子污染和产品交叉污染的作用。送风量和回风量的差异决定了进出区域的风量和风向。确定正确的送风量和回风量，监控这些风量的稳定性，可用于确保满足房间相对压力。

房间相对压力的变化和缝隙（门底、墙孔等）数量有关，并且会影响区域之间的风速、风量和风向。

房间相对压力可用于防止悬浮粒子在区域之间的迁移，保护设施不受外部非控制区域的污染。因此 HVAC 系统设计可将房间相对压力作为关键的参数来测量和监控，替代风量测量和监控。

区域之间流动的风速、风量和风向或者房间相对压差在以下情况中可成为关键参数：

● 在一个建筑物内有多种产品生产，部分或全部的产品都以干燥状态暴露在房间中，不受限制，或者能变成悬浮物随着气流迁移到其他有产品暴露的区域。这种情况同样产生在气体状产品生产中，气体的迁移可能对其他暴露的产品和物料造成危害；

● 产品、物料或污染物在空气中的浓度相当高，会危及操作人员。如发生这种情况，暴露在这些场所中的产品也会有风险；

● 与产品暴露的毗邻的区域不受控，产品或污染物悬浮粒子的迁移可能向里也可能向外。

房间相对压力的设置应该能防止悬浮粒子和气体从二级或三级保护区传递到不相容的二级或三级区。

房间相对压力应该防止室外、吊顶上、机器设备上或类似区域的悬浮粒子的进入，防止悬浮粒子从一级区传递到二级或三级区。

气锁或缓冲区可用于隔离产品生产区和附近的走廊/楼梯间等不受控区域和高危险性药物生产区。气锁/缓冲区（如正压气锁和负压气锁）还可用于对产品的保护和控制，减少较低洁净度区域的空气渗入。

GMP 规定洁净区与非洁净区之间、不同等级洁净区之间的压差应不低于 10Pa。必要时，相同洁净度级别的不同功能区域（操作间）之间应保持适当的压差梯度（除无菌产品外，美国 cGMP 对一般的 API 生产场所没有相对压力的要求）。

当门打开，两个区域间的压差就会消失，附近区域的压力受到影响。当两个关键区域间的门打开时，HVAC 系统必须保持一定的风速，防止气流反向。开门容易引起交叉污染，特别是对有产品暴露的区域。门必须保持关闭状态，一旦因人员活动需要而开门，应尽可能迅速地关闭。当门被关闭时，HVAC 系统必须防止气流反向，同时相对压力应该回到其稳定值。

如有大量产品可产生悬浮粒子，或产品具有高危险性，应该考虑设置气锁。因为门开启时的空气流向不能充分防止交叉污染。气锁的门在任何时间，只能开一扇门。被气锁隔开的各房间之间的压差必须被监控，且该监控是关键的。气锁和操作室之间的压差监控不是关键的。但此项监控可以用于监测气锁的门开得过久或门没有被正确地关闭等情况。

采用工艺走廊作为压力参照的系统，应该在这些走廊和其他区域连接处考虑使用气锁，来增加压力的稳定性（也就是说，如果从有压力的走廊向较低压力区域开安全出口门，走廊的压力会迅速降低）。

在 HVAC 系统运行中，应该考虑来自除尘、真空或工艺系统气流的变化，这些气流对区域压力的影响。当这些系统运行时，HVAC 系统必须有所反应，而且不会引起气流反向或房间压力的严重损失。一种方法是将房间的送风量设计得特别大，运行这些系统不会引起输送气流反向或变低。另一种方法是监控工艺排风或房间相对压力，并调整房间 HVAC 回风 / 排风量的高低来保持适宜的送风气流和方向。

在空气风量平衡前，应该先查看房间是否有过度泄漏和建筑的完整性。过度泄漏可对房间空气平衡有重大影响，并且关系到 HVAC 系统控制悬浮颗粒物进出区域的路径。

注意：如果 HVAC 系统的基础是不易破坏的平衡，通常不要求测量和监控各个房间，但需要对进出区域的总风量进行测量、监控、调试和认证。

相应的风道系统必须在可控范围内（改变管道系统要求对空气平衡重新验证），同时各房间的风量平衡应该定期验证。

如果房间相对压力是关键参数，那么房间相对压力的监控、记录和报警系统都必须调试并验证。控制相对压力的控制系统必须调试。当在两个区域间不采用气锁时，必须将门的延时、门连锁，或两者同时都并入监控系统，这样每次开门不会产生警报。当门长时间开启或关闭不当时，应该发出警报。当靠近门位置的房间相对压力被确定为关键参数时，延时和门连锁（如果使用的话）都必须调试和验证。

➢ 换气次数

一些公司随意规定了他们自己的换气次数——这种做法不是一个良好的实践；设计人员应该在参考大量的因素的基础上再来定义换气次数。

为了确定实际的换气次数，要求设计人员必须考虑以下相关因素：

● 外部因素（如：太阳能）使受控空间获得的热量；

● 内部因素（如：设备运转）使空间获得的热能；

● 外部因素（如：外部湿度）使受控空间获得的水分；

● 内部因素（如：工作人员）使空间获得的水分；

● 工作人员的数量和位置；

- 工作人员的着装；

- 房间压差；

- 工艺本身；

- 供风的洁净度；

- 供风、排风分布的覆盖方式和有效性。

使系统具备比其实际要求更高的换气次数的成本，无论从初始投资角度还是系统运营成本角度来看，都是非常显著的。

3.3.6.4.2 HVAC 控制和监控

必须按照用户需求的规格提供仪器，去监控和记录房间的关键参数和报警。经常需要用有授权且合格的便携或者其他仪器来进行监控、记录和（或）报警，这些仪器并不属于 HVAC 控制系统的一部分。最好能对一些设备如风机、线圈和控制组件的性能进行监控，不过只要关键参数符合可接受的标准，这些可不作为常规需求。在设置关键参数测量仪器的设计、警报和报警界限时应该考虑到仪器测量的精确度。

用于监控、记录和报警关键参数的传感器必须成为资格认证的一部分，并且纳入变更控制程序范围。

关键参数需要通过经授权并合格的自动监控系统持续地或通过人工方法使用合格的仪器经常性地进行监控、记录和报警。监控的频度需要足够高，以观察关键参数是否维持在可接受的操作范围内，并且任何偏离可接受范围的持续时间保持在不影响产品和原材料的范围以内。人工监控须有可控的流程以及生产记录系统。

关键参数的监控频率视所要监控的系统而定。举例来说，如果采用了房间压力的灵敏控制，监控频率要求比静态平衡（被锁定的气锁）系统更高。注意：对于新的系统，关键参数的监控需要更加频繁。通常而言，对于有良好历史跟踪记录，能够保持在可接受的操作范围内的系统，频度可有所降低。

监控关键参数的传感器必须符合相关的国家技术协会的标准或等效的参考标准。

控制器和传感器的位置须仔细选择，以便于常规维护和校准。

设置于危险环境和风管内的传感器和控制器需要特别注意其选配和布位。

当不符合验收标准时，用户必须定时对关键参数进行监控。当某个被监控参数开始漂移而超出控制时，必须确定警告值。验证计划必须阐述关键参数的感应、报警和记录系统。

3.3.6.5 空气系统

从一个工艺生产区向另一个工艺生产区域循环未经过滤或过滤不充分的空气，会增加产品污染和交叉污染的可能性。空气未经适当的过滤、局部捕捉和控制，而进行循环会增加空气中颗粒物、易燃物或有毒物的浓度。当采用回风循环方式可行和经济上合理时，必须评估混合回风气流发生交叉污染的潜在性。

室外空气吸入口与 HVAC 排风机房或工艺排风的距离是建筑布置和设计的主要因素。排风和排风口（包括工艺系统排气）必须远离吸风口，并且尽可能高，以减小交叉污染的潜在性。当不可行时，可采用增加送排风过滤、气体洗涤或提高排风速率等方法。由于系统采用屋顶安装的高速风机，会产生噪声问题。必须注意不要使得设备间内的风机和管道系统内的气体从风机排风侧和风机轴承处泄漏，否则会引起对操作人员、产品和易燃物的危险。

由于排风会对周边环境造成污染，因此必须对其进行处理。通过良好的工程化、排风源头的控制、屏障隔离和就地排风罩的使用、封闭的工艺操作等，可以降低和减少受污染的排风量，并获得生命周期成本优势。

如果生产多种产品，必须进行风险评估，使交叉污染的潜在性最小化，来决定是否允许使用循环送风。

在非工艺生产期间时，以下情况应该考虑减少或关闭空气系统：

- 对于厂区的其他部分，不会对压力造成不良的影响；
- 不影响交叉污染；
- 不影响该区域或其他区域产品的关键参数；
- 当 HVAC 系统关闭时，服务的区域不会有溶剂蒸气或其他有害物质的释放；
- 考虑到了 cGMP 和安全的风险。

紧急情况发生时规范和安全要求，包括：

- 当紧急通风或火灾报警启动时，是否有必要对安全出口和楼梯间加压送风；
- 排烟和烟控系统；
- 紧急通风和烟控中，放置防火阀的影响；
- 在发生危险泄漏时空气系统的运行；
- 设计除尘系统时，若除尘器有爆炸危险，必须考虑其位置和防爆的设置。

3.3.6.6 风道系统

当不同房间压力关系确定，风道长时间承压，会增加泄漏，应该在耗资加固管道系统及由此节约的能耗两者之间进行比较和评估。如房间压力是关键参数，应采用牢固密封（SMACNA Class A 或相似标准），并对风管进行压力测试。

送风管材料很多，但其清洁方法不能破坏内外表面。油漆过的风管表面不能位于暴露的产品附近；耐腐蚀的风管段应该带管内的湿度调节器，减小由空气污染引起的腐蚀。去湿盘管必须有防腐蚀集水盘，且排水良好，减少对产品腐蚀、霉菌或细菌对中间体和（或）APIs 的影响。

在有送回风管服务的产品区域，应该避免采用可渗入的或纤维状的风管内衬和消声器，因为它们可能成为微生物的生长区并产生颗粒。如果要求使用消声器，它们必须易清洁易安装，采用不可渗入、不易破碎的材料。在初次安装中，风道系统必须洁净安装或在线清洁。如果有充分的过滤保护，送风管的进一步定期清洁通常并不要求。但必须有充足的检修通道，保证风管的洁净度能够被定期评估。

除尘系统必须根据规范另行设计。另外，除尘系统还必须在系统失效时防止对产品及其生产区系统的污染。例如，当除尘系统支管直接连接至设备时，连接支管的设计必须考虑到当除尘系统失效时，除尘系统内的粉尘不会直接回流至工艺设备内。

用于液体工艺系统的排风管道可能会有冷凝液存在。排风管的内壁必须能够耐受特殊产品的腐蚀，注意不锈钢和 FRP 材质的风管有一定的局限性。必须对镀锌风管的内部连接部件加以关注。考虑设置一些检修门或能拆卸的风管系统，保证可清洁。风管的布置必须防止冷凝液体反流至工艺设备中。风管外部应该考虑保温，使冷凝液量最小。

一些地方法规要求如果排风管内的蒸气浓度超过 LEL 的 25% 时，要在风管内设置喷淋装置。通常，在风管系统中有充足的稀释空气，来保证蒸气浓度低于这个值。在风道系统中喷淋头的腐蚀会引起运行问题，也会妨碍喷淋效果。

如果在送风段要求安装高效过滤器且需要验证，则它们必须位于系统正压段送风风机的下游或房间中。如果过滤要求较低，则过滤器可以位于吸入段中（系统负压段送风风机的上游）也可位于吹出段中。如果未经高效过滤的预过滤空气带来污染的可能不大，并且不会影响到最终产品，那么高效过滤器也可设置在回风装置内。在负压段，通过空气处理机组的检修门和接口处，未过滤的渗透风会产生在过滤器和送风风机入口。这种渗透风的数量取决于风机产生的负压力、AHU 的"密封度"和检修门等因素。通常负压段成本较低，要求的空间较小，但是比起正压段，预防污染的能力较小。

有毒或高危害化合物等有害生产区域的排风必须考虑过滤。此时过滤器应该尽量靠近操作区，最好位于房间内，这样能防止危害物随排风管扩散。对过滤器的更换维护程序必须经过确认，以免危及环境或对操作人员产生危害。

3.3.6.7 典型 HVAC 系统

图 3-18、图 3-19 和图 3-20 分别表示了三种不同的 HVAC 系统配置示意图，以阐明本节中所讨论的一些基本概念。但这些图并不能完全涵盖所有的产品特性、工艺流程、生产操作、安全便捷，以及各种规范要求的 HVAC 系统配置。

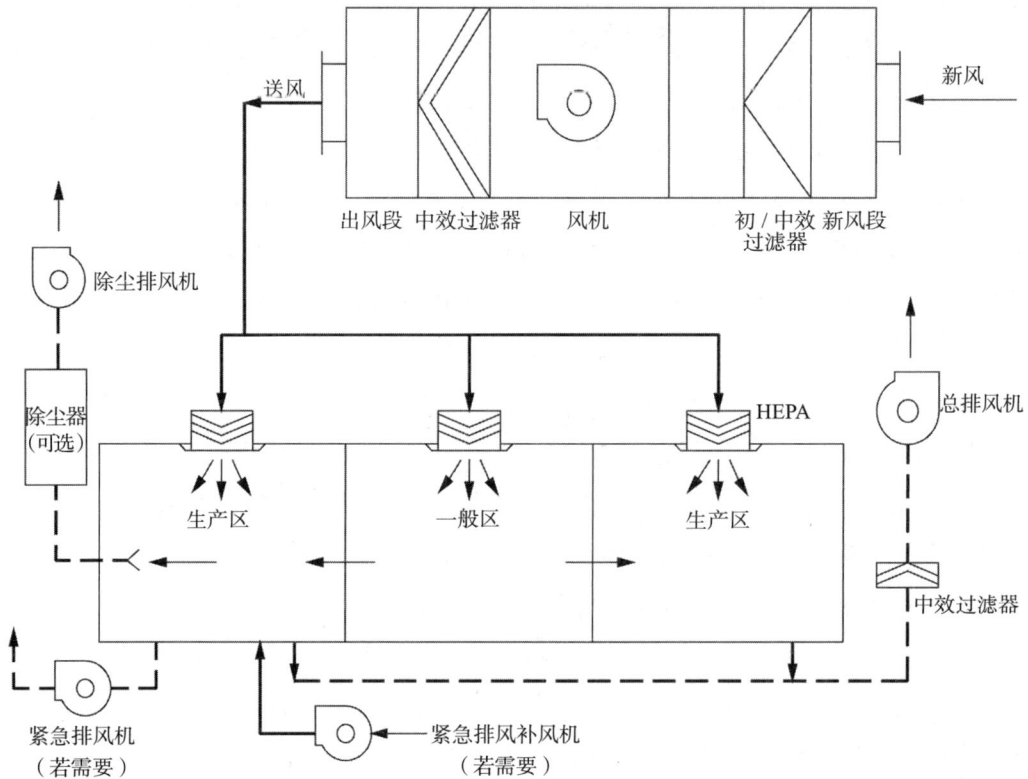

图 3-18 直流式集中空调系统

图 3-18 是一个 100% 室外空气的中央 AHU 系统。它可用于单一产品和多产品的设施。此配置提供了一个高等级的防止交叉污染的可能性。因为空气不循环，所以通常可以用低效率的过滤器。图 3-18 还阐明了以下几点，同样适用于图 3-19 和图 3-20。

● 空气处理机组内末端过滤器放置于送风机的上游还是下游？放在上游位置可以更好地保持 AHU 内部的清洁，但是会让一部分未过滤的空气渗漏至风机段风机的吸入端。放在下游位置可以保证所有供给空气都经过过滤段。

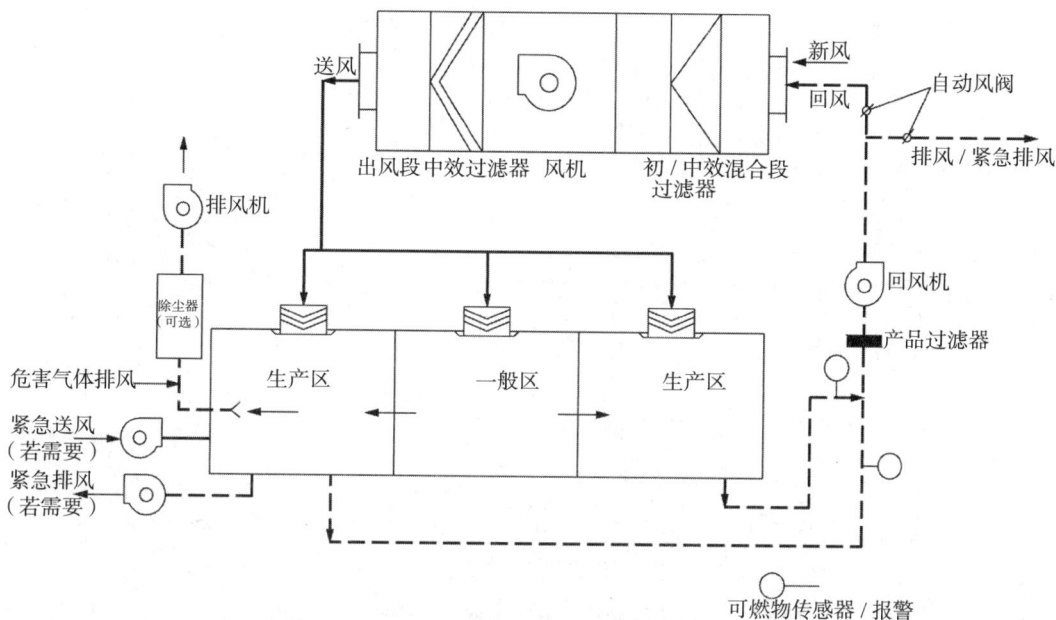

图 3-19 集中回风空调系统

注：1. 为防止污染回风管道，室内端可设产品过滤器；

2. 为补偿过滤器负荷的变化，需对回风量和风机进行控制。

● 一些地区或保险公司可能会要求，当遇到可燃气体泄漏的异常情况时，能够进行应急的排气、稀释和通风。如果有此要求，系统还需要一个补风空气源。这些类型的设备经常有灰尘和（或）烟雾处理排风系统，会给 HVAC 系统带来影响。

● 三个典型的示例图中，每个生产区域都送入空气以防止生产场所中粒子的集聚和烟雾的排放。同时送风也要考虑到对产品质量的影响。在某些情况下，对于一些暴露产品的操作，还需设置前室以给予适当的保护。

图 3-19 所示为一个利用回风的中央空调系统，它最适合于单一产品的生产设施；然而，如果可以提供适当的过滤措施以防止产品通过气流循环而产生交叉污染，则该系统也可用于多产品的生产。如果在每个房间中设置回风空气过滤器，由于过滤器的阻力不同，必须采用额外的 HVAC 控制装置来维持各房间的压力平衡，如图 3-20 所示。

由于采用了回风，在维持总送风量不变的情况下，新风量减少了。为了保证房间内的洁净度，此时必须注意回风中可燃气体的含量。解决的方法之一是将可燃气体探测器放置于 HVAC 风管系统中，或设置在可燃气体集中暴露的区域。根据可燃气体探测器检测结果，判断回风是否需要直接排放。另一种方法是将可能有可燃气体产生的生产区域的空气全部排放至室外，而不利用回风。

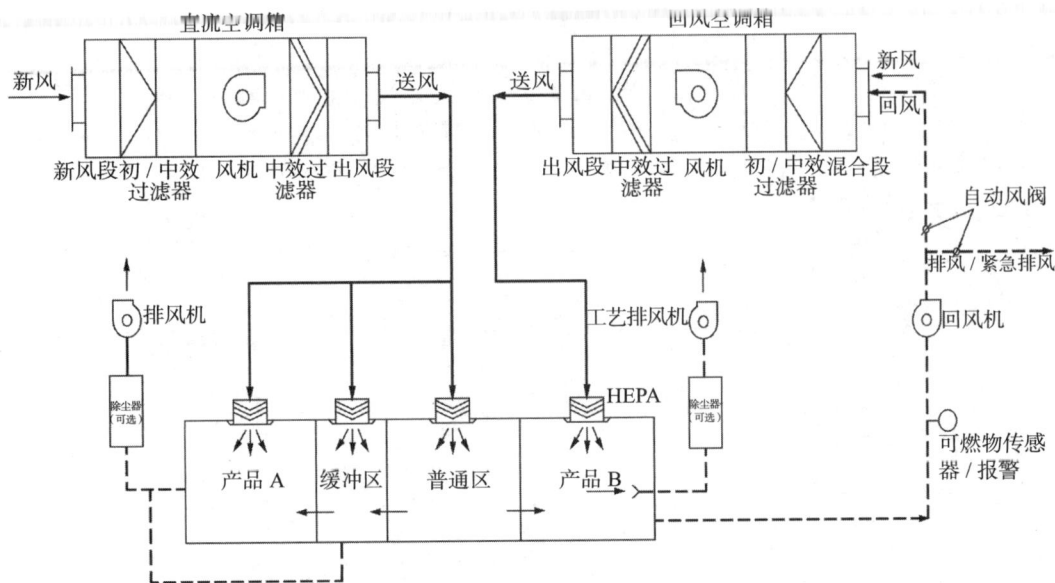

图 3-20　专用回风型 AHU 系统（对于多产品区域）

注：1. 为防止污染回风管道，室内端可设产品过滤器；

2. 为补偿过滤器负荷的变化，需对回风量和风机进行控制。

有些国家的建筑防火规范明确规定含有可燃气体的生产区域的空气不能采用回风，必须强制排放。此时用到此类物质的所有生产区域都必须采用直流风。

图 3-20 描述了新风和回风混合使用的空气系统，以及分别用于单一产品的多个回风空气系统。此配置通常更适用于多产品设施，但同时也可用于有不同温度、相对湿度或空气洁净度需求的地方；或者用于同时有可燃和不可燃物使用的区域。在一个多产品设施中，每一个回风空气 AHU 都用于单一产品，回风空气不会和其他产品区域相混合。这在很高程度上防止了交叉污染，并且通常可以使用较低效率的过滤器。然而，在多品种生产区采用回风设计时，应该考虑各种因素的影响，如使用更高效率的过滤器，更便捷安全的过滤器更换方式，以及满足清洁要求等，以便有效地防止不兼容产品间的交叉污染。

3.3.6.8 生命周期成本关注

尽管有许多 HVAC 和建筑方面的不同措施和方法可以满足设施的要求，但其中应该有一种组合可以提供最低的设施生命周期成本。在一个生命周期成本分析中要考虑的风险和收益因素有：

● 使用保护和屏障隔离设施，而不要将产品暴露于房间环境。物理屏障设施可以大大减少对 HVAC 的需求，并且可以改善工艺质量，但是屏障设施通常需要根据操作人员和工艺方式进行改变。保护技术可以为工人安全、建筑安全以及环境保护问题提供解决方案；

- 操作人员的保护措施，包括保护策略（屏障隔离或捕集设施），以及个人防护装备等。这些主要应用于产品暴露场合以及可燃物质的稀释通风；

- 交叉污染的防护措施，包括直流式通风、带过滤器的回风、可燃物质传感器和警报、专用 AHUs 或者局部捕捉 / 保护装置；

- 集中式除尘系统和就地吸尘器，以帮助工艺来隔离污染物。只要设计和操作合理，产品就不会通过一个集中式除尘系统从一个房间到另一个房间而产生交叉污染；

- 温暖气候下的室外空气通风与机械冷却的比较；

- 冷却、加热、除湿以及加湿系统的能力，是否能在室外极端条件下满足室内设计条件；

- 许多 API 设施要求的排风率很高，导致高能耗。可采用转轮式能量回收系统，但新风可能从排风侧受到交叉污染，并且此方法不适合于二级保护和三级保护区域。在任何能量回收系统中都要考虑交叉污染的潜在可能。虽然间接回收系统（如环流盘管、板式空气热交换器以及加热管道）的交叉污染风险更小，但是热回收效率可能有所降低。如果排风传输危险介质，还要考虑到这些系统的维护；

- 可靠性因素，如可用时间、系统的有效性和质量、安装的余量、系统间的资源共享；

- 设备生命期望以及预留的灵活性。HVAC 系统部件在确定尺寸时要考虑未来的预留需要，但在低容量工作状态下，要保证提供合适的室内温度或相对湿度控制；

- 不同地域的室外温度、相对湿度以及含尘量环境，决定了空调机组内部的组件配置和过滤等级需求（例如全年气温较高的区域，或许就不需要配制新风预热盘管）；

- 有毒物质的处理成本。

3.3.6.9 HVAC 系统的清洁和维护

3.3.6.9.1 设计过程中的清洁和维护

- 在具有捕集装置和移动式除尘机组的操作区域，存在潜在的人员暴露和交叉污染的危险。通常，设备在操作房间内进行维修以使维修释放的污染物限制在操作室内。

- 产品以及产品接触表面的污染往往由维修不善而引起，为此应建立预防性的维修程序。

● 合理确定设备形式及布置，仔细考虑日常设备维修方式等措施可以减少维修工对产品的污染，减少设施和人员在有害物质中的暴露。需要日常维护的 HVAC 部件应位于需要清洁的或有害的工艺过程之外。

● 局部排风（LEV）的操作和维护：必须根据系统基础信息来建立 LEV 系统的监测和维护条例，使整个工艺过程中的设计气流得到保证。

3.3.6.9.2 运营过程中的清洁和维护

原料药和口服固体制剂空调系统运营过程中的清洁维护需求基本一致，详细内容可参考 3.3.5.7.2 中的要求。

3.3.6.10 实例分析

3.3.6.10.1 原料药（API）– 湿品

空调系统见图 3–21。

系统设计考虑以下因素：

● 对于处理溶媒或强效化合物的敞开操作场合，空调系统应采用直流风形式。同时根据地方法规或用户的要求，还要设置一些辅助的应急通风设施，并通过手动"求助 / 疏散"警报或传感器来启动运行；

● 在工艺流程被证实为封闭式的情况下，可以考虑空气再循环和 LEL 监测，以检测易燃溢出物。如果工艺流程在温度受控的封闭容器内实施，房间的 HVAC 系统应满足操作人员舒适感的要求；

● 在一些地区，可通过采用足够的稀释通风及应急排风等措施来最大程度的降低电气等级要求。AHU 应配有 MERV7 及 MERV13 过滤器，以确保良好的操作环境；

● 由于溶媒种类的不同，其蒸气与空气的相对密度也不同，因此适用溶媒的生产区域应配备低位回风或高位 / 低位组合式回风，以防止生产区溶媒蒸汽的积聚；

● 在固体加料、料桶转运、人孔和液体溢出等部位需设置局部排风系统 LEV。为了减少易燃物品和强效 / 危险物品的暴露风险，可考虑采用加料隔离器或隔离罩等设施；

● 对于存在溶媒暴露风险的场所，必要时设置紧急排风和紧急送风装置；同时为了避免温度过高溶媒气体出现燃爆的风险，应在风管上安装防火阀。

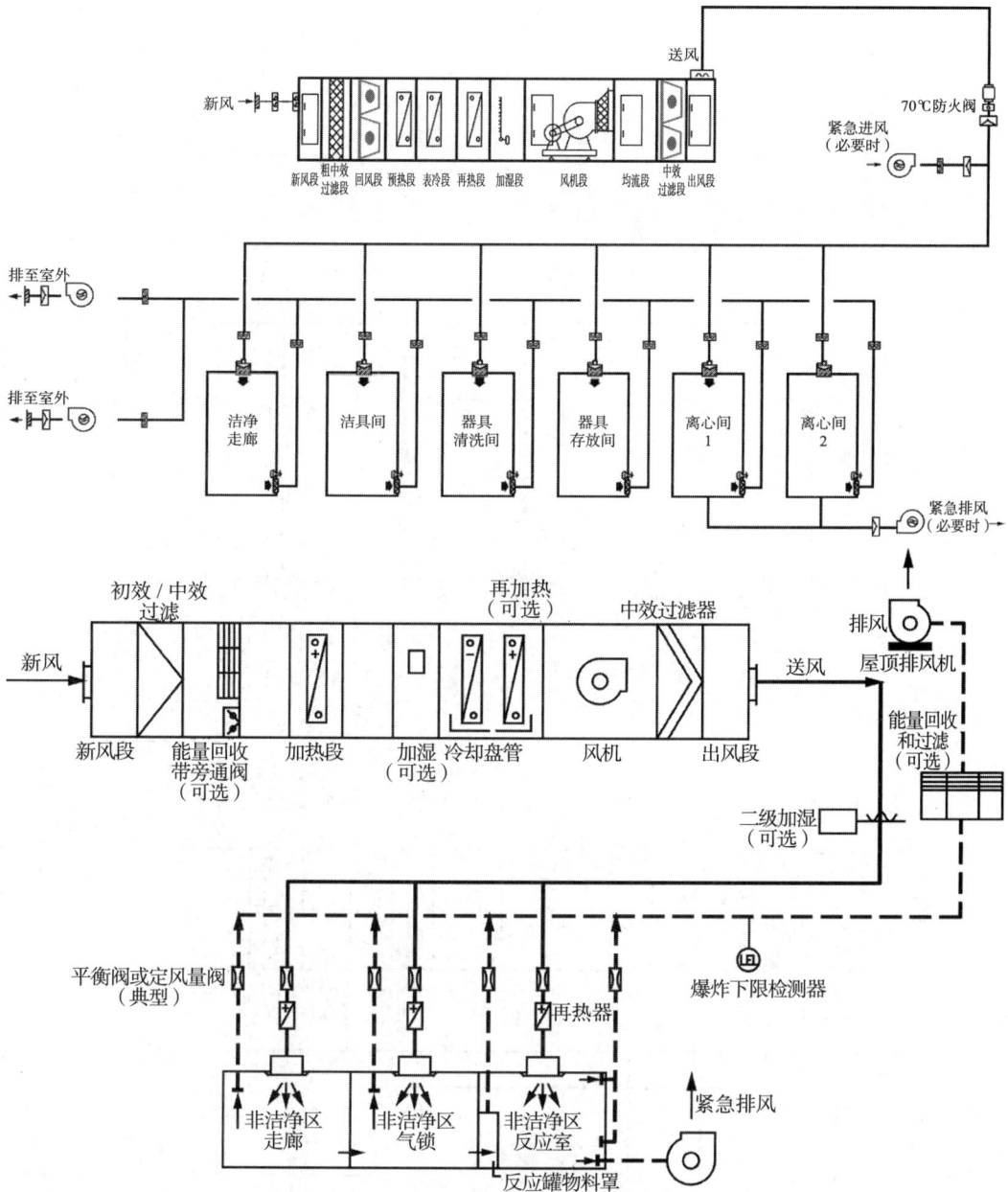

图 3-21　医药中间体空调系统示例 1

注：仪表 - 反应室相对湿度传感器控制冷却和加湿器，反应室恒温器控制再加热器，压差计测量每个过滤器，紧急排风由爆炸极限检测报警器控制（未在图例上显示过滤器的压差计）。

3.3.6.10.2　医药中间体（API）- 干品

空调系统见图 3-22。

图（a）所示空调系统设计考虑以下因素：

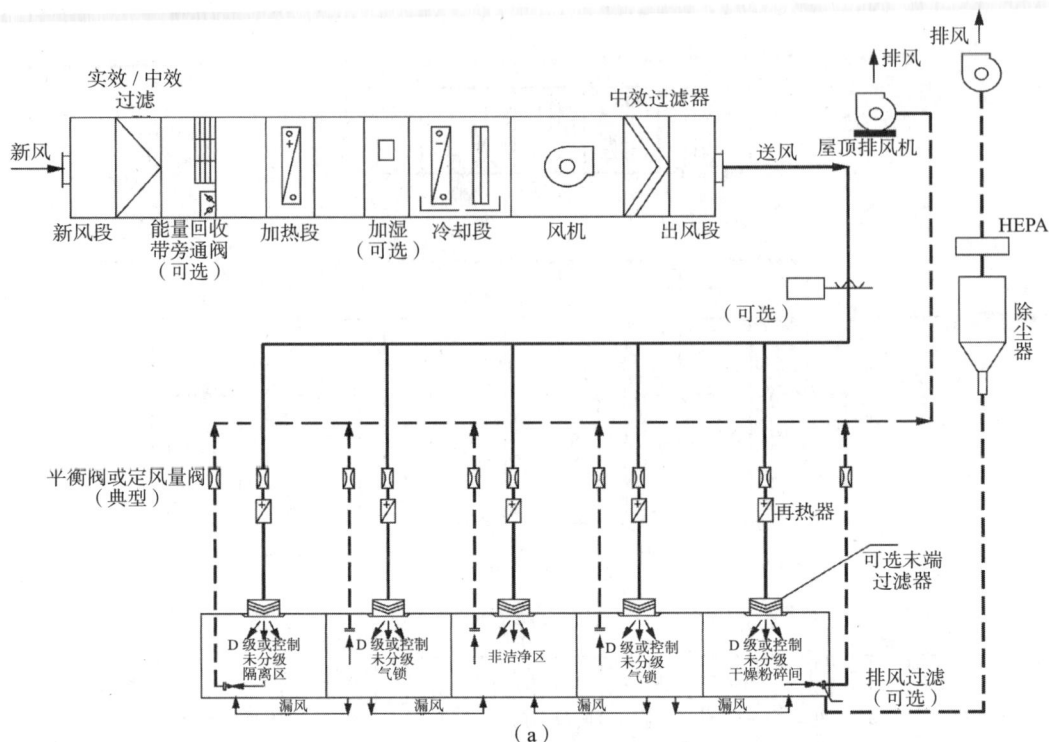

（a）

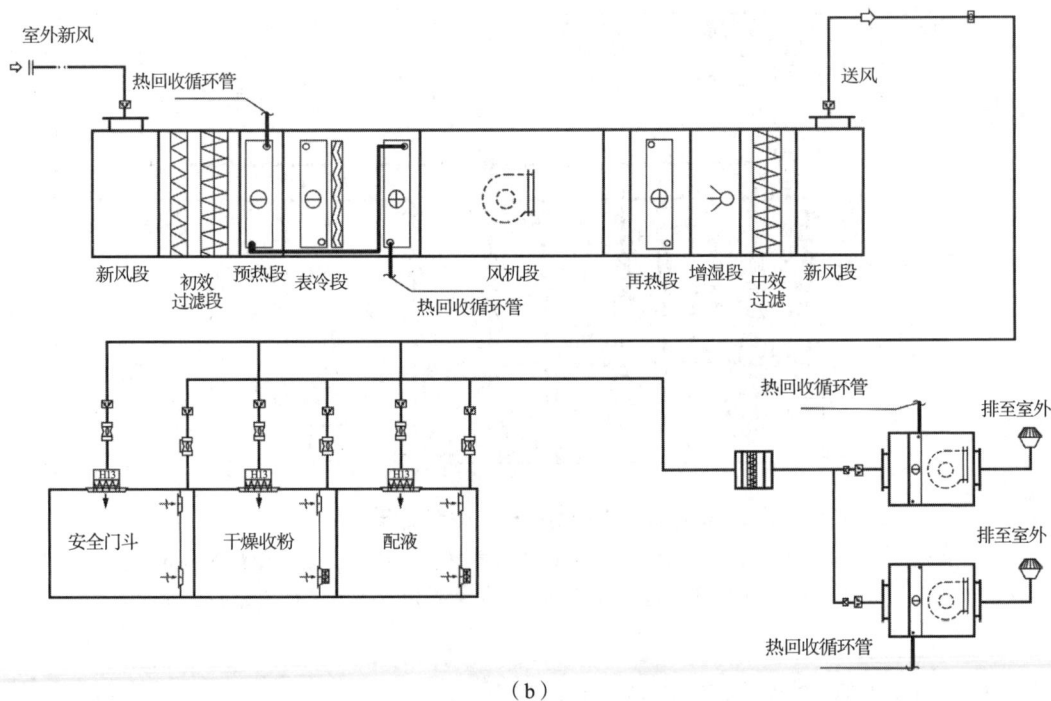

（b）

图 3-22　医药中间体空调系统示例 2

注：过滤器前后需安装压差计，房间温度由再加热控制，相对湿度由表冷器和加湿器控制。

● 最终用于固体口服制剂的 API 产品的操作区域（包括溶解、结晶、离心分离、干燥、混合、粉碎、包装等）其环境空气的洁净度应参照无菌产品的 D 级标准；

● 对于最终原料将成为无菌产品的生产区域而言，其环境的洁净等级应达到无菌产品的 D 级标准。这通常要求为其提供高效过滤送风、低位回风、压力气锁室（将暴露的粉体保持在洁净室内）以及为验证房间洁净条件所需的仪表。而最终药品处理区的环境级别必须与这些 API 在其最终成品生产区的级别相一致。而对于最终生产无菌产品的 API 而言，其原料处理区的级别至少要满足 C 级或 D 级的要求，并配备有空气过滤、压差控制和气锁等；

● 生产用洁净室应配有低位或高 / 低位组合式回风；

● 在固体加料、料桶转运、人孔和液体溢出等部位需设置局部排风系统 LEV；

● 若在工艺流程中使用溶剂，则相关的考虑因素应参见"医药中间体（API）–湿品"；

● 由于中间品的生产都处于密闭状态下，并且温度受到控制，因此环境区域不需要控制。

图（b）所示空调系统设计考虑以下因素：

● 用于最终 API 产品的操作区域（包括干燥收粉、配液等）涉及物料的暴露，其环境空气的洁净度需符合无菌产品的 D 级区标准。安全门斗（缓冲间）、干燥收粉和配液均配置了高效送风口，从而保证了环境的洁净度；

● 干燥收粉和配液间内物料暴露过程中，会涉及粉尘的排放，空调系统采用的为直流风系统。直流风系统能源消耗较高，为了节约能源，在设计时考虑在排风管路安装高效过滤器，且气体进入排风机组前再次安装第二级高效过滤器，对空气中的粉尘进行了充分过滤。大大降低了排风能源回收利用的风险。该设计排风的能源主要用于新风预热；

● 由于中间品的生产处于物料暴露的状态，对温度有要求，因此环境区域需要对温湿度进行控制；

● 一般而言，如果没有易燃溶媒的存在，那么 HVAC 系统可以再循环；

● AHU 过滤初效段配备的是 G4+F6，中效段为 F8。末端过滤器的等级评定应能适应产品要求（该案例中使用的为 H13）。

3.3.7 其他药品生产空调系统

3.3.7.1 包装 / 贴签

包装 / 贴签空调系统见图 3-23。

系统设计考虑以下因素：

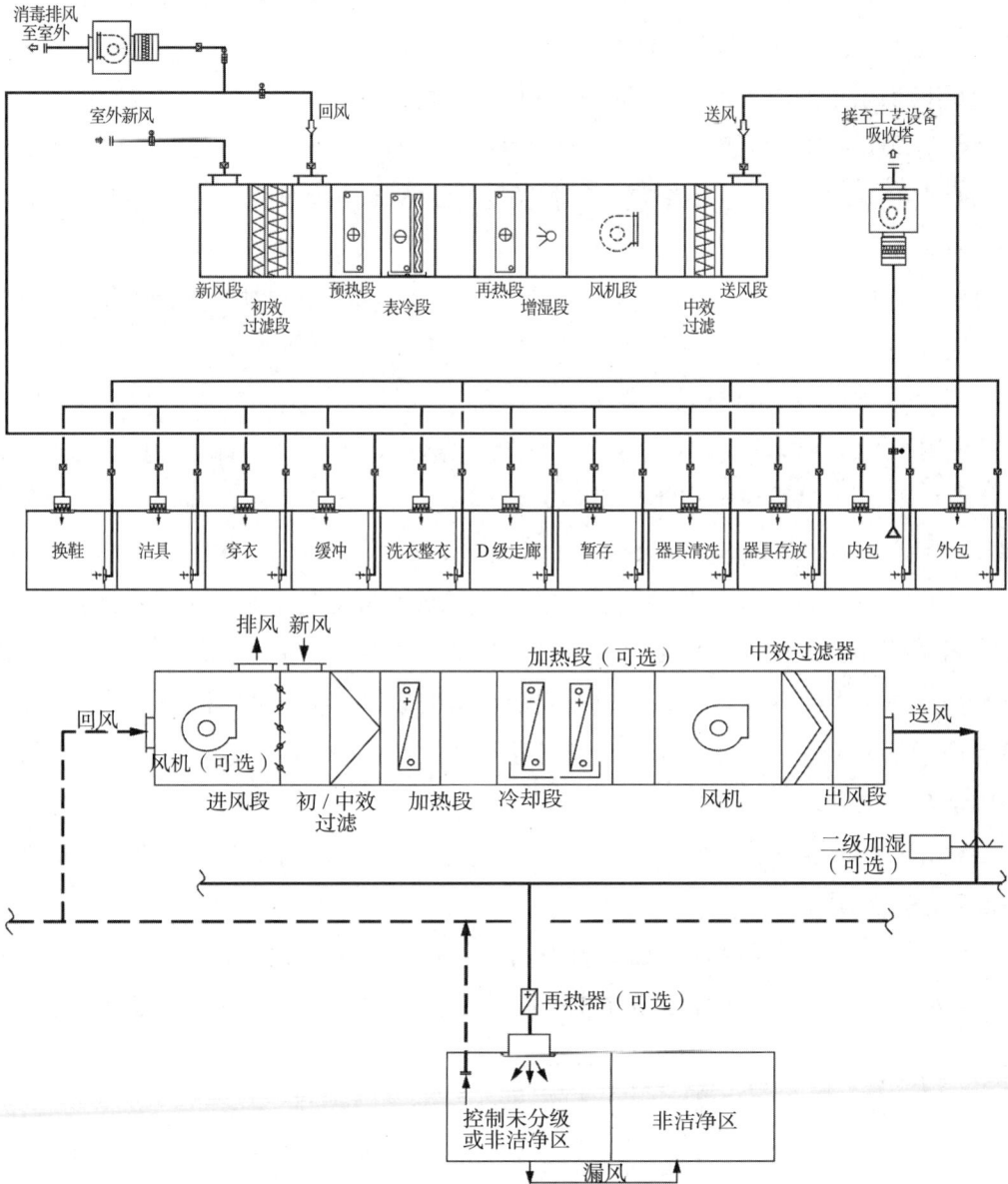

图 3-23　包装 / 贴签空调系统示意图

- 药品生产包装工序是最后一道工序，分为内包装（又称一次包装，primary packaging）和外包装（又称二次包装，secondary packaging）；

- 内包装属于产品暴露的操作，因此其生产环境属于分级区域，空气质量与主要生产区的要求相同。如涉及强效化合物的处理，为避免有效成分随内包装区空气扩散，还需仔细设计分级区的压力和气流方向；

- 外包装（例如将密封后的药品放入纸板桶或纸箱中）属于非药品暴露操作区，无洁净分级要求，但可能需要根据风险评估的结果，确定控制适当的温度范围。特定的贴签操作可能需要严格的相对湿度控制，通常不需要洁净室压力控制；

- 外包装的 AHU 可采用 G4 和 F7 过滤，一般不需要终端过滤。而内包装的空调系统中过滤器的配置同生产区的空调系统；

- 由于内包间的操作多数会涉及物料暴露，故该房间的空气通过排风过滤器过滤后，需通入工艺尾气吸收系统进行无害化处理。其他功能房间和外包间的空气可以返回空调系统进行回风利用，降低能量消耗。

3.3.7.2 化学实验室

化学实验室空调系统见图 3-24。

系统设计考虑以下因素：

- 实验室显示了五路排气管道，其中一路用于通风柜，一路用于分析设备，一路用于试剂柜，一路用于高温高湿和污染的房间，一路用于微生物实验室隔离器。剩余其他房间进行了回风利用。实验室相对于走廊或其他相邻空间保持负压。设计中应注意避免通风柜的流速较低时，被排放的固体物质沉积在管道内；

- 采用易挥发溶剂或放射性同位素的实验室相对于走廊、办公室和相邻空间应保持负压（一般通过气流流向）。分级洁净实验室空间相对于走廊、办公室和相邻空间应保持正压（一般通过气流）。如果正压空间内的活动危及走廊的空气质量，则应设置正压气锁室；

- 如果化学物品或其他危险物品采用开放式处理，则空气系统应为 100% 排气。如果能耗成本受到限制，则应评估实验室空气再循环的风险。采用手套箱可能更合理；

- 如微生物检测、中间检测或物料检测实验室不采用易挥发有机溶剂，则可以考虑实验室内的空气再循环；

- 建议采用 VAV 控制系统，通过监测性能、降低能耗来提高安全性。气流跟踪（送风与排风之间的固定差值）很常用；

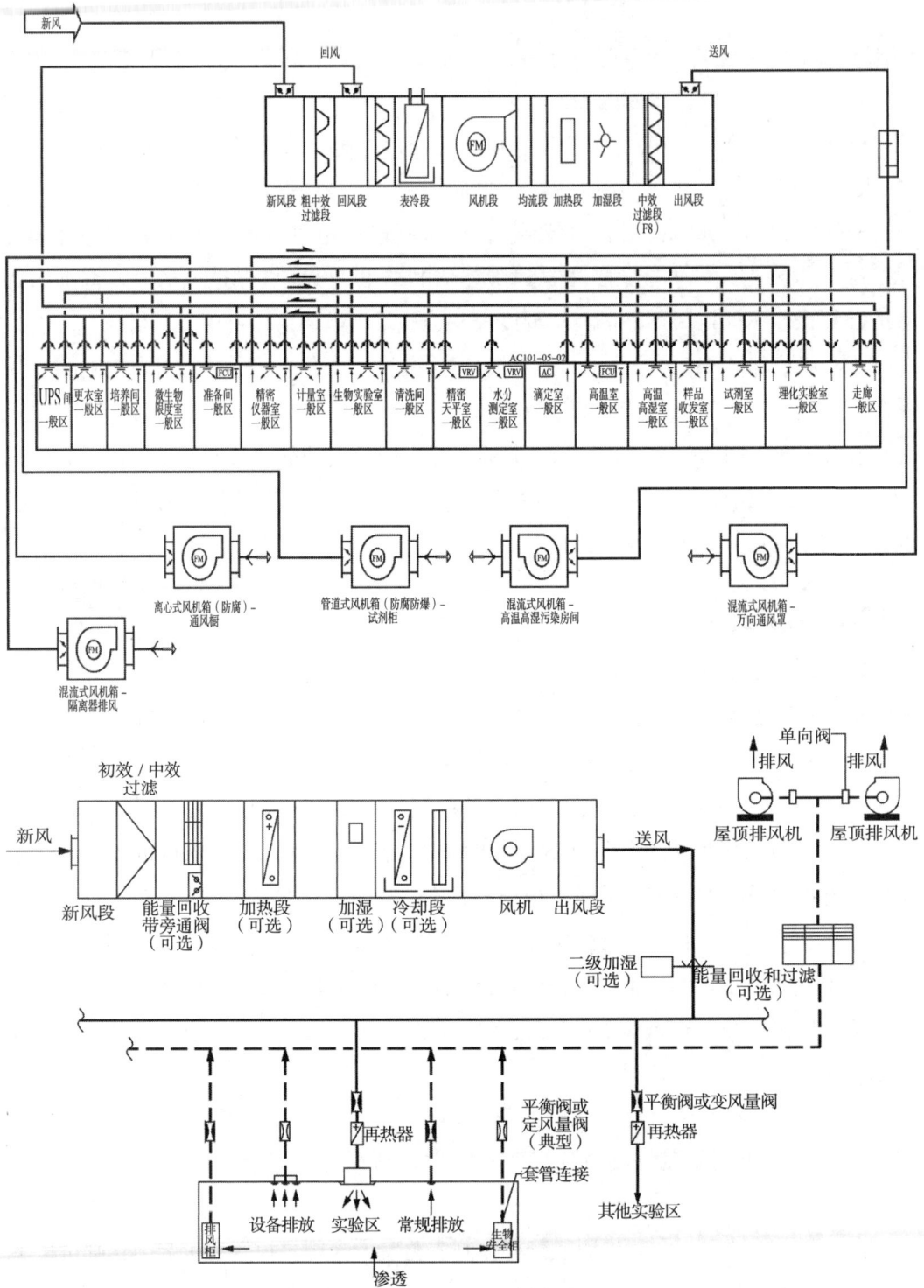

新风　回风　送风

新风段　粗中效过滤段　回风段　表冷段　风机段　均流段　加热段　加湿段　中效过滤段（F8）　出风段

AC101-05-02

| UPS间一般区 | 更衣室一般区 | 培养间一般区 | 微生物限度室一般区 | 准备间一般区 | 精密仪器室一般区 | 计量室一般区 | 生物实验室一般区 | 清洗间一般区 | 精密天平室一般区 | 水分测定室一般区 | 滴定室一般区 | 高温室一般区 | 高温高湿发室一般区 | 样品收发室一般区 | 试剂室一般区 | 理化实验室一般区 | 走廊一般区 |

FCU　VRV　VRV　AC　FCU

离心式风机箱（防腐）-通风橱

管道式风机箱（防腐防爆）-试剂柜

混流式风机箱-高温高湿污染房间

混流式风机箱-万向通风罩

混流式风机箱-隔离器排风

初效/中效过滤

新风

新风段　能量回收带旁通阀（可选）　加热段（可选）　加湿段（可选）　冷却段（可选）　风机　出风段　送风

单向阀

排风　排风

屋顶排风机　屋顶排风机

二级加湿（可选）　能量回收和过滤（可选）

平衡阀或定风量阀（典型）　平衡阀或变风量阀

再热器　再热器

套管连接

其他实验区

排风柜　设备排放　实验区　常规排放　生物安全柜

渗透

图 3-24　化学实验室空调系统示意图

- 通过传感器实现"夜间模式"能够提高 VAV 系统的节能性。如果建筑或消防所需的最低通风率大于通风柜的总排风量，则不建议采用 VAV 送风。大多数实验室的建议最低通风率为 8~12 次。对于处于使用状态的实验室而言，不建议最低通风率低于每小时 6 次；

- 除非工艺过程或研究活动需要特殊的耐腐蚀性能，一般实验室排风管、排风箱和消声器可采用镀锌钢材料。对于无法接近的实验室通风柜排风管及其附件应采用不锈钢（304）材料。如需处理大量的酸，则通风柜排风管应采用高等级的不锈钢、哈氏合金、FRP 或其他适用的材料（当存在高摩尔浓度的盐酸时，不锈钢将快速受到腐蚀）；

- 为了达到节能的目的，应考虑带有障碍物检测功能的自动通风柜关闭系统。VAV 变风量控制器不要选得过大，否则会导致气流控制不良，而且范围受限；

- VAV 变风量系统规格参数的确定应考虑多种因素，节约风量和中央供暖制冷设备的初始成本。通常取 70% 的安装负荷；但是，还应考虑通风柜的同时使用情况。如果最大流量按通风柜窗扇开启高度的 50% 来确定，则其他因素不再考虑；

- 当处于最低窗扇位置的通风柜的排风量不能满足实验室热负荷排放需要时，实验室必须另设排风系统；

- 一般排风量决定送风量。在需要额外冷却的情况下，应将排气量向上重新设定；

- 为方便维修，VAV 实验室的控制盘可以安装在实验室外墙壁上（与墙壁齐平），也可设置在专门的房间内；

- 排风系统可以用于多个通风柜的排风，但高氯酸类的通风柜排风罩必须单独排出；

- 使用的溶剂和危险物品应考虑存放在通过认证的化学贮柜中；

- 如有可能，实验室公用设施设备的热量应回收利用；

- 应在冷冻机或制冷器上配备温度报警器，并可将温度报警器连接至建筑物自动化系统（BAS）；

- 实验室可采用集中式空气处理系统，也可采用分散式空气处理系统。后者用于需要经常开启 / 关闭的实验场合；

- 送风过滤采用 MERV7 和 MERV13/14（串联）。若产品有要求，分级洁净室可能需要 HEPA；

- 排风过滤取决于应用需求。在采用能量回收的情况下，需要提供 MERV7 过滤器，有些专用通风柜的排气可能需要洗涤塔；

不建议仕产品处埋区的送风管道内安装消声器，但可将其安装在排风管道内，以降低排风阀门产生的噪声。如必须安装时，消声器必须是非脱落型的并且必须位于所有 HEPA 过滤器组件的上游。位于通风柜与风量控制箱之间的无填料式消音器可用于含化学物品的排风；

● 本部分不涉及生物安全实验室。

3.3.7.3 质量控制实验室

质量控制实验室空调系统见图 3-25。

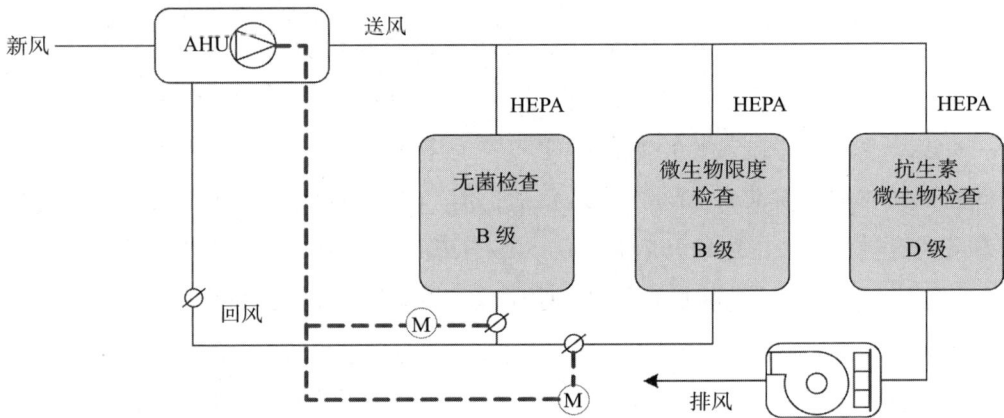

图 3-25　质量控制实验室空调系统示意图

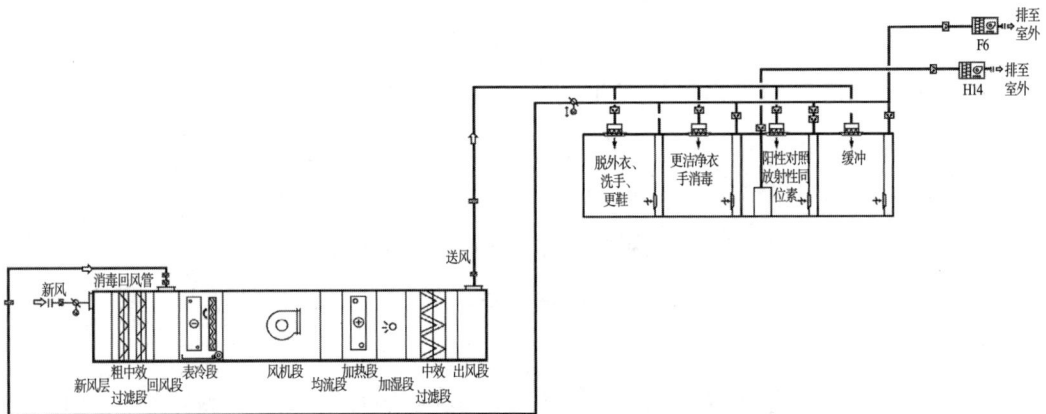

图 3-26　质量控制阳性对照实验室空调系统示意图

系统设计考虑以下因素：

● 检验、中药标本、留样观察以及其他各类实验室应与药品生产区分开；

● 阳性对照、无菌检查、微生物限度检查和抗生素微生物检定等实验室，以及放射性同位素检定室等应分开设置。质量控制阳性对照实验室空调系统见图 3-26；

• 根据《中国药典》要求：无菌检查应在隔离器系统或 B 级背景下的 A 级单向流洁净区域中进行，微生物限度检查应在不低于 D 级背景下的生物安全柜内，A 级和 B 级的空气供应通过终端高效空气过滤器；

• 抗生素微生物检定实验室、放射性同位素检定室的空气洁净度等级不宜低于 D 级；

• 有特殊要求的仪器应设专门仪器室；

• 原料药中间产品质量检验对生产环境有影响时，其检验室不应设置在该生产区内；

• 实验室净化空调系统应与药品生产区严格分开；

• 阳性对照室和放射性同位素检定室等实验室不应利用回风，室内空气经过滤后直接排至室外；

• 有活性和放射性物质的实验室的空气要直排，并经高效过滤器；而且要有正压气锁等防止室内空气外逸的措施。

无菌检查室、微生物限度检查实验室和抗生素微生物检定实验室，当各自单独设置空调系统时均可各自单独回风，但若集中合并为一个空调系统时，抗生素微生物检定实验室的空气需直排，不能利用回风（抗生素的微生物会影响无菌检查室、微生物限度检查实验室菌种的培养）。

3.3.7.4 取样／分装

3.3.7.4.1 取样／分装空调系统

取样／分装空调系统见图 3-27。

系统设计考虑以下因素：

• 取样间的空气经过过滤可以循环使用。但取样点处的排风不能循环使用。同样，溶剂取样的房间空气不可循环使用；

• 中央空气过滤至少应为 G4 及后续 F7/F8。用于无菌工艺的原料的取样／分装间的空气过滤必须符合 C 级环境标准，末端使用 HEPA 过滤器；

• 取样／分装室与其他区域之间可采用气流流向控制或压差控制的方式加以隔离；物料进行取样前，应对外包装进行清洁，通过传递窗传入取样间内；

• 粉体的取样／分装可能需要较低的相对湿度；

• 在仓库与取样室之间需要设置外清室；

• 人员进入二更间的洁净级别需与取样间的洁净级别一致；

● 取样与分装的区域分级及环境条件应与工艺生产过程相一致；

● 单向流装置通常用于取样活动的局部保护，这样，如果在指定的区域内对多种物料进行取样或分装，则灵活性更强；

● 危险物品的取样或分装考虑 LEV。可考虑专为此类物品取样而设计特殊的排风罩。

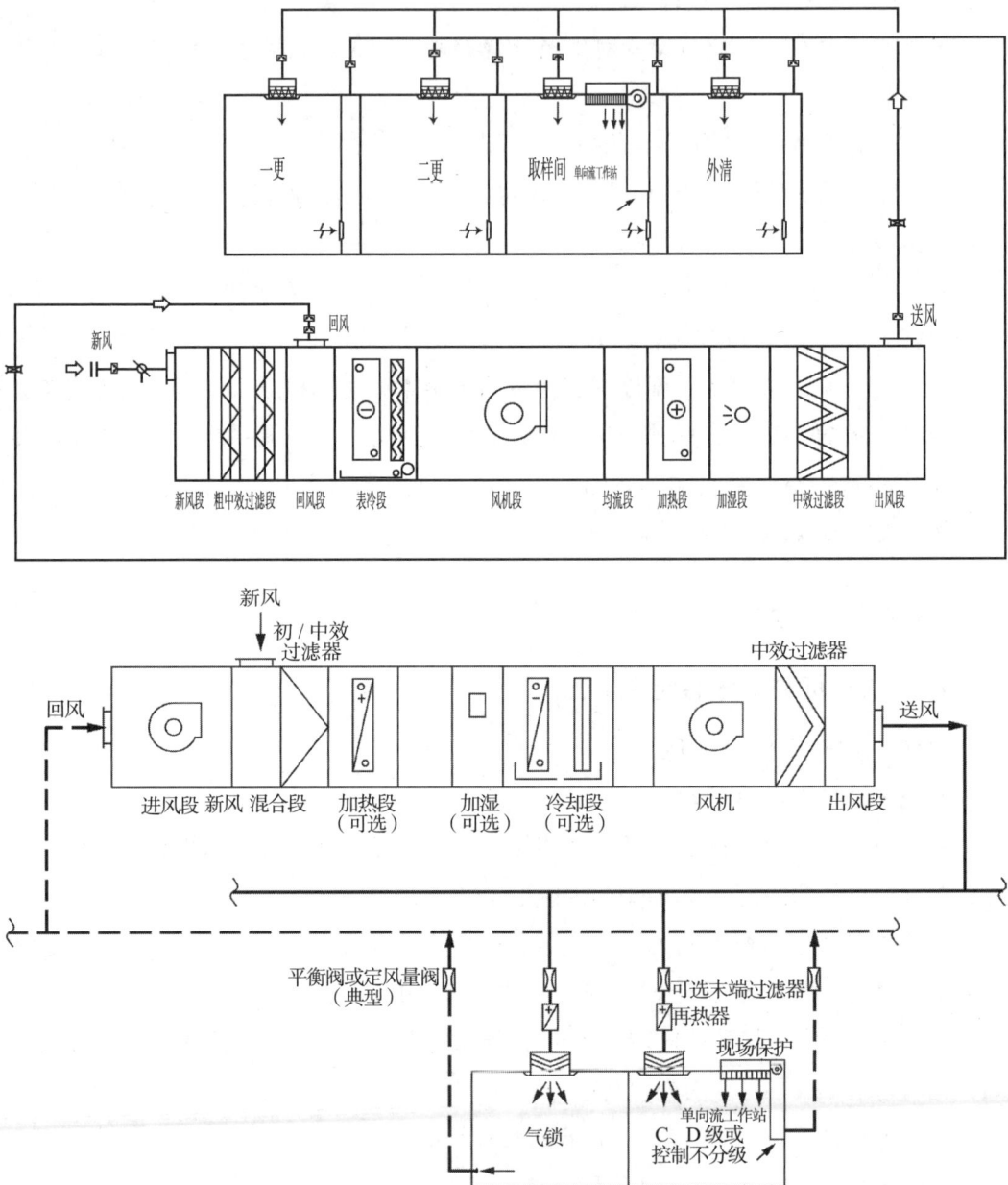

图 3-27　取样 / 分装空调系统示意图

3.3.7.4.2 单向流工作室

单向流工作室是一个"成套"的暖通空调系统，由空调系统、侧墙、吊顶空间及低速低位回风（工作室内前侧）等共同组成。该工作室的设计意图是在处理危险物品时，为操作人员提供保护。单向流工作室的设计示意图见图 3-28。

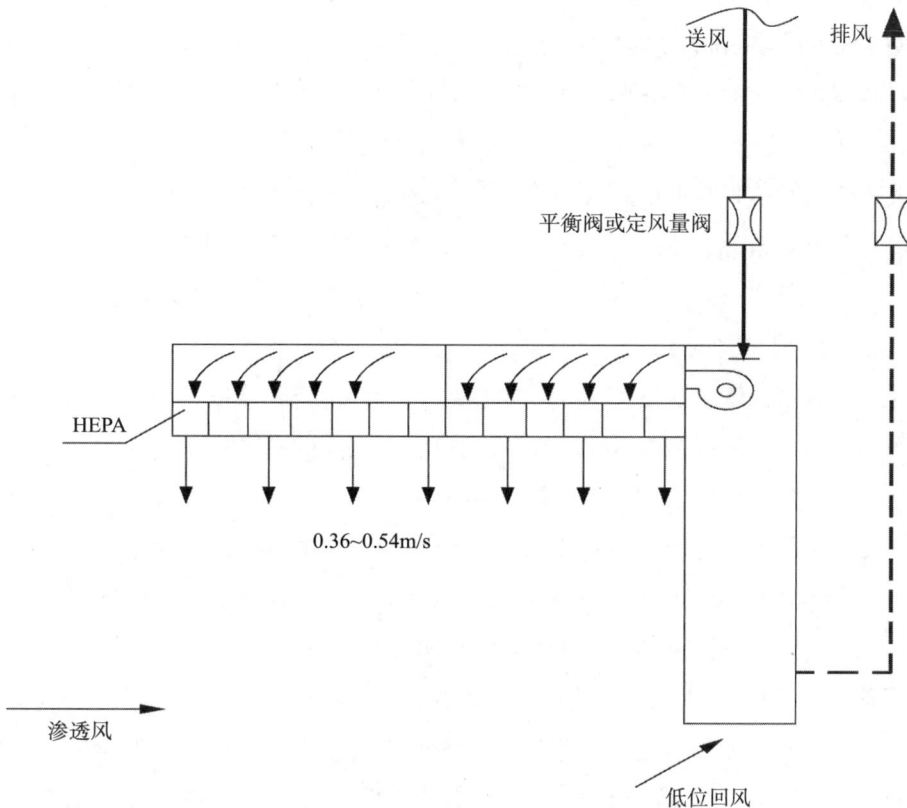

图 3-28 用于局部保护的单向流工作室

送风 HEPA 过滤器（一般为安全更换型装置）可以安装在风管系统内，从风机到天花板静压空间，天花板应采用适当的材料，确保空气的均匀垂直层流，或者工作室的天花板直接由 HEPA 过滤器组成。由于采用了高压降的材料，因此系统就产生了从天花板垂直向下的均匀高速流。

较高的换气次数意味着来自风机的热量将积聚在工作室内。因此，系统一般需要安装冷却盘管，以保持工作室内的温度。

有一小部分空气（通常在 10% 左右）从工作空间排出，在工作室的前侧形成向外的气流，从而提供防护；一般情况下，系统在前侧安装有围帘，以使流出的空气保持较低水平。

3.3.7.5 仓库

系统设计考虑以下因素：

● 制药厂仓库包括原辅料仓库、包装材料仓库和成品仓库。仓库的温湿度控制应根据被贮存物品的性质而确定；

● 成品的贮存温度和相对湿度根据产品参数、药典规定和其他资料确定。《中国药典》对药品的贮存温度分为"阴凉处""凉暗处""冷处"和"常温"等四种情况，具体的贮存温度分别是：阴凉处，≤ 20℃，凉暗处，避光且≤ 20℃，冷处，2~10℃，常温，10~30℃；

● 某些药用包装材料的贮存需要合适的温湿度条件，如硬胶囊壳，为防止其因温湿度过高而软化粘连或温湿度过低而硬化断裂，要求其贮存的温度范围在15~25℃之间，相对湿度范围在35%~65%之间。从节能角度考虑，可在仓库内单独辟一个贮存间并配备相应的独立空调系统；

● 仓库应有"温度分布图"，以识别通常的"热点"和"冷点"，以及不能放置物料的位置，并确定这些位置与室内传感器测量温度之间的关系；

● 建议为高货架仓库绘制温度极限分布图；

● 电动叉车的电池充电区应根据叉车电池容量、充电电流以及充电区空间体积来确定是否需要专用排风以及所需的排风量，以排出铅/酸电池充电时释放出的氢气；

● 贮存疫苗的仓库应配备至少两个独立冷库；冷库制冷设备应配备备用发电机组或者双回路供电系统；配备冷库温度自动监测、显示、记录、调控、报警的设备；

● 企业应当对冷库温湿度监测系统设施设备进行使用前验证、定期验证及停用时间超过规定时限的验证；应当根据验证确定的参数及条件，正确、合理使用相关设施设备；对相关设施设备及监测系统进行定期验证，以确认其符合要求。《药品经营质量管理规范》（2016年版）中要求定期验证间隔时间不超过1年；《药品经营质量管理规范》（2016年版）附录5第六条规定：企业应当根据验证的内容及目的，确定相应的验证项目；

冷库验证的项目至少包括：

①温度分布特性的测试与分析，确定适宜药品存放的安全位置及区域；

②温控设备运行参数及使用状况测试；

③监测系统配置的测点终端参数及安装位置确认；

④开门作业对库房温度分布及药品储存的影响；

⑤确定设备故障或外部供电中断的状况下，库房保温性能及变化趋势分析；

⑥对本地区的高温或低温等极端外部环境条件，分别进行保温效果评估；

⑦在新建库房初次使用前或改造后重新使用前，进行空载及满载验证；

⑧年度定期验证时，进行满载验证。

● 常温产品也是温度敏感产品，也需对常温库进行温湿度分布验证，并考虑季节变化或者存储区发生重大改变时进行。储存区域在使用前应该进行在规定条件下的初始温度分布测试，温度监测设备应根据温度分布测试的结果进行安装，确保监测装置安放在温度波动最大的地方。

3.3.7.6 生物安全实验室

3.3.7.6.1 普通二级生物安全实验室

暖通空调系统作为生物安全实验室的重要系统，其主要功能是为实验室工作人员及周围的环境提供保护，同时避免交叉感染，为了达到这个目的，暖通空调系统需要提供新风、控制温湿度、减少异味和污染。有效地避免实验室之间以及与其他区域的交叉污染。普通二级生物安全实验室配置有生物安全柜时应设置机械通风系统，设置内循环型生物安全柜的实验室应设置全室排风系统，而全排型生物安全柜需要设置独立于建筑物其他公用通风系统的专用风机及管道。

生物安全实验室的空调及通风系统，设计应根据操作对象的危害程度、平面布置、风险评估等情况，经技术、经济比较后确定，普通二级生物安全实验室一般可选择采用全空气系统、"空气－水"系统、变冷媒流量多联空调机系统或分体空调等多种形式（图3-29，图3-30）。

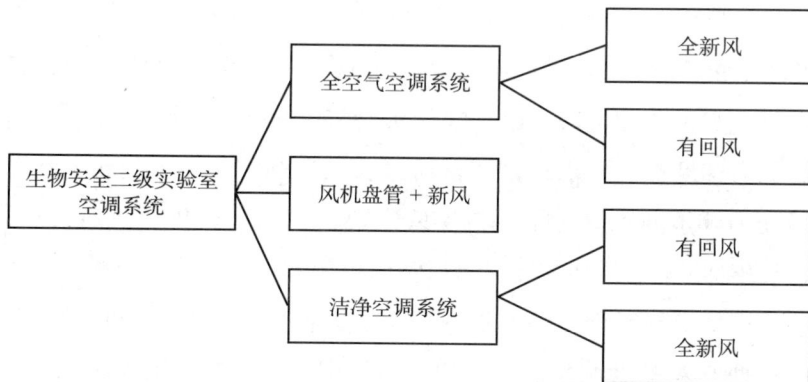

图3-29 普通型二级生物安全实验室空调系统形式

3.3.7.6.2 加强型医学二级生物安全实验室

加强型医学二级生物安全实验室的空调通风系统，除需满足普通二级生物安全实验室的设置要求外，现行标准 T/CECS 662《医学生物安全二级实验室建筑技术标准》对其排风做了特别要求：加强型医学二级生物安全实验室排风应经高效空气过滤器过滤后排出。

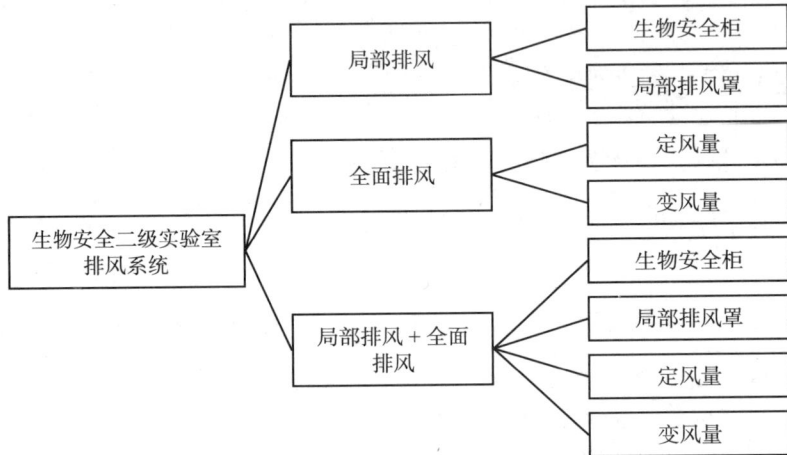

图 3-30　普通型二级生物安全实验室排风系统形式

加强型医学二级生物安全实验室，建议每个单元设置一套独立的空调通风系统，送风、新风系统至少需设置初效加中效过滤器。排风系统不与其他实验单元合用，排风机根据需要宜设置备用风机，排风侧设置高效过滤器。根据实验室所使用的生物安全柜的不同类型，即"全排型生物安全柜"或"内循环型生物安全柜"可进一步划分，以全空气空调系统为例作进一步说明。

带内循环生物安全柜的加强型医学实验室暖通空调系统原理见图 3-31，一般送风侧采用定风量阀（文丘里阀或电动蝶阀），保证风量在风压波动时保持相对稳定，排风侧根据压力梯度控制要求或余风量通过变风量阀（文丘里阀或电动蝶阀）进行调整以满足压力梯度要求。为了保持实验室要求的负压，排风机应与送风机联锁，排风先于送风开启，后于送风关闭，维持室内负压。

对于带全排型生物安全柜的加强型医学二级生物安全实验室暖通空调系统原理见图 3-32，一种典型的做法是额外增加一组生物安全柜的专用排风机，为了防止生物安全柜内的有害生物因子外溢，生物安全柜专用排风机应与房间排风联锁，始终保持负压。

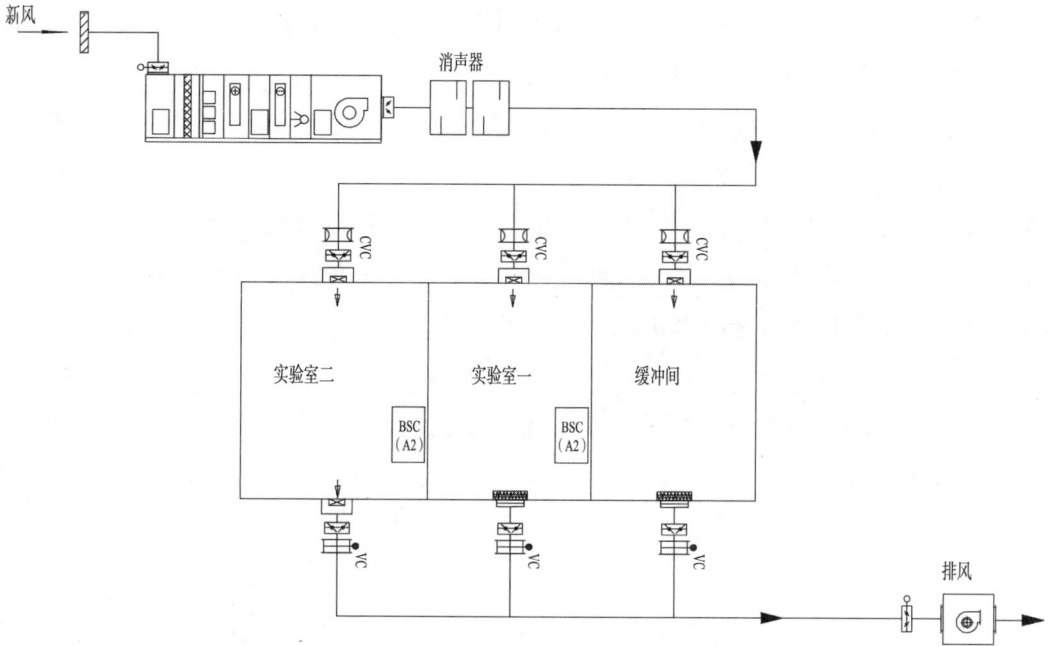

图 3-31　带内循环生物安全柜的加强型医学二级生物安全实验室暖通空调系统原理图

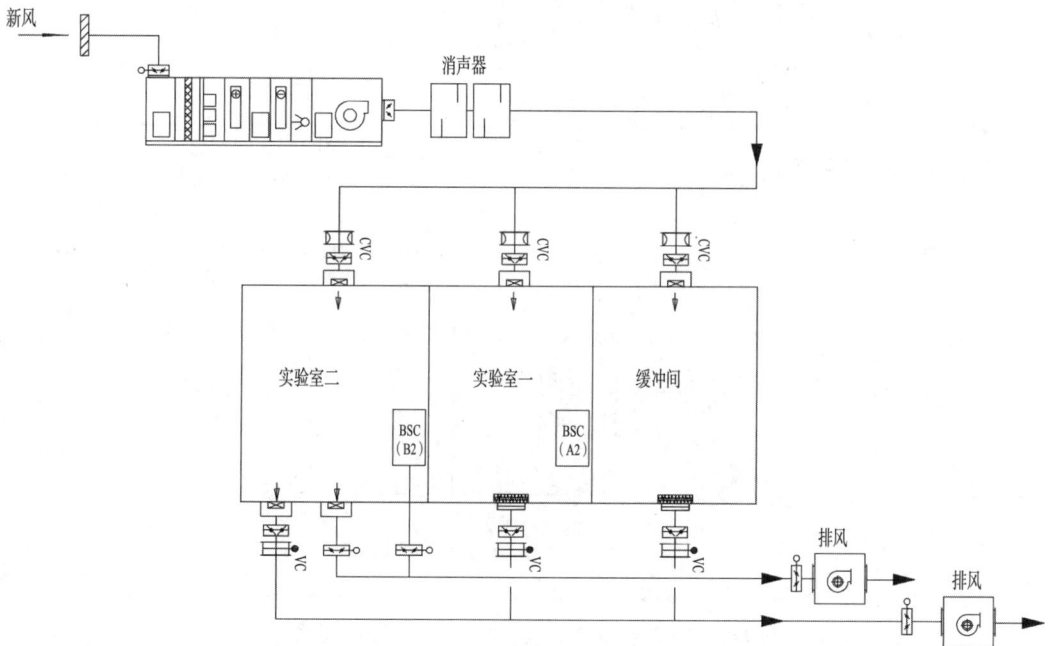

图 3-32　带全排型生物安全柜的加强型医学二级生物安全实验室暖通空调系统原理图

3.3.7.6.3　动物二级生物安全实验室

动物生物安全实验室的生物安全防护原则与防护设施，与微生物生物安全实验室基本类似，由于 a 类、b1 类动物二级生物安全实验室对洁净度、换气次数以及负压均无特殊要求，现对 b2 类动物二级生物安全实验室进行介绍。

b2 类动物二级生物安全实验室内，一般设有独立通风笼盒系统作为一级屏障，其送、排风量取决于笼盒数量、设计通风换气次数等，一般换气次数在 40~70 次 / 小时范围内，排风通常经专用排风机排出室外，不可直接排放到室内。气流组织应控制进入室内空气流动方向及各区域间空气流动方向，避免交叉污染。实验室宜采用全新风通风换气形式，稀释及消除空气中的臭味、微生物、病毒、有害化学及辐射性物质等。

应保证其换气量及空气过滤质量，避免实验室各区域的污染扩散到其他房间，实验室内应维持适当负压。不同的区域皆应能满足其各自需求之不同温湿度、洁净度要求（图 3-33）。

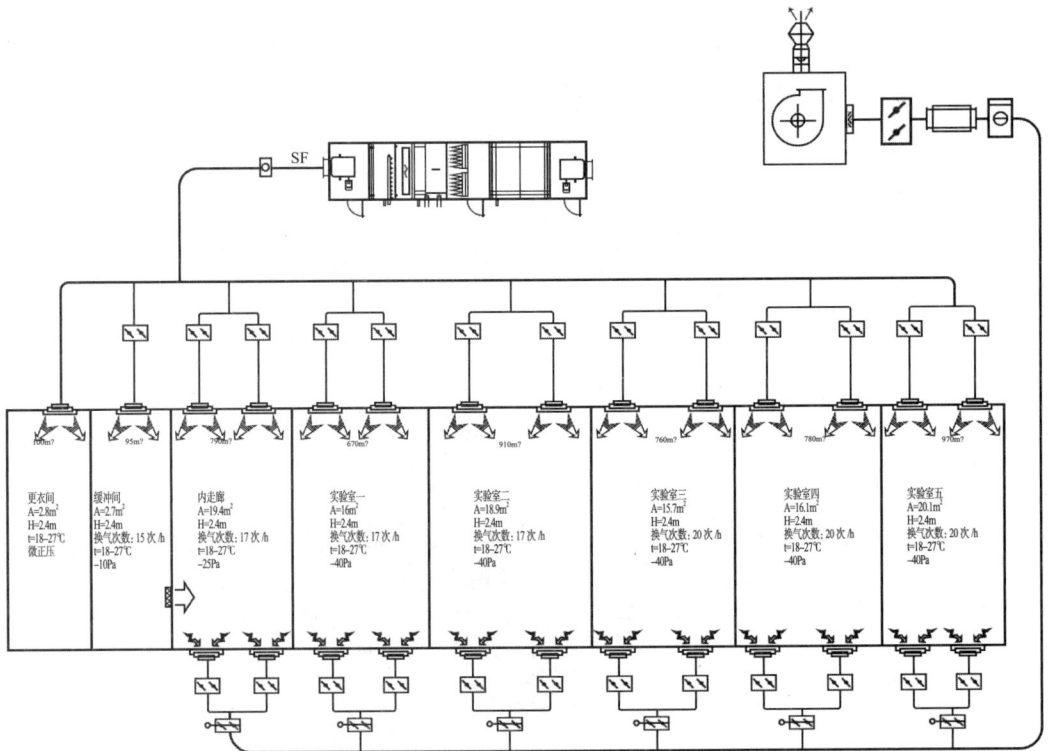

图 3-33　b2 类动物二级生物安全实验室空调系统

3.3.7.6.4 生物安全三级实验室

BSL-3 实验室属于高等级生物安全实验室，虽然群体危害低，但具有高个体危害，在实验室建造时应实施一级屏障和二级屏障。BSL-3 实验室的防护愈加重要。

防护的原则首先是在一级屏障中将污染控制在源头，通过二级屏障控制可能经由人为或意外事故导致的风险。

设计与建造的关键点包括：对围护结构的气密性要求，有序压力梯度和定向流要求，废气、废水、固体废物的三废处理要求。对于 BSL-3 而言，生物安全防护区内形成相邻房间的压力梯度和定向气流是必需的，围护结构的气密性要求根据实验室的类型有所不同。三废处理原则为废气通过高效过滤后排放，废水、固体废物采用高压灭菌处理，处理方式略有不同。

按照 GB 50346《生物安全实验室建筑技术规范》的规定，BSL-3 实验室基本在疾病预防控制中心及农业、检验检疫、科研部门、高等院校和制药企业使用。按照 GB 50346《生物安全实验室建筑技术规范》的规定，BSL-3 实验室根据所操作致病性生物因子的传播途径可分为 a 类和 b 类（表 3-14）。

表 3-14　三级生物安全实验室参数

级别	相对于大气的最大负压（Pa）	与室外方向上相邻相通房间的最小负压差（Pa）	洁净度级别	最小换气次数（h^{-1}）	温度（℃）	相对湿度（%）	噪声[dB（A）]	维护结构严密性
BSL-3 中的 a 类	-30	-10						所有缝隙应无可见泄漏
BSL-3 中的 b1 类	-40	-15	7 或 8	15 或 25	18~25	30~70	≤ 60	
ABSL-3 中的 a 类和 b1 类	-60	-15						房间相对负压值维持在 -250Pa 时，房间内每小时泄漏的空气量不应超过受测房间净容积的10%
ABSL-3 中的 b2 类	-80	-25						

通风是世界公认的防护设施中控制气溶胶的关键措施，避免工作人员、样本、实验及实验室外部环境受到含病原体和其他污染物的气溶胶影响。与防护设施中通风相关的因素包括定向气流、换气次数、邻室压差和风速。暖通空调系统为满足高生物安全风险车间和 GMP 药品生产质量管理的双重要求，应遵循避免系统间交叉污染、系统安全可靠、保证房间洁净度及严禁病毒外泄的原则。

BSL-3 实验室由于采用全新风系统，新风过滤一般设置三级空气过滤器，即粗效 – 中效 – 高效过滤器（图 3-34）。

3.3.7.6.5 PCR 实验室

PCR 实验室，又称为基因扩增实验室，是专门用来检验病毒感染性疾病的专用特殊实验室。PCR 是聚合酶链式反应的简称，它是一种分子生物技术，用于放大 DNA 片段，可看作生物体外的特殊 DNA 复制。原则上 PCR 实验室需设置 4 个区域：试剂储存和准备区、标本制备区、扩增区、产物分析区。

国家现行标准 GB 50881《疾病预防控制中心建筑技术规范》对 PCR 实验室的各项设计参数进行了规范与要求，PCR 实验室各区域并没有净化控制要求，但为了避免交叉感染，通常采用全送全排的直流空调系统，并且需要严格控制好送风、排风的比例，保证各实验区域的压力梯度。

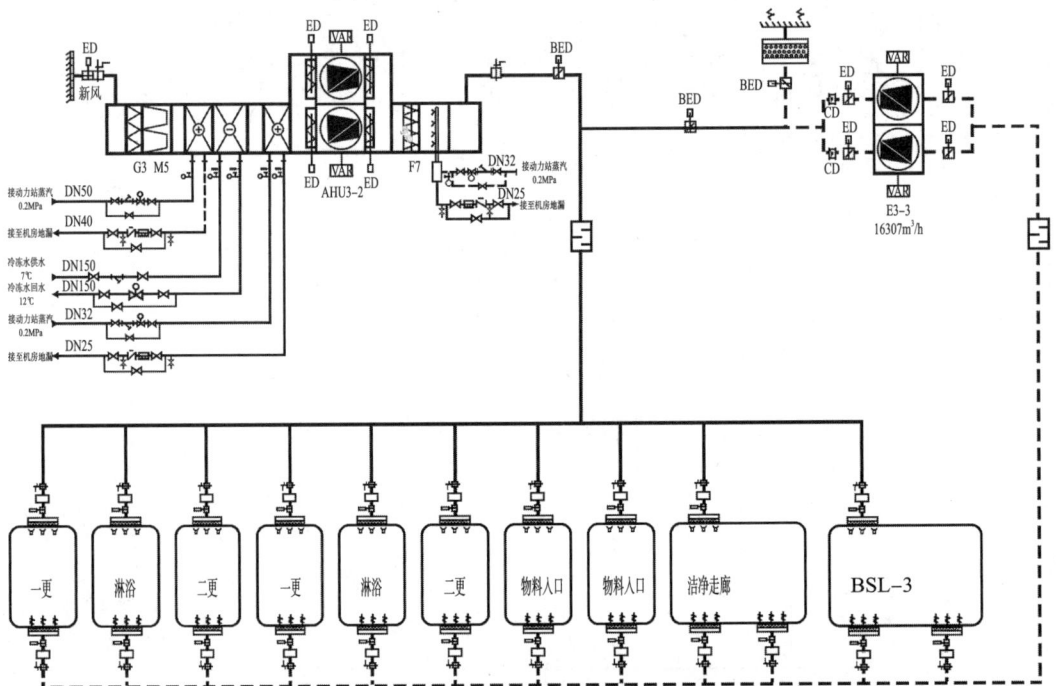

图 3-34 三级生物安全实验室暖通空调系统

组合型 PCR 实验室的空调负荷、换气次数等要求与二级生物安全实验室原则一致。PCR 实验室的暖通空调系统需设置独立的一套全新风空调系统，PCR 实验室无空气净化的强制性要求，因此只需要设置初加中效过滤器即可，不同房间的排风宜设置止回装置，排风机吸入侧设置活性炭等生物净化装置。

通常设置 1 套空调送风系统、3 套排风系统。排风系统具体分区：样本制备区属于 BSL-2 实验室，应独立设置 1 套排风系统；PCR 走廊、试剂存储和准备及其缓冲间属于清洁区，而扩增及产物分析区及其缓冲间属于污染区，为避免各区之间产生交叉感染，同时也为了方便后期的调试和控制，宜分别设置 1 套排风系统（图 3-35）。

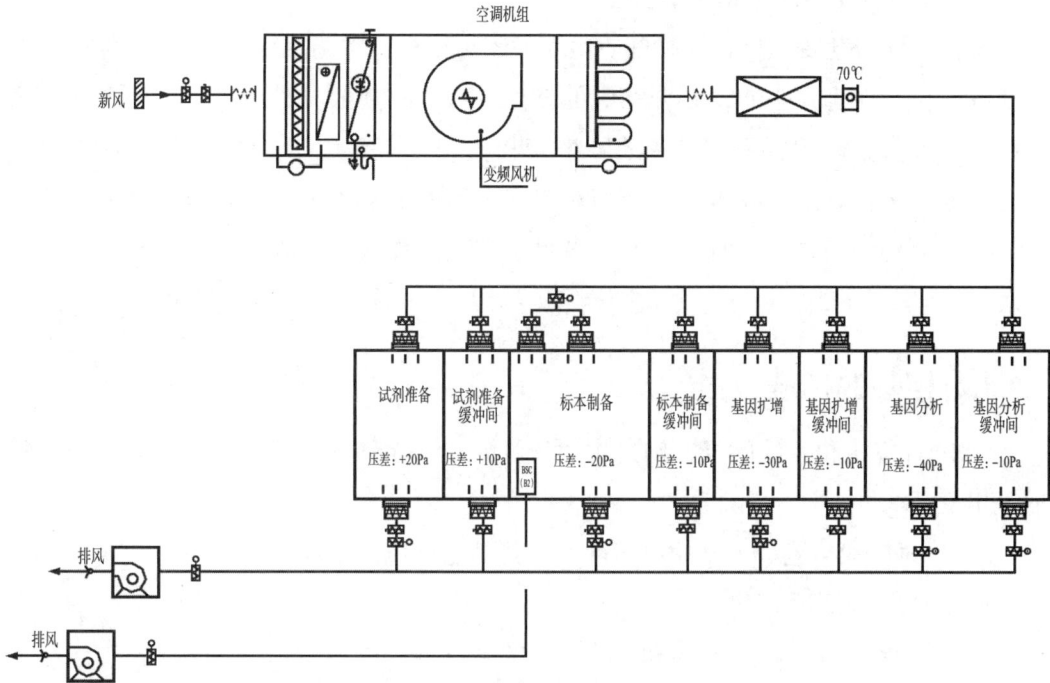

图 3-35　PCR 实验室空调系统

3.3.8 楼宇管理系统

3.3.8.1 概述

楼宇管理系统（BMS）是将建筑物或建筑群内的暖通空调、给排水、供配电、电梯、照明等设备实行集中监视、管理和分散控制的建筑物管理与控制系统，使设备安全、可靠运行，提供节能、舒适的工作环境。

楼宇管理系统控制主要分为三类：

- 空调箱控制（洁净型、舒适型、全新风式等）；
- 公用工程控制系统（冷冻水、冷却水、工艺冷却水、蒸汽等）；
- CU 系统（纯化水、注射水、配液等）只监不控。

空调系统 BMS 用于监视和控制洁净室，如温湿度、风量、压差等关键运行参数。通过调整空调机组的送风机频率，提供合适的风压到洁净室；通过调整房间送风阀、排风阀和回风阀，使得房间压差满足规定的范围；通过调整新风和回风的比例，补充合适的新风量；在空调机箱处配备冷冻水、蒸汽管路，通过盘管对用风进行温度调控，以满足洁净室温度要求；在空调机箱处配备加湿器，对用风进行相对湿度调控，以满足洁净室相对湿度要求。

随着科技的发展，制药行业自动化水平逐步提高，空调系统 BMS 将计算机、仪表和电控技术融合在一起，结合相应的软件，可以实现数据自动采集、处理、工艺画面显示、参数超限报警、设备故障报警和报表打印等功能，可不断地监视风机、过滤器等的运行状态，收集温度、相对湿度、压差等有关参数，并对主要工艺参数形成了历史趋势记录，随时查看，并设置了安全操作级别，既方便了管理，又使系统运行更加安全可靠。

3.3.8.2 相关的标准

GMP 计算机化系统附录，阐述了关于计算机化系统实施原则、人员、系统、验证等相关要求。

欧洲 GMP 第 4 卷，人畜用医药产品：药品生产质量管理规范。

- 附录 1：无菌药品生产
- 附录 2：人用生物原料药和医药产品的生产
- 附录 11：计算机化系统
- 附录 15：确认和验证

美国联邦法规全书（CFR）– 第 21 篇 – 食品和药品：

- 第 11 部分：电子记录和电子签名
- 第 210 部分：生产，加工，包装或保存药品的现行药品生产质量管理规范
- 第 211 部分：药物成品的现行药品生产质量管理规范

国际制药工程协会（ISPE）：

- 第 5 卷：调试和确认，2019 年
- 良好自动化生产实践指南 – 遵从 GxP 计算机化系统监管的风险管理方法

3.3.8.3 空调系统 BMS 的设计和实施

3.3.8.3.1 系统的组成

空调系统 BMS 主要由以下几部分组成（图 3–36）：

- 现场执行层：温湿度传感器，压力传感器，风阀执行器，水阀执行器等；
- 现场控制层：PLC 系统（HMI，CPU，通讯模块，数字量模拟量模块等）；
- 通讯层：交换机，光电转换器，通讯转换模块等；
- 监控层：监控主机（服务器，操作站，工程师站等），打印机，UPS 电源，监控软件（操作系统，组态软件，审计追踪，数据库等），短信报警等。

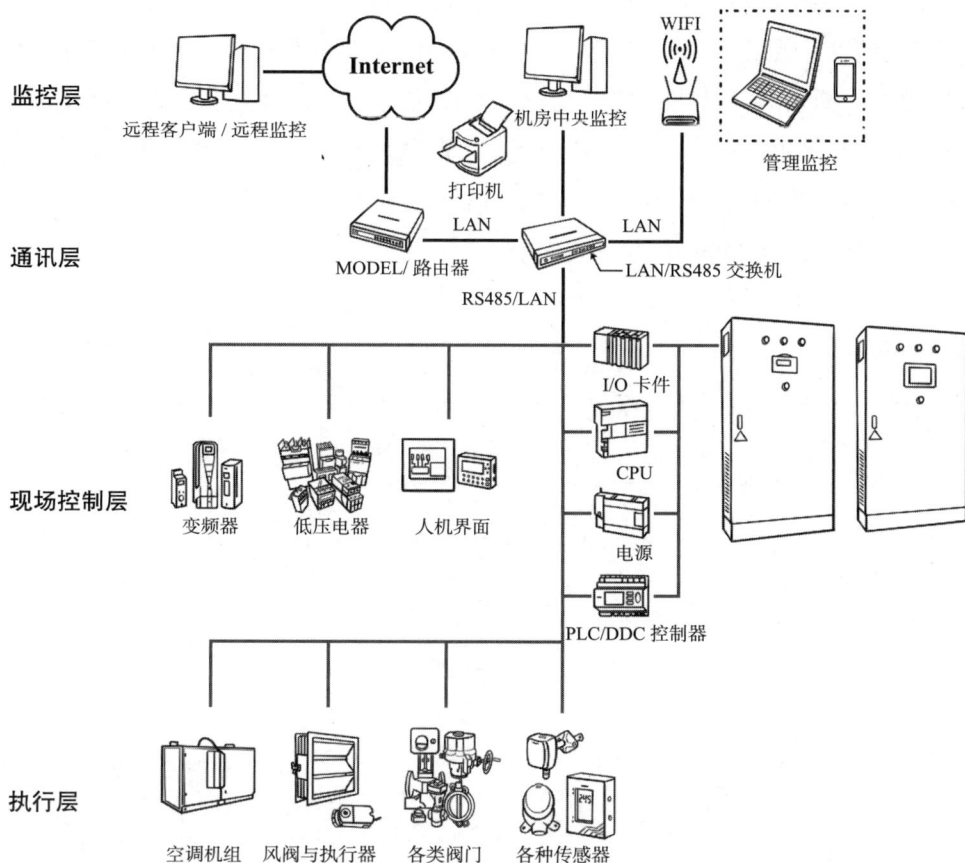

图 3-36 空调系统 BMS 示意图

3.3.8.3.2 系统的设计

➤温湿度控制设计

回风温湿度作为主控参数，送风温湿度作为辅控参数。采用这种控制方式的主要目的在于：空调系统是个大惯性系统，滞后量非常大，如果纯粹回风温湿度控制造成阀门的开度和接收到的温湿度信号不能完全对应，会导致阀门波动增大。采用主从控制的好处是从控参数送风温湿度能及时感应到阀门开度变化导致的温湿度波动并对此进行修正（图 3-37）。

使用串级 PID 主从控制算法通过回风温湿度设定值和回风温湿度实测值比较进行 PID 运算，输出控制变量，把输出的控制变量和送风温湿度实测值再进行 PID 运算，输出的控制变量可以使任意一个输出值只能对应唯一阀门的开度。这样同时兼顾了系统的节能和系统的稳定性。

另外，通过各个季节气候的特点设置相应的控制模式。湿空气各种参数在焓湿图中大致分为四个区域：高温高湿（夏季）、低温低湿（冬季）、高温低湿或低温高湿（过渡季节），所以可以测量室外的温湿度将温湿度的模式分为冬季、夏季和过渡季节的模式。编程时需考虑到季节变化和节能措施，例如对温度控制不会出现加热和降温同时开启的情况，一定是在一个功能调节全部关闭后才开启另一功能调节，这样也避免冬夏季阀门控制切换的问题。故在系统中设置了冬夏季切换按钮，其最主要的是切换了温湿度控制的目标设定点。

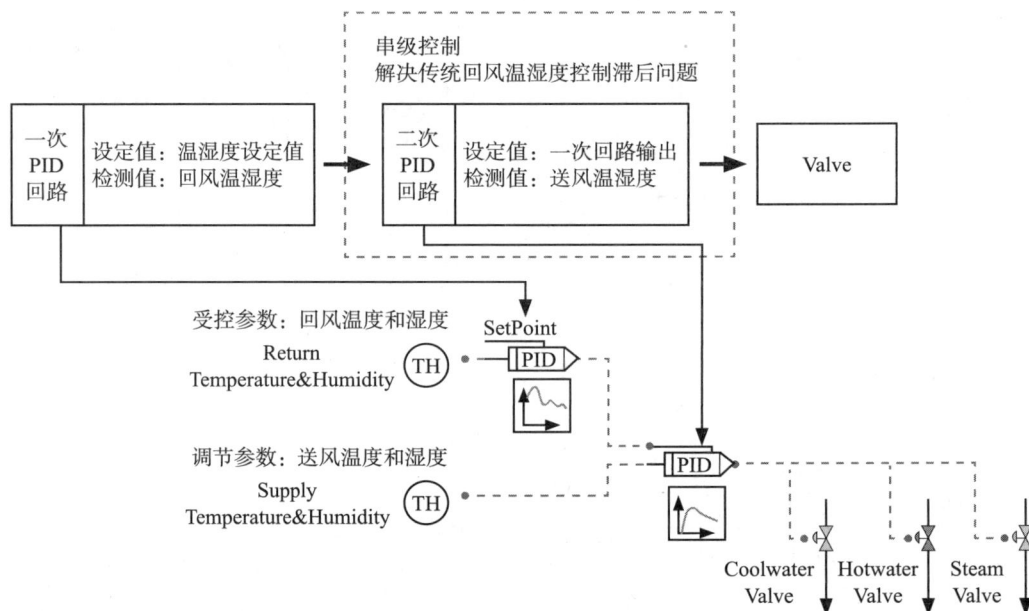

图 3-37　空调系统 BMS 温湿度控制示意图

注：程序根据回风温湿度和系统设定值的一次 PID 计算出中间输出值，然后根据中间输出值和送风温湿度的第二次 PID 运算，得出阀门控制开度。

整个过程送风、回风温湿度都参与控制。

同时保证送风温度的最低值，使不会接近送风的露点值。

冬季时，温度调节按照图 3-38 左边曲线调节，即温度越高则蒸汽阀开度越小，通过优化计算（PID+ 送风温度前控制）保证回风温度恒定。

夏季时，温度调节按照图 3-38 右边曲线调节，即温度越高则冷水阀开度越大，通过优化计算（PID+ 送风温度前控制）保证回风温度恒定。

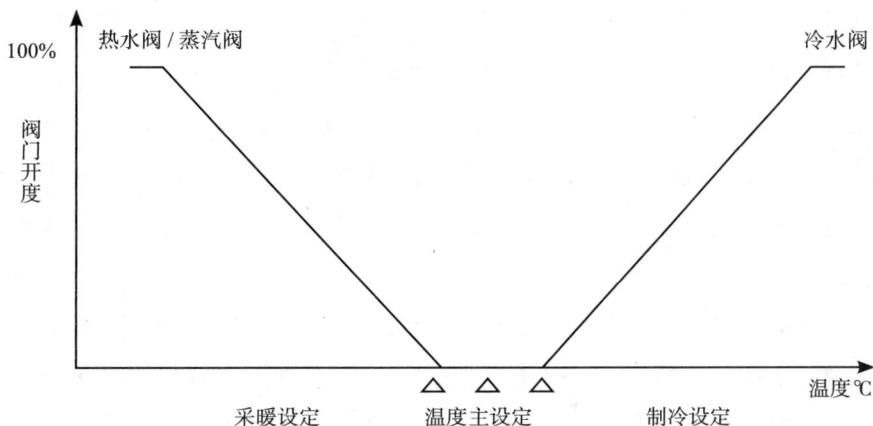

图 3-38 空调系统 BMS 温度控制示意图

除湿控制根据相对湿度进行冷水的比例控制，温度控制与相对湿度控制同时操作冷水阀时取大值；蒸汽阀按照图 3-39 左边曲线调节开度，优化计算达到加湿效果；通过送风温湿度传感器对相对湿度进行实时的超限检测，相对湿度过高时停止蒸汽加湿阀，保护高效过滤器。

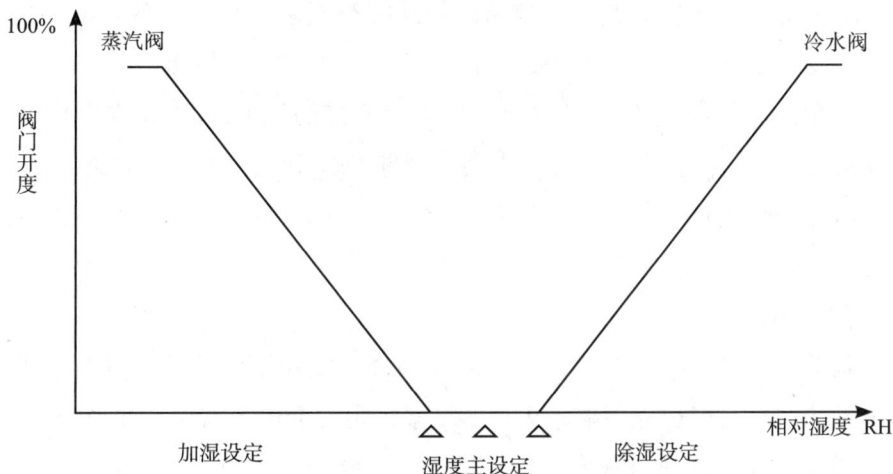

图 3-39 空调系统 BMS 湿度控制示意图

➢压差控制设计

对于房间压差控制，有自动和手动两种基础控制方式。

手动系统的复杂程度低，成本低廉，调试和鉴定的难度要求低，但缺乏灵活性，而且需要定期的检查和调整。

全自动系统的复杂程度较高，成本较高，调试和验证的难度要求高，更容易引发干扰，但具有非常好的灵活性，能够确保测量的统一性，并具有较高的可靠性（只要指定正确的硬件）。

室内压差控制在净化空调系统中是一个非常重要的环节。只有通过对净化区域的压差进行控制，保证合理的气流组织，才能达到净化和工艺的要求。例如洁净厂房必须保持一定的正压使外界未经净化的空气不会进入净化区域，保证洁净级别；并且通过对各净化区域的不同的压差控制，达到净化分区的作用，在 GMP 中就要求不同净化级别区域的压差应不小于 10Pa。因此对于净化空调系统来说，压差控制是非常重要的。

HVAC 系统阻力变化，主要是过滤器阻力的变化，会引起送风量的变化，影响室内压差的波动。采用变频电机驱动送风机，以实际送风量与设定送风量之差进行风机转速控制，维持风量一定。

室外风压的变化（室外风向及风速等引起），会影响洁净室的压差风量，引起室内压差的波动。解决对策：采用气密性好的围护结构及门窗、建立必要的压差梯度。当室外风压对洁净室最不利时，尚能维持洁净室内的一定压差而不致出现问题。

洁净室门的启、闭，会引起洁净室压差的波动。门开启时，两洁净室的压差不能维持，空气会双向交换，其交换量与两室间的空气温差有关，亦与人的走动以及送、排风口与门的相对位置等有关，为防止反向流的出现，则流经门的空气速度应 > 0.2m/s（ISO 14644–4 中提及的维持低压差时所需的气流速度）；在工程中，国外常采用 0.25~0.5m/s 的气流速度。在此风速下才能保持低压差而无反向流出现。

房间压差的稳定性控制通常采用定送定回、定送变回、变送变回系统以保证房间压差的稳定。

➤ 风量控制设计

由于制药厂洁净室的空气洁净度要求比较高，需设置多重过滤器来过滤处理空气。各级过滤器在运行过程中随着积灰的增多，阻力会逐渐增大，如采用定频风机，初期阻力较小，风机的送风量偏大，通过调节风阀控制风量，一方面容易造成洁净区压差的不稳定，而且还会造成能源浪费；末期阻力加大，风机的送风量减少，可能又达不到净化要求。采用变频调速风机可以保持系统的风量恒定，从而使洁净室压力稳定，避免影响净化效果，并达到节能的目的（图 3–40）。

各净化空调送风系统均设有风机变频控制，根据送风总管上设置的风量传感器所监测的数据与设置值进行比较，自动调节电流和频率，改变风机转速，使该点的风量值保持在恒定的设定值，进而保证整个系统的运行风量达到生产工艺要求。送风风量传感器一般安装在送风母管直管段前端位置。

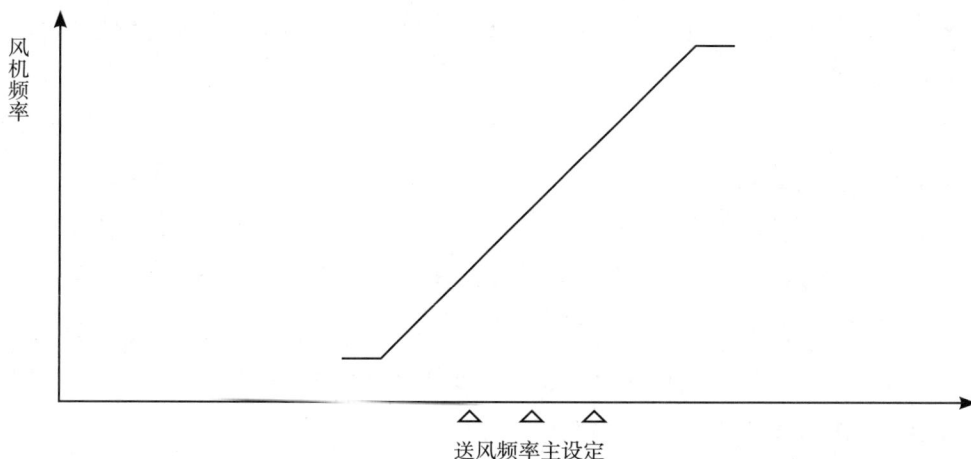

图 3-40 空调系统 BMS 送风控制示意图

由于送风机的能耗在整个空调系统占有重要的比重，所以，如果在掌握了送风机动力特性的条件下，在控制风量及静压的同时保证对送风机的调节能够使它的能量消耗尽量的小，将可以有效地降低整个系统的能耗水平。

当风量传感器出现故障时（比如出现线路故障时），PLC 控制器会自动启动应急措施，自动停止变频定风量控制策略，改成定风机频率控制策略。

新风量控制采用调节型风阀的形式，因为空调机组在不同的工况下，其开度也是不一样的，生产模式下开度较值班模式下的开度大，而消毒模式和消毒排风模式下其开度也是不一样的。每套空调的新风阀开度都将由后期调试后所需的开度决定。

➢ 软件功能设计

● 系统通常采用标准网络协议 TCP/IP，并且符合远程通讯管理和计算机技术发展趋势的要求；

● 采用模块化设计，方便系统的硬件升级和扩展；

● 系统保存有最终版的备份，防止系统不可逆转的损坏，使还原备份文件仍可正常使用。系统也可设定自动或手动备份；

● 系统在遭遇突然停电/死机情况下，只需开机即可自动运行监控系统，并且不会影响系统内原先设定的数据；

● 对于权限管理，企业可根据系统的控制需求进行设置，通常权限划分为 3 个级别，并自动记录不同人员的登录信息、操作记录等，未经授权的人员无法进入系统，授权人员具有唯一的用户密码和身份识别码；

● 系统具有模拟量数据报警功能，当实际数据偏离所设定的允许范围时会发出底限或者高限的报警提示；

- 当模拟量信号丢失或硬件接线短线时，系统能以不同的颜色显示模拟量信号所发生的故障；
- 对于每一个设备的报警，系统都会记录其发生时间及当前状态，并以报告的形式显示在报警窗口，操作人员可依据报警类别的不同对报警报告进行检索；
- 系统通过动态 PID 原理图、趋势图、报警窗口、操作记录页面、参数设定框等，直观地将系统展现在操作人员目前，并在图形界面内显示各个参数的当前值，达到实时监测的目的；
- 系统对每一模拟监控点的历史数据都可以归档保存，保存符合法规要求，并且具有对保存的历史数据备份、导出、打印等功能；
- 系统提供自动及手动两种模式控制系统内任意一设备，自动模式下，设备按程序设计运行；手动模式下，操作人员可以提供人为设定的方法手动操作。

3.3.8.3.3 系统的实施

空调系统 BMS 的实施一般分为设计、制造、安装、调试、验证等几个过程，在熟悉生产工艺，并完成风险分析后，建立用户需求文件（URS）。根据需求文件（URS），编写功能设计方案（FDS）。

项目主要内容包括：

- 项目规划（PLAN）；
- 用户需求书（URS）；
- 功能说明（FS）；
- 软件设计说明（SDS）；
- 硬件设计说明（HDS）；
- 设计确认（DQ）；
- 工厂测试（FAT）；
- 现场测试（SAT）；
- 安装确认（IQ）；
- 运行确认（OQ）；
- 性能确认（PQ）；
- 培训。

3.3.8.3.4 系统的安装

系统的安装一般由以下几部分组成：

- 线路部分：线路由电源线、信号线及通讯线组成。
- 传感器部分：传感器可以安装在相应位置通过采样管进行采样。传感器是楼宇控制系统的关键，通过电源线和数据通讯线汇总到控制柜与电脑相连。
- 主机和控制柜：该部分是系统的控制中心。主控机一般安装在控制室，根据需要相关主管可以通过客户端电脑来了解现场的情况。

3.3.8.4 实例分析

图 3-41 为某空调系统 BMS 网络拓扑结构，控制系统硬件范围包括：

① SIEMENS 控制系统、电源模块、IO 模块、通讯模块、控制柜、UPS 等；

② 上位机、操作台、监控软件、网络等；

③ 仪表（温湿度传感器、压差传感器等）；

④ 冷水阀及其执行器、蒸汽阀及其执行器、风阀执行器。

空调系统 BMS 采用集散式控制系统网络结构，分散控制、集中管理，按"分散控制"原则设计，任何一节点故障均不致影响系统的正常运行和数据传输。本自控系统在网络结构上分为中央监控层、过程控制层和末端设备层。

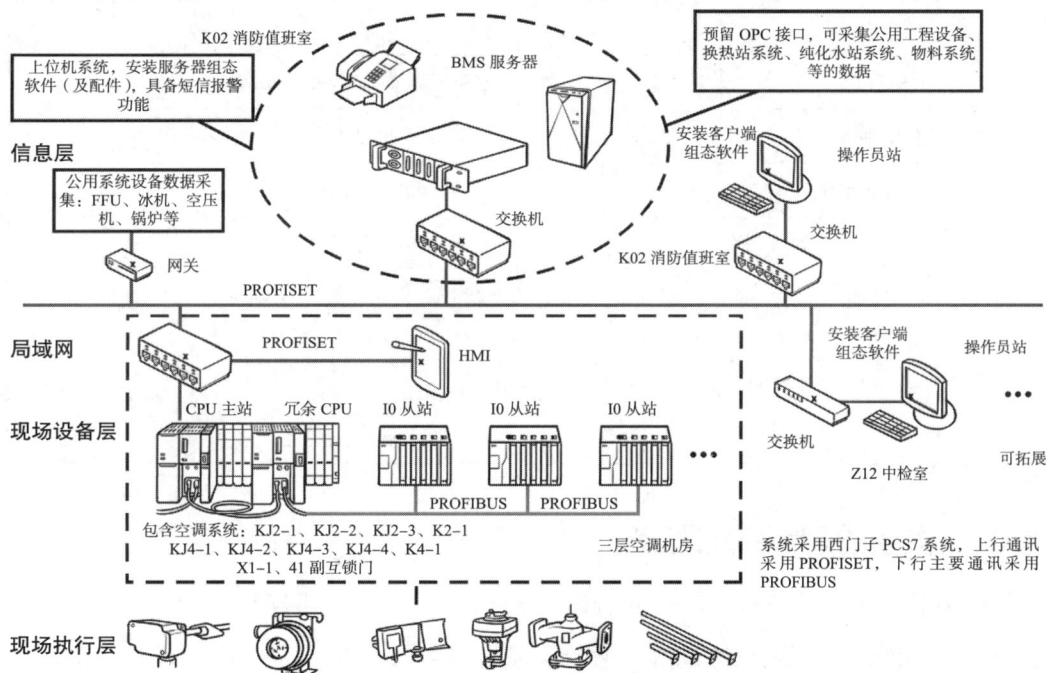

图 3-41 空调系统 BMS 网络拓扑图

不同的用户配置画面以图形的形式用于目前的工艺过程，这样操作员会更容易监控工艺。显示画面主要包括总揽、工艺监控、系统状态、报警概览、趋势画面。在窗口的上方有操作信息和帮助，及一些其他的导航信息帮助操作员能方便地找到画面。

显示界面分为4个级别的层次结构，分别是：

1级：总览显示。这将提供一个完整的工艺总揽。从这个画面上可以访问2级画面。在PCS的运行模式中打开时，将默认打开1级画面；

2级：区域概况画面。2级画面可以从1级画面导航进入，可用图片形式提供区域概况画面，另外可以通过链接导航到其他2级画面。可以从2级画面访问3级画面；

3级：过程控制单元概况画面。3级画面可以从2级画面导航进入，可用图片形式提供过程单元概况画面，另外可以通过链接导航到其他3级画面。可以从3级画面访问4级画面。

4级：空调机组参数设置、报警信息及历史数据画面，4级画面可以从3级画面的按钮进入，可以显示设置窗口或报表。

表3-15 空调机组系统功能清单

硬件	描述
人机界面	控制室放置1台操作员站
通讯网络	工业以太网
PLC控制系统	CPU410-5H
现场仪表	温湿度变送器 压差变送器 压差开关 风阀执行器 阀门执行器 风量变送器 露点温度变送器

3.3.8.5 楼宇管理系统的验证

楼宇管理系统的验证工作包括设计确认（DQ）、安装确认（IQ）、运行确认（OQ）、性能确认（PQ），通常情况下DQ、IQ、OQ由供应商负责完成，企业指定专门负责人参与验证的全过程，PQ一般情况下由企业负责完成。

3.3.8.5.1 设计确认

设计确认的目的是审查楼宇控制系统的设计，是否符合 URS 和相关标准的要求。设计确认（DQ）分以下几部分：

- 设计确认预确认：为了保证验证活动的连续性和一致性，设计确认之前必须检查验证条件是否满足。设计确认方案已被业主批准。已批准的最终设计图纸、设计说明以及 URS 经过设计方响应。设计资质和设计人员已确认。
- 设计文档列表确认：确认提供一个支持验证活动所需的文档列表。这些文档包括系统设计图纸和设计说明、设计表格、各类设计规范标准等。确认工作需要的支持文档必须被列出。文档齐全，信息全面，内容真实清晰。
- 设计文件与 URS 一致性确认：确认系统的设计文件与 URS 是一致的。将系统的平面布局、设备设置、控制方法、电气要求、各项参数要求、安装环境要求等与 URS 比对。

3.3.8.5.2 安装确认

安装确认的目的是提供文件证明系统是按照规定的步骤进行安装的。系统符合用户需求方案和硬件设计方案。

安装确认（IQ）分以下几部分：

➢ 系统文件

- 系统设备清单：确认系统中所有设备在数据表中有记录，确认设备型号、序列号、安装位置；
- 系统图纸：确认系统中图号、图纸名称是否准确；
- 功能设计方案：确认功能设计方案通过审核并经过批准；
- 硬件设计方案：确认硬件设计方案通过审核并经过批准；
- 传感器标定记录：确认系统中每一个传感器的标定证书号、标定日期、到期日期、传感器型号、传感器编号、安装位置。

➢ 计算机硬件的安装

- 安装位置：确认计算机位置；
- 计算机硬盘、内存：确认计算机性能、计算机品牌；
- 操作系统版本：确认计算机操作系统是否满足要求；
- 外部设备（打印机等）：确认打印机型号、打印机品牌；
- 现场控制设备：PLC，继电输出，模拟输入，系统控制柜；

- 计量仪表：仪表、传感器等仪表校准证书；
- 网络通讯：确认 BMS 控制系统网络配制满足 DQ 设计文件需求，并确认网络设备正确安装，软件安装正确，系统 IP 地址合理配制，确认控制系统流程组态软件已经安装，并能和 PLC 进行数据交换。

➤ 计算机软件的安装

- 应用软件名称、制造商、版本号：确认操作系统、在线监测系统、打印机安装软件是否具备。确认软件安装在哪台计算机上，在计算机中的安装路径。

➤ 系统组件的安装

- 传感器：确认传感器的地址（IP 地址或拨号地址）、供电电源、通讯线路连接是否正常、传感器的安装位置；
- 执行器和阀门：确认控制系统所需要的执行器及阀门满足 URS 的技术需求，通过出厂检验，且校验结果合格，确认执行器及阀门的安装位置符合图纸设计要求，确认执行器阀门的安装方式符合施工规范要求；
- 控制柜：确认控制柜内的硬件、线路的连接及编号是否和接线图保持一致。

➤ 系统功能确认

- 输入 / 输出确认：确保现场的输入输出点信号能被工作站和现场触摸屏正确显示和控制。保证信号可从控制系统发至装置并又可从装置返回至控制系统；
- 操作员站和 HMI 安装确认：确认操作员站和 HMI 硬件和软件与设计一致。

安装确认的验收标准，以完成所有测试并且测试结果符合预期为准。在完成安装确认进行下一步的运行确认前，错误或偏差必须记录下来，对系统产生的影响要进行评估，需要采取的措施必须完成。

3.3.8.5.3 运行确认

运行确认的目的是提供文件证明 BMS 能够按照规定的程序运行。系统符合用户需求方案、功能设计方案和软件配置方案。

运行确认（OQ）分以下几部分：

➤ 计算机操作

- 确认计算机开机是否顺利，光驱、鼠标、键盘、打印机是否正常。

➤ 系统软件配置

- BMS 控制系统软件配置设置：传感器安装位置名称、地址、采样时间、采样间隔；
- 安全：确认系统软件通过管理员账户可以修改系统的参数，一般账户只能观察系统的运行情况；

- 报警：确认传感器的预报警、报警设置功能是否正常，如温湿度报警、通讯报警；
- 系统控制：确认系统软件中运行参数采样时间设置。

➢ 控制系统

- 校验检查：确认过程中需要的测试仪表被正确校验，具有计量标签，并且校验状态可以接受；
- 程序画面：确认工程师站程序画面，检查工程师站显示屏画面组成；
- 工艺数据：确认检查系统工艺数据显示与存储功能正常；
- 系统断电和恢复：确认当系统断电时，重新向 BMS 系统供电，BMS 系统能继续正常工作，程序及数据不会丢失、损坏等。

➢ 登录控制

- 用户访问权限：管理员账户登录、设置其他账户及其对应密码、登录、退出。非授权用户能否进入在线监测系统。

➢ 事件记录

- 报警和事件记录：改变登录账户、记录更改的时间，更改软件的设置、记录对应时间，产生报警事件、记录对应时间。在系统操作日志上体现。运行确认的验收标准，以完成所有测试并且测试结果符合预期为准；
- 数据备份和恢复：确认过程数据、报警数据备份和恢复功能；
- 审计追踪确认：确认系统进行的操作都可以被追踪；
- 数据打印：确认打印功能是否正确；
- 程序备份和恢复：确认应用程序备份和恢复。

3.3.8.5.4 性能确认

性能确认的目的是提供文件证明楼宇管理系统能够在实际的生产条件下按照规定的标准和要求运行，确认系统运行过程的有效性和稳定性。

性能确认（PQ）分以下几部分：

- 在负载运行条件下，对药品生产要求的适应性；
- 运行结果的重复性；
- 控制精度的准确性；
- 安全性能；
- 负载运行的可靠性试验；
- 其他所需的挑战性试验。

3.3.9 在线监测系统

3.3.9.1 概述

为确保无菌药品的质量安全，GMP 无菌药品附录，对无菌药品生产的洁净度级别提出了具体要求，特别是提出了对洁净区的空气悬浮粒子要进行静态和动态的监测，对洁净区的微生物要进行动态监测的具体要求。

即使在洁净度最高的洁净环境中，也可能存在短时间的粒子污染。高频率的空气置换，确保了生产环境的洁净水平，新鲜的空气置换将短时间存在的粒子污染浓度降至可接受水平，然而，偶发的粒子污染事件用常规的测量手段是不能被发现的。除非便携式粒子计数器在粒子污染发生时正好在该位置进行着检测，否则，事件没有任何记录，也不会有报警发生。

在线监测系统能够及时发现所有人为干预、偶发事件及系统的损坏。由于在线监测系统可以做到不间断采样，因此系统不会漏掉任何单个的污染事件。通过将悬浮粒子传感器安装在靠近采样点的位置，可以减少采样管道中粒子的损失。在线实时监测软件可以追踪粒子事件发生地点及粒子的数据等诸多信息。

无菌环境在线监测系统主要通过配套的各种传感器——悬浮粒子传感器、温湿度传感器、压差传感器、风速传感器、报警器及微生物采集器等，对生产环境的洁净度、温湿度、压差、风速及微生物等环境参数进行连续监测和采样，对测量的数据自动进行存储和备份。系统监测的数据一旦超过预先设定的限值，系统将会自动发出报警信号。

3.3.9.2 相关的标准

在 GMP 无菌药品附录中，对无菌药品生产过程中的空气悬浮粒子、微生物限度及其监测等作了具体规定，同时对无菌药品生产各过程的空气洁净度要求也作了明确说明（详见本分册 3.2.1 内容）。

3.3.9.3 在线监测系统的设计和实施

3.3.9.3.1 系统的组成

在线监测系统主要由以下几部分组成：

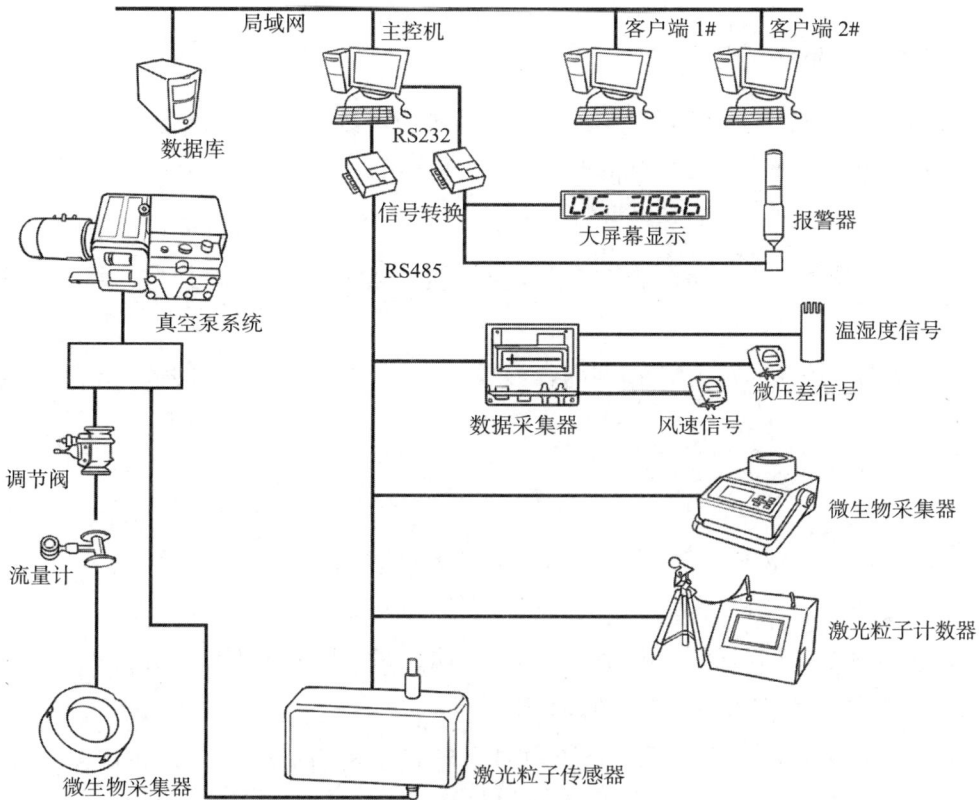

图 3-42 在线监测系统示意图

- 探测器部分：激光粒子传感器、温度、相对湿度、压差、风速；
- 通讯部分：数据通讯、转换、现场显示、报警器；
- 动力部分：电源、取样；
- 数据测量部分：主控计算机、实时监控软件、数据库。

主计算机通过实时监控软件控制激光粒子传感器，使其对洁净环境实现不同粒径悬浮粒子的实时动态监测，并将监测的数据通过数据线同步传输到主计算机，再由系统监控软件对所有点的数据进行记录和处理，可在主计算机管理系统上集中显示，也可将数据输出到数据接口通过大屏幕显示，或自动制成表格或生成变化趋势曲线，或集中打印、分别打印。任何一台客户端计算机可以同步显示测试的情况。数据库可以放在任何位置，确保监测数据的完整、安全。当测量的数据超过设定的限值时，报警系统发挥作用，及时提醒管理人员进行处理。

在线微生物的采样，通过监控软件控制微生物采集器的采集时间和采样量。

系统的监测应该包含活性粒子和非活性粒子的计数，所以需要采用悬浮粒子计数器和微生物采集器。

317

3.3.9.3.2 系统的设计

在线监测系统设计时，需要考虑多方面因素，包括：

● 整个系统需要布置多少采样点；

● 整个系统采样点的具体位置；

● 整个系统需要配置哪些传感器（温度、相对湿度、微压差、风速、微生物采集器等）。

国家标准 GB 50073《洁净厂房设计规范》规定洁净室测量时的最少采样点数目按下式计算：

$$N_L=\sqrt{A}$$

式中：N_L——最少采样点数（四舍五入为整数）；

A——洁净室或洁净区的面积，m^2。

ISO 14644-1《空气洁净度分级》特别注明，在水平单向流时，面积 A 可以看作是与气流方向呈垂直运动的空气的截面积。

国内、国外标准都强调采样点应均匀分布于洁净室的整个区域范围内，并位于工作面高度。

ISO 14644-1 还补充说明，如果用户依据对产品的危害性分析属于关键的位置，可考虑设为新增采样位置，但对新增采样点的数量和位置应做出规定。

ISO 14644-1:2015 对洁净区分级需要的监测点数量有所增加，具体情况见表3-16。

表 3-16 ISO 14644-1 1999 年版与 2015 年版采样点数量对比

洁净区面积（m^2）	1999 年版采样点数（个）	2015 年版采样点数（个）
2	1	1
4	2	2
6	3	3
8	4	4
10	5	5
24	6	6
28	7	7
32	8	8
36	9	9
52	8	10

洁净区面积（m²）	1999 年版采样点数（个）	2015 年版采样点数（个）
56	11	11
64	12	12
68	13	13
72	14	14
76	15	15
104	16	16
108	17	17
116	18	18
148	19	19
156	20	20
192	21	21
232	22	22
276	23	23
352	24	24
436	25	25
500	26	N/A
636	N/A	26
1000	N/A	27
> 1000	N/A	见下方公式

注：1. 如果被考虑面积在表格里两数值之间，取两者之间的较大数值。

2. 如果是单向流，区域可被视作移动空气断面与气流方向垂直。在其他所有情况下，可被视作洁净室或洁净区的平面图区域。

当洁净室或洁净区的面积大于 1000m² 的时候，使用下式来判定要求的取样点最小数量：

$$N_L = 27 \times \left(\frac{A}{1000} \right)$$

其中：N_L 代表待评估的取样点最小数量，上舍入邻近整数；

A 代表洁净室（区）的面积（m²）。

GB/T 25915.1—2021 中对于洁净室（区）的面积大于 636m² 时，应按照下式算出最小采样点数目：

$$N_L = \sqrt{A}$$

其中：N_L 代表待评估的取样点最小数量，上舍入邻近整数；

A 代表洁净室（区）的面积（m^2）。

空气悬浮粒子监测包括定点在线连续监测系统与移动在线非连续监测系统，两者的使用目的不同。通常，在分级确认过程中，点数和位置可参考在达到 ISO 14644-1 或 GB/T 25915.1 要求的基础上，根据风险评估再增加其他位置。

现有的标准中都没有对在线连续监测系统采样点的数量和位置做出非常明确的规定，药企可结合确认数据和（或）历史监测数据，根据风险评估的结果确定采样点的数量和位置。其中来自美国 FDA 的文件中有如下规定：FDA 建议关键区域内的采样点应设置在暴露于空气中的产品 1 英尺（0.3m）以内的位置。但对于粉末的灌装，采样点可以在超过 1 英尺（0.3m）的范围内测量，或在动态生产时（实际灌装前），进行初始环境的确认，作为环境的基准信息。美国 FDA 的文件和欧盟 GMP 对采样点的数量和位置都没有提供详细的说明。

在线监测系统的最大优点，也是监管部门所要求在关键点使用的目的在于，它可以提供每分钟的空气质量信息，可以将极短时间内发生的颗粒事件记录下来。由于 A 级区的气流是单向流动的，速度很快，多数污染时间虽然很短，但都足以对产品造成污染。如果能够确切地知道颗粒事件发生的时间和地点，就能了解原因并采取相应的措施防止再次发生。很多颗粒事件是由操作人员引起的，因此操作人员的典型位置可作为确定采样点的参考。

在线监测系统采样点的选择，要考虑加工设备的性质、操作人员的行为以及产品的工艺流程。通过对产品在不同位置发生污染的风险进行评估，可以确定在线监测系统最有价值的采样点。

下列因素在确定监测点的时候必须加以考虑：

- 工作地点在何处；
- 工作地点附近，产品暴露在空气中的可能性；
- 生产的过程中，操作人员产生干涉的可能性。

可通过风险评估来确定监测点的位置。

我国 GMP 规定了洁净环境的分级要求。A 级区每个采样点的采样量不得少于 $1m^3$，由于采样管中 5.0μm 粒子沉降率高，所以应该采用较短采样管。在单向流系统中，应当采用等动力学的取样头。

我国 GMP 同样定义了洁净环境的监测要求。对于 A 级区监测的频率及取样量，应能及时发现所有人为干预、偶发事件及任何系统的损坏。该要求排除了在这些区域中使用顺序监测的可能，采样必须具有连续性。

关于监测系统的采样量，必须注意用于确定洁净环境分级的采样量与用于洁净环境监测的采样量是不同的。洁净环境分级的采样量按照 ISO 14644-1 的分级标准执行。而环境监测的采样量则必须按照风险分析结果来确定。监测 A 级区的采样量没有必要达到 $1m^3$。

监测系统的采样量大小可由系统采用的粒子计数器采样流量来决定。采用至少 28.3L/min 的粒子计数器就可以满足整个灌装期间在线监测系统的要求。

在线监测的关键是能够快速采样，对于粒子的扩散能够及时报警，操作者能够及时知道监测的区域偏离了正常的控制状态。

3.3.9.3.3 系统的实施

在线监测系统的实施一般分为设计、制造、安装、调试、验证等几个过程。在熟悉生产工艺，并完成风险分析后，建立用户需求文件（URS）。根据用户需求文件（URS），编写功能设计方案（FDS）。

项目的主要内容包括：

- 项目规划（PLAN）；
- 用户需求书（URS）；
- 功能说明（FS）；
- 软件设计说明（SDS）；
- 硬件设计说明（HDS）；
- 设计确认（DQ）；
- 工厂测试（FAT）；
- 现场测试（SAT）；
- 安装确认（IQ）；
- 运行确认（OQ）；
- 性能确认（PQ）；
- 培训。

在线监测系统的设计要根据客户需求书（URS）来进行，报告格式等要完全满足 GMP 对文件的要求。在系统的设计阶段，需要将各方面考虑周到，以免在实施过程中或项目完成后进行修改，造成不必要的浪费。

3.3.9.3.4 系统的安装

系统的安装一般由以下几部分组成。

● 线路部分

线路由电源线、信号线及通讯线组成。

● 管路部分

管路分两种：一种是采样管，位于等动力采样头和激光粒子传感器之间。采样管的长度一般不超过1米，具有最低的弯曲次数，弯曲半径应大于15cm。另一种是真空管路，位于激光粒子传感器和真空泵之间。如果激光粒子传感器内部有取样泵，就不需要真空管路系统。真空管路与采样管的要求是不一样的，真空管路位于激光粒子传感器的后级。

● 真空泵

真空泵的大小一般由系统来决定。根据激光粒子传感器的数量及每个传感器的采样流量来确定真空泵的大小。

● 传感器部分

激光粒子传感器可以安装在生产设备的内部也可以安装在外部，通过采样管进行采样。激光粒子传感器是在线监测系统的关键，通过电源线和数据通讯线汇总到控制柜与电脑相连，真空管道与真空泵相连。

● 电脑和控制柜

该部分是系统的控制中心。主控机一般安装在管理部门的办公室，根据需要相关主管可以通过客户端电脑来了解现场的情况。

3.3.9.4 实例分析

图3-43为一个无菌生产区，面积35m²，按照ISO 14644-1标准，35m²的无菌区域需要至少9个测量点。

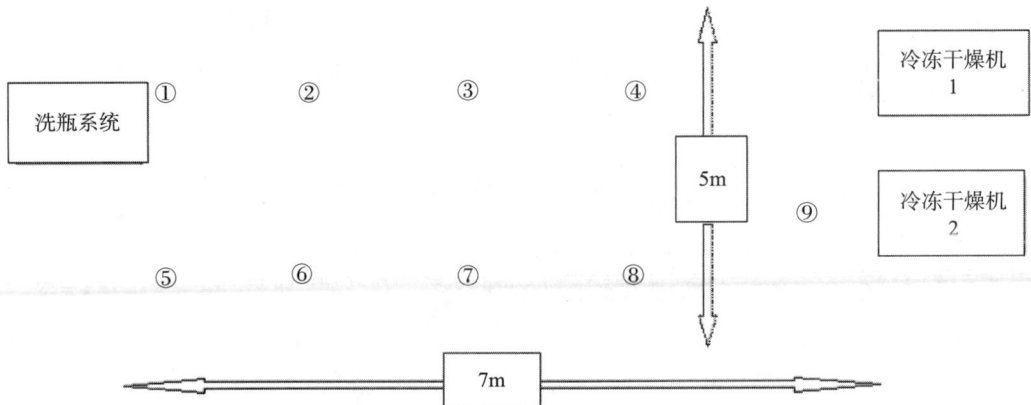

图3-43 无菌生产区在线监测采样点示意图

实际上，在确定日常采样点的具体位置时，还应根据实际生产情况，通过对产品在不同位置发生污染风险的评估来加以确定。本实例中，根据设备布置和操作位置，经风险评估，最后确定了 7 个采样点，可以反映无菌生产区的环境状况。

对于冻干生产的灌装线而言，根据灌装操作过程，每条灌装线至少应设置 4 个监控点：

- 进口；
- 灌装点；
- 加胶塞点；
- 出口。

灌装后在输送带上、运输车内、冷冻干燥机前设置若干监控点。

灌装线的背景区设置 1~2 个监控点。

图 3-44 为根据上述分析得出的无菌生产区监控点分布图。

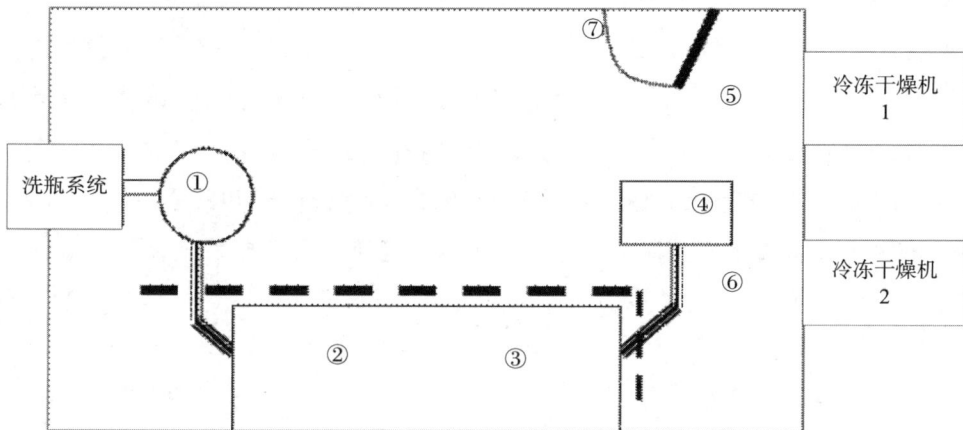

图 3-44　无菌生产区监控点分布图

说明：

①号点位于转盘处，放置空瓶，经常有人员活动，容易发生粒子污染事件。

②号点是灌装区，该位置是生产的关键点，粒子污染事件将直接影响产品的质量。

③号点位于加塞区，半胶塞。该位置也是生产的关键点。

④号点位于产品生产出口，有人员活动，容易发生粒子污染事件。

⑤号和⑥号的采样点是必须的。冷冻干燥机前，瓶口没有完全封住，需要保证冷冻干燥机送料区附近的空气质量。

⑦号点位于门的附近，该采样点可以作为 B 级背景区的参考点，同时，当有污染物进入的时候，能够及时发现，有一个预警的作用。

3.3.9.5 在线监测系统的验证

在线监测系统的验证工作包括设计确认（DQ）、安装确认（IQ）、运行确认（OQ）、性能确认（PQ），通常情况下 DQ、IQ、OQ 由供应商负责完成，企业指定专门负责人参与验证的全过程，PQ 一般情况下由企业负责完成。

3.3.9.5.1 设计确认

设计确认的目的是审查活性及非活性粒子监测系统的设计，是否符合 URS 和相关标准的要求。

设计确认（DQ）分以下几部分：

● 设计确认预确认：为了保证验证活动的连续性和一致性，设计确认之前必须检查验证条件是否满足。设计确认方案已被业主批准。已批准的最终设计图纸、设计说明以及 URS 经过设计方响应。设计资质和设计人员已确认。

● 设计文档列表确认：确认提供一个支持验证活动所需的文档列表。这些文档包括：系统设计图纸和设计说明、设计表格、各类设计规范标准等。确认工作需要的支持文档必须被列出。文档齐全，信息全面，内容真实清晰。

● 设计文件与 URS 一致性确认：确认系统的设计文件与 URS 是一致的。将系统的平面布局、设备设置、控制方法、电气要求、各项参数要求、安装环境要求等与 URS 比对。

3.3.9.5.2 安装确认

安装确认的目的是提供文件证明系统是按照规定的步骤进行安装的。系统符合用户需求方案和硬件设计方案。

安装确认（IQ）分以下几部分：

➢ 系统文件

● 系统设备清单：确认系统中所有设备在数据表中有记录，确认设备型号、序列号、安装位置；

● 系统图纸：确认系统中图号、图纸名称是否准确；

● 系统操作手册：确认系统中粒子传感器说明书、在线监测软件使用说明书、真空泵使用说明书、在线浮游菌采样器使用说明书是否完整、数量多少等；

● 功能设计方案：确认功能设计方案通过审核并经过批准；

● 硬件设计方案：确认硬件设计方案通过审核并经过批准；

● 传感器标定记录：确认系统中每一个传感器的标定证书号、标定日期、到期日期、传感器的型号、传感器编号、安装位置。

➢ 计算机硬件的安装

● 安装位置：确认计算机位置；

● 计算机硬盘、内存：确认计算机性能、计算机品牌；

● 操作系统版本：确认计算机操作系统是否满足要求；

● 外部设备（打印机等）：确认打印机型号、打印机品牌；

● 现场控制设备：PLC，继电输出，模拟输入，系统控制柜；

● 计量仪表：流量计、传感器等仪表校准证书。

➢ 计算机软件的安装

● 应用软件名称、制造商、版本号：确认操作系统、在线监测系统、打印机安装软件是否具备。确认软件安装在哪台计算机上，在计算机中的安装路径。

➢ 系统组件的安装

● 传感器：确认传感器的地址（IP 地址或拨号地址）、供电电源、真空度（粒子传感器）、通讯线路连接是否正常（在线监测系统软件中有该测试功能），采样管的长度是否满足要求，传感器的安装位置；

● 真空系统：确认真空泵的供电电压、一用一备控制器电压、外观完整没有损坏、真空泵的安装位置。

安装确认的验收标准，以完成所有测试并且测试结果符合预期为准。在完成安装确认进行下一步的运行确认前，错误或偏差必须记录下来，对系统产生的影响要进行评估，需要采取的措施必须完成。

3.3.9.5.3 运行确认

运行确认的目的是提供文件证明在线监测系统能够按照规定的程序运行。系统符合用户需求方案、功能设计方案和软件配置方案。

运行确认（OQ）分以下几部分：

➢ 计算机操作

● 确认计算机开机是否顺利，光驱、鼠标、键盘、打印机是否正常。

➢ 系统软件配置

● 在线监测系统软件配置设置：传感器安装位置名称、地址、采样时间、采样间隔，传感器的选择，浮游菌采样器的配置；

● 安全：确认系统软件通过管理员账户可以修改系统的参数，一般账户只能观察系统的运行情况；

- 报警：确认传感器的预报警、报警设置功能是否正常，如流量报警、通讯报警；
- 浮游菌采样系统控制：确认系统软件中浮游菌采样的采样时间设置。

➢ 登录控制

- 管理员账户登录、设置其他账户及其对应密码、登录、退出。非授权用户能否进入在线监测系统。

➢ 事件记录

- 报警和事件记录：改变登录账户、记录更改的时间、更改软件的设置、记录对应时间，产生报警事件、记录对应时间。在系统操作日志上体现。

运行确认的验收标准，以完成所有测试并且测试结果符合预期为准。

3.3.9.5.4 性能确认

性能确认的目的是提供文件证明在线监测系统能够在实际的生产条件下按照规定的标准和要求运行。

性能确认（PQ）分以下几部分进行：

➢ 计算机系统

- 计算机操作系统及在线监测软件运行稳定性测试；打印机打印结果是否达到要求。

➢ 传感器

- 传感器计数的重复性、清零。

3.4 系统调试、确认和运行

3.4.1 空气处理设备

3.4.1.1 概述

HVAC 设备是实现用户对受控洁净室环境条件要求的主要设备。GMP 区域所使用的 HVAC 设备，与运行系统的相关控制装置及操作工序相配套，主要实现以下功能：

- HVAC 系统将集中处理后的洁净空气送入各洁净室，降低空气颗粒烟尘污染物含量；

- 维持洁净室内的温度；

- 通过加湿或除湿处理，保持室内相对湿度；

- 维持洁净室与相邻环境的正压或负压要求，有效防止交叉污染；

- 将 HVAC 系统对空调空间所造成的空气污染降低到最低程度；

- 满足室内人员舒适度的要求；

- 如有要求，可提供维持洁净室洁净度分级和断面风速所需的空气流量。

3.4.1.2 空气处理机组

空气处理机组（air handling unit，AHU）是 HVAC 系统的主要设备，通过不同功能的组合可以实现对空气的混合、过滤、冷却、加热、加湿、除湿、消声、加压输送等。空气处理设备的风量、供冷量、供热量、机外静压、噪声及漏风率等是洁净室受控环境条件的决定性参数。

3.4.1.2.1 分类和标记

空气处理机组属于成套设备，通常是由对空气进行一种或几种处理的单元段组合而成的。其组件包括金属箱体、风机、加热和冷却盘管、加湿器、空气过滤装置等。

国家标准 GB/T 14294《组合式空调机组》对组合式空调机组的分类、标记等进行了规定。

空气处理机组按结构型式可分为：卧式 W、立式 L、吊顶式 D 及其他 Q。

按用途特征可分为：通用机组 T、新风机组 X、净化机组 J 及其他专用机组 Z。

空气处理机组的基本规格可按额定风量表示，见表 3-17。

空气处理机组的标记代号应符合表 3-18 的规定。

表 3-17　组合空调机组的基本规格

规格代号	2	3	4	5	6	7	8	10	15	20	25
额定风量（m³/h）	2000	3000	4000	5000	6000	7000	8000	10000	15000	20000	25000
规格代号	30	40	50	60	80	100	120	140	160	200	
额定风量（m³/h）	30000	40000	50000	60000	80000	100000	120000	140000	160000	200000	

表 3-18　空气处理机组的标记代号

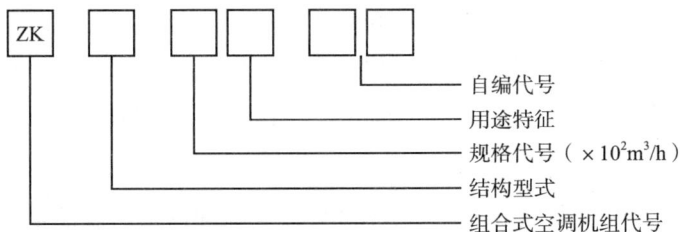

序号	分类项目		代号
1	结构形式	立式 卧式 吊顶式 其他	L W D Q
2	用途特征	通用机组 新风机组 净化机组 专用机组	T X J Z

注：目前部分国产品牌和进口品牌的空气处理机组，其代号、型号、规格等仍按照其企业内部的编号方式进行。

3.4.1.2.2 空气处理机组常用功能组合形式

空气处理机组的功能段可以根据需要自由组合，也可以独立做成一部分。如仅配置风机对系统进行加压输送的送／排风机箱；配置不同级别过滤器和风机的过滤箱等。根据 HVAC 系统设计，满足 GMP 受控环境的主要有如下几种较为经济、常用的功能段组合形式。

➢ 常规方式（图 3-45）

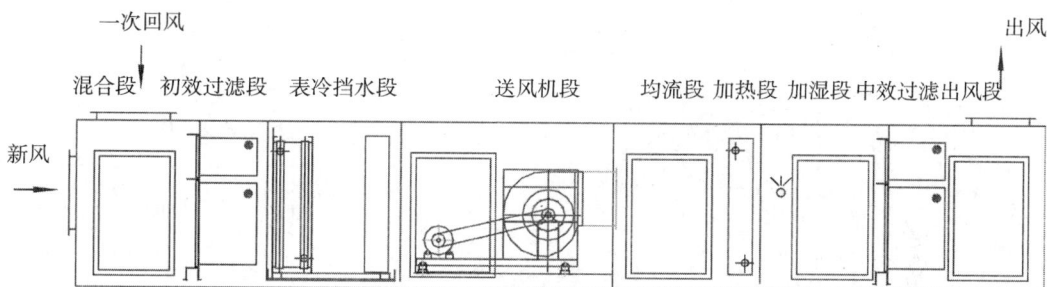

图 3-45　常规方式

组合特点为：

- 本组合具有净化空调系统必备的功能段，故适合于净化空调系统及一般中央空调系统；
- 功能段组合简单，总长较短；
- 一次回风方式；
- 当混合段仅有一个风口时，可用于全新风处理的新风机组；
- 当室内回风空气比较干净时，也可直接将回风口设置在初效过滤段之后。

➢ 最经济的带初、中效过滤净化的空调机组功能段组合（图 3-46）

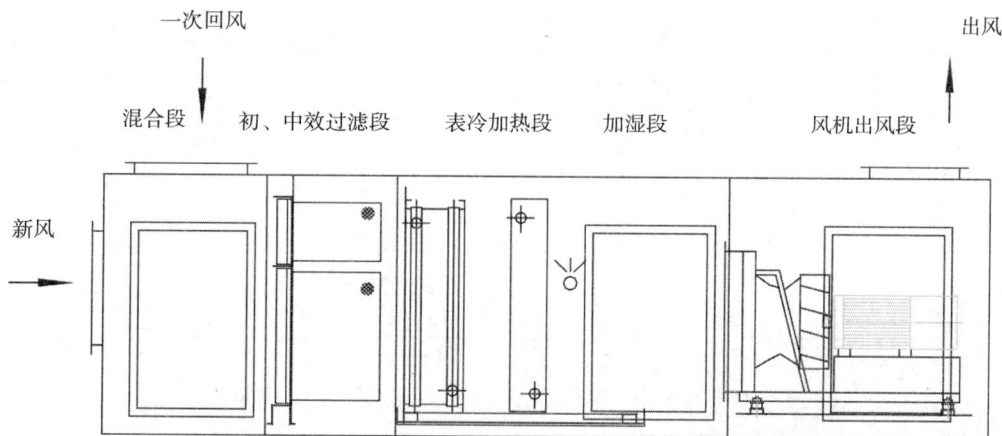

图 3-46　最经济的带初、中效过滤净化的空调机组功能段组合

组合特点为：

- 本组合选用板式的初效过滤器，适用于新风较清洁的地区；

- 表冷和加热放置于一个段内，缩短机组的总长度；

- 选用无涡壳风机，电机与风机直接联动，无皮带粉尘产生，对末端高效过滤有效保护；

- 一次回风方式。

➢ 适合有二次回风的系统使用的空调机组功能段组合（图3-47）

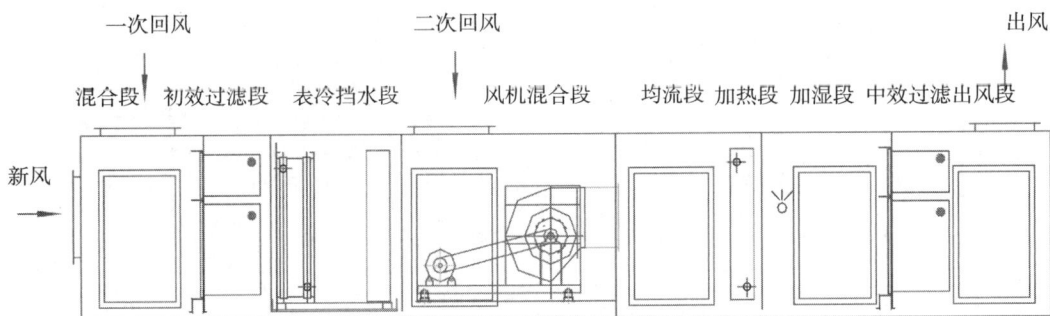

图3-47 适合有二次回风的系统使用的空调机组功能段组合

组合特点为：

- 本组合具有净化空调系统必备的功能段，故适合于净化空调系统及一般中央空调系统；

- 功能段组合简单，总长较短；

- 二次回风方式。

➢ 带能量回收的空调系统使用的空调机组功能段组合（图3-48）

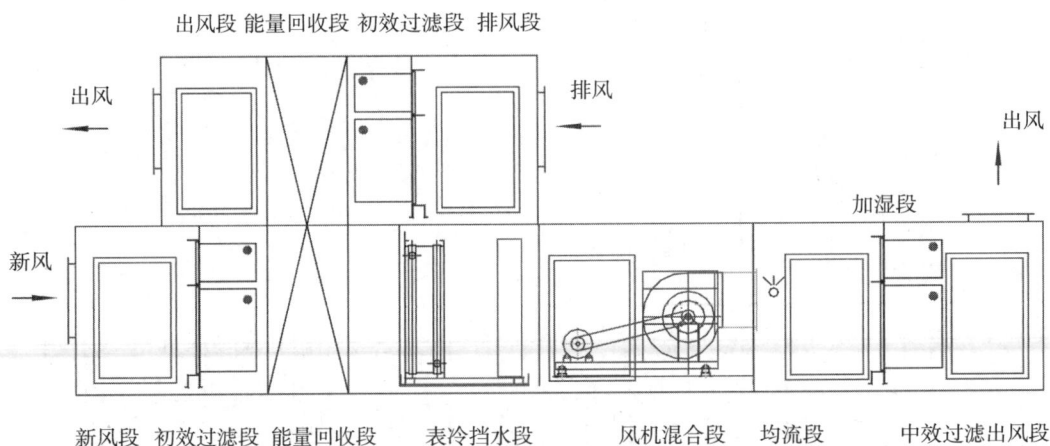

图3-48 带能量回收的空调系统使用的空调机组功能段组合

组合特点为：

• 本组合适用于排风量较大的空调系统，利用排风的能量先对新风进行预处理（夏季预冷，冬季预热），使空调系统更节能；

• 具有净化空调系统必备的功能段，故适合于净化空调系统及一般中央空调系统；

• 功能段组合复杂，总长较长；

• 新风、送风、回风、排风的管道需合理设计。

➢ 配有转轮除湿的空调系统使用的空调机组功能段组合（图 3-49）

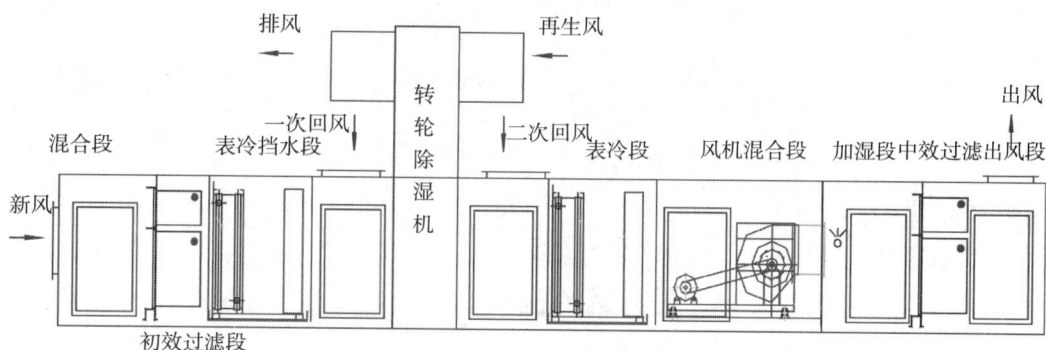

图 3-49　配有转轮除湿的空调系统使用的空调机组功能段组合

组合特点为：

• 本组合适用于相对湿度要求值较低的系统；

• 具有净化空调系统必备的功能段，故适合于净化空调系统及一般中央空调系统；

• 功能段总长较长；

• 二次回风方式；

• 转轮除湿机再生所需的再生风、排风等需合理设计，风管系统较复杂。

➢ 风机段一备一用的空调系统使用的空调机组功能段组合（图 3-50）

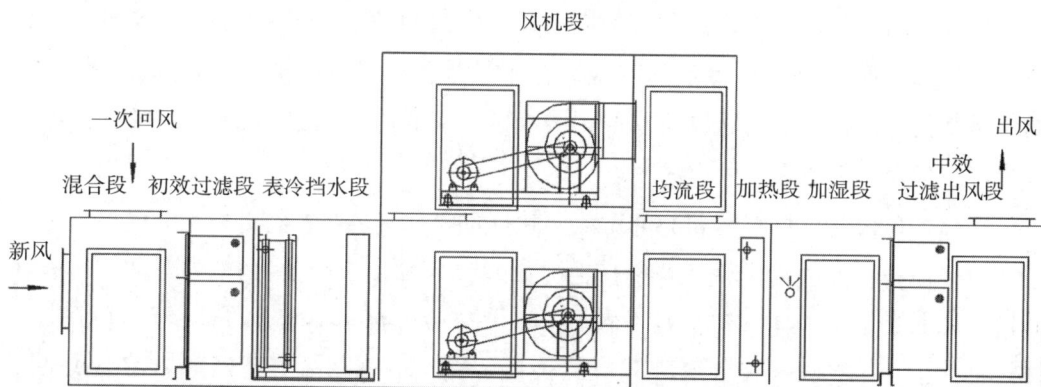

图 3-50　风机段一备一用的空调系统使用的空调机组功能段组合

组合特点为:

- 本组合适用于运行不能中止的空调系统,风机一备一用,风机出风口带有止回阀;
- 具有净化空调系统必备的功能段,故适合于净化空调系统及一般中央空调系统;
- 两风机段可根据机房布局采用上下并联或左右并联设置。

➢ 风机串联使用的空调机组功能段组合(图 3-51)

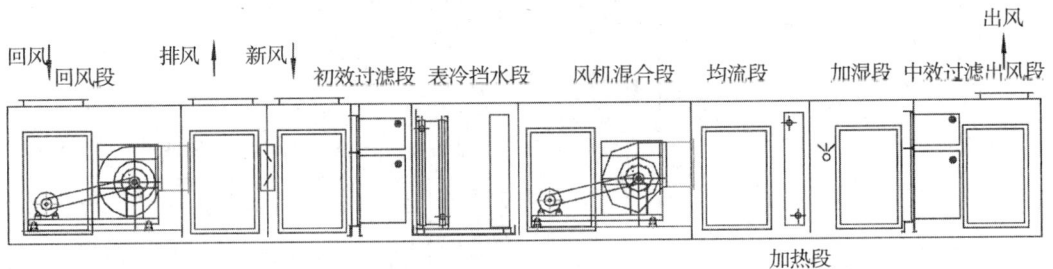

图 3-51 风机串联使用的空调机组功能段组合

组合特点为:

- 本组合应用于系统阻力较大、回风风管与送风风管宜分开的空调系统;
- 具有净化空调系统必备的功能段,故适合于净化空调系统及一般中央空调系统;
- 排风量、回风量通过调节阀进行调节;
- 两风机的配电要求通常比其他系统要复杂一些。

以上各组合不是独立不变的,根据使用环境的不同,加以综合选用。

3.4.1.2.3 空气处理设备的技术要求

空气处理设备的基本规格和参数应满足 GMP 空调系统的技术要求。空气处理设备的各组成部分,例如冷盘管、热盘管、加湿器、除湿器、风口、风机、电机、过滤器及其他零部件,应符合国家有关标准规定,同时应能够达到设计能力的 1.15 倍,以满足需求量增大或未来扩容的要求。

空气处理设备应具有较高的可靠性,并且重要部位的维护符合要求。

为了便于操作人员工作(特别是在大型空气处理机组中),内部安装照明装置比便携式照明灯更为方便。每个有检修门的功能段应设置一个防水全密封型照明装置,并应采用电压不超过 36V 的安全电压,照明变压器必须使用双绕组型安全隔离变压器,严禁使用自耦变压器。

接线盒应采用防风雨型，线管穿过处应密封不透气。

电子元件、电线和端子应标识清楚。高压端子必须标明。内部电源电缆应屏蔽。

箱体应采用绝热、隔声材料，应无毒、无腐蚀、无异味和不易吸水，其材料外露部分和箱体应具有不燃或难燃特性。箱体的结构应满足下列要求：

- 机组箱体绝热层与壁板应结合牢固、密实，壁板绝热的热阻不小于 $0.74m^2 \cdot K/W$；

- 箱体应有防冷桥措施。由于机组在高湿度环境中持续工作时间长，外表面结露可能会导致设备外部生锈、发霉和霉菌滋生。因而在中 – 高湿度环境地区，空气处理机组保温壳体厚度应考虑在极端工况条件下，机组外部不结露。机组的四周围护板、顶部、底部、风口连接处、检修门框及其观察窗等部位应有防冷桥设计；

- 箱体底部壁板的厚度应考虑维修人员在内部工作时的承载，不应发生变形。地板上应有防滑措施或结构上的保护装置，确保机组内维修人员的安全；

- 箱体内部壁板应采用耐腐蚀和易于清洁的铝、镀锌钢或不锈钢制成，表面和接缝处应光滑、连续，且应满足用户经常性的清洁或消毒的要求。机组内采用黑色金属制作的构件表面应作除锈和防腐处理，五金件（如螺钉、螺栓、螺母等）应耐腐蚀，并采用防松动的弹性垫圈。机组连接的风口、风阀外露部分应做防腐处理；

- 工艺上有清洗要求的空气处理设备，各功能段应设置排水口，排水口在非工作状态下，应保证"U"形液封装置充满水，防止负压段空气倒灌；

- 机组应有较高的密封性。机组内静压保持 1000Pa 时，机组的漏风率应不大于 1%；

- 机组内部与空气接触的部位不应有裸露的保温层或消声衬层，因其可能为霉菌和细菌的滋生提供场所；

- 箱体安装有新风口、回风口、送风口，并能便于与外部管路的连接。连接风口应采用足够大的尺寸，以降低接头处的空气流速，减少连接管路变化造成的阻力损失；

- 箱体在运输和启动、运行、停止后不应出现永久性凸凹变形。机组风量 $\geqslant 30000m^3/h$ 时，机组内保持静压 1000Pa 的条件下，箱体变形率不超过 4mm/m；

- 机组应按需设有检修门。正压段设置内开门，负压段设置外开门，以保证使用安全和气封严密。检修门应严密、灵活、安全。检修门的尺寸应考虑维护的方便性。对于大风量机组，围护壁板结构应做成可拆卸的，以便于风机、电机、冷热盘管等的检修；

- 机组横截面上的气流不应产生短路；

● 安装在室外的空气处理机组顶部应安装防雨棚，防雨棚顶部应保持一定的排水坡度。

3.4.1.3 风机和驱动装置

3.4.1.3.1 风机及其驱动装置的类型及特点

应用于 HVAC 系统的通风机一般多采用离心式或轴流式通风机，作为系统的送风机、回风机、排风机，不同的使用场所根据其性能特点可选用不同的风机类型。

按驱动方式风机可采用直驱式或皮带式。送风机可采用无蜗壳风机 / 离心式风机，排风机一般采用翼式轴流风机 / 离心式风机。为了提高效率，应选择离心风机，并采用不过载翼型铝制叶轮。还应设有与进口轮缘相配的吸风变径，以保证高效、低噪声运转。

在中 - 低压力运行的大风量机组，则可采用翼式轴流风机。管状结构、高效转子和整体式导直叶片具有较高的工作性能，而所需的空间最小。这种风机被认为适合变风量的暖通空调系统、高气流量洁净室的排气 / 抽气。它们可用作空气处理机的回风机，也可用于排气 / 抽气用途（排风罩、生物安全柜），具有较高的效率。此类机组应采用直接驱动配置方式（电机在气流中），但也可采用皮带驱动。

另一种直接驱动风机配置方式是以一系列较小的无蜗壳风机来代替传统的单个大型风机。这种布置方式可减小空气处理机的总占地面积，便于灵活设计、简化维修工作、缩短停机时间、降低空气处理机的低频噪声（隆隆声），通常还能够节约能源。这种多个直接驱动风机并联运行的方式具有一定的冗余度，因此可提高可靠性。

风机应尽量选用通过 AMCA 认证的产品，因为连接到空气处理设备的出口和（或）进口的管道会改变风机的性能。以下四种类型为风机性能检测的标准装置类型。A 型：自由进口和自由出口；B 型：自由进口和管道出口；C 型：管道进口和自由出口；D 型：管道进口和管道出口。B 型即常鼓风运行，C 型即抽风运行。由于不同装置检测的风机特性会有所不同，因而风机选型时应分清风机是抽风运行还是鼓风运行，应注意选用最接近其使用状态的风机类型。

3.4.1.3.2 风机及其驱动装置的性能要求

空气处理设备在选择风机时，为保证风机在其预期寿命内正常运行，应对下列各方面加以考虑：

● 结构材料（刚度、重量、腐蚀情况、易清洁性）根据工作条件（清洁 / 污染空气、相对湿度、温度、严苛性）确定；

- 轴承；

- 润滑；

- 直接驱动与皮带驱动；

- 静压力及流量监测；

- 安全防护装置。

为保证空调系统的送风量能达到设计要求，空气处理设备中的风机应根据额定风量和机组全静压进行选型。风管管道及送风管道末端风口所需求的机外静压要求和设备自身各功能段在额定风量运行时的阻力降，如冷热盘管、空气过滤器、消声器、连接风口等各段的阻力之和，即机组全静压。风机规格不应太小，否则工作转速会超过 1800r/min，这样会缩短轴承寿命。风机转速过高还可能导致危险的振动（接近风机的临界转速）并产生较大的噪声。

直接驱动风机不需要更换或调整皮带，不存在皮带脱落问题不需要护罩，通过联轴器直接驱动具有高精度、高可靠性的特点，最重要的是不需要维护，简化了整体机械设计，使整个系统非常紧凑。

皮带驱动风机的电机和风机皮带 / 带轮总成完全（前部和后部）装在一个刚性的 304 不锈钢或涂漆钢护罩内，可防止人员在读取转速表读数时受伤。这些护罩应能够在不借助于工具的情况下拆卸，但应设有一个警告标志，提示操作人员在打开护罩前确保设备处于停机状态。

风机电机底座应能够控制皮带张力，且应能够固定在调整好的位置，在更换皮带后无需重新调整。对于多皮带系统，皮带应配套。风机入口和出口应设有操作员防护屏。

皮带驱动风机可采用激光校准，以减少轴承、轴和皮带的故障及降低能耗。应保持正确的风机皮带张力，安装新的三角带时需要特别注意。新皮带在运行一段时间后，经过初次磨合，皮带与带轮槽契合，这时皮带张力会有所下降，通常需要重新调整皮带张力。张力过小会导致皮带滑落、风量下降且增大能耗，皮带滑落将导致皮带过早失效。张力过大则会缩短轴承寿命。另外，同步带可降低能耗，因其在启动和运转过程中不会打滑。

皮带驱动风机采用同步带和配套带轮代替三角带和皮带轮。其优点包括：

- 运转过程中不打滑；

- 寿命长；

- 维修工作较少；

- 皮带脱落物很少甚至没有；
- 单根同步带可达到与多根三角带相同的效果；
- 能耗低。

唯一的缺点是噪声可能比较高。

风机最好采用连续焊接外壳，因其具有较高的强度和耐用性，且具有较长的使用寿命。在其上涂至少一层底漆或环氧树脂面漆，以防止生锈。对于离心风机，应在风机外壳的底部设置一个排水管接头，以便排出可能累积的流体（例如在冷凝冷却盘管下游的抽风式风机中）。

为了减少轴承问题，风机应选用平均寿命不少于 ABMA L10 100 000 小时的轴承。可安装轴承自动润滑器，以延长轴承寿命、减少维修工作。这样可防止润滑过量/不足导致轴承过早损坏。润滑器应直接安装在轴承箱上，且能够在 6 个月内供给润滑剂，无需加注或更换。风机供应商应与润滑器供应商密切合作，以提供满足空气处理机预期运行要求的润滑剂和建议（备注：在风机完全投入运行后方可安装或使用润滑器，以防止自动润滑过量及损坏）。

风机进风口在空气处理机内的水平和垂直平面上均应尽可能处于中心位置，使通过过滤器和盘管的气流更加平稳，保证机组断面风速的均匀。

轴承故障是空气处理机最常见的故障。风机叶轮不平衡会增大轴承上的应力，导致振动增大，并提高轴承过早损坏的可能性。应使振动降低到最低限度。用于重要用途的风机和电机应设有振动传感器，以便及早发现轴承性能变化趋势。传感器信号线由安装于空气处理机组外侧的振动接触外壳中引出。

风机和电机应安装在一个整体框架上，底部配置合适的减震装置，以降低机组的振动。风机转速 > 800r/min 时，机组的振动应不超过 4mm/s；风机转速 ≤ 800r/min 时，机组的振动应不超过 3mm/s。

风机出风口应采用软连接，以减少风机的振动传递到外壳上，同时降低机组的振动和噪声。

风机段应配置检修门，方便更换皮带及检修。检修门上装有观察窗，或检修门做成可视形式，便于机组运行时观察运行情况。

建议采用变频驱动装置（VFD）控制输送到各个空间的风量。以 VFD 代替可调进气导片的优点包括：

- 风量调节控制较好；
- 能耗较低；
- 维修工作较少；

- 风机电机变频起动可减小浪涌电流和施加在风机上的应力；
- 可为厂房自动化系统提供正控制反馈。

空气处理机组现场控制柜安装零位 / 本地 / 远程三种状态的控制旋钮，便于维修人员使用。

有风机和移动部件的区域应设置警告标志，例如在门上标明"进入前须隔离"。

3.4.1.4 加热和冷却盘管

3.4.1.4.1 盘管的类型

冷却盘管属于热传导装置，由一根带有传热翅片的盘管组成，这些翅片可减少水蒸气所含的显热量以及可能存在的潜热量，其冷却介质可以是冷却液气态制冷剂。制药行业的应用场合一般需通过冷却维持环境条件。用于冷却的盘管主要有表面冷却器（简称"表冷器"）和直接蒸发器。

用于空气加热的根据其介质有蒸汽盘管、热水、乙二醇或高温气态盘管，属于热传导装置，是由一根带有传热翅片的盘管组成，可提高所经过的空气流的显热量。空气电加热元件也可称为"加热盘管"。

安装在加热盘管上游位置，用于严寒地区新风预加热的盘管为预热盘管。

安装在冷却盘管下游位置，用于夏季除湿后再加热的盘管为再热盘管。

安装在除湿机的上游位置，用于除去新风部分湿度的盘管为预冷却盘管。

安装在除湿机的下游位置，用于除去送风中过量显热的盘管为再冷却盘管。

3.4.1.4.2 盘管的性能要求

冷却盘管一般设置在风机的上游或下游部位（抽送式及吹送式）。

盘管中的水应能够彻底排出，通气孔和接头应伸出空气处理机组或管道外面。盘管中的水流速度应保持在 0.6~1.8m/s，以提供湍流，同时尽可能降低侵蚀。若无湍流，则可能使热传递性能下降。

接触酸性、碱性或氧化性较强的空气或处于腐蚀性条件下的盘管应采用铜制散热片，而不能用铝制的（铝在腐蚀气氛中会劣化或覆盖一层保护膜）。用于冷凝用途的冷却盘管可采用镀层来降低腐蚀、减少微生物滋生。

盘管性能应符合 GB/T 14296《空气冷却器和空气加热器》的规定。

盘管规格、配置和安装将对是否满足调节空气输送要求产生影响。在进行冷却盘管设计时，应采用气候数据对峰值湿气负荷加以考虑。

空气处理机冷却盘管迎面风速应合理设计，以防止夹带冷凝水。蒸汽和热水盘管迎面风速不应过大，以减小静压降。

空气处理机的冷盘管和热水宜采用铜管串铝片结构，铜管和铝片的厚度应满足结构所需的刚度。蒸汽盘管建议使用钢管串片或绕片结构，以避免蒸汽对蒸汽盘管的损伤。盘管外壳和框架采用防腐蚀的材料，具有较长的使用寿命，且不易生锈。盘管宽度大于 1.2m 后，应考虑结构上加强。冷却盘管不能超过 10 排，片距不少于 2.5mm，以便于清洁和热传递，同时减小静压降。预热蒸汽和热水盘管不宜少于 2 排，以减小下游表面温度变化。

冷盘管、热盘管肋片整齐，片距均匀，无明显的碰撞损坏。气压试验压力为设计压力的 1.15 倍时，保压至少 1 分钟，进行密封性检查，应无渗漏；水耐压试验压力为设计压力的 1.5 倍时，保压至少 3 分钟，进行耐压检查，应无渗漏。

蒸汽供给管路应从蒸汽总管的顶部引出，进入蒸汽盘管前应有疏水装置、减压阀及过滤装置。

为了提高盘管液流控制和通气状况，应在回水管路中安装控制阀。

供水管路和回水管路中应安装截止阀，并应设置旁路阀组，以便于盘管的维修和保养。

冷却盘管的下部应设置冷凝水盘。冷凝水盘应采用不锈钢材质制作，以延长其使用寿命。冷凝水盘应倾斜以增大总排水量（至少 1.5%）。冷凝水盘的深度应考虑冷却盘管段所处的负压，及停机瞬间冷凝水的泄水情况，以防止正常运行期间冷凝水溢出及机组停机瞬间冷凝水溢出。对于冷凝水量较大的上下叠放的冷却盘管宜每个冷却盘管设有一个泄水盘，上层的排水流入较低的盘管段。

冷凝水泄水盘上不能有坑洼（会导致微生物滋生）。泄水盘向出水口坡度不应小于 1%。应用管子穿过外壳壁连接并密封。冷凝水放泄弯管应足够高，并设置水封，以保证运行期间冷凝正常排出并防止空气进出空气处理机。冷凝水盘应有良好的保温，以防止未经处理的空气在外表面凝结而造成漏水。

3.4.1.5 加湿器

3.4.1.5.1 加湿器的类型

根据加湿方式，加湿器可分为：

- 直接喷干蒸汽式；
- 加热蒸发式：电热式、电极式、PTC 蒸汽发生器；

- 喷雾蒸发式：喷淋式、喷雾式、超声波式、湿膜蒸发式；
- 红外式。

电极式加湿、电热式加湿的加湿空气机理、技术效果与直接喷干蒸汽大体相同，对空气处理的过程是一个近似等温加湿的过程；而喷淋式、喷雾式加湿器、湿膜蒸发式加湿器等加湿方式为等焓加湿过程。低压蒸汽比水更适合 GMP 区域 HVAC 系统的加湿，因为它不含细菌，且容易获得。而喷雾加湿器、湿膜蒸发式加湿器的加湿过程，空气均与水有直接接触，有滋生细菌的可能，且容易造成水质的污染，因而在制药行业较少应用。

3.4.1.5.2 加湿器的性能要求

加湿器应设有蒸汽喷射分散 / 喷淋管和提供无液滴蒸汽吸收避免下游出现冷凝水滴的附属装置。当需要清洁蒸汽用于加湿时，应采用不锈钢制成带有气动或电动调节阀的蒸汽分离、干燥室和带外套的喷管组件。应采用蒸汽调节控制阀进行精确控制。应在控制阀上游安装一个三通（Y 形）过滤器，对其加以保护，防止污物进入。

加湿器若安装在空气处理机组中，应处于冷却盘管段的下游（冷却盘管在冬季应关闭），以确保蒸汽在空气流中有效分布和吸收。加湿器的冷凝水泄水盘应采用不锈钢材质制成，深度至少应达到 5cm，应用管子连接到机组壳体外部。

加湿器若处于风道内部，风道应采用不锈钢材质，全部焊接，加湿器上游 0.6m 下游 1.5m 确保防腐。加湿器管段应向下游倾斜，连接到不锈钢管段的一个排水口，且须设置一个足够高的存水管，以防止空气从存水管中漏出。

蒸汽供给管路应从蒸汽总管的顶部引出，而不能从其底部引出，以确保向分配支管供应干燥蒸汽。

应在距离加湿器较近的位置安装电动定位执行器和阀门一体化的电动调节阀，相对湿度传感器将模拟量信号输入控制器，经过控制器微积分运算给电动调节阀反馈信号进行 0~100% 的远程精确调节，还可以实现电动阀断电自动关闭与断电复位功能，防止湿气在下游表面或空气过滤器上凝聚。

3.4.1.6 空气过滤

空气处理设备应根据受控环境要求的洁净度配置各级别的空气过滤器，详见3.4.2 要求。

空气处理设备留有检修及更换过滤器的空间；过滤器能从检修门取出。

各级空气过滤器前后应安装压差计，便于观察过滤器阻力的变化。测量接管应通畅，安装严密。

过滤段后有足够的出风空间。

3.4.1.7 除湿

3.4.1.7.1 除湿机的类型

空气除湿的原理和方法有：升温降湿、冷却减湿、吸收或吸附除湿三类。空气经过常规冷冻水表冷器，温度下降，含湿量下降，这种降温去湿处理就是典型的冷却减湿处理过程。而空气经过加热，温度上升，相对湿度降低的过程即为升温降湿过程。干燥剂系统对空气的处理过程即为吸收或吸附除湿过程。因其输送空气的露点远低于盘管，干燥剂系统广泛应用于制药行业进行除湿。

如果常规冷冻水或乙二醇系统不可用或不足以降低相对湿度，则可利用下列几种系统降低相对湿度。

➢ 环绕式盘管系统

除湿性能相当于标准冷冻水/乙二醇，但能源成本较低。

环绕式盘管系统是一个简单的管道回路，上游为预冷却盘管，下游为再热盘管，将主冷却盘管夹在中间。泵入的循环流体将高温混合空气的热量传递到再热盘管，再热盘管将来自主冷却盘管的冷空气加热。环绕式系统可降低主冷却盘管的冷却负荷：再热能量由预冷却盘管中循环流体吸收的热量提供，而不是由外部能源提供。

环绕式回路需要一台水泵和一个三通阀或变频驱动装置（VFD）。对于大型系统，可能需要一个设有排气孔的膨胀箱。

➢ 热管系统

热管有助于降低空气总冷却负荷，从而提高空调系统的效率。典型设计由一个冷却回路构成，该回路采用两个相连的换热器（或一个换热器分成两部分），一个在主冷却盘管的上游（蒸发器盘管段），另一个在主冷却盘管的下游（冷凝器盘管段）。当空气流过第一个换热器时，换热器内的致冷剂吸收热量蒸发，从而使通过的空气被冷却。这样可使主冷却盘管更有效地将空气冷却到露点温度以下，从而提取更多的水分。之后，空气流过第二个换热器，被来自第一个换热器的高温致冷剂重新加热，使致冷剂冷却和液化，并使其返回第一个换热器。单换热器型加热管系统全封闭，利用毛细作用工作，不需要泵。热管可提高除湿性能，因此，采用较小的冷却系统即可满足要求。不过，增加加热管会增大压降，因此需要对风机功率进行相应的调整。空气露点如果低于0℃，空气冷凝水会在主冷却盘管表面结冰，一段时间之后会减小空气流量。通常会安装一根辅助冷却盘管与第一根盘管并联，在第一根盘管（结冰盘管）解冻期间，采用风门切换到已除冰的盘管。

➢ 双路系统

双路系统采用两根盘管（冷冻水或直接蒸发——制冷剂）来分别冷却流入的外部新鲜空气和室内回风空气。高温潮湿的室外空气被一个"主"盘管冷却到5~7℃，达到除湿目的。"辅助"盘管对部分温度较低的干燥回风空气进行干冷却。部分回风空气可能绕过辅助盘管并与冷却后的回风空气混合。之后，这两个气流（外部空气和回流空气）混合为具有一定温度和相对湿度的供给空气。

双路系统可达到环绕式回路系统的能量效率，且能够更好地控制外部空气通风率。双路系统可将显热冷却与潜热冷却分开，便于控制供给空气的温度和相对湿度。双路系统可单独安装，也可与增加的暖通空调设备/回流设备安装在一起。外部空气冷却盘管的规格应与最大潜热负荷相适应，而回流空气冷却盘管的规格应与最大显热负荷相适应。外部空气通路通过调节冷冻水流量控制混合供给空气的相对湿度，而回流空气通路通过调节旁路风门的位置控制混合供给空气的温度。由于采用了加热管，当露点低于0℃时，会有结冰的危险。

➢ 干燥剂系统

干燥剂系统适用于（且常用于）需要大量除湿而冷却除湿方法很难达到较低空间相对湿度（露点在3℃以下）的情况。这种系统可根据外部空气与回风空气所占的百分比、外部空气相对湿度及回风空气的空气流量进行设置，以调节部分或全部进入空气。

干燥剂材料对水蒸气的亲和力比空气大。干燥剂可以是固态，也可以是液态，与吸收剂或吸附剂相同。固态和液态干燥剂均用于冷却系统中，但在暖通空调设备的运行中，固态干燥剂应用最广，且有助于防腐。

吸收剂一般为液态或固态，但在吸收水分后逐渐变为液态，即在吸收大量水分时，吸收剂会发生物理或化学变化。典型的吸收剂包括氯化锂（LiCl）和氯化钠（NaCl）。

吸附剂大多为固态，在接触水分时不会发生物理或化学变化，水分被吸收或保持在材料表面及其孔隙中。典型的吸附剂包括硅胶、分子筛和活性氧化铝，其中硅胶应用最广。

在选择干燥剂材料时，应考虑需要除去的水量、空气通过干燥剂后的过滤度及运行和维护成本。在制药暖通空调设备中，最常用的是硅胶和氯化锂。

3.4.1.7.2 除湿设备的性能要求

除湿设备应在盘管上游设置过滤器并在盘管下游设置风机（在抽风系统中），以提供少量再热。较低的表面流速可以减小空气压降，并提高盘管的除湿性能。

冷却系统中若采用除湿装置，应注意以下方面：

● 合理选择暖通空调设备（盘管、风机、泵、风门等）的型号和规格，确保在极端工况下提供所需的显冷和潜冷。这些通常不会同时出现（一般情况下，温度最高的时候相对湿度不是最大）；

● 设计部分负荷工况的能量效率，因为峰值负荷出现的时间通常只占运行时间的2%左右。

应在转轮除湿机的下游设置空气过滤器，用于收集松散的干燥剂和可能从转轮流出的再生空气中的污染物。再生空气的预过滤必须与工艺空气的预过滤相适应，以减小末端过滤器的负荷。

转轮除湿机组的下游需要冷却，以除去空气经转轮处理后吸收的热量。空气先经过预冷却达到较低的含湿量，然后再进入转轮处理，可提高转轮除湿机的干燥性能和能量效率。

干燥剂系统的选择会影响主冷却盘规格的确定，因为冷却盘管只需要处理送风的显热负荷，可采用温度较高的冷冻水，可提高运行效率。不过，由于干热空气离开干燥剂转轮时吸附热，总显热负荷会增大。

一般情况下，空间相对湿度控制器会调节除湿设备周围的旁通风门，保证更多的空气流过干燥剂转轮，从而达到降低室内相对湿度的目的。由于多通路导致空气流量变化，需要对管道系统内的压力和空气量进行控制，使主空气处理机组的空气流量保持恒定。以前尝试过通过调节再生盘管的蒸汽流量来控制相对湿度，但这种方法效率较低，因为需要较长的时间才能使室内相对湿度发生改变，而且可能使吸收干燥剂在干燥过程中受损。

在不使用除湿设备时（例如在冬季需要加湿的天气），应将其完全旁路，但转轮应保持干燥（即保持转轮运转和继续加热）。特别是对于吸收干燥剂（例如氯化锂），如果在不能再生的情况下吸收水分，会发生"自毁"。

增加干燥剂转轮会增大总空气压降，需要提高风机功率，而且会增加维修工作，还需要增加一台小型电机，用于驱动转轮。增加的能耗会影响总体寿命周期成本。干燥剂系统可采用蒸汽、电力、天然气、低成本余热、废热或太阳热能进行干燥剂再生。再生温度一般超过水的沸点，通常在122℃以上。

机组应能够在不损坏干燥剂的情况下持续运行。除湿设备是一个成套设备，通常已在工厂组装好，包括：

- 干燥剂转子；
- 干燥剂转子驱动装置；
- 再生热源；
- 过滤器；
- 电机；
- 再生风机；
- 检修孔盖板；
- 风量调节阀；
- 防尘电气盒；
- 辅助设备（由制造商推荐，用于安全和无人值守自动运行）。

用于克服转轮导致压降的工艺气流风机通常单独购买。该设备应完全自动化，且应配备压差计和温度传感器，用于测量和显示干燥剂转轮的压降和再生及预冷却排气温度。

设备外壳应采用应变硬化铝制成，以保证抗扭刚度和耐腐蚀性。外壳应焊接并使用密封垫，在设计压力和空气流量下应不透空气和蒸汽。在工作压差为 8 英寸水柱（1.99kPa）以下时，气封和内部隔板应能够将工艺气流和再生气流分隔开。除湿器在转轮的工艺空气进入侧和离开侧均应采用全表面密封，应将转轮上的气流进出口周围完全密封。正常工作条件下，密封的使用寿命至少应为 25000 小时。

干燥剂转轮介质应抑菌、无毒、不腐蚀、不易燃，完全采用惰性无机黏合剂和玻璃纤维制成，干燥剂均匀、永久地分布在整个基体结构上，形成均质介质。干燥剂转轮应能够至少在 5 年内保持近 100% 的干燥性能。

干燥剂系统在下列条件下更适用：

- 要求供给空气的露点温度较低；
- 潜热负荷比例较高；
- 可利用蒸汽、热水或废热提供低成本或免费的再生热量；
- 与燃气或蒸汽成本相比，用电成本（用于冷却除湿）较高。

在下列情况下，采用干燥剂系统比冷却除湿系统有利。这些系统包括：

- 设施内相对湿度低，有助于提高经济效益（通常由产品决定）；
- 湿负荷高，显热负荷低；
- 需要较多的新鲜干燥空气；

- 可利用废气通过能量回收进行干燥后冷却；

- 有低热能（蒸汽、燃气）可用，或电费较高；

- 干燥供给空气管道可提高经济效益和生物负载效益；

- 有用于干燥剂再生的低成本热量。

3.4.1.8 风管

通风管道应符合 GB 50019《采暖通风与空气调节设计规范》。空气送风管道和一般的回风管道应采用镀锌钢板制成。如果需要防腐或保持清洁（例如在洁净室内），则应采用不锈钢材质。不可采用能够增加微粒或易于滋生细菌的内部保温材料。通风管道应设置适当的支架，以承载其自身重量和保温材料及管路中的设备和控制装置。如果噪声较大，可在 HEPA 过滤器前安装管道消声器。如果振动较大，可考虑采用挠性支架和接头。若需采用挠性管道将支管连接到终端空气设备，应尽可能缩短其长度，不能超过 3m。

如果通风管道规格和方向变化较大，会增大噪声、振动和压降。从风机和空气处理机引出的管道应尽可能采用直管，若需在靠近风机处采用弯管，则须避免其引起使系统性能降低和增大功耗的"系统效应"。应在设备相应位置（例如盘管、加湿器、控制箱、风门等处）设置尺寸足够大的管道检修门。为了减少空气泄漏，并避免将来发生较大的泄漏，应按照 GB 50243《通风与空调工程施工质量验收规范》相应的要求对通风管道进行密封。各个场所、空气系统和供应区域的管道泄漏百分率会有所不同。一般情况下，通风管道泄漏率不能超过 1%（对于正压排气管和输送危险物质的正压管道，泄漏率应为 0）。应精心选择密封管道密封胶，确保其能够长期附着在镀锌钢材上。溶剂型密封胶和油基密封胶较难使用，且可能受到环境限制，但通常具有较长的寿命。

3.4.1.9 风阀和百叶窗

风阀用于改变暖通空调系统内空气流动的方向、停止空气流动或改变空气流量。风门叶片可平行运动，也可相对运动。平行叶片风门转动方向相同，在从全开到全闭的过程中，互相保持平行。相对叶片风门工作时，邻近的叶片转动方向相反。

建议采用对开调节风阀，因其节流平稳，具有较好的线性特性（因为湍流较少）。可采用较复杂的设计，以提高控制性能，但会增加成本。

对于混合用途，建议采用平行叶片风门，因其能够使气流偏转，有利于混合。建议在设置混合压力通风系统的室外空气和回流空气入口位置时，使两个气流相对。

百叶窗通常没有运动部件，一般用于引入室外空气。外部空气流入速度不能过大，以免带入雨水（建议通过百叶窗有效截面的最大空气流速为 3m/s）。在有明显降雪的地区，开口应采用一个 90° 鹅颈入口，其尺寸应满足最大流速 1m/s 的要求，并配备一个满足同一流速要求的入口百叶窗。百叶窗应便于排水，可采用阳极化铝或不锈钢制成，采用 304 不锈钢五金件，并配备 304 不锈钢防鸟网。新风管道上安装可拆卸式（如抽拉式）过滤网，便于清洁维护，可以延长初效过滤器的使用寿命。

雨水可能会被风吹入外部空气入口，通过各部分空气处理装置，然后送往供气管道。为了应对异常天气，外部空气入口应采用防雨百叶窗，以免将水分带入系统中。

室外空气入口、回流、排气、废气和安全风门应达到低泄漏要求，以防止在系统停机或恶劣天气条件下漏气。低泄漏风门应采用以机械方式（不用胶水）固定在风门叶片上的乙烯基密封和边框密封，以防止风门叶片末端周围漏气。

应留出风阀执行机构拆卸 / 安装所需的足够空间，避免拆卸风阀或其他设备。风阀应采用耐腐蚀材料制成，例如铝或 304 不锈钢。风阀中间轴应延伸到空气处理机组壳体外部，以便于安装执行机构。

3.4.1.10 风口

目前洁净室常用的气流组织的送风方式有三种：侧送、孔板送风、散流器送风。这些送风装置对于各房间 / 空间内外的空气分配至关重要。必须安装在正确的位置，才能保证空气从空间供气侧到回流侧的妥善分配和清扫作用，达到净化空气和清除污染物的均匀气流型式。安装位置不正确可能导致死区（局部微粒浓度增大）或气流过大（产生不利的空气湍流）。对于空气需求量较少的分级空间，采用低流量多出气口通常比高流量单出气口效果好。

由于这些装置设在空间四围（通常在天花板上），材料选择应与房间功能相适应。若用于洁净室，最好采用不锈钢，以免用腐蚀性清洁剂清洗导致腐蚀和生锈。

终端过滤组件（过滤箱）采用从房间一侧可接近的 HEPA 过滤器，用于供给清洁空气，并防止空气处理机组未运转时污染空气从房间流出。

3.4.1.11 除尘 / 排风系统设计

3.4.1.11.1 集尘系统

控制污染物浓度的方法有三种：

● 稀释通风；

● LEV；

● 工艺过程封闭。

LEV 的工作原理是在污染物产生后尽快将其从逸出点附近抽出，在其被吸入或成为污染源之前将其清除。其运行成本一般比同等的稀释通风系统低。

该系统通常包括一个局部排气罩或外壳、一个通风管道系统、一个过滤器（一般为自动净化袋式过滤器）、一台风机、将清洁后的空气排出系统的管道，对于制药用途，通常还有一个"限制"过滤器（一般为 HEPA 过滤器），用作空气排入大气之前的最终保护过滤器。应定期检查此过滤器和密封是否泄漏，至少每年检查一次或按照当地规程或公司内部规定的间隔时间进行检查。

空气污染物类型见表 3-19。

表 3-19　空气污染物类型

污染物类型	标准粒径（μm）
粉尘	0.1~75
烟气	0.001~1.0
烟尘	0.01~1.0
雾	0.01~10.0
蒸汽	0.005
煤气	0.005

局部排气罩的设计对于达到与微粒的粒径和扩散方式相适应的捕集速度至关重要。该设计还应保证合理的噪声级和排气量。

通风管道设计应基于恒定流速，确保微粒保持悬浮状态，防止其在管道中积聚。表 3-13 已经给出了建议采用的标准最低流速。

通风管道通常由导电材料制成并接地以防止发生爆炸，采用防爆设计或可将爆炸性气体排出。腐蚀性蒸汽管道可采用非金属材料制成，输送的粉末或蒸汽若易燃，则采用导电填料。正压管道若输送危险物质，则应要求零泄漏。

考虑到固体碰撞会引起腐蚀，管道厚度应足够大，且应平滑过渡，尽量减少弯管数量，以降低能耗、腐蚀和粉尘沉积的可能性。检修门便于进行日常检查和清洁。

系统可设计为连续工作，以降低暖通空调系统关闭（从而影响室内压力）时设施内气体交叉流动导致污染的风险。在暖通空调系统平衡过程中，应考虑空气排放量。如果主集尘器利用逆流压缩空气自动清洁，设计和调试应考虑系统管道内流量周期性减小的影响，以防止清洁过程中排气流量减小时室内压差瞬时变化导致污染危险。

集尘器一般应设在服务厂房的外部，一般在一个单独的建筑物内，以便于在维修过程中进行粉尘控制，且应配备爆炸排气装置。集尘器也可设在厂房内，但须靠近外墙，并通过一根直管（一般不超过 3m）向外排气，还须设置爆炸排气口（根据当地法规要求）。若配有防爆系统，集尘器可设置在厂房内的任何位置。在布置过滤器时，如有必要，应考虑使用安全更换（袋进袋出）装置。

3.4.1.11.2 大气排放

实验室和工艺烟气应直接排放到建筑物外的安全场所。排风管有效高度（排气管高度加烟羽高度）应足够大，以免排气返回进气口或排到屋顶，并保证排气有效扩散。在分析设计问题时，应采用排风管有效高度。当地法规可能会限制排风管高度，需要增大排风速度或对排气进行处理。

如果安装 LEV 系统可能带来职业性危险或环境风险，可进行建筑物气流伴流模拟（风洞试验），以检验悬浮微粒污染物是否能够有效扩散。尾流研究影响因素包括：物质毒性、数量和产生频率、进气口和排气口的位置、排放过滤和速度、盛行风向和风速、是否靠近邻近的建筑物 / 构筑物和场地地形。

如果排出的空气已被污染，排气管的排放速度应 ≥ 15.2m/s。

可用管道将各设备连接到一个专用风机或用歧管将各管道连接到一个可能由多个风机构成的用于处理变化气流的集中风机系统来实现集气罩、生物安全柜（BSC）或工艺设备的排气，两种情况下排风管的排风速度均须大于最小出风速度。

建议采用歧管系统，因其具有完全风机冗余（需要一台额外的风机），且具有较低的能耗和维护成本。如果只有几个集气罩，且集气罩的间距较大，或排出的物质不相容，则单个专用风机可能比较合适。

风机和空气净化设备可设在厂房外部，以便在室内排气管道的整个长度内形成一个负压。若不能设在外部，且空气净化不彻底，则须在风机排气口焊接正压管道，并进行压力试验，以检查是否达到零泄漏。应安装自动全关闭风门，以防止排气回到厂房或风机引起短路。

在考虑风机和排风管位置及其运行时，应避开噪声敏感区域并注意美观。可能需要采用消声喷嘴和屋顶隔声板。隔声墙会增大建筑物的高度，因此需要增加排风管数量或提高排气速度，以使排风有效扩散。

下列两个风机类型适用于这种排气用途：

- 建议采用混流式叶轮（这种风机集中了轴流式风机和离心式风机的优点）；
- 离心式风机。

采用风机时，须保证风机驱动设备能够安全、方便地进行检查和维护。风机应符合 AMCA B 类型或 C 类耐火结构的要求。金属表面应涂覆环氧树脂，防止风雨、紫外线和化学蒸气侵蚀。风机及辅助设备应配备内部排水系统，并采用较高的存水管，以防止雨水进入厂房管道系统。

为了确保安全、延长使用寿命，电机、皮带驱动装置和轴承应设在污染气流外。更换这些部件时，应无需将风机从系统中拆除，维修人员也不必进入风机内部可能受到污染的区域。

气流外的电机可采用标准化学用途电机，连续运行工作系数为 1.15，类似于 NEMA 设计 B，F 类绝缘，采用密封轴承，轴承寿命至少为 L10 100 000 小时。应提供和安装一个无熔丝断开开关，并将其连接到电机。如有必要，可在风机壳体内设置一个防爆直接驱动电机。为了提高能量效率，建议采用符合 NEMA 标准的高效电机（或当地同类产品）。

3.4.2 空气过滤

3.4.2.1 概述

空气中的粒状污染物质是由固体或液体微粒组成的。这些粒子的粒径分布范围非常广，从 0.01μm 到数百微米不等，对于粒径大于 10μm 的粒子，因为较重，在经过一段时间的无规则布朗运动后，在重力的作用下会逐渐沉降到地面上，而粒径小于 10μm 的粒子，因为较轻，容易随气流漂浮，而很难沉降到地面上。据估算，室外空气中 90% 以上的悬浮微粒粒径小于 0.5μm，其质量所占的比例不到 1%；粒径超过 1μm 的微粒不到 2%，其所占的质量百分比为 97%。空气中的悬浮粒子根据其活性可分为非生物粒子和生物粒子，非生物粒子是由固体、液体的破碎、蒸发、燃烧、凝聚等产生的。生物粒子主要包括细菌、病毒、花粉、花絮及绒毛等，在悬浮粒子中所占的比例很少。

不同粒径粒子在空气中的悬浮时间见表 3-20，典型粒子的大致粒径见表 3-21。

表 3-20 不同粒径粒子在空气中的悬浮时间

粒子粒径（μm）	在空气中的大致悬浮时间
小于 1	永久悬浮
1	8.5 小时
5	20 分钟
10	5 分钟
15	2.5 分钟
30	34 秒
50	12 秒
100	3 秒

表 3-21 典型粒子的大致粒径

名称	粒径范围（μm）
病毒	0.002~0.3
细菌	0.4~20
植物孢子	10~40
烟尘	0.01~1
灰尘	0.01~1000
试验气溶胶（DOP，PAO）	0.1~0.7

统计显示，农村空气中的灰尘浓度大约在 10 万粒 / 升左右，郊区中的灰尘浓度大约在 20 万粒 / 升左右，城市中的灰尘浓度大约在 30 万粒 / 升左右，污染严重的地区可达到 100 万粒 / 升以上。空气过滤是降低气流污染物浓度的主要方法，同时清洁空气还具有下列优点：

- 保持加热和冷却盘管的换热性能；
- 保持电机散热；
- 最大限度地减小粉尘、生物负荷和过敏原对管道的污染；
- 最大限度地减少物质在风机叶轮上的积聚（可能导致不平衡）；
- 保持室内清洁。

空气过滤在暖通空调系统内的多个部位进行，以达到保护生产、使用者和空气处理设备及管道所需的空气洁净度。在暖通空调系统中，空气过滤一般分为预过滤、中间过滤和最终过滤三级，通过不同类型的空气过滤器实现对空气的过滤。

预过滤和中间过滤（一级和二级过滤）通常在空气处理机组中外部空气和回流空气进入的位置。过滤器应达到一定的效率，使内部设备（盘管、风机）和空气处理机组在较长的一段时间内保持相对清洁，以达到预期的性能。

最终过滤（三级过滤）设在空气处理机组排出段或其后（气流经过调节后），可保持管道清洁、延长终端过滤器（如有）的使用寿命，在没有终端过滤时保护人员和工作空间免受通过空气处理机组的悬浮微粒的危害。

安装在房间周边如在天花板或墙上的终端过滤装置可保证供应最清洁的空气，用于稀释或送出房间内释放的微粒。

空气离开过滤器时的洁净度取决于过滤器结构并与上游空气的数量和质量有关。通过合理设计和正确配置空气过滤器，可以实现满足制药车间所需的空气质量和条件。

3.4.2.2 空气过滤器工作原理

当空气流过过滤器显微结构（例如纤维、膜）形成的一系列相互连通的孔隙空间的回旋流通路径时，微粒被捕集在过滤介质中。过滤介质过滤空气的机理包括拦截效应、惯性效应、扩散效应、静电积附、筛分和重力沉积等。各机理的微粒捕集有效性主要取决于粒径、空气流速和过滤器结构的规格（例如纤维直径）。

● 拦截效应：当某一粒径的粒子运动到纤维表面附近时，其中心线到纤维表面的距离小于微粒半径，灰尘粒子就会被滤料纤维拦截而沉积下来。

● 惯性效应：当微粒质量较大或速度较大时，由于惯性而碰撞在纤维表面而沉积下来。

● 扩散效应：小粒径的粒子布朗运动较强而容易碰撞到纤维表面上。

● 静电效应：纤维或粒子都可能带电荷，产生吸引微粒的静电效应，而将粒子吸到纤维表面上。

● 筛分效应：当微粒的粒径大于两个纤维之间的横断面时，微粒无法通过而沉积。

● 重力效应：微粒通过纤维层时，因重力沉降而沉积在纤维上。

图 3-52 所示为单个纤维的过滤效应及过滤器各种过滤机理的累积效益。当微粒大小为最易穿透粒径（MPPS，粒径范围一般为 0.1~0.2μm）时过滤器效率最低。

图 3-53（a）所示为过滤器效率与粒径的关系。在微粒为 MPPS 时效率最低。当

粒径大于 MPPS 时，它们的效率最高，当粒径减小时，效率也会提高，但不能达到与大粒径微粒捕集率相同的效率。

图 3-53（b）所示为过滤器在不同气流流速情况下的过滤效率。当流速增大时，过滤器的过滤效率随之下降，所对应的 MPPS 也相应地向小粒径方向偏移。

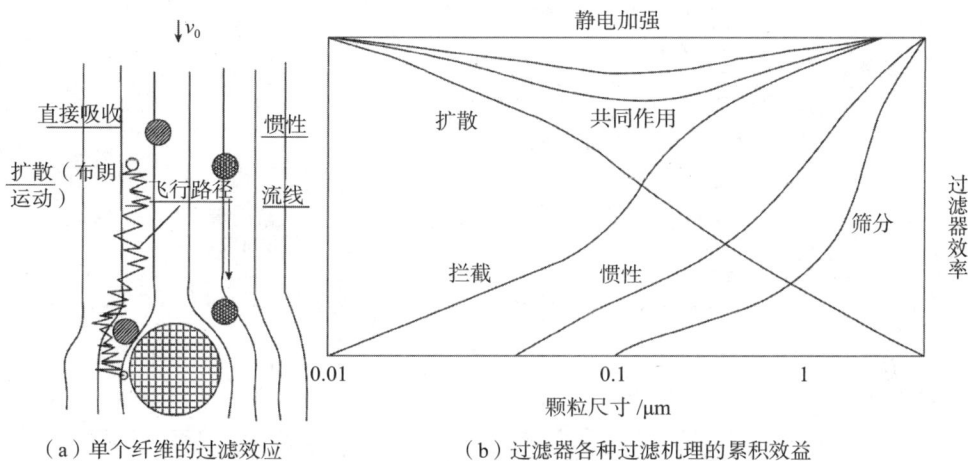

（a）单个纤维的过滤效应　　　　　（b）过滤器各种过滤机理的累积效益

图 3-52　单个纤维的过滤效应及过滤器各种过滤机理的累积效益

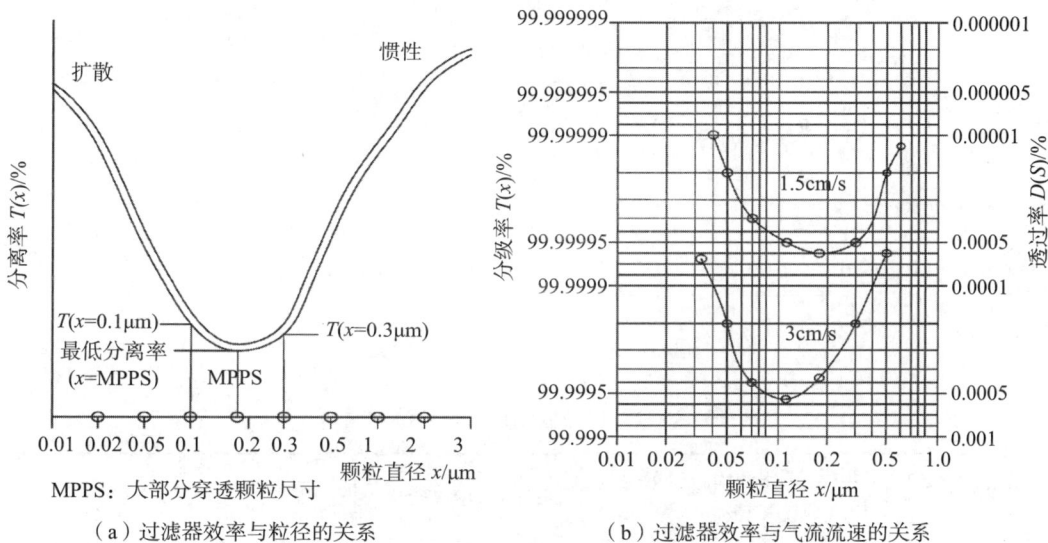

（a）过滤器效率与粒径的关系　　　　（b）过滤器效率与气流流速的关系

图 3-53　过滤器效率与粒径、气流流速的关系

3.4.2.3　空气过滤器类型

根据过滤器对不同粒径的分离过滤能力，EN779、EN1822 的过滤器分类见图 3-54，我国空气过滤器分类见图 3-55。

351

3.4.2.4 空气过滤器性能

表 3-22 和表 3-23 列出了根据 ASHRAE 52.2 和 EN 779/1822 标准对各种过滤器的分类、等级和比较。表 3-22 和表 3-23 均引自 ISPE 的 HVAC 指南（2008 年版）。

因为试验方法不同，这些过滤器评定体系只能进行大概的比较。

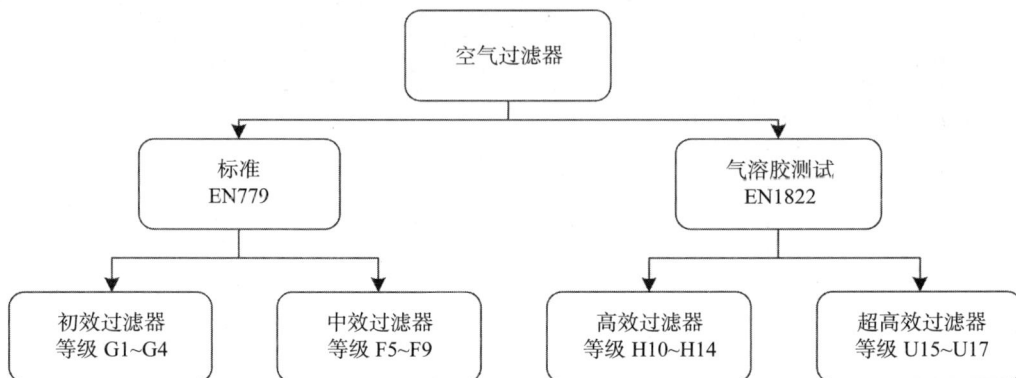

图 3-54　EN779、EN1822 的过滤器分类

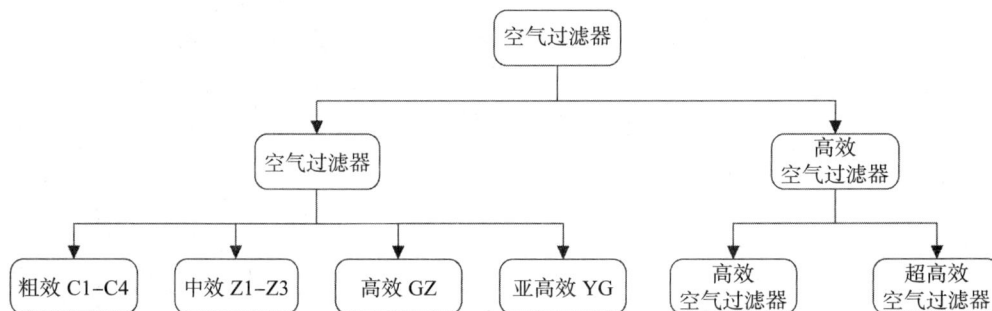

图 3-55　我国空气过滤器分类

表 3-22　过滤器比较——预过滤器

ASHRAE 52.2 MERV 复合平均粒径效率（%），粒度范围（µm）			ASHRAE 52.2	欧盟型号	EN 779
E1- 范围 1 0.30~1.0	E2- 范围 2 1.0~3.0	E3- 范围 3 3.0~10.0	MERV 名称	名称	名称
n/a	n/a	E3 < 20	1	EU 1	G 1
n/a	n/a	E3 < 20	2	EU 2	G 2
n/a	n/a	E3 < 20	3	EU 2	G 2

ASHRAE 52.2 MERV 复合平均粒径效率（%），粒度范围（μm）			ASHRAE 52.2	欧盟型号	EN 779
E1– 范围 1 0.30~1.0	E2– 范围 2 1.0~3.0	E3– 范围 3 3.0~10.0	MERV 名称	名称	名称
n/a	n/a	E3 < 20	4	EU 2	G 2
n/a	n/a	20 ≤ E3 < 35	5	EU 3	G 3
n/a	n/a	35 ≤ E3 < 50	6	EU 4	G 4
n/a	n/a	50 ≤ E3 < 70	7	EU 4	G 4
n/a	n/a	70 ≤ E3	8	EU 5	F 5
n/a	E2 < 50	85 ≤ E3	9	EU 5	F 5
n/a	50 ≤ E2 < 65	85 ≤ E3	10	EU 5	F 5
n/a	65 ≤ E2 < 80	85 ≤ E3	11	EU 6	F 6
n/a	80 ≤ E2	90 ≤ E3	12	EU 6	F 6
E1 < 75	90 ≤ E2	90 ≤ E3	13	EU 7	F 7
75 ≤ E1 < 85	90 ≤ E2	90 ≤ E3	14	EU 8	F 8
85 ≤ E1 < 95	90 ≤ E2	90 ≤ E3	15	EU 9	F 9
95 ≤ E1	90 ≤ E3	95 ≤ E3	16	EU 9	F 9
					EN 1822*
			16	EU 10	H 10

* 所有 EN1822 试验均以 MPPS 进行，H=HEPA，U=ULPA。

表 3–23　过滤器比较——HEPA/ULPA

欧盟型号	EN 1822 HEPA/ULPA[①]		IEST 型号（RP–CC001.4）	
名称	名称	效率	效率	名称
EU 10	H10	85% @ MPPS		
EU 11	H11	95% @ MPPS		
EU 12	H12	99.5% @ MPPS		
			99.97% @ 0.3mm[②]	A、B、E
EU 13	H13	99.95% @ MPPS	99.99% @ 0.3mm[②]	C

欧盟型号	EN 1822 HEPA/ULPA[①]		IEST 型号（RP-CC001.4）	
名称	名称	效率	效率	名称
EU 14	H14	99.995% @ MPPS	99.999% @ 0.3mm[②]	D、K
	U15	99.9995% @ MPPS	99.999% @ 0.1~0.2mm[②]	F
	U16	99.99995% @ MPPS	99.9999% @ 0.1~0.2mm[②]	G
	U17	99.999995% @ MPPS		

注：①所有 EN 1822 试验均以 MPPS 进行，H=HEPA，U=ULPA，

HEPA=H10~H14、A、B、E、C、D、K，ULPA=U15~U17、F、G；

②所有试验均采用热耦合产生的 DOP 气溶胶（0.3mm MMD，即 CMD 接近 MPPS）；

F、G 和 K 型过滤器测试粒径为 0.1~0.2mm 或 0.2~0.3mm；K 型过滤器为 99.995%。

由于各分级体系基于不同的测试材料和粒径，且采用不同的测量方法，各分级体系之间的比较不十分准确，见表 3-24。

表 3-24 空气过滤器额定风量下的效率和阻力

	代号	迎面风速（m/s）	额定风量下的效率（E）（%）		额定风量下的初阻力（Pa）	额定风量下的终阻力（Pa）
粗效 4	C4	2.5	标准人工尘计重效率	50 > E ≥ 10	≤ 50	200
粗效 3	C3			E ≥ 50		
粗效 2	C2		粒径 ≥ 2.0μm	50 > E ≥ 20		
粗效 1	C1			E ≥ 50		
中效 3	Z3	2.0	粒径 ≥ 0.5μm	40 > E ≥ 20	≤ 80	160
中效 2	Z2			60 > E ≥ 40		
中效 1	Z1			70 > E ≥ 60		
高中效	GZ	1.5		95 > E ≥ 70	≤ 100	200
亚高效	YG	1.0		99.9 > E ≥ 95	≤ 120	240
高效	A		钠焰法	99.99 > E ≥ 99.9	≤ 190	
	B			99.999 > E ≥ 99.99	≤ 220	
	C			E ≥ 99.999	≤ 250	
超高效	D		计数法	99.999	≤ 250	
	E			99.9999		
	F			99.99999		

3.4.2.5 我国空气过滤器标记方法

GB/T 14295 规定了粗效、中效、高中效和亚高效过滤器的标记方法。标记如表 3-25。

表 3-25 我国空气过滤器标记方法

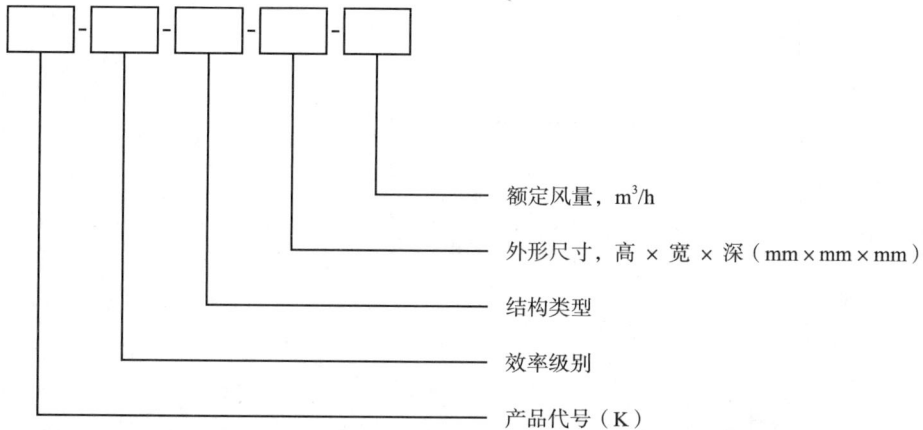

序号	项目名称	含义	代号
1	产品名称	空气过滤器	K
2	效率级别	粗效过滤器 中效过滤器 高中效过滤器 亚高效过滤器	C1，C2，C3，C4 Z1，Z2，Z3 GZ YG
3	结构类型	平板式 袋式 折褶式 卷绕式 筒式 极板式 蜂巢式	PB DS ZZ JR TS JB FC

示例 1：中效 2 型、袋式、外形尺寸为 592mm×592mm×600mm、额定风量为 3400m³/h 的空气过滤器，标记为：K-Z2-DS-592×592×600-3400。

示例 2：粗效 3 型、平板式外形尺寸 610mm×610mm×80mm、额定风量为 2000m³/h 的空气过滤器，标记为：K-C3-PB-610×610×80-2000。

注：空气过滤器外形尺寸以气流通过方向为深度、以气流通过方向垂直截面的竖直长度为高度、水平长度为宽度。

GB/T 13554 规定了高效、超高效过滤器标记方法（表 3-26）。

355

表 3-26 我国高效、超高效过滤器标记方法

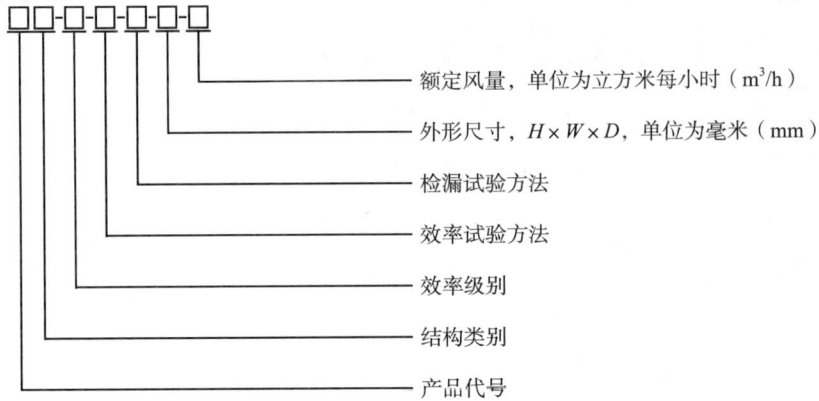

序号	项目名称	含义	代号
1	产品代号	高效空气过滤器	G
		超高效空气过滤器	CG
2	结构类别	有隔板	Y
		无隔板	W
3	效率级别	高效空气过滤器	35、40、45
		超高效空气过滤器	50、55、60、65、70、75
4	效率试验方法	计数法	J
		钠焰法	N
		油雾法	Y
5	检漏试验方法	扫描法	S
		其他方法	—

示例 1：有隔板高效空气过滤器，效率级别为 40，效率试验方法为钠焰法，采用非扫描方法进行检漏试验，外形尺寸为 484mm×484mm×220mm，额定风量为 1000m³/h，标记为：GY-40-N-484×484×220-1000。

示例 2：无隔板超高效空气过滤器，效率级别为 65，效率试验方法为计数法，采用扫描方法进行检漏试验，外形尺寸为 610mm×1220mm×80mm，额定风量为 2400m³/h，标记为：CGW-65-J-S-610×1220×80-2400。

3.4.2.6 ISO 16890 空气过滤器标记方法

在国际贸易及制造业中，人们需要一种严格规定的用来测定过滤器清除颗粒物

效率的通用试验方法和一种通用的过滤器等级，以便设计师和运行维护人员正确地选择过滤器，然而，世界各地的标准中使用的试验方法和分级各不相同，相互之间不具可比性，妨碍着过滤器这种通用产品的国际贸易。此外，现有工业标准的试验结果与过滤器实际使用中的性能相差甚远，高估了许多产品的过滤效率。国际标准化组织 ISO 发布了 ISO 16890: 2016，并在 2016 年底正式开始实行，本标准采用了全新的分级体系，相比原有标准，这套体系对现有产品给出了更好、更有意义的分类标准。

本标准中所定义的 ePM_x 效率所对应的光学粒径范围见表 3-27。

表 3-27 效率对应的光学粒径范围

效率	粒径范围（μm）
ePM_{10}	$0.3 \leqslant \times \times \leqslant 10$
$ePM_{2.5}$	$0.3 \leqslant \times \times \leqslant 2.5$
ePM_1	$0.3 \leqslant \times \times \leqslant 1$

根据计重效率、颗粒物综合效率 ePM_1、$ePM_{2.5}$、ePM_{10}、最低颗粒物综合效率 $ePM_{1, min}$、$ePM_{2.5, min}$，按照表 3-28 对 4 组过滤器进行了分级。

表 3-28 过滤器的分组

分组	要求			级别报告值
	$ePM_{1, min}$	$ePM_{2.5, min}$	ePM_{10}	
ISO Coarse（粗效）	—	—	< 50%	初始计重效率
ISO ePM_{10}	—	—	≥ 50%	ePM_{10}
ISO $ePM_{2.5}$	—	≥ 50%	—	$ePM_{2.5}$
ISO ePM_1	≥ 50%	—	—	ePM_1

过滤器的级别为组别加效率级别。对应 3 组 ePM 过滤器，级别报告数值应向下圆整为 5% 的整数值。试验值大于 95% 的报告值为 "> 95%"。分级报告示例：ISO Coarse 60%、ISO ePM_{10} 60%、ISO $ePM_{2.5}$ 80%、ISO ePM_1 85%、ISO ePM_1 > 95%。

该标准在 2016 年底取代了 EN799 和 ASHRAE 52.2 等标准。但由于行业内习惯，延用以上标准的仍然很多，所以 EN779 和 ASHRAE 52.2 在本指南中持续保留。对于计划选用 ISO 16890: 2016 标准的企业想获取更详细的信息请参考指南原文。

3.4.2.7 过滤器应用

下面概要说明一级到三级过滤和终端过滤参数。

3.4.2.7.1 一级过滤（预过滤器）

一级过滤是效率最低（成本也最低）的过滤，用于预过滤，捕集外部空气中经常出现的较大微粒（粒径 3μm 以上，例如昆虫或植物）。也用作延长二级过滤装置寿命的预过滤。建议采用 G4 过滤器。

3.4.2.7.2 二级过滤（中间过滤器）

这种过滤器成本较高，一般设在一级过滤的下游，用于捕集较小粒径的微粒（0.3μm 以上），以保护空气处理机组中的盘管和风机、管道和人员。建议采用 F7/8 过滤器。

3.4.2.7.3 三级过滤（最终过滤器）

这种过滤器设在空气处理机组的排出段，在一级和二级过滤及风机/盘管的下游，可采用高中效或 HEPA 型过滤器。HEPA 效率建议采用 H12~H14。

3.4.2.7.4 终端过滤结构形式

在洁净度等级为 D 级以上或管道中产生的微粒可能污染供给空气的情况下，一般采用 HEPA 作为终端过滤。终端过滤器也可用于回流/排出空气。

这些过滤器应在下游侧设置硅胶密封，以形成一个正作用密封，防止空气从过滤器周围绕过。应采用永久性下游介质保护网（介质保护装置），防止过滤介质发生物理性损坏。过滤器组中的各个 HEPA 过滤器应能够在不中断相邻过滤器工作的情况下更换。建议采用 H13（99.95%）~H14（99.995%，MPPS）过滤器。

高效送风口可作为末端过滤装置直接安装在洁净室天花板吊顶，适用于各种洁净级别和多种维护结构的洁净室。产品特性主要有：

- 高效送风口外壳用优质冷轧钢板制作，表面静电喷塑；
- 保证气流的喷射速度，防止涡流的产生；
- 具有通用性强、施工简便、投资少等优点；
- 结构紧凑，密封性能可靠；进风方式有侧进风和顶进风，法兰口有方形和圆形两种结构。

高效送风口外形美观，投资少，箱体结构简单，高效过滤器更换方便，是洁净室终端净化设备的最好选择。

单向流罩（单向流区域）是一种可提供局部高洁净环境的空气净化设备。它主要由箱体、风机、空气过滤器、阻尼层、灯具、在线风速仪、控制面板等组成，外壳喷塑。该产品既可悬挂，又可地面支撑，结构紧凑，使用方便。可以单个使用，也可多个连接组成带状洁净区域。单向流区域有风机内装和风机外接两种，安装方式有悬挂式和落地支架式两种。

单向流区域是将空气经风机以一定的风压通过高效空气过滤器后，由阻尼层均压，使洁净空气呈垂直层流型气流送入工作区，从而保证了工作区达到工艺所需的高洁净度。单向流区域与洁净室相比，具有投资省，见效快，对厂房土建要求低，安装方便，省电等优点。

袋进袋出过滤器是一侧使用过滤器壳体，用于捕集危险或有毒、生物、放射性、细胞毒素或致癌物质。可防止危险气载物质从排气或回流管道中逸出。它一般设在房间四围（靠近地板）物质产生的地方，但也可设在中间位置。

袋进袋出过滤器最大的特点是安装、更换、检测过滤器时均在 PVC 袋（或者高温袋）保护下进行，过滤单元完全不与外界空气接触，从而保证了人员与环境的安全，使得更换过程方便快捷。

FFU（fan filter units，风机过滤器单元）是一种自带动力、具有过滤功效的模块化末端送风装置。FFU 从形状上分两种，一种是长方体，一种上部为坡形。FFU 的上部做成坡形，起到了一种导流的作用，有利于气流的流动和均匀分布。长方形的 FFU 则一般依靠另外的途径来均衡气流。从结构上分两种，一种为整体，一种为分体。

在以下情况中，FFU 使用比较广泛：

● 洁净室吊顶空间不够：在一些有高洁净度要求的场合，洁净室吊顶上部的送风静压箱有一个很大的作用就是来平衡洁净室横断面上的压力，但是当使用 FFU 的时候，洁净室的吊顶被分成了若干模块，可以通过调节每个模块（即 FFU）来满足吊顶上部送风静压箱的压力平衡要求，从而大大降低了对该静压箱高度的要求。在一些改造项目当中，当受层高限制时，FFU 有效地解决了这一问题；

● 洁净室静压不足：在一些改造项目中，由于条件限制，使得送风阻力很大，单独靠空调机组的送风压力来克服有困难，由于 FFU 自带动力，可以很好地解决这一问题；

● 空调机房面积不够：有一些改造项目，由于空调机房面积较小，不可能容纳大的空调机组，此时，用 FFU 的自带动力来弥补这一缺陷，可以减小使用的空调机组。这一优势也被应用到一些洁净度要求较低的场合。

3.4.3 设备安装

3.4.3.1 概述

设备安装应注意防止出现运行和维护问题。暖通空调系统安装人员在操作前应熟悉相关的规程，例如在安装前清洁管道和部件，安装后清洁、密封安装的管道，以防止污染物进入。可不要求进行"白手套测试"，但各系统应能够通过该项测试。

3.4.3.2 风管系统安装

风管安装工艺要点见图 3-56。

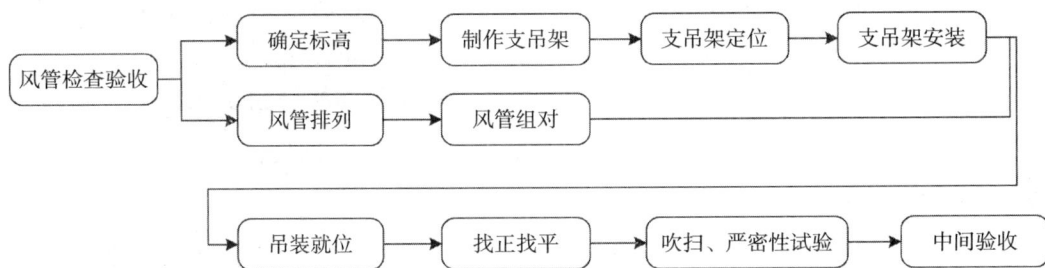

图 3-56 风管安装工艺要点

安装技术要求如下。

明装风管：水平度 < 3mm/m，总偏差 < 20mm；垂直度 < 2mm/m，总偏差 < 20mm。暗装风管：位置应正确，无明显偏差。

安装顺序为先干管后支管；安装方法应根据施工现场的实际情况确定，可以在地面上连成一定的长度然后采用整体吊装的方法就位；也可以把风管一节一节地放在支架上逐节连接。整体吊装是将风管在地面上连接好，用倒链或升降机将风管吊到吊架上。

风管连接必须严密不泄露，法兰垫料应不产尘、不易老化并具有一定的强度和柔性。

经清洗密封的净化空调系统风管及附件在安装前不得拆卸，安装时打开端口封膜后，随即连好接头，中途若停顿，应把端口重新封好。

风管穿越需要封闭的防火、防爆的墙体或楼板时，应设预埋管或防护套管，风管与防护套管之间，应用不燃且对人体无危害的柔性材料封堵。

风管系统安装完毕后，应按系统类别进行严密性检验。

在安装风口时，风口安装应横平、竖直、严密、牢固，表面平整。带风量调节阀的风口安装时，应先安装调节阀框，后安装风口的叶片框。同一方向的风口，其调节装置应设在同一侧。

风阀安装前应检查框架结构是否牢固，调节、制动、定位等装置是否准确灵活。将其法兰与风管或设备的法兰对正，加上密封垫片，上紧螺栓，使其与风管或设备连接牢固、严密。风阀安装时，应使阀件的操纵装置便于人工操作。其安装方向应与阀体外壳标注的方向一致。安装完的风阀，应在阀体外壳有开启方向、开启程度的标志。

3.4.3.3 风机的安装

风机安装流程见图 3-57。

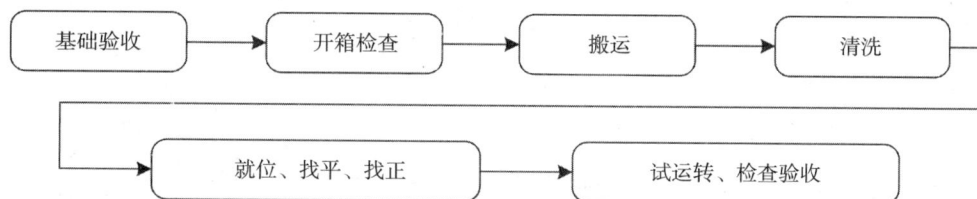

图 3-57 风机安装流程

风机安装前应根据设计图纸对设备基础进行全面检查，坐标、标高及尺寸应符合设备安装要求。风机安装前，应在基础表面铲出麻面，以使二次浇灌的混凝土或水泥能与基础紧密结合。

按设备装箱清单，核对叶轮、机壳和其他部位的主要尺寸，进、出风口的位置方向是否符合设计要求，做好检查记录。叶轮旋转方向应符合设备技术文件的规定。检查机壳的防锈以及转子有无变形锈蚀或碰损。

风机安装前，应将轴承、传动部位及调节机构进行拆卸、清洗，使其转动灵活。

风机就位前，按设计图纸并依据建筑物的轴线、边缘线及标高线放出安装基准线。将设备基础表面的油污、泥土杂物清除，将地脚螺栓预留孔内的杂物清除干净。整体安装的风机，搬运和吊装的绳索不得捆绑在转子和机壳或轴承盖的吊环上。风机吊至基础上后，用垫铁找平，垫铁一般应放在地脚螺栓两侧，斜垫铁必须成对使用。风机安装好后，同一组垫铁应点焊在一起，以免受力时松动。

风机安装在无减振器的支架上时，应垫上 4~5mm 厚的橡胶板，找平找正后固定牢固。风机安装在有减振器的机座上时，地面要平整，各组减振器承受的荷载压缩量应均匀，不偏心，安装后采取保护措施，防止损坏。

通风机的机轴应保持水平，水平度允许偏差为 0.2/1000；风机与电动机用联轴器连接时，两轴中心线应在同一直线上，两轴芯径向位移允许偏差为 0.05mm，两轴线倾斜允许偏差为 0.2/1000。通风机与电动机用三角皮带传动时，应对设备进行找正，以保证电动机与通风机的轴线平行，并使两个皮带轮的中心线相重合。三角皮带拉紧程度控制在可用手敲打已装好的皮带中间，以稍有弹跳为准。

通风机附属的自控设备和观测仪器、仪表安装，应按设备技术文件规定执行。

风机试运转：经过全面检查，手动盘车，确认供应电源相序正确后方可送电试运转，运转前轴承箱必须加上适度的润滑油，并检查各项安全措施；叶轮旋转方向必须正确；在额定转速下试运转时间不得少于 2 小时。运转后，再检查风机减振基础有无位移和损坏现象，并做好记录。

3.4.3.4 空调机组的安装

空调机组安装工艺流程见图 3-58。

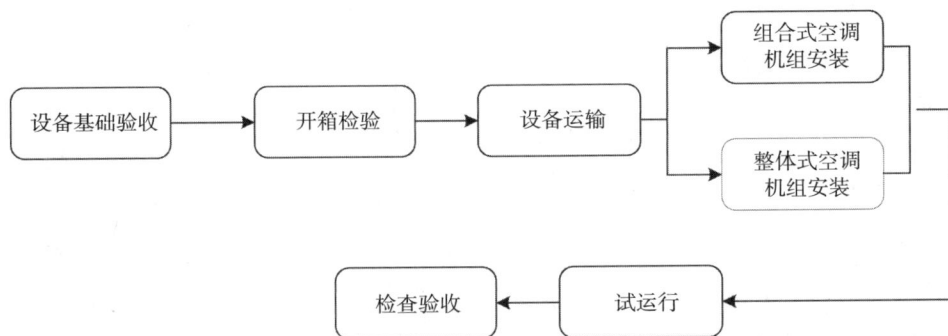

图 3-58 空调机组安装流程

3.4.3.4.1 设备基础的验收

根据安装图对设备基础的强度、外形尺寸、坐标、标高及减振装置进行认真检查。

3.4.3.4.2 设备开箱检验

开箱前检查外包装有无损坏和受潮。开箱后认真核对设备及各段的名称、规格、型号、技术条件是否符合设计要求。产品说明书、合格证、随机清单和设备技术文件应齐全。逐一检查主机附件、专用工具、备用配件等是否齐全，设备表面应无缺陷、缺损、损坏、锈蚀、受潮的现象。取下风机段活动板或通过检查门进入，用手盘动风机叶轮，检查有无与机壳相碰、风机减振部分是否符合要求。检查表冷器的凝结水部分是否畅通、有无渗漏，加热器及旁通阀是否严密、可靠，过滤器零部件是否齐全、滤料及过滤形式是否符合设计要求。

3.4.3.4.3 设备运输

空调设备在水平运输和垂直运输之前尽可能不要开箱并保留好底座。现场水平运输时，应尽量采用车辆运输或钢管、跳板组合运输。室外垂直运输一般采用门式提升架或吊车，在机房内采用滑轮、倒链进行吊装和运输。整体设备允许的倾斜角度参照说明书。

3.4.3.4.4 装配式空调安装

阀门启闭应灵活，阀叶须平直。表面式换热器应有合格证，在规定期间内且外表面无损伤时，安装前可不做水压试验，否则要做水压实验。试验压力等于系统最高工作压力的 1.5 倍，且不低于 0.4MPa，试验时间为 2~3 分钟；压力不得下降。空调器内挡水板，可阻挡喷淋处理后的空气夹带水滴进入风管内，使空调房间相对湿度稳定。挡水板安装时前后不得装反。要求机组清理干净，箱体内无杂物。

现场有多套空调机组安装前，将段体进行编号，切不可将段位互换调错，按厂家说明书，分清左式、右式，段体排列顺序应与图纸吻合。

从空调机组的一端开始，逐一将段体抬上底座就位找正，加衬垫，将相邻两个段体用螺栓连接牢固严密，每连接一个段体前，将内部清扫干净。组合式空调机组各功能段间连接后，整体应平直，检查门开启要灵活，水路畅通。

加热段与相邻段体间应采用耐热材料作为垫片。

喷淋段连接处要严密、牢固可靠，喷淋段不得渗水，喷淋段的检视门不得漏水。积水槽应清理干净，保证冷凝水畅通不溢水。凝结水管应设置水封，水封高度根据机外余压确定，防止空气调节器内空气外漏或室外空气进来。

安装空气过滤器时方向应符合要求，规格符合设计要求。

现场组装的空调机组，应做漏风量测试。其漏风量必须符合现行国家标准的要求。

3.4.3.5 高效过滤器的安装

3.4.3.5.1 高效过滤器安装前的准备

洁净室内的装修、安装工程全部完成，并对洁净室进行全面清扫。净化空调系统内部必须进行全面清洁、擦拭，并认真检查直到达到洁净要求。

高效过滤器在安装现场打开包装进行外观检查，检查内容包括框架、滤材、密封胶有无损伤；各种尺寸、合格证及性能指标是否符合设计要求。对洁净度为 D 级以上洁净室的高效过滤器安装后，应按规定进行检漏。

洁净室和净化空调系统达到洁净要求后，净化空调系统必须进行空吹 12~24 小时，空吹后再次清扫洁净室，并立即安装高效过滤器。

3.4.3.5.2 高效过滤器的安装

高效过滤器的运输、存放应按制造厂标注的方向放置。搬运过程中应轻拿轻放，避免剧烈振动和碰撞。安装过程中应根据各台过滤器的阻力大小进行合理调配。高效过滤器安装时，外框上箭头和气流方向应一致。安装高效过滤器的框架应平整，每个高效过滤器的安装框架平整度允许偏差不大于 1mm。

高效过滤器不论采用何种密封形式，都必须将填料表面、过滤器边框表面、框架表面擦净。

高效过滤器安装后，应按规定进行现场扫描检漏，并应合格。

3.4.3.5.3 高效过滤器泄露的维修

在 ISPE 良好规范指南《HVAC 及工艺设备过滤器》，章节 6.10 过滤器维修规定：在现场或工厂中发现的泄漏，通常可以使用经过认可的，经评估与过滤介质和最终使用工艺兼容的材料进行修复。过滤器维修标准可能会根据适用于最终用途的标准或机构、客户标准或各种其他因素而有所不同。重要的是，隔离和修复缺陷的确切位置，因为覆盖底层缺陷的大补丁可能会导致泄漏迁移，并在补丁处围绕补丁移动到另一个位置时被稀释。在缺陷被覆盖而不是被修复的情况下，事实上缺陷依旧存在，并且没有任何的改变，新的泄漏率读数可能会低于泄漏率规定的限度。另外，非常大的过滤器补丁会影响气流组织以及通过过滤器的气流量。在现场修补过滤器时，评估对过滤器功能的影响非常重要。当允许现场维修时，IEST-RP-CC034［70］规定现场维修不应阻止或限制超过 3.0% 的过滤器面积，附加标准是维修面的最小直径不得超过 3.8cm（1.5 英寸）。

高效过滤器修补安装后，应按规定再次进行现场扫描检漏，并应合格。

3.4.4 调试和确认

空气系统的调试工作通常承包给经过培训和认证的专业人员。可以 GB 50243《通风与空调工程施工质量验收规范》、GB 50591《洁净室施工及验收规范》和 GB 51110《洁净厂房施工及验收规范》为依据。调试通常所需的专用检测工具，性能应稳定可靠，其精度等级及最小分度值能满足测试的要求，并应符合国家有关计量法规及检定规程的规定。系统的调试和确认包括：

- 设备单机的调试和确认；
- 系统无生产负荷下的联合调试和确认。

3.4.4.1 设备单机的调试

3.4.4.1.1 风机、空调机组中的风机

➤ 试运转前的检查

- 核对风机、电动机的规格、型号及皮带轮直径是否符合设计要求；
- 检查风机与电动机带轮（联轴器）中心是否在允许偏差范围内，其地角螺栓是否已紧固；
- 润滑油有无变质，添加量是否达到规定；
- 风机启闭阀门是否灵活，柔性接管是否严密；
- 空调器、风管上的检查门、检查孔和清扫孔应全部关闭好，并关好加热器旁通阀；
- 用手转动风机时，叶轮不应有卡碰和不正常的响声；
- 电动机的接地应符合安全规程要求；
- 通风主、支管上的多叶调节阀要全部打开，三通阀要放在中间部位，防火阀应处在开启位置；
- 通风、空调系统的送、回风调节阀要打开；新风和一、二次回风口及加热器的调节阀应全开。

➤ 风机启动

- 点动风机，检查叶轮和机壳是否擦碰或发出其他不正常的响声，叶轮的转动方

向是否正确;

● 风机启动前,要关闭起动闸板阀;起动后,要缓慢开动阀门的开度,直至全开,以防止起动电流过大烧坏电动机;

● 风机启动时,用电流表测量电动机的启动电流是否符合要求。运转正常后,要测定电动机的电压和电流,各相之间是否平衡。如电流超过额定值时,应关小风量调节阀;

● 在风机运转过程中,用金属棒或螺丝刀仔细触听轴承内部有无杂音,以此来判断轴承内部是否有脏物或零件损坏;

● 运转 2 小时后,用温度计测量轴承表面温度,滑动轴承外壳表面不应超过 70℃,滚动轴承不得超过 80℃;

● 用转速表测定通风机转速。

风机运转正常后,要检查电动机、风机的振幅大小,声音是否正常,整个系统是否牢固可靠。各项检查无误后,经运转 8 小时即可进行调整测定工作。

3.4.4.1.2 水泵

➤水泵的外观检查

水泵及其附属系统的部件应齐全,各紧固连接部位不得松动;用手盘动叶轮时应轻便、灵活、正常,不得有卡、碰现象和异常的振动及声响。

➤水泵的启动和运转

水泵与附属管路系统上的阀门启闭状态要符合调试要求,水泵运转前,应将入口阀全开,出口阀全闭,待水泵启动后再将出口阀打开。

点动水泵,检查水泵的叶轮旋转方向是否正确。启动水泵,用钳形电流表测量电动机的启动电流,待水泵正常运转后,再测量电动机的运转电流,检查其电机运行功率值,应符合设备技术文件的规定。

水泵在连续运行 2 小时后,应用数字温度计测量其轴承的温度,滑动轴承外壳最高温度不得超过 70℃,滚动轴承不得超过 75℃。

3.4.4.1.3 冷却塔

➤冷却塔运转前准备工作

清扫冷却塔内的杂物和尘垢,防止冷却水管或冷凝器等堵塞;冷却塔和冷却水管路系统用水冲洗,管路系统应无漏水现象;检查自动补水阀的动作状态是否灵活准确。

➢ 冷却塔运转

冷却塔风机与冷却水系统循环试运行不少于 2 小时，运行时冷却塔本体应稳固，无异常振动，用声级计测量其噪声应符合设备技术文件的规定。

冷却塔试运转工作结束后，应清洗集水池。冷却塔试运转后，如长期不使用，应将循环管路及集水池中的水全部放出，防止设备冻坏。

3.4.4.2 系统无生产负荷下的联合调试

设备单机试运转合格后，应进行整个暖通空调系统的无负荷联合试运转。其目的是检验系统的温度、相对湿度、风量等是否达到了标准的规定，也是考核设计、制造和安装质量等能否满足工艺生产的要求。

3.4.4.2.1 试运转的准备工作

● 要熟悉暖通空调系统的有关资料，了解设计施工图和安装说明书的意图，掌握设备构造和性能以及各种参数的具体要求；

● 了解工艺流程和送风、回风、供热、供冷、自动调节等系统的工作原理，控制机构的操作方法等，并能熟练运用；

● 编制无负荷联合试运转方案，并定制具体实施办法，保证联合试运转的顺利进行；

● 在单机试运转的基础上进行一次全面的检查，发现隐患及时处理，特别是单机试运转遗留的问题，更要慎重对待；

● 做好机具、仪器、仪表的准备，同时要有合格证明或检查试验报告，不符合要求的机具和仪表不能在试运转工作中使用。

3.4.4.2.2 试运转的主要项目和程序

● 电气设备和主要回路的检查和测试，要按照有关的规程、标准进行；

● 空气处理设备和附属设备试运转，是在电气设备和主回路符合要求的情况下进行，其中包括风机和水泵的试运转。考核其安装质量并对发现的问题及时加以处理；

● 空调处理机组性能的检测和调整。通过检测，应确认空调机性能和系统风量可以满足使用要求；

● 受控房间气流组织测试与调整，在"露点"温度和二次加热器调试合格后进行。经气流组织调试后，使房间内气流分布趋向合理，气流速度场和温度场的衰减能满足设计规定；

● 室温调节性能的试验与调整；

● 空调系统综合效果检验和测定，要在分项调试合格的基础上进行，使空调、自动调节系统的各环节投入试运转；

● 在整个系统调试完成后，分别对受控房间的噪声和洁净度进行测定。

3.4.4.2.3 通风空调系统的风量测定与调整

● 开风机之前，将风道和风口本身的调节阀门放在全开位置，三通调节阀门放在中间位置，空气处理室中的各种调节阀门也应放在实际运行位置；

● 开启风机进行风量测定与调整，先粗测总风量是否满足设计风量要求，做到心中有数，有利于下一步测试工作；

● 系统风量测定与调整。对送（回）风系统调整采用"流量等比分配法"或"基准风口调整法"等，从系统中最远、最不利的环路开始，逐步调向风机；

● 风口风量测试可用热电风速仪。用定点法或匀速移动法测出平均风速，计算出风口风量，测试次数不少于 3~5 次。在送风口气流有偏斜时，测定时应在风口安装长度为 0.5~1.0m、与风管断面尺寸相同的短管；

● 系统风量调整平衡后，应达到：

    ○ 风口的风量、新风量、排风量、回风量的实测值与设计风量的偏差应在允许范围内；

    ○ 新风量与回风量之和应近似等于总的送风量，或各送风量之和；

    ○ 总的送风量应略大于回风量与排风量之和。

3.4.4.2.4 空气处理设备性能测定与调整

● 加湿器的测定应在冬季或接近冬季室外计算参数条件下进行，主要测定它的加湿量是否符合设计要求；

● 过滤器阻力的测定、表冷器阻力的测定、表面式热交换器冷却能力和加热能力的测定等应计算出阻力值、空气失去的热量值和吸收的热量值是否符合设计要求；

● 空调设备中风机风量的调整可以通过节流调节阀或改变其转速来实现；

● 风机盘管机组的三速、温控开关的动作应正确，并与机组运行状态一一对应；

● 在测定过程中，保证供水、供冷、供热源，做好详细记录，与设计数据核对是否有出入，如有出入应及时进行调整。

3.4.4.2.5 净化空调系统房间参数测试调整

● 温度和相对湿度的测试；

● 风量或风速的测试；

● 室内空气洁净度等级或菌落数的测试；

● 静压差的测试。

以上测试方法和原则参照 ISO 标准相关要求。

3.4.4.3 系统确认

GMP 正文第一百四十条规定：应当建立确认与验证的文件和记录，并能以文件和记录证明达到以下预定的目标：

（一）设计确认应当证明厂房、设施、设备的设计符合预定用途和本规范要求；

（二）安装确认应当证明厂房、设施、设备的建造和安装符合设计标准；

（三）运行确认应当证明厂房、设施、设备的运行符合设计标准；

（四）性能确认应当证明厂房、设施、设备在正常操作方法和工艺条件下能够持续符合标准。

确认文件可以酌情合并在一起，例如安装确认（IQ）和运行确认（OQ），根据设备的复杂性，它可以作为联合安装 / 运行确认（IOQ）执行。PQ 通常应在 IQ 和 OQ 成功完成后进行，但在某些情况下可能与运行确认合并执行。

确认过程中不符合预先确定的验收标准的结果应记录为偏差，并按照当地程序进行充分调查，调查报告应讨论对验证的任何影响。

3.4.4.3.1 空调净化系统确认

➢安装确认

净化空调系统各组件安装完成后进行安装确认，目的是证明系统安装符合已批准的设计文件要求，通常包括：

● 文件确认

确认用于空调系统检查、安装和维护所需文件的完整、齐全、有效且为最终版本。其中包括：

　○ 设计类文件：设计说明、部件清单、仪表清单、空调系统 P&ID 图、压差平面布局图、洁净分区平面布局图、风管平面布局图、风口平面布局图等；

　○ 竣工文件：文件清单、设备开箱检查记录、风管制作及清洗记录、风管漏风量测试记录、围护结构严密性检测记录（适用于三、四级生物安全实验室）、空调系统空吹记录、高效过滤器安装记录、关键仪表的校准记录及证书、操作维护手册、空调系统的调试记录等。

● 仪表校准确认

检查关键仪表的精度和校准量程是否符合设计要求，仪表是否在校验有效期内。

● 关键部件确认

检查部件清单中的阀门、仪表和其他部件的厂家、型号、安装数量是否与部件清单一致。

● P&ID 图确认

根据空调系统 P&ID 图和风管平面布局图核对所有设备、仪表、风管及风管组件、相关阀门的安装位置是否和已批准的图纸保持一致。

● 安装材料检查

检查洁净空调系统安装材料的规格、型号、数量、材质等，目的是确认安装材料是否符合设计文件和 GMP 要求，如：机组箱体壁板的厚度，防火材料的型式检验，机组内初、中效过滤器材质及型号，风机的材质及使用寿命，风管的材质，微压差计的量程，洁净室吊顶、隔墙板材料和地面材料，洁净门，洁净观察窗，洁净灯具，洁净电话等。

● 高效过滤器安装确认

高效过滤器安装应进行确认，确保洁净区（室）能够满足相应洁净级别的要求，确认高效过滤器的规格、型号、效率等级等信息是否满足用户需求及 GMP 要求。

● 公用系统连接确认

为了确保空调系统正常运行，其配套公用系统应正确连接，且规格、参数符合要求。包含加热蒸汽（或热水）、加湿蒸汽的压力确认，冷冻水进、回水温度和压力确认，压缩空气确认，空调机组电源确认等。

➢ 运行确认

通过检查、检测、试验等测试方法进行运行确认，目的是证明设备的运行状况符合设备出厂技术参数，并能满足用户需求说明和设计功能技术指标的要求。通常包括：

● 文件确认

确认各个操作规程（包括操作、清洁/消毒、维护、校验）的适用性和准确性，并确认其处于已批准或草稿状态。

● 测量仪表校验确认

确认测试所用仪器均已经过校准，且校准结果合格，校准日期仍在有效期限内。

- 高效过滤器完整性测试

为确认过滤器安装良好、过滤器及其框架均无缺陷和渗漏所做的检测。通常使用气溶胶发生器在高效过滤器上游产生一定浓度的气溶胶烟雾，用气溶胶光度计或光散射粒子计数器的采样管采取重叠的行程移过规定的检测区，以发现过滤器及其框架泄漏的方法。

另外，参考 GB 50591《洁净室施工及验收规范》，高效过滤器完整性测试也可采用大气尘作为上游尘源的测试方法，可通过短路新风机组或对每一台高效过滤器进风面用气泵引入室外空气等方法。

- 风量 / 换气次数

通常使用风量罩测量每个送风口的风量，通过计算房间总风量及房间体积，以单位时间送入空气的体积除以空间的体积计算得到房间的换气次数，根据以下公式计算：

$$N=\frac{L_1+L_2+\cdots+L_n}{V}$$

式中：N—— 换气次数（次 / 小时）；

$L_1\sim L_n$—— 高效过滤器各送风口风量（m³/h）；

V—— 房间体积（m³）。

- 单向流风速测试

通常使用风速计进行测试，确认单向流系统在其工作区域均匀送风，且风速符合要求，一般要求 0.36~0.54m/s（指导值）。

- 相对压差

GMP 要求在洁净室与邻近洁净度较低的空间之间保持一个可测量的压差，我国 GMP 不同洁净级别之间的压差值规定为不低于 10Pa，美国 FDA 建议值为 10~15Pa。现行医药洁净室压差设计涉及生物安全的压差，可参考 GB 19489《实验室生物安全通用要求》进行设计，除生物安全特殊要求外通常以 10~15Pa 为指导值。必要时相同洁净度级别的不同功能区域（操作间）之间也应当保持适当的压差梯度。这是保证药品生产过程中避免污染、交叉污染的一种措施。

- 温湿度

确认被测区域的温湿度维持在控制限度范围内，通常在风量压差调整后进行温湿度测试。

- 气流流型测试

气流流型测试的目的是证明气流方向及其均匀性与设计和性能技术要求相符，

测试方法包括示踪线法、示踪剂注入法、图像处理技术的气体流型可视化方法和速度分布测量法的气体流型可视化方法。参考 ISO 14644-3 洁净室气流流型测试推荐采用直径为 0.5~50μm 的去离子水（DI）示踪剂注入法，其安全、经济、清洁、无污染，水雾可见度高，利于拍摄，可用于各级别洁净室气流流型测试。气流流型测试分静态测试和动态测试。

○ 气流流型（静态）

使用水雾发生器产生一定浓度的水雾，保证烟雾喷出方向与气流方向垂直。

送风口处烟雾气流应从风口向四周扩散；回、排风处烟雾气流应平稳流向回风口，无逆流，无明显变向和发散。

不同洁净级别相邻房间的通道（包括门缝、传送带等）的气流方向应从正压侧平稳流向负压侧，无逆流，无明显变向和发散。

单向流区域的送风气流应沿单一方向呈平行流线，无逆流/湍流，无明显变向和发散。

示踪物质将洁净室设施中的气流可视化，采用记录装置如摄像仪、照相机，包括高速、频闪或同步功能的图像记录装置，记录气流流型的视频并妥善保存。

○ 气流流型（动态）

使用水雾发生器产生一定浓度的水雾，保证烟雾喷出方向与气流方向垂直。

模拟动态工艺操作，须模拟人员正常生产操作过程中对层流干扰的最大动作，要求动态情况下不破坏气流流型，气流组织不应形成湍流，湍流表明空气质点呈无规则或随机变化的运动状态，当不可避免地出现湍流时，该湍流不应经过高风险操作区。使用摄像装置记录气流流型的视频并妥善保存。

• 悬浮粒子测试

通常使用空气悬浮粒子计数器测试洁净室基准粒子浓度水平，进行洁净分级。

• 自净时间

自净时间测试是为了确定洁净区（室）在短时暴露于空气悬浮粒子挑战源之后，在有限时间内恢复至指定洁净级别的能力。

• 封闭性泄漏测试

对于 A 级/B 级无菌区域，必要时可对其维护结构的封闭性进行测试，测试的目的是为了确定是否有未过滤的空气从洁净间/区范围以外通过接头、接缝、门缝和有压力的天花板侵入洁净间/区，测试方法参考 ISO 14644-3 中相关章节。

➤ 性能确认

证明空调系统能按照相应的技术要求有效稳定（重现性好）地运行且能持续保

持洁净室内的洁净环境，洁净环境需要进行静态测试和动态测试。

静态测试：国内外法规或指南中对于静态测试的持续时间未进行明确说明，生产商可根据系统的组成、稳定情况，在方案中进行描述。行业内通常的测试周期为包含所有设施的连续三次的项目测试。

动态测试：在常规（动态）条件下，PQ 通常包括三次连续运行。在与批次相关的生产车间，一次运行通常包括一个涵盖所有适用的班次和活动批次。在辅助支持区域，运行应涵盖该区域内执行的所有相关活动。在性能确认期间模拟活动可能会减少总运行时间：通常，初始确认应在模拟操作期间进行，再确认应在模拟操作或无菌工艺模拟试验（APS）期间进行。

在初始 PQ 之后，可根据常规取样程序或继续执行初始确认时的取样，在规定的时间段内进行扩展 PQ。此过程的目的是考虑初始 PQ 中可能未涵盖的条件（例如，微生物的季节性变化、建立适当的警戒线、对定期清洁计划的额外评估）。

性能确认的静、动态测试项目通常包括：

● 悬浮粒子测试

应根据 GMP 及相关标准指南中的规定对洁净室的悬浮粒子浓度进行确认，在进行悬浮粒子测试前应做以下规定：测试人员的要求（培训、数量）；测试仪器的要求（精度、校准等）；采样点位的要求；采样量的要求；采样次数的要求；测试结果计算等。

● 沉降微生物测试

用暴露法收集降落在培养皿中的活生物性粒子，并将其培养、繁殖后加以计数所得。单个沉降碟的暴露时间可以少于 4 小时，同一位置可使用多个沉降碟连续进行监测并累积计数（累计总时间建议不少于 4 小时），测试状态分静态测试和动态测试。

● 浮游微生物测试

通常使用浮游菌采样仪进行测试，测试状态分静态测试和动态测试。

● 表面微生物测试

测试方法通常采用棉签擦拭法或接触碟法，测试状态分静态测试和动态测试。

➢ 再确认

● 对于服务于无菌产品的设备或生产设施的再确认

对于为无菌产品提供生产环境的洁净室和洁净空气设备，再确认应至少包括以下内容，见表 3-29。

表 3-29 再确认至少测试内容

洁净级别	空气活性粒子和非活性粒子	终端过滤器的完整性测试	风量测试	房间压差确认	风速测试
A	Yes	Yes	Yes	Yes	Yes
B	Yes	Yes	Yes	Yes	*
C	Yes	Yes	Yes	Yes	*
D	Yes	Yes	Yes	Yes	*

* 对于 B 级、C 级和 D 级，对风速的测试未强制要求，需根据风险评估的结果确定是否进行测试。但是，单向流供应的灌装区要求执行（例如，灌装最终灭菌产品或 A 级和 RABS 的背景区），对于非单向流的级别，应进行自净恢复测试代替风速测试。

对于 A/B 级洁净室（区）再确认最长时间间隔为 6 个月；C/D 级洁净室（区）再确认的最长时间间隔为 12 个月。

- 对于服务于非无菌产品的设备或生产设施的再确认

测试项目也应至少包括上述表 3-29 中的要求；再确认的周期药企可根据自身产品的特点，以及环境日常监测的结果（良好的控制状态），经评估后确定再确认的期限，但最长不宜超过 3 年。

- 其他

在纠正不合规设备或设施条件的整改措施完成后，或设备、设施、工艺变更后，还应视情况进行至少包括以上测试项目的再确认。变更的重要性应通过变更管理规程确定。变更示例包括但不限于：影响装置运行的气流中断；洁净室设计的变更或 HVAC 系统操作设定参数的变更；影响装置操作的特殊维护（例如终端过滤器的更换）。

3.4.4.3.2 仓库确认

➢ 安装确认

仓库各组件安装完成后进行安装确认，目的是证明仓库安装符合已批准的设计文件要求，通常包括：

- 文件确认

确认用于仓库检查、安装和维护所需文件的完整、齐全、有效且为最终版本。其中包括：

  ○ 设计文件：设计说明、部件清单、仪表清单、系统 P&ID 图、平面布局图、安防/监控系统平面图、照明平面图、控制柜布局图、电气原理图等；

    ○ 竣工文件：文件清单、设备开箱检查记录、地面承载力测试记录、防火材料型式检验报告、关键仪表的校准记录、操作维护手册、系统调试记录等。

- 仪表校准确认

检查关键仪表的精度和校准量程是否符合设计要求，仪表是否在校验有效期内。

- 关键部件确认

检查部件清单中的阀门、仪表和其他部件的厂家、型号、安装数量、安装部件是否与部件清单一致。

- P&ID 图确认

根据 P&ID 图核对所有设备和仪表是否正确安装，是否和已批准的图纸保持一致。

- 材质确认

检查与产品接触的材料，要求具有无毒、耐腐蚀属性且具有材质证书。

- 公用系统连接确认

确认与仓库配套的公用系统是否正确连接且参数符合要求，如电源确认。

- 如果设备/系统带有控制系统，还需要确认以下项目：
  ○ 电路图确认；
  ○ 硬件检查；
  ○ 软件版本确认；
  ○ HMI 菜单确认。

➢ 运行确认

运行确认是在仪器安装确认完成后，通过检查、检测、试验等方法验证冷库系统的功能是否满足用户需求和设计要求。通常包括：

- 文件确认

确认各个操作规程（包括操作、维护、清洁、校验）的适用性和准确性，并确认其处于已批准或草稿状态。

- 测量仪表校验确认

检查关键仪表的精度和校准量程是否符合设计要求，仪表是否在校验有效期内。

- 访问权限测试

如果操作系统有登录权限的设定功能，应进行测试，至少应有操作员、工艺员、管理员三级权限设置。

- 报警测试

设备/系统故障或超出报警设定限值时，均能产生正确报警。

• 控制系统功能测试

基于对操作系统和数据处理系统的需要，进行如安全性、存储、备份、灾难恢复、数据报表打印、审计追踪等功能测试。

• 空载温度分布测试

在仓库各项参数及使用条件符合规定的要求并达到运行稳定后进行空载温度分布测试。冷库数据有效持续采集时间不得少于 48 小时，验证数据采集的间隔时间不得大于 5 分钟。分析测试结果并计算冷库温度偏差、均匀度、波动度，计算方法如下。

温度偏差：

$$\Delta t_d = t_d - t_o$$

式中：Δt_d——温度偏差，单位为摄氏度（℃）；

t_d——温度设定值，单位为摄氏度（℃）；

t_o——中心点 n 次测量平均值，单位为摄氏度（℃）。

温度均匀度：

$$\Delta t_u = \sum (t_{imax} - t_{imin})/n$$

式中：Δt_u——温度均匀度，单位为摄氏度（℃）；

t_{imax}——各测点在第 1 次测得的最高温度，单位为摄氏度（℃）；

t_{imin}——各测点在第 1 次测得的最低温度，单位为摄氏度（℃）；

n——测量次数。

温度波动度：

$$\Delta t_f = \pm (t_{omax} - t_{omin})/2$$

式中：Δt_f——温度波动度，单位为摄氏度（℃）。

➢ 性能确认

确认仓储设施在实际应用条件下温度控制是否符合规定，对系统进行的性能确认。冷库性能确认通常参考《药品经营质量管理规范》附录五：验证管理。

在冷库各项参数及使用条件符合规定的要求并达到运行稳定后进行空载温度分布测试。数据有效持续采集时间不得少于 48 小时，验证数据采集的间隔时间不得大于 5 分钟。分析满载温度分布测试结果，确定冷点和热点的位置，冬天和夏天可能会有显著差异，因此冷点和热点需要根据季节来确定，最终确定适宜药品存放的安全位置及区域。

- 满载温度分布测试

应当根据验证对象及项目，合理设置验证测点。

- 在被验证设施设备内一次性同步布点，确保各测点采集数据的同步、有效；
- 在被验证设施设备内，进行均匀性布点、特殊项目及特殊位置专门布点；
- 每个库房中均匀性布点数量不得少于 9 个，仓库间各角及中心位置均需布置测点，每两个测点的水平间距不得大于 5m，垂直间距不得超过 2m；
- 库房每个作业出入口及风机出风口至少布置 5 个测点，库房中每组货架或建筑结构的风向死角位置至少布置 3 个测点。

关于布点也可参考 WHO 的相关要求：

长度和宽度：沿着冷库长和宽的方向以网格形式布置温湿度监测仪，该区域应被合理覆盖，每 5~10m 布置 1 个温湿度监测仪，位置考虑如下。

- 区域的平面布局；
- 货架和药品摆放对气流的影响程度；
- 监测仪位置与药品位置或计划存放位置相同；
- 其他可能需要更多或更少监测仪的理由。

高度：

- ≤ 3.6m，监测仪布置在高、中、低位置；
- > 3.6m，监测仪按顺序布置在垂直方向的上、中（可以多个）、下部。

其他特殊区域考虑布点：如货架的风向死角、门、窗等位置。

- 断电和断电恢复时间测试

确定断电后温控存储区域维持在要求的温度范围内的时间及断电恢复后存储区域恢复至要求的温度范围所需时间，可考察设备停运后变化最快测点的温度接近温控限度的时长。

断电测试策略包括以下两种：

- 断电至温度超标：断电后连续记录存储区域温度，当温度超出要求的范围，恢复供电，确定恢复至可接受温度范围的时间；
- 固定断电时间：预先确定固定的断电时间，如断电 2 小时，不管存储区域温度有没有超出要求的范围，恢复供电，确定存储区域恢复至可接受温度范围所需的时间。

- 开门测试

确定开门后温度超出可接受范围的时间及关门后恢复至可接受温度范围的时间，开门测试应确保库门全开，如有多个库门应逐一测试（即库内温度恢复正常稳定后再进行下一库门的测试），判断超温时限以验证用温度记录仪的读数和温度监测系统的超温报警提示为依据（以先到达者为准）。

开门测试策略包括以下两种：

○ 在预设的一定时间内保持开门，不会造成系统内的物料温度超标；

○ 开门直至温度超出接受范围，关门后确认温度恢复到接受范围的时间。

➢ 性能再确认

冷库的再确认应该根据规定的程序定期执行，定期验证的间隔时间不超过 1 年，年度定期验证时，进行满载验证。

3.4.5　GMP 需要的空调系统文件

本节仅介绍通常需要的文件：

• 设计文件

○ 区域分类图（空间若分类）；

○ 压力或气流方向图；

○ 空气处理机组分区图；

○ 带控制点空气流程图；

○ 房间条件表（温度、相对湿度、区域分类、压差等）。

• 安装及调试文件

○ 区域分类图（空间若分类）；

○ 压力或气流方向图；

○ 空气处理机组分区图；

○ 过滤器测试数据；

○ 操作顺序；

○ 设备提交图纸；

○ 竣工通风管道、管路和设备平面图。

• 确认文件

○ 房间环境条件——表格/一览表；

○ 过滤器完整性及检漏试验（HEPA/ULPA）；

○ A 级区单向流区域和 D 级及以上房间空气流型；

○ 空气平衡；

○ 面流速测试（4.8 级/A 级 HEPA/ULPA）；

○ 压力关系（污染控制）；

○ 温度；

○ 相对湿度（若认为关键）；

○ 房间换气次数；

○ 房间照度测试；

○ 房间噪声测试；

○ 房间压差或泄漏空气流速（用于污染控制）；

○ 送风量（分级空间）；

○ 空气中悬浮微粒测试；

○ 空气中微生物微粒测试；

○ 报警测试，包括标定和警报延时核定；

○ 房间自净时间（分级区域）；

○ 达到验收标准的证据。

3.4.6 培训

空调净化系统操作和维护人员应接受关于其预定功能和保持其运转所需步骤的培训。

- 系统功能实现的基本原理和各设备的基本功能。
- 系统功能正常运行及其维护的重要性。
- 系统开启、运行和停机的基本步骤，达到设定值的方法。
- 空调净化系统如何达到用户要求？
- 运行标准操作程序：达到设定点的方法、系统启动和故障检修程序是什么？
- 维护标准操作程序：需要进行哪些工作？什么时候进行？
- 进行维护工作时的清洁和注意事项。
- 仪表校准：程序、周期。
- 记录存放地点和存放方法：用于 GMP 目的的记录可单独存放。

3.4.7 设备运行和维护

3.4.7.1 概述

空调净化系统运行直接关系到受控环境的温度、相对湿度、空气质量、气流流型和压力等性能参数，运行质量的好坏，很大程度上取决于值班人员是否按规定的要求进行操作。而系统维护是实现正常运行、保持良好外观、延长使用寿命和保证安全的基础。维护不当会导致意料不到的长时间停机。也可能导致无法达到 GMP 所要求的各种环境参数如温度、相对湿度、空气质量、气流和压力等。

应制定合理的运行管理制度对空调系统的运行进行科学的管理，其主要内容应包括：值班人员岗位职责、开机前检查及开关机顺序、运行参数记录等，对重点系统设备应定期检查保养以保障系统运行满足使用要求，延长设备使用寿命。

3.4.7.2 空气处理机组

空气处理机组是由各种空气处理功能段组装而成的空气处理设备，应定期检查空气处理机组是否出现漏气、生锈、冷凝水排泄问题和污物累积，并检查各门、驱动装置、风门和执行机构及照明装置和开关是否正常工作。

建议定期清洁空气处理机组内部，特别是用于洁净分区和无菌操作服务的机组。包括对机组内部的部件进行清洁检查，如过滤器、加热和冷却盘管、冷凝水盘、冷凝水排放管、加湿系统、隔音装置、风机、风门、门密封垫以及整个机组。

预过滤器不能清除空气处理机组内的所有空气污染物。随着时间的延长，污物累积会导致微生物滋生。机组通常采用能够杀死微生物的溶液进行清洗，但同时也会冲洗掉分布在轴承及其他润滑接头的润滑脂和润滑油。

建议清除可见的铁锈，并做防腐处理，使其外观恢复如新。

冷凝水泄水盘中的积水可能导致微生物滋生和铁制零件生锈。在易产生冷凝水的高温潮湿条件下，应检查排泄是否正常。

照明装置的荧光灯管或镇流器若损坏，会导致照明不良，影响空气处理机组设备维护和人员安全。

缺陷电气开关和插座会导致电气危险、相关设备运行不良，且会增加维修工作。

门的维护对于空间的气密性十分重要。密封垫、框架、铰链和锁柄容易松动和磨损，导致机组供气量下降、能量损失、表面凝水和污物渗透。

3.4.7.3 风机

风机是为洁净室提供空气，保证洁净室气流组织的关键设备。风机各部件如果维护不当，可能导致气流减小，最终导致故障。风机部件包括：

- 风机壳体；
- 叶轮；

- 轴承；

- 皮带；

- 护罩；

- 电机。

应定期检查风机叶轮是否出现污物累积、机械疲劳和不平衡（可能导致振动和噪声增大并最终导致可能危及生命的严重故障，例如叶片和壳体破裂）。这些问题若不加以纠正，则可能无法达到要求的气流量。

润滑过量或润滑不足及使用不适合气流环境的润滑剂经常会导致轴承损坏，人员应接受轴承制造商和润滑剂供应商的适当培训。振动和温度监测有助于趋势分析，以发现即将发生的轴承损坏。

在拆卸、安装和起动配备皮带驱动装置的设备时，应注意保护皮带驱动装置并按照规定的程序操作。皮带张力不合适是导致过早损坏的最常见的原因，应按照下列步骤操作：

- 检查皮带张力（用一个张力计或超音波张力测试器）。调整皮带驱动装置的中心距，直至测得的张力正确；

- 用手将皮带驱动装置转动几圈，再次检查皮带张力，并根据需要进行调整；

- 起动驱动装置，通过看和听检查是否出现异常噪声或振动。如果皮带或轴承很热，说明皮带张力过大。

三角皮带磨合程序：建议执行三角皮带磨合程序，以延长皮带使用寿命。磨合包括起动驱动装置，并使其在满负荷下运转24小时。皮带磨合后，停止皮带驱动装置并检查皮带张力。然后，让皮带装置在满负荷下长时间运转，使三角带进入带轮槽中。三角带在初次磨合和进入轮槽后，张力会下降。根据需要重新调整皮带张力。若不检查并重新调整皮带张力，会导致皮带张力下降、皮带打滑、气流减小，最终会使皮带过早损坏。

电机应能够运转10年以上，不出现重大问题。由于电机价格昂贵，且运行成本较高，维护对于保持最低运行成本至关重要。应进行下列工作：

- 当厚厚的一层污物盖住电机座和堵住冷却空气通路时，会使脏污的电机发热。热量会降低绝缘层的寿命，最终导致电机故障。电机外部应定期清洁，以除去可能影响电机散热的污染物。可采用擦拭、刷洗、吸尘或吹洗的方法清除电机座和气路的累积污物；

- 检查是否出现腐蚀迹象。严重腐蚀可能表明内部零件损坏，外部需要重新涂漆；

- 轴承应定期润滑，或在噪声增大或发热时润滑。应避免过量润滑，过量的润滑脂或润滑油会黏附污物，并可能导致轴承损坏；
- 用手摸电机座和轴承，检查是否过热或振动过大。听是否有异常噪声，如有，则表明电机可能发生故障。迅速找出并消除导致发热、噪声或振动的原因；
- 检查皮带和电机驱动装置护罩是否牢固，以免导致振动和噪声及设备损坏和人员受伤。

3.4.7.4 加热和冷却盘管

盘管（无论用于加热、冷却还是除湿）内外均应清洁，用于热传递的翅片应完好无损。由于冷却盘管一般用于减少空气中的显热量（冷却）和潜在热量（除湿），与加热盘管相比更容易丧失传热能力（由于单位面积的热负荷较高）。冷却盘通常有水，因此更可能累积污物。

一般情况下，盘管（特别是冷却盘管）外部每年清洗一次，因为盘管的这一侧接受大部分污物（来自气流）。内部清洗一般只有在传热流体的压差（入口与出口之间）超出制造商提供的适用于特定工作条件下的建议值时才进行。盘管可定期进行压力测试，以检查是否泄漏。应通过处理加热蒸汽和传热水使盘管的管道保持清洁，且应在许多年内保持较高的传热性能。当采用表面和旁路加热盘管时，风门机构应每年检查一次，以确保其在整个活动范围内正常工作。

由于经常调节，控制阀在经过一段时间后会磨损。这些阀门应包括在定期维护计划中。

3.4.7.5 蒸汽加湿器

加湿器系统由许多部件构成，应检查和维护的部件包括以下方面。

- 过滤器滤网：每年至少检查两次（如果脏污，蒸汽流量会减小）。
- 控制阀：每年检查一次，以确保：
  – 蒸汽阀关闭严密；
  – 阀杆填料不漏气；
  – 执行机构隔膜不漏气。
- 密封圈和 O 形圈：确保蒸汽不会泄漏到周围区域，以免人员受伤。
- 使蒸汽正确放散到气流中的喷嘴：如果蒸汽放散不正确，会导致性能下降或在下游形成冷凝水。
- 消声器：每年至少检查一次是否清洁。

3.4.7.6 干燥剂除湿器

干燥剂装置的维护包括：

- 过滤器；
- 叶轮驱动装置总成；
- 叶轮支承轴承；
- 工艺段与再生段之间的密封；
- 风机；
- 皮带；
- 控制器。

干燥剂部件应按照推荐的时间表进行维护。

由于干燥剂系统有来自供给侧的进气和用于再活化的辅助气流，两组进气过滤器均需定期更换，以防止气流减小。供给空气或工艺空气过滤器堵塞会导致过热（由于气流减小）和能源浪费。再活化侧过滤器堵塞可能导致许多问题，包括干燥剂转轮除湿气流不足，降低系统性能。由于过滤器负荷会不断增大，没有足够的气流安全地吸收再活化加热器的热量，会导致机组因进入转轮的再活化空气温度过高而停机。与干燥剂系统相关的许多问题均可追溯到过滤器堵塞。

应检查再生气流段与工艺气流段之间的密封。泄漏会导致性能下降。

氯化锂干燥剂会吸收多余的水分，膨胀然后从转轮中"爆"出。氯化锂转轮在未使用时应保持高温和转动。

环绕干燥剂转轮的驱动皮带需要足够的紧度，以转动转轮，但不能过紧，以免增大驱动电机轴承的负荷。干燥剂机组配备自动张紧装置，但皮带张力应至少每年检查两次，或在更换过滤器时检查，以确保皮带既不过松也不过紧。

在检查风机轴承时，应同时检查干燥剂转轮的轴承，并按照制造商的建议加注润滑脂。一般情况下，每年只需要加一次润滑脂，因为转轮转速较慢。

控制器应定期重新校准，以保证工作状态稳定。应检查旁路风门工作状态和位置是否正确。应检查关闭风门的密封。

3.4.7.7 消声器

洁净空调系统风量比一般舒适性空调风量要大很多，风系统的阻力大，风机转速高，所以产生的噪声也就大，为符合规范对噪声的要求，应在空调机箱内设置消声器。为防止消声材料成为发尘源，应选用微孔板型消声器，其材质应和机箱内壁板材质相同，不宜选用填充纤维织物的消声器。

微孔板型消声器安装、维护和清洁方便，不易渗入污染物质，建议每年至少检查一次是否清洁。

3.4.7.8 空气过滤

随着微粒增加过滤器的负荷增大，气流阻力增大（压降提高）到一定程度时，气流会减小，过滤器会阻塞。随着过滤器负荷增大，其效率也可能提高。最好根据预先确定的压降和过滤器的成本更换过滤器。这样可以优化过滤器的总运行成本。更换过滤器压差设定值越低，能源成本越高。过滤器应正确安装，以防止空气从外部绕过。过滤器制造商应能够提供关于根据现场工作条件达到最低总运行成本的说明。

3.4.7.8.1 高中效过滤器

高中效过滤器阻力达到终阻力时应进行更换，即使未达到终阻力更换条件，使用时间达到 2 年时仍建议更换，这样可防止微生物滋生和过滤器性能下降。

3.4.7.8.2 HEPA/ULPA

根据测试方法和产品 / 工艺，现场测试中若发现浓度超过容许极限的上游气溶胶泄漏，则可能需要更换或修补 HEPA/ULPA 过滤器。通常情况下，过滤器现场泄漏测试所用的方法、设备和材料不同于在工厂进行的过滤器效率测试。因此，这两种测试一般没有直接关系。确定过滤器泄漏最常用的极限是在通过现场过滤器表面泄漏扫描装置进行测试时，局部泄漏率大于等于上游气溶胶浓度的 0.01%。关于各种应用场合局部泄漏率容许极限的详细说明见 ISO 14644-3。为满足 GMP 运行要求，现场泄漏测试一般每年进行一次，但在某些地区，无菌生产一般要求每 6 个月测试一次。

HEPA/ULPA 过滤器的泄漏情况有几种。在用仪器、工具或手取放或接触过滤介质时，若不小心，很容易使其损坏。介质与滤框之间的密封接触面也可能发生泄漏，黏合材料有时会开裂或脱离滤框。这种情况通常是由于生产过程质量控制不合格，或黏合剂与气流中的材料不相容所导致。另一个主要泄漏源是硅胶密封，即过滤器壳体与过滤器网格系统接触的地方，过滤器测试中所用的气溶胶会使硅胶变质。

在贮存、搬运、安装和测试 HEPA/ULPA 过滤器时应小心。应将其存放在环境受控的场所，温度为 4~38℃，相对湿度为 25%~75%。过滤器应妥善存放，以免损坏或异物进入。

在按照制造商建议搬运过滤器时应小心，防止下列情况导致过滤器损坏：

- 包装箱跌落；
- 振动；
- 动作过大；
- 野蛮装卸；
- 贮存或堆放高度不合适。

安装前，建议记录各过滤器上和过滤器壳体上的信息（型号、序列号、性能、工厂测试数据等）。这可解决将来出现的关于过滤器效率和更换的问题，或产品召回引发的问题。

3.4.7.9　风管管网

定期检查暖通空调风管可发现各种潜在问题（污物、碎屑、泄露和腐蚀），应在突然发生故障时或需要大修前加以纠正。随着时间的推移，风管系统可能会失去其密封性，影响房间压力。压坏的管道将导致风量不足、噪声增大和空气不良。管道保温层失去绝热能力，应尽快更换，防止水汽凝结，使冷凝水进入工作区域，导致表面生锈和霉菌滋生。

3.4.7.10　风门和百叶窗

应检查这些部件是否有污物累积，是否运动自如，连杆机构在整个工作范围内无卡滞（全开到全闭）。连杆机构应能够自由活动。对于低泄漏场合的风门，密封垫若变硬或不能提供良好的密封，则应更换风门。这些装置出现污物累积或运转不正常时，若不处理，则会导致空气分配量不足。

3.4.7.11　风口

污物累积会导致空气分配量不足，可在房间内看到。散流器和风口应定期检查和清洁。

3.4.7.12　排风系统

制药工业所用的排风系统需要高度的可靠性，因为它们若发生故障，会对生产造成影响。设备维护应能保证正常运行时间，包括：

- 应检查系统，确保没有可能减小气流量的碎屑和污物；
- 控制风门应动作自如；

- 应检查挠性管道接头，确保其不漏气（通常由于损坏或磨损）；
- 应按照 ASHRAE 标准 10 对排风罩性能进行测试。

风机是排风系统运行的主要设备，具体参见风机部分。

3.4.7.13 空气平衡

应定期对暖通空调系统进行测试、调整和平衡（TAB），以确保系统符合要求，并检查系统是否有效工作。房间配置或暖通空调设备若发生改变，则应进行 TAB。对于 GMP 空间，至少应重新校准监测仪表、检查工艺空间的供给气流量、重新计算每小时换气次数（ACPH）和调整压力关系，这些工作至少应每年进行一次或在测试终端 HEPA 过滤器时进行。应考虑至少每 5 年（对于非 GMP 空间，则为 7 年）进行一次全面的再平衡。总体再平衡可发现未知的能耗增加和潜在的设备故障。进行部分再平衡会有一定的风险；因为某一区域的气流若发生变化，会导致其他区域的相反变化（增大一个房间的气流可能减小其他房间的气流）。

注意，气流测量的精度一般为 ±10% 左右。只要达到房间条件和自净时间（若测量），这一偏差无关紧要。用于空气平衡的风量罩应定期校准（通常每年校准一次）。在计算再平衡时间表时，应预留足够的时间。

建议维护频率见表 3–30。

表 3–30　建议维护频率

房间类型	频率
无菌运行（A、B 级）：仪表重新校准、检查 ACPH 和气流；测试 HEPA 过滤器	6 个月
GMP 分类运行（C、D 级）：仪表重新校准、检查 ACPH 和气流；测试 HEPA 过滤器	1 年
其他 GMP 空间、试验工厂、动物设施、实验室空间、研发空间：全面再平衡	一般不超过 5 年
非 GMP 空间，包括机电设备间、音乐厅、公用空间、工厂集中通风、厨房和办公室：全面再平衡	一般不超过 7 年

3.4.7.14 系统节能

洁净室的空调净化系统运行能耗比一般舒适性空调运行能耗大得多，随着净化级别的提高，洁净室空调能耗也急剧增大。洁净室空调系统的主要能耗包括：

- 维持洁净室温度、相对湿度，空调系统供冷、供热、供蒸汽的空气处理负荷；

- 维持洁净室的洁净度、压差风机设备消耗的电量；
- 保证洁净室照度，照明装置消耗的电量；
- 空气输送系统的阻力；
- 洁净室中的工艺设备和工艺过程发热量大。

洁净室空调系统的节能是一个综合的系统工程，并不是所有的方式均适用，应根据具体情况综合考虑以下措施：

- 符合消防、安全和工艺控制的条件下，优先选择带余热回收的空气处理机组；
- 风机应与系统"流量 – 压力"特性匹配，通风、空调系统的风量变化较大时，风机宜变频调速；
- 空调机房的设置，在保证不交叉污染和相互干扰的情况下，应尽量考虑就近设置，缩短送回风管路，减少空气系统阻力；
- 热水、冷冻水、空调风管保温及保冷厚度应符合现行国家标准 GB 50189《公共建筑节能设计标准》的有关规定；
- 具有地热源可利用时，宜采用水源或地源热泵供冷、供热技术；
- 洁净室维护结构选用优质隔热材料，工艺设备采取措施减少散热量，照明装置宜选用 LED 节能灯；
- 保证围护结构的密封性能，保证房间换气次数和相对压差的条件下房间正压控制不宜过高；
- HVAC 系统的运行模式可根据需要设置为生产模式、值班模式和消毒模式，非生产状态下，可以切换至值班模式。应根据验证或风险评估的结果，确定空调系统在不同模式下的运行参数，确保洁净区的环境满足生产工艺需求；
- 利用远程计算机、控制器、执行器和现场温湿度、风量、压差等传感器实现系统运行参数的精确、实时、稳定可靠调节。

3.4.7.15 系统故障应对措施

- 压差、温湿度异常

洁净室之间和（或）隔离装置与其背景之间应安装压差指示器。确定为关键的压差应受到持续监测和记录，其他压差应定期监测和记录。应设置报警系统，以即时指示和警告操作人员任何送风失败或压差降低（被确定为关键的压差低于设定限度）。

当压差报警时，操作人员应立即停止生产操作，对暴露的物料进行封存，然后通过电话或其他对外的联系方式与空调岗位以及技术人员沟通，查找原因。在此期间洁净区域内的操作人员避免或减少穿越不同区域间进行活动，尽可能减少区域间交叉污染的风险。

待系统运行恢复正常后（压差、温湿度等），且故障时间在所规定的标准操作程序范围内，同时前期对系统故障停止运行时间对洁净级别的影响经过了相应的确认，对于风险较低的产品（如原料药、口服固体制剂等），可在系统正常运行一段时间后，直接进行生产操作。而对于无菌生产或对微生物负荷有要求的产品，则应对环境参数测试合格后，方可进行后续生产操作。

• 电力故障

电力系统的可靠性对于无菌生产车间至关重要，当发生故障性电力中断时，操作人员应立即停止生产操作，联系维保部门排查电力故障原因，对暴露的产品（或中间产品）进行封存，同时密切关注产品（或中间产品）保存条件（温度等），并记录相关数据。在此期间洁净区域内的操作人员避免或减少穿越不同区域间进行活动，尽可能减少区域间交叉污染的风险。

当电力系统需要定期预防性维护导致电力系统中断时，维保部门需要提前通知相关部门（如生产车间、仓库、质量管理部和生产管理部等），说明计划停电时间、停电范围、供电恢复时间，各单位根据实际情况合理安排生产计划。

必要时，洁净室关键生产区域设计备用电源（双回路供电），当正常电源因故障断电时，备用电源会在极短的时间内自动切换投入，从而保证电气设备供电的连续性。当正常电源恢复供电时，又自动在极短的时间内切换回正常电源供电。

当上述故障时间超出了标准操作程序中所规定的确认时间，待系统运行恢复正常后（压差、温湿度等）需对洁净区域进行相应的清洁、消毒，待环境参数（如悬浮粒子、微生物等）测试合格后方可再次进行后续生产操作。

3.4.8 备件

按 GMP 规范和保持连续生产的经济性要求贮存备件，以尽可能降低故障的影响。良好的预防性维护计划应能够在零部失效前预测其更换需要，以便有足够的时间订购更换件。不过，有些零部件在设备突然发生故障时可能会有用。

• 粗、中效过滤器：随着时间的推移，粗、中效过滤器可能会因污染粒子的堆积而阻力增大使运行成本和效益受到影响或因其他原因而损坏，需要定期检查和更换；

• 传动皮带：在长期连续运行时，传动皮带会因为磨损而损坏或引起张力改变。定期检查和更换可避免故障停机产生的损失，降低运行成本。

3.5 常见问题讨论

3.5.1 HVAC 系统与工艺设备的关联

HVAC 系统的作用是为药品生产提供符合要求的环境条件，防止药品的污染和交叉污染，以及为操作人员提供防护。由于一些工艺设备在其操作过程中将对生产环境的风量、压差、气流组织、温度、相对湿度等产生重大影响，改变原有的平衡，使生产环境参数偏离预定的目标。因此 HVAC 系统的设计必须考虑这些因素，采取适当的措施，抵消工艺设备运行带来的不利影响，保持生产环境各项参数的稳定、可控，始终符合药品生产的质量要求。

能对生产环境造成影响的工艺设备/系统，主要包括无菌生产的玻璃容器灭菌隧道烘箱、无菌产品轧盖操作、无菌隔离器系统、固体制剂除尘系统、制粒/干燥/包衣设备等。下面将分别加以介绍。

3.5.1.1 玻璃容器灭菌隧道烘箱

玻璃容器灭菌隧道烘箱是无菌药品生产过程中常用的设备，它利用高温杀菌原理，通过对最后清洗过的玻璃容器（如小瓶）进行高温杀菌，以彻底去除玻璃容器可能的微生物污染，是一种有效的无菌处理方法。

灭菌烘箱根据其工作方式的连续性，分为"静态"和"动态"两种形式：

- 静态：干热灭菌器、湿热灭菌器；
- 动态：连续式隧道灭菌烘箱。

静态设备如干热灭菌器等，对 HVAC 系统的影响和环境平衡较小。它可能需要在进料和出料侧设置单向流保护罩，以及在设备区设置排风。它的发热量也必须注意。重要的是所有这些数据都是已知的且恒定的，可以加以预期并在 HVAC 系统设计中加以补偿。因此这些设备被认为是静态的。

动态设备如灭菌隧道等，其原理与静态烘箱有很大的不同。这类设备的运行模式和静止模式有很大差别。在运行时，它们将从其四周吸入空气并排放出这些空气。同时这些空气的体积将根据隧道内温度的不同和灭菌时间段的不同而有所变化。这些条件的改变是动态的，因此与 HVAC 系统的连接必须非常谨慎，否则洁净区与非洁净区、无菌区与非无菌区之间的相对压差将可能失去，甚至可能反向，从而对核心操作区造成污染。

连续灭菌隧道烘箱排风量见图 3-59。

3.5.1.2 无菌产品的轧盖

采用西林瓶作为无菌产品的最终包装容器时，其完整的密封结构将包括小瓶、胶塞和铝盖三个组件。仅加塞的小瓶不被认为是一个完整的密封结构。由于机械结构原因，铝盖的密封过程（俗称轧盖）会产生大量的无活性的金属微粒。为此，欧盟 GMP 第四卷附录 1《无菌药品的生产》中，针对无菌产品的最终处理，提出了如下意见：

"因为轧盖设备会产生大量的非活性微粒，所以，应将这种设备放置在单独的场所并配制适当的抽风设备。"

"小瓶的轧盖可以采用经灭菌的铝盖以无菌操作的形式完成，也可在无菌操作区外以洁净的方式完成。在采取后一种方式的情况下，小瓶在离开无菌灌装区之前必须始终处于 A 级条件的保护下，此后已加塞的小瓶仍然需要处于 A 级条件的保护之下直到轧盖完成。"

基于同样的理由，GMP 无菌药品附录也针对无菌产品的轧盖操作制定了相应的环境要求：

药品生产质量管理规范（2010 年修订）无菌药品附录

第十三条 注：（1）轧盖前产品视为处于未完全密封状态。

（2）根据已压塞产品的密封性、轧盖设备的设计、铝盖的特性等因素，轧盖操作可选择在 C 级或 D 级背景下的 A 级送风环境中进行。A 级送风环境应当至少符合 A 级区的静态要求。

第三十五条 轧盖会产生大量微粒，应当设置单独的轧盖区域并设置适当的抽风装置。不单独设置轧盖区域的，应当能够证明轧盖操作对产品质量没有不利影响。

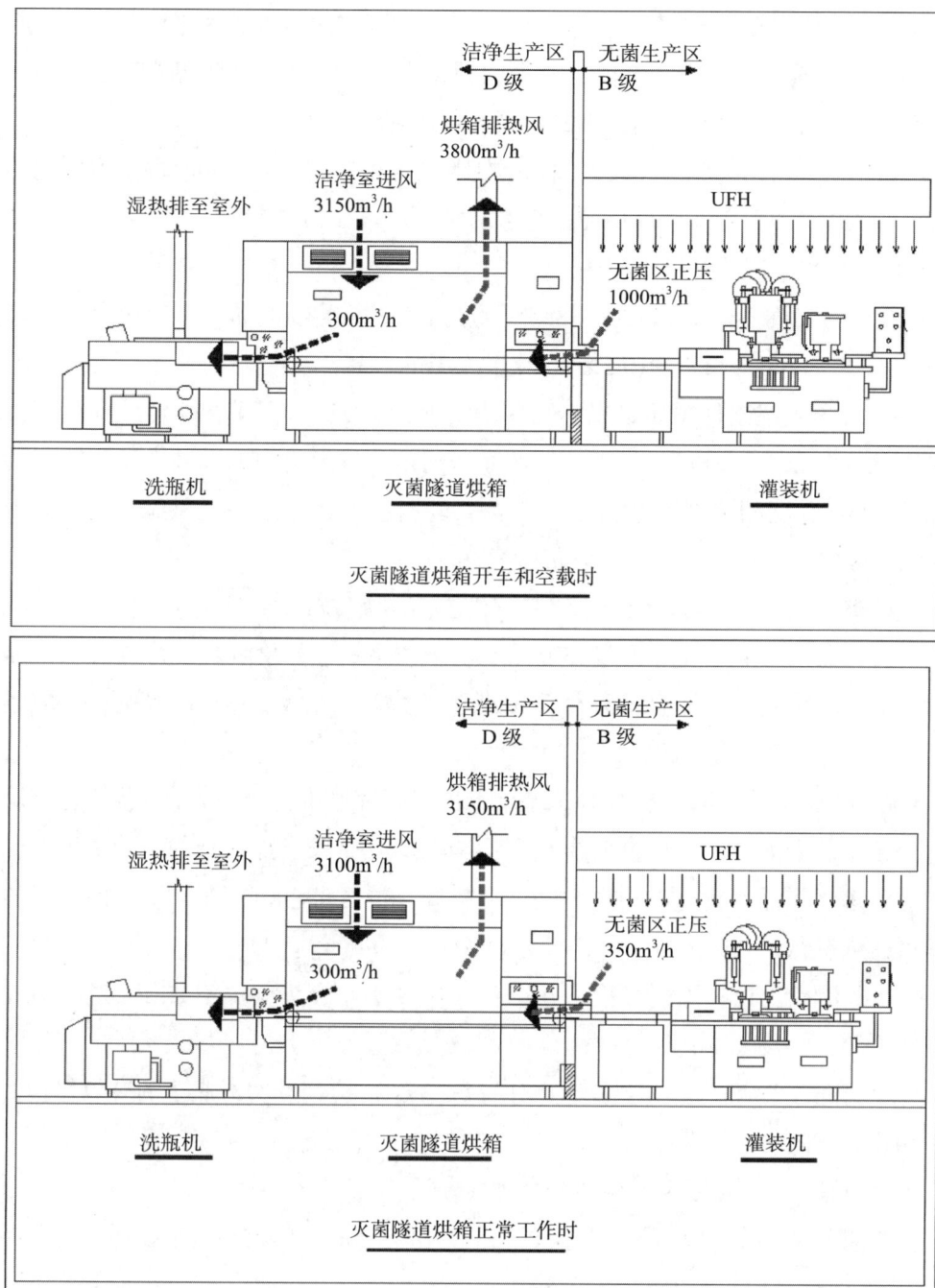

洁净生产区 无菌生产区
D 级 B 级

烘箱排热风
3800m³/h

洁净室进风
3150m³/h

UFH

湿热排至室外

无菌区正压
1000m³/h

300m³/h

洗瓶机　　　　　灭菌隧道烘箱　　　　　灌装机

灭菌隧道烘箱开车和空载时

洁净生产区 无菌生产区
D 级 B 级

烘箱排热风
3150m³/h

洁净室进风
3100m³/h

UFH

湿热排至室外

无菌区正压
350m³/h

300m³/h

洗瓶机　　　　　灭菌隧道烘箱　　　　　灌装机

灭菌隧道烘箱正常工作时

＊图中风量为举例

图 3-59　连续灭菌隧道烘箱排风量示意图

由此可知，轧盖操作可采用无菌和非无菌两种方法进行。此时，HVAC 系统可相应的提供如下解决方案：

- 必须考虑能提供稳定的 A 级送风的单向流保护罩；

• 轧盖操作间必须与无菌分装间分开，轧盖房间必须设置抽气系统，以除去所产生的非活性金属微粒。房间必须有适当的补充送风，以平衡抽气所消耗的空气。如这种空气被系统重新循环利用，则回风必须经过有效过滤；

• 如轧盖采用无菌操作方式完成，则轧盖间与相邻的分装间和无菌走道之间必须保持相对负压，以避免非活性微粒的扩散；

• 应考虑单向流装置风机的热量。

根据 PIC/S 关于离开无菌加工区域后直到最终密封前无菌灌装小瓶处理的环境条件规定（PIC/S PI032-2，2010.1.8），对于冻干的产品：从灌装机到冷冻干燥机的产品转移应当在 A 级条件（如层流空气移动装置）B 级背景下进行。转移到轧盖机应当在 A 级空气供应下进行。对于液体产品和粉末：从无菌加工区域转移到轧盖机应当在 A 级空气供应下进行。对于所有产品：轧盖应当在 A 级空气供应下进行。当轧盖在无菌区内进行时，瓶盖无菌是强制性的。

这里产生了一个新的名词：A 级空气供应。A 级空气供应特定用来描述一种经高效空气过滤器（HEPA）过滤的空气供应，在供应点上进行检测时，符合 A 级区非活性微粒的要求，重要的是应区分术语 A 级空气供应和 A 级区域，A 级空气供应应该按下列要求进行确认和监测：

• 确认的要求：确认仅仅在静态条件下进行。对于轧盖机，当空气供应打开，轧盖机处于操作中（送入小瓶和瓶盖不是必需的），并且没有操作者的干扰即可达到静态。对于液体产品的输送隧道，空气供应打开，传送带启动，并且没有操作者的干扰即可达到静态；

• 对非活性尘粒应该进行检测并符合 A 级要求。探头应位于 HEPA 过滤器送风空气的下游，轧盖区的上游；

• 应当进行发烟研究。不要求有单向流，不过，应当证明对瓶子的有效保护，应当证明没有房间的空气夹带；

• 应当有空气流速限度并说明其合理性；

• 监测要求：公司应当遵循风险评估的方法对非活性尘粒和微生物污染的监测要求进行定义。

3.5.1.3 隔离操作器

无菌生产技术的基本要求就是避免产品受到微生物污染。在无菌操作区内，操作人员是最大的粒子和微生物的污染来源，对产品的无菌保证水平造成严重威胁。为此无菌产品暴露的核心区均采用单向流保护，此时操作人员将暴露在产品气流中，当产品具有极低的职业允许暴露限度时，会对操作人员产生危害。这时，可采用隔离操作技术来解决这些问题。

GMP 无菌药品附录，对隔离操作技术做了说明。

药品生产质量管理规范（2010 年修订）无菌药品附录

第十四条 高污染风险的操作宜在隔离操作器中完成。隔离操作器及其所处环境的设计，应当能够保证相应区域空气的质量达到设定标准。传输装置可设计成单门或双门，也可是同灭菌设备相连的全密封系统。

物品进出隔离操作器应当特别注意防止污染。

隔离操作器所处环境取决于其设计及应用，无菌生产的隔离操作器所处的环境至少应为 D 级洁净区。

隔离操作器是一种运用物理手段和（或）空气动力学手段，来提高某一特定区域内外的隔离水平的装置。物理隔离手段包括刚性或柔性屏障，空气动力学手段则包括采用经过滤／未经过滤的空气形成的气流屏障。无菌生产过程中，可采用隔离操作技术来保护核心操作区，进入隔离区的空气均经过 HEPA 过滤器过滤，操作人员完全被隔离在外，其对核心工艺过程的干预可通过手套和手套袖管来进行，进出隔离操作器的物料和工器具均需通过灭菌转运装置。所有这些措施均保证了核心区的安全。同时根据产品允许暴露限度而特殊设计的隔离气流可避免隔离器内外的气流交换，核心区含药品成分的空气以及隔离器内的消毒蒸汽向周边环境释放的可能性大大降低，交叉污染和对操作人员的危害程度较小。

隔离操作器的空调系统见图 3–60。

隔离操作器分有源型和无源型。有源型隔离操作器自带空气处理系统，其具有更好的环境隔离性，对生产区的 HVAC 系统要求较低。而无源性的隔离操作器，由于空气来自洁净室的 HVAC 系统，此时洁净室的能效比较高，其隔离器运行模式的改变对洁净室的空气平衡影响也很小。

隔离器内的空气可以是湍流的，主要用于非生产线部位。而产品暴露部位的操作则必须完全置于单向流的保护下，该区域的气流必须避免任何形式的湍流或滞留。良好设计的气流在流经暴露区域后会立即有条不紊地离开，同时空气处理系统必须能保证隔离区域内的环境符合要求。

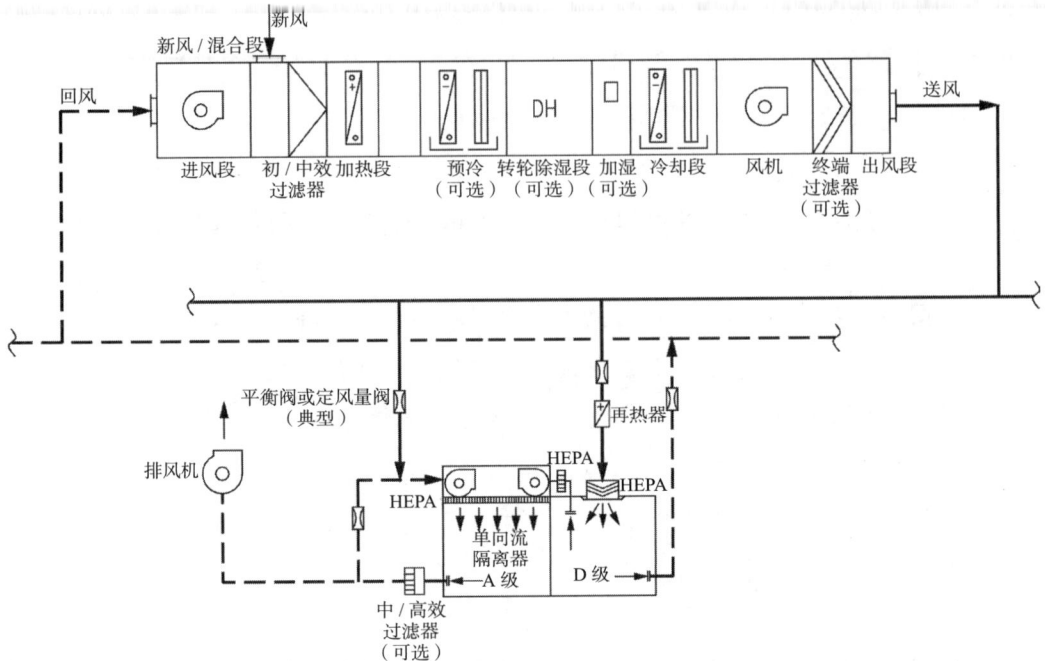

图 3-60　隔离操作器的空调系统示意图

隔离器相对周边环境保持一定的正压可以有助于隔离区域的形成。正压范围可以从 17.5~50Pa 不等，可通过适当的研究来确定合适的压差值。同时压差值还与隔离器与周边环境间的开孔大小有关。较大的压差值会引起开孔边缘空气的诱导效应。诱导作用会产生空气漩涡和压力波动，从而使得外部的粒子被吸入隔离环境而造成污染。此时可在隔离器开孔处装设就地单向流保护罩以提供进一步的屏障保护。

必须考虑隔离操作器运行时对洁净室压力平衡的影响。当隔离器从所处的洁净室吸入空气，然后再全部回流到洁净室，此时不会对洁净室空气平衡产生影响。如果从洁净室以外吸入空气，那么由于隔离器相对洁净室保持正压，泄漏的空气会逐步增大洁净室的压力。大多数隔离器的运行有多种模式，包括启动、单向流设置、CIP、操作结束等。隔离器和操作间之间的联动，必须考虑到所有的运行阶段和工况。应仔细考虑在隔离器不同操作模式之间进行切换对周围洁净室产生的影响，这有可能影响操作间与周围空间之间的关系。洁净室的 HVAC 系统控制设计应该考虑到拟采用的隔离器的操作模式及其切换。当利用过氧化氢对隔离器进行消毒然后进行通风时，由于此时从洁净室排出的空气并未回流，因此对隔离器所处房间的风量平衡会产生一定的影响。VPHP 传感器应监测隔离器周围的洁净室以及室外的机械空间，并将此作为一项附加的安全措施。

根据我国 GMP 的要求，无菌生产隔离器所处的背景环境为 D 级，在洁净室设计时，必须考虑隔离操作器的风机运行所产生的热量。

3.5.1.4 制粒 / 包衣 / 流化床干燥器

制粒 / 包衣 / 流化床干燥器是固体制剂生产中常用的设备。这些设备往往自带独立的空气处理系统，操作时需从外界抽风并直接排出室外。

在 HVAC 设计中，下列因素必须注意。

由于送入这些工艺设备的空气是直接与药品充分接触的，因此送入的空气必须经过 HEPA 过滤器过滤，以避免对产品的污染。

如制粒 / 包衣过程中用到易挥发的有机溶媒，则其生产的火灾危险性等级属于甲类，这些操作区应按防爆通风进行设计，并符合相应的防火规范要求。此时应注意排风管道穿越普通生产区是否有可靠的防泄漏措施和泄漏预警措施。

如制粒 / 包衣 / 流化床干燥器的进风来自工艺设备机房，则必须增加机房区域的送风并且与工艺设备的排风连锁，否则易造成压力失衡致使隔断变形，甚至影响到分级区的正常压差控制。

如工艺操作对进风有相对湿度控制要求，则进风应进行预处理。

应考虑工艺设备不使用期间发生的情况以及湿气是否有可能从外部的高湿度环境进入系统。

应合理选择风管系统材料，避免运行过程中工艺排风对风管的腐蚀风险。

由于工艺排风机运行时产生的负压，如系统阻力大，风管系统密闭性差，有可能会吸入未经过滤的空气，从而造成污染风险。因此要增强风管系统的密闭性，并增加送风风机。

如果是多种周期性产品，则要考虑管道系统的清洁措施。

下面给出了两个典型的制粒机组送排风示意图。其中图 3-61 为机房靠近外墙，制粒机进风直接来自室外，未经过滤、除湿等处理。图 3-62 则为机房位于生产区内部，制粒机进风需要通过单独设置的进风预处理机组进行除湿、过滤等预处理。此时送风机必须与排风机联动，以免送风不足，造成机房负压从而使洁净区隔断构造产生变形，影响密封性。

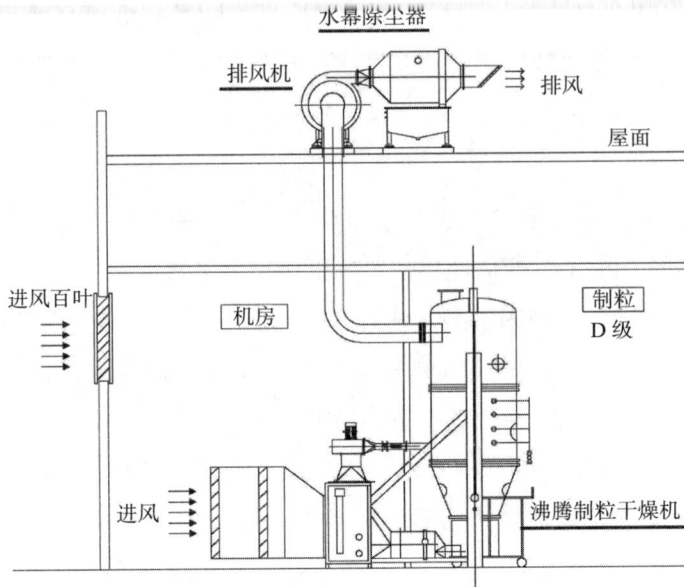

图 3-61　制粒机组送排风示意图（1）

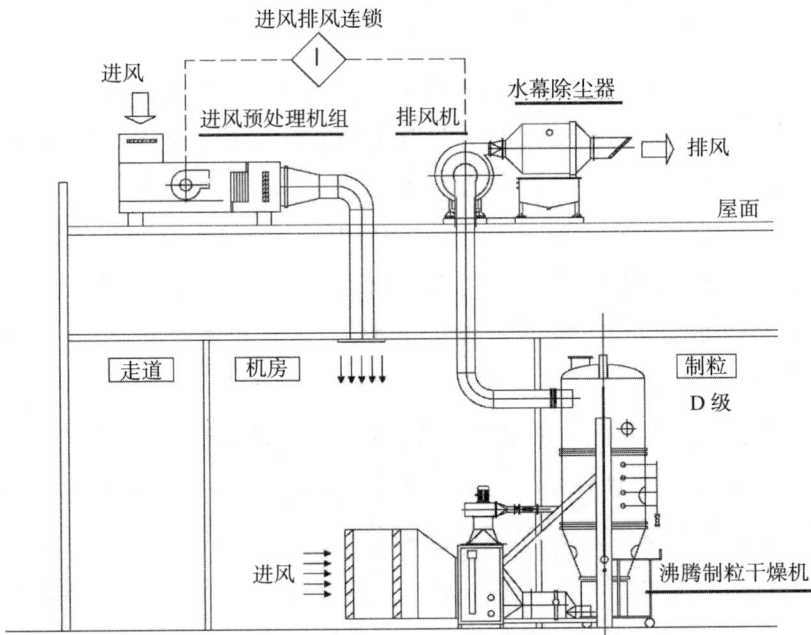

图 3-62　制粒机组送排风示意图（2）

3.5.2 设计相关问题

3.5.2.1 换气次数

换气次数是指 1 小时内房间风量（体积流量）更换次数。

3.5.2.1.1 换气

国外制药工业对区域最低换气次数的管理要求有共同的认识。对分级区而言，通常为每小时 20 次。未分级区没有最低换气次数要求，地方建筑法规中有规定的除外（通常为每小时 4~6 次），但 WHO 关于 OSD 暖通空调系统的指南（附录 12）建议由设施的所有人确定洁净室等级、换气次数及自净时间。欧洲 GMP 规定针对无菌产品加工设施的"恢复"时间有 15~20 分钟的要求。

2004 年美国 FDA《用无菌工艺生产的无菌药品工业指南——最新良好生产规范》提出了下述指导："对 100000（ISO 8）级辅助洁净室而言，足以确保每小时至少换气 20 次的气流通常是符合要求的。正常情况下，只有 10000 级和 100 级区域才需要更高的换气次数。"

洁净室从使用状态到静止状态的恢复过程与其换气次数直接相关；换气次数越高，恢复过程越快。如《无菌生产设施 ISPE 基准®指南》中所述，如果基于向 B 级（ISO 7）洁净室提供 20 次 / 小时的清洁空气（完全均匀混合）计算恢复期，那么从 ISO 7（使用状态）到 ISO 5（静止状态）的恢复时间为 14 分钟，这也符合我国 GMP 要求。

设计者可能会默认与空间等级相应的通风率的"经验法则"，而不是计算工艺流程实际需要的气流。经验丰富的设计者只将经验法则用于方案设计，目的是随后在详细设计过程中根据对需要保护的工艺流程的进一步了解而减少换气次数（以及因此产生的总资本和能源成本）。ISPE 指南中经验法则的典型数值为：

- 美国 FDA 和 ISPE 的 CNC 级空间，15~20 次 / 小时；
- ISO 8 级（EMEA C 级动态标准）空间，20~40 次 / 小时；
- ISO 7 级（EMEA B 级动态标准）空间，40~60 次 / 小时；
- ISO 4.8 级（EMEA A 级）空间，对于单向流而言，换气次数没有任何关系；气流速度和形式至关重要。

换气次数对系统成本有重大影响，应给予仔细地考虑后确定。送风量（体积 / 时间）确定稳态微粒水平，应在已知历史过程数据的情况下使用。应避免在整个设计过程中采用任意换气次数；设计者和业主应根据本指南中阐述的一系列因素确定需要的气流量。

为了确定所需要的实际体积流量［立方英尺／分钟（ft³/min）或 m³/h］，应考虑下述互相联系的参数：

- 外部影响产生的空调空间得热量，例如太阳能得热量、墙体得热量等；
- 内部影响产生的空间得热量，例如设备和人员；
- 外部影响产生的空调空间相对湿度增加，例如外部相对湿度；
- 内部影响产生的空间相对湿度增加，例如操作人员，或清洗活动等工艺流程；
- 空间内操作人员的人数和位置；
- 操作人员执行的任务；
- 操作人员的衣服（穿着洁净衣）；
- 工艺流程及其微粒生成率（PGR）（通常情况下，动力装置需要更多的风量）；
- 送风的洁净度；
- 送风方法和效率；
- 从空调空间吸风的方法和位置；
- 规定有关键作用的位置，例如在压片室内，工艺过程会对产品产生大量额外的热量，关键区域可能是原料的暴露地点；
- 为达到要求压差而需要的气流量（一般小于其他因素）。

热增量和相对湿度增量通常更容易抵消，因此，就确定分级空间的气流而言，得热量和相对湿度增量的影响没有微粒负荷来得关键。如果工艺流程在一个很大的洁净室内产生的微粒量较少，则其为保持微粒水平而需要的换气次数较少。但是，就分级空间而言（C级/8级或洁净度更高），20次／小时是常用的最低设计目标（参见在美国 FDA 无菌指南中引述的内容），而且符合 EMEA 附录 1 的恢复要求。假如在 HVAC 系统和工艺确认过程中进行的恢复试验和微粒测量均符合要求，则可证明在工艺设备启动之后设定较低换气次数的合理性（但减少换气次数，不得导致 HVAC 设备出现显著超规格及难以控制的情况）。

3.5.2.1.2 换气或气流

通常由房间尺寸（1ft³）和空气流量而设定的换气次数，对系统的成本构成具有重大意义，但与室内的微粒数并无直接联系。换气次数与房间恢复能力更为相关，而并不是房间分类等级，差异可说明如下。

假设对 1m³ 的室内进行无菌处理，室内每分钟大约产生 10000 个微粒。若采用 1m³/min 洁净空气清洗该房间，稳定（平衡）悬浮粒子水平将为 10000 个 /m³。1m³

洁净空气每分钟进行一次换气，每小时进行 60 次换气。该值（60 次 / 小时）通常被认为保持空间低于 10000 个 /m³ 的水平绰绰有余。

对 100m³ 空间进行相同处理，并保持气流量为 1m³/min，假设室内空气混合良好。室内每 100 分钟换气一次，或 0.67 次 / 小时，但进行稀释计算时，平衡悬浮粒子数仍为 10000 个 /m³（每分钟 10000 个微粒 / 每分钟 1 立方米，每立方米 10000 个微粒）。因此，平均平衡悬浮粒子数并非由换气数决定，而是由下列三个因素（假设理想混合）决定：

- 空间内产生的微粒（PGR）；
- 供应至空间内稀释空气的数量（每次立方体积），假设室内充分混合；
- 稀释空气的洁净度（假设在基于 HEPA 过滤的无菌处理中可忽略不计）。

每小时仅进行一次换气的房间要几小时才能从使用或静止状态中恢复。当每小时进行 20 次换气时，将悬浮粒子水平降低 100 倍的时间比恢复时间要少 20 分钟，满足欧洲 GMP 要求。

3.5.2.1.3 粒子产生量与换气次数

送风量的计算必须考虑到抵消粒子产生量，这是一个非常简单的道理，但同时也指出了最低的换气次数。同时它也基于两个基本的假设：送风和房间空气的充分混合、送风基本上不含有计算中考虑到的粒子，如 0.5μm。

室内粒子来源主要为生产设备和操作人员。生产设备在运行时产生的微粒一般由制造商提供数据，而人员在洁净室中产生的微粒情况可参见图 3–6（每人每秒钟所产生的微粒数）。

3.5.2.1.4 空气悬浮粒子浓度

有一个简化方程式可以用来计算单位体积中悬浮粒子数（*C*）：

$$C_{avg}=C_S+PGR/Q$$

式中：C_{avg}——加压房间内每平方米平均微粒数；

C_S——送入空气的微粒浓度（通常可以忽略不计）；

PGR——稳态内部微粒产生速率，每分钟微粒数；

Q——供应气流量，m³/min，包括室内风机 – 高效空气过滤装置所产生的气流量。

在房间内仅存在极少空气混合（扰动）的情况下，局部 *C* 值在数量级上与 C_{avg}

人致相当。当房间处于静止状态并且 PGR 接近零时（假定不存在微粒漏入房间），以上方程式表明房间计数值将最终接近供应空气中的微粒计数值。

需要注意的是，该方程式没有考虑换气次数和房间体积。只要气流量（Q）和微粒产生速率（PGR）保持不变，则不管房间体积有多大，C_{avg} 的数值都将保持不变。因此，只要供应气流的 Q 和微粒计数值保持不变，则进行某一特定工艺的大房间内的微粒计数值将与进行同一工艺的小房间内的微粒计数值相同。

3.5.2.1.5 恢复时间与换气次数

如果对自净时间有特别的要求，则将成为换气次数的决定因素。该模型基于两个主要假定：混合效率高且送气洁净。

图 3-63 给出了简单的计算换气次数和自净时间之间关系的模型。这一模型基于上述两个基本假设之上。

图 3-63 表明根据假设，"恢复时间"是随着换气次数的减少而增加的。为了从10000 级恢复到 100 级，在换气次数 20 次 / 小时的情况下，恢复时间大约为 14 分钟，当换气次数达到 30 次 / 小时，恢复时间则变为 9 分钟。

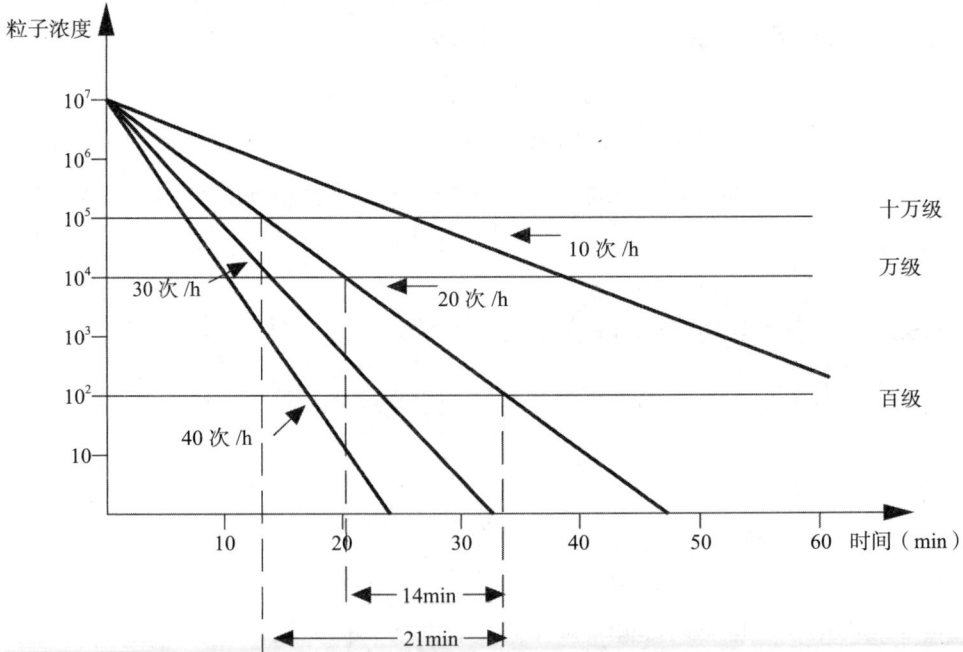

图 3-63 恢复时间与换气次数的关系
注：图中的曲线和公式呈现基本指数型衰减。

一般认为，实现目标恢复速度比实现目标换气次数更为重要。

3.5.2.1.6 换气次数的计算

正如上面所讨论的，换气次数的计算，必须考虑到满足上述"空间产生的热湿量、空间产生的微粒数、维持环境级别所需的自净时间"三个准则中的最不利情况。

生产区的微粒产生情况是非常不同的，特别是当有多个操作人员在同一空间操作时。因此，HVAC 系统最小的"洁净"送风量必须足以抵消瞬时增加的微粒数。

第三个条件"自净时间"既可由法规如欧盟标准确定，也可根据实际需要决定。如果一个设施是按班次运行的，此时较快的"自净时间"将有助于优化生产时间的安排。

尽管换气次数对药厂 HVAC 系统设计很重要，但房间内空气悬浮粒子计数值（或均匀性）取决于送回风口的布置。在靠近单一吸风口的位置处布置一个单一送风出口，这会导致整个空间空气混合不佳（且微粒计数值更高）。这种房间的恢复时间会比布置多个合理分布的送风口和低位吸风口的房间更长（在相同的换气次数下）。

3.5.2.2 压差控制

3.5.2.2.1 压差控制

控制相邻空间相对压力即为控制气流方向的一种方法，即空间之间的压差。控制房间压差（气流方向控制）对大多数生产操作的保护起着关键作用。

3.5.2.2.2 确定压差和空气泄漏

GMP 正文第四十八条规定："洁净区与非洁净区之间、不同级别洁净区之间的压差应当不低于 10Pa。必要时，相同洁净度级别的不同功能区域（操作间）之间也应当保持适当的压差梯度。"

出于操作原因，同一空气洁净等级区域内的各洁净室之间常常需要维持一定的压差。实际上保持 1.5Pa 已可控制气流的方向，但由于传感器技术方面的局限性，设计最小控制值可取为 5Pa。

不同洁净级别区域之间如不存在气锁室，则当它们之间的门打开时，通常不能维持一定的压差。此时可通过加大风量来保持一定的空气流量，以便在不同洁净级别区域之间当门打开时，维持一定的可测量的压差。

应计算各洁净室的空气漏泄率。该计算应基于已知的建筑设计内容以及项目文件中已经确定的设计压力差。不应基于送风百分比等随机性较高的方法。

门的周边是洁净室发生空气泄漏的主要途径（特别是在已安装有消声装置，但没有安装门密封垫的情况下），因此，门和门框是制约门结构的关键部件，密封不良的门会导致系统泄漏率增大。

门框可采用连续密封，以减少泄漏量，维持所需的压力，而且在发生气流故障的情况下仍可起到隔离作用。各门均可配备易于操作的地板清扫装置，该装置应能在门关闭时落下，但问题是这些装置可能会带来清洁难题。

通过门框缝隙的泄漏量计算，可能计算出的门框泄漏量会超过气锁室等小型洁净室的设计换气量（空间总供风量应能与计算得出的泄漏量相匹配）。在实际泄漏量小于计算值的情况下，设计应考虑允许有回风的措施。为避免采用回风管尺寸过小，一般将回风量视为进入相应洁净室的送风量的 50%~80%。在应用该方法时，应注意回风量的控制（手动和自动压力风阀，或者定量风阀），以确保实际流量处于控制装置的可运行范围之内。可能需配备次级手动平衡风阀，以确保控制风阀可在更大的作用范围内正常工作。

3.5.2.2.3 压差控制方法

房间的压力是由送入房间的风量和排出房间的风量之比来决定的，同时还与建筑物的严密性有关。在建筑设计过程中，HVAC 系统工程师应帮助挑选建筑及洁净室的结构材料（如墙、天花板等）。洁净室的正压控制既可以采用简单方法（手动平衡），也可以采用复杂方法（全自动动态控制）。

手动系统的复杂程度较低，成本低廉，调试和确认的难度要求低，但缺乏灵活性，而且可能需要定期的检查和调整。

全自动系统的复杂程度较高，成本较高，调试和确认的难度要求高，更容易引起干扰，但具有非常好的灵活性，能够确保测量的统一性，并且具有较高的可靠性（只要指定正确的硬件）。建筑师应指定能够根据预期压差操作的关门装置。

我国 GMP 并未要求对压差或气流方向实施自动控制（例如通过使用驱动风阀或 CV 装置）。利用"静态"气流平衡达到规定的压降值，这种符合要求的设计在制药工业得到普遍、成功的应用，其原因在于：

- 通往洁净室的气流是恒定的：
  - 末端高效过滤器的阻力变化速度不太高，原因是空调机上游位置安装有一个防护性（GEP）高效过滤器（位于空调机内部）；
  - CV 装置也能保持通往每个分区的气流始终处于恒定状态；不过，这样会导致复杂性上升。
- 在排出洁净室的空气中，不存在明显的变速流：

○ 未配备开 / 关抽气系统；

○ 定期维护各门封和进出通道，以确保这些部位发生的泄漏量是恒定的，而且压力下降非常缓慢（未超出预定的 HVAC 系统维护周期）。

若采用全自动动态压差控制，可以在各洁净室的回风管道中安装一个遥控或自动风阀，以设定需要的压差。此外还需要进行管道压力控制。对于简易设施而言，只需要利用手动风门阀即可实现平衡，如果使用手动 / 遥控风阀，则风阀控制装置应为防干扰型，或采用带锁型风阀。应为风阀控制装置邻近的各洁净室配备一个压差计，以实现平衡。

3.5.2.2.4 压差测量

对于分级洁净室使用了压差传感器和气锁室的情况下，即使采用目前最落后的压降传感器技术，也可以达到令人满意的防护效果。流速 0.5~1m/s 的外向气流，即可防止空气中悬浮的微粒通过孔口。产生该速率所需要的压降（＜ 1Pa），低于目前的压降传感器精密度（其量程为 ±1.2Pa）。

通常采用两种测量方法来实施洁净室压力关系监测：

● 洁净室对洁净室；

● 洁净室对公共参考点。

需要记录大量压差的大型制药厂通常采用公共参考点方法，由此使压力传感器的数目实现最小化，同时最大程度减小多个读数合计时所产生的复合误差。用管路将压降变送器（通常是"高"侧）的一个端口连接到被监控的洁净室，而另一侧（通常是"低"侧）则用管路连接到位于不受室外风影响的压力稳定部位的公共参考点（或通过集流管连接到压力稳定部位）。

理想压力参考点的位置应有较大的容积，开口较少，相对于室外而言无压力变化或者变化速度缓慢，例如：

● 机械设备洁净室；

● 所有加压洁净室（无恒温调节通风）上方的孔隙空间；

● 与加压套间毗连的开放型一般建筑空间。

那些可因 HVAC 系统流量变化或天气而发生压力变化的区域，不宜用作参考点。又因为天气影响室外压力难以作为参考点使用。如果参考（中间）空间被防火墙或其他装置分割，则需建立一个"分区"，从而提供多个公共参考点。贯穿某一"分区"的压力关系应该是洁净室对洁净室的关系，或配备两个压降变送器，每个参考点见图 3-64。

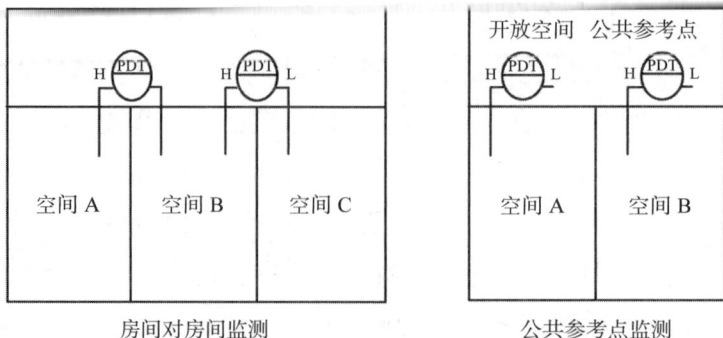

图 3-64　压差传感器的设置

对于只有少数几个压差传感器的小型或简易制药厂，可以优先选择读取不同等级区域之间的压力（或洁净室之间的压力，条件是未配备气锁室）。无需计算，依据该选项即可验证与其毗邻洁净室有关的最关键的洁净室压力。

如果采用洁净室对洁净室监控方式，则最好通过系统风量平衡进一步确定送风量大于抽气 / 排风气流量（即：部分空气由于正压运行的原因，正在漏出该建筑物）。

3.5.2.3　压力梯度

GMP 正文第四十八条规定："洁净区与非洁净区之间、不同等级洁净区之间的压差应不低于 10Pa。必要时，相同洁净度级别的不同功能区域（操作间）之间应保持适当的压差梯度。"

洁净室增压的设计通常采用洁净度从高到低的梯级区域布置，即气流由高洁净级别流向低洁净级别。当门处于正常关闭的位置时，在不同级别洁净区（包括气锁室）之间测量得到的设计压差应保持在 10Pa。对于复杂的设施设计而言，如果存在许多不同的增压水平，则应考虑防止绝对压力超过 40Pa，否则有可能导致大量空气泄漏、建筑结构失效及开 / 关门困难等。

如果操作区属于同一洁净级别，那么通常较关键洁净区的压力略高于次关键洁净区的压力，我国和各国法规、标准、工程指南都没有对压差值提出具体要求。虽然低至 1.5Pa 的压差可以达到控制气流流向的目的，但洁净室之间易于测量和控制的压差大约为 5Pa。

车间内部的气锁、前室等缓冲间，只需要保持与小间毗邻房间总压差大于等于 10Pa 即可，见图 3-65。

人员净化更衣通道通常由多个小房间组成，每个小房间都可视为带更衣功能的缓冲间，为维持小房间的气流，需至少保持 5Pa 作为更衣通道的压力梯度，见图 3-66。

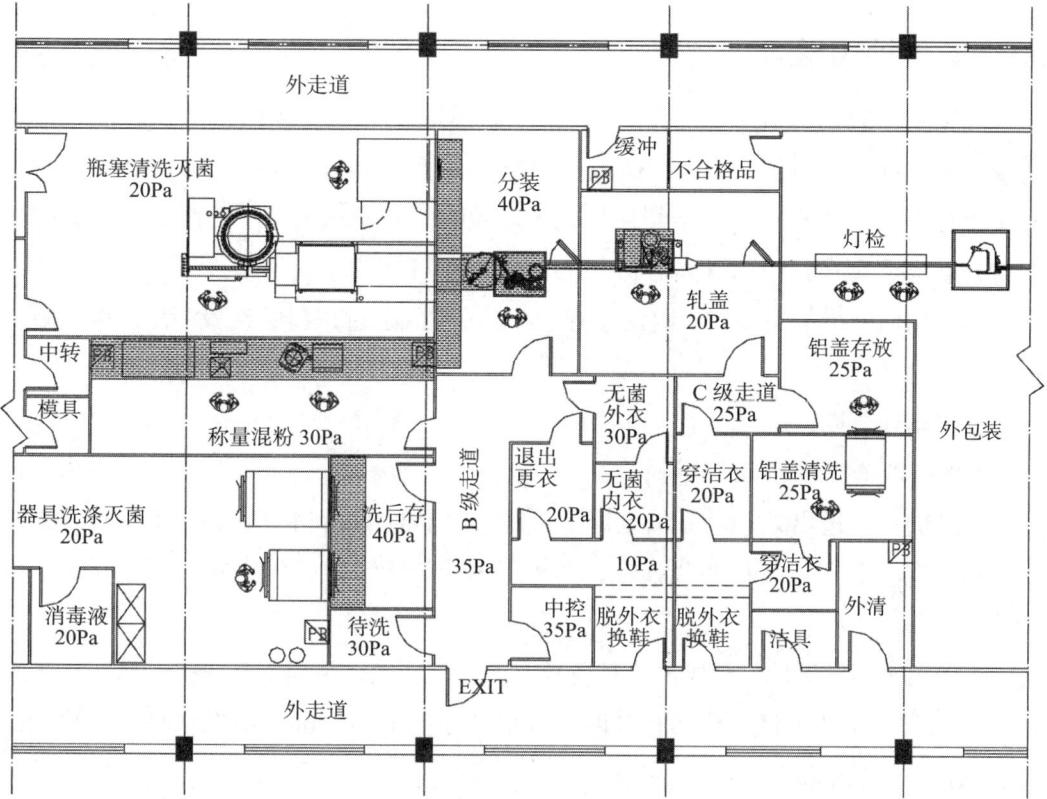

图 3-65 生产区的压差梯度示意图

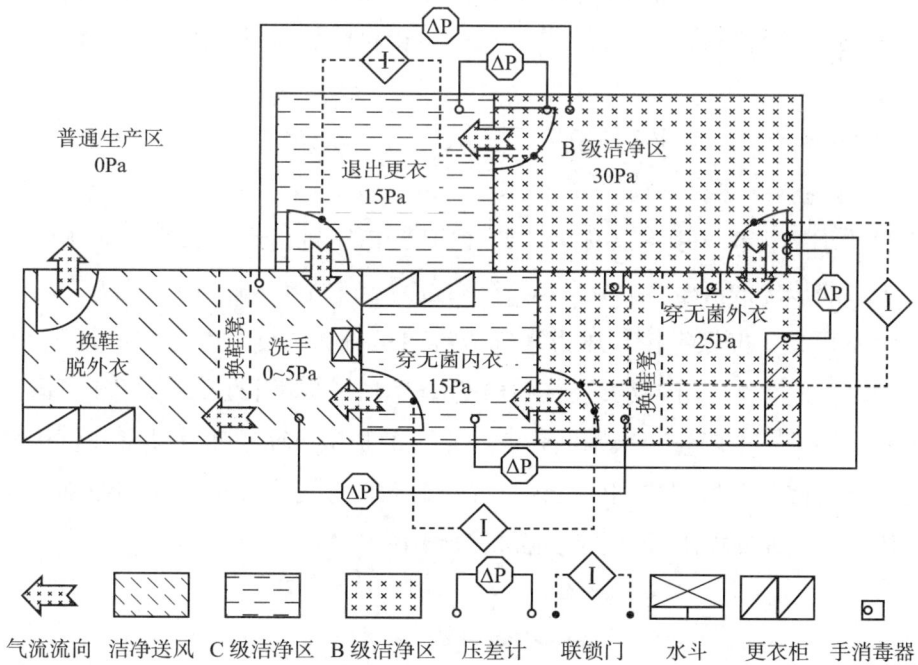

气流流向　洁净送风　C级洁净区　B级洁净区　压差计　联锁门　水斗　更衣柜　手消毒器

图 3-66 更衣区的压差梯度示意图

405

3.5.2.4 气锁和缓冲

气锁室一般设在洁净室的出入口，是用以阻隔外界或邻室气流和进行压差控制所设置的缓冲间。为了尽量减小微粒传递速度（通常大于 0.5m/s）所需的空气总量，污染受控空间的所有门均应始终保持在关闭状态。若面积为 $2m^2$ 的区域的某扇门处于打开状态，则通过该门并包含微粒的空气流量可达约 $3500m^3/h$；若面积为 $2m^2$ 的区域的某扇门处于关闭状态，则仅会有 $160m^3/h$ 空气通过该门的裂缝漏出，用以阻止微粒进入。

气锁室还可以：

● 保持两个区域之间的压降；

● 提供一个进出某一已分级空间穿／脱工作服的场地。欧盟 GMP 附录 1《无菌药品的生产》将更衣室称为气锁室，两个或两个以上串接式气锁室可用于"工作服分段着装"；

● 采用小容量设计。其风量能具备较高的换气次数，从而能从较高的微粒水平迅速恢复正常；因此可将某扇门打开时带入清洁空间的污染降到最低水平。该原理已经在欧盟 GMP 附录 1《无菌药品的生产》中给出了例证："更衣室的最后一段应保持在静态，并应具备与其所导向区域相同的等级。"也就是说，在通往较清洁的洁净室的门被打开时，从气锁室输入的空气污染不得对该洁净室的空气污染水平造成影响；

● 提供进出物料和设备消毒／清洁场所〔物料或设备进出通道，又称物料气锁（MAL）〕；

● 作为正压或负压缓冲区使用，用于特殊工艺（通常指口服制剂或有害物料）的污染物出入控制。

特定的小型物料气锁室又称为"传递窗"，由于规格尺寸过小，无法供人员使用。对于 B 级以上的洁净室，应采用带高效过滤器进行换气通风的传递窗。

气锁室压力：气锁室按其压力和气流方向可分为梯度式气锁室、正压气锁室、负压气锁室三种类型（图 3-67）。其中梯度式气锁是最常用的形式，用于不同洁净区之间的隔离，但不能阻止高级别区含产品空气的扩散。而正压气锁室和负压气锁室则既可用于分隔不同区域之间的气流，又可有效阻止含产品空气从高级别区向低级别区的扩散，这种形式常用于强效药品的气锁中。

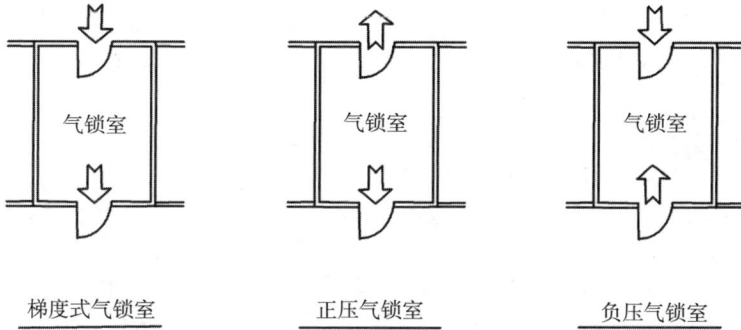

梯度式气锁室   正压气锁室   负压气锁室

图 3-67　三种气锁室压力流向图

　　气锁室从一种空气等级到下一个空气等级（穿过气锁室）以及从已分级空间到未分级空间的正常压差，应为 10Pa。气锁室内部的压力应位于两个相邻空间之间的某个数值，具体该数取决于所打开的是哪扇门，洁净室与其气锁室之间的压差无需达到 10Pa。应穿过气锁室而不是每扇门测量气锁室的压差。因此，当某个气锁室只有一扇门被打开时，各空气等级之间即持续存在一个可测量的压降（即 ≥ 10Pa）。图 3-68 给出了气锁室压差分布示意图。

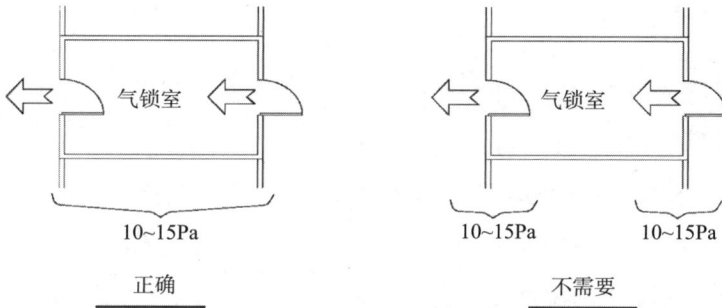

10~15Pa　　　　　　10~15Pa　　10~15Pa

正确　　　　　　　　　不需要

图 3-68　气锁室压差分布示意图

　　正压气锁室和负压气锁室都是利用气锁室内空气压力保持正压或负压的方法，为各区域的隔离提供实用的方法，见图 3-69 和图 3-70。

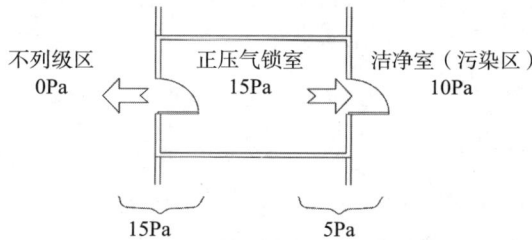

不列级区　　　正压气锁室　　　洁净室（污染区）
0Pa　　　　　　15Pa　　　　　　10Pa

15Pa　　　　　　5Pa

图 3-69　正压气锁室压力关系图

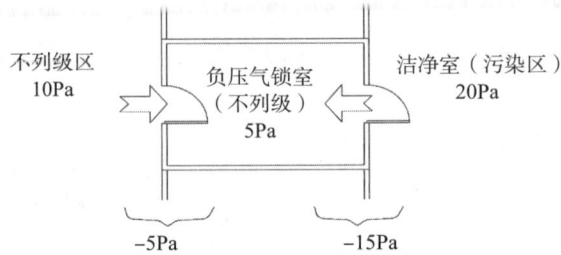

图 3-70 负压气锁室压力关系图

在负压气锁室中，虽然排出的空气量多于送风量，仍建议向该区域多送些风，以使气锁室能更快地从被污染状态恢复过来。

为确保负压，各门的操作模式应让其保持在关闭状态。建议气锁室配备联锁系统或视觉、音响报警系统，用以防止一次打开一扇以上的门。处于关闭状态的门仅能为微粒提供很小的通过面积，故仅需较小的气流即可防止微粒进入。

人员气锁室空气洁净度要求详见 3.5.2.12。

3.5.2.5 气流组织

3.5.2.5.1 概述

人们通常更喜欢感受温和的空气流动，因此办公环境中风速设计一般采用0.1m/s。对产品的保护通常需较大的风速（1m/s），来捕捉空气中的微粒物。生产环境中，当操作人员身着厚重服装而感觉不舒适时，可能需采用更大的风速。

使空间内的空气按预先要求的方向进行流动称之为气流组织。适当的气流组织有助于较快地满足环境的温适度和分级要求，有利于防止有害环境污染物对产品产生不利影响和产品相互污染，降低操作人员与产品间的相互污染。

3.5.2.5.2 洁净室气流分布

洁净室通常有两种气流分布方式：稀释送风和置换送风（可参见图 3-5）。

➢ 稀释送风

采用稀释送风分配方式时，洁净室空气不停地与送风混合，以实现洁净室内部一致的空气温度和相对湿度。对于只有温湿度要求属于唯一因素的区域而言，可采用上送上回的气流方式实现洁净室空气与送风的湍流混合，仅从微粒而言，该稀释动作也能将清洁度略低的洁净室空气与清洁的送风混合。但分级洁净室最好不用上送上回的气流方式。

由于上送上回的气流方式在工程上有着系统简单、可降低工程造价的优点，对于不散发粉尘的、非无菌产品的低级别洁净区，还是可以考虑采用的。

上送下回的气流方式可降低不良混合的影响，但不会消除洁净室内的湍动空气模式。通过加大清洁送风量所起的稀释作用，可降低洁净室内部的总体微粒含量水平。

在配备了高效送风口（一般是覆盖在终端高效过滤器正面的多孔面板）的条件下，稀释送风分配方式最高可适用于 ISO 7 级的洁净分级区域。

➤ 置换送风

如采用置换送风分配设计（例如 A 级区域），则按单一方向流动的、清洁的、经终端高效过滤器过滤过的空气，可置换掉洁净室内的悬浮粒子。该设计要求高效过滤器的作用范围能连续覆盖整个天花板，并配备尺寸规格正确的低位回风或排风口。级别较低的洁净室（B 级）可配备多个天花板送风口，其覆盖率小于 100% 以下即可形成向下流动的空气流模式（塞状流）。

A 级区域必须采用置换送风的单向流方式，单向流流速为 0.45m/s ± 20%。

传统型送风分配方式一般适用于管理部门办公室、仓库和未分级空间。但对于 GMP 所规定的空间和洁净室，需采取更为严格的方法。对于分级空间而言，可在天花板高度引入送风，而回风/排风应在接近地板的高度排出（工艺废气的吸风点应尽量靠近其释放源）。利用安装在终端高效过滤器正面扩散板的送风，可改善洁净室的气流模式，但可能会降低均匀混合度和悬浮粒子的稀释水平。

在具备混合气流的洁净室内，气流型态应为从该空间的清洁端流向清洁度略低的一端。如在含有 A 级微环境/分区并具备 B 级背景的空间内部，空气应该从清洁区流向清洁度略低的背景区域（图 3-71）。

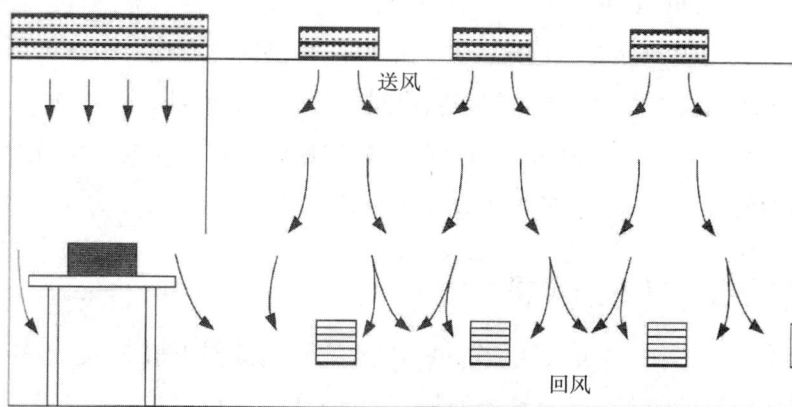

图 3-71 混合气流型态

GMP 无菌药品附录第三十三条规定："应当能够证明所用气流方式不会导致污染

风险并有记录（如烟雾试验的录像）。"因此将操作人员和产品一同置于洁净室间内，需要对所设计的气流流型烟雾试验的录像予以验证。

3.5.2.5.3 送回/排风口的布置

无菌产品的气流组织及送回/排风口的布置参见图3-5。

片剂或胶囊填充等某些工艺操作时，一般都会产生微粒。要求将回风/排风口布置在微粒生成区域附近部位。一般而言，密封型工艺所需的排风量小得多，并可为操作人员和产品之间提供物理分隔。对于已分级的洁净室，需要均匀地分配回风，并将其定位到尽量多的墙面上，而且不能设置到机柜和其他紧靠墙布置的设备背后。

若气锁室和更衣室是按照人流、物流及设备流进入各"净"分区和"脏"分区的区域分隔空间，在该类洁净室内部，空气应从气锁室的"净"侧流向"脏"侧。经高效过滤的送风应定位于"净"侧，而低位墙面回风则应定位于该洁净室的对侧。如果更衣区域被划分为两个按顺序排列的单独的气锁室（前更衣区和最终更衣区），则也应适用这一规定。这样，有助于将清洁空间气锁室门打开时所造成的影响降到最低程度。

低位墙面回风有助于将污染物保持在工作面以下，因此需定位于工作高度下方，最好约在地板上方30cm左右的高度。回风口和接管尺寸规格应略微加大，不要定位在离门洞距离小于0.6m的部位。

回风和排风管内采用较低风速尽量降低噪声，低位排风管运送粉末的情形除外。连接弯管的底部应具备较大的半径，以方便清洗。如需进行清洁，则该连接弯管和连接管的第一节应采用316L不锈钢材质，以防止清洗剂造成腐蚀。

对于产尘工作间的回风口，应设置滤尘器，以防止粉尘积聚在回/排风管道内，风口过滤器等级根据产品要求确定。在同一空间系统内，应使各风口的阻力大致相同，以免室内压力发生变化，否则应采用房间压差的调节装置。

采用最优化的送风口和排风口布置及充分的过滤，在满足洁净室分级环境要求和自净时间的前提下，可减少换气次数节约能量。

3.5.2.6 送风高效过滤器位置

所有无菌生产A、B、C分级区的送风均应经高效过滤器（HEPA过滤器）的处理，D级区送风应经高效或亚高效过滤器处理，我国GMP还规定非无菌产品参照D级区要求。

送风高效过滤器的位置通常布置在：

- 净化空调系统的末端（常设在洁净室送风口处）；
- AHU 末端（常设在空调箱的出风段处）。

HEPA 过滤器设在系统末端的主要优点：可避免送风受到再污染的危险。

HEPA 过滤器集中设在 AHU 机组内的优点是：

- 无需在洁净室内更换 HEPA 过滤器，可在机房集中更换；
- 可使同一系统内各送风口的送风量较为均匀，风量不易随运行时间而在各送风口之间出现不同变化；
- 可降低工程初期投资。

尽管 HEPA 过滤器集中设在 AHU 内有着不少优点，但是在洁净室工程中，保证送风质量，避免空气在输送过程中受到再污染往往是放在首位的，所以在我国有关的洁净规范中对 HEPA 过滤器设在系统末端的做法给予了肯定。

对于低级别的洁净室（如非无菌产品的净化空调系统），也可根据工程项目的具体情况考虑是否在 AHU 机组内集中设置 HEPA 过滤器。

某些情况下，送风需要二级高效过滤器处理：

- 为使各房间之间的送风量不受时间而变化；
- 某些无菌生产岗位不允许在洁净室内更换 HEPA；
- 当一级 HEPA 失效会危及产品质量时。

为满足上述要求，需设置两道 HEPA 过滤器，一道设在 AHU 送风段，一道设在系统末端房间送风口处。由于房间 HEPA 风口受到 AHU 送风段 HEPA 的保护，因此使房间 HEPA 成为不用更换的"永久性"的 HEPA。但这种设置方法将增加工程的投资费和运行费用，只在必要时才考虑采用。

3.5.2.7 固体制剂车间回风利用

GMP 正文第五十三条规定："产尘操作间（如干燥物料或产品的取样、称量、混合、包装等操作间）应当保持相对负压或采取专门的措施，防止粉尘扩散、避免交叉污染并便于清洁。"

在固体制剂生产中，最常见的污染是物料操作过程中的粉体污染，尤其在多品种生产中，防止粉体的交叉污染十分重要，是保证药品质量的关键点之一，所以必须对粉碎、过筛、称量、制粒、混合、干燥、压片等生产操作区进行风险分析，以判断采用直流风或循环风是否可能。采用直流风系统的方案是防止通过空气循环系统造成药品交叉污染的有效方法，但也将使空调系统的能耗和运行费用大幅增加。

一般情况下，固体制剂车间净化空调系统的新风率高达 60%~70%，夏季空调负荷是其他医药洁净空调负荷的 2~3 倍，能否降低固体制剂洁净室的运行费用的问题显得十分突出。

如果能对排出产尘操作房间的空气中的粉尘进行严格和有效的处理，使之不再会因此造成交叉污染，利用循环回风也就成为可能。

如果空调系统利用回风，建议在送风和回风系统上装设过滤效率为 99.97% 的 HEPA 过滤器（并设过滤器作为保护），可以有效防止暴露产品和物料间的交叉污染。

图 3-72 和图 3-73 为固体制剂生产区利用回风的两个空气处理流程示意图（非强效药）。

在图 3-72 中，在压片、混合、干燥等产尘工序，房间空气经除尘系统全部排出，除尘后空气经 HEPA 过滤器过滤后与其他不产尘的辅助房间排出空气混合后再循环利用。

在图 3-73 中，将压片、胶囊充填区等生产工序带有药物粉尘的回风经中效和高效处理，再送入主 AHU 循环利用，并将回风过滤机组与主 AHU 做成一个整体处理设备。

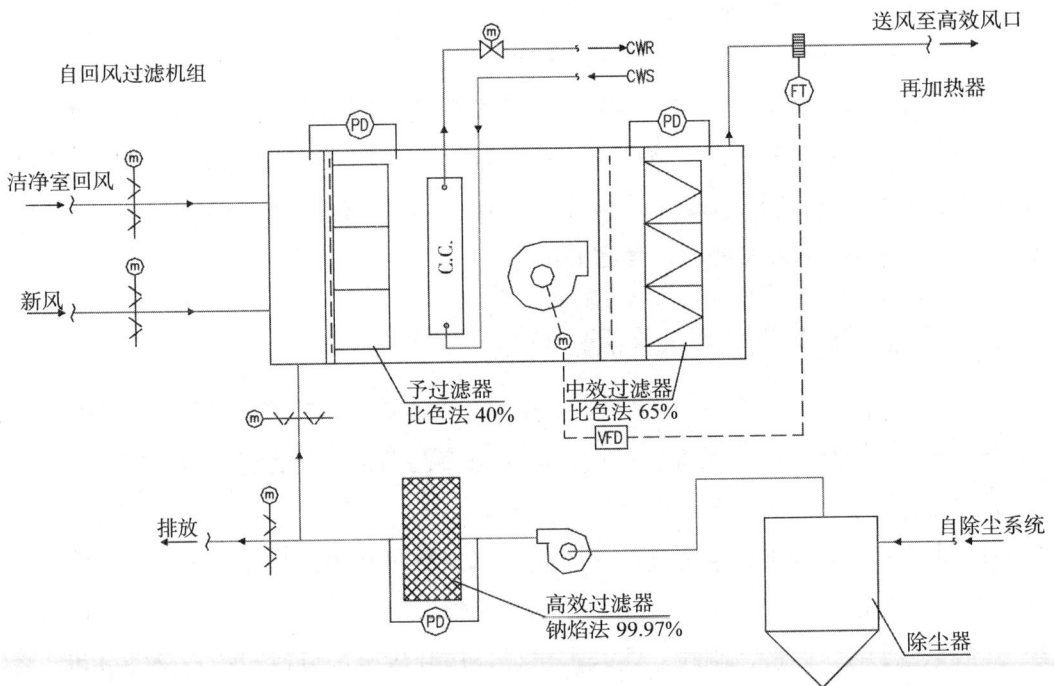

图 3-72 空气处理流程（1）

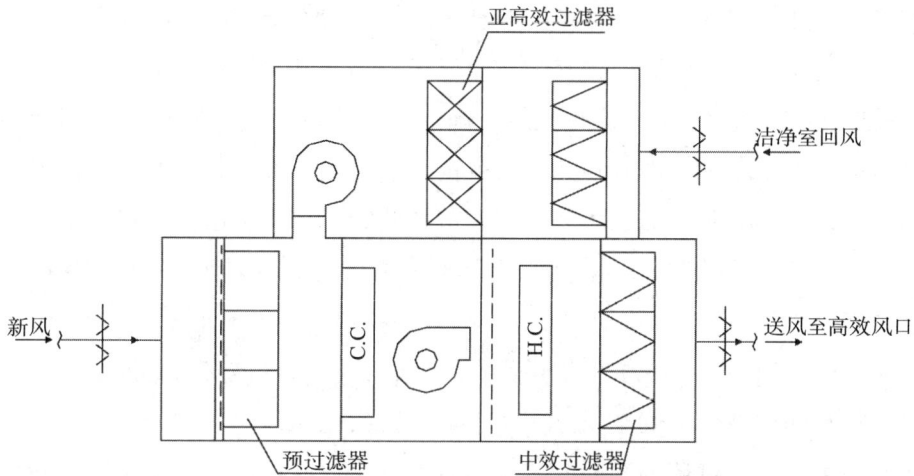

图 3-73 空气处理流程（2）

根据有关资料介绍，对于某 1000m² 的厂房作了估算比较，一种是房间经处理后回风，一种是对产尘房间全排风，前者全年约可节省运行费 18%；同时由于可以减少冷冻机、水泵和管路系统的配置费用，可减少投资费约 8%~10%。

由此看来，固体制剂车间对回风经严格处理后循环利用，无论在初期投资还是运行费上都有不同程度降低，其经济效益是显而易见的。

应该认识到，防止药物粉尘通过空气系统的交叉污染，除了对回风作严格处理外，同时还需正确设计洁净室内的气流方式，在各洁净室之间建立合理的气流流向，保持各房间的压力稳定，各房间设置压差监测仪表等，以多种手段防止药物的交叉污染。

3.5.2.8 生物安全和防护

GMP 正文第四十六条规定："为降低污染和交叉污染的风险，厂房、生产设施和设备应当根据所生产药品的特性、工艺流程及相应洁净度级别要求合理设计、布局和使用，并符合下列要求：

（一）应当综合考虑药品的特性、工艺和预定用途等因素，确定厂房、生产设施和设备多产品共用的可行性，并有相应评估报告；

（二）生产特殊性质的药品，如高致敏性药品（如青霉素类）或生物制品（如卡介苗或其他用活性微生物制备而成的药品），必须采用专用和独立的厂房、生产设施和设备。青霉素类药品产尘量大的操作区域应当保持相对负压，排至室外的废气应当经过净化处理并符合要求，排风口应当远离其他空气净化系统的进风口；

……"

利用病原微生物进行疫苗生产，具有一定的生物安全风险，需要在确保疫苗质量的同时，确保生产活动的生物安全。高等级生物安全实验室、生产车间污染空气排放处置是确保实验室生物安全的关键。国卫办科教函〔2020〕483 号，为落实中央领导同志指示批示精神，推进新冠灭活疫苗生产车间建设、审批及运行，国家卫生健康委、科技部、工业和信息化部、国家市场监管总局、国家药监局制定了《疫苗生产车间生物安全通用要求》，作为新冠肺炎疫情防控期间推动新冠疫苗生产的临时性应急要求。

根据生产车间涉及病原微生物操作的风险，将车间生物安全防护水平分为低生物安全风险车间和高生物安全风险车间。低生物安全风险车间，指用减毒株或弱毒株等病原微生物生产疫苗的车间。涉及低生物安全风险的车间与设施，应满足现有疫苗生产和生物安全相关要求。

高生物安全风险车间，指用高致病性病原微生物或特定的菌（毒）株生产疫苗的车间。疫苗生产车间防护区使用独立的送、排风系统，确保了系统运行时防护区内的气流由低风险区向高风险区的流动，考虑空调及通风系统的设置，根据操作对象的危害程度、平面布置、风险评估等情况，防护区内的空气不能循环使用，并且需要通过两级高效空气过滤器过滤后排放。防护区空气处理机组、排风机一般采用双风机，分别设置备用机组，送风机和排风机采用冷备或热备的方式，以保证防护区空调系统的稳定性，并且应尽可能减少排风机后排风管道正压段的长度，该段管道不应穿过其他房间。

启动车间送排风系统时，应先启动防护区排风，后启动送风；关停时，应先关闭送风，后关排风。当送风系统出现故障时，应有应急机制避免防护区内的负压影响隔离器、生物安全柜等安全隔离装置的正常功能和围护结构的完整性。通常情况下，隔离器采用单独的送、排风系统，以保证自身的生物安全。隔离器局部排风设备启停、故障发生时，避免防护区各房间压力及负压梯度出现异常。生物安全柜等排风装置，通过自控系统控制，和房间排风进行有效的联锁控制。

风量、压力控制：送风为定风量送风、保证送风量恒定不变，调试时根据检测风量进行调整。排风为变风量排风、变风量阀的风量设定范围不小于房间总排风量20%。

送风机设变频器，调试时首先满足各房间内的风量，确定送风总管静压；系统运行时，送风机根据送风总管上的压力传感器调整，以保证送风压力满足定风量阀的使用要求。排风机设变频器，调试时先满足各房间的压差要求，确定排风总管压力值为设定值，系统运行时根据系统排风总管上的压力传感器测定值进行调整，以满足系统排风量要求。新风管道上的密闭阀与送风机联锁。

3.5.2.8.1 防护区暖通空调系统技术要求

防护区暖通空调系统为满足高生物安全风险车间和 GMP 药品生产质量管理的双重要求，应遵循避免系统间交叉污染、系统安全可靠、保证房间洁净度及严禁病毒外泄的原则。

➢ 送风系统

由于防护区存在新冠病毒泄漏的风险，采用回风形式的空调系统可能发生气溶胶的交叉污染，所以防护区空调系统应采用全新风直流的系统形式。

最新发布的《疫苗生产车间生物安全通用要求》中明确规定了防护区空气不应循环使用，送风应设置为全新风直流系统。室外干净的空气直接通过新风口，经空调机组集中处理后送入室内，空调系统原理如图 3-74。

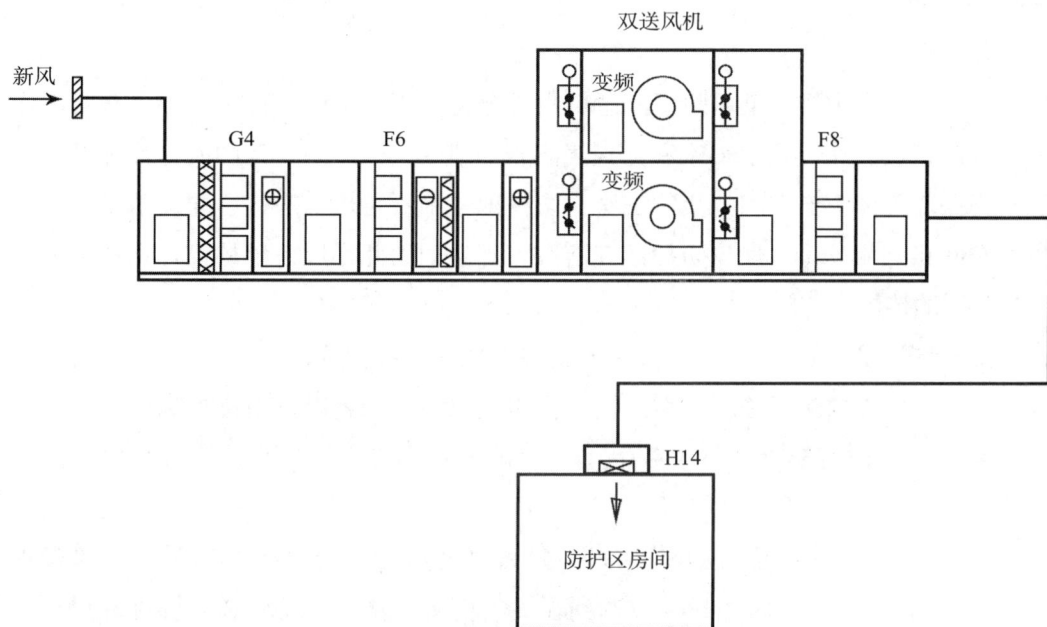

图 3-74 防护区空调送风示意图

药厂为满足洁净环境的要求，房间需要设置较高的换气次数，这也就导致了大量的新风需要经过集中处理。在进行送风系统设计时，需要考虑节能问题和严寒地区的防冻问题。通常采用乙二醇和热管热回收装置，回收排风中的冷热量来降低系统的能耗。通过空调机组中设置蒸汽预热盘管来避免寒冷地区盘管冻裂，以此来保证系统在低温下的正常运行。

因系统全新风且风量大的特点，防护区送风系统通常需要设置四级过滤来保证送风的洁净度。第一级过滤为粗效过滤器，设置在空调箱内紧靠新风口处。第二级为中级过滤器，通常设置在表冷器前端，起到对表冷器的保护作用。第三级为中高效过滤器，设置在空调机组出风段下游。最终通过设置在房间内的高效过滤器进行最终处理，满足房间洁净送风的要求。

为保证空调系统的可靠性，送风系统要考虑冗余设计。冗余设计通常有空调机组整体备用和送风机备用两种形式。送风机备用的形式具有占地空间小、投资少的优点，加之冷热盘管为不易损坏的部件，所以在实际工程中采用风机备用的方式居多。因在风机故障下，需要启用备用风机，所以在风机的进出口需要设置电动密闭风阀，来避免送风的短路。风机故障切换时，需要保证防护区所辖区域房间绝对压力不出现任何形式的压力逆转。这就要求风机前后电动阀需要采用快速执行器（或采用气动风阀控制），执行器的动作时间需要 < 7 秒，在选型时要特别注意。

➢ 排风系统

防护区发生生物安全风险事故感染大部分是由于气溶胶扩散引起的，车间工作人员在防护区操作过程中很难察觉到气溶胶的泄露，因此防护区的安全设计尤为重要。为保障整体生产车间的生物安全，防护区是绝对负压洁净区，与疫苗正压洁净生产车间正好相反，以保障防护区气溶胶不外泄。因此排风系统的设计比送风在控制气溶胶的传播、扩散中更为重要。

防护区生产车间存在高致病气溶胶传播风险，排风系统需要设置两级高效过滤装置，同时需要进行原位检漏、原位消毒，以最大限度降低泄漏的风险。根据实际工程经验，目前新冠疫苗灭活生产车间排风过滤装置的安装主要分为以下两种形式。

○ 在房间安装原位检漏高效排风风口，各房间风口经不锈钢管路进行满焊连接汇总（管道的密封性应达到在关闭所有通路并维持管道内温度在设计范围上限的条件下，若使空气压力维持在 500Pa 时，管道内每分钟泄漏的空气量应不超过管道内净容积的 0.2%），排风主管设计安装单级袋进袋出（BIBO）原位检漏排风装置，BIBO 的安装位置应尽量靠近防护区末端，防护区排风经两级排风装置过滤后要高出所在建筑物 2m 后高空排放，排风位置应设计在该建筑物下风向，使排风对周围环境的污染影响降到最低程度（图 3-75）。

○ 根据各房间排风量需求配置若干个排风口，该排风口采用双级原位检漏袋进袋出装置（双级 BIBO），防护区排风经双级 BIBO 装置过滤后要高出所在建筑物 2m 后高空排放，排风位置应设计在该建筑物下风向，使排风对周围环境的污染影响降到最低程度。此种方式能够将可能被污染的空气最大限度的截留在防护区内，安全性更高。双级排风高效风口后的风管可采用普通镀锌风管制作，缩短了施工的周期，但因此风口的造价较高，造成了前期投资较大（图 3-76）。

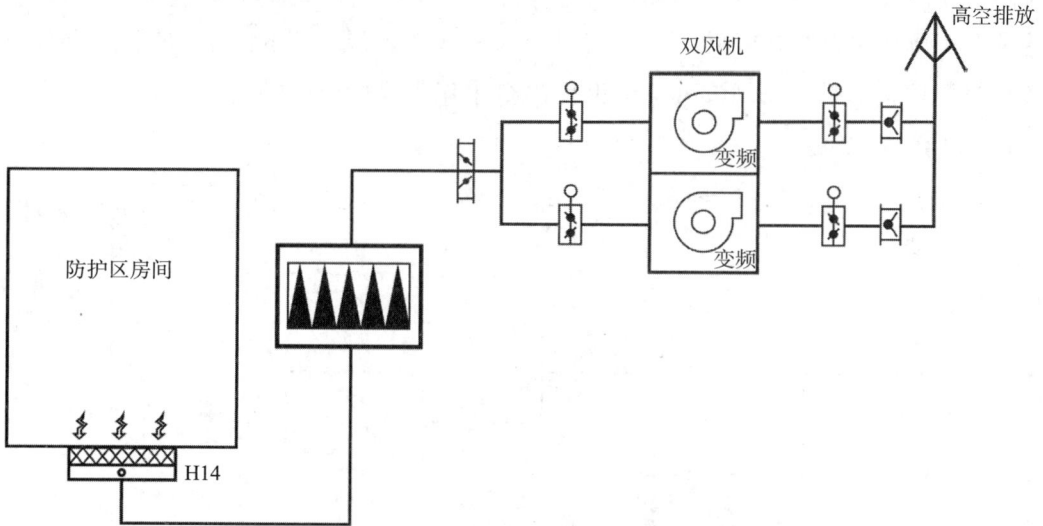

图 3-75　防护区空调排风示意图（1）

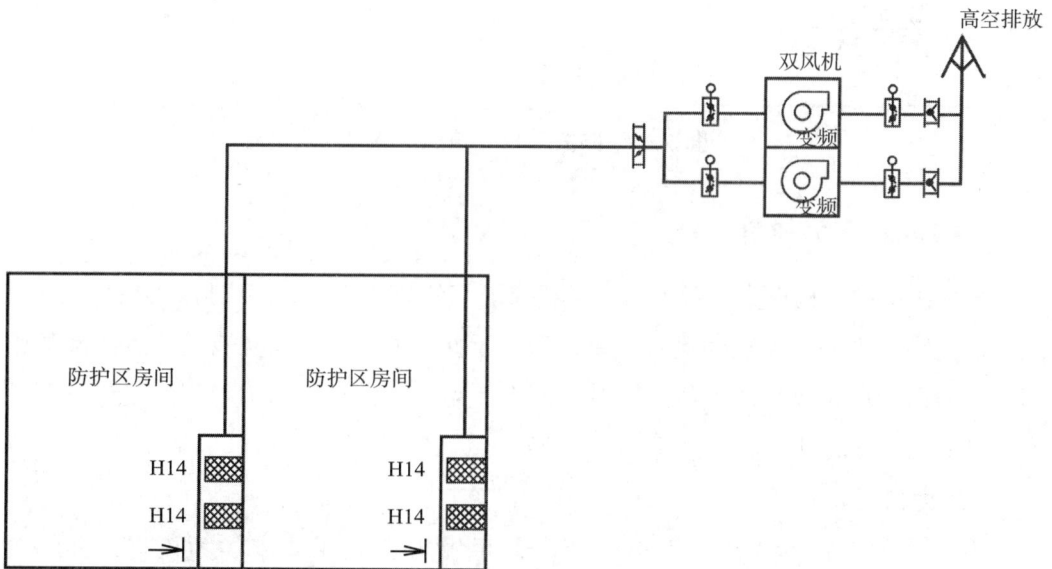

图 3-76　防护区空调排风示意图（2）

防护区排风系统应设计为双风机，两台排风机互为备用，当其中一台风机运行过程中发生故障时，另一台排风机自动切换，实现无缝切换运行，保障防护区负压梯度，防止气溶胶泄漏，此方式与送风机设置一致。

新冠灭活疫苗在生产过程中为保障工作人员的生命安全，涉及毒性操作的工艺流程应采用特殊生物安全工艺设备，部分设备的启动与停止对房间甚至整个排风系统的压力产生很大的波动，严重影响防护区压力梯度的稳定。防护区负压环境是保证病毒不外泄的重要手段，因此合理设置排风系统，以保证房间稳定的负压环境尤为重要。例如在设置 B2 型生物安全柜（Ⅱ型 BSC）排风支路的同时，在该房间设计等风量原位检漏排风口，该风口与Ⅱ型 BSC 采用等风量切换的模式，保证房间压力的稳定（图 3-77）。

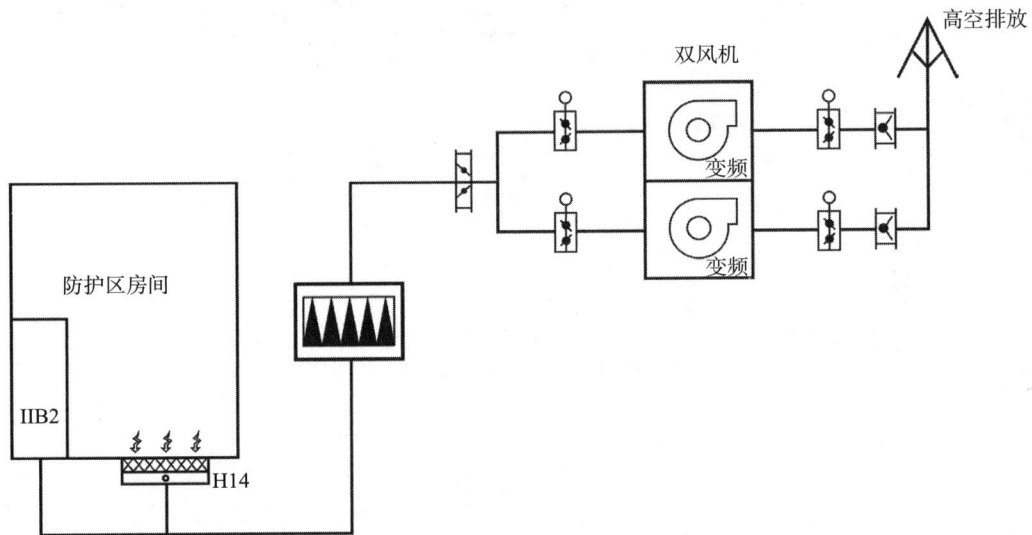

图 3-77 防护区 BSC 排风示意图

3.5.2.8.2 压力梯度

防护区围护结构作为二级屏障，必须保证相邻相通房间之间维持一定的负压差，从而避免车间内的污染物外泄。房间之间负压梯度的保证关键点有两个：房间的密闭性；送风量和排风量的差值。针对这两个关键点，防护区压力梯度的设计及调试需从以下几个方面进行整体考量。

➤ 压力梯度大小

压力梯度的设计需以《疫苗生产车间生物安全通用要求》为依据，并结合 GB 50346《生物安全实验室建筑技术规范》：洁净防护区整体需按绝对负压进行设计，且核心工作间（负压）和室外大气的压差值应不小于40Pa，核心室与相邻房间（工作走廊、缓冲间）的压差值应不小于15Pa，防护区其余房间与相邻房间的压差值应不小于10Pa。

➢ 房间密闭性验收要求

由于房间的压差设计以《疫苗生产车间生物安全通用要求》为标准，且需同时满足生物制药的严格要求，所以对房间围护结构密闭性的要求非常高。根据《疫苗生产车间生物安全通用要求》对围护结构密闭性的要求，所有围护结构的缝隙应无可见泄漏，可采用目测及烟雾法进行验收测试。

➢ 压力梯度波动的主要原因及保证措施

通过实际项目的工况调试经验，压力梯度的波动是类似项目的痛点，其影响因素主要有气锁及缓冲瞬间失压、控制系统偏离、送排风系统技术故障、房间温度变化等。

针对以上压力波动因素，整体保证措施主要有设置房间泄压口（带高效过滤）、调整车间与缓冲间的送风比例、采用并联大小风阀精确调整送风量、采用变风量送风阀、控制核心防护区的开门速度、设置余风量控制系统等。

3.5.2.8.3 空调自控系统

防护区送排风总管上设置的控制阀门，直接影响到系统切换时房间压力的变化和系统正常运行状态下房间压力的稳定。目前常用的三种控制模式为：定送变排、变送变排、变送定排。

➢ 定送变排

此种控制模式为在房间的送风总管上设置定风量阀门，在房间的排风管管路上设置变风量阀门。此种模式下房间的送风量恒定。平时状态下，房间变风量阀门根据房间内压力值控制阀门的开度。切换状态下，直接控制变风量阀门的运行状态，以保证切换过程中房间不出现压力逆转。此种模式前期投资少，但对系统的调试要求较高，适用于系统较少、施工周期长、调试时间充足的项目（图3-78）。

➢ 变送变排

控制模式为在房间的送风总管上设置变风量阀门，在房间的排风管路上设置变风量阀门。此种模

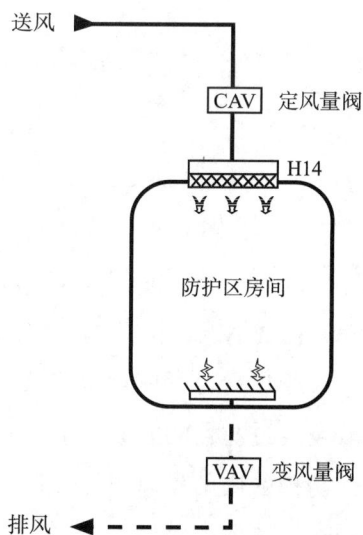

图3-78 定送变排空调示意图

式平时状态下，房间送风变风量阀门恒定风量运行，房间变风量阀门根据房间内压力值控制阀门的开度。切换状态下，直接控制送排风变风量阀门的运行状态，以保证切换过程中房间不出现压力逆转。此种模式自控化程度高，控制系统的抗干扰能力强，缩短了调试的周期，但此种模式的前期投资较高，因增加了控制点位和工况，对控制程序要求较高（图 3-79）。

> 变送定排

控制模式为在房间的送风总管上设置变风量阀门，在房间的排风管路上设置定风量阀门。此种模式平时状态下，房间送风变风量阀门根据房间内压力值控制阀门的开度，房间排风定风量阀门恒定房间排风量。切换状态下，直接控制送风阀门的运行状态，以保证切换过程中房间不出现压力逆转。此种模式相比于定送变排模式，因房间送风对房间压力变化更加敏感，具有更加快速的响应。但因 GMP 对房间送风量的要求较为严格，为避免送风量调整超出房间洁净风量的要求值，此种模式在制药厂中应用较少（图 3-80）。

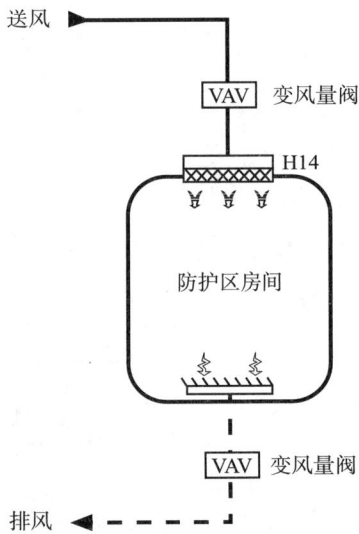

图 3-79　变送变排空调示意图　　　　图 3-80　变送定排空调示意图

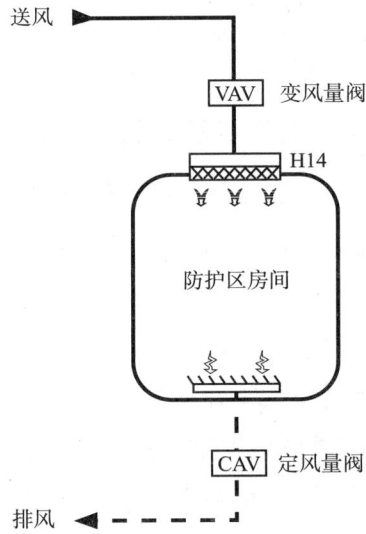

以上三种模式都能满足防护区暖通空调系统的控制要求，要结合项目的施工周期和投资情况进行具体分析，选择合适的系统形式。

通常情况下风险不同或相对独立的防护区，宜设置独立的送风、排风系统，高效空气过滤器的安装位置应尽可能靠近送风管道在防护区内的送风口端和排风管道在防护区内的排风口端。防护区排风高效过滤器应可以在原位进行消毒和检漏。采用送排风系统整体消毒时，应在防护区送风（或新风）和排风总管道的关键节点安装生物型密闭阀；采用房间密闭消毒时，应在防护区房间送风和排风管道的关键节点安装生物型密闭阀。

生物型密闭阀与防护区相通的送风管道和排风管道应牢固、易消毒灭菌、耐腐蚀、抗老化，宜使用不锈钢管道；管道的密封性应达到在关闭所有通路并维持管道内的温度在设计范围上限的条件下，若使空气压力维持在500Pa时，管道内每分钟泄漏的空气量应不超过管道内净容积的0.2%。

防护区通风控制系统应依据生产工艺和风险控制要求设计自动控制系统，对于有双机备份冗余设计的通风空调系统宜配置具备故障冗余备份的控制系统。防护区设装置连续监测送、排风系统高效空气过滤器的阻力，必要时，及时更换高效空气过滤器。应在有负压控制要求的工作间入口的显著位置，安装显示房间负压状况的压力显示装置和压力控制区间提示。在防护区外使用生物安全型高效空气过滤装置，要求有证明其有效性的型式检验报告。其结构应牢固，应能承受2500Pa的压力；生物安全型高效空气过滤装置的整体密封性应达到在关闭所有通路并维持腔室内温度在设计范围上限的条件下，若使空气压力维持在1000Pa时，腔室内每分钟泄漏的空气量应不超过腔室净容积的0.1%。

防护区内的隔离器腔体，应对其所在防护区保持负压，隔离器的压差应设有监控及报警措施。如送排风系统独立设置时，其送、排风机均应设置备用。隔离器内部操作产生的物料和废弃物经专用密闭传递装置密闭传出，确保传递过程中无病原微生物泄露。隔离器的排风应通过两级高效空气过滤器过滤后排放，排风高效空气过滤器应能原位消毒和检漏。隔离器腔体内采用全新风系统，不得采用循环气流。

防护区内的传递窗承压能力及密闭性应符合所在区域的要求。必要时，应设置具备送、排风或自净化功能的传递窗，排风应经高效空气过滤器过滤后排出。传递窗应具备对传递窗内物品进行消毒灭菌的条件，且经过验证。其性能及检测应满足JG/T 382《传递窗》中的要求。传递窗设置排风时，排风应经过两级高效过滤装置处理后排放。

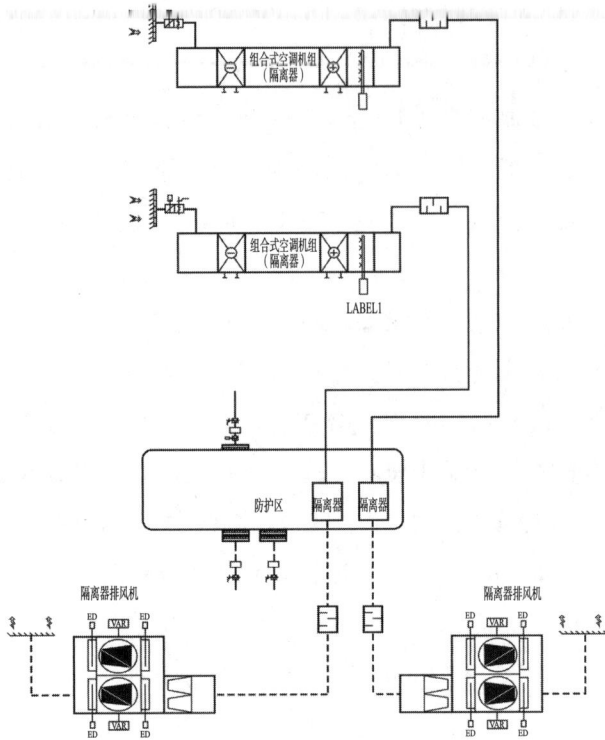

图 3-81 隔离器示意图

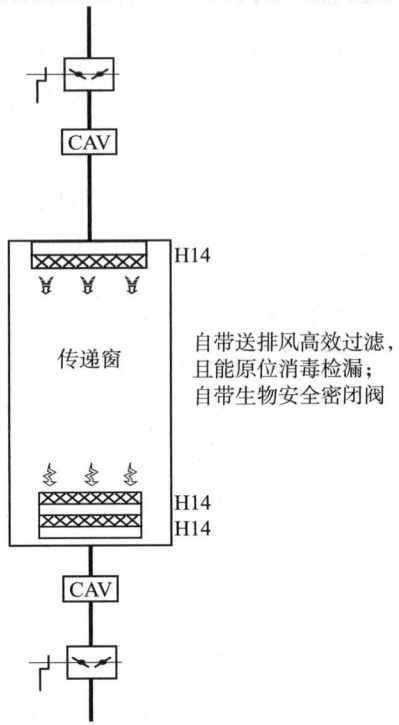

图 3-82 传递窗示意图

自带送排风高效过滤，
且能原位消毒检漏；
自带生物安全密闭阀

3.5.2.9 单向流保护罩

单向流在产品与无菌区内的设备和人员产生的微粒和微生物污染之间起到屏障的作用，单向流系统在其工作区域内必须均匀送风，风速为 0.36~0.54m/s，设计的目标速度可为 0.45m/s，允许偏差范围小于 ±20%，在密闭的隔离操作器或手套箱内，可使用较低的风速。单向流常用于无菌生产区的高风险区，以建立 A 级区的生产环境。

单向流装置的几种基本形式见图 3-83~ 图 3-85。

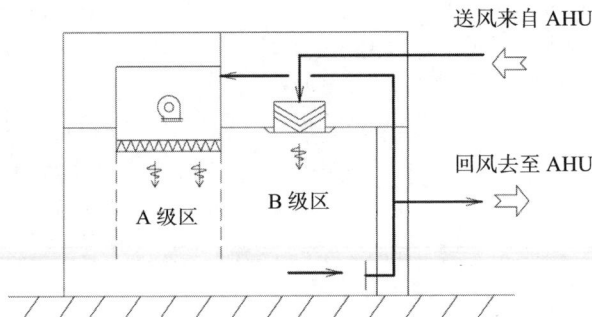

图 3-83 采用单向流罩

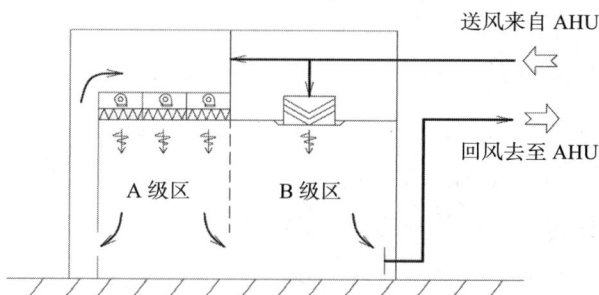

图 3-84　采用风机过滤单元（FFU）拼装

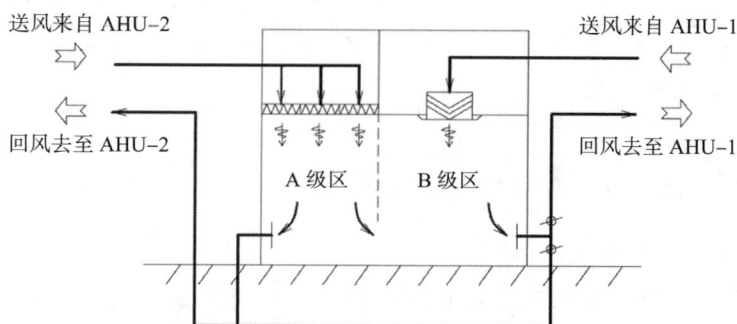

图 3-85　采用 HEPA 吊顶分设两个空气处理系统

单向流装置的设置应符合以下要求：

单向流罩应能覆盖暴露于有 A 级区域环境要求的无菌药品、包装容器及传送设施等全部区域。

当采用单向流罩拼装或 FFU 拼装的组合方式，用单元风机作全循环运行时 A 级区内将会引起空气在不断循环过程中的热量积聚，会造成 A 级区内的过热现象，这种情况在装置面积较大时尤为明显，可通过在单向流装置或循环风系统中引入净化空调系统送风或增设干冷盘管等措施来降低热量积聚导致的温升。

为了维持 A、B 级区良好的气流型态，建议单向流装置采用侧墙下部的低位回风方式，单向流装置可采用短风管与设在墙下部的回风口相连接。

对于非无菌药品生产的支持区域（如洗衣房内无菌工作服的整衣台等较小面积局部单向流装置）可以不受下部回风的限制。

当采用 FFU 拼装组合成较大面积单向流区域时，应考虑 FFU 机组的噪声问题。

当生产区内 A 级区面积较大时，宜将净化空调系统及 A 级区单向流装置空调循环系统分设为两个系统。因为 A 级区由于其换气次数比其他区高得多，造成较小的送 / 回风温差，分设二个系统有利于系统管理和节能。

单向流装置内的气流应保持一致，确保涡流最小化，环境气流不能沿单向流屏障吸入 A 级区内，所以应在单向流装置的外缘设置透明围帘，高度宜低于工作面，根据有关试验结果，围帘离地不宜大于 0.5m。

单向流装置的设置应便于安装、维修及更换空气过滤器。

ISPE HVAC 指南中还建议：如果组件或工艺设备没有受到单向流的保护，则末端 HEPA 过滤器的位置应设在暴露产品的正上方。

不过，对于上述做法，应通过充分的验证，以证明其 A 级区的环境条件仍是可靠的。

单向流罩风速应在距离过滤器表面或入口截面 150~300mm 的位置进行测量。但是，如果远离过滤器正面下方，由于湍流的存在以及阻碍气流物体的影响，测量值可能会变小，甚至接近零。

3.5.2.10 双风机 / 单风机空气处理系统

用于医药洁净室的空气处理机组通常包括：空气过滤段（初效 + 中效）、冷却段、加热段、加湿段、风机段等基本功能段，图 3-86 为常用的单风机空气处理机组（AHU）。

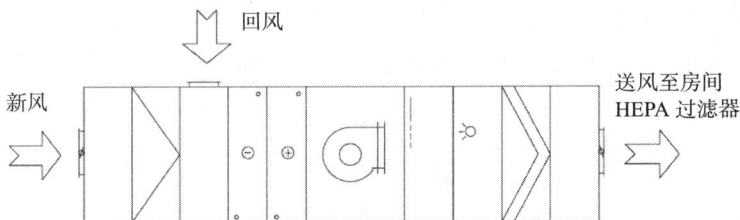

图 3-86　单风机空气处理机组

由于净化空调系统的压力损失较大，所需风机全压远高于一般的舒适性空调系统（通常在 1500~2000Pa），由此而带来系统噪声大的问题，有些空调系统不得不在系统中设置消声装置（尽管在洁净空调系统中设消声器并不是好的选择）。

在 ISPE 指南中，介绍了一种带有双风机的 AHU 机组，如图 3-87 所示。

双风机空气处理系统的优点：

● 由于配置了回风机，可从风源实现对回风管压力和回风量的独立管理，有利于平衡系统的风量和压力；

● 由于在 AHU 内设置了回风机，使送风机可减小全压，从而降低了系统噪声；

● 由于 AHU 机组承受风机压力的降低，减少了 AHU 箱体的渗漏风量；

● 方便调整和切换新回风间比例；

● 容易调整系统中各房间压差。

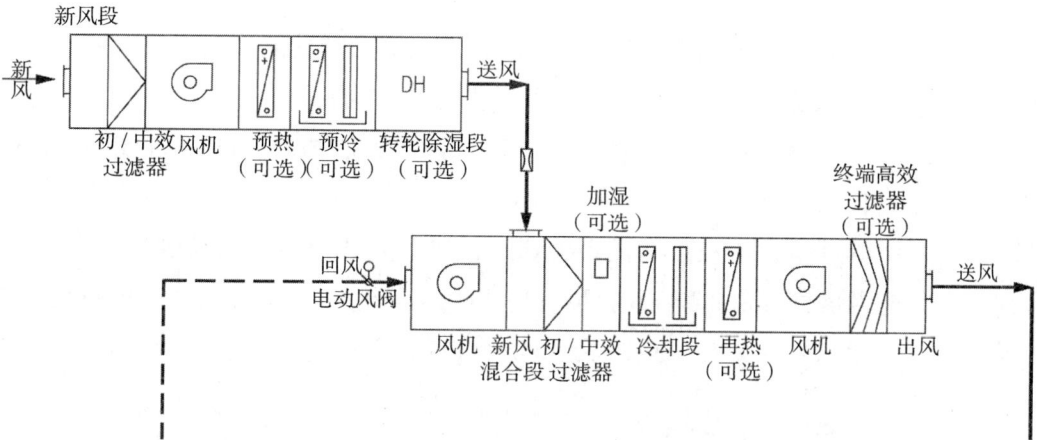

图 3-87 双风机空气处理机组

双风机 AHU 在技术上是合理的，而同单风机系统相比带来的问题是：

● AHU 机组明显加长，需要更大的空调机房；

● 增加了设备初期投资费；

● 由于送风机全压主要为克服包括 HEPA 在内的送风系统的阻力，而回风机用于克服回风系统的阻力，送风机所需压力远高于回风机，所以一般情况下不能选用两台性能、规格完全相同的风机，这就需要设计者仔细计算两台不同规格风机串联运行时的特性变化，避免出现运行中的异常情况。

所以在工程中要根据现场的具体情况确定选用哪种形式的 AHU，如果机房面积受限，就只能选用单风机、叠加式或立式 AHU。如回风量较小，建议可考虑将回风机置于空调箱外，这样虽然增加了有限的连接回管，但可达到双风机 AHU 的同样效果。如图 3-88 所示。

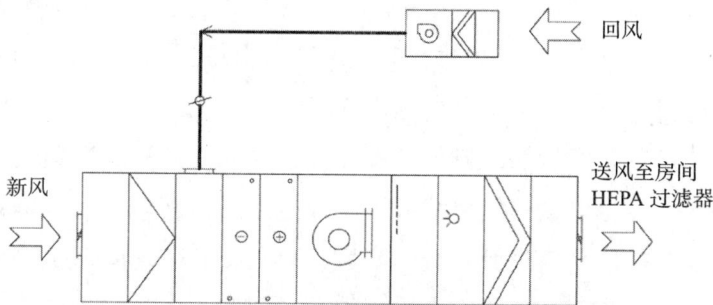

图 3-88 带单独回风过滤箱的双风机空气处理机组

3.5.2.11 双级排风高效过滤系统

在国际范围内，越来越多的疫苗、生物制剂、高致敏性药物的生产设施，借鉴或采用生物安全实验室的送排风设计标准。作为新一代安全防护排风系统，双级排风高效过滤装置可同时满足大风量、高效率、原位验证、安全防护等性能要求，用于侧墙安装，应用领域如下：

疫苗生产环境排风、疫苗车间动物房送排风、β- 内酰胺类药品生产环境排风、激素类、细胞毒素类药品生产环境排风、高活性化学药品生产环境排风、抗癌制剂生产环境排风、生物安全实验室送排风、负压手术室和负压病房、试验动物房。

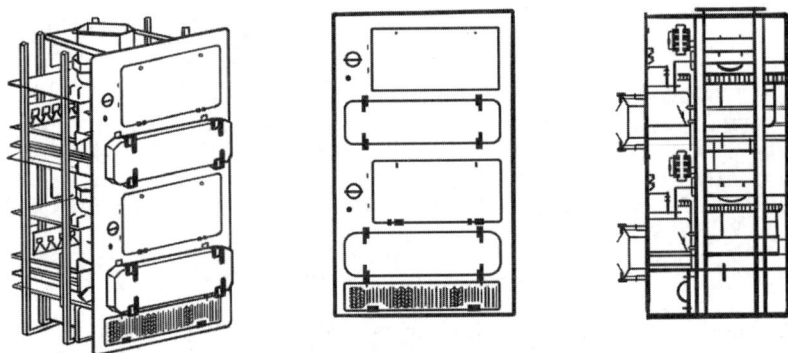

图 3-89　双排风高效过滤器系统

GB 19489《实验室生物安全通用要求》6.3.3.7 中：HEPA 过滤器的安装位置应尽可能靠近送风管道在实验室内的送风口端和排风管道在实验室内的排风口端。GB 50346《生物安全实验室建筑技术规范》5.3.3 中：三级和四级生物安全实验室排风高效过滤器宜设置在室内排风口处或紧邻排风口处，三级生物安全实验室防护区有特殊要求时可设两道高效过滤器。四级生物安全实验室防护区除在室内排风口处设第一道高效过滤器外，还应在其后串联第二道高效过滤器。防护区高效过滤器的位置与排风口结构应易于对过滤器进行安全更换和检漏。

综上，生物安全技术规范中对高等级三级、四级生物安全项目的排风具体要求为两级高效过滤且尽量靠近房间排风口处。双级排风高效过滤装置同时满足了以上两点高标准要求，相比以往房间单级排风高效过滤风口配风管末端单级高效的形式来看，实现了双级排风高效过滤装置的高度集成化，有效地降低了以往两级高效分离导致中间连接管道病毒及生物安全因子泄漏的风险。整体采用模块化设计，包括上游混合段、预过滤段、主过滤段、气密隔离阀、消毒模块、压差监测模块等在内的多种功能配置。工艺制造创新点具体来说：气密性极高、严格的非侵入式完整性验证、"逐行扫描"的 HEPA 过滤器、高标准的安全压紧机构。

3.5.2.12 净化更衣

GMP 无菌药品附录，对净化更衣的要求，作了明确规定：

《药品生产质量管理规范》（2010 年修订）无菌药品附录

第二十五条 个人外衣不得带入通向 B 级或 C 级洁净区的更衣室。每位员工每次进入 A/B 级洁净区，应当更换无菌工作服；或每班至少更换一次，但应当用监测结果证明这种方法的可行性。操作期间应当经常消毒手套，并在必要时更换口罩和手套。

第三十条 应当按照气锁方式设计更衣室，使更衣的不同阶段分开，尽可能避免工作服被微生物和微粒污染。更衣室应当有足够的换气次数。更衣室后段的静态级别应当与其相应洁净区的级别相同。必要时，可将进入和离开洁净区的更衣间分开设置。一般情况下，洗手设施只能安装在更衣的第一阶段。

据此，进入洁净生产区的人员更衣通道，应根据生产性质、产品特性、产品对环境的要求等，设置相应的更衣设施，并且合理设计气流组织、设定压差和监控装置，以满足 GMP 对净化更衣的要求。

通常下列因素必须考虑到：

➢ 更衣房间的设置

更衣程序一般包括：换鞋、脱外衣、洗手、穿洁净衣（包括无菌内衣、无菌外衣）、手消毒等步骤。国内通常的做法是一个步骤一个房间（如图 3-90 所示，以进入 D 级洁净区为例），虽然更衣的不同阶段得到了分开，但造成更衣房间众多，使用不便，加上空间狭小、开闭门频繁，容易造成二次污染。另外由于房间之间要保持一定压差，造成压差逐级抬高，使得核心生产区房间压力过高。其实，更衣的不同阶段分开的含义，并不等同于房间的分隔。根据 GMP 要求，其核心是避免在更衣过程中，洁净工作服受到微生物和微粒的污染。因此，通过合理设计更衣区域，将更衣过程中的"污"和"净"加以有效分开，并辅以合理的气流形式、压差监控和气锁设计，就可保证净化更衣达到设定的要求，同时又避免了更衣房间过多造成操作繁琐的弊端。图 3-91 是国外普遍采用的更衣室设计，它通过一个换鞋凳（sit-over）

将更衣室分隔成前后两个区，前段为"污"区、后段为"净"区，气流方向由"净"区流向"污"区。整个房间为气锁设计，两道门互为联锁，进入生产区不再设缓冲间。这种设计，既能避免更衣室气流对生产区的影响（因更衣过程中人体会散发微粒），同时也简化了更衣区的设计。这种方式已经为美国 FDA/EU 所认可。但是这种设置，由于中间没有隔墙，气流互相产生扰动，使得更衣后段的净化等级并不稳定。

➤ 更衣的分级

我国 GMP 要求"更衣室后段的静态级别与其相应洁净区的级别相同"。而更衣的后段，指的是穿洁净衣（穿无菌外衣）的过程。该区域的静态洁净级别与其服务的生产区级别相一致。而更衣前段区域，如换鞋、脱衣、穿无菌内衣等，作为净化更衣程序的一部分，需与后段保持一定的级差，其气流组织必须合理设计以避免对后段产生影响。这些区域可送入经过 HEPA 过滤器过滤的空气、有一定的换气次数，并且相邻房间之间应保持一定的压力梯度（图 3-92~图 3-95）。

➤ 更衣区的压差及其监控

更衣区域作为人员进出洁净生产区的通道，其空气流动方向应从洁净级别较高的区域向洁净级别较低的区域流动。可通过在更衣气锁两端或气锁两道门之间设置压差计，来对更衣室进行压差监控。压差监控可采用点对点的监测方式，也可采用以公共参考点为基准的监测方式。

关于压差计的设置，对于进入 C/D 级非无菌生产区，压差计可设置在气锁两端，以监控气锁压差是否符合要求。对于进入 B 级（或退出 B 级）生产区，则除了需要监控气锁两端压差外，还需在与 B 级直接相通的门的两端设置压差计，以便实时监控更衣室与 B 级生产区之间的气流方向。

➤ 更衣的气锁设计

气锁可以有效阻隔不同区域空气的交叉混合。国内目前较普遍的做法是在更衣后段的穿洁净衣房间之后，再设置一个缓冲间（又称洗手/手消毒，见图 3-90），以便将更衣区与生产区分开，该房间为气锁设计，两道门互为联锁。而更衣房间本身并不按气锁设计。国外比较普遍的做法是不设最后的缓冲间，而将更衣室直接按气锁形式设计，两道门互为联锁（图 3-91）。这样既能避免更衣室气流对生产区的影响（因更衣过程中人体会散发大量微粒），同时也简化了更衣区的设计。图 3-92~图 3-94 给出了按这种方式所设计的不同洁净更衣的气锁设置的例子。必须注意的是，对于高活性药品（如高致敏性、高活性、高毒性），为防止含活性微粒空气通过更衣区向外逸出，还应设置正压/负压气锁，以阻止含活性微粒空气向外泄漏（图 3-95）。

➤ 更衣退出通道的设置

更衣退出通道的设置，其目的主要是为避免生产过程中产生的污染物对净化更衣环境产生的不利影响。

对于无菌药品生产区的净化更衣区，我国 GMP 提出了"必要时，可将进入和退出无菌生产区的通道分开设置"的要求。不是所有的无菌生产区都需要设置退出通道，企业可根据各自的产品特性、生产控制和质量风险分析，决定是否设置退出更衣通道。

更衣退出通道的设置，也可用于其他非无菌的高活性药品以及粉尘污染较大的药品生产区的更衣区。

图 3-92~ 图 3-95 分别举例说明了进入 / 退出 B 级、C 级、D 级洁净区的净化更衣区域设置、气流方向、压差、监控和联锁示意图。而图 3-96、图 3-97 则为人员先进入 C 级洁净区然后再通过二次更衣进入 B 级洁净区的示意图。这些例子，兼顾了国情，保留了更衣前段和后段分房间设置的习惯，取消了更衣后段的缓冲间。厂家可根据各自的生产布置、不同性别员工分开更衣的需求，在遵守 GMP 对更衣的基本要求的基础上，设置净化更衣区。

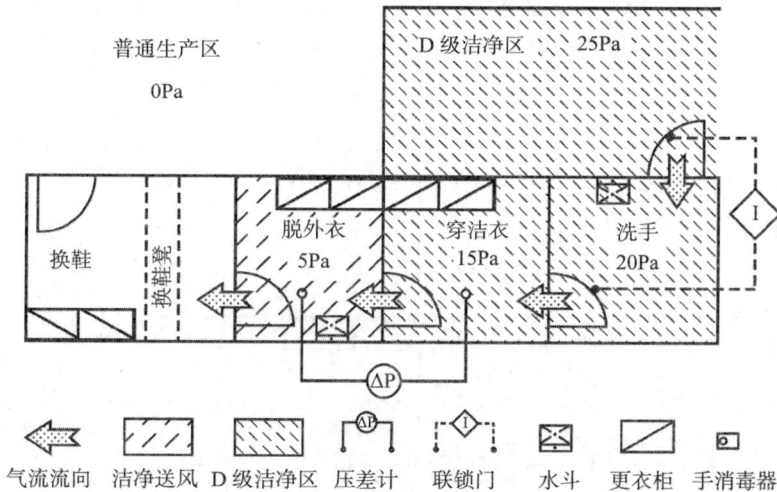

图 3-90　传统的净化更衣设置——普通区进入 D 级洁净区

说明：进入 D 级洁净区的传统更衣设计，按照"换鞋 – 脱外衣 – 穿洁衣 – 洗手（手消毒）"的步骤，分为四个房间，同时最后一间洗手（手消毒）房间按气锁设计。这种传统的设计方法，更衣房间的数量比较多，整个操作比较繁琐，同时由于房间压差逐级升高，因此洁净生产区的压力也相对比较高。

429

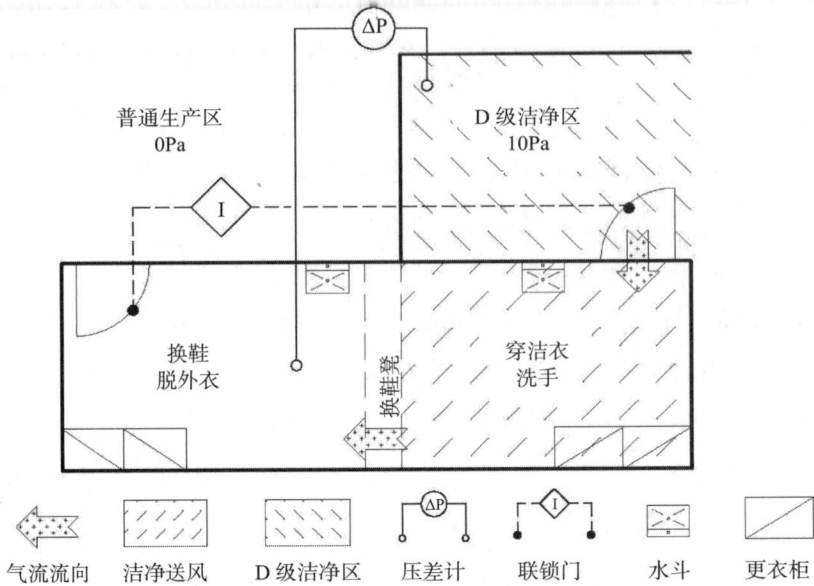

图3-91 国外普遍采用的净化更衣设置——普通区进入 D 级洁净区

说明：国外普遍采用的进入洁净区的更衣设计（以进入 D 级为例），只有一个更衣房间，中间由换鞋凳分成前后两部分，前段换鞋、脱外衣，洗手后通过换鞋凳进入后段，穿上洁净衣、鞋、帽之后，进入 D 级生产区。换鞋凳后段送经过 HEPA 过滤的洁净风，房间的气流由更衣后段流向前段。后段的静态级别相当于 D 级。整个房间按气锁设计，两道门互相连锁。气锁两侧设置压差计监控相邻压差和气流方向。

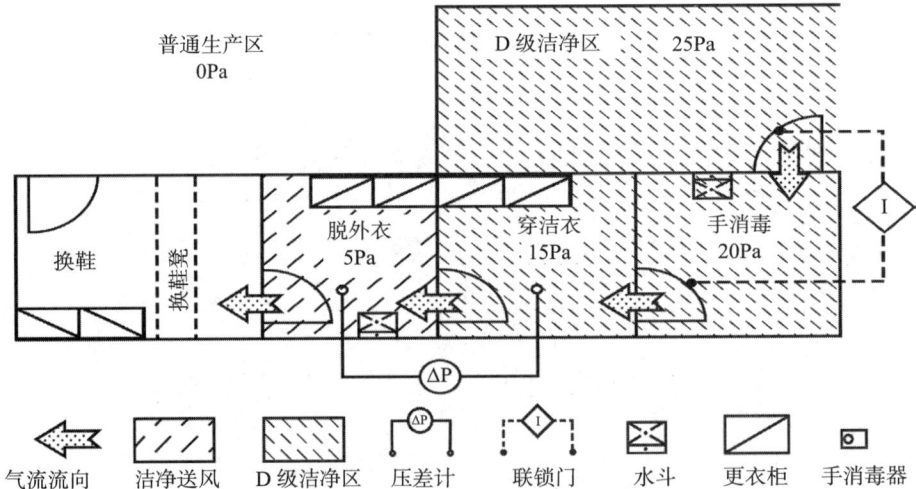

图3-92 净化更衣布置——普通区进入 D 级洁净区

说明：人员由普通区进入，经换鞋、脱外衣后进入洗手区域洗净双手。穿洁衣房间静态洁净等级为 D 级，而后经手消毒间（与生产区相同）进入 D 级洁净区，该房间两道门互相联锁。更衣前段脱外衣/洗手间送入洁净空气，与穿洁衣间压差保持在 10Pa，并设置压差计监控相邻房间压差和气流方向。

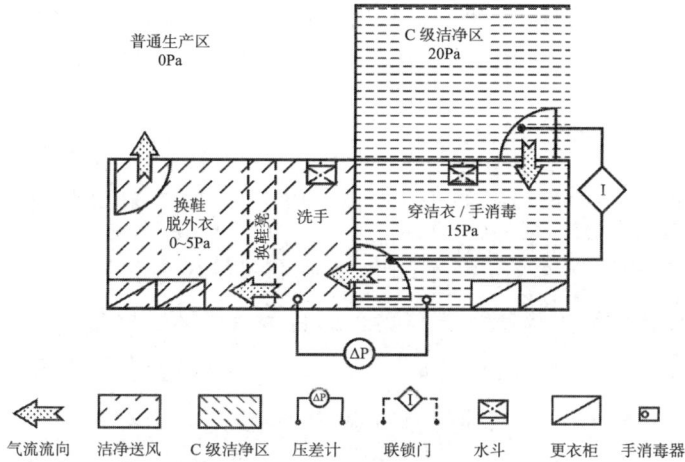

图 3-93 净化更衣布置——普通区进入 C 级洁净区

说明：人员由普通区进入，脱外衣和换鞋位于同一个房间，由换鞋凳分为前后两个区域。人员脱外衣、换鞋后进入洗手区域洗净双手。穿洁衣房间静态洁净等级为 C 级（与生产区相同），该房间按气锁方式设计，两道门互相联锁。同时取消穿洁衣间之后的气锁间。穿洁衣与洗手 / 手消毒在同一空间进行。更衣前段脱外衣 / 洗手间送入洁净空气，与穿洁衣间压差保持在 10Pa。气锁两侧设置压差计监控相邻压差和气流方向。

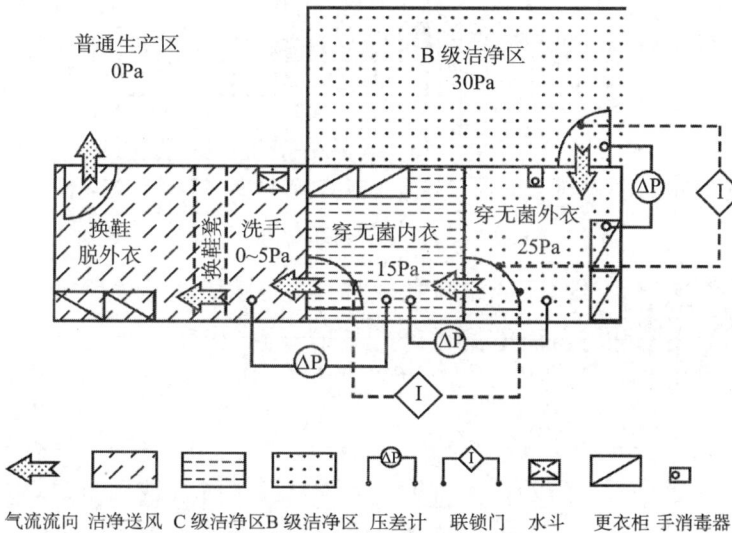

图 3-94 净化更衣布置——普通区进入 B 级洁净区

说明：人员由普通区进入，脱外衣和换鞋位于同一个房间，由换鞋凳分为前后两个区域。人员脱外衣、换鞋后进入洗手区域洗净双手。为降低人体散发的微粒和微生物对更衣后段洁净环境的影响，在穿无菌外衣之前，还需穿上无菌内衣（无尘内衣）。穿无菌外衣间作为更衣的后一阶段，其静态洁净级别与生产区相同，均为 B 级。穿无菌内衣间则按 C 级设计。更衣前段的换鞋 / 脱外衣间则送入洁净空气，相邻压差均保持在 10Pa。穿无菌内衣和无菌外衣间均按气锁设计，门互相联锁。气锁两侧设置压差计监控相邻压差和气流方向。同时穿无菌外衣间进入 B 级生产区的门两侧再设置一个压差计，监控此处的气流方向。

431

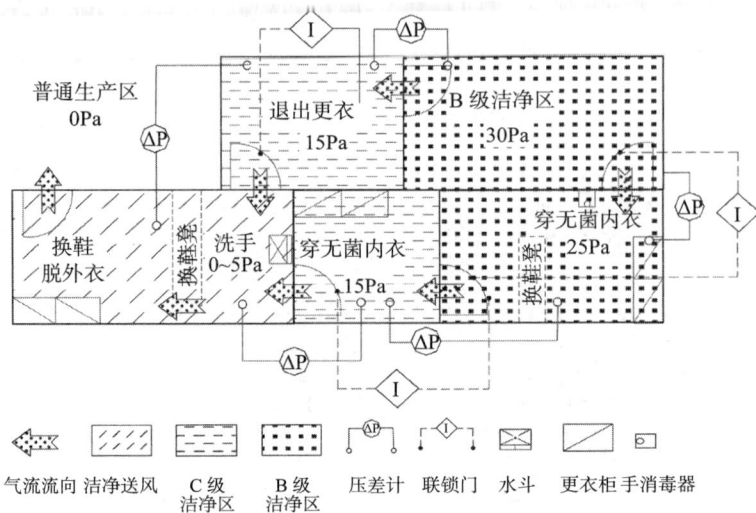

图 3-95　净化更衣布置——普通区进入 B 级洁净区，带退出更衣

说明：与图 3-94 相似，只是增加了人员退出更衣区，退出更衣洁净级别为 C 级，并按气锁设计，门互相联锁，与相邻级别区域的压差保持在 10Pa。穿无菌外衣间进入 B 级生产区（以及由 B 级生产区至退出更衣）的门两侧分别再设置一个压差计，监控此处的气流方向。

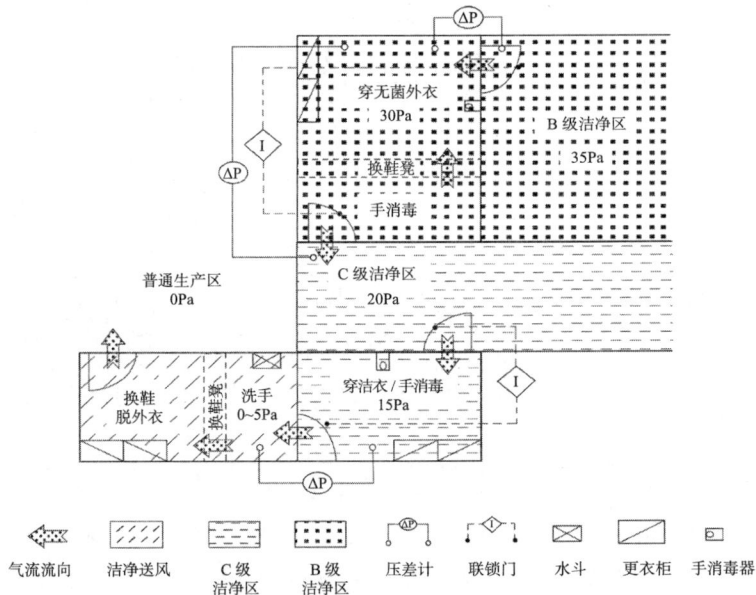

图 3-96　净化更衣布置——普通区进入 C 级洁净区再进入 B 级洁净区（1）

说明：人员由普通区进入，脱外衣和换鞋位于同一个房间，由换鞋凳分为前后两个区域。人员脱外衣、换鞋后进入洗手区域洗净双手，进入下一个房间穿上 C 级洁净衣并手消毒后，进入 C 级洁净区。需从 C 级洁净区进入 B 级洁净区的人员，进入二次更衣室，先手消毒，接着再 C 级洁净衣服外面，按照规定套上无菌外衣并手消毒，最后进入 B 级洁净区。该二次更衣房间的静态洁净级别与 B 级洁净区相同，与 C 级洁净区压差保持在 10Pa，并按气锁设计，门互为联锁。气锁两侧设有压差计监控压差，同时由二次更衣室进入 B 级生产区的门的两侧再设置压差计，以监控此处的气流方向。

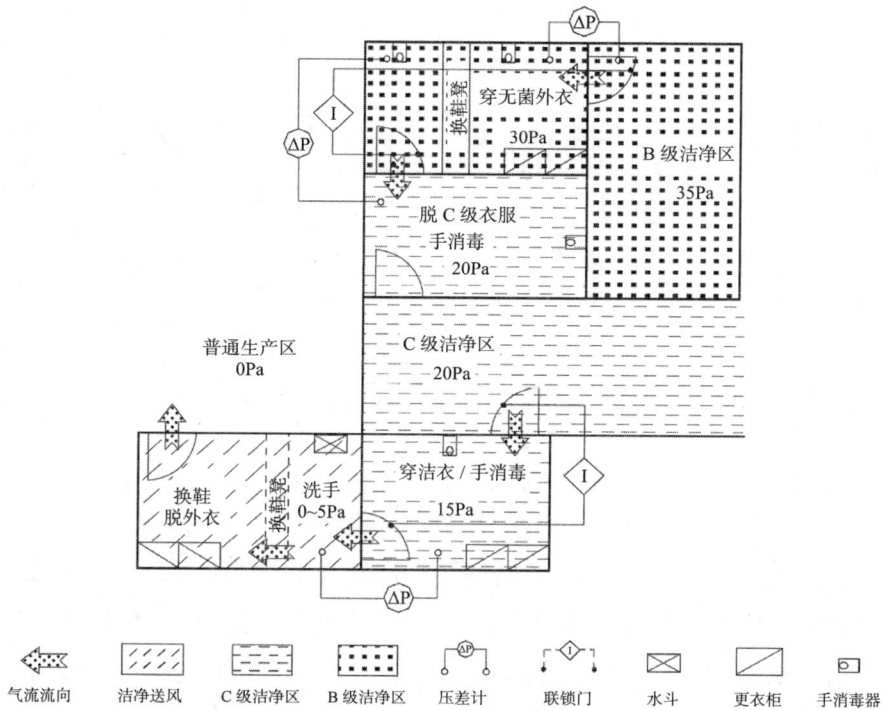

气流流向　洁净送风　C级洁净区　B级洁净区　压差计　联锁门　水斗　更衣柜　手消毒器

图3-97　净化更衣布置——普通区进入C级洁净区再进入B级洁净区（2）

说明：进入C级的更衣程序与图3-96相同。与图3-96不同的是由C级进入B级分成两个房间，人员必须先脱下C级工作服，手消毒，再进入后段穿无菌衣的房间，手消毒、穿无菌外衣，再手消毒后进入B级洁净区。前段脱C级衣服房间的静态洁净级别与C级相同，后段穿B级无菌衣房间静态级别与B级洁净区相同，与C级洁净区压差保持在10Pa。更衣后段按气锁设计，门互为联锁，有压差计监控气锁压差，同时由更衣室进入B级生产区的门两侧设有压差计，监控此处的气流方向。

3.6 空调系统动态稳定性

3.6.1 概述

净化空调系统应为药品生产提供持续稳定合规的生产环境,满足药品生产工艺的动态需求,能够有效管控因为设备间歇性排风等工艺对压差梯度的破坏、实现不同工艺运行模式下洁净生产环境的持续合规。同时,洁净空调系统能够在满足环境动态稳定合规的基础上,采用非生产模式下的低风量运行策略以降低企业的运行成本。

药品生产是一个长期持续的过程,洁净环境必须在生产模式、低频运行模式等全过程合规,净化空调系统运行的长期稳定可靠是药厂生产环境长期稳定合规的重要保证。

法规要求

药品生产质量管理规范(2010年修订)

第四十八条 应当根据药品品种、生产操作要求及外部环境状况等配置空调净化系统,使生产区有效通风,并有温度、湿度控制和空气净化过滤,保证药品的生产环境符合要求。

洁净区与非洁净区之间、不同级别洁净区之间的压差应当不低于10帕斯卡。必要时,相同洁净度级别的不同功能区域(操作间)之间也应当保持适当的压差梯度。

第一百四十条 (四)性能确认应当证明厂房、设施、设备在正常操作方法和工艺条件下能够持续符合标准。

第一百九十七条　生产过程中应当尽可能采取措施，防止污染和交叉污染，如：

（一）在分隔的区域内生产不同品种的药品。

（二）采用阶段性生产方式。

药品生产质量管理规范（2010 年修订）无菌药品附录

第三十八条　无菌药品生产的洁净区空气净化系统应当保持连续运行，维持相应的洁净度级别。

技术要求

GB 50457—2019 医药工业洁净厂房设计标准（2019 年修订）

9.2.15　无菌药品生产的洁净区净化空调系统应保持连续运行，维持相应的净化级别。在非生产期间，净化空调系统可以采用低频运行等模式，但仍应保持医药洁净室相应级别和对周围低级别洁净区的正压。因故停机再次开启空气净化系统，应当进行必要的测试以确认满足其规定的洁净度级别要求。

9.5.2　在净化空调系统运行中，应对静态、动态条件下的医药洁净室的空气洁净度，温度、湿度，室内压差值，单向流速度及流型等于运行有关的参数进行监测和记录，并应设置关键参数超限报警。

9.5.7　净化空气调节系统的正常生产模式、非生产模式、消毒模式之间宜自动切换。

医药工业洁净厂房施工与验收标准（2022 年修订）

4.4.2　应对净化空调系统的运行模式进行调试。运行模式包括生产模式、低频运行模式、消毒模式、排毒模式等。

检查数量：全数检查。

检验方法：运行检查，记录。

企业需求

净化空调系统的动态调节能力是动态生产工艺的切实需求，生产模式与非生产模式在风量压差动态平衡基础上的自动切换能够降低企业运行成本，减少因为节能运行造成的污染与交叉污染的风险。

技术背景

净化空调系统的动态调节性能就是系统风量、洁净区域风量依据生产工艺需求动态平衡的调节能力。生产模式、非生产模式及消毒模式等模式之间的切换，是整个净化空调系统风量再平衡，压差自动稳定的过程。

净化空调系统的动态调节性能与长期稳定性是药品生产环境保障的必然需求，也是净化空调系统必须具备的性能。

3.6.2 风量平衡

洁净区与非洁净区之间、不同级别洁净区之间的压差应当不低于10Pa。这就是净化空调系统的机组风量平衡、区域风量平衡性能在污染与交叉污染控制方面的体现。无菌药品生产的洁净区净化空调系统应保持连续运行，维持相应的净化级别，这是净化空调系统风量平衡的动态性能要求。

净化空调系统风量平衡系统可分为：

● 机组风量平衡：新风量、回风量、送风量、排风量的整体平衡，维持洁净区对非洁净区的整体压差；

● 洁净区风量平衡：为洁净室提供有效送风，维持洁净区域的风量平衡稳定；

● 洁净室风量平衡：为洁净区与非洁净区之间、重要洁净室与周围洁净室之间提供稳定的压差控制。

3.6.2.1 机组风量平衡

机组风量平衡是指以空调机组为整体实施的风量平衡调节，即以空调机组为主体的新风量、回风量、排风量与送风量之间的平衡调节。药品生产运行的动态性、空调系统的不同运行模式，首先是不同模式下的机组风量平衡。

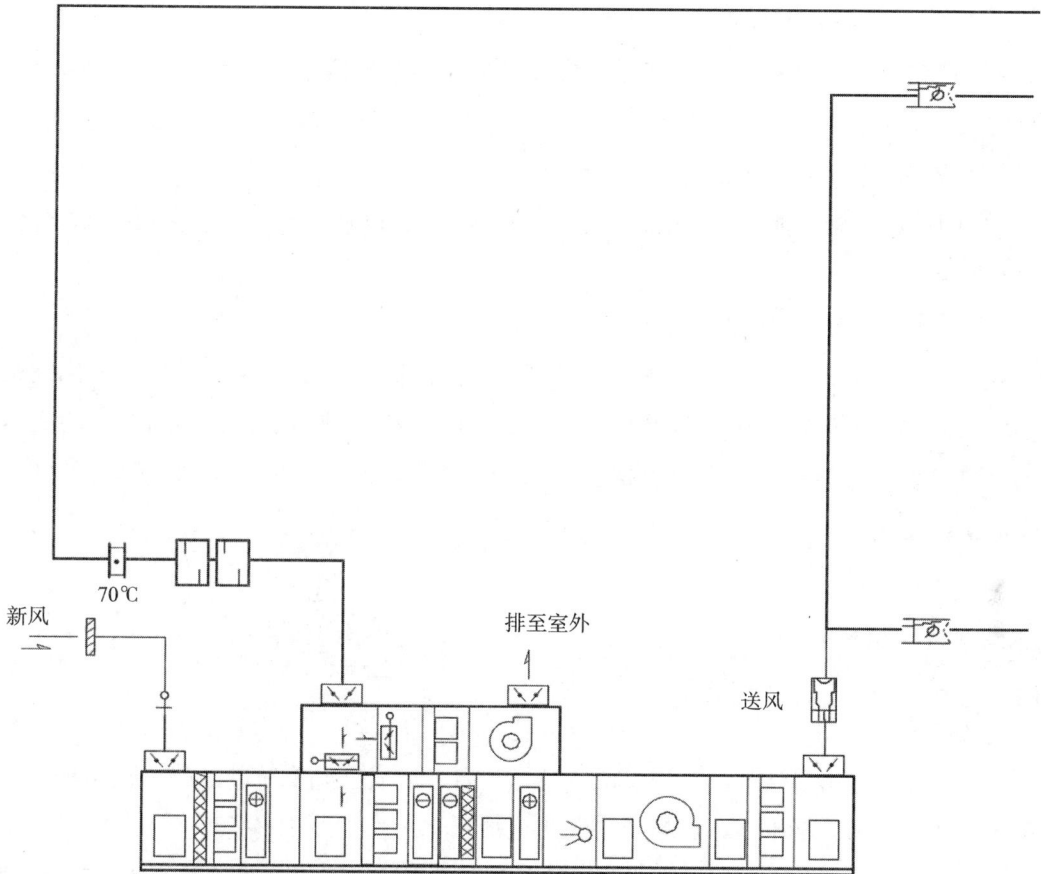

机组风量平衡：送风量、回风量、新风量、排风量

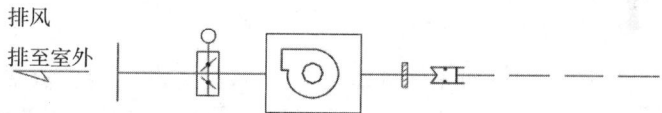

图 3-98　机组风量平衡示例

净化空调系统在运行过程中始终应满足如下条件：

● 新风量＞排风量；

● 送风量≥回风量＋排风量；

● 送风量≥新风量＋回风量。

新风量与排风量的风量差值决定了洁净区对室外的整体压差，当新风量＞排风量时，洁净区对室外为正压；当新风量＜排风量时，洁净区对室外为负压。根据现行《药品生产质量管理规范》（GMP）的要求，当洁净室对室外必须保持正压时，空调机组的风量平衡必须维持新风量＞排风量的条件，新风量与排风量的差值决定了洁净区对外整体压力差的大小。

➤粉碎、称量等间歇性排风的生产工艺

排风量因为工艺需求发生变化，排风量的变化会造成洁净区域整体压差梯度的变化，这就需要系统的新风量依据排风量的变化进行联动调节，实现机组风量的再平衡，维持洁净区域整体压差梯度的稳定。

（新风量 – 排风量）∝ 系统整体压差，新风量与排风量的再平衡能够维持压差梯度的稳定。

➤生产模式与非生产模式的切换

在非生产模式下，生产设备停止运行，人员撤离，设备排风量减少，净化空调系统以低送风量运行。洁净区域仍需满足相应的洁净级别需求，污染与交叉污染得到有效控制。为维持洁净区压差梯度的稳定，净化空调系统在低送风量排风的同时降低新风量。

实例分析

运行工艺：

• 洗烘联动线运行时，联动线设备排风开启，造成空调系统的总排风量增加，为保持空调机组的风量平衡，新风量应同步增加。

• 洗烘联动线停止运行时，联动线设备排风关闭，造成空调系统的总排风量减少，为保持空调机组的风量平衡，新风量应同步减少。

实施方式：

• 净化空调机组送风管道及排风管道设置全量余度测控阀，用以动态测量空调系统的送风量及排风量，实现送排风量的自动调节；设置新风量余度测控阀，用以新风量的测量调节。

• 依据工艺需求设置不同模式，设置不同模式下的送风量、新风量及排风量；分别完成不同模式下的风量平衡调节，记录好不同模式下的系统送风量、新风量及排风量。

• 通过模式切换选择，净化空调系统依据设置的不同运行模式平衡风量自动切换，实现净化空调系统的动态平衡和模式切换。

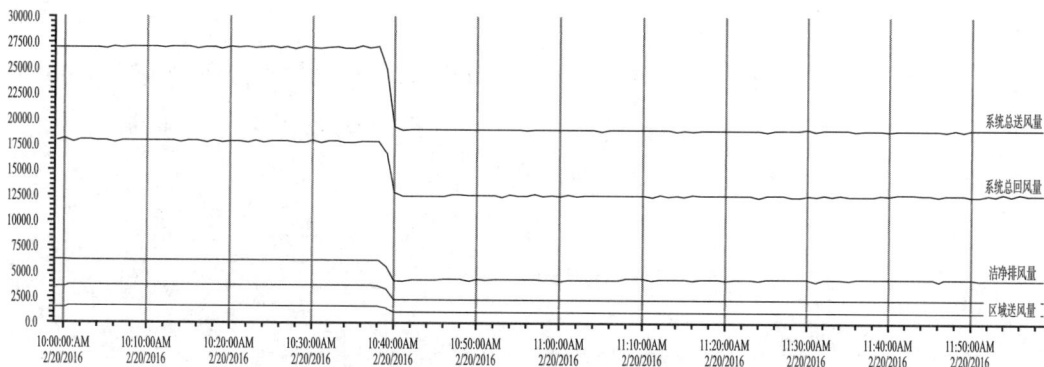

图 3-99　洁净空调机组的新风量、送风量、排风量
（依据生产工艺及运行模式平衡运行）

3.6.2.2 区域风量平衡

《医药工业洁净厂房设计标准》条文说明 9.2.21："各区域风管相对独立，分别设置远程测控阀。当空气调节系统运行时，各子环路首先自动进行区域风量平衡，减少本区域风量波动对其他区域及整个大系统的影响。提高了系统的稳定性和可控性，也便于各区域的系统风量调试和维护。"

区域风量平衡是指空气经过空调机组处理后在送风、回风及排风等管道区域的平衡，区域风量平衡分为：

- 区域送风量平衡；
- 区域回风量平衡；
- 区域排风量平衡。

洁净室因为使用功能不同而分为不同区域，各区域风管尽可能相对独立设置并始终维持本区域的风量平衡，这样可以有效减少本区域内风量波动对周边区域及整体系统风量平衡的影响。

实例分析

某疫苗企业动物房空调系统，整个洁净区分为区域 A、区域 B 与走廊区域，各区域的风管系统相对独立设置。

实施方式：

- 区域 A、B、C 分别设置风量平衡测控阀，用以对区域风量进行自动调节。净化空调系统依据实际工艺设置了四种运行模式，区域的风量平衡测控阀设置了四种模式风量。

● 净化空调系统采用不同运行模式时，各区域风量平衡测控阀自动切换到相应模式下的风量运行，实现不同运行模式下的各区域自动切换调节并实现整个区域的再平衡。

该动物房净化空调系统有以下几种运行模式：

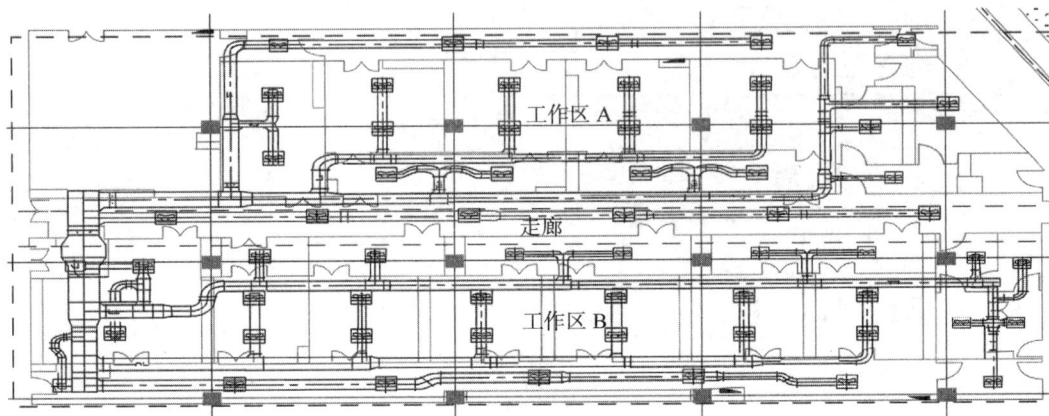

图 3-100 某疫苗企业动物房空调系统示例

● 运行模式 1：功能区域 A 与走廊处于正常运行模式，功能区域 B 处于值班模式。

● 运行模式 2：功能区域 B 与走廊处于正常运行模式，功能区域 A 处于值班模式。

● 运行模式 3：功能区域 A、功能区域 B 与走廊均处于正常运行模式。

● 运行模式 4：功能区域 A、功能区域 B 与走廊均处于非生产模式。

在上述不同的运行模式下，各区域之间风量动态平衡，区域的风量变化对其他区域的风量平衡几乎没有影响，整体净化空调系统运行稳定。

3.6.2.3 洁净室风量平衡

《医药工业洁净厂房设计标准》条文说明 9.2.21："同一净化空气调节系统中，对个别房间进行排风、回风的切换或间歇性使用医药洁净室排风系统（如隧道烘箱、干热式灭菌柜等工艺设备的排风），而不采用任何措施进行房间压力保护等，这些做法都会破坏房间的平衡而使房间压力发生变化，因此上述情况均应采取防止洁净室压差变化的措施。"

间歇性排风较多的存在于粉碎、压片、称量、烘箱等工艺环节中。排风量的间歇性变化会引起洁净室的压差波动，较大的排风量变化还会引起整个系统的压差梯度变化。这就需要采取洁净室风量平衡措施，实现动态工艺下洁净室的风量平衡调节以维持压差的稳定。

工艺需求：

➢ 洁净室设备排风切换平衡

洗烘线运行时，设备启动排风；设备停止运行时，排风减少或停止。为保持洁净室压差稳定，设置房间排风与设备排风的联锁切换。

实施方式：

● 设备间歇性排风与房间排风自动切换。当设备排风启动时，房间排风关闭；当设备排风关闭时，开启房间排风。

● 在洁净室回风管道上设置差量余度平衡测控阀，平衡排风切换对房间回风量的影响，依据洁净室的压力进行自动调节，维持洁净室压力稳定。

➢ 洁净室回排风量切换平衡

这种情况主要应用于间歇性排风量较大时，如果采用洁净室排风会造成较大的能源浪费。烘房运行时需要将热风排出洁净室，非加热运行时，烘房采用回风循环。

实施方式：

● 设备的间歇性排风与房间回风进行自动切换。当设备排风启动时，房间回风关闭；当设备排风关闭时，开启房间回风。

● 考虑到间歇排风对整个机组风量平衡的影响，设备排风时，会造成洁净区整体压差梯度的破坏。设备排风时，设置在新风管道上的风量平衡测控阀联动设备排风自动调节新风量，保证空调系统整体正压风量的稳定。

实例分析

某生物制剂车间的洗烘联动线，工艺设备有两个独立排风机，设备排风机依据工艺流程启动。设置设备排风与洁净室排风的联动平衡切换设备，在工艺设备循环运行时，自动平衡设备与洁净室之间的排风量。

实施方式：

● 设计了两台工艺排风机的独立排风管道，洁净室排风管道与回风管道。

● 设备排风管道设置状态平衡阀，与设备运行状态联动。设备运行时状态平衡阀打开，设备进行排风。

● 洁净室排风管道设置工况余度平衡阀，依据联动线实际排风量的大小自动平衡调节洁净室的排风量。

● 设置洁净室回风管道差量余度平衡测控阀，用以调节洁净室压力。

调节过程：

● 设备排风机 1 运行排风量增加时，房间排风量同步进行减少；设备排风机 2 运行排风量增加时，房间排风量同步再进行减少。

● 设备排风机 1 停止运行排风量减少，房间排风量同步增加；设备排风机 2 停止运行排风量减少，房间排风量再进行增加。

● 整个切换过程就是房间排风量自动平衡设备排风量变化的调节过程，洁净室与设备排风量的切换维持了洁净室基本平衡，但切换过程及实际风量的偏差都会对洁净室的压力产生影响。回风管道上设置的差量余度平衡测控阀依据房间的压力变化自动调节回风量，平衡因为切换带来的风量偏差，维持洁净室的压力稳定。

3.6.2.4 节能模式下的风量平衡

《医药工业洁净厂房设计标准》条文说明 9.2.15："在非生产时间，由于洁净室内主要污染源（操作人员）的撤离，室内的发尘量大大降低，为了节省运行费用，在满足洁净级别和正压的前提条件下，可以采用降低空气净化系统风量方法。"

"对于无菌生产核心区建议维持正常生产运行时的关键参数，对于其他医药洁净室需维持的正压值应根据产品特性、生产运行时的情况，QA 部门质量验证的结果及企业自身生产管理水平而定。"

非生产模式作为净化空调系统的一个运行模式，应保持连续运行，维持相应的净化级别和对周围区域的正压，维持良好的气流方向。净化空调系统的送风量变化、不同洁净区域的风量变化、洁净室风量的变化，都需要净化空调系统来实现机组风量、区域风量及洁净室风量的再平衡。

● 无菌区风量可维持规范范围内的下限运行。

● 其他洁净区可以较大幅度降低运行风量。

说明：由于净化空调系统送风管道内压力的差异，不同区域风量变化存在差异，当系统总风量降低时，不同区域风量的降低存在区别，净化空调系统的风量平衡就会被破坏，从而造成洁净室的压力梯度紊乱。同时，为维持区域正压，净化空调系统的新风量应依据正压需要进行调整。

净化空调系统生产模式动态工艺运行、非生产模式运行都需要再平衡系统风量、区域的风量。

实施方式：

● 首先完成非生产模式下净化空调系统的系统送风量、洁净区域送风量的测算，设置好非生产模式下的需求风量；

● 净化空调系统采用设置好的非生产模式风量运行，进行相关的环境参数测试，并通过测试的参数对风量进行调整；

● 通过测试确认在满足环境净化级别及正压需求下的各风量，确认非生产模式下净化空调系统的运行设定参数；

● 采用非生产模式运行，再次确认洁净环境的净化级别和参数，并确认生产模式与非生产模式的自动切换过程。

经过确认后的非生产模式可以作为净化空调系统的一个运行模式，在生产结束后，自动切入非生产模式运行。

3.6.2.5 净化空调系统风量平衡的讨论

整个净化空调系统由多个空调系统组成，其稳定运行需要考虑到各空调机组之间渗透风量对空调机组风量平衡的影响。

新风量 + 渗透入风量 + 回风量 = 送风量

送风量 = 回风量 + 排风量 + 渗透出风量

在分析系统风量平衡、风管设计、压差调节能力时，需要考虑到空调系统对渗透风量的调节能力，区域风量平衡对渗透风量的调节能力，洁净室风量平衡对渗透风量的调节能力。

整个净化空调系统采用节能运行模式时，可以设定不同空调系统的风量平衡模式，实现不同空调系统的差异化运行。

3.6.3 管道阻力平衡

3.6.3.1 概述

净化空调系统长期稳定运行，为药品生产提供持续合规的环境，净化空调系统运行时，风管之间的阻力平衡与风量压差测控设备的调节状态，是影响净化空调系统稳定运行的重要因素。

3.6.3.2 风管设计中的阻力平衡

不同洁净室送风管路离送风机的距离不同，造成了不同洁净室送风及回风调节装置的工作压力不同，工作压力的差异直接影响到系统调节的稳定性。

● 高静压状况下风量调整装置的调节稳定性比低静压状况下的调节稳定性低。

● 净化空调系统在不同运行模式下均应有一定的风量调节余量。

● 风管采用分级方式设计，降低不同区域风管之间的阻力偏差。

阻力平衡：

● 主支管 A 与主支管 B 之间的送风阻力平衡；

● 主支管 A 区域内的分支管 A 与分支管 B 之间的阻力平衡；

● 分支管 A 区域内洁净室：外清、人进缓冲、配液间之间的阻力平衡。

清晰合理的管道分区有利于净化空调系统的调试与运行稳定。

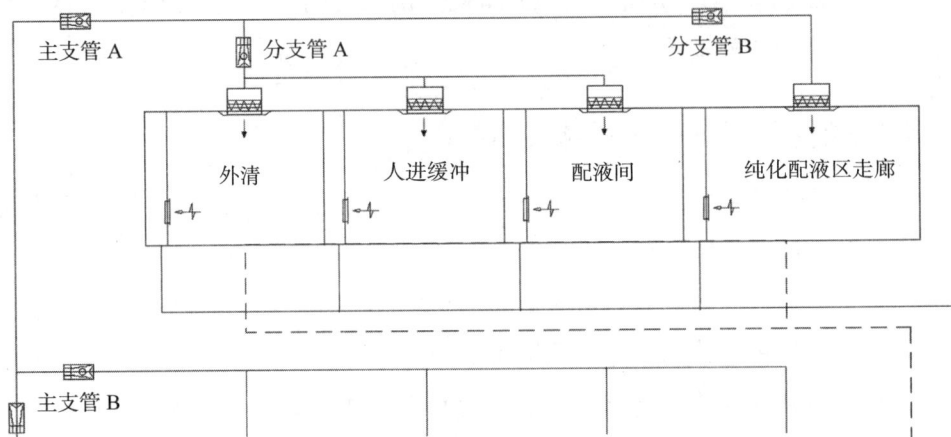

图 3-101　风管阻力平衡的设计例

3.6.3.3　风量平衡中的阻力平衡

净化空调系统在不同运行模式下运行时，风管之间的送风阻力平衡关系不同，运行模式的切换也是原有风管送风阻力平衡的切换。

● 送风管路阻力和风速的平方成正比，不同区域实施差异风量调整就会造成区域间原有的阻力关系破坏。

● 风量、压差调节装置的设置需要考虑到阻力平衡偏差而带来稳定性降低。

● 送风管路阻力的平衡，制约风量压差调节装置的调节能力。风量压差调节装置有充分的调节余量，说明风管阻力平衡良好，净化空调系统的风量压差稳定性能好。

3.6.3.4　阻力平衡与稳定性的分析

净化空调系统的稳定是建立在良好的管道阻力平衡基础之上的，良好的阻力平衡说明系统风量与压差有可靠的调节余量，能够消除偏差，维持整个净化空调系统的稳定。局部风管风速发生的变化会造成其他风管阻力的变化，从而影响到其他洁净室的稳定。

实例分析

工艺需求：

● 洁净室 A 风量平衡：送风、回风，洁净室 B 风量平衡：送风、回风、排风，洁净室 A 回风管与洁净室 B 回风管并入回风支管。

● 洁净室 A 通过调节回风量实现压差稳定；洁净室运行时房间排风和回风进行切换，通过调节排（回）量实现压差稳定。

原因分析：

● 洁净室 B 采用送风＋排风运行时，洁净室 B 的回风量为"0"，回风管 B 风速为"0"，这就造成了洁净室 A 的回风量增加，洁净室 A 压差降低。

● 为维持洁净室 A 的压力稳定，就需要增加洁净室 A 的回风阻力，减少回风量。

实施方式：

● 在洁净室 B 的回风管排风管上设置状态切换阀，执行洁净室 B 的回排风切换调节；在洁净室 A 的回风管道设置差量余度平衡测控阀，用以平衡洁净室 B 回排切换造成的阻力平衡偏差，同时在阻力再平衡的基础上进行压差调节。

说明：较高的管道运行阻力会造成风量压力调节装置的调节性能下降，从而造成净化空调系统的稳定性降低。降低风管道阻力、降低送风管道静压，维持良好的管道阻力平衡，有利于提高风量压差测控设备的调节能力，可以更好地完成系统风量平衡调节，提高净化空调系统运行的稳定性。

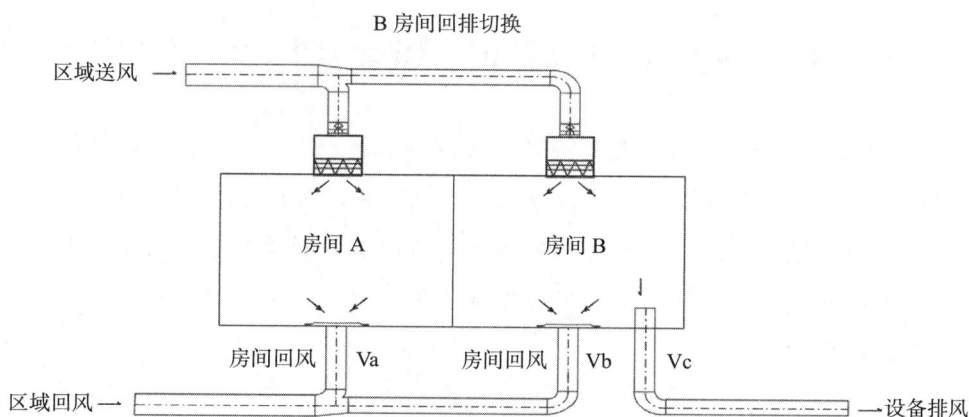

图 3-102　管道阻力平衡的设计例

3.7 成本控制

3.7.1 概述

净化空调系统的成本控制首先要基于GMP的合规性基础之上，并经过了充分的风险分析，从方案设计、系统建设、系统运行及维护的整个环节进行综合考虑。成本控制措施不应忽视措施可能带来的风险。

成本控制与净化空调的动态稳定性能密切相关，必须保证净化空调系统在不同运行模式下稳定运行、洁净环境合规；成本控制方案是在规范指导下，通过新技术应用、优化设计方案，提高净化空调系统运行性能、降低系统风险的综合方案。

📋 技术要求

GB 50457—2019 医药工业洁净厂房设计标准（2019年修订）

9.2.15 无菌药品生产的洁净区净化空调系统应保持连续运行，维持相应的净化级别。在非生产期间，净化空气调节系统可以采用低频运行等模式，但仍应保持医药洁净室相应级别和对周围低级别洁净区的正压。因故停机再次开启空气净化系统，应当进行必要的测试以确认满足其规定的洁净度级别要求。

条文说明

9.2.21 ……再如可引进分区控制的概念，在保证系统核心区域稳定的情况下尽量节省投资，先在总管上设置风量平衡系统进行宏观控制，再将系统进一步细分为核心区、非核心区、走廊等子环路，各区域风管相对独立，分别设置远程测控阀……减少本区域风量波动对其他区域及整个大系统的影响，提高了系统的稳定性和可控性，也便于各区域的系统风量调试和维护。

3.7.2 成本控制

净化空调系统的建设目标是为了满足药品生产与企业管理的需求。任何成本控制的措施都必须以合规为前提，结合先进可靠的应用技术支持及细致完善的风险分析。

3.7.2.1 成本分类

成本分析需综合考虑建设成本、运行成本、维护成本、风险成本等多方因素。

• 建设成本

净化空调系统的建设成本包含净化空调设备采购成本、安装成本以及控制设备成本。

洁净空调系统建设的成本投入与新技术应用及设计方案合理性密切相关。新技术的应用可以优化系统设计方案、更合理的配置系统设备、降低建设难度，从而降低系统建设成本。

• 运行成本

净化空调系统运行成本主要体现在电、蒸汽等的能源消耗，主要实现空气的净化、循环、降温、除湿、加热、加湿等调节。

先进的控制策略及动态控制技术，能够提高洁净空调系统的动态运行性能，实现净化空调系统依据生产工艺与生产管理的实际需求而运行，有效降低非生产模式下净化空调系统的运行成本。

• 维护成本

洁净空调系统的日常维护、耗材更换、维护人员的投入，是维持系统正常运行的必要成本。维护成本取决于系统所采用的管控技术水平、日常维护的难度与维护人员的技术经验水平。提高净化空调系统的维护技术水平，实现数据化预防性维护，可以有效降低维护难度、降低维护人员的技术门槛，从而降低净化空调系统的维护成本。

• 风险成本

制药企业需要面对药品生产质量的安全风险、生产环境合规性的管理风险，需要完善风险的应对措施。先进有效的净化空调控制技术及优化的设计方案，可提高净化空调系统运行稳定性及可靠性，杜绝重大风险的发生，降低生产的风险成本。

3.7.2.2 成本分析

- 风机能耗

风机风量变化与转速比的一次方成正比，风压变化与转速比的二次方成正比，功率变化与转速比的三次方成正比。

风机风量、风压、转速的关系和计算：

$$Q_1/Q_2 = n_1/n_2$$
$$P_1/P_2 = (n_1/n_2)^2$$
$$N_1/N_2 = (n_1/n_2)^3$$

式中，n 为转速，N 为功率，P 为压力，Q 为流量。

风机运行在 40Hz 与 50Hz 状态下，所消耗能量差异巨大。

$$N_1 \approx N_2 \times (40/50)^3/K$$

式中，K 为运行系数，$K \in (0\sim1)$。

当空调机组以 40Hz 运行时，K 取值 0.8，此时能耗为 50Hz 时的 65%。

注意：计算能耗与实际能耗有一定的出入，实际节能效率可通过能耗记录比对获得。

- 风险能耗

环境合规风险：为降低药品生产质量风险，维持生产洁净环境参数合规，空调系统全生产周期采用单一正常模式运行。造成了空调系统额外的能源消耗。

- 隐形风险

高静压造成的能耗及风险：高静压运行不仅仅造成空调系统送风效率降低、能耗增加，降低了净化空调系统的整体运行性能，也给洁净环境带来了严重的安全风险，这样的风险往往会因为大家过多关注洁净室参数而被忽视，《医药工业洁净厂房施工与验收标准》已经将送风静压作为必检参数纳入验收范围。

如：上海某项目，送风机运行频率 71Hz，送风管道静压 1050Pa。

因为设备选型、系统安装及调试等多方原因造成的送风静压过高，整个净化空调系统能耗高、稳定性差。

3.7.2.3 有效成本控制

有效成本控制是指在确保净化环境合规基础之上实施的净化空调系统的成本控

制措施。洁净空调系统的稳定运行与成本控制均需要可靠先进的管控技术。

●合规性

净化空调系统的运行分为生产模式、非生产模式、消毒模式，所采用的节能运行措施应能保证净化空调系统合规运行，洁净环境参数合规。

●低风险

成本控制不应增加净化空调系统运行的风险。降低环境安全合规风险与药品生产质量风险，是成本控制措施的前提。

●可靠性

节能措施需由企业的质量部门配合完成相应的洁净室测试验证、保证净化空气调节系统能够恢复正常生产运行，药品生产环境满足洁净级别需求的参数。

3.7.3 技术规范

●洁净区的划分

制药净化环境依据生产工艺平面布局分为不同级别，空调系统设置建立符合工艺布局需求的基础之上，依据各洁净区域对空调系统的实际使用需求及分布位置进行合并整合。

●换气次数

不同洁净级别的洁净室换气次数是不一样的，洁净区域面积与级别决定了相应空调机组的额定风量。空调机组额定风量的确认需要综合考虑相应洁净区域风量的需求、整个洁净空调系统的安装空间以及空调机组的实际运行性能。

D 级洁净区域换气次数：6~20 次 / 小时。

C 级洁净区域换气次数：20~40 次 / 小时。

B 级洁净区域换气次数：40~60 次 / 小时。

A 级洁净区域层流平均风速：0.36~0.54m/s。

●压差梯度

洁净区域维持稳定的压差梯度可以有效地控制洁净室污染与交叉污染的风险，不同级别的洁净室之间相对压差不小于10Pa，同级别洁净区之间维持合适的压差。洁净区域压差梯度应维持稳定，所采用的节能措施不应增加洁净区的交叉污染风险。

●非生产模式

净化空调系统的运行分为：生产模式、非生产模式、消毒模式。在非生产模式期间，由于洁净室内主要污染源（操作人员）的撤离，室内的发尘量大大降低，在满足洁净级别和正压的前提下，可以采用降低净化空调系统风量的方法，并确保净化空调系统恢复到正常生产模式时，满足洁净室所有正常所需的环境参数。

● 区域平衡

净化空调系统采用分区调节，减少不同区域之间的相互影响，提高系统的稳定性。采用非生产节能模式运行时，不同区域实施不同的风量降幅调整，实现核心区域与其他区域的节能运行。

3.7.4 措施

3.7.4.1 建设成本控制

空调系统配置：为洁净区域配置合适的空调机组，需要从洁净空调系统的调节性能、设备配置的经济性、运行风险等多方面考虑。

采用多台小风量空调机组：

优点：便于较小洁净区内的风量压差调节。

缺点：多台小型空调机组系统会占用较多的机房空间、压缩设备层的安装空间，增加系统建设硬件设备成本、安装成本、运行维护成本；较多的空调系统会增加设备故障风险、空调机组之间渗透风量引起的压差波动风险及不同模式之间切换时不能有效同步的风险。

制药净化环境依据生产工艺平面布局分为不同级别，空调系统的设置在符合工艺布局需求的基础上进行合并。

以下情况可以合并采用一个空调机组：

● 净化级别：同一的净化级别的洁净区域可以采用同一空调机组；

● 安装位置：安装位置相近的洁净区域空调机组可以合并使用；

● 较多洁净区：洁净级别相同，运行工况相似的多个洁净区域，空调机组可以合并使用，通过优化的风量分区，采用设置风量余度平衡测控阀，完成原本由多个小空调机组实现的风量调节功能。

优点：减少空调机组的配置，可以降低系统建设硬件设备成本；一个区域空调系统只有一个送风参数，对空气进行集中处理，可以降低空调系统的运行维护成本。

缺点：空调系统风量较大的情况下，相应洁净区的风量平衡与压差调节较为困难。

备注：在综合考量安装位置、机组强度、安装及维护的基础上选择合适额定风量的空调机组；可以通过区域风量余度平衡测控阀实现不同区域的风量压差的平衡调节；采用整体平衡控制实现生产模式与非生产模式的切换运行。

3.7.4.2 运行及风险

动态运行：

• 生产工艺的动态间歇性与企业生产计划的阶段性，需要洁净空调系统能够具备动态自动平衡运行的能力，实现连续动态切换运行，降低非生产模式下的空调系统运行成本；

• 维持整个洁净区压差梯度的稳定，降低系统调试与运行的难度，宜配置风量平衡与压差调节装置，实现整个洁净区域的风量平衡压差稳定；

• 依据洁净空调系统的非生产模式、生产管理需求实施的节能运行，需要洁净空调系统能够实现不同运行模式的自动切换，自动恢复到正常生产模式下满足洁净环境的全部参数需求。

调试成本及风险：

• 净化空调系统各支风管之间需要保持合理的阻力平衡关系，较大的阻力偏差会降低空调系统平衡稳定性，增加洁净环境潜在的安全风险；

• 采用节能运行措施时，不同区域的风量降低幅度不同，风管之间的阻力平衡会因为风量的变化差异而发生偏差，增加系统运行风险。

需要充分考虑因为风量偏差造成风管阻力偏差的再平衡措施：

• 采用分区平衡运行方案，可以避免不同区域之间的相互影响，维持区域内洁净室的稳定；

• 为降低净化空调系统的调试成本，宜采用风量压差动态平衡控制，在管道阻力平衡基础上进行风量压差的平衡调节，可极大地提高调试效率、降低调试成本，并可降低因调试造成的潜在风险。

备注：洁净空调系统的动态稳定性不仅仅是模式切换节能运行的需要，也是洁净环境动态合规性的必要保证。

3.7.5 成本控制实施

成本控制与节能运行方案的实施，需充分考虑生产工艺需求、净化空调系统设备配置以及合规的节能模式运行策略。

3.7.5.1 工艺分析

● 洁净工艺平面

熟悉洁净生产区域工艺平面，洁净分区，压差梯度。

● 洁净区域的风量分析

确认洁净室的平衡风量、汇总各洁净区域的系统风量，如区域的送风量、回风量、排风量等。

● 运行方式的确认

确认空调系统的运行方式，是否存在间歇性排风、区域间歇性运行等运行方式。确认生产计划的管理方式，是否为阶段性生产、局部生产线运行等方式。

3.7.5.2 空调系统设备的确认

● 核算不同洁净区域的系统风量，结合洁净室位置的分布，对空调系统进行合理的汇总合并，依据合并后的区域系统风量核对合并后的空调机组系统风量。

● 确认空调系统的运行工艺方式，是否存在间歇性运行设备，是否存在局部热湿偏差较大的区域。确认空调系统的排风设备、局部温湿度处理设备的配置。

● 依据运行工艺确认空调系统机组系统风量、排风设备的风量，选择合适的空调系统设备。

3.7.5.3 节能运行模式的确认

● 确认洁净空调系统的运行模式、药品生产计划对洁净空调系统的运行需求。

● 依据不同洁净室的重要程度、污染风险等级，确认不同区域节能运行时风量。

● 确认洁净空调系统在节能运行模式下的系统风量。

● 确认由质量部门参与的节能运行模式方案，并制定模式切换运行测试方案。

3.7.5.4 安装位置的确认

● 结合整个洁净区域的分布，厂房的安装空间，确认空调设备的安装位置。

● 洁净风管尽量采用并联式结构敷设，降低不同支路之间的运行阻力偏差，确认风管的走向。

● 依据节能运行模式下不同区域的风量调整幅度，确认风量平衡控制设备的安装位置。

3.7.5.5 动态运行模式测试

- 洁净空调系统正常运行模式下环境参数的合规性。
- 非生产模式节能运行，确认节能模式下环境参数的合规性。
- 确认生产模式与节能模式能够自动切换，洁净环境能够恢复到相应的洁净级别要求。

3.7.5.6 举例

（1）项目规划　南京某药厂，产品为高活性固体制剂 D 级净化系统，生产线 1 与生产线 2 阶段性生产。设置 4 套净化空调系统和一套舒适性空调系统，洁净空调系统设计换气次数为 20 次。设置生产运行模式、阶段生产模式、非生产节能模式。

（2）空调系统设置

AHU4–1 为公用系统：含人物流区域、走廊、普通生产区域等。

AHU4–2 为高活性全新风系统：含生产线 1、器具清洗、物料称量，设置 BIBO 排风。

AHU4–3 为低湿系统：为生产线 1 与生产线 2 的特殊工艺提供低相对湿度洁净环境，作为隔离器送风及产品保护。

AHU4–4 为高活性全新风系统：含生产线 2，设置 BIBO 排风。

（3）实施方案　为避免产线切换造成整个洁净区风量及压差出现紊乱，本项目采用了风量阻力自动平衡技术，净化空调系统的送风管路分区设置了具有阻力平衡功能的风量余度平衡测控阀，在维持各区域良好阻力平衡的基础上进风量平衡调节；回（排）风管道上设置了具有阻力平衡功能的差量余度平衡测控阀，在维持回排风管路阻力平衡的基础上实现压差的自动调节。

（4）项目实施效果　该项目首先依据设计方案的 20 次换气次数作为调试指标，通过验证满足各项设计指标要求。后续以 12 次换气次数作为调试指标，净化空调系统自动切换为 12 次换气运行，通过验证确认整个洁净区环境参数均达到相应级别要求且压差梯度稳定。净化空调系统运行频率从 48Hz 降低到 31Hz，整体节能达 40% 以上。

制药用水系统

GMP

目 录

4.1 概述

水是药物生产中用量大、使用广的一种原辅料。各国药典定义了不同质量标准和使用用途的制药用水，以全生命周期质量管理原则出发，制药生产企业必须证明其所使用的制药用水与制药用蒸汽能始终如一地达到制药用水标准体系规定的质量标准。

饮用水、纯化水和注射用水是良好的溶剂，具有极强的溶解能力和较少的杂质，广泛应用于制药设备和工艺系统的清洗。水极易滋生微生物，微生物指标是其最重要的质量指标，在水系统设计、安装、确认、运行和维护中需采取各种措施控制微生物生长。

各国药典对制药用水的质量标准和用途都有明确的定义和要求；各个国家和组织的 GMP 均将制药用水制备与储存分配系统视为制药生产的直接影响系统，对其设计、安装、确认、运行和维护等提出了明确的要求。4.2 部分将具体介绍我国和其他国家与地区的药典 /GMP 对制药用水的要求。

我国幅员辽阔，各地的原水水质差异较大，季节的变化也会导致原水水质发生显著性变化，我国制药企业使用的最初原料水因受季节和市政供水系统等因素影响，会出现不符合饮用水标准要求的情况，需将原水处理成饮用水、纯化水和（或）注射用水等制药用水，以适合不同的工艺需求。4.3 部分将介绍制药用水制备、储存与分配系统所涉及的各种技术、工艺流程和设备。

通常情况下，制药生产中其他原料、辅料、包装材料是按批检验和放行的，而纯化水与注射用水等制药用水通常是通过管道连续流出的，可随时取用，属于典型的连续化生产系统，其微生物限度等质量指标在全球范围内暂时还未全面实现连续性在线检测与质量放行。通常是先使用到产品中，若干天后才能知道其微生物指标是否合格。因此，保证制药用水在任何时候均符合质量标准是至关重要的，制药用水系统的设计和验证是实现这一目的的关键步骤，4.4 部分将介绍水系统的设计和确认。

在水系统的设计、确认和运行过程中，制药企业、药监部门可能会遇到各种各样的问题和争议，本指南参照国际组织尤其是国际制药工程协会（ISPE）和世界卫生组织（WHO）的指南和工程实践，在4.5中对水系统的消毒、除红锈与钝化、除生物膜、复合配方试剂的合规性考量等典型关注点进行了讨论。

《中国药典》是国家药品标准，对药品的质量指标、检验方法等做出了强制性规定，是药品生产、流通、使用和监管所必须遵循的法定技术要求。虽然本指南引用了一些国内外相关法规与指南的数据，例如《国际制药工程协会第四册 – 水与蒸汽》（美国标准，ISPE）、《美国机械工程师协会 – 生物加工设备》（美国标准，ASME BPE）、《蒸汽灭菌器》（欧洲标准，EN285）与《健康技术备忘录 – 灭菌》（英国标准，HTM 01-01）等，上述规范中规定的一些量化指标要求具有良好工程管理规范的属性，制药企业可作为制药用水系统的工程建议或参考，但均不被视为强制执行标准。

4.2 定义、用途及法规要求

4.2.1 制药用水的定义

制药用水是指制药工艺过程中用到的各种质量标准的水，包含药典水和非药典水。对制药用水的定义和用途，通常以药典为准。非药典水是指在药典中没有规定的水的类型，用于制药工艺过程的软化水、去离子水、反渗透水、实验室用水等都属于非药典水，其质量标准不应低于饮用水质量。

非药典水的种类多种多样，根据各工厂或实验室的需求不同，这些水的某些质量标准可能会低于或高于药典纯化水或药典注射用水的要求，如生产某特殊的药品，需要使用的纯水对化学纯度的要求与纯化水相同，但需控制其细菌内毒素，这等于是将高于药典纯化水要求的一种非药典水用于生产，那这个非药典用纯水要完全遵循 GMP 规定的验证要求，甚至要根据产品的特性和要求进行更为严格的验证工作。这些特殊的非药典水需要有合理的纯化措施与监控其质量的手段，需要由使用者进行风险评估后决定验证的深度和范围。

去离子水和反渗透水等其他工艺用水可被视为高品质饮用水，这些水的质量一般都低于药典纯化水的要求，当其用于制药工艺生产环节，也需要进行简单的验证。这些水需要根据工艺要求，进行风险评估，进而确定验证的深度和范围。在研发阶段的有些实验室用水是需要遵循 GMP 要求的，需要按照 GMP 管理的要求进行决策使用，以便决定参考哪种药典水质量属性并进行相应的验证。按照 GMP 管理要求，不需要使用药典水或实验室检验所需的用水，可以采用恰当的非药典水来替代。

4.2.1.1 我国制药用水的定义及水质要求

法规要求 ···

在《药品生产质量管理规范（2010 年修订）》通则和附录中有如下要求：

药品生产质量管理规范（2010 年修订）

第九十六条 制药用水应当适合其用途，并符合《中华人民共和国药典》的质量标准及相关要求。制药用水至少应当采用饮用水。

第一百条 应当对制药用水及原水的水质进行定期监测，并有相应的记录。

药品生产质量管理规范（2010 年修订）无菌药品附录

第四十九条 无菌原料药精制、无菌药品配制、直接接触药品的包装材料和器具等最终清洗、A/B 级洁净区内消毒剂和清洁剂配制的用水应当符合注射用水的质量标准。

第五十条 必要时，应当定期监测制药用水的细菌内毒素，保存监测结果及所采取纠偏措施的相关记录。

药品生产质量管理规范（2010 年修订）原料药附录

第十一条 非无菌原料药精制工艺用水至少应当符合纯化水的质量标准。

药品生产质量管理规范（2010 年修订）中药制剂附录

第三十一条 中药材洗涤、浸润、提取用水的质量标准不得低于饮用水标准，无菌制剂的提取用水应当采用纯化水。

  《中国药典》中所收载的制药用水，因其使用的范围不同而分为饮用水、纯化水、注射用水和灭菌注射用水。一般应根据各生产工序或使用目的与要求选用适宜的制药用水。药品生产企业应确保制药用水的质量符合预期用途的要求。制药用水的原水通常为饮用水。

  饮用水：为天然水经净化处理所得的水，其质量必须符合现行中华人民共和国国家标准《生活饮用水卫生标准》（GB 5749—2022）。

  纯化水：为饮用水经蒸馏法、离子交换法、反渗透法或其他适宜的方法制得的制药用水。不含任何添加剂，其质量应符合纯化水项下的规定。

  注射用水：为纯化水经蒸馏所得的水。应符合细菌内毒素试验要求。注射用水必须在防止细菌内毒素产生的设计条件下生产、储存与分配。其质量应符合注射用水项下的规定。

  灭菌注射用水：本品为注射用水照注射剂生产工艺制备所得。不含任何添加剂。

  《中国药典》纯化水和注射用水检验项目见表4-1。

表 4-1 《中国药典》纯化水和注射用水检验项目

项目	纯化水	注射用水
性状	无色的澄清液体、无臭	无色的澄明液体、无臭
pH/ 酸碱度	酸碱度符合要求	pH5.0~7.0
氨	≤ 0.3μg/ml	≤ 0.2μg/ml
不挥发物	≤ 1mg/100ml	≤ 1mg/100ml
硝酸盐	≤ 0.06μg/ml	≤ 0.06μg/ml
亚硝酸盐	≤ 0.02μg/ml	≤ 0.02μg/ml
重金属	≤ 0.1μg/ml	≤ 0.1μg/ml
易氧化物	符合规定[1]	/
总有机碳	≤ 0.5mg/L[1]	≤ 0.5mg/L
电导率	符合规定 （一步法测定 / 内插法）	符合规定 （三步法测定）
细菌内毒素	/	< 0.25EU/ml
微生物限度	需氧菌总数 ≤ 100CFU/ml	需氧菌总数 ≤ 10CFU/100ml

注：（1）纯化水总有机碳和易氧化物两项可选做一项。

  《中国药典》纯化水、注射用水温度 – 电导率限度见表4-2。

表 4-2 《中国药典》纯化水与注射用水的温度 – 电导率限度表

纯化水的温度 – 电导率限度					
编号	温度	电导率限度	编号	温度	电导率限度
1	0℃	2.4μS/cm	8	60℃	8.1μS/cm
2	10℃	3.6μS/cm	9	70℃	9.1μS/cm
3	20℃	4.3μS/cm	10	75℃	9.7μS/cm
4	25℃	5.1μS/cm	11	80℃	9.7μS/cm
5	30℃	5.4μS/cm	12	90℃	9.7μS/cm
6	40℃	6.5μS/cm	13	100℃	10.2μS/cm
7	50℃	7.1μS/cm			
注射用水的温度 – 电导率限度					
编号	温度	电导率限度	编号	温度	电导率限度
1	0℃	0.6μS/cm	12	55℃	2.1μS/cm
2	5℃	0.8μS/cm	13	60℃	2.2μS/cm
3	10℃	0.9μS/cm	14	65℃	2.4μS/cm
4	15℃	1.0μS/cm	15	70℃	2.5μS/cm
5	20℃	1.1μS/cm	16	75℃	2.7μS/cm
6	25℃	1.3μS/cm	17	80℃	2.7μS/cm
7	30℃	1.4μS/cm	18	85℃	2.7μS/cm
8	35℃	1.5μS/cm	19	90℃	2.7μS/cm
9	40℃	1.7μS/cm	20	95℃	2.9μS/cm
10	45℃	1.8μS/cm	21	100℃	3.1μS/cm
11	50℃	1.9μS/cm			

4.2.1.2 中外药典水质检测指标的简要对比

各国家、地区或组织对制药用水的定义、水质要求和用途的规定不尽相同。

各国药典纯化水检测指标对比见表 4-3。

表 4-3 纯化水检测指标中外药典对比简表

项目	ChP2020 年版	EP10 版	USP43 版
名称	纯化水	散装纯化水	纯化水
制备方法	纯化水为符合官方标准的饮用水[1]经蒸馏法、离子交换法、反渗透法或其他适宜的方法制备的制药用水	散装纯化水为符合官方标准的饮用水经蒸馏法、离子交换法、反渗透法或其他适宜的方法制备的制药用水	制备纯化水的水源或给水的最低质量是美国环保署、欧盟、日本或世界卫生组织规定的饮用水，经蒸馏法、离子交换法、反渗透法、过滤或其他适宜的方法制备
性状	无色的澄清液体、无臭	无色的澄清液体[3]	/
pH/ 酸碱度	酸碱度符合要求	/	/
氨	≤ 0.3 μg/ml[6]	/	/
不挥发物	≤ 1mg/100ml	/	/
硝酸盐	≤ 0.06 μg/ml[6]	≤ 0.2 μg/ml[3]	/
亚硝酸盐	≤ 0.02 μg/ml[6]	/	/
重金属	≤ 0.1 μg/ml[6]	/	/
铝盐	/	用于生产渗析液时，需控制此项目不高于 10 ppb	/
易氧化物	符合规定[2]	符合规定[2]	/
总有机碳	≤ 0.5 mg/L[2] 通则 <0682>	≤ 0.5 mg/L[2]	≤ 0.5 mg/L USP<643>
电导率	符合规定（一步法测定 / 内插法）通则 <0681>	符合规定（三步法测定 / 元素杂质风险评估，二选一）	符合规定（三步法测定）[4] USP<645>
细菌内毒素	/	用于生产渗析液时，需控制此项目不高于 0.25 IU/ml[7]	/
微生物限度	需氧菌总数 ≤ 100CFU/ml	需氧菌总数 ≤ 100CFU/ml	菌落总数 ≤ 100CFU/ml[5]

注：(1) 参见国家强制标准 GB 5749—2022《生活饮用水卫生标准》。

(2) 纯化水 TOC 检测法和易氧化物检测法两项可选做一项。

(3) 欧洲药典（EP）规定：散装纯化水的电导率若不符合散装注射用水（0619）规定时，则根据 EP 5.20 章节进行元素杂质风险评估，强制检测性状和硝酸盐。

(4) 美国药典（USP）规定：散装纯化水的电导率需符合散装注射用水 USP<645> 规定。

(5) 薄膜过滤的活菌平板计数法并不是 USP 的法定强制检测方法，USP 鼓励用户开发替代方法。

(6)《中国药典》中硝酸盐、亚硝酸盐、氨与重金属的单位为百分比，但换算结果相同，例如，硝酸盐为 0.000006%，等同于表中 0.06μg/ml。

(7) 1 EU/ml=1 IU/ml。

各国约典注射用水检测指标对比见表 4-4。

表 4-4　各国药典注射用水检测指标对比简表

项目	ChP2020 年版	EP10 版	USP43 版
名称	注射用水	散装注射用水	注射用水
制备方法	注射用水为纯化水经蒸馏所得的水	散装注射用水是从符合国家机构设定的饮用水规定的水源或从纯化水制备的。制备方法可以是：通过在一套设备中蒸馏来制备，该设备与水接触的部件应该是中性的玻璃、石英或适合的金属，安装了有效的装置来防止液滴夹带；或者通过等同于蒸馏的纯化工艺来制备，采用一级反渗透或两级反渗透装置组合适当的其他技术，例如电去离子（EDI）、超滤或纳滤。生产商在实施之前要通知监管机构	制备注射用水的水源或给水的最低质量是美国环保署、欧盟、日本或世界卫生组织规定的饮用水。可对水源水进行处理，使其适合后续的最终纯化步骤，如蒸馏（或根据专论使用的任何其他有效方法）
性状	无色的澄明液体、无臭	无色的澄明液体	/[1]
pH/ 酸碱度	pH 5.0~7.0	/	/
氨	≤ 0.2 μg/ml[4]	/	/
不挥发物	≤ 1mg/100ml	/	/
硝酸盐	≤ 0.06 μg/ml[4]	≤ 0.2 μg/ml	/
亚硝酸盐	≤ 0.02 μg/ml[4]	/	/
重金属	≤ 0.1 μg/ml[4]	/	/
铝盐	/	用于生产渗析液时，需控制此项目不高于 10ppb	/
易氧化物	/	/	/
总有机碳	≤ 0.5 mg/L 通则 <0682>	≤ 0.5 mg/L	≤ 0.5 mg/L USP<643>

续表

项目	ChP2020 年版	EP10 版	USP43 版
电导率	符合规定 （三步法测定） 通则 <0681>	符合规定 （三步法测定）	符合规定 （三步法测定） USP<645>
细菌内毒素	<0.25 EU/ml	<0.25 IU/ml[5]	0.25 EU/ml[2]
微生物限度	需氧菌总数 ≤ 10CFU/100ml	需氧菌总数 ≤ 10CFU/100ml	菌落总数 ≤ 10CFU/100ml[3]

注：（1）在 USP-NF 通则"相对溶解度描述"中，注射用水的 NF 类为溶剂，制药用水：清澈，无色，无味的液体。

（2）商业用途的散装注射用水需强制检测细菌内毒素。

（3）薄膜过滤的活菌平板计数法并不是 USP 的法定强制检测方法，USP 鼓励用户开发替代方法。

（4）《中国药典》中硝酸盐、亚硝酸盐、氨与重金属的单位为百分比，但换算结果相同，例如，硝酸盐为 0.000006%，等同于表中 0.06μg/ml。

（5）1 EU/ml=1 IU/ml。

EP10 版纯化水、注射用水温度 – 电导率限度与《中国药典》相似，具体可参见表 4-2。需要注意的是，EP 对散装纯化水的电导率测定要求与《中国药典》稍有不同，具体区别为：当 EP 散装纯化水的电导率符合 EP 注射用水专论 <0169> 的电导率要求时，性状与硝酸盐的质量指标可以被视为非强制检测项；只有当 EP 散装纯化水的电导率不符合 EP 注射用水专论 <0169> 的电导率要求时，性状与硝酸盐的质量指标才被视为强制检测项。

USP 通过 <1231 制药用水 > 等内容大篇幅描述了很多关于制药用水的质量、纯度、包装和贴签的详细标准，USP 将制药用水分为散装药典水与包装药典水两大类（表 4-5）。与欧美药典不同，《中国药典》对纯化水的收录暂未区分散装类型与包装类型，国家药典委相关部门也已经开始关注，有望在未来的法规变革中实现突破。

表 4-5 制药用水的分类

药典标准	品种标准	
	散装类型	包装类型
ChP2020 年版	纯化水 注射用水	灭菌注射用水
EP10 版	散装纯化水 草药提取用水 注射用水	包装纯化水 灭菌注射用水

续表

药典标准	品种标准	
	散装类型	包装类型
USP43 版	纯化水 注射用水	抑菌注射用水 灭菌吸入用水 灭菌注射用水 灭菌冲洗用水 灭菌纯化水

USP43 版的纯化水与注射用水温度 – 电导率限度相同，具体可参见表 4–6。

表 4–6　USP43 版对纯化水和注射用水的温度 – 电导率要求

编号	温度	电导率限度	编号	温度	电导率限度
1	0℃	0.6μS/cm	12	55℃	2.1μS/cm
2	5℃	0.8μS/cm	13	60℃	2.2μS/cm
3	10℃	0.9μS/cm	14	65℃	2.4μS/cm
4	15℃	1.0μS/cm	15	70℃	2.5μS/cm
5	20℃	1.1μS/cm	16	75℃	2.7μS/cm
6	25℃	1.3μS/cm	17	80℃	2.7μS/cm
7	30℃	1.4μS/cm	18	85℃	2.7μS/cm
8	35℃	1.5μS/cm	19	90℃	2.7μS/cm
9	40℃	1.7μS/cm	20	95℃	2.9μS/cm
10	45℃	1.8μS/cm	21	100℃	3.1μS/cm
11	50℃	1.9μS/cm			

4.2.1.3 中外药典电导率测定法的简要对比

电导率测定法是用于检查制药用水的电导率进而控制水中电解质总量的一种测定方法，详细的检测方法可参见《中国药典》四部中的"通则 0681 制药用水电导率测定法"或 USP43 版"<645> 水的电导率"，可使用在线或离线电导率仪。核心要求如下：测定水的电导率建议使用精密的并经校正的电导率仪，电导率仪的电导池包括两个平行电极，这两个电极通常由玻璃管保护，也可以使用其他形式的电导池。根据仪器设计功能和使用程度对电导率仪定期进行校正，电导池常数可使用电导标准溶液直接校正，或间接进行仪器比对，电导池常数必须在仪器规定数值的 ±2% 范围内。进行仪器校正时，电导率仪的每个量程都需要进行单独校正。仪器最小分辨率应达到 0.1μS/cm，仪器精度应达到 ±0.1μS/cm，温度测量的精确度应在 ±2℃以内。

USP 纯化水和注射用水、EP 散装注射用水与《中国药典》注射用水都要求采用"三步法"进行电导率的测试（图 4-1），可使用在线或离线电导率仪完成。同时，EP 鼓励企业采用"三步法"进行散装纯化水电导率的测试，这也体现了过程分析技术在连续化生产中的优势。

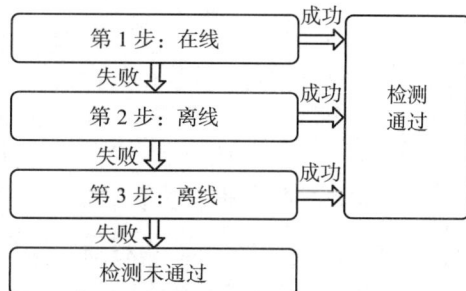

图 4-1　电导率的"三步法"测定

第一步：只适合于在线检测的质量放行，通常为制药用水分配系统的末端回水在线电导率检测仪器，在温度与电导率限度表中找到不大于测定温度的最接近温度值，表 4-7 中对应的电导率值即为限度值，如测定的电导率值不大于表中对应的限度值，则判为符合规定；如测定的电导率值大于表中对应的限度值，则继续进行下一步测定。电导率测定法的"氯-氨模型"是以 5℃为一个梯度的，它不是连续的数据，必须找到对应的合适电导率限度，温度误差 ±2℃的设置也是基于 5℃为一个梯度而进行的特别要求（4℃＜5℃），且不允许温度补偿。例如，注射用水系统的循环温度控制在 75℃ ±2℃或 73℃ ±2℃，此时，需要按照 2.5μS/cm@70℃作为该系统的电导率限度，在 78℃ ±2℃循环工作时，其电导率限度则为 2.7μS/cm@75℃。

表 4-7　温度与电导率限度表

编号	温度	电导率限度	编号	温度	电导率限度
1	0℃	0.6μS/cm	8	35℃	1.5μS/cm
2	5℃	0.8μS/cm	9	40℃	1.7μS/cm
3	10℃	0.9μS/cm	10	45℃	1.8μS/cm
4	15℃	1.0μS/cm	11	50℃	1.9μS/cm
5	20℃	1.1μS/cm	12	55℃	2.1μS/cm
6	25℃	1.3μS/cm	13	60℃	2.2μS/cm
7	30℃	1.4μS/cm	14	65℃	2.4μS/cm

编号	温度	电导率限度	编号	温度	电导率限度
15	70℃	2.5μS/cm	19	90℃	2.7μS/cm
16	75℃	2.7μS/cm	20	95℃	2.9μS/cm
17	80℃	2.7μS/cm	21	100℃	3.1μS/cm
18	85℃	2.7μS/cm			

第二步：离线取样，适合于制药用水分配系统的总供、总回及各使用点的取样分析，如果不符合第一步在线测定的条件，此步骤可以视为第一步。取足够量的水样（不少于 100ml）至适当容器中，搅拌，调节温度至 25℃±1℃，剧烈搅拌，每隔 5 分钟测定电导率，当电导率值的变化小于 0.1μS/cm 时，记录电导率值，如测定的电导率不大于 2.1μS/cm，则判为符合规定；如测定的电导率大于 2.1μS/cm，继续进行下一步测定。

第三步：应在上一步测定后 5 分钟内进行，调节温度至 25℃±1℃，在同一水样中加入饱和氯化钾溶液（每 100ml 水样中加入 0.3ml），测定 pH 值，精确至 0.1pH 单位，在 pH 与电导率限度表（表 4-8）中找到对应的电导率限度，并与第二步中测得的电导率值比较，如第二步中测得的电导率值不大于该限度值，则判为符合规定；如第二步中测得的电导率值超出该限度值或 pH 值不在 5.0~7.0 范围内，则判为不符合规定。

表 4-8 pH 与电导率限度表

pH	电导率（μS/cm）	pH	电导率（μS/cm）
5.0	4.7	6.1	2.4
5.1	4.1	6.2	2.5
5.2	3.6	6.3	2.4
5.3	3.3	6.4	2.3
5.4	3.0	6.5	2.2
5.5	2.8	6.6	2.1
5.6	2.6	6.7	2.6
5.7	2.5	6.8	3.1
5.8	2.4	6.9	3.8
5.9	2.4	7.0	4.6
6.0	2.4		

《中国药典》灭菌注射用水采用如下方法进行电导率测定：调节温度至 25℃，使用离线电导率仪进行测定。标示装量为 10ml 或 10ml 以下时，电导率限度为 25μS/cm；标示装量为 10ml 以上时，电导率限度为 5μS/cm。测定的电导率值不大于限度值，则判为符合规定；如电导率值大于限度值，则判为不符合规定，表 4-9 是《中国药典》、EP 和 USP 的电导率测定法对比表。

表 4-9　各国药典的电导率测定法

品种	ChP	EP	USP
纯化水	一步法 允许内插计算 在线或离线	方法 1：三步法 方法 2：一步法 + 元素杂质风险评估 企业可以二选一	三步法 第一步，在线 第二步，离线 第三步，离线
注射用水	三步法 第一步，在线或离线 第二步，离线 第三步，离线	三步法 第一步，在线 第二步，离线 第三步，离线	三步法 第一步，在线 第二步，离线 第三步，离线

对于水质的化验指标，从 USP 看，早在 20 世纪 90 年代就开始使用电导率指标代替几种盐类的化学测试、使用 TOC 代替易氧化物的检测，此两种指标均可以实现在线检测，可以提高生产效率和减少人为因素、环境因素的干扰。目前，EP 与 USP 在制药用水方面已经基本实现了统一，化学测试项目也在逐步减少，因此，采用已经非常成熟的 TOC、电导率和日趋成熟的快速微生物检测（RMM）这样的在线检测技术必将成为连续化生产的散装类型的制药用水系统质量管理发展趋势。国家药典委员会已于 2021 年组织召开了多次制药用水专项工作会议，标志着我国制药用水法规和标准体系的下一阶段更新工作已正式展开。

4.2.1.4 制药用水的选择

制药用水的选择取决于药品生产过程中的用途，应采用基于风险的方法，将其作为整体控制策略的一部分。原料药和制剂生产中不同步骤所用水的级别应在上市许可申报资料中进行讨论。所用水的级别选择应考虑制剂的特性和使用途径，以及水被使用的步骤，选择适当品质的水用于制药用途是制药企业的责任。

　➤ 我国标准

《中国药典》0261 通则 < 制药用水 > 与《药品生产质量管理规范（2010 年修订）》关于制药用水的选用原则有明确要求（表 4-10）。制药企业首先要根据药品生产的工艺要求选择制药用水的级别，同时要满足本国相关药品法律法规的要求和目标市场地区相关法律法规的要求。需要特别注意的是，《中国药典》对无菌眼用制剂的最低可接受标准为注射用水，而 EP 的最低可接受标准为纯化水。

表 4-10　制药用水应用范围

类别	应用范围
饮用水	饮用水可用于药材净制时的漂洗、制药用具的粗洗用水； 饮用水可用于饮片的提取溶剂（除另有规定外）； 饮用水可用于纯化水的制备原水
纯化水	纯化水可用于配制普通药物制剂的溶剂或试验用水； 纯化水可用于中药注射液、滴眼剂等灭菌制剂所用饮片的提取溶剂； 纯化水可用于口服，外用制剂配制用溶剂或稀释剂； 纯化水可用于非灭菌制剂用器具的精洗用水； 纯化水可用于非灭菌制剂所用饮片的提取溶剂； 纯化水可用于注射用水的制备原水
注射用水	注射用水可用于配制注射剂、滴眼剂等的溶剂或稀释剂，以及容器的精洗用水； 注射用水可用于无菌原料药精制、无菌药品配制、直接接触药品的包装材料和器具等最终清洗
灭菌注射用水	注射用灭菌粉末的溶剂或注射剂的稀释剂

> 欧盟标准

欧洲药品管理局于 2021 年 2 月 1 日正式颁布并实施的 2021 年版《制药用水质量指南》旨在为制药企业提供人用和兽用原料药和制剂生产中所用的不同级别制药用水的指南。新的上市许可申报，以及对现有药品销售授权的任何相关变更申报均应考虑本指南的要求。2021 年版《制药用水质量指南》亦适用于前沿药物（advanced therapy medicinal product，ATMP），指南包括关键起始物料的制备，如病毒载体和无法进行最终灭菌的基于细胞的药品。该指南亦可用于临床试验用药品（如相关）。该指南不包括临时制备药品或药师/使用者在使用之前重新调配/稀释制剂的情况（例如，重新调配口服抗菌混合物所用的水，稀释血液透析溶液所用水），以及用户配制兽药时所用水（例如，用于饮用水的粉末）。

2021 年版《制药用水质量指南》规定，根据 EP 专论 <0520 注射剂 > 可免于检测细菌内毒素和热原的规定，兽用制剂设备、容器密封系统的清洁/淋洗可使用纯化水。在此情况下，应该基于风险对使用纯化水而不是注射用水的做法进行论证，将其作为全面控制策略的一部分，尤其要确保无菌性，避免引入污染物，避免制剂中微生物滋生。

➢美国标准

USP 收录了很多种不同级别的制药用水。USP 正文规定了其用途、制备时可以接受的方法以及质量属性。图 4-2 为 USP 对制药用水的使用原则。

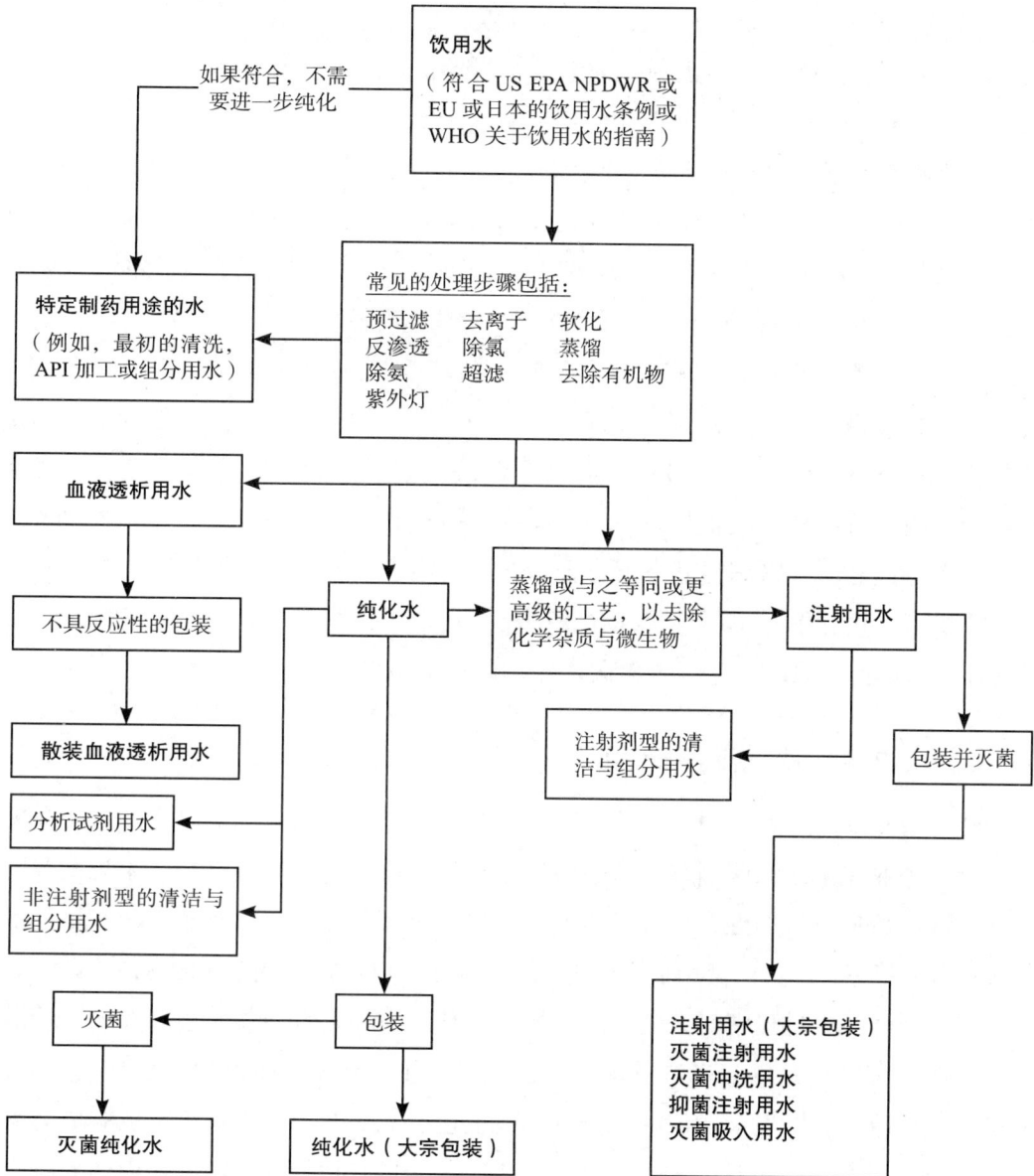

饮用水
（符合 US EPA NPDWR 或 EU 或日本的饮用水条例或 WHO 关于饮用水的指南）

如果符合，不需要进一步纯化

特定制药用途的水
（例如，最初的清洗，API 加工或组分用水）

常见的处理步骤包括：
预过滤　去离子　软化
反渗透　除氯　蒸馏
除氨　超滤　去除有机物
紫外灯

血液透析用水

不具反应性的包装

散装血液透析用水

分析试剂用水

非注射剂型的清洁与组分用水

纯化水

蒸馏或与之等同或更高级的工艺，以去除化学杂质与微生物

注射用水

注射剂型的清洁与组分用水

包装并灭菌

灭菌

包装

纯化水（大宗包装）

灭菌纯化水

注射用水（大宗包装）
灭菌注射用水
灭菌冲洗用水
抑菌注射用水
灭菌吸入用水

图 4-2　USP 制药用水的使用原则

4.2.1.5 制药用蒸汽

4.2.1.5.1 制药用蒸汽的分类

蒸汽在制药企业中是一种重要的公用介质，主要为制药用水的制备、工艺设备的温度控制提供热源，用于无菌工艺设备、器具、配液系统的加热与灭菌，以及空调加湿等。蒸汽可大致分为工业蒸汽、工艺蒸汽和纯蒸汽。

工业蒸汽是指由软化水制备的饱和蒸汽，主要用于非直接接触产品工艺的加热，为保护锅炉，工业蒸汽中常添加一些用于控制水垢和腐蚀产物的化学添加剂。

工艺蒸汽是指无化学添加剂的饱和蒸汽，通常用于发酵罐与 QC 实验室培养基的灭菌等，工艺蒸汽的冷凝液至少应符合饮用水的质量特性。

纯蒸汽是指化学纯度有特殊要求的饱和蒸汽，不含任何化学添加剂（如氨、肼等挥发性化合物），它是制药企业最重要的一种湿热灭菌和微生物负荷控制的介质，主要应用于制药用水系统、生物/发酵反应器、无菌制剂的配料与管路系统、除菌级过滤器、冻干机等重要设备与系统的微生物负荷控制，用于湿热灭菌（例如，湿热灭菌柜）的纯蒸汽除需满足液态下符合药典注射用水项下指标规定外，还需满足气态下干燥度、过热度与不凝性气体含量的相关规定。在制药工业中，纯蒸汽也被称为洁净蒸汽或无热原蒸汽等，本章节将统一用"纯蒸汽"这一术语。

4.2.1.5.2 制药用蒸汽的应用

制药用蒸汽的选择由制药企业基于工艺控制、产品特性与风险评估等因素来决定。制药企业在生产无菌制剂时，常用的蒸汽为工业蒸汽和纯蒸汽。工业蒸汽常用于非关键岗位的空调加湿、配液罐体夹套加热、换热器加热，以及非接触产品设备的过热水灭菌等；纯蒸汽常用于湿热灭菌柜的灭菌、制药设备或系统的在线灭菌等。

基于制药工业过程中对无菌的严格要求，利用饱和蒸汽冷凝时会释放出大量潜热，可使细菌的主要成分蛋白质发生水合作用，使细胞内发生原生质变从而凝固，而被杀灭的原理，即通常所说的纯蒸汽灭菌工艺。此工艺已经在制药工业中成为主要的灭菌手段之一，同时纯蒸汽作为洁净能源，能更好地规避风险，从而达到符合GMP 要求的目的。在制药用蒸汽系统设计过程中采用哪种质量标准的蒸汽，可参考《国际制药工程协会基准指南第四册 – 水和蒸汽系统》推荐的决策树（图 4-3）。

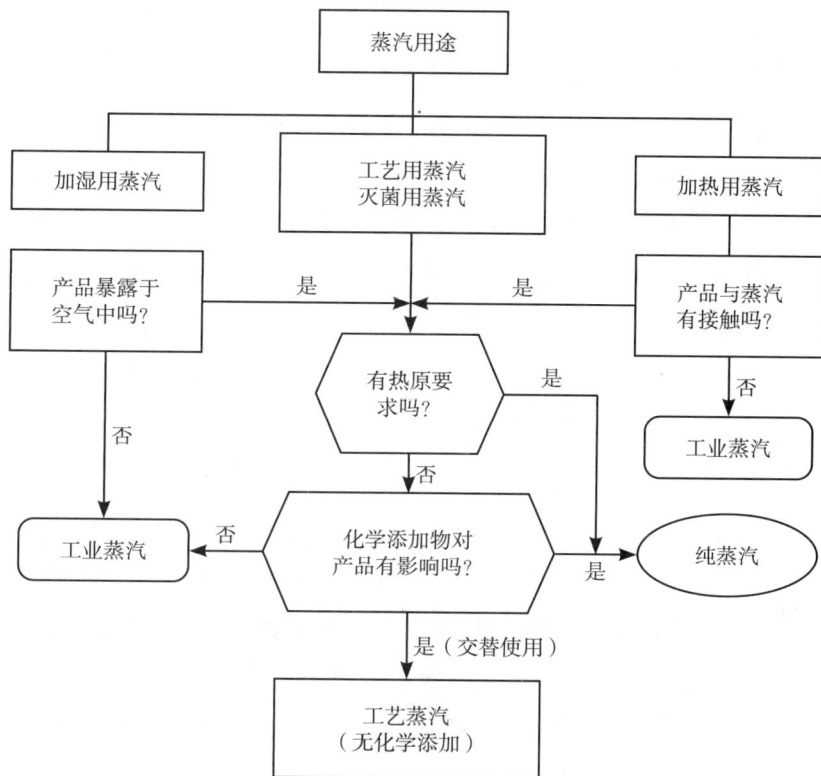

图 4-3　制药用蒸汽决策树

4.2.1.5.3 纯蒸汽的标准体系

在制药行业，专门介绍纯蒸汽技术规范、安装要求和质量保证的行业指南并不多，《中国药典》尚未明确纯蒸汽的官方质量标准。纯蒸汽制备与纯度的监管指导通常与注射用水相关指南一致，部分应用场所需附加对蒸汽质量的其他特殊要求，包括不凝性气体含量、过热度和干燥度。英国标准 EN285、HTM 01-01 等国际标准也提供了适用于生物工艺和制药工业的纯蒸汽纯度与品质的指标，这些指南包括了材料技术规格、尺寸 / 公差、表面处理、材料连接以及质量保证的要求。

常见的纯蒸汽质量要求既包含蒸汽中各种化学杂质、压力波动等，也包含蒸汽中的干燥度、不凝性气体含量和过热度等不容易发现的潜在影响因素，这些因素可能对最终结果产生不利影响。

干燥度：当蒸汽中含有较多的冷凝水时，虽然蒸汽的温度达标，但由于分布在产品表面的冷凝水对热量传递的阻碍，蒸汽温度经过冷凝水膜时会逐步递减，使得到达产品的实际接触温度低于设计温度要求。HTM 01-01 标准规定：对金属载体进行灭菌时，干燥度不低于 0.95；对非金属载体进行灭菌时，干燥度不低于 0.9。

不凝性气体含量：不凝性气体存在会对蒸汽的温度形成另外的影响，蒸汽系统内的空气未排除或未完全排除，一方面由于空气是热的不良导体，其存在会形成冷点，使得附着空气的产品达不到设计温度。HTM 01-01 标准规定：每 100ml 饱和蒸汽中不凝气体体积不超过 3.5ml（相当于 3.5%V/V）。

过热度：过热度是影响蒸汽灭菌的一个重要因素，饱和蒸汽灭菌原理是蒸汽遇冷产品凝结而释放出大量的潜热能，使产品的温度上升。而过热蒸汽，其性质相当于干燥的空气，其本身的传热效率低下；过热蒸汽释放潜热而温度下降没有达到饱和点时，不会发生冷凝，此时放出的热量非常小，使得热量交换达不到灭菌要求，通常此现象在过热 3℃ 以上时即表现明显。HTM 01-01 标准规定：当纯蒸汽压力降低为大气压时，过热度不超过 25℃。

➢ 我国标准体系

《中国药典》与《药品生产质量管理规范（2010 年修订）》对纯蒸汽都没有明确的官方规定，纯蒸汽的制备与质量属性可参考《中国药典》注射用水的相关内容。

本指南认为，尽管《中国药典》没有对纯蒸汽有关不凝性气体含量、过热度和干燥度相关质量的强制要求，建议企业根据纯蒸汽使用目的、影响质量严重程度以及验证要求等因素，参考 HTM 01-01、EN 285、DIN 58950 等相关标准，合理增加不凝性气体含量、过热度和干燥度的质量控制。

➢ WHO 标准体系

《WHO GMP：制药用水》（2021 年版）对纯蒸汽没有明确的官方要求。

➢ 欧盟标准体系

2022 年正式颁布的《欧盟 GMP 附录 1：无菌产品生产》关于纯蒸汽的主要内容包括：

● 6.16 纯蒸汽发生器的原水应适当净化。纯蒸汽发生器的设计、确认和操作方式应确保产生的蒸汽质量符合规定的化学纯度和内毒素限度。

● 6.17 用作直接灭菌的蒸汽应具有适当的质量，不应含有可能导致产品或设备污染的添加剂。对于提供用于对物料或产品接触表面进行直接灭菌的纯蒸汽的纯蒸汽发生器（如多孔的硬质高压灭菌器），蒸汽冷凝物应符合相关药典"注射用水"的最新标准。应制定适当的取样计划，以确保定期获取有代表性的纯蒸汽样品进行分析。用于灭菌的纯蒸汽质量的其他方面应定期根据已验证的参数进行评估。这些参数应包括以下内容（除非另有说明）：不凝性气体含量、干燥度和过热度。

不同的国家或组织对纯蒸汽的质量标准会有一定的差异，在 2011 年版德国标准《DIN 58950-7 灭菌 – 用于药品的蒸汽灭菌器》中，有关工业蒸汽、工艺蒸汽和纯蒸汽的相关质量指标对比可参见表 4-11。

表 4-11　德标 DIN 58950-7 关于蒸汽质量的要求

类别	工业蒸汽	工艺蒸汽	纯蒸汽
化学添加物	允许添加	不允许添加	不允许添加
含水量（干燥度）	≤ 10%（≥ 0.9）	≤ 5%（≥ 0.95）	≤ 5%（≥ 0.95）
过热度	≤ 10℃	≤ 5℃	≤ 5℃
压力变化	± 500mbar	设定压力 ±10%	设定压力 ±10%
机械过滤要求	≤ 300μm	≤ 10μm[2]	≤ 2μm[2]
不凝性气体[1]	/	≤ 35ml/L 冷凝液	≤ 35ml/L 冷凝液
性状	/	澄清透明，无沉淀，不挥发物 ≤ 10mg/L	参考 EP 的注射用水指标

注：（1）仅用于使用饱和蒸汽作为灭菌介质的灭菌过程。

（2）在《DIN 58950-7 灭菌 – 用于药品的蒸汽灭菌器》（2021 年版）征求意见稿中，工艺蒸汽与纯蒸汽的机械过滤要求数据已删除。

➢ 美国标准体系

USP<1231 制药用水 > 章节关于纯蒸汽的详细内容如下：

● 纯蒸汽（见 USP 专论）有时也被称为"洁净蒸汽"。当蒸汽或其冷凝液直接接触特定物品或物品接触表面时，如在其配料、灭菌或清洁过程中，没有后续的处理步骤用于去除任何已知杂质残留物，则使用蒸汽或其冷凝液。这些纯蒸汽应用包括但不限于多孔负载灭菌工艺、通过直接蒸汽喷射加热的产品或清洁溶液，或在加湿过程中使用蒸汽注入来控制工艺过程的湿度。使用这种质量的蒸汽的主要目的是确保暴露在蒸汽中的特定物品或物品接触表面不受蒸汽中残留物的污染。

● 纯蒸汽由适当预处理的水源水制备，类似于纯化水或注射用水的预处理。水通过适当的除沫蒸发，并在高压下布水。纯蒸汽中有害污染物的来源可能来自夹带的原水液滴、防腐蒸汽添加剂或蒸汽制备和分配系统本身的残留物。纯蒸汽专论中的属性应该能够检测出这些来源可能产生的大多数污染物。如果暴露在潜在纯蒸汽残留物中的特定物品用于注射剂或其他必须控制热原含量的应用，则纯蒸汽还必须满足 < 细菌内毒素通则 85>。

● 这些纯度属性是根据物品的冷凝液而不是物品本身来测量的。当然，这对纯蒸汽冷凝水生成和收集过程的清洁度非常重要，因为它不得对冷凝液的质量产生不利影响。

● 水从气态转变为液态时，相变潜热能量的大量释放是蒸汽杀菌效果的关键，一般来说，蒸汽作为一种加热剂的效率也非常关键。如果由于蒸汽非常热，并且处于持续的过热干燥状态而不允许这种相变（冷凝）发生，那么蒸汽的实用性可能会受到严重损害。蒸汽中的不凝性气体倾向于在蒸汽灭菌柜或其负载的某些区域分层或聚集。蒸汽冷凝液覆盖表面，防止蒸汽释放全部能量。因此，控制这些蒸汽属性，除了其化学纯度外，对某些纯蒸汽应用也可能是重要的。但是，由于这些附加属性是特定用途的，因此在纯蒸汽专论中没有提及。

● 请注意，不太干净的"工业蒸汽"可用于非产品接触无孔负载的蒸汽灭菌、非产品接触设备的一般清洁、非产品接触热交换介质，以及用于批量制药化学品和原料药生产中的所有兼容应用。

➤ 其他标准体系

《美国机械工程师协会 – 生物加工设备》（简称 ASME BPE）详细规定了纯蒸汽发生器和分配系统的设计和制造要求，此标准给生物工艺和制药行业的纯蒸汽系统提供了良好的指导。欧洲和亚洲的类似指南分别包括 DIN 标准和 JIS–G 标准，这些指南包含材质技术规格、尺寸 / 公差、表面处理、材料连接和质量保证。

《国际制药工程协会基准指南 – 无菌生产设施》关于纯蒸汽的详细内容如下：

● 蒸汽灭菌与消毒：位于无菌区的设备采用在线灭菌系统进行灭菌时，应将纯蒸汽引入洁净室并用管道将剩余蒸汽及冷凝水排出，为方便维护操作应将蒸汽凝结水排至洁净室外；应尽可能将纯蒸汽的疏水阀及其组件安装在洁净区外，如不可避免时，应采用可以进行表面消毒的材料。安装于洁净室内的保温材料或类似组件不能有颗粒脱落。

● 纯蒸汽：用于无菌产品的纯蒸汽组分除水外，不得含有任何的锅炉添加剂及其他杂质，应使用可控的水源来制备纯蒸汽，而纯蒸汽的冷凝水水质应能达到注射用水标准。纯蒸汽系统的设计原则是应能最大限度地消除系统冷凝水中微生物生长的潜在可能性，用于灭菌的工艺用纯蒸汽在进入高压容器时应尽量减少过热。理想的纯蒸汽发生器控制不凝性气体含量的方法主要有"进水预热法"和"系统排气法"两种，当采用纯蒸汽对直接与产品接触的设备或系统组件进行灭菌时，应定期检测其不凝性气体含量、干燥度及过热度，将其控制在 HTM 01–01 及 EN285 标准规定的范围内。

《国际制药工程协会基准指南 – 关键公用系统 GMP 合规性》关于纯蒸汽的详细内容如下：

● 如果蒸汽用于直接和间接的产品接触、产品或材料的灭菌或表面消毒，则需将其分类为纯蒸汽。

- 纯蒸汽应符合适用的药典的要求（如 USP 与 EP）。

- 许多药典不包含纯蒸汽专论，因此，通常会使用相关的注射用水专论质量标准。例如，这些标准包括对原水的质量要求、用于截留液滴的蒸发柱组件，以及参考注射用水质量标准对纯蒸汽冷凝液进行检测。由于纯蒸汽的致死性，尽管需要进行内毒素检验，但不需要培养微生物样品。

- 药典可能没有定义某些参数，例如蒸汽饱和度、干燥度和不凝性气体含量。但是，EN285 和 HTM 01–01 标准提供了相关指南。建议进行与这些品质有关的细节风险分析。EN285 可以支持有关这些参数是否适用的决定，并定义限度和检验程序。

- 蒸汽质量检测的点建议根据使用点的用途及检测项目评估确定。

4.2.2 GMP 对制药用水系统的要求

4.2.2.1 我国 GMP 对制药用水系统的要求

法规要求 ··

药品生产质量管理规范（2010 年修订）

第九十六条 制药用水应当适合其用途，并符合《中华人民共和国药典》的质量标准及相关要求。制药用水至少应当采用饮用水。

第九十七条 水处理设备及其输送系统的设计、安装、运行和维护应当确保制药用水达到设定的质量标准。水处理设备的运行不得超出其设计能力。

第九十八条 纯化水、注射用水储罐和输送管道所用材料应当无毒、耐腐蚀；储罐的通气口应当安装不脱落纤维的疏水性除菌滤器；管道的设计和安装应当避免死角、盲管。

第九十九条 纯化水、注射用水的制备、贮存和分配应当能够防止微生物的滋生。纯化水可采用循环，注射用水可采用 70℃以上保温循环。

第一百条 应当对制药用水及原水的水质进行定期监测，并有相应的记录。

第一百零一条 应当按照操作规程对纯化水、注射用水管道进行清洗消毒，并有相关记录。发现制药用水微生物污染达到警戒限度、纠偏限度时应当按照操作规程处理。

药品生产质量管理规范（2010 年修订）无菌药品附录

第四十条 关键设备，如灭菌柜、空气净化系统和工艺用水系统等，应当经过确认，并进行计划性维护，经批准方可使用。

第四十九条 无菌原料药精制、无菌药品配制、直接接触药品的包装材料和器具等最终清洗、A/B 级洁净区内消毒剂和清洁剂配制的用水应当符合注射用水的质量标准。

第五十条 必要时，应当定期监测制药用水的细菌内毒素，保存监测结果及所采取纠偏措施的相关记录。

4.2.2.2 WHO GMP 对制药用水系统的要求

2021 年版《WHO GMP：制药用水》强调：水的制备、储存与分配过程中对水质（包括微生物和化学质量）的控制，是一个重要关注点。与其他产品和工艺成分不同，水通常是来自一个按需运行的系统，在使用之前不会进行检测，也不会进行批放行，因此确保水质符合所需要求就至关重要了。

2021 年版《WHO GMP：制药用水》的主要关注内容包括：

- 强调了水的等级应与产品性质、用途、阶段相匹配；
- 描述水的质量标准时，引用了 EP 的相关内容；
- 强调饮用水系统的设计、建造和调试要求通常由当地法规控制，用于制备药典水的饮用水系统通常不需要进行独立的确认或验证；
- 强调结构材料应适当，它应该是非浸出、非吸附、非吸收和耐腐蚀的。通常建议使用 316L 等级的不锈钢材料或 PVDF 的非金属材料。法兰盘、连接头和阀门应该是卫生型设计。阀门应采用锻造隔膜阀或机加工阀体，其阀体设计需遵循自排尽原则。材料的选择应考虑到预期的消毒方法；
- 不锈钢系统应优先考虑轨道自动焊接，并在必要时进行手工焊接。材料之间的可焊接性应通过规定的过程证明，保证焊接质量。应保留此类系统的文件，至少应包括焊工的资格、焊机参数设置、焊接小样、所用气体的质量证明、焊机校准记录、焊接点编号，以及所有焊缝的台账。检查一定比例的焊缝的记录、照片或录像（例如 100% 手工焊，10% 自动轨道焊）；

- 系统安装应易于排干，建议的最小坡度为 1/100；

- 应提供在线测量总有机碳（TOC）、电导率和温度的措施；

- 应研究不良趋势和超限结果的根本原因，然后采取适当的纠正预防措施。散装注射用水（BWFI）发生微生物污染时应鉴别微生物的种类。

4.2.2.3 欧盟 GMP 对制药用水系统的要求

《欧盟 GMP 附录 1：无菌产品生产》（2022 年版）规定：

- 6.7 水处理设施及其分配系统的设计、建造、安装、调试、确认、监测和维护应防止微生物污染，并确保具备适当质量的可靠原水。应采取措施以最大程度降低颗粒物污染、微生物污染 / 扩增和内毒素 / 热原的风险（例如，可全排尽的倾斜管道和避免死角）。如果系统中包含过滤器，则应特别注意对过滤器的监测和维护。产水质量应符合相关药典的现行各论。

- 6.8 水系统应经过确认和验证，以保持适当的物理、化学和微生物控制水平，并考虑到季节变化带来的影响。

- 6.9 水分配系统管道中的水流应保持湍流，以降低微生物黏附及随后形成生物膜的风险。应在确认过程中确定流速并进行日常监控。

- 6.10 注射用水（WFI）应由符合质量标准（在确认过程中定义）的水进行生产，并以使微生物滋生风险最小化的方式来存储和分配（例如，采用 70℃ 以上保温循环）。注射用水应通过蒸馏或等同于蒸馏的纯化工艺进行生产。这可能包括将反渗透技术与其他适当的技术相结合，如电法去离子（EDI）、超滤以及纳滤。

- 6.11 如果注射用水储罐配有除菌级疏水性呼吸器，呼吸器不应成为污染源，应在安装前和使用后进行呼吸器的完整性检测。应采取措施防止冷凝水聚集在呼吸器的滤芯表面（例如，为呼吸器安装加热套）。

- 6.12 为尽可能降低生物膜形成的风险，应根据预防性维保计划以及在超限或超标后的既定措施，对水系统进行灭菌、消毒或再生。水系统采用化学品进行消毒后要使用经过验证的淋洗 / 冲洗程序进行清洗。消毒 / 再生之后应对水质进行检测。化学检测结果应在水系统恢复使用之前得到批准；使用该系统的水生产的批次在考虑认证 / 放行之前，微生物 / 内毒素结果应经过核实并在质量标准范围内得到批准。

- 6.13 应定期对水系统进行持续的化学和微生物监测，以确保水质持续符合药典要求。报警限应基于初始确认数据，然后根据后续的再确认、日常监测和调查中获得的数据进行定期再评估。应对持续监测数据进行回顾，以确定系统性能的任何不良趋势。取样计划应能反映污染控制策略（CCS）的要求，并应包括所有制备系统出口和车间使用点，通过指定的时间间隔，以确保定期获取代表性的水样用于分析。取样计划应基于确认数据，应考虑潜在最差情况取样点，并应确保每天至少包括一个用于生产工艺的代表性水样。

● 6.14 应记录和审查警戒限的偏移，并包括以下调查：确定偏移是否为单一（孤立）事件，或者结果是否指示不利趋势或系统恶化。应对每个行动限偏离进行调查，以确定可能的根本原因，以及由于使用水对产品质量和生产工艺产生的任何潜在影响。

● 6.15 注射用水系统应包括连续监测系统，例如总有机碳（TOC）和电导率，因为这些系统可能比离散采样更好地显示整体系统性能。传感器的安装位置应基于风险评估。

4.2.2.4 美国 cGMP 对制药用水系统的要求

美国 FDA cGMP 的正文描述中并没有太多关于制药用水的直接要求，涉及制药用水的明确技术规定相对较少。美国 FDA cGMP 要求"设备的制造应使与组分、加工中材料或药品接触的表面不得具有反应性、添加剂或吸收性，从而改变药品的安全性、特性、强度、质量或纯度，超出官方或其他既定要求"。如下内容是美国 FDA cGMP 对于制药用水系统的一些默认要求：排放口应满足空气阻断的要求；制药用水用换热器推荐采用防止交叉污染的双板管式换热器；储罐应安装呼吸器；需要有日常维护计划；需要有清洗和消毒的书面规程并保有记录；需要有制药用水系统标准操作规程等。

《高纯水系统检查指南》（英文名：Guide to Inspections of High Purity Water Systems）是美国 FDA 于 1993 年发布的指南性文件，该指南主要从微生物的角度，讨论并评估了原料药与制剂生产过程中用到的制药用水系统。该指南还探讨了不同类型的水系统设计，以及和这些系统相关的问题。与其他指南一样，该指南并非包罗所有，只是提供了制药用水系统审核和评估的背景信息和指导。同时，1993 年正式实施的美国 FDA《药品质量控制微生物实验室检查指南》（英文名：Guide to Inspections of Microbiological Pharmaceutical Quality Control Laboratories）也提供了相关的指导信息。美国 FDA《高纯水系统检查指南》对制药用水的一些关键性要求如下：要求死角最少；不推荐注射用水回路的用点处安装过滤器；推荐注射用水分配系统管道材质为 316L 不锈钢；推荐换热器采用双端板设计或采用压差监测；要求储罐采用呼吸器，防止外界污染；管道坡度需符合要求；使用卫生型离心泵；批处理状态下，静止保存的注射用水必须在 24 小时内使用；生产无菌药品时，最后冲洗用水质量需达到注射用水标准；纯蒸汽中不允许含挥发性添加物等。美国 FDA 自 1993年发布《高纯水系统检查指南》后一直未做过更新。进入 21 世纪后，美国制药企业更多的参考 FDA 官方合作的团体标准来指导水与蒸汽系统的设计与实施。其主要的团体标准包括《国际制药工程协会基准指南第四册 – 水和蒸汽系统》和《美国机械工程师协会 – 生物加工设备》等。

4.3 制药用水及蒸汽系统技术要求

4.3.1 预处理系统

4.3.1.1 概述

《药品生产质量管理规范（2010年修订）》第九十六条规定：制药用水至少应当采用饮用水。饮用水除了用于药典级制药用水的制备外，还可用于原辅料与药品生产、清洗和检测环节，饮用水水质质量需纳入制药领域的管辖范畴。

制药用水的原水水质可能受地域与季节变化而影响。如果原水是井水，通常有机物与微生物负荷不会很大，但硬度相对较高；如果是地表水（湖水、河水或水库水），水的硬度相对较低，但可能会含有较高水平的浊度、有机物或微生物；市政供水通常是经过氯或臭氧等消毒措施处理的，在去除氯或臭氧之前，微生物负荷相对较低，并且可有效抑制微生物的滋生。需要注意的是，原水水质应达到饮用水标准，方可作为纯化水或注射用水的起始用水，这也是全球制药用水标准体系的基本要求。如果原水达不到饮用水标准，那么就要首先将原水通过预处理系统处理到饮用水的标准，然后再进一步处理成为符合药典要求的纯化水或注射用水。

《WHO GMP：制药用水》（2021年版）规定：

• 饮用水的质量包括在WHO饮用水质量指南和国际标准化组织（ISO）以及其他地区和国家机构的标准中。饮用水应符合相关当局规定的相关规范。

• 饮用水可以是天然来源或储存来源。天然来源的例子包括泉水、井水、河水、湖水和海水。在选择饮用水制备的处理工艺时要考虑原水的条件。典型的处理包括除盐、软化、去除特定离子、减少颗粒物和微生物的处理。

• 饮用水应使用管道系统连续正压输送，不应存在任何可能导致产品污染的缺陷。

• 饮用水可来自公用水供应系统，其中包括厂外来源如市政供水。供应商应确保适当的饮用水质量，应进行检测以保证所产饮用水具备可饮用质量，该检测一般是从水源处采样。必要时，可通过在工厂进行适当处理达到所需质量。

- 如果是购买散装饮用水，然后使用水罐送至用户处，则应有控制措施降低相关风险。应参照其他起始物料所用方式进行供应商评估和授权认证工作，包括确认运送卡车的可接受度。

- 制药企业有义务确保纯化水处理系统的原水供应符合恰当的饮用水要求。在此情形下，应识别出达到饮用水质量的点，并在其后以规定的时间间隔采集水样进行检测。

- 如果在药品生产的一些工序中直接使用饮用水，例如 API 的生产，或较高质量的制药用水制备用原水，则用水者在现场应定期进行检测，确认其质量符合饮用水所需标准。例如，在使用点处，确认水质是否达到饮用水的标准。要选择的试验方法和进行试验的频率应基于风险评估。

- 如果是使用工厂自己的系统对原水进行处理来获得饮用水，则应说明系统的参数设置和水处理所用步骤。

- 制备饮用水所用的典型工艺包括：脱盐、过滤、软化、消毒（例如，使用次氯酸钠）、除铁、沉淀、降低特定无机和（或）有机物的浓度。

- 应采取控制措施防止微生物污染砂滤器、炭床和水软化剂。应选择恰当的技术，可包括反冲洗、化学和（或）热消毒以及高频次再生。

- 应对饮用水的质量进行常规监测，以发现环境、季节或供应变化可能引起的原水质量波动。

- 如果用户储存与分配饮用水，则水储存与分配系统不应导致水质在使用前有所降低。在经过存储后，应根据预定程序进行常规检测。饮用水的储存与分配应尽可能确保水的周转或再循环。

- 用于制备和存储饮用水的设备和系统应能够排尽或冲洗，并进行消毒。

- 贮罐应采用有适当保护的呼吸器装置密闭，应可进行目视检查。

- 分配管道应可以排尽残存的水渍，或可冲洗和消毒。

- 应识别并论证系统确认的范围和程度。

- 应对饮用水检测结果进行统计学分析，以发现其趋势和变化情况。如果饮用水质量有重大变化，但仍在质量标准内，则应对直接用作制药用水的饮用水，和作为下游处理原水的饮用水进行风险审核。审核结果和准备采取的措施应有记录。

- 应根据变更控制程序执行系统或其操作变更。

- 如果原水来源、处理技术或系统参数设置有改变，则应考虑进行更多检测。

4.3.1.2 主要组件简介

预处理系统的目的是为终处理系统提供高品质饮用水作为原料水。预处理系统可有效降低终处理设备的运行与维修故障，保证出水质量，并使终处理工序生产出符合法规技术规范期望的药典水。需要在预处理过程中清除影响终处理工序可靠运行的杂质，这取决于所选的终处理工序和终处理工序对杂质的容忍度。

预处理系统的出水水质主要取决于工艺的选择和原水水质，由于大部分制药企业都采用市政供水作为原水，进入预处理系统的原水水质相对较好，典型的预处理装置包括原水箱、机械过滤器、活性炭过滤器与软化器等，部分制备工艺还可能会将絮凝加药、阻垢加药、紫外线脱氯、超滤、反渗透与电法去离子等装置纳入到预处理系统，用于去除浊度、余氯、深度除盐、软化、去除特定离子并进一步减少颗粒物等工艺。本章节重点对常用的预处理装置进行介绍，包括原水箱、机械过滤器、活性炭过滤器、紫外线脱氯装置与软化装置。

预处理系统的工艺设计开发需包括下列内容：终处理系统（纯化系统）所需的用水量和质量；制药工艺点使用过程中和微生物控制方法中有关水温的制约因素；终处理方案的选择，因为该方案决定了预处理所需的进水质量；全生命周期质量管理的预处理系统出水水质（每年回顾/验证水的质量）；进水质量与期望中出水质量间的差别。进/出水的质量差别决定了需要由预处理系统清除的杂质量。采用物料平衡方法，即可确定进/出水差别，另外，应注意杂质和微量组分；预处理方案要为期望去除杂质创造条件，同时要考虑劳力、经济、废物处置、环境问题、验证和可用场地以及公用设施的可能性。

A. 原水箱

原水箱是预处理的第一个工艺单元，目的是具备一定的缓冲时间并保证饮用水系统的运行稳定，通过原水泵向预处理过滤装置输送稳定的原水。原水箱可采用 PE 或 304 不锈钢等多种材质。由于原水罐中的水流流速非常慢，长时间存放时存在快速滋生微生物的风险，需要采取一定的预防措施。制药企业应结合实际情况，科学判断是否有必要在原水中添加余氯等微生物抑制剂。如果需要在原水系统中添加微生物抑制剂，其添加系统设计应确保足够的添加流量，并考虑到原水流量和微生物水平的变化。微生物抑制剂的浓度范围制定时还应考虑制药用水系统的设计。可以考虑配备监测微生物抑制剂的浓度范围的设备。

B. 多介质过滤器

多介质过滤器一般称为机械过滤器或砂滤，过滤介质为不同直径的石英砂分层填装，较大直径的介质通常位于过滤器顶端，水流自上而下通过逐渐精细的介质层，通常情况下介质床的孔隙率应允许去除微粒的尺寸最小为 10~40μm，介质床主要用于过滤除去原水中的大颗粒、悬浮物、胶体及泥沙等以降低原水浊度对膜系统的影响，同时降低 SDI（污染指数）值，出水浊度 ≤ 3，SDI ≤ 5，达到反渗透系统有关浊度与 SDI 的进水要求。根据原水水质的情况，有时要通过在进水管道投加絮凝剂，采用直流凝聚方式，使水中大部分悬浮物和胶体变成微絮体在多介质滤层中截留而去除。多介质过滤器具有过滤速度快、过滤精度高、截污容量大等优点，现已广泛用于制药用水的预处理系统。如果原水中铁锰含量偏高，还可以通过装填精制锰砂和石英砂二元滤料，用于去除水中的铁和锰。当原水水质相对较好时，多介质过滤器的过滤功能可以被前端超滤装置与紫外灯等组合形式的设计所替代，有关超滤与紫外灯的介绍可参见纯化水制备系统相关内容。

多介质过滤器日常维护相对比较简单，其运行成本也相对较低，通过自控程序可实现定期反洗 / 正洗，将截留在滤料孔隙中的大量机械杂质排出，从而实现多介质过滤器的过滤功能再生。多介质过滤器可以通过取样测 SDI、进口与出口压差，或人工设定反洗的间隔时间来判定是否需要启动自动或手动反洗程序。一般情况下，反冲洗程序可以采用相对清洁的水，以较高的设计流速冲洗，反向冲洗后，还需进行正向冲洗，以便使介质床复位，当过滤器设计直径较大或原水水质相对恶劣的情况下，可考虑设计增加空气冲洗功能，这能极大地改善反冲洗的效果。通常情况下反洗泵多采用立式多级泵，可以与原水泵共用。为保证系统有稳定的运行效果，除了定期反冲洗和消毒外，还需定期更换多介质过滤装置内的填料。多介质过滤器使用时间较长后，会滋生顽固生物膜，其过滤性能会有很大的下降，反而极易污染下游操作单元。

C. 活性炭过滤器

活性炭过滤器主要作用是吸附余氯以及有机物，同时对水中异味、胶体及色素等有较明显的吸附去除作用。活性炭过滤器的产水余氯不超过 0.1ppm，有机物去除率高于 20%，可有效防止后续的反渗透膜和离子交换树脂被余氯不可恢复的损坏或被有机物污染。当原水中有机物含量不高时，也可以选择添加 $NaHSO_3$ 等化学加药的方式或紫外脱氯装置来对水中的余氯等氧化物质进行还原，以取代活性炭过滤器的部分功能。有条件的企业可以使用在线余氯检测仪或氧化还原检测仪监测余氯的含量，当监测到氯含量超限时，激活报警并停止高压泵。

活性炭过滤器内填优质活性炭，活性炭有非常多的微孔和巨大的比表面积，具有很强的物理吸附能力。一般情况下，活性炭过滤器前端都会设计有多介质过滤器或超滤装置，原水通过活性炭层，水中有机物及余氯被活性炭有效地吸附和去除。活性炭过滤器一般由不锈钢和玻璃钢等多种材料制成，活性炭过滤器反冲洗推荐只用压力水，不用空气擦洗，以防止活性炭破碎。目前的活性炭过滤器已可实现全自动控制，其中的一种方法是用一个微电脑控制的多路阀代替原来的进水、产水、反冲洗进出水等多个阀门。

活性炭质量决定了活性炭过滤器能否长期稳定的正常工作。活性炭是由含炭为主的物质作为原料，如优质无烟煤、木屑、果壳、椰壳、核桃壳等，经高温炭化和活化制得的疏水性吸附剂。用于制药用水的活性炭需要具有高强度、低重金属与铁含量、高碘值、低灰分和低水分等特征，因此，颗粒状椰壳活性炭成为首选，制药用水系统属于连续化生产工艺，预处理用椰壳活性炭应采用优质椰壳原料进行加工，并确保其在规定的工作时间内（不低于 1~2 年）始终处于有效吸附状态。碘吸附值是判断活性炭吸附能力的重要参数之一，高的碘吸附值有助于延长椰壳活性炭的有效工作时间。通常情况下，推荐新购的椰壳活性炭碘吸附值不应低于 1000mg/g，并在有效工作时间内始终高于 500mg/g。有条件的制药企业可通过定期（例如，半年/次）测定椰壳活性炭的碘吸附值来确定其吸附能力的衰减情况。

目前，少数制药企业常频繁出现预处理系统的微生物严重染菌现象，这可能与市面上制药用水用椰壳活性炭少量存在的"再生椰壳活性炭"或掺杂其他果壳的"低纯度椰壳活性炭"滥用有关。"再生椰壳活性炭"来路不明，极易存在重金属、农药与有机污染物等有毒有害物质严重超标，同时，"再生椰壳活性炭"极易快速吸附饱和，其强度不够，容易破碎成粉末状，影响活性炭过滤器的通量，无法满足活性炭长时间工作的需求。掺杂了一定比例的其他果壳的"低纯度椰壳活性炭"强度不够，无法支撑持续稳定的连续化生产，一旦吸附饱和后，极易引起大面积染菌。

微生物的生长是一个关键的考虑因素，出现这种情况的原因是过滤器内部的表面积相对较大、流速相对较低，同时过滤介质还是一个细菌滋生的温床。在活性炭的过滤吸附过程中，活性炭总量会减少，由于活性炭有多孔吸附的特性，大量的有机物杂质被吸附后会导致活性炭空隙中的微生物快速繁殖，很容易形成一个微生物滋生的温床。大多数细菌都是革兰阴性菌，它们的细胞裂解是细菌内毒素的来源，因此，需要有稳定的运行管理与消毒措施，以免存在微生物滋生与污染风险。例如，定期对活性炭过滤器进行频率较高的热水消毒与反 / 正冲洗，其反洗和正洗可参照多介质过滤器。同时，活性炭过滤器在运行过程中会截留一部分从前端泄漏过来的杂质，活性炭颗粒间的摩擦也会产生一些灰状粉末，定期对活性炭过滤器进行热消毒与反 / 正冲洗也可以实现活性炭颗粒本身的间接活化再生。管理不善的活性炭过滤器在使用较长时间后，会滋生顽固生物膜，除了其过滤性能会有很大的下降外，还极易污染下游操作单元。

D. 紫外线脱氯装置

在纯化水制备系统中，反渗透膜无法耐受余氯的氧化，制药行业除了采用活性炭吸附法、$NaHSO_3$ 还原法在预处理阶段去除余氯外，紫外线除氯技术也慢慢得到了行业的关注。例如，《国际制药工程协会基准指南第四册 – 水和蒸汽系统》：紫外线也可以用于去除余氯。在这个过程中（紫外线光化学分解），余氯可以被彻底去除，紫外线将自由氯光化学分解为大约 80% 的氯离子和 20% 的氯酸根离子。《BS–EN–ISO》：在反渗透膜前，紫外线照射可用于氯 / 氯胺的去除。紫外灯也可用于降低微生物负荷。通过紫外线照射，自由氯被降解为氧分子和氯离子，从而对原水进行脱氯。

紫外线脱氯的效率与进水水质条件有关，如 pH、有机物浓度、余氯浓度、紫外线穿透率等。紫外线脱氯对剂量要求较高，通常为数百上千毫焦每平方厘米，是常用紫外消毒剂量的数十倍。成功去除余氯的关键在于紫外线剂量，它是紫外线反应腔体内平均辐照强度和接触时间的一个函数，这个过程需考虑紫外线设备进水的余氯浓度（ppm 水平）。选用紫外线设备时，在满足去除余氯的功能之外，同样应该考虑设备能耗、环保要求及维护便利性等因素。典型市政供水水源的紫外线透光率大约为 85%~97%，对于特定的进水，脱氯所需的紫外线剂量还与以下因素有关：

- 余氯的种类，自由氯或结合氯 / 氯胺；
- 进水水源的天然有机物浓度情况；
- 浊度，色度和悬浮固体；
- 产水目标余氯浓度和进水余氯浓度的比值。

E. 软化装置

软化装置的软化功能可通过软化器或阻垢剂来实现。

阻垢剂可以防止水中的无机物质在设备中膜元件上沉积结垢，可用于反渗透膜、纳滤膜、超滤膜等多种类膜元件当中。在水机产量偏大、原水硬度偏大时，阻垢剂的使用优势明显，用于药典水制备的阻垢剂应化学成分清晰、纯度高且不能给纯化系统带来二次污染。

软化器也称为钠离子交换器，由盛装树脂的容器、树脂、阀或调解器以及控制系统组成，容器的筒体部分通常由玻璃钢或碳钢内部衬胶制成，通常使用 PVC、PP/ABS 或不锈钢材质的管材和多接口阀门对过滤器进行连接。软化器的主要功能是用钠型树脂中可交换的 Na^+ 来交换出原水中的钙、镁离子而降低水的硬度，以防止钙、镁等离子在反渗透膜表面结垢，使原水变成软化水后出水硬度能达到不高于 3ppm 的水平。软化器中的软化树脂饱和失效后，采用 NaCl 可进行再生恢复，通过 PLC 控制系统来对软化器进行自动控制。

软化系统需提供一个盐水储罐，用于树脂的再生：

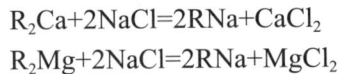

$$R_2Ca+2NaCl=2RNa+CaCl_2$$
$$R_2Mg+2NaCl=2RNa+MgCl_2$$

软化系统运行工序如下：运行→再生反洗、吸盐、置换、正洗→运行。由于软化器中的树脂需要通过再生才能恢复其交换能力，且树脂床层为潜在的微生物繁殖提供了巨大的表面积，为了保证预处理系统能实现连续生产运行，通常采用双级串联的软化系统，它可实现一台软化器再生时，另外一台软化器可正常软化，该设计还可有效避免水中微生物的快速滋生。

软化树脂不耐氧化，强氧化剂会造成树脂功能基团的破损甚至粉末化，失去其原有的离子交换能力。软化树脂的最高操作温度超过 100℃，可以实现巴氏消毒，若预处理系统设计为整体巴氏消毒时，为延长软化树脂的使用寿命，推荐将软化器置于活性炭过滤器后面。另外，软化树脂对重金属污染比较敏感，个别地区的市政水中可能含有铁离子和锰离子超标的情况，会产生软化树脂中毒的情况，导致软化树脂的交换能力降低甚至失效，将软化器置于活性炭过滤器后面可有效避免上述事故的发生。

根据系统的水质情况和使用年限，软化系统需要每年定期进行预防性维护，以保证长期稳定的正常运行。除了定期维护外，软化系统还需要不断监控再生盐的使用量，通常每隔一段时间需要添加一定量的盐，以避免下游反渗透系统的硬度积垢和计划外的停机。再生盐的添加量应结合软化器的实际使用情况灵活设定。

4.3.2 纯化水制备系统

4.3.2.1 概述

《中国药典》规定：纯化水为符合官方标准的饮用水经蒸馏法、离子交换法、反渗透法或其他适宜的方法制备的制药用水。通常情况下，纯化水制备系统的配置方式根据地域和水源的不同而不同，纯化水制备系统应根据不同的原水水质情况进行分析与设计，然后配置相应的单元操作来依次把各指标处理到允许的范围之内。任何经过确认的恰当纯化技术或组合技术均可用于制备纯化水。纯化水可采用例如离子交换、RO、RO/电法去离子（EDI）和超滤等技术制备。制药工业领域的纯化水出水温度要求一般为常温，除采用传统的离子交换法与反渗透法相结合的方式外（图4-4），我国制药企业的纯化水制备系统还可以考虑蒸馏法进行设计，包括热压蒸馏水机与低压多效蒸馏水机等。纯化水系统需要定期的消毒和水质的监测来确保所有使用点的水符合药典对纯化水的要求。

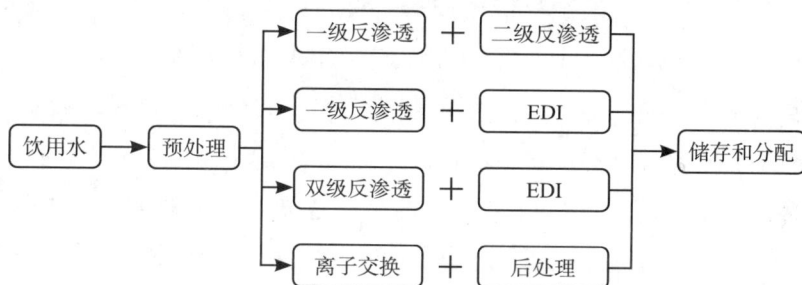

图 4-4　纯化水制备方法

4.3.2.2 主要组件简介

A. 膜过滤技术：微滤、超滤、纳滤和反渗透

膜过滤是一种与膜孔径大小相关的筛分过程，以膜两侧的压力差为驱动力，以膜为过滤介质，在一定的压力下，当原液流过膜表面时，膜表面密布的许多细小的微孔只允许水及小分子物质通过而成为透过液，而原液中体积大于膜表面微孔径的物质则被截留在膜的进液侧，从而实现对原液的分离和浓缩的目的。滤膜分离技术从分离精度上一般可划分为四类：微滤 MF、超滤 UF、纳滤 NF 和反渗透 RO，它们的过滤精度按照以上顺序越来越高，即 RO > NF > UF > MF（图4-5）。

离子和分子		大分子		微粒	
微米	10^{-3}	10^{-2}	10^{-1}	1	
纳米	1	10	10^2	10^3	

离子
硝酸根、硫酸根
氰化物、硬度、砷
磷酸根、重金属

富里酸 — 腐殖酸 — 藻类
非挥发有机物/色度/消毒副产物/致癌前驱物 — 大肠埃希菌
蛋白质 — 酶制品 — 小假单胞菌 — 细菌
氨基酸 — 小红细胞 — 流感病毒 — 似隐孢菌素

合成有机化合物
杀虫剂，表面活性剂
挥发性有机物，染料
二噁英，生物耗氧量
化学耗氧量

病毒 — 卵母细胞
脊髓灰质炎病毒 — 黏土 — 淤泥
胶体 — 乳化油 — 胶体硅

反渗透
纳滤
超滤
微滤
颗粒过滤

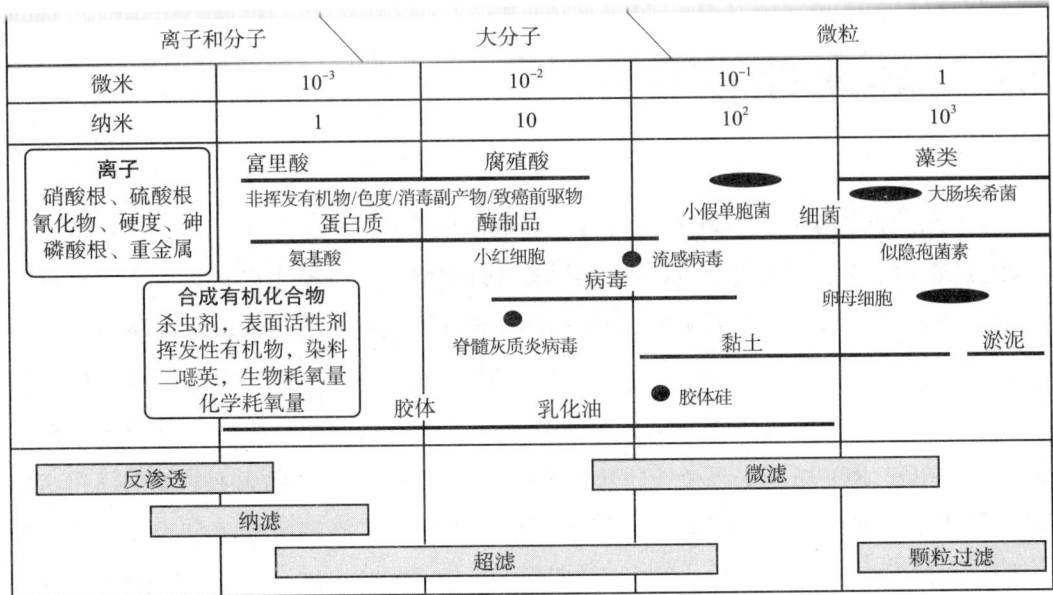

图 4-5 膜过滤原理图

➢ 微滤

微滤又称微孔过滤，属于精密过滤的一种，微滤能截留 0.1~1μm 之间的颗粒，例如，0.22μm 除菌过滤器属于典型的微滤。微滤膜允许大分子有机物和无机盐等通过，但能阻挡住悬浮物、细菌、部分病毒及大尺寸的胶体的透过，微滤具有高效、方便及经济的特点。微滤的过滤原理有筛分、滤饼层过滤和深层过滤三种。

纯化水机用保安过滤器也属于典型的精密过滤，保安过滤器大都采用不锈钢做外壳，内部装过滤滤芯，主要用在预处理装置之后，反渗透/超滤等膜过滤设备之前，用来滤除经预处理装置过滤后的细小物质（例如微小的石英砂、活性炭颗粒等），以确保水质过滤精度及保护膜过滤元件不受大颗粒物质的损坏。保安过滤装置内装的过滤滤芯精度等级通常为 5μm 等不同规格，根据不同的使用场合选用不同的过滤精度，以保证后产水精度及保证后级膜元件的安全。保安过滤器最适合应用于纯化水系统的中间过程，而不适用于循环分配系统。保安过滤器在系统中不应是唯一的微生物控制单元，它们应当是全面微生物控制措施当中的一部分。

保安过滤器可应用于纯化水系统的颗粒物和微生物截留，长时间使用后，过滤膜表面可能存在微生物增长风险，需要采取适当的操作步骤来保证在安装和更换保安过滤器的过程中滤芯的完整性，从而确保其固有的性能。微滤在减少微生物方面的效率和超滤一样，但不会产生废水。另一方面，微滤不能像超滤一样降低溶解有机物的水平，由于孔径大小不一样，微滤不能去除超滤所能去除的更小的微粒。设计时选材应可耐受热水消毒或（和）化学消毒，结合性能确认阶段的数据分析和膜前后压差，确定保安过滤器滤芯的更换周期。

➢ 超滤

超滤系统可作为反渗透的前处理，用于去除水中的有机物、细菌等，确保反渗透进水品质。超滤与反渗透采用相似的错流工艺，进水通过加压平行流向多孔的膜过滤表面，通过压差使水流过膜，微粒、有机物、微生物和其他污染物不能通过膜，进入浓缩水流中（通常是给水的 2%~10%）排掉，这使过滤器可以进行自清洁，并减少更换过滤器的频率。和反渗透一样，超滤不能抑制低分子量的离子污染。

超滤装置的分离过程不发生相变化，耗能少；分离过程可以在常温下进行，适合一些热敏性物质（例如果汁、生物制剂及某些药品等）的浓缩或提纯；分离过程仅以低压为推动力，设备及工艺流程简单，易于操作、管理及维修；应用范围广，凡溶质分子量为 1000~500000 道尔顿或溶质尺寸大小为 0.005~0.1μm，都可以利用超滤分离技术。此外，采用系列化不同截留分子量的膜，能将不同分子量溶质的混合液中各组分实行分子量分级。超滤技术不但在特殊溶液的分离方面有独到的作用，而且在工业给水方面也用得越来越多。例如在海水淡化、纯水及超纯水的制备中，超滤可作为预处理设备，确保反渗透等后续设备的长期安全稳定运行。在饮用水的生产中，超滤可发挥重要作用，超滤仅去除水中的悬浮物、胶体微粒和细菌等杂质，而保留了对人体健康有益的矿物质。

可以用来制造超滤膜的材质主要分为陶瓷材料与高分子材料，高分子材料包括聚偏二氟乙烯（PVDF）、聚醚砜（PES）、聚丙烯（PP）、聚乙烯（PE）、聚砜（PS）、聚丙烯腈（PAN）、聚氯乙烯（PVC）等，聚偏二氟乙烯和聚醚砜为目前最广泛使用的高分子超滤膜材料，可以是卷式和中空纤维的结构；陶瓷超滤材料包括三氧化二铝、氧化锆与碳化硅等，可以是单通道管式、多通道管式、平板状或碟状等多种结构。与高分子超滤膜相比，陶瓷超滤膜拥有化学稳定性高、抗热震性好、亲水性强、膜通量大、机械强度高、孔径分布集中、孔结构梯度较好等特点。

当超滤用于水处理时，其材质的化学稳定性和亲水性是两个最重要的性能。化学稳定性决定了膜材料在酸碱、氧化剂、微生物等的作用下的寿命，其还直接关系到清洗工艺的选择；亲水性则决定了膜材料对水中污染物的抗污染能力，影响膜的通量。超滤系统的设备主要包括原水箱、原水泵、超滤装置、超滤产水箱、反洗泵、氧化剂加药装置等。

超滤膜可以用多种方式消毒。大多数聚合膜能承受多种化学药剂清洗，如次氯酸盐、过氧化氢、过氧乙酸、氢氧化钠及其他药剂，有些聚合膜能用热水消毒，有些甚至能用蒸汽消毒。陶瓷超滤材料能承受所有普通的化学消毒剂、高温热水或过热水、高温蒸汽消毒或除菌工艺中的臭氧消毒。

超滤不能完全去除水中的污染物。离子和有机物的去除随着不同的膜材料、结构和孔隙率的不同而不同，对于许多不同的有机物分子的去除非常有效。超滤不能阻隔溶解的气体。大多数超滤通过连续的废水流来除去污染物，通常情况下废水流是变化的。超滤流通量和清洁频率根据进水的水质和预处理的不同而变化。有些超滤系统运行可能导致堵塞，要及时地进行处理。

超滤系统可以按照全流过滤与错流过滤两种运行模式操作（图4-6）。

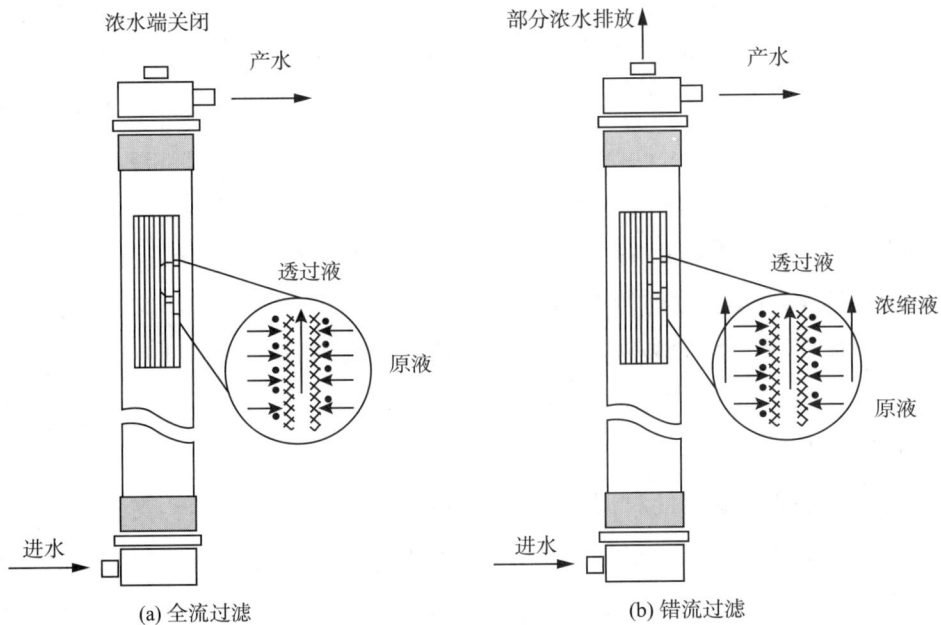

图 4-6　全流过滤与错流过滤

全流过滤模式：全流过滤也称为死端过滤，当超滤进水悬浮物、浊度和COD低时，比如洁净的地表水、井水、自来水和海水等水源，或超滤前设置有较严格的预处理，比如有混凝/澄清器、砂滤器以及多介质过滤器等，超滤可按照全流过滤模式操作。此过滤模式与传统过滤类似，进水进入超滤膜组件，全部透过膜表面成为产水从超滤膜组件过滤液侧流出。被超滤膜截流的悬浮物、胶体和大分子有机物等杂质通过定时气擦洗、水反洗和正洗以及定期的化学清洗过程排出膜组件。

错流过滤模式：当超滤进水悬浮物、浊度较高时，比如污水或污水回用处理应用，超滤可按照错流过滤模式操作。进水进入超滤膜组件，部分透过膜表面成为产水，另一部分则夹带悬浮物等杂质排出膜组件成为浓水，排出的浓水重新加压后又循环回到膜组件内，保持膜表面较高流速产生的剪切力，把膜表面上截流的悬浮物等杂质带走，从而使污染层保持在一个较薄的水平。

超滤不能完全去除水中的化学与微生物污染物，无机离子和有机物的去除随着超滤膜材料结构和孔隙率的不同而不同，超滤装置对不同的有机物分子去除效果非常好。与反渗透膜一样，超滤不能阻隔可溶性气体。高分子超滤膜具有一定的耐氧化性，短期可以耐受 100ppm 左右，同时，陶瓷超滤膜也具有极好的耐氧化性。随着现代材料科技的快速发展，无机陶瓷超滤膜已经实现了工业化应用，无机超滤膜的面世让很多高分子超滤膜的应用弊端得以弥补，当预处理装置的处理量较大时，多介质过滤器等传统过滤装置的产水长期稳定性优势并不明显，制药企业可以考虑采用超滤膜装置替代多介质过滤器等传统过滤装置。同时，超滤装置也具有良好的细菌内毒素去除能力，在国外已广泛应用于膜法制备注射用水的制备工艺中。

➤ 纳滤

纳滤是一种介于反渗透和超滤之间的压力驱动膜分离方法，它因能截留物质的大小约为 1nm 而得名，纳滤的操作区间介于超滤和反渗透之间，它截留有机物的分子量大约为 200~400，截留溶解性盐的能力在 20%~98% 之间，对单价阴离子盐溶液的脱除率低于高价阴离子盐溶液，如氯化钠及氯化钙的脱除率为 20%~80%，而硫酸镁及硫酸钠的脱除率为 90%~98%。纳滤膜一般用于去除地表水的有机物和色度，脱除井水的硬度及放射性镭，部分去除溶解性盐，浓缩食品以及分离药品中的有用物质等，纳滤膜运行压力一般为 3.5~16bar，因此纳滤又被称作"低压反渗透"或"疏松反渗透"。与传统反渗透膜相比，纳滤膜是近年发展比较快的水过滤技术，早期开发纳滤膜是为了代替常规的利用离子交换法过滤水中杂质的软化膜，故纳滤也称为低压反渗透技术。纳滤膜大多从反渗透膜衍化而来，如 CA 膜、CTA 膜、芳族聚酰胺复合膜和磺化聚醚砜膜等。

纳滤膜最大的一个特点便是它的荷电性，根据离子的大小或电价高低而对离子进行分离，进一步分离纯化液体。荷电性的缺点表现为：与制造工艺、制造材料等密切相关，一旦荷电强度过大，对膜的性能会产生极大的不稳定性，影响膜的使用寿命，导致其抗污染性能大大降低。在纳滤膜使用过程中，截留直径大于孔径的大分子有机物，利用中性不带电的小粒子筛分溶液内可以通过孔径的物质。纳滤膜的另一个特点便是其离子选择性，它对 Ca^{2+}、K^+ 的截留高于传统的反渗透技术。

纳滤装置目前的主流应用领域为环保水处理和市政供水。由于制药行业的纯化水机产能相对较小，在纯化水设备主流设计思路中，纳滤技术暂时还没有得到普遍应用与推广。EP 明确规定：注射用水可通过一个等同于蒸馏的纯化工艺来制备，采用一级反渗透或两级反渗透装置组合适当的其他技术，例如电法去离子（EDI）、超滤或纳滤。随着全球范围内膜过滤法制备注射用水技术的普及，纳滤技术的科学价值也将得到进一步认可。

➢ 反渗透系统

反渗透是最精密的膜法液体分离技术，它能阻挡所有溶解性盐及分子量大于 100 的有机物，但允许水分子透过。反渗透技术是利用压力差来去除水中的各种离子、分子、有机物、胶体、细菌、病毒、热原等，是当今世界公认的高效、低耗、无污染水处理技术，适用于预处理水的脱盐处理。反渗透法与离子交换法或其他分离过程相结合，可以降低再生剂的费用和废水排放量，也可以用来制备注射用水和超纯水。为了提高反渗透系统效率，建议对原水进行一定程度的预处理。针对原水水质情况和系统回收率等主要设计参数要求，选择适宜的预处理工艺，从而减少污堵、结垢和膜降解，大幅度提高系统效能，实现系统产水量、脱盐率、回收率和运行费用的最优化。

典型的反渗透系统包括反渗透给水泵、阻垢剂加药装置、还原剂加药装置、$5\mu m$ 保安过滤器、一级高压泵、一级反渗透装置、CO_2 脱气装置或 NaOH 加药装置、二级高压泵、二级反渗透装置以及反渗透清洗装置等。预处理系统的产水进入反渗透膜组，在压力作用下，大部分水分子和微量其他离子透过反渗透膜，经收集后成为产品水，通过产水管道进入后序设备；水中的大部分盐分、胶体和有机物等不能透过反渗透膜，残留在少量浓水中，由浓水管道排出进入回收装置。反渗透复合膜脱盐率一般大于 98%，制药行业的反渗透膜稳定脱盐率一般都在 99.5% 左右。

● 阻垢剂加药装置

阻垢剂加药系统在反渗透进水中加入阻垢剂，防止反渗透浓水中碳酸钙、碳酸镁、硫酸钙等难溶盐浓缩后析出结垢堵塞反渗透膜，从而损坏膜元件的应用特性，因此在进入膜元件之前设置了阻垢剂加药装置。阻垢剂是一种有机化合物质，除了能在朗格利尔指数（LSI）等于 2.6 的情况下运行之外，还能阻止 SO_4^{2-} 的结垢，它的主要作用是相对增加水中结垢物质的溶解性，以防止碳酸钙、硫酸钙等物质对反渗透膜的阻碍，同时，它也可以降低铁离子的堵塞。纯化水系统中是否要安装阻垢剂加药装置，这取决于原水水质与使用者要求的实际情况。

● NaOH 加药装置

反渗透的出水水质和 pH 关系较大。添加氢氧化钠的位置在一级反渗透或二级反渗透之前，主要是调节水的 pH，去除水中的二氧化碳。例如，双级反渗透系统在二级反渗透高压泵前加入 NaOH 溶液，用以调节进水 pH 值，使二级反渗透进水中 CO_2 气体以 HCO_3^- 等离子形式溶解于水中，并通过二级反渗透去除，使产水满足 EDI 装置进水要求，减轻 EDI 的负担。

- 反渗透装置

反渗透（RO）是压力驱动工艺，利用半渗透膜去除水中溶解盐类，同时去除一些有机大分子、前阶段没有去除的小颗粒等。半渗透的膜可以渗透水，而不可以渗透其他的物质，如大多数盐、酸、沉淀、胶体、细菌和内毒素。通常情况下反渗透膜单根膜的稳定脱盐率可达到 99.5%。反渗透膜的工作原理如图 4-7 所示。预处理系统的产水进入反渗透膜组，在压力作用下，大部分水分子和微量其他离子透过反渗透膜，经收集后成为产品水，通过产水管道进入后序设备；水中的大部分盐分、胶体和有机物等不能透过反渗透膜，残留在少量浓水中，由浓水管道排出。

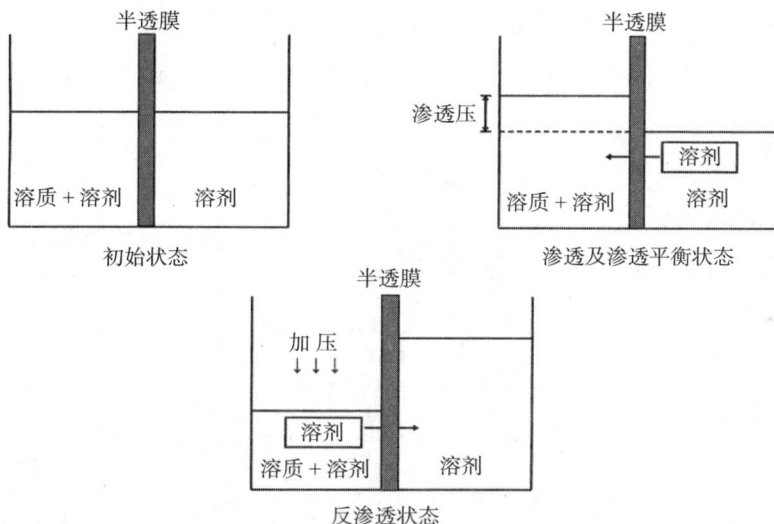

图 4-7　反渗透单元示意图

在反渗透装置（图 4-8）停止运行时，可自动冲洗 3~5 分钟，以去除沉积在膜表面的污垢，对装置和反渗透膜进行有效的保养。反渗透膜经过长期运行后，会沉积某些难以冲洗的污垢，如有机物、无机盐和生物膜的结垢等，造成反渗透膜性能下降，这类污垢建议使用化学药品进行清洗，以恢复反渗透膜的性能。化学清洗使用反渗透清洗装置进行，装置通常包括清洗液箱、清洗过滤器、清洗泵以及配套管道、阀门和仪表，当膜组件受污染时，可以用清洗装置进行 RO 膜组件的化学清洗。

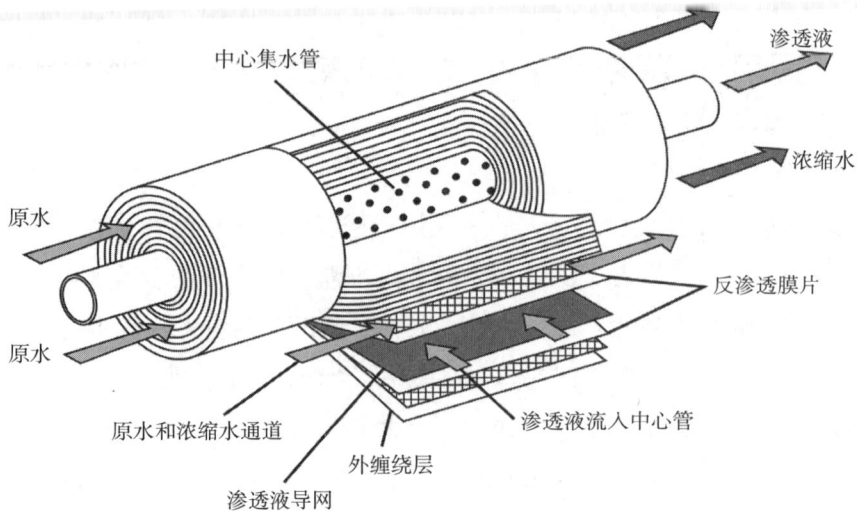

图 4-8 反渗透装置

目前，市场上反渗透膜多数采用卷式结构作为制药用水生产用。膜可以从两种基本的材料中生产：醋酸纤维素和薄膜状合成物（聚酰胺）。典型膜操作参数见表 4-12。

表 4-12　典型 RO 膜操作参数表

	醋酸纤维素	聚酰胺
pH	4~7	2~11
余氧的限制（mg/L）	1.0	0.05
除菌效果	差	好
操作温度范围（℃）	15~28	5~50
脱盐率（%）	90~98	97~99
消毒温度限制（℃）	30	50~80
进水总溶解固体范围（mg/L）	30~1000	30~1000
最大污染指数	5	5

反渗透不能完全去除水中的污染物，很难甚至不能去除极小分子量的溶解有机物。但是反渗透能大量去除水中细菌、内毒素、胶体和有机大分子，通常是用浓水流来去除被膜截留的污染物。部分反渗透的用户利用反渗透单元的浓水经简单处理后作为冷却塔的补充水或压缩机的冷却水等（需视实际水质而定，通常是二级的浓水可用）。设计 RO 系统时，浓水的处理是不容忽视的，尤其是设计产量较大的大型膜系统。从乐观的角度讲，RO 产生的浓水无非是饮用水的浓缩，因而并无大碍，然

而单级 RO 浓水排放量约占进水量的25%~30%，双级反渗透的浓水综合排放比例更高，这是一个很大的可利用水量，考虑周全的设计应涉及各种浓水处理与回收的可能性，制药企业应尽可能地利用待排放的浓水，以实现不低于50%的浓水回收再利用。

二氧化碳可以直接通过反渗透膜，反渗透产水的二氧化碳含量和进水的二氧化碳含量一样。反渗透产水中过量的二氧化碳可能会引起产水的电导率达不到药典的要求。二氧化碳将增加反渗透单元后面的混床中阴离子树脂的负担，所以，在进入反渗透前，可以通过加 NaOH 除去二氧化碳，如果水中的 CO_2 水平很高，可通过脱气将其浓度降低到大约 5~10ppm，脱气有增加细菌负荷的可能性，应将其安装在有细菌控制措施的地方，例如将脱气器安装在一级与二级反渗透之间。

反渗透在实际操作中有温度的限制。大多数反渗透系统对进水的操作都是在5~28℃之间进行的。几乎所有的反渗透膜都能用化学剂消毒，这些化学剂因膜的选择不同而不同。耐高温型反渗透膜可以采用80℃左右的热水进行短时间的周期性消毒。对于热消毒型纯化水机，反渗透膜需能耐受化学消毒和热水消毒两种功能，由于反渗透膜属于有机高分子材料，温度越高，反渗透膜的可操作压力越低。

反渗透膜必须防止水垢的形成、膜污染和膜的退化。水垢的控制通常通过膜前水的软化过程来实现。反渗透膜污垢的减少可通过前期可靠的预处理来减少杂质及微生物污染。引起膜的退化的主要原因是某个膜单元的氧化和加热退化。膜一般来说不耐氯，通常要用活性炭、紫外或 $NaHSO_3$ 去除水中的余氯。反渗透膜属于精密元器件，良好的维护保养有助于延长反渗透膜的使用寿命。制药企业应制定终处理系统用反渗透膜的定期清洗与更换计划，且应避免重复使用"再生的废旧反渗透膜"。

B. 离子交换（DI）

离子交换法是以圆球形树脂（离子交换树脂）过滤原水，水中的离子会与软化树脂上的离子交换。常见的两种离子交换方法分别是硬水软化和去离子法。硬水软化主要是用在反渗透处理之前，先将水质硬度降低的一种前处理程序。软化水设备里面的球状树脂，采用特定的阳离子交换树脂，以钠离子将水中的钙镁离子置换出来，由于钠盐的溶解度很高，所以就避免了随温度的升高而造成水垢生成的情况。这种方法是目前最常用的标准方式。采用这种方式的软化水设备一般也称为"软化器"。

离子交换器分为复床（阴阳床）与混合床两大类，包括钠离子交换器（软化器）与抛光树脂等都是离子交换树脂的具体应用。混合床就是把一定比例的阳、阴离子交换树脂混合装填于同一交换装置中，均匀混合的树脂层阳树脂与阴树脂紧密地交错排列，每一对阳树脂与阴树脂颗粒类似于一组复床，故可以把混床视作无数组复床串联运行的离子交换设备。由于交换后进入水中的氢离子与氢氧离子立即生成电离度很低的水分子，很少可能形成阳离子或阴离子交换时生成的反离子，可使交换反应进行得十分彻底。因而混床的出水水质优于阳、阴离子交换器串联组成的复床所能达到的水质，能制取纯度相当高的成品水。

离子交换系统包括阳离子和阴离子树脂及相关的容器、阀门、连接管道、仪表及再生装置等，主要作用是去除盐分。阳离子和阴离子交换树脂分别被酸和碱性溶液再生。当水经过离子交换床，水流中的离子交换了树脂中的氢和氢氧离子，在浓度的驱动下，这些交换是很容易发生的。因此，再生工艺是受高的化学品浓度驱动的。此系统的重要参数包括树脂质量、再生系统、容器的衬里及废水中和系统。通过监测产水的电导率或电阻可以监控系统的操作。

离子交换树脂有在线和离线再生系统，在线再生需要化学处理，但是允许内部工艺控制和微生物控制；离线再生可以通过更换一次新树脂完成，或通过现有树脂的反复再生完成。新树脂提供更大的处理能力和较好的质量控制，但是成本相对较高一些。树脂的再生操作成本相对较低，但是可能引起质量控制问题，如树脂分离和再生质量等。由于离子交换树脂的再生对环境产生污染且操作比较烦琐，所以，目前在国内制药行业除了采用钠离子软化的复床外，传统的复床和混床等离子交换装置应用已越来越少，而趋向于使用将电渗析与离子交换有机结合起来的连续电法去离子装置（EDI）。

C. 电法去离子（EDI）

电法去离子（EDI）是结合了电渗析与离子交换两项技术各自的特点而发展起来的一项新技术，与普通电渗析相比，由于淡室中填充了离子交换树脂，大大提高了膜间导电性，显著增强了由溶液到膜面的离子迁移，破坏了膜面浓度滞留层中的离子贫乏现象，提高了极限电流密度；与普通离子交换相比，由于膜间高电势梯度，迫使水解离为 H^+ 和 OH^-，H^+ 和 OH^- 一方面参与负载电流，另一方面又可以对树脂起就地再生的作用，因此 EDI 不需要对树脂进行再生，可以省掉离子交换所必需的酸碱储罐，也减少了环境污染。通过 EDI 设备处理后的水，产水电阻率 $> 16M\Omega \cdot cm$（电导率 $< 0.063\mu S/cm$），二氧化硅去除率高至 99% 或出水含量 $< 5ppb$。

EDI 系统主要功能是为了进一步除盐。USP 要求纯化水使用点的电导率值不高于 $1.3\mu S/cm@25℃$，这个要求是指用水点的水质指标，由于二氧化碳通过罐体呼吸器溶入纯化水后会导致电导率增高，纯化水机的产水电导肯定要远远低于此要求，与 RO/RO 系统相比，RO/EDI 系统电导率值更加稳定并始终处于较低水平，纯化水机产水电导率稳定在 0.5μS/cm 以下。EDI 在一定的原水进水条件下，采用一级反渗透技术完全可以满足 EDI 的运行，如果采用二级反渗透技术，EDI 的性能和使用寿命明显优于同类产品，尤其在除硅性能上，表现非常优越。因此，为获得更加安全、稳定的纯化水水质，满足国际化法规监管的符合性需求，RO/EDI 系统或 RO/RO/EDI 系统已得到越来越多制药企业的选择和应用。

USP 规定，纯化水的电导率检测应符合注射用水的相关要求；EP 规定，散装纯化水的电导率符合散装注射用水 <0619> 的规定时，则可以不实施 EP 5.20 章节规定的元素杂质风险评估，性状和硝酸盐被视为非强制检测。《中国药典》已于 2021~2022 年启动了纯化水与注射用水项下检测指标相关课题的前期调研。因此，推荐我国制药企业在新项目的建设中应科学评估，充分调研 EDI 的深度除盐功能，保证纯化水机的产水电导率稳定在 0.5μS/cm 以下（图 4-9），具体可参考本章节有关电导率"三步法"测定的相关内容。

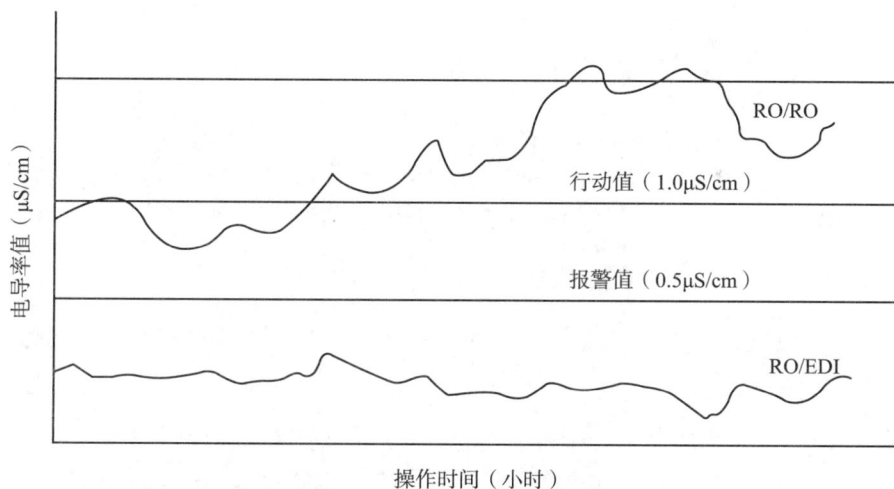

图 4-9　RO/RO 与 RO/EDI 系统的比较

EDI 系统中设备主要包括反渗透产水箱、EDI 给水泵、EDI 装置及相关的阀门、连接管道、仪表及控制系统等。EDI 原水进入系统将分成 3 股独立的水流：淡水，约占进水的 90%~95%；浓水，约占进水的 5%~10%；极水，约占进水的 1%（如有），水流流向与膜层表面平行。电法去离子利用电的活性介质和电压来达到离子的运送，从水中去除电离的或可以离子化的物质。电法去离子与电渗析或通过电的活性介质来进行氧化 / 还原的工艺是有区别的。电的活性介质在电法去离子装置当中用于交替收集和释放可以离子化的物质，便于利用离子或电子替代装置来连续输送离子。电法去离子装置可能包括永久的或临时的填料，操作可能是分批式、间歇的或连续的。对装置进行操作可以引起电化学反应，这些反应是专门设计来达到或加强其性能的，可能包括电活性膜，如半渗透的离子交换膜或两极膜。

EDI 模块两端的电极提供了横向的直流电场，电流驱动水中的阳离子（如钠离子 Na⁺）透过阳离子膜，反之阴离子（如氯离子 Cl⁻）透过阴离子膜，并防止阴阳离子由另一侧浓水室进入淡水室（阴离子不能透过阳离子膜，阳离子不能透过阴离子膜），水从离子膜表面流过而不能透过离子膜。阴阳离子从淡水室迁移到浓水室。在此过程可以去除大多数的强电解质物质，离子交换树脂起到简单的导体作用，离子交换树脂与原水的弱电解质物质（如硅）进行交换。电流促使水分子电解成氢离子和氢氧根离子，这些 H⁺ 和 OH⁻ 连续再生充填在淡水室内的离子交换树脂中（图 4-10）。进水中的阴阳离子在连续进入浓水室后被去除，高纯度的淡水连续从淡水室流出，降低了淡水室中水的离子浓度，增加了浓水室中水的离子浓度，从而使得淡水室中水的纯度越来越高。

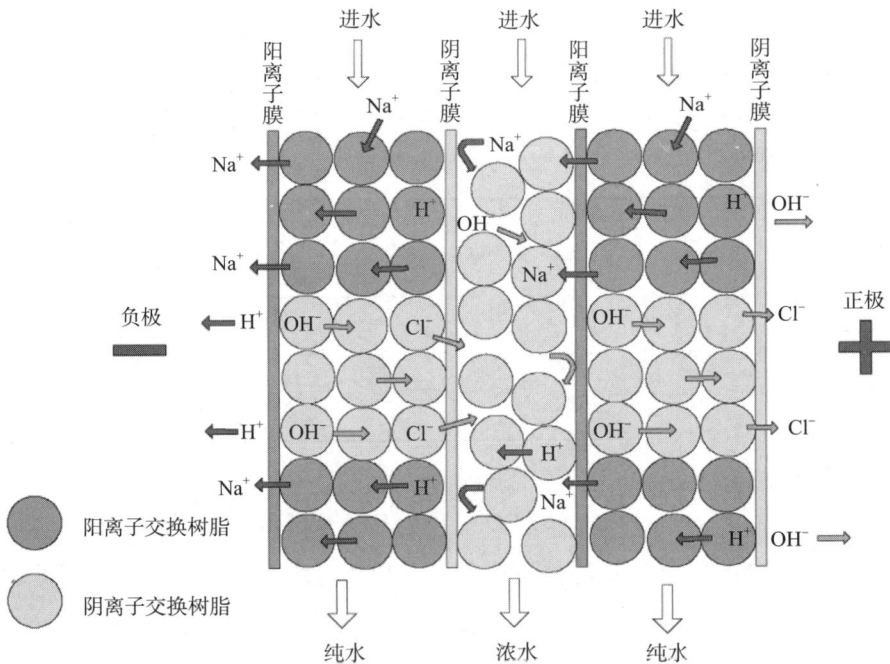

图 4-10 EDI 工作原理图

EDI 模块作为 EDI 装置的核心部件，其设计参数是保证 EDI 装置整体运行性能的关键。EDI 模块按其结构形式可分为板框式与螺旋卷式两种（图 4-11）。

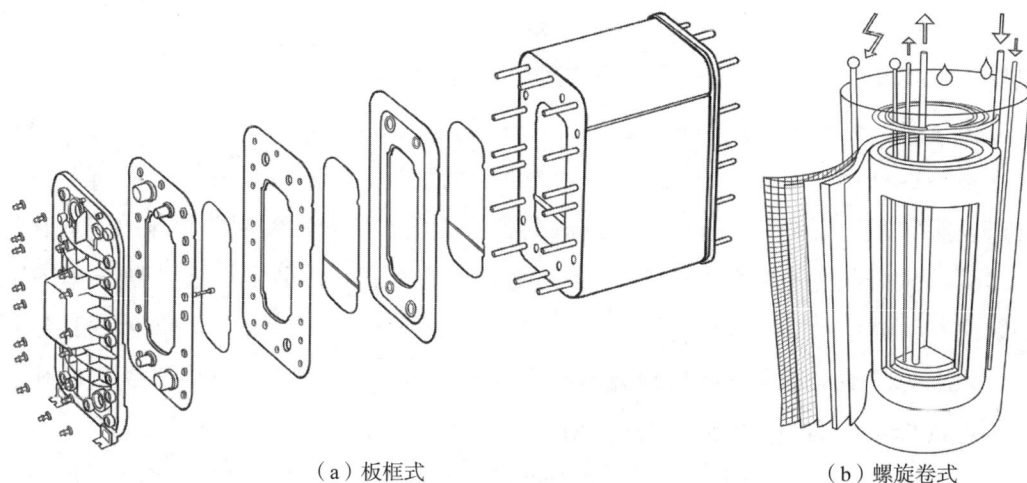

（a）板框式 　　　　　　　　　　　　　　（b）螺旋卷式

图 4-11　EDI 的结构类型

板框式 EDI 模块：板框式 EDI 模块简称板式模块，它的内部部件为板框式结构，主要由阳、阴电极板、极框、离子交换膜、淡水隔板、浓水隔板及端板等部件按一定的顺序组装而成，设备的外形一般为长方形或圆形。

螺旋卷式 EDI 模块：螺旋卷式 EDI 模块简称卷式 EDI 模块，它主要由电极、阳膜、阴膜、淡水隔板、浓水隔板、浓水配集管和淡水配集管等组成。它的组装方式与卷式 RO 相似，即按"浓水隔板 -- 阴膜 -- 淡水隔板 -- 阳膜 -- 浓水隔板 -- 阴膜 -- 淡水隔板 -- 阳膜……"的顺序，将它叠放后，以浓水配集管为中心卷制成型，其中浓水配集管兼作 EDI 的负极，膜卷的一层外壳作为阳极。

按运行方式分类，EDI 模块分为浓水直排式和浓水循环式。EDI 单元不能去除水中所有的污染物，主要是去除离子的或可离子化的物质。EDI 单元不能完全纯化进水流，水系统中的污染物是通过浓缩水流来排掉的。EDI 单元必须避免水垢的形成，还有污垢和受热或氧化退化。预处理及反渗透装置能明显地降低硬度、有机物、悬浮固体和氧化剂，从而达到可以接受的水平。EDI 单元主要用一些化学剂消毒，包括：无机酸、碳酸钠、氢氧化钠、过氧化氢等。EDI 在实际操作中是有温度限制的，大多数 EDI 单元是在 10~40℃进行操作，特殊制造的 EDI 模块可以采用 80℃左右的热水消毒。

D. 蒸馏法

蒸馏是指利用液体混合物中各组分挥发性的差异而将组分分离的传质过程，将液体沸腾产生的蒸汽导入冷凝管，使之冷却凝结成液体的一种蒸发、冷凝的过程。蒸馏是分离沸点相差较大的混合物的一种重要的操作技术，尤其是对于液体混合物的分离有重要的实用意义，广泛应用于炼油、化工、轻工等领域。从世界蒸馏发展史看，蒸馏法是人类使用最广泛、研究最深入的一种纯化技术。

在我国，多效蒸馏水机非常普及，但这种设备的出水温度很高，不适合常温纯化水系统的制备，因此，蒸馏法的利用价值一直没有得到重视，除了在某些学校、科研院所和医疗机构外，很少有蒸馏法制备的纯化水机投入到制药领域的工业化生产。不过，随着热压蒸馏技术与低压蒸馏技术在制药行业的研发突破、普及与应用，蒸馏法制备纯化水的价值也将在不久的将来被慢慢开发出来。热压蒸馏水机以饮用水为原水时，出水温度可以为常温，也可以为高温。常温的纯水可以作为纯化水使用，高温的纯水可以作为注射用水使用。

热压蒸馏水机的工作原理就是利用进料水在列管的一侧被蒸发，所产生的蒸汽通过分离空间后再通过分离装置进入压缩机，通过压缩机的运行使得压缩蒸汽的压力和温度升高，然后高能量的蒸汽被释放回蒸发器和冷凝器。水被加热蒸发的越多，产生的蒸汽也就越多，此纯水工艺过程不断地重复。热压蒸馏水机主要由容积压缩机、蒸馏柱、主冷凝器、电阻、工业蒸汽、浓水排放阀、液位器、静压柱、呼吸过滤器、换热器、输送泵、浓水换热器等组成。热压式蒸馏水机可以依据需求生产不同温度的产品水，它可以分别给纯化水分配系统与注射水分配系统提供水源，在公用工程的配置上带来的巨大的优势。

E. 紫外灯

紫外线是电磁波的一种，它介于 X 线和可见光之间，波长范围为 10~400nm，与电磁波特性相同，波长越短，能量越高，穿透能力越弱；波长越长，能量越低，穿透能力越强。紫外灯使用方便，是一种非常普遍地用来抑制微生物生长的装置，通常配有强度指示器或时间记录器。用于水处理领域的紫外线灯管有低压传统紫外灯管、低压汞齐紫外灯管和中压紫外灯管。常见工艺包括紫外线消毒、去除余氯与分解臭氧。

紫外线的强度、光谱波长和照射时间是紫外光线消毒效果的决定因素。254nm 波段附近的紫外线可以破坏微生物（细菌、病毒和真菌等）的 DNA 结构，破坏的 DNA 结构阻止了微生物的复制，因此，利用 254nm 左右波段的紫外灯作为消毒装置。进行微生物控制的紫外线灯通常安装在制备系统中诸如活性炭单元的下游，因为此处需要进行微生物水平的控制。紫外单元上游的过滤可能有助于减少来源于活性炭单元、软化器或其他介质类型工艺上游的微粒物质从紫外线灯屏蔽微生物的可能性。

紫外线通过减缓水系统中新的菌落生长速度而影响生物膜的生成，但是这只对浮游类微生物部分有效。紫外线不能作为独立的水系统消毒方法，因为紫外线不能有效照射去除紫外线设备腔体以外的其他管路，如紫外灯与常规的热水或化学消毒方法联用，就可以非常有效地延长周期性消毒间隔时间。紫外线杀菌器需带有时间累计提示功能和强度监测与报警功能，以便提醒使用者及时更换紫外灯管，当系统为周期性巴氏消毒时，紫外灯的设计结构还需满足耐高温的需求。紫外线杀菌器主要安装于膜法制备注射用水机的 RO/EDI 循环管路、纯化水／注射用水储存与分配循环管路，水系统的周期性消毒通过化学或巴氏等消毒方式来实现。

F. 换热器

在纯化水系统的典型应用中，换热器是一种在不同温度的两种或两种以上流体间实现物料之间热量传递的节能设备，将热量由温度较高的流体传递给温度较低的流体，使流体温度达到流程规定的指标，以满足工艺条件的需要，同时，换热器也是提高能源利用率的主要设备之一。运用较为广泛的主要有列管式换热器与板式换热器，主要用于预处理部分、反渗透装置及 EDI 装置的消毒；容积式等其他类型的换热器在软化水系统的设计中也常有应用。为防止系统交叉污染，换热器多采用双端板设计，采用双胀接或胀接／焊接工艺进行加工，在两块板片之间会有方便观察的泄漏检测口，在管与管板连接的位置发生泄漏的情况下，泄漏直接通向大气而非进入洁净水流中。

列管式换热器主要由壳体、管束、管板和封头等部分组成，壳体多呈圆形，内部装有平行管束或螺旋管，管束两端固定于管板上，管束内表面应平整光滑，以便实现换热装置的重力全排尽。在管壳换热器内进行换热的两种流体，一种在管内流动，其行程称为管程；一种在管外流动，其行程称为壳程，管束的壁面即为传热面。管壳式换热器多为不锈钢 316L 为主体的金属结构，分为直通式和 U 形两种形式，管壳式换热器便于清洗且有利于微生物繁殖的抑制，现已成为制药用水系统中运用最为广泛的一类换热器。

板式换热器体积小，维修与安装方便，可随意增加板片来增加换热器的换热面积。板式换热器可设计为单板板式结构或双板板式结构，双板板式换热器的不可自排尽特性导致它具有一定的微生物污染风险，因此，推荐板式换热器不要使用在储存与分配系统中，但它可以被用在纯化水的预处理或终处理单元的加热／冷却工艺中。

4.3.2.3 典型纯化水系统的设计过程概述

A. 设计依据

原水水质和工艺用水水质要求。在设置纯化水系统参数或制订用户需求标准（URS）时应考虑以下方面（包括但不限于）：

- 进水质量及其随季节的变化情况；
- 用户水量需求；
- 所需水质量标准；
- 所需纯化步骤顺序；
- 对取样点位置进行恰当设计，以避免潜在污染；
- 单位处理步骤有适当的仪表对参数进行测量和记录，如流量、压力、温度、电导率、pH 值和总有机碳；
- 建造材料；
- 消毒处理策略；
- 主要组件；
- 互锁、控制和警报；
- 电子数据存储，系统安全和审计追踪。

B. 原水水源及水质

纯化水应至少采用饮用水作为原水，用户提供的水质报告单如无法满足饮用水的质量要求，则需要进行预处理。鉴于季节对水质的显著影响，应有一年四季的原水水质分析报告。

C. 设计规模

产水量：根据客户提供的用水量统计或要求而定。

D. 工艺用水水质

纯化水应满足相关药典质量标准中的化学纯度和微生物限度要求。纯化水质量符合最新版的《中国药典》、EP 或 USP 质量要求，各国药典对纯化水的要求见前面的章节。

E. 公用系统要求

- 原水应满足或处理成饮用水标准，其供给能力大于纯水设备的生产能力；
- 如果系统中配置换热器进行热水消毒，一般需要 2.5~3bar 的工业蒸汽；
- 用于控制系统的压缩空气压力一般为 5.5~8bar，用于预处理部分反洗的压缩空气压力一般为 2bar；
- 不同生产能力的设备对电源功率要求不一样。

F. 控制系统

控制系统通常采用 PLC 自动控制和手动控制。当设备正常运行时，采用 PLC 控制，当遇到紧急情况或设备处于非正常工作时，可采用手动控制。控制系统要监控操作参数如进水的 pH 值、进水电导率、进水温度和终端产品质量（如电导率和温度等），这些参数用可校验且可追踪的仪表来测量，可以用手写或电子记录，包括有纸的或无纸的记录系统来记录相关数据。

通常情况下，控制要求如下：

- 符合相应电气规范要求，保证电器安全和仪表的可靠。自控系统的建立体系可参考 GAMP；
- 要有过程参数的显示、检测、记录及报警。常见的检测及报警项目示例见表 4-13。

表 4-13　纯化水机的常见检测及报警项（示例）

温度：

原料水的温度	
换热器进水温度高（如果有）	高低报警提示，不停机
换热器出水温度高（如果有）	高低报警提示，不停机
纯化水产水温度	

压力：

压缩空气低	压力低报警停机，停机字幕留屏
一级 RO 泵前压力	压力低下限报警停机，停机字幕留屏
一级 RO 进水压力	压力高超上限报警停机，停机字幕留屏
二级 RO 泵进水压力	压力低下限报警停机，停机字幕留屏

二级 RO 进水压力	压力高超上限报警停机，停机字幕留屏
EDI 进水压力	压力高超上限报警停机，停机字幕留屏

液位：

原水罐液位低	液位低报警停机，停止原水泵或者反洗泵
原水罐液位高	液位高报警不停机，关闭原水罐进水阀
中间水罐液位低	液位低报警停机，停机字幕留屏
中间水罐液位高	液位高报警提示，不停机
再生盐箱液位低	液位低报警提示，再生阶段停机
纯水罐液位低	液位低报警提示，不停机
纯水罐液位高	液位高报警提示，不停机，进行低压循环

其他：

原水泵变频报警（如果采用变频）	变频器故障报警停机，停机字幕留屏
反洗水泵软启动器报警	软启动故障报警停机，停机字幕留屏
一级 RO 泵变频报警（如果采用变频）	变频器故障报警停机，停机字幕留屏
增压泵变频报警（如果采用变频）	变频器故障报警停机，停机字幕留屏
二级泵变频报警（如果采用变频）	变频器故障报警停机，停机字幕留屏
EDI 模块报警	EDI 模块报警停机，停机字幕留屏
EDI 模块浓水流量开关	流量下限报警停机，停机字幕留屏
二级 RO 进水 pH	pH 高、低报警提示，不停机
一级 RO 产水电导率高	高于上限报警提示不停机，不合格回流，延时（HMI 可设时间）之后停机，停机字幕留屏
二级 RO 产水电导率高	高于上限报警提示不停机，不合格回流，延时（HMI 可设时间）之后停机，停机字幕留屏
EDI 产水电导率高	高于上限报警提示不停机，不合格回流，延时（HMI 可设时间）之后停机，停机字幕留屏

记录：

- 一级反渗透产水电导率的记录；
- 二级反渗透产水电导率的记录；
- 产品纯水电导率的记录。

G. 典型的工艺流程

纯化水机的主流工艺主要经过了三个发展阶段：20 世纪 90 年代以前，第一代纯化水机采用"预处理系统→阴床/阳床→混床"工艺，系统需要外置大量的酸、碱化学药剂来再生阴/阳离子树脂，该工艺不符合国家的环保大方针，目前使用很少；1990~2000 年，第二代纯化水机采用"预处理系统→反渗透→混床"或"预处理系统→反渗透→反渗透"工艺，经过半个世纪的实践应用，反渗透技术极大地降低了纯化水机制备工艺中化学药剂的使用量，该工艺水利用率较低，纯化水的出水电导率不高；2000 年以后，第三代纯化水机采用"预处理系统→反渗透→EDI"工艺，EDI 的出现有效避免了再生化学药剂的使用，而且可以将纯化水的电导率控制在极低的水平，极大地推动了全球药典制药用水电导率测定法的应用与普及，现已成为各国纯化水机制备的主流工艺。主要的工艺过程可描述为"预处理→脱盐→终处理"，如图 4-12 是一种典型的纯化水机工艺流程图，其中一级 RO 与 EDI 的浓水去向暂未标识，工艺流程中是否需要设置中间水箱可由使用方综合评估而定。

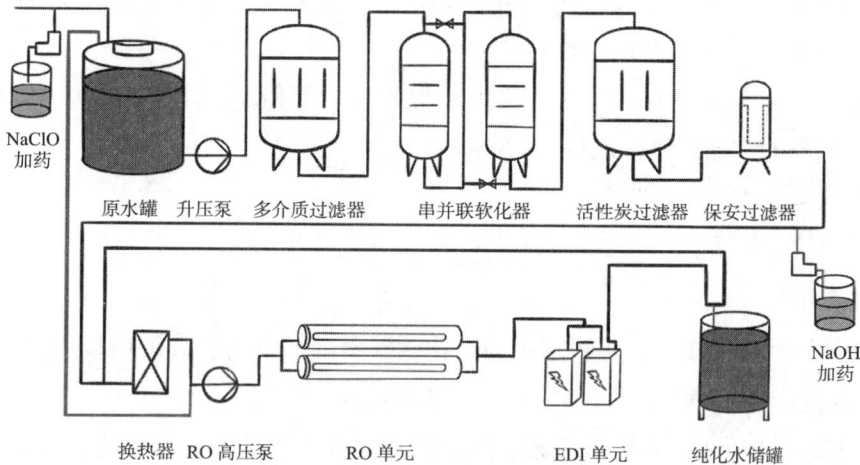

图 4-12 典型的纯化水机工艺流程图

H. 微生物控制

常温系统如离子交换、RO 和超滤对微生物污染尤其敏感，特别是当设备在低水量或无水而处于静止状态时，应规定定期消毒（例如，基于从系统验证和系统行为中收集的数据）和采取其他控制措施防止和降低微生物污染。每个纯化单元的消毒方法都应该是适当且有效的，如果使用化学试剂进行消毒，则应验证其去除效果。

应根据对系统的了解和数据趋势分析，制订纯化水适当的微生物行动限和警戒限。应保护散装纯化水不受到再次污染，不会有微生物快速滋生。为了尽量降低微生物污染，应考虑以下控制措施：

- 应始终维持一定的水流速并达到湍流状态，以防止水流停滞；
- 应使用热交换器来控制系统温度，以降低微生物滋长的风险；
- 在系统适当位置安装紫外消毒（如有必要）；
- 水处理系统组件的使用，可以定期在 70℃ 以上进行热水消毒，或使用化学消毒［例如，臭氧、过氧化氢和（或）过氧乙酸］，如有需要，还可采用热水与化学的组合消毒。

4.3.3 注射用水制备系统

4.3.3.1 概述

注射用水制备工艺流程选择时的参考因素包括：原水水质；产水水质；设备工艺运行的长期可靠性；化学纯度去除能力；微生物预防措施和消毒措施；设备运行及操作人员的专业素质；适应原水水质季节等因素变化的包容能力和可靠性；设备清洗维护与耗材更换的方便性；设备公共工程的消耗；设备的产水回收率及浓液的二次处理；日常的运行维护成本；系统的监控能力与信息化水平。全球范围内，注射用水的制备通常通过以下三种方式获得：

- 多效蒸馏法；
- 热压式蒸馏法；
- 非蒸馏法。

《中国药典》中规定：注射用水为纯化水经蒸馏所得的水。采用膜过滤等非蒸馏的方法制备注射用水暂未被《中国药典》正式收录。

蒸馏是通过气液相变法和分离法来对原料水进行化学和微生物纯化的工艺过程。在这个工艺过程当中水被蒸发，产生的蒸汽从水中脱离出来，而流到后面去的未蒸发的水溶解了固体、不挥发物质和高分子杂质。在蒸馏过程当中，低分子杂质可能夹带在水蒸发后的蒸汽中以水雾或水滴的形式被携带，所以需要通过一个分离装置来去除细小的水雾和夹带的杂质，这其中包括内毒素。纯化了的蒸汽经冷凝后成为注射用水。

单效蒸馏水机主要用于实验室或科研机构的注射用水制备，通常情况下产量较低。由于单效蒸馏只蒸发一次，蒸发效率较低、加热蒸汽消耗量较高，在我国属于明令淘汰的产品。目前国内药厂多选用节能、高效的多效蒸馏设备用于注射用水的生产。

4.3.3.2 多效蒸馏水机

A. 概述

多效蒸馏设备通常由两个或更多蒸发换热器、分离装置、预热器、两个冷凝器、阀门、仪表和控制部分等组成。一般的系统有 3~8 效，每效包括一个蒸发器、一个分离装置和一个预热器。在一个多效蒸馏设备中，经过每效蒸发器产生的纯化了的蒸汽（纯蒸汽）都用于加热原料水，并在后面的各效中产生更多的纯蒸汽，纯蒸汽在加热蒸发原料水后经过相变冷凝成为注射用水。由于在这个分段蒸发和冷凝过程当中，只有第一效蒸发器需要外部热源加热，经最后一效产生的纯蒸汽和各效产生的注射用水的冷凝是用外部冷却介质来冷却的，所以在能源节约方面效果非常明显，效数越多节能效果越好。在注射用水产量一定的情况下，要使蒸汽和冷却水消耗量降低，就得增加效数，这样就会增加投资成本，出于这方面的考虑，要选择合适的效数，这需要药厂购买方与生产厂家共同进行确定。

注射用水应满足相关药典标准中的化学纯度和微生物限度要求（包括内毒素）。注射用水为药典级制药用水的最高质量标准。注射用水应有适当的行动和警戒限，还应使其受保护并不受到再次污染，不会有微生物的快速滋生。由于注射用水的生产应采用一种稳健的技术，在设置注射用水系统或定义 URS 时应考虑以下几点：

- 具有季节变化影响的原水水质报告（原水为饮用水时需关注）；
- 用户所需的水量；
- 所需水的质量标准；
- 必要的纯化步骤顺序；
- 基于部件和系统类型选择适当的 URS、确认和验证；
- 最佳制备系统尺寸或配有可变控制的制备系统，以避免过于频繁的开停机；
- 自动放空和排放功能；
- 安装呼吸器，以避免污染入侵；
- 取样点的适当位置设计，以避免潜在污染；
- 根据需要使用适当的仪器来测量参数；
- 卫生处理策略；
- 联锁，控制和报警；
- 电子数据存储，系统安全和审计跟踪。

B. 典型的多效蒸馏水机工作原理图（图4-13）

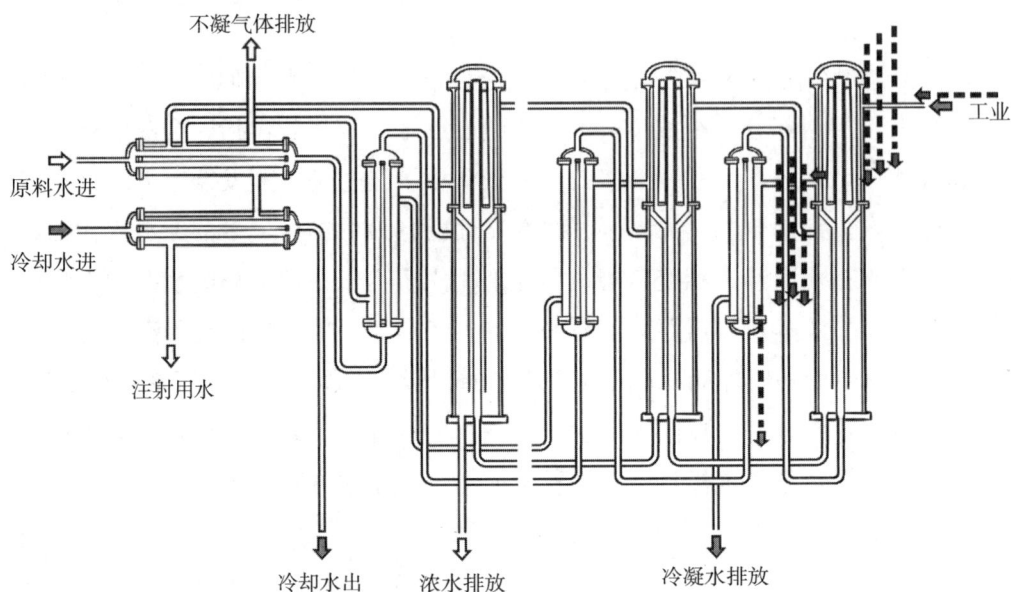

图4-13　多效蒸馏水机工作原理图

C. 公用系统要求

根据设备不同，对公用系统的要求也不尽相同。

- 一般需要 2.5~8bar 的工业蒸汽；
- 原料水为满足药典要求的纯化水，其供给能力应大于多效蒸馏设备的生产能力；
- 多效蒸馏水机冷却水的温度一般为 7~15℃，为了防止冷凝器结垢堵塞，通常情况下至少要使用软水作为冷却水；
- 工业蒸汽和冷却水的消耗量因注射用水的产量和效数的不同而有很大的变化；
- 用于控制系统压缩空气的压力一般为 5.5~8bar；
- 多效蒸馏水机的产水温度可以在控制程序里设置，通过冷却水来调节；
- 不同生产能力的设备对电源功率要求不一样。

D. 蒸发器原理

多效蒸馏设备常采用列管式热交换"闪蒸"使原料水生成纯蒸汽，同时将纯蒸汽冷凝成注射用水。其核心部分为分离结构，如图4-14所示。

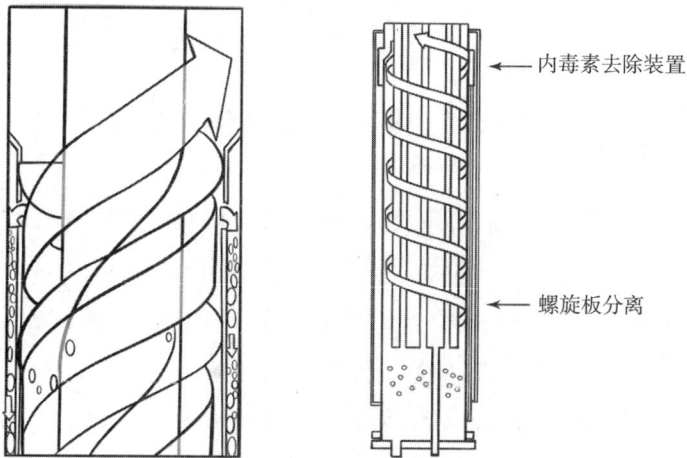

图 4-14　蒸发器分离原理图

工业蒸汽经过一效蒸发器蒸汽入口进入到壳程与进入蒸发器管程的原料水进行热交换，所产生的凝结水通过压力驱动和重力沉降由凝结水出口排出蒸发器。以某型号多效蒸馏水机为例，原料水经过蒸发器上部的进水口进入并均匀喷淋沿着列管管壁形成降液膜与经过壳程的蒸汽进行热交换，产生的气水混合物下沉进入分离器，在连续的压力作用下使混合物中的蒸汽上升，上升的蒸汽与夹带的小液滴进入分离器后，小液滴从蒸汽中分离出来聚集沉降到底部，产生的纯蒸汽由纯蒸汽出口进入下一效作为加热源。混合物中未蒸发的原料水与被分离下来的小液滴在两个蒸发器间的压差作用下进入下一效蒸发器继续蒸发。依此类推，后面的蒸发器原理与之相同，第一效以后的蒸发器用的是前一效蒸发器产生的纯蒸汽作为加热源。纯蒸汽在二效开始冷凝并被收集输送到冷凝器的壳程中。末效产生的纯蒸汽进入冷凝器壳程与进入的注射用水混合。

E. 预热器原理

蒸馏水机中预热器的加热源是蒸汽或蒸汽凝结水，来自蒸发器的蒸汽或蒸汽凝结水进入预热器的壳程与经过管程的原料水进行换热。预热器对原料水是逐级预热的，经过冷凝器的原料水温度在 80℃以上，这个温度的原料水建议经过预热器逐级加热直到终端达到沸点后进入蒸发器蒸发。

F. 冷凝器原理

冷凝器内部是列管多导程结构，原料水经过管程后进入预热器，末效产生的纯蒸汽和前面产生的注射用水进入壳程与经过管程的原料水换热，产生的注射用水流

513

过上冷凝器由底部注射用水出口进入到下冷凝器（冷却器），再从注射用水总出口流入储罐进行储存。

通常在冷凝器的上部安装一个 0.22μm 的呼吸器，呼吸器是防止停机后设备内产生真空并且可以防止微生物及杂质进入冷凝器中污染设备；它也可以进行不凝气体和挥发性杂质的排放。当检测到的注射用水温度高而需要辅助冷却时，冷却水会经过冷却进水管进入到下冷凝器（冷却器）的管程与壳程内的注射用水进行换热，并由冷却水出口排出。通常设备都是使用双冷凝器，上冷凝器走原料水，下冷凝器（冷却器）走冷却水。呼吸器安装在上冷凝器的上部。

一般来说，用于多效蒸馏设备的冷却水与原料水的水质是不同的，但根据目前的情况而言，需要采取防止水垢和防止腐蚀的措施，如降低硬度，去除游离氯和氯化物是非常有必要的，所以用软化水作为冷却水是一个较好的选择。

关于卫生建造，可以在任何有可能的情况下采用轨道钨极惰性气体保护焊或在焊接后能保证内部表面光滑的手动焊接。所有可以拆卸的连接都要采用卫生型结构，普通法兰和螺纹连接通常被认为是不卫生的结构，要尽量避免。

G. 典型的设计特点及要求

- 蒸馏水机承受压力 8bar 或更高；压力容器设计符合 GB150 或其他可被接受的压力容器法规标准，如 ASME 或 PED。
- 第一效蒸发器、全部的预热器和冷凝器都应采用双管板结构，双管板可以防止交叉污染，其结构示意图见图 4-15。
- 冷凝器的设计要有倾斜角，可排尽；各蒸发器和冷凝器要有不凝气体排放装置。
- 冷凝器设计应有防真空装置。
- 蒸馏水机的一效、末效应有液位超高自动排放功能。

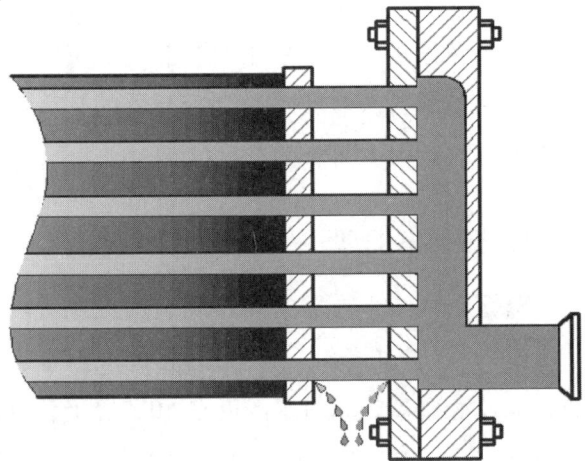

图 4-15　双管板防交叉污染示意图

- 各效有下排。
- 末效浓缩水应有防污水倒流功能。
- 冷却水应有连续调节功能（保证注射用水恒温）。
- 所有输汽管应做保温，减少热损失。

- 控制柜采用送风保护，要达到防尘、防热、防潮作用；仪表柜与强电柜分开。
- 可采用有纸或无纸记录仪，记录进水电导率、出水电导率和出水温度。
- 注射用水的电导率仪应有温度补偿功能。
- 架体应有调整水平的装置。

H. 蒸馏的特点

- 蒸馏工艺过程中的蒸发过程需要消耗大量的热能，蒸发器的换热效率直接关系到综合能源消耗比；
- 换热效率与换热面积、传热温差、蒸汽流速和方向有密切关系；
- 制药用蒸馏水机的产水水质至关重要，产水水质决定于汽－液分离效能；
- 蒸馏过程是一个带消毒灭菌功能的热力相变过程，也是一个汽液两相分离的纯化过程；
- 蒸馏对压力容器的要求较高，需要消耗大量的工业蒸汽，容易滋生红锈。

I. 配管要求

- 管子的弯曲尽量采用三维弯管，尽量减少弯头对接，这样更好地保证管子内表面质量；
- 焊点图要有焊缝编号，关键部位的焊缝要有焊丝材质、焊接工艺参数、一定比例的 X 线探伤和内窥镜检验报告、酸洗钝化报告等；
- 凡是与原料水、纯蒸汽及注射用水接触的管子内表面应做抛光处理；
- 尽量遵从 L < 3D 死角原则来配管，其中 L 是指流动侧主管网管壁到支路盲板（或用点阀门中心）的距离，D 是指支路的内径。

J. 控制要求

- 符合 CE 要求，保证电器安全和仪表的可靠。自控系统的建立体系可参考 GAMP；
- 要有过程参数的显示、检测、记录及报警；
- 常见的检测及报警项目示例见表 4-14。

表 4-14　多效蒸馏水机的常见检测及报警项（示例）

温度：

各个蒸发器的温度检测	
原料水预热终端的温度检测	
注射用水的温度检测	高低报警提示，不停机
一效蒸发器凝结水温度的检测	超设定值报警提示，停机字幕留屏

压力：

工业蒸汽的压力检测	压力低报警提示，不停机
冷却水压力的检测	压力低报警提示，不停机
压缩空气的压力检测	压力低报警停机，停机字幕留屏

液位：

原料水进机液位的检测	液位低报警停机提示，停机字幕留屏
一效蒸发器的液位检测	液位升高报警提示，不停机，延时后如果不回落立即下排
末效蒸发器的液位检测	液位升高报警提示，不停机，延时后如果不回落立即下排
注射用水储罐的液位检测	上限报警停机提示，停机字幕留屏

记录：

- 进机原料水电导率的记录；
- 产品注射用水电导率的记录；
- 产品注射用水温度的记录。

K. 建造材料要求

- 凡是与纯化水、注射用水、纯蒸汽接触的材料应采用耐高温腐蚀的 316/316L 等奥氏体不锈钢或其他与之性能相符的材料，避免采用 CF3M、1.4409 等耐高温腐蚀性差的奥氏体不锈钢材料；

- 密封材质采有无毒无脱落的制药级别的材质，如硅胶或 EPDM（三元乙丙橡胶）；如应用在耐高温的场合，可采用 PTFE（聚四氟乙烯）或 PTFE 与 EPDM 的合成材质。

L. 表面要求

凡是与纯化水、注射用水、纯蒸汽接触的表面推荐采用机械抛光（Ra ≤ 0.8μm）

516

并进行酸洗钝化处理，具体可参见《GB 50457—2019 医药工业洁净厂房设计标准》与《GB 50913—2013 医药工艺用水系统设计规范》；有条件的企业可以考虑电解抛光，电解抛光的优点是：

- 光洁度可以做到 Ra ≤ 0.6μm，表面形成致密的钝化膜，提高不锈钢表面的抗氧化和抗腐蚀能力；
- 提高系统运行过程中的自净能力；
- 减少微生物在表面滞留，避免形成顽固性生物膜；
- 减少红锈颗粒等金属杂质的快速聚集，避免形成严重红锈。

M. 风险分析

- 高压运行可能带来高汽速的蒸汽摩擦使内筒体和螺旋板造成奥氏体不锈钢的晶间腐蚀，出现龟裂现象，蒸发器渗漏将导致产品注射水中的热原不合格。

- 蒸馏水机一效蒸发器的工业蒸汽进汽管内的凝水（显弱酸性）如果不排尽，将会腐蚀第一效的蒸发器列管，同时开机会伴有水锤现象，容易震裂蒸发器的焊缝而导致泄漏。

- 蒸发器、冷凝器、预热器的双管板设计面临渗漏风险，假如胀接工艺不合理，胀接处变薄会出现裂纹，外界介质与成品水交叉污染将造成热原不合格；另外一种情况是，由于设计原因没有考虑膨胀节使筒体与列管之间热应力大小不一致，管子的胀接部位将超出受拉极限而断裂，该处一旦破坏就将不可修复。

- 安装风险：一效蒸发器的凝结水如果在背压条件下排放，容易导致压力表不准，实际蒸汽压力没有那么高，压力传感器又检测不到；末效浓缩水排放不能与下水连接，一旦蒸馏水机出现真空将污水吸入冷凝器将会造成注射用水系统的污染且清洗非常困难。

- 操作风险：隔膜阀的膜片是否密封；原料水阀组上部的单向阀是否能够阻止高温水倒流；阀组的调节是否遵守线性规律；末端疏水器是否堵塞而影响操作等。

- 压力表、调节阀、流量计失真风险：制药企业可结合实际需求选择油浸式压力表或隔膜式压力表，压力表表针震动造成压力指示不准确，校验结果不准；调节阀是否符合调节规律；流量计是否有准确的输出，并与调节阀准确匹配原料水的供给流量。

- 高液位跳跃运行风险：当多效蒸馏水机的一效和末效蒸发器液位经常跳跃造成供水阀门调节频繁时，蒸馏的过程会不稳定，导致水质恶化。

- 工业蒸汽压力波动幅度大造成的风险：蒸馏水机的热源工业蒸汽压力大幅度波

动是影响其操作的主要因素，如果波动很小蒸馏水机的操作将很平稳，注射用水的纯度也会保持连续稳定。

● 材质风险：材料对于多效蒸馏水机来说是很重要的，如304的材料用于高温部位生产注射用水，使用一段时间后其内部颜色是褐色的，停机一段时间后其内部就会有锈蚀的杂质脱落，在水中出现小黑点。这种杂质不易清洗，只有连续用水冲刷内表面的结垢后才会消失，使得药品质量存在可能受到影响的风险。多效蒸馏水机用隔膜阀阀体应选择316L材质（钢牌号：S31603），不应采用耐高温腐蚀性差的材料铸造隔膜阀体（钢牌号：CF3M）。多效蒸馏水机的出水温度不宜过高（例如，不超过90℃或95℃），以免发生严重的红锈腐蚀。

● 冻裂风险：冬季出厂测试后蒸馏水机发运到药厂，安装调试时可能发现某些部位有渗漏，这是残水没有排尽冻裂所致，如果在出厂测试后立即进行停机排放将会避免此类事情的发生；制药厂冬季停产维修时也要注意，如果室内温度低于5℃也可能存在此类风险。

N. 经济运行及节能降低成本分析

消耗性能 QA，QB，QC 是多效蒸馏水机的 3 个主要经济消耗指标。Q 为单位时间内测得的注射用水产量，单位为 L/h；QA 为单位时间内生产一定量的注射用水所需消耗的蒸汽量，单位为 L/h；QB 为单位时间内生产一定量的注射用水所需消耗的冷却水量，单位为 L/h；QC 为单位时间内生产一定量的注射用水所需消耗的原料水量，单位为 L/h。《JB/T 20030—2012 多效蒸馏水机》规定，产水量不超过 4000kg/h 的六效多效蒸馏水机能耗比应不高于 0.25（表 4-15），相当于制备 1000L 注射用水所需工业蒸汽的量不超过 250kg，制药企业可以参考这个标准的性能指标，分析多效蒸馏水机的实际运行能耗。

表 4-15　多效蒸馏水机的能耗比（行业标准）

型式		列管式			
效数		3	4	5	6
比值	Q_A/Q	≤ 0.45	≤ 0.34	≤ 0.27	≤ 0.25
	Q_B/Q	≤ 1.58	≤ 0.89	≤ 0.46	≤ 0.15
	Q_C/Q	≤ 1.15	≤ 1.15	≤ 1.15	≤ 1.15

以多效蒸馏水机为例，每生产 1000kg 注射用水，对于：

● 4 效水机来说，消耗 340kg 蒸汽，890kg 冷却水，1150kg 原料水；

- 5 效水机来说，消耗 270kg 蒸汽，460kg 冷却水，1150kg 原料水；
- 6 效水机来说，消耗 230kg 蒸汽，150kg 冷却水，1150kg 原料水。

以上是多效蒸馏水机多年来的实测和热平衡计算得来的数据，是多效蒸馏水机效数选择和投资成本平衡的依据。由于我国的能源价格不断上升，所以多效蒸馏水机的节能成本计算也是必要的。在我国运行中的大多数多效蒸馏水机的能耗比通常相对较高，有的甚至达到 0.3 以上（以六效为例），它也是我国制药企业制水设备能耗偏高的主要原因，企业应制定科学的预防性维保措施，定期对制水设备进行除垢、除红锈清洗与再钝化处理。

O. 环保评估分析

- 光污染：大部分制水间内的储罐，多效蒸馏水机的蒸发器保温壳体和其他设备的外表面都推荐采用亚光板或油磨板，亚光表面通常是经过磨砂处理的，既整洁又不反光，不会对操作者带来光污染伤害。

- 噪音：水机的内部如果有高汽速的狭窄通道，是设计不合理的。高压运行时制水间里能够听到"嗖嗖吱吱"的声音，再加上水泵的"嗡嗡"声音，二者合起来如果达到 75dB 容易给操作者带来心烦或头晕的感觉。噪音不允许超过 85dB，否则会严重伤害操作者。

- 排放：多效蒸馏水机有蒸汽凝结水出口、末效浓缩水排放口、冷却水排出口、合格成品水出口、不合格水排放口、高液位时料水排放口、不凝气体排放口等，这类出口排放的最终温度推荐不应超过 60℃。制水间的环境温度需符合职业健康要求，处于室温状态为佳。

- 表面温度：对所有热表面采取保温措施是非常重要的，热表面的温度不宜超过 50℃，以低于 45℃为佳。

P. 验证及文件

在后面的验证章节里有详细的介绍。

4.3.3.3 热压式蒸馏水机

A. 概述

热压式蒸馏水机主要利用电机作为动力对蒸汽进行二次压缩、提高温度和压力后蒸发原水而制备注射用水，属于蒸汽机械再压缩（MVR）技术在制药用水领域的典型应用，分为立式与卧式两种结构。MVR 技术是重新利用设备自身产生的蒸汽的能量，从而减少对外界能源的需求的一项节能技术，其原理主要是利用蒸汽压缩机压缩蒸发系统产生的蒸汽，提高蒸汽的焓值，高焓值的二次蒸汽进入蒸发系统作为热源循环使用，替代绝大部分工业蒸汽，工业蒸汽则仅用于设备初启动用、补充热损失和补充进出水温差所需热焓，从而大幅度降低蒸发器的工业蒸汽消耗，达到节能目的。

蒸汽压缩是一种蒸馏方法，水在蒸发器的管程里面蒸发，蒸发列管水平或垂直方向排列，水平设计一般是通过再循环泵和喷嘴进行强制的循环类型，而垂直设计是自然循环类型。系统的主要组成部分有蒸发器、压缩机、热交换器、脱气器、泵、电机、阀门、仪表和控制部分等。

B. 工作原理

在热压式蒸馏水机中，蒸汽压缩工艺操作与机械致冷循环的原理相同。进料水在列管的一侧被蒸发，产生的蒸汽通过分离空间后再通过分离装置进入压缩机，通过压缩机的运行使被压缩蒸汽的压力和温度升高，然后高能量的蒸汽被释放回蒸发器和冷凝器的容器，在这里蒸汽冷凝并释放出潜在的热量，这个过程是通过列管的管壁传递给水的。水被加热蒸发的越多，产生的蒸汽就越多，此工艺过程不断重复。流出的蒸馏物和排放水流用来预热原料水进水，这样节约能源。因为潜在的热量是重复利用的，所以没有必要配置一个单独的冷凝器。

典型的热压蒸馏水机工作原理如图 4-16 所示，纯化水经逆流的板式换热器 E101（注射用水）及 E102（浓水排放）加热至约 80℃。此后预热的水再进入气体冷凝器 E103 外壳层，温度进一步升高。E103 同时作为汽水分离器，壳内蒸汽冷凝成水，返回静压柱，不凝气体则排放。预热水通过机械水位调节器（蒸馏水机的液位控制器）进入蒸馏柱 D100 的蒸发段，由电加热或工业蒸汽加热。达到蒸发温度后产生纯蒸汽并上升，含细菌内毒素及杂质的水珠沉降，实现分离。D100 中有一圆形罩，有助于汽水分离。纯蒸汽由容积式压缩机吸入，在主冷凝器的壳程内被压缩，使温度达到125~130℃。压缩蒸汽（冷凝器壳层）与沸水（冷凝器的管程）之间存在高的温差，使蒸汽完全冷凝并使沸水蒸发，蒸发热得到了充分利用。冷凝的蒸汽即注射用水和不凝气体的混合物进入 S100 静压柱，S100 的作用如同一个注射用水的收集器。静压柱中的注射用水由泵 P100 增压，经 E101 输送至储罐或使用点。在经过 E101 后的注射用水管路上要配有切换阀门，如果检测到电导率不合格，阀门就会自动切换排掉不合格的水。随着纯蒸汽的不断产生，D100 中未蒸发的浓水会越来越多而导致电导率上升，所以浓水要定期排放。

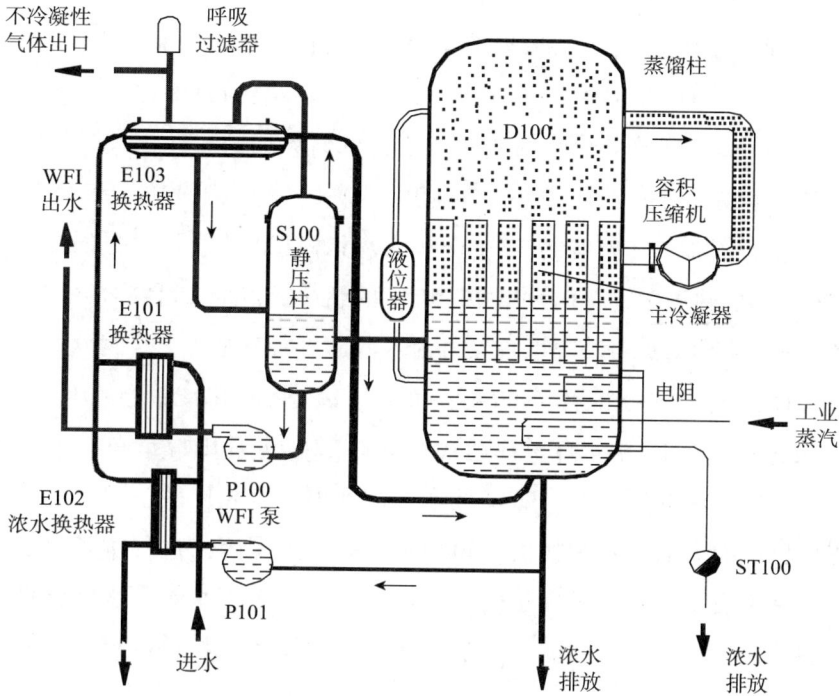

图 4-16 热压式蒸馏水机工作原理图（示例）

热压式蒸馏水机的汽水分离靠重力作用，即含细菌内毒素及其他杂质的小水珠依靠重力自然沉降，而不是依靠离心来实现分离。热压蒸馏水机在材料、管道安装、表面处理与自控等方面与多效蒸馏水机的基本要求类似。热压蒸馏水机的蒸发器属于常压容器，不在压力容器监检范围。热压蒸馏水机只需要 3bar 工业蒸汽，设计良好的热压蒸馏水机可以将饮用水直接制备成注射用水。

与多效蒸馏水机相比，热压蒸馏水机具有工业蒸汽能耗低、产水温度可调（常温或高温）、单机产量大、原水水质要求低、红锈滋生风险低等优势，热压蒸馏水机还可实现单机小产量的应用（例如，100L/h）。热压蒸馏水机的核心部件是蒸汽压缩机，因此，压缩机的定期维护保养尤为关键，对蒸汽压缩机有如下基本要求：

● 材料：具有长期耐高温 135℃，长期耐腐蚀 316L 不锈钢或其他奥氏体合金钢无毒材料制成的密封系统。

● 安全：机械安全（CE）认证或国内相应机械安全认证，电器安全（国际电器安全认证）或国内相应安全认证。

● 噪音：设备周边 1m 外不得高于 75dB。

4.3.3.4 非蒸馏法制备注射用水

我国、美国、欧盟、日本与世界卫生组织允许的注射用水制备方法有较大差异，终处理系统的主要目的是将不低于饮用水或纯化水标准的原水"纯化"为符合制药用水标准体系相关要求的散装注射用水，不含任何添加剂。纯化系统是进一步降低化学纯度与微生物含量的工艺过程，注射用水常用的纯化工艺包括蒸馏法、膜分离法（微滤／超滤／纳滤／反渗透）、离子交换法及其相互的组合。常见的注射用水生产工艺为多效蒸馏、热压蒸馏、RO+EDI/UF/NF 的组合等，企业可结合原水的实际品质及产水水质需求来确定是否需要增加紫外灯或膜脱气等其他工艺。

对于全球制药用水标准体系的发展而言，EP 注射用水专论 <0169> 的修订具有里程碑意义。自 2017 年 4 月 1 日正式生效以来，欧盟开始允许使用等同于蒸馏技术的方法来生产注射用水。与蒸馏技术生产注射用水相比较，膜分离技术在经济性和生态环保性能方面都更具优势，也更加高效，这是因为过程中省去了生产工业蒸汽所需的许多设备，节约了大量的蒸汽能源，且注射用水的原水综合利用率可高达 85%，因此，生产成本更低。非蒸馏法制备注射用水的相关内容可参考以下法规规范：

- 2017 年版 EMA 文件《非蒸馏方法制备注射用水问答——反渗透和生物膜及控制策略》；
- 2019 年版 ISPE 手册：《非蒸馏法制备注射用水》；
- 2021 年版 EMA 文件《制药用水质量指南》；
- 2021 年版《WHO GMP：制药用水》；
- 2022 年版《ISPE– 良好实践指南：膜过滤法制备注射用水》；
- 2022 年版《ISO DIS 22519 膜法制备注射用水》（征求意见稿）；
- 2022 年版《欧盟 GMP 附录一：无菌产品生产》。

4.3.4 纯蒸汽制备系统

4.3.4.1 概述

在我国，纯蒸汽通常是以纯化水为原料水，通过纯蒸汽发生器或多效蒸馏水机的第一效蒸发器产生的蒸汽，纯蒸汽冷凝时要满足注射用水的要求。在全球范围内，饮用水、软化水、去离子水和纯化水都可作为纯蒸汽发生器的原料水，经蒸发、分离后，去除原水中的微粒及细菌内毒素，在一定压力下输送到使用点。

纯蒸汽发生器通常出一个蒸发器、分离装置、预热器、取样冷却器、阀门、仪表和控制部分等组成。分离空间和分离器可以与蒸发器安装在一个容器中，也可以安装在不同的容器中。纯蒸汽发生器多采用工业蒸汽为热源，通过热交换器和蒸发柱进行热量交换并产生蒸汽，通过有效的汽-液分离方式以获取高品质的纯蒸汽。以工业蒸汽作为加热源的换热器，包括蒸发柱推荐使用双管板式结构，这种结构设计可以防止纯蒸汽被加热介质所污染。较大产量的纯蒸汽发生器多采用大型工业蒸汽锅炉提供加热蒸汽，产量较小的纯蒸汽发生器也采用电加热方式制备纯蒸汽。

纯蒸汽发生器设置取样器，用于在线检测纯蒸汽的质量，其检验标准是纯蒸汽冷凝水是否符合注射用水的标准，取样器需实时检测纯蒸汽凝结水的电导率及温度，运行时取样器内部蒸汽凝结水为流动状态，单次可连续取样 500ml 以上。当纯蒸汽从多效蒸馏水机中获得时，第一效蒸发器需要安装两个阀门，一个是控制第一效流出的原料水，使其与后面的各效分离；另一个是截断纯蒸汽使其不进入到下一效，而是输送到纯蒸汽使用点。

4.3.4.2 工作原理

原料水通过泵进入蒸发器管程与进入壳程的工业蒸汽进行换热，原料水蒸发后通过分离器进行分离变成纯蒸汽，由纯蒸汽出口输送到使用点。纯蒸汽在使用之前要进行取样和在线检测，并在要求压力值范围内输送到使用点。典型的纯蒸汽发生器工作原理如图 4-17 所示。

4.3.4.3 用途

纯蒸汽可用于湿热灭菌和其他工艺，如设备和管道的灭菌。其冷凝物直接与设备或物品表面接触，或者接触到用以分析物品性质的物料。

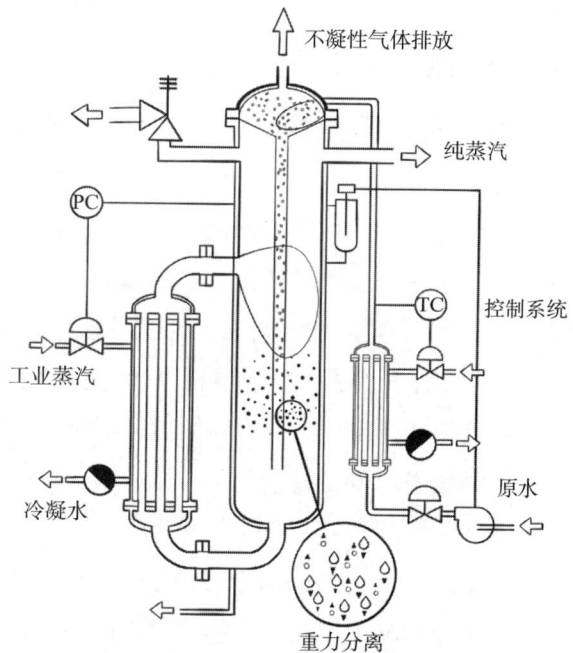

图 4-17　纯蒸汽发生器工作原理示意图

4.3.4.4 主要检测指标

- 电导率：同注射用水；

- TOC：同注射用水；

- 细菌内毒素：0.25EU/ml；

- 其他化学纯度指标：同注射用水；

- 此外，还有一些与灭菌效果相关的检测指标，包括不凝气体、过热度和干燥度，在 HTM 01-01 中有相关要求和检测方法。这些属性对于灭菌工艺也是相当重要的。因为随着蒸汽从气相到液相的转变，潜热能量被大量释放，这是蒸汽灭菌效果和效率的关键。应当理解，如果蒸汽过热，干燥度将影响相变，从而影响灭菌的效果。

以公用系统蒸汽作为加热源的换热器，包括蒸发器推荐使用双管板式结构，这种结构设计可以防止纯蒸汽被加热介质所污染。除了那些产量很低的，大多数纯蒸汽发生器都安装了原料水预热器。另外，最好还要有排污冷却器用来对排出的非常热和溅起的水进行冷却。纯蒸汽冷凝物的电导率监测并非强制，有条件的企业可以在取样冷却器处安装在线的电导率仪用来监控纯蒸汽冷凝物的质量，另外纯蒸汽输出的压力和温度也是要监测的参数。

4.3.4.5 技术要求

纯蒸汽发生器是制备纯蒸汽的核心装备，其应用必须遵循 GMP 规范要求。纯蒸汽发生器的设计要求、材质要求、表面处理等，与多效蒸馏水机相同，这里不再重述。纯蒸汽发生器的两大重要评判指标为：①产水水质，主要影响因素在于蒸发的汽液分离效率；②综合能源消耗比，主要影响因素为换热效率。纯蒸汽发生器通过蒸发原料水的方式制得合格的纯蒸汽，与纯蒸汽质量一样，不同国家或地区对原料水也有着较高的质量要求。纯蒸汽发生器在设计与生产时通常应该兼顾以下几个方面：

- 材料选择需要具有抗腐蚀性，不能由于设备自身原因带入新的污染物；

- 结构设计要无卫生死角，在长期运行的过程中，被浓缩的重组分便于排尽；

- 降低有洁净差别介质的交叉污染风险，通常纯蒸汽发生器采用的动力来源是工业蒸汽或电能，它们的洁净级别与纯蒸汽相比相差甚远；

- 纯蒸汽发生器基于产能等多方面的工艺需求，通常都为压力容器设计，以适应其稳定的、高产量的需求；

- 设备工作时不仅要有高效的能量转换率，也要考虑设备自身会释放到外部环境的热污染。

　　纯蒸汽分配系统中冷凝水的聚集是纯蒸汽系统发生微生物污染的潜在风险之一，若纯蒸汽夹带着冷凝水，溶于冷凝水中的内毒素就很可能被带入到最终产品中。纯蒸汽使用点的设计通常包括一个便于操作的隔断阀和具有导向性的疏水阀，使用点阀门的供应管道通常被设计成是从顶部主管道到冷凝水疏水阀的一个分支。一套支路疏水装置可以服务于一个使用点或多个相近的使用点，例如，对于无菌原料药配制、培养基配制与缓冲液配制等工艺罐体数量较多、功能相同且在同一房间区域的工况，制药企业完全可以综合评估共用一套分支疏水装置的可行性。图 4-18 是《美国机械工程师协会 – 生物加工设备》推荐采用的纯蒸汽用点设计原理，该设计原理能有效保证各纯蒸汽用点的冷凝水被及时排放，从而降低系统微生物和内毒素污染的风险。

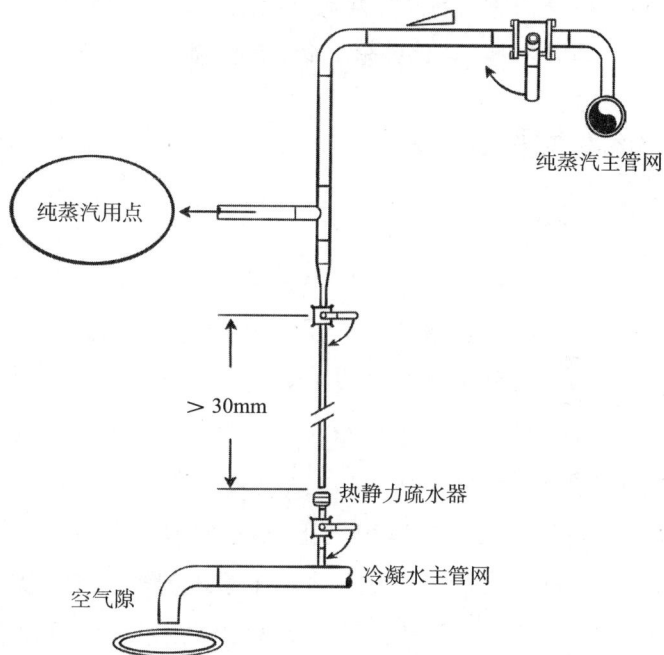

图 4-18　纯蒸汽用点原理图

4.3.5 储存与分配系统

4.3.5.1 概要

　　纯化水与注射用水的储存与分配系统在制药工艺中是非常重要的，因为它们将直接影响到药品生产质量合格与否。如果储存与分配的是饮用水，应确定和执行恰当的控制以降低风险。该要求适用于饮用水的供应、储存与分配各阶段；纯化水和注射用水储存与分配系统应经过恰当的设计、安装、确认、运行和维护，以确保储存与分配系统和各使用点具备一致质量的水。本节中关于制药用水（饮用水、纯化水与注射用水）的储存和分配，绝大部分内容引用了《国际制药工程协会基准指南第四册 – 水和蒸汽系统》中相关的内容，目的是为大家提供一个学习参考，它并不是一个法规。如引用的内容不是出自于《国际制药工程协会基准指南第四册 – 水和蒸汽系统》，会有文学进行注明，目的是使大家了解一些更多的相关知识。在《国际制药工程协会基准指南第四册 – 水和蒸汽系统》中，全面地介绍了八种常见的分配方式，并为使用者提供参考来确定哪个系统是最合适的选择，比较了各种分配方式的优缺点，介绍了用于建造的不同材料和整个分配系统相关的辅助设备，还举了一些常见的例子。目前被我们国内所接受并采用的分配方式可能是其中的几种（无论采取何种分配方式，相应的配套措施均应合理，以保证全生命周期的制药用水质量）。

4.3.5.2 储存系统设计

A. 总则

储存系统用于调节高峰流量需求与使用量之间的关系，使二者合理地匹配。储存系统必须维持进水的质量以保证最终产品达到质量要求。储存的原则最好是用较小的、成本较低的制备系统来满足高峰时的需求。较小的制备系统的操作更接近于连续及动态流动的理想状态。对于较大的生产厂房或用于满足不同厂房的系统，可以用储罐从循环系统中分离出其中的一部分和其他部分来使交叉污染降至最低。

设备产能与储罐体积之比为置换周转率，循环泵流量与储罐体积之比为循环周转率。用水点的使用状况决定了系统的置换周转快慢，通常情况下，置换周转越快，水机的充分利用率越高，罐体中纯化水也会相对"新鲜"，典型的置换周转率为 $1:1\sim1:5$。

虽然制药用水储罐及其相关的泵、呼吸器与仪表的投资成本相对较大，但是在高峰用量时，通常这些成本远低于制水设备重新选型时所增加的成本。储存系统的主要质量风险点是它会引起一个低速水流动的区域，这可能会促进细菌的生长，所以，合理地选择储存与分配系统的分配决策树非常重要。安装和使用的储罐应适合其既定用途，至少应考虑以下方面：

- 设计和形状；
- 储罐可排水（必要时）；
- 结构材料；
- 产能，包括稳定状态、水制备速度和使用点潜在波动需求、水处理系统失败或不能产水（例如因再生循环）时短期存水能力之间的缓冲能力；
- 防止储罐中水滞留（例如，水滴可能滞留的顶部空间），使用喷淋球或其他装置，确保储罐内表面处于润湿状态；
- 储罐表面接口的限制和设计；

● 用于微生物预防的疏水性呼吸器的完整性应得到周期性检测；

● 卫生型正压、负压爆破片应配有外置爆破变送器，以确保可发现系统完整性失败情况，液位装置的设计与消毒（需要时）；

● 阀门、取样点和监测装置、探头的设计与位置选定；

● 热交换器或夹套容器的使用，如果选择列管换热器，应优先使用双管板结构的列管换热器，换热管应平整光滑，以确保换热器可实现重力排尽。

B. 储存能力

影响储存能力的因素包括用户的需求或使用量、持续时间、时间安排、变化，平衡预处理和最终处理水之间的供应，系统是不是再循环。仔细考虑这些标准将会影响成本和水的质量。

储罐应该提供足够的储存空间来进行日常的维护和在紧急情况下系统有序的关闭，时间可能是很短到几个小时不等，这取决于系统的选型和配置，还有维护程序。

C. 储罐位置

把储罐放在距离使用点尽可能近的位置不一定合适。如果把它们放在生产设备的附近，在方便维护方面可能更有益，为了实现这个目的，在有通道且这个区域保持清洁的情况下，可以考虑把储罐放在公用系统区域，这个也是可以接受的。

D. 储罐的类型

储罐可分为立式与卧式两种形式，其选择原则需结合罐体容积、制水间空间、罐体刚性要求、投资要求和现场就位实际情况等综合因素考虑。通常情况下，立式设计的罐体应优先考虑，这主要是立式罐体有一个"最低排放点"，完全满足"全系统可排尽"的 GMP 要求，同时，相同的停泵液位时，立式设计的罐体内残留的水比卧式设计的罐体少很多。卧式设计罐体的"罐体最低排放点"虽不如立式设计的罐体优秀，但通过筒体坡度等技术手段也可以实现。当罐体容积较大（如有效容积超过 10000~15000L）或制水间高度有限时，可选择卧式设计的储罐，同时，可以选择卧式设计的储罐来实现多效蒸馏水机设备的无重力补水。另外，在相同的大容量体积时，卧式设计的罐体投资较立式设计的罐体相对较少。

对于循环系统来说，罐的设计应当包括内部的喷淋球以确保所有的内表面始终处于润湿的状态来对微生物进行控制。在热系统中通常采用夹套或换热器来长期保持水温，或调节高温水来防止过多的红锈生成和泵的气蚀。为了避免空气的吸收对注射用水的影响（例如，厌氧型大输液类产品），可以考虑在储罐的上部空间充入惰性气体。储罐建议安装一个疏水性呼吸器来减少微生物和微粒的吸入。

使用卧式罐，需要注意必要的排尽能力，比如在纯蒸汽灭菌的系统中卧式罐底部应有一定的倾斜度，并在最低点有排尽的装置。体积较大的单个储存容器经常受厂房的空间限制。要达到所需要的储存能力可能需要采用多个罐组合。在这种情况下，建议仔细设计各储罐之间的连接管道来保证所有的供应和回流支路都有足够的流量。

E. 液位计的类型

液位变送器是制药用水储罐的一个重要工程参数监测仪表，罐内的纯化水或注射用水液位将通过 PLC 进行监测和控制，其功能主要是为制水设备提供启停信号，并防止后端输送泵发生气蚀或空转。液位变送器采用 4~20mA 信号输出的方式，将信号分为高高液位、高液位、低液位、低低液位和停泵液位五个梯度。制水设备的启停主要通过高液位和低液位两个信号进行，而停泵液位主要是为了保护后端的水系统输送用离心泵，通常情况下，停泵液位可设置在 15%~25% 左右。

液位变送器种类繁多，包括简单的浮球开关、音叉开关、超声波液位计、雷达液位计、电容液位计、静压液位计以及差压液位计等。在制药用水系统的制备单元、储存与分配管网单元可用到多种不同的液位变送器，制药用水储罐的液位变送器一般选用电容液位变送器与差压液位变送器，当没有压力或温度波动影响时，也可采用静压液位变送器测量罐体液位。电容液位计通常有杆状或软绳状物与水接触，而差压液位计和静压液位计的探头面也会与水接触。当制药企业选择差压式液位变送器时，可采用卫生型卡箍接口，并确保在高温消毒工况时不发生液位读数漂移，以及可能的损坏。从不接触的角度来讲，超声波液位计可能是好的选择，但它的成本和耐消毒条件需要慎重考虑。

4.3.5.3 分配系统设计

A. 总则

水储存和分配系统的合理设计对于制药用水系统是非常关键的。

任何水储存和分配系统最理想的设计建议满足以下三点要求：

- 将水的质量维持在可接受的限度内；
- 按所要求的流速和温度把水输送至使用点；
- 使资金投入和运行费用最低。

第 2、3 点要求很好理解，第 1 点要求却经常被误解。没有必要来保护水使其避免于各种形式的退化，只要把水质维持在可接受的限度内就行了。举例说，水在储存时如果存在空气吸收二氧化碳而增加了电导率。这种退化可以通过在储存容器里充氮来避免。但是，对许多系统来说，如果增加的电导率仍然在要求的范围之内，这将是浪费的开销。

近年来，随着技术的不断发展，高温下储存、连续的循环、卫生连接的使用、抛光的管道系统、3D 死角、轨迹自动焊、经常的消毒、使用隔膜阀等设计特征已得到普遍应用，部分企业还会选择零死角阀门和电解抛光的管道管件。一个更加合理的方法是利用设计特点来确保在最合理的成本下最大限度地降低污染风险。系统的设计要周到，这样就不需要后来另外增加了，这样也不会影响成本和预定进度。基于投资回报来选择设计特点的想法，这个回报被定义为减少污染风险，这对系统成本控制和不同选择的评估是很有帮助的。最后，每个系统的设计都是通过输送到使用点的水质来确定其有效性的。

一提到分配系统的设计，我们要考虑的是设计范围等问题，这些问题详见本分册 4.4 部分内容。比如，某注射用水储存和分配系统采用 316L 不锈钢材质，操作温度控制在不低于 70℃，管道都是洁净的、采用轨道自动焊接或卫生型卡箍连接，在使用点采用了零死角隔膜阀，不锈钢材料标准为 ASME BPE 标准。在上述设计基础上，高等级电抛光的管道（EP Ra < 0.4μm）可视为一个选项，因为注射用水系统的污染风险已经很低，结合投资比来进行考量，进一步改进表面处理质量所得到的预期效果相对有限。

然而，如果同样的系统对大气开放，应当考虑在储存容器里安装 0.2μm 的 PTFE 滤芯的呼吸器，这样相对小的投资就可以在很大程度上降低污染风险。同样地，如果零死角阀用便宜一些的满足 3D 死角要求的两通路隔膜阀来替换，可能要考虑通过增加最小循环速度来进行补偿。对于高温储罐，还应考虑过滤器冷凝水对滤芯污染和堵塞的风险，使用带夹套蒸汽加热或电伴热的过滤器。

呼吸器用于纯化水、注射用水储罐上以减少来自空气的污染。应当对用于注射用水和纯化水储罐的呼吸过滤器做完整性测试，但是无需像无菌过滤器一样进行验证。根据《国际制药工程协会 – 制药用水和蒸汽系统的试运行和确认指南》的建议，以滤芯制造商的完整性证明是可接受的。无论注射用水系统还是纯化水系统都不是无菌水，应避免在循环系统中使用无菌级过滤器，这主要是因为过滤器本身和其上游会成为微生物的聚集地。还有一些其他问题，比如过滤器避免不了定期更换滤芯，会打破系统的完整性等。

下面章节介绍了关于储存和分配设计的选择 / 优化系统的方法。作为总的规则，水系统可以通过以下的结果来进行优化：

- 使水储存在适宜微生物生长环境下的时间最少；
- 水温变化最小；
- 在消毒时所有的区域都要接触到。

如果能完成以上的目标到一个相同的程度，但是减少了生命周期的成本，我们可以说这个系统比另一个系统好。当今普遍使用的储存和分配概念的例子在本指南中接下来的部分有介绍，来帮助说明最理想的系统设计的理念。

B. 分配设计的概念

制药用水分配的两个基本概念为"批次分配"与"动态 / 连续分配"。"批次分配"概念至少需要用两个储罐，当一个正在补水或检测时，另一个用于为使用点提供符合药典要求的制药用水。"批次分配"的好处是采用批处理的方式来管理制药用水，在使用前进行检测，储罐上标有 QA/QC 的放行签，以证明每个生产批次的水可以被追溯和识别，下述八种设计原理中的第一种属于"批次分配"系统。目前在国内药厂的大规模商业化生产中，批处理的分配方式虽然应用较少，但对于小型的实验室或者少数特殊工艺需求岗位具有良好的应用价值。

弥补瞬时高峰用水需求的"动态 / 连续分配"概念在整个水系统中可以通过利用单个储存容器来实现，储罐用于储存制备系统生产的合格水，最后在保证水质的前提下为不同工艺使用点供水。要满足在所有工作情况下的连续供水，罐体容积的选择至关重要。"动态 / 连续分配"仅需要一个储罐，采用"过程控制"理念，整个储存与分配系统处于 24 小时连续运行状态，它属于典型的连续化生产系统，储罐液位与制水设备的补水阀门联动，保证使用点的实际用水需求并维持水质满足药典要求。"动态 / 连续分配"的优点为系统设计简单、投资成本与运行管理成本低，并利用罐体缓冲能力有效解决生产时峰值用量的需求，下述八种原理中的第二种到第七种均属于"动态 / 连续分配"系统。对于"动态 / 连续分配"概念来说，其优点是较低的生命周期成本，还有在储罐附近复杂管道的布置较少，并且可以进行更有效的操作。

一旦选择了一个系统分配概念，接下来这些附加的储存和分配设计方面的考虑应当仔细地进行评估：

- 系统配置包括是否需要串联的或平行的环路、使用点的分配环路、冷却要求（可使用蒸汽的、分支环路、多分支换热器组合）、再加热要求、二次环路罐相对于无罐系统的考虑等；

- 热的（70℃以上）、冷的（4~20℃）或常温情况下各工艺使用点的要求；
- 消毒方法（蒸汽、热水、臭氧或化学法），如有必要，可组合使用。

C. 分配方式的决策

制药用水储存与分配系统根据使用温度的不同分为高温循环、常温循环和低温循环三个不同的设计形式。2019 年版《国际制药工程协会基准指南第四册 – 水和蒸汽系统》介绍了多种制药用水储存与分配系统的设计思路（图 4-19），本指南并不排斥其他形式的创新，总的原则是分配系统安全可靠并可得到验证。

（a）储存与分配决策流程图

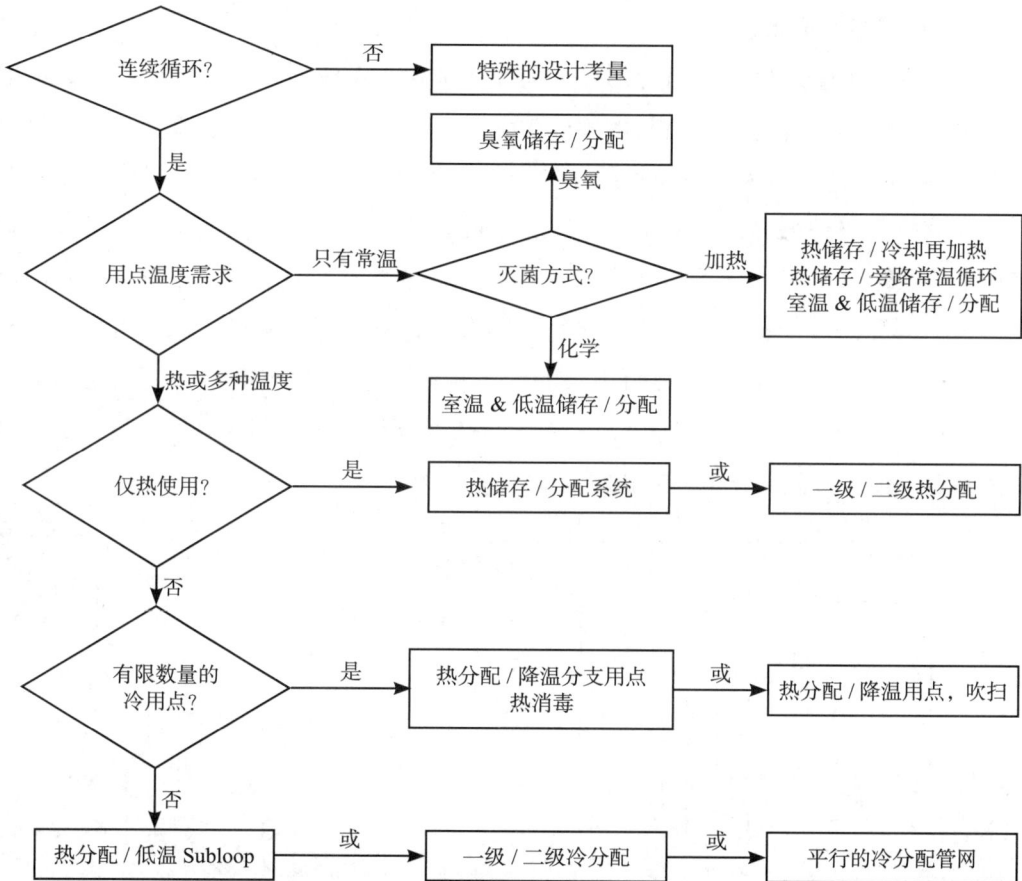

（b）分配决策流程图

图 4-19 储存与分配系统设计决策流程图

制药用水分配系统设计方案的选择不受法规约束，企业可结合用水点的温度要求、消毒方式以及系统规模等因素选择符合自身实际需求的设计方案。同时，企业还需考虑产品剂型、投资成本、用水效率、能耗、操作维护、运行风险等其他因素。本章节重点介绍以下八种常规使用的分配系统设计原则，其中，第一种模式属于静态批处理存储模式，在使用前必须得到 QA 的质量批准后方可放行；第二种到第七种模式属于动态连续循环模式。

- 批处理储存系统
- 多分支 / 单通道系统
- 单罐 / 平行循环系统
- 热储存 / 循环系统
- 常温或低温储存 / 循环系统
- 热储存 / 冷却再加热系统
- 热储存 / 旁路常温循环系统
- 使用点热交换系统

从良好工程管理规范的角度出发，为控制纯化水系统质量并方便管理，典型的纯化水分配管网系统的管道总长度不建议太长，如果用点非常多、管网很长，可采用图 4-20 所示的一级 / 二级分配系统进行合理设计。对于常温循环的纯化水系统，子循环分配回路的电导率会高于母循环分配回路的电导率，这主要是因为母循环仅经历了一次空气中二氧化碳的吸收溶入，子循环却经历了两次空气中二氧化碳的吸收溶入，因此，对于子循环分配系统的电导率报警限与行动限设定原则可能会与母循环稍有区别。虽然有一些制药用水的团体标准或设计指南推荐管道长度不超过 400m 或其他数值，但这些仅为设计工程领域的经验与建议，制药企业在设计之初可作为参考，无需按此推荐值强制执行。

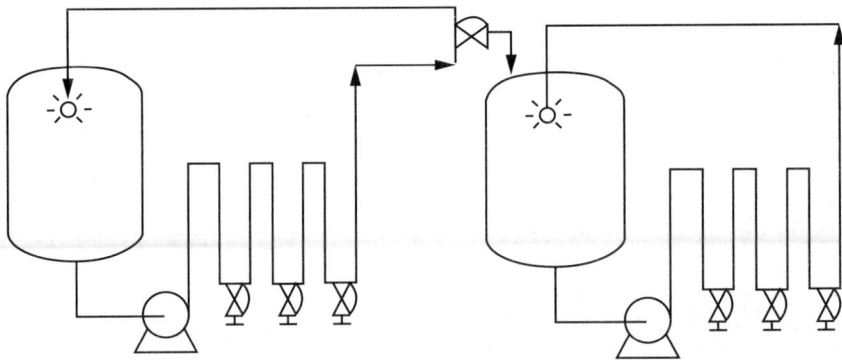

图 4-20　一级 / 二级分配系统

D. 系统描述举例

每种方式可提供的微生物控制程度和要求的能量消耗都不同。好的微生物控制通常是通过最大限度地减少水暴露在有利于微生物生长环境中的时间来获得。水储存在消毒环境的配置中，如热系统、臭氧或湍流的速度下循环，与没有消毒环境的配置相比，能提供较好的微生物控制。热循环系统自然要比冷循环系统在微生物控制方面更可靠。然而，如果经常进行冲洗或消毒，较好的微生物控制也可以通过所提供的其他配置来获得。在任何情况下，系统的设计应防止停滞，因为停滞会造成微生物膜的形成。

能量消耗通过限制水温变化的数量来降低。如果水的储存是热的，但是输送到使用点却是较低的温度，这种情况下在使用前建议进行冷却。通过只冷却从系统出来至使用点的水（而不是冷却整个系统的水），能量消耗相对较小。连续的冷却和再加热设计比不需要连续的冷却和再加热设计所消耗的能量要高很多。

> 批处理储存系统

批处理设计的纯化水分配系统主要用于资金紧张、系统小、微生物质量关注程度低的情况，在管道可能经常进行冲洗或消毒的情况下也可以使用。批处理储存系统需得到质量部门水质测定并放行后才能投入生产，可以设计为循环管网（图 4-21）或单支路管网两种模式。当其中一个罐体在使用时，另一个罐体将进行补水并进行质量部门水质监测，该设计的主要优点为能对用于生产的批次水（一定量的水）进

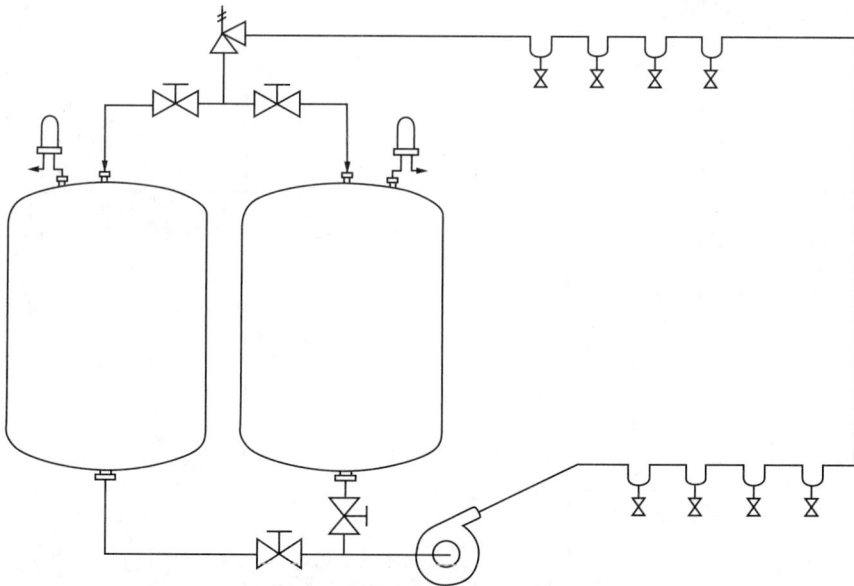

图 4-21　循环模式的批处理储存系统

行跟踪。这种设计的缺点也非常明显，主要包括较高的初期投资成本（需要多个储罐）和运行成本（劳动密集型）、需要等待水样检测结果、存在潜在的延误供水的可能等。在纯化水偶尔使用的情况下（例如，实验室研发阶段），建议建立起冲洗和消毒环路计划将微生物污染控制在可接受的限度之内。

➢ 多分支 / 单通道系统

多分支 / 单通道系统主要适用于对微生物限度要求不高、需要连续用水的工况，例如市政、产业园区或厂区的饮用水供水系统。当车间使用点数量有限且集中用水时，该构型有一定的参考价值，虽然该设计的初期投资成本相对较低，但长时间用点停止用水的时候该设计可能造成微生物严重污染。当该设计引入到药品监管领域的饮用水系统时，建议建立回路的冲洗计划和消毒 / 灭菌计划，以将微生物污染控制在合格限度内。例如，规定系统进行每天冲洗或排干（可辅助气体吹干），该系统还可能会要求更高的消毒或灭菌频率，这样就会增加运行成本。多分支 / 单通道系统可实现臭氧消毒、化学消毒或巴氏消毒（图 4-22），随着 GMP 与社会经济的发展，人们对制药用水系统重视程度和风险管理意识越来越高，多分支 / 单通道构型已很难满足人们对于纯化水和注射用水的风险管控与验证需求，因此，对于需要控制微生物限度的纯化水系统与注射用水系统，该设计思路已很少被设计者和使用者所接受。

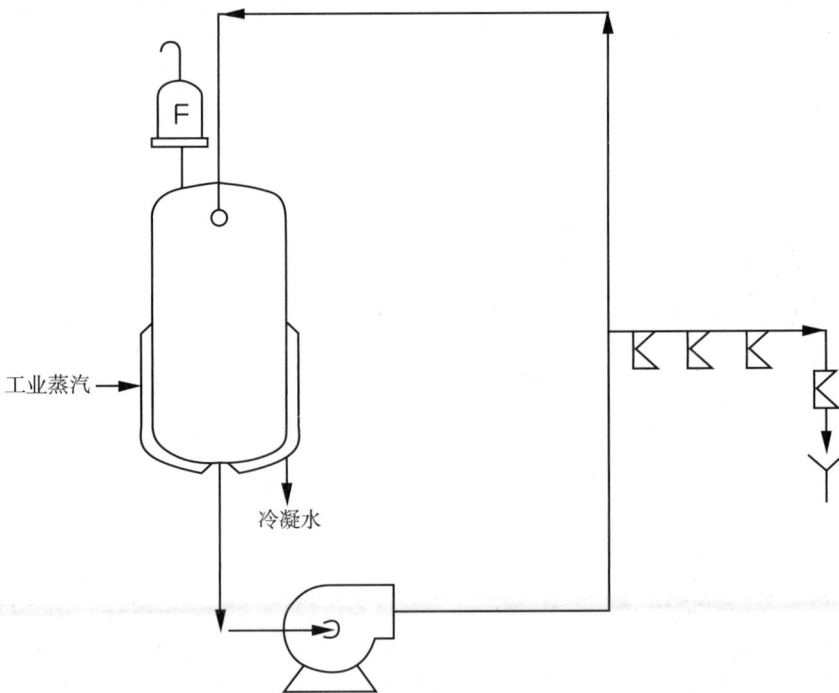

图 4-22　多分支 / 单通道系统

> 单罐 / 平行循环系统

单罐 / 平行循环系统是由多个分配回路与单个储罐组成的分配系统。单罐 / 平行循环系统适用于由一个中央储罐为不同区域或一个大范围区域供水的应用。其优势为占地面积小、便于多个分配回路的集中管理和模块化设计，当系统有较多热用点和较多冷用点并存时，或者整个系统的用水点非常多且单循环管网无法实现时，该系统设计的优势非常明显。与单罐单回路系统相比，该系统设计的初期投资费用相对较低，但当一套管路发生污染后，会导致整个系统受到污染，同时，因输送泵只能与一个管路的流量或压力信号进行变频联动，单泵单罐的平行循环系统对多个回路的压力和流速实现平衡存在困难，无法有效确保每个支路的末端回水湍流状态，较好的解决方法是给每个回路均安装独立的输送泵来实现，且每台离心泵的进水口在水罐底部单独设置。图 4-23 所示的是有两个单独回路的单储罐热系统，其中一个回路为热循环，另一个回路为瞬时冷却 / 再加热系统（注意：该设计能耗较大，较少被应用）。

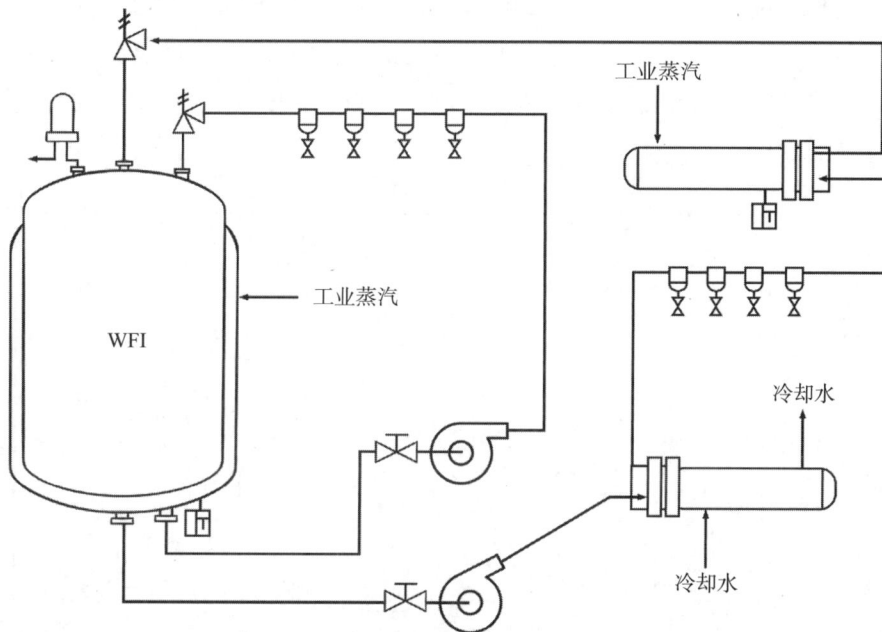

图 4-23　单罐 / 平行循环系统

> 热储存 / 循环系统

当注射用水采用热压蒸馏或多效蒸馏等高温法制备且能耗不是关键因素时，可采用连续热水消毒的热储存 / 循环系统（图 4-24），它是我国制药行业注射用水储存与分配系统的主要设计思路。系统通过注射用水罐体的夹套工业蒸汽加热或回路主管网上换热器加热来实现整个系统的 70℃以上热储存与热循环，理论上来讲，连续

535

巴氏消毒的热储存/循环的注射用水系统微生物负荷非常低，周期性纯蒸汽或过热水灭菌可作为系统的微生物预防补充。循环回水到达储罐的顶部时经过喷洗球进罐，以确保整个顶部表面湿润和注射用水系统的温度均一性，当所有的用水点都需要高于70℃的热注射用水时，该构造优势非常明显。对于采用蒸馏法等高温法制备的制药用水系统，该系统能耗需求相对较低。《药品生产质量管理规范（2010年修订）》规定：注射用水可采用70℃以上保温循环。热储存/循环系统已被各国GMP推荐为注射用水系统的首选方法，并得到法规机构的广泛认同。

以"质量源于设计"为原则对整个热储存/循环系统进行全面合理的设计至关重要。对于热储存/循环系统，需要考虑的问题包括防止工人烫伤、防止循环泵发生"气蚀现象"、防止水蒸气在过滤器上聚集并堵塞滤芯、防止红锈的快速形成等。可通过在较低温度下操作，或者对工人适当的培训以及配有适当的防护工具来将烫伤的可能降低到最小；热储存/循环系统的工作温度不宜太高，否则容易产生泵体"气蚀现象"并快速滋生红锈，采用合适的高温运行（如70~80℃）能有效降低泵体"气蚀现象"的发生，并可有效降低红锈快速生成的风险；将水罐呼吸器安装电加热或蒸汽加热夹套能有效防止疏水性滤芯发生堵塞，同时，要避免过热导致的滤芯损坏，推荐电加热温度略高于罐体水温即可。

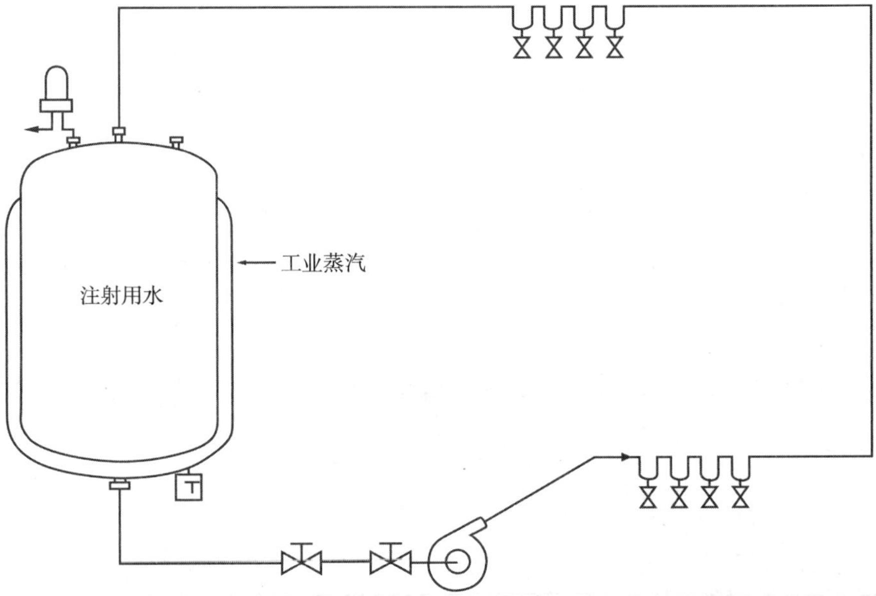

图4-24　热储存/循环系统

➤ 常温或低温储存/循环系统

常温储存/循环系统一般用于环境温度下制备的常温制药用水系统（图4-25），

如采用 RO、EDI 或 UF 等膜过滤法制备的饮用水或纯化水系统,它是制药行业纯化水储存与分配系统主要的设计思路。虽然在微生物控制方面,常温储存/循环系统不如热储存/循环系统优秀,但只要系统的消毒达到一定的频率并保持足够的时间,良好的微生物控制目标是完全可以实现的。该系统操作安全、能耗低,投资成本和运行成本都很低,同时,还可以考虑采用非金属的建造材料。尤其是对饮用水或纯化水系统,常温储存与循环系统操作简单,该构造系统已被各国 GMP 接纳为常温饮用水或纯化水系统的首选方法,并被法规机构广泛认同。常温储存/循环系统的微生物抑制方式主要有以下三种方式:维持较低的运行水温(如 4~8℃或 20~25℃)、安装紫外杀菌装置、保持储罐内时刻处于臭氧消毒状态。常温储存/循环系统的消毒方式主要有巴氏消毒、臭氧消毒和蒸汽消毒等。

臭氧是一种安全有效的化学消毒试剂。通过臭氧的氧化作用可破坏微生物膜的结构,从而达到消毒效果,可有效杀灭制药用水中的微生物。常温制药用水储存/循环系统可以使用臭氧消毒,分为间歇臭氧消毒与连续臭氧消毒两种形式。臭氧消毒的常温储存/循环系统在欧美制药企业应用较多,我国制药企业应用相对较少。以水电解制备臭氧为例,0.02~0.2ppm 的臭氧含量能防止纯化水的二次微生物污染。臭氧在使用前必须完全从纯化水中去除,可以用紫外线辐射来实现去除。证明臭氧已被 100% 去除的最好办法是安装在线臭氧浓度分析仪。臭氧消毒的优点是允许使用 PVDF 等非金属材料作为建造材料。

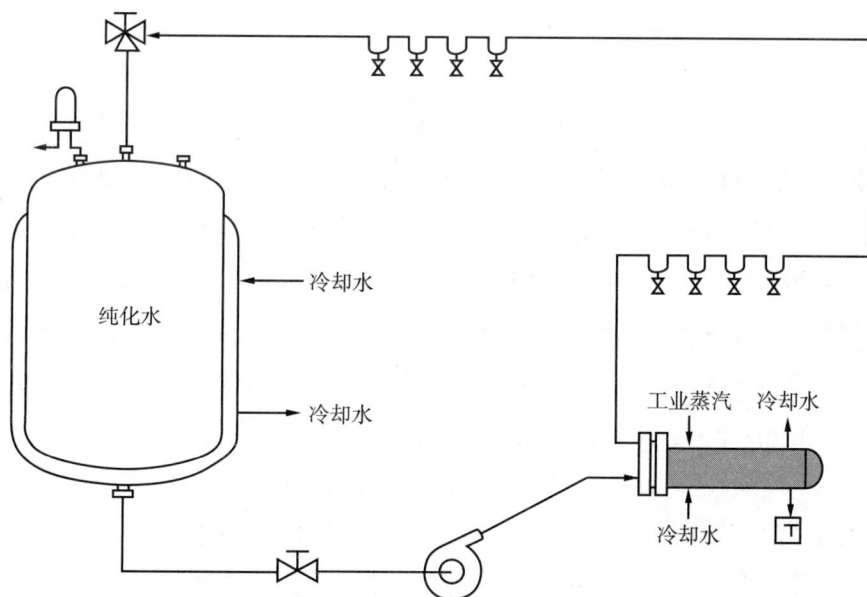

图 4-25 常温储存/循环系统

间歇臭氧消毒原理可用于对饮用水或纯化水有较高质量控制要求的药品生产环节（图4-26）。采用空气/氧气源型臭氧发生器或水电解型臭氧发生器，253.7nm波长的紫外灯用于日常消毒和周期性破除臭氧。整个饮用水或纯化水系统通过一个在线臭氧探头对管网回水端的臭氧浓度进行实时监测，饮用水或纯化水系统水温控制在20~25℃。正常生产时，臭氧发生器处于关闭状态，紫外灯处于连续消毒状态；周期性消毒时，开启臭氧发生器，关闭紫外灯，维持纯化水中臭氧浓度并保持一定时间，消毒结束后，采用253.7nm波长的紫外线将纯化水中臭氧从循环管网系统中有效去除，以保证使用时饮用水或纯化水中无任何残留的臭氧。

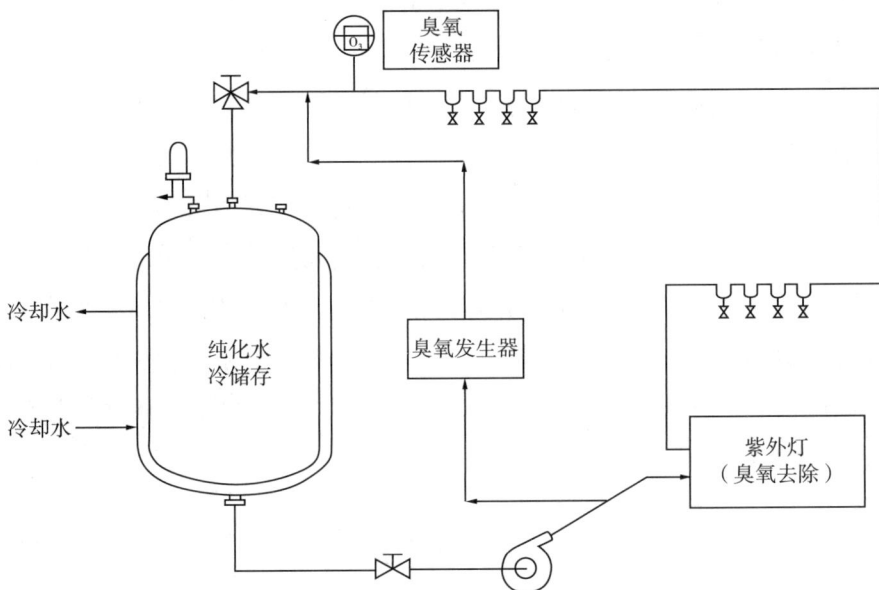

图4-26 间歇型臭氧消毒

连续臭氧消毒原理可用于对制药用水微生物水平有特别高质量控制要求的药品生产环节，尤其适用于注射用水常温储存/循环系统（图4-27）。采用空气/氧气源型臭氧发生器或水电解型臭氧发生器，臭氧发生器一直处于工作状态，253.7nm波长的紫外灯用于日常破除臭氧。整个纯化水或注射用水系统通过三个在线臭氧探头对紫外灯前、紫外灯后和管网回水端的臭氧浓度进行实时监测，纯化水或注射用水系统水温控制在20~25℃。正常生产时，臭氧发生器处于开启状态，紫外灯处于连续破除臭氧状态；周期性消毒时，关闭紫外灯，维持纯化水或注射用水中臭氧浓度并保持一定时间，消毒结束后，开启紫外灯，采用253.7nm波长的紫外线将纯化水或注射用水中臭氧从循环管网系统中有效去除，以保证使用时纯化水或注射用水中无任何残留的臭氧。

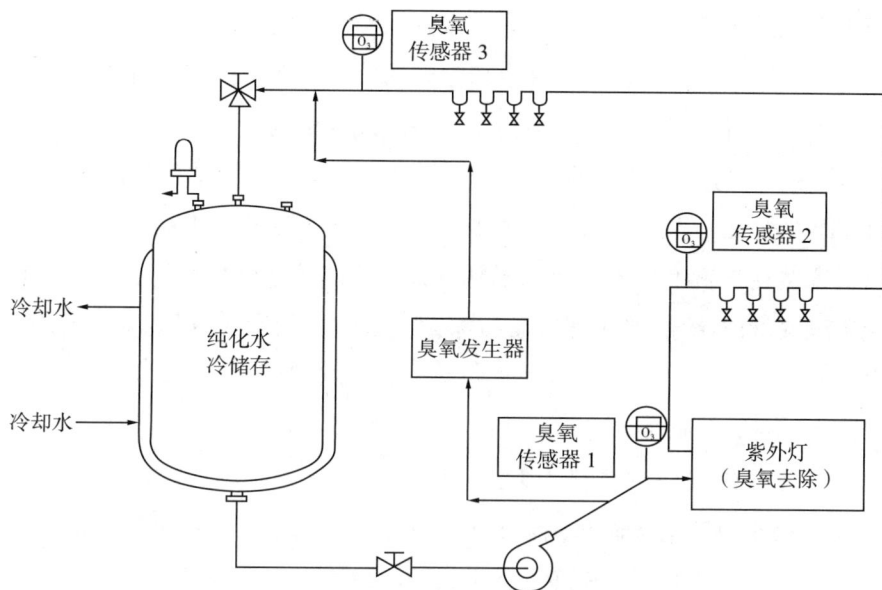

图 4-27 连续型臭氧消毒

血液制品车间生产中需要大量使用 2~8℃注射用水，如果从 75~80℃瞬间降温来实现，能耗非常大。当制药用水系统采用高温法制备、系统中存在多个温度一致的常温或低温使用点、能耗是关键因素时，可采用低温储存 / 循环系统（图 4-28），它具有系统投资费用低、运行与能耗低、连续动态运行、即开即用与不浪费一滴水等特点，在低温储存与湍流状态下，能有效控制整个系统的微生物滋生风险，其最大好处是在能耗有限的情况下可实现连续、大规模供水，是大规模商业化生产的血液制品车间平衡液与缓冲液配制的理想选择。使用时，高温注射用水可采用两级或三

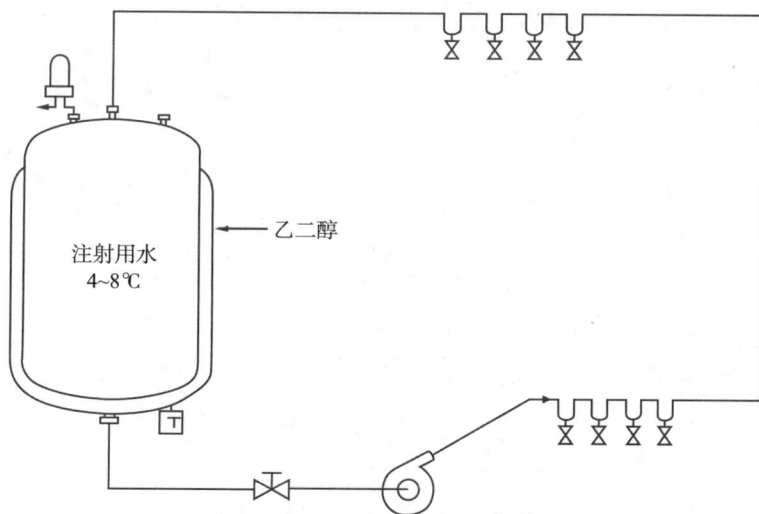

图 4-28 低温储存 / 循环系统

级热交换器瞬时冷却至 4~5℃后，方能进入到低温注射用水储罐，整个分配管网也维持在 4~5℃的循环温度，通过罐体夹套降温或回路主管网上换热器降温的方式，实现系统的冷储存、冷循环状态。低温储存/循环系统定期进行过热水或纯蒸汽灭菌，有效解决了低温用水与能耗之间的矛盾，且微生物控制效果非常明显。如果注射用水制备出水温度为常温，则只需要一级热交换器瞬时冷却就能实现 4~5℃进罐。低温储存/循环系统在安装施工阶段需注意不锈钢系统表面的防结露处理，在 2~8℃循环温度下，任何裸露的不锈钢表面都极易结露，尤其是注射用水罐体封头处和用水点阀门处。

➢ 热储存/冷却再加热系统

当制药用水系统采用高温制备法，分配系统中存在多个温度一致的低温使用点，需要有严格的微生物防治措施且消毒时间有限时，热储存/冷却再加热系统是其中一个选择（图 4-29），它提供了很好的微生物预防措施，且十分便于消毒。此种构造最主要的缺点是能耗非常高，这是因为不管是否从用点管网中取水，循环中的高温注射用水都会被瞬时冷却并需要瞬时再加热。储罐内的热水经第一组热交换器瞬时冷却并流至使用点，经第二组交换器再度加热后回到储罐，其主要原理是采用高温储存方式来抑制储存系统的微生物繁殖，采用低温湍流循环的方式来抑制管网系统的微生物繁殖并满足用点水温的要求。当夜间企业停止生产时，关闭冷却介质即可实现对回路系统的巴氏消毒。同时，采用纯蒸汽灭菌或过热水灭菌的方式对储存与分配系统进行全面的周期性杀菌。

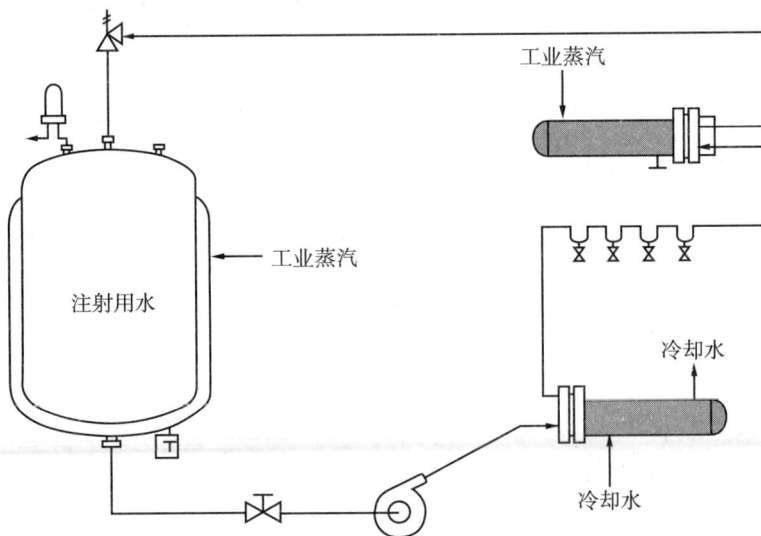

图 4-29 热储存/冷却再加热系统

➤ 热储存 / 旁路常温循环系统

生物制品因具有产品不耐热、生产环节易染菌等特征，在生产工艺上有着严格的质量风险控制，因工艺岗位的生产需求，生物制品车间有较多的常温注射用水使用点，其使用温度多处于 20~25℃ 之间，例如，器具清洗间冲洗用水、培养基配制用水、缓冲液配制用水、冻干 / 水针制剂配制用水、纯化与超滤冲洗用水，以及其他一些生产工艺用水等。当注射用水采用热压蒸馏或多效蒸馏等高温法制备、系统中存在多个温度一致的常温或低温使用点且能耗是关键因素时，可采用热储存 / 旁路常温循环系统（图 4-30），注射用水储罐内的热水经热交换器瞬时冷却后流至各使用点，并采用旁路管网重新回到输送泵入口端，通过罐体夹套工业蒸汽加热或回路主管网上换热器加热的方式，实现系统的热储存。热储存 / 旁路常温循环系统具有系统初期投资费用低、运行能耗低、连续动态运行、使用点即开即用、不浪费一滴水等特点，且能有效控制整个系统的微生物滋生风险，其最大好处是在能耗有限的情况下可实现法规与能源平衡，是生物制品车间注射用水分配系统的另一种设计选择，选用时需做好充分的风险评估。

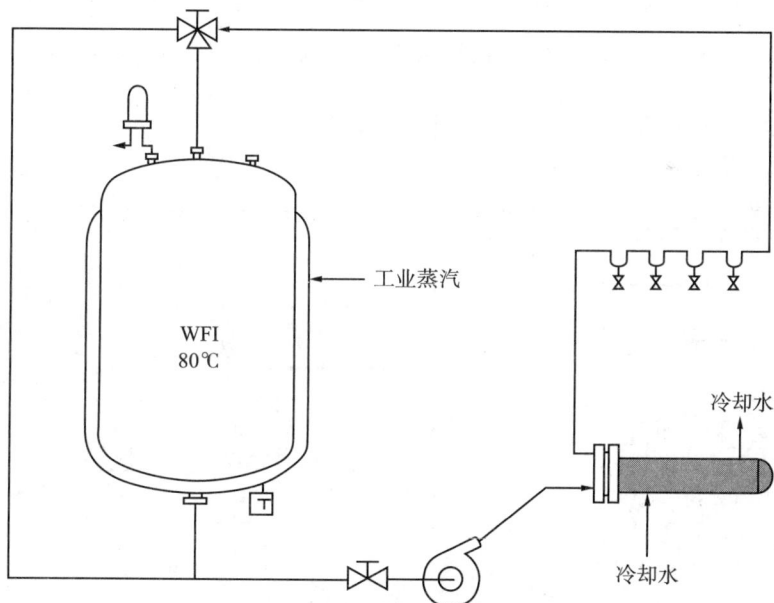

图 4-30 热储存 / 旁路常温循环系统

当热储存 / 旁路常温循环系统的使用点需要用水时，换热器上冷却水开启，主循环系统处于低温或常温循环状态，经比例调节阀控制下的大量回水经旁路管网直接进输送泵，极少量回水经喷淋球进入储罐（如有必要），其主要原理是采用高温储存方式来抑制储存系统的微生物繁殖，采用低温湍流循环的方式来抑制管网系统的微生物繁殖并满足用点水温的要求。为保证系统有较好的微生物抑制作用，车间每批生产结束后，系统定期关闭换热器的冷却状态，以保证循环管网的周期性热消毒状态。当使用点不需要用水时，换热器上冷却水关闭，经比例调节阀控制下的大量回水经喷淋球进入储罐，少量回水经旁路管网直接进输送泵，从而保证热水流经全系统并处于巴氏消毒状态。

➤ 使用点热交换系统

注射用水常温用点可采用瞬时降温法设计，图 4-31 是两种典型的瞬时降温设计思路，整个注射用水系统采用热储存/循环方式，当需要使用常温或低温注射用水时，用水点换热器立即开启工作。图中左边的"用点降温"模式适合于培养基配制、缓冲液配制、制剂配制和消毒液配制等配液用点，例如，培养基配制间有 3 个配料罐，可以共用一套"用点降温"模块实现 3 个罐体的常温注射用水使用，整个降温模块纳入配液系统进行验证和管理，组装时与培养基配液系统进行模块化整合，每次使用前进行纯蒸汽灭菌，使用后通过压缩空气或重力排空。图中右边的"subloop 降温"模式属于《国际制药工程协会基准指南第四册 – 水和蒸汽系统》推荐的一种用水点管理方式，主要目的是在不排放注射用水的前提下，服务于器具清洗间等开放式常温注射用水点，它属于模块化标准设计模式，非常方便安装。

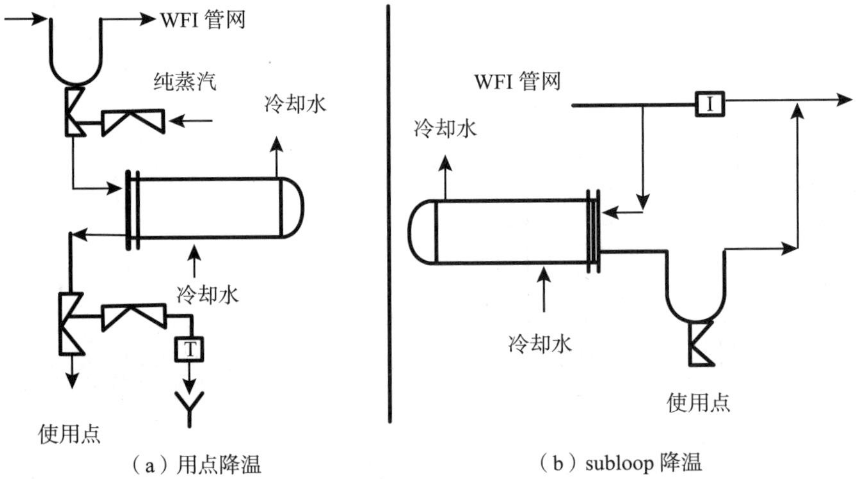

（a）用点降温　　　　　（b）subloop 降温

图 4-31　使用点瞬时降温设计原理图

"subloop 降温"模式设计的注射用水使用点热交换系统具有自动化操作程度高、安装美观大方等优点，已得到全行业的普及应用，但需要注意的是，制药企业应避免出现"subloop 设计过度"的现象。少数制药企业在一套高温循环的注射用水分配管网上安装多个串联式"subloop 子循环降温"模块，且每个"subloop 子循环降温"

模块服务于多个不同工艺属性的常温用水点，这种设计的支路管网会长时间处于常温状态下，在验证上也较难控制支路的工作流速，刚开始使用的几年内或许不会有太大的生物膜污染风险，但长时间后如维护管理不善，极易出现整个注射用水管网的严重生物膜污染，企业不得不启动频繁的除生物膜清洗维护。另外，制药企业的技术夹层空间应具有足够的检修空间、马道和照明，以便置于技术夹层的冷用点降温用换热器及其冷媒组件能得到良好的维护，对后期的制药用水系统工程管理带来便利。

4.3.5.4 建造材料

制药设备和管道系统广泛使用不锈钢，不锈钢的高强度性、耐腐蚀的特点能满足生产和热消毒的要求。然而，热塑性材料可以提供改进的质量或更低的成本。便宜一点的塑料，如聚丙烯（PP）和聚氯乙烯（PVC）可以在非制药用水系统中使用。其他的，比如聚偏氟乙烯（PVDF）可提供更强的抗热能力，可能适合应用于制药用水。如果考虑不锈钢系统包括钝化、内窥镜检测、X 线检测在内等因素，PVDF 系统的成本可能比不锈钢系统的成本低不少。连接 PVDF 管道的新方法比不锈钢焊接的更加平滑。然而，在高温下塑性材料的热膨胀成为主要问题。不过，不锈钢管道的保温应当不能含有氯化物，支架要有隔离装置来防止电流腐蚀。

304 和 316L 不锈钢已经成为行业中制药用水储罐材质的首选。奥氏体不锈钢的加工工艺分为锻造和铸造，300 系列奥氏体不锈钢是制药用水和蒸汽系统应用最广泛的奥氏体不锈钢，304 不锈钢主要用于 RO 之前与水直接接触的管道和设备支架等，316L 主要用于 RO 之后的接液部分。为了避免焊接热影响区的铬损耗，与壳体接触的夹套材质应是相容的。非药典规定用水的储存可能不需要相同的抗腐蚀水平或使用低碳镍铬合金并做特殊的表面处理，这取决于用户对水的要求。为了达到耐腐蚀的目的，不锈钢的含碳量一般比较低，大多在 0.1% 左右，为了进一步提高钢的耐蚀能力，特别是抗晶间腐蚀的能力，常采用超低碳的不锈钢，含碳量在 0.03% 甚至更低。对于纯化水与注射用水系统，首选的材料是耐腐蚀的 316L 锻造奥氏体不锈钢（表 4-16）。

表 4-16　常用奥氏体不锈钢的合金含量对照表

锻造奥氏体不锈钢化学成分（质量分数，%）									
《GB/T 14976—2012 流体输送用不锈钢无缝钢管》									
ASTM	GB	C	Si	Mn	P	S	Ni	Cr	Mo
304	S30408	0.08	1.00	2.00	0.035	0.03	8~11	18~20	
304L	S30403	0.03	1.00	2.00	0.035	0.03	8~12	18~20	
316	S31608	0.08	1.00	2.00	0.035	0.03	10~14	16~18	2~3
316L	S31603	0.03	1.00	2.00	0.035	0.03	10~14	16~18	2~3
《ASME BPE-2016 美国机械工程师协会 - 生物加工设备》									
EN	UNS	C	N	Mn	P	S	Ni	Cr	Mo
	S30400	0.07	0.10	2.00	0.04	0.017	8~10.5	17.5~19.5	
1.4301		0.07	0.10	2.00	0.04	0.017	8~10.5	17.5~19.5	
	S30403	0.03	0.10	2.00	0.04	0.017	8~12	17.5~19.5	
1.4307		0.03	0.10	2.00	0.04	0.017	8~10.5	17.5~19.5	
1.4306		0.03	0.10	2.00	0.04	0.017	10~13	18~20	
	S31600	0.08	0.10	2.00	0.04	0.017	10~14	16~18	2~3
1.4401		0.07	0.10	2.00	0.04	0.017	10~13	16.5~18.5	2~2.5
	S31603	0.03	0.10	2.00	0.04	0.017	10~14	16~18	2~3
1.4404		0.03	0.10	2.00	0.04	0.017	10~14.5	16.5~18.5	2~2.5
1.4435		0.03	0.10	2.00	0.04	0.017	12.5~15	17~19	2.5~3

注：ASME BPE 推荐的硫含量范围为 0.005%~0.017%。

铸造奥氏体不锈钢化学成分（质量分数，%）									
《ASTM A743-2017 一般用耐腐蚀铬铁及镍铬铁合金铸件》									
ACI	UNS	C	Si	Mn	P	S	Ni	Cr	Mo
CF8	J92600	0.08	2.00	1.50	0.04	0.04	8~11	18~21	
CF3	J92500	0.03	2.00	1.50	0.04	0.04	8~12	17~21	
CF8M	J92900	0.08	1.50	1.50	0.04	0.04	9~12	18~21	2~3
CF3M	J92800	0.03	1.50	1.50	0.04	0.04	9~13	17~21	2~3

注：我国铸造奥氏体不锈钢化学成分参见《GB/T 2100—2017 通用耐蚀钢铸件》。

由于 304 和 316L 不锈钢的高铬镍含量和易于自动焊接，它们是应用于金属管道系统的首选级别。低碳和低硫级的不锈钢是制药用水系统的首选，为了限制系统腐蚀和裂纹，焊接工艺的控制和检验是必要的。低硫含量（＜ 0.03%）的 316L 不锈钢可得到无斑点的抛光，同时，少量的硫（＞ 0.005%）可提高金属的可切削性和可焊接性。中等水平的硫含量相对可接受，因此，《美国机械工程师协会 – 生物加工设备》推荐的 ASME BPE 标准 316L 硫含量为 0.005%~0.017%。

制药用水分配系统通过设计来规定材料和表面处理，应当结合使用可接受的焊接或其他的卫生型方法。分配和储存系统应该按照 GMP 要求进行安装，严格地按照明确的操作规程进行制作、生产、完成和安装。由于对工艺中的关键焊接参数和光滑的焊缝特点更高的控制，轨道焊接成为连接高纯度金属水系统管道的首选方法。然而，在某些情况下可能仍需要使用手动焊接。如果计划进行常规的钝化，材料的材质与标准选择应在整个分配、储存和工艺系统中保持一致。例如，都是 GB、ASME BPE、SMS/ISO、3A 或 DIN 标准的 316L 材料，这有利于每个管道的焊接质量统一。

A. 罐和分配系统的建造材料比较（表 4-17）

表 4-17　水系统设计和安装关键因素的相对比较

	PVDF	ABS	POLYPRO	PVC	316L 管道	304L 管道
安装成本	中等	中等	低	低	中等	中等
安装容易度	高	中等	中等	高	高	高
蒸汽消毒	是	否	否	否	是	是
热水消毒	是	否	否	否	是	是
臭氧消毒	是	否	否	否	是	是
化学消毒	是	是	是	是	是	是
红锈的敏感性	否	否	否	否	是	是
抗腐蚀力	高	高	高	高	高	中等
可用性	中等	低	中等	高	高	高
可提取性	低	中等	低	高	低	低
热膨胀程度	高	高	高	不适用	低	低

续表

		PVDF	ABS	POLYPRO	PVC	316L 管道	304L 管道
连接方法	快开接头	是	否	是	否	是	是
	熔剂	否	是	否	是	否	否
	热熔合	是	否	是	否	否	否
	焊接	否	否	否	否	是	是
外部支持		高	高	高	中等	低	低

B. 加工工艺

装配应当由具备资质的焊工在防止设备和材料表面污染的控制下的环境内来完成。为了避免被碳钢污染，在装配中首选的是专门用于焊接不锈钢（或更高级别的合金）的设施。装配建议遵从批准的质量保证计划，要有足够的系统设计和建造文件，包括最新的管道及仪表布置图、系统的轴测图、焊接检验报告等。

C. 铸造与锻造

通常情况下，按加工工艺的不同，原材料市场上的隔膜阀等关键零部件可分为锻制件和铸制件，锻造与铸造是解决材料的各向同性和强度问题，金相组织通过热处理解决。铸造奥氏体不锈钢在食品领域应用较多，表 4-18 为《美国机械工程师协会 - 生物加工设备》中铸制奥氏体不锈钢与锻制奥氏体不锈钢牌号对比表，在我国、欧盟和美国，锻造与铸造奥氏体不锈钢均有着完全不同的不锈钢牌号，例如，"铸造 316L"的 UNS 与 ACI 牌号分别为 J92800 与 CF3M，对应我国《GB/T 2100—2017 通用耐蚀钢铸件》的钢牌号为 ZG022Cr17Ni12Mo2，《ASTM A351/A351M-18 承压件用奥氏体铸钢件的标准规范》明确提出 CF3M 具有高温不稳定性，主要是基于其不耐腐蚀性；而锻造工艺的"316L" UNS 为 S31603，它是水系统常用的 316L 不锈钢牌号，高温下也具有良好的耐腐蚀性，属于制药用水系统的常规选用材料。

表 4-18　锻造与铸造奥氏体不锈钢的牌号对比

锻造奥氏体不锈钢			铸造奥氏体不锈钢		
ASTM	UNS	EN	UNS	ACI	EN
304	S30400	1.4301	J92600	CF8	1.4308

锻造奥氏体不锈钢			铸造奥氏体不锈钢		
ASTM	UNS	EN	UNS	ACI	EN
304L	S30403	1.4307/1.4306	J92500	CF3	1.4309
316	S31600	1.4401	J92900	CF8M	1.4408
316L	S31603	1.4404/1.4435	J92800	CF3M	1.4409

4.3.5.5 系统组件

A. 换热器

水分配系统用换热器及其冷/热源组件的主要功能是维持系统水温在设定值的±2℃范围内，并周期性实现纯化水分配系统的消毒，一般置于分配系统的末端回水管道上。可以使用管壳式、套管式和板式换热器。虽然板式换热器可能有成本优势，但是由于其可能会造成较大的污染危险，所以在药典规定的分配部分较少使用。然而，板式换热器却普遍应用于预处理终端纯化之前。在管壳式换热器中，被处理的水经过管束，冷却或加热介质的污染风险可以通过使用双管板来明显地降低。U形管管束的完全排尽可以通过换热器中每一个导程内位于最低点的泪孔来实现。如果能确保正压差在"洁净"侧，就能进一步地减少污染的风险。同样，板式换热器应在洁净侧水的压力比加热或冷却介质侧压力高的情况下来进行操作。双管板管式换热器应安装有泄露检查口，分配系统的回水电导率仪也可以用来监测泄漏的发生。换热管内表面应光滑平整，以确保实现重力全排尽，正常情况下，应避免选择内表面凹凸不平的波纹换热管或易于发生虹吸现象的毛细换热管。

B. 呼吸器

在药典规定用水系统的储罐上使用呼吸器来减少在液位降低时的污染。呼吸器滤芯的主要材质为疏水性的 PTFE，可以防湿，孔径通常是 0.22μm。过滤器应该能承受消毒温度，在选型时应能满足在快速地注入水或在高温消毒的循环中体积收缩的情况下能有效地卸放负压。在热系统中的过滤器通常用加热夹套来减少冷凝液的形成，冷凝液的形成会使储罐上的疏水性过滤器堵塞。

呼吸器的安装也应能排出由高温操作或消毒所产生的冷凝水，还要容易定期更换。滤芯要与过滤器壳体相匹配。安装在纯化水与注射用水储罐上的呼吸器应定期做完整性测试，但是可能不需要同无菌过滤器那样来进行验证。

C. 泵和机械密封

制药用水分配系统用离心泵多为卫生型单端面密封设计，出口管道上安装压力表，与回水流量变送器变频联动（也可与压力变送器联动）。在选型时，离心泵扬程推荐不超过 70m（少数工况可能会达到 80m）。除喷淋球外，离心泵是制药用水分配系统中最核心的"动态"元器件，其工程运行的质量好坏是分配模块成功与否的关键。卫生型离心泵的工作原理是当泵腔内充满制药用水时，在电机运行带动轴和叶轮旋转的过程中会产生离心力，制药用水在作圆周运动时自叶轮中心向外周抛出，同时，在叶轮的中心部分形成低压区与吸入液面的压力形成压力差，于是制药用水不断地被"吸入"并以一定的压力排出，从而实现连续输送的功能。

制药用水用卫生型离心泵在设计上需确保"半/全开放式"与"无死角"原则，使用时流速相对柔缓，采用碳化硅材料的卫生型机械密封，不得使用石墨等不符合要求的机械密封材料，使用该泵不会对制药用水的化学纯度造成影响，同时离心泵还需耐受高温（连续/周期性热消毒）、酸液（周期性除锈/再钝化）、碱液（周期性除生物膜）等工况要求。一台好的卫生型离心泵需满足材质、泵体设计和认证证书等多方面的要求。离心泵泵头上配置有进水口和出水口，制药用水输送用离心泵因为其无菌要求，必须带下排污口并采用 45° 出水口设计。离心泵叶轮直径和扬程成正比，泵壳直径一般都远大于管道截面积，同压强情况下承受压力也远大于管道。泵壳也要承受泵突然启动、阀门突然关闭产生的水锤，所以泵壳必须有很好的强度和韧性。

卫生型离心泵与制药用水接触部分的材质推荐采用 S31603 不锈钢（316L），所有接触制药用水的元器件均应采用锻压件，不推荐使用铸件（包括叶轮），采用符合美国 FDA 食品级别要求的密封材料。制药用水离心泵多采用外置型机械密封设计，外置机械密封设计可通过制药用水实现密封面的自然冷却，具有良好的降噪音功能，推荐工作噪音不超过 75dB。与冷冻水或市政供水系统不同，不推荐在制药用水分配系统中采用在线备用循环泵，因为安装在线备用离线泵难以避免在备用泵中出现死角的情况，除非两台泵频繁交替使用。与此相比，配备与循环泵完全相同的泵或其密封面作为库房备用，当需要更换时更换整泵或相应的密封面备件并配以适当的冲洗消毒方式是一种更好的选择。

制药用水离心泵在安装与使用时，进出口管路上推荐安装手动隔膜阀，便于对泵进行单独拆卸与更换的需求，确保泵在选型范围内工作，一个简单的判断离心泵功率的方法是：分配系统管网流速在 1m/s 时的待机状态下，离心泵功率不超过

40~42Hz（工程经验值，仅供参考）。严禁超负荷使用泵；搬卸、移动泵时注意安全，必要时使用专用工具；保证泵和管路接口安装合适，保证不存在安装带来的管道应力；保证管路中的重力不要负载在泵上，以免引起泵壳的损坏或密封圈泄露。"汽蚀现象"是制药用水离心泵应极力避免的一个工程现象，容易发生泵体"汽蚀现象"的工况包括制药用水温度过高，如过热水灭菌状态的制药用水；制药用水系统出现真空状况；制药用水储罐补水速度不够而瞬时用水量很大导致液位的快速下降等。从工程设计端入手，一种非常简单的避免方法是保证罐体出水口高度与地面具有足够的距离，例如，不低于600mm。

D. 管道系统部件

• 管道

近年来，外表类似于无缝的316L焊接钢管的使用越来越多，并且价格相对于无缝管要低很多。PVDF经证明也是可用的材料，但在实际中，不锈钢管的应用更为广泛。

• 管配件

循环管路系统从分配模块出发，经用水点回到分配模块。循环管路系统包括隔膜阀/取样阀、管道管件、支架与辅材、保温材料等，管道管件细分为管道、弯头、三通、U形弯、变径、卡箍、卡盘和垫圈等。《WHO GMP：制药用水》（2021年版）规定：纯化水系统建筑材料应适当，应不浸出、不吸附、不吸收、耐腐蚀，一般推荐使用不锈钢等级316L或PVDF，材料的选择应考虑到消毒的方法。

• 阀门

制药用水行业趋向于在纯化水与注射用水系统中使用隔膜阀，特别是应用在隔离场合。蒸汽系统中可以接受使用耐高温的316L卫生球阀，它需要较少的维护。"铸造316L"的隔膜阀，实际上其合金牌号为CF3M，铸造工艺会带来各向同性差的缺陷，不能完全转变成具有耐腐蚀性的奥氏体不锈钢，与高温下具备耐腐蚀性的316L材料有着本质的区别。对于纯化水与注射用水，因其在高温水的工况下极易快速生成大量"铁锈"，WHO GMP及国际上的主流法规体系均不允许使用CF3M材料的隔膜阀。通常，质量部门会选用目检、核查材质报告或采用合金分析仪等方法来鉴定奥氏体不锈钢的材料安全性，但在CF3M与316L之间，这些方法并不奏效，因为它们都是奥氏体不锈钢，合金比例非常接近，而合金分析仪内置的程序中并没有CF3M与316L的区别，因此，"铸造316L"在合金分析仪上也会体现成316L材质，同时，市场上少数不锈钢隔膜阀阀体及材质报告上会直接标识为"316L"，以至于工程与质量人员通过目检无法分辨并导致材料质量失控，制药企业在选用合规性原材料时需尤为注意。

"T形零死角阀"是隔膜阀的一种，优点是无死角，但价格相对较高，多用于注射用水分配系统，建议生产高风险品种（如生物制品等）和有条件的企业选择使用，但应避免选用铸造奥氏体不锈钢材质（CF3M），而应选用符合GMP合规要求并耐腐蚀的锻造奥氏体不锈钢材质（316L，S31603）。表4-19是制药用水系统部件的一个总结，列出了普遍的行业实例、优点和缺点。

表4-19　制药用水系统用部件比较

项目	行业实例	优点	缺点
阀门	隔膜阀	可排净，消毒，可清洁，没有蒸汽密封，无阀体内的小凹陷	较高的起始成本和维护，磨损较快，高压系统下不能绝对关严
	旋塞阀／球阀	低成本，关闭较严，低维护	需要杆的密封，有细菌可能停留的小坑，消毒困难
	蝶形阀	低成本，关闭较严，低维护	需要杆的密封，有阀体小坑
垫片	三元乙丙橡胶	抗高温，经济性好	不推荐应用蒸汽消毒场合
	聚四氟乙烯	最耐高温，惰性材料	系统中有冷流
	聚四氟乙烯夹层	耐高温好，耐化学药品好	对挤压敏感
呼吸器	0.2μm疏水滤芯夹套蒸汽或电加热	减少生物负荷和微粒	由于湿润可能导致堵塞
换热器	双管板（管壳式）	卫生型设计，防止向设备洁净侧泄漏，适用于制药用水系统	加工精度要求高
	单管板（管壳式）	比双管板便宜	需要在洁净侧维持高的压差，操作困难
	同心管	低泄漏可能	换热系数低，需要换热面积大
	板框式	最便宜，适用于预处理系统	泄露可能最大，需要双密封垫
泵	离心泵	很普遍应用	较低的维护，经济性好
	定容式	很普遍应用，当需要更高的释放压时更加有效	更贵，更高的维护要求

项目	行业实例	优点	缺点
机械密封	双	连续冲洗、生产中的可靠性较高	在安装和操作上都较贵
	单	便宜一些，适用于制药用水系统	不适用于有颗粒的配料系统
连接类型	卫生快开连接	最小的缝隙，容易检查，容易拆卸，适用于洁净流体工艺系统	压力限制，尺寸限制
	法兰连接	管道系统中较容易，应用在高压场合好，推荐管子的内径大于4英寸	高成本，垫片突出，出现缝隙机会较大
水罐	夹套（半管式）	热效率好	需要很好的焊接
	夹套（全夹套式）	焊接少，焊接失败的可能性小	热效率低
	没有夹套	允许对罐进行完全外部检查	需要外部换热器
爆破片		完全卸放装置可以防止在通风过滤器堵塞时罐被破坏	易耗品，需定期检查并更换

4.3.5.6 有储罐和无储罐的注射用水系统比较

另一种全管网低温设计的思路为无储存/独立循环系统（图4-32）。虽然没有储存能力，但当企业投资预算有限、制水间空间容量受限时，该设计思路为一个有效的解决方案。该系统上游的主循环管路建议在较低压力下运行，通常情况下，储存能力是由主环路上的储罐提供的。另外，主循环管网发生的微生物污染将导致整个系统的污染。因此，无储存/独立循环系统需要有更加可靠的自动化控制和完善的维护运行措施。

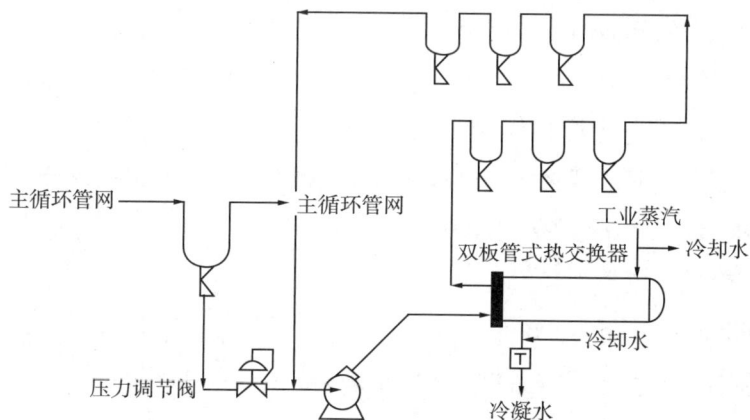

图4-32 无储存/独立循环系统

有储罐和无储罐的注射用水系统比较见表 4-20。

表 4-20　比较注射用水系统：有储罐和无储罐

有储罐系统	
优点	缺点
• 常压储存，使热注射用水的回水污染最小 • 缓冲能力强，提供足够的满足需要的注射用水，便于安排生产计划 • 可以缓解由于常压储存或热水消毒造成的系统压力 • 一旦运行，比无储罐系统的维护要求更低，发现潜在问题更容易隔离	• 增加了初期投资，包括储罐和罐体附件的资金费用 • 消毒时间比无储罐系统更长 • 如果水系统每天都排放罐内与管道存水，注射用水损失可能比无储罐系统要多
无储罐系统	
优点	缺点
• 降低了初期投资，包括储罐和罐体附件的资金费用 • 没有储罐的"低流速"隐患，对水分配系统的微生物预防更加有力 • 如果水系统每天都排放管道存水，注射用水损失可能比有储罐系统要少	• 缓冲能力有限，可能无法满足高的峰值流量需求 • 安装、调试和验证的难度比有储罐系统更大 • 运行与维护要求比有储罐系统更高

4.3.5.7 微生物控制设计考虑

在一个特定的水储存和分配系统中，总是要预想出一些促进微生物生成的特定的基本条件，以下几个基本方法可以抑制这些问题。

典型的能促进微生物生成的基本条件有：

● 停滞状态和低流速区域；

● 促进微生物生长的温度（30~55℃）；

● 供水的水质差。

减轻这些问题的一些基本方法如下：

● 维持一定的臭氧浓度水平（以水电解制备臭氧为例，0.05~0.2ppm）；

● 连续的湍流（雷诺数 Re > 4000）；

● 升高或降低温度（4~15℃，70~80℃）；

● 合适的坡度（不低于 1%）；

● 光滑和洁净的表面，减少营养物质蓄积；

● 经常排放、冲洗或消毒；

- 排水管道的空气间隙；

- 确保系统无泄漏；

- 维持系统正压。

保证正压是防止由取样口、用水点发生空气进入水系统的关键，也是防止微生物污染的一个手段。保证正压要从多方面想办法，设计、安装时就要充分考虑到用水高峰用量、用各种技术手段限制单个用水点的最大用量，使用时要加强管理避免超量用水。设计上应有以下考虑：

- 合理规划分配系统的峰值流量，离心泵的流量选型应基于分配系统峰值流量与管网回水流量进行考虑；

- 离心泵的扬程选型应基于分配系统管道阻力与喷淋球工作压力（通常为不低于1bar）进行考虑。

处理这个关键问题通常适合的方法为趋势分析法。使用这种方法，警戒和行动水平与系统标准有关，因此对警戒和行动水平的反应策略能够也应该制定出来。即使是最谨慎的设计，也有可能在某些地方形成微生物膜。良好的工程设计，如消除死角、保证通过整个系统有足够的流速、周期性的消毒能帮助控制微生物。这是在下列情况下储存和分配循环系统中常见的实例：

- 在大于70℃或臭氧自消毒的条件下；

- 如温度控制在4~15℃来限制微生物生长并周期性消毒的情况下；

- 在常温环境下，消毒是通过验证的方法控制微生物生长。

对常见的行业实例的法规说明：

良好工程实践经验表明，如下因素有助于降低微生物滋生的风险，这些项目包括表面处理、储罐形式、储罐隔离、储罐周转率、管道坡度、排放能力、死角和流速。

➤ 表面处理

制药用水系统的表面光洁度需符合制药用水生产、清洗和灭菌时的实际要求。不锈钢材料内表面粗糙度的处理，对制药用水系统来说有着十分重要的影响。表面光洁度是指加工表面上具有的较小间距和峰谷所组成的微观几何形状特性，它是不锈钢原材料材质证书的重要组成部分，属于原材料入库时的一项主要检查内容。通过抛光处理，可以大大减少系统内表面的接触面积，这将有助于降低制药用水系统输送的残留量和杂质附着风险，有助于制药用水系统内表面更加光滑、易于清洗，有助于预防微生物的沉降与繁殖，为水系统微生物限度的长期稳定提供了可靠的保证。

不锈钢内表面的处理主要通过机械抛光和电解抛光来实现。机械抛光指在专用的抛光机上进行抛光，靠极细的抛光粉和磨面间产生的相对磨削和滚压作用来消除磨痕；电解抛光是在机械抛光的基础上，以被抛工件为阳极、不溶性金属为阴极，两极同时浸入到施加一定电压的电解槽中，通过电流的作用引发一个强化学反应并发生选择性的阳极溶解。通常，金属表面的最高点在电解抛光时最先被消解，从而达到工件表面光亮度增大的效果。与机械抛光相比，电解抛光能增加不锈钢管道表面抗腐蚀性、保证内外色泽一致；电解抛光可避免目测的表面缺陷，它能有效减少不锈钢内表面积、增加表面光洁度、有利于实现设备的快速高效清洗。同时，电解抛光将表面游离的铁离子去除，有助于增加表面的 Cr/Fe 比、增强钝化保护层、降低系统发生红锈风险。

由于电解抛光有上述优势，其在制药用水系统的管件、管道、设备中得到越来越多的应用，推荐制药用水系统的高风险区域均采用电解抛光设计，例如分配系统的无菌取样阀、纯化水/注射用水储罐、注射用水用点换热器和离心泵叶轮。若纯化水与注射用水罐体中水的流动性相对较差，为了保证纯化水罐体具有良好的微生物抑制能力，罐体内表面推荐采用电抛光处理（Ra ≤ 0.4μm），外表面亚光处理，表面光泽均匀一致。图 4-33 是机械抛光与电解抛光的表面光洁度示意图，可以明显看出，电解抛光比机械抛光的表面更加光滑、平整，对微生物的预防效果更好。

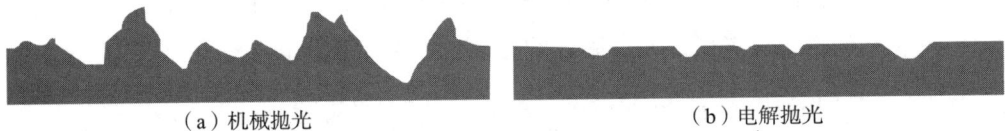

（a）机械抛光　　　　　　（b）电解抛光

图 4-33　光洁度示意图

《国际制药工程协会基准指南第四册－水和蒸汽系统》推荐制药用水系统抛光度 Ra 值 < 0.76μm，《美国机械工程师协会－生物加工设备》推荐注射用水系统抛光度 Ra 值 < 0.6μm 并尽可能电解抛光。注射用水系统与纯蒸汽系统直接接触最终的产品，其生产工艺和清洗要求相对更高，故工程上一般建议注射用水/纯蒸汽系统的管道与罐体内表面抛光度 Ra 值 < 0.4μm（SF4）并尽可能电解抛光。基于系统整体风险考虑和经济分析，合适的表面光洁度完全能满足制药用水系统的生产、清洗与灭菌要求，电解抛光虽有比机械抛光更好的清洗与微生物控制优势，但其造价相对更高，企业可结合自身条件合理选择使用。另一个可行的方法是拉伸的 PVDF 管道，尽管 PVDF 有其他的缺点，但它在不用抛光的情况下具有比大多数金属系统更光滑的表面，但目前在商业化生产的制药行业 GMP 车间暂未普遍采用。

➤ 储罐形式

立式结构是最普遍的，因为有如下优点：

- 制造成本低；
- 较小死水容积；
- 简单喷淋球设计；
- 需要的占地面积小；
- 当厂房高度受限时可采用卧式。

➤ 储罐隔离

对于制药用水罐体，普遍做法是使用 0.22μm 疏水性呼吸器。对于热储存容器，呼吸器建议通过加热夹套来减少湿气的冷凝。如果担心二氧化碳的吸收问题或防止最终产品的氧化问题，可以充进氮气来进行保护。

➤ 储罐周转率

普遍的做法是罐的周转率每小时 1~5 次。对于使用外部消毒或处理设备的系统，周转率可能是很重要的。适当的周转率对于储罐具有避免死区的功能。当储罐处于消毒条件下，包括热储存或臭氧，周转循环率不是很重要。在微生物生长受限的条件下，如冷储存（4~15℃），周转率可能也不是最重要的设计因素，但是必须有文件证明。

➤ 系统排尽能力

用蒸汽进行消毒或灭菌的系统必须要完全排尽来确保冷凝水被完全去除。考虑设备和相关管道的排放是一个好的工程上的做法。"重力全排尽"是促进系统排尽的必要途径，坡度检查也是系统进行安装确认时的一项主要内容，制药用水系统的坡度需符合相关法规的要求。若发生坡度不够或无坡度，制药用水系统将存在如下质量风险：水系统残存铁渣，影响钝化效果；制药用水不可自排尽，影响系统清洗效果；纯蒸汽灭菌后的冷凝水残留，系统灭菌不彻底，从而引发制药用水系统发生严重的生物膜等微生物污染；残留的水渍引起制药用水系统发生严重的红锈等颗粒物污染；无法实现排干保存，洁净压缩空气介入也效果不佳。

实践表明：水平管道的坡度越大，水系统的可排尽性越好。"纯化水与注射用水系统的坡度不低于 0.5%、纯蒸汽系统的坡度不低于 1%"是我国 GMP 检查实施中对坡度确认的基本要求。基于风险的考虑以及 WHO GMP、ASME BPE 标准的最新建议，制药企业或工程公司也可以结合系统设计、海外 GMP 认证要求及生产需求等实际情况进行综合评估，例如，采用"纯化水与注射用水系统的坡度不低于 1%、纯蒸汽系统的坡度不低于 2%"来进行系统的坡度管控，工程实施可采用 92° 弯头或 88°

弯头等具体方法措施。表 4-21 是《美国机械工程师协会 – 生物加工设备》的管道坡度分级。

表 4-21 坡度等级对照表

坡度等级	最小坡度 （In/ft）	最小坡度 （mm/m）	最小坡度 （%）	最小坡度 （度）
GSD1	$^1/_{16}$	5	0.5	0.29
GSD2	$^1/_8$	10	1.0	0.57
GSD3	$^1/_4$	20	2.0	1.15
GSD0	管道坡度无要求			

➤ 死角

在制药用水系统中，任何死角的存在都有可能导致整个系统的严重污染。死角所带来的风险点主要包括：为微生物繁殖提供了"固定场所"并导致生物膜的形成，继而引起微生物与细菌内毒素的超标，严重影响产品质量；水系统消毒或灭菌不彻底导致的二次微生物污染；水系统清洗不彻底导致的二次颗粒物污染或产品交叉污染。《药品生产质量管理规范（2010 年修订）》要求"管道的设计和安装应避免死角、盲管"。

各种规定和提法甚至测量的方法不尽相同，所有提法都是工程上的执行标准建议。目前，比较正式的几种死角量化管理办法：一是 1993 年美国《高纯水检查指南》中的由主管中心开始测到阀门密封点的长度 L ≤ 6 倍支管直径 D。二是 2019 年版《国际制药工程协会基准指南第四册 – 水和蒸汽系统》与 2021 年版《WHO GMP：制药用水》从主管外壁到支管阀门密封点的长度 L ≤ 3 倍支管直径 D。三是 2009 年 ASME BPE 的 2D，其定义是从主管内壁到支管盲端或阀门密封点为 L，支管内径为 D，L ≤ 2D。

工程实践表明，"3D 设计"是水系统所应该遵循的基本设计要求，这也是监管部门针对死角检查的量化指标。死角和非循环水分配系统可能给纯化水的维持控制带来挑战。需要注意的是，3D 量化界定并不是强制定义，死角的核心在于是否引起了系统污染。许多系统（如今被认为是有死角的）拥有数十年的运行数据来支持系统处于受控状态。取样数据可以用于支持对死角造成的风险进行了适当的管理。并非所有死角都具有相同的风险，例如，高温循环系统上的 6D 死角，比处于室温或间歇性室温的系统在相同死角下的风险要低得多。在评估旧系统的死角风险时，需要考虑系统的性质和使用点的使用频率等因素。

很多制药企业将死角等同于 3D 来看待，实际上，量化管理仅是工程上对死角控制与检查的一种有效措施，不能一概而论。《美国机械工程师协会 – 生物加工设备》的定义更加科学："死角"是指当管路或容器使用时，能导致产品污染的区域，其中 L 的含义变更为"流动侧主管网管壁到支路盲板（或用点阀门中心）的距离"，D 为"支路的内径"（图 4–34）。在不考虑死角长度的情况下，水质必须满足要求。工程设计规范要求死角长度最小，有很多好的仪表和阀门的设计是尽量减少死角的。应该认识到，如果不经常冲洗或消毒，任何系统都会存在死角。

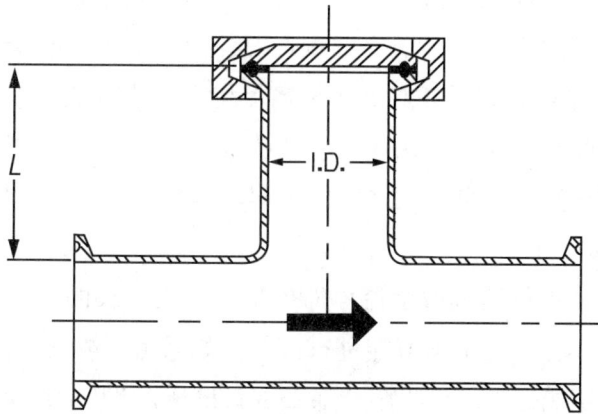

图 4-34 死角的量化定义

在制药用水系统的设计中，控制死角的设计方法有很多种，例如，注射用水罐体接口推荐采用 NA 接口，用水点阀门的安装可采用 U 形弯与两通路阀门连接，也可以安装一个 T 形零死角阀门，上述方法均可满足 3D 死角要求（图 4–35）。虽然第一种安装方式比零死角阀门的安装方式节省项目投资，但对常温制药用水系统而言，微生物污染风险也会相应增加，因此，《国际制药工程协会基准指南第四册 – 水和蒸汽系统》推荐：如果用一个有着较大口径的两通路隔膜阀替代 T 形零死角阀门，则

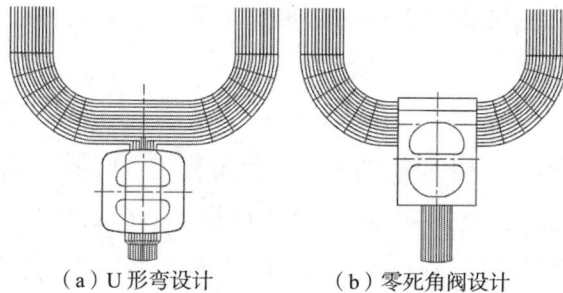

（a）U 形弯设计　　　　　（b）零死角阀设计

图 4-35 使用点的死角控制

需要考虑用增加最低速度的方式来弥补其微生物污染风险。通过对无菌隔膜阀标准尺寸的比对发现，采用 DN25 规格的两通路隔膜阀与 U 形弯自动氩弧焊接组合时，可有效满足用水点的 3D 死角要求；采用 DN25 阀门与 U 形弯卡箍连接会造成用点死角超过 3D，理论上讲，采用 DN20 或 DN15 阀门与 U 形弯手工焊接虽然能达到 3D 标准，但其手工焊接的焊口质量非常不稳定，内窥镜影像质量往往不是很理想，从工程质量角度不可取。为了实现硬连接用水点的取样功能，制药企业还可选择带取样功能的两通道隔膜阀或 BLOCK 一体阀。

基于某些系统的性能，可以通过大量使用或频繁冲洗所有分支，以产生周期性剧烈流动而降低风险，前提是假定死角和分支可以打开，而不仅仅是排除积水区，例如，在线 TOC 的取样阀处就没有必要刻意设计为 3D。这些改善性活动需要彻底、不懈的努力，且在许多情况下可能无法长期保持现实或有效，因此维护成本很高。在这种情况下，这些改善性活动往往没有被认真执行。因此，如果程序上可以成功降低风险，这更有可能通过自动化之类的工程控制来实现，而不是仅仅通过手工程序来实现。

通常，在不经常进行消毒或水流停滞的地方，已生长的生物膜是非常顽固的，以至于对于非循环设计，几乎不可能进行修复。如果由于缺乏不懈的维护而反复出现问题，或者存在不能处理的生物膜，那么重新设计／翻新系统以去除死角和（或）创建环状分配系统，可能更具成本效益。对于具有出色的一致运行数据集且被评估为低风险的系统，企业可以有理由得出结论，不需要为了满足 ASME BPE 的所谓 2D 或 3D 而对死角进行补救。

➢ 正压

始终维持系统的正压是很重要的。我们普遍关注的一个问题是系统的设计如果没有足够的回流，在高用水量时使用点可能会形成真空。这可能引起预想不到的系统微生物挑战。纯化水与注射用水管网回水压力一般控制在 1~2bar 左右，低于 0.5bar 时系统可设置报警提示（如有必要），切线出水型旋转喷淋球的工作压力低，可 360° 旋转、耐磨，且可实现罐体的全覆盖，是纯化水与注射用水罐体喷淋球的首选。

➢ 循环流速

保持常温循环的制药用水系统的全流程管道流速不低于 1m/s 是非常关键的，可将泵体变频流量始终设定为 1.1~1.2m/s，WHO 推荐值为 1.2m/s。虽然流速对水质的长期稳定运行非常关键，但当系统处于峰值用量时，短时期内管道流速低于 1m/s 并不会马上引起系统微生物的快速滋生。虽然《国际制药工程协会基准指南第四册 –

水和蒸汽系统》允许高温循环与连续臭氧消毒的注射用水系统无需按 3ft/s（0.91m/s）去严格执行，但基于良好工程质量管理规范的考虑，在设计阶段按照制药用水系统管道流速不低于 1m/s 去考虑还是有必要的。

雷诺数是流体系统湍流状态的判断标准，雷诺数 Re ＝ ρ*u*d/μ，其中 ρ ＝密度（kg/m³），d ＝管道内径（m），u ＝流速（m/s），μ ＝粘度（Ns/m²），雷诺数与流速有一定的关系（表 4-22）。流体力学认为：雷诺数超过 4000 时，系统进入湍流状态。制药用水系统流速设计不足所带来的另一个主要风险是引起后端管网形成负压并在后端使用点处发生"空气倒吸"现象，其主要原因可能是：①设计时未按《用水点使用情况调查表》进行合理计算，导致水系统设计时泵体功率偏小和（或）系统管径偏细，不符合实际生产时的用水需求；②生产使用时，用点管网发生大流量用水或排水等突发事件。

表 4-22　雷诺数与流速的关系

公称直径（in）	管道内径（mm）	线性流速下的流量（L/min）	雷诺数＞ 30000	
			线性流速（m/s）	流量（L/min）
1/2″	9.40	6	3.2	13
3/4″	15.75	18	1.9	22
1″	22.10	35	1.4	31
1¹/₂″	34.80	86	0.9	49
2″	47.50	159	0.6	67
3″	72.90	376	0.4	103
4″	97.38	670	0.3	138

水系统的循环流速可通过泵体流量与泵出口供水端主管网管径之间的比例关系换算获得，它并不是指"循环管网变径后的较细管径"。表 4-23 为 ASME BPE 标准和 ISO/SMS 标准管道的不同管径在 1m/s 流速下对应的流量值。以 ASME BPE 标准管道为例，某纯化水系统的供水端主管网管径为 DN50，回水端主管网管径为 DN40，回水管径为 DN40 时的 1m/s 相当于 3.42m³/h，而 3.42m³/h 只能实现 DN50 管道的流速为 0.53m/s（3.42÷6.38=0.53m/s），这显然无法满足分配系统全管路 1m/s 的湍流状态。

表 4-23　流量与流速对照表

规格	ASME BPE 标准		ISO/SMS 标准	
	管道规格	1m/s 时流量	管道规格	1m/s 时流量
DN25	25.4*1.65	1.38m³/h	25.0*1.2	1.44m³/h
DN40	38.1*1.65	3.42m³/h	38.0*1.2	3.58m³/h
DN50	50.8*1.65	6.38m³/h	51.0*1.2	6.67m³/h
DN65	63.5*1.65	10.24m³/h	63.5*1.6	10.28m³/h
DN80	76.2*1.65	15.01m³/h	76.1*1.6	15.69m³/h

➢ 定期反冲洗

反冲洗属于清洗学中的机械作用，无论是多介质过滤器还是活性炭过滤器，理论上来讲都是微生物截留并快速滋生的理想温床。为了能够避免预处理过滤器的严重污染，需要在自控程序设置上进行定期反洗，将截留在滤料孔隙中的杂质及微生物排出，以便恢复多介质过滤器与活性炭过滤器的处理效果。一般情况下反向冲洗液可以采用清洁的水源，通常以一定的设计流速冲洗一段时间，反向冲洗后，再进行正向冲洗使介质床复位，当多介质过滤器设计直径较大或原水水质比较恶劣的情况下，可考虑设计增加空气擦洗功能，能极大地改善反冲洗的效果。为保证系统有良好稳定的运行效果，除了周期性反冲洗外，还需对多介质与活性炭过滤装置内的填料介质进行定期更换。

4.3.5.8 持续的微生物控制策略

制药用水系统通常应用连续的方法控制微生物，并进行周期性消毒。本节讨论采用连续的方法控制微生物生长。

A. "热" 系统

防止细菌生长的最有效和最可靠的方法是在高于细菌易存活的温度下运行。如果分配系统维持在热状态下，常规的消毒可以取消。系统在不低于 70℃ 的温度下运行，有很多的历史数据表明在这种条件下能防止微生物生长。目前，很多公司在 70~80℃ 的温度下验证水系统。在较低的温度下运行的优点包括节约能源、对人的伤害风险低、减少红锈的生成。系统在这个范围内的较高温度下运行在微生物污染方面具有更高的安全性。无论企业选择什么样范围的工作温度，其有效性必须在具体实例的基础上用检测数据来证明。需要注意的是，这个温度范围不会去除内毒素。当细菌内毒素是我们所关注的问题时，建议通过设计合理的处理系统来去除它。

B. "冷"系统

在这个例子中用"冷"这个词的意思是指一个系统维持在足够低的温度下来抑制微生物生长。虽然这被证明是有效的，但是其需要能耗及相关成本，对这种类型的系统总的来说操作成本是很高的。通常情况下，"冷"系统是在 4~15℃的温度下操作。在 15℃以下微生物的生长率明显降低，因此与常温系统相比，冷系统的消毒频率可能要降低。特定温度下的有效性与否，在任何特殊系统中相关的消毒频率建议在具体实例的基础上通过统计分析来确定。

C. "常温"系统

任何制药用水系统的循环温度都是通过需要达到的微生物标准或需要达到的使用温度来确定的。在行业中，"常温"的纯化水系统通常使用臭氧和（或）热水消毒，与"热"或"冷"系统相比，通常需要较低的生命周期成本，并且还减少了能量消耗。然而，在没有提高系统消毒水平的情况下，在储罐和分配循环中缺少温度控制会导致系统内生物膜的形成，偶尔或不可预测地产生微生物不符合规定的水，以及导致不在计划内的水系统停机。常温系统可以辅助紫外灯、臭氧等措施进行微生物的控制。

D. 臭氧

臭氧是一种广谱杀菌剂。臭氧作用于细胞膜后，使膜构成成分受损伤而导致新陈代谢障碍，臭氧会继续渗透穿透膜并破坏膜内脂蛋白和脂多糖，改变细胞的通透性，通过氧化作用破坏其核糖核酸 RNA 或脱氧核糖核酸 DNA 物质，从而导致细胞溶解、死亡。臭氧的半衰期仅为 30~60 分钟，高浓度臭氧水的杀菌速度极快，理论分析表明：100ppb 臭氧浓度在 1 分钟内能杀死 6 万个微生物。水中臭氧浓度超过 8ppb 时，浮游类微生物即停止繁殖，水中臭氧浓度超过 20ppb 时，臭氧消毒系统能有效杀灭微生物。

臭氧能有效杀灭水中的微生物并有效降解已经形成的轻微生物膜，经紫外灯破除后的臭氧完全无残留，它属于非常理想的水系统化学消毒剂。随着常温膜法制备注射用水的不断推广与应用，臭氧消毒法将有望成为我国常温制药用水储存与分配系统的另一种主要消毒措施，可用于常温纯化水与注射用水储存与分配系统的消毒。实践表明，臭氧浓度达到 20~100ppb 时，能有效保证制药用水储存与分配系统中微生物含量不超过 1CFU/100ml。与巴氏消毒相比，臭氧消毒除了具有操作简单、水温无波动、无需工业蒸汽、消毒时间短和降解轻微生物膜等优势外，管道材质选择余地也非常大。臭氧消毒系统为常温运行系统，对于饮用水和纯化水系统，可采用不锈钢材质或 PVDF 材质进行建造。对于非蒸馏法制备的注射用水储存与分配系统，推荐采用连续臭氧消毒工艺为主、巴氏消毒为辅的组合消毒工艺，建造材料选择316L 不锈钢为宜。

E. 紫外线

紫外线的强度、紫外线光谱波长和照射时间是紫外光线消毒效果的决定因素。紫外线破坏细菌、病毒和真菌等微生物的 DNA 结构，破坏的 DNA 结构阻止了微生物的复制，紫外灯管发出的紫外线集中在 200~300nm，这种灯用作紫外消毒灯。进行微生物控制的紫外线灯通常安装在制备系统中，诸如活性炭单元的下游，因为此处需要进行微生物水平的控制。紫外单元上游的过滤可能有助于减少来源于活性炭单元、软化器或其他介质类型工艺上游的微粒物质从紫外线灯屏蔽微生物的可能性。紫外线消毒的原理较为复杂，传统科学认为它与对生物体内代谢、遗传、变异等现象起着决定性作用的核酸相关。

《医药工艺用水系统设计规范》（GB 50913—2013）规定：选用紫外线消毒时，紫外线有效剂量不应低于 40mJ/cm^2，详细技术要求可参考 2006 年 3 月发表于 *IUVA News* 的文章 *UV Dose Required to Achieve Incremental Log Inactivation of Bacteria, Protozoa and Viruses*（IUVA News/Vol.8 No.1）。在选用紫外线消毒设备时，还可参考现行国家标准《紫外线杀菌灯》（GB 19258—2012）和《城镇给排水紫外线消毒设备》（GB/T 19837—2019）的规定。用于消毒的紫外灯虽然不能直接控制制药用水系统上游或下游已形成的顽固生物膜，然而，作为一种清洁的微生物预防性措施，当紫外灯与传统的热消毒、臭氧消毒或化学消毒技术相结合时，它是非常有效的，并且可以延长制药用水系统周期性消毒之间的间隔。

虽然制药用水系统采用紫外线进行消毒的设计并非强制规定，但它是一种清洁、高效的补充消毒措施。紫外线是通过减缓水系统中新的菌落生长速度而影响生物膜的生成，但是这只对浮游类微生物部分有效。紫外线不能作为独立的水系统消毒方法（无论是低压，还是中压紫外消毒），因为紫外线不能有效照射除紫外线设备腔体以外的其他管路，如紫外灯与常规的热水或化学消毒方法联用，就可以非常有效地延长周期性消毒间隔时间。紫外线杀菌器需带有时间累计提示功能和强度监测与报警功能，以便提醒使用者及时更换紫外灯管，当系统为周期性巴氏消毒时，紫外灯的设计结构还需满足耐高温的需求。紫外线杀菌器主要安装于常温纯化水 / 注射用水储存与分配循环管路，水系统的周期性消毒通过化学或巴氏等消毒方式来实现。需要注意的是，紫外灯在使用过程中应避免顽固性生物膜，以免影响使用效果。

F. 过滤

一般而言，对于任何的纯水系统，不推荐使用储罐后面的过滤。这是考虑到了在过滤器的前面一侧细菌会繁殖，虽然过滤器的孔径在理论上比细菌要小，但最终在过滤器后面一侧可能还会发现细菌。另外一个顾虑是，过滤器潜在的滋生物聚集，可能增加了微生物生长的机会。然而，循环泵后面的过滤器有时应用于水系统当中。系统设计应以所获得的储罐前的水质为基础，不能依靠储罐后面的过滤器对水进行纯化处理。

与其他的微粒物质一起，微生物与细菌内毒素可以通过过滤去除。过滤的介质可能是微滤或超滤。必须保持这些过滤器的完整性。微滤包括使用筒式过滤器、折叠式过滤器和错流过滤膜元件。筒式和折叠式过滤器允许水从垂直于水流方向的滤芯纤维壁流过。由于过滤器的孔径较小，微粒被截留在过滤器的外壁，或在过滤器内部（筒式过滤器）。经过一段时间后，过滤器里充满了微粒，需要更换一个新的滤芯。超滤可以用来从水源中去除有机物和细菌，还有病毒和热原。过滤一般从 $0.1\mu m$ 到 $0.01\mu m$。错流超滤强制使水平行地流过滤介质，太大的微粒通不过膜元件，在浓水流中排出系统。这允许过滤器进行自清洗并消除了要经常更换膜元件的需要。这种类型的过滤可以应用在特定情况下储罐后面的"维护"措施。

G. 循环

大多数新的水系统的分配是用一个循环回路。循环的主要目的是减少微生物的生长或微生物附着在系统表面的机会。虽然这个方法不被广泛认可，但是我们认为与水的湍流相结合的剪切力可以抑制滋生物的聚集和细菌在表面的附着。要达到此效果的流速通常认为是要超过 1m/s。如果在短期内水的使用次数高，流速可能会下降，只要使系统维持在正压下就不会对系统产生影响。在热和冷系统中，循环也是用来使整个系统维持在适当的温度。研究表明，高流速有助于生物膜的快速去除，高的流速（1m/s 或更高）结合使用除生物膜专用试剂，有助于顽固生物膜的快速去除。

4.3.5.9 周期性消毒/灭菌

通常情况下，储存和分配系统需要进行周期性消毒。基于对系统微生物质量监测数据的具体分析，可科学制定所需要的消毒频率。在例行检验中，若响应达到"行动限"，可能也要做消毒。消毒剂的去除证明是非常重要的。当清洗水量足够时通常可用指示器（测试条或棒）来指示消毒剂是否存在，然后在系统使用之前需要通过对清洗水的分析来证明不允许的化学品已经不存在了。下面讨论了各种周期性消毒的方法，企业可合理选择并组合使用。

A. 化学方法

各种化学品或化学品混合能用于储存和分配系统的周期性消毒。氯溶液（100ppm）能非常有效地杀死有机物，但是因为对不锈钢的腐蚀问题，一般不用于分配系统。5%的过氧化氢浓度是一个较实际的选择，也可以使用过氧乙酸，一般浓度在1%或更低。许多不同的混合物和其他化学品通常都可以作为消毒之用。

B. 臭氧

可以周期性地或持续地使用臭氧消毒。常温注射用水储罐一般使用连续臭氧消毒，然后在进入分配环路或单个使用点之前通过紫外线辐射来去除臭氧。分配系统可以通过关闭紫外线进行周期性消毒，如果有必要，允许在通过分配环路进行循环时增加臭氧浓度。周期性消毒，特别是要求用于轻微的生物膜去除时，以水电解型臭氧消毒工艺为例，可能需要臭氧的浓度达到0.05~0.2ppm。

C. 加热

工艺用水系统的周期性加热消毒是非常可靠和有效的，消毒频率的变化取决于很多因素：
- 系统设计；
- 分配系统大小；
- 系统的组件；
- 系统中工艺用水的体积；
- 工艺用水的使用频率（周转体积）；
- 循环工艺水的温度。

每个分配系统建议建立其微生物的要求和适合系统的消毒循环和频率。最直接的消毒方法是加热纯化水分配系统中的循环工艺水至不低于经验证有效的温度值（如80℃），并在验证周期的时间内保持此温度。经证明使用热消毒是非常有效的，如果设计得合适，也是非常经济的。进行消毒循环所需要的控制，可以是手动的或自动的。因为在纯水系统中发现的细菌类型的特点，不需要使用蒸汽来有效地杀死微生物。分配管道的蒸汽灭菌可能需要安装额外的阀门用来通风和排放，可能需要比采用其他方式更高的压力等级。尽管不要求，但根据储罐的特点，它更容易进行蒸汽灭菌，这种做法也是很普遍的。

热系统本身就是连续的消毒。因此，消毒的必要性应根据微生物的检测结果而定，或当系统在长期的时间内离线和环路的温度降到低于验证的温度范围，要进行消毒。取决于对工艺用水的要求，应当给冷系统指定一个稳妥的起始消毒频率。在通过微生物检测确定系统的运行特点后，可以确定日常的消毒频率。

D. 初始消毒（常温系统）

蒸汽消毒有成功的历史，可能是最可靠的消毒方法。然而，在纯水或注射用水系统中没有要求用蒸汽消毒。建议用下列程序作为常温系统热水消毒的一个选择。在钝化后（不锈钢系统），系统应立即用高温工艺水冲洗，所有的阀门要打开，对使用点进行冲洗。通过《中国药典》化学检测确定工艺水质量的化学特点，然后在每个组件、使用点和储罐后进行微生物取样。初始的取样应表明分配系统的任何取样点没有可繁殖细菌污染。完成后，系统应降低到它的运行温度，并要稳定温度。

4.3.5.10 消毒／灭菌的系统设计

下面的部分强调了与消毒相关的储存和分配系统设计的特殊方面。

A. 建造材料

使用的消毒方法建议与系统的材料相匹配。目前最广泛使用的储罐和管道的材料通常是 316L 不锈钢。这种选择提供了最灵活的关于消毒的方法。加热消毒、紫外线或臭氧实际上可以无限制地用于不锈钢系统。为了避免对不锈钢分配系统的腐蚀，进行化学消毒时必须小心地选择化学品的浓度、pH 和温度。

在不锈钢系统中，必须检查所使用的垫片与消毒方法的相容性。广泛使用的垫片材质是 PTFE 或 EPDM，这两种材质都有好的热弹性且极耐高温、臭氧、化学消毒杀菌剂。其他的垫片材质必须要认真地检查与消毒方法的相容性，确保不会有物质渗漏到水中。关键是认识到建造材料"不反应、无添加或不吸收，不改变药品安全性、同一性、强度、质量或纯度，从而超过官方或其他建立的要求"，避免选用 CF3M 等不耐腐蚀的铸造奥氏体不锈钢材料。当选择的材料符合要求时，必须考虑消毒的程序。

B. 储罐设计

储罐是系统中要考虑的微生物污染高风险的一个区域，因为其存在较大的表面区域、低流速、通风的需要，在上部空间存在潜在的"冷点"。罐的选型通常是基于经济性的考虑并结合制备部分的选型。从细菌的立场看，首选的是较小的罐，因为其有较高的周转率，会减少细菌生长的可能性。因为有较小的表面积，如果储罐是采用臭氧消毒，会使臭氧更容易渗透到水中。

喷淋球可以装在返回环路上用来润湿储罐顶部的空间。在热系统中，使用喷淋球可以用来保持罐的顶部和水一样的温度，避免腐蚀不锈钢或导致微生物生长出现的交替湿润和干燥的表面。上封头的接口（卸放装置，仪表连接等）应与封头中心的距离尽可能的近，从而简化喷淋球的设计，达到喷淋效果。呼吸器是一个例外，应当离封头中心足够远，避免直接被水喷射而堵塞呼吸器。如果封头有向下的插入管道或仪表的突起，可能需要多个喷淋球来避免在喷射中形成"隐蔽区域"。

储罐必须进行通风，这样使水能够注入，在通风口应安装过滤器用来避免空气中的微粒和微生物污染。为了避免过滤器的冷凝问题和潜在的微生物繁殖和生长，用疏水性的呼吸器通过蒸汽夹套加热或电加热使其维持的温度高于储罐内的温度。为了避免微生物生长和由于水吸收大气中的气体而导致电导率改变，可能要用储罐顶部充氮的方法，这种方法排除了外部空气通过呼吸器进入储罐的可能。需要注意的是，通到储罐里的气体应适当地进行过滤以避免不利的污染。储存和分配控制微生物的系统设计比较见表 4-24。

表 4-24 比较储存和分配控制微生物的系统设计

微生物控制方法[1]	安装成本	运行成本	相关的有效性 / 可靠性
常温系统，有臭氧的罐，分配管道周期性臭氧消毒	低	低	好
周期性热水消毒的常温系统[2]	低	低	好
周期性热水消毒的连续"冷"系统（4~10℃）（《中国药典》中提及的是低于4℃）	中等	高，除非工艺中有冷水需要	较好
多个使用点冷却器的连续"热"系统（70℃）	高	中等	最好

注：（1）所有系统都是循环的。

（2）运行成本和有效性将随着消毒频率的增加而增加。

C. 纯蒸汽分配系统的设计

纯蒸汽循环分配的常规设计要求：

● 纯蒸汽输出压力是随着工艺使用要求变化的，在纯蒸汽发生器的输出口安有压力变送器；

● 保证使用点都能够进行纯蒸汽的流通消毒 / 灭菌。管道内的纯蒸汽流速设计要低于 25m/s，建议在每个使用点安装纯蒸汽冷凝水疏水器，此疏水器的选择要合适，使得在消毒 / 灭菌过程中产生的冷凝水能够及时排出；

● 在进行消毒 / 灭菌的容器类设备上要配有合适的安全卸放装置，如安全阀或爆破片等；

● 为了保证消毒 / 灭菌温度，在每个使用点都安装温度传感器或变送器，对温度进行监测；

● 当冷点温度达到消毒 / 灭菌温度时开始计时；

● 纯蒸汽对储罐进行消毒 / 灭菌，由于储罐不能像灭菌柜那样做冷点检测，只能在储罐的排放口安装疏水器和温度传感器进行温度监测；

● 管路要有保温措施，要按相关标准实施；

● 分配管道要用足够支撑，避免下垂使冷凝水积聚；

● 建议的管路坡度为 1%~2%，以便全部排尽凝结水；

● 如果主分配管路在使用点之上，通往使用点的分支应当在主管的顶端引出，再返到使用点，这样可以防止过多的冷凝物在分支积聚，每个分支还应有疏水装置来防止冷凝物积聚；

● 用汽点阀门建议采用不锈钢 316L 球阀，目前国内 316L 材质的球阀相对缺乏，制药企业普遍使用的是不耐腐蚀的 CF3M 材质球阀，可采用定期更换的方式进行管理；

● 根据系统的用汽量及压力来确定管径的大小；

● 一般要求管路内表面光洁度 Ra < 0.6μm；

● 如果管线过长，要考虑热量损失；

● 管路上要有排凝结水装置，该装置必须是卫生型的，以确保系统不会被污染。

4.4　试运行和确认

　　验证是建立一个书面的证据，保证用一个特殊的过程来始终如一地生产产品并保证符合客户预先确定规格的质量特性。所有适用的调试确认活动应采用基于风险的方法确认活动的范围、程度、深度。风险评估包括风险辨识、风险分析、风险评价三个步骤。《药品生产质量管理规范（2010 年修订）》中将验证定义为：证明任何操作规程（或方法）、生产工艺或系统能够达到预期结果的一系列活动；将确认定义为：证明厂房、设施、设备能正确运行并可达到预期结果的一系列活动。

　　在 GMP 合规性的背景下，制药用水和纯蒸汽系统应出示验证文件，以应对相应的要求或问题。这些文件应显示出所需元素的集成，包括风险评估、图纸、变更控制、校验和预防性维护程序，以证明通过持续质量过程来控制和维护该系统的验证状态。从根本上讲，制药用水和纯蒸汽系统的验证，应证明对风险的评估，以建立验证范围和取样计划，对范围内的设备进行确认，并使用批准的程序和物料，在正常操作条件下进行操作时，记录系统性能确认是否达到预定的可接受标准。验证期间要考虑的变量和取样计划是从风险分析中得出的，并记录在验证方案和报告中。在关闭验证之前，应该对校验、预防性维护、文件和图纸变更控制以及设备变更控制进行确认，以保持持续的验证状态。在进行验证工作时，应始终牢记与这些系统的链接，以便在检查员进行验证时，上述预期的支持系统也可用于审查。

4.4.1　法规和指南要求

　　制药用水系统验证的目的是建立　一个书面的证据，以保证用一个特定的过程来始终如一地生产制药用水并保证符合企业预先确定规格的质量特性。要进行验证工作，就必须按照验证生命周期设计出一套完整的验证主计划与有效的测试方法。通过系列化的研究来完成的过程称为生命周期，验证生命周期以制定用户需求说明为起点，经过设计阶段、建造阶段、安装确认、运行确认和性能确认来证实用户需求说明是否为完成的一个周期，通常可将制药用水系统新建项目调试确认活动分为 4 个阶段，即需求阶段、设计阶段、调试阶段和确认阶段。本节将从制药用水系统全生命周期质量管理的高度介绍验证生命周期的问题。主要包括关键概念、项目开始与概念工程、设计（包括方案设计和详细设计）、采购与施工、试运行与确认以及连续运行等。

4.4.1.1 验证生命周期

制药用水系统的风险评估可以在概念设计完成后和详细工程开始之前进行。它可以根据需要稍后更新。无论新系统或改进系统，都可以在获得施工设计图纸和规格时完成制药用水系统的风险评估。这些图纸和规格代表了将要构建的内容，包括通过设计审核 / 设计确认流程进行的任何合并更改。因此，制药用水系统的风险评估可以在此阶段得到确认和批准。

对于新系统，在设计过程中尽早开始系统风险评估可能是有益的，因为这样可以通过设计控制任何已识别的风险。大部分风险控制是通过系统设计来实现的；不从源头消除风险，仅采用过程控制消除风险通常是不够的。对于可以很好地理解潜在风险并尽可能构建设计控制的标准或目录系统，系统风险评估可以在最终设计审核之前的任何时间执行。另外，还可以使用安装和运行验证文档。设计确认还可以确认系统风险控制是否充分。制药用水系统的验证生命周期示例见图 4-36。

4.4.1.2 项目管理

项目管理很大程度上决定了制药用水系统采购、安装、运行的成败。一般应起草项目质量计划，规定以下内容：

- 组建项目团队；
- 对成员的职责进行划分；
- 项目的相关工程和质量变更如何控制；
- 需要哪些文件；
- 还需要一些附件，最常见的是进度计划等。

项目团队可能包括：

- 内部的工程师；
- 外部的工程顾问或合规性专家；
- 设备或系统的供应商；
- 机加工质量的第三方监检人员；

569

URS Initial identification of quality requirements (CAQs/CPPs)	URS 质量要求的初始识别（CQAs/CPPs）
System Classification Direct impact or not direct impact	系统分类 直接影响还是非直接影响
System Risk Assessment Identification of risks to CQAs and associated controls to mitigate the risks—if the controls are not already included in the URS, then revise the URS to include the controls	系统风险评估 如果 URS 未包括管理措施，则须识别 CQAs 的风险和相关控制以降低风险。然后修订 URS 以包含管制措施
DR/DQ · DR confirms design meets organization and regulatory requirements and is aligned with organization best practices · DQ reviews CDEs and confirms controls are appropriately designed	DR/DQ · DR 确认设计会议的组织和规则要求与组织的最佳实践保持一致 · DQ 检查 CDEs 并确认控制是否设计合理
Construction/Fabrication Construction quality checks	施工 / 制造 施工质量检查
Commissioning FAT, SAT, etc. (installation and operational verification)	调试 FAT、SAT 等（安装和运行验证）
Traceability and Verification of Operational Readiness (Qualification) Confirms controls are satisfactorily tested to meet design intent	操作准备（确认）的可追溯性和验证 以满足设计意图，确认控制回路已经过满意的测试
Acceptance and Release Report Approval releases system	验收和放行报告 批准放行系统

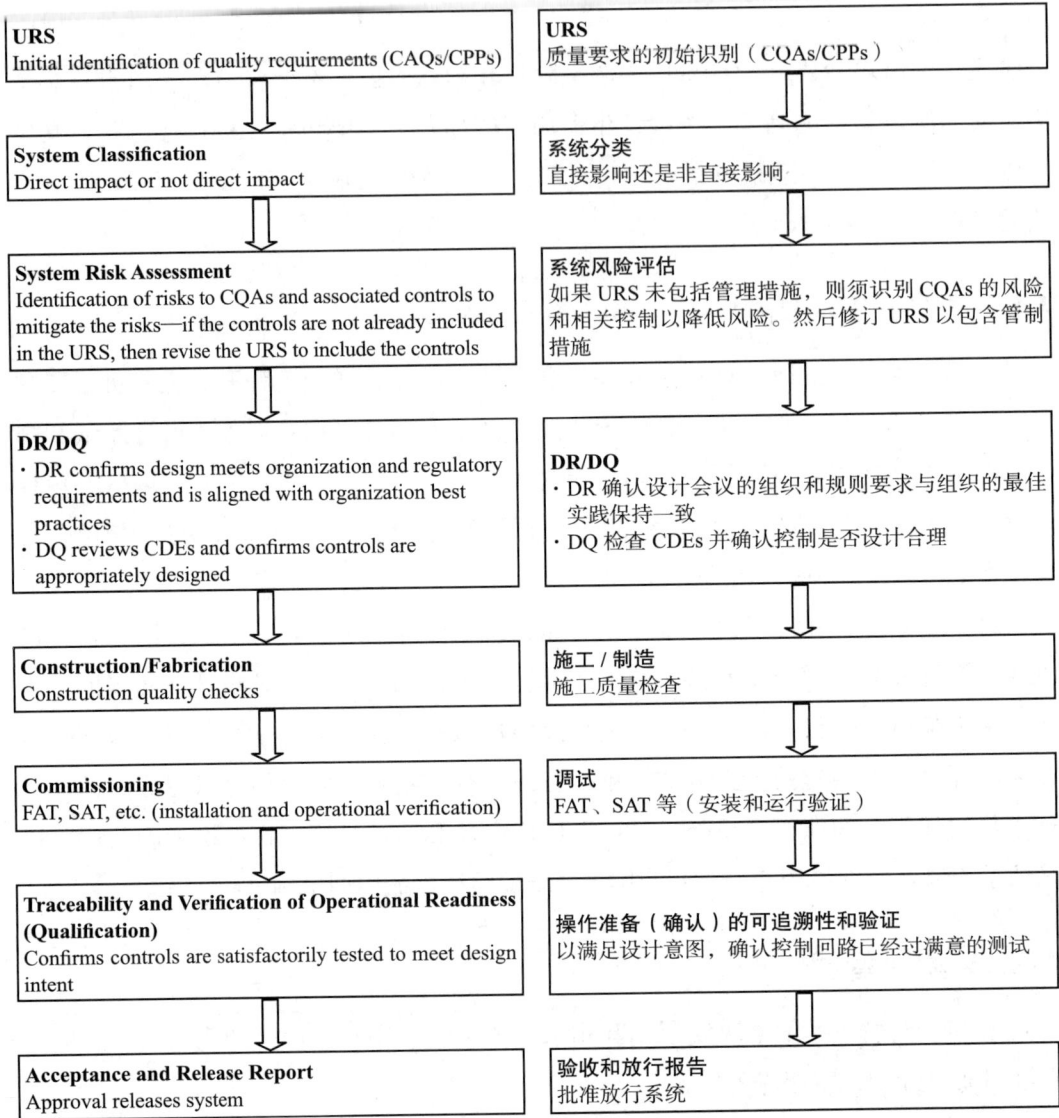

图 4-36　验证生命周期示意图

- 质量部门人员；
- 试运行和确认顾问；
- 设备维护人员等。

在项目团队中，成员应该清晰理解角色和责任，一同分享知识和经验，这是非常重要的。对于药厂的技术人员来说，一个水系统的建造涉及方方面面的知识，只有团队共同努力才能成功完成任务。项目进展过程中，会有各种各样的变更，非常重要的事情之一是这些变更的控制。通常涉及药品质量、GMP 规则的系统或设备变更，以及系统 URS 的变更，都应有质量部门的批准。其他的变更可以由项目团队进行"工程变更管理",这个工程变更管理应该有明确的变更控制程序。

质量部门的职责是确保在 GMP 活动的管理中使用稳定的质量管理系统和进行适当优化,甚至包括项目团队人员的任职资格和日常的质量监督。监督并不是对人员资格和资历的不信任,而是尽可能帮助有资格和资历的人正确地履行职责,是一种可执行性操作的完善。质量部门的监督包括:

● 审核和批准相关的技术要求:这些技术要求一般会影响药品质量,或者这些技术要求是对药品生产的保证手段,或者是涉及验收标准,如水系统设备的 URS;

● 审核和批准相关计划:证明符合上述要求的计划,如设计确认、安装确认、运行确认、性能确认的计划或方案;

● 审核和批准相关报告:证明已经达到上述要求,证明系统适合使用并且为下一步工作(例如工艺验证)做好了准备的报告或结论,如设计确认、安装确认、运行确认、性能确认的报告。

4.4.2 基于科学与风险的 C&Q 方法

国际制药工程协会(ISPE)的医药咨询理事会早在 2001 年就发布了制药工程指南《调试与确认》(第一版)。该指南适用于制药厂商生产的人用药和兽用药,也包括生物制药,用于建立符合 GMP 规范的生产设施的设计、建造、调试移交及确认。在该指南文件中,ISPE 给制药工程相关方,包括制药企业、设计方、工程实施者及设备供应商提供一种公认的用于项目实施和项目确认的方法,同时提供了系统影响评估程序用于确定直接影响系统和非直接影响系统。

2019 年 6 月,ISPE 推出了该指南的更新版本(第二版),在新版本文件中提供了基于科学与风险的 C&Q 方法(图 4-37),替代了以前版本的方法(V 模型)。V 模型虽然恰当的代表了设计过程与测试之间的联系,但没有包含基于产品质量的风险评估过程。而新的集成方法则采用了与产品关键质量属性(CQAs)、关键工艺参数(CPPs)相关联的风险评估方法,有利于识别系统 / 设备的关键方面(CAs)/ 关键设计要素(CDEs)等。

《ISPE- 制药工程指南 - 调试与确认》(第二版,2019 年发布)中集成 C&Q 流程的输入包括产品和流程 CQAs/CPPs〔通过研发和(或)技术转移过程建立〕,以及应用 QRM 定义控制策略。集成 C&Q 流程的步骤分为用户需求说明、系统分类、系统风险评估、C&Q 计划、设计审核 / 设计确认、C&Q 测试和文件、接受与放行、周期性回顾。同时,该指南还包括如下支持计划和实施战略:C&Q 文档目的的供应商评估、工程质量流程、变更管理、C&Q 的良好文件实践，以及实施科学和基于风险的 C&Q 流程的策略。

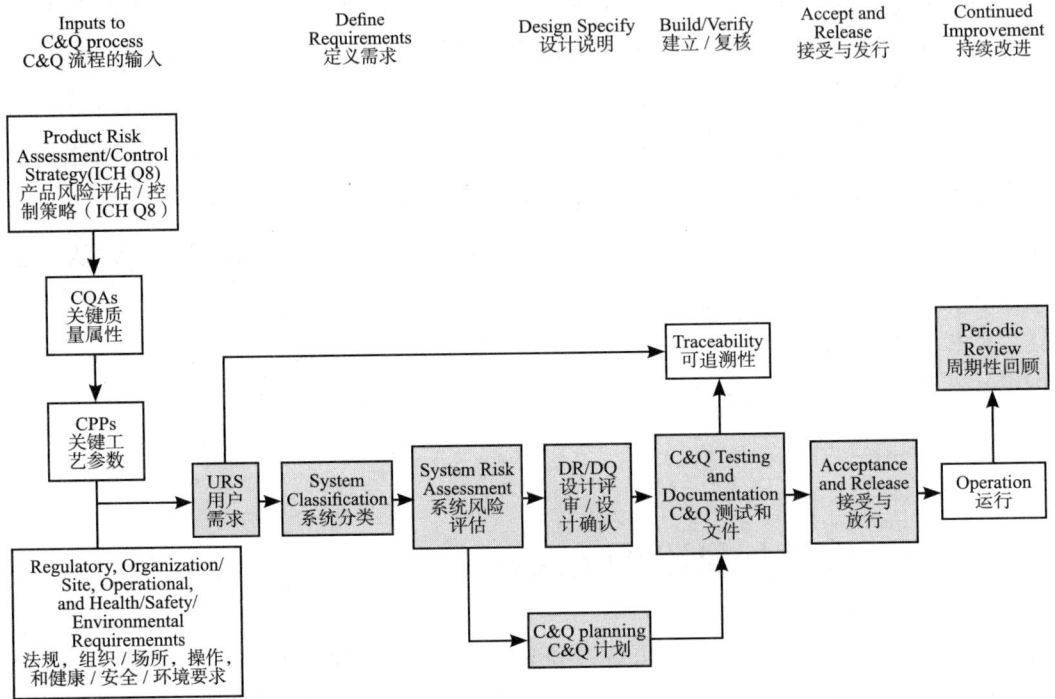

图 4-37　基于科学和风险的 C&Q 流程图

用户需求说明：这个流程开始于 URS 的发展，这包括定义系统必须满足产品质量相关的用户需求，以满足预期目的。

系统分类：流程的下一步是系统分类。根据其对产品质量的潜在影响，分为直接影响和非直接影响系统。系统要么直接影响产品质量，要么没有。为了便于确定和记录结果，提供一个系统分类工具。直接影响系统须调试和确认，而非直接影响系统须调试。

系统风险评估：该流程的下一步是系统风险评估，QRM 的应用，其中直接影响系统的风险评估是用来检查系统产品质量风险控制和识别 CDEs。系统风险评估由了解流程科学的主题专家（SMEs）执行是非常重要的。通过检查需要控制的 CPPs 来确定 CDEs，以确保产品质量，如 CQAs 的定义。CPPs 不仅是那些控制药物或产品 CQAs 的交付，也可能与包装材料的 CDEs 有关（例如，确保在标签上插入或变更数据，如批号和有效期）。可从 CPPs 中识别该过程的 CAs，并可以从 CAs 中识别 CDEs。CDEs 还可以包括建筑物接触产品材质的特征。通过风险控制（包括 CQAs）的应用可以降低不可接受的风险。

C&Q 计划：一旦有足够的设计信息，就可以启动 C&Q 计划或策略。在项目执行生命周期中收集到更多信息时，可以修改计划 / 策略。系统的设计定型可以与 C&Q 计划并行执行，基于系统特定的设计需求，包括 CDEs、安全性、容量和所有其他需求。

设计审核 / 设计确认：在创建 C&Q 计划时，设计审核（DR）在设计过程中反复进行，确保在设计中解决所有用户需求和 CDEs。对于直接影响系统，设计影响产品质量的各个方面，在设计确认（DQ）中得到了确认。质量部门批准 DQ，一旦完成 DR/DQ，C&Q 计划可以最终确认。

C&Q 测试和文件：C&Q 测试和文件在施工（包括在供应商设施中制造设备）达到测试有意义且满足所有先决条件时开始。测试和验证不必等到施工完成，这可能包括交货前或收货前检查、工厂验收测试（FAT）、施工质量文件验证和现场验收测试（SAT）。C&Q 计划应确定将用于满足资格要求的 FAT 和 SAT 的各个方面。C&Q 测试包括制药用水系统和空调系统的确认，根据组织 / 现场的政策和程序，也称为性能确认（PQ）。

接受与放行：完成测试后将进入验收和放行阶段，即 C&Q 的最后阶段。此阶段的完成表示系统适合预期的目的，并且可以根据系统类型放行于工艺性能确认（PPQ）或商业用途。

周期性回顾：重要的是确保系统在接受和放行后，以及在使用中仍然适合预期的用途，这是通过各种管理系统（如校准、维护和变更控制）和定期评审程序来实现的。

4.4.2.1 用户需求说明

用户需求说明（URS）汇集了来自多学科资源的系统需求，以支持系统设计、C&Q、操作和维护。在 C&Q 流程中，它是一个基本文档，用于识别系统的产品和流程要求。这些与产品质量相关的用户需求是基于产品知识（CQAs）、流程知识（CPP）、监管要求和组织 / 现场的质量要求。URS 中产品和流程要求是 C&Q 流程的输入；它们提供了基于科学的知识，形成了将 QRM 应用于 C&Q 的基础。用户需求说明（URS）在概念设计阶段形成，并在整个项目生命周期内不断审核及更新。在最终设计确认过程中应对用户需求说明进行详细审核以保证设计情况满足用户期望。用户需求说明的审核结果可以汇总到最终设计确认报告中。

用户需求说明应该说明制药用水和纯蒸汽系统有关制备、储存与分配系统的要求。一般来讲，用户需求说明应该说明整体要求，制药用水和纯蒸汽系统的性能要求，这些说明会定义出关键质量属性的标准，包括水和蒸汽质量说明，例如 TOC、电导率、微生物及细菌内毒素等。水系统设计要求有可能受供水质量、季节变化等因素的影响。供水的质量应该在功能设计说明与详细设计说明中注明。用户需求说明应该说明直接影响的制药用水和纯蒸汽系统的用途，这些项目应该在性能确认中进行测试和确认，测试要求应该注明。任何一个用户需求说明性能要求标准的变更都需要在 QA 的变更管理下进行（图 4-38）。

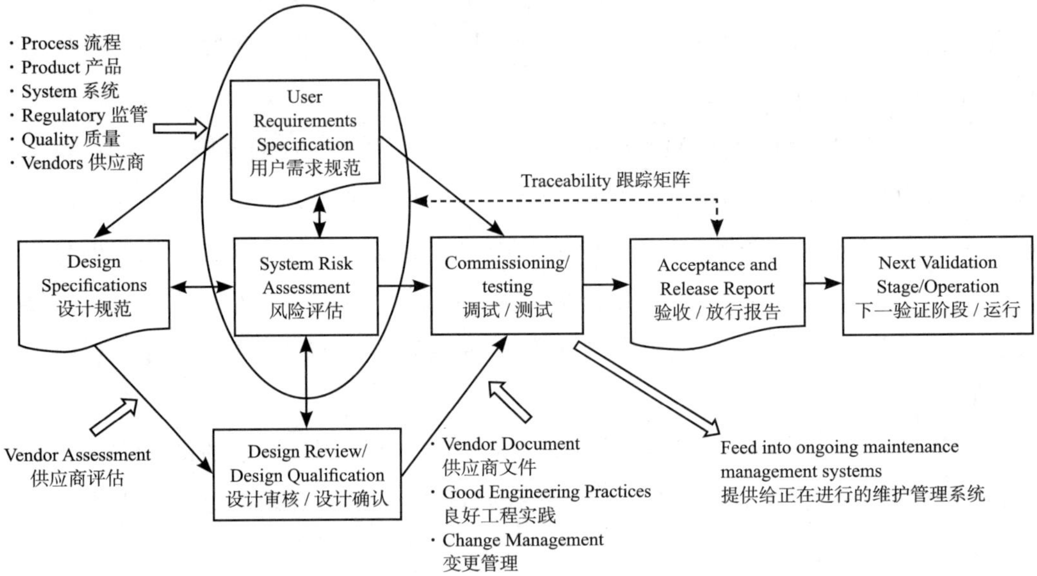

图 4-38 C&Q 活动和文档的关系图 – 用户需求说明

URS 须经系统拥有人、适当的 SME 及质量部门批准。然而，如果质量部门已批准 URS 中的质量要求源文件，则质量部门无须批准 URS。应在整个系统生命周期内（从开发到维持运作）更新 URS，直至系统退役。在 URS 获批后，会根据系统风险评估，评估可能影响产品质量的变更或增加，以确定风险是否可接受或确定是否需要额外的风险控制。URS 的变更通过变更管理进行。

通常，针对每个 URS 要求的 C&Q 测试记录部分与 URS 模板前后对照，具有可追溯性。如同任何 URS 一样，性能变更的要求应该在一个变更管理系统控制之下，这个控制系统应该在质管部门的监管之下。URS 描述制药用水或纯蒸汽系统制备和分配的产品要求。一般，URS 要全面地描述水和蒸汽系统的性能和能力。URS 应当给出可以接受的质量属性，包括水和蒸汽的品质要求，诸如总有机碳（TOC）、电导率、微生物和细菌内毒素等。原水品质应当包含在 FDS 或 DDS 中。URS 指明制药用水或蒸汽系统需要做什么，即说明对系统的技术要求。技术要求说明中的主要条款将在 PQ 阶段进行测试和验证。测试的需求应该被详细说明。

4.4.2.2 系统分类

系统分类确定了系统是调试的和确认的，还是仅调试的，具体如下：

- 直接影响系统：需要调试和确认；
- 非直接影响系统：需要调试，无需确认。

对非直接影响系统，调试范围由 SMEs 基于系统的业务和 HSE 关键性决定。例如，为行政大楼服务的冷水系统（非直接影响）可能只是平衡支持直接影响系统的。同时，用于直接影响工艺设备和注射用水装置的冷冻水系统（非直接影响）也是平衡支持直接影响工艺设备的，保证在最小和最大设计流量下确保是平稳的，以确保系统运行期间的可靠性能。

项目通常分为系统，以方便施工管理、文件整理、周转和 C&Q。系统边界是设计图纸上的标记，用以将系统彼此区分开来；这包括所有组件和管道，以逻辑方式定义系统中包含什么和不包含什么。应该在项目的早期（在基础设计阶段）定义和记录系统边界，以便开发列表和随后执行系统风险评估。系统通常列在 C&Q 计划中。系统边界应被定义，以便系统涵盖整个项目范围；这通常记录在系统过程和仪表流程图（P&ID）或方框流程图（PFD）中。

《ISPE–制药工程指南–调试与确认》（第二版）提出了由 8 个问题组成的系统分类的标准；对至少一个问题的肯定回答表明该系统是一个直接影响系统。由于制药用水和纯蒸汽系统与产品或生产流程有直接接触，并且这种接触有可能影响最终产品质量或对患者构成风险，因此，制药用水和纯蒸汽系统属于典型的直接影响系统。

直接影响系统的例子有：

- 从饮用水开始到用于制药产品生产工艺的纯化水生产设备；
- 纯化水储存和分配系统；
- 从纯化水开始到用于制药产品生产工艺的注射用水生产设备；
- 注射用水储存和分配系统；
- 生产纯蒸汽的纯蒸汽发生器；
- 纯蒸汽分配系统。

非直接影响系统提供对直接影响系统的支持。非直接影响系统的例子有：

- 供给直接影响系统中加热器的工业蒸汽或供给直接影响系统中冷却器的冷冻水；
- 作为原料水供给制药用水制备系统（直接影响系统）的饮用水；

- 供给纯化水生产线的原水要求是饮用水，且附带水质报告。应提供各季节的原水水质报告；
  - 办公室；
  - 电梯；
  - 建筑消防系统；
  - 冷水塔；
  - 为直接影响制药用水制备系统提供电力能源的系统；
  - 对工艺设备提供仪表压缩空气的系统。

4.4.2.3 系统风险评估

系统风险评估是 QRM 应用于检验直接影响系统的产品质量风险控制。此评估确定了将系统风险降低到可接受水平所需的关键设计控制（CAs/CDEs）和过程控制。执行系统风险评估的项目团队包括主题专家，其了解过程背后的科学原理和与 CQAs 相关的风险的技术是非常重要的。

制药用水和纯蒸汽系统属于典型的直接影响系统。应为直接影响系统制定系统风险评估。对于标准的、现成的或简单的目录系统，一些组织可能认为没有必要执行系统风险评估；可使用简单的协议或报告（例如，安装和运行验证）来提供安装和操作满足系统需求的书面证据。图 4-38 显示了直接影响系统 C&Q 流程中风险评估与其他活动和文件之间的关系。C&Q 检验和测试活动可以在制造、施工以及调试 / 测试活动期间进行。

传统的确认方法没有直接利用调试文件；相反，它通常依赖于另外一组文档，安装确认（IQ）和运行确认（OQ）协议。这些协议提供了文件化的证据，证明系统是根据其规范安装和运行的。IQ/OQ 的范围由各种要素决定，如组织 / 现场建立的指南、供应商规范、用户需求、法规和指导文件。这种传统的确认方法常常导致 IQ/OQ 活动超出必要范围，并重复在工程启动和调试期间已经进行的成功测试。此外，因为工程团队预计在资质活动期间将执行额外的或重复的测试，调试活动通常不够健全或没有良好的记录。

《ISPE- 制药工程指南 – 调试与确认》（第二版）提出了一个更简化的 C&Q 方法。工程文档（即调试检查和测试文档）用以提供系统已安装及运作符合规格的文件证据。为系统编制了 CQAs 和相关的 CPPs 文件，并开发了系统风险评估，以定义 CQAs 的潜在风险，并识别设计（CAs/CDEs）和用于减轻这些风险的程序控制。确认系统适用于预期目的，风险控制（设计和程序控制）已到位并按规定运行。详细的系统风险评估程序可参考《ISPE- 制药工程指南 – 调试与确认》（第二版）。系统风险评估完成后，应检查 URS 以确保 CAs/CDEs 已包括在内；若未包括在内，则应修订 URS，将其加入。过程控制元素应该添加到 C&Q 范围中。

通常直接影响系统中的仪表是重要的关键组件。仪表，如 TOC 和电导率仪表，以及温度测量装置、臭氧水平探测装置、流量计、压力变送器在控制系统中是非常重要的部件，起到制造、维护或测量水质的作用。因此，一些仪器可以象征关键工艺运行参数的测量或控制，或使该系统内的水保持在制药要求范围内。某些仪器可以检查"警戒限"和"行动限"。当仪器的控制、监测功能不属于关键问题时，要根据传感组件与产品水接触情况确定建造材料是否关键。

➢ 关键质量属性

对生产药典用水的系统而言，药典各论中规定的特性（包括生物负荷和内毒素）构成了关键质量属性。通常表明水的技术指标符合性，如总有机碳（TOC）与电导率等，需要用适当的精确度测量，对不确定度（MU）因素进行分析，如果用于技术指标符合性测量，则应使用严格维护的仪器。与电导率测量第一阶段一起的温度测量可能被视为关键的。在直接影响系统中，应为这些属性设置报警和报警级别。

趋势数据应作为"工艺验证"的一部分进行评估，这些数据反映验证的状态（用文件记录证实系统能连续生产符合质量标准的水）。数据中异常或不良趋势有可能给对系统的干预提供依据，例如根据异常情况改进标准操作程序，这样可以纠正关键质量属性中的不良趋势。

对于制药用水系统而言，下述参数可能作为关键质量属性。

● 总有机碳（TOC）

总有机碳的测量用于水的质量放行目的时，可能在在线或离线实验室中分析。

● 电导率

电导率的测量用于质量控制（QC）目的，例如，采用制药用水电导率第一阶段的在线测试方法用于分配系统末端回路的质量控制（非温度补偿模式）。纯化水机与蒸馏水机出水口的在线电导率常用于生产中的过程控制（PC），后续通过制备设备与车间使用点的取水样进行电导率的实验室分析。

● 温度

尽管一般情况下不是一个关键质量属性，但若用于放行水的电导率的使用或报告时（电导率的非温度补偿模式），会被认为是关键质量属性。

● 微生物

目前，微生物限度检测的法定方法是薄膜过滤的平板计数法，通过取水样进行微生物含量的实验室分析。快速微生物检测方法（RMM）虽然已得到全行业的普遍关注，部分企业已应用于制药用水系统的过程控制（PC），但暂不能用于制药用水系统的质量控制（QC）。

- 细菌内毒素

要求在注射用水分配系统中使用，目前均以实验室测试。

- 硝酸盐

采样和离线分析。

- pH/ 酸碱度

在线检测或离线分析。

- 亚硝酸盐

采样和离线分析。

- 氨

采样和离线分析。

- 易氧化物

采样和离线分析。

- 不挥发物

采样和离线分析。

- 重金属

采样和离线分析。

- 其他关键质量属性

可能还有取决于水或蒸汽技术方面的其他关键质量属性，包含以下特定值（我国现阶段还没有明确的要求，但在欧洲和美国的相关指南中都有提及）：

　○ 纯蒸汽的过热度；

　○ 纯蒸汽的干燥度；

　○ 纯蒸汽的不凝结气体含量。

➤ 关键过程运行参数

关键过程运行参数是指那些在处理步骤中或之后会直接影响水质的参数。例如，在加热消毒循环中的水温就对水质有直接的影响。有时测量一些工艺参数用来间接控制保持水质，通常有一个运行的区间，在区间内运行时，可以保证水质，如果超出了运行区间，则需要研究在实际运行的参数下是否还能保持水质。例如注射用水分配系统中，如果采用 70℃ 以上温度循环，就没有必要再对系统的运行温度趋势进行研究，因为此温度以上已经具备连续保持水质合格的条件。可能的关键工艺运行参数包括：

- 正常工作温度；
- 消毒处理时间 / 温度 / 频率；
- 压力；
- 流量；
- 臭氧浓度。

关键工艺运行参数，包括适当的最小 / 最大的运行范围，在正常情况下，要在 OQ 期间做测试，而对水质的长期影响则是在 PQ 期间做测试。

识别和管理制药用水或蒸汽系统的关键工艺运行参数是很重要的。对于注射用水系统来说，以下参数一般是关键质量属性。

- 温度

在高温高纯水或注射用水储存和分配系统中，高于一定的温度，微生物污染就不会快速增生和扩散；而在低温高纯水或注射用水储存和分配系统中，低于一定的温度，微生物的生长繁殖会受到抑制。需要说明的是，在制药用水系统的某些部分可能不会把温度认为是一个关键的工艺运行参数。如果与关键质量属性相关，例如在线电导率测试或一个特殊确认的系统中时，测量或控制的温度可能就是关键质量属性或关键工艺运行参数。被当作关键工艺参数的例子有：

  - 在线电导率测定：同样品质的水，在不同温度下电导率不同；
  - 连续消毒状态：在这样的系统应用中，可能保持在特定的温度（如热的 70℃ 以上），以抑制微生物的生长；
  - 消毒处理控制过程：在特定的系统中，用已被证明的温度消毒工艺，在这样的工艺中，通过加热到特定温度及以上来实现消毒的目的；
  - 其他工艺应用：如果用温度与控制质量建立了关联，则温度也可能是关键工艺运行参数。例如对采用热水消毒的常温纯化水分配系统中，消毒温度就是关键工艺运行参数。

- 臭氧在水中的含量

臭氧在水中的含量对微生物的控制与温度对连续或间歇消毒处理有相似的效果。在一个"连续"臭氧系统中，储罐内维持消毒臭氧浓度。臭氧在分配系统的第一个使用点之前被紫外灯破坏。水中的臭氧含量起到抑制微生物生长的积极作用。在使用臭氧全面消毒时，需关闭紫外灯。系统中的臭氧浓度需要得到监控。

- 流量

在高温系统或低温系统中，水流量（或者流速高于湍流的雷诺数情况下）可能有助于减少微生物的生长。分配系统中循环部分的绝对湍流流量被认为是最低设计要求（流体工程认为：雷诺数＞4000为湍流，雷诺数－管径 × 流速 × 流体密度 / 流体粘度）。流量通常在系统启动时检查核实。流量可能在正常系统操作时被监测。例如，在水分配系统中，流量可能被监测以确保供往不同用户的用水量满足要求并保证水流处于完全湍流状态。

- 压力

除了容器安装呼吸器以外，制药用水分配系统在运行的任何时间都应保持相对于外界环境为正压。如果使用者要求注射用水系统要在一定压力下供水，且这个压力对下游来说很重要，那么这个压力可能会被视为一个关键工艺运行参数；如果水系统由于楼层位置造成压差不足等原因导致管路后端无水或逆流，继而导致整个水系统受到污染的影响，则应考虑将压力视为一个关键工艺运行参数。

在防止其他物质泄漏进制药用水系统的目的下，分配系统内的压力可能被视为关键的。另外，分配循环回流压力是选择内部喷淋球的重要条件。

- 液位

可以通过检测储罐内的液位来控制供水量和下游泵的气穴现象（亦称空穴现象、气蚀）。然而，一般情况下，水位对于水质来说是不被视为关键的，但在用于纯化机组的操作中可能是一个决定性因素。

与仪表有关的，与关键质量属性或关键工艺运行参数有关的典型活动和注意事项包括：

- 仪表的 IQ，取决于产品水接触的结构材料；
- 关于选型、配置和维护/校准要求的工程和质量审核；
- 关键运行数据（critical operating data，COD）产生过程的数据子集（一般指关键质量属性的测量值），一般在电子测量系统或控制系统中测量记录，这些数据能够描述纯度、特性或水的质量。在工艺验证过程中可能广泛使用这些数据；
- 仪表的追溯和更换控制系统；
- 国家或国际标准以及其他可追溯的校准标准；
- 质量部门对关键数据的审核；
- 仪表的校准和维护系统；
- 测量不确定度分析（可以帮助确定测量数据的可信性）。
- 设计范围与操作范围

设计范围：对控制变量所规定的范围或精度，设计者依据它来设计水系统的性能要求。

允许运行范围：经验证的关键质量属性的范围，在这个范围内生产的产品水是可接受的。

正常运行范围：可由制造商选择的，在正常运行期间，将其作为参数（即电导率）预期的可接受值。这个范围建议在允许运行范围以内。

例如：作为一个设计条件，注射用水制备系统的性能标准可能要求终产品水的水质电导率为 0.5μS/cm 或更好。但是，注射用水允许运行范围允许生成的水质电导率为 1.3μS/cm 或更好。最终，生成水的正常运行范围可以由制造商根据使用需求设计，电导率值大约为 1.0μS/cm 或更好，用以为运行提供一个适宜的条件。对制造商而言，把警戒限和行动限与正常运行范围一起应用也是一个良好实践。警戒限和行动限应该以系统的实际能力为根据。警戒限依据正常的运行经验，通常在行动限之前，用于启动纠正措施；行动限被定义为根据产品验收标准而订立的工艺条件。行动界限的偏差建议作为批记录的一部分保留，因为它们代表着与验证参数存在的偏差。

4.4.3 设计审核和设计确认

设计审核（DR）确保设计可交付产品与用户需求说明和系统风险评估期间制定的控制措施一致。如果执行得当，设计审核可以减少与费用高的设计相关的变更单需求，设计确认（DQ）仅用于直接影响系统。设计确认包含许多质量部门批准的正式文件，以显示设计中的 CAs 和相关 CDE 对 CPP 和 CQA 的可追溯性。

设计审核和设计确认不是单独的活动，但是是独立的文件。其中设计确认着重于 CAs/CDEs，且将相关质量部门作为批准人。应尽量减少重复工作；最终的设计审核报告是设计确认流程的关键输入。设计过程可分为几个阶段，以确保设计可交付成果得到充分开发，风险得到识别和减轻，项目（如定义）符合财务目标。

设计过程的各个阶段是：

- 概念设计（CD）；
- 基础设计（BD）；
- 详细设计（DD）。

在概念设计阶段，可以评估满足用户需求说明的几种方法。应评估这些替代方案对业务目标、项目工程成本和质量风险的影响。项目利益相关者应选择首选范围选项；然后该项目进入基础设计阶段。在基础设计阶段，附加的工程工作会提供更加成熟的 SOW。基础设计包含了已签发的设计（IFD）文件，它是详细设计阶段的基础，该阶段提供了签发施工（IFC）文件。

4.4.3.1 设计审核

设计审核（DR）是指在制造系统的整个生命周期中，对规范、设计、设计开发和持续改进变更进行了计划和系统地审查。设计审核根据标准和要求评估可交付成果，发现问题并提出必要的纠正措施。

设计审核包含系统设计的质量关键和非关键方面。设计审核的记录结果应作为任何设计修改 / 添加的基础，以纠正所审查设计中的任何缺陷。在设计审核之前，应将设计文件分发给设计审核项目团队进行审核，以确保全面的审核流程。作为设计审核的一部分，项目经理和设计负责人有责任确保合适的参与者。在设计审核期间，质量部门、运营部门和生产部门的高级管理层负责确保具有适当经验的合适代表参与。

对于成型设备，设计审核应考虑系统或设施操作的复杂性和（或）风险以及质量。供应商文档通常用于进行这些评审，如有必要，供应商技术代表可以参加设计审核。重点应放在由设备控制的 CPPS 和产品所需的 CAs/CDEs 上。设计审核同时关注设计中的工程设计和质量方面。工程设计重点是系统的技术方面，目标是验证系统的可操作性、可维护性和安全性。技术 SMEs，系统所有者和任何其他利益相关者需要在场。质量部门可选择参加这些侧重于技术方面的评审；无论如何，他们的参与是有益的，可以简化设计审核步骤。

设计审核的质量重点在于影响产品质量的符合性元素和系统设计的 CAs/CDEs；其目标是验证设计满足所有的法规要求。强烈建议质量部门以质量为重点参加这些评审，并记录这些评审。设计审核项目团队应该有适当的方法来记录和分发设计审核的结论，并管理任何后续的变更。该结论应确认设计的持续适用性，并确认设计符合预期目的。该团队负责向管理层传达任何影响设计的问题。图 4-39 是设计审核的流程示意图。

对制药用水和纯蒸汽系统项目信息了解后进入设计阶段并形成文件，基于科学和风险的 C&Q 流程图描述了在确认过程中进行测试的几类文件，其中，功能设计说明（functional design specification，FDS）和详细设计说明（detailed design specification，DDS）是尤为关键的。根据项目执行的策略和大小可以将这些文件合并在一起。然而，相关测试需求仍然需要分成几个阶段，在不同确认阶段的测试项目应重点考虑文件中描述的要求。制药企业提出的其他技术要求同样需要进行测试，比如 EHS 或其他不影响产品质量的项目，都需要测试并形成文件记录以满足特定的要求，这些可能会是交付的调试测试计划和报告的一部分。同时，GMP 要求的测试项目必须包含在确认方案中。

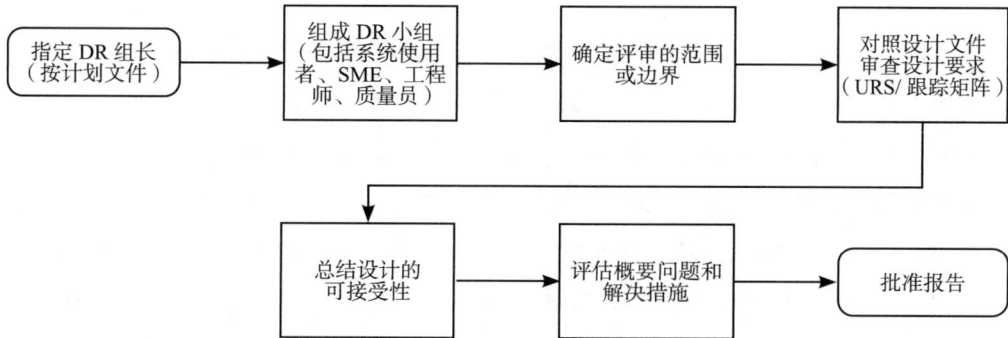

图 4-39　C&Q 活动和文档的关系图 – 设计审核流程

➤ 功能设计技术说明书（FDS）

FDS 应该通过试运行、OQ 测试或检验。FDS 应至少包括如下要求：

- 详细、明确的水或蒸汽的容量和流量；
- 制备系统原料水质量；
- 报警与信息；
- 用水点：水流量、温度、压力；
- 在储存与分配系统中采用的消毒技术；
- 主要的人机界面布局；
- 过程控制系统策略，包括输入 / 输出和互锁配置；
- 电子数据存储和系统安全。

例如：一个 FDS 可能要说明在原水水质综合电导率为 500μS/cm、硬度是 400 当量情况下，生产纯化水，需要有余氯超标报警，分配系统要提供流量 20000L/h，要求管网流速＞ 1m/s、使用点压力＞ 0.2MPa，分配采用水电解臭氧消毒方式等内容。

➤ 详细设计技术说明书（DDS）

DDS 应该通过试运行、IQ 测试或检验。DDS 将列出一些项目，以便测试或验证，那些项目将被用来保证水和蒸汽系统传送水或蒸汽到最终使用点。DDS 应至少包括如下一些项目：

- 用于建造系统的材料，将保证水或蒸汽品质的连续性。如果不使用这些材料，将会在污染、腐蚀或浸出等方面出现问题；
- 泵、换热器、储存容器和其他领域设备技术要求，包括关键仪表；

● 设备的正确安装。若设备安装不正确，例如反渗透单元或其他去离子设备，会导致设备性能问题；

  ● 系统的文件需求；

  ● 罐体呼吸器设计；

  ● 系统的描述（如工艺流程图等）与水源品质和周期性变化的关系；

  ● 电气图：这些图纸应当考虑系统的结构检查和故障分析；

  ● 硬件技术说明：控制系统的体系结构和硬件（参见 GAMP）；

  ● 软件技术说明：控制系统的软件结构和主要组成（参见 GAMP）。

例如：与 FDS 呼应，DDS 可能说明 RO 前级采用 304 材质，之后采用 316L 材质，主工艺采用双级反渗透和 EDI 方式，并介绍其流程，具体流程会有 P&ID 作为其附件，还可能说明采用多少支 RO 膜，多少支 EDI 膜，如何保证回水流速和使用点压力，以及在哪里加入臭氧、在哪去除臭氧等更细致的问题。

4.4.3.2 设计确认

设计确认（DQ）提供了文件，证明新的或改造的直接影响系统的设计将产生适合预期需求的系统。设计确认的目标是：

  ● 确认设计符合 URS 中列出的质量用户要求；

  ● 确认设计是否能够充分控制系统风险评估期间确定的产品质量和患者安全风险；

  ● 确认实施这些要求和风险控制所需的 CAs/CDEs。

设计确认应该持续整个设计阶段，从概念设计到安装确认之前，它是一个动态的过程。在施工之前，制药用水系统的设计文件（P&ID、FS 与 DS 等）都要逐一进行检查以确保系统能够完全满足 URS 及 GMP 中的所有要求。设计确认的形式是多样和不固定的，会议记录、参数计算书、技术交流记录、邮件等都是设计确认的证明文件。目前，制药企业通用做法是在设计文件最终确定后总结一份设计确认报告，其中包括对 URS 的审核报告。表 4-25 列出了制药用水与纯蒸汽系统的设计确认报告中应该包含的内容。

表 4-25 制药用水与纯蒸汽系统的部分设计确认内容（示例）

纯化水与注射用水系统	
编号	DQ 检查内容
1	设计文件的审核：制药用水制备和分配系统的所有设计文件（URS、FDS、P&ID、计算书、设备清单、仪表清单等）内容是否完整、可用且经过批准
2	制药用水制备系统的处理能力：审核制备系统的设备选型、物料平衡计算书，是否能保证用一定质量标准的供水制备出合格的纯化水或注射用水，产量是否满足需求
3	制药用水储存和分配系统的循环能力：审核分配系统泵的技术参数及管网计算书确认其能否满足用点的流速、压力、温度等需求，分配系统的运行状态是否能防止微生物滋生
4	制药用水系统设备及部件：制备和分配系统中采用的设备及部件的结构、材质是否满足 GMP 要求。如与水直接接触的金属材质以及抛光度是否符合 URS 要求，反渗透膜是否可耐巴氏消毒，储罐呼吸器是否采用疏水性的过滤器，阀门的垫圈材质是否满足 GMP 或美国 FDA 要求等
5	制药用水系统仪表确认：制备和分配采用的关键仪表是否为卫生型连接，材质、精度和误差是否满足 URS 和 GMP 要求，是否能够提供出厂校验证书和合格证等
6	制药用水系统管路确认：制备和分配系统的管路材质、表面光滑度是否符合 URS，连接形式是否为卫生型，系统坡度是否能保证排空，是否存在盲管、死角，焊接是否制定了检测计划
7	制药用水系统消毒方法的确认：系统采用何种消毒方法，是否能够保证对整个系统包括储罐、部件、管路进行消毒，如何保证消毒的效果
8	制药用水控制系统确认：控制系统的设计是否符合 URS 中规定的使用要求。如权限管理是否合理，是否有关键质量属性的报警，是否能够通过自控系统实现系统操作要求，关键质量属性数据的存储
纯蒸汽系统	
编号	DQ 检查内容
1	纯蒸汽系统设计文件的审核：制备和分配系统所有设计文件（URS、FDS、P&ID、计算书、设备清单、仪表清单等）内容是否完整、可用且是经过批准的
2	纯蒸汽的质量标准：制备和分配的蒸汽质量是否满足工艺的要求
3	纯蒸汽发生器的原水质量及供应能力：纯蒸汽的供水通常使用纯化水或注射用水，如果采用饮用水建议经过适当的预处理。纯蒸汽的制备工艺必须考虑去除内毒素、不凝性气体等
4	纯蒸汽使用点的用途、压力、流速等要求：通常是通过表格将所有的用点信息进行汇总，包括用途、使用压力、流速要求、使用时间等，评估系统设计是否满足各用点以及峰值使用用量
5	纯蒸汽系统材质的要求：纯蒸汽系统通常采用 316 或 316L 级别的不锈钢，至少采用机械抛光，管道需要卫生型连接

纯蒸汽系统	
编号	DQ 检查内容
6	纯蒸汽系统管道及疏水装置安装：纯蒸汽管道应尽量采用焊接和卫生型连接形式，卫生型球阀在蒸汽系统中是可接受的。水平管网需要有坡度，主管网和各用点需安装疏水装置及时排除冷凝水
7	纯蒸汽系统的在线监测及日常取样：通常对纯蒸汽发生器的出口通过在线冷凝器的方法监测冷凝液的电导率、出口温度和压力，分配系统需根据实际使用要求及潜在的风险来决定是否需要在线监测，但是系统设计建议保证能够离线取样

4.4.4 安装确认

安装确认（IQ）是通过现有文件记录的形式证明所安装或更改的制药用水与纯蒸汽系统符合已批准的设计、生产厂家建议和（或）用户的要求。在安装确认中，一般把制药用水的制备系统和储存分配系统分开进行。安装确认需要的文件包括（但不限于）：由质量部门批准的安装确认方案；竣工文件包：工艺流程图、管道仪表图、部件清单、电气设计文件及参数手册、电路图、材质证书和必要的粗糙度证书、焊接资料以及压力测试、清洗钝化记录等；关键仪表的技术参数及校准记录；安装确认中用到的仪表的校准报告和合格证；系统操作维护手册；系统调试记录如 FAT 和 SAT 记录。表 4-26 列出了制药用水与纯蒸汽系统的安装确认报告中应该包含的内容。

表 4-26　制药用水与纯蒸汽系统的部分安装确认内容（示例）

纯化水与注射用水系统	
编号	IQ 检查内容
1	制药用水系统竣工版的工艺流程图、管道仪表图或其他图纸的确认：应该检查这些图纸上的部件是否正确安装、标识、位置正确、安装方向、取样阀位置、在线仪表位置、排水空气隔断位置等。这些图纸对于创建和维持水质以及日后的系统改造是很重要的。另外系统轴测图有助于判断系统是否保证排空性，如有必要也需进行检查
2	制药用水系统部件和管路材质、表面光滑度：检查系统关键部件的材质和表面光滑度是否符合设计要求。比如制备系统可对反渗透单元、EDI 单元进行检查，机械过滤器、活性炭过滤器及软化器只需在调试中进行检查。部件的材质和表面光滑度证书需要追溯到供应商、产品批号、序列号、炉号等，管路的材质证书还需做到炉号和焊接日志对应，阀门亦需保证炉号、阀门序列号、数量与机械部件清单以及实际的安装情况相对应
3	制药用水系统焊接及其他管路连接方法的文件：这些文件包括标准操作规程、焊接资质证书、焊接检查方案和报告、焊点图、焊接记录等，其中焊接检查最好由系统使用者或第三方进行，如果施工方进行检查应该有系统使用者的监督和签字确认

续表

纯化水与注射用水系统	
编号	IQ 检查内容
4	制药用水系统管路压力测试、清洗钝化的确认：压力测试、清洗钝化是需要在调试过程中进行的，安装确认需对其是否按照操作规程成功完成进行检查并且文件记录
5	制药用水系统坡度和死角的确认：系统管网的坡度应该保证能在最低点排空，死角应该满足 3D 或更高的标准保证无清洗死角（纯蒸汽系统和洁净工艺气体系统的死角要求参考 GEP 的相关规定）
6	制药用水系统公用工程的确认：检查公用系统，包括电力连接、压缩空气、氮气、工业蒸汽、冷却水系统、供水系统等已经正确连接并且其参数符合设计要求
7	制药用水自控系统的确认：自控系统的安装确认，一般包括硬件部件的检查、电路图的检查、输入输出的检查、HMI 操作画面的检查、软件版本的检查等
8	制药用水系统部件的确认：安装确认中检查部件的型号、安装位置、安装方法是否按照设计图纸和安装说明进行安装的。如分配系统换热器的安装方法，反渗透膜的型号、安装方法，取样阀的安装位置是否正确，隔膜阀安装角度是否和说明书保持一致，储罐呼吸器出厂的完整性测试是否合格等
9	制药用水系统仪器仪表的校准：系统关键仪表和安装确认用的仪表是否经过校准并在有效期，非关键仪表的校准如果没有在调试记录中检查，那么需要在安装确认中进行检查

纯蒸汽系统	
编号	IQ 检查内容
1	纯蒸汽系统竣工版的工艺流程图、管道仪表图的确认：应该检查这些图纸上的部件是否正确安装、标识、位置正确、安装方向、取样阀位置、在线仪表位置、排水空气隔断位置等。这些图纸对于创建和维持蒸汽质量以及日后的系统改造是很重要的。另外系统轴测图有助于判断系统是否保证排空性，如有必要也需进行检查
2	纯蒸汽系统关键部件的确认：检查系统中所有关键部件安装是否正确，型号、技术参数是否与设计文件保持一致，如系统中 SIP 用点温度探头安装位置是否合适，疏水器前后管网长度是否合适等
3	纯蒸汽系统仪表校准，仪器仪表校准：系统关键仪表和安装确认用的仪表是否经过校准并在有效期，非关键仪表校准如果没有在调试记录中检查，那么就在安装确认中进行检查
4	纯蒸汽系统材质和表面光滑度：检查系统关键部件的材质和表面光滑度是否符合设计要求，阀门和管道连接的垫片是否能够耐受高温
5	纯蒸汽系统焊接记录文件包括：标准操作规程、焊接资质证书、焊接检查方案和报告、焊点图、焊接记录等，其中焊接检查最好由系统使用者或第三方进行，如果施工方进行检查应该有系统使用者的监督和签字确认
6	纯蒸汽系统管路压力测试、清洗钝化的确认：压力测试、清洗钝化是需要在调试过程中进行的，安装确认需对其是否按照操作规程成功完成并且有文件记录
7	纯蒸汽系统坡度和死角的确认：系统管网的坡度应该保证能在最低点排空，死角对于纯蒸汽系统来说是良好工程规范的要求，如用户有特殊要求也应进行检查

纯蒸汽系统	
编号	IQ 检查内容
8	纯蒸汽系统公用工程的确认：检查公用系统包括电力连接、压缩空气、工业蒸汽、供水系统等已经正确连接并且其参数符合设计要求
9	纯蒸汽自控系统的确认：自控系统的安装确认一般包括硬件部件的检查、电路图的检查、输入输出的检查、HMI 操作画面、软件备份的检查等

4.4.5 运行确认

运行确认（OQ）是通过现有文件记录的形式证明所安装或更改的制药用水与纯蒸汽系统在其整个预期运行范围之内可按预期形式运行。运行确认需要的文件包括（但不限于）：由质量部门批准的运行确认方案；供应商提供的功能设计说明、系统操作维护手册；系统操作维护标准规程；系统安装确认记录及偏差报告；业主提供的标准操作规程（至少是草稿版本）。表 4-27 列出了制药用水与纯蒸汽系统的运行确认报告中应该包含的内容。

表 4-27　制药用水与纯蒸汽系统的部分运行确认内容（示例）

纯化水与注射用水系统	
编号	OQ 检查内容
1	制药用水系统标准操作规程的确认：系统标准操作规程（使用、维护、消毒）在运行确认时应具备草稿，在运行确认过程中审核其准确性、适用性，可以在 PQ 第一阶段结束后对其进行审批
2	制药用水系统检测仪器的校准：在 OQ 测试中需要对水质进行检测（如有），需要对这些仪器是否在校准期内进行检查，主要是指在线的 TOC 和电导率仪表；如果需要进行连续几天的取样检测，则主要是指 QC 实验室使用的离线 TOC 和电导率仪表等；如条件允许，检测仪器的校准工作也可以安排在 IQ 阶段执行
3	制药用水系统储罐呼吸器确认：纯化水和注射用水储罐的呼吸器在系统运行时，需检查其电加热功能（如果有）是否有效，冷凝水是否能够顺利排放等，尤其是在消毒/灭菌进行完成之后，需要对冷凝水的情况进行检查
4	制药用水自控系统的确认： • 系统访问权限：检查不同等级用户密码可靠性和相应等级的操作权限是否符合设计要求； • 紧急停机测试：检查系统在各种运行状态中紧急停机是否有效，系统停机后是否处于安全状态，存储的数据是否丢失； • 报警测试：系统的关键报警是否能够正确触发，其产生的行动和结果与设计文件是否一致。尤其注意公用系统失效的报警和行动； • 数据存储：数据的存储和备份是否和设计文件一致

纯化水与注射用水系统	
编号	OQ 检查内容
5	制药用水制备系统单元操作的确认，确认各功能单元的操作是否和设计流程一致，具体内容如下： • 纯化水的预处理和制备：原水装置的液位控制，机械过滤器、活性炭过滤器、软化器、反渗透单元、EDI 单元的正常工作、冲洗的流程是否和设计一致，消毒是否能够顺利完成，产水和储罐液位的连锁运行是否可靠，在消毒 / 运行过程中，原水泵以及高压泵的频率是否可接受，系统各级 RO 的产水率以及水质，总产水率等是否可接受； • 注射用水制备：蒸馏水机的预热、冲洗、正常运行、排水的流程是否和设计一致，停止、启动和储罐液位的连锁运行是否可靠
6	制药用水制备系统的正常运行：将制备系统进入正常生产状态，检查整个系统是否存在异常，在线生产参数是否满足 URS 要求，是否存在泄漏等
7	制药用水储存分配系统的确认内容如下： • 循环泵和储罐液位、回路流量的连锁运行是否能够保证回路流速满足设计要求，如不低于 1.0m/s； • 储罐呼吸器的确认：呼吸器需要进行完整性测试检查； • 储罐喷淋效果的确认：需要进行喷淋球喷淋效果的确认； • 循环能力的确认：分配系统处于正常循环状态，检查分配系统是否存在异常，在线循环参数如流速、电导率、TOC 等是否满足 URS 要求，管网是否存在泄漏等； • 峰值量确认：分配系统的用水量处于最大用量时，检查制备系统供水是否足够，泵的运转状态是否正常，回路压力是否保持正压，管路是否泄漏等； • 消毒的确认：分配系统的消毒是否能够成功完成，是否存在无法消毒的死水段，温度是否能够达到要求等； • 水质离线检测：建议在进入性能确认之前（非强制），对制备系统产水、储存和分配的总进、总回取样口进行离线检测，以确认水质

纯蒸汽系统	
编号	OQ 检查内容
1	纯蒸汽系统标准操作规程的确认：系统标准操作规程（操作与维护等 SOP）在运行确认时应具备草稿，在运行确认过程中审核其准确性、适用性，可以在 PQ 第一阶段结束后对其进行审批
2	纯蒸汽系统检测仪器的校准：在 OQ 测试中需要对水质进行检测（如有），需要对这些仪器是否在校准期内进行检查；如条件允许，检测仪器的校准工作也可以安排在 IQ 阶段执行
3	纯蒸汽发生器自控系统的确认： • 系统访问权限：检查不同等级用户密码可靠性和相应等级的操作权限是否符合设计要求； • 紧急停机测试：检查系统在各种运行状态中紧急停机是否有效，系统停机后系统是否处于安全状态，存储的数据是否丢失； • 报警测试：系统的关键报警是否能够正确触发，其产生的行动和结果与设计文件是否一致。尤其注意公用系统失效的报警和行动； • 数据记录：数据的存储和备份是否和设计文件一致，打印功能是否正常
4	纯蒸汽系统运行参数：将制备系统开启进入正常生产状态，检查在线生产参数是否稳定，是否存在泄漏，是否满足 URS 要求

纯蒸汽系统	
编号	OQ 检查内容
5	纯蒸汽分配系统确认：在正常生产状态下，各用点压力是否满足工艺要求，在峰值用量下供给压力是否稳定，疏水器的疏水功能是否正常
6	纯蒸汽质量确认：建议在进入性能确认之前（非强制），对纯蒸汽取样口进行离线检测，以确认纯蒸汽质量。检查纯蒸汽发生器及分配系统用点的蒸汽质量（不凝性气体、干度、过热度）是否满足 URS 要求，可以在线测试或通过特殊的取样管进行测试。取样应尽量靠近用点，如果没有合适的理由不建议只在系统的某一个位置进行测试

对于小的改造，有可能不经过试运行而收集到所有确认方案中要求的元素。如果这么做，确认方案可能需要有更大量的扩充内容，一样也需要得到质量部门的参与。质量部门的早期参与，有助于相关文件得到审核批准，以保证达到确认的目的和要求。

4.4.5.1 启动前检查

在试运行开始之前，执行一次系统的检查（通常是先做一个表格形式的检查清单，然后检查现场与检查清单核对）。如果发生下列的情况，通知相关负责人员：不够清洁度，管道系统的明显下垂或松脱，没有连接完的管道，不正确的排水沟空气隔断，电路断线，气路断管，未接线的仪表或破损的仪表，未连接或破损的阀门，未连接或破损的泵，漏点，洁净管道中的螺纹连接，工艺管道或系统部件的缺少标识等。

4.4.5.2 试运行和确认活动

当建造完成后，需要做以下的试运行工作：
- 检查与 P&ID、布局图、轴测图的符合性；
- 设备和部件已经正确安装，尤其注意容器内部的设备，例如喷淋球、呼吸器滤芯等；
- 使用软化水或去离子水冲洗管道去除施工时产生和遗留的废物，必要时使用机械式清洗方法，使用机械式清洗方法时尽可能注意防止对内表面的划伤；
- 管道试压（通常基于安全的考虑，多采用水压，但也有采用气压的可能）；
- 对不锈钢设备和管道系统进行清洗和钝化；
- 检查文件记录和经过批准的材料连接程序（焊工资格证、焊接规程、轴测图、无损检测记录等），包括实际检查与产品水接触材料的连接情况；

● 检查接收和安装的管道材质。检查焊接材料的炉号（有可能采用的 PVDF、PP 材料，有符合性声明）。检查设备、仪表、阀门直接与制药用水接触表面部分材料的证明、声明、标识，应当符合对其技术要求；

● 检查排尽能力。制药用水管道系统通常需要设置适当的最低点排放处，并有适当的坡度、坡向、最低点，以利于排尽。也可能由于某种原因，有局部做不到有坡度，那么这样的情况应在图纸上有明确的标识；

● 仪器仪表 PLC 的回路已经检查；

● 仪表已经按 GEP 和制造商的要求进行了检查和校准；

● 测试每个取样点的可用性，可能需要用到适当的取样装置（例如，会不会出现要取规定量水，而取样瓶却放不下的问题）。要检查操作环境适当，例如适当的通风环境（通风环境差，可能导致取的水样不能代表系统内的水质），取样点易于靠近等；

● 检查区分非关键和关键性仪表部件的总清单已创建；

● 执行启动，检查公用工程（间接影响系统或无影响系统），供电、泵运转以及泵的调整和润滑检查；

● 依据系统设计检查有足够的流体流量，喷淋球的运行检查，制备系统的原水流量、质量、压力和温度；

● 水处理设备的运行，例如启动、关机、报警、开关、连锁工作正常（进行这些活动时，应注意通常的方式是先从前到后单体设备依次启动检查合格，再联合启动，尤其注意对于制药用水系统来说一些前级设备如果不正常，其产物进入下级可能导致无法预计的结果）。这部分内容也可以在 FAT 中进行；

● 制药用水系统中的加热／冷却换热器运转正常；

● 检查和保证系统的安全措施工作正常，例如安全阀、急停开关、压力容器、电气、机械安全等。适用许可证制度的情况，应检查许可证。

制药用水或蒸汽系统中的一些典型问题，将在后续部分详细解说。

➢ 竣工图

为施工的需要，设计阶段会绘制反应基本物料流程的工艺流程图（PFD），管道仪表流程图，和其他一些标明关键特征或取样点的图纸。由于工程性质决定了在设计和竣工之间会有这样或那样的修改，为了反应竣工后的真实情况，需要有竣工版的图纸。经过审核批准的竣工版图纸对系统的质量保证和以后的维护都是至关重要的。因此，需要现场检查实际情况与图纸的一致性。检查的关键点包括，每个元件的位置、标识、安装方法正确与否、流向正确与否、取样点的位置、在线质量监控设施、流程中的其他仪器仪表等。

常有两种典型的图纸，一种是 P&ID 图，一种是取样点 / 用水点图。P&ID 图，显示设备的安装顺序、重要的管道仪表技术特性、材料、管径、阀门类型、接口方位、唯一性标识等内容。取样点 / 用水点图则反应系统中所有的取样和用水位置、标识，这样可以有利于验证系统、有利于质量控制人员或微生物专家知道哪里有取样点。一般而言，对于制药用水或蒸汽系统，竣工版轴测图是必要的。此图对维护时排尽系统或以后的改造都是有价值的工具。验收标准是：竣工版的图纸是有效的，相关人员承包商和工程人员签字完整，图纸和安装一致并且符合设计工艺。

➤ 设备或管道组件安装

制水和制蒸汽的设备及分配设备要依据设计安装。要根据设计检查安装是否符合设计要求。在设计和安装之间的任何偏差应该有文件评估其影响或是否需要改进。验收标准是所有关键设备和管道组件的安装，符合安装图和技术说明。

➤ 焊接和其他材料连接程序和文件

需要焊接（或是其他材料连接）的技术文件。确认有焊接（或是其他材料连接）的方法、程序和文件。通常纯化水和注射用水系统普遍采用 300 系列不锈钢，也可能有塑料或其他材料用于这些系统。焊接（或是其他材料连接）的程序包括但不限于以下要求：

● 在安装之前程序应该已经确定并得到批准，安装过程中有例行的检查以确定这些程序要求得到了满足；

● 有已定义的焊接（或是其他材料连接）检查程序，并且应用到了制药用水管道系统。对于注射用水分配系统中使用 316L 材质，焊接连接质量主要依据内外表面成型质量进行评价，这些检查通常由管道安装者进行。检查报告或记录一般由安装者填写在焊接记录上。检查内部成形通常采用内窥镜检查的方法，由业主或受业主委托的第三方机构进行（有时由于某些原因，此检查工作也可能由安装者进行），通常内窥镜的检查比例是手工焊 100%，自动焊不少于 10%（抽检）。对于自动焊，如果因为检查出不合格数量增多，则相应的百分比也应上调。自动焊接的抽检是基于焊接记录完整、焊接工艺评定批准和提供完整的焊样的基础上的。在国内目前没有洁净管道焊接合格的标准，可以参照采用 ASME BPE 标准中 MJ-6.3Piping 部分；

● 在安装过程中焊接或是其他连接应该有标签标识和适当的检查。检查报告要附在供应商文件中；

● 焊接位置应该在焊接图上有文件记录。焊接记录上要有焊接两侧的材料的炉号，炉号可以追溯到材质化验证明书；

● 焊工应是有一定资质的，焊工资格确认的记录应反映以前该焊工所执行的工作（比如有关部门确认的资格证及相似作业的资历证明），并应经审核批准。这些资格记录应当包含在移交文件包中。

➤ 材质证明

对于制药用水和纯蒸汽系统来说，建造材料非常重要。为了保证水或蒸汽的质量，材料应该使用对水不反应、无添加、无吸附的材料。在制药用水和纯蒸汽系统中，通常采用的是不锈钢和不溶出的塑料/橡胶。元件和管道材料的证明书应能追溯到系统的图纸。检查/放行的材料应当由安装者保存在受控区域备用。安装者应当核对材质证明并在系统组装后在图纸上记录材料炉号。这样可以证明安装中使用了特定的材料。通常，在制药用水和纯蒸汽系统中，炉号图或焊接记录随着材料焊接同时产生。炉号对应化学组成。炉号图应包括但不限于接触产品水部分表面、管路、阀体、配件等。验收标准是材料证明文件和其他文件是有效的并有责任供应商和工程人员的签字。

➤ 管道坡度

通常，管道有适当的坡度，有助于系统关闭时低点排放或去除钝化溶液。如果需要排放，也可以使用空气协助系统排放，即用空气吹扫。在 DDS 中，工程师要决定是否检查核实管道坡度。如果确定坡度对水和蒸汽的质量是关键的，可以采用经过校准的水平仪来确认并产生记录。对于认为确认是很重要的系统，验收标准是竣工版轴测图中标明的坡度是有效的，并且使用了经批准的坡度测量程序。由承建商和工程部提供坡度信息。如果管道坡度适用 GEP 就足够，那么可以执行一个适当的试运行来核实管道坡度的程度。在管道坡度已经证明对水的质量没有特别意义的情况下，业主也可以接受使用水平仪和铅锤线安装管道。

➤ 静压力试验

对于水和蒸汽系统，核实系统没有漏点是重要的，漏点可能导致水或蒸汽的污染。压力试验是重要的试漏方法。压力试验应有文件记录。通常静压力试验在项目的不同时间，在各个子系统进行。测试可以参照对应部分的系统 P&ID 进行。验收标准是静水压试验成功通过，有文件记录并且有承建商和工程人员签字批准。

➤ 清洗和钝化

制药用水和纯蒸汽系统通常由不锈钢材料建造，保持不锈钢材料不被纯度很高的水腐蚀非常重要，尤其在焊接部位，受焊接热影响区合金损失、表面粗糙度被破坏、拉应力的存在等多方面影响出现腐蚀的可能性更大，因此需要进行钝化。钝化是在进行化学清洗后，使用酸性溶液去除一部分铁离子，增加铬/钼含量占比，并行成铬钼的氧化层（也就是钝化膜）来达到目的。应该遵守一定的清洗和钝化程序并形成文件记录。文件一般包括：清洗和钝化程序，程序中应写明清洗剂、清洗温度和时间、钝化液、钝化温度和时间。记录中一般除体现程序要求内容外，还应注明被钝化的管道区间、设备、部件等。文件应有签字。

有时，考虑到可能发生的变更，也可能推迟做钝化的时间，这样在以后启动和调试中若发生变更时，不必重新做第二次钝化。但最迟不能晚于水质取样测试开始（最好不晚于系统第一次进水，因为不进行钝化的管道在进水后可能发生腐蚀；但对于采用液压法试漏的情况下，并不适合，因为试漏后可能需要补焊）。项目组可以根据需要计划钝化的时间。验收标准是系统的清洗和钝化过程按照已批准的酸洗钝化技术执行的文件记录并被批准。有各种有效的方法去测定金属表面的钝化膜是否形成，然而，这些方法是破坏性试验，可以用来测试技术的有效性而不是检查每次的钝化效果。

> 空气过滤器

注射用水储罐和纯化水储罐上一般都装有空气过滤器，防止微粒和微生物进入储存和分配系统，一般用 0.22μm 除菌级过滤器。空气过滤器需要注意几点：

● 滤芯的材料应是疏水性材料，例如 PTFE、PVDF；

● 需要防止蒸汽冷凝水凝结堵塞呼吸器（尤其对于内外温差大的系统），此项通常用电加热滤壳或蒸汽伴热滤壳解决，此时把滤壳的温度设定在罐内正常工作温度之上（但不能超过滤芯的最高使用温度），以防止冷凝；

● 设计对空气通量的考虑是否足够，如果适用，也要考虑消毒时蒸汽的通量；

● 安装时是否正确安装。

应该在使用之前和指定周期做完整性测试，应该有相关的例行测试和外观检查的测试，包括拆除之后的完整性测试。完整性测试用来确认从安装在设备上直到从设备上撤换的过程中，没有堵塞或泄漏，也为预防性维护计划和程序提供依据。对于一些非无菌产品的药厂来说，可能没有完整性测试的设备和仪器，这种情况下，用滤芯制造商的完整性测试证明书和相关使用寿命技术文件证明其合格性，应该也是可以接受的。对于纯化水系统的要求可能不及对注射用水系统的要求严格，尤其对于非无菌产品的药厂来说。验收标准是安装初期就已经考虑了避免冷凝水的方法和形成冷凝水后能够得到排放，完整性测试已经执行，并且测试结论是通过。这是需在安装确认中体现的内容。

> 公用工程

间接影响系统或无影响系统的公用工程应该得到识别，这些基础设施应该已经经过试运行，并且按照施工文件与制药用水和纯蒸汽系统进行了正确连接。其他直接影响系统（例如用于吹扫制药用水系统的压缩空气、用于保护储罐内注射用水的氮气）可能也在制药用水和纯蒸汽系统中用到。验收标准是这些公用工程已经正确地与制药用水和纯蒸汽系统连接，并且这些公用工程也能按照设计的要求正常运行。

> 自动控制系统

自动控制系统的每个部件应该按照设计的要求，以及部件本身的安装说明进行了安装。

> 失效

针对可能发生和潜在的影响水或蒸汽的质量风险进行此测试。此测试对失去公用工程支持后的制水设备和分配系统，系统的响应进行研究测试。系统对失去公用工程支持后的响应应当有文件记录，确保在设计中对设备和系统提供足够的保护。这些公用工程可能包括压缩空气、冷热工艺用水、氮气、换热器用的冷热介质等。尤其应该考虑断电后，设备或系统的响应，关键的数据应能保持，设备和系统应安全。

在短暂的停机时间内（例如由于已有公用工程的缺失和重新供应），设备和系统的动作应能防止系统受污染。除非是明确的例如因公休、维修而停机，其他的例如因停电造成的停机，所有的自动仪表、阀门应处于安全的位置（例如阀门应处于开或关状态，应该考虑哪种有利于防止系统受污染）；而当恢复供电时，系统应该自动恢复到原有的工作状态。

对于间接影响系统的失效，系统可能会导致一个或多个基本工艺参数长时间低或高，这时可能会导致水质问题。问题是要知道关键工艺参数低或高多长时间而不会影响水质。例如在注射用水系统中，温度通常被认为是关键工艺参数，当温度短时间内（几分钟到几小时）下降到低温状态，水的微生物参数不会受到显著性影响。但是若温度长时间（几小时到几天）处于低温状态，水的微生物参数将会受到非常显著的影响。预知多长时间会出问题是非常重要的，也是可以通过测试了解到的。例如在性能确认的早期阶段进行取样测试，判断当某一时间段某个公用工程不能供应会对水质产生什么样的影响。各个系统的这个结论可能是不相同的。验收标准是考虑了水和蒸汽的质量可能存在的风险，确定了当系统在失去公用工程支持后恢复到正常运行状态后的取样要求。结合 PQ 初期公用工程失效测试确定了最终系统的 SOP。确定了一旦公用工程（例如电力、仪表压缩空气等）失效后系统的消毒要求。

> 自动控制系统的运转

自动控制系统的性能测试是运行确认 OQ 内容中很重要的一部分，在多数情况下，测试是针对自动控制系统的类型（例如 PLC 控制或计算机控制）而定的，这部分中典型的测试包括：

- 当报警状态发生时，应有报警信号产生；
- 报警器和开关已经正确连接并且是起作用的；
- 自控系统和设置点是受适当密码权限或程序方法保护的。

验收标准是所有现场装置、控制面板功能正常，控制系统的关键过程运行参数报警和连锁功能正常，有适当的密码安全级别或程序方法。

更多信息请见前文提到的 GAMP5。

➢ 仪表校准

按组件的关键 / 非关键划分，仪表也可以分为两类，对于用于一般工艺参数的仪表，可以定义为非关键仪表，只需要按试运行做仪表的现场校准或使用供应商的校准证明。对于用于会影响产品水水质关键质量属性的仪表，可以定义为关键仪表，这类仪表需要经过校准并且需要有校准记录，校准记录还应在系统测试和投入使用前就得到批准，并保持在校准有效期内使用。需要确认：关键仪表有追溯到国家计量标准的记录并且在仪表的使用测量范围内得到校准；要有已经校准的文件证明；仪表有校准日期和校准有效日期的标签；关键仪表应在现场校准，需要强调的是现场测量回路的校准。回路校准是指仪表测量值、指示值与自控电信号整个回路上的准确对应关系的校准。

非关键仪表至少在投入使用前进行一次校准确认，作为使用状况的证明，而不必像关键仪表那样频繁的校准和证明与计量标准一致。例如，储存系统中液位，它一般不被认为是测量关键质量属性的关键仪表（它的探头因为与制药用水接触应被视为关键元件，要注意其结构和材质），它的误差甚至偏差并不会导致水质量下降，因此完全可以放宽对它的校准要求，比如放宽校准的时间间隔或校准的精度要求。验收标准是关键仪表组件有相关的校准文件证明。

➢ 标准操作程序适用性

必须有关于制药用水和纯蒸汽系统的 SOP（包括使用、维护、清洗消毒等）。在 OQ 阶段不必是经批准的最终版 SOP，但是 SOP 的草案应该是有的，因为 OQ 的目的之一是确认 SOP 草案的可接受或需改进的内容。通常，SOP 的最终完成和批准在 PQ 的第一阶段。验收标准是在 OQ 和水系统的正常操作中，适当的 SOP 草案已经到位并且已经实施了培训。SOP 在 PQ 期间最后定稿。

➢ 运行顺序

运行顺序测试是为了确认自控系统、软件程序、SOP 和设备及仪表的操作是能按照预先设计的顺序运行的。正常功能和循环测试是为了确定和用文件证明不同系统组件组合在一起能完全成功地作为一个系统运行。系统的各种运行模式的功能和运行顺序，根据具体安装设计不同大为不同，需要参考功能设计技术说明或供应商的设计说明来确定系统的功能和运行顺序。

可能有几个不同的自控系统包含运行顺序需要测试，例如水系统中可能有纯化水制备系统的 PLC、多效蒸馏水机的 PLC、储存和分配控制系统（甚至纯化水和注射用水的储存和分配控制系统都是不同的系统）。这些系统何时测试和需要哪些文件证明，应当在项目试运行和确认计划中概要说明。例如，在 OQ 阶段，运行顺序可以全部测试。如果运行顺序的测试在 SAT 中已经测试成功通过并且有必要的文件记录，那么可能只需要查证这些测试按照项目试运行和确认计划是完整的就可以了。

➢ 水的制备

应该测试制水系统在峰值需求状况下仍能提供满足技术要求的水，并且测试在设计要求的流量范围内都能连续提供符合可接受标准的水。通常此测试在 PQ 之前，此测试提供了在最大最小极端条件下运行不会对产品水水质造成不利影响的先期保障。长期的水质测试在 PQ 阶段进行。

➢ 水的分配

URS 中应提出对分配系统输送能力的要求。需要测试，在各个用水点不同用水量的条件下，分配系统能保持生产一定量产品水的能力。系统的设计计算要在 DQ 阶段检查和确认。试运行阶段要对这个计算进行测试和确认。此测试的目的是保证在假定的最差的运行状况下，也不会出现回水流速低于最低可接受流速，或出现系统局部压力下降到不可接受的压力，因为诸如此类的问题都有导致水质污染的潜在风险。验收标准是水分配系统在峰值用量时，所有使用点保持预定义的最小压力，测试中需要确认循环管路处于湍流状态（通常采用确认回水流量的方法）。

➢ 温度保持

注射用水系统通常设计成热系统，保持管道和储罐处于持续消毒状态。其他系统例如纯化水系统可能是定期用升温消毒的方式，而平时水系统温度不受控制或处于较低的温度运行。如果需要采用热消毒，或有运行温度的要求，要在适当的位置安装温度检测装置。验收标准是分配系统所有的温度检测点都能保持期望的温度。在 PQ 期间需要通过检查水质确认消毒的温度、周期和持续时间是适当的。

➢ 臭氧浓度的产生和保持

许多分配系统采用持续或间歇加入臭氧的方法控制微生物。验收标准是在分配和消毒时，臭氧制备、分配和去除系统能保持要求的浓度。在 PQ 期间通过检查水质需要确认臭氧消毒的周期、处理时间和臭氧的浓度是适当的。

　　▶ 取样

　　在系统启动后的早期取样监控，通常只是为了建立和加深对制水和分配工艺的理解，针对制水工艺引起水物理化学指标变化的每个工艺步骤之后取样，以证明水质的变化符合每个工艺步骤应该取得的结果。不同的水系统或不同的地区、不同的水源，各环节的取样结果是千差万别的，这些有差异的结果将会影响对系统的评价，用于以后的运行和维护中。通常试运行期间的取样相对简单，只是用于判断系统能按设计运作。对于不锈钢的系统需要清洗和钝化，取样应该在清洗和钝化的工作完成之后进行，否则取样是没有意义的。

　　在预处理、终处理、储存和分配环节的取样是以单元设备运行为基础的，对水质的预期要求是不断变化的，例如预处理部分，希望获得符合国家饮用水标准的水，而其中的过滤、软化想要获得的水质标准都是不同的，需要分别取样和分析确认符合工艺的需要。一般需要在这些单体设备的入口和出口分别取样以确定其性能。

4.4.6　性能确认

　　制药用水与纯蒸汽系统属于连续化生产工艺，性能确认（PQ）可参考药品生产的工艺验证相关法规要求实施。纯化水系统、注射用水系统与纯蒸汽系统的性能确认推荐采用三阶段法，在性能确认过程中制备和储存分配系统应避免出现故障和性能偏差，一旦出现，需对性能偏差进行调查。

4.4.6.1　性能确认的三阶段法

　　本指南的性能确认活动主要参考 2021 年版《WHO GMP：制药用水》。2021 年版《WHO GMP：制药用水》在第 11 章"操作上的考虑，包括一些确认和验证原则"中规定：水系统应进行恰当的确认和验证。应基于风险评估确定确认的范围和程度。所做的调试工作应有记录。调试不可代替确认。为了验证系统及其性能的可靠性和稳定性，应分三阶段进行较长时间的确认，取样点及取样频次应根据书面风险评估确定。在验证计划中应包括有原水检测（饮用水），并作为日常监测的一部分继续对其进行检测。这些结果均应符合标准。

　　第一阶段：根据使用需求和风险评估确定持续时间，第一阶段推荐持续至少 2 周。应严格监测系统性能。系统应连续运行，避免失败或性能偏差。一般来说，本阶段不应将水用于生产。操作程序和时间表至少应覆盖以下活动和测试方法：

- 按既定计划进行的化学和微生物检测；
- 对制水间原水的取样、检测和监测，以核查其质量；
- 纯化过程中各步骤的取样、检测和监测；
- 每个使用点和其他规定取样点的取样、检测和监测，包括分配循环的结束；
- 验证操作范围；
- 演示操作、清洗、消毒和维护程序的性能；
- 演示产品水的一致生产和交付所需的质量和数量；
- 临时警戒限和行动限；
- 测试失败程序。

第二阶段：根据使用需求和风险评估确定持续时间，第二阶段推荐持续至少 2 周的进一步检测期。应在圆满完成第一阶段后，采用所有改进后的 SOP 对系统进行监测。取样程序一般应与第一阶段相同。在此阶段可将产水用于生产，前提是调试和第一阶段数据证明水质满足要求，且该做法获得 QA 批准。该方法应包含：

- 证明在既定范围内可持续运行；
- 证明当系统按 SOP 运行时可持续生产并送出所需质量和所需数量的水。

第三阶段：根据使用需求和风险评估确定持续时间，纯化水与注射用水的第三阶段推荐在圆满完成第二阶段之后再持续至少 12 个月（参见 2021 年版《WHO GMP：制药用水》）。取样位置、取样频率和检测可降至第一阶段和第二阶段所证明的既定程序中规定的日常模式。在完成第三阶段确认和验证后，应进行系统回顾审核。其中可包括结果趋势分析和系统性能的评估。如果发现趋势发生明显变化或超出规定的限度，则应采取适当措施。性能确认的第三阶段可将产水用于生产。在第三阶段中获得的数据和信息应证明系统在这段涵盖不同季节的时间内的可靠性能。制药企业可以将纯化水系统与注射用水系统的停电/停泵/停工业蒸汽/停压缩空气等停机时间验证及其他的必要验证工作在 PQ 第三阶段或正常生产阶段一并实施，以便日常生产阶段的相关操作有据可依。

4.4.6.2 纯化水系统的性能确认

纯化水的性能确认是为了证明其在一个较长的时间周期的性能情况。为了纯化水系统的正常运行，整合所需要的程序、人员、系统和材料，以证明纯化水系统能够持续稳定地生产出符合 URS 中指定质量要求的纯化水。三阶段法纯化水性能确认取样点及检测计划的示例如表 4-28 所示。纯化水性能确认的取样频率可由制药企业结合设定的检测方法（在线检测或离线检测）进行合理安排，随着电导率、TOC 和快速微生物检测（RMM）技术的不断成熟与推广，企业可适当降低检测频率，表格中的数据仅供参考。

表 4-28 纯化水性能确认取样点及检测计划（示例）

阶段	取样位置	检测项目	检测标准
第一阶段	预处理系统 / 原水罐	国家饮用水标准[1]	国家饮用水标准[1]
	预处理系统 / 机械过滤器	淤泥指数（SDI）	< 5[2]
	预处理系统 / 机械过滤器	浊度	< 3[2]
	预处理系统 / 软化器	硬度	< 3ppm[2]
	终处理系统 / 产水	全检	药典或者内控标准
	纯化水分配储存与系统总供、总回取样口	全检	药典或者内控标准
	纯化水分配系统各用点取样口	全检	药典或者内控标准
第二阶段	预处理系统 / 原水罐	国家饮用水标准[1]	国家饮用水标准
	预处理系统 / 机械过滤器	淤泥指数（SDI）	< 5[2]
	预处理系统 / 机械过滤器	浊度	< 3[2]
	预处理系统 / 软化器	硬度	< 3ppm[2]
	终处理系统 / 产水	全检	药典或者内控标准
	纯化水分配储存与系统总供、总回取样口	全检	药典或者内控标准
	纯化水分配系统各用点取样口	全检	药典或者内控标准
第三阶段	预处理系统 / 产水	国家饮用水标准[1]	国家饮用水标准[1]
	终处理系统 / 产水	全检	药典或者内控标准
	纯化水分配储存与系统总供、总回取样口	全检	药典或者内控标准
	纯化水分配系统各用点取样口	全检	药典或者内控标准

注：①使用国家检测检疫部门出示的检验报告，如果不是市政供水，那么预处理后的产水需要满足饮用水标准。

②本数据为水处理行业的工程经验值，具体的标准以制备系统厂家的使用说明为准，企业可灵活调整实施。

4.4.6.3 注射用水系统的性能确认

注射用水的性能确认是为了证明其在一个较长的时间周期的性能情况。注射用水系统的正常运行需整合所需要的程序、人员、系统和材料，以证明注射用水系统能够持续稳定地生产出符合 URS 中指定质量要求的注射用水。三阶段法注射用水性能确认取样点及检测计划的示例如表 4-29 所示。注射用水性能确认的取样频率可由制药企业结合设定的检测方法（在线检测或离线检测）进行合理安排，随着电导率、TOC 和快速微生物检测（RMM）技术的不断成熟与推广，企业可适当降低检测频率，表格中的数据仅供参考。例如，《中国药典》规定注射用水的原水为纯化水，其质量不会受季节变化带来的影响，制药企业可结合实际情况灵活调整注射用水 PQ 第三阶段的实施方案。

表 4-29　注射用水性能确认取样点及检测计划（示例）

阶段	取样位置	检测项目	检测标准
第一阶段	注射用水制备系统供水 *	纯化水药典规定项目	纯化水药典标准
	注射用水制备系统出口	全检	药典或者内控标准
	注射用水储存与分配系统总供、总回取样口	全检	药典或者内控标准
	注射用水分配系统各用点取样口	全检	药典或者内控标准
第二阶段	注射用水制备系统供水	纯化水药典规定项目	纯化水药典标准
	注射用水制备系统 / 产水	全检	药典或者内控标准
	注射用水储存与分配系统总供、总回取样口	全检	药典或者内控标准
	注射用水分配系统各用点取样口	全检	药典或者内控标准
第三阶段	注射用水制备系统 / 产水	全检	药典或者内控标准
	注射用水储存与分配系统总供、总回取样口	全检	药典或者内控标准
	注射用水分配系统各用点取样口	全检	药典或者内控标准

*如供水为饮用水，则需定期检测饮用水质量（例如，每月或每季度等）；如供水为纯化水，需在纯化水 PQ 第一阶段结束后，方可开始注射用水 PQ 测试。

4.4.6.4 纯蒸汽系统的性能确认

纯蒸汽系统的性能确认需要在纯蒸汽发生器的出口和各个使用点进行取样，非关键的用点可以根据风险评估并有适当的理由在该用点的下游用点进行取样。通常通过移动冷凝器或取样小车把纯蒸汽冷却成注射用水来确认纯蒸汽的质量，可接受标准为药典对注射用水的质量要求。纯蒸汽制备与纯度的监管指导通常与注射用水相关指南一致，部分应用场所（如湿热灭菌柜）需附加对蒸汽质量的其他特殊要求，包括不凝性气体、过热度和干燥度。纯蒸汽的性能确认最好按照注射用水的"三阶段法"进行，由于纯蒸汽系统的特殊性，也可以采用其他的确认周期，取样频率可由制药企业结合设定的检测方法（在线检测或离线检测）进行合理安排，表 4-30 是纯蒸汽系统性能确认取样计划的几个示例，企业可结合自身情况自行制定取样周期和取样计划。

表 4-30　纯蒸汽系统性能确认取样计划（示例）

纯蒸汽系统性能确认取样计划示例（1）				
阶段	取样周期	取样位置	取样频次	检测标准
第一阶段	三天	纯蒸汽发生器出口	至少取样一次	药典或者内控标准
		各个使用点	至少取样一次	药典或者内控标准
第二阶段	七天	纯蒸汽发生器出口	取样多于一次	药典或者内控标准
		各个使用点	至少取样一次	药典或者内控标准
第三阶段	四周	纯蒸汽发生器出口	每周取样一次	药典或者内控标准
		各个使用点	每周取样一次	药典或者内控标准
纯蒸汽系统性能确认取样计划示例（2）				
阶段	取样周期	取样位置	取样频次	检测标准
第一阶段	三天	纯蒸汽发生器出口	至少取样一次	药典或者内控标准
		各个使用点	至少取样一次	药典或者内控标准
第二阶段	七天	纯蒸汽发生器出口	取样多于一次	药典或者内控标准
		各个使用点	至少取样一次	药典或者内控标准
第三阶段	一年	纯蒸汽发生器出口	每周取样一次	药典或者内控标准
		各个使用点	每月至少取样一次	药典或者内控标准
纯蒸汽系统性能确认取样计划示例（3）				
阶段	取样周期	取样位置	取样频次	检测标准
第一阶段	七天	纯蒸汽发生器出口	每天取样一次	药典或者内控标准
		各个使用点	每天取样一次	药典或者内控标准
第二阶段	一年	纯蒸汽发生器出口	每周取样一次	药典或者内控标准
		各个使用点	每月至少取样一次	药典或者内控标准

注：1. 在性能确认方案中需明确测试的方法。

2. 各使用点如何制定取样计划可通过风险评估来确定。

3. 示例（1）来自《ISPE-GPG- 制药用水和蒸汽系统调试与确认方法》（第二版）。

4.4.7 接受和放行

接受和放行阶段的结论是指制药用水系统可以被放行于生产操作，或者下一阶段的资格认证，或者用于生产项目质量计划或商业批次。接受和放行程序通过总结报告完成。当质量部门在总结报告中签批后，批准和放行才算完成，可以是确认总结报告，变更控制关闭，或接受和放行总结报告。接受和放行表示"合格状态"的启动和质量保证管理、质量变更控制、持续工艺确认以及定期审查的开始。安装测试、运行测试和性能测试应在接受和放行阶段之前完成，项目组将系统所有权转变为操作／工程。

为了完成接受和放行阶段，必须解决以下几条：完成测试文件，关闭偏差和变更，质量体系要素的实施。接受和放行阶段应存在于适当的专家们的联合检查后，这些专家包括接受护理、监管和控制系统的部门代表。专家们应从整体技术角度去审查结果。如果系统包括 CAs/CDEs（直接影响），那么质量部门应成为接受和发布审核和批准的一部分，关注 CAs/CDEs。接受具有开放性偏差的系统应该是质量部门的决定。通常，所有的偏差必须解决，然而，对产品无影响的偏差仍可能存在于一个通过批准的合适的行动计划中。

当项目接近尾声，承包商、工程顾问、第三方监检人员、确认人员和其他人员准备离开，设施将移交给业主。为设施的拥有者建立竣工文件包信息，竣工文件包由承包商和其他项目人员建立。竣工文件包应包含项目执行期间产生的信息，这对业主以后维护设施非常重要。竣工文件包应该按项目进行归纳整理，每个项目由多个系统组成。主要的竣工文件包应包括所有系统的核心信息。下面是一个包括了主竣工文件包和系统竣工文件包的例子。

主竣工文件包：

- 入库材料检查报告（例如：材料证明书、气体证明书等）；
- 签名日志；
- 焊工（姓名／资格证明），焊接检查者和检查者资质；
- 其他必要文件。

系统竣工文件包：

- 焊接（包括焊接日志）和坡度图；
- 静压力试验报告；
- 清洗和钝化记录；

- 竣工图纸（包括支持信息）和索引；
- 不符合说明清单；
- 其他必要文件。

4.4.8 周期性回顾

保持合格的系统处于验证状态是监管要求，即确认文件仍然有效以及系统仍然适用预期目的。质量体系到位以维持这个状态并应当附属于内部审计以确保稳定性。这些质量体系包括：变更控制、维护、校准和偏差。对于关键的制药用水系统和纯蒸汽系统，日常监测包括：定期审查结果、定期报告系统性能趋势、预防性维护和校准指标、定期检查确认图纸（通常是半年一次），以及系统标记（通常每年一次）。

制药用水系统应按指定时间进行周期性回顾。审核组应包括来自工程、设施、验证、QA、质量控制、微生物、生产和维护部门的代表。拟列入审核的事项包括：

- 自上次审核以来所做的更改；
- 系统性能趋势和能力；
- 质量趋势；
- 故障事件和报警历史；
- 调查；
- 超出规格和超出限制的结果；
- 警报和行动限制；
- 评估制药用水系统是否符合当前 GMP 要求；
- 验证文件的有效性；
- 日志和电子数据等记录；
- 与水系统相连接的软件和计算机系统的适用性，例如 SCADA（数据采集与监视控制系统），包括审计跟踪、授权用户访问和特权。

4.4.8.1 日常监测与定期性能评估

在性能确认完成后，应对制药用水和纯蒸汽系统进行综合评价并应根据第三阶段的结果建立一个日常监测方案。在日常取样监测中，使用点的取样频率可以比在性能确认中已确定的采样频率少。必须保证在规定的周期内（例如每周、每半月或每月）所有的使用点都被检测到，在此条件下，应对每天取样的数量保持评估，且对关键的取样点根据工艺需要进行日常监测。对于规模较大的注射用水分配系统，可以轮流采样保证每个采样点在规定的周期内（例如每周、每半月或每月）可以采集一次。对于纯化水及纯蒸汽系统，其系统影响性风险较低，日常监测频次可以比注射用水系统适当降低。所有这些与日常监测的取样计划需记录在 SOP 中。

应当至少每年进行一次制药用水和纯蒸汽系统质量回顾。系统年度审核有助于用户了解水系统随时间的变化趋势，还可以基于数据分析调整系统设定的报警限和行动限，甚至相关的 SOP。水系统的质量回顾不能仅限于水质取样的结果，应该是系统的综合性回顾，包括系统变更审查、相关 SOP 审查；系统确认和验证的状态的审核；系统预防性维护和故障检修记录的审核；系统关键偏差和报警的审核；系统日常监测数据结果、趋势的审核；系统消毒程序的审核；系统相关培训记录的审核。

应根据系统预防性维护程序对制药用水系统进行必要的维护，应该包括：系统的维护频率、不同部件的维护的方法、维护的记录、合格备件的控制等。对水系统进行定期维护后，可不必进行再验证，如有必要只需进行连续几天的水质检测来确认。制药用水系统典型的维护工作有：储罐的定期清洗与消毒；阀门、垫圈、呼吸器、喷淋球、机械密封和爆破片等易损部件的定期更换；水分配管道系统的压力试验；除生物膜、除红锈清洗与再钝化等；水机多介质过滤器、活性炭过滤器、反渗透膜的彻底清洗及滤材更换；仪表的检查、检验及更换。要确保制药用水系统在整个使用生命周期内良好运行，需要在一定时间的运行后定期进行持续性监测和评估，这应包括水系统的定期性能评估结果，系统变更的性质和程度，系统未来预期使用的变更，以及公司合适的质量系统。

通常情况下，企业并不需要启动再验证工作。更换部件、清洗等系统常规的维护工作通常不需要再验证；更换"不同"部件、改变系统配置或改变控制程序、运行参数等不改变初始系统设计的改造工作也不需要启动再验证。如果改造工作改变了初始系统的设计初衷，则系统改造后验证的程度取决于改造给系统带来的潜在影响；如果对初始设计发生了重大设计变更，系统计划性停机后重启，或者系统性能不稳定并出现重大偏差，则需要对偏差进行调查，水系统很可能要启动再验证。例如，在一条纯化水装置上增加一个超滤装置来实现常温注射用水的制备，将会改变最终处理的效果，就需要实施复杂的再验证。

由于水或蒸汽被应用于药品的生产中，因此我们期望这个系统应该被定期评估。评估有助于确定是否需要做出改进（例如，控制程序、设备配置、监测计划、再确认、警戒限等）。定期性能评估（也被称为定期质量复查）的目的是：

- 用分析结果评估趋势；
- 与历史资料数据进行比较并确定变化；

- 评估水或蒸汽系统的控制状态；
- 确定评估期变更对系统的影响；
- 评定采样频率。

性能评估应当定期执行。根据系统的性能，经常定期进行性能评估可能是一种适当的做法。

定期性能评估的内容可能包括或涉及：

- 系统描述和产品信息；
- 水或蒸汽的项目编码和它们应用的领域；
- 分析结论（例如，化学微生物、内毒素等）；
- 偏差/不符合预期结果（不符合警戒限、行动限的结果，和对这些限度需要做出改变的理由）；
- 控制菌评估；
- 预防性维护和故障检修（包括相关日志的审查）；
- 图纸审查；
- 程序审查；
- 会影响水或蒸汽质量（包括关键工艺运行参数和报警限度的任何变更）和需要再确认的系统变更（或几个单个系统的结合）；
- 系统确认和验证的状态；
- 培训记录；
- 先前的定期性能评估；
- 质量控制（QC）实验室评估；
- 综述/建议和行动计划；
- 附录和附件；
- 审核和批准。

这项审核可能与相关控制软件定期评估的要求和结果合并进行，以减少对单独文件的需要。

4.4.8.2 在整个生命期内维持确认状态

要确保系统在整个使用期的良好运行（经验证的），需要在一定时间的运行后重新评估。这应包括系统的使用，定期性能评估结果，系统变更的性质和程度，系统未来预期使用的变更，以及公司当前的质量系统。计划中应考虑的项目包括：

- 定期检查的结果；

- 系统物理状态的评估（如泄漏、标识等）；

- 操作规程的检查；

- 消毒规程的发布和有效性的检查；

- 预防性维护和校验程序的检查；

- 系统图纸的检查；

- 关键报警的检查。

维护和变更会直接影响制药用水系统，所以每次控制变更在工厂实施后应形成文件。根据对系统执行工作的意义和风险决定所需文件、测试和确认的等级。《标准作业程序（SOP）》应该将对于系统实施的工作分类，并确认每项工作的最低文件需求。工作的分类以工作或变更的关键性以及对于系统的潜在影响为依据。以下工作分类的举例，可作为《标准作业程序（SOP）》编写的指南。

➢ 维护

这是在不改变系统设计意图基础上的常规工作，典型包括"相似"件的替换。"相似"件的替换指的是替换件符合原件的一些说明即可，没有必要必须是相同的厂家和型号。例如，更换一个新厂家或型号的取样阀就可以认为是"相似"件的替换。维护是对于水系统潜在影响最小的工作。

➢ 改造

改造一般包括更换"不同"部件，改变系统配置或改变控制程序。确认的程度取决于更改给系统带来的潜在影响。例如，在现有循环回路上新增加一个单独的用水点或许是一个简单的更改，如果增加的工作和初始系统设计一致，则只需要一个有限的确认。

➢ 设计变更

设计变更代表着对初始设计的主要改变。很多情况下，不得不修改初始系统条件，并且系统中由于改变而被影响的部分需要经过再次验证。例如，在一条纯化水生产线上增加一个去离子装置，就将会改变最终处理的效果。

任何会使水系统暴露于环境中，或可能影响水系统微生物的完整性变更工作，均需进行微生物测试。测试和文件要求取决于对于系统性能和微生物完整性的潜在影响。维护工作应包括对受影响用水点为期一天的微生物试样，这当然还要取决于其对于系统的潜在影响，根据质量单位的评估，微生物试样也有可能进行3天。所需测试程度应建立在质量单位评估的基础上，并且要记录在变更控制程序中。对于改造，测试和文件要求可根据其对系统潜在影响的程度而变化。多数情况下，3天的微生物测试可满足要求。而对于大范围的更改（如几乎是设计变更），则可能需要

2~4 周的测试。

　　化学和细菌内毒素的确认要求也应该在设施变更控制程序中详细说明。如果变更工作导致系统暴露于环境中，推荐至少要进行一次化学和细菌内毒素试样评估。如果工厂的常规试样程序涵盖了对于系统性能的影响，则没有必要进行试样。不是所有的对于制药用水系统的维护和维修都需要正式的变更控制。不影响系统完整性的常规预防性维护，不要求与关键性变更（将系统暴露于环境中）相同等级的批准和文件。一些预防性维护可以在工厂的常规"工作程序"下进行（如旋转设备的润滑），其关键在于，这些工作不需要将与水接触的表面暴露于环境中或不影响系统的设计。

　　关于破坏系统完整性的维护、改造或设计变更（将系统暴露于环境中），在变更控制发布前，需要根据《标准作业程序（SOP）》进行清洗消毒。以下推荐是变更控制过程中的最低文件和发布要求。一般而言，文件包括在系统的原始验证中，而受变更影响部分的文件应该进行更新和核实，使之成为当前版文件。

　　● 变更控制过程说明，包括各部门的批准和责任归属，再验证和文件中所说明的关键程度及风险评估等。

　　● 在制药用水系统上执行的不同种类工作，维护和改造的详细说明和分类。

　　● 每一类维护工作、改造和设计变更的确认要求。

　　● 所有受变更工作影响的受控图纸更新到反映真实"竣工"条件。

　　● 核实所有与水接触的材料满足指定要求。核实可通过检查厂家的材质证明或由材料供应商提供的其他文件来（如发票、证明、材料单等）完成。材料证明也可以标注在部件上。支持材质证明的文件可以存档于工厂文件储存室，或作为变更控制文件的附件。

　　● 清洗和消毒要求。

　　● 产品或系统的放行要求。

4.4.8.3 连续性监测

　　● 推荐根据监测计划，按书面程序采集样品。

　　● 推荐联合使用连接至经过适当确认的报警系统的在线和离线仪表。应采用在线仪器监测参数如流量、压力、温度、电导率和 TOC，并定期进行离线检测以对结果进行确认。其他参数可通过离线检测进行监测。

　　● 推荐根据既定程序进行离线检测（包括物理、化学和微生物属性）。

　　● 推荐从使用点或专用取样点（如果使用点无法取样）采集离线样品。所有水样均应使用生产程序中详细规定的相同方法采集，例如有适当淋洗和排水程序。

- 推荐进行检测以确保满足已批准的药典标准（和公司标准，适用时）。其中可包括水的微生物质量（适当时）。
- 确定的质量属性结果应按规定的时间间隔进行统计分析，例如每月、每季度和每年进行统计分析，以确定趋势。结果应在规定的控制范围内，例如 3σ。
- 推荐根据历史报告数据制订警戒限和行动限，例如，阈值法或正态分布法等。
- 推荐研究不良趋势和超限结果的根本原因，然后采取适当的纠正和预防措施（CAPA）。如果注射用水发生微生物污染，则推荐对微生物进行鉴别。

4.4.8.4 预防性维保

制药用水系统应根据已批准的书面维护计划进行维护并记录。计划中应至少考虑以下内容：

- 规定的系统维保频次；
- 校正程序；
- 特殊任务的 SOP；
- 已批准备件的控制；
- 预防性维护和维护计划与指导；
- 在工作完成时进行审核并批准使用；
- 在维护中记录并审核问题和错误。

4.5 典型关注点讨论

4.5.1 复合配方试剂的合规性考量

在制药用水系统与不锈钢工艺系统中经常会用到复合配方清洗剂进行除生物膜、除锈与钝化操作。复合配方的清洗剂能够起到很好的去除红锈并重新对去除锈后的不锈钢表面进行良好的钝化，形成一层致密的钝化膜，并且可以有效延缓系统内红锈再次生成的速度。在选择除锈与钝化试剂的时候，除了需要考虑到除锈以及钝化的效果外，还有更为重要的考虑因素就是清洗剂的合规性，因为清洗剂需要在制药用水系统内进行清洗，虽然清洗剂能够解决现有的红锈去除与钝化问题，但必须考虑在使用过程中相当于在水系统中引入了新的污染源的风险，制药企业需要考虑这个清洗剂对不锈钢系统造成的污染是否可控。

虽然国内外制药工业领域所用的除锈与钝化试剂并非由药监机构直接批准使用，但该清洗剂必须满足制药工业领域的各项法规要求。通常情况下，能够符合GMP的要求，就可以应用于制药行业，如清洗剂供应商是否有相应的质量管控体系、能否通过制药企业的正式审计、能否提供产品对应的入厂检测方法等。在选择的时候，除了要符合相关制药法律法规要求外，我们还应参考食品行业清洗剂的要求，我国有专门的用于清洗接触食品的工具、设备、容器和食品包装材料的清洗剂国家标准——《GB 14930.1 食品安全国家标准 – 洗涤剂》。这个国家标准中对清洗剂的原料做了相关的要求，同时也对清洗剂主要的理化指标做了相关的规定，如砷和重金属的含量、甲醇以及甲醛的含量都有相应的要求，并且微生物也要符合要求；因此，制药企业除了要参考《GB 14930.1 食品安全国家标准 – 洗涤剂》来进行清洗剂的评估外，还要参考GMP和清洁验证的相关指南、法规中对清洗剂的残留进行检测和有效的评估，确认合理的清洗剂残留可接受限度，这样才能保证清洗后的水系统产出的制药用水能够作为合格的原料用于药品的生产。

4.5.1.1 复合配方试剂的检测方法考量

通常碱性和酸性的复合配方清洗剂都可以用不同的检测方法来确认其残留量，包括特异性的检测方法和非特异性的检测方法。HPLC 为制药企业中最为常见的特异性检测方法，可以用于检测特定物质的含量，但是在清洗剂的检测中并不常见，这主要是因为目前主流的清洗剂都是复合配方的清洗剂，而特异性的检测方法只能检测其中某个特定的物质。非特异性的检测方法包括电导率和总有机碳（TOC）：电导率的检测方法是通过检测清洗剂中离子化合物的含量来确认清洗剂的残留；TOC 可以有效检测清洗剂中的有机物含碳量，从而确认清洗剂的残留量。目前 TOC 用于清洗剂的残留检测也是被监管部门所接受的，自 1993 年美国 FDA《清洁工艺验证检查指南》出版以来，全球已经发表了许多相关研究来证明 TOC 在测量污染物残留方面的充分性。TOC 可以作为一种可接受的方法来检测污染物残留以评估清洁效果，可以作为常规监测残留物和清洁验证的可接受方法。因此，目前最为常用的清洗剂残留检测方法还是以非特异性方法为主。

4.5.1.2 复合配方试剂的残留限度考量

复合配方的清洗剂由于其不同的组分起到不同的清洗机制，虽然能够更有效、更快速的去除水系统内的红锈，但是需要考虑清洗剂是否有对应的检测方法来确认最终残留在系统内的量。现在的误区是很多制药企业只检测水的检测项目来确认最终漂洗水的指标，如 pH、电导率和 TOC，如果这些指标达到了企业内部水的控制指标，就认为试剂无残留，这样做是不科学的。正确的做法是要把制药用水看作生产的重要原辅料，把制药用水系统作为生产设备来看待，这样引入的清洗剂就可以按照清洗设备的清洗产品来确认其允许的残留限度。

目前最新的美国 FDA、EMA、WHO 相关法规和指南，对于清洗剂残留限度都可以参考基于健康的暴露限度（HBEL，health based exposure limits）来进行计算，即通过清洗剂产品的 PDE/ADE 数值来计算清洗剂的 MACO（最大允许残留量），进而计算出在漂洗水和棉签取样样品中的允许残留量。通过 PDE/ADE 计算出清洗剂的允许限度，并与水的电导率和 TOC 进行比较，取最小限度值作为除锈与钝化后的清洗剂残留可接受限度才是最科学、最合规的做法。清洗剂的最大允许残留量可以按照下面的公式进行计算：

$$MACO = \frac{PDE \text{ or } ADE \text{ (mg/day)} \times MBS \text{ (mg)}}{MDD \text{ or } STDD \text{ (mg/day)}}$$

计算举例：某新冠疫苗生产企业生产用注射用水系统由 2t 的储罐和 200m 管网（管路内体积约为 200L）组成，清洗结束后，用定量 400L 注射用水进行最后漂洗，并用棉签进行罐体内壁表面取样，取样面积为 25cm²，水系统内总的内表面积约为 400000cm²，取样棉签用 10ml 水进行提取。注射用水主要用于其新冠疫苗产品的生产，该新冠疫苗产品剂量为每瓶 0.5ml，最小生产批次为 20000 瓶，一次接种一瓶，除锈与钝化后生产注射用水最小批量为 400L，使用的除锈与钝化试剂 PDE 为 27.78mg/day，可以用下面的公式计算 MACO（最大允许残留量）：

$$MACO = \frac{PDE \text{ or } ADE \text{ (mg/day)} \times MBS \text{ (mg)}}{MDD \text{ or } STDD \text{ (mg/day)}} = \frac{27.78\left(\frac{mg}{day}\right) \times (0.5 \times 20000)(mg)}{0.5 \text{ (mg/day)}} = 555600mg$$

漂洗水中清洗剂的残留限度为：

$$\frac{MACO}{\text{最后一次漂洗水体积}} = \frac{555600mg}{400L} = 1389mg/L = 1389ppm$$

棉签样品中清洗剂的残留限度为：

$$\frac{MACO \text{ (μg)} \times SSA \text{ (cm}^2)}{TSA \text{ (cm}^2) \times DV \text{ (ml)}} = \frac{555600000 \text{ (ug)} \times 25 \text{ (cm}^2)}{400000 \text{ (cm}^2) \times 10 \text{ (ml)}} = 3472.5μg/ml = 3472.5ppm$$

以上计算出的数值与残留限度标准的默认值 10ppm 进行对比，选择最小的限度值作为最后样品中清洗剂的残留限度，这样会更加科学。

4.5.1.3 复合配方试剂的风险评估

我国自申请加入 ICH 以来，已经陆续开始实施相关的指南，ICH Q9《质量风险管理》已经于 2020 年开始实施，针对除生物膜、除锈与钝化操作的风险管理，可以参考其中的内容，主要内容应包括风险评估、风险控制和风险回顾 3 个主要模块。其中较为常用的一种风险管理模型为《FMEA– 失效模式与影响分析》（即"潜在失效模式及后果分析"）。水系统除锈与钝化操作可以用 FMEA 模型在设计阶段和过程实施阶段，对其各个工序逐一进行分析，找出所有潜在的失效模式，并分析其可能的后果，从而预先采取必要的措施，以提高除锈与钝化的质量，并降低相应的风险。除锈与钝化复合配方清洗剂的相关风险管理见表 4–31。

表 4-31　复合配方清洗剂的风险管理

风险项目	潜在失效模式	潜在失效原因	可能导致的后果	可能性	严重性	风险等级	措施/备注（风险控制措施）
清洗剂	清洗剂清洗参数设计不合理	清洗剂在系统现有情况下流速、浓度达不到要求	除锈效果不好	L	H	H	1.前期做好测试，保证系统内的最低流速达到1.0m/s 2.正确配制除锈试剂浓度
	清洗剂无法检测	厂家无法提供检测方法；厂家无法开发对应检测方法	清洗剂残留量未知	L	H	H	1.选择有残留检测方法的试剂 2.厂家告知成分，自己开发对应检测方法
	清洗剂之间相互反应	不同清洗剂之间产生反应，导致丧失效果	生成未知的有毒物质	H	H	H	1.尽量选用单一试剂 2.了解每一种试剂的成分，充分评估风险 3.充分评估不同产品的毒性，保证风险最低
	清洗剂无ADE/PDE性数据	厂家没有做产品毒理学研究	无法计算清洗剂的残留允许限度	M	H	H	选择有ADE/PDE毒性数据的清洗剂产品
	清洗剂残留冲洗不干净	选择了不合适的清洗剂	残留超标，污染产品	L	H	H	1.选择容易漂洗的清洗剂 2.选择有对应检测方法的清洗剂
	淋洗水取样污染	操作不当或取样瓶污染	清洗不达标	L	H	H	1.对取样人员进行培训，合格后上岗 2.确认取样瓶未被污染

4.5.1.4　复合配方试剂的选用原则

制药企业选用不锈钢设备的日常清洗、除生物膜清洗以及除锈与钝化的复合配方试剂应具备以下三个原则。

有效性：可以将不锈钢设备中的药品残留清洗到规定限度或将不锈钢系统中的红锈完全清洗干净，并形成致密有效的钝化膜。这个过程需要在实验室进行关键清洗工艺参数开发（CCPD），并进行试剂有效性的确认，包括除生物膜的效果研究报告、除红锈的效果研究报告等。

合规性：符合制药行业除红锈与钝化试剂的验证支持文件至少应包含：产品技术资料、化学品安全技术说明、稳定性报告、材质兼容性报告、残留检测方法、风险评估报告、方法学验证报告和毒性报告（ADE/PDE）等。

安全性：在开发除锈与钝化清洗试剂的过程中，应尽可能避免含有国家管制类化学品，如硝酸/硫酸/盐酸等试剂；另外，除锈与钝化操作过程应安全便捷，推荐常压操作，应避免带压操作，以免出现严重的安全事故。

4.5.2 生物膜的去除与预防

制药用水是关键影响系统，生物膜是制药用水系统中经常出现的质量风险问题。生物膜的预防和设备表面生物膜的去除需要在关键清洁参数开发（CCPD，critical cleaning parameter development）过程中考虑。连续生产中还需要考虑生物膜和污垢的处理方式与方法。

4.5.2.1 生物膜的定义

生物膜（biofilm）由微生物分泌的细胞外聚合物（EPS），一层薄薄的黏液层组成，在表面形成一种水凝胶或基质，可以为微生物提供安全的庇护所，保护微生物免受外部影响和抵抗消毒措施，在这样的保护下，微生物可以进行繁殖，到一定程度，会使得水系统中的微生物和内毒素超标。在正常情况下，生物膜可以抵抗大多数化学杀菌剂的攻击。生物膜常见于空气压缩机和供应系统、水系统、热交换器、RO膜、离子交换树脂、管道、O形圈、垫圈以及存在水或潮湿环境的任何地方。生物膜形成的场所包括各种表面：天然材料的表面，金属，塑料，医疗植入材料，甚至植物和人体组织。无论在哪里，同时有水分和养分的地方，都可能会发现生物膜。

4.5.2.2 生物膜的形成过程

生物膜通常是一大批或一组不同种类的微生物在潮湿的环境中黏附于设备表面时形成。黏附在表面的微生物又分泌细胞外聚合物质（EPS），这样又会继续黏附其他微生物，最后形成复杂的三维结构或微生物团。

生物膜通常遵循相似的形成和传播途径：黏附 – 表面聚集 – 增长 – 分离（周而复始）。生物膜在原本干净的表面（即不含有机和无机污染物的表面）上的发展过程通过以下五个步骤进行（图4-40）：

（A）吸附微量的有机和无机化合物以形成初始膜，该膜可以在附着的初始阶段充当生物识别因子；

（B）微生物对化学梯度进行响应，在不可逆附着的作用下形成稳定的菌落数；

（C）EPS 的分泌，稳定了附着的微生物群；

（D）表面分裂；

（E）生命周期的再次开始。

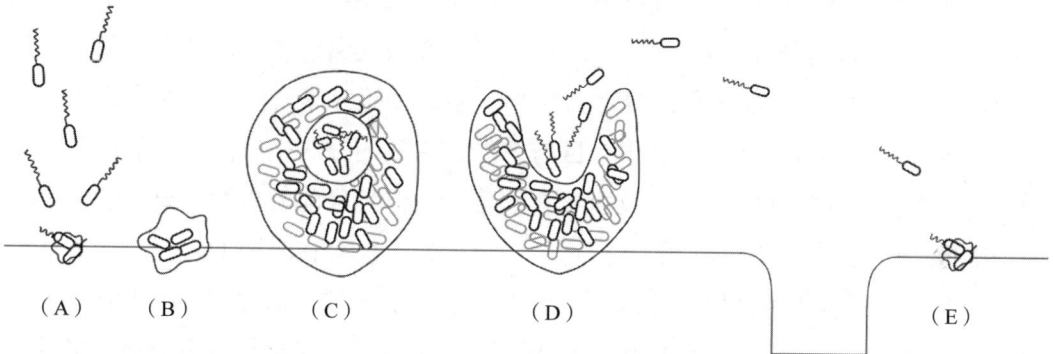

图 4-40　生物膜的生命周期

4.5.2.3　生物膜形成的化学机制

生物膜最开始的黏附需要微生物提供弱的化学键来支持附着和分离。能够形成生物膜的微生物再分泌额外的化学物来改善这种附着，随着时间的推移，形成了一个"矩阵"式的结构，这样可以改善黏附在表面的状态，同时可以黏附更多的微生物，这种细胞外聚合物质的主要成分为多糖 – 蛋白质的复合物；蛋白质以及 DNA 也已被证明在生物膜形成过程中起着至关重要的作用。

除了细胞外聚合物质的黏附性和机械性能外，微生物群还可以将其作为抵御外界干扰的屏障。这种屏障提供了两方面的作用：保护，它可以降低某些化学物质到达更深细胞处的有效浓度来影响杀灭效果；分泌反应性酶来影响化学物质，如分泌溶菌酶来降低过氧化物的功能。

4.5.2.4　生物膜的生长和存活

EPS 对细胞具有保护作用，被认为是一种生存策略。EPS 的成分可以利用营养物质进行水合作用。生物膜细胞代谢活性的增加，可能是由于容易获得结合在生物膜EPS 内的营养物质。细胞死亡和裂解也是生物膜生长的刺激因素，因为 EPS 可以帮助捕获和回收细胞成分。

生物膜细胞在附着和浮游传播之间取得平衡。细胞从表面的释放是一种随机和偶发现象，可能涉及聚集在 EPS 中单个细胞或多个细胞。即使是相对较小的菌落脱落，也会对下游造成严重的浮游菌污染，因此，药物制造过程中产生的生物膜可能会导致难以检测和去除，并且会导致长期的污染。

4.5.2.5 生物膜的特点

生物膜中的微生物可以通过群体感应进行通信，并且在存在某些危险或死亡的情况下，可以通过诱导信号，使微生物产生保护性的代谢产物，使得生物膜的内层产生相应的保护层。其实人们对这些微生物产生的细胞外聚合物和代谢产物以及细胞死亡后残留的细胞碎片了解甚少。目前并没有有效的方法来检测其中的成分和某些代谢产物。只能检测微生物以及内毒素的含量。但是目前的检测主要是针对系统中浮游微生物的检测，一旦形成了生物膜，微生物是黏附在表面的，只有从表面脱落到系统中，才能够通过取样检测到。所以在系统中很难识别它们，因为它们的存在通常是相对未知的，直到出现超标结果。这是因为生物膜对水的污染是零星的和随机的，而取样也只能取部分样品进行检测，所以系统中如果存在生物膜，也不一定能够检测到。

4.5.2.6 流体流动对生物膜的影响

尽管流体流动及其产生的剪切力会影响生物膜的沉积、生长和去除，但无论流体流动参数如何，生物膜都可能在表面形成。管道内的液体流动受流体速度、管径、流体密度和流体粘度的影响。雷诺数（Re）表示液体中惯性力与粘性力的比率。Re > 4000 的流动被认为是湍流状态。图 4-41 显示了层流和湍流条件下的流体速度分布图。在层流中，最高速度在管道中心，流速在管壁处逐渐减小为零。层流系统在流体中表现出较差的混合。对于湍流，整个管道区域的速度分布更均匀，在流体中表现出更大的混合；然

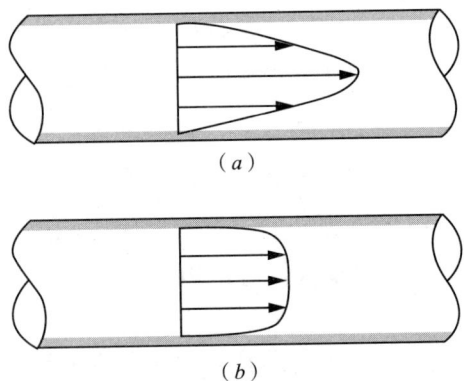

图 4-41 层流（a）与湍流（b）

而，即使在这种情况下，管壁附近的速度也会逐渐变为零。

如图 4-41 所示，无论流速或雷诺系数如何变化，沿管壁都有一层不动或缓慢移动的液体，称为层流边界层。层流边界层的厚度可以计算出来，并且取决于流体粘

度、流速和温度。层流边界层在生物膜形成中很重要，因为它是初始生物膜沉积和生长发生的地方。即使速度超过 3m/s，也会产生数十微米的边界层厚度，这足以保护生长的生物膜。如果在用高速水冲洗清洗不能完全去除生物膜的情况下，则需要结合化学清洁剂和配套的清洁工艺参数来对生物膜进行有效的去除。简而言之，生物膜可以通过产生有助于防止流体冲击细胞团的材料和结构来保护自己免受流体流动的影响，但生物膜也可以利用流体流动向下游传播细胞。

4.5.2.7 生物膜取样、制备和去除验证

目前，《中国药典》中还没有关于生物膜取样和分析的方法。关于制备生物膜的方法已经有了相关的标准和指南，具体可参见《T/WSJD 002—2019 医用清洗剂卫生要求》、ASTM 标准方法 E2562–17 和 E2871–19 等，适用菌种包括革兰阴性杆菌（铜绿假单胞菌）与革兰阳性细菌（金黄色葡萄球菌）。

主要的两种制备生物膜的方法为管腔内表面培养法（图 4-42）和平整表面培养法（图 4-43）。而且生物膜的取样在实际的应用中也有一些相关的方法，如破坏性取样、系统中放入测试片、表面棉签取样、在位显微镜直接观察、间接表面在位分析等。无论采用哪种方法进行检测，都要对系统进行风险评估，避免造成不良的后果和影响。

如果客户的设备中出现生物膜，首先要对微生物进行鉴定，然后按照制备生物膜的方法进行对应菌的生物膜制备，通常采用"管腔内表面培养法"来制备，对制备好的生物膜用所选的清洁剂进行循环清洗，结束后来确认清洁剂对生物膜的去除效果，这样才能够证明所选清洁剂的有效性。

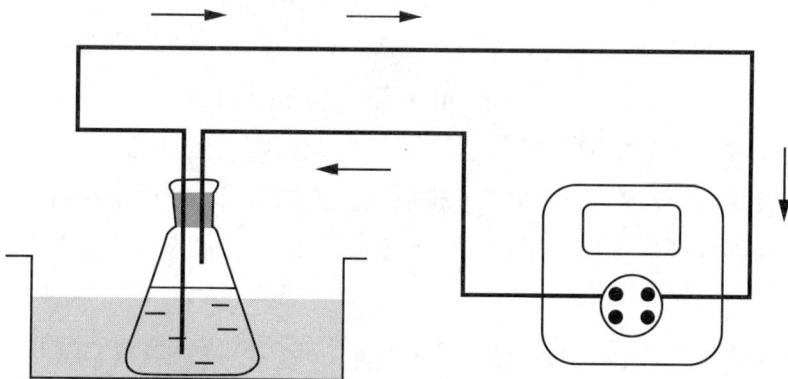

图 4-42　管腔内表面培养法

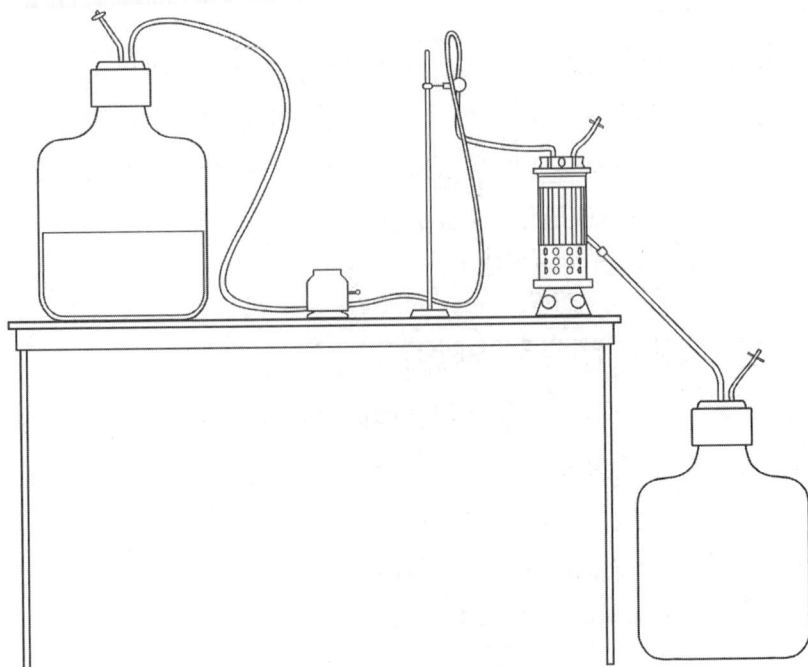

图 4-43　平整表面培养法

4.5.2.8　生物膜的控制策略

生物膜应该进行有效的预防控制，而不是发现了生物膜后进行事后干预。应该结合现有的生产流程进行风险评估，并制定可行的方案来进行相应的预防控制。现场还应进行相应取样和测试以实现有效的监控。

控制策略应考虑过程的设计，最终能够实现有效的控制，防止生物膜产生或将产生生物膜的风险降到最低。这样的控制策略需要对整个过程做到非常熟悉和理解，并考虑到污染控制和预防的各个方面，包括：总体设计（给水系统、设计、质量）；水处理系统设计，例如湍流、没有死角、完全排空、结构材料和表面粗糙度（不锈钢，塑料，垫片，避免粗糙表面）、焊接、空气过滤器（包括完整性）；清洁和消毒程序；水系统确认；人员资格/培训；原材料，例如供水、离子交换材料、清洁消毒试剂；控制策略同样应该用于原料、给水系统、处理系统，同时要使用监控系统进行监测。

预防性维护应制定相应的标准，并运用不同的方式方法来进行管理，例如需要运用质量管理体系中的偏差管理、根本原因分析和调查、质量风险分析等工具来对给水系统、处理系统、水系统所处的场所、水系统附近可能会对其造成污染的系统等进行相应的分析，来科学地确定关键控制点，这样就能将风险降到最低。污染控制策略应该整合所有这些措施，以确保能够有效预防和控制。这种策略应引入控制程序，而且要考虑产品生产过程整个生命周期中的所有信息。制定预防生物膜的标准操作，并定期执行，这样才能避免生物膜的产生。

应当引起注意的是，一旦形成了生物膜，即使使用上述方法也可能难以去除。在清除任何生物膜后，应进行一段时间的严格监控，然后再将系统投入使用，以确保有效地清除了生物膜并且水质符合法规的要求。

从污染的角度出发，有效的预防性维护程序对于设备的维护保养是非常重要的。应考虑对公用设施、工艺设备和传输线进行定期检查，以查看是否有明显的老化迹象，如：O形圈、垫圈、密封件等需要定期检查和更换。科学合理的采样计划是必需的，每个潜在的污染源都应纳入采样点计划，并应该持续监测评估，查看趋势，至少每年对环境监测的数据进行整理，并结合季节的变化进行有效的正式评估。水系统的抽样计划应考虑到系统供水的质量，并评估整个水生产过程中的要点。最好通过预定的系统方法来评估水质。

为了确定系统内菌群是否发生变化，或者某些特定微生物是否更加频繁出现，需要对检测分离出的微生物进行常规鉴定，这是非常重要的，有利于我们了解微生物的变化，还应考虑使用更灵敏的内毒素检测方法。应根据系统的功能设置警报级别，并对趋势进行分析，而且分析的频率和趋势数据也是至关重要的。所以应考虑使用快速的微生物检测方法来实现快速鉴定，提高效率。

4.5.2.9 去除生物膜需要考虑的问题

清洗是指通过物理或化学等作用去除被清洗表面上可见与不可见杂质的过程。在药品生产环节，清洗是最为关键的工艺操作之一，任何设备进行工艺生产后都应得到及时的清洗。从GMP角度而言，清洗是预防污染和交叉污染的有效手段；从微生物污染角度而言，虽然清洗并不能代替消毒或灭菌，但良好的清洗可有效抑制微生物的繁殖，同时，干净的设备表面比污浊的表面更容易灭菌彻底；从工作环境角度而言，清洗干净的制药设备能给使用者带来安全感、舒适感与自豪感。因此，在设备消毒或灭菌前进行有效清洗已成为制药用水系统预防性维保的一项重要工作。

清洗系统由清洗介质、污物和被清洗物三部分组成。清洗介质是指水或以水为溶剂的清洗剂，如纯化水、注射用水、碱液和酸液等；污物是指希望从被清洗物表面去除的异物，包括有机物、无机物和微生物等；被清洗物是指待清洗的对象，如纯化水机、水罐、输送泵和管阀件等。温度（temperature，简写T）、机械

作用（mechanical action，简写 A）、化学作用（chemical action，简写 C）和时间
（time，简写 T）是清洗过程中的四个基本要素，在清洗技术领域称为 TACT 模型
（图 4-44）。清洗的基本原理是指向被清洗物的表面污物施加热能、机械能和化学能，
通过溶解作用、热作用、机械作用、界面活性作用和化学作用等机理的相互作用，
在一定时间内实现被清洗物的有效清洗。

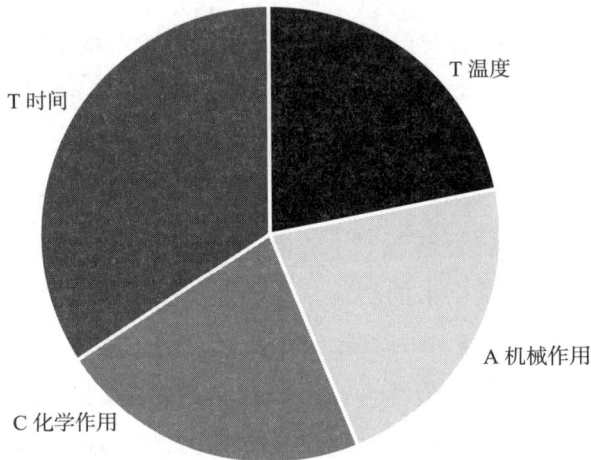

图 4-44　清洗的四个基本要素（TACT 模型示例）

温度是指清洗用水与清洗液所需的温度，清洗温度与污物的类型和粘固程度有
关；机械作用主要通过流速、流量和压力来实现；化学作用与选择的清洗剂类型和
浓度有关；时间是指与被清洗表面的充分接触与作用时间。为实现设备的有效清洗，
上述四要素相互影响且互为补充，当某一个要素不足时，可通过增强其它要素的形
式加以弥补。详细的理论公式如下：

$$C_R = T_i + A + C + T_e = 100\%$$

式中，C_R：清洗标准（可接受的清洗结果）；

　　　T_i：时间（清洗过程的充分接触与作用时间）；

　　　A：机械作用（清洗过程的流速、流量与压力）；

　　　C：化学作用（清洗剂类型和浓度）；

　　　T_e：温度（清洗用水与清洗液的温度）。

对于生物膜去除，在用化学清洁剂处理系统之前，增加流体速度可以减少生物
膜厚度。增加水冲洗清洁步骤的流速也有助于减少生物负载，从而更有效地发挥化
学清洁剂的作用。弱碱性或酸性清洁剂（最高 1.5%）、表面活性剂、酶清洁剂、中性
清洁剂（最高 1.5%）、季铵消毒剂（最高 1%）和次氯酸消毒剂（最高 200ppm），以

上这些清洁剂和消毒剂在标准的浓度和清洁（杀灭）参数下，对于生物膜的杀灭是有限的，尽管单独使用表面活性剂或酶不是很有效，但在一些研究中，使用复合配方的碱性清洁剂，可以改善生物膜的去除效果。此外，加热碱性或酸性清洁剂（超过 60℃）也很重要，有助于提高清洗效果，缩短清洗时间。

了解生物负载和生物膜的形成周期，对于选择化学或物理去除是非常重要的。生物膜由微生物团和多种化学物质组成，消毒剂溶液对生物膜内细胞的接触可能有限，所以即使消毒剂在实验室的测试表明对微生物有很好的杀灭效果，但是用于对生物膜的杀灭时，并不能够起到相同的杀灭效果，因为消毒剂的消毒效果都是在实验室基于对于浮游菌的杀灭进行的测试，当存在生物膜时，用于浮游细菌污染的标准清洁和消毒过程是不足以有效去除生物膜的。EPS 的破坏和去除是去除生物膜的重要步骤。

除了对生物膜的微生物进行杀灭，还应考虑生物膜碎片的有效去除，因为这些从不锈钢表面脱落下来的碎片会导致系统中存在的内毒素水平升高，所以，一旦发现生物膜，就要制定有效的去除方式来避免可能存在的风险。

4.5.2.10 清洁和消毒的方法及参数

清洁是污染控制的必要部分。如果系统不进行有效清洁，那么系统内残留的矿物质和有机物就可以对微生物起到保护作用，则无法有效的杀灭或去除微生物。如果不去除生物膜，残留的有机物和细胞碎片会导致微生物增殖和生物膜的加速形成。应根据系统条件（例如，产品成分、系统结构材料、设备的物理条件和污染物类型）选择适当的合规清洁剂和清洁方案。例如，如果产品含有疏水性蛋白质，清洁剂应能有效去除和（或）降解蛋白质。同时，还应该考虑脂质、碳水化合物、结垢、红锈和其他无机沉积物是否能够被有效去除。

生物膜分泌的细胞外产物 EPS 可以起到保护微生物的作用。出于这个原因，正常清洗程序中用到的清洁剂对生物膜的去除几乎没有作用。如果要有效去除生物膜的话，需要适用于表面清洁的复合酸或碱，用于破坏生物膜的胞外产物 EPS，并且清洁剂的使用浓度要高于正常清洗产品残留的浓度。表面清洁完成后，应根据微生物副产物、浮游菌的数量等来考虑是否要再使用消毒剂进行消毒。完全去除生物膜可能具有挑战性，可能需要不同的方法。当使用一些腐蚀性化学物质时，特别是与高温结合使用时，需要考虑基材的兼容性。

去除生物膜的方法可以根据系统的复杂性和生物膜形成的严重性而变化。任何物理去除生物膜方法都应谨慎使用，因为不仅存在损坏表面的风险，而且可能会导致腐蚀侵袭的风险，对于不锈钢而言，物理方式的去除，可能会导致不锈钢表面钝化膜的损伤，进而导致不锈钢的腐蚀，最常见的就是不锈钢表面腐蚀后生锈的现象。

为了减少系统内存在浮游微生物和生物膜的风险，常用的方式为使用热水对系统进行消毒（巴氏消毒），但是众所周知，巴氏消毒在去除成熟 II 型顽固生物膜方面并不是完全有效的。

化学消毒剂的使用被认为是可以有效控制生物膜的手段和方式。使用化学消毒剂是杀灭生物膜的一种方法，但会带来化学消毒剂残留在水系统中的风险。因此，应在化学消毒剂消毒后进行检测，以确保在系统中的化学消毒剂被冲洗干净，并达到相应的残留可接受标准。化学消毒剂的理想作用方式是渗透进生物膜，并对生物膜内的微生物起到杀灭作用。冲洗过程中适当的速度有助于清除碎屑和化学物质。常用的化学消毒剂包括次氯酸钠、过氧化氢溶液等，但是需要确定适当的接触时间。在细菌生物膜内，微生物被包裹在细胞外聚合物（EPS）中，该物质降低了化学消毒剂对微生物的杀灭效果。当使用化学消毒剂的方式时，最重要的是，要确保循环或流动的化学消毒剂不会对整个系统造成不良的负面影响，并且不会污染到其他相邻的系统。任何杀灭生物膜的方法都建议根据现场的实际情况来做不同的处理。

相关的研究表明碱性清洗剂可以破坏 EPS 的保护，同时减弱生物膜和物体表面的粘合力作用来使生物膜从表面上脱落。表面活性剂是一类带电荷并具有两亲性质的化合物，会与带负电荷的细菌生物膜相互作用产生灭菌效果。表面活性剂有亲水基团和疏水基团。细胞膜的主要成分是磷脂，在水中表面活性剂靠近细胞膜，然后和磷脂互相溶解，形成疏水基团在里面，亲水基团在外面的球状结构，将其溶解在水中。

清洁过程是从生产制造设施和设备中去除产品残留物和环境污染物的主动方法，以防止交叉污染和微生物污染。应考虑设备是专用的还是在不同产品之间共享，专用设备和共享设备均需经过清洁和灭菌验证。

清洁过程应该能够从表面去除不同种类的残留物，使得残留达到一个可接受的水平，并应防止残留物和污染物随着时间的推移而积累。

典型的清洁过程包括用水预冲洗、使用一种或两种清洁剂进行清洗、漂洗和干燥（避免微生物繁殖）。CIP 清洗溶液通常包含碱性清洁剂和螯合剂以去除蛋白质材料、酸性清洁剂以去除无机残留物。

主要的清洁关键质量属性：时间、作用、浓度和温度，这些参数对生物膜的控制也是至关重要的。在某些生产过程中的成分对不锈钢有腐蚀的情况下，如配制的缓冲液中含有氯离子的时候，需要考虑定期的预防性除锈以防止红锈在表面堆积。

4.5.2.11 去除生物膜的清洁步骤

清洁步骤应该能够去除复杂、顽固的生物膜。使用含有氢氧化钠（或氢氧化钾）的复合碱性清洁剂作为第一个清洁步骤，其中的表面活性剂可以改善润湿性，有利于使清洁化学品渗透到生物膜的胞外产物 EPS 以及生物膜可能存在的缝隙中。该步骤可以与氧化机制（包括次氯酸盐或过氧化物）结合使用以提高性能，但是同时要考虑其腐蚀性。在此步骤之后使用复合酸性试剂进行清洗中和，其优点是可以去除与生物膜相关的无机污染物。

当使用碱性清洁剂去除顽固生物膜时，通常需要比常规所用浓度更高的浓度。对于工艺系统，使用足够的浓度和较高的温度是比较好的选择。例如，使用复合配方的碱性清洗剂来去除生物膜的常用步骤：

①配制一定比例的碱性复合配方清洗溶液；

②将溶液在系统和所连接的管路中进行循环，温度 60~80℃，循环时间为 1~3 小时；

③中和，排放清洗液；

④用纯水对整个系统进行冲洗，检测最终淋洗水的 pH、电导率、TOC。

有效的清洁工艺参数与高剪切力相结合，可以去除生物膜的外反应层，并使更深的未反应层暴露于清洁剂中的化学物质，这比单独浸泡更容易渗透和杀灭。尽管手动刷洗或擦洗表面可以提供更高水平的剪切力，但这种技术并非在所有情况下都适用。高流速或喷淋清洗的应用更为广泛。70℃或更高的温度通常有利于清洁和杀灭微生物。生物膜去除过程的处理持续时间通常比常规清洁和消毒过程长，这样才能让清洁剂更深地渗透到生物膜存在的位置，例如垫圈缝隙。

清洗后的微生物杀灭：热水消毒可以在用化学清洁剂初步清洗后使用。如果接触时间足够长，热水消毒的优点是热量可以渗透到可能存在生物膜的缝隙中，但是应注意热量损失。

如果在高于 70℃ 的温度下使用热的复合碱和酸清洁剂溶液进行清洗，通常情况下就不需要额外的消毒过程。在某些不能使用高温的方法来杀死微生物的情况下，可以使用更强有力的化学方法。化学消毒可以通过使用氧化剂（例如，次氯酸钠或过氧化物）、季铵化合物或其他非氧化性化合物来实现。当使用氧化剂时，它们还可以分解在之前的清洁步骤中尚未去除的有机生物膜 EPS。同时还要考虑生物膜内的物质对于这类产品的降解，最终要保证其降解后的浓度能够达到有效杀灭微生物的浓度。

清洁剂和消毒剂的漂洗：去除生物膜的过程中如果使用了化学清洁剂和消毒剂，那么需要进行冲洗步骤以去除其在系统内的残留，这是至关重要的。清洁剂残留限度的可接受标准应基于安全性和毒性考虑，并且还要满足药典中对水质的要求。冲洗后，系统应适当排空，这样可以避免环境微生物重新引入，并在下次使用前冷却。如果下次使用时间超过 24~48 小时，则需要用过滤干燥的压缩空气或氮气将系统完全吹干，或者以其他方式保护系统免受两次使用之间的微生物污染。

4.5.3 不锈钢钝化

就提高标准等级不锈钢的抗腐蚀性而言，钝化处理是最佳选择，也是必要程序。钝化是指使金属表面转化为难氧化的状态而延缓金属腐蚀速度的方法。钝化深度和表面金属元素的优化分布（如铬铁比）将决定金属钝化后的抗腐蚀性和腐蚀速率。钝化是洁净表面有氧气存在时的自发现象，可在不锈钢表面生成致密的钝化膜。通过化学处理，不锈钢表面的钝化膜可实现一定程度增强。钝化的一个先决条件是对表面的清洗程序，不锈钢表面的清洗程序应包含所有必要的表面污物的清除（油脂、颗粒等），以保证合金表面最佳的抗腐蚀性能、保护产品不被污染以及合金表面外观的达标。最终化学钝化处理的目的是确保合金表面无铁元素及其他污物存在以实现最佳抗腐蚀状态。合金部件在加工、切割、弯曲时可能会被污物污染，如加工时带入的铁、回火色、焊接过程的遗留物、起弧造成的表面污染及在合金表面上做的记号等，合金抗腐蚀性会因此下降。而使不锈钢和碳钢或铁件直接接触对不锈钢抗腐蚀性能影响极大。钝化有助于除去污染物（尤其是铁），还可帮助恢复合金表面由于加工时被破坏的钝化膜，其重要性显而易见。

《ASTM A380/A380M-2017 不锈钢零件，设备和系统的清洗、除锈和钝化的标准规程》关于洁净不锈钢管道系统钝化章节对钝化工艺的设计、执行规范及验收方法都给出了明确的阐述。《美国机械工程师协会 - 生物加工设备》的钝化内容涵盖特种设备及 BPE 级设备在安装、定位或改造之后所进行的初始水冲洗、化学清洗、脱脂、钝化及最终冲洗等程序的准备和执行，它还规定了针对与生物、制药工程及个人护理用品业产品直接接触的生产系统及部件的钝化工艺的审查办法，同时提供了若干钝化程序的信息及对各种钝化工艺完成后的表面钝化效果的确认方法，其特别指明所涵盖的内容适用于 316L 不锈钢及更高等规格合金材料。需要注意的是，最佳的钝化或其他表面处理只能使金属自身的抗腐蚀性能在特定的环境中最大化体现。换言之，钝化只能将合金本身的抗腐蚀性发挥到极致，而不能给予金属额外的抗腐蚀性，因此在某些情况，钝化处理是不能替代使用其他外加物质以提升额外抗腐蚀性能的。

尽管不锈钢组件可能是洁净的且表面钝化膜也是完整的，但是焊接破坏了焊缝区域及热影响区的钝化膜。焊缝及热影响区原有的元素分布（铬、铁、氧）由于金属熔融状态被打乱，铁元素含量升高，而原本比铁含量高的铬含量减少。此外，在制药用水系统管件的加工过程中，回火色的出现和杂质（尤其是铁杂质）的引入也在一定程度上削弱了奥氏体不锈钢合金的抗腐蚀性。通过除去游离铁，焊接完成后的钝化处理有助于被破坏钝化膜的复原，但是钝化不能去除回火色。去除回火色需要比硝酸和柠檬酸等钝化常规用酸更强化学腐蚀性的酸。

4.5.3.1 钝化程序

钝化程序有很多种，但它们有共同的主要步骤：
- 清洗除油（常用碱性溶剂）；
- 清水冲洗；
- 酸洗（实际的钝化步骤）；
- 最终的清水冲洗。

4.5.3.2 常用溶剂

不锈钢系统广泛使用的316L不锈钢清洗和钝化方法如表4–32所示。钝化效果同多因素相关，比如钝化的时间、温度、化学品的浓度、机械力等，这几个参数缺一不可、相互依存，企业可根据不同情况合理选择，详细的钝化标准可参考《ASTM A967 不锈钢零件化学钝化处理的标准规范》与《ASTM A380 不锈钢零件、设备和系统的清洗和除垢》等相关规程。钝化质量控制监督可以保证已经过验证的书面钝化方案的顺利实施并提供管控保障。化学处理之后应用去离子水或经甲方确认可使用的水对系统进行彻底冲洗。一般建议在钝化结束后根据电导率测试指示的结果对系统进行持续冲洗以去除钝化过程中产生的污染性离子、钝化用化学物质及其他副产物。在冲洗时，搅拌或冲击能得到最好的效果。在酸洗过程中，化学试剂的接触通常是充分的。在执行钝化作用操作中首选的应用方法是湍流循环。

表 4-32　不锈钢系统的清洗钝化方法

方法	解释	清洗条件	化学作用
磷酸盐	去除轻微的有机污物，可能残留磷酸盐的沉淀	根据不同的溶液和污物情况，在加热状态清洗 1~4 小时	不同钠的磷酸盐（磷酸二氢钠，磷酸氢二钠，磷酸三钠）和表面活性剂的混合物
碱性清洗剂	可被用来去除特殊的有机污物		非磷酸/非磷酸盐，缓冲剂、表面活性剂
苛性清洗剂	有效去除严重的有机污物，高效脱脂		氢氧化钠和氢氧化钾以及表面活性剂的混合物
氢氧化钠	方法基于《药品生产验证指南》	温度 70℃，浓度 1%，时间不少于 30 分钟	碱液清洗
异丙醇	可以作为脱脂剂，具有挥发性，易燃，对静电敏感	手动物理擦拭	体积比：70%~99%
硝酸	方法基于 ASTM A380/A967	根据使用的不同浓度，在室温或更高温度下钝化 30~90 分钟	体积比：20%~55% 纯硝酸
硝酸	方法基于《药品生产验证指南》	/	8% 硝酸，49~52℃，反应 60 分钟
硝酸	方法基于国标 SJ 20893—2019	/	20%~45% 硝酸，21~32℃，30 分钟
硝酸 + 氢氟酸	方法基于《药品生产验证指南》	/	20% 硝酸 +3% 氢氟酸，25~35℃，10~20 分钟
磷酸	有效去除铁氧化物和游离铁	在高温情况下钝化 1~4 小时	体积比：5%~25% 磷酸
柠檬酸	尤其应用于游离铁的去除，可以在较高温度下使用，相比无机矿物酸需要更长的执行时间，条件要满足或优于 ASTM A967 中的实施条件		10% 柠檬酸，钝化效果一般，仅适合于初次高品质焊接后的钝化
复合配方专用钝化试剂	在高温下可以使用，相比无机矿物酸需要更长执行时间，可以去除铁氧化物和游离铁，条件要满足或优于 ASTM A967 中的实施条件（推荐）		柠檬酸和螯合剂、缓冲剂以及表面活性剂的混合物，钝化效果优于 17% 硝酸
电抛光	本方法仅限于部件，而非系统，且方案需要经过确认；该方案可以去除表面的铁	需要从待钝化表面去除 5~10μm 厚度，并以此估算执行时间；进行必要冲洗，以防残留膜遗留从而影响钝化质量	磷酸电解液

4.5.3.3 清洁和钝化检测

钝化膜可有效抑制不锈钢表面腐蚀的发展。钝化效果的评价方法包括钝化深度和表面金属元素的优化分布，这些将决定金属钝化后的抗腐蚀性和腐蚀速率。有许多检测来确定合适的清洁水平。在接下来的钝化操作之前应要求确认清洁，水膜破裂表面检测（water break test）、擦拭检测或紫外光检测只是可执行的检测的几种。如ASTM标准A380（2017）中所述这些检测只是清洁的粗检查。

一旦完成了钝化操作，推荐建立检测方法用于证实或确信表明钝化操作是成功的。一般可用以下方法检测：硫酸铜滴定试验、高铁氰化钾滴定试验（蓝点试验）与仪器测定法等。由于蓝点试验的判断标准较难定性，在可操作性上并不明显，推荐企业自行评估其可执行性。

A. 硫酸铜试验

● 原理

在工件上刷上酸化的硫酸铜溶液。检查到明显的铜色沉积和（或）铜色斑点则表明有游离铁产生。

● 试剂

硫酸铜溶液由1.6g分析纯五水硫酸铜溶解于100ml蒸馏水中和0.4ml质量比为96%的硫酸一起配制而成。

每两个星期须配制一个新的试验溶液。

● 方法

用一个棉签，把试验溶液涂抹在待试验的一个干净已钝化表面上，确保表面保持湿润6分钟，检查表面铜色沉积和（或）铜色斑点。

试验使用废弃的或再加工的工件。

● 要求

产生的铜色沉积和（或）铜色斑点不明显。

B. 高铁氰化钾滴定试验

国家标准中原名"改性孔隙率试验"，国际标准为Modified "ferroxyl" test。

● 原理

铁氰化钾溶液刷在工件上，检查到出现深蓝色则表明有游离铁存在。

- 试剂

铁氰化钾试验溶液由 1g 分析纯铁氰化钾 $[K_3Fe(CN)_6]$ 溶解于 70ml 蒸馏水中和 30ml 质量比为 70%、比重在 1.415~1.42 的试剂级硝酸配制而成。

每日都须配制新的试验溶液。

- 方法

用一个棉签，把试验溶液涂抹在待试验的一个干净已钝化表面上，记下深蓝色出现的时间。

试验用废弃或再加工的工件。

- 要求

在 30 秒内形成的深蓝色不明显。

C. 其他方法

目前，市场上有一些钝化效果的检测仪器，这类仪器可细分为实验室测试与现场测试等多种形式，可以快速准确的测定出钝化效果，例如，Cr/Fe 数值与钝化膜厚度等。

铬铁比（Cr/Fe）是指钝化膜表层铬与铁元素的摩尔数之比。如果钝化工艺使用得当，316L 不锈钢表面钝化后的铬铁比应有显著提高，测量铬铁比升高程度可选用 AES（俄歇电子光谱）、GD-EDS（X 线能谱仪）或 ESCA/XPS（X 线光电子能谱）等方法。除上述检测方法外，方便携带且可准确测定钝化质量的其他检测设备也已经实现了工业应用，制药企业可以灵活选用。

4.5.3.4 改进的钝化程序

可改进钝化规程以处理污垢、表面抛光以及焊接区域的各种情况。改进一份特定的规程的最简单的方法是调整接触时间以及溶液温度和浓度。有时可通过添加去除特定污垢的试剂来改变或修改去垢剂洗液或酸洗化学试剂。例如：在去除红锈时，可用含有次硫酸钠的溶液代替去垢剂冲洗步骤，也可以用柠檬酸和磷酸，因为它们具有去除轻微的红锈的功能。其他的例子是使用氢氟酸，或者更明确的说是用氟化氢氨来去除二氧化硅污垢。除垢步骤及其附带的清洗步骤使得必须向标准规程中添加额外的步骤。

在开发一个钝化程序时，执行实验室检测以确定程序的效果是重要的（表 4-33）。如果没有初期的实验室检测，则应做出有根据的推测并且该结果可能不能被满意地证明。

表 4-33 清洗和钝化的程序确认

Condition/Status 情况 / 状态	Contamination Analytical Method 污染分析方法	Cleaning & Passivation Method 清洁和钝化方法	System Chemistry 系统化学作用	Procedure 程序
New Component Electropolished 电解抛光的新组件	N/A	2, 4	3	2
Component Newly Welded 新焊接的组件	N/A	1, 3, 4	1, 2, 3	1, 2
New System – Tubing 新系统 – 配管	N/A	2	2, 3, 4	2
Component/System Discolored (Gold Color) 变色（金色）的组件 / 系统	1	1, 2, 3, 4	1, 2, 3, 4, 6	2
Component/System Discolored (Brown, Red/Brown Color) 变色（棕、红色 / 棕色）的组件 / 系统	1, 2	2, 3	4, 5, 6	3
Component/System Discolored (Black, Blue/Black Color) 变色（黑、蓝色 / 黑色）的组件 / 系统	2, 3	2, 3	4, 5, 6	3

A. 污染分析方法

方法 1：用 0.2~0.5μm 的过滤器过滤 1L 样品并检查。

方法 2：用湿化学技术或其他有效方法定量分析特定的金属和有机化合物。

方法 3：用 SEM 或俄歇电子影像能谱仪 / 光谱法来分析表面化学作用和污染。

B. 清洁和钝化方法

方法 1：用去离子水清洁不锈钢表面后，将钝化剂作用于不锈钢表面，用去离子水冲洗表面直到全部除去化学试剂的痕迹。

方法 2：用循环方法在管线或容器中循环清洁溶液。循环清洁溶液应符合规程的要求。根据推荐的条件，循环钝化溶液。用去离子水单次使用冲洗表面直到入口和出口的液体的电导率在容许范围内。

方法 3：按照推荐的条件，向管子、容器和设备的表面喷射清洁和钝化溶液。对表面进行三次冲洗，每次冲洗 30 分钟。

方法 4：按照推荐的条件，将元件或设备零件浸泡在处理液或槽中。每个溶液的最小浸泡时间是 2 小时。流程要求至少有清洁、钝化和冲洗步骤。清洁系统应包括循环、过滤和加热。

C. 系统化学作用

化学作用 1：在环境温度下硝酸钝化 30~60 分钟，在 50~60℃钝化 20~40 分钟。

化学作用 2：用去垢剂（磷酸盐、氢氧化钠和氢氧化钾）、pH 缓冲液和表面活性剂来进行碱去油脂。该过程能去除不锈钢表面的有机物膜和微粒子残骸。使用大约 1.0%~2.0% 的去垢剂，0.2%~0.5% 的缓冲液和 0.01%~0.2% 的表面活性剂。

化学作用 3：用螯合剂、还原剂、表面活性剂和 pH 缓冲液来进行柠檬酸 / 螯合剂钝化。该系统是专利保护程序，化学试剂和百分比是无法得到的。螯合剂能去除表面的多数金属污染，包括铁、锰、铝和铜。该系统包括 3.0%~5.0% 柠檬酸和各种螯合剂、还原剂、pH 缓冲液和表面活性剂。

化学作用 4：可进行无机酸清洁和钝化以去除或钝化氧化铁。常用的无机酸包括磷酸、硫磺酸或胺磺酰基酸。这些酸的使用浓度是 3.0%~10.0%，并且能在各种温度下使用。

由于高危险性，不常用硫磺酸。

化学作用 5：强酸 / 螯合剂系统用于去除高温的氧化铁膜、二氧化硅污垢和有机物 / 碳膜。这些系统是以柠檬酸为基础添加有机酸、强还原剂和酸螯合剂。这些系统可用氟化物去除二氧化硅。在还原的环境下的强酸清洗后，推荐用氧化冲洗以确保表面的氧化、有机物膜的去除和系统的消毒。

化学作用 6：次硫酸钠是强还原剂，通常的用法是在 49~71℃、5% 浓度（重量百分比）下作用 2~4 小时。

D. 程序

程序 1：

- 清洁表面的有机物膜和其他的残骸。
- 用去离子水冲洗表面。
- 在环境温度下对表面使用胶质酸。
- 在表面上刷钝化剂 15 分钟，保持表面潮湿。
- 至少 1 小时后，在表面上刷碳酸氢钠溶液直到所有的反应都终止。
- 用去离子水冲洗表面直到所有的化学试剂痕迹都被去除。

程序 2：

- 向系统中填充去离子水并用循环泵试漏。
- 用除油的碱循环并加热到 60~80℃ 保持过滤循环至少 1~2 小时。
- 用去离子水冲洗。
- 用酸溶液循环并加热到 60~80℃ 保持过滤循环至少 1~2 小时。
- 用去离子水冲洗。

程序 3：

- 向系统中填充去离子水并用循环泵试漏。
- 用除油的碱循环并加热到 60~80℃ 保持过滤循环至少 2 小时。
- 用去离子水冲洗。
- 用强化的钝化酸溶液循环并加热到 60~80℃ 保持过滤循环至少 1~2 小时。
- 用去离子水冲洗。
- 用氧化 / 消毒溶液冲洗。
- 用去离子水冲洗。

E. 红锈

在许多水系统中，通常是高温（80℃）蒸馏水和清洁蒸汽系统都能发现红锈。不仅仅在储存和分配系统中存在红锈，也能在蒸馏和清洁蒸汽制备系统中发现红锈。红锈膜的主要成分是三价的铁氧化物，但它也可能含有不同形式的铁、铬和镍。通过俄歇电子能谱仪，发现红锈膜外层富含碳，在下层富含铁和氧，可能是氧化铁。一段时间后，膜能均一分布在整个系统中。红锈形成以及增殖的确切的机理是未知的。因为该现象出现在能提供最多的腐蚀环境的系统中，有人认为不锈钢的低分子量的离子（如铁）被拉到金属表面，或者溶解并再沉积在整个系统中。也有人认为红锈可能是自然界胶体性质的外部污染，这种胶体一旦存在于系统中就可以均匀的沉积。

红锈似乎是位置（设备）特异性的，因为它有各种形态和结构。红锈有多种颜色，包括橘色、淡红色、红色、红褐色、紫色、蓝色、灰色和黑色。相对于需要用尖锐的工具刮除的紧固的膜来说，它是非常松散的膜，外表上看着像灰尘，很容易擦去。红锈除了具有上述的多样性之外，它还可能是多层的、具有不同的颜色和结构。据说，在高温高纯水系统中，红色红锈是最常见的，而蓝色 / 黑色的红锈在洁净蒸汽系统中比较常见。

通过对系统监控一段时间，就可以证明分配系统中红锈的迁移迹象。观察红锈的关键位点是：多效蒸馏水机和纯蒸汽发生器排放管线，水 / 蒸汽容器接口，泵头，隔膜阀上的隔膜片，罐喷淋球的内表面以及焊缝热影响区。红锈沉积似乎对非金属材料有亲和性，是发现系统生锈的首选位置。

在其他情况下，若干年后才能观察到生锈。在任一情况下，生锈都是工业的普遍现象。

没有证据表明高纯水系统中出现的红锈会影响水质。美国 FDA 还没有书面讨论生锈及其存在方式，或在高温高纯水清洁系统中的存在。有人担心，当这些不利的膜形成后，它们最终可能会脱落并分散到整个系统中。事实上，这也是存在的并已被系统中有过滤器的用水点证明了的。过滤器通常会变成赤褐色，制药企业可依据问题的严重性确定具体的除红锈实施方案。

4.5.3.5 钝化的系统准备

在系统钝化的准备中，第一项检测是静压力试验。所有新构建的或修改的系统在执行任何化学操作之前建议进行压力试验。钝化前的第二项检测是确定系统在其组件和钝化溶液间的相容性，这包括在线仪器、流量计、调节阀、紫外灯、泵、泵的密封、滤膜、垫圈和密封材料以及其他特殊的在线设备。应咨询设备的生产商或供应商以确定他们的设备是否和钝化溶液相容。不相容的任何零件应从系统中移开并以空隙、阀、管段或暂时的跨接软管替代。在某些情况下，对于在线仪器，化学不相容性可能是在于它对仪器校准的影响。不相容的组件应脱离主系统单独处理。

一旦建立了系统 / 化学相容性，将要进行钝化的系统应和现有的系统、加工设备、连接的公共设施等隔离。在多数情况下，在线热交换器（不包括金属板和支架）和小的过滤器机架（移除过滤元件）是留在系统中并有钝化溶液流过的。只要具有合适的排气和排水能力，就可以这样做。

要求钝化的独立设备应从主系统隔离出来单独处理，除非经过允许后它才能留在系统中并经钝化溶液流过。所有的隔离点建议有阀门控制，以避免被钝化的系统形成盲管。

消除所有的盲管是关键的，这能确保化学试剂的接触以及完全的冲洗。

高位点的排气口和低位点的排水口是用于系统完全的充填和排水。在没有安装高位排气口的分配系统中，可采用高流速以及流速限制技术确保系统的完全充填。

在系统经压力试验、确认相容性、系统隔离以及用阀控制盲管后，建议考虑到系统的自动化控制。

是否所有的自动控制阀有效？

当探测到不正常温度时，在线温度传感器是否能打开换向阀？

是否为理想的水流通道？

钝化承包商通常会提供临时的设备，如循环管道、泵、热交换器、流量计、过滤器、软管、喷头、配件、特殊的适配器或接头配件以及中和用容器。所有的这些设备应经检查以确保它们能满足预期的使用要求。

4.5.3.6 钝化用化学试剂的处理

废液的处理是一项重要的事情。用于清洁和钝化的化学试剂都是水溶性的并且易于中和。除了溶解在酸洗液中的重金属以外，对废液危害性仅有的判别是 pH 在 2~12.5 外。

流出废液中的重金属能导致环境或处理问题。在经检测的 13 种优先级污染金属中，发现有 2 种金属在钝化废液中的水平有所增加。这两种重金属是：铬和镍。

延·伸·阅·读

GB 21900—2008《电镀污染物排放标准》规定：总铬限制 0.5mg/L，总镍限制 0.1mg/L。

排放的液体建议满足现场的排放温度要求。

有三种方法用于处理钝化生成的废液：

● 可以将它们注入化学试剂排放设备。只有在相容的排放设备和处理系统有效时，才能采取该方法。

● 在承包商提供的设备里中和废液，并且通过化学试剂排放设备排放到处理系统。

● 最后一个选择是远离现场排放。这种排放方式的费用最高。

如果没有可用的废水处理系统，可经市政或私营下水道的授权将中和的废液流到污水下水道。在任何情况下，任何形式的废液都不允许进入雨水下水道。

无论如何，要收到确定废水已适当排放的文件。文件应包括：装货单或危险废物的载货单以及合乎国家标准的处理机构的收据，废液是在那里运输和处理的。当使用远离现场处理时，重要的是在接受货物承运人的服务或到达最终目的地前，查证他们的证书。

以适当的、合法的方式排放废液是所有参与者的责任。产生废液的所有者、承包商、涉及化学试剂使用的转包商、货物承运人以及最终废物处理机构对废液的合理排放都有责任。

4.5.3.7 文件

应根据选择的执行程序来保存完整的详细文件。关于化学试剂的浓度、温度、接触时间、供应的冲洗用水的质量以及流出物采样的读数都应记录下来。

一些承包商采用工作日志单来记录按时间顺序的工作数据，包括从承包商到达现场的时间到离开时间内的明确情况。除了工作日志单之外，还要填写钝化日志单。可将详细信息（如以上讨论的）加到钝化承包商、验证公司或所有权者提供的"填空"表格中。

无论信息是如何记录的，重要的是保留详细准确的文件。下列信息能提交给所有权者并可以合并到最终验证文件中：

- 钝化程序；
- 各方面相关信息；
- 操作程序生成的数据；
- 检测程序和设备；
- 钝化日志单；
- 化学试剂批次记录信息；
- 有标识的系统图、完整的使用点检查表或管线标识清单。

4.5.4 红锈的预防与去除

不锈钢具有耐腐蚀性是表面形成钝化薄膜保护所致，而钝化薄膜的保护作用又取决于金属表面上的化学反应产物。它的耐腐蚀性能还表现在，即使是钝化薄膜受到划伤等破损，当钝化条件存在充分时，钝化薄膜就会立即再生出来，使不锈钢表面得到修复。这就是不锈钢具有优良的耐腐蚀性的根本原因。但是随着不锈钢耐腐蚀性能的提高，它的成本也随之对应的升高。当不锈钢处于得不到钝化的环境时，例如在高温纯水或有以氯离子为代表的卤族元素离子的存在时，钝化薄膜受到破坏并得不到修复，就不可避免地发生腐蚀，这种现象称为红锈，红锈发生后，不锈钢表面光洁度会得到严重破坏，制药水的水质也会不断恶化，其电导率、总有机碳、微生物含量与细菌内毒素等指标都有可能出现不规律的波动，给制药企业的药品生产带来隐患。

红锈是用于描述高纯度不锈钢生物制药系统中各种颜色污染物的一般术语。它由金属（主要是铁）和（或）氢氧化物组成。在制药行业中，红锈是一种常见的现象，通常会在不锈钢系统的不同位置出现，可能是黄色、红色甚至黑色等各种颜色。红锈属于无机物杂质，红锈去除的工艺开发包含清洗原理、试剂选择与清洗工艺流程三个重要组成部分。制药用水系统常采用不锈钢材料进行建造，任何高温或常温运行的制药用水系统在运行一段时间后都会有红锈现象出现。引起红锈产生的因素较多，典型的因素包括：高温或高压环境、氯化物等高腐蚀性环境、非不锈钢成分以及不恰当的表面制备（如焊接质量问题、材料表面缺陷、不恰当的清洗或钝化）等。红锈属于颗粒物污染，会影响制药用水质量与药品澄清度，增加过滤器的有效工作负荷，影响不锈钢系统耐压能力和耐腐蚀能力，与最终产品可能发生理化反应。

4.5.4.1 红锈的分类

《国际制药工程协会基准指南第四册 – 水和蒸汽系统》对红锈的分类做了十分细致的阐述。

Ⅰ型红锈：迁移型红锈，包含多种金属所衍生的氧化物和氢氧化物（最多的是氧化铁或氧化亚铁，还包含少量的镍、碳、硅等元素）。主要是橘黄色或橘红色，呈颗粒型，有从源金属表面生成点迁移的趋势。这些沉淀的颗粒可以从表面清除掉，而不会导致不锈钢的组成发生改变。Ⅰ型红锈颗粒附着于不锈钢表面，并没有对不锈钢造成结构性、组分性的破坏，此类红锈工程风险较低，其生成时间很短，属于工程正常现象，从投入产出比的概念来说，不建议对Ⅰ型红锈进行频繁的去除与再钝化。

Ⅱ型红锈：非钝化表面的氧化，局部形成的活性腐蚀（氧化铁或氧化亚铁，最多的是三氧化二铁）。存在多种不同颜色（橘色、红色、蓝色、紫色、灰色和黑色）。最常见的是因为氯化物或其他卤化物对不锈钢表面的侵蚀而造成的。它与表面结合为一体，更常见于机械抛光的表面或是因金属和流体产品间相互作用而损害到了钝化层的地方。Ⅱ型红锈破坏不锈钢表面的抛光度，因而会导致微生物滋生风险。建议企业通过周期性的除锈清洗来降低Ⅱ型红锈风险。

Ⅲ型红锈：在较高温度（超过95℃）下加热氧化后产生的黑色氧化物，发生在如纯蒸汽系统等高温环境中的表面氧化。随着红锈层的增厚，系统颜色会从金黄色变成蓝色，然后变成深浅不一的黑色。这种表面氧化以一种稳定的膜的形式开始，并且几乎不成颗粒态。它是磁铁矿石极其稳定的状态（四氧化三铁）。Ⅲ型红锈的危害主要集中于微生物滋生。由于此类红锈的主要成分是俗称磁铁矿的四氧化三铁，故极难清除。企业一般采用氢氟酸或改造的方法解决这一问题。一般系统运行时间较长后会出现全面性的Ⅲ型红锈，此时若使用氢氟酸除锈，考虑到氢氟酸极强的腐蚀性，有极大可能导致泄漏，严重的会发生安全事故；另外一种解决办法，是将整个系统进行升级改造，其投资会极高。因此，建议在Ⅱ型红锈的中晚期阶段对红锈进行及时的去除。

4.5.4.2 除锈再钝化

红锈现象会导致不锈钢光洁度的破坏，为微生物的繁殖提供了条件，不锈钢发生红锈的过程常会伴随着微生物污染的发生，在红锈层的表面，往往会存在一层黏的生物膜。除锈的本质是通过清洗技术去除不锈钢表面的微生物与颗粒物。使用复合配方的专用试剂来进行制药用水系统红锈的去除相对有效，其工作原理主要分为氧化法与还原法两大类。

以氧化法的复合配方除锈试剂为例，典型去除红锈的步骤为：①配制一定浓度的复合配方碱性溶液进行生物膜的去除（如有必要），将清洗溶液在水系统和所连接的管路中进行60~80℃高温循环，循环一段时间，目的是去除红锈表面的有机污物和可能存在的生物膜；②中和、排放清洗溶液；③配制一定浓度的复合配方除锈/钝化试剂溶液进行红锈的去除，将清洗溶液在水系统和所连接的管路中进行高温循环（60~80℃），循环时间依据不锈钢腐蚀的程度而定，过程中周期性地不断测试铁离子的浓度（如有），以便判断除锈终点，目的是去除不锈钢表面的红锈腐蚀层；④除锈结束后，继续加入一定量的复合配方除锈/钝化试剂进行钝化，确保钝化液具有足够的有效工作浓度，过程中周期性地不断测试铁离子的浓度（如有），以便判断钝化终点，目的是在不锈钢表面形成新的致密抗腐蚀钝化保护层；⑤中和、排放清洗溶液，并用纯水对水系统进行冲洗，检测最终淋洗水的pH、电导率与TOC等理化指标，确保清洁验证符合要求（图4-45）。

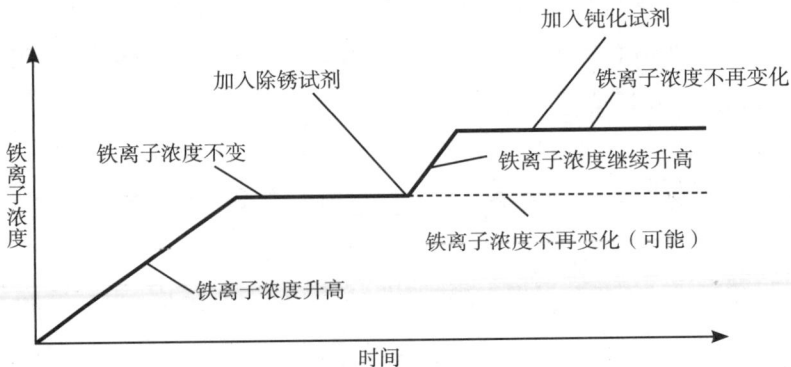

图4-45　氧化法除锈与再钝化原理图

任何应用于制药用水系统的清洗试剂均需严格遵循清洗工艺与清洁验证的相关法规来进行开发，符合制药行业的复合配方除红锈专用试剂的验证支持文件应至少包含产品技术资料、化学品安全技术说明、稳定性报告、材质兼容性报告、残留检测方法、方法学验证报告和毒性报告（ADE/PDE）等，表4-34是制药用水系统供应商移交除锈再钝化项目清单示例（包含但不限于），有助于制药企业了解制药用水除生物膜、除锈与再钝化的文件系统组成。

表 4-34 除锈再钝化项目移交清单（示例）

编号	文件名
1	待清洗系统图纸
2	管道连接示意图
3	仪器仪表合格证书
4	化学品试剂 GMP 合规性文件（ADE/PDE 等）
5	待清洗服务系统信息确认表
6	执行清洗服务业主授权书
7	清洗服务施工人员确认书
8	内窥镜检查方案
9	静水压试验方案和报告
10	脱脂方案和报告（如有）
11	除红锈的方案和报告
12	总铁测量方法（如有）
13	铁含量数值表（如有）
14	清洁验证报告
15	内窥镜检查记录（前后对比的视频和彩色照片文件）
16	钝化效果测试报告（如有）
17	除锈效果确认报告
18	预防红锈建议书

4.5.4.3 红锈的预防

以红锈的产生根源为原则，红锈的预防可分为外源型红锈预防与内源型红锈预防两大类，理论上来讲，任何不锈钢制药用水系统都会有红锈滋生现象。当水系统中发现有红锈的存在后，需判断红锈发生的源头。"杜绝外源型红锈，抑制内源型红锈"是制药企业控制红锈的重点。外源型红锈产生的原因为系统外的因素，例如：材料安全、卤素离子环境、外界迁移或机加工等质量缺陷等，这些因素需在设计、安装和运行阶段进行关注并明确杜绝；内源型红锈发生的原因与系统本身的运行参数或环境有关（图4-46）。周期性进行"除生物膜（如果需要）-除锈-钝化"清洗服务是持续性维保的重要组成部分，它可以增加制药用水系统全生命周期范围内运行的水质稳定性，常温型纯化水系统与滥用Subloop的高温注射用水系统容易滋生严重的生物膜污染。推荐制药企业在Ⅰ类红锈晚期或Ⅱ类红锈期间进行干预，除锈效果较好且投入成本相对适中，高温制药用水系统（如WFI）推荐的除锈周期为1~2年/次；常温制药用水系统（如PW）推荐的除锈周期为2~3年/次；纯蒸汽系统是否需要进行除红锈处理可依据企业实际情况另行决定。

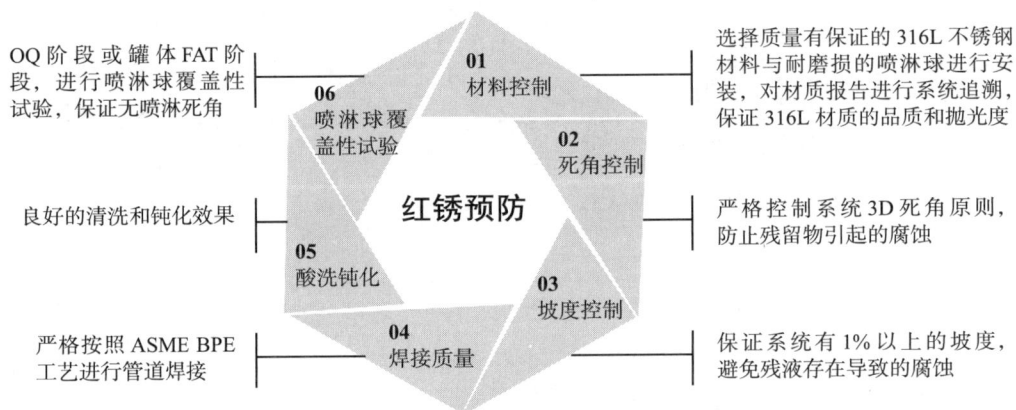

图 4-46　红锈的预防策略

外源型红锈是指由外部环境或因素引入而导致的红锈现象。外源型红锈产生的主要因素包含材料安全、外部迁移、环境腐蚀、机加工缺陷、焊接与钝化操作不当等。

● 材料安全

选择正确的原材料是每个企业需要关注的，因为原材料质量一旦失控，整个制药用水系统的质量将严重失控。以隔膜阀为例，铸造的奥氏体不锈钢材料在高温注射用水系统中表现的耐腐蚀性差强人意，而且隔膜阀多为焊接加工，一旦用上去，将是整个制药用水系统中最大的质量短板且难于修复。制药用水用隔膜阀阀体应选择316L材质（钢牌号：S31603），杜绝采用不耐高温腐蚀的铸造隔膜阀体（钢牌号：CF3M）。

● 上游迁移

由于上游迁移导致的外源型红锈可称为上游迁移型红锈，例如，静电吸附会导致膜片、垫圈或滤芯上吸附一层红褐色的红锈，由于这些部件的材质以聚四氟乙烯（PTFE）、聚偏二氟乙烯（PVDF）和聚醚砜（PES）为主，这些塑料材质本身是不可能产生红锈的，其锈迹来自部件之外，因此，这些红锈对于膜片、垫圈或滤芯来说就是迁移导致的外源型红锈。

● 机械加工

由于管道切割或表面抛光导致的外源型红锈可称为机加工型红锈，其主要原理为"管道切割粉末氧化"，其成因包括管道切割处理不当、表面抛光不当或不锈钢焊接不当等。

● 焊接质量

焊接是不锈钢系统加工中最为普遍、最为重要的工序之一，笔者在多个除锈案例中发现，焊接质量不合格是系统快速出现红锈的最主要原因。在焊接过程中，焊接气孔、未焊透与未熔合、固体夹杂、焊接变形与收缩、表面撕裂和磨痕等缺陷是导致系统红锈的常见原因。

● 钝化质量

钝化是使一种活性金属或合金表面转化为不易被氧化的状态的方法，该金属或合金的化学活性会大大降低并呈现出贵金属的惰性状态。铬铁比（Cr/Fe）是指钝化膜表层铬与铁元素的摩尔数之比。如果钝化工艺使用得当，316L 不锈钢表面钝化后的铬铁比应有显著提高。根据钝化的定义，铬铁比自然越高越好。铬铁比的验收标准值无论用何种方法检测都不应小于 1，所以在工程上我们认为钝化层的铬铁比等于 1 是良好钝化层和较差钝化层之间的临界点，在工程上，铬铁比大于 1.5 的钝化常被视为符合质量要求的钝化。钝化膜的厚度也可以通过 ESCA/XPS 方法检测。一般认为钝化膜的厚度在 1.5nm（15 埃米，即 15Å）为符合钝化要求。需要注意的是，在执行钝化结束后，我们需要进行钝化效果的表征，钝化效果的表征分四种，分别为总体检查、精确检查、电化学和试验台测试以及化学分析测试。现有情况下，游离铁测试法以其便携性和精确性的优势，得到了钝化行业的广泛认可与推广，用于判断元件或系统是否已经进行钝化处理或处于钝态。

● 死角

死角检查是系统进行安装确认时的一项重要内容。在制药用水系统中，死角过大所带来的质量风险主要包含：为微生物繁殖提供了"温床"并导致"生物膜"的形成，引起微生物指标、TOC 指标或内毒素指标超标，导致最终成品不符合质量要求；系统消毒或灭菌不彻底导致的二次微生物污染；系统清洗不彻底导致污染或交叉污染；系统锈渣残留所带来的红锈风险等。在制药用水系统中，任何死角的存在均可能导致整个系统的微生物或颗粒物污染。

● 坡度

重力作用是促进系统排尽的有效途径，坡度检查是系统进行安装确认时的另一项主要内容，制药用水系统的坡度需符合相关法规的要求。若坡度不够或无坡度，制药用水系统存在的质量风险主要包括：药典水和清洗用水不可自排尽，影响系统清洗效果，在水分的作用下，这些位置容易导致溶氧增加，从而发生氧化还原反应，导致红锈滋生；纯蒸汽灭菌后的冷凝水残留，系统灭菌不彻底，从而引发制药用水系统污染与交叉污染；系统初次清洗时，焊接锈渣无法排尽导致的红锈现象等。

● pH

电化学腐蚀是不锈钢腐蚀和红锈产生的最主要原因和机理，而电化学腐蚀的要素之一便是材料要处在电解质溶液中，因此，流体的电解程度同不锈钢的腐蚀紧密相关。

● 卤族离子

制药行业中最常见的卤族离子是氯离子（Cl^-），氯离子能对不锈钢的钝化层造成快速、严重的腐蚀，为保证系统有良好的酸洗钝化效果，整个储存与分配管网系统的材料选择应当一致，如均为 316L 材质或均为 304L 材质。不锈钢管道的保温材料需采用无氯材料，以避免氯离子对常规奥氏体不锈钢钝化膜形成的点腐蚀。

● 强酸处理

除锈的本质是酸性溶液与红锈发生化学反应，目前，很多企业采用硝酸或氢氟酸等强酸对红锈进行定期的处理，但是其选用的方法的优劣性却参差不齐。硝酸、硫酸以及氢氟酸均属于强酸，采用强酸对制药用水系统进行定期除锈处理，管道内部会与强酸发生强力的腐蚀，带来表面光洁度的不可逆破坏，推荐制药企业尽可能使用非强酸（即弱酸或中度酸）来定期对系统内部进行清洗除锈。

内源型红锈是指由制药用水系统自身建造材料或运行参数而导致的红锈。内源型红锈的生成主因是以铬氧化物（Cr_2O_3）为主的钝化层被破坏，导致内部富铁层和外部氧化层相接触并发生氧化还原反应生成了铁的氧化物。制药行业常见的促进红锈滋生的因素主要包括系统的运行参数（如温度、压力、流速等）、长时间停机、不锈钢材料、喷淋死角、喷淋球干磨、消毒/灭菌过于频繁、罐体液位长时间过高等。

● 温度

温度对红锈生成速度的影响与电化学腐蚀有关，电化学腐蚀发生有两个必要的前提条件：一是材质要包含至少两种电极电位不同的物质；二是材质必须处于电解质环境下。温度越高，水的电解程度越强。对于本质是电化学腐蚀的红锈滋生而言，温度越高，则电化学腐蚀越严重，红锈滋生越快，实际生产中，高温储存/循环的注射用水系统始终处于巴氏消毒状态，它比常温储存/循环的纯化水系统红锈滋生地更快、更强烈，也进一步验证了上述观点。《药品生产质量管理规范（2010 年修订）》第九十九条规定：纯化水、注射用水的制备、贮存和分配应能够防止微生物滋生。纯化水可采用循环，注射用水可采用 70℃以上保温循环。考虑 GMP 对注射用水的微生物抑制的建议，工程上推荐注射用水高温储存、高温循环分配系统的温度介于 70~80℃为宜；不过，结合药品性质本身的要求和各地的环境、水源等，药企需要根据自身的情况来确认该循环温度是否合适，例如，部分生物制品企业也可选择低温储存/循环系统，或高温储存/旁路冷循环系统等。通常情况下，在保证微生物能够得到有效控制的前提下，注射用水高温储存/循环系统的温度控制不宜太高，这对抑制红锈的快速滋生尤为关键。随着非蒸馏法制备注射用水的普及，越来越多的制药企业也将选择常温工况的注射用水循环系统，这将极大地改善系统发生红锈的质量风险。

- 压力

高压运行的多效蒸馏水机与纯蒸汽发生器可能带来高汽速的蒸汽摩擦使内筒体和螺旋板造成奥氏体不锈钢的晶间腐蚀，出现龟裂现象，蒸发器渗漏将导致产品注射水中的热原不合格。高压蒸汽对钝化层的破坏以及导致铁氧化物生成的机理表明，高压蒸汽除了可破坏不锈钢原有保护性抗氧化膜（钝化膜），它还可催化加速不利于不锈钢防腐的复杂铁氧化物的生成。我国广泛使用的降膜式多效蒸馏水机工作压力和温度都非常高，很多药企的制药用水系统都印证了高压带来的红锈风险极高，推荐制药企业采用升膜式多效蒸馏水机。

- 流速

国外有研究显示，流速为 10~40m/s 的高温水在 316L 不锈钢系统中循环近两千小时后，采用俄歇电子能谱（AES）对不锈钢内表面进行检测，发现其钝化层厚度减少了约 0.9μm。上述实验表明，流速对于不锈钢的钝化层是有一定程度破坏的。流速对腐蚀的影响机理较复杂，一方面由于腐蚀疲劳，另一方面是由于较强的横向剪切力可以使已形成并吸附在不锈钢表层的红锈颗粒脱离，随后进入流体系统中并对水质或产品质量造成影响。从抑制微生物的角度来说，湍流有助于提高横向的剪切力，以抑制微生物的聚集和细菌在表面的附着，然而，从另一方面考虑，过高的流速，过大的雷诺数，除了工程运行的安全风险外，对于气蚀也是有促进作用的，湍流越强烈，在泵腔和喷淋球的位置气蚀的程度也就越深，因此，企业需选择合适的流速，在微生物能够得到抑制的前提下，流速不宜太高。

• 残留水渍

水的存在是产生红锈的必要条件。当企业生产任务不紧张时，为了节能，有时需要对系统进行计划性停机处理，比如散装纯化水或注射用水系统。停机时，系统的动力关闭，将水系统内的所有残水靠重力或动力压缩空气通过低点排尽，水系统设计、建造与验证都非常强调系统的可排放性，当系统残留的液体被"排放干净"后，则可做停机处理了。

• 管道材质与抛光度

表面粗糙度好的不锈钢材料，金属表面的金属毛刺少，钝化后钝化层形成的充分，红锈滋生的氧化还原反应发生难；相反，表面粗糙度差的不锈钢材料，金属表面的金属毛刺多，酸洗钝化后的钝化层无法充分形成，红锈滋生的氧化还原反应发生非常容易。316L 不锈钢因其较高的镍铬含量及便于自动氩弧焊接的优点，已经成为金属管道系统的主流选择，低于 0.03% 的含硫量对于焊接来说是最理想的。

• 喷淋死角

"滞留区域"是一个影响红锈生成的因素之一。喷淋球可以装在返回环路上用来润湿储罐顶部空间。在热系统中，使用喷淋球可以用来保持罐的顶部和水一样的温度，以避免腐蚀不锈钢和导致微生物生长出现的交替湿润和干燥的表面。目前，喷淋球清洗效果验证已得到制药企业的广泛重视，良好的喷淋效果不仅对微生物生长的抑制有帮助，也可避免腐蚀不锈钢。

• 消毒 / 灭菌频次

少数制药企业为了保证无菌状态，在 PQ 阶段会制定相对频繁的消毒 / 灭菌频率，且此消毒灭菌周期在 PQ 阶段确定之后，一直会延续多年。注射用水系统所处环境的温度与压力的突变性会导致系统承受交变载荷过载，钝化层腐蚀疲劳加剧，从而导致钝化层的物理强度与微观紧密性恶化，钝化层易受外界机械作用和化学作用的破坏。通常情况下，制药用水系统的消毒 / 灭菌频次频繁的制药企业，红锈滋生也会相对较快。因此，推荐企业严格按照 PQ 的原则，为每套制药用水系统制定合理的消毒与灭菌频次。

4.5.5 快速微生物检测技术

自 21 世纪初以来，国际制药工业界在无菌药品生产领域开展了一项重要的检测技术，快速微生物检测（RMM, rapid microbiological methods），包含快速检出和鉴定。在多年制药工业实践中，许多实验室发现当微生物养分被剥夺，或抗菌剂（如防腐剂、消毒剂）、高温蒸汽或去污染气体的浓度达亚致死量时，微生物会发生应激，无法在传统人工介质上复制培养。因为这种培养不能达到最佳复活条件，微生物不能增殖。当这种情况发生时，无菌培养阴性不能证明产品没有受到污染。另外，无菌培养需时较长，不能实时发现产品生产过程中发生的污染，不能使产品快速放行，增加仓储时间和成本。于是，人们希望开发出新的微生物检查、定量和鉴定方法。

与常规微生物检测技术相比，快速微生物检测的自动化或微型化程度更高，提高了检测通量，更灵敏、更准确、更精确，重现性好，可明显缩短检测时间，从几天缩短到几小时，某些技术还可实现实时检测，避免了人员取样过程中带来污染的风险。微生物检测数据的实时获得，使得实验室的被动模式变为主动模式，可在正常生产操作期间，了解工艺过程和成品是否被污染。目前，包括《中国药典》、USP 和 EP 都收载了关于 RMM 的通则。《中国药典》四部通则 <9201 药品微生物检验替代方法验证指导原则 > 为所采用的试验方法能否替代药典规定的方法用于药品微生物的检验提供指导。"USP <1223>：替代微生物检测法的确认"是关于药典收载的官方微生物检测法替代方法的确认指南。其中引用"USP <1225>：药典收载方法的确认"的分析概念，并与替代方法的定性定量系统相结合。

近年来生物检测技术高速发展并迅速向制药领域渗透。当前 RMM 各类技术平台已经能够检测到多种微生物及变异微生物；能明确样品中微生物的数目；识别微生物的属、种和亚种。这些技术主要分为基于微生物培养的快速发现和鉴定技术、活细胞识别鉴定技术和基因及芯片识别鉴定技术。基于微生物培养的快速发现和鉴定技术是在微生物培养过程中早期快速发现微生物生长。RMM 可用于以下工艺生产过程：原料和组分检查、在线工艺和预灭菌 / 过滤的微生物负荷检查、发酵和细胞培养的监测、纯化水 / 注射用水检查、环境监测，如对表面、空气、压缩气体、人员的监测、微生物限度检查、抗菌效力检查、微生物指示剂残留研究、无菌检查、介质分装失败调查、污染事件的评估等。

除了应用于水分配系统回路的在线 RMM 分析仪外，大多数 RMM 是在实验室中进行的，从水样通过捕获细菌细胞的膜过滤器，然后通过多种不同的技术检测这些活细胞的位置，基本上可以将这些 RMM 分为两类。第一类：产生微生物计数信号但不杀死细胞并允许其识别。第二类：杀死分离物以获得不允许鉴定分离物的微生物计数信号。通常，允许鉴定分离物的 RMM 技术同时适用于质量控制（QC）和过程工艺控制（PC）测试，需要注意的是，以杀死微生物为技术手段的 RMM 仪器暂时只能适用于过程工艺控制（PC）测试。

4.5.6 消毒方式的选择

对于储存和分配系统，要求定期消毒。根据监测到的微生物情况，可以制定正式的消毒周期。

4.5.6.1 使用化学品消毒

可以用浓度为 2%~5% 的过氧化氢，也可以用 1% 或更低一点的过氧乙酸。商业上可以用这些化学品的多种不同混合液或其他化学品达到消毒目的。100ppm 的氯溶液能非常有效的杀灭有机体，但是分配系统中一般不用，这是因为会引起不锈钢的腐蚀问题。验证消毒剂已去除十分关键，进行足够的冲洗后，可以用适用的指示剂检查是否已经有效去除了添加的消毒化学品。

4.5.6.2 臭氧消毒

用臭氧进行消毒可以定期也可以连续：储存罐一般是连续用臭氧消毒，然后在分配回路首个使用点前用紫外灯照射进行去除。分配系统可采用定期消毒，关闭紫外灯并增加臭氧浓度，使臭氧流经分配回路进行消毒。浓度很低的臭氧（0.02~0.2mg/L）就可将微生物生长控制到 1CFU/100ml。定期消毒可能需要 0.1~0.2ppm 的臭氧浓度。在生物膜必须去除时，可能需要 1ppm 的臭氧浓度。

采用臭氧消毒时，臭氧的加入不要通过喷淋球，防止臭氧过快分解。采用臭氧消毒的方式，需要有臭氧发生装置、臭氧浓度检测装置、臭氧消除装置（UV），这些会在一定程度上增加系统的一次性投入。采用臭氧消毒还需要考虑选用材料的适用性问题（无论哪种消毒条件都需要考虑材料适用性问题），比如实际应用中密封垫老化脱落问题。虽然理论上 PTFE，PVDF 都是耐受臭氧的，但由于各种原因，臭氧环境下，老化脱落白点及不溶性微粒的现象还是需要通过加强预防性维护等工作来防止。

4.5.6.3 热消毒

已经发现将水处理系统加热来进行定期消毒非常安全有效。消毒的频率将取决于许多因素：

- 系统设计；
- 分配系统的大小；

- 系统组件；

- 系统中水的量；

- 水的使用频率（周转量）；

- 循环水的温度。

每个分配系统建议开发自己的微生物特征，制定消毒周期和频率时也必须适合系统。根据工艺水的规定指标，应当为"冷"系统指定一个初期保守消毒频率。通过微生物测定确定了系统的运行特性之后，就可以制定例行消毒频率了。消毒最简单的方法是将分配系统中的循环处理水加热到不低于80℃，并将此温度保持一定时间（经过验证）。消毒循环所需的控制可以自动也可以手动。已经证明加热消毒的方法非常有效，如果设计合理也是很经济的。这是因为在纯化水中发现的菌体类型，无需使用蒸汽即可有效地杀灭微生物。而分配管道的蒸汽消毒可能需要额外的排水排气阀，而且相对其他要求可能会需要更高的承受压力等级。

对于注射用水系统，如果是高温水系统，在连续生产的条件下，可能无需特殊的消毒设计微生物的控制也是有保障的，因为其相当于连续高温消毒。目前对注射用水采用过热水灭菌方式在逐渐增多，对此种方式要求系统是密闭压力系统，将系统中水加热至121℃仍不汽化而保持为液态水循环达到消毒目的，与流通蒸汽的消毒方式相比，由于液态水能到达的位置更广泛、温度更均一，通常被认为是更高质量的系统消毒方式。

过热水灭菌是一种典型的热力灭菌法，其原理是利用高温高压的过热水进行灭菌处理，可杀灭一切微生物，包括细菌繁殖体、真菌、原虫、藻类和病毒等。与纯蒸汽灭菌一样，过热水灭菌可引起细胞膜的结构变化、酶钝化以及蛋白质凝固，从而使细胞发生死亡。注射用水储存与分配系统采用过热水灭菌时包含注水、加热、灭菌与冷却四个阶段，首先是注水阶段，在罐体内注入或保留一定体积的注射用水（通常为30%~40%罐体液位，具体依实际情况而定），然后启动加热和循环系统，利用双板管式换热器或储罐的工业蒸汽夹套将储存与分配系统中的注射用水加热到不低于121℃，消毒计时开始，维持温度不低于30分钟，并确保注射用水罐体温度、回水管网温度和呼吸器消毒温度均达到121℃，消毒结束后，开启冷却水控制程序，循环注射用水按预定速度降至设定温度（如40~45℃），罐体注射用水排放至液位1%~3%，补新鲜注射用水开始正常生产。与纯蒸汽灭菌相比，过热水灭菌采用工业蒸汽为热源，无须另外制备纯蒸汽，相对节能；灭菌过程中，无须考虑最低点冷凝水的排放问题，高压过热水循环流经整个系统，不会发生冷凝水排放不及时引起的灭菌死角；采用注射用水系统已有的维持70℃以上高温循环用双板管式换热器进行系统升温，节省项目投资且操作非常方便；当系统用点较多时，过热水灭菌的温度均匀优势更加明显；同时，过热水灭菌时，注射用水罐体内气相为高压饱和纯蒸汽，可有效实现注射用水储罐呼吸器的反向在线灭菌。

很多制药企业有一个误区，只要纯化水机、注射用水机或分配系统发现微生物限度失控，就认为频繁地启动化学消毒或巴氏消毒程序一定可以解决问题，而实际情况却并非如此，这主要是因为普通化学试剂、臭氧消毒、紫外线消毒或巴氏消毒对浮游菌微生物和成熟 I 型菌落数非常有效，对已经形成成熟 II 型顽固生物膜的常温制药用水系统并没有太好的效果（图 4-47，资料来源：D. Davis, CC BY 2.5, http: //creative commons. org/licenses/by/2.5），一旦系统已经形成了成熟 II 型的顽固生物膜，建议采用具有 GMP 合规性要求的复方专用碱性清洗剂在高温循环下将系统中的顽固生物膜清洗干净。

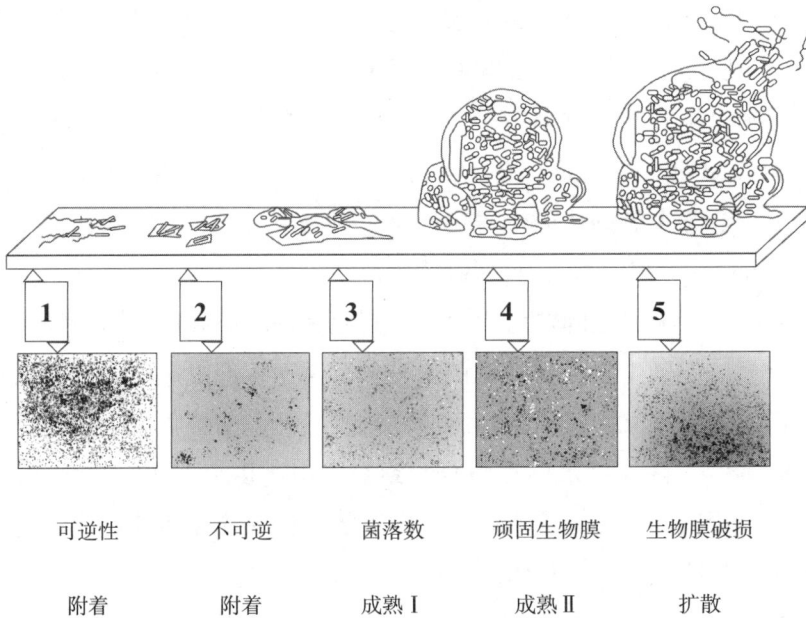

| 可逆性 | 不可逆 | 菌落数 | 顽固生物膜 | 生物膜破损 |
| 附着 | 附着 | 成熟 I | 成熟 II | 扩散 |

图 4-47　生物膜的生成原理图

4.5.7　总有机碳的测量方式

水中有机物的种类很多，除含碳外，还含有氢、氮、硫等元素。总有机碳（total organic carbon，TOC）是指水体中溶解性和悬浮性有机物含碳的总量，通常作为评价水体有机物污染程度的重要依据。有机物杂质是一种重要的化学纯度影响因素，有机物进入水系统有多个途径：①从原水中带入，如动植物的腐烂物、细菌滋生、动物的排泄物等，这些物质可通过渗透入地下水井或溢流进江海湖泊后进入市政供水的水源，这些含有机碳的有机物分子量从低到高，低分子量的有甲醇等，高分子量的有多环物质等；②工业废水带入，如杀虫剂、除草剂、化学品等，这些化合物的毒副作用相当高，会引起严重的健康问题与生态破坏，属于人类环保治理的重点；③系统本身的原因，例如，操作员的阀门误操作，消毒剂擦拭滴漏处后的残留，RO膜、过滤器与离子交换树脂的材料降解，系统微生物快速滋生，系统长期运行后的质量稳定性波动等都会使有机物杂质含量显著性增加。不管有机物是何种来源，都需要在制药用水系统中对有机物含量进行适当的监测与控制。

TOC 是一个快速检测的综合指标，它以碳的数量表示水中含有机物的总量，但由于它不能反映水中有机物的种类和组成，因而不能反映总量相同的总有机碳所造成的不同污染后果。总有机碳（TOC）是将水样中有机物的碳通过燃烧或化学氧化转化成二氧化碳，通过红外吸收测定二氧化碳的量，从而间接测定有机物中的总有机碳。无机碳是溶解的 CO_2 及它的碳酸氢根与碳酸根等物质，总有机碳测定法排除了 CO、CO_2、H_2CO_3、HCO_3^-、CO_3^{2-} 等无机碳的干扰，由于 TOC 的测定采用燃烧法，因此能将有机物全部氧化，它比 BOD5 或 COD 更能直接表示有机物的总量。

20 世纪 90 年代初，美国制药工业大数据调查显示，制药企业散装纯化水与散装注射用水的 TOC 典型最大值为 150ppb，药典限度设定原则为"控制在 ~3 倍的水平"，同时，基于供应商调查，50ppb 是当时总有机碳分析仪的最低检测限，基于上述原因，USP 将总有机碳限度设定在 500ppb，并选择蔗糖 /1,4- 对苯醌作为易氧化与难氧化有机物检测的系统适应性试验用标准对照品。

1996 年 5 月，USP23 增补 5 增加对纯化水和注射用水进行 <643> 总有机碳测定；1998 年 11 月，USP23 增补 8 删除了易氧化物法；2000 年，EP 做了增补修订，增加了制药用水总有机碳测定法；2004 年我国企业成功研发第一台直接电导率法国产总有机碳分析仪；2007 年我国企业成功研制了膜电导检测原理的总有机碳分析仪；2010 年，《中国药典》收录了"制药用水总有机碳测定法"。

在《中国药典》四部中的"通则 0682 制药水总有机碳测定法"指出："采用经校正过的仪器对水系统进行在线监测或离线实验室测定。在线监测可方便地对水的质量进行实时测定并对水系统进行实时流程控制；而离线测定则有可能带来许多问题，例如被采样、采样容器以及未受控的环境因素（如有机物的蒸汽）等污染。由于水的生产是批量进行或连续操作的，所以在选择采用离线测定还是在线测定时，应由水生产的条件和具体情况决定。"采用离线测定 TOC 是可以的（纯化水项下检测要求：总有机碳和易氧化物两项可选做一项），在线设备比较昂贵，但是考虑到过程分析技术在连续化生产中的全球发展趋势、在线离线在人力管理上的成本对比，建议具备条件的企业应该采用在线测量 TOC 的方式，尤其是对 WFI 系统。

美国 FDA、EMA、WHO 等国外法规均明确要求，采用在线 TOC 和在线电导率等 PAT 技术来实现连续散装制药用水的有效管理，该质量管理思路可以极大地降低制药企业的离线取样频率。在线电导率分析仪与在线 TOC 分析仪的安装位置必须能反映纯化水或注射用水的真实质量，由于可溶性离子或可溶性有机物的浓度在连续湍流状态下可以视为均匀浓度，在线电导率分析仪与在线 TOC 分析仪安装的最佳位置为管路中最后一个"用水点"阀门后的回罐主管网上。推荐制药企业使用连续有效的在线电导率与在线 TOC 数据，通过合理的风险评估，优化制药用水验证策略，减少离线取样的频率，这将有助于降低企业的验证与日常监管工作量。美国药典委员会在 USP<1231> 中明确提到：如上所述，这一相当彻底的改变是利用电导率属性以及允许在线测量的 TOC 属性，这是一个具有哲学意义的重大变革，使工业得以实现重大费用节省。

4.5.8 水的物理和化学性质

A. 色

水本身是无色的，只有在水层很深时才显示出深蓝色，但当其受到污染时会有颜色。

B. 悬浮物与浊度

水中的悬浮物是各种水处理工艺中都需要监督的项目，否则会影响水处理设备的正常运行。测定悬浮物较易的方法是测定浊度，浊度的大小除了与水中的悬浮固体有关外，还指示水中胶体，它实质上是这两类物质的综合指标。

C. 溶解固形物

溶解固形物是指水中除溶解气体外各种溶解物的总量。它是一种理论上的指标。

D. 含盐量

含盐量表示水中含有溶解盐类的总和，有两种表示法：其一是摩尔表示法，即将水中各种阳离子（或各种阴离子）均按带一个电荷的离子为基本单元，计算其含量（mmol/L），然后将它们全部相加；其二是重量表示法，即将水中各种阴、阳离子的含量换算成 mg/L，然后全部相加。

E. 矿物残渣

矿物残渣表示水中溶有矿物质的总量。含盐量和矿物残渣量两种指标都是根据水全分析结果进行计算的，不易用于运行监督，因为全分析是繁重的工作，费时又费力。

蒸发残渣：这是指将过滤过的水样在一定条件下蒸干所得的残渣量。它与水中溶解固形物相似，但不完全相等，因为在测试条件下（105~110℃），有许多物质的湿分和结晶水不能除尽，某些有机物会发生氧化。在蒸发残渣中，水中原有的碳酸氢盐都转变成了碳酸盐。

灼烧残渣：这表示蒸发残渣在 800℃时灼烧所得到的残渣量。蒸发残渣量和灼烧残渣量之差称为灼烧碱量，它大致的表示有机物量。

F. 电导率

衡量水中含盐量最简便、最迅速的方法是测定水的电导率，因为组成天然水含盐量的主要物质为离子，而离子具有导电性能，所以，水溶液的导电率可以间接的表示出溶解盐的含量。水本身的电导率非常小，所以只要水中含有少量杂质离子，它的电导率便可反映水中杂质离子的多少。一般情况下水的电导率越大，其含盐量也就越大，但仅靠电导率不能计算含盐量，因为水电导率的大小除了与水中离子含量有关，还决定于离子的本质。电导是电阻的倒数，电导率是指一定体积溶液的电导，具体来说就是面积为 $1cm^2$ 的两片平板电极插入溶液，相隔 1cm 时溶液的电导。电导率的单位为 $\Omega^{-1} \cdot cm$ 或写为 S/cm。测定电导时建议注意以下几点。

水中溶解气体虽不属于含盐量，但有些气体溶于水时会产生离子，例如 CO_2 和 NH_3，所以他们的存在会反应在电导率的数值上。

用电导率的测定值推算水中含盐量精确性并不高，这主要是因为电导率的大小受溶液浓度、离子种类及价、温度（水中离子的导电性能与温度有较大关系，因此正确的表示法应标有温度，或将它换算至某一标准温度）和测量方法的影响很大。但对于同一水质电导率同含盐量有比较固定的关系，可先通过在实验室求得在一定条件下电导率同溶解固体量之间的关系曲线，然后便可根据任一水样的电导率从曲线上求得它的含盐量的近似值。对于含盐量很小的水，有时检测的电导率表示为 NaCl 的相对含量。它的含义是假定水的电导都是由于水中溶有 NaCl 的关系，因此将测得电导率换算成 NaCl 的含量。

对于一般淡水，在 pH 5~9 范围内电导率同溶解盐大致成比例关系，其比值为 1μS/cm 相当于 0.55~0.9mg/L，一般均以温度 25℃ 为准，温度每变化 1℃，大约变化 2%，在其他温度下需加以矫正。各种不同离子每毫克/升所相当的电导率见表 4-35。

表 4-35 各种离子每毫克/升相当的电导率（25℃）

阳离子	Na^+	K^+	NH_4-N	Ca^{2+}	Mg^{2+}	
电导率（μs/cm）	2.13	1.84	5.24	2.60	3.84	
阴离子	Cl^-	F^-	NO_2-N	HCO_3^-	CO_3^{2-}	SO_4^{2-}
电导率（μs/cm）	2.14	2.91	5.10	0.715	2.82	1.54

G. 硬度

硬度是指水中某些易于形成沉淀物的金属离子，它们都是二价或二价以上的离子。天然水中，形成硬度的物质主要是钙、镁离子，所以通常认为硬度就是指两种离子的量。水的硬度在工业上危害性极大，容易在设备的受热面上形成水垢，在纺织和造纸等制造工业上影响产品质量等。所以，对各种工业用水都有低硬度的要求。

因工艺的需要，水的硬度可分为以下几种。

全硬度：它指水中钙和镁离子的总量，有时简称硬度。其值就是上式计算出的数值。

碳酸盐硬度与非碳酸盐硬度：碳酸盐硬度指水中钙、镁的碳酸盐和碳酸氢盐之和；非碳酸盐硬度指全硬度与碳酸盐硬度之差，它通常等于钙、镁的硫酸盐和氯化物。

暂时硬度和永久硬度：暂时硬度指水经长时间煮沸后沉淀下来的那一部分硬度。

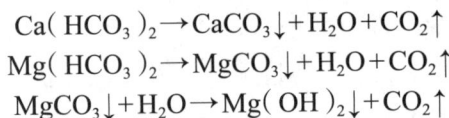

$$Ca(HCO_3)_2 \rightarrow CaCO_3\downarrow + H_2O + CO_2\uparrow$$
$$Mg(HCO_3)_2 \rightarrow MgCO_3\downarrow + H_2O + CO_2\uparrow$$
$$MgCO_3\downarrow + H_2O \rightarrow Mg(OH)_2\downarrow + CO_2\uparrow$$

由这两个反应可知，长期煮沸使水中钙、镁的碳酸化合物含量减少，故暂时硬度的意义与碳酸盐硬度相近。因为 $CaCO_3$ 在水中可少量溶解。

永久硬度指全硬度与暂时硬度之差，故它与非碳酸盐硬度相近。

H. 碱度与酸度

碱度表示水溶液中可用酸中和的物质含量。在水净化过程中，会经常见到的物质有氢氧化物、碳酸盐和碳酸氢盐等；在天然水中的碱度主要是碳酸氢盐，有时还有少量腐殖质类弱酸盐。碱度是用滴定法测定的，分甲基橙碱度和酚酞碱度。甲基橙的指标终点约为 pH = 4.3，水中 OH^- 几乎完全中和成 H_2O，HCO_3^- 和 CO_3^{2-} 几乎完全中和成 H_2O 和 CO_2。

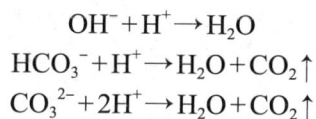

$$OH^- + H^+ \rightarrow H_2O$$
$$HCO_3^- + H^+ \rightarrow H_2O + CO_2\uparrow$$
$$CO_3^{2-} + 2H^+ \rightarrow H_2O + CO_2\uparrow$$

酚酞的指示终点约为 pH = 8.3，水中 OH^- 仍能中和成 H_2O，而 CO_3^{2-} 只能中和成 HCO_3^-。

$$CO_3^{2-} + H^+ \rightarrow HCO_3^-$$

所以，用甲基橙为指示剂测得的碱度是水中全部碳酸盐和氢氧化物，故称全碱度（简称碱度）或甲基橙碱度（M）；用酚酞为指示剂测得的碱度称为酚酞碱度（P），它表示氢氧化物和碳酸盐的一半，单位是 $ppmCaCO_3$。

酸度表示水溶液的碱中和容量，它是由于水中含有强酸、强酸弱碱盐类、弱酸和酸式盐而形成。天然水中通常只有弱酸 H_2CO_3 及碳酸氢盐酸度；有时还有强酸酸度，如 H_2SO_4 和 HCl。

工艺气体系统

GMP

目录

5.1 概述

背景介绍

　　药品生产企业在生产过程中需要使用各种气体，按照其用途可分为两类：工艺用气和仪表用气。工艺用气一般与工艺流接触，有可能影响到产品质量，需根据气体对于产品的影响程度来评估是否为直接影响系统；仪表用气则主要是给设备运行提供动力，属于间接影响系统。

　　本指南涉及的气体包括：压缩空气、氮气、氧气、二氧化碳，其他气体系统不在本指南范围内。

法规要求

药品生产质量管理规范（2010 年修订）无菌药品附录

　　第四十二条　进入无菌生产区的生产用气体（如压缩空气、氮气，但不包括可燃性气体）均应经过除菌过滤，应当定期检查除菌过滤器和呼吸过滤器的完整性。

📋 **技术要求**

A. 国际药品认证合作组织之药品优良制造指引（PIC/S GMP）

产品质量审查

1.4 章节➡（3）xi.

相关设备与公用设施，例如空调系统（HVAC）、水系统、压缩空气等的验证工作。

PIC/S GMP 附则 6 "药用气体制造" 有关于药用气体的描述，也可作为工艺气体的管控参考。

B. FDA CPGM 7356.002A 无菌药品生产检查 2015.09

3.6 设施和设备系统➡（3）辅助公用系统

（c）工艺气体。在药品生产过程中与药品或部件接触的气体被称为工艺气体。无菌操作或灭菌下游中使用的气体必须经过除菌级过滤器过滤，以保持无菌。应当评估这些过滤器（通常是疏水性）的完整性检测。制备工艺气体所用的系统也应当被评估，包括预防性维护计划，监控（包括温度、压力和湿度），以及取样。另参见物料系统。

3.7 物料系统

（2）工艺气体。工艺气体和相关设备控制可能被联合包含在设施与设备系统中，具体考量包括工艺气体最终过滤的控制和过滤器完整性测试。成品中如存在易氧化的成分，则可以进行充氮保护。

C. 欧盟 GMP Annex 1 无菌药品的生产 2022.08

6.18 与产品/内包装容器表面直接接触的气体应具有适当的化学、悬浮粒子和微生物质量。所有相关参数，包括含油率和含水量，应进行规定，设置参数时应考虑到气体的使用和类型、气体发生系统的设计，且符合相关药典的现行各论或产品质量要求（如适用）。

6.19 在无菌工艺中使用的气体应在使用点通过除菌级过滤器（标称孔径最大为 0.22μm）过滤。如果过滤器是按产品批次使用（例如用于过滤无菌灌装产品的表层气体）或作为产品容器的呼吸过滤器，则过滤器应进行完整性测试，并将结果作为批次认证/放行的一部分进行审核。所有位于最终除菌级过滤器之后的输送管道均应进行灭菌。当工艺中使用气体时，应在使用点定期对气体进行微生物监测。

6.20 如果真空或压力系统的回流会对产品造成潜在风险，应采取措施阻止真空系统或压力系统关闭时产生的回流。

D. 各标准的综合比较

由上述各标准的要求可知：

● 我国 GMP 中主要对气体的过滤以及滤芯完整性检查进行要求；国家标准中对工艺气体质量进行了要求，且包含了多种等级的气体，可根据工艺需求进行选择；

● PIC/S GMP 对工艺气体需要开展验证工作提出了要求，同时药用气体制造附录可供工艺气体设计、管控参考使用；

● 美国 FDA 无菌药品生产检查对工艺气体制备系统的预防性维护、监控、取样等进行了要求；

● 欧盟 GMP 征求意见稿对工艺气体质量进行了要求，应当包含含油率、含水量、悬浮粒子、微生物且应符合对应药典的专论；

● 欧盟 GMP 征求意见稿提出了工艺气体的除菌过滤、滤芯完整性要求，同时对系统防回流设计进行了要求。

5.2 工艺气体的质量标准

背景介绍

工艺气体的质量标准是由用户根据其具体用途和使用环境而决定的，当气体与产品接触、被用作辅料、成为药品制备过程中的一部分时，应评估其对产品的潜在影响。通常情况下工艺气体的露点（含水量）、含油量、纯度、颗粒以及微生物对于产品可能造成不利影响，因此在进行系统设计时，需提出需求并进行工艺设计以保证最终气体能符合需要。当气体仅用作仪表、设备驱动用气时，气体质量只需满足仪表、设备驱动需求即可。

技术要求

压缩空气的质量标准通常可参考 ISO 8573-1《压缩空气：杂质和纯度等级》来进行选择。氮气、氧气、二氧化碳通常应根据工艺需求来确定纯度的需求，含水量等其他质量标准指标可参考我国、美国、欧洲等药典中关于药用气体的要求，亦可结合国家标准制定适合企业产品工艺的质量标准。

● 纯度：对于氮气、氧气等气体一般需要控制纯度。纯度的计算方法有两种：第一种方式是使用特定的分析仪器直接测量；第二种方式是测量主要杂质的含量，从100%中扣除。

表 5-1　药用气体的纯度

气体种类	ChP	EP	USP
氮气	未规定	≥ 99.5%	≥ 99.0%
		用于产品惰性保护时：氧气含量 ≤ 5ppm V/V	高纯氮气 ≥ 99.7%
氧气	≥ 99.5%	≥ 99.5%	≥ 99.0%

气体种类	ChP	EP	USP
二氧化碳	≥ 99.5%	≥ 99.5%	≥ 99.0%

注：氮气的纯度标准可参考 GB/T 8979—2008《纯氮、高纯氮和超纯氮》。

● 含水量：控制气体中的含水量将减少微生物在气体系统生长的风险。水分含量有湿度、质量含量（g/L）、露点等多种表示方法，这些表示方法之间有对应的关系，可以互相换算。

表 5-2　药用气体的含水量

气体种类	ChP	EP	USP
压缩空气	未规定	≤ 67ppm V/V	未规定
氮气	未规定	≤ 67ppm V/V	未规定
氧气	未规定	≤ 67ppm V/V	未规定
二氧化碳	≤ 67ppm V/V	≤ 67ppm V/V	≤ 150mg/m^3

● 含油量：含油量即碳氢化合物含量，它对于工艺用气来说是污染物，如果存在于氧气系统中会有安全隐患，还会影响生物细胞培养过程。其主要来源于大气和制备过程中的设备润滑油蒸发。油含量只有 EP 关于药用压缩空气中有明确规定：≤ 0.1mg/m^3。

● 悬浮粒子和微生物：工艺气体需要控制其洁净度，具体的可接受标准需根据用户需求确定，一般认为工艺气体需满足所使用洁净区静态洁净等级要求。

此外，对工艺气体的级别，还有下列要求。

A. 压缩空气

GB/T 13277.1—2008《压缩空气第 1 部分：污染物净化等级》中，对压缩空气中三种主要的污染物（固体颗粒、水和油）进行规定，具体如下。

表 5-3　湿度等级

等级	压力露点（℃）
0	由设备使用者或制造商制定的比等级 1 更高的要求
1	≤ -70
2	≤ -40

等级	压力露点（℃）
3	≤ -20
4	≤ +3
5	≤ +7
6	≤ +10

表5-4 含油等级

等级	总含油量（液态油、悬浮油、油蒸汽）（mg/m³）
0	由设备使用者或制造商制定的比等级1更高的要求
1	≤ 0.01
2	≤ 0.1
3	≤ 1
4	≤ 5

注：总含油量是在表5-5状态下的值。

表5-5 标准状态

空气温度	20℃
空气压力	0.1MPa 绝对压力
相对湿度	0

B. 氮气、液氮

GB/T 8979—2008《纯氮、高纯氮和超纯氮》中对氮气、液氮的指标进行规定，具体如下。

表5-6 GB/T 8979—2008 中对氮气、液氮的指标的规定

项目		指标		
		纯氮	高纯氮	超纯氮
氮气（N_2）纯度（体积分数）/10^{-2}	≥	99.99	99.999	99.9999
氧（O_2）含量（体积分数）/10^{-6}	≤	50	3	0.1
氩（Ar）含量（体积分数）/10^{-6}	≤	—	—	2

项目		指标		
		纯氮	高纯氮	超纯氮
氢（H_2）含量（体积分数）/10^{-2}	$\leqslant$	15	1	0.1
一氧化碳（CO）含量（体积分数）/10^{-6}	$\leqslant$	5	1	0.1
二氧化碳（CO_2）含量（体积分数）/10^{-6}	$\leqslant$	10	1	0.1
甲烷（CH_4）含量（体积分数）/10^{-6}	$\leqslant$	5	1	0.1
水（H_2O）含量（体积分数）/10^{-6}	$\leqslant$	15	3	0.5

C. 二氧化碳

GB/T 23938—2009《高纯二氧化碳》中对二氧化碳的指标进行规定，具体见表 5-7。

表 5-7　GB/T 23938—2009 中对二氧化碳的指标的规定

项目		指标		
二氧化碳（CO_2）纯度（体积分数）/10^{-2}	$\geqslant$	99.99	99.995	99.999
氢气（H_2）含量（体积分数）/10^{-6}	$\leqslant$	5	2	0.5
氧（O_2）含量（体积分数）/10^{-6}	$\leqslant$	10	5	1
氮（N_2）含量（体积分数）/10^{-6}	$\leqslant$	50	30	3
一氧化碳（CO）含量（体积分数）/10^{-6}	$\leqslant$	5	2	0.5
总烃（THC）含量（体积分数）/10^{-6}	$\leqslant$	5	3	2
水（H_2O）含量（体积分数）/10^{-6}	$\leqslant$	15	8	3
硫化物、氰化物、磷化物				

D. 氧气

GB/T 14599—2008《纯氧、高纯氧和超纯氧》中对氧气的指标进行规定，具体如下。

表 5-8　GB/T 14599—2008 对氧气的指标的规定

项目		指标		
		纯氧	高纯氧	超纯氧
氧（O_2）含量（体积分数）/10^{-2}	≥	99.995	99.999	99.9999
氢（H_2）含量（体积分数）/10^{-6}	≤	1	0.5	0.1
氩（Ar）含量（体积分数）/10^{-6}	≤	10	2	0.2
氮（N_2）纯度（体积分数）/10^{-2}	≤	20	5	0.1
二氧化碳（CO_2）含量（体积分数）/10^{-6}	≤	1	0.5	0.1
总烃含量（体积分数）（以甲烷计）/10^{-6}	≤	2	0.5	0.1
水分（H_2O）含量（体积分数）/10^{-6}	≤	3	2	0.5

5.3 工艺气体系统技术要求

5.3.1 压缩空气概述

背景介绍

压缩空气是一种重要的动力源，具有安全性能高、输送方便等特点。

典型的压缩空气系统由供气端至用气端，组成如下：空气压缩机→缓冲罐→过滤器→干燥机→过滤器→储罐→用气端。建议流程详见图5-1。

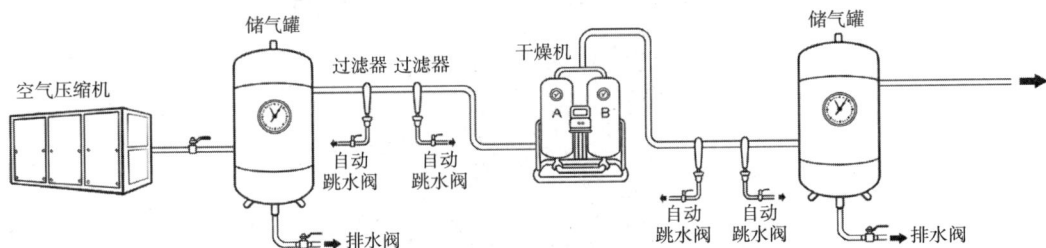

图5-1 压缩空气系统流程图

A. 空气压缩机

空气压缩机有两种基本类型：容积式压缩机和速度式压缩机。

➢ 容积式压缩机

容积式压缩机：指依靠压缩腔的内部容积缩小来提高气体压力的压缩机。分为往复式或活塞式压缩机、无油旋转涡旋式压缩机、旋转螺杆压缩机。

● 往复式或活塞式压缩机

依靠活塞往复运动使气体增压和输送气体，主要由工作腔、传动部件、机身及辅助部件组成。

● 涡旋式压缩机

由固定渐开线涡旋盘和呈偏心回旋渐开线运动涡旋盘组成，主要用于实验室用气量小的设备。

● 螺杆压缩机

螺杆压缩机分为注油螺杆和无油螺杆两种，制药行业建议使用无油螺杆机组。

工作原理如下：空气通过空气过滤网进入一级主机，在电机的驱动下，一级主机内的阴阳螺杆转子相互啮合使齿间容积不断减小，在一级主机内完成一次吸气、压缩、产气的全过程，最终排出具有一定压力的压缩空气。

一级主机排出的压缩空气经过文氏管的降振射流作用、中间冷却器的降温处理以及气水分离器的分离等一系列处理后进入二级主机。

二级主机内完成二次吸气、压缩、产气的全过程，排出的压缩空气再次经过文氏管的降振射流作用、后冷却器的降温处理以及气水分离器分离作用等一系列的处理后，最终通过止回阀排入后端缓冲罐。

➢ 速度式压缩机

速度式压缩机通过借助高速旋转的叶轮，使气体获得高速运转的动能，将动能转变为压力，常用型为离心式。由叶轮带动气体做高速旋转，产生离心力，使气体通过叶轮后的流速和压力得到提高，连续生产压缩空气，适用于用气量大的工况。

B. 干燥机

干燥机主要用于去除气体中的水分，种类包括：吸附式干燥机和冷冻式干燥机。

➢ 吸附式干燥机

制药企业建议选用吸附式干燥机，利用多孔性固体物质（分子筛、活性氧化铝、硅胶）表面的分子力来吸取气体中的水分，吸附剂经过吸附、再生、吸附循环使用，对压缩空气进行连续不断的吸附干燥处理，从而获得含水量、温度合格的压缩空气，常规情况下可选择 –40℃作为可接受标准，也可根据工艺及设备的需求来制定合适的含水量标准。

➢ 冷冻式干燥机

冷冻式干燥机不常用于制药工艺气体的处理，仅能提供 3~10℃范围内的露点。冷冻式干燥机使用制冷系统冷却压缩空气。通过分离器和排水管去除和排出水分。当需要较低露点温度时，可与其他干燥器配合使用。

C. 过滤器

压缩空气系统的典型过滤器如下：

● 微粒过滤器：通常为 1~3μm，用于去除铁锈、管道水垢、金属氧化物和干燥剂颗粒；

● 聚结过滤器：聚结过滤器适用于去除颗粒和液体气溶胶液滴。液滴去除能力通常为 0.001ppm，气溶胶尺寸为 0.01μm；

● 除菌过滤器：0.22μm（更小或相同过滤效力）筒式过滤器可用作最终过滤器，以获得"无菌级"压缩空气，这些滤芯通常是符合卫生级标准的。

D. 储罐、管路

● 储气罐建议使用 304 及以上不锈钢材质；

● 压缩空气流经的管路及管路阀门建议使用 304 及以上不锈钢材质，对于干燥净化程度要求 5 级以下的可采用热镀锌钢管；

● 压缩空气储罐工作温度< 150℃；

● 根据工艺要求控制压缩空气储罐、管路工作压力，确保安全。

E. 压缩空气系统控制

压缩空气系统控制通常有两个目的：

● 满足压缩空气使用方的要求；

● 通过参数设定，提供警报、互锁和调节等功能，以保护设备免受故障的影响，提高压缩空气系统的效率、寿命和可靠性。

压缩空气系统节能方式有下列三种：

● 使用入口节流阀来调节压缩机的产气量；

● 使用变频控制压缩机的运行频率，控制产气量；

● 人工智能控制，通过各使用点压缩空气使用量，自动调节空压机的加卸载，主要应用于多台（大于 3 台）空压机并联运行的情况。

5.3.2 气体制备系统

背景介绍 ——————————

药品生产过程中气体主要用到氮气、氧气、二氧化碳。氮气用于药品生产保护，氧气主要用于生物制药的培养，二氧化碳用于生物反应。

A. 制氮机常见类型

深冷空分制氮是一种传统的制氮方法。以空气为原料，经过压缩、净化，再利用热交换使空气液化成为液空。液空主要是液氧和液氮的混合物，利用液氧和液氮的沸点不同进行分离来获得氮气。深冷空分制氮装置宜用于大规模工业制氮，医药企业使用不经济。

分子筛空分制氮以空气为原料，以碳分子筛作为吸附剂，运用变压吸附原理，利用碳分子筛对氧和氮的选择性吸附而使氮和氧分离的方法，通称 PSA（pressure swing adsorption，变压吸附）制氮，医药企业可选择使用 PSA 制氮。

膜空分制氮以空气为原料，在一定压力条件下，利用氧和氮等不同性质的气体在膜中具有不同的渗透速率来使氧和氮分离。该方法制氮纯度较低，不建议使用。

B. 二氧化碳和氧气制备

二氧化碳和氧气制备目前主流方式均为采购成品气体，气体由专业的工业气体生产单位进行生产制造，通过槽车运输至各工厂使用。

5.3.3 气体存储系统

背景介绍 ——————————

气体储存系统分为两种：气瓶压缩气体系统和液体气化系统。

气瓶压缩气体系统将气瓶储存的气体直接连接到分配管道系统，通过管道输送到每个使用点，见图 5-2。

667

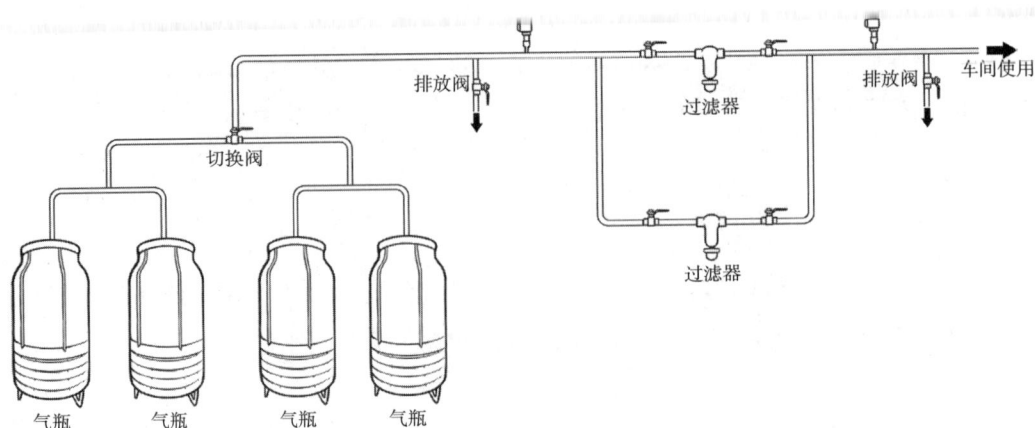

图 5-2　气瓶输送

液体气化系统将液态的工艺气体储存在储罐中，使用时由气化器将液体转换为气体，气体输送至分配管道系统，通过管道输送到每个使用点，见图 5-3。

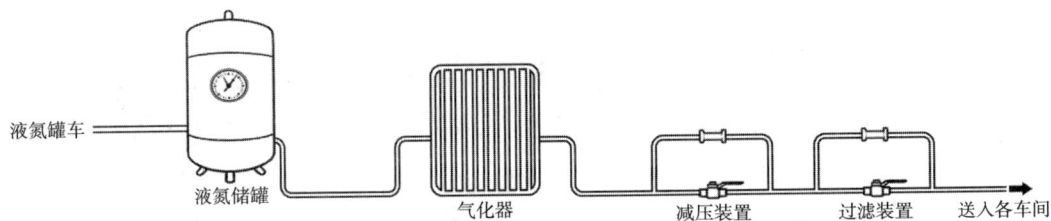

图 5-3　液化储罐输送气体

实施指导

A. 设计要求

高压气瓶直接购买，需符合国家标准，本节重点介绍液化储罐的设计要求。

• 储罐设计工作温度为超低温；

• 储罐为双层结构，内部为不锈钢腔体，用于液氮的储存，外部为真空外壳，与内腔之间保持一定的真空度，用于真空绝热，避免液氮接触空气出现结霜或非正常升压情况；

• 储罐配备内腔压力表及液位表，用于监控液氮的压力和液位；

• 储罐配备液位、压力传感器，用于监控液位、储罐压力；

• 储罐配备增压器，待储罐压力过低，用来增加罐体压力；同时配备泄压阀，具备自动、手动泄压功能；

- 储罐内腔按压力容器标准设计制造，配备安全阀和压力表，并按照《压力容器安全技术监察规程》进行监检，其安全阀应提供校验合格证书。真空壳体采用防爆盖，用于防止真空夹层压升过剩；
  - 储罐增压器、充装口及输送管路等容易产生高压的部位需配备安全阀；
  - 输送管道配备气化器，用于将液态气体转化成气态，经过压力调节阀，保持恒压，由输送管路输送至车间；
  - 输送管路建议选用 304 卫生级管材，配备不锈钢阀门及卫生级压力表。

B. 气体充装及检测

以高纯氮气为例，介绍气体的充装过程及充装检测指标，具体充装流程如下：

槽车直接送货至储罐处，由化验室进行取样检测，现场人员记录储罐充装前后液位值，计算充装量。化验室检测合格后出具检测合格报告，产品放行前需确认检测已符合要求。

5.3.4 分配系统

背景介绍

分配系统的设计应能保证在使用过程所有情况下的正常供应，基本的系统设计概念包括：

- 单向分配系统；
- 环网分配系统；
- 止回阀；
- 管道尺寸；
- 路线。

实施指导

A. 单向分配系统

单向管道输送至每个使用点，管道的大小设计应满足最大使用流量。

B. 环网分配系统

环网供气与单向设计相比，环网概念被认为是一种更稳定的分布设计。

● 环网的气体在使用过程中，系统能自动平衡压力。

● 环网系统相对于单向供气系统而言供气更稳定，单个气源故障，也能够保证气体的正常供应。

C. 止回阀

对于工艺气体，止回阀适用于供气侧，阻止来自用点的污染物。

对于 GMP 系统，交叉污染被视为一个关键风险。在气体系统设计期间应评估系统正常和故障模式下逆流的潜在后果。在识别出潜在风险的情况下，需要安装止回阀。

止回阀应尽可能靠近用气设备，以减少供应管线中的潜在污染。如果存在交叉污染的可能性，止回阀应定期进行清洁和维修。

当止回阀的功能被认为是关键时，系统设计应便于止回阀的测试。

D. 材质

工艺气体分配系统材质主要有不锈钢、医用级铜、塑料等。

➢ 不锈钢

不锈钢通常用于生产领域：

● 304 不锈钢适用于非无菌制造区域，但可能存在腐蚀风险，具体取决于所使用的清洁剂和消毒剂材料；

● 对于无菌操作，通常使用 316 及以上等级的不锈钢，末端滤芯之前的管道使用 304 不锈钢也是可以接受的；

● 阀门和配件材质应与管道一致，通常不需要卫生连接方法，可以指定轨道焊接以确保焊接质量，并进行吹扫防止管道内部形成氧化物。

➢ 医用级铜

医用级铜也可用于分配系统管道安装，管道的最后部分在生产区域内用不锈钢制成。一般铜管不推荐用于氮气，使用过程中可能会出现系统内部腐蚀问题。

➢ 塑料

现代热塑性塑料（例如高密度聚乙烯）可用于气体的分配系统。但需考虑系统强度、膨胀系数、紫外线稳定性，同时不可应用于易燃或氧化性气体。

➤材质的选择及注意事项

液态气体管道属于超低温管道。最好选用 304 不锈钢无缝钢管或铜材料，并且要 100% X 光检验。液态气体管道属于 GC2 级别管道。根据 TSG R1001-2008《压力容器压力管道设计许可规则》、TSG D0001-2009《压力管道安全技术监察规程》整理，压力管道分为：GA 类（长输管道）、GB 类（公用管道）、GC 类（工业管道）、GD 类（动力管道）。气体分配系统考虑材料的耐腐蚀性，建议选用不锈钢材质。

需要注意的是，管道首先需要考虑低温液体的气化问题，因此两个截止阀门之间必须要考虑安装安全阀门。同时也需要考虑冷收缩问题，正常情况，液氮温度为 -196℃，1m 304 材质管道收缩约 3mm，因此长管道设计时需要考虑管路收缩问题。

5.4 系统确认及日常监控

5.4.1 系统设计及确认

背景介绍

工艺气体系统设计的目标是提供满足产品、工艺以及设备需求的介质。同时由于工艺气体的特殊性，系统的设计需要遵守安全性规范和标准，尤其是压力容器相关内容。

压缩空气一般是在现场生产，通过管路输送至各个使用点，其他的气体会采用现场生产、钢瓶或储罐充装储存等多种形式，可根据实际需求灵活选择。

实施指导

通常在进行工艺气体系统设计时，需要考虑以下相关问题（包括但不限于）：

- 关键质量属性（质量标准）；
- 最大用量；
- 末端用点的压力；
- 材质；
- 过滤器的材质、滤径、安装；
- 使用点数量；
- 使用点级别；
- 工艺气体混合（例如，氧气、氮气共用管路）；
- 逆流。

A. 风险评估

应确保将符合规范的气体可靠地输送到各个使用点，输送系统不应影响所供应工艺气体的规定质量属性。

通过风险评估将风险降低到可接受的水平。工艺气体的风险评估可以从对关键质量属性及风险点的影响来开展，工艺气体系统典型关键质量属性及风险点如下：

- 碳氢化合物含量（含油量）；
- 水分含量；
- 悬浮粒子；
- 微生物；
- 纯度。

具体风险评估方法可参考本丛书《质量管理体系》分册质量风险管理相关内容或 ISPE《调试与确认》第二版。

B. 设计确认

在 URS 提出之后，系统进入采购阶段，通常此过程需要与供应商进行充分的沟通并调整 URS 需求，应围绕系统是否能产出满足产品、工艺以及设备需求的介质进行讨论。设计的偏离应形成对应的项目偏离文件。

在确认最终的 URS 条款后，应对首版 URS 进行升级，以确保后续方案与系统设计能够进行匹配。

通常设计确认应该对系统的 URS 逐条进行确认，应当由满足特定要求的设计文件来支持供应商对于 URS 的响应，例如图纸、功能设计说明、软硬件设计说明、零部件清单、技术响应材料等，通常情况下，设计确认要点如下：

- 工艺流程；
- 系统关键部件，例如制备设备、储罐、过滤器等安装位置和工艺参数是否满足需求；
- 管道、储罐、滤壳、滤芯等的材质；
- 安全附件，包括安全阀、爆破片等；
- 末端用点阀门、压力表、在线仪表等；
- 用点数量。

C. 安装确认

通常安装确认方案可以在设计确认完成之后编制，安装确认方案应依据 URS 来进行编制。

设备可提前开展 FAT，后续确认时，可通过评估，部分项目无需重复开展。系统的安装一般为现场安装，通常安装确认应跟随项目实施同步开展，因此需要根据项目进度，提前排定安装计划，并根据计划实施确认以确保整体同步。

安装确认过程应当至少包含以下内容：

- 设备的产量、气化量等主要参数；
- 公用介质的安装情况；
- 系统的主要部件安装检查，包括设备的硬件配置、管路的安装连接、零部件的材质证明等；
- 焊接的检查，包括焊工资质、焊接记录等；
- 压力容器相关材料；
- 管路的保压、吹扫或酸洗钝化等；
- 文件内容的检查，包括竣工图纸、仪表计量证书等。

吹扫或冲洗：工艺气体系统在建造完成，并开展吹扫、钝化、冲洗等措施之后，容易出现粒子数量或含水量不合格的情况，主要原因为有灰尘或水残留在仪表、管道的支管或弯头处。

常规的做法应该是在开展吹扫、钝化、冲洗等措施之前，将关键仪表拆除，同时应在吹扫结束后将支管处的盲板、仪表等拆除进行清洁。

D. 运行确认

运行确认是为了证明自控系统、软件程序、设备及仪表的操作是能按照预先设计的程序运行的。

工艺气体运行确认的目的是证明系统能够持续稳定运行，保证输出的气体压力能够稳定，设备的主要功能能够符合设计需求。

运行确认过程应当至少包含以下内容：

- 气体制备系统的功能检查，包括加载/卸载、关键运行参数检查等；
- 自控系统检查，包括报警测试、程序备份恢复等；
- 系统压力检查，包括产气压力、储罐压力、用点压力；
- 管道、阀门、仪表运行是否正常。

E. 性能确认

性能确认的目的是证明系统能够持续满足产品和工艺的需求。

工艺气体的质量一般相对固定，在性能取样阶段，主要是为了证明系统能够产出符合产品和工艺需求的工艺气体。工艺气体的品质标准取决于药品销售市场，需要满足相应国家的药典要求。

气体的取样应根据使用点用途进行评估，取样点的设计见 5.4.2。一般情况下在过滤器后进行取样，若需在过滤器前进行取样，需评估取样对于最终结果的影响性并进行风险评估。

由于工艺气体需要在洁净空间内使用和排出空气，因此工艺气体中颗粒和微生物的限度应与用气点所处的环境保持一致。

所有工艺气体应按照设计时的质量标准进行检测，检测指标一般包含纯度、含水量、含油量（压缩空气）、悬浮粒子和微生物。其中纯度可采用直接检测法或测量主要杂质的含量，从 100% 中扣除，杂质的检测可根据产品工艺来进行确定。典型的工艺气体取样策略见表 5-9。

表 5-9 工艺气体取样策略

项目	检测点	检测项目	检测次数	备注
新建系统	所有取样点	根据质量标准	3 次	
改造系统（制备系统更换）	所有取样点	根据质量标准	3 次	
改造系统（改造涉及气体主管路）	改造点及其后端所有使用点	根据质量标准	1 次	
改造系统（改造仅涉及气体支管路）	涉及支管路的使用点	根据质量标准	1 次	
再确认	所有取样点	根据质量标准	1 次	采用年度回顾的方式则无需开展此检测

注：工艺气体取样应确保每次之间至少间隔 1 天。

5.4.2 取样点设计

背景介绍

工艺气体与产品或产品接触面直接接触会影响产品质量。因此所有药品生产过程中与药品直接接触的、设备吹扫的工艺气体用气点应设定为取样点，其他用气点可根据需求评估是否需要检测或检测部分项目。

工艺气体质量应始终符合为工艺制定的标准，并且不应对产品质量产生不利影响。在工艺气体系统中，出于质量控制或过程控制的目的，每个取样点的位置应进行设计，并在文件中规定。

常规工艺气体取样点位置包括：

- 制备系统总出；

- 集中供应系统的总出或分配系统总进；

- 所有与产品或产品接触面直接接触的气体用点；

- 如果无法对最终用点进行取样，则在最终用点的最终过滤器之前取样（此时应结合滤芯完整性检测的结果来评估末端用气的质量）；

- 排至洁净室中的无菌仪表／阀门排气点；

- 其他经风险评估得出的取样点。

取样点位置的设计应考虑其他潜在污染物的影响，应尽可能在气体使用所处洁净级别的洁净室内进行取样，避免环境干扰。后续运行过程中，可根据系统运行数据回顾评估取样点位置是否需要进行调整。

5.4.3 日常监控

工艺气体系统的日常监控应当包含周期性检测、改造后检测等。工艺气体系统运行相对较稳定，因此不需要频繁的进行周期性检测，检测周期可根据评估来进行确定，但在发生改造或用途变更后应进行检测。

5.4.4 定期性能评估

工艺气体系统应当定期开展性能评估工作，可以采用定期再确认或者采用年度回顾的方式。工艺气体在未出现改造等情况时，运行相对稳定，因此再确认的频率可以相对较低，可采用年度回顾的方式来判定是否需要开展再确认活动。

5.5 工艺气体系统管控要点

5.5.1 滤芯

背景介绍

滤芯的使用，对于工艺气体的最终质量起到至关重要的作用，通常情况下工艺气体中可能包括以下滤芯（不包括气体制备设备上安装的滤芯）：

➢ 预干燥过滤（T级）

通常用于去除小颗粒并帮助保持干燥介质清洁。通用滤芯通常与高效油/碳氢化合物去除滤芯结合使用，以去除大气污染物和小微粒。

➢ 干燥后过滤（A级）

在干燥器之后，将使用一套类似预干燥过滤的滤芯来防止任何颗粒从干燥器迁移到系统中。对于油润滑压缩机，使用高效油/碳氢化合物聚结滤芯作为控制手段（无油压缩机不需要）。

在气体储存系统（接收器）之后，滤芯组可设计为并联系统，以允许在系统保持运行时更换滤芯。

➢ 终端滤芯

终端滤芯通常在使用点之前，以确保进入使用点的气体符合要求。对于无菌制剂，应安装 0.22μm（更小或相同过滤效力）除菌滤芯，更换前后需要开展滤芯的完整性检测，同时更换前需对其进行灭菌。

对于口服固体制剂，可安装 0.22μm（更小或相同过滤效力）除菌滤芯，若最终气体质量符合工艺需求，0.45μm 或 1μm 滤径的过滤器也可用于终端过滤。

制药气体分配系统通常在发生源处使用 1μm 或更小的滤芯进行保护。如果需要无菌气体或无菌排气，通常在交付或使用点由 0.22μm（更小或相同过滤效力）疏水除菌级滤芯过滤。

无菌制剂与药品或设备内表面直接接触的工艺气体滤芯可以离线灭菌并进行无菌组装，也可以通过纯蒸汽进行在线灭菌（SIP），非最终灭菌制剂建议使用在线蒸汽灭菌方式。对于一次性使用的生物反应器和其他一次性系统，滤芯也可以采用辐射灭菌方式进行灭菌（PTFE 膜经高强度辐射会降低其性能）。

气体除菌滤芯通常由疏水性聚四氟乙烯（PTFE）或疏水性聚偏二氟乙烯（PVDF）制成的 0.22μm（更小或相同过滤效力）级微孔膜。带有 PTFE 膜的滤芯与辐射不兼容。一些 0.22μm（更小或相同过滤效力）微孔膜过滤器也适用于去除小至 20nm（0.020μm）的空气传播病毒和小至 0.003μm 的空气传播颗粒。

实施指导

根据用户风险评估和预期用途过滤器可能会进行完整性测试：

- 使用前；
- 使用后；
- 在预定的时间间隔；
- 用于直接接触无菌药液或无菌设备表面的气体的过滤器，应在每批或多批次连续生产结束后对其进行完整性测试；
- 在被认为可能造成滤芯失效的事件之后（例如，灭菌、高温气流）。

除菌气体过滤器完整性测试方法主要有以下几种：

- 泡点压力测试；
- 扩散流测试；
- 水侵入测试；
- 压力保持（衰减）测试。

不同制造商的完整性测试参数并不完全一致，应参考滤芯说明书或咨询滤芯和自动完整性测试设备的制造商，以确保检测结果准确。

5.5.2 气体系统压力容器安全

背景介绍

压力容器，是指盛装气体或液体，承载一定压力的密闭设备，其范围规定为最高工作压力大于或等于 0.1MPa（表压），且压力与容积的乘积大于或等于 2.5MPa·L 的气体、液化气体和最高工作温度高于或等于标准沸点的液体的固定式容器和移动式容器；盛装公称工作压力大于或等于 0.2MPa（表压），且压力与容积的乘积大于或等于 1.0MPa·L 的气体、液化气体和标准沸点等于或低于 60℃的液体的气瓶、氧舱等。

实施指导

A. 压力容器的检验

➤压力容器的年度检查

在用压力容器每年须进行一次年度检查。在压力容器年度检查有效期届满前向特检院提出年度检查要求（亦可根据当地法规要求开展）。

年度检查的项目包括压力容器安全管理情况、压力容器本体及其运行状况和压力容器安全附件检查等，其中：

• 安全管理情况的检查包括：出厂资料、日常的维护、运行和检查记录，年度检查报告和定期检验报告，安全附件及仪表的校验（检定）记录等；

• 压力容器本体的检查包括：压力容器的本体、接口部位、焊接接头是否有裂纹、变形的检查，外表面有无腐蚀，检漏孔有无漏液，支座有无损坏，基础有无下沉等；

• 安全附件的检查包括：安全阀、爆破片、安全联锁装置等检查，仪表的检查包括对压力表、液位计、测温仪等的检查。

➤压力容器的定期检验

新压力容器在投入使用满 3 年进行首次定期检验，首次检验后的压力容器需开展定期检验，周期根据检验报告中下次检验日期确定。

B. 压力容器的使用

企业应当配备专职的压力容器安全管理人员，并经特检院培训考核合格，取得《特种设备安全管理和作业人员证》（A 特种设备安全管理），方可从事压力容器安全管理工作。

快开门式压力容器操作人员应经特检院培训考核合格，取得《特种设备安全管理和作业人员证》（R1 快开门式压力容器操作），方可从事压力容器操作。

C. 压力容器的计量

所有压力容器的压力计量表全部作为 A 类测量设备进行管理，每半年校验一次。

信息化和计算机化系统

GMP

目 录

6.4 计算机化系统验证 ·· 837

6.1 概述

我国 GMP（1998 年修订）没有涉及信息化内容，2010 年修订的 GMP 对信息化有所阐述。2015 年，GMP 计算机化系统附录发布，体现了监管对行业信息化进一步的关注。整体来看，是否需要使用计算机化系统，GMP 及相关法规对制药行业没有提出强制要求，目前仅对疫苗企业的信息化使用提出了明确要求。2019 年颁布的《疫苗管理法》，对疫苗生产企业的信息化使用，从法律层面提出了规范要求；2020 年修订的 GMP 生物制品附录规定："疫苗生产企业应采用信息化手段如实记录生产、检验过程中形成的所有数据，确保生产全过程持续符合法定要求。"

与此同时，在国家加强药品监管和医药产业结构调整的大背景下，制药企业为更好地确保生产制造信息真实、准确、完整和可追溯，开展信息化建设已经成为趋势。医药工业成为"中国制造 2025"发展重点领域。工信部、发改委、药监局等多部委发布《"十四五"医药工业发展规划》，其中提出"推动信息技术与生产运营深度融合"。政府引导下的信息化建设实践增加，例如部分省市开展数字化车间智能工厂示范项目，制药企业多有参与；部分省市借助信息化系统，开展在线采集药品生产、检验等过程关键参数进行风险调查评估的尝试。

信息化系统能够基于一定的目标和规则，对信息进行采集、加工、存储、传输、检索等处理。制药企业信息化建设一般涉及仓储管理系统（WMS）、制造执行系统（MES）、实验室信息管理系统（LIMS）、质量管理系统（QMS）、分散控制系统（DCS）、数据采集与监视控制系统（SCADA）等，以及从管理运营层面对企业进行管理的企业资源管理系统（ERP）。各系统管理不同业务领域，但又形成紧密集成关系。

工信部、国家标准化管理委员会发布的《国家智能制造标准体系建设指南》，以及 ISA95 企业系统与控制系统集成国际标准，都对企业信息化系统框架提出了建设性意见。企业结合自身业务发展需求和未来方向，提出适合的信息化系统架构。

决策支持层	数据仓库 DW				商业智能 BI		
	企业资源管理系统 ERP 销售、采购、仓储、应付应收、总账、固定资产等	供应商管理系统 SRM	销售管理系统 CRM	办公自动化系统 OA	质量管理系统 QMS 偏差、CAPA、变更、审计、OOS等	文档管理系统 DMS 文档管理、审批、版本管理等	培训管理系统 TMS 培训计划、培训执行、记录管理等
生产管理层	仓储管理系统 WMS 物料入库、物料出库、库存盘点等	生产排程 APS 生产计划排程	生产执行系统 MES 称量、生产执行、电子批记录等	实验室管理系统 LIMS 检验计划、检验数据、判定、试剂管理等			
控制监测层	仓库控制系统 WCS	分散控制系统 DCS	设备数据采集和监控 SCADA	楼宇管理系统 BMS	环境监测系统 EMS		
操作感知层	自动化仓库、AGV、生产工艺设备、公用工程设备、实验室分析仪器						

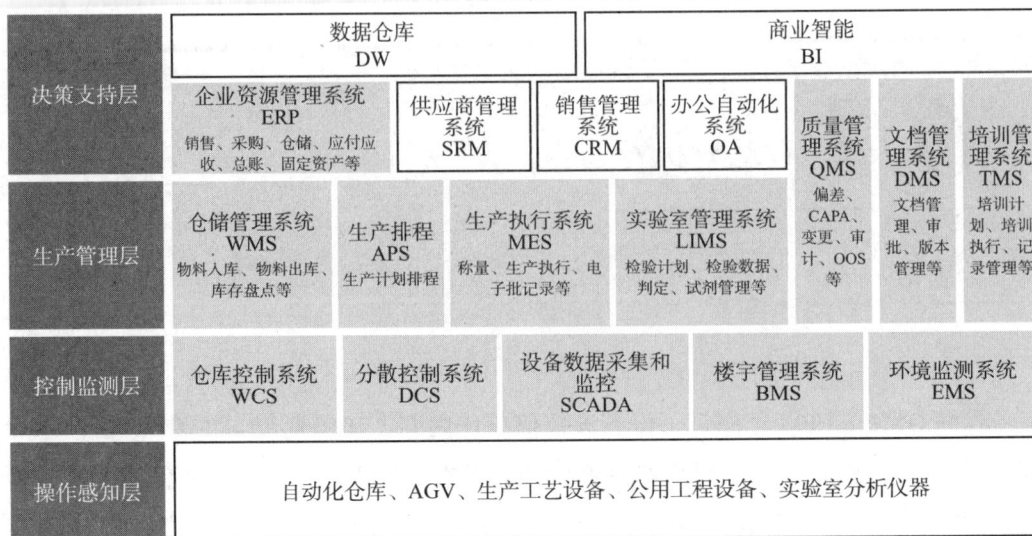

图 6-1 制药企业信息化系统架构示意图

（实心色块部分为本次涉及的 GMP 相关系统，其他部分为相关周边系统和设施设备）

信息化系统是信息化的基础，使用信息化系统来管理制药生产质量体系，帮助企业在符合数据可靠性、满足监管要求的前提下提升运行效率，降低生产成本，已经成为众多企业共识。相比石油、化工、钢铁等其他行业，制药行业信息化程度不高，建设时间不长，法规要求更为严格，因此对各计算机化系统的基本功能、管理范围、对接集成、实施风险控制、数据可靠性保证，是越来越多企业关注所在。

基于此，本部分以符合我国 GMP 要求为标准，以良好实践为指导，介绍企业可能会涉及的系统的一般性功能、系统之间关系边界、系统实施方式和实施重点，为企业提供系统规划、导入和使用的参考建议，帮助企业高效合规地进行信息化建设。

本部分共包括 4 章：第 1 章，介绍了当前信息化建设的背景、信息化系统框架；第 2 章，介绍了药品制造各环节的信息化管理系统如何符合 GMP 要求，基于合规进行的信息化集成的建议，及信息化系统需要遵守的数据可靠性要求，该部分也对一些新兴信息化技术做了适当介绍；第 3 章，以系统生命周期为框架，从计划、实施、运行、退役几个阶段，对如何导入一个数据可靠、风险可控的计算机化系统，提出了基于良好实践的解决方案，并给出了参考案例；第 4 章，给出了计算机化系统验证的实施要点和案例。

本部分所列举的解决方案和案例，仅作为企业在引入信息化实施 GMP 过程中的参考性做法，不代表标准或强制解决方案。企业可根据自身条件和产品特点，制定符合企业实际和发展阶段的设计和管理方式，以便更有效地实施 GMP 管理，满足 GMP 要求。

6.2 GMP 要求与信息化系统

使用信息化系统进行生产制造管理，可将 GMP 的要求具体化和程序化，保证与 GMP 相关的活动按照合规的方式执行。同时，信息化系统的使用，减少了对人工的依赖，降低了人为差错的可能，提高了记录的数据可靠性。系统对 GMP 活动的记录，便于对生产制造相关数据进行统计分析，为质量管控提供了进一步依据。

本章围绕 GMP 具体地解读了管理药品制造各环节的信息化系统如何符合 GMP 条例要求，以及基于合规而进行的信息化交互架构建议。

6.2.1 机构与人员

企业开展信息化工作时，以下关于机构与人员的 GMP 要求，可以考虑由信息化系统管理。

法规要求 ······

药品生产质量管理规范（2010 年修订）

第二十六条 指出，"应当有经生产管理负责人或质量管理负责人审核或批准的培训方案或计划，培训记录应当予以保存"。

第二十七条 指出，"定期评估培训的实际效果"。

若上述部分实现由系统管理，一般体现为：

- 培训方案和计划的统一管理；
- 培训内容配置管理；

● 对培训教材、培训方案、培训过程、测评题目等培训记录进行保存并可以检索查看；

● 培训效果的评估，可以由线上课程、课后问题和测评实现，也可以由线上组织部门、岗位集体考试来实现。评估结果可以采用不同等级，例如合格/不合格，或者分值。

实施指导

GMP 中涉及的人员培训要求一般由培训管理系统（TMS）实现信息化管理，当然也可以由具有相关功能的类似系统实现。

TMS 基本功能如下：

● 培训计划管理，支持建立不同类型、不同方式的培训计划，计划经批准方可执行；

● 培训内容管理，对不同的组织或岗位可以实施针对性培训，具体内容可配置；

● 培训结果管理，可以通过考试等方式对培训效果进行评估，结果可与资质证书关联；

● 资质能力管理，上岗资质管理，资质证书管理；

● 统计视图及报告，记录用户的培训进程、培训等级、参加课程项目、培训使用时间等，以便企业回顾总结；

● 其他功能。

GMP 涉及的人员资质、人员职责和人员培训的相关培训材料、资质文件，也可以在文件管理系统（DMS）中进行管理。对于 DMS 的功能介绍，参见 6.2.5 文件管理。

TMS 一般主要和 DMS、QMS 对接，当然也会直接或间接与 MES、LIMS、ERP 等系统对接，管理相关系统的资质有效期等相关内容。图 6-2 为 DMS 与 TMS 交互架构示例。

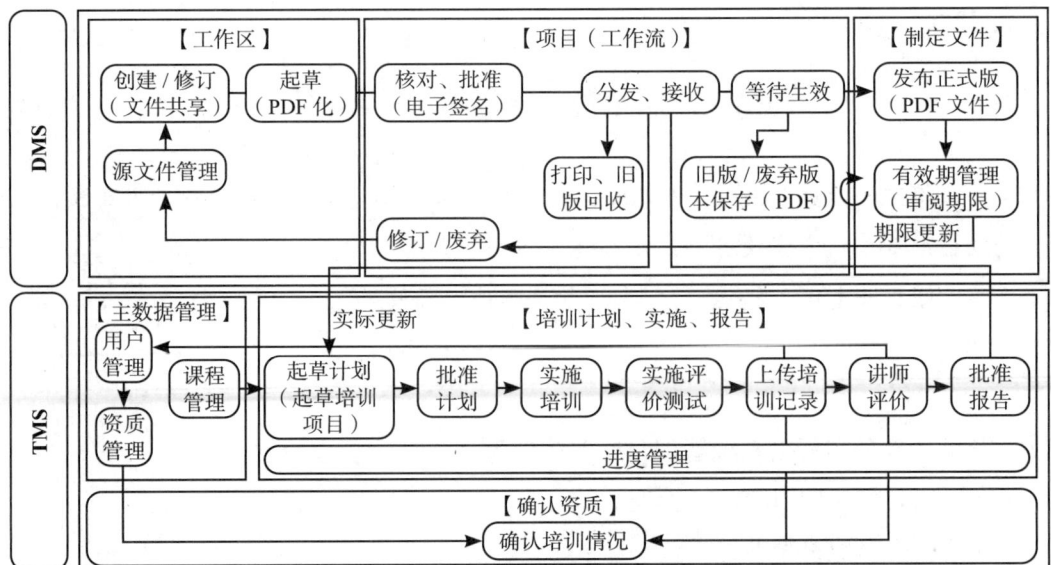

图 6-2 TMS、DMS 交互架构示例

6.2.2 厂房与设施

企业开展信息化工作时，以下关于环境控制和监测的 GMP 要求，可考虑使用信息化系统管理。

法规要求

药品生产质量管理规范（2010 年修订）

第四十八条 应当根据药品品种、生产操作要求及外部环境状况等配置空调净化系统，使生产区有效通风，并有温度、湿度控制和空气净化过滤，保证药品的生产环境符合要求。

洁净区与非洁净区之间、不同级别洁净区之间的压差应当不低于 10 帕斯卡。必要时，相同洁净度级别的不同功能区域（操作间）之间也应当保持适当的压差梯度。

第五十三条 产尘操作间（如干燥物料或产品的取样、称量、混合、包装等操作间）应当保持相对负压或采取专门的措施，防止粉尘扩散、避免交叉污染并便于清洁。

第二百条 应当进行中间控制和必要的环境监测，并予以记录。

若上述部分实现由系统管理，一般体现为：

• 上述法规，对各类药品提出了风量、温湿度、洁净空间压差、粒子浓度等具体控制要求。系统应支持对上述项目的控制和监测设定，可以根据附录要求和企业自身质量标准执行；

• 系统应支持显示和记录关键房间的温度、湿度、相对大气的压差及参数以及悬浮粒子数；

• 系统应支持设置报警上下限和不同的报警级别，记录报警信息，例如地点、报警值、描述、日期时间、确认状态等；

• 系统应支持对例如送风回风温度、送风湿度、房间相对大气的正压差等进行自动控制；

● 企业可能会有节能考虑，系统应支持根据不同季节的室内外温湿度差，设计不同新 / 回风比；

● 系统应支持保存历史数据，且能以趋势图的方式展示。

实施指导

GMP 中涉及的生产环境控制和检测要求一般由楼宇管理系统（BMS）和环境监测系统（EMS）实现管理，当然也可以由具有相关功能的类似系统实现。

楼宇管理系统（BMS），监视和控制洁净室空调系统，对风量和压差进行控制，确保生产环境的风量、压差、温湿度等满足用户需求和相关规定。

BMS 一般同时涉及对厂区内车间洁净区和非车间洁净区域的管理。当涉及对车间生产洁净区域管理时，该部分需要基于风险评估执行适当的计算机化系统验证活动。

BMS 功能包括但不限于：

● 温湿度控制、风量和压差控制、过滤器监控等；

● 空调系统运行模式调整，如生产模式、消毒模式、值班模式等；

● 通过上位机实施监控，实时报警、记录查询、权限管理、电子签名等；

● 其他功能。

报警信息	数据显示	权限管理	趋势展示	HVAC 系统 温湿度、空气净度、空气循环
记录查询	文件输出	数据输入	审计追踪	公用工程系统 冷水系统、冷却塔系统、空压机系统、热水系统
远程控制	变量记录	数据归档		

图 6-3 BMS 功能架构示例

环境监测系统（EMS），对指定区域的温度、湿度、压差、悬浮粒子等关键参数进行采集、记录，实时对异常情况报警，并将记录汇总，形成可查询和可追溯的电子数据。

EMS 功能包括但不限于：

● 实时监控，对控制区域内温湿度、压差、悬浮粒子等的监测；

- 报警回溯，对超限温湿度、压差、悬浮粒子等进行报警；
- 趋势分析，对实时数据采集和历史数据归档进行趋势分析；
- 其他功能。

实时监控	趋势展示	权限管理	数据归档
登录管理	审计追踪	文件输出	数据显示
报警信息	报表功能	变量记录	记录查询

图 6-4 EMS 功能架构示例

BMS/EMS 与信息化系统的交互架构可根据企业需求决定，如有必要可预留与 MES、SCADA 等系统的接口，以备未来信息化建设需求。

6.2.3 设备

GMP 对设备主要从设计安装、维修维护、使用和清洁、校准等几个部分提出了相关规定。在执行上述活动时，信息化系统能够帮助企业实现设备活动有据可查，设备生命周期全过程处于有效控制。

企业开展信息化工作时，以下关于设备的 GMP 要求，可以考虑使用信息化系统管理。

法规要求 ....

药品生产质量管理规范（2010 年修订）

第七十三条 应当建立并保存设备采购、安装、确认的文件和记录。

第七十八条 生产用模具的采购、验收、保管、维护、发放及报废应当制定相应操作规程，设专人专柜保管，并有相应记录。

若上述部分实现由系统管理，一般体现为：

● 系统应支持对采购、安装、确认、维护、报废等设备全生命周期活动进行记录，并方便用户进行查询；

● 对设备技术资料，例如设备采购计划、购买合同、用户需求、使用说明书、维修手册、备件手册、材质证明、生产许可证明、设计和安装确认等文件和记录进行电子化管理，系统中保存相关资料和记录。

法规要求

药品生产质量管理规范（2010年修订）

第八十条 应当制定设备的预防性维护计划和操作规程，设备的维护和维修应当有相应的记录。

第八十一条 经改造或重大维修的设备应当进行再确认，符合要求后方可用于生产。

第八十六条 用于药品生产或检验的设备和仪器，应当有使用日志，记录内容包括使用、清洁、维护和维修情况以及日期、时间、所生产及检验的药品名称、规格和批号等。

若上述部分实现由系统管理，一般体现为：

● 系统应支持基于时间、运行历史、关键参数状态等信息制定维护保养计划，并形成维护计划文件；

● 系统应支持基于每台设备建立预防性维修计划表，操作人员根据计划表进行日常检查和后续的使用状况跟踪；

● 设备运行出现故障或发现故障隐患时，系统应支持创建故障工单等纠正措施；

● 系统应支持设备故障趋势等数据回顾和分析，例如资产利用率、停机频率、故障原因等分析，以便设备维护相关人员计划相应措施进行预防性维护。

法规要求 ·······

药品生产质量管理规范（2010 年修订）

第九十条 应当按照操作规程和校准计划定期对生产和检验用衡器、量具、仪表、记录和控制设备以及仪器进行校准和检查，并保存相关记录。校准的量程范围应当涵盖实际生产和检验的使用范围。

第九十三条 衡器、量具、仪表、用于记录和控制的设备以及仪器应当有明显的标识，标明其校准有效期。

若上述部分实现由系统管理，一般体现为：

- 系统应支持对生产和检验用的相关设备和器具进行周期性校准和日常校准检查管理，例如对校准记录、校准操作程序、校准状态进行管理；
- 系统应支持查看和查询设备的校准状态或校准有效期。

实施指导

GMP 涉及的企业设备一般由企业资产管理系统（EAM）实现信息化管理，当然也可以由具有相关功能的类似系统实现。

EAM 主要功能范围如下：

- 资产信息管理：设备生命周期内的相关维护管理档案，包括设备的基础台账信息、变更履历、点巡检履历、维保履历等信息；
- 维护工作管理：通过故障报修、计划维修以及预测性维修、预防性维修，避免事后维修可能性，实现设备安全运行最优化；
- 库存管理：对设备备件的出入库及库存进行有效管理，并对备件的库存异常预警；对特种设备及计量设备进行专项管理，定期检定及校准；
- 设备全生命周期管理：采购计划、到货验收、运维管理、调拨转移、设备盘点等的全生命周期管理；
- 点巡检管理：按照计划的周期和方法，对设备规定点位进行预防性检查，保证设备隐患和缺陷及早发现和处理；
- 知识库管理：按照设备及其部位建立完整的设备技术、管理、作业标准知识库；
- 其他功能：如成本/设备绩效分析、报表统计、基础信息管理、日志管理、权限管理。

部分 ERP 具有设备管理功能，对企业的设备台账、设备维修、备品备件、设备状况等进行管理；部分 MES、LIMS 等系统也具有设备管理功能，对例如车间生产设备进行使用状态、使用次数和有效期的管理；对实验室仪器进行使用状态、点检状态、校准和有效期等的管理。

根据企业需求，EAM 一般可以与 ERP、APS、MES 等系统集成。

通过与 EAM 交互，上层系统可以获取设备的可用状态、设备台账信息等；EAM 可以从 MES 取得设备生产状态和生产计划信息，根据相关信息安排设备维修时间；可以从 SCADA 实时将生产设备的关键数据读入 EAM，使设备的维护保养与实际生产运行状态结合，记录设备运行参数，计算设备 OEE 值等；可以将备件出入库信息、维修成本、设备安装报废信息传输至 ERP。

6.2.4 物料与产品

企业开展信息化工作时，以下关于物料与产品的 GMP 要求，可以考虑使用信息化系统管理。

A. 物料接收

法规要求

药品生产质量管理规范（2010 年修订）

第一百零六条 每次接收均应当有记录，内容包括：

（一）交货单和包装容器上所注物料的名称；

（二）企业内部所用物料名称和（或）代码；

（三）接收日期；

（四）供应商和生产商（如不同）的名称；

（五）供应商和生产商（如不同）标识的批号；

（六）接收总量和包装容器数量；

（七）接收后企业指定的批号或流水号；

（八）有关说明（如包装状况）。

若上述部分实现由系统管理，一般体现为：

● 系统应支持标准物料接收功能。物料到货时，需要进行到货信息确认和信息录入，一般包括名称、数量、接收日期、批号、供应商信息、部门、装箱数以及托盘件数、外观情况等；

● 系统应支持唯一编号以追溯供应商批号及到货日期等信息。编号的规则一般可以根据企业需求设置。

B. 取样

法规要求

药品生产质量管理规范（2010 年修订）

第一百零七条 物料接收和成品生产后应当及时按照待验管理，直至放行。

第一百一十一条 一次接收数个批次的物料，应当按批取样、检验、放行。

若上述部分实现由系统管理，一般体现为：

● 生产物料、成品一般是在经过取样，检验合格并放行后才能被使用。对于需要取样的物料，系统应支持按批取样。一般由管理库存的系统（如 WMS/MES/ERP 等）向管理检验的系统（如 LIMS 等）发起请验，一般由 LIMS 等系统管理取样。如有需要，由 WMS/MES/ERP 等系统记录取样量等库存信息；

● 系统应支持能够查询待检物料信息，待检物料能够在系统中区别于其他质量状态的物料；

● 系统应支持合格、待验、不合格等质量状态区分。WMS 一般是从 ERP 或 LIMS 获得检验结果，更新物料质量状态；

● 对于检验结果出现异常等情况的物料，需要进一步进行调查以确定质量状态，系统应支持对库存的锁定或冻结；

● 关于信息化系统满足 GMP 取样要求，可参照 6.2.6 生产管理；关于放行要求，可参照 6.2.8 质量保证中的相关内容。

C. 储存

法规要求 ··

药品生产质量管理规范（2010年修订）

第五十七条 仓储区应当有足够的空间，确保有序存放待验、合格、不合格、退货或召回的原辅料、包装材料、中间产品、待包装产品和成品等各类物料和产品。

第一百一十四条 原辅料应当按照有效期或复验期贮存。贮存期内，如发现对质量有不良影响的特殊情况，应当进行复验。

若上述部分实现由系统管理，一般体现为：

● 系统应支持对仓库根据实际情况进行区域和库位划分管理。库位一般是仓库最小存储对象单位，可以查询对应库位信息；

● 系统应支持对有效期和复验期进行管理，并可根据复验结果对物料质量状态进行自动或手动更新。

D. 物料标识

法规要求 ··

药品生产质量管理规范（2010年修订）

第一百零九条 使用完全计算机化仓储管理系统进行识别的，物料、产品等相关信息可不必以书面可读的方式标出。

第一百一十二条 仓储区内的原辅料应当有适当的标识，并至少标明下述内容：

（一）指定的物料名称和企业内部的物料代码；

（二）企业接收时设定的批号；

（三）物料质量状态（如待验、合格、不合格、已取样）；

（四）有效期或复验期。

若上述部分实现由系统管理，一般体现为：

• 线下流程中，原辅料、包装材料以及中间品和成品，具有标识明确的名称、代码、批号、数量、质量状态、有效期或复验期。信息化系统应同样支持对物料标识的管理，通过发行物料标签或标识，操作人员使用扫描枪对物料进行识别和管理。GMP 指出"使用完全计算机化仓储管理系统进行识别的，物料、产品等相关信息可不必以书面可读的方式标出"。实际操作中，企业可根据情况，决定纸质标签需要体现的内容，其余内容可通过扫码在系统中查看。

E. 生产过程物料管理

法规要求

药品生产质量管理规范（2010 年修订）

第一百一十九条 中间产品和待包装产品应当有明确的标识，并至少标明下述内容：

（一）产品名称和企业内部的产品代码；

（二）产品批号；

（三）数量或重量（如毛重、净重等）；

（四）生产工序（必要时）；

（五）产品质量状态（必要时，如待验、合格、不合格、已取样）。

第一百九十一条 生产期间使用的所有物料、中间产品或待包装产品的容器及主要设备、必要的操作室应当贴签标识或以其他方式标明生产中的产品或物料名称、规格和批号，如有必要，还应当标明生产工序。

若上述部分实现由系统管理，一般体现为：

• 系统应支持发行物料、称量品、中间品、工序品、成品等标签，也可对设备、容器和操作发行标签或相应标识。操作人员通过阅读或扫码，能够读取品名、代码、批号、数量或重量、质量状态、工序（如需要）等基本信息；

• 系统导入后，纸质版标签可以只呈现品名、批号、版号（若为包材），但其他信息需要能够在系统中进行查看和管理；

• 系统应支持对生产过程物料库存按照房间或区域划分。

F. 物料发放

药品生产质量管理规范（2010 年修订）

第一百零七条 物料接收和成品生产后应当及时按照待验管理，直至放行。

第一百零八条 物料和产品应当根据其性质有序分批贮存和周转，发放及发运应当符合先进先出和近效期先出的原则。

第一百二十六条 每批或每次发放的与药品直接接触的包装材料或印刷包装材料，均应当有识别标志，标明所用产品的名称和批号。

第一百三十条 麻醉药品、精神药品、医疗用毒性药品（包括药材）、放射性药品、药品类易制毒化学品及易燃、易爆和其他危险品的验收、贮存、管理应当执行国家有关的规定。

若上述部分实现由系统管理，一般体现为：

● 系统应支持物料以批次为单位进行贮存和流转，支持"先进先出""近效期先出"等基本库存周转原则；

● 一般出库指令由 ERP 发起，WMS 接收到 ERP 的出库指令，包含名称、数量、出库库位、出库目的位置、批号等信息，可以设置指定批号或指定仓库出库需求；

● 现场实物拣货完成后，可以通过扫描设备或 WCS 来进行拣货任务的确认；

● 在系统中确认货物已经发放出库，系统将扣减库存、更新指令信息；

● 特殊药品应支持双人复核功能，特别区域物料发放的出库操作应支持复核作业。

G. 退货、不合格品与废品管理

法规要求

药品生产质量管理规范（2010 年修订）

第一百三十一条 不合格的物料、中间产品、待包装产品和成品的每个包装容器上均应当有清晰醒目的标志，并在隔离区内妥善保存。

第一百三十二条 不合格的物料、中间产品、待包装产品和成品的处理应当经质量管理负责人批准，并有记录。

第一百三十六条 企业应当建立药品退货的操作规程，并有相应的记录，内容至少应当包括：产品名称、批号、规格、数量、退货单位及地址、退货原因及日期、最终处理意见。

若上述部分实现由系统管理，一般体现为：

● 退货、不合格品和废品一般有特别区域区分，可根据预设库位规则推荐相应入库位置。系统应支持对不合格物料和产品的锁定、冻结和报废操作，操作留下电子记录，如有需要，可在关键操作配置电子签名；

● 一般的退货流程是系统从 ERP 获得销售退货信息，并进行退货的仓库入库操作；

● 对于退货品对应的检验操作和质量状态管理，可参照前文"取样"部分的要求。

实施指导

GMP 涉及的物料与产品一般由仓储管理系统（WMS）对工厂仓库实现信息化管理；生产过程物料（车间线边库物料）一般由制造执行系统（MES）管理。部分 ERP 也具有库存管理的功能，例如出入库、盘点、显示库存等。

系统对物料的收货、取样、贮存、发放、成品入库、成品发货等仓储各环节进行管理，通过容许范围检查、入库上架规则和出库规则管理等方式，防止人为失误，支持帮助实际的作业，实现更加严格准确的仓储管理。

WMS 主要功能为：

- 入库管理：管理到货计划、物料和产品入库数量、质量状态等信息，记录收货和上架；
- 库存管理：管理库存数量、库存质量状态、库存异常预警，支持库存查询；
- 出库管理：管理出库信息、分配、拣货、发货；
- 盘点管理：可按物料类型、区域等方式管理库物料盘点；
- 任务管理：任务管理功能是记录产品在系统中所做任务的所有活动，可以查询到已经完成的任务情况和尚未执行的操作任务；
- 报表管理：可以查询物料在系统中所有相关操作活动，并可以通过表单的形式打印；
- 基础设置：客户、物料、批次、区域、库位等基础信息和主数据的设置管理；
- 设备管理：对使用的相关设备的管理；
- 其他功能：如日志管理、权限管理，以及相关符合数据可靠性要求的功能。

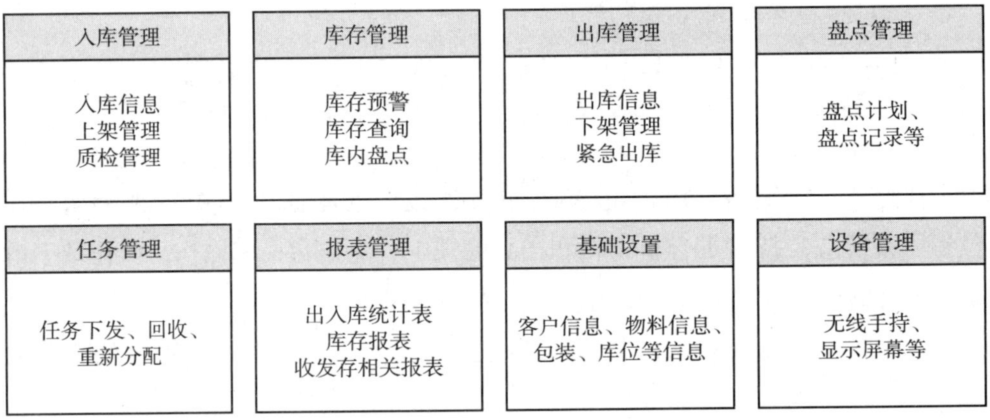

入库管理	库存管理	出库管理	盘点管理
入库信息 上架管理 质检管理	库存预警 库存查询 库内盘点	出库信息 下架管理 紧急出库	盘点计划、 盘点记录等

任务管理	报表管理	基础设置	设备管理
任务下发、回收、 重新分配	出入库统计表 库存报表 收发存相关报表	客户信息、物料信息、 包装、库位等信息	无线手持、 显示屏幕等

图 6-5　WMS 主要功能架构示例

WMS 中入库上架、出库下架等任务执行由仓库控制系统（WCS）管理。WCS 是介于 WMS 和仓库设备之间的一层管理控制系统。WCS 具有基础管理、库位管理、任务调度、自动导引运输车（AGV）管理、设备监控等功能。

WCS 接收 WMS 下发的指令任务，将任务分解至 AGV、分拣机、堆垛机等设备，任务执行过程及状态实时反馈 WMS。企业一般使用 WMS 和 WCS 结合现场的升降机、堆垛机、AGV 等设备，管理自动化立体仓库。

WMS 一般与 MES、ERP、LIMS 系统交互，与这些系统交换物料和产品相关信息。WMS 管理立体库的情况下，一般 WMS 与 WCS 对接；WCS 接收调度指令，执行物料调配任务。为了满足追溯要求，WMS 系统也与电子监管码赋码系统对接。

WMS 常见交互架构见图 6-6。

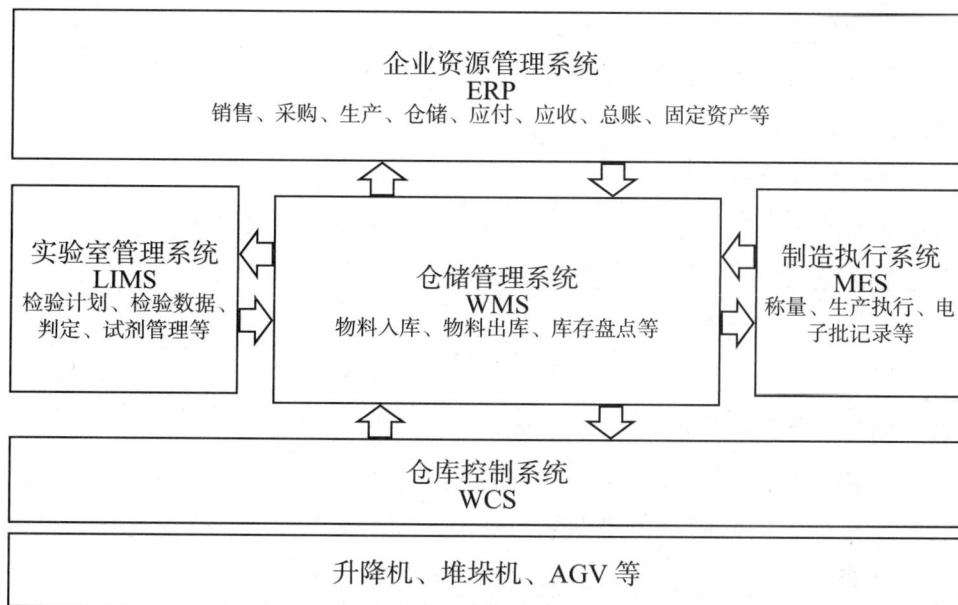

图 6-6　WMS 与周边系统集成架构

6.2.5 文件管理

企业开展信息化工作时，以下关于文件管理的 GMP 要求，可以考虑使用信息化系统管理。

法规要求 ···

药品生产质量管理规范（2010 年修订）

第一百五十一条　企业应当建立文件管理的操作规程，系统地设计、制定、审核、批准和发放文件。与本规范有关的文件应当经质量管理部门的审核。

第一百五十三条　文件的起草、修订、审核、批准、替换或撤销、复制、保管和销毁等应当按照操作规程管理，并有相应的文件分发、撤销、复制、销毁记录。

第一百五十四条　文件的起草、修订、审核、批准均应当由适当的人员签名并注明日期。

第一百六十三条 如使用电子数据处理系统、照相技术或其他可靠方式记录数据资料，应当有所用系统的操作规程；记录的准确性应当经过核对。

使用电子数据处理系统的，只有经授权的人员方可输入或更改数据，更改和删除情况应当有记录；应当使用密码或其他方式来控制系统的登录；关键数据输入后，应当由他人独立进行复核。

若上述部分实现由系统管理，一般体现为：

● 系统应支持对文件内容和文件格式的模板进行配置管理；支持对起草、核对、批准、发放等工作流程进行配置管理；

● 当对文件执行相关操作，系统应支持留下电子记录；

● 工作流的确认、核对、批准、驳回或变更数据等关键步骤执行时，需要电子签名。

法规要求

药品生产质量管理规范（2010 年修订）

第一百五十八条 文件应当定期审核、修订；文件修订后，应当按照规定管理，防止旧版文件的误用。分发、使用的文件应当为批准的现行文本，已撤销的或旧版文件除留档备查外，不得在工作现场出现。

若上述部分实现由系统管理，一般体现为：

● 对文件进行版本控制，所有使用文档应当在有效期内，不允许同时有两个版本文件在系统中处于可使用状态。

法规要求

药品生产质量管理规范（2010 年修订）

第一百六十二条 每批药品应当有批记录，包括批生产记录、批包装记录、批检验记录和药品放行审核记录等与本批产品有关的记录。批记录应当由质量管理部门负责管理，至少保存至药品有效期后一年。

第一百六十三条 用电子方法保存的批记录，应当采用磁带、缩微胶卷、纸质副本或其他方法进行备份，以确保记录的安全，且数据资料在保存期内便于查阅。

若上述部分实现由系统管理，一般体现为：

● 系统应支持对批生产记录、批包装记录、批检验记录和药品放行审核记录的记录和保存；

● 系统应支持企业信息化部门数据备份管理策略，满足法律规范对于文件保存期限的管理要求，例如批记录需要满足"至少保存至药品有效期后一年"的要求。

实施指导

GMP 文件管理一般由文档管理系统（DMS）实现信息化管理。对于批生产记录、批包装记录、批检验记录等当然也可以由 MES、LIMS 等系统实现管理。

DMS 是对文档从创建、审批、发布、培训、再修订到作废的生命周期进行管理，帮助企业确保文档的一致性和合规性。对文档的权限控制保证了文档只能被授权的用户查看，确保了文档的安全性。

DMS 基本功能包括：

● 文档模板和内容模板的创建；

● 业务流程的在线审批和文件的变更修订；

● 文件的打印、分发和回收；

● 文件的归档和作废；

● 自动生成文件复审日期和复审计划；

● 其他功能如基础信息管理、日志管理、权限管理，以及相关符合数据可靠性要求的功能。

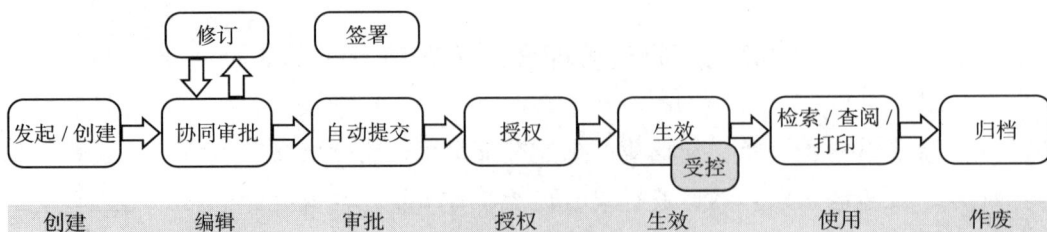

图 6-7 文档生命周期管理示意图

6.2.6 生产管理

企业开展信息化工作时，以下关于生产管理的 GMP 要求，可以考虑使用信息化系统管理。

A. 制造执行基本要求

法规要求

药品生产质量管理规范（2010 年修订）

第一百八十四条 所有药品的生产和包装均应当按照批准的工艺规程和操作规程进行操作并有相关记录，以确保药品达到规定的质量标准，并符合药品生产许可和注册批准的要求。

第一百八十八条 不得在同一生产操作间同时进行不同品种和规格药品的生产操作，除非没有发生混淆或交叉污染的可能。

第一百九十五条 应当尽可能避免出现任何偏离工艺规程或操作规程的偏差。一旦出现偏差，应当按照偏差处理操作规程执行。

若上述部分实现由系统管理，一般体现为：

• 系统应支持基于经批准的工艺规程和操作规程，对主数据和电子处方进行配置；

• 系统应支持对生产操作间通过配置与处方进行绑定，可对同一生产操作间不同

品种和规格药品的生产进行限制;

● 系统应支持配置清场操作步骤和提示,员工操作时需要依据配置的操作步骤执行清场;

● 系统应支持对生产过程中的异常事件或偏差进行记录,包括对原因的注释说明。一般而言,MES 记录基本异常事件或偏差信息,进一步的调查和结果判定,可以在线下或 QMS 中执行。事件或偏差关闭后,需要具有权限的人员在 MES 中进行确认批准。

B. 生产操作管理

法规要求

药品生产质量管理规范(2010 年修订)

第一百九十九条 生产开始前应当进行检查,确保设备和工作场所没有上批遗留的产品、文件或与本批产品生产无关的物料,设备处于已清洁及待用状态。检查结果应当有记录。

生产操作前,还应当核对物料或中间产品的名称、代码、批号和标识,确保生产所用物料或中间产品正确且符合要求。

第二百条 应当进行中间控制和必要的环境监测,并予以记录。

第二百零四条 包装操作前,还应当检查所领用的包装材料正确无误,核对待包装产品和所用包装材料的名称、规格、数量、质量状态,且与工艺规程相符。

若上述部分实现由系统管理,一般体现为:

● 系统应支持通过电子处方中的电子 SOP 记录等方式,将现场准备情况、设备状况等工作场所和设备检查结果记录在系统中;

● 系统应支持发行原辅料、包装材料、中间品、半成品、成品等各类型标签。标签信息至少应该包含产品名称、规格、批号等基本信息,操作员工可以通过直接阅读标签或扫码确认等操作进行识别,确保物料流转和投料准确无误;

● 系统应支持对中间控制和环境监测的操作步骤和数据等基本信息记录。关于生产现场的环境监测信息化,可以参考 6.2.2 厂房与设施;

● 系统应支持包装产品的操作前确认，例如通过标签扫描确认领用的待包装品和包装材料。

C. 生产过程控制

法规要求 ⋯⋯⋯⋯⋯⋯⋯⋯⋯⋯⋯⋯⋯⋯⋯⋯⋯⋯⋯⋯⋯⋯⋯⋯⋯⋯⋯⋯

药品生产质量管理规范（2010 年修订）

第一百一十六条　配制的每一物料及其重量或体积应当由他人独立进行复核，并有复核记录。

第一百六十九条　工艺规程不得任意更改。如需更改，应当按照相关的操作规程修订、审核、批准。

第一百七十条　制剂的工艺规程的内容至少应当包括：

（一）生产处方：

1. 产品名称和产品代码。

2. 产品剂型、规格和批量。

3. 所用原辅料清单（包括生产过程中使用，但不在成品中出现的物料），阐明每一物料的指定名称、代码和用量；如原辅料的用量需要折算时，还应当说明计算方法。

（二）生产操作要求：

1. 对生产场所和所用设备的说明（如操作间的位置和编号、洁净度级别、必要的温湿度要求、设备型号和编号等）；

2. 关键设备的准备（如清洗、组装、校准、灭菌等）所采用的方法或相应操作规程编号；

3. 详细的生产步骤和工艺参数说明（如物料的核对、预处理、加入物料的顺序、混合时间、温度等）；

4. 所有中间控制方法及标准；

5. 预期的最终产量限度，必要时，还应当说明中间产品的产量限度，以及物料平衡的计算方法和限度；

6. 待包装产品的贮存要求，包括容器、标签及特殊贮存条件；

7. 需要说明的注意事项。

（三）包装操作要求：

1. 以最终包装容器中产品的数量、重量或体积表示的包装形式；

2. 所需全部包装材料的完整清单，包括包装材料的名称、数量、规格、类型以及与质量标准有关的每一包装材料的代码；

3. 印刷包装材料的实样或复制品，并标明产品批号、有效期打印位置；

4. 需要说明的注意事项，包括对生产区和设备进行的检查，在包装操作开始前，确认包装生产线的清场已经完成等；

5. 包装操作步骤的说明，包括重要的辅助性操作和所用设备的注意事项、包装材料使用前的核对；

6. 中间控制的详细操作，包括取样方法及标准；

7. 待包装产品、印刷包装材料的物料平衡计算方法和限度。

若上述部分实现由系统管理，一般体现为：

● 系统应支持针对关键操作配置复核步骤，例如中间控制人员对称量完成的物料进行复核，复核需要签名并留下电子记录；

● 系统中主数据和电子处方的配置需要符合工艺规程要求。应支持依据工艺规程对主数据、处方等进行配置、删除、升版、生效等版本管理，上述管理由具有权限的员工操作；

● 系统应支持与其他经过验证的信息化系统（例如 ERP）同步或具有权限的人员人工维护的方式对主数据（含处方主数据）进行管理，这些内容可以包括 GMP 正文第一百七十条涉及的生产处方、生产操作要求、包装操作要求等相关内容；

● 通过电子 SOP，可以记录生产场所和所用设备的说明、关键设备的准备情况、详细的生产步骤和工艺参数说明等 GMP 第一百七十条涉及的关键信息；

● 生产过程中，设备工艺参数可以通过分散控制系统（DCS）或数据采集及监控系统（SCADA）获取，并通过数据接口传输至 MES，避免人工输入错误的风险；

● 针对细胞治疗产品，可以根据不同产品需求，匹配注册批准的范围内的生产方案且能人为修改。系统根据方案匹配操作步骤，且可以申请调整步骤，由具有权限的相关人员审批。

D. 生产批记录

法规要求 ···

药品生产质量管理规范（2010年修订）

　　第一百七十一条　每批产品均应当有相应的批生产记录，可追溯该批产品的生产历史以及与质量有关的情况。

　　第一百七十二条　批生产记录应当依据现行批准的工艺规程的相关内容制定。记录的设计应当避免填写差错。批生产记录的每一页应当标注产品的名称、规格和批号。

　　第一百七十四条　在生产过程中，进行每项操作时应当及时记录，操作结束后，应当由生产操作人员确认并签注姓名和日期。

　　第一百七十五条　批生产记录的内容应当包括：

　　（一）产品名称、规格、批号。

　　（二）生产以及中间工序开始、结束的日期和时间。

　　（三）每一生产工序的负责人签名。

　　（四）生产步骤操作人员的签名；必要时，还应当有操作（如称量）复核人员的签名。

　　（五）每一原辅料的批号以及实际称量的数量（包括投入的回收或返工处理产品的批号及数量）。

　　（六）相关生产操作或活动、工艺参数及控制范围，以及所用主要生产设备的编号。

　　（七）中间控制结果的记录以及操作人员的签名。

　　（八）不同生产工序所得产量及必要时的物料平衡计算。

　　（九）对特殊问题或异常事件的记录，包括对偏离工艺规程的偏差情况的详细说明或调查报告，并经签字批准。

　　第一百七十六条　每批产品或每批中部分产品的包装，都应当有批包装记录，以便追溯该批产品包装操作以及与质量有关的情况。

　　第一百七十七条　批包装记录应当依据工艺规程中与包装相关的内容制定。记录的设计应当注意避免填写差错。批包装记录的每一页均应当标注所包装产品的名称、规格、包装形式和批号。

第一百七十九条 在包装过程中，进行每项操作时应当及时记录，操作结束后，应当由包装操作人员确认并签注姓名和日期。

第一百八十条 批包装记录的内容包括：

（一）产品名称、规格、包装形式、批号、生产日期和有效期。

（二）包装操作日期和时间。

（三）包装操作负责人签名。

（四）包装工序的操作人员签名。

（五）每一包装材料的名称、批号和实际使用的数量。

（六）根据工艺规程所进行的检查记录，包括中间控制结果。

（七）包装操作的详细情况，包括所用设备及包装生产线的编号。

（八）所用印刷包装材料的实样，并印有批号、有效期及其他打印内容；不易随批包装记录归档的印刷包装材料可采用印有上述内容的复制品。

（九）对特殊问题或异常事件的记录，包括对偏离工艺规程的偏差情况的详细说明或调查报告，并经签字批准。

（十）所有印刷包装材料和待包装产品的名称、代码，以及发放、使用、销毁或退库的数量、实际产量以及物料平衡检查。

若上述部分实现由系统管理，一般体现为：

• 系统应支持生产记录电子化。在系统上手工录入生产操作信息和生产数据，或通过与其他系统对接录入。支持记录生产操作人员对操作结束后的确认签名和时间。生产完成后，系统中形成电子批记录，并支持输出打印；

• 电子批记录应支持依据现行批准的纸质批记录和工艺规程相关内容进行配置；

• 电子批记录模板的生命周期管理，批记录模板审核和批准仅可由有权限人员执行，系统保留版本变更记录和审批记录；

• 系统应支持产品方向、物料方向追溯的双向追溯，在系统中查询该批产品生产历史和质量有关情况。

E. 批次管理

法规要求 ··

药品生产质量管理规范（2010 年修订）

第一百八十五条 应当建立划分产品生产批次的操作规程，生产批次的划分应当能够确保同一批次产品质量和特性的均一性。

第一百八十六条 应当建立编制药品批号和确定生产日期的操作规程。每批药品均应当编制唯一的批号。除另有法定要求外，生产日期不得迟于产品成型或灌装（封）前经最后混合的操作开始日期，不得以产品包装日期作为生产日期。

若上述部分实现由系统管理，一般体现为：

● 在经过一个或若干加工过程生产的、具有预期均一质量和特性的一定数量的原材料、包材或成品称之为批。系统应支持通过生产批次对产品进行区分，生产批次在系统中具有唯一性。针对细胞治疗企业需求，系统应支持可以细化到以个体患者 ID 为单位管理；

● 系统应支持通过对生产日期确定方式的定义，在产品产出时，按定义方式自动计算生产日期；

● 系统应支持通过批号追踪和审查该批药品的生产记录、生产历史等关键信息。

F. 物料平衡

法规要求 ··

药品生产质量管理规范（2010 年修订）

第一百七十条 制剂的工艺规程的内容至少应当包括：

（二）生产操作要求：

5.预期的最终产量限度，必要时，还应当说明中间产品的产量限度，以及物料平衡的计算方法和限度；

第一百七十五条　批生产记录的内容应当包括：

（八）不同生产工序所得产量及必要时的物料平衡计算；

第一百八十七条　每批产品应当检查产量和物料平衡，确保物料平衡符合设定的限度。如有差异，必须查明原因，确认无潜在质量风险后，方可按照正常产品处理。

若上述部分实现由系统管理，一般体现为：

● 系统应支持对物料平衡的计算，通过配置计算公式，自动计算并核对产出量是否符合物料平衡设定，便于员工确认消耗和产出数量是否保持合理平衡。对于超过物料平衡上下限范围的数值，系统应进行提示。

G. 清场管理

法规要求

药品生产质量管理规范（2010 年修订）

第一百九十四条　每次生产结束后应当进行清场，确保设备和工作场所没有遗留与本次生产有关的物料、产品和文件。下次生产开始前，应当对前次清场情况进行确认。

第一百九十九条　生产开始前应当进行检查，确保设备和工作场所没有上批遗留的产品、文件或与本批产品生产无关的物料，设备处于已清洁及待用状态。检查结果应当有记录。

生产操作前，还应当核对物料或中间产品的名称、代码、批号和标识，确保生产所用物料或中间产品正确且符合要求。

第二百零一条　每批药品的每一生产阶段完成后必须由生产操作人员清场，并填写清场记录。清场记录内容包括：操作间编号、产品名称、批号、生产工序、清场日期、检查项目及结果、清场负责人及复核人签名。清场记录应当纳入批生产记录。

若上述部分实现由系统管理，一般体现为：

• 系统应支持通过使用电子处方中的电子 SOP 对清场进行管理和指导，例如不同批次同一品种的小清场和不同批次不同品种的大清场，电子 SOP 可以指导操作人员正确完成清场工作；

• 系统应支持通过电子 SOP 配置强制现场制造执行前清场和清场确认。清场执行中数据应该可以通过人工填写、抓取设备数据、抓取设备管理系统数据等方式，将清场相关数据（如水温、清洁剂浓度、蒸汽温度、压力等）记录。该清场记录能够在系统中查看，并在批记录中记录。

实施指导

GMP 涉及的生产管理一般由制造执行系统（MES）实现信息化管理，当然也可以由具有相关功能的类似系统实现。

MES 通过批次管理，可以确保批产品均质性和可追溯性；通过生产工序电子化，确保工序正确完整执行，生产持续稳定。MES 控制和利用准确的制造信息，对车间生产活动中的实时事件做出快速响应，同时向企业决策支持过程提供相关生产活动的重要信息。

MES 主要功能如下：

• 指令管理：对生产指令的创建、批准等状态进行管理，支持接受来自 ERP 等系统的含有产品名称、产量、批次等信息的工单；

• 生产管理：支持实时查看生产的实际进度、偏差情况等；

• 过程管理：通过电子 SOP 指导生产并记录操作结果，支持直接与称量器、生产设备或自动化控制系统连接，直接获取数据；

• 检验管理：系统支持检验管理，支持各物料的检验结果管理；

• 品质管理：对物料、工序品等质量状态的管理；

• 偏差管理：支持对于事件或偏差的创建和记录；

• 库存管理：支持通过库存查询画面，随时查看库存信息，分配权限的库存管理人员，可以对库存信息进行手工维护；

• 电子批记录管理：支持在系统中对生产步骤和生产数据进行记录，并形成电子批记录；

• 设备管理：对设备、容器、托盘状态管理，设备台账记录；

• 其他功能：如基础信息管理、日志管理、权限管理，以及相关符合数据可靠性要求的功能。

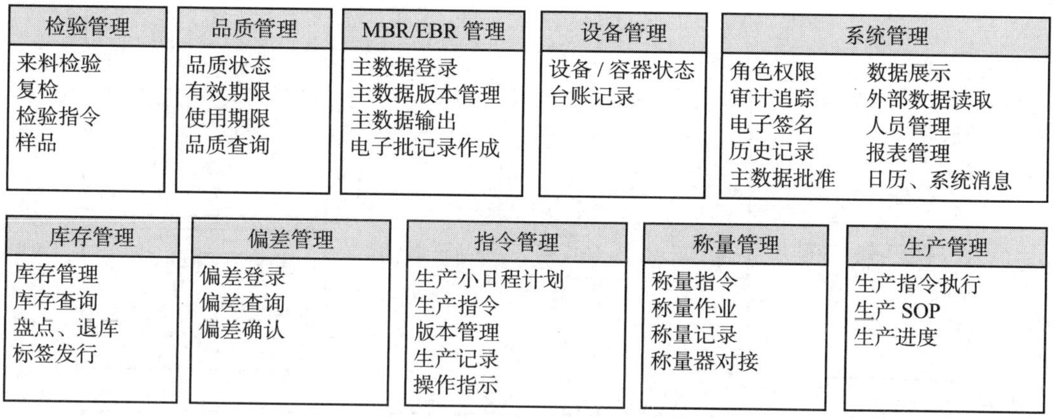

检验管理	品质管理	MBR/EBR 管理	设备管理	系统管理	
来料检验 复检 检验指令 样品	品质状态 有效期限 使用期限 品质查询	主数据登录 主数据版本管理 主数据输出 电子批记录作成	设备/容器状态 台账记录	角色权限 审计追踪 电子签名 历史记录 主数据批准	数据展示 外部数据读取 人员管理 报表管理 日历、系统消息

库存管理	偏差管理	指令管理	称量管理	生产管理
库存管理 库存查询 盘点、退库 标签发行	偏差登录 偏差查询 偏差确认	生产小日程计划 生产指令 版本管理 生产记录 操作指示	称量指令 称量作业 称量记录 称量器对接	生产指令执行 生产 SOP 生产进度

图 6-8 MES 功能架构示例

MES 对周边系统的信息传递起到承上启下的作用。MES 从上层系统接收生产计划，并上报生产实际信息等数据；向下层发布生产指令及控制参数，接收、汇集下层数据信息和设备运行状态。一般 MES 接收 ERP 的生产计划，并上报生产（产出）实际信息、工时信息等；在生产过程中，主要通过与自动化控制系统，如分散控制系统（DCS）或数据采集及监控系统（SCADA）对接，控制现场生产，对关键数据和信息进行采集，实现生产工艺信息流互通。

一般而言，MES 向 SCADA 或 DCS 发布生产指令及控制参数，接收 SCADA 或 DCS 系统关键生产数据和设备运行状态。

SCADA 一般包括生产过程的实时监控、异常报警记录、数据处理与分析、实时数据管理与归档、权限管理等，SCADA 强调数据采集和监控。

DCS 一般包括数据采集和存储功能、控制功能、显示功能、报警功能等，DCS 更强调控制。原料药、生物药的流程控制一般通过 DCS 完成。

作为车间生产层面的核心系统，MES 系统可以收集和合并来自周边生产系统的信息，在充分满足制药 GMP 规范化管理的基础上，实现对工艺配方管理、生产指令下发和执行、物料流转、设备状况的实时跟踪、生产过程追溯、质量监控以及车间管控流程的可视化管理，保证制药生产过程的数据可靠性。

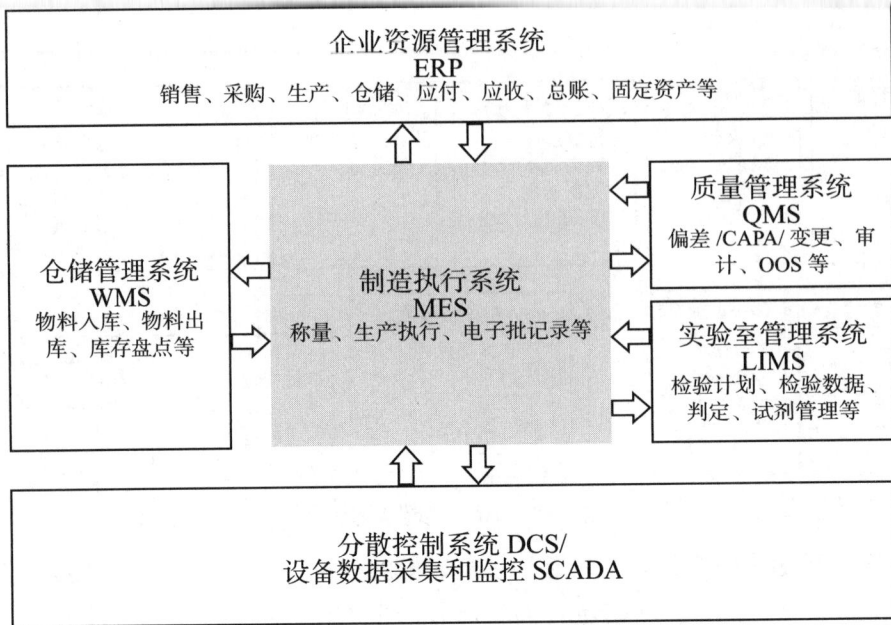

图 6-9　MES 与周边系统集成架构示例

6.2.7 质量控制实验室管理

企业开展信息化工作时，以下关于质量控制实验室管理的 GMP 要求，可以考虑使用信息化系统管理。

A. 质量控制基本要求

法规要求 ···

药品生产质量管理规范（2010 年修订）

第二百二十一条　质量控制实验室的文件应当符合第八章的原则，并符合下列要求：

（一）质量控制实验室应当至少有下列详细文件：

1. 质量标准；

2. 取样操作规程和记录；

3. 检验操作规程和记录（包括检验记录或实验室工作记事簿）；

4. 检验报告或证书；

5. 必要的环境监测操作规程、记录和报告；

6. 必要的检验方法验证报告和记录；

7. 仪器校准和设备使用、清洁、维护的操作规程及记录。

（二）每批药品的检验记录应当包括中间产品、待包装产品和成品的质量检验记录，可追溯该批药品所有相关的质量检验情况；

（三）宜采用便于趋势分析的方法保存某些数据（如检验数据、环境监测数据、制药用水的微生物监测数据）；

对于质量控制实验室的文件管理工作大致分为以下几类：质量标准和操作规程；取样、检验等记录；检验报告和证书。若上述部分实现由系统管理，一般体现为：

• 对于质量标准和操作规程，例如操作人员、操作方法、操作器具、操作标准量、剩余量处理，在系统中配置操作标准指示等方式实现线上管理；

• 对于取样、检验等记录，在系统当中均有记录，这些记录符合企业质量管理要求，至少包含品名、批号、操作日期、操作人员、复核人员等信息，可以在系统中查询，也可以在配置检验记录模板之后，通过输出打印成纸质版文件；

• 对于检验报告和证书，系统中检验报告证书支持提供检验产品名称、批号、各项测试、可接受程度、检验结果等信息，同时支持将配置版本或标准版检验报告输出打印成纸质版文件；

• 检验记录是检验人员对检验工作的实时记录。在系统中执行的取样、检验数据，不论通过手动输入、设备抓取、周边系统传输等，均需保留，并可以在系统中查询和追溯；

• 基于系统中检验数据、环境监测数据、制药用水的微生物监测数据等，系统应支持趋势图、过程能力图、正态分布图等 SPC 数据分析工具，方便对关键质量指标进行监控分析。

B. 取样与留样

法规要求 ···

药品生产质量管理规范（2010 年修订）

第二百二十二条 取样应当至少符合以下要求：

（二）应当按照经批准的操作规程取样，操作规程应当详细规定：

1. 经授权的取样人；

2. 取样方法；

3. 所用器具；

4. 样品量；

5. 分样的方法；

6. 存放样品容器的类型和状态；

7. 取样后剩余部分及样品的处置和标识；

8. 取样注意事项，包括为降低取样过程产生的各种风险所采取的预防措施，尤其是无菌或有害物料的取样以及防止取样过程中污染和交叉污染的注意事项；

9. 贮存条件；

10. 取样器具的清洁方法和贮存要求。

（五）样品的容器应当贴有标签，注明样品名称、批号、取样日期、取自哪一包装容器、取样人等信息；

（六）样品应当按照规定的贮存要求保存。

第二百二十五条 企业按规定保存的、用于药品质量追溯或调查的物料、产品样品为留样。用于产品稳定性考察的样品不属于留样。

取样的目的是确保药品或物料符合预期的质量标准，主要的取样对象是原材料、中间产品、需要中间过程控制管理的工序品、成品。若上述部分实现由系统管理，一般体现为：

● 系统应支持对取样人权限、取样方法、取样标准操作步骤和标准数量进行配置管理。执行取样时，系统中支持对取样信息，如样品名称、取样点、取样数量、取样器具、操作人员、操作时间等进行记录；

• 系统应支持打印样品标签，包含例如样品名称、样品批号、取样日期、样品来源等信息；

• 系统应支持样品在实验室内流转的全生命周期管理。样品管理员能够根据请验单扫描标签或手动录入来接收样品，同时对样品的接收、移动、分装、盘存、发放、归还、销毁等操作相关信息（数量、操作人、操作时间、备注等）进行记录。支持查看样品当前状态及历史操作记录；

• 留样的目的是用于药品的质量追溯或调查。操作人员取样品同时取留样用样品，系统中能够查询留样用样品相关信息，例如样品名称、取样点、取样数量、操作人员、操作时间、留样开始时间、留样数量、保存条件、保存期限、保存区域、取用历史等；

• 留样操作、留样观察均有记录，留样观察可在系统中录入观察结果，自动生成相应观察台账；

• 系统中记录留样的销毁原因、销毁数量、销毁方式。

C. 物料和产品的检验

法规要求 ··

药品生产质量管理规范（2010 年修订）

第二百二十三条 物料和不同生产阶段产品的检验应当至少符合以下要求：

（五）检验应当有可追溯的记录并应当复核，确保结果与记录一致。所有计算均应当严格核对；

（六）检验记录应当至少包括以下内容：

1. 产品或物料的名称、剂型、规格、批号或供货批号，必要时注明供应商和生产商（如不同）的名称或来源；

2. 依据的质量标准和检验操作规程；

3. 检验所用的仪器或设备的型号和编号；

4. 检验所用的试液和培养基的配制批号、对照品或标准品的来源和批号；

5. 检验所用动物的相关信息；

6. 检验过程，包括对照品溶液的配制、各项具体的检验操作、必要的环境温湿度；

7. 检验结果，包括观察情况、计算和图谱或曲线图，以及依据的检验报告编号；

8. 检验日期；

9. 检验人员的签名和日期；

10. 检验、计算复核人员的签名和日期。

（七）所有中间控制（包括生产人员所进行的中间控制），均应当按照经质量管理部门批准的方法进行，检验应当有记录。

检验记录是检验报告书的依据。按照 GMP 要求，每批物料和产品均需进行检验，保存检验记录，并出具检验报告书。若上述部分实现由系统管理，一般体现为：

● 系统中支持对检验实时记录，记录内容应涵盖第二百二十三条（六）中规定的相关信息，例如检验项目（如形状、鉴别、检查、含量测定等）、检验步骤、检验计算结果、检验结果及附件等内容；

● 所有检验项目完成后，系统应支持操作人员基于检验结果进行综合评定，并根据评定结果生成检验报告书。系统中，检验报告书只有经过有权限人员（一般是质量控制人或受权人）审核批准后，才可发放；

● 生产过程的中间控制，系统应支持关键数值记录，例如配液后溶液的含量、pH 值等，这可以在 LIMS 或 MES 中操作。

D. 试剂和试液，标准品和对照品管理

法规要求

药品生产质量管理规范（2010 年修订）

第二百二十六条　试剂、试液、培养基和检定菌的管理应当至少符合以下要求：

（二）应当有接收试剂、试液、培养基的记录，必要时，应当在试剂、试液、培养基的容器上标注接收日期；

（四）试液和已配制的培养基应当标注配制批号、配制日期和配制人员

姓名，并有配制（包括灭菌）记录。不稳定的试剂、试液和培养基应当标注有效期及特殊贮存条件。标准液、滴定液还应当标注最后一次标化的日期和校正因子，并有标化记录；

（五）配制的培养基应当进行适用性检查，并有相关记录。应当有培养基使用记录；

（六）应当有检验所需的各种检定菌，并建立检定菌保存、传代、使用、销毁的操作规程和相应记录；

（七）检定菌应当有适当的标识，内容至少包括菌种名称、编号、代次、传代日期、传代操作人；

（八）检定菌应当按照规定的条件贮存，贮存的方式和时间不应当对检定菌的生长特性有不利影响。

第二百二十七条 标准品或对照品的管理应当至少符合以下要求：

（二）标准品或对照品应当有适当的标识，内容至少包括名称、批号、制备日期（如有）、有效期（如有）、首次开启日期、含量或效价、贮存条件。

若上述部分实现由系统管理，一般体现为：

- 系统应支持对试剂、试液、培养基、检定菌、标准品或对照品进行库存管理；
- 入库时手动或扫码接收，接收完后，生成相应的库存记录，记录的基本信息包括名称、数量、供应商、批号、有效期、贮存条件、接收日期、接收人等；
- 系统应支持实时查看库存批次状态、位置、剩余量、历史操作记录等信息；
- 入库之后，对于需要开瓶的库存批次，支持对库存有效期在开瓶后进行维护；
- 出库信息，出库记录包括名称、数量、批号、领用数量、领用人等；
- 系统应支持对剧毒或易制毒等管控类库存的双人操作复核；
- 系统应支持对过期的库存的报废，生成报废记录。

E. 设备和分析仪器管理

法规要求

药品生产质量管理规范（2010 年修订）

第九十条 应当按照操作规程和校准计划定期对生产和检验用衡器、量具、仪表、记录和控制设备以及仪器进行校准和检查，并保存相关记录。校准的量程范围应当涵盖实际生产和检验的使用范围。

第九十一条 应当确保生产和检验使用的关键衡器、量具、仪表、记录和控制设备以及仪器经过校准，所得出的数据准确、可靠。

第二百二十一条 质量控制实验室的文件应当符合第八章的原则，并符合下列要求：

（一）质量控制实验室应当至少有下列详细文件：

7. 仪器校准和设备使用、清洁、维护的操作规程及记录。

若上述部分实现由系统管理，一般体现为：

• 用户可以在系统中为每台仪器设备、计量器具建立校准计划；

• 系统监控仪器设备、计量器具的校准时间，若当前时间达到或接近校准时间，对校准时间做出提示。校准过期后，该设备仪器状态会发生变化，未经过校准的仪器不能使用；

• 系统中可以查看仪器设备使用、维护状态等历史记录和使用明细；

• 系统应支持与仪器设备连接，从仪器设备上读取数据，尽可能避免手工誊抄或人工输入造成的输入错误；

• 系统应支持与分析仪器和设备连接，直接获取数值，例如与色谱数据系统（CDS）对接，通过文件、RS232 的方式与天平等设备仪器对接，以及其他的对接方式。

F. 稳定性试验

法规要求 ·

药品生产质量管理规范（2010 年修订）

第二百三十三条 持续稳定性考察应当有考察方案，结果应当有报告。用于持续稳定性考察的设备（尤其是稳定性试验设备或设施）应当按照第七章和第五章的要求进行确认和维护。

第二百三十五条 考察批次数和检验频次应当能够获得足够的数据，以供趋势分析。通常情况下，每种规格、每种内包装形式的药品，至少每年应当考察一个批次，除非当年没有生产。

若上述部分实现由系统管理，一般体现为：

- 系统应支持选择程序化的稳定性研究模板，也可手动添加稳定性研究方案；
- 当稳定性研究方案在线下完成审批后，系统应支持将批准后的方案录入至系统中。稳定性方案需要批准后才能实施。录入的稳定性方案包括实验条件设置、时间间隔、检测项目、研究目的、部门职责、指标等信息；
- 系统应支持设置稳定性研究开始的时间，并可设置某一物料每年的第某月开始生产的第一批进行稳定性试验；
- 稳定性检验的样品一般使用稳定性检验标签进行管理；
- 所有时间点的检测完成之后形成稳定性试验报告，报告需要包含中间过程和最终的实验数据。

G. 环境监测

法规要求 ·

药品生产质量管理规范（2010 年修订）

第一百条 应当对制药用水及原水的水质进行定期监测，并有相应的记录。

第二百二十一条 质量控制实验室的文件应当符合第八章的原则，并符合下列要求：

（一）质量控制实验室应当至少有下列详细文件：

5. 必要的环境监测操作规程、记录和报告；

（三）宜采用便于趋势分析的方法保存某些数据（如检验数据、环境监测数据、制药用水的微生物监测数据）。

若上述部分实现由系统管理，一般体现为：

• 系统应支持对制药用水、洁净区环境、制药用气体等项目创建周期性或临时性监测计划；

• 系统应支持基于定期采样的区域、采样点设置采样频率，设定采样日程计划，例如微生物检测可设置为每日取样；临时增加操作人时，可增加监测频率；

• 监测任务完成后，系统当中能够查询到监测日期、取样位置、取样方法、结果、菌种鉴别结果等环境监测数据；

• 数据支持周期回顾和分析统计，形成趋势图表，以帮助企业评估环境控制情况。

H. 实验室结果调查

法规要求

药品生产质量管理规范（2010 年修订）

第二百二十四条 质量控制实验室应当建立检验结果超标调查的操作规程。任何检验结果超标都必须按照操作规程进行完整的调查，并有相应的记录。

若上述部分实现由系统管理，一般体现为：

• 当检验结果发生超标后，实验室启动 OOS 调查。系统应支持中断该检测项目的测试流程，并进行相关的重新取样、检验结果判定等操作，直至 OOS 调查完成，并在系统中录入 OOS 调查结果。若系统与质量管理系统（QMS）对接，可将 OOS 相关信息发送至 QMS，由 QMS 进行 OOS 管理。具体管理实现方式，企业根据实际情况设计。

对于实验室结果调查在质量管理系统（QMS）中的执行，可参照 6.2.8 质量保证中相关内容。

对于实验室结果调查的信息化，可参照 6.2.8 质量保证中相关内容。

实施指导

质量控制实验室一般由实验室信息管理系统（LIMS）实现信息化管理（本节主要涉及药品生产企业的中间控制和质量控制实验室的信息化管理），当然也可由具有 LIMS 相关功能的类似系统实现。

信息化的质量管理系统可对实验室物料、样品、实验分析数据和程序工作流程等进行有效管理，并可通过连接其他周边系统、仪器设备，实现质量控制实验室整体信息化。

根据 GMP 对业务的要求以及信息化系统的良好实践，LIMS 一般涵盖的业务领域包含取样与留样、物料及产品检验、质量标准管理、试剂和试液管理、标准品及对照品管理、稳定性试验、微生物、环境监测等。

实验室信息管理系统主要功能如下：

• 检验计划 / 指令：检验、复验、委托检验的创建和审批，环境和稳定性检验计划管理；

• 样品管理：对样品的生命周期实施有效的记录和管理；

• 检验执行：从检验计划开始到最终结果为止，各阶段的检验管理；

• 库存管理：试剂、标准品基本信息、出入库、最低库存量报警、有效期报警；

• 设备管理：点检记录、校准记录、设备使用状况记录和管理；

• 报表和分析功能：可以快速地输出报表如检验结果数据统计、趋势图表以及报告单等；

• 其他功能：如基础信息管理、日志管理、权限管理，以及相关符合数据可靠性要求的功能。

部分 LIMS 内置电子实验记录本系统（ELN）或实验室执行系统（LES），也有企业导入 ELN/LES 来进行实验室信息化管理。

LIMS 主要管理请验、样品登记、样品采集、任务分配、数据审核、报告发布等。ELN/LES 涉及执行任务分配、实验室检验记录、实验步骤的顺序执行等工作以及条件分支执行等功能。企业可根据需求，决定实验室信息化管理的具体方案。

一般而言，LIMS 可与 ERP、WMS、MES 等周边信息化系统对接。

与实验室仪器的连接通讯，是实验室信息化管理比较重要的部分。LIMS 与实验室仪器设备可通过串口、以太网口等方式连接，LIMS 可以自动采集具有相应接口的中大型设备，或通过自动识别、抓取 pdf、txt 等文件进行数据集成。

1. 检验计划功能	4. 库存功能 *	6. 判定功能	9. 历史及偏差功能
· 创建稳定性检验计划 · 批准稳定性检验计划 · 打印稳定性检验标签 · 创建环境检验计划	· 创建库存 · 打印标签 · 修改库存 · 移动库存 · 参照保管收发	· 显示趋势图 · 再检验指令 · 批准判定结果 · 批准综合判定结果 · 批准稳定性检验结果	· 审计日志 · 修改历史 · 报表打印历史 · 标签打印历史 · 上传偏差 · 确认偏差

2. 检验指令功能	5. 质量核查功能	7. 设备管理功能	10. 记录查询功能
· 创建检验指令 · 创建复验指令 · 创建委托检验指令 · 批准检验指令 · 打印检验指令单 · 修改检验指令	· 上传核查结果	· 点检记录录入 · 校准记录录入 · 记录确认 · 设备标签打印 · 设备使用记录查询	· 查询检验记录 · 修改检验记录 · 查询稳定性检验结果 · 查询样品试用记录 · 查询试剂试用记录 · 创建年度回顾 · 创建检验记录单 · 创建检验报告 · 打印合格标签 · 打印外部检验报告

3. 样品管理功能	6. 检验执行功能	8. 主数据功能	
· 创建取样指令 · 追加取样指令 · 上传取样实际 · 打印取样指令单 · 打印样品标签 · 上传时接收实际	· 创建分析指令 · 指定观察日 · 上传样品试用记录 · 上传试剂试用记录 · 接收分析仪器数据 · 创建检验记录单据 · 输入手动方法 · 确认检验记录	· 上传主数据 · 创建 MBR · 上传二进制文件 · 批准主数据 · 批准 MBR · 打印空白单据	

* 管理的库存包括样品（检验样品，参考品，录入品，稳定性检验样品）及试剂等（标准品，试剂，培养基等）。

图 6-10 LIMS 功能架构示例

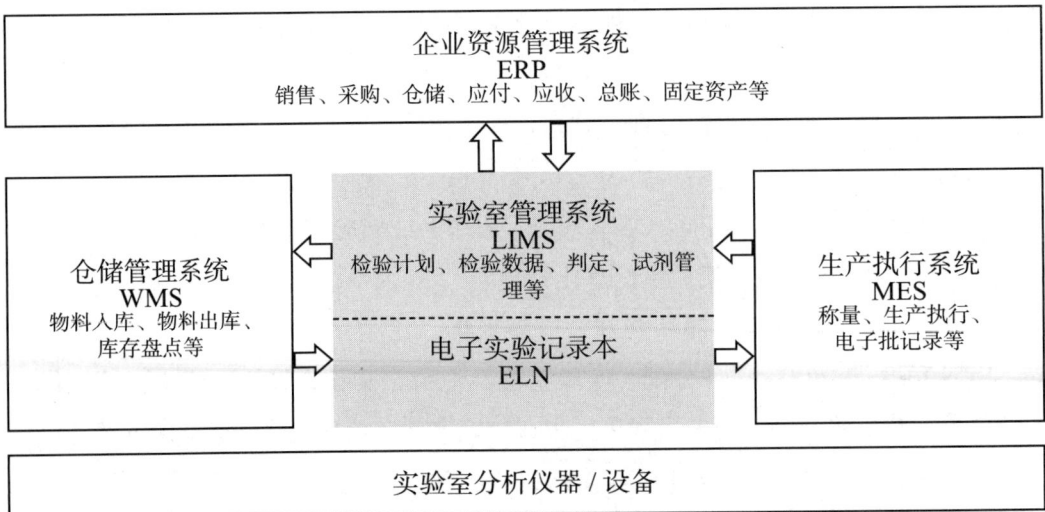

图 6-11 LIMS 与周边系统集成架构

6.2.8 质量保证

企业开展信息化工作时，以下关于质量保证的 GMP 要求，可以考虑使用信息化系统管理。

A. 物料和产品放行

药品生产质量管理规范（2010 年修订）

第二百二十八条 应当分别建立物料和产品批准放行的操作规程，明确批准放行的标准、职责，并有相应的记录。

第二百二十九条 物料的放行应当至少符合以下要求：

（一）物料的质量评价内容应当至少包括生产商的检验报告、物料包装完整性和密封性的检查情况和检验结果；

（二）物料的质量评价应当有明确的结论，如批准放行、不合格或其他决定；

（三）物料应当由指定人员签名批准放行。

第二百三十条 产品的放行应当至少符合以下要求：

（一）在批准放行前，应当对每批药品进行质量评价，保证药品及其生产应当符合注册和本规范要求，并确认以下各项内容：

1. 主要生产工艺和检验方法经过验证；

2. 已完成所有必需的检查、检验，并综合考虑实际生产条件和生产记录；

3. 所有必需的生产和质量控制均已完成并经相关主管人员签名；

4. 变更已按照相关规程处理完毕，需要经药品监督管理部门批准的变更已得到批准；

5. 对变更或偏差已完成所有必要的取样、检查、检验和审核；

6. 所有与该批产品有关的偏差均已有明确的解释或说明，或者已经过彻底调查和适当处理；如偏差还涉及其他批次产品，应当一并处理。

（二）药品的质量评价应当有明确的结论，如批准放行、不合格或其他决定；

（三）每批药品均应当由质量受权人签名批准放行；

（四）疫苗类制品、血液制品、用于血源筛查的体外诊断试剂以及国家食品药品监督管理局规定的其他生物制品放行前还应当取得批签发合格证明。

若上述部分实现由系统管理，一般体现为：

• 系统中对物料的放行，一般是基于现场情况和检验结果，判定物料质量状态为合格、不合格、待检等状态来实现。若检验结果合格，系统可变更为可出库状态；若发现物料存在问题，可对物料进行锁定，锁定后，物料不可出库或使用；

• 对于产品的放行，一般在 ERP、MES 或其他具有放行功能的系统中管理。线上成品放行由经授权人员（例如质量受权人）进行操作。系统应支持自动判断，或在对应系统中查询确认：生产记录是否已经确认批准；产品相关检验是否合格，及检验报告是否已确认批准；所有关联偏差是否确认关闭；其他放行必须条件。符合放行条件后，经授权人员确认放行；

• 对于部分原辅料检验周期较长的生物药，系统应支持配置预先使用状态——物料可在检验完成前投入使用，但只有全部检验结果符合标准时，成品才能放行；

• 对于患者急需的细胞治疗产品，系统应该支持对自体供体材料的风险放行以及对未达到放行质量标准的产品的有条件放行管理。

B. 偏差管理

法规要求

药品生产质量管理规范（2010 年修订）

第二百四十七条　各部门负责人应当确保所有人员正确执行生产工艺、质量标准、检验方法和操作规程，防止偏差的产生。

第二百四十八条　企业应当建立偏差处理的操作规程，规定偏差的报告、记录、调查、处理以及所采取的纠正措施，并有相应的记录。

第二百四十九条　任何偏差都应当评估其对产品质量的潜在影响。企业可以根据偏差的性质、范围、对产品质量潜在影响的程度将偏差分类（如重大、次要偏差），对重大偏差的评估还应当考虑是否需要对产品进行额外的检验以及对产品有效期的影响，必要时，应当对涉及重大偏差的产品进行稳定性考察。

第二百五十条 任何偏离生产工艺、物料平衡限度、质量标准、检验方法、操作规程等的情况均应当有记录，并立即报告主管人员及质量管理部门，应当有清楚的说明，重大偏差应当由质量管理部门会同其他部门进行彻底调查，并有调查报告。偏差调查报告应当由质量管理部门的指定人员审核并签字。

企业还应当采取预防措施有效防止类似偏差的再次发生。

第二百五十一条 质量管理部门应当负责偏差的分类，保存偏差调查、处理的文件和记录。

若上述部分实现由系统管理，一般体现为：

● 系统应支持基于法规要求信息化系统中对于偏差的管理；

● 系统应支持偏差时间的记录，如偏差发现时间、偏差报告时间、偏差调查的截止日期等，并可利用系统对已记录的时间进行追踪，设置超期提醒和到期提醒；

● 系统应支持对偏差的发现详情、级别、影响范围（产品批次、设备等）等信息的记录；

● 偏差的分级以及分级理由每一次修改都需要留下易于查询的记录；

● 系统应支持对偏差的处理信息必须记录，如记录是否及时上报，未及时上报需要有理由说明；采取的即时措施等，可利用系统上传支持性的附件；

● 系统应支持配置调查流程，分配不同人员进行调查，如不需要调查，需要记录理由；

● 系统应支持建立 checklist，对偏差进行初步的影响评估；

● 系统应支持查阅总结调查结果，根据调查结果进行总结，根据系统预设的分类，对缺陷类型进行分类记录；

● 如涉及产品，需要记录产品的最终处理意见以及可能会受影响的产品信息；

● 系统应支持管理调查结论，并有主管部门以及 QA 进行相应电子签名；

● 根据偏差调查的根本原因分析，系统应支持开启相应的 CAPA 记录，制定纠正和预防措施。CAPA 执行完成后可以根据需要进行有效性检查，以此评估制定的纠正和预防措施是否有效；

● 系统应支持偏差流程的设计，并可利用系统进行流程进度的提醒以及展示；

● 系统应支持使用报表功能，自定义模板，选择需要导出的关键参数，为回顾提供完整的数据。

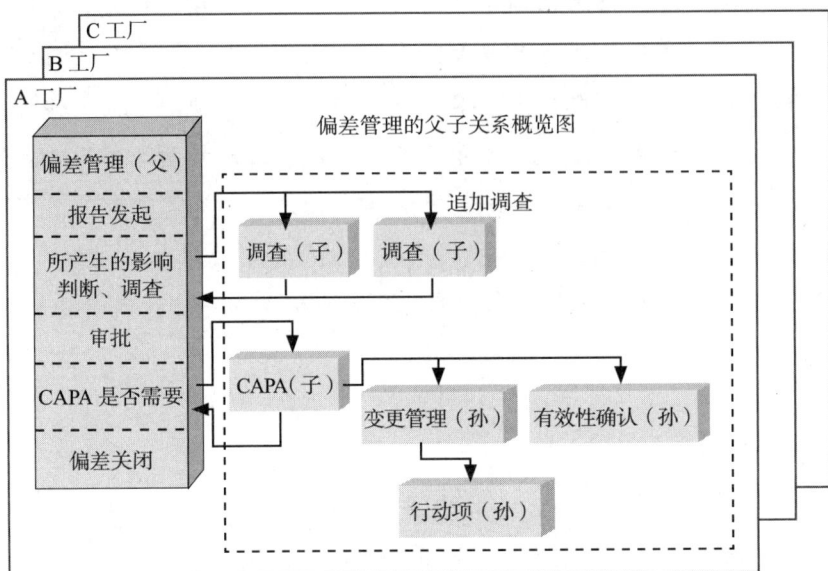

图 6-12　偏差管理的父子关系概览图

C. 纠正和预防措施

法规要求 ···

药品生产质量管理规范（2010 年修订）

第二百五十二条　企业应当建立纠正措施和预防措施系统，对投诉、召回、偏差、自检或外部检查结果、工艺性能和质量监测趋势等进行调查并采取纠正和预防措施。调查的深度和形式应当与风险的级别相适应。纠正措施和预防措施系统应当能够增进对产品和工艺的理解，改进产品和工艺。

第二百五十三条　企业应当建立实施纠正和预防措施的操作规程，内容至少包括：

（一）对投诉、召回、偏差、自检或外部检查结果、工艺性能和质量监测趋势以及其他来源的质量数据进行分析，确定已有和潜在的质量问题。必要时，应当采用适当的统计学方法。

（二）调查与产品、工艺和质量保证系统有关的原因。

（三）确定所需采取的纠正和预防措施，防止问题的再次发生。

（四）评估纠正和预防措施的合理性、有效性和充分性。

（五）对实施纠正和预防措施过程中所有发生的变更应当予以记录。

（六）确保相关信息已传递到质量受权人和预防问题再次发生的直接负责人。

（七）确保相关信息及其纠正和预防措施已通过高层管理人员的评审。

第二百五十四条 实施纠正和预防措施应当有文件记录，并由质量管理部门保存。

若上述部分实现由系统管理，一般体现为：

● 系统应该支持从投诉、偏差、自检、外部审计来发起纠正和预防措施，并进行关联，同时便于在 CAPA 中统计来源；

● 根据管理评审分析的趋势来采取纠正和预防措施进行质量体系的改善，并可以和源头的质量事件进行关联和追溯；

● 纠正和预防措施可以管理有效性跟踪确认，并根据有效性跟踪的各个设定时间点，对相关责任人进行提醒，避免错过效果确认；

● 系统应支持 CAPA 触发变更管理并进行关联；

● 系统应支持记录 CAPA 采取措施的有效性的追踪；

● 通过通知功能，确保相关信息在各个流程节点可以通知到相关责任人；

● 通过系统的工作流审批以及并行审批设置，确保相关信息经过中 / 高层管理人员的评审。

D. 变更管理

法规要求

药品生产质量管理规范（2010 年修订）

第二百四十一条 应当建立操作规程，规定原辅料、包装材料、质量标准、检验方法、操作规程、厂房、设施、设备、仪器、生产工艺和计算机软件变更的申请、评估、审核、批准和实施。质量管理部门应当指定专人负责变更控制。

第二百四十二条　变更都应当评估其对产品质量的潜在影响。企业可以根据变更的性质、范围、对产品质量潜在影响的程度将变更分类（如主要、次要变更）。判断变更所需的验证、额外的检验以及稳定性考察应当有科学依据。

第二百四十三条　与产品质量有关的变更由申请部门提出后，应当经评估、制定实施计划并明确实施职责，最终由质量管理部门审核批准。变更实施应当有相应的完整记录。

第二百四十四条　改变原辅料、与药品直接接触的包装材料、生产工艺、主要生产设备以及其他影响药品质量的主要因素时，还应当对变更实施后最初至少三个批次的药品质量进行评估。如果变更可能影响药品的有效期，则质量评估还应当包括对变更实施后生产的药品进行稳定性考察。

第二百四十五条　变更实施时，应当确保与变更相关的文件均已修订。

第二百四十六条　质量管理部门应当保存所有变更的文件和记录。

若上述部分实现由系统管理，一般体现为：

● 变更开启时，需要定义变更的分类、针对不同的变更分类，系统应支持由不同的工作流管理业务；

● 变更必须充分考虑影响评估的范围，对可能涉及的部门，都应发起记录影响评估，并在评估中描述针对该变更的行动项计划；

● 变更影响评估后，系统应支持对变更影响评估进行汇总总结；

● 变更及变更行动项的审核及批准，均会在系统上留下记录并有相应的电子签名；

● 系统应支持通过流程设置，只有变更行动项执行完毕后，变更流程才能继续往下进行；

● 变更行动项需要定义先后执行顺序；

● 变更的终止及变更内容的修改，都需有相应的管理规程；

● 变更执行结果（行动项）必须有记录，需要经过相关人员确认；

● 变更的生效时间必须有记录，并经过质量部门相关人员确认；

● 变更生效后，需要对变更效果进行确认。

E. 投诉管理

法规要求 ···

药品生产质量管理规范（2010 年修订）

　　第二百七十三条 所有投诉都应当登记与审核，与产品质量缺陷有关的投诉，应当详细记录投诉的各个细节，并进行调查。

　　第二百七十四条 发现或怀疑某批药品存在缺陷，应当考虑检查其他批次的药品，查明其是否受到影响。

　　第二百七十五条 投诉调查和处理应当有记录，并注明所查相关批次产品的信息。

　　第二百七十六条 应当定期回顾分析投诉记录，以便发现需要警觉、重复出现以及可能需要从市场召回药品的问题，并采取相应措施。

若上述部分实现由系统管理，一般体现为：

● 系统应支持根据权限要求，区分投诉的查看权限；

● 投诉开启后，系统应支持在投诉中记录相关信息，如信息敏感，通过权限或隐藏的方式进行管理；

● 投诉应具备调查流程，分配不同人员进行调查，如不需要调查，需要记录理由；

● 系统应支持记录产品缺陷分类相关信息，便于未来统计分析；

● 系统应支持通过检索功能，检索是否有类似或重复投诉记录；

● 系统应支持记录投诉的分类、分级（及分级理由）、影响范围（产品批次、设备等）；

● 根据调查结果及根本原因，系统应支持记录对患者、产品、市场等活动的影响。

F. OOS 管理

法规要求 ···

药品生产质量管理规范（2010 年修订）

第二百二十四条 质量控制实验室应当建立检验结果超标调查的操作规程。任何检验结果超标都必须按照操作规程进行完整的调查，并有相应的记录。

若上述部分实现由系统管理，一般体现为：

● 系统应支持实验室检查到超标结果后，对实验室内部调查、全面调查（不是实验室原因）记录调查结果，并能和 CAPA 进行关联，采取措施进行改进；

● 实验室内部调查过程中，可在系统内维护 checklist，并根据清单内容对相关 OOS/OOT 进行调查；

● 如未发现根本原因，可转入全面调查流程，也可开启偏差流程进行全面调查；

● 质量控制实验室部门可将相关部门调查任务指派给相关责任部门进行调查；

● 如找到根本原因，可以 OOS/OOT 记录下，直接发起 CAPA 流程；如未找到根本原因，则需要根据调查结果对产品的影响进行说明；

● 通过系统，可以记录 OOS/OOT 的来源、根本原因、是否为有效的 OOS/OOT 等内容，后续便于管理和查询。

G. 供应商管理

法规要求 ···

药品生产质量管理规范（2010 年修订）

第二百五十七条 质量管理部门应当指定专人负责物料供应商质量评估和现场质量审计，分发经批准的合格供应商名单。被指定的人员应当具有相关的法规和专业知识，具有足够的质量评估和现场质量审计的实践经验。

第二百五十八条 现场质量审计应当核实供应商资质证明文件和检验

报告的真实性，核实是否具备检验条件。应当对其人员机构、厂房设施和设备、物料管理、生产工艺流程和生产管理、质量控制实验室的设备、仪器、文件管理等进行检查，以全面评估其质量保证系统。现场质量审计应当有报告。

第二百六十二条 质量管理部门应当向物料管理部门分发经批准的合格供应商名单，该名单内容至少包括物料名称、规格、质量标准、生产商名称和地址、经销商（如有）名称等，并及时更新。

第二百六十三条 质量管理部门应当与主要物料供应商签订质量协议，在协议中应当明确双方所承担的质量责任。

第二百六十四条 质量管理部门应当定期对物料供应商进行评估或现场质量审计，回顾分析物料质量检验结果、质量投诉和不合格处理记录。如物料出现质量问题或生产条件、工艺、质量标准和检验方法等可能影响质量的关键因素发生重大改变时，还应当尽快进行相关的现场质量审计。

若上述部分实现由系统管理，一般体现为：

- 系统应支持记录供应商的整个生命周期，从新建供应商、签订质量协议、审计、投诉至最终供应商退伍的全流程；
- 系统应支持登记供应商基本信息，例如上传供应商证照等附件，并维护相关的有效期字段，如超过或临近有效期，系统应发起提醒；
- 系统应支持维护供应商的状态，如不可用供应商，可考虑将不可用状态传至其他系统（如 ERP 等），禁止使用其供应的物料及服务；
- 系统应支持在供应商不可用的状态下，可发起风险评估或质量评估等任务，对供应商的后续处理进行评估；
- 系统应支持根据供应商的不同类型、不同等级，自动判断是否需要审计，或者所需审计的类型，并对相应审批流进行预判；
- 通过在供应商信息中开启审计子记录，根据不同的审计结果，可调整供应商的实际状态；
- 通过状态以及关键参数的设定，最终可以在系统中得出合格供应商的清单。

H. 管理评审和质量回顾分析

法规要求 ···

药品生产质量管理规范（2010 年修订）

第二百六十六条 企业至少应当对下列情形进行回顾分析：

（一）产品所用原辅料的所有变更，尤其是来自新供应商的原辅料；

（四）所有重大偏差及相关的调查、所采取的整改措施和预防措施的有效性；

（五）生产工艺或检验方法等的所有变更；

（八）所有因质量原因造成的退货、投诉、召回及调查；

（九）与产品工艺或设备相关的纠正措施的执行情况和效果。

第二百六十七条 应当对回顾分析的结果进行评估，提出是否需要采取纠正和预防措施或进行再确认或再验证的评估意见及理由，并及时、有效地完成整改。

若上述部分实现由系统管理，一般体现为：

● 系统应支持定期进行管理评审，对过往的质量事件数据尤其是变更、偏差、CAPA、投诉等进行快速的回顾；分析质量事件的数据，可以按照地点、组织、产品类别、产品规格、产品阶段（临床、商业化生产）等视点并结合时间维度进行多维度分析和比较，找到可能存在的问题、风险，在系统中发起纠正和预防措施的流程；

● 月度 / 季度 / 年度的质量考核 KPI 以及质量数据回顾都可以使用系统中已有的数据作为基础；系统中可支持检索功能，以及可配置的分析报表服务来满足数据分析的需要；

● 系统应支持针对不同维度、不同质量事件、不同字段来对系统中的记录进行统计。

实施指导

质量事件管理一般由质量管理系统（QMS）实现信息化管理，当然也可以由具有相关功能的类似系统实现。

根据法规对业务的要求以及信息化系统的良好实践，QMS 应该涵盖的业务领域包含偏差、纠正和预防措施（CAPA）、变更、自检、投诉、实验室超标调查（OOS）、供应商管理和评估、产品质量回顾分析（重大偏差、变更情况、产品质量相关投诉以及调查情况）等。

信息化的质量管理系统可以定期进行管理评审，对过往的质量事件数据进行快速的回顾，分析质量事件的数据，找到可能存在的问题以及风险在系统中发起纠正和预防措施的流程，以不断提高质量管理水平。

从基本要求中调查导致药品投诉和质量缺陷的原因，并采取措施，防止类似质量缺陷再次发生。

• 信息化系统能够记录质量缺陷（偏差）、投诉、审计产生的发现项等质量事件。

• 采取相应调查，调查根据实际情况分配给相应的人员进行实际调查，并进行追踪。

• 采取纠正和预防措施（CAPA）。

• 并根据调查和 CAPA 进行变更是企业满足基本质量保证的基础。

• 定期地进行自检确保质量体系的良好、有效运作。

• 对应供应商进行评估、审计确保使用合格的供应商。

• 定期从各个维度（组织、地点、产品、产品生命周期阶段）回顾质量事件，进行分析和改善活动。

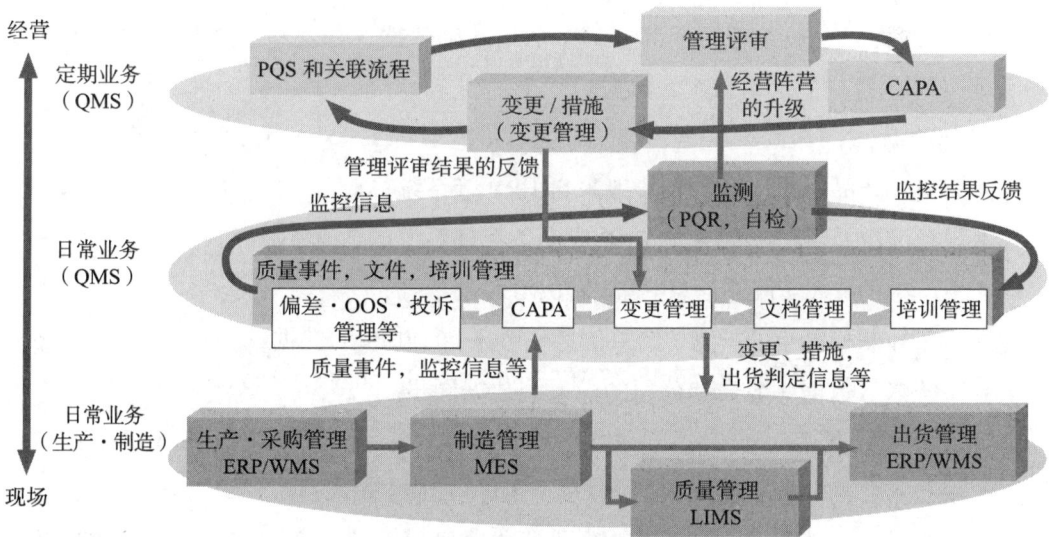

图 6-13 质量管理信息化架构示例

质量事件信息化的基本要求：

• 可视化的相关质量事件的全生命周期过程追溯，通过家族树的方式详细展现了各个质量事件间的相互关系；

• 根据阶段和需求，相关人员进行电子签名，并通知相关人员主动跟踪质量事件，提高了记录在体系内部的传递效率；

• 不同来源的相同活动形成统一的质量分析思路，比如调查、CAPA、有效性确认等。

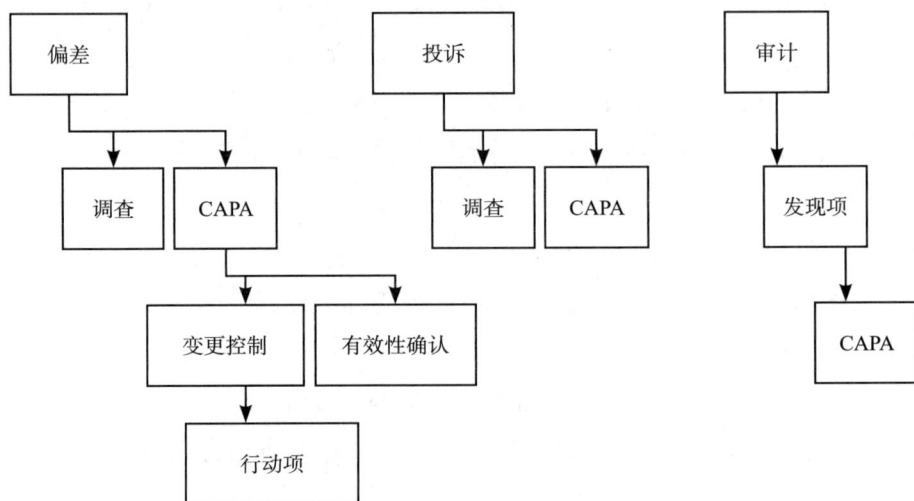

图 6-14　QMS 中流程图示例

QMS 的集成一般参考两个部分，一个是基础数据，如物料、产品、供应商、设备、账号等；另一个是动态业务数据。

基础数据：

• 物料、产品、供应商数据一般来自 ERP 等系统；

• 设备清单及型号一般来自 ERP 或设备管理系统的数据；

• 生产中的异常/偏差信息一般来自 MES 的数据；

• 质量控制检测中的异常/偏差信息一般来自 LIMS 的数据；

• 系统账号数据一般会和公司的域系统数据同步。

动态业务数据：

• 偏差需要的业务数据可以从 MES、ERP、LIMS 获取；

• 变更措施可能引发文档系统中文件版本升级以及培训实施完毕后，告知变更动作完成。

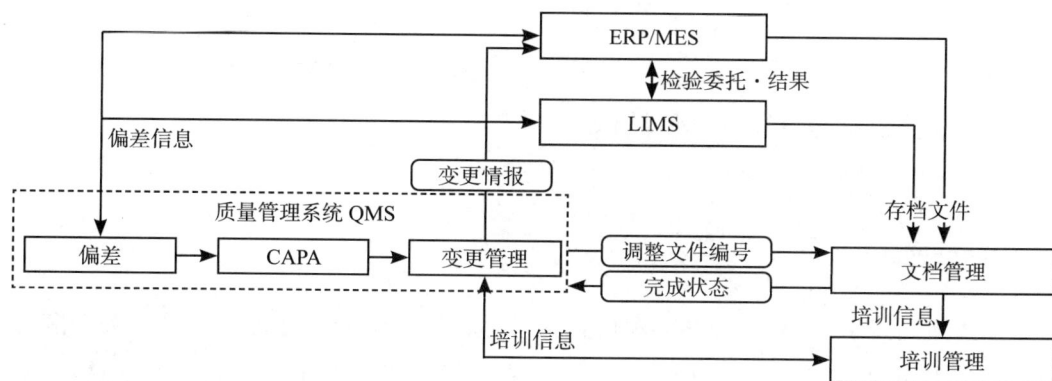

图 6-15　质量管理集成架构示意

6.2.9　委托生产与委托检验

信息化系统主要支持对提供委托生产和委托检验服务的供应商进行供应商评估管理。企业开展信息化工作时，可以参考 6.2.8 质量保证中相关内容。

供应商管理一般在 ERP 或 QMS 中执行。委托生产和成品入库、委托检验结果管理一般通过 ERP 实现。

6.2.10　产品发运与召回

企业开展信息化工作时，以下关于发运和召回的 GMP 要求，可以考虑使用信息化系统管理。

法规要求 ···

药品生产质量管理规范（2010 年修订）

第二百九十五条　每批产品均应当有发运记录。根据发运记录，应当能够追查每批产品的销售情况，必要时应当能够及时全部追回。发运记录内容应当包括：产品名称、规格、批号、数量、收货单位和地址、联系方式、发货日期、运输方式等。

第二百九十七条　发运记录应当至少保存至药品有效期后一年。

第三百零二条　产品召回负责人应当能够迅速查阅到药品发运记录。

若上述部分实现由系统管理，一般体现为：

● 信息化系统应支持发运记录，能够对记录进行检索查询，并对发运记录信息进行归档管理，数据至少保存至药品有效期后一年。

实施指导

发运记录信息一般由 ERP 实现信息化管理，当然也可以由具有 ERP 相关功能的类似系统实现。产品召回活动可以通过 QMS 进行管理。同时，企业使用的赋码系统对药品进行追溯管理，有利于提升问题产品召回效率。

6.2.11 自检

企业开展信息化工作时，以下关于自检的 GMP 要求，可以考虑使用信息化系统管理。

法规要求 ···

药品生产质量管理规范（2010 年修订）

第三百零七条 自检应当有计划，对机构与人员、厂房与设施、设备、物料与产品、确认与验证、文件管理、生产管理、质量控制与质量保证、委托生产与委托检验、产品发运与召回等项目定期进行检查。

第三百零八条 应当由企业指定人员进行独立、系统、全面的自检，也可由外部人员或专家进行独立的质量审计。

第三百零九条 自检应当有记录。自检完成后应当有自检报告，内容至少包括自检过程中观察到的所有情况、评价的结论以及提出纠正和预防措施的建议。自检情况应当报告企业高层管理人员。

若上述部分实现由系统管理，一般体现为：

● 系统应支持录入年度 / 季度自检计划，并可根据时间生成自检记录并提醒相关人员；

● 系统应支持对自检过程中发现项的分类、级别等进行记录，并最终体现在自检报告中；

- 发现项可触发纠正和预防措施；
- 系统应支持设置时间类型的字段，如在规定时间内回复、在规定时间内执行等，通过系统功能进行提醒；
- 系统应支持自动生成自检报告，包含自检基本信息、发现项以及回复内容；
- 系统应支持通过权限设置，只有被授权的用户才能查看自检相关信息。

质量事件管理一般由 QMS 实现信息化管理，当然也可以由具有相关功能的类似系统实现。

6.2.12 数据可靠性要求

制药工业所使用的 GMP 相关系统，需要满足数据可靠性要求，即数据应以安全的方式采集和维护，以确保数据是可追溯的、清晰可辨的、同步记录的、原始（或真实副本）和准确的。对于数据可靠性，GMP 有如下具体要求。

法规要求 ··

药品生产质量管理规范（2010 年修订）

第一百五十九条 与本规范有关的每项活动均应当有记录，以保证产品生产、质量控制和质量保证等活动可以追溯。记录应当留有填写数据的足够空格。记录应当及时填写，内容真实，字迹清晰、易读，不易擦除。

第一百六十条 应当尽可能采用生产和检验设备自动打印的记录、图谱和曲线图等，并标明产品或样品的名称、批号和记录设备的信息，操作人应当签注姓名和日期。

第一百六十一条 记录应当保持清洁，不得撕毁和任意涂改。记录填写的任何更改都应当签注姓名和日期，并使原有信息仍清晰可辨，必要时，应当说明更改的理由。记录如需重新誊写，则原有记录不得销毁，应当作为重新誊写记录的附件保存。

第一百六十二条 每批药品应当有批记录，包括批生产记录、批包装记录、批检验记录和药品放行审核记录等与本批产品有关的记录。批记录应当由质量管理部门负责管理，至少保存至药品有效期后一年。

质量标准、工艺规程、操作规程、稳定性考察、确认、验证、变更等其他重要文件应当长期保存。

第一百六十三条 如使用电子数据处理系统、照相技术或其他可靠方式记录数据资料，应当有所用系统的操作规程；记录的准确性应当经过核对。

使用电子数据处理系统的，只有经授权的人员方可输入或更改数据，更改和删除情况应当有记录；应当使用密码或其他方式来控制系统的登录；关键数据输入后，应当由他人独立进行复核。

用电子方法保存的批记录，应当采用磁带、缩微胶卷、纸质副本或其他方法进行备份，以确保记录的安全，且数据资料在保存期内便于查阅。

药品生产质量管理规范（2010年修订）计算机化系统附录

第十五条 当人工输入关键数据时，应当复核输入记录以确保其准确性。这个复核可以由另外的操作人员完成，或采用经验证的电子方式。必要时，系统应当设置复核功能，确保数据输入的准确性和数据处理过程的正确性。

第十六条 计算机化系统应当记录输入或确认关键数据人员的身份。只有经授权人员，方可修改已输入的数据。每次修改已输入的关键数据均应当经过批准，并应当记录更改数据的理由。应当根据风险评估的结果，考虑在计算机化系统中建立数据审计跟踪系统，用于记录数据的输入和修改以及系统的使用和变更。

第十九条 以电子数据为主数据时，应当满足以下要求：

（一）为满足质量审计的目的，存储的电子数据应当能够打印成清晰易懂的文件。

（二）必须采用物理或者电子方法保证数据的安全，以防止故意或意外的损害。日常运行维护和系统发生变更（如计算机设备或其程序）时，应当检查所存储数据的可访问性及数据完整性。

（三）应当建立数据备份与恢复的操作规程，定期对数据备份，以保护存储的数据供将来调用。备份数据应当储存在另一个单独的、安全的地点，保存时间应当至少满足本规范中关于文件、记录保存时限的要求。

第二十三条 电子数据可以采用电子签名的方式，电子签名应当遵循相应法律法规的要求。

企业可通过使用信息化系统相关功能，进一步满足和符合数据可靠性要求。

- 权限管理功能：系统中能够查看具体的权限管理清单，并且可以通过权限管理对用户权限进行分配，对不同用户查阅画面、操作界面等内容进行限制。

- 账户管理功能：系统中不允许出现重复的账户。系统中能够对账户进行有效期管理。账户密码复杂度可被定义。

- 审计跟踪功能：系统中的登录、登出、增加、删除、修改等操作都应被系统记录，并可以通过审计跟踪进行查看，记录带有时间戳，可追溯至操作人。

- 电子签名功能：代表签名人以电子形式（生物识别或非生物识别）签名，例如指纹、指静脉等生物识别技术或用户名＋密码的方式进行电子签名。电子签名与操作关联，需保证其唯一性，并无法被修改。

- 数据生成和录入：可以借助系统强制可控的流程和提示防止错误。GMP 要求及时填写记录，记录操作内容，并签署操作人和操作时间。在系统中，对应需要的是电子记录和时间戳。每一步的操作都在系统中形成电子记录，形成可用于追溯的线索。

- 数据修改：纸质记录上一般需要填写修改人、修改时间、修改后内容、修改原因，并保持原数据清晰可读。类似地，在系统中每一条修改，需要留下修改人、修改时间、修改前后内容、修改原因，这也是审计跟踪功能最重要的部分。

- 数据输出：数据应该可比较方便的进行检索查询，并且可以打印成清晰易懂的文件；输出的数据内容应和系统中存储的数据内容一致。

- 存储：对系统中电子数据进行数据管理，例如数据存储命名规则、存储位置、存储格式、存储方式（实时自动保存、周期性自动保存、手动保存等）。

- 备份与恢复：系统服务中断、宕机等意外事件可能发生，因此系统相关文档、数据和数据库、应用程序等有必要进行备份与恢复管理。企业根据整体信息化管理要求进行备份管理，同时应制定灾难恢复计划，例如对备份对象、备份内容、备份类型（全量、增量、差异等）、备份步骤、备份频率、备份窗口、备份周期等进行规定，以保证意外情况发生时，系统能够在短时间内恢复到预期状态。

信息化系统章节涉及的系统，除有特别注明，应当符合数据可靠性（ALCOA+）的基本原则，应当具有权限管理、审计跟踪、电子签名、支持数据备份等功能，这些功能与各流程的结合、配置和组态，成了信息化系统符合数据可靠性要求的基础。

有关数据可靠性整体策略，也可以参考本丛书《质量管理体系》分册数据可靠性的整体策略相关内容。

6.3 计算机化系统的生命周期

ISPE《良好自动化生产实践指南》对系统的生命周期划分为概念提出、项目实施、运行、系统退役。结合企业和供应商实践经验，本章节以计算机化系统计划、实施、运维及退役的顺序，对各阶段实施工作重点和关注点进行叙述，希望给企业系统实施提供参考。

针对目前企业中建立的计算机化系统需要满足 MAH 针对药品全生命周期各个阶段的使用要求，比如对应的临床阶段（GCP，GLP），商业销售阶段（GSP），药物警戒工作（GVP），患者或消费者个人数据等要求；以及产品组合或未来生产销售可能涉及的器械要求，食品类或化妆品类要求；在计算机化系统的需求描述中需要进行充分考虑，包括涉及的应用范围和法规要求等。

计算机化系统在制药企业中的引入和建立主要是有利于各类信息的透明、及时、完整等方面，有利于快速和正确的管理决策，以及改善工作效率。企业应该避免仅从解决数据造假，监督检查的角度引入计算机化系统。

针对数据可靠性和记录的管理要求，可以参考本丛书《质量管理体系》和《质量控制实验室与物料系统》分册；针对日常工作中遇到的与设施、设备相关的控制系统和单机软件，可参考本分册中设施设备验证的相关内容。

6.3.1 概述

背景介绍

计算机化系统的定义和范围，在 GMP 计算机化系统附录（2015 年 12 月）中指出，计算机化系统由一系列硬件和软件组成，以满足特定的功能。还可参考 PIC/S PI-011-3，广义的计算机化系统由计算机系统（控制系统）和受控的功能或流程两个部分组成；其中计算机系统（控制系统）主要由软件和硬件（包括固件）构成，受控的功能或流程则包括操作规程、人员（组织）和受控制的设备。同时，计算机化系统需要在合适的操作环境下运行，这个环境包括其他联网的或独立的计算机化系统，其他系统、媒介、人员、设备和规程等（图6-16）。

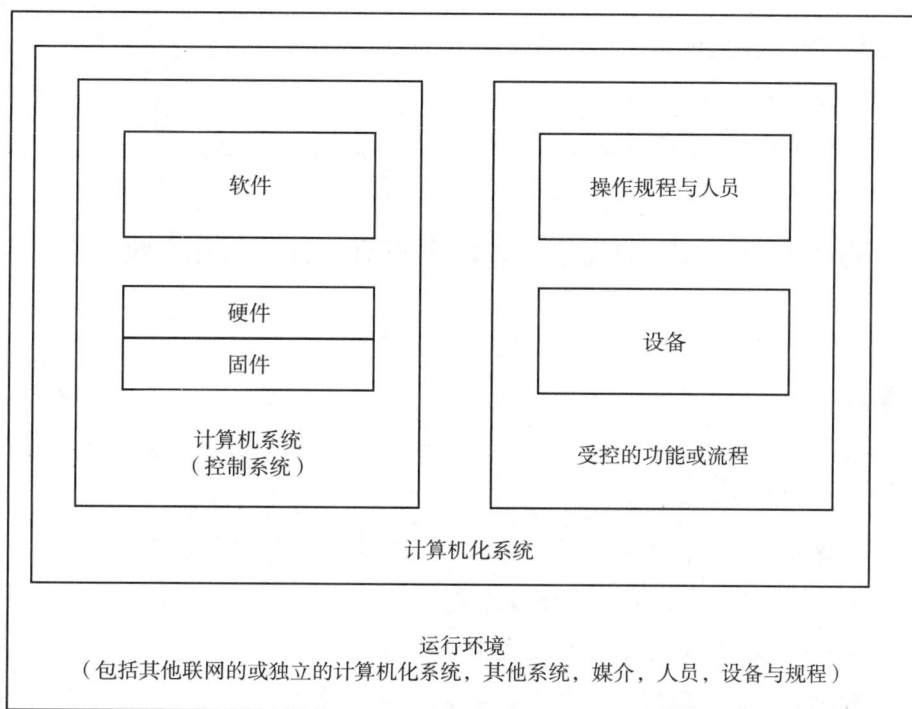

在被 GxP 监管的环境中运行的计算机化系统的 PIC/S 良好实践（PI-011）

图 6-16　计算机化系统

本章节将对计算机化系统生命周期内活动进行介绍，包括概念阶段、项目阶段（包括计划阶段、设计开发阶段、测试和上线阶段）、上线运维阶段及退役阶段（参考了 GAMP5 图 4.1 进行的描述）。结合计算机化系统验证工作展开和上线后运维情况，将内容梳理清楚，便于企业参考。

● 计算机化系统中的基础架构要求，主要阐述为满足计算机化系统正常运行而需要建立的基础架构需求，包括针对性确认活动。但是本节不会展开介绍具体的 IT 技术和各类构架的技术要求；对于这些技术性要求，企业可以参考 IT 行业的相关要求、标准和指南等。

● 计算机化系统软件要求，主要阐述生命周期中各阶段所需活动的流程要点，并通过提供一些实际案例介绍各步骤所需输入输出的内容，以供企业参考。

● 分享一些具体案例。提供一些关键步骤上具体实现的情况，以供企业参考。

药品生产质量管理规范（2010 年修订）

第三百一十二条 本规范下列术语（按汉语拼音排序）的含义是：

（十九）计算机化系统

用于报告或自动控制的集成系统，包括数据输入、电子处理和信息输出。

药品生产质量管理规范（2010 年修订）计算机化系统附录

第二章 原 则

第三条 风险管理应当贯穿计算机化系统的生命周期全过程，应当考虑患者安全、数据完整性和产品质量。作为质量风险管理的一部分，应当根据书面的风险评估结果确定验证和数据完整性控制的程度。

第四条 企业应当针对计算机化系统供应商的管理制定操作规程。供应商提供产品或服务时（如安装、配置、集成、验证、维护、数据处理等），企业应当与供应商签订正式协议，明确双方责任。

企业应当基于风险评估的结果提供与供应商质量体系和审计信息相关的文件。

第四章 验 证

第六条 计算机化系统验证包括应用程序的验证和基础架构的确认，其范围与程度应当基于科学的风险评估。风险评估应当充分考虑计算机化系统的使用范围和用途。

应当在计算机化系统生命周期中保持其验证状态。

第八条 企业应当指定专人对通用的商业化计算机软件进行审核，确认其满足用户需求。

在对定制的计算机化系统进行验证时，企业应当建立相应的操作规程，确保在生命周期内评估系统的质量和性能。

第五章 系 统

第十一条 关键系统应当有详细阐述的文件（必要时，要有图纸），并须及时更新。此文件应当详细描述系统的工作原理、目的、安全措施和适用范围、计算机运行方式的主要特征，以及如何与其他系统和程序对接。

第十二条　软件是计算机化系统的重要组成部分。企业应当根据风险评估的结果，对所采用软件进行分级管理（如针对软件供应商的审计），评估供应商质量保证系统，保证软件符合企业需求。

第十三条　在计算机化系统使用之前，应当对系统进行全面测试，并确认系统可以获得预期的结果。当计算机化系统替代某一人工系统时，可采用两个系统（人工和计算机化）平行运行的方式作为测试和验证内容的一部分。

第十四条　只有经许可的人员才能进入和使用系统。企业应当采取适当的方式杜绝未经许可的人员进入和使用系统。

应当就进入和使用系统制订授权、取消以及授权变更的操作规程。必要时，应当考虑系统能记录未经许可的人员试图访问系统的行为。对于系统自身缺陷，无法实现人员控制的，必须具有书面程序、相关记录本及相关物理隔离手段，保证只有经许可的人员方能进行操作。

第十五条　当人工输入关键数据时，应当复核输入记录以确保其准确性。这个复核可以由另外的操作人员完成，或采用经验证的电子方式。必要时，系统应当设置复核功能，确保数据输入的准确性和数据处理过程的正确性。

第十六条　计算机化系统应当记录输入或确认关键数据人员的身份。只有经授权人员，方可修改已输入的数据。每次修改已输入的关键数据均应当经过批准，并应当记录更改数据的理由。应当根据风险评估的结果，考虑在计算机化系统中建立数据审计跟踪系统，用于记录数据的输入和修改以及系统的使用和变更。

第十七条　计算机化系统的变更应当根据预定的操作规程进行，操作规程应当包括评估、验证、审核、批准和实施变更等规定。计算机化系统的变更，应经过该部分计算机化系统相关责任人员的同意，变更情况应有记录。

第十八条　对于电子数据和纸质打印文稿同时存在的情况，应当有文件明确规定以电子数据为主数据还是以纸质打印文稿为主数据。

第十九条　以电子数据为主数据时，应当满足以下要求：

（一）为满足质量审计的目的，存储的电子数据应当能够打印成清晰易懂的文件。

（二）必须采用物理或者电子方法保证数据的安全，以防止故意或意外的损害。日常运行维护和系统发生变更（如计算机设备或其程序）时，应当检查所存储数据的可访问性及数据完整性。

（三）应当建立数据备份与恢复的操作规程，定期对数据备份，以保护存储的数据供将来调用。备份数据应当储存在另一个单独的、安全的地点，保存时间应当至少满足本规范中关于文件、记录保存时限的要求。

第二十条 企业应当建立应急方案，以便系统出现损坏时启用。应急方案启用的及时性应当与需要使用该方案的紧急程度相关。例如，影响召回产品的相关信息应当能够及时获得。

第二十一条 应当建立系统出现故障或损坏时进行处理的操作规程，必要时对该操作规程的相关内容进行验证。

包括系统故障和数据错误在内的所有事故都应当被记录和评估。重大的事故应当进行彻底调查，识别其根本原因，并采取相应的纠正措施和预防措施。

第二十三条 电子数据可以采用电子签名的方式，电子签名应当遵循相应法律法规的要求。

药品生产质量管理规范（2010年修订）确认与验证附录

第二章 原　则

第二条 企业应当确定需要进行的确认或验证工作，以证明有关操作的关键要素能够得到有效控制。确认和验证的范围和程度应根据风险评估的结果确认。确认与验证应当贯穿于产品生命周期的全过程。

第三章 验证总计划

第三条 所有的确认与验证活动都应当事先计划。确认与验证的关键要素都应在验证总计划或同类文件中详细说明。

第四条 验证总计划应当至少包含以下信息：

（一）确认与验证的基本原则；

（二）确认与验证活动的组织机构及职责；

（三）待确认或验证项目的概述；

（四）确认或验证方案、报告的基本要求；

（五）总体计划和日程安排；

（六）在确认与验证中偏差处理和变更控制的管理；

（七）保持持续验证状态的策略，包括必要的再确认和再验证；

（八）所引用的文件、文献。

技术要求

药品记录与数据管理要求（试行）（2020-12-01 施行）

第四章　电子记录管理要求

第二十条　采用电子记录的计算机（化）系统应当满足以下设施与配置：

（一）安装在适当的位置，以防止外来因素干扰；

（二）支持系统正常运行的服务器或主机；

（三）稳定、安全的网络环境和可靠的信息安全平台；

（四）实现相关部门之间、岗位之间信息传输和数据共享的局域网络环境；

（五）符合相关法律要求与管理需求的应用软件与相关数据库；

（六）能够实现记录操作的终端设备及附属装置；

（七）配套系统的操作手册、图纸等技术资料。

第二十一条　采用电子记录的计算机（化）系统至少应当满足以下功能要求：

（一）保证记录时间与系统时间的真实性、准确性和一致性；

（二）能够显示电子记录的所有数据，生成的数据可以阅读并能够打印；

（三）系统生成的数据应当定期备份，备份与恢复流程必须经过验证，数据的备份与删除应有相应记录；

（四）系统变更、升级或退役，应当采取措施保证原系统数据在规定的保存期限内能够进行查阅与追溯。

第二十二条　电子记录应当实现操作权限与用户登录管理，至少包括：

（一）建立操作与系统管理的不同权限，业务流程负责人的用户权限应当与承担的职责相匹配，不得赋予其系统（包括操作系统、应用程序、数据库等）管理员的权限；

（二）具备用户权限设置与分配功能，能够对权限修改进行跟踪与查询；

（三）确保登录用户的唯一性与可追溯性，当采用电子签名时，应当符合《中华人民共和国电子签名法》的相关规定；

（四）应当记录对系统操作的相关信息，至少包括操作者、操作时间、操作过程、操作原因；数据的产生、修改、删除、再处理、重新命名、转

747

移；对计算机（化）系统的设置、配置、参数及时间戳的变更或修改。

第二十三条 采用电子记录的计算机（化）系统验证项目应当根据系统的基础架构、系统功能与业务功能，综合系统成熟程度与复杂程度等多重因素，确定验证的范围与程度，确保系统功能符合预定用途。

计算化系统要求及其验证工作，也可以参考 WHO、PIC/S、美国 FDA、EU 和 GAMP5 等相关指南和要求，列表见本部分参考资料。

表 6-1　WHO TRS 1019 Annex 3，2019* 中名词解释

computerized system 计算机化系统	A computerized system collectively controls the performance and execution of one or more automated processes and/or functions. It includes computer hardware, software, peripheral devices, networks and documentation, for example, manuals and standard operating procedures, as well as personnel interacting with hardware and software 计算机化系统具备共同控制一个或多个自动化过程和（或）功能的性能和执行。它包括计算机硬件、软件、外围设备、网络和文档，例如，手册和标准操作程序，以及与硬件和软件交互的人员

* WHO ECSPP TRS 1019 Annex 3 GMP Guidelines on Validation: Appendix 5 Validation of computerized systems（WHO 药品标准化专家委员会技术报告系列 1019 - 附录 3 GMP 验证指南：附件 5 计算机化系统验证）.

表 6-2　PIC/S PI-041-1*（2021-07-01）中名词解释

archiving 归档	Long term, permanent retention of completed data and relevant metadata in its final form for the purposes of reconstruction of the process or activity 出于重建过程或活动的目的，以最终形式长期永久保留完整数据和相关元数据
audit trail 审计跟踪	GMP/GDP audit trails are metadata that are a record of GMP/GDP critical information（for example the creation, modification, or deletion of GMP/GDP relevant data）, which permit the reconstruction of GMP/GDP activities GMP/GDP 审计跟踪是 GMP/GDP 关键信息（例如，GMP/GDP 相关数据的创建、修改或删除）记录的元数据，凭借其可以重新构建 GMP/GDP 活动
back-up 备份	A copy of current（editable）data, metadata and system configuration settings（e.g. variable settings which relate to an analytical run）maintained for the purpose of disaster recovery 出于灾难恢复目的，而维护的当前（可编辑）数据、元数据和系统配置设置（例如，与分析运行有关的可变设置）的副本
computerised system 计算机化系统	A system including the input of data, electronic processing and the output of information to be used either for reporting or automatic control 一套包括有数据输入、电子处理和信息输出，用于报告或自动化控制的系统
data flow map 数据流程图	A graphical representation of the "flow" of data through an information system 以图形方式呈现的数据在整个信息系统中的"流向"

* PIC/S PI 041-1 Good Practices for Data Management and Integrity in Regulated GMP/GDP Environments（GMP/GDP 监管环境中数据管理和可靠性的良好实践）（2017-07-01）.

表 6-3 欧盟 GMP Annex 11* 中的名词解释

IT infrastructure IT 基础架构	The hardware and software such as networking software and operation systems, which makes it possible for the application to function 使应用程序能够正常运行的硬件和软件，例如网络软件和操作系统
life cycle 生命周期	All phases in the life of the system from initial requirements until retirement including design, specification, programming, testing, installation, operation, and maintenance 系统生命周期中从初始需求到退役的所有阶段，包括设计、规范、编程、测试、安装、操作和维护
process owner 业务流程负责人	The person responsible for the business process 负责业务流程的人员
system owner 系统负责人	The person responsible for the availability, and maintenance of a computerised system and for the security of the data residing on that system 负责计算机化系统的可用性和维护以及驻留在该系统上的数据的安全性的人员

* 欧盟 GMP Annex 11 Computerised Systems（欧盟 GMP Annex 11 计算机化系统）.

6.3.2 IT 基础架构

IT 基础架构通常指为使上层各类计算机化系统稳定、可靠地运行而提供的一系列硬件和软件的集合体，包括服务器、存储、网络、平台、安全等硬件设备及操作系统、数据库、中间件等基础软件。

本部分内容围绕基础架构的构成、设计和建设、运维三个方面提出基本建议。

6.3.2.1 IT 基础架构的构成

实施指导

图 6-17 概括了 IT 基础架构的基本构成。提示：该模型只是一个设计比较成熟的简洁模型，不是唯一的模式，企业应结合经济性、技术可行性、安全性等综合考量，建立企业自身的 IT 基础架构模型。

企业的发展程度不一样，在 IT 方面的投入和建设也不一样，建议最低建设模式如下：

- 网络（最简单的局域网，不连接互联网）；
- 弱电间（存放服务器和网络设备）；
- 服务器、存储（基本配置）；
- 备份（简单的脚本备份或手动执行）。

用户端硬件	用户端操作系统	用户端配置

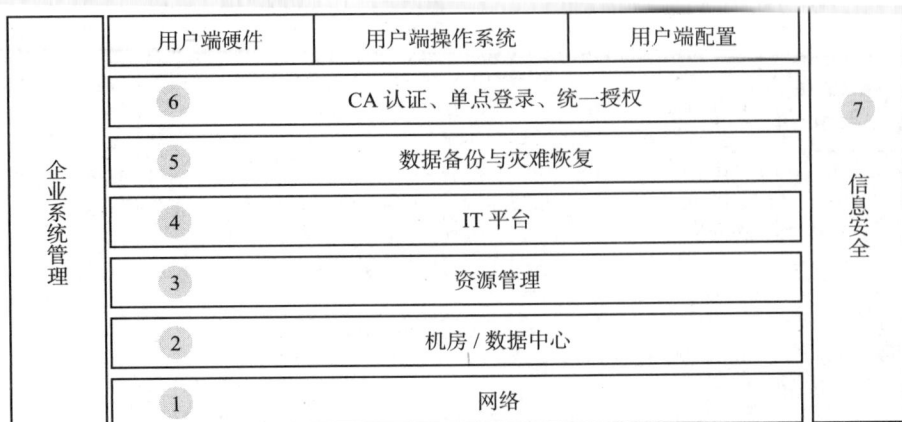

图 6-17　IT 基础架构模型示意

注：1. 网络（局域网、广域网、城域网或办公网、生产网、自控网）；
2. IT 机房 / 数据中心（弱电间、网络机房 / 服务器机房、数据中心）；
3. 资源管理（服务器、存储、IP、超融合、数据库）；
4. IT 平台（虚拟化平台、发布平台、AD 域控平台）；
5. 数据备份与灾难恢复、容灾中心；
6. 统一身份认证（CA 认证、单点登录、统一授权）；
7. 信息安全。

　　例如：如果企业需要建立质量控制实验室现有设备仪器的系统时，可以找一间有空调的房间作为弱电间，用交换机把系统服务器、设备仪器、工作站连接起来。在服务器操作系统中的计划任务把备份脚本设置成计划工作自动执行备份。

6.3.2.2　IT 基础架构设计与建设原则

背景介绍

　　为了保障计算机化系统的稳定性、安全性，需遵循局域网分级管理，并且从物理线路进行分离建设，包含但不限于：自控网、生产网、研发网、质量网、办公网、监控网等。并且网与网的边界通过防火墙进行隔离。比如，建立质量网时，可依据实验室的设备仪器数量（通常 100 台以上），通过物理线路组建小型局域网，然后再连接至办公网，如此可保障实验室数据传输与实验室 HPLC 等稳定性免受办公网的影响。

实施指导

　　本部分内容针对网络设计、不同场景网络构建、GxP 环境下使用的网络搭建、网络访问管理、综合布线、IT 机房和数据中心、资源和使用策略、数据库等基础架构中需关注的重要点描述了一般建议原则和管理要点，供参考使用。

A. 网络设计的建议原则

- 网络三层架构（接入层、汇聚层、核心交换层），也可以是两层架构网络。
- 冗余设计（供电冗余、关键设备冗余、线路冗余、路由冗余）。
- 网络安全（边界安全、端口安全、病毒防护）。
- 无线网络（访问性质不同的 WIFI 信道、访问认证）。
- 网络域控管理（AD、时间服务器、病毒防护、补丁服务器、文件服务器）。

B. 不同场景的网络类型建设的建议原则

- 单工厂的局域网（LAN）或虚拟网（VLAN）：建议建立办公网与 GxP 环境使用网，并从物理上分开建设，在接入层交换机上分开或有各自的弱电间和 IT 机房；对于旧厂区，如果早期是混合建设，则应该进行整改在交换机上分离出线路，即区分受控网络和非受控网络。
- 多区域工厂广域网（WAN）：有唯一的网络域控管理，通过专线连接各个单一工厂，在各单工厂分开办公网与 GxP 环境使用网。
- 集团化城域网（SD-WAN）：有唯一的网络域控管理，把各区域的办公网通过点到点连通，可以把各自的办公网、生产网分别组成专业网。

网络拓扑的举例说明如图 6-18，仅供参考。

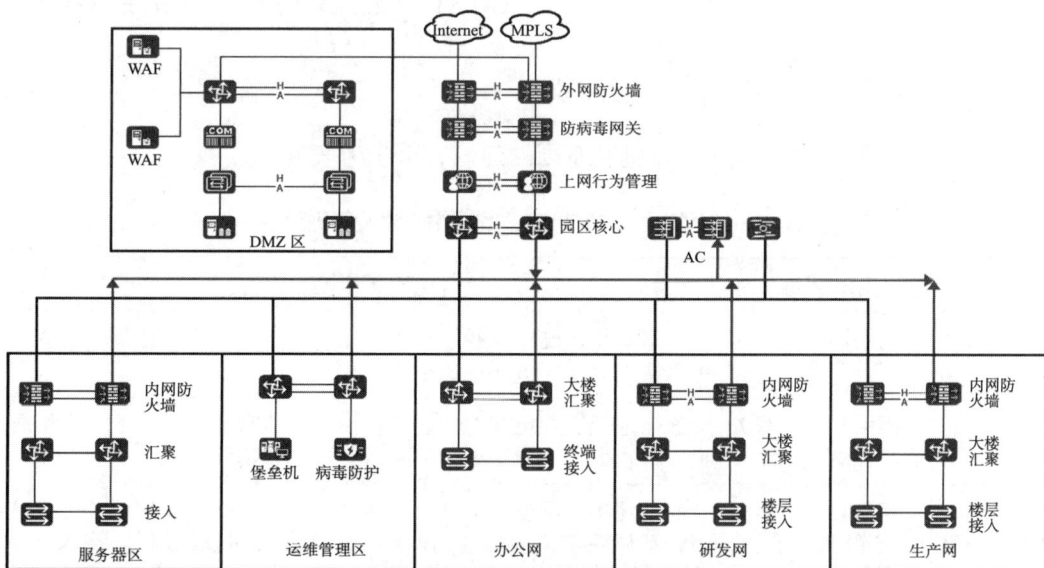

图 6-18　网络拓扑举例

C. 在 GxP 环境下使用的网络的设计建议思路

建立两层或三层构架的 GxP 环境下的网络，在子网边界增加防火墙设备连接办公网。从 GxP 风控的角度，GxP 环境下的网络建设必须遵循以下基本原则，包括但不限于：

● 交换机设备采用双机冗余热备或使用负载均衡，双回路保障核心设备故障下网络状态的连续性；

● 汇聚层采用堆叠方式，且双回路；

● 网络设备采用双电源；

● 网络边界增加防火墙向汇聚或核心链接。

D. 网络访问管理的建议要点

● 生产网应与其他网络物理隔离。

● 生产网、研发网终端和设备应采用固定 IP 地址分配原则。

● 办公网终端应采用动态 IP 地址分配的方式。

● 监控网应与其他网络物理隔离。

E. 综合布线标准的建议要点

综合布线是网络传输品质的载体，宜采用国家和行业发布的综合布线标准或指南，如 GB 50311–2007《综合布线工程设计规范》和 GB 50312–2007《综合布线系统工程验收规范》。建议药品生产区域可以采用 STP，其他采用 UTP 或 STP 型线缆。

F. IT 机房和数据中心的一般建议

弱电间、IT 机房、数据中心建设原则的建议，可参考表 6-4。

表 6-4　弱电间、IT 机房、数据中心建设原则建议

类别	存放内容	建设原则
弱电间	网络设备	门禁系统，静电地板、机柜 UPS、消防、空调，有条件的企业可以使用中央 UPS 供电机柜
IT 机房	网络设备、服务器与存储、平台	静电地板、配电与 UPS、气体消防、精密空调、接地、机柜通道、新风系统，温湿度、门禁与视频，温烟感
数据中心	网络设备、服务器与存储、平台、数据容灾	静电地板、配电与 UPS、气体消防、精密空调、接地、机柜通道、新风系统，温湿度、视频、多区域不同授权门禁，温烟感、监控系统

G. 资源管理的一般建议

资源管理含服务器、存储、私有云、操作系统、数据库等，资源建设的原则：

- 服务器应具备高可用性（RAID、服务器集群）；
- 存储应具备双活方式、双机头。

H. 使用资源策略的一般建议

- 自控系统或工控系统常态下使用物理机（有板卡使用或扩展的需求）。
- GxP 系统应采用高可用性或者集群方式，可以是物理机模式或虚拟化模式。
- GxP 系统数据库层采用高可用性的主备方式，应用层采用负载均衡。
- GxP 系统的数据库层和应用层分别部署在不同服务器资源中。

I. 数据库的一般建议

在计算机化系统部署中选择稳定的数据库版本和支撑数据库的操作系统版本，数据库安装完成后一定要安装更新补丁包，并更新其操作系统的补丁包到最新。

安装数据库时需考虑如下因素（包括但不限于）的影响：

- 安装数据库时需要考虑避免使用操作系统的管理员（administrator）安装，通常建议在操作系统建立一个本地管理员账号，进行数据库、应用系统等安装；
- 操作系统管理员、应用系统管理员、数据库管理员设置为不同人员。

表 6-5 将针对计算机化系统中重要备份与恢复活动所需的 IT 基础架构策略的要求进行描述和建议，包括四层和三级备份系统的情况、数据备份的设计要求、容灾设计要求等建议，供参考。

表 6-5　计算机化系统备份策略建议

四层备份策略	三级备份策略
<ul><li>虚拟机备份（快照断点备份，部署及更新后的备份）；</li><li>应用系统备份（每次更新前后）；</li><li>数据库备份（方式包括冷备、热备、增量备份、差异备份、完全备份、日志备份，频率可以是实时、日、周、月、季、年等），依据系统重要性给出合理策略；</li><li>文件备份、数据库控制文件等</li></ul>	<ul><li>一级备份：计算机化系统相关的元数据副本，备份在来源数据的本地；</li><li>二级备份：备份的副本备份到异地的 IT 机房或数据中心；</li><li>三级备份：把二级备份的资源通过磁带库（或光电磁介质等）归档起来</li></ul>

J. 数据备份设计的建议原则

依据数据的重要程度，对数据或计算机化系统进行分级，确定备份策略。

- 核心业务系统数据应实现本地备份和异地备份。数据应保证实时备份。
- 关键业务系统数据应实现本地备份。数据应保证实时备份。
- 一般业务系统数据应实现按需本地备份。数据应保证定时备份。

K. 容灾设计的建议原则

- 核心业务系统容灾应实现本地双活 + 异地双活。
- 关键业务系统容灾应实现本地双活。
- 一般业务系统根据需要考虑容灾。

L. 针对 IT 基础架构的安全建设和管理的建议，如网络安全、机房和数据中心安全

- 网络安全的建设原则，包含但不限于：
  - 设计接入边界防火墙连接互联网或 VPN 链路；
  - 设计分区边界防火墙和访问控制；
  - 设计堡垒机；
  - 设计日志审计系统；
  - 设计病毒防护系统；
  - 设计数据库审计系统；
  - 构建病毒防护、防入侵、防勒索、防 APT 攻击链，各个阶段全面防御联动。
- 机房和数据中心安全建议：
  - 物理安全：出入口的授权控制，访问控制；
  - 设备安全：消防感知、温湿度感知；
  - 数据安全：计算机化系统访问权限、数据访问授权。

6.3.2.3 IT 基础架构的运维管理

背景介绍 ————————————————————

IT 基础架构可能会频繁更改或变更，具体取决于基础架构的复杂程度。更改或

变更时，通常需确保适当的：

- 变更管理；
- 配置管理；
- 安全管理；
- 服务器与资源管理；
- 客户端管理；
- 网络管理；
- 备份与恢复。

实施指导

针对计算机化系统运维阶段涉及的 IT 基础架构的变更管理，根据发生的场景发起 IT 基础架构的变更，建议包含但不限于以下情况：

- 硬件的组件发生更换；
- 软件的版本发生改变；
- 配置参数发生变动；
- 网络架构发生改变；
- 安全设备变动及策略、授权异动。

比如在 LIMS 运行中，对其数据库或操作系统安装补丁包，即要发起变更评估其是否会对数据库的服务启动和应用系统服务启动产生影响。在网络拓扑中，对边界防火墙访问策略进行调整，即要评估其对访问及权限的影响并测试。表 6-6 提供了针对 IT 基础架构其他项次的运维内容，供参考。

表 6-6 IT 基础架构运维管理活动举例

项目	IT 基础架构内容	运维管理活动	典型的可交付物
数据中心管理	日常活动	• 日常检测活动 • 磁带装载，场外装云，一般监控任务 – 备份完成	• 运行流程 • 日志
	安全	• 物理安全访问 • 平台、软件、数据安全访问	• 程序 • 批准的请求 • 访问日志和名册审核
	设备管理	• 运行环境（温度和湿度） • 设备状态（UPS、设备、资源） • 消防和安全管理	• 定期服务和测试记录

项目	IT 基础架构内容	运维管理活动	典型的可交付物
平台管理	硬件和软件安装（包括外围设备）	• 物理安装和新硬件、软件的确认 • 退役	• 安装和操作确认
	配置管理	• 维护当前和历史配置 • 冗余功能说明（磁盘镜像，RAID 设备，备用路由）	• 库存记录 • 设计和配置文档 • 拓扑图
	更换参数	• 对现有硬件和软件的更改 • 调整配置参数 • 风险评估 • 批准 / 拒绝	• 更改控制记录 • 更改控制报告
	硬件和软件维护	• 预防性维护和问题解决系统，应用程序软件或固件以及修补程序安装	• 维护计划 • 维护日志 • 更改控制记录、报告
	服务启动和关闭	• 启动 / 关掉 • 服务限制的实施（例如，TCP/IP，电子邮件，数据库访问）	• 事件日志
	系统监控，事件 / 问题记录，问题跟踪和报告	• 容量管理 • 建立和记录绩效指标 • 升级 • 帮助台呼叫管理和解决方案 • 趋势	• 容量，使用情况，可用性和性能报告 • 事件 / 异常处理报告 • 帮助台呼叫记录
	退役	• 退役 • 存档数据 • 处置设备 • 恢复存档数据 • 从外部供应商处检索数据	• 退役记录 • 设备处置记录 • 数据存档
服务器和存储	作业调度	• 分配批处理作业优先级 • 系统时间 • 性能监控（CPU/ 内存 /IO） • 固件 / 硬件补丁安装 • OS 的升级和补丁安装	• 优先级列表，尤其是经过验证的应用程序 • 检测报告 • 控制记录
网络管理	第三方网络	• 使用广域网 • 使用无线网络 • 本地网络与广域网的接口	• 网络拓扑图
客户端管理	客户端（包括外围设备）硬件和软件的安装和更改	• 建立初始标准客户 • 标准客户的演变 • 软件升级的分发 • 维护病毒防护，包括更新和分发签名	• 安装和操作确认 • 参数更改控制记录 • 病毒防护软件和签名更新记录

续表

项目	IT 基础架构内容	运维管理活动	典型的可交付物
安全管理	物理安全	• 访问所有系统和网络组件的方式（例如，计算机房、网络机房/机柜、视频等）	• 访问控制日志
	逻辑安全	• 用户账户管理 • 职责分离 • 密码管理，包括功能规则，更改和相关事件报告 • 数字签名证书管理 • 访问权限维护 • 管理员账户的管理 • 紧急访问管理	• 创建、删除和转移职责的日志 • 密码续订、删除和暂停的日志 • 安全监控报告，尤指未经授权的访问尝试
	外部影响	• 监控入侵企图 • 处理安全漏洞	• 安全监控报告
数据管理	数据备份和恢复	• 备份计划，记录，记录数据验证，问题检测和偏差报告 • 媒体标签和存储（现场，非现场） • 风险分析 • 恢复过程（包括还原授权） • 介质管理 • 恢复测试（作为灾难恢复测试的一部分）	• 备份日志 • 恢复日志 • 风险分析报告 • 事件日志
	长期数据存档	• 数据管理（例如，内部或下放，从活动目录中删除数据，从归档中恢复数据，归档数据到期和删除） • 介质管理	• 存档和恢复日志 • 数据删除日志 • 授权记录
连续性管理	灾难恢复和应急计划	• 在发生灾难时继续提供服务	• 灾难恢复计划（作为业务连续性计划的一部分） • 灾难恢复测试报告

6.3.2.4 云计算

背景介绍

云计算是一种模型，用于实现对可配置计算资源共享池（如网络、服务器、存储、应用和服务）的随地、方便、按需网络访问，可通过最少的管理工作或服务供应商互动来快速配置和发布。

云计算具有降低信息化成本、减少重复建设、提高资源利用率、增加业务灵活性、提升服务专业性等优势，但也存在着用户对数据控制能力减弱、数据所有权面临挑战、数据保护困难、数据残留难以处理、用户与云服务商责任不清、产生司法管辖权问题、面临网络安全威胁等风险，因此申请人应当权衡采用云计算服务的收益和风险，遵守相关国家法律法规和部门规章的规定，在云计算服务生存周期中保证产品的安全性和有效性。

云计算服务模式主要分为三种：软件即服务（SaaS）、平台即服务（PaaS）和基础架构即服务（IaaS），部署模式主要分为四种：私有云、公有云、社区云和混合云（定义详见 GB/T 31167—2014《信息安全技术云计算服务安全指南》）。

虚拟化和云计算可以一起使用来构建云基础架构，虚拟化是云计算的核心组件。需要与云服务的供应商签订服务协议和质量协议。

云计算作为服务进行访问，有以下三种服务模型。

● 基础架构即服务（IaaS）

提供的功能是处理、存储、网络和其他基本计算资源，客户可以在其中部署和运行任意软件，其中包括操作系统和应用程序。不需要管理或控制底层云基础架构，但可以控制操作系统、存储和已部署的应用程序；并且可以有限地选择控制网络组件（例如，主机防火墙）。

● 软件即服务（SaaS）

提供的功能是使用在云基础架构上运行的供应商的应用程序，可以通过客户端接口（诸如 web 浏览器，例如基于 web 的电子邮件）或程序接口从各种客户端设备访问应用程序。无需管理或控制底层云基础架构，包括网络、服务器、操作系统、存储，甚至单独的应用程序功能，除去一些受限的用户特定应用程序配置设置。

● 平台即服务（PaaS）

提供的功能是将使用由供应商支持的编程语言、库、服务和工具等获取的应用程序部署到云基础架构上。不管理或控制底层云基础架构，包括网络、服务器、操作系统或存储，但可以控制部署的应用程序以及应用程序托管环境的可能配置设置。

技术要求

参考国标《信息安全技术 云计算服务安全指南》GB/T 31168—2014《能力要求》提出的安全要求分为 10 类，如下所述。

系统开发与供应链安全：云服务商应在开发云计算平台时对其提供充分保护，对为其开发信息系统、组件和服务的开发商提出相应要求，为云计算平台配置足够的资源，并充分考虑信息安全需求。云服务商应确保其下级供应商采取了必要的安全措施。云服务商还应为客户提供与安全措施有关的文档和信息，配合客户完成对信息系统和业务的管理。

系统与通信保护：云服务商应在云计算平台的外部边界和内部关键边界上监视、控制和保护网络通信，并采用结构化设计、软件开发技术和软件工程方法有效保护云计算平台的安全性。

访问控制：云服务商应严格保护云计算平台的客户数据和用户隐私，在授权信息系统用户及其进程、设备（包括其他信息系统的设备）访问云计算平台之前，应对其进行身份标识及鉴别，并限制授权用户可执行的操作和使用的功能。

配置管理：云服务商应对云计算平台进行配置管理，在系统生命周期内建立和维护云计算平台（包括硬件、软件、文档等）的基线配置和详细清单，设置和实现云计算平台中各类产品的安全配置参数。

维护：云服务商应定期维护云计算平台设施和软件系统，并对维护所使用的工具、技术、机制以及维护人员进行有效的控制，且做好相关记录。

应急响应与灾备：云服务商应为云计算平台制定应急响应计划，并定期演练，确保在紧急情况下重要信息资源的可用性。云服务商应建立事件处理计划，包括对事件的预防、检测、分析、控制、恢复等，对事件进行跟踪、记录并向相关人员报告。服务商应具备灾难恢复能力，建立必要的备份设施，确保客户业务可持续。

审计：云服务商应根据安全需求和客户要求，制定可审计事件清单，明确审计记录内容，实施审计并妥善保存审计记录，对审计记录进行定期分析和审查，还应防范对审计记录的未授权访问、篡改和删除行为。

风险评估与持续监控：云服务商应定期或在威胁环境发生变化时，对云计算平台进行风险评估，确保云计算平台的安全风险处于可接受水平。服务商应制定监控目标清单，对目标进行持续安全监控，并在异常和非授权情况发生时发出警报。

安全组织与人员：云服务商应确保能够接触客户信息或业务的各类人员（包括供应商人员）上岗时具备履行其信息安全责任的素质和能力，还应在授予相关人员访问权限之前对其进行审查并定期复查，在人员调动或离职时履行安全程序，对于违反信息安全规定的人员进行处罚。

物理与环境保护：云服务商应确保机房位于我国境内，机房选址、设计、供电、消防、温湿度控制等符合相关标准的要求。云服务商应对机房进行监控，严格限制各类人员与运行中的云计算平台设备进行物理接触，确需接触的，需通过云服务商的明确授权。

实施指导

云计算有四种部署模型：私有云、社区云、公有云、混合云。云计算引入了资源容量的灵活性，但也给受监管公司带来了新的风险，包括但不限于：

- 对数据中心的控制较少或没有；
- 多个供应商共同提供基础架构；
- 对基础架构的控制较少；
- 对数据的控制较少；
- 对应用服务的控制较少；
- 数据和系统不在公司网络之内；
- 需要不同的确认方法。

因云基础架构下的"网络、存储、服务器、虚拟化"受供应商管理，以下是对其风险管理的考量。

A. 对 GxP 法规的了解

应考虑 IaaS 供应商对 GxP 法规的了解。XaaS 供应商可能已经对 GxP 要求有了一些了解。传统基础架构确认和控制的意识和应用可能因供应商而异。

B. 应评估特定供应商确认活动的适用性和有效性升级频率

应了解 SaaS/PaaS 供应商遵循的升级频率。可能会直接影响系统的验证状态。

C. 数据体系结构

在选择基础架构模型之前，必须要考虑系统的数据体系结构要求。跨目标平台可能需要符合多个电子数据交换（EDI）标准，因此互用性是下游基础架构的关键考虑因素。

D. 部署模型（从最高风险到最低风险）：公有、混合、社区、私有

在使用 SaaS/PaaS 解决方案时，应考虑应用的部署模型。正确配置和管理的私有云提供最大的控制和安全性；公有云本质上是最不安全的。社区和混合云的控制和安全等级在公有云和私有云之间。

虽然供应商可能提供强大的服务，但受监管的公司也应该考虑公有云将拥有非常广泛和多样化的租户群体。公有云中的每个租户不太可能与 GxP 监管公司共享相同的风险和安全限制。

E. 执行质量协议的意愿

IaaS 供应商应该有意愿与受监管公司签订适当的质量协议。随着外包服务变得越来越普遍，受监管公司与其供应商之间的质量协议变得更加重要。

F. 数据位置

很难立即确认数据在 IaaS 上的物理位置。应该了解 XaaS 供应商解决方案的物理和地理边界。数据位置可以很好地指示其他性能因素，例如正常运行时间，并且对数据隐私来讲可是很重要的因素。当地或地区法律法规可能对数据位置有特定要求。

G. 网络安全

网络安全是 XaaS 参与的一个挑战性方面。建议受监管实体确保他们完全审查供应商的网络安全。

公有云的网络安全服务主要是供应商提供，在选择供应商时需要对其进行安全措施的评估。

例如，公有云私有化部署方式的评估：

- SaaS 层的评估：是否有云防火墙、IPS/IDS、WAF、DDoS 防护、杀毒工具、动态威胁感知；数据库层的安全措施评估：数据静态或动态脱敏、存取控制（数据授权）、敏感数据的安全保护。
- 公有云部署方式的评估：云基础架构是否有过等保、IPS/IDS、WAF、DDoS 防护、杀毒工具、威胁感知、数据加解密、数据库审计。

H. 冗余（网服务供应商、公用事业、发电机、应急电源系统等）

数据中心的大小、复杂性、冗余配置有很大差异，需要考虑的关键因素包括：

- 供应商为数据中心提供的服务的稳定；
- 发电机数量及其主要额定值；
- 电池和不间断电源（UPS）系统；
- 供暖，空调（HVAC）制冷能力；
- 是否可以选择混合 Internet 协议（IP）服务。

I. 容量

容量应从多个角度考虑，例如：

- XaaS 是否监控容量，未来增长有多少容量？
- 容量重新评估的频率如何？容量增加的速度有多快？
- 云基础架构部署容量变化的方法有哪些？
- 这些变更是如何控制的？

J. 正常运行时间

数据中心和云服务供应商（CSP）将宣传一定程度的可用正常运行时间。通俗地称为两个、三个或四个九，并表示为 99%、99.9%、99.99% 和 99.999%。企业级数据中心可以在长时间内报告 100% 的正常运行时间。受监管的公司应在其服务品质协议（service-level agreement，SLA）中清楚他们对系统可以预期的停机时间，并确保在范围内的系统的预期用途内这是可接受的。

表 6-7　传统基础架构和云基础架构系统等级划分对照

等级划分	传统基础架构参考标准	云基础架构产品或服务	备注
数据中心	The Uptime Institute（数据中心等级标准），电信行业标准 TIA/EIA-942，国际标准分为 T1、T2、T3、T4 等级	弹性云服务器 ECS 可用性 99.99%	数据中心主要是提供基础架构服务，所以 SLA 对比以基础架构服务为主
T1	可用性 99.671%、年平均故障时间 28.8 小时	对象存储服务 OBS 可用性（多 AZ）99.999%	
T2	可用性 99.741%、年平均故障时间 22 小时	云数据库 RDS 可用性 99.9999%	
T3	可用性 99.982%、年平均故障时间 1.6 小时	全动态 BGP 类型弹性公网 IP 可用性 99.99999%	
T4	可用性 99.995%、年平均故障时间 0.4 小时	可用性 99.999999%	

举例说明：对于 GxP 系统，需要对其业务重要性进行分级，如核心系统、重要系统、一般系统等。GxP 系统云部署的原则：针对业务流程性的系统可用；而与设备连接的 GxP 流程性系统不建议采用公有云模式。以 QMS 系统为例，其 GxP 分级定义为：重要系统（若系统中断，则需要转线下支撑业务连续性），若选择云服务供应商，可选择供应商等级至少为 T2。

6.3.3 计划阶段

信息化系统的导入，可以打通各业务信息孤岛，把不同部分的业务整体衔接起来，更好地满足合规要求，提高企业运行效率和管理水平。

对于信息化系统的导入，企业可以进行统一规划。基于企业业务实际和未来战略方向，制定信息化系统架构、集成、路线实施图等规划与愿景，同时明确投入成本与收益。

前期规划的产物可以是企业未来 5~10 年系统实施路线图和系统实施预算。针对有必要近期上线的系统，企业可进行内部需求调研，对涉及的业务进行梳理，并基于产品质量和数据可靠性进行风险评估，形成可行性分析报告。

本阶段对于计算机化系统项目启动所必须的内容提供了建议，主要是明确了使用变更管理和风险管理对新的计算机化系统进行管理，并提出所需要的系统 URS 和供应商管理的要求。

6.3.3.1 通过变更控制方式启动项目并追踪

实施指导

第一步，建议通过变更控制方式启动和追踪计算机化系统项目。

对于计算机化系统的验证，相关团队的组成应包含 IT、使用部门、验证部门、QA 以及其他主题专家，分别对过程中涉及的方案、报告、偏差、变化点（具体变更活动）进行审阅、评估和批准。在项目启动前明确项目组的各个角色的参与人员及各自所承担的责任，因为大多数人不能全职参与项目，所以需要知晓参与项目时间，以便相关成员提前安排好各自工作。团队组建时，考虑因个人请假、休假或离职造成的工作停滞，建议设置预备人员。对于供应商人员配备，可以根据供应商提供的人员参与情况，协商确认。

在项目初始阶段，明确在整个项目投入正式使用前所需要完成的任务和对应的交付物。列明的内容基于软件的风险和 GAMP 分类，包括但不限于：

- 用户需求（URS）；
- 验证计划（VP）；
- 系统影响评估（SIA）；

- 安装确认、运行确认（IQ、OQ）;

- 性能确认（PQ）;

- 需求跟踪矩阵（RTM）;

- 验证总结报告（VSR）;

- 运行标准操作流程;

- 维护标准操作规程;

- 系统上线计划等。

上述需要的交付资料可能合并，但是必须包括每个独立交付资料的需求。针对上述文件需要的审批矩阵（包括企业方和系统提供商或集成服务商）和建议内容，需要事先确定。可以参考对应后续案例结合理解。

实例 1 和 2 分别对需要文件的审核批准列表和主要内容进行了举例，供参考。

实例分析

【实例 1】

关于计算机化系统验证阶段所需文件的起草、审核、批准人员矩阵（包括企业各个部门和供应商），适用于四类计算机化系统，见表 6-8，仅供参考。

表 6-8　计算机化系统验证阶段所需文件的起草、审核、批准人员矩阵举例（适用于四类）

序号	阶段	需求文档名称（质量体系要求的文件）	签批矩阵 [D: 起草，E: 执行，R: 审核，A: 批准，I: 告知，（括号）: 可选，－: 不适用]					
			信息技术部门	使用部门	供应商	验证部门	质量保证部门	质量负责人
1	需求阶段	系统影响性评估	D	E	－	E	R	A
2		验证计划	R	R	D	E	R	A
3		用户需求	R	D	I	R	R	A
4		项目蓝图－流程图	R	R	D	R	R	A
5		供应商审计/评估报告	D/R	D/R	I	R	D/R	A
6	设计阶段	功能/架构/设计说明书 FS/CS/DS	R	R	D	R	A	
7		代码审核 CR	E	R	D	R	A	

序号	阶段	需求文档名称 （质量体系要求的文件）	签批矩阵 ［D：起草，E：执行，R：审核，A：批准，I：告知， （括号）：可选，–：不适用］					
			信息技术部门	使用部门	供应商	验证部门	质量保证部门	质量负责人
8	设计阶段	单元测试方案/报告	E	R	D	R	A	
9		基础架构方案 ISP	R	R	D	R	A	
10		基础架构报告 ISR	R	R	D	R	A	
11		数据迁移方案	R	R	D	R	A	
12		流程风险评估	R	R	D	R	A	
13	验证阶段	测试计划 （项目文件不放在 VP）	R	R	D	R	A	
14		功能风险分析	R	R	D	R	A	
15		DQ 方案	R	E	D	R	A	
16		DQ 报告	R	E	D	R	A	
17		IQ 方案	R	E	D	R	A	
18		IQ 报告	R	E	D	R	A	
19		OQ 方案	R	E	D	R	A	
20		OQ 报告	R	E	D	R	A	
21		PQ 方案	R	E	D	E	A	
22		PQ 报告	R	E	D	E	A	
23		风险评估	R	E	D	R	R	A
24		用户需求跟踪矩阵表	E	D	E	R	R	A
25	实施阶段	数据迁移报告	R	R	D	R	A	
26		生产环境 IQ 方案/报告	R	R	D	R	A	
27		生产环境基础架构方案 ISP	E	R	D	R	A	
28		生产环境基础架构报告 ISR	R	R	D	R	A	
29		需求跟踪矩阵（RTM）	R	D	R	R	A	
30		压力测试（项目文件）	D	R	R	R	A	

序号	阶段	需求文档名称 （质量体系要求的文件）	签批矩阵 ［D：起草，E：执行，R：审核，A：批准，I：告知， （括号）：可选，－：不适用］					
			信息技术部门	使用部门	供应商	验证部门	质量保证部门	质量负责人
31	实施阶段	漏洞扫描（项目文件）	D	R	R	R	A	
32		验证总结报告 VSR	R	R	D	R	R	A
33		系统试运行方案	R	D	R	R	R	A
34		系统试运行报告	R	D	R	R	R	A

注：本表格中各个部门职责仅供参考，各个企业可以按照系统风险高低和影响范围等情况进行实际调整，特别是对于质量负责人或质量受权人是否需要签署或签署哪些文件方面，企业可以根据实际情况决定。

【实例 2】

关于计算机化系统验证阶段所需文件的基本内容要求，适用于四类计算机化系统，仅供参考。

表 6-9　计算机化系统验证阶段所需文件的基本内容要求举例（适用于四类）

序号	阶段	需求文档名称 （GMP 验证所需）	内容及要求
1	需求阶段	系统影响性评估	每个计算机化系统都必须基于风险评估完成系统级别的风险评估，风险评估从法规符合性、用户需求（URS）符合性等多方面进行
2		验证计划 VP	本验证计划的目的是定义 GxP 系统的计算机化系统验证将要采用的方式与方法。包括系统定义、设计、安装、测试和操作，符合预期用途并符合法规要求，此文档中将建立和定义验证活动与程序的职责分工，要求至少包含： （1）定义验证的范围，包括任何的例外，从整体顶层描述计算机化系统的预期用途，包括计算机系统的描述； （2）验证策略应当基于系统级别的风险评估和计算机化系统的分类（根据 GAMP5 分类）进行制定； （3）验证计划中还应描述验证活动和交付资料，包括时间计划、角色和职责、法规评估的结果，以及电子签名和签名、标准和（或）证明文件、供应商管理、验证策略和证明文件、业务和计算机化系统相关的程序、验证变更的控制、可接受限度、验证文件控制、验证报告

续表

序号	阶段	需求文档名称 （GMP 验证所需）	内容及要求
3	需求阶段	用户需求	用户需求说明（URS）文档描述了用户需求和 GxP 系统预定用途（功能与能力）。这个文档中将包含所有的必要需求，所有的需求应清晰、完整、一致并可验证，系统需求不能和其他需求重复和前后矛盾，每条需求在计算机化系统的整个生命周期中必须是唯一的、可追溯的，还应当包含系统相关的法规定义、安全要求、其他系统的结构、业务中断/灾难恢复需求等
4		项目蓝图 – 流程图	每个流程均进行说明，包括流程目的、适用范围、流程涉及岗位、主要管控点、应对的 URS、涉及其他业务流程、注意事项/备注、流程负责部门等内容，并进行签批
5		供应商审计/评估报告	GxP 系统为 4 类系统，需进行问卷审计，参考《计算机化系统供应商问卷审计》开展
6	设计阶段	功能/架构/设计说明书 FS/CS/DS	功能说明书中识别了所有在公司安装的 GxP 系统的系统功能的需求。设计说明必须定义 GxP 系统软件及模块和模块之间满足功能需求，应当书面记录程序的设计，包括和其他系统相连的数据库构架、数据定义、数据配置等内容。 此文档提供了详实的信息，以便系统可以重建；该文档中还定义了此计算机系统是如何构建、识别其组件的组态与设计，当确认符合内部标准与法规时，提供在选中的硬件与软件技术平台上为满足最终用户需求实施软件的必要描述。 此文档将定义所选应用程序的预期用途，并作为跟踪矩阵的基础，以确保系统满足所有操作需求和使用的功能；为了系统维护和状态的控制，设计说明将为 GxP 系统建立组态基线，该组态基线文档中描述了 GxP 系统的逻辑与物理实施，并与描述系统如何安装/构建、维护和组态的文档保持一致。 GxP 系统功能/设计（F/DS）文档将标识硬件、软件、运行环境，GxP 系统说明文档中将包括系统是如何满足在 URS 和 FRS 中定义的特定的业务需求。功能/设计（F/DS）说明文档中将详细描述系统的软件和硬件的组态，包括数据需求、存储和接口，另外，说明中还包括了完整的架构并包含了任何自定义的代码和报告的设计
7		代码审核 CR	系统对接代码应按照 5 类系统管理，必须进行代码审核以保证代码满足设计目的并被记录归档，需要代码审核部分，代码优先使用模块化的代码，需要对代码进行评价，确保没有不使用或者不执行的无效代码
8		单元测试方案/报告	通过单元测试，证明 GxP 系统按照各业务流程操作顺序，能够实现系统内相关操作，且操作结果能够满足实际需要，从而证明 GxP 系统的操作是安全、可靠的，能满足 URS 业务需求，包括脚本编号、测试场景、完成时间等内容

序号	阶段	需求文档名称 （GMP 验证所需）	内容及要求
9	设计阶段	基础架构方案 （ISP）	系统基础架构方案将概述公司 –GxP 系统基础架构组件，并提供文档化的证明来确认基础架构配置。架构规范必须覆盖计算机化系统的所有结构以满足用户和功能需求，包括设定值和参数值的定义，本部分工作通常由 IT 部门负责
10		基础架构报告 ISR	在完成了公司 –GxP 系统基础架构方案的部署和配置后，根据公司 –GxP 系统基础架构方案出具配置确认报告。此份报告将会总结配置确认后得到的结果，以及对配置结果给出是否可以接受的结论。该方案与客户的 IT 基础架构息息相关，通常由 IT 部门负责
11		数据迁移方案	数据迁移必须书面记录数据的转化、规则和任何准备上传序列的数据。GxP 系统基础数据录入方案将会包括 GxP 系统 /ELN 功能组态数据、GxP 系统 /ELN 模板、物料代码、分析方法、产品规格等，同时也包括用户、安全组以及角色的记录；此外还包括水晶报告组态的报告和标签。数据迁移计划必须包含以下要求：迁移数据的识别 ［包括原始数据、数据的来源、数据的日期范围（基于需要保留的记录）］，数据迁移相关的风险（包括来源于非验证系统的数据风险，必须有书面证明）；基于风险的转移流程（包括数据的转化、流程的确认、内容的确认、数据迁移工具确认等内容）
12		流程风险评估	系统流程确定后，从法规符合性、URS 符合性等方面进行流程风险评估
13	验证阶段	测试计划（项目文件不放在 VP）	对每个测试计划需要有人员、时间、任务的安排计划，以便安排合理的资源进行相应的测试，使测试有序开展
14		功能风险分析	此文档将会分析具体功能的风险程度，制定相应的验证策略，包含已知的问题和可能影响到业务和系统运作的 IT 的解决方案，能够满足业务流程
15		DQ 方案	本方案给出具体的验证方法以确认这些设计文档能否满足 URS 要求，验证过程中出现的异常情况，执行变更处理流程；内容包括系统描述、硬件配置清单、硬件设计标准、网络配置清单、软件配置清单、软件设计标准、业务蓝图文档、功能风险分析
16		DQ 报告	通过对相关设计文档的审查，确认相关设计能够满足 GxP 系统功能要求以及设计标准，满足 GMP 要求

序号	阶段	需求文档名称 （GMP 验证所需）	内容及要求
17	验证阶段	IQ 方案	安装确认方案将在安装进行之前概述安装需要的程序和安装说明书，提供文档化的证明以确认该设备的安装已进行了验证并已正确安装。 安装确认将参考供应商的说明书和规范进行；安装确认将根据标准操作程序和作业指导书执行与记录。 GxP 系统的 IQ 将确认该系统已经正确安装，IQ 的章节中包括下面的内容：基于 GxP 系统的制药解决方案 5 的安装和定制符合已批准文档的软件应用组态；GxP 系统的安装确认（IQ）书面记录软件安装和配置满足验证环境和生产环境标准，而且应该在功能测试前进行。任何 IQ 可能潜在影响到 OQ 执行的偏差必须解决或者在 OQ 之前得到处置
18	验证阶段	IQ 报告	在完成了安装确认的步骤以后，将会生成安装确认报告。此份报告将会总结安装确认在执行指导书后得到的结果，以及对安装确认的结果给出是否可以接受的结论，验证环境和生产环境下执行的安装确认脚本，将分别产生独立的安装确认报告。 执行后，测试脚本的输出项，包括缺陷／事件和偏差，所有的缺陷必须得到记录和解决，都必须被汇总成报告；任何遗留／需要处置的缺陷必须有适当的理由并记录在验证报告中用于放行系统，包括为什么可以接受的原因；验证中的风险报告必须审核以确定其风险控制或风险降低计划反映在 GxP 系统上，如果额外的风险在验证阶段识别出来或风险控制／风险降低计划起到作用，应对风险管理报告进行更新，风险管理报告审核的输出必须书面记录在验证报告中。 验证报告必须清晰的指明，是否 GxP 系统按照预期用途进行了确认，并且满足可接受的标准，可以适用于商业化生产使用，如果仅完成部分验证，中期报告可以用于总结以便批准进入下一个测试的验证阶段
19	验证阶段	OQ 方案	运行确认（OQ）用以证明组态完成的 GxP 系统的运行符合功能说明书，各项功能均能按照要求正常运行。运行确认（OQ）需要确认 OQ 的主数据加载（MDL），组态／设计说明（C/DS），以及系统组态与程序已经按照要求完成；确认系统和主要子系统的运行在操作范围内符合预期用途；确认所有的子系统都是可操作且功能准确无误的，并能够根据预定义的规范在生产环境中保持一致的运行，能够在系统中输入数据，并允许创建报告，能够在系统中查看，并与已定义的格式保持一致地打印系统数据。 还必须包括基于软件的分类和（或）流程的风险，以确保确定的系统功能满足需求，如配置的功能性测试、备份和恢复测试、基于流程风险的错误挑战测试和边界值测试、数据迁移流程确认

序号	阶段	需求文档名称 （GMP 验证所需）	内容及要求
20	验证阶段	OQ 报告	运行确认（OQ）完成后，需要提供一个汇总了测试结果的 OQ 总结报告。报告将会总结脚本的执行情况、偏差细节以及偏差的解决方案；将会给出运行确认结果以及验证结论。 执行后，测试脚本的输出项，包括缺陷/事件和偏差，所有的缺陷必须得到记录和解决，且必须被汇总成报告；任何遗留/需要处置的缺陷必须有适当的理由并记录在验证报告中用于放行系统，包括为什么可以接受的原因；验证中的风险报告必须审核以确定其风险控制或风险降低计划反映在 GxP 系统上，如果额外的风险在验证阶段识别出来或风险控制/风险降低计划起到作用，应对风险管理报告更新，风险管理报告审核的输出必须书面记录在验证报告中。 验证报告必须清晰的指明，是否 GxP 系统按照预期用途进行了确认，并且满足可接受的标准，可以适用于商业化生产使用，如果仅完成部分验证，中期报告可以用于总结以便批准进入下一个测试的验证阶段
21		PQ 方案	性能确认方案确认了系统的运行是否符合公司–GxP 系统用户需求或业务流程，确认应在验证/生产环境下进行，以确保系统满足预期的业务用途。对于系统要求使用实际产品环境进行用户接收/性能确认测试的，则测试作为执行阶段的一部分。任何 OQ 缺陷可能潜在影响到 PQ 执行的，必须在启动 PQ 前得到解决或处理；周边设备（例如标签打印机、条形码扫描器）必须在 PQ 前得到确认；PQ 执行过程中使用的程序文件，必须在 PQ 启动前确定最终稿
22		PQ 报告	报告将会总结脚本的执行情况、偏差细节以及偏差的解决方案，将会给出性能确认结果以及认可情况。 PQ 执行后，测试脚本的输出项，包括缺陷/事件和偏差，所有的缺陷必须得到记录和解决，都必须被汇总成报告，任何遗留/需要处置的缺陷必须有适当的理由并记录在验证报告中用于放行系统，包括为什么可以接受的原因；验证中的风险报告必须审核以确定其风险控制或风险降低计划反映在 GxP 系统上，如果额外的风险在验证阶段识别出来或风险控制/风险降低计划起到作用，应对风险管理报告进行更新；风险管理报告审核的输出必须书面记录在验证报告中。 验证报告必须清晰的指明，是否 GxP 系统按照预期用途进行了确认，并且满足可接受的标准可以适用于商业化生产使用，如果仅完成部分验证，中期报告可以用于总结以便批准进入下一个测试的验证阶段
23		风险评估	PQ 完成后，进行验证工作的全面性评估
24		URS 跟踪矩阵表	需求跟踪矩阵主要验证用户需求是否得到有效实现，借助需求跟踪矩阵，可以跟踪每个需求的完成及测试状态

序号	阶段	需求文档名称（GMP 验证所需）	内容及要求
25	实施阶段	数据迁移报告	在静态数据录完之后，将会生成并批准基础数据的加载报告，方便以后进行数据录入核对。这份报告将会总结基础数据迁移工作以及产生的偏差，并对基础数据验证结果给出是否可以接受的结论；还将会总结公司 –GxP 系统创建的数据对象。数据迁移测试必须在验证环境下测试数据和迁移的程序，验证环境和生产环境下执行的数据迁移，将分别产生独立的数据迁移报告
26		生产环境 IQ 方案 / 报告	生产环境下的安装必须在验证环境下确认成功后执行，以确保符合批准的计算机化规范。在生产环境 IQ 执行后，安装和确认信息，包括任何缺陷 / 事件和偏差，必须被汇总成报告形式，其他要求同验证环境确认要求
27		生产环境基础架构方案（ISP）	生产环境 IQ 结束后，再次对系统架构进行确认方案制定，该方案必须覆盖计算机化系统的所有结构以满足用户和功能需求，包括设定值和参数值的定义。本部分工作通常由 IT 部门负责
28		生产环境基础架构报告 ISR	在生产环境中，根据公司 –GxP 系统基础架构方案出具配置确认报告。此份报告将会总结配置确认后得到的结果，以及对生产环境配置结果给出是否可以接受的结论。该方案与客户的 IT 基础架构息息相关，通常由 IT 部门负责
29		需求跟踪矩阵（RTM）	生产环境基础架构确认后，再次进行需求跟踪矩阵（RTM），跟踪每个需求的完成及测试状态
30		压力测试（项目文件）	压力测试是一种基本的质量保证行为，是软件测试工作的一部分，不在常规条件下运行手动或自动测试，而是在计算机数量较少或系统资源匮乏的条件下运行测试。通常要进行软件压力测试的资源包括内部内存、CPU 可用性、磁盘空间和网络带宽
31		漏洞扫描（项目文件）	通过扫描工具等手段对指定的远程或本地计算机系统的安全脆弱性进行检测，形成报告，判定系统安全性
32		验证总结报告 VSR	这份文档将会在完成用户的培训、验证测试、应用和操作 SOP 的批准以及验证文档批准的情况下起草。文档总结验证工作，并同时包括整个实施和验证结论，以及是否接受系统在生产环境运行使用的决定
33		系统试运行方案	验证总结报告批准后，系统进入试运行阶段，根据批准的试运行方案进行，方案内容包括试运行时间、范围、参与人员、试运行模块、试运行批次等内容，根据运行的结果总结报告，期间产生的异常将进行偏差或变更处理
34		系统试运行报告	系统试运行结束，总结运行结果，可接受标准，判定系统是否可以放行

6.3.3.2 生成用户需求说明（URS）

第二步，基于可行性报告，企业内部项目组进一步梳理业务流程和业务需求，形成用户需求说明（URS）。URS 是企业明确需要系统做什么的文件，也是供应商了解企业需求的主要方式。启动阶段的用户需求（URS）可以较验证阶段适当放宽，主要用于系统选型、采购。

URS 的编制可以从以下方面进行考虑：

- 实施平台需求：数据库、发布平台、操作系统等；
- 安全需求：用户管理、密码强度、锁定注销等；
- 业务需求：与业务相关的需求，如多系统对接、业务流程等；
- 法规需求：GMP、21CFR PART11、数据可靠性要求等；
- 容灾需求：备份、归档、灾难恢复、业务持续性等。

例如：一套系统的部署需要考虑它本身支持的架构（客户端、浏览器）、数据库类型（Oracle、SQL 等）和数据传输需求（网络带宽、路由器带宽、网线类型），并确定在基础架构层面是否要考虑虚拟化部署于服务器集群，还是部署于实体服务器；同时对于未来系统的使用上，需要考虑操作系统升级及各接口的兼容性，以及高可用、负载均衡等方面。在实际业务的层面上，数据可靠性相关的用户管理、法规需求、备份等均应在选型时明确需求，要求供应商回应。

实例分析

【实例 3】

URS 主要是以业务流程的需求来驱动，一般包含业务要求、功能需求与非功能需求 3 个部分。

（1）业务要求，对需要上线的业务流程进行概述，对项目范围、阶段实施范围、用户属性、限制因素等进行图文描述。

（2）功能要求，对整体功能要求进行综述，以图文方式对具体功能、单元期望要求进行详细描述，如对需要连接的仪器设备提供详细列表。考虑系统运行的通用情况和异常情况，可能出现的软件故障、异常等状况，描述对应的应急措施要求。功能要求建议有对应质量标准。

图 6-19 MES 系统 URS 结构示例

（3）非功能要求

● 硬件设备要求，阐述对终端设备的要求，如 MES 系统终端考虑防尘、防爆、防水、防护等级 IP65 等需求。

● 法律规章要求，阐述系统应符合的法律规章和指南要求，比如需要符合的 GMP 相关指南或要求，应符合数据可靠性、电子签名、访问权限控制、审计跟踪等方面要求。

● 验证要求，阐述项目验证供应商部分的工作及相关验证文档要求。

● 供应商资质要求、项目团队要求、运维服务要求（服务期限、服务内容、服务及时性等）、培训要求（不同阶段提供的培训服务等）、实施文件要求（配置清单、参数清单、使用和维护手册等）。

6.3.3.3 供应商评估

第三步，启动阶段同时需要完成对系统和服务的供应商的质量体系审计（一般是针对四类及以上软件系统，其他类型的系统可以参考企业内部要求）。企业有必要考虑对与 GMP 活动相关的计算机化系统供应商（包括提供相关服务的供应商）进行适当的评估，以确保该供应商提供的软件产品和服务的质量符合企业要求，降低企业风险。具体供应商评估方法，可根据系统与服务的重要性来确定。

一般基本要求包括但不限于：目标系统执行能力资质完善、项目组织和执行经验丰富、质量服务体系完善，满足以上要求的供应商一般会是技术首选。

实施指导

计算机化系统供应商评估，主要有三种不同的方式：基础评估、问卷调查、现场审计。通常，对于具有较低影响的系统（常用的桌面应用程序等），或许采用基础评估就可以了；对于标准的或可配置软件与服务的供应商，比较适合选择问卷调查方式；而对于较高影响的系统（如 5 类定制软件），则建议考虑现场审计的方式，来综合审核评估供应商。

供应商评估的内容主要包括供应商公司历史和即将实施的信息化系统，这些内容可以体现在供应商评估报告中。企业还可以在此阶段就系统软件的管理范围局限、需要线下或其他信息化系统协助的需求点，以及未来可能的版本更新管理与供应商进行交流。

A. 基础评估

基础评估主要可以包括（但不限于）对供应商公共范围信息的审查、供应商市场信誉评估、供应商过去表现与经验的评估，以及与其他同行企业的讨论等。评估结果建议以文件形式存档，且对评估中识别出的问题，进行有效的处理。

B. 问卷调查

问卷调查主要可以包括以下内容（但不限于）：

- 公司概述，包括特定产品的生产地址；
- 组织架构，角色和职责，员工培训和经验；
- 关键软件产品（含服务）的历史与开发计划；

- 质量管理体系在公司层面和相关产品生产过程中的执行；
- 产品与项目管理；
- 软件开发生命周期过程与交付物；
- 软件开发生命周期支持流程；
- 服务交付过程；
- 用户培训；
- 产品支持与维护；
- 安全性；
- 分包商（如有），包括外部机构与人员。

C. 现场审计

计算机化系统（含服务）供应商的现场审计流程，企业可参考其公司层面供应商现场审计（如物料供应商）的流程，包括审计准备与组织、审计实施与审计报告几个步骤；而审计准备与组织主要分为制定计划、明确审计范围、选择审计小组与通知供应商等几个环节。其中，审计范围主要是根据审计目的（如详细审计、跟踪审计或监督审计），以及供应商主要活动（如软件产品开发、设备制造、软件集成和支持服务）来确定的。

详细审计的范围通常包括与所考虑产品或服务相关的所有方面。当寻求定制服务时，这些审计也可以用来评估供应商生产高质量产品的能力。

跟踪审计通常关注的是在之前审计过程中就确定下来的具体环节或者是供应商所认可的纠正措施的完成情况。

监督审计通常关注之前审计过程中所发现的不足之处，以及新产品和服务，并且提供一种手段来监控运行中的合规性。

对于评估之后存在风险，但考虑实际情况仍然选用的供应商，企业应当在实施各关键节点进行风险管控。

表 6-10 供应商评估文件清单（示例）

文件类别	文件名
公司概述	公司组织架构图 公司介绍与经营情况
产品 / 解决方案	产品 / 解决方案技术状况 / 成熟度 产品 / 解决方案案例

文件类别	文件名
质量管理体系	企业质量管理体系 软件全生命周期管理方法 产品开发管理方法 变更管理流程 各测试方案与报告
项目管理	项目管理方法 质量及项目计划书 交付物清单
项目交付	项目实施方法（作业内容 / 交付物）
产品支持 / 维护	客户支持流程 运维报告模板 / 示例
安全性	信息安全管理体系手册
分包商（包括外部机构与人员）	采购指南及政策
资质	供应商具有的资质认证（如 CMMI、ISO 等）

实例分析

【实例 4】计算机化系统供应商问卷审计表模板

关于计算机化系统供应商问卷审计表的模板案例，仅供参考，各个企业可以按照 GxP 要求和本企业对于计算机化系统提供商的要求针对性的自行制定对应审计模板。

计算机化系统供应商问卷审计表应包括以下几个部分：

（1）公司基本信息；

（2）提供给医药行业的产品；

（3）质量管理系统 – 概述；

（4）质量管理系统 – 计划和报告；

（5）质量管理系统 – 软件开发过程；

（6）质量管理系统 – 支持措施；

（7）需提供的文件。

表 6-11 计算机化系统供应商问卷审计表（示例）

	**公司基本信息**	
1.1	公司名称	
1.2	通讯地址	
1.3	电话	
1.4	传真	
1.5	总公司 / 控股公司	

1.6 按以下要求提供贵公司员工人数的详细信息：

集团	贵公司
集团综合雇员数：	我司员工人数：
有哪些产品：	我司的产品和服务： 医药生产研发相关的产品和服务：
与生命科学相关的包括：	与生命科学企业关联的产品和服务：
总共质量人员数量： IT 相关的质量人员：	贵公司质量人员数量： 系统解决方案的 IT 相关 QA：

1.7 提供组织结构图，显示公司组织结构及产品交付过程所需的关键人员，如质量保证人员。

供应商回复：
企业组织机构图

项目组织机构图

QA 组织架构图

1.8 贵公司是否有医药行业其他客户的实施案例？
□ Yes　□ No
如果选择 YES，请在下面列出

国内实施案例列举：

详见补充材料第 × 页案例表

1.9 请提供曾经为我公司提供的产品或服务：

777

	提供给医药行业的产品		
2.1	请提供贵公司目前供应给医药行业的产品列表，包括所维护的产品。		
2.2	以上产品列表中哪些是标准的，哪些是可配置的产品，哪些是定制的产品？ 供应商回复：		
2.3	提供软件产品给医药行业的批准程序是什么？ 供应商回复：		
	质量管理系统 – 概述		
3.1	提供贵公司 ISO9001 注册证书的副本或质量管理体系认证的详细信息。提供认证机构的名称，当前证书颁发的日期和续期日期，以及认证机构的审核频率。提供质量管理体系认证涵盖的内容的详细信息（即认证范围）。贵公司第一个质量管理体系认证的日期是什么？ 供应商回复： 认证机构： 注册号： 质量体系： 颁证日期： 初次获证日期： 有效期： 下次监督审核执行时间： 监督执行频率： 认证范围：例如软件及计算机信息系统集成的设计、开发和服务 *详见补充材料第 × 页　例如 ISO9001 证书*		
3.2	提供贵公司注册证书副本或软件开发认证的详细信息（比如相关的方案、框架和方法，也包括针对公司软件系统开发体系认证，软件开发成熟度体系的相关认证）。提供认证机构的名称，当前证书颁发的日期和续期日期，以及认证机构的审核频率。提供贵公司软件认证涵盖的内容的详细信息（即认证范围）。贵公司软件第一次注册的日期是什么？ 供应商回复： *详见补充材料第 × 页体系证书*		

3.3	提供贵公司的质量规程和相应的工作程序（比如产品设计、测试、发布，以及产品支持的程序）。 供应商回复： *举例说明：某某项目属于 GxP 管理的范围，项目阶段从需求、设计、配置、测试，全生命周期都根据 GxP 的要求来管理。* 需求和设计阶段， 配置和测试阶段， 上线后支持，
3.4	提供用于产品开发和（或）服务提供的项目管理流程的详细信息（例如，GxP 受控环境中的项目管理方法或流程）。 供应商回复：
3.5	在产品开发和（或）服务提供期间，贵公司的质量部门参与哪些工作？ 供应商回复： *举例说明：某某项目的实施过程和交付物必须符合 GxP 的要求。此外，项目须遵守 3.4 项描述的流程进行管理，由供应商质量保证部门参与监督和把控交付质量。* *Phase 1: Opportunity Assessment* *项目机会的初期评估，评估是否要参与此项目，是否有预算风险，是否有合规风险，是否是供应商擅长的领域，提供的解决方案是否成熟，评估过程有质量人员参与。* *Phase 2: Risk Assessment at Pre-Proposal* *项目的初步方案评估，识别是否有重大风险，项目计划是否可行，做报价准备，评估过程有质量人员参与。* *Phase 3: Risk Assessment at Proposal* *项目提案评估，项目提案是否清晰，且具有可行性？提案是否考虑了所有的工序？提案是否具有竞争性？重大风险是否被识别？* *Phase 4: Risk Assessment at Contract* *合同评估阶段，合同条款是否平等，有无风险条款，合同内的项目范围是否确认，项目成员是否稳定，合同内的项目计划是否可行？* *Phase 5-7: Project Progress Assessment* *项目实施阶段，根据项目计划和交付物，在重要节点进行点检和检查。* *Phase 8: Pre-Go-Live Review* *上线前最终检查。* *Phase 9* *总结学习。售后阶段跟进，随访，收集运行情况。*

质量管理系统 – 计划和报告	
4.1	项目计划：提供根据项目里程碑规划和管理项目时遵循的过程、方法、工具的详细信息，以及当前（或最近的）项目的项目计划示例。 供应商回复： *举例说明：以下是主要节点和工作内容描述。* *SOP 理解和审核：围绕 URS 进行课题讨论，流程分析，线上线下差异点分析，讨论表，会议纪要。* *首次会议：项目介绍，双方项目成员介绍，系统基本功能培训。* *双方讨论会 1：供应商完成初步流程后，和客户讨论业务，界面布局等重点。* *配置讨论 1：根据双方讨论会 1 讨论的结果，进行系统配置，根据检查清单检查配置。* *用户审核 1：对用户进行系统配置操作培训，配置完成后和用户一起对双方讨论会 1 的内容进行测试，确认是否符合设计要求，并且经过测试，用户对系统的操作有初级的掌握。* *上述步骤一般需要 2–3 次循环……* *末次 GMP 讨论会：最后一轮讨论会，对之前讨论会的内容进行回顾和确认，对报表模板、通知模板等之前未讨论的内容进行讨论和梳理。* *最终配置：根据末次 GMP 讨论会的内容进行配置。* *用户最终审核：和用户一起对末次 GMP 讨论会的内容进行测试，用户在测试过程中再次巩固目标计算机系统的操作。* *非正式测试：对用户进行方案培训，编写脚本。在编写讨论脚本的过程中，加深对线上流程的理解。脚本完成后，对所有流程进行非常详细的测试，所有流程都要跑一遍，记录测试结果，记录测试中的问题。* *验证环境 DQ 执行以及 DQ 报告作成。* *验证环境 IQ 执行以及 IQ 报告作成。* *验证环境 OQ 执行及 OQ 报告作成、PQ 方案准备。* *验证环境 PQ 执行及 PQ 报告作成。* *生产环境 IQ 执行及 IQ 报告作成。* *上线准备/用户准备（验证总结报告作成）。*
4.2	质量计划：提供规划和管理项目质量时所遵循的程序、方法、工具和过程的详细信息，以及当前（或最近的）项目的质量计划示例。 供应商回复：
4.3	质量报告：提供在根据项目和质量里程碑和可交付成果进行报告时所使用的程序和过程的细节，以及最近一份报告的例子。 供应商回复：

	质量管理系统 – 软件开发过程
5.1	软件开发：提供生产软件所遵循的过程和标准。
	供应商回复：
5.2	软件开发：提供当前（或您最近的）产品的生命周期文档的详细信息和示例。提供以下系统生命周期开发文档的封面页、历史记录页和索引页的副本，或替换生命周期中的等效文档。 – 功能规格 – 硬件设计规范 – 软件设计规范 – 软件模块设计规范
	供应商回复：
5.3	设计评论：提供在产品开发的每个阶段审查和记录设计过程的细节，以及如何在当前（或最近的）产品上实现和记录此过程的示例。
	供应商回复：
5.4	软件编码标准：提供开发软件时遵循的流程和标准。
	供应商回复：
5.5	源代码：提供代码标题的示例（如果需要，提供解释）和当前（或最近的）软件产品的代码注释示例。如果产品开发需要用到多种开发语言，那么需要提供每种语言的代码标题和代码注释的示例。
	供应商回复：
5.6	软件审核：提供软件开发的每个阶段是如何审核源代码的，以及如何在当前（或最近的）产品上实现和记录此示例。
	供应商回复：

5.7	软件测试：说明在产品开发的每个阶段（包括任何模拟测试）是如何进行软件测试的。这应包括处理测试期间出现的问题的说明，并明确区分非正式和正式（即完全记录）的测试过程。提供以下系统生命周期测试文档的封面页、历史记录页和索引页的副本，或替换生命周期中的等效文档。 　– 软件模块测试规范 　– 软件模块集成测试规范 　– 系统集成测试规范 　– 系统验收测试规范
	供应商回复：
5.8	文件审查／批准／控制：说明如何审查、批准和控制软件相关文档（例如规格、图纸和流程图）。提供最近对软件相关文档的审核的示例。
	供应商回复：
5.9	变更控制：说明如何对软件和相关硬件进行更改，以及如何在当前（或最近的）产品上实现此过程的示例。
	供应商回复： *举例说明：项目中遵循以下『项目变更控制程序』。* *1）发起变更：请求方应依照指定的变更请求申请表提出变更。* *2）复核变更：请求方项目经理应复核所提出的变更，并确定是否将该请求提交给对方。* *3）评估变更：在请求提出后 × 个工作日内，对方项目经理应复核所提出的变更并提议进一步评估或予以拒绝。该评估将确定该变更请求的实施对费用、计划及本工作说明书的其他条款的影响。* *　4）变更审批：双方项目经理书面（或电子邮件）核准该变更请求及其评估之后，被认为是"已核准的变更请求"。* *　5）变更指令的签署和执行：对于"已核准的变更请求"存在费用追加时，必须由双方授权代表签署书面的《变更指令》。在《变更指令》被书面确认前，双方仍继续执行现有项目范围内的工作。*
5.10	配置管理：说明如何对模块化软件的配置进行管理，以及如何在当前（或最近的）产品上实现此过程的示例（例如，特定版本发布的构建记录）。
	供应商回复：
5.11	最终检验和测试：说明贵公司如何检查／测试产品的。应包括确保所有产品规范已经过检查和测试。
	供应商回复：
5.12	用户文档：说明贵公司提供的用以支持产品运行的用户文档（手册、程序等）的详细信息。对于每个文档，请提供封面页、历史记录页和索引页的副本。
	供应商回复：

5.13	客户培训：说明贵公司如何向客户提供培训的，以使客户能够有效地操作系统。
	供应商回复：
质量管理系统 – 支持措施	
6.1	公司内部审计：说明在贵公司的质量管理体系下是如何执行内部审核的，以及最近对软件相关领域进行内部审核的示例。如何计划和记录内部审计？
	供应商回复：
6.2	合同审核：说明贵公司如何审核合同，包括如何记录合同风险的信息。
	供应商回复：
6.3	纠正措施：说明如何实施纠正措施，以及最近对于软件相关程序的纠正措施的示例。
	供应商回复：
6.4	顾客投诉：过去 12 个月内有多少客户投诉被提出和解决了？提供处理客户投诉所遵循的流程。
	供应商回复：
6.5	分包商：如果分包商参与产品上线的活动，那么他们是如何选择和监控的？从批准的分包商名单中增加和删除公司所遵循的程序是什么？
	供应商回复：
6.6	培训记录：如何对参与产品开发和系统上线人员进行相关培训，这些培训在产品开发过程中起了什么作用。
	供应商回复：
6.7	人员记录：请提供这些信息，用于记录员工具有履行其工作职能所需的适当教育、培训、技能和经验（例如资格证书、履历、工作描述、能力评估等）。贵公司如何确定这些记录的准确性？
	供应商回复：

同时，在回复此问卷审核时需要提交以下文件。如果由于某个原因导致某个文档无法提交或不相关，那么请说明原因。

表 6-12　需提供的文件

需提供的文件		
文件名称	是否提供	
	是	否（说明原因）
7.1　公司组织图		
7.2　产品实施过的医药公司的列表，以及相关联系人		
7.3　请提供贵公司目前供应给医药行业的产品列表，包括所维护的产品		
7.4　ISO9001 认证证书的副本		
7.5　认证证书副本（如果适用）		
7.6　贵公司的质量规程清单		
7.7　贵公司的产品设计、测试、发布和所支持规程的列表		
7.8　当前（或最近的）项目的项目计划示例		
7.9　当前（或最近的）项目的质量计划示例		
7.10　当前（或最近的）项目的质量报告示例		
7.11　以下系统生命周期开发文档的封面页、历史记录页和索引页的副本，或其他等效文档： 　– 功能规格（FS） 　– 硬件设计规范（HDS） 　– 软件设计规范（包含在 CS 中） 　– 软件模块设计规范（包含在 CS 文件中）		
7.12　当前（或最近的）产品的设计审核记录示例		
7.13　当前（或最近的）软件产品的每种编程语言的代码标题和代码注释示例		
7.14　当前（或最近的）产品的源代码审核记录示例		
7.15　以下系统生命周期测试文档的封面页、历史记录页和索引页的副本，或其他等效文档： 　– 软件模块测试规范 　– 软件集成测试规范 　– 系统集成测试规范 　– 系统验收测试规范		
7.16　软件相关文档的审核记录示例		

需提供的文件		
文件名称	是否提供	
	是	否（说明原因）
7.17 软件（以及关联的硬件）的变更控制文档示例		
7.18 当前（或最近的）产品的软件配置管理文档示例		
7.19 用于支持产品操作的用户文档（手册、程序等）的封面页、历史记录页和索引页的副本		
7.20 提供给客户培训的记录示例		
7.21 软件相关领域的最近公司内部审计示例		
7.22 软件相关领域最近的纠正措施		

以下信息由审计方人员填写。

表 6-13　评估结论和审核意见

评估结论
问卷审计的结论：
以上评估结果有无识别出的问题？（如有，请备注） □有　□无　备注：
是否需要进一步审计？（如需要，请备注） □需要　□不需要　备注：   签名 / 日期：
审核意见
意见： 质量保证部门 / 日期：

6.3.4 实施阶段

6.3.4.1 设计和需求确认

设计和验证过程，包括了需求确认及验证前评估。

本节对计算机化系统项目部署所必须的内容提供了建议，主要以基础架构、验证计划和风险评估构成，以配合现行规范中对于基础架构确认的需求以及风险管理的概念。

针对验证过程主要阐述了各个步骤输出的书面化文件要求，具体执行方式和步骤可以按照验证计划执行，详见本部分 6.4 相关内容。

A. IT 基础架构设计和确认

背景介绍

按照现行版《药品生产质量管理规范》的要求，IT 基础架构需要进行确认。系统基础架构设计时，根据业务需求考虑实用性、可靠性，如是否需要 7×24 小时不间断运行，备份是否需要实时恢复，是否需要有独立恢复。

实施指导

基础架构的设计需要根据系统支持的软硬件要求来进行，同时需要兼顾备份、高可用、虚拟化等需求。基础架构确认包括但不限于如下内容的具体信息记录和与设计要求一致性的确认：

- 服务器硬件配置：CPU、内存容量、硬盘容量、RAID 情况等；
- 服务器软件配置：操作系统、数据库类型、高可用、虚拟平台等；
- 交换机信息：容量、带宽、冗余情况等；
- 网络情况：带宽、丢包率、IP 地址、子网掩码；
- 对于大型系统的基础架构，建议包含开发环境、验证环境和实际生产环境。

建议使用拓扑图形式进一步明确系统部署的软、硬件构架基础情况。适当的冗余硬件需要考虑在其中，以方便灾难恢复和业务连续性计划（BCP）的实施。拓扑结构图是指由网络节点设备和通信介质构成的网络结构图。在选择拓扑结构时，主要考虑的因素有：安装的相对难易程度、重新配置的难易程度、维护的相对难易程度以及通信介质发生故障时，受到影响的设备的情况。如果可以将商业流程和对应的拓扑结构结合起来了解风险点，对于 BCP 风险点和采取措施也是有帮助的。

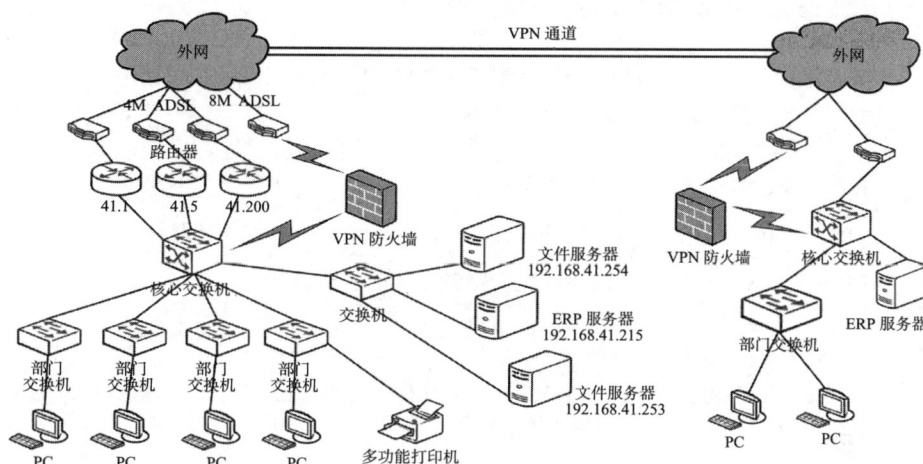

图 6-20 公司网络拓扑图示例

商业化系统总体分为两类来实施：

一是业务功能系统，该类系统大的功能框架已经确定，通过配置参数调整业务流程的实现如某些 MES、WMS，这种软件的设计主要依靠业务流结合系统功能来进行流程设计；

二是平台系统，系统提供的是基础平台，流程和功能画面以及数据字段主要靠配置来实现，基本都是从业务角度出发来设计系统流程，用迭代的方式实现业务设计。

系统功能设计时，除基本业务功能设计外，还要从整体考虑系统间的业务数据集成，以及线上和线下纸质协同（虽然以无纸化为目标，但不排除某些业务场景或辅助场景存在纸质记录）。

实例分析

【实例 5】系统接口信息交换示例

系统接口设计也需要关注。例如 MES 既需要和经营管理类系统对接，又需要和生产业务管理类系统对接，也需要和生产控制类系统对接。这类集成涉及的系统种类多，接口交换信息复杂，接口设计具有难度。

多个系统的数据集成，也可以考虑建设全域数据服务平台，例如企业服务总线

（ESB）、数据中台，形成互联互通，实现数据更加有效的利用和共享。

表6-14仅作为接口对接参考，并不是唯一标准。实际接口设计请根据工厂业务模型、操作流程、系统使用等实际情况进行规划。

表6-14 系统接口信息交换示例

发起系统	信息方向	信息内容	收发节点
ERP	ERP → MES	生产工单信息	生产工单下发时
	ERP → MES	车间到货计划	车间领料时
	ERP → APS	订单、生产物料、库存信息	适当节点
	ERP → APS	生产工单信息	生产工单批准后
	ERP → WMS	入/出库指令信息	到货、成品产出、退料
	ERP →相关系统	主数据信息同步	更新时/根据设置频率
WMS	WMS → ERP	库存更新	更新时/根据设置频率
	WMS → LIMS	请验信息	原辅料到货，复验时
	MES → ERP	工时报工、物料消耗	生产结束后
	MES → ERP	库存更新	适当节点
	MES → ERP	退料信息	退料时
	MES → ERP	成品产出	成品产出后，适当节点
	MES → LIMS	请验信息	中间品、成品产出后，复验时
	MES → QMS	事件/偏差信息	事件/偏差发生后
	MES → EAM	生产设备使用计划	生产指令确认时
	MES → DCS	相关生产指令信息	生产指令确认时
	MES → APS	生产实时状态/线边库存	生产过程适当节点
SCADA/DCS	SCADA/DCS → MES	生产设备工艺数据	生产过程适当节点
LIMS	LIMS → MES	检验结果反馈	检验结果判定后
	LIMS → WMS	检验结果反馈	检验结果判定后
	LIMS → ERP	检验结果反馈	检验结果判定后
	LIMS → QMS	质量事件（偏差、OOS信息等）	偏差、OOS产生后，适当节点触发
QMS	QMS → MES、LIMS	偏差处理结果	QMS偏差处理完成关闭后
	QMS → TMS	培训相关信息	CAPA方案批准后
	QMS → DMS	文件修订信息	CAPA方案、变更计划批准后

续表

发起系统	信息方向	信息内容	收发节点
APS	APS → MES	生产工单信息	适当节点
	APS → ERP	生产计划排程结果	适当节点
EAM	EAM → ERP	配件入出库信息、维修成本（工时、料费）、设备安装报废信息	适当节点
	EAM → MES	设备可使用信息	适当节点
	EAM → APS	设备状态信息	适当节点
DMS	DMS → TMS	生效信息以及修订信息等	文件审批完成待培训时
TMS	TMS →相关系统	资质状态 / 有效期	适当节点

B. 验证计划

实施指导

验证计划（VP）作为指导变更和验证的主文件，规定了在系统实施验证的过程中包含在这个计划内需要交付的内容。

文件必须明确定义验证所包括的范围、系统的预期用途，且根据 GAMP 分类和系统影响评估制定验证内容，至少包括：

- 用户需求（URS）；
- 系统影响评估（SIA）；
- 安装确认、运行确认（IOQ）；
- 性能确认（PQ）；
- 需求跟踪矩阵（RTM）；
- 验证总结报告（VSR）。

验证阶段的用户需求 URS 应在招标的基础上，对系统在企业实际使用中的需求进行详细的分解和说明。这一阶段的需求应是清晰、完整、一致和可验证的。详细的用户需求将会较好地指导风险评估和验证的实施。

比如在安全需求的框架下应包含对于用户 ID 和密码唯一性的要求、密码有效期的要求、密码错误后锁定等要求。针对不同网络系统和设备上的用户管理和权限可以参考【实例 8】，主要还是从数据安全和完整性的角度出发进行用户管理的。

对业务需求中涉及的关键节点也可通过流程图的方式来明确需求，举例说明如下。

实例分析

【实例 6】用户申请流程和涉及职能

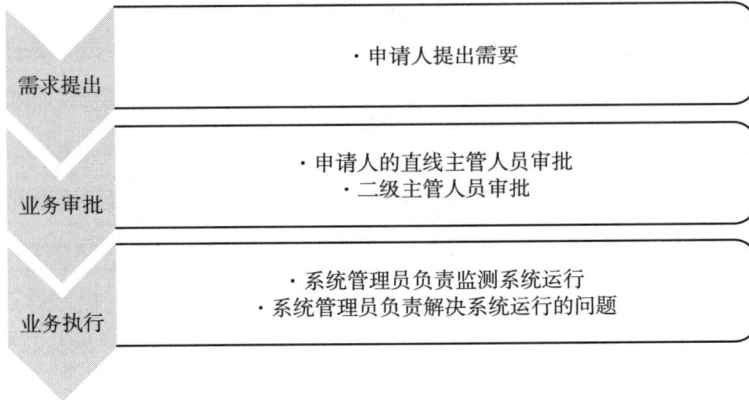

图 6-21 用户申请流程和涉及职能

【实例 7】物料取样申请工作转化为流程图

物料取样申请工作转化为流程图，包括主要步骤和工作职能范围。

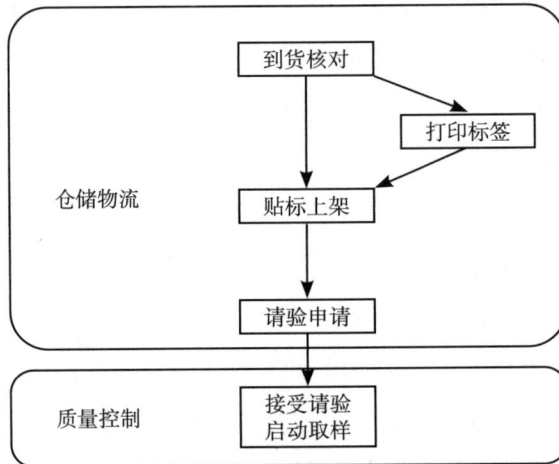

图 6-22 物料取样申请工作转化为流程图

【实例 8】计算机系统的角色职能规划及授权分配矩阵

本举例展现的是某企业针对生产网络系统进行的角色职责规划（表 6-15）和授权分配矩阵（表 6-16）模型，该模型尽可能考虑了在资源充分的条件下，对各个职能实现独立分配，避免权限上出现可能重叠的相对优化的模型，可以在实际应用中作为参考，也可以根据资源情况进行调整。

在该示例中，用户角色涵盖典型 GMP 生产范畴且细分职责至生产部、工程部、验证部、质量部、IT 部、外部供应商及非生产性人员（如清洁人员、外部审计人员、外部参访人员等）。企业可根据自身组织架构且基于自身业务风险进行角色职责定义及规划，既可进行高度整合亦可深度细分。

示例中授权分配矩阵涵盖了操作系统和应用软件两个经度及用户访问和具体操作授权多个维度。其理解需类似遵循地理坐标系，即同时观察经纬度。企业可根据实际应用且基于自身业务风险进行访问或授权分配及管理，须与角色职责划分相对应。计算机系统是计算机化系统的一部分，包括硬件设备和软件应用。

以下对本示例提到的一些背景做一个简单说明。

计算机系统硬件可能包括终端工作站，控制和数据服务器，域控服务器等。计算机系统软件分为操作系统和应用软件两个层次。

操作系统：应用软件程序操控计算机系统硬件，例如 Microsoft Windows、Linux、Unix 等。此为其他应用软件安装和运行的基础。

应用软件：此示例中应用软件程序的设计和部署旨在实现生产设备相关的数据采集与监控系统，例如 Honeywell Experion、Emerson DeltaV、Siemens WinCC、Schneider Wonderware 等。

示例中的计算机系统参照 ISA–88 模式分级属于数据采集与监控系统层面。其具有域控管理且架构于专用 GMP 网络（生产网）中，上行接入工厂局域网中（用于时间同步、数据备份、域管理等），下行链接分布式设备控制及数据传输枢纽（用于发布操作指令、收集生产数据等）。

但是对于独立计算机系统（单机系统），在操作系统层面的用户访问分配只需考虑本地用户组，所以表 6-16 中数据目录项下不推荐共享或根据企业需要且基于自身应用的风险评估进行共享。

计算机系统的用户账户类型通常包括以下 2 种。

特定用户：必须是通过审计跟踪可追溯的真实单个用户（自然人）。在用于 GxP 活动的应用软件层面必须使用特定用户账户产生生产性原始数据。真实单个用户（自然人）可以拥有多个特定用户账户。

通用用户：必须是通过纸质记录可追溯的真实单个用户（自然人）。在操作系统和用于 GxP 活动的应用软件系统层面均可非生产性使用通用用户账户。如果在 GxP 活动中，不可避免地需要使用通用用户账户产生生产性原始数据的情况下，必须基于实际风险评估实施有效的质量保证监管。

计算机（化）系统的角色职责规划和授权分配矩阵以及数据所有必须明确地描述在标准操作规程或其他等效质量受控文件中。

表 6-15　角色职责规划

（这里的职能更多的针对岗位或职能，而非具体的个人，是一个规则的设定和建立）

	职能角色	职能责任
操作系统层面	管理员	管理员（组）是内嵌的特权用户（组），拥有计算机操作系统的管理和域管理权限
	超级用户	超级用户（组）除了向下兼容用户的全部权限，还拥有部分管理员权限
	用户	用户（组）可以运行应用软件，拥有计算机操作系统的管理基础权限
应用软件层面	管理员	可以操作应用软件程序执行管理活动，包括用户管理、审计跟踪管理等
	维护员	可以操作应用软件程序执行维护、故障排除和测试活动
	生产主管	可以操作应用软件程序执行生产、配置、培训、审阅和批准活动
	生产人员	可以操作应用软件程序执行生产活动
	浏览者	只能查看应用软件程序的用户界面
用户	IT 系统主管	在操作系统层面维护计算机系统，而不使用应用软件，例如 IT 运营工程师
	业务系统主管	在应用软件层面维护计算机系统，而无需在操作系统层面拥有管理员权限，例如自动化工程师
	业务系统负责人	计算机系统的责任拥有者，例如生产负责人
	业务系统主要用户	使用计算机系统执行生产、配置、培训、审阅和批准活动，例如生产主管
	业务系统普通用户	使用计算机系统执行生产活动，例如生产人员
	业务系统技术专员	使用计算机系统执行维护、故障排除和测试活动，例如运维工程师
	业务系统验证专员	使用计算机系统执行验证活动，例如验证工程师
	业务系统合规专员	维护计算机系统的验证状态且合规运营（包括用户管理、审计跟踪等），例如质量保证专家
	技术服务	创建搭载应用软件的计算机系统，例如原始设备制造商
	非生产性技术员	支持计算机系统中定义设置的后台程序运行或数据传输活动等，例如虚拟自动化工程师或虚拟 IT 运营工程师
	非生产性操作员	防止在生产活动中意外操作计算机系统或是出于生产安全角度考虑，例如浏览者或是任何人

表6-16 授权分配矩阵

(针对计算机化系统的操作系统和应用软件两个方面涉及的用户访问分配,以及针对应用软件涉及的操作授权进行了举例)

用户访问分配	计算机系统 操作系统层面(例如 Microsoft Windows)							计算机系统 应用软件层面(例如 Emerson DeltaV)								用户访问分配
	活动目录域用户组			本地用户组				数据采集用户组					监督控制用户组			
	管理员组	超级用户组	用户组	管理员组	超级用户组	用户组	特定	管理员组	维护员组	主管员组	操作员组	浏览者组	管理员组	维护员组	操作员组	
IT系统主管	×			×			特定									IT系统主管
业务系统主管		×			×		特定	×					×			业务系统主管
业务系统负责人			×			×	特定			×						业务系统负责人
业务系统主要用户			×			×	特定			×					×	业务系统主要用户
业务系统普通用户			×			×	特定				×				×	业务系统普通用户
业务系统技术专员		×			×		特定		×					×		业务系统技术专员
业务系统验证专员		×			×		特定		×					×		业务系统验证专员

793

GMP 信息化和计算机化系统

		计算机系统														
		操作系统层面（例如 Microsoft Windows）						应用软件层面（例如 Emerson DeltaV）								用户访问分配／操作授权分配
		活动目录域用户组			本地用户组			数据采集用户组					监督控制用户组			
		管理员组	超级用户组	用户组	管理员组	超级用户组	用户组	管理员组	维护员组	主管员组	操作员组	浏览者组	管理员组	维护员组	操作员组	
用户访问分配	业务系统合规专员	×		×（特定）				×					×			业务系统合规专员
	技术服务			×（通用）	×				×					×		技术服务
	非生产性技术员			×（通用）	×					×						非生产性技术员
	非生产性操作员			×（通用）								×				非生产性操作员
数据目录安全管理	完全访问	×			×			×					×			用户管理
	修改					×		×					×			审计跟踪管理
	读取／执行					×		×		×			×			配方管理
	列出文件夹内容						×	×	×	×			×	×		批记录审阅/批准
	读取						×	×	×	×	×		×	×	×	操作

续表

数据目录安全管理/数据目录共享管理	权限	计算机系统：操作系统层面（例如 Microsoft Windows）						应用软件层面（例如 Emerson DeltaV）								报告/图表	操作授权分配
		活动目录域用户组			本地用户组			数据采集用户组					监督控制用户组				
		管理员组	超级用户组	用户组	管理员组	超级用户组	用户组	管理员组	维护员组	主管员组	操作员组	浏览者组	管理员组	维护员组	操作员组		
数据目录安全管理	写入					×	×	×	×	×	×		×	×	×	×	
	完全访问				×												
数据目录共享管理	更改					×	×										
	读取					×	×										

795

C. 风险评估

系统影响评估（SIA）可以基于计算机化系统的特点进行，并据此制定差异化的验证要求。参照 GAMP5 的分类，不同的软件系统在结合评估后在验证中可以执行简化的程序，包含至少如下列表中的内容，见表 6-17。

表 6-17　不同软件系统 GAMP 分类和验证要求举例

使用环境	GAMP 分类	验证要求
Non-GxP	N/A	无特别要求
GxP	一类 基础型应用软件	用户需求（URS）； 系统影响评估（SIA）； IOQ（安装确认、运行确认）； PQ（性能确认）； 验证总结报告（VSR）
	三类 标准化应用软件	
	四类 可配置化应用软件	用户需求（URS）； 系统影响评估（SIA）； 风险评估（RA）； 配置说明（CS）； IOQ（安装确认、运行确认）； PQ（性能确认）； 需求跟踪矩阵（RTM）； 验证总结报告（VSR）
	五类 定制化应用软件	用户需求（URS）； 设计说明（DS）； 功能说明（FS）； 风险评估（RA）； 配置说明（CS）； 代码审核（Code Review）； 系统影响评估（SIA）； IOQ（安装确认、运行确认）； PQ（性能确认）； 需求跟踪矩阵（RTM）； 验证总结报告（VSR）

注：对于上线后再与其他系统交互中使用的接口或是涉及需要开发才能实现的功能，需要通过合适的质量工具，如变更进行需求确认、风险评估并验证后方可使用。

需要说明，对于四类和五类的划分，没有行业统一的标准；目前主要还是基于用户和供应商（建议是软件开发方，而不一定是销售方或第三方的验证方或服务方）之间针对用户需求和如何实现用户需求的深入讨论和理解，了解需求的实现方式及实现方式中数据和系统流向和对接等，来进一步确定所采购系统是只需要配置，还是仍需要额外修改或测试。特别是对于新系统，因为缺少实际场景配置实践经验，需要更加仔细确认。

对于 GAMP 四类和五类的软件必须基于业务实际采用合适的评估模型执行风险评估，如对产品和（或）病人有直接影响，则该系统应直接判定为高风险。

其他情况下可以根据风险的严重性、发生率和可探知性，分别就法规符合性／数据可靠性、工作流程、产品质量和系统安全等内容进行识别和综合评估，并在后续的确认环节中进行测试证明。

例如，使用以下风险评估矩阵，按公式（严重程度＋可探知性）× 发生率进行计算，对于 6 分以下的评定为低风险，6~9 分评定为中风险，10 分及以上评定为高风险。

表 6-18 风险评估矩阵

风险程度判断	低：风险分值 1	中：风险分值 2	高：风险分值 3
严重程度	对最终结果影响极其有限	可能有较为严重的影响，但尚在可控范围	造成较为严重的危害，甚至对病人可能造成不良影响
发生率	不太发生	在某些情况下会发生	系统运行中发生较为频繁
可探知性	系统运行中即可发现	能够通过一些方式发现问题的发生	不太能够探测到问题的发生

对于系统功能层面无法直接降低的高风险和中风险项目，需要通过制度和其他技术手段进行控制。

安装与运行确认工作可协同系统供应商一起执行，但性能测试工作需要用户尽可能的根据实际使用场景对设计的工作流程进行测试，应考虑必要的硬件设备联动，内容应包含但不限于：

- 用户安全流程（新建、锁定、注销等）；
- 日常使用流程（批准、退回、暂停等）；
- 灾难恢复流程（备份、恢复）；
- 压力测试（高可用、负载均衡）；
- 数据可靠性审核（系统日志、审计跟踪）。

需求跟踪矩阵和验证报告作为对预期接受标准和风险评估结果进行对照和总结的最终输出文件，需要在系统上线获得批准。任何未关闭的事件／缺陷或偏差，必须记录在验证报告中，并附上系统放行的理由，包括为什么可接受等。【实例 9】通过需求跟踪矩阵对 EMS 系统中报警信息功能从需求到测试的各个步骤进行举例说明。

在五类软件的验证中需要执行设计说明和功能说明。通常，供应商应根据自己的产品提供对软、硬件的组态说明，包括数据需求、存储和接口，同时还应该包括完整的系统架构和任何自定义的代码和报告的设计情况。设计说明必须定义 GxP 系统软件及模块和模块之间满足功能需求。

对于五类系统中定制化开发的代码，必须进行代码审核以保证代码满足设计目的，并被记录归档。优先使用模块化的代码，并对此进行评价，确保未使用或不存在未执行的无效代码。

实例分析

【实例9】系统报警功能设计示例

第一部分：用户需求说明（URS）

EMS 系统报警功能的需求一般从下述方面进行约束：

- 报警的精度；
- 报警的范围及内容；
- 报警的基础分级要求；
- 报警的确认功能；
- 报警的报表功能。

注：如有必要，也可对报警的机制进行要求，包括触发机制、存储及归档机制。

表 6-19　EMS 系统报警功能需求示例

1	系统具有数据分析功能，当实际数据偏离所设定的允许范围时会发出报警信号。所有的报警产生时间以秒为单位，报警必须是在控制器中产生的而不是工作站物理计算机
2	和洁净室环境状况相关的参数，当超出规定的运行范围时，系统都应该能报警
3	主要的参数包括：温度、湿度、压差等
4	当模拟量输入或输出信号发生断线时，应该能发出断线报警，在上位机画面上顶部应该能马上看到报警信息，同时点击报警信息，应该可以马上转到相应的有断线报警的画面
5	报警应该至少分三级： （1）当运行值接近，但没达报警上限到时，系统应该能够预警，引起操作人员注意； （2）当运行值在报警范围内时，除了会发出报警信号外，还会自动发出操作指令，启动相关的控制设备，对洁净室内的控制参数进行自动调节； （3）对于关键参数，当运行值超出报警下限时，系统除了能够发出报警信号，还要能够自动停机，以保护系统安全。 被授权人员应该可以根据实际需要配置报警的等级

6	报警确认： 　与 cGMP 法规相关的报警和与系统安全相关的报警，都需要操作人员进行确认，并采取操作规程中要求的相应步骤； 　cGMP 法规没有要求的报警信息，不需要操作人员进行确认，只是将其记录到报警报告中即可
7	系统应能对每个报警事件生成详细的报警报告，并将所有的报警和故障信息报告集中到不同的显示列表中，以方便查询和归档。操作人员可以通过时间、设备名称、报警类别及批号等项目中的一个或几个条件的组合对报警报告进行检索

第二部分：软件功能和设计说明（FS 和 SDS）

与 EMS 系统报警功能相关的软件设计，应包含但不限于以下功能：

- 报警等级设置；
- 报警功能界面；
- 报警报表样式；
- 报警数据库备份及恢复。

例如，针对报警功能界面的功能说明，应尽量以明确的图文并茂的方式来描述报警画面的各组件功能及其软件设计。图 6-23 为软件功能说明内容示例。

3.2.5 Alarm Display 报警画面

Display the current process parameter alarm and system hardware fault alarm, and press the alarm time sequence from the latest occurrence of alarm. Alarm status with different colors to distinguish (not recognized as red, has been recognized as gray, has eliminated the alarm is green).

显示当前所有正在进行的过程参数报警和系统硬件故障报警，并按报警的时间顺序从最新发生的报警开始排序，报警状态用不同的颜色来区别（未确认报警为红色，已确认报警为灰色，已消除未确认报警为绿色）。

Alarm content includes:

报警内容包括：

- Alarm time
报警时间
- Alarm name
报警名称
- Alarm acknowledge time
报警确认时间
- Out of alarm time
报警消失时间
- Alarm server name
报警服务器名称

图 6-23　EMS 系统报警功能界面功能说明内容示例

第三部分：与 EMS 系统报警功能相关的软件测试举例

与报警功能相关的软件功能测试，包括但不限于：

- 报警界面功能测试，包括对于报警的显示、颜色分类、确认等功能的测试；

- 报警报表测试，包括针对系统运行后所产生的报警报表的样式、内容准确性等相关测试项目；

- 针对某些特别重要的报警功能的测试，例如传感器故障报警功能模拟测试、传感器报警上下限功能测试等；

- 报警（软件）服务器的手/自动备份、恢复功能测试。

以上述举例中的传感器报警上下限功能测试为例，罗列了测试的详细步骤（表6-20）。可根据该步骤针对 EMS 传感器报警点的上下限设置进行逐一或抽样测试。

表6-20 传感器报警上下限功能测试的详细步骤示例

Test procedure 测试程序		
Item 序号	Activity 测试行为	Expected Result（s）/ Acceptance Criteria 期待结果 / 可接受标准
A	Click the icon of the test sensor on the HMI. Set the HiHi, Hi, Low, LowLow limit value on the pop-up picture. 在监控画面点击所测试传感器的图标，在弹出的画面中设定该参数的高高、高、低、低低限值	The HiHi, Hi, Low, LowLow limit value are set into the system. 该参数的高高、高、低、低低限值被设定
B	Check the display of the test sensor on the HMI. 在监控画面观察所测试的传感器的读数	The display of the test sensor on the HMI is correct. 监控画面传感器读数正常
C	1. Simulate the reading is higher than the HiHi Limit by program software. 通过编程计算机模拟该参数输入值高于高高限值 2. Click the alarm message. Deploy the alarm message picture. Select the sensor alarm message, then click the confirm button. 在监控画面点击报警信息栏，展开报警信息画面，选择测试的传感器高高限报警信息，然后按确认按钮 3. Simulate the reading is higher than the Low limit and lower than the High Limit by program software. 通过编程计算机模拟测试参数的输入值低于上限值，高于下限值	1. The reading of the test sensor on the HMI is same as the simulation. The HiHi alarm message appeared on the bottom of the HMI. 监控画面中该参数的读数与模拟值一致，画面下方出现该参数高高限报警信息 2. The alarm message changes to gray from red. 报警信息由红色变为灰色 3. The alarm message disappeared. 报警信息消失
D	1. Simulate the reading is higher than the Hi Limit by program software. 通过编程计算机模拟该参数输入值高于高限值 2. Click the alarm message. Deploy the alarm message picture. Select the sensor alarm message, then click the confirm button. 在监控画面点击报警信息栏，展开报警信息画面，选择测试的传感器高限报警信息，然后按确认按钮 3. Simulate the reading is higher than the Low limit and lower than the High Limit by program software. 通过编程计算机模拟测试参数的输入值低于上限值，高于下限值	1. The reading of the test sensor on the HMI is same as the simulation. The Hi alarm message appeared on the bottom of the HMI. 监控画面中该参数的读数与模拟值一致，画面下方出现该参数高限报警信息 2. The alarm message changes to gray from red. 报警信息由红色变为灰色 3. The alarm message disappeared. 报警信息消失

Test procedure 测试程序		
Item 序号	Activity 测试行为	Expected Result（s）/ Acceptance Criteria 期待结果 / 可接受标准
E	1. Simulate the reading is lower than the Lo Limit by program software. 通过编程计算机模拟该参数输入值低于低限值 2. Click the alarm message. Deploy the alarm message picture. Select the sensor alarm message, then click the confirm button. 在监控画面点击报警信息栏，展开报警信息画面，选择测试的传感器低限报警信息，然后按确认按钮 3. Simulate the reading is higher than the Low limit and lower than the High Limit by program software. 通过编程计算机模拟测试参数的输入值低于上限值，高于下限值	1. The reading of the test sensor on the HMI is same as the simulation. The Lo alarm message appeared on the bottom of the HMI. 监控画面中该参数的读数与模拟值一致，画面下方出现该参数低限报警信息 2. The alarm message changes to gray from red. 报警信息由红色变为灰色 3. The alarm message disappeared. 报警信息消失
F	1. Simulate the reading is lower than the LoLo Limit by program software. 通过编程计算机模拟该参数输入值低于低低限值 2. Click the alarm message. Deploy the alarm message picture. Select the sensor alarm message, then click the confirm button. 在监控画面点击报警信息栏，展开报警信息画面，选择测试的传感器低低限报警信息，然后按确认按钮 3. Simulate the reading is higher than the Low limit and lower than the High Limit by program software. 通过编程计算机模拟测试参数的输入值低于上限值，高于下限值	1. The reading of the test sensor on the HMI is same as the simulation. The LoLo alarm message appeared on the bottom of the HMI. 监控画面中该参数的读数与模拟值一致，画面下方出现该参数低低限报警信息 2. The alarm message changes to gray from red. 报警信息由红色变为灰色 3. The alarm message disappeared. 报警信息消失

上述测试可在软件工厂验收测试（SFAT）、软件现场验收测试（SSAT）以及 IQ/OQ 等多个阶段的测试环节进行。虽然测试内容可能相同，但由于系统在软件开发生命周期的不同阶段，其部署和运行环境存在不同，上述测试仍然具有实际操作意义。

第四部分：以报警功能需求实现的需求跟踪矩阵（RTM）举例

以报警功能相关需求为例，在整个 EMS 软件开发生命周期中，对设计、测试、确认等多项计算机化系统验证活动，可以通过追踪矩阵从系统上较为直观的确认对应需求在各个阶段如何实现设计，实现测试需要，并确定用户需求在最终上线时可满足预定使用目的。

结合上述内容，需求跟踪矩阵（RTM）中应根据用户需求（URS）中相关要求为索引，逐步通过功能 / 设计说明（FS/DS）的深化以及各阶段的测试加以确认，最终确保需求得以完整的设计和满足。同时也是未来上线使用，偏差处理和变更控制重要的基础文件。

需要特别说明，举例中各个阶段实现方式填写的是概述型描述——需要设计或需要测试，但是实际矩阵表中填写时必须具体描述到这个需求是具体与哪个文件（文件编号和版本）中的哪一条目或条款（×.×.×，若有必要还需填写概述性或具体内容）直接对应的。

表 6-21 　EMS 系统中报警功能需求实现的需求追踪矩阵（RTM）

用户需求（User Requirement）	关键程度	供应商是否可实现	功能设计标准（FDS）	工厂接受测试（FAT）	现场验收测试（SAT）	安装确认（IQ）	运行确认（OQ）
系统可以针对洁净室环境状况主要参数：温度、湿度、压差等，进行趋势统计和数据分析	关键	可实现	需要设计	需要测试	需要测试	N/A	需要测试
当运行状况超过参数设定范围时，应产生报警信息，报警产生时间以秒为单位；必须在控制器中产生，而不是工作站物理计算机	关键	可实现	需要设计	需要测试	需要测试	N/A	需要测试
当模拟量输入或输出信号发生断线时，应该能发出断线报警功能；在上位机显示画面中特定位置（顶部或底部），应该马上可以跳出报警信息，点击报警信息，可以立即跳转响应断线报警的画面	关键	可实现	需要设计	需要测试	需要测试	N/A	需要测试
报警可以管理不同场景，至少满足以下四种场景功能需要： 1. 当运行值接近报警上限时，应可以有预警限设置和预警，提示操作人员注意； 2. 当运行值在报警范围内（上下限范围），可以立即报警，如果连接自动控制系统，可以实现自动控制和调整相关运行参数； 3. 对于特定参数，在超上、下限时，除了可以立即报警提示，自动调整运行系统外，还可以立即停机（如有必要），以保护系统； 4. 报警情景的配置和调整，必须由授权人员按照流程要求进行调整	关键	可实现	需要设计	需要测试	需要测试	N/A	需要测试

用户需求（User Requirement）	关键程度	供应商是否可实现	功能设计标准（FDS）	工厂接受测试（FAT）	现场验收测试（SAT）	安装确认（IQ）	运行确认（OQ）
报警确认： 所有报警信息都需要被记录在报警报告中； 涉及 GMP 的报警信息，需要授权人员确认，并按照程序进行处理，授权人员可以是现场操作人员、主管人员或其他流程中确定的人员； 涉及非 GMP 但影响系统运行安全的报警信息，也需要授权人员按照流程进行确认和处理	关键	可实现	需要设计	需要测试	需要测试	N/A	需要测试
系统对于每一个报警事件都需要形成详细的报警报告，报警信息和故障信息需要区分，便于后期查询和数据分析	关键	可实现	需要设计	需要测试	需要测试	N/A	需要测试
报警报告可以实现通过单个关键词或不同关键词组合进行查询、汇总和输出，比如日期（段），时间（段），批号（多个或范围），涉及区域，HVAC 设备，报警类型或关键词，报警确认人，确认输入理由，故障类别或信息等	关键	可实现	需要设计	需要测试	需要测试	N/A	需要测试

6.3.4.2 开发、配置要点

实施指导

企业原则上优先考虑稳定、可靠、开发较少的系统。成熟的商品化软件，即 ISPE《良好自动化生产实践指南》中定义的 4 类可配置产品，大部分的实施工作是通过配置完成的。当然企业在实施系统过程中，也存在为了满足业务需求而进行开发，以及为了对接周边系统而进行了接口部分的开发。

对于可配置产品，供应商一般提供配置规范文档，配置规范介绍了系统中的可配置项、相关参数和基本配置方法。配置工作可以由供应商和经过培训的系统用户或管理员参与。配置过程中建议编制一份基于整体项目计划的配置计划，对配置过程进行管理。

对于开发的部分，在开发过程中注意品质管理。开发过程中确保代码的品质，降低风险，如尽量使用标准的功能组件等，执行统一编程标准，并确保二次开发注释的易懂性。对开发部分的源代码有必要进行代码审查，由供应商，或者企业，或者第三方出具代码审核报告。通过代码审核报告来确保开发部分的代码是按照统一的编程标准正确执行的，并且符合设计要求。

6.3.4.3 培训要点

实施指导

系统实施导入过程中，应当确保有专业人员对计算机化系统的设计、验证、安装和运行等方面进行培训和指导。培训对象一般分为管理层、项目组、最终用户、系统管理员。系统实施过程针对项目的不同阶段以及培训对象和培训目的存在不同：

● 项目启动阶段，培训对象为培训管理层和项目组整体，使项目相关利益方充分理解系统的范围和实现方式，保证项目干系人员站在相近水平上进行沟通和设计，以便后续项目顺利推进；

● 项目过程中，培训对象为项目组关键实施成员，使项目组关键成员掌握系统设计和配置的概念和方法，使项目组关键实施成员可以指导最终用户操作使用，并初步具备项目上线后的业务数据维护能力；

● 项目后期，培训对象为系统管理员，系统管理员可以进行日常系统启停、备份、增加账号等日常维护工作，并可使用企业业务语言培训最终用户，让最终用户可以进行日常操作，保证系统顺畅运行。

通过以上培训，项目组和最终用户可以根据业务需求和功能实现更新相关 SOP 管理文件，确保合规以及后续执行的规范化。

6.3.4.4 测试要点

法规要求 ···

　　GMP 计算机化系统附录第十三条要求，"在计算机化系统使用之前，应当对系统进行全面测试，并确认系统可以获得预期的结果。当计算机化系统替代某一人工系统时，可采用两个系统（人工和计算机化）平行运行的方式作为测试和验证内容的一部分"。

实施指导

　　一般软件测试分为单元测试、集成测试、系统测试。

　　单元测试，目的在于检查相关的程序单元能否正确实现设计的模块功能、性能、设计约束等要求。集成测试，目的在于检验程序单元或部件的接口关系。系统测试，确认软件的功能、性能以及与周边系统集成等是否满足用户要求。

　　对于商品化软件，一般不需要进行单元测试，需要执行集成测试和系统测试。对于在开发软件或商品化软件上的二次开发，需要完整的从单元开始进行相关测试。每一阶段的测试均需留下记录。

　　关于测试具体要求请参见本分册 6.4 计算机化系统验证（CSV）部分。

6.3.4.5 系统验收上线

实施指导

　　验收上线活动是系统初始建立过程中涉及验证阶段的最后需要实施的工作，建议制定合理上线计划用来确保线上业务系统和线下业务活动可以进行顺利切换。考虑要点包括但不限于：

- 日常操作制度、系统运维制度等在这个阶段应完成培训并且生效；
- 合理的并行期可以作为上线计划的一部分纳入考量，通常以 3 个月左右为宜。在并行期内，需要明确规定以哪方面的数据为实际汇报内容；
- 对于并行期内系统发生的与预期验证结果不符的内容均应通过事件报告、偏差等其他形式进行记录，并进行分析后决定后续措施。对于影响到实际功能、数据可靠性或者其他评估认为严重的情况，该系统不应继续上线流程；

- 线下流程和一定量的文档应作为业务持续性流程的一部分而长期留存。

最迟在系统设计时，需要明确上线判断标准，并在上线前开始定期检查上线的各项任务完成情况，可以对以下（但不限于）内容进行确认：

- 业务功能需求实现完成状况；
- 基础数据和业务数据信息更新是否完成；
- 最终用户培训完成状况，维护人员是否具备维护能力；
- 遗留问题全部都已经解决，风险项都已经关闭；
- 备份系统是否已经就位；
- 是否有相关的灾难恢复计划或业务连续性计划（BCP）制定，以防止因系统故障、停机等意外情况导致的业务影响；
- 是否已经通知所有相关人员明确切换时间等；
- 若多套系统同时上线，需要考虑上线的先后顺序，并且确保各系统间通过接口交换的数据标准统一，可以形成多系统上线方案；
- 相关数据是否已经迁移到新系统中。

上线阶段，一项重要的工作是将已完成验证的数据从验证环境迁移到正式环境，即数据迁移。GMP 计算机化系统附录对数据迁移的要求是，"数据转换格式或迁移时，应当确认数据的数值及含义没有改变"。因此，在数据迁移前，应该规定对应的数据迁移目标、内容、迁移方式和可能用到的迁移工具等信息。除执行系统标准的数据迁移外，可能存在数据从 excel 批量上传至正式环境的过程，此过程应受控，可能会用到批量上传工具需确保其验证状态。

系统上线之后，企业可能会经历一段线上线下并行的时期（有些企业将该时期称为试运行）。GMP 计算机化系统附录对并行的要求是，"当计算机化系统替代某一人工系统时，可采用两个系统（人工和计算机化）平行运行的方式作为测试和验证内容的一部分"（第十三条）。同时规定，"对于电子数据和纸质打印文稿同时存在的情况，应当有文件明确规定以电子数据为主数据还是以纸质打印文稿为主数据"（第十八条）。因此，企业应该对电子数据和纸质文档的主体性有所区分。

6.3.5 运行及引退

6.3.5.1 上线后运行

背景介绍 ————————

本节对计算化系统上线后开始正常运行和使用阶段进行阐述。运行阶段是最长的阶段，旨在确保系统始终处于已验证状态并能持续满足业务需求。

运行阶段包括针对日常管理（包括但不限于账户管理、数据管理等活动），各个软硬件系统运行维护活动，以及这个阶段中需要进行的可能事件/偏差/变更/阶段性回顾/安全性事件处置等活动。如计算机化系统的维护管理涉及供应商，应对供应商进行评估或审计，从而确保系统始终处于受控状态；系统服务器所在的机房设施和设备也应定期维护，包括机房环境检查、机房空调系统定期维护、安全补丁的更新等；系统的安全，例如接口存在安全漏洞等，同样需要关注。健全计算机化系统安全管理制度、安全运行制度，设立和完善安全管理组织结构，定期对用户进行安全培训，并可以在供应商提供的运维服务范围内与其展开合作等。

本节内容主要针对系统维护、变更管理、定期审查等运行阶段需要交付的内容展开描述，同时也对这个过程中涉及的备份和恢复进行描述。

实施指导

A. 系统维护

在运行阶段，将根据批准的程序对系统进行监控，并根据需要进行变更，以符合不断变化的业务和法规要求。

系统维护通常通过程序/规程来进行。一些程序可以合并为一个程序文件，如用户管理可合并在系统管理程序中；也可将多个系统的要求合并为一个程序文件，例如一份公司层面的用户管理程序适用于所有计算机化系统的用户管理。

通常的系统维护程序（如适用），包括但不限于以下内容。

● 定期审查：通过定期审查活动，也是周期性评估的一种方式，为可能需要的再确认、再验证活动提供依据和基础。

● 系统操作：详细描述系统的操作步骤，为有权限的最终用户使用系统进行指导。

● 系统管理：详细描述系统管理员可执行的操作过程，也可将一些系统管理的要求，如用户管理（包括密码管理、电子签名管理等）、时间和时区管理、系统备份、审计跟踪管理以及问题汇报等合并在此程序中。

● 系统性能监控和警报：描述系统性能监测的方法和频率，警报的解除要求和调查过程。监控活动的需求和监控的范围应根据系统对于患者安全、产品质量与数据可靠性的风险大小来制定。

● 问题/事件报告：描述系统发生问题时的汇报、调查、解决和记录的流程，以及系统问题的分级原则。按照公司偏差要求，如果系统事件满足了开启偏差的条件，应开启偏差。此程序一般具有通用性，可适用于公司的所有系统。

● 备份和恢复：

  ○ 灾难恢复计划（DRP）：灾难恢复计划应包含系统及支持系统运行所需要的所有基础架构的恢复流程，该计划应经过验证；

  ○ 业务连续性计划（BCP）：业务连续性计划应提供系统故障期间可用的替代规程或流程，以替换缺失的系统功能，并保持业务的持续性。业务连续性计划所要求的相应替代流程应以文件形式存在，并应对相关人员进行培训。

● 用户管理：描述用户管理的流程，包括用户的创建、权限修改、禁用、用户变更管理等。用户在系统中的权限应与实际工作中的权限一致。

B. 变更管理

● 变更管理适用于计算机化系统的硬件、软件、相关系统文档以及系统内的记录/数据。此程序一般具有通用性，可适用于公司的所有系统。IT 基础架构的变更可以参考本章节基础架构描述中变更部分的内容。

● 计算机化系统变更管理中需要根据变更内容和受影响的系统，考虑是否对于原先的验证范围（比如功能增减、适用范围变化等）有影响，来评估是否需要进行再验证，以及再验证需要进行的范围；一般在没有功能性变化的情况下，可以考虑不进行再验证行动，而是通过评估方式进行呈现。

● 应制定变更管理程序，对变更进行评估和管理，以确保所有影响产品质量的变更被评估、审核、批准和实施，变更过程应有文件记录。

● 应评估变更对于产品质量、患者安全及法规符合性的影响。可依据变更影响的大小制定不同的管理策略。

● 主数据维护可以作为日常操作的一部分通过系统操作 SOP 进行管理，通过系统变更申请表进行管理，如 LIMS 中产品标准、分析方法的维护等。系统升级或系统中流程的变更，应按质量体系变更流程执行。

C. 定期审查

● 应基于适用的法规和程序要求，以及系统风险的高低来确定定期审查的频率，评估过程应有文件化的记录。此程序一般具有通用性，可适用于公司的所有系统。

● 定期审查（periodic review）的过程应有文件记录，审查内容一般应包括：

  ○ 上一次审查的结果及行动措施；

  ○ 审查期间发生的已关闭的与系统相关的变更；

  ○ 审查期间发生的已关闭的与系统相关的偏差、CAPA；

  ○ 系统 SOP；

  ○ 用户账号；

  ○ 系统性能及问题；

  ○ 系统验证文件；

  ○ 系统备份情况；

  ○ 业务连续性划（BCP）。

● 定期审查的输出一般包括以下内容，【实例 10】提供了案例模板供参考，可以根据需要进行调整。

  ○ 最低输出应为系统可被继续使用的声明文件。可能有必要制定一个经各方讨论一致的计划，以执行后续的纠正预防措施。

  ○ 对于复杂或关键系统，应编制一份总结报告，包括：

    ❖ 审查结果；

    ❖ 发现的偏差或问题；

    ❖ 所需的纠正预防措施；

    ❖ 总结报告中确定的行动应在结束前完成并获得批准。下文实例分析中有定期审查报告模板供参考。

【实例10】×××计算机化系统定期审查报告示例

〔×××〕计算机化系统〔编号：×××〕定期审查报告模板

1.0 目的

本文档包含对＜系统名称＞的定期审查结果。本审查涵盖了从＜审查期开始＞到＜审查期结束＞期间＜系统名称＞的使用。

2.0 范围

说明本定期审查中包括的系统以及排除的领域（如有）。

3.0 系统描述

提供被审查系统的一般信息，包括对系统、基础架构、功能和用户组使用情况的描述。此时可以包括一个系统拓扑图，以帮助描述系统及其如何适应业务环境。

4.0 术语表

本文件中使用的所有缩略词和定义都需要添加到表中。

5.0 角色和职责

下表概述了与本文件具体相关的角色和职责，应该包括谁负责编写、审查、批准、维护和归档文件，以及谁将执行本文件的内容。

角色	职责

6.0 定期审查结果

6.1 审查团队

在下表中列出审查团队成员的信息。

姓名	职位	部门

6.2 上一次定期审查结果

列出系统上次定期审查的日期，以及审查产生的任何行动项目或其他问题的状态。

6.3 验证文件清单

列出现有的、当前的系统验证文件和文件存放的位置。

○ 指出与之适用的验证计划和系统特定程序中所要求列出的任何偏差。

○ 确定文件是否已得到适当批准和保存。

6.4 变更管理

列出自上次定期审查以来对系统所做的变更，并确认：

○ 是否有可能影响系统验证状态的任何迹象或趋势；

○ 是否根据变更程序实施和记录了变更。

6.5 偏差和 CAPA

列出自上次定期审查以来对系统发生的偏差及 CAPA，并确认：

○ 是否有任何负面趋势；

○ 是否根据偏差和 CAPA 管理流程进行了调查，且 CAPA 按计划进行了实施。

6.6 系统相关程序

列出任何特定于系统的程序。确定需要解决的任何缺陷或问题，如应更新程序。

6.7 用户账号

导出用户列表，识别用户账户所需的任何修改（取消 / 修改权限或访问权限）。

6.8 系统性能审查

详细说明系统性能审查结果，包括系统监控信息、容量规划数据、问题清单及解决等。

6.9 供应商评估 / 审计

说明系统的现有供应商评估 / 审计（如有）是否充分，或是否需要重新评估。

6.10 系统备份情况

说明系统是否按备份计划进行了备份，备份是否成功。

6.11 业务连续性计划（BCP）

审核业务连续性计划流程，并确认其是否需要更新。

6.12 审查结果及建议

根据以上审查的结果，给出审查结论。如有发现项，应给出整改措施。

7.0 版本追溯

版本	修订日期	修订内容描述

8.0 附件

D. 计算机化系统的再验证

在计算机化系统使用的过程中，有 2 类情况可能会触发系统的再验证，第一种情况为系统发生变更，经过评估后，需要进行再验证的；第二种情况是在定期审查后发现系统不在已验证状态，需要进行再验证的。

E. 审计跟踪审查

● 企业应基于计算机化系统的风险程度确定审计跟踪审查的频率，以及审查的范围。评估过程应有文件记录。

● 审计跟踪审查（audit trail review）一般分为 2 类：产品释放审计跟踪审查和系统审计跟踪审查。

   ○ 产品释放审计跟踪审查主要查看与产品释放相关的审计跟踪，如是否有数据删除，是否有收到积分，是否有重复进样，是否有原始数据未被处理等。此审查一般可以作为批记录审查的一部分进行。

   ○ 系统审计跟踪审查主要查看系统运行相关的审计跟踪，如系统时间是否被修改，数据是否有删除，系统配置是否被更改等。此审查一般可以作为定期审查的一部分进行。

● 审计跟踪审查的方法一般包括但不限于：

   ○ 检查日期和时间戳；

   ○ 检查是否有数据删除，有的话是否在审计跟踪或相应记录中说明原因；

   ○ 检查系统参数是否被修改，有的话是否在审计跟踪或相应的记录中说明了原因；

   ○ 检查元数据是否被修改，有的话是否在审计跟踪或相应的记录中说明了原因，并评估变更对初始值的影响；

   ○ 是否有数据被取消或替代，有的话是否在审计跟踪或相应的记录中说明了原因；

   ○ 确保系统中执行的所有操作是由具有适当权限的人员完成的；

   ○ 检查系统登录日志。

F. 备份和恢复

● 应建立备份和恢复程序，备份和恢复过程应经过验证。

● 应根据风险确定备份的频率，备份存储位置应是与原来不同的存储位置。

● 软件备份：创建软件备份是为了确保在系统故障时，或在开发或运行期间进行修改以后，可以得到最新且正确的软件版本，并且可以在短时间内正确地恢复该软件。备份范围应涵盖系统运行所需的所有软件组件（如操作系统、分层式软件和工具、基础产品、自定义代码、配置和数据），以确保整个系统可以恢复。系统运行后的软件备份可以在每次软件修改后以及一定的时间间隔内进行。

● 数据备份：应周期性的在备份媒介上保存数据。为了避免由于一个位置出现问题而导致数据丢失，应对数据备份进行异地存储。

● 数据备份的结构。

● 数据备份的类型：完整备份和增量备份。

● 数据备份的间隔时间：日备份，周备份，月备份，季度备份，年备份，无周期备份（即永久保存）。间隔时间应基于系统风险确定。

● 备份的标识：备份的标识的详细程度应能确保备份能与相应的系统或数据进行清晰的关联。一般应包括：

　　○ 软件 / 数据名称；

　　○ 软件或固件的版本；

　　○ 备份日期；

　　○ 备份数量；

　　○ 操作者。

● 备份应被定期审查，如发现问题应进行调查，废弃或替换可能存在问题的媒介。相应活动应以文件形式存档，如记录在备份日志中。

实例分析

【实例 11】针对系统上线后运行相关活动应用案例

目的：以 LIMS 为例描述系统进入运行和退役阶段的相关活动和产生的文件记录。

背景：该 LIMS 系统使用虚拟服务器，分为开发、验证和生产 3 个环境，其中验证和生产环境为受控环境。

案例中提供了流程各阶段所需的内容要点，包括通用和专门需要的 SOP 清单，对应系统变更管理活动的关注点，以及定期审查、系统备份、系统业务连续性计划等，以供参考。

（1）SOP 清单

计算机化系统共用 SOP	计算机化系统验证管理规程
	计算机化系统定期审查规程
	变更管理规程
	IT 机房管理规程
	计算机化系统备份，归档，恢复管理规程
LIMS 系统专用 SOP	LIMS 系统业务可持续计划
	LIMS 系统问题报告和解决
	LIMS 主数据管理规程
	LIMS 用户管理规程
	LIMS 各功能模块配置作业指导书（WI）
	LIMS 各功能模块操作作业指导书（WI）
	LIMS 标签打印机和扫描枪连接和确认作业指导书（WI）

（2）LIMS 系统上线后运行阶段的变更管理

● 软件变更

一般会有 2 类：一类是主数据变更，如新建产品标准、测试方法、报告等，此类变更通过主数据管理 SOP 的要求和流程进行。主数据变更往往是系统所服务的物料和产品变更的一个行动项，比如物料增加一个供应商，物料代码的变化会需要 LIMS 主数据变化；比如产品测试标准随着产品上市后变更要求而变化，获批了新的质量标准，也会涉及测试项目、方法、限度、样品量、取样点、测试记录模板和报告模板等一系列主数据内容的变更。

另一类是系统层面的变更，如增加新的模块、系统升级等，这些会按照质量体系的变更管理流程进行。

● 硬件变更

一般也分为 2 类，类似于设备部件的变更：一类是更换已验证过的型号的硬件，如标签打印机，这类硬件的新增或替换，依据相关操作流程进行，一般是 like by like 更换。

另一类是未验证过的型号或者是全新的设备，按照质量体系的变更管理流程进行。

（3）定期审查　鉴于 LIMS 的系统复杂程度和重要性，建议每年对系统进行定期审查。

（4）系统备份

● 备份频率为每日增量备份，每周全备。每年 12 月最后一周的全备数据会被作为归档文件异地保存。

● 每年对备份进行检查。

（5）系统业务连续性计划

● 保留一份纸质的实验室线下操作流程和记录，在系统发生问题无法使用时，由系统所有人或指定人员确认激活业务连续性计划（BCP）流程。

● 业务连续性计划（BCP）期间的所有活动和（或）记录将按线下流程进行并记录，按公司的记录保存要求保存纸质记录。

● 在系统恢复后，应将纸质记录中的数据回输至 LIMS，并在相应的系统审计跟踪中进行说明。

6.3.5.2 系统退役

背景介绍

退役活动的主要目的是确保在计算机化系统退役后，按照记录保留要求正确迁移或归档了与系统相关的 GxP 数据和验证可交付成果。计算机化系统的退役主要关注计算机化系统相关的数据 / 记录，其控制的设备 / 设施的退役可依据设备 / 设施的生命周期进行管理。

如果系统面临退役，应按照变更管理流程执行。针对与所退役系统有接口的其他系统，企业应提前规划修改策略，并通知关联用户。系统退役后的数据保存应符合数据可靠性要求，在数据生命周期内可以检索、查看，不可随意修改。

实施指导

系统退役可能会有以下原因，需按照实际情况进行考虑：

● 系统不再需要了；

- 系统可能会被其他或升级的系统所取代；
- 系统发生灾难性故障，无法继续使用系统。

当已验证的计算机化系统准备好退役时，系统所有人或指定人员将启动系统退役，确保以下变更需要的活动支持系统退役活动：

- 遵循变更管理程序开启变更；
- 撰写退役计划用于记录退役活动期间采取的行动；
- 撰写退役报告用来总结退役活动的结果。

退役活动中需要注意，如果 GxP 数据未被完全转换/迁移到另一个数据库，这意味着系统未"完全"退役。GxP 数据必须按照数据保留程序进行保存。在将所有 GxP 数据和软件备份到磁带或其他磁性、光学介质，并在经批准和安全的地方保留到指定时间之前，不得销毁驻留在计算机上的数据。鉴于有些储存在 SQL 数据库中的原始数据无法向下兼容，也需要考虑设备处置活动。此外，所有系统文档的完整副本必须与信息系统退役介质一起保存在安全区域，以便于检索，以支持系统或软件的任何重新激活和查看的需求。

针对退役过程中，需要进行的退役计划、退役具体活动和退役报告的一般要求如下。

➤ 退役计划，通常包括但不限于以下内容：

- 退役计划描述了系统退役的方法，并规定了要产生的可交付成果；
- 退役计划确定了要退役的计算机化系统的组件（如数据、软件、硬件、文档、程序等）以及每个组件的处置方式（如归档、迁移、删除、重新调整用途）；
- 退役计划确定了退役过程中各方的职责、可交付成果和时间表；
- 可以参考【实例 12】提供的退役计划模板，内容可以按照实际情况进行修改。

➤ 退役活动，通常包括但不限于以下内容：

- 关闭未完成的变更请求；
- 关闭未完成的定期审查发现项；
- 关闭未完成的系统相关调查记录和（或）纠正和预防措施（CAPA），如适用；
- 停用用户账户；
- 评估以确定是否需要停用系统接口或是否需要更新相关文档以删除系统引用；
- 取消硬件和（或）软件服务协议（如适用），兼顾考虑设备处置计划；
- 识别将保留的任何软件、源代码、配置或数据的文档；
- 定义收集、评估和归档相关维护数据（如日志、监控报告、工作指令、电子日志等）的策略；

- 作废系统管理和（或）用户程序（如适用）；
- 定义一种策略，允许访问未完全迁移到新系统或现有系统的数据，以满足公司的记录保存要求；
- 取消备份计划（如适用）；
- 更新计算机化系统清单，以反映设备已退役。

➢ 退役报告：

- 退役报告总结了退役计划中所述退役活动的结果，包括实施时产生的偏差；
- 退役阶段随着退役报告的批准和任何相关变更记录的关闭而结束；
- 退役报告模板可参考【实例 13】，结合实际情况进行修改。

实例分析

【实例 12】计算机化系统退役计划模板

1.0 目的

本退役计划的目的是定义 < 系统名称 > 退役的方法、活动、责任和可交付成果。

2.0 范围

简要描述系统退役过程中覆盖的范围。例如，"本退役计划的范围仅限于配置有……的独立台式计算机系统的退役"。

3.0 系统描述

提供退役系统的一般信息，包括对系统、基础架构、功能和用户使用情况的描述。此时可以包括一个系统拓扑图，以帮助描述系统及其如何适应业务环境。

4.0 术语表

本文件中使用的所有缩略词和定义都需要添加到表中。

5.0 角色和职责

下表概述了与本文件具体相关的角色和职责，应该包括谁负责编写、审查、批准、维护和归档文件，以及谁将执行本文件的内容。

角色	职责

6.0 方法和策略

本章节可根据不同的计算机化系统特性进行定制。本节定义退役方法，它使用以下一种或多种方法，如直接退役、数据迁移等。

数据迁移:

- 将数据、元数据和（或）软件迁移到替代环境;
- 将数据和元数据迁移到中立的格式;
- 将数据和元数据迁移到非电子格式。

7.0 活动 / 可交付成果

本节列出并描述了为支持退役方法和策略而创建和执行的活动。建议对相应的变更控制编号和活动进行描述。

8.0 文件归档

本节列出了需要存档的与系统相关的生命周期文档（例如，验证、培训材料、变更控制、定期审查、问题报告等）。

9.0 程序

本节列出受系统退役影响的程序文件，并指出各自处理方式，如维持、升版或作废。

10.0 可接受标准

本节描述了计算机系统退役成功的标准。

11.0 版本追溯

版本修订日期，修订内容描述。

12.0 附件

【实例 13】计算机化系统退役报告模板

1.0 目的

本退役报告的目的是根据批准的退役计划，汇总退役活动的执行情况，总结 < 系统名称 > 退役的结果。

2.0 执行汇总

对退役活动进行总结，说明计算机化系统已根据退役计划中定义的活动完成退役活动。列出行动项、涉及的文件编号、活动完成日期以及各退役活动的负责人。

3.0 退役结果

本节总结了退役活动的结果，包括:

- 数据迁移的结果和用于验证正确迁移的任何测试;
- 执行中发生的任何偏差的调查结果和解决方案;
- 硬件 / 软件的处置。

4.0 结论

在本章节中指出，所有退役活动均已根据适用的程序成功完成。系统相关文档以及电子数据和记录在记录保留期限内是可用 / 可查的。

5.0 版本追溯

版本	修订日期	修订内容描述

6.0 附件

6.3.6 计算机化系统质量风险管理

背景介绍

质量风险评估应基于科学知识进行，并且最终将其与保护患者的健康、安全等结合起来。对于计算机化系统环境而言，科学的知识主要是基于系统规范与所有支持的业务流程。

参考 ICH Q9 风险管理的"五步骤"流程（如图 6-24 所示），该流程是实现与维护系统合规性不可或缺的部分。对于简单的或低风险的系统，其中一些步骤可以考虑合并进行。

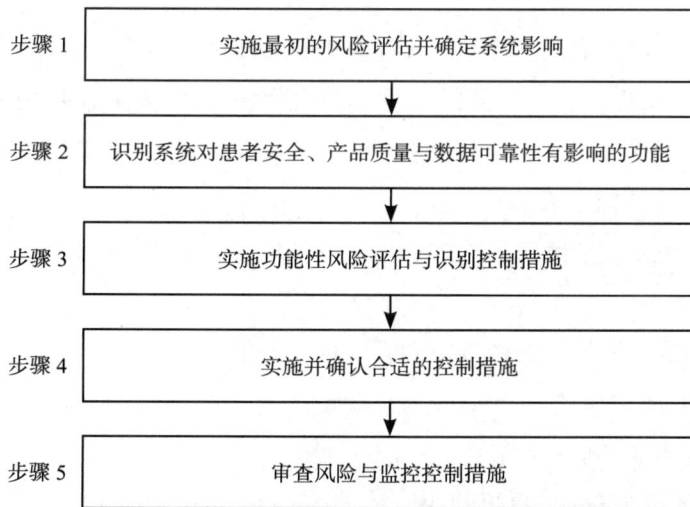

步骤 1　实施最初的风险评估并确定系统影响

步骤 2　识别系统对患者安全、产品质量与数据可靠性有影响的功能

步骤 3　实施功能性风险评估与识别控制措施

步骤 4　实施并确认合适的控制措施

步骤 5　审查风险与监控控制措施

图 6-24　ICH Q9 风险管理的"五步骤"流程

该流程侧重于在项目阶段对风险进行管理，在具体的项目活动与运行阶段中，都应该采取恰当的风险管理措施，包括：

- 确定是否进行供应商审计，以作为供应商评估的一部分；
- 确定测试失败所产生的纠正措施；
- 确定所建议的变更带来的影响，以作为变更管理的一部分；
- 确定系统定期审查的频率。

实施指导

根据每一个不同系统的风险性、复杂性与新颖性来调整以上五步骤风险管理流程，每一个步骤的建立以上一步骤活动的输出内容为基础。

这个流程也可用于系统运行阶段，如在变更控制中，通常会用步骤 2~ 步骤 5，而且来自初始步骤 1 的信息基本不变，且可适当利用。

步骤 1：实施最初的风险评估并确定系统影响

建议在充分理解业务流程、业务风险、用户需求、法规要求与已知功能领域的基础上进行初步风险评估。最初风险评估的结果建议包括系统是否与 GMP 活动相关的决定，还建议包括对系统影响的全面评估。同时，还建议识别被监管的电子记录和电子签名，以进行更加完整的风险管理。

进行初步风险评估重要的前提条件有：

- 了解业务流程；
- 确定业务流程范围；
- 明确计算机化系统在支持业务流程中所起的作用；
- 充分定义需求（用户需求的开发是反复的过程，风险评估可能会对其产生影响）。

进行初步风险评估带来的益处：

- 能够较早识别在后续阶段中需要侧重的领域，适当时包括关键质量属性、关键工艺参数；
- 获得关于需求开发、系统规范和系统描述的信息；
- 获得有助于制定为使系统合规与符合预定用途的策略的信息。

评估系统是否为 GMP 系统：

评估系统是否为 GMP 系统的决定应该包括在初步风险评估的范畴（在实际工作中，制药行业也不仅仅局限于 GMP，而是当作广义的 GxP 评估）。如果系统接受GMP 监管，那么建议把具体的法规条款列举出来，并说明系统的哪些部分接受监管。对于相似的系统，如果公司具有既定的规程，则可以避免重复工作，可根据之前评估的结果来进行 GMP 评估。

系统影响：

鉴于初步风险评估在业务流程内所起的作用，它可以用来确定计算机化系统对患者安全、产品质量和数据可靠性的总体影响。而在进行评估时需要考虑到流程的复杂性、系统的复杂性、新颖性和预定用途。通常，系统带来的重大影响如下：

- 生成、处理或控制用于支持达到法规要求的药品安全和药品有效性申报的数据；

- 控制用于药品生产阶段的关键参数或数据，其范围也可拓展到药品临床前研究、临床研究、开发等阶段；

- 控制或提供用于产品放行的数据；

- 控制在产品召回时需要使用的数据；

- 控制不良反应事件或投诉记录、报告；

- 支持药物警戒管理。

如符合以上六种情况之一，则可认为是该计算机化系统对患者安全、产品质量和数据可靠性具有重大影响。对于具有轻微影响的系统，可以选择相对宽松的测试，但建议以文件形式存档。

步骤 2：识别系统对患者健康安全、产品质量与数据可靠性有影响的功能

建议通过在步骤 1 期间收集的信息，参考相关的规范，并充分考虑项目方法、系统结构与系统组件的分类等，识别对患者安全、产品质量与数据可靠性产生影响的功能。

步骤 3：实施功能性风险评估与识别控制措施

通过考虑可能的风险以及确定如何控制由这些风险所引起的潜在危害来对在步骤 2 中所识别的功能进行评估。如有必要，通常建议实施一个更加详细的评估，进一步分析危害的严重程度、发生的可能性以及察觉到危害发生的可能性。是否需要针对具体的功能实施详细的评估，应根据具体情况而定，且判断的标准也可以有很大的区别。通常，建议考虑的标准包括：

- 所支持流程的重要程度；

- 流程内功能的具体影响；

- 系统的性质（复杂性与新颖性等）。

应该基于评估结果确定适当的控制措施，并依据所识别的风险来选择所需要的控制措施，这些措施包括但不限于：

- 修改流程设计；

- 修改系统设计；
- 应用外部程序；
- 提高规范的详细深度及正式程度；
- 增加设计审核的次数与详细深度；
- 调整系统配置；
- 增加验证活动的范围与严格性；
- 制定必要的管理程序 SOPs。

如可能，通过修改设计来消除风险是最理想的风险控制方法。

以下综合了制药企业计算机化系统常见的一些关键合规风险点，可供制药企业执行 CSV 工作时确定验证范围以及验证程度与深度参考。

A. 基础信息

描述应用程序 / 系统基础信息，包括使用场景、类型，主要包括以下方面。

- 生成、修改、维护、归档、检索或传输任何用于证明符合 GMP 规定或提交给监管机构的数据，生成的纸质或电子记录用于 GMP 活动。
- 网络架构：单机（未接入网络或域）、网络或域、通过接口与其他系统连接等。
- 产品类型：信息系统（ERP、QMS）、SCADA/DCS/PLC（生产、监控）、检验仪器 / 分析软件、Excel 表格、IT 应用（备份工具、网络设备）、校验 / 验证（温度验证仪、风速仪）等。
- 产品使用场景：流程管理、过程控制、数据采集 / 计算、数据记录 / 存储等。

如果产品属于这些使用场景，则建议进行后续更详细的评估。

B. 账户

- 是否可以给每个人配置独立账户？
- 账户是否由用户名 / 用户 ID 与密码组成并用于登录？

如回答为"是"，则建议对其正确性进行确认，包括正确与错误用例。同时，建议对密码长度、密码类型、单点登录进行必要的确认。

- 是否可以禁用账户？是否可以删除账户？

如回答为"是"，则建议对账户的禁用和删除权限进行确认，以及在其他评估中确认禁用和删除的操作事件是否记录在日志 / 审计跟踪中，另外还建议对禁用和删除的账户是否可以登录进行确认。

需要说明，对于账户管理也应遵循"已产生的数据避免随意删除"的原则。从监管期望和业界实践等角度，建议可通过禁用的方式实现账户的管理，而不采用账户删除方式。

- 是否可以修改账户信息（用户名 / 用户 ID/ 密码等内容）？

如回答为"是"，则建议确认用户 ID 是否具有唯一值判定（不可重复），用户名 / 密码修改后登录时是否可以使用旧用户名 / 密码进行登录，并且在其他评估中确认该事项的修改是否记录在日志 / 审计跟踪中。

C. 权限

- 权限是否可任意配置成组？

包括预置且不可编辑的权限组以及可配置的权限组等。

对于预置且不可编辑的权限组，建议确认是否有预置权限组以及预置权限组中的具体权限是否与实际操作一致。

对于可配置的权限组，建议确认配置权限组的步骤，且在其他评估中确认该配置事项是否记录在日志 / 审计跟踪中，以及是否有权限控制该操作等。

- 权限组可以区分不同职责？

如回答为"是"，则建议确认不可配置权限组是否至少有 2 种以上不同权限内容的权限组；可配置权限组是否可以配置至少 3 种以上不同权限内容的权限组。

- 权限生效是否需要设置前置权限条件？

如回答为"是"，建议确认涉及有前置权限的具体权限项以及所需前置权限项等。

备注：对于某些本身不具备以上功能的软件，以上判断内容可能不适用。

D. 存储

- 存储类型：包括限制性存储与非限制性存储。如为非限制性存储，则建议进行存储内容、存储格式、存储方式等方面的评估。
- 存储内容：方法 / 程序、结果数据、序列、权限配置文件、应用程序 / 系统配置文件、用户数据文件、操作 / 使用日志、审计跟踪 / 安全文件、报警信息与报警响应的记录等。对于涉及的存储内容，建议对被勾选项的存储路径 / 位置、存储命名方式（手动命名 / 自动策略命名）进行确认。
- 存储格式 –A：文件，本地存储；文件，映射到网络驱动器；数据库，本地；数据库，网络等。
- 存储格式 –B：明文存储，可编辑（如 txt、xml、html 等易编辑格式）和非明文存储，不可编辑（需专用软件读取）等。

不同存储内容可能为不同格式，建议对具体文件格式、可否编辑进行确认；如果为明文且可编辑，建议确认数据存储是否在普通用户不可进入的地点（专用存储物理位置）；如果为文件形式存储，则建议对文件的不可删除、重命名等数据保护项进行确认。

- 存储方式：手动保存、自动保存、定期/时保存等。

不同存储内容可能采用不同存储方式，建议确认每种存储内容的存储方式，手动存储需确认保存的步骤以及未保存是否进行提示；自动保存建议确认为实时自动保存还是事件节点性的自动保存；定期/时保存建议确认保存周期以及可否设置周期（若可设置需确认设置步骤）。

- 数据在录入/采集/检测时是否强制自动保存？

如回答为"是"，则建议确认哪项存储内容为强制自动保存，且该功能为默认固定配置还是可选配置，若为可选配置则建议对该配置步骤进行适当的确认，且在其他评估中确认该项功能是否有权限进行控制。

E. 打印

- 是否为用于 GMP 活动的打印记录？

如回答为"是"，则建议确认打印内容（如图谱、结果数据、温度记录等）和具体的打印信息项（如设备编号、时间、操作人、批次信息等）。

- 打印方式：油墨/粉墨、激光、色带、热敏等。

若为热敏打印，则建议对作为验证依据的打印数据进行复印并签署姓名与日期，然后保存。若为油墨/粉墨打印则建议确认该打印设备对环境的影响（是否在 C 级以上场所使用）。

- 打印记录可以追溯至电子数据？

如回答为"是"，且数据为非限制性存储的，则建议对打印数据与存储/记录数据的一致性进行确认；如回答为"是"，且数据为限制性存储的，则建议对显示值做一致性确认。

- 打印记录体现了用户名、用户 ID？

如回答为"是"，则建议确认打印信息是否完整（完整用户名/用户 ID）以及打印展示的用户名/用户 ID 是否为当前或者该记录的操作用户。

- 打印记录体现了日期、时间？

如回答为"是"，在技术条件允许的前提下，建议确认打印时间展示的完整性

（完整的时间格式，如年月日 / 年月日时分秒等格式）以及打印时间源（打印操作执行的时间还是数据 / 记录产生的时间）。

- 可以对打印模板进行配置？

如回答为"是"，则建议对配置步骤进行确认，执行打印后将打印件与打印模板进行对比是否一致。

F. 原始数据

- 是否以打印记录为原始数据？

存储类型为"限制性存储"，且用于 GMP 活动的打印记录属于这种情况。建议在验证中确认是否与实际情况一致，相关记录用于支持 SOP 的起草。

- 以电子数据为原始数据？

存储类型为"非限制性存储"，存储格式 –B 为"非明文存储，不可编辑"通常属于这种情况。也建议在验证中确认是否与实际情况一致，相关记录用于支持 SOP 的起草。

- 定义原始数据：建议列举具体的数据项，可以从"数据项列举"中的数据项引用描述。

- 原始数据的产生有时间数据项 / 时间戳？

如果此项回答为"是"，且以打印记录为原始数据，则建议确认打印中的时间格式（如 yyyy.mm.dd HH.mm.ss）；如果此项回答为"是"，且以电子数据为原始数据，则建议确认存储 / 记录数据中的时间数据项 / 时间戳展示格式，在其他评估中需对时间源进行确认。

- 通过检测元件或应用程序 / 系统产生的原始数据是否可以被更改、删除？

如果此项回答为"是"，则建议确认如何防止 / 禁止修改、删除（必须不能更改、删除）。

- 通过处理原始数据产生新数据项后，原始数据不被更改且可查询 / 获取？

如回答为"是"，则建议对实际情况进行确认，在数据处理前对原始数据进行存储 / 记录（截屏 / 拍照 / 备份），执行一次数据处理操作，操作完成后对原始数据进行核对，确认是否被更改以及可否查询与获取；如回答为"否"，确认在数据处理前将原始数据进行备份 / 存档的步骤，以及是否可以将处理后数据索引到原始数据。

G. 备份 / 恢复

- 是否需要进行电子数据备份活动？

如以电子数据为原始数据，则需要考虑电子数据备份与恢复。

● 备份内容：通常可能包括方法 / 程序、结果数据、序列、权限配置文件、应用程序 / 系统配置文件、用户数据文件、操作 / 使用日志、审计跟踪 / 安全文件、报警信息、数据库、应用程序 / 系统、操作系统等。建议确认具体备份内容与存储格式（明确可以进行备份的对象）。

● 备份方式：人工 / 本地备份或自动 / 异地备份。不同备份内容可能需采用不同备份方式。

如为人工 / 本地备份方式，则建议确认备份对象的路径 / 位置（文件格式需确认需要备份的文件与目录，记录路径；数据库格式建议明确需要备份的数据文件 / 控制文件 / 日志 / 程序文件）、备份步骤、可用备份介质（如 SD 卡 /U 盘 / 硬盘 / 光盘 / 磁带等）。

如为自动 / 网络备份方式，则建议对自动 / 网络备份策略进行确认（备份对象、备份时间、备份串口、备份周期、备份目的地、一致性完整性确认方法等）。

● 是否可以将数据 / 文件导入应用程序 / 系统进行数据 / 文件恢复且数据 / 文件可读？

如回答为"是"，则建议对恢复数据 / 文件来源、恢复目的地、恢复时间、恢复操作步骤、是否可读 / 可处理、数据 / 文件损坏缺失判断等进行确认。

H. 日志 / 审计跟踪

● 应用程序 / 系统是否有日志 / 审计跟踪模块 / 功能？

如有，建议进行以下更详细的评估。

● 日志 / 审计跟踪项目：可能包括方法 / 程序 / 序列配置、输入数据的增删改查、过程 / 事件的起始、终止、登录 / 登出事件、账户 / 权限配置、应用程序 / 系统配置、操作 / 使用日志配置、审计跟踪 / 安全配置、报警配置、电子签名、时间事件等。建议确认日志 / 审计跟踪包含的具体项目，并在文件中进行枚举罗列。

● 日志 / 审计跟踪是否可以关闭或仅限最高权限用户进行管理？

如回答为"是"，建议明确什么权限与界面下可以执行关闭，并确认仅最高权限用户可以执行该操作。

● 日志 / 审计跟踪是否可以进行筛选查询（如时间段、事项、操作 ID 等）？

如回答为"是"，建议描述查询方法、筛选项、筛选条件（枚举罗列）；答案为"否"，则建议进行实际情况确认。

● 日志 / 审计跟踪是否可以编辑、删除？

如回答为"是"，具有较大合规风险，建议执行偏差程序。

● 日志 / 审计跟踪内容：通常要求包含用户 ID/ 用户名、日期时间、操作事项、更改前后值及更改原因。如少于以上内容，建议对实际情况进行罗列确认，并做好相应的记录。

● 日志 / 审计跟踪是否可以形成打印件或可读副本？

如回答为"是"，建议确认打印内容与打印项是否一致或对可读副本的内容 / 项目一致性进行确认。

I. 安全 / 保护

● 用户名、用户 ID、密码有相应安全策略？

如回答为"是"，建议确认具体策略规则并确认策略启用 / 停止的步骤。

● 是否有指定权限控制数据更改？

如回答为"是"，建议明确哪项权限可以控制对应功能（单独配置该权限对权限的生效进行确认）；否则表示任意用户可以更改已经输入的数据，不能保证数据的准确性，建议在验证偏差中注明。

● 是否有指定权限控制权限配置？

如回答为"是"，建议明确哪项权限可以控制对应功能（单独配置该权限对权限的生效进行确认）；否则，表示任意用户可以进行权限的配置，不能保证应用程序 / 系统的使用安全，建议在验证偏差中注明。

● 是否有指定权限控制账户增删改查？

如回答为"是"，建议明确哪项权限可以控制对应功能（单独配置该权限对权限的生效进行确认）；否则，表示任意用户可以执行账户的增删改查操作，不能保证应用程序 / 系统的使用安全，建议在验证偏差中注明。

● 是否有指定权限控制方法 / 程序增删改？

如回答为"是"，建议明确哪项权限可以控制对应功能（单独配置该权限对权限的生效进行确认）；否则，表示任意用户可以执行方法 / 程序增删改，不能保证应用程序 / 系统的使用安全，建议在验证偏差中注明。

● 是否仅允许经过授权的账户访问系统？

如回答为"是"，且系统可以禁用账号和删除账号，则建议对禁用、删除账户能否访问系统进行确认；否则，表示任意账户均可以访问系统，不能保证应用程序 / 系统的使用安全，建议在验证偏差中注明。

● 应用程序 / 系统可以在不进行操作的一定时间后，执行锁屏？

如回答为"是"，建议确认锁屏保护设置步骤并在设置后进行设置正确性的确认。

● 是否可以更改应用程序 / 系统日期、时间、时区？

如回答为"是"，建议确认更改时间、时区的步骤以及是否有权限控制该操作。

● 是否可以控制对数据 / 文件的操作，如重命名、删除？

如回答为"是"，建议确认数据 / 文件防删除、重命名方法，并对方法设置步骤进行确认。否则，表示不能控制数据 / 文件的修改与删除，不能保证数据 / 文件的完整性 / 准确性，建议在验证偏差中注明。

● 是否与操作系统共用账户系统或使用单点登录？

如回答为"是"，建议确认账户配置步骤以及配置启用后账户数量是否一致。

● 是否可以识别并提示被篡改的数据 / 文件？

如回答为"是"，建议确认具体识别方式或提示方式。

● 硬件控制项是否有权限控制？

如回答为"是"，建议确认哪项权限可以控制对应硬件控制项（启停 / 开关 / 参数调整）。

J. 时间

● 采用何种时间同步机制？

如采用时间服务器自动同步，建议确认时间服务器使用的时间源标准；如采用定期核对（手动），建议确认核对的时间源标准以及核对的步骤。

K. 电子签名

对电子签名的验证应符合相应法规要求，按照内容进行风险评估，输出具体行动项。

● 是否具有电子签名功能？

如回答为"是"，则建议进行以下相关评估，并对签署步骤、可签署内容进行确认。

● 是否包含签署人全名 / 用户 ID/ 账户名、签署日期、签署原因？

如回答为"是"，建议确认实际情况是否包含该数据项；否则，建议确认具体数据项与缺失数据项，并在验证结论中注明。

● 作为数据 / 记录的元数据记录是否进行关联保存？

如回答为"是"，建议确认当对数据 / 记录进行签署时，应作为该数据 / 记录的一部分（元数据）与数据 / 记录一起进行关联保存，并可以进行关联查询；否则，建议确认签署记录查询步骤，若无法查询签署记录则需在验证偏差中注明。

• 是否使用生物形式的电子签名？

如回答为"是"，建议确认使用什么方式的生物电子签名、签名展示形式、签名的可追溯性等。

L. 控制

• 是否对硬件进行控制操作？

如回答为"是"，建议进行该部分的评估，并确认 H/I 部分是否包含控制操作日志/审计跟踪与安全/保护内容等。

• 控制方式：可能包括顺序控制、启停控制、互锁控制、报警控制、位置控制、速度控制、温度控制、压力控制、时间控制、计数等。

建议确认控制的操作步骤（参数控制、事件控制）；参数控制建议确认是否有参数限制范围，无效参数输入，参数反馈等内容；事件控制建议确认实际操作与设备反馈情况（参加设备/仪器确认）。

步骤 4：实施并确认合适的控制措施

应该针对步骤 3 中所识别的风险控制措施进行实施和确认，从而确保该实施是成功的，控制措施应该可以追溯到所识别的相关风险。而验证活动应该证明控制措施在风险降低上是有效的。

步骤 5：审查风险与监控控制措施

通常，在系统定期审查期间，企业用户应该对风险进行审查。风险审查应证实控制措施始终有效，并且如果发现了任何缺陷，则应在变更管理下采取纠正措施。如必要，建议将评估的结果纳入风险管理流程中。建议企业根据风险级别来决定定期审查的频率和范围。

通过系统影响性评估后，企业应当对系统的配置情况进行梳理评估，因为计算机化系统的功能往往由各类可保存的配置来实现业务需求、数据可靠性需求。

配置是指仪器、设备、系统上用户（药企员工）可以进行设置、修改并保存的参数项或者选项。同一套计算机化系统，由于配置不同，最终要实现的功能就可能不同，对最终结果和风险也就不同，例如一套液相色谱 CDS 系统，软件可以设置禁止手动积分或允许手动积分，这样对最终分析结果和放行的风险完全不一样。

如果对计算机化系统配置不熟悉，可能导致日常运维过程中错误的配置修改，影响业务的运维与数据可靠性保证。所以，在系统影响评估后，再进行配置的梳理，通过评估配置了什么参数来实现特定功能以满足用途，最终评价一个计算机化系统是否处于验证状态，应该以配置的变更情况与确认情况来作为标准。通常来讲，配置初步可分为五类：环境配置、安全配置、应用配置、功能开／关配置、业务配置。

基于用例设计与配置的计算机化系统验证，强调用基于业务场景的测试用例设计来做验证，以确保符合用途。

6.3.7 系统实施经验分享

A. 整体

当项目中涉及如下情况时：

- 如涉及从国外采购硬件设备，需要考虑国外的节假日来安排相关采购和到货确认；
- 如有涉及设备改造，需要预留与设备供应商沟通的时间以及改造时间；
- 如有涉及现场施工（现场布线、现场改造），需要结合生产安排，减少对生产业务的影响；
- 如有多个供应商一同参与工作，提前明确时间段和相关任务截止日期，以便同步推进。

举例：某工厂建设于 10 年前，近两年开始信息化建设。目前使用的计算机化系统主要是 ERP，但存在上线功能不全、版本老旧的情况。目前 ERP 只进行基本的财务、库存、生产工单等的管理。

工厂计划在其中一间车间上线 SCADA+MES。未来计划陆续上线 DMS、QMS、LIMS 等系统，形成基本的生产业务管理体系。

老工厂和车间在信息化建设的时候，有如下内容需要加以关注：

- 老工厂人员老龄化，计算机基础薄弱，对新事物接受度不高，因此需要在企业中选拔青年员工参与项目实施，开展老员工使用技能培训。
- 老车间设备老旧，设备采购于多年前，SCADA 采集数据困难，因此车间需要预留时间进行设备改造。同时，设备改造涉及与国内外设备厂家沟通，往往耗时较长，可能产生计划外费用。
- 线下的文件处理方式可能过于"简单"，员工担心上线 DMS 后暴露潜在质量问题，因此企业需要在上线前期梳理业务流程，并与供应商共同设计线上电子流程。
- 老工厂生产和质量管理流程以线下为基础，所以需要 QA 在项目早期充分参与和理解项目。实现电子化过程中，需要与 QA 共同讨论业务优化升级，如对批记录升版优化部分现场检查复核流程，从而适应电子化的改变，提升生产效率。
- 厂区具备一定的信息化基础，但是在全厂网络架构、网络硬件、网络安全等方面，企业需要评估未来需求，进行合理升级。例如车间可能需要通过内部改造来新增电源接口和架设无线网络。

B. EMS 和 BMS

系统布点方案非常关键，所监测的点应该是生产过程中的风险关键点。关键点的选择需要进行系统的风险评估和方案设计。

测点分布需要结合工艺需求，选取不易被外部环境因素影响，能反映真实环境数据的位置安装，例如在洁净房间内的布点。温湿度测点一般选取环境内温湿度比较均衡的位置，避免送风口、开关门产生的环境干扰，通常选取贴近回风温度的位置，并与生产工艺人员协商确定设备安装摆放的位置。

C. EAM

考虑 EAM 的可集成性。EAM 作为面向资产管理的专业软件，属于整个企业管理的一部分（因此它不像 ERP 那样业务覆盖面广，几乎所有业务都能涵盖到），而资产往往是跟企业其他业务紧密结合的，比如采购、预算、财务、报账等。在实施 EAM 时，要考虑 EAM 与相关系统之间的数据共享、相互集成，避免形成信息孤岛。

考虑 EAM 的行业适应性。EAM 主要是面对资产的管理，因此，它与具体的资产管理类型关系非常大，例如，电力企业中的发电设备、医药行业的制药设备，都是企业运营中最主要的资产，但这些资产的特点和管理方式不完全一致。某产品的 EAM 可能对发电设备可以很好地管理，但对制药可能不适合，这要求企业基于规划，选择合适的 EAM 导入。

D. WMS 和 WCS

企业在实施 WMS 前，可对企业的仓库管理结构和业务模型进行初步梳理和优化。例如，如何基于现有入库流程，简化线上作业流程，提升效率和准确率，实现业务流程标准化。

静态数据和动态业务数据筛选梳理。WMS 的静态数据包括例如物料数据、供应商数据、部门数据、质量数据等大量基础数据；动态数据包括未来系统使用时大量的业务过程数据。需要在项目设计阶段讨论，哪些动态数据、静态数据由系统管理，以及如何获取（手动录入 / 导入 / 与其他系统建立接口传输）。

WCS 实施与一般硬件设备关系紧密。通常在 WMS&WCS 项目现场，堆垛机、输送机、无人小车等设备较多，系统与硬件设备的协调是一个工作重点。调试进度、配合节点、对接测试方法等，都需要提前规划，以达到最优效率。

企业应有相应的操作规程防止因 WMS&WCS 故障，无法下达指令造成的线上物料无法分配等意外情况。

E. MES

在项目计划阶段明确 MES 实施目标，将目标具体化、合理化，例如企业可能会设立系统上线后，生产效率明显提升，快速实现了电子批记录和无纸化生产等目标，实际上这可能是一个逐步实现的过程，甚至在系统导入初期，员工和系统处在磨合阶段，导致效率略有降低。初期的目标可设立为：减少人工操作失误、减少文档的周转时间及合规性控制等。

企业的管理层和执行层对建立信息化系统应达成共识，例如 MES 实施可能会涉及一些工作流程的变更，需要避免车间层面对流程的改变产生抵触，导致实施延迟或失败。这可以通过企业内部信息化文化的建立，对员工进行引导。

基于 MES 的标准功能，将系统与业务相结合，通过业务与标准功能的结合，降低开发造成的系统风险，实现整体最优化。

在功能设计阶段整理业务时，决定批记录/产品标签的设计：①确认现有的批记录/产品标签；②确认系统实施对所有的资源及设备的影响，再决定设计。

MES 强调数据的实时性、数据的分析处理以及对生产的监管。在执行过程中需要由 IT 人员、质量管理人员、工艺生产人员等组成的综合团队。

举例：某药企未成功上线 MES（负面案例）

某药企经过多年规划决定导入 MES，产品有口服液以及其他品种，项目前期设计、开发推进也非常顺利，但进入验证阶段后，项目推进受阻，遇到以下几个问题：

- 原来纸面 SOP 执行不严格，造成导入系统后执行不下去；
- 产线的产品品种众多，造成共用物料很难管理，管理效率反而更为低下；
- 设备老旧，工艺参数存在不能读取或读取不准确的情况，造成验证很难顺利推进等；
- 纸质批记录和上线的系统输出批记录差异非常大，很难获得内部认同，且面对外部审计时可能挑战会过大；
- OQ 阶段后，供应商主力顾问撤离后，企业后续品种差不多经过 4 年多 OQ、PQ，企业负担重。

从以上问题中总结出，如果要顺利推进 MES 产品需要考虑以下几个方面：

- 前期试点车间要挑选工艺稳定、管理基础好的车间，如果涉及采集设备的关键工艺参数，设备状况良好也是必备的基础。如果存在部分条件不满足的情况下，建议工序分期、品种分期实施，降低风险；

- 实施的第一个品种一般是具有代表意义的品种，尽量保证这个车间产品不要太多或者共用物料不要太多；
- 有条件的情况下，电子化批记录相较现行纸质批记录，应该有一定优化，但避免差异过大；
- 选择具有经验的供应商的同时，企业一定要投入充分理解业务的关键用户参与实施，确保其充分了解 MES 系统功能和处方配置工作。未来企业频繁发生 SOP 更新、批记录升版都可以主导维护，保证系统稳定运行。

F. SCADA

新建工厂设备采购前期，建议确认设备商提供主流 PLC 接口，并预留工业以太网接口，以便下一步 SCADA/DCS 通过接口传递数据。

需确认各系统、成套设备的硬件接口以及软件协议，确认各系统、成套设备需要由 SCADA 采集的数据列表；如需控制，需要提前与供应商协商程序接口与控制逻辑。

G. LIMS

评估实验室对 LIMS 的需求程度的参考指标：实验室规模（人员数量、仪器数量、实验室管理范围等）、测试样品与测试方法的数量、各类数据信息交流量、实验室主要服务对象、分析数据网络化传输是否有要求、同类实验室是否有 LIMS 用户、人工成本比例等。

管理层重视与推动：项目实施需要高层的决策和推动，确保实验室主任、质量负责人、技术管理层以及各检测部门负责人对项目认识一致、目标一致。通过成立项目管理委员会，定期跟踪解决项目中存在的问题，确保项目正常运行。

实验室仪器与 LIMS 的数据集成需要做全面的统计与调研。仪器接口方案的确定都需要充分的讨论与确认。仪器如无接口则需要考虑手动输入数据或确认仪器更新计划。

项目知识的传递：除了需要对实验室系统使用人员进行操作培训外，还应培养 1~2 名对系统各项功能了解比较全面的系统管理员。在项目的实施过程中开始培养，并在后续工作中不断提高业务能力。

H. QMS

系统实施从纸质到电子化，要进行流程的梳理和再造，信息化系统可以更加容易的形成流程闭环，实现人员和部门间的协同。各公司/企业根据自身实际的业务情况以及管理需要，构建高效易用的管理系统。

系统中表单的数据项梳理，有一些增加，信息化系统更加容易做统计和分析，如增加一些统计和分析的细分维度，便于将来做趋势分析；有一些减少，如不同质量事件的专门的编号，系统化后可以自动形成台账，根据分类等各种属性检索，部分字段不再需要。

系统中质量事件流程的梳理，需注意父流程和子流程的衔接关系，如偏差与CAPA、调查、延期等子流程的衔接。

监管单位越来越重视对于同一家集团的下属企业和工厂，应采用均一的管理流程和相同的管理方法，所以建议同一家企业内的质量管理系统部署一套平台、流程标准化，指导企业按相同的思维方式来管理质量。

举例：某药企成功导入 QMS（正面案例）

某药企导入 QMS 项目，选择经验丰富的供应商实施。第一阶段导入偏差、变更、CAPA，第二阶段导入供应商管理、审计、投诉、OOS/OOT 流程；基本按照预定计划系统顺利上线。总结下来成功原因如下。

（1）通过分阶段实施减轻用户部门负担。如果同时导入管理模块过多，用户部门会因为工作量大，精力分散，影响实施效果，所以可以分阶段、分期进行系统导入。企业结合自身的实际状况，结合供应商建议，划分实施范围和阶段。

（2）熟悉 QA 业务的部门员工跟进项目，全程参与业务调研、梳理、SOP 更新、用户培训，以保证人员对业务和系统都有一定程度的了解。系统上线之后，该人员能够协助降低意外问题发生的概率，减少后期维护成本。

（3）项目实施不应局限于现有业务，而是通过将现有业务与外部最佳实践案例相结合，讨论出适合企业自身业务流程和系统功能的使用方式，确保系统实施的良好效果。

I. APS

企业一般对 APS 的导入节点存在疑虑，如下计划可供参考。

ERP 协助企业建立基本电子化信息流，是 APS 实施的前提。当企业通过 ERP 积累了一定的基础数据后，可以考虑 APS 的导入。这些数据和约束条件，例如：人员、班次、人员对应设备、物料瓶颈、客户优先级、采购周期、生产周期等，是 APS 排程的基础。

MES 为 APS 提供实时的物料和生产进度信息，是排程需要考虑的因素，APS 可以在 MES 导入后或与 MES 同步导入。

项目实施方面，为了与现实业务工作结合，APS 实施建议采用迭代实施的方法，根据应用方案形成迭代验证测试方案，排产模型再调整和修正，实现项目稳步推进。

6.3.8 疫苗企业信息化建议

《中华人民共和国疫苗管理法》第二十五条规定："采用信息化手段如实记录生产、检验过程中形成的所有数据，确保生产全过程持续符合法定要求。"同时，GMP 生物制品附录修订稿第五十九条规定："疫苗生产企业应采用信息化手段如实记录生产、检验过程中形成的所有数据，确保生产全过程持续符合法定要求。对于人工操作（包括人工操作、观察及记录等）步骤，应将该过程形成的数据及时录入相关信息化系统或转化为电子数据，确保相关数据的真实、完整和可追溯。"

疫苗企业在信息化层面，近几年开始面对较为严格监管要求。为了符合法规和 GMP 要求，疫苗企业往往面临导入系统时间仓促、系统规划考虑不够全面、员工接受度不高等问题。以下要点可以参考：

• 成立信息化相关技术团队，扩充参与人员。对项目主要成员制定详细的培训计划，确保全过程参与项目，确保培训效果，并保证对系统业务相关知识的持续学习。

• 借助信息化系统导入机会，对管理结构和业务模型进行初步梳理和优化，基于业务需求和系统使用，对 SOP 管理文件进行适当修订。

• 分阶段实施系统，优先实施需要满足监管要求的部分，制定长期系统导入计划。

分阶段实施系统，可以参考如下建议：疫苗企业信息化建设可以首先考虑导入 MES、LIMS、SCADA，实现信息化手段记录生产、检验数据的目的。

MES 的导入，主要实现生产批记录的电子化，涉及例如溶液配制、毒种制备、细胞培养记录等生产工序。MES 可以手动录入生产相关数据，也可以和 SCADA 对接，将采集的参数自动记录到批生产记录中；和称量设备对接，在线精确称量，自动读取称量数据。

LIMS 的导入，主要实现检验记录电子化。对疫苗的原辅料、毒种、中间品和成品的实验室检验流程进行管理。同时，在系统中建立实验室日常管理流程，包括取样、检验、审批和放行等流程。

上述系统导入完成后，进入线上线下并行阶段，实现初步的电子化和无纸化。上述阶段平稳过渡后，再进行功能的完善和其他系统导入。

6.4 计算机化系统验证

计算机化系统验证，在《药品生产质量管理规范（2010年修订）》计算机化系统附录（2015-12-01施行）中第四章第六条描述为："计算机化系统验证包括应用程序的验证和基础架构的确认，其范围与程度应当基于科学的风险评估。风险评估应当充分考虑计算机化系统的使用范围和用途。应当在计算机化系统生命周期中保持其验证状态。"也可以参考 ICH E6（R2）INTEGRATED ADDENDUM TO ICH E6（R1）: GUIDELINE FOR GOOD CLINICAL PRACTICE（2016）中 1.65，描述为："计算机化系统验证即建立和记录计算机化系统的规定要求的过程，该要求从设计到系统退役或过渡到新系统都能得到一致的满足。验证方法应基于风险评估，考虑系统的预期用途和系统影响人体受试者保护和试验结果可靠性的可能性。"

6.4.1 验证策略

背景介绍

参考 GAMP5 指南中，软件通常分为 1、3、4、5 类，2 类固件 Firmware 不作为单独类别，而是被认为在 3、4、5 类中考虑，具体见表 6-22。

表 6-22　GAMP 中软件分类及其典型示例和典型验证方法

软件类别	软件类型	描述	典型示例	典型验证方法
1	基础架构软件	• 分层式软件（作为搭建应用程序的基础） • 用于管理操作环境的软件	包括但不限于以下： • 操作系统 • 数据库引擎 • 编程语言 • 统计包 • 电子制表软件 • 网络监控工具	• 记录版本号，按照所批准的安装规程验证正确的安装方式 • 见 GAMP 良好实践指南：IT 基础架构–控制与合规性

软件类别	软件类型	描述	典型示例	典型验证方法
2			N/A（备注：2 类固件 Firmware 不作为单独类别，而是被认为在 3、4、5 类中考虑）	
3	不可配置软件	可以输入并储存运行参数，但是并不能对软件进行配置以适合业务流程	• 包括但不限于以下： • COTS 软件 • 仪器仪表（见 GAMP 良好实践指南：实验室计算机化系统的验证） • 实验室 pH 计、电子天平、粘度计等简单仪器的软件	• 生命周期方法 • 用户需求规范 • 基于风险的供应商评估方法 • 记录版本号，记录正确的安装方式 • 在根据使用要求的基础上进行风险测试（对于简单的系统，常规的校准或许可代替测试） • 有用于保证系统合规，并符合预定用途的规程
4	可配置软件	该软件通常非常复杂，可以由用户来进行配置（组态）以满足用户具体业务流程的特殊需求。该软件编码不能更改	• 包括但不限于以下： • 实验室信息管理系统（LIMS） • 设备互联与集中监控系统 1012，设备数据采集与监控 1018（SCADA） • 分散控制系统（DCS） • 实验室色谱数据系统（CDS）及红外、紫外、原子吸收、质谱、元素分析仪等分析仪器软件 • 科学数据管理系统（SDMS） • 电子文件管理系统（EDMS） • 生产设备中可编程逻辑控制器（PLC） • 仓库管理系统 1010（WMS） • 制造执行系统（MES） • 注意：以上某些系统（如 LIMS），可能包含重要定制成分	• 生命周期方法 • 基于风险的供应商评估方法 • 证明供应商具有合适的质量管理系统（QMS） • 某些生命周期文档可能只由供应商保存（如设计规范 DS） • 记录版本号，记录正确的安装方式 • 进行基于风险的测试，以表明应用软件在测试环境下和业务流程中，按照设计要求运行 • 有用于保证系统合规，并符合预定用途的规程
5	定制软件	设计定制程序和编制源代码以使其适应用户业务流程的软件	• 视情形改变，通常包括但不限于以下： • 内部和外部开发的 IT 应用程序 • 内部和外部开发的工艺控制应用软件 • 定制梯级逻辑软件 • 定制固件 • 电子表格（带宏）	• 除了包含第 4 类可配置软件的验证方法外，还包括： • 更严格的供应商评估，包括可能的供应商审计 • 贯穿整个生命周期的文档资料（功能规范 -FS），设计规范 -DS，结构测试等 • 设计与源代码审核

注：以上软件分类示例仅仅是指导性的，并非强制性的，从第 3 类到第 5 类软件，中间没有一个十分明确的分界线，这意味着对应其中一个类别的建议活动，可能对于两个类别之间的系统或组件也是适用的。另外，软件系统具体分在哪个类别可能不是最关键的，重要的是系统潜在风险，特别是数据可靠性风险，得到充分识别和有效控制。

实施指导

A. 基于不同软件类别的 V 模型验证策略

基于不同类别的软件，所适用的 V 模型策略也不同。V 模型提供了一种设计和确认的策略，针对不同的软件，V 模型两端的内容可以根据风险和实际业务需要增加或减少。

➤第 1 类软件 V 模型验证策略示例

有关 1 类基础软件与硬件的技术搭建，建议参考 ISO/IES 27001 Information technology 和 GB 50174—2008 电子信息系统机房设计规范国家标准。

3 类、4 类、5 类软件所用到的 1 类基础软件与硬件（也称为 IT 基础架构设施），相关的功能需要得到合适的确认。通常，在 IT 基础架构设施的确认中，主要涉及以下几个方面（包括但不限于）：

● 网络通讯：包括数据交换机、防火墙、网络负载、无线设备及数据传输等；

● 操作系统：如 Windows Server/Win10 等（不建议继续使用供应商官方停止支持的操作系统）；

● 服务器：如虚拟服务器（VMWare）、备份服务器以及超融合架构等；

● 冗余切换：如主备域切换、冗余服务器切换、核心交换机切换等；

● 存储：如 SAN 存储、磁带机、EMC 存储等；

● 日志和监视：如事件日志 / 日志保护 / 管理员和操作员日志等。

➤第 3 类软件 V 模型验证策略示例

第 3 类软件，通常为不可配置的软件，基于良好的供应商评估和风险评估结果，通常建议采用由一个阶段的规范和确认组成的简单验证方法，如图 6-25。

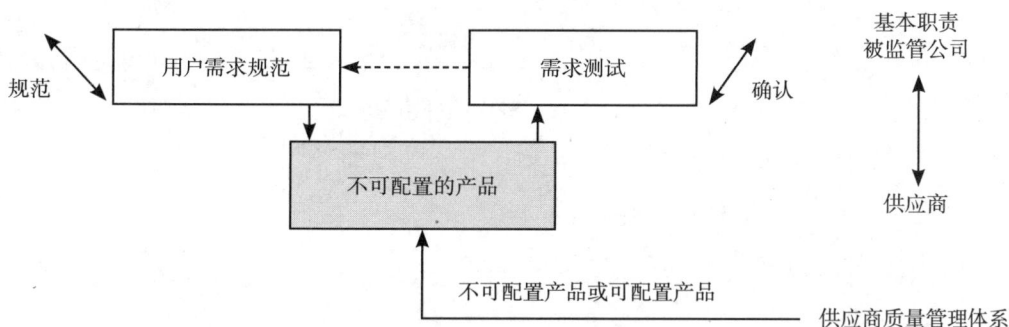

图 6-25　第 3 类软件验证模型示例

通常，类别 3 软件 CSV 验证可以包括以下阶段：

● 供应商评估与风险评估；

● 验证计划 VP：可在验证主计划中体现或者与硬件确认计划合并；

● 用户需求规范：如软件功能简单，URS/FS/CS 可合并在一起，如软件功能较复杂，这些需求规范文件也可以分开起草；

● 需求测试：即针对用户需求规范而进行的测试，可以认为是 IQ/OQ/PQ 的集合；

● 需求追踪矩阵 RTM（非必须）；

● 验证总结报告 VSR。

➢ 第 4 类软件 V 模型验证策略示例

第 4 类软件，通常为可配置的软件，基于良好的供应商评估和风险评估结果，通常建议采用由三个阶段的规范和确认组成的验证方法。这三个阶段所需要的文件数量，建议根据系统的复杂性与影响来确定。如对于小型的或低风险的系统，功能规范文件 FS 和配置规范 CS 文件可以考虑合并，如图 6-26。

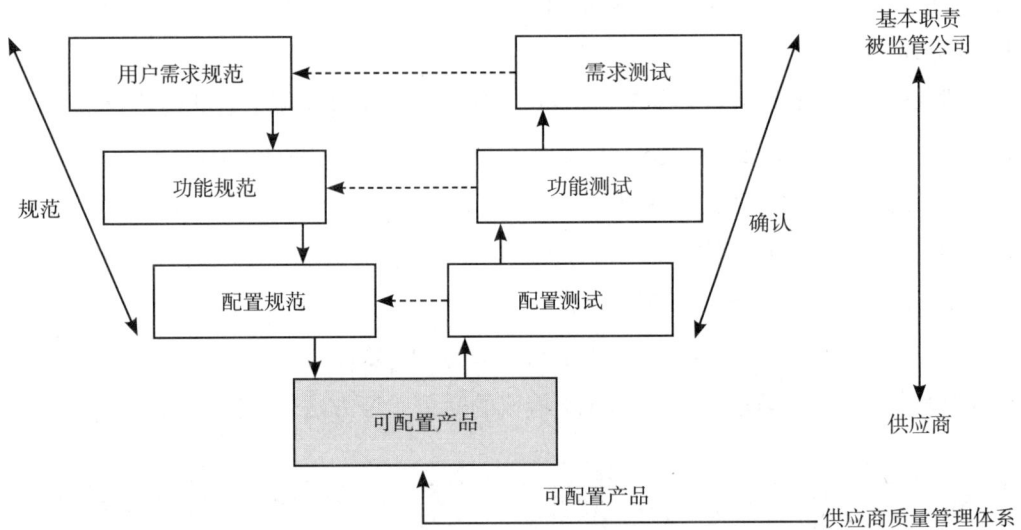

图 6-26　第 4 类软件验证模型示例

通常，类别 4 软件 CSV 验证可以包括以下阶段：

● 法规风险评估或系统影响性评估；

● 供应商评估；

● 验证计划（VP）；

● 用户需求规范 URS；

- 功能规范 FS；

- 功能风险分析 FRA；

- 配置规范 CS；

- 系统配置；

- 安装测试 IQ；

- 运行测试 OQ；

- 人员培训与 SOPs（在 PQ 之前，通常需要对系统相关人员进行适当的培训，同时还需要起草一些系统相关的 SOPs，如系统操作与使用、系统维护、权限管理与角色分配、系统配置管理、系统变更管理、系统问题与事件管理、数据备份与恢复、灾难恢复、数据归档与检索、系统性能监控、系统周期性审核等）；

- 性能测试 PQ；

- 需求追踪矩阵 RTM；

- 验证总结报告 VSR。

➢第 5 类软件 V 模型验证策略示例

为了满足特定用户的需求，而开发的一些定制计算机化系统，通常被归为 GAMP5 第 5 类软件。在这种情况下，基于良好的供应商和风险评估结果，通常建议采用由四个阶段的规范和确认所组成的验证方法。如对于小型规模的、低风险的系统，设计规范文件 FS 可考虑合并，如图 6-27。

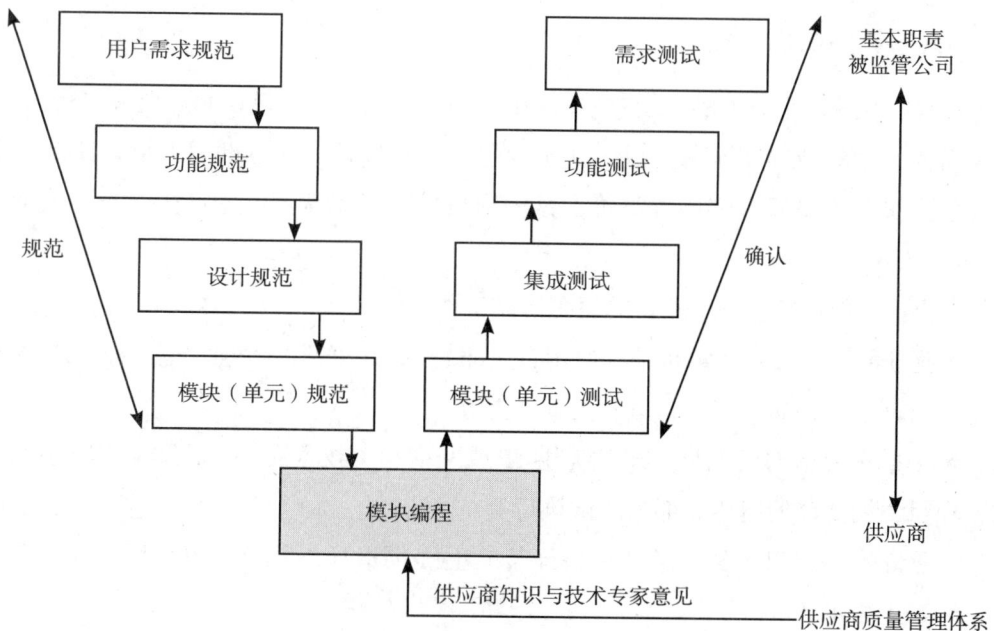

图 6-27 第 5 类软件验证模型示例

通常，类别 5 软件 CSV 验证可以包括以下阶段：

- 法规风险评估或系统影响性评估；
- 供应商评估：可能包括更严格的供应商审计；
- 验证计划 VP；
- 用户需求规范 URS；
- 功能规范 FS；
- 功能风险评估 FRA；
- 设计规范 DS：复杂的系统可能包括硬件设计规范 HDS 和软件设计规范 SDS；
- 设计确认 DQ；
- 模块（单元）规范；
- 模块编程；
- 模块（单元）测试；
- 集成测试；
- 功能测试 OQ；
- 人员培训与 SOPs；
- 性能确认 PQ；
- 需求追踪矩阵 RTM；
- 验证总结报告 VSR。

B. CSV 团队的构成

计算机化系统验证 CSV 是一个比较系统的工程项目，如果是制药企业自行执行，通常需要一个专业的团队来完成，如至少包括项目经理、业务部门人员、IT 或工程师部门人员、质量管理部门人员等，其中项目经理可以从团队中产生，专职或兼职均可。

- 项目经理：负责整个项目的组织协调工作。
- 业务部门人员：通常是系统使用者（end user），熟悉具体业务流程，需要全程密切参与该项目，如文档的起草、测试执行等。
- IT 或工程师部门人员：通常提供 IT 或网络相关技术支持，也需要全程密切参与该项目，如文档的起草、部分测试执行等。
- 质量管理部门人员：通常从验证策略上提供指导，并负责审核所有文档的起草，测试报告审核等。

鉴于某些制药企业自身不具备计算机化系统验证（CSV）的能力，也可能选择将这部分工作委托给外部服务商（如仪器厂商或第三方咨询公司等），在这种情况下，同样也需要企业不同部门人员参与到 CSV 项目中，但是他们承担的工作有所不同，主要配合提供客户需求、场地支持和文件审核批准等，具体如下。

- 项目经理：负责与外部服务商项目经理对接，并负责协调企业内部各部门资源，跟进项目进度等。

- 业务部门人员：系统所有者（system owner）或系统使用者（end user）也需要密切参与该项目，如从用户角度提出需求，参与审核文档等。

- IT 或工程师部门人员：协助外部服务商提供 IT 或网络相关技术支持，并协助与 IT 相关的测试（如数据备份与还原测试），以及参与文档审核等。

- 质量管理部门人员：负责所有验证文档与测试报告的审核、批准等。

6.4.2 电子表格的验证

背景介绍

本节所描述的电子表格，一般针对一次性电子表格、重复使用型电子表格和数据库电子表格。

一次性电子表格只使用一次，类似手持计算器方式（例如：对特定的不合格处理）。这种电子表格通常不需要进行验证，因为所有的数据输入和所有计算必须有双人复核。

重复使用型电子表格是受控和经过验证的电子表格，用来作为输入不同数值的模板产生基于输入数值的输出，具有固定的计算和公式，是本章节内容主要讨论的。

数据库电子表格用来存储和（或）管理数据，在进行数据库电子表格验证之前，检查有没有其他系统可以替代，一般建议用系统完成其工作，除满足质量管理要求，数据库表格验证也要按照计算机化系统要求进行。

实施指导

针对电子表格特别是重复使用型表格需要包括的内容，设置和控制的一般要求建议如下。

首先，对于电子表格的记录一般建议需要包含下列信息，而且包含这些信息的区域必须保护防止修改：

- 电子表格名称和表格版本，也需要记录如 Excel 的版本信息；
- 模板存储路径；
- 如果有多个表单，每个表单有唯一名称；
- 适用的指导文件编号（例如：测试方法分析，SOP 或协议）；
- 如果没有一个独立受控文件或 SOP，则"电子表格如何使用"的指引必须以文本形式包括在电子表格中。

其次，对电子表格而言，建议下列控制／设置必须建立，以及开启 Excel 日志记录：

- 文件必须存储在最终用户只有只读权限的文件夹中；
- 对文件存储的文件夹进行了备份；
- 工作簿有密码保护；
- 每个表单有密码保护；
- VBA 有密码保护（适用于即使没有 VBA 代码的文件）；
- 只有数据输入单元格不做保护；
- 没有对中间数值的舍入。

然后，数学计算和（或）公式、术语、单元格参考、结果舍入以及电子表格中使用的变量描述必须一起归档：

- 一个包括计算、函数等的 Excel 可以包含在设计规范中。

最后，数据或信息的类型与数据处理需求必须一起被定义：

- 输入数据类型（文本或数值）；
- 数据输入范围或最大值。

一次性和重复使用的电子表格一般常见的情况，是指实验室用来计算常规测试报告值的文件，当然也有其他情况。这些文档是使用 Microsoft Excel 软件或同等软件编写的，并且包含不得更改以使计算值正确的公式。我们在建立和使用这些表格的时候，需要考虑如何对其进行文件管理，对其实行验证，并确保其验证状态和按照要求进行使用。所以一般建议需要进行如下必要的操作，各个企业也可以按照文件管理要求、计算机化系统验证要求、数据可靠性管理要求等法规和内部要求进行调整。

第一步，新的电子表格或电子表格的更改应按照企业内部的文件管理或电子表格管理要求进行申请和生成。

第二步，需要针对具体场景进行判断，哪些情况需要进行验证，这个需要通过变更评估来进行，一般而言以下情况需要进行验证：

- 对测试期间收集的数据执行计算的新电子表格；

- 对现有电子表格中包含的公式进行了更改；

- 计算中使用的数据源有变化；

- 任何其他认为必要的更改。

如果遇到以下一些情况，建议操作如下，各个企业需要按照实际情况进行判断：

- 一次性电子表格一般不需要验证，因为数据审核者按照 GxP 要求需要确保正确计算 / 呈现数据；

- 如果电子表格只组织数据，但不对其进行操作，也就是仅仅是一个数据呈现的表格，没有对于数据进行进一步的处理（包括修改、修约、计算、汇总、分类等），一般不需要验证电子表格，输入者和复核人员本身就需要核对数据是否录入准确；

- 电子表格外观的更改不需要验证。如果对电子表格的美观进行了更改，并且没有对电子表格的公式或功能进行更改，则不需要验证。

第三步，展开对应验证活动。

首先，需要按照验证和文件管理要求跟踪电子表格的验证活动和文件化记录。电子表格验证方案和报告编号一般需要流程分配一个验证号。验证完成的文件需要进行存档。

然后，按照要求建立验证方法，电子表格的验证方案一般需要包括以下信息：

- 目的；

- 范围；

- 职责；

- 电子表格中包含的公式；

- 电子表格中公式的位置；

- 验证程序，包括了表格控制 / 设置项，结果计算等步骤；

- 验收标准。

接着，按照验证方案进行验证，过程中应确保电子表格中包含的所有应用公式按照标准操作产生正确的值。验证应使用数据测试公式，以证明电子表格产生了预期的结果。可以通过手动或计算器执行计算、将电子表格的输出与已知且经过测试的公式或其他可以用证据证实的方式进行比较来测试公式。

需要注意的是电子表格中的公式必须在验证中标识。公式的位置应在验证的电子表格中确定并固定。

方案中需要明确确定接受标准。如果在执行验证期间接受标准未被满足，则必须在最终报告批准前完成验证偏差调查，并确定原因不应影响验证的目的和预期使用。

所有电子表格验证最终报告应包含电子表格的电子副本。该电子副本应放在磁盘上并保存在验证文件中。需要注意，所有原始配方测试应保留在验证包中。

最后，验证活动完成后，应根据验证流程和计划编写最终报告。最终验证报告得到批准后，获批版本的电子表格应存储在内部受控的、最好是已验证过的文件夹中。

实例分析

【实例 14】公式验证示例

1 目的：验证用于计算某药品中杂质 A 与 B 含量的电子表格。

2 范围：此验证将适用于实验室中进行某药品中杂质 A 与 B 平均结果的计算。

3 使用的材料：Microsoft Excel 2016。

4 职责：准备、审查和批准验证方案 / 最终报告的职责需要明确。实验室应执行验证，验证团队应准备和审核验证方案 / 最终报告，验证 / 计量应审查和批准方案和最终报告。

5 计算：测试值的平均值。

6 公式：用 Excel 自动计算函数 AVG 对平行两针的进样结果平均计算（保留小数点后两位）。

7 公式位置：电子表格"相关杂质 AB 计算表"单元格 F12、G12（文件名应含在实际验证中）。

8 程序

8.1 获得一定数量输入到公式中的数据。

8.2 将每组数据输入电子表格。

8.3 打印电子表格的副本并输入每组数据。打印副本应显示输入的数据以及单元格 F12、G12 中的公式执行的计算结果。

8.4 手工计算公式。公式应与公式中输入的数据一起记录在纸上。可以使用计算器，但计算结果也应记录在纸上。

8.5 除结果输入单元格（F10、F11、G10、G11）之外，其他单元格均被锁定。表格的整体被权限和密码进行保护，无法进行修改。

8.6 验收标准：手工计算的结果应与电子表格的计算结果相匹配；仅结果区域

可供结果输入，其他单元格均被锁定；表格的整体被权限和密码进行保护，无法进行修改。

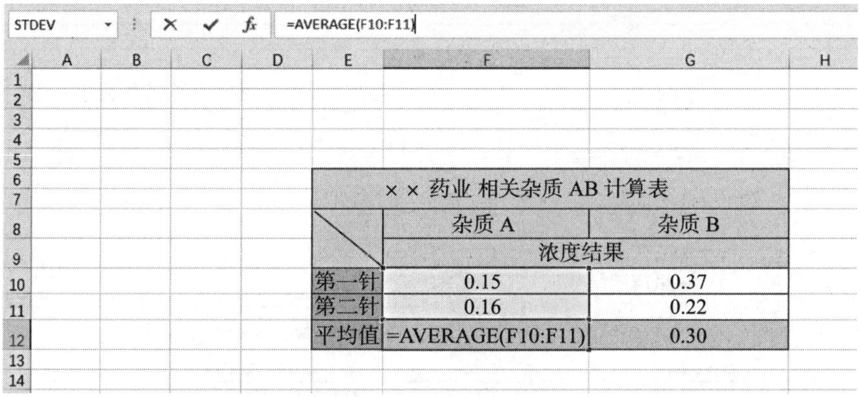

图 6-28　公式验证示例

在验证完成后，该表格应赋予受控的版本号和保存位置。对于其使用和打印均应参照数据可靠性和公司规定进行。

后续该计算表格更新，也需要将上一版本的表格进行归档留存。

6.4.3　案例：MES 系统验证阶段输出文件

背景介绍

某企业建立了对应 MES 系统，按照如下思路作为系统搭建和验证方式。

计算机化系统在制药企业中自动化、信息化构架设计可参考 ISA-S95 标准进行。

在各个系统层级常规会包含如下系统：

●第 4 层：企业资源计划 ERP、产品生命周期管理 PLM、高级排产系统 APS 等；

●第 3 层：制造执行系统 MES、仓库管理系统 WMS、实验室信息管理系统 LIMS、质量管理系统 QMS、实验室管理系统、文档管理系统 DMS 等；

●第 2 层及第 1 层：楼宇管理系统 BMS、环境监视系统 EMS、工艺自动化系统 PAS、批次控制系统 BCS、数据采集与监视控制系统 SCADA 等，这两层所涉及的系统多为控制软件与控制相关硬件相结合的；

●第 0 层：各类现场传感器、控制机构等物理设施。

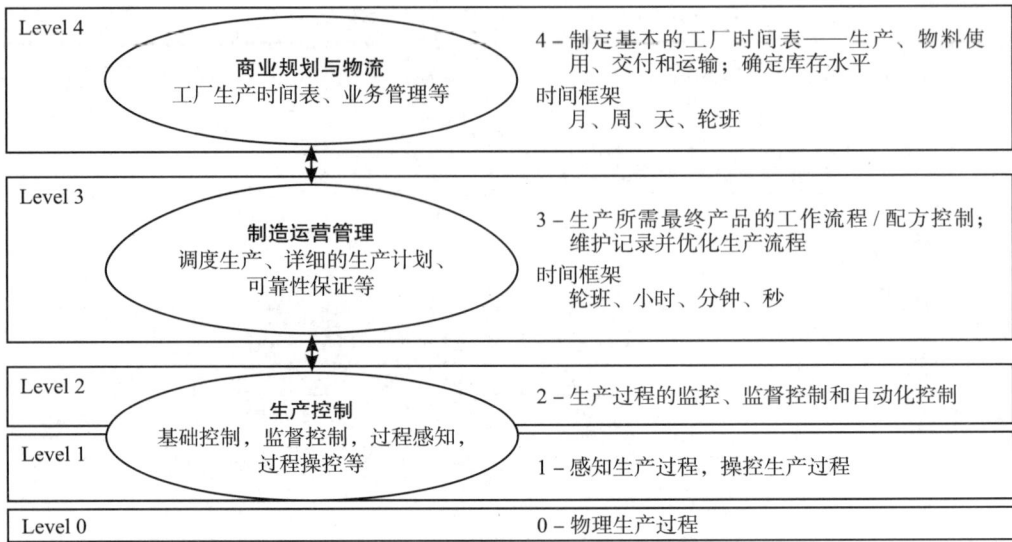

图 6-29　计算机化系统在制药企业中自动化、信息化构架设计示例

在下述实例中，选取与生产过程关联较为紧密的制造执行系统（MES）作为计算机化系统验证实施的目标系统。

常规的制造执行系统（MES）包含如下组件：

- 系统硬件：常规的包含服务器、网络设备、客户端计算机、平板电脑等；
- 系统软件：平台软件（含软件授权）以及系统配置文件和定制化程序。

其典型的系统架构图见图 6-30。

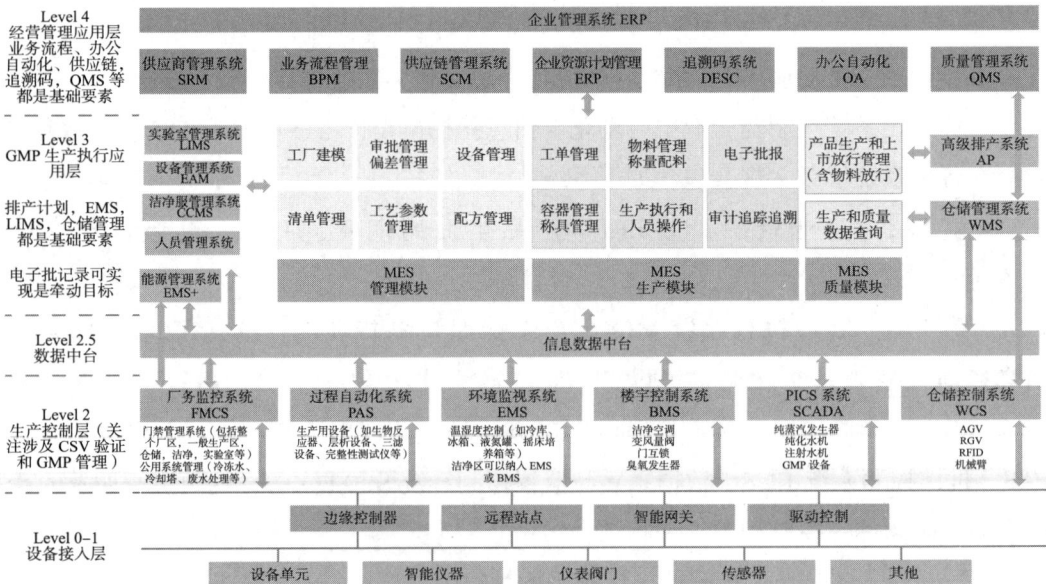

图 6-30　MES 系统典型的系统架构图

实施指导

MES 系统验证基本思路：MES 系统为符合第 4 类（category 4）的软件系统（图 6-31），而非完全定制开发的第 5 类（category 5），这样做降低了讨论的复杂度。但在实际的 MES 系统开发 / 实施过程中，可能会出现一些第 5 类（category 5）代码，需要遵照本指南 CSV 章节内容及 ISPE GAMP5 指南进行相应的验证活动，这些活动包括但不限于：额外的风险分析和管理、必要的代码审查、针对定制化代码更详细的策略等。

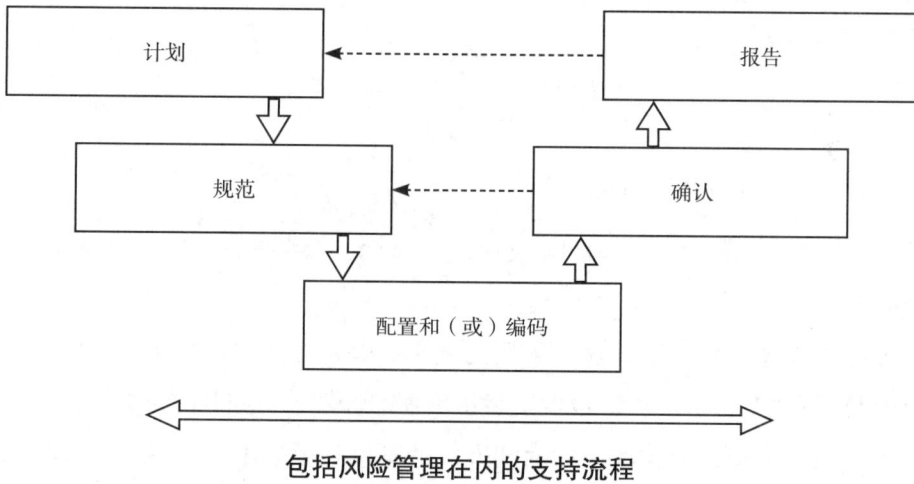

Source: Figure 3.3, GAMP 5: A Risk–Based Approach to Compliant GxP Computerized Systems, © Copyright ISPE 2008. All rights reserved. www.ISPE.org.

图 6-31　MES 系统验证活动

项目阶段需要的文件：基于 MES 系统提供的供应商角度，其所提供的计算机化系统验证交付物，可能用户方的略有不同，应至少包含如下内容。

- VP – 验证计划（基于供应商收到的用户 URS，为整个项目提前准备，比用户的阶段要早，用户一般在项目合同签订后，具体落实 URS 需要过程中或之后，同步建立）；
- URS – 用户需求规范（由最终用户提供）；
- RA – 风险分析（从供应商角度提出，用户参与审核批准）；
- FS – 功能需求规范；
- DS – 软件设计规范；
- RTM – 需求跟踪矩阵；
- FAT – 工厂验收测试方案 + 执行记录及总结报告 *；

- SAT – 现场验收测试方案 + 执行记录及总结报告（软硬件）*；

- DQ – 设计确认方案 + 执行记录及总结报告；

- IQ – 安装确认方案 + 执行记录及总结报告；

- OQ – 运行确认方案 + 执行记录及总结报告；

- PQ – 性能确认方案 + 执行记录（由最终用户完成）；

- VSR – 验证总结报告。

根据系统不同，可能会产生该类文件。

由于针对不同类型的系统会产生不同的测试类型和名称，上述交付物名称仅供参考。

本举例将使用 MES 与 ERP 对接的举例来帮助大家理解各验证模块中的具体内容。

A. 验证计划（VP）制定

验证计划 VP 是在项目计划和定义阶段制定的，区别于验证主计划 VMP，具体子系统的验证计划通常由供应商负责。

验证计划描述了整个验证过程采用的基本原理、方法、期望和目的等。该文档用于指导整个 GMP 验证活动，包含了对正确理解计划、实施和完成验证所必需的信息。验证计划是成功实施验证生命周期方法的基础。最终用户的需求、CSV 指南都将与项目计划结合在一起。最终的内容和形式将在双方确认的基础上确定下来。

依据此前通过供应商审计及各类探讨、审查、批准后确认的质量要求及规范或一个质量管理体系，供应商将撰写并提供验证计划，其中详细阐述了项目验证的方法。

常用的验证方法包括（本指南内容将作为验证生命周期方法的基础，此外，如供应商的质量管理体系符合最终用户的质量要求，且通过了供应商审计，也可以考虑遵循供应商的质量管理体系，作为质量规程和标准）：

- 预先批准的验证方法，涵盖预先定义的验证活动，将用于整个项目实施周期；

- 确认测试将基于 ISPE GAMP5 V 模型；

- 对照设计规范进行安装确认 IQ 测试；

- 对照设计规范和功能规范进行运行确认 OQ 测试；

- 对照用户需求规范进行性能确认 PQ 测试，一般由最终用户负责完成，由供应商进行系统层面的协助和支持。

验证交付按照本指南内容执行。

B. 风险分析

风险评估一般由计算机化系统验证供应商基于预先批准的模板来记录风险识别、评估和分析的结果。

风险评估中的风险条目及内容来自于不同的分析和比对，典型的风险来源获取方式包括但不限于：

• 在质量计划和验证计划制定的过程中所发现的质量、验证活动相关的管理性和技术性风险条目和内容；

• 通过对用户需求规范（URS）与功能需求规范（FRS）的对比和差异分析，所获得的关于功能是否能够满足需求的技术性风险条目和内容；

• 通过对电子签名电子记录（ESER）相关法规和质量要求的比对和差异分析，所获得的关于系统是否能够满足电子签名电子记录合规的技术性风险条目和内容；

• 通过对软件功能需求（FS）与详细设计规范（DS）的对比和差异分析，所获得的关于设计是否需要对现有功能进行调整、定制的技术性风险条目和内容；

• 各阶段测试过程中所发现的偏差所产生的技术性和项目管理性风险条目和内容；

• 通过项目管理及技术管理等过程所获得的管理性风险条目和内容；

• 项目变更所带来的技术性和管理性风险条目和内容。

根据上述风险条目和内容来源的描述，可以看到，风险管理是贯穿软件开发／实施全生命周期的验证相关活动。最初的风险分析应在项目伊始就着意进行建立并撰写。

利用本指南提供的风险分析方法可以对已经明确的风险进行分类，见表 6-23。

表 6-23　风险分级和风险优先级矩阵

风险分级矩阵	严重性＝对患者安全、产品质量和数据可靠性（或其他危害）的影响 可能性＝错误发生的可能性 风险分级＝严重性 × 可能性
风险优先级矩阵	可见性＝错误在发生之前被注意到的可能性 风险优先级＝风险分级 × 可见性

以 MES 与 ERP 系统集成的风险分析结果为例，明确风险评估的方式。

表 6-24 风险评估表

编号	序号 Item No.	关键功能（基于用户需求功能项）Function (base on URS ID)	可能的失败模式 Potential Failure Modes	可能的失败影响 Potential Effects	现有控制措施 Existing Controls	初步风险评估 Initial Risk Assessment					是否接受 Accept or Not
						I	P	D	风险分级 RC	风险优先级 RP	
1	RA01	INT1 系统支持同步所需的 SAP 的物料主数据，包括 SAP 新增、修改物料编号、名称、描述、类型、单位等	1. 无法或错误接收 SAP 主控的物料主数据信息（包括无法或错误接收新建/更新的信息）	影响系统使用及业务开展	无	3	3	2	9	高	不可接受
2			2. 错误接收非 SAP 主控的物料主数据信息	影响系统使用及业务开展	无	3	3	2	9	高	不可接受
3			3. 所接收的 SAP 主控的定义的物料主数据信息可在 MES 中修改	影响数据可靠性	无	3	3	3	9	高	不可接受
4			4. 不能维护非 SAP 主控的物料主数据信息	影响系统使用及业务开展，导致 MBR 无法使用相关物料数据	无	3	3	2	9	高	不可接受
5			5. 接收 SAP 主控的物料主数据后，未经过相关人员放行即可使用	影响数据可靠性	无	3	3	3	9	高	不可接受
6			6. 接收 SAP 主控的物料主数据更新后，未经过相关人员放行即可使用	影响数据可靠性	无	3	3	3	9	高	不可接受
7			7. SAP 主控的物料主数据删除后，MES 端无删除标识，且可以在 MBR 新创建时进行使用	影响系统使用及业务开展，导致 MBR 使用已删除物料数据	无	3	3	2	9	高	不可接受
8			8. 在历史记录中无 SAP 主控更新的物料主数据信息修改追踪	影响数据可靠性	无	3	3	3	9	高	不可接受

对于中高风险的评估项目需要在后续的验证或制度中采取进一步降低风险的措施。

C. 用户需求规范（URS）

本案例中，基于常见的制造执行系统（MES）的用户需求规范（URS）应包含但不限于以下内容：

- 项目整体要求，包括对项目整体目标、管理范围、总体性能要求等内容的描述；
- 针对当前生产及管理情况的描述及针对生产、管理痛点、改进期待的描述；
- 业务流程、系统流程的描述；
- 系统硬件需求，包含数量、类型及性能要求等；
- 系统软件功能需求（权限、备份、接口、兼容性等）。

MES 与 ERP 系统集成的需求举例见表 6-25。

表 6-25 MES 与 ERP 系统集成的需求表示例

需求编号	URS××	需求类型	MES_系统集成	需求功能点版本号	Ver. ×
需求确认者	生产部门代表：×××；ERP 系统所有者：×××；主题专家 SME：×××				
需求说明	① MES 系统根据数据集成要求与其他信息系统进行集成和交换数据，以实现数据共享和企业信息系统之间的数据流通。 ② 目前工厂在运行及使用的信息系统包括 ERP 系统、MES 系统、SCADA 系统、WMS 高架库系统和 ESCS 电子监管码系统。其中，ERP 系统采用 XXX 软件，实施范围包括采购、销售、库存、生产、质量、财务、成本等管理模块。WMS 高架库系统主要管理成品的日常出入库操作以及与电子监管码系统的数据集成。 根据调研，本次项目的系统关系图如下所示： MES 系统将与 ERP 系统及 SCADA 系统进行数据集成，与 WMS 和 ESCS 系统没有集成关系。				

需求说明	③ MES 系统与 ERP 系统集成清单暂列如下： √ 物料主数据下传（ERP → MES）主要字段包括： 　·物料编码 　·物料名称 　·单位 √ 生产工单下传（ERP → MES）主要字段包括： 　·工单编码 　·物料编码 　·生产数量 √ 生产领料信息（ERP → MES）主要字段包括： 　·领料单流水号 　·领料类别 　·部门编号 　·物料编号 　·生产批次 　·生产厂家 　·原批号 　·有效成分 　·失效日期 　·复检日期 　·报告单号 　·实发数量 　·操作类型 　·最后更新时间 　·读取标志 √ 退料信息（MES → ERP）主要字段包括： 　·MES 流水号 　·部门编号 　·物料编号 　·入库批号 　·仓库编号 　·退料数量 　·操作类型 　·最后更改时间 　·读取标志 　·备注 √ 报工数据上传（MES → ERP）主要字段包括： 　·工单编码 　·工序编码 　·消耗物料编码 　·消耗物料数量 　·成品物料编码 　·成品物料数量 　·配料核料单等相关信息 　·各工序开始结束时间 　·合格品数、不合格品数、取样数

续表

需求说明	√返检数据上传（MES→ERP）主要字段包括： ·工单编码 ·工序编码 ·消耗物料编码 ·消耗物料数量 ·成品物料编码 ·成品物料数量 （……以上为需求部分节选）
相关说明	MES与ERP集成的具体实现方式及接口字段内容将在功能设计阶段与第三方共同确认，功能设计阶段过程中发现需要添加和修改的地方，双方协商解决

注：此处的 URS 不是最初的用户需求，而是按照原始 URS 进行合同签署后供应商和用户针对选定系统和具体需要落实方式建立的，为验证阶段的 URS，也是原始 URS 的更新版本，主要不是更改需求而是补充需求落地的具体系统解决方式；因此需要对系统交互中使用的功能进行详细的分解和明确，以便后续指导验证工作顺利进行。

D. 需求追踪矩阵（RTM）

需求追踪矩阵（RTM）是一个全生命周期文档，它在用户需求确认后即可被建立，并在整个项目实施过程中的关键阶段完成后，须加以不断地更新。

该文档提供了验证生命周期中验证活动和文档的重要链接：从功能需求说明（FS）、详细设计说明（DS）等设计阶段交付物的内容，到常见的不同测试阶段，直至 IQ、OQ 及 PQ 的测试用例及执行结果的记录和总结都被一一对应的记录在需求追踪矩阵（RTM）的各个条目内，实现从需求到设计再到程序 / 配置实现的开发周期追踪，直至软件 / 程序正式发布使用。

它可以被看作是一个将用户需求、功能需求、设计规范和确认测试关联在一起的跟踪总图。需求跟踪矩阵也可以作为一个辅助工具，帮助了解系统需求信息的覆盖，保证功能需求被正确的验证。

针对 MES 与 ERP 系统集成功能相关的需求追踪矩阵（RTM），部分内容如下。

表6-26 MES与ERP系统集成功能相关的需求追踪矩阵（RTM）部分内容示例

编号	用户需求说明URS	需求描述	关键点	功能设计说明FDS	MES系统功能	功能来源	单元测试UT	系统集成测试INT	现场安装检查SIC	用户验收测试UAT	安装确认IQ	运行确认OQ	性能确认PQ
	MES系统集成_URS06												
44	PROJECT-MES-URS-011-4.6 分项001	001 MES系统根据数据集成信息要求系统进行实时数据交换数据共享和企业现场数据共享信息系统之间的数据流通	CTQ	PROJECT-FTPS-FDS-013 章节5	N/A	N/A	N/A	N/A（系统概述集成不在INT中测试）	N/A	N/A（系统概述集成不在UAT中测试及总结）	N/A	N/A（系统概述集成不在OQ中测试及总结）	N/A（系统概述集成不在PQ中测试及总结）
45	PROJECT-MES-URS-011-4.6 分项002	002 目前工厂在运行及使用的信息系统包括ERP系统，MES系统，SCADA系统，WMS高架库系统和ESCS电子监管码系统。其中，×× ERP系统采用实施范围包括采购、生产、质量管理模块，高架库成本管理库存品以及日常出入库操作系统的数据管理集成	CTQ	PROJECT-FTPS-FDS-013 章节5	N/A	N/A	N/A	N/A（系统概述集成不在INT中测试）	N/A	N/A（系统概述集成不在UAT中测试及总结）	N/A	N/A（系统概述集成不在OQ中测试及总结）	N/A（系统概述集成不在PQ中测试及总结）
	MES系统与ERP系统集成												
46	PROJECT-MES-URS-011-4.6 分项003	003 物料主数据下传（ERP→MES）主要字段包括：•物料编码•物料名称•单位	CTQ	PROJECT-FTPS-FDS-013 章节5.1.2	ERP-001	客制化	PROJECT-MES-UT-TS-021-A2 章节1.6.5	N/A（没有接口进行测试，数据模拟建立）	N/A	PROJECT-MES-UAT-TS-026 章节1.6.1.2-1~1.6.1.2-2	N/A	PROJECT-MES-OQ-TS-033 章节1.6.1.2-1~1.6.1.2-2	PROJECT-MES-PQ-TS-035 章节1.6.1.2-1~1.6.1.2-2

续表

编号	用户需求说明 URS	需求描述	关键点	功能设计说明 FDS	MES系统功能	功能来源	单元测试 UT	系统集成测试 INT	现场安装检查 SIC	用户验收测试 UAT	安装确认 IQ	运行确认 OQ	性能确认 PQ
		MES系统与ERP系统集成											
47	PROJECT-MES-URS-011-4.6 分项004	004 生产工单下传（ERP->MES）主要字段包括：·工单编码·物料编码·生产数量	CTQ	PROJECT-FTPS-FDS-013 章节5.1.3	ERP-002	客制化	PROJECT-MES-UT-TS-021-A2 章节1.6.5	N/A（没有进行接口测试，数据模拟建立）	N/A	PROJECT-MES-UAT-TS-026 章节1.6.1.3	N/A	PROJECT-MES-OQ-TS-033 章节1.6.1.3	PROJECT-MES-PQ-TS-035 章节1.6.1.3
48	PROJECT-MES-URS-011-4.2 分项005	005 报工数据上传（MES->ERP）主要字段包括：·工单编码·工序编码·消耗物料编码·消耗物料数量·成品物料编码·成品物料数量·配料核料单等相关信息	CTB	PROJECT-FTPS-FDS-013 章节5.1.6；PROJECT-FTPS-FDS-013 章节5.1.7；PROJECT-FTPS-FDS-013 章节5.1.8	ERP-009；ERP-010	客制化	PROJECT-MES-UT-TS-021-A2 章节1.6.5	N/A（没有进行接口测试，数据模拟建立）	N/A	PROJECT-MES-UAT-TS-026 章节1.6.1.14-1	N/A	PROJECT-MES-OQ-TS-033 章节1.6.1.14-1	PROJECT-MES-PQ-TS-035 章节1.6.1.14-1
49	PROJECT-MES-URS-011-4.2 分项006	006 返检数据上传（MES->ERP）主要字段包括：·工单编码·工序编码·消耗物料编码·消耗物料数量·成品物料编码·成品物料数量	CTB	PROJECT-FTPS-FDS-013 章节5.1.11	ERP-012	客制化	PROJECT-MES-UT-TS-021-A2 章节1.6.16；PROJECT-MES-UT-TS-021-A2 章节1.6.17；PROJECT-MES-UT-TS-021-A2 章节1.6.18	N/A（未用到功能）	N/A	N/A（未用到功能）	N/A	N/A（未用到功能）	N/A（未用到功能）

以其中一项关于"物料主数据下传"的需求为例，该需求在功能设计说明（FS）中进行了详细的设计。

注：由于一些项目的特殊情况，功能需求规范（FS）以及详细设计规范（DS）也可被合并为功能设计规范（FDS）。

5.1.2 物料主数据下传（ERP–>MES）

物料基本信息中间表：HR_WLZD_ERP

中文名	列名	数据类型	空值	缺省	规则	注释
订单流水	S_DDLS	Varchar (10)	No			
订单编号	S_DDBH	Varchar (20)	No			
物料编号	S_WLBH	Varchar (30)	No			
批号	S_JHPH	Varchar (30)	No			
计划数量	S_JHSL	Float	No			
主计量	S_JLDW	Varchar (8)	No			
制单日期	S_DJRQ	Varchar (8)	No			
计划开工日期	S_KGRQ	Varchar (8)	No			YYYYMMDD
计划完工日期	S_WGRQ	Varchar (8)	No			YYYYMMDD
备注	S_NOTE	Varchar (255)	Yes	"		
操作类型	S_OPTYPE	Varchar (1)	No			A 新增、U 更新、D 删除
最后更改时间	S_LASTTIME	Varchar (14)	No			yyyymmddhhmmss
读取标记	S_FLAG	Varchar (1)	No	0		

主要字段包括：
- 物料编码
- 物料名称
- 物料类型：原料、辅料、半成品、成品、内包材、外包材、医疗器械
- 计量单位
- 规格
- 状态
- 操作类型
  - A 新增
  - U 更新
  - D 逻辑删除
- 最后修改时间

业务说明：
当 ERP 中的物料主数据发生新增，更新和删除事件时，ERP 将数据发到接口系统，MES 系统从接口获取数据并同步到 MES 系统中。MES 系统不对 ERP 传输的字段值进行修改。

图 6-32 某项物料主数据下传需求的功能设计说明（FS）

而在各功能及确认测试环节中，都有相应的测试方案及章节追踪，确保该功能

已被完整的测试，并进行结果记录。以实际 PQ 阶段的测试为例，见表 6–27。

表 6–27　PQ 阶段的测试示例

步骤顺序	测试步骤	验收标准	实际结果	测试结果（PASS/FAIL）	测试人（签名/日期）	审核人（签名/日期）	复核人（签名/日期）
1.6.1.2	工序配制检查						
1	检查计量单位	同步 ERP 计量单位					
2	检查物料	同步 ERP 物料					

所举例的功能在测试中以数据、功能等各种形式，在不同的环境下被加以测试，以确保其设计、编程/配置实现均能满足最初预定的需求。

需求追踪矩阵（RTM）的文档要求在整个项目实施过程中不断地更新。该文档提供了验证生命周期中验证活动和文档的重要链接。它可以被看作是一个将用户需求、功能需求、设计规范和确认测试关联在一起的跟踪总图。

需求跟踪矩阵也可以作为一个辅助工具，帮助了解系统需求信息的覆盖，保证功能需求被正确验证。该文档的更新应基于已批准的用户需求规范、功能需求规范和设计规范。

E. 功能需求规范（FRS）

功能需求规范（FRS）文件是在用户需求规范（URS）文档基础上制定的，是针对所提用户需求的功能深化。在功能需求规范（FRS）的撰写过程中，应考虑项目所选择的软件平台及应用的功能和硬件的功能，并着眼于它们的使用、编程和组态所形成的功能对用户需求的落地。

确切地说，功能需求规范（FRS）文件定义了系统的主要功能，便于详细设计的展开，其内容应包括但不限于：

- 整体系统架构及主要组成部分；
- 硬件功能；
- 软件及平台功能；
- 网络要求及功能；
- 系统接口功能及规范。

本案例中，供应商参考一个典型的功能需求规范（FRS）文件参考目录中的内容，结合具体情况为用户建立了对应 FRS。

图 6-33　典型的功能需求规范（FRS）文件参考目录

针对本实例中着重举例的"与 ERP 系统的集成"功能，在功能需求规范（FRS）中就已分散到各个相关功能的定义中，通常包括但不限于以下形式。

• 系统硬件架构图（部分）

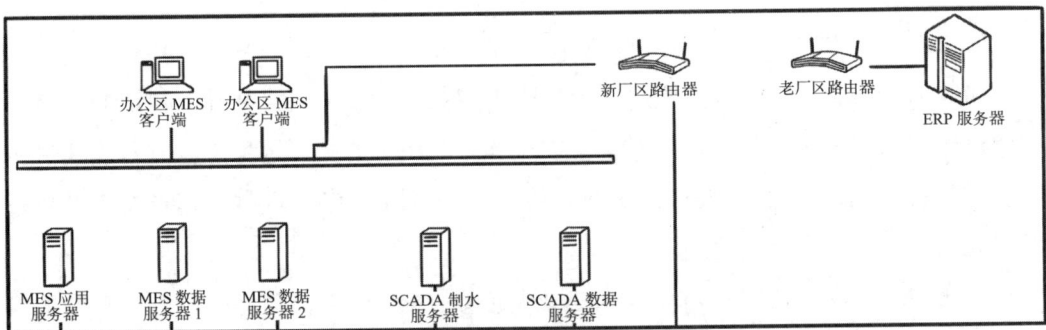

图 6-34　系统硬件架构图（部分）

• 系统软件功能架构图（部分）

图 6-35　系统软件功能架构图（部分）

● 业务需求及功能描述（部分）

> **2. 生产指令下发**
> 功能描述：MES 从 ERP 接收生产指令，对需要生产的指令进行下发。
> 功能实现方：ERP、MES 系统
> 参与人员：生产管理部门

图 6-36　业务需求及功能描述（部分）

F. 详细设计规范（DS）

详细设计规范（DS）提供了针对系统的功能进行具体设计的结果，文档应着重阐述系统是如何通过系统及具体功能的设计实现其所对应的功能需求。详细设计规范（DS）文件是所有编程设计和系统组态的基础。

● 详细的软、硬件架构图及架构描述：精确到品牌、类型、版本（软件）、数量及各类可落地实现信息；

● 业务功能设计：其中可能包括生产管理功能设计、生产执行功能设计、称量配重功能设计、电子批次记录功能设计等各类与生产、业务执行相关的功能设计；

● 报表功能设计：包括各类业务、数据、生产批次报表的格式、内容的设计；

● 第三方系统集成功能设计：涵盖与目标系统有数据、功能集成的系统之间的接口设计描述。

本示例中"与 ERP 系统的集成"功能，在详细设计规范（DS）中须加以详细的硬件及软件技术层面的设计描述。系统之间的接口在软件层面以数据传递作为典型，情况如图 6-32 所示。

G. 设计确认（DQ）及总结报告（DQ SR）

设计确认（DQ）的目的是确保制造执行系统（MES）的软、硬件设计符合预先批准的功能需求。尽管很多时候，计算机化系统的验证活动参照 ISPE GAMP5 指南进行展开，但考虑到不同合规的要求以及管控的需求，在项目设计计算机化系统验证活动时也加入设计确认，确保在设计阶段完成后，对需求、功能以及设计的对应性进行一次阶段性的审核。

设计确认（DQ）在验证过程中不能够替代风险分析活动，仅是作为一个额外的可选活动存在。应基于计算机化系统验证项目的实际判断是否需要进行设计确认（DQ）。

设计确认（DQ）包括对所有用户需求及所有设计的确认，设计确认的文件包含了技术性风险分析及追踪至现阶段功能、设计规范的需求追踪矩阵，以确保所有的用户需求都已被功能满足、设计追踪过。

设计确认（DQ）测试方案一般由计算机化系统验证供应商撰写且须经预先审查批准。通过方案的实施，对项目所涉目标系统进行设计确认活动。一般的方案实施，由计算机化系统验证供应商进行，最终用户选派代表对测试过程进行见证。

在全部或部分测试完成后，最终用户的技术、质量代表及系统所有者还将对测试的结果以及相应的设计确认测试总结报告（DQ SR）进行审查和批准。其中，设计确认总结报告（DQ SR）是对设计确认测试的总结，包括对测试结果的描述、测试偏差的记录以及测试的最终结论。设计确认测试总结报告（DQ SR）是验证总结报告的重要依据和组成部分。

H. 功能测试方案及总结报告（TS ＆ TSR）

系统开发生命周期中，在软件系统开发/实施过程中，必须经过多个阶段的功能测试，以确保软件符合前期功能设计的要求。随着测试阶段以及测试环境的不同，功能测试的命名、测试目的以及测试方法都略有区别。

例如，对一个典型的自动化系统，其包含硬件和软件两种重要设计和交付。由于功能测试的阶段与项目执行阶段密切相关，环境监视系统（EMS）的功能测试一般分为：

● 硬件工厂验收测试：用于在供应商工厂内对硬件交付进行验收测试，通过模拟运行和仿真的方式对硬件的设计、集成进行逐一测试验收；

● 软件工厂验收测试：用于在供应商工厂内对软件交付进行验收测试，通过模拟运行和仿真的方式对软件的设计、功能实现进行逐一测试；

● 硬件现场验收测试：用于在现场工程环境下，通过将交付硬件与现场软、硬件环境相连接后的实地测试，对硬件的设计、集成进行逐一测试验收；主要用于测试硬件在集成环境下的功能表现是否满足预先批准的设计。这种测试尽管与现场的软、硬件环境已真实相连，但往往不会进行真实的产品生产，而是以空运行及水试的方式进行；

● 软件现场验收测试：用于在现场工程环境下，通过将交付软件与现场软、硬件环境相连接后的实地测试，对软件的设计、功能实现进行逐一测试验收；主要用于测试软件在集成环境下的功能表现是否满足预先批准的设计。这种测试尽管与现场的软、硬件环境已真实相连，但往往不会进行真实产品生产，而是以空运行及水试的方式进行。

相类似的理念，制造执行系统（MES）也需要经历不同阶段的功能测试以证明其满足预先定义的功能及设计。但由于制造执行系统（MES）的软件功能占比较高且 IT 平台 / 硬件较为标准化，其测试的侧重点集中在软件方面，其功能测试一般分为：

● 软件集成测试：用于在供应商工厂内，基于模拟搭建的 IT 硬件及平台，对软件交付验收测试，通过模拟运行和仿真的方式对软件的设计、功能实现进行逐一测试验收；

● 现场安装检查：用于在现场工程环境下，通过将交付硬件与现场软、硬件环境相连接后的实地测试，对系统所设计的 IT 硬件及平台的设计、集成进行逐一测试验收，主要用于测试硬件在集成环境下的功能表现是否满足预先批准的设计；

● 用户验收测试：用于在现场工程环境下，通过将交付硬件与现场软、硬件环境相连接后的实地测试，对软件的设计、功能实现进行逐一测试验收，主要用于测试软件在集成环境下的功能表现是否满足预先批准的设计。这种测试尽管与现场的软、硬件环境已真实相连，但由于开发部署进度等多方面考虑，往往不会与第三方系统相连，而是以独立操作和运行的方式进行。

针对本实例中举例的"与 ERP 系统的集成"功能，在功能测试中须进行分阶段的硬件及软件技术层面的功能测试。功能测试有多阶段的区分，其中可能会包含对数据获取到测试以及由 EPR 与 MES 集成对接后，实现系统预设功能的测试。一个典型的针对 ERP 与 MES 集成后的功能测试用例描述举例见表 6-28。

表 6-28　典型的针对 ERP 与 MES 集成后的功能测试用例描述举例

步骤顺序	测试步骤	验收标准	实际结果	测试结果（PASS/FAIL）	测试人（签名 / 日期）	审核人（签名 / 日期）	复核人（签名 / 日期）
1.6.1.1	工序配制检查						
1	检查计量单位	同步 ERP 计量单位					
2	检查物料	同步 ERP 物料					
3	检查工单	同步 ERP 工单					
4	检查不合格项	每个工序不合格项的配置数据					
5	检查配料核料项	PEC 执行时配料核料项 配料核料项上传 ERP					
6	检查清场项目	PEC 执行时的清场项目列表					

步骤顺序	测试步骤	验收标准	实际结果	测试结果（PASS/FAIL）	测试人（签名/日期）	审核人（签名/日期）	复核人（签名/日期）
1.6.1.3	工单执行（获得 ERP 工单）						
1	创建工单	工单对象					
2	工单发放	已发放工单					
3	工单执行	系统工单状态更改为"已发放、进行中"，并将状态更新到 ERP ERP 工单状态更改					

I. 确认测试方案及确认总结报告（Qualification SR）

确认测试是在实际的生产运行环境中，以与实际生产相同的方式，对目标系统的软、硬件进行测试，是计算机化系统验证过程中重要的、对质量和合规要求最高的测试。一般来说，确认测试分为：

● 安装确认测试：用于测试目标系统的硬件在实际的生产运行环境中，符合预先批准的用户需求；

● 运行确认测试：用于测试目标系统的软件在实际的生产运行环境中，符合预先批准的用户需求；

● 性能确认测试：用于测试目标系统的整体性能以及关键功能、内容在实际的生产运行环境中，符合预先批准的用户需求。

确认测试前，要求起草和批准文档，用于描述测试目的、预审的测试方法和验收标准。方案将阐述谁会负责进行测试，采用什么样的方法进行测试，如何采集数据，如何报告数据以及什么样的回顾和评估流程将用于判定是否满足验收标准。这些文件将对照用户需求规范、功能需求规范和设计规范进行批准。

确认方案中的测试根据不同情况会有不同，但原则上，针对低风险且重复的测试，建议采用均衡（leverage）策略。而高风险或关键功能的测试，则应以相比于功能测试更高要求的方式，在实际生产运行环境下，进行功能符合性测试。

执行确认方案过程中，形成的测试结果和数据将以受控的方式记录并归纳，作为正式的测试结果及报告。表格、图表和曲线图都将体现在此类结果和报告中。所有结果须进行准确性和完整性检查。测试报告将测试数据与预定义的经批准的验收标准相对照，最后明确地给出结论，系统的性能是否符合要求，是否能够验收。作为一个成功的确认阶段，对历史信息的分析将正式用于确认系统运行是否能够满足所有的需求规范。

验证团队中负责测试用例设计的人员应该分析所有的数据和测试结果，并提供文档证据保证系统软、硬件的功能和性能能够满足预先批准的用户需求。只有在数据分析后，才能得出系统在规格、功能和性能多方面已具备验收和批准运行条件的结论，随后将上述结论体现在确认总结报告（Qualification SR）中。

J. 验证总结报告（VSR）

验证总结报告（VSR）是遵照预先定义的验证方法，完成各项验证活动后的总结。需要将计算机化系统验证过程中各项验证活动的结果加以总结和汇总，以确保整个验证过程按照可控的方式完成了。

验证总结报告的撰写需要所有验证活动的关键记录作为支持文档，包括但不限于：

- 验证文档交付清单；
- 变更控制流程执行情况及各项纪录汇总；
- 设计确认的执行结果及总结报告（包含相应的偏差记录，如有）；
- 所有功能测试的执行结果及总结报告（包含相应的偏差记录，如有）；
- 安装确认 IQ 的执行结果及总结报告（包含相应的偏差记录，如有）；
- 运行确认 OQ 的执行结果及总结报告（包含相应的偏差记录，如有）；
- 整合全生命周期的需求跟踪矩阵，确保详细设计规范中所有的需求已覆盖；
- 整合全生命周期的风险分析矩阵，确保验证过程中的各项风险已被记录、定级分析并已由合适的风险均衡措施进行管控；
- 各项手册及用户培训资料。

先进制造

GMP

目 录

7.1 概述

近年来，先进制造技术和理念在药品生产中被不断应用。美国 FDA 于 2004 年发布制药工业 PAT 指南，旨在推进新技术在药品生产中的应用，提升对药品生产工艺过程的理解以确保产品质量。美国 FDA 提出："先进制造是药品新兴生产技术的统称，可以改善药品质量、解决药品短缺问题，并可以加快产品上市时间。"ICH《原料药与制剂的连续制造》于 2022 年 11 月进入第 4 阶段，提出 3 种连续生制造模式：①制造方法的组合，其中一些单元操作以批处理模式运行，而其他单元操作则集成并以连续模式运行；②原料药或制剂生产过程的所有单元操作被集成并以连续模式运行；③原料药和制剂单元操作跨越原料药和制剂之间的边界集成形成单一连续制造过程（即原料药通过集成单元操作连续形成和加工以生成最终药品制剂）。国家药品监督管理局药品审评中心就该指导原则及中文翻译稿面向社会公开征求意见。

目前，我国制药行业大部分生产以批控制/间歇生产制造为主，一些企业局部设备实现了机械化生产，但单元之间的协同、设备的操作仍然依靠人工，由于缺乏跨设备、跨流程、跨单元的整体管理，企业内部形成"信息孤岛"；制造工艺过程缺乏质量评价，整个制造工艺过程没有形成完整和规范的质量控制体系；医药行业是一个强监管行业，如何合规化改造升级，需要制药企业持续加强与监管部门的沟通。

2016 年，国家食品药品监督管理总局与工业和信息化部、国家发展改革委、科技部、商务部、国家卫生计生委等部门联合印发了《医药工业发展规划指南》，提出引导企业提升制药装备的自动化、数字化、网络化水平，广泛获取和挖掘生产过程的数据和信息，为生产过程的自动化、数字化、智能化管理和决策提供支撑。

《"十四五"医药工业发展规划》指出要推动产业数字化转型，以新一代信息技术赋能医药研发，推动信息技术与生产运营深度融合，积极发展新模式新业态。

7.2 生产过程的数字化与智能化

7.2.1 概述

制药行业的生产过程自动化技术可实现制药过程基于时间点、持续时长等固化条件进行设备对应工作单元开关、工艺参数操作动作的自动化执行。

制药行业的生产过程数字化与智能化技术的表现方式可理解为将生产过程中涉及的人员、设备、物料、物流、工艺、环境、质量测量等因素实现量化的、电子化的、数据化的记录，完成对生产过程的数字化监控，并通过相应智能化信息技术与软硬件、管理系统将实时的过程数据匹配工艺要求条件后，再与设备生产动作进行逻辑关联以及反馈互动，从而实现基于生产过程产品实时质量状态的智能化执行设备工艺参数设定与调节操作。

本章内容中阐述智能化制药生产技术是在制药过程中依赖数字化工艺，完成自我感知、自我分析、自我决策、自我执行的过程。数字化工艺主要构成内容为关键物料属性、关键工艺参数、关键质量属性及由三者之间的关联关系所构成的工艺模型。

A. 自动化设备

自动化设备是指设备或机械装置，在无操作人员干预的前提下，可按预先配置或规定的程序及指令，在达到预设启动条件时，自动启动、自行操作及控制设备或机械装置，并在达到预定结束条件时，最终自动结束操作及控制的过程，其中部分包含了在执行过程中可持续基于加工状态数据进行自我调节操作动作的自我执行循环。

自动化的设备组成部分主要包含：
- 作用单元 – 负责硬件动作开关及调整；

- 传感器单元 – 负责采集硬件动作状态或性能数据；
- 逻辑指令单元 – 负责传感器数据与程序设定的逻辑进行比对；
- 控制单元 – 负责转译控制指令与机器指令；
- 系统程序单元 – 负责编辑及储存控制程序。

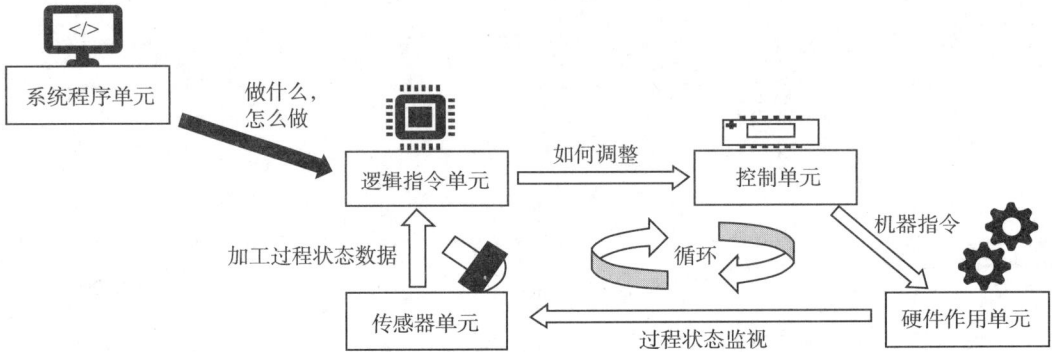

图 7-1 各单元之间作用关系图

自动化设备的控制单元核心部件是 PLC（可编程逻辑控制器，programmable logic controller）。随着 PLC 技术的发展，集成先进 PLC 的自动化设备能完成的操作复杂度也越来越高，对企业生产及物流管理的帮助和提升也愈发明显。

B. 数据采集 / 监视技术

数据采集 / 监视技术是指面向自动化设备的操作数据进行采集以及部分控制指令的传递技术，自动化设备含有内置控制系统的 PLC 模块与控制硬件的 I/O 输入输出模块，I/O 输入输出模块一端连接设备硬件单元（含传感器），负责下发控制指令与采集设备硬件单元状态数据；另一端连接 PLC 模块，负责获取控制指令并上传硬件状态与传感器数据。因 PLC 模块储存空间有限，可采用增加通讯上位机并配置上层软件的方式，通过数据通讯协议面向 PLC 模块采集各类硬件及传感器数据，使用工业以太网进行传输，并最终储存于专门的、空间足够的数据库服务器内，监视端计算机可利用数据工具软件对数据库服务器内的各类数据进行实时查询与分析，实现自动化设备的数据采集功能，并可面向 PLC 模块传递部分监视端录入的简单控制指令。此类主要面向 PLC 模块采集数据及部分控制指令传递的技术统称为 SCADA（supervisory control and data acquisition）。

自动化设备的主要控制指令可在 PLC 模块内置的控制系统输入端中操作，但受限于 PLC 模块无法与设备距离过远，而且一套 PLC 模块一般只含有一个输入端。为解决物理距离与控制端数量的局限，也可搭建含有多个控制端计算机、通讯上位机等设备的工业以太网络，将设备硬件的控制指令通过以太网下达至通讯上位机内的上层软件内，再自动转发给 PLC 模块进行执行，以满足控制端与设备之间距离不受限制以及需要多个控制端的需求，此类技术统称为 DCS（distributed control system）。

通常情况下，SCADA 与 DCS 可共用一套以太网络，可同时进行数据采集与远程控制的操作，这是实现生产数字化的技术基础。

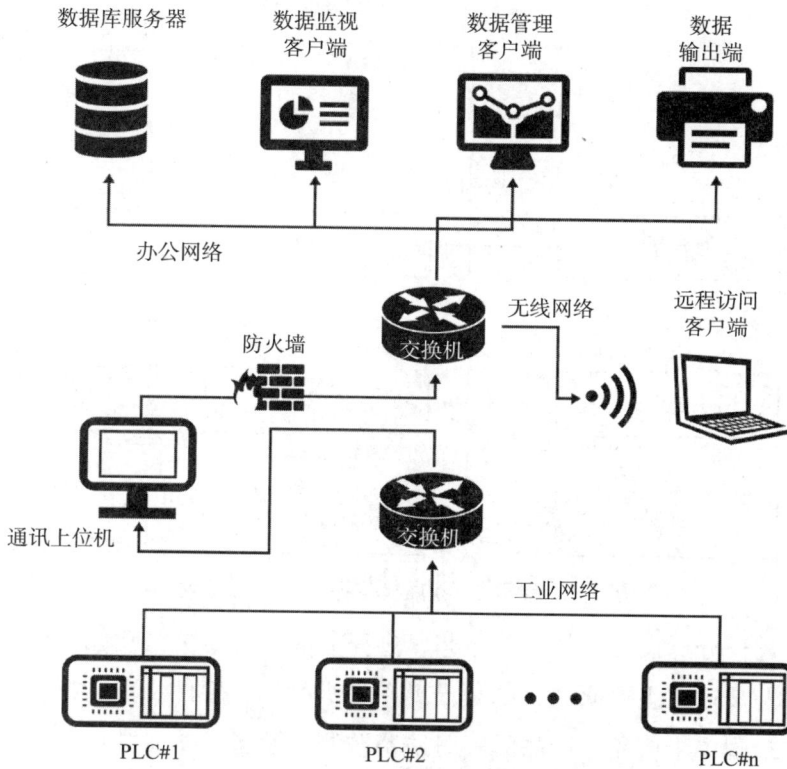

图 7-2　SCADA 与 DCS 工作结构示意图

C. 制药生产过程智能化技术

制药生产过程智能化技术是在自动化设备、过程质量的实时监测与分析技术、数字化工艺过程模型、多变量分析软件、制造执行系统（manufacturing execution system，MES）的基础上发展起的一种新型制药生产技术，它的具体组成如图 7-3 所示。

智能制药技术源自于目前较为普遍应用的制药生产自动化与数字化技术，是制药生产技术的改善性拓展与发展方向。

```
                                                    ┌──────────────────┐
                                   ┌───────────────┤     性能稳定       │
                   ┌──────────────┤ 自动化制药设备  │──┴──────────────────┐
                   │              └───────────────┤   可被信息系统连接及  │
                   │                              └──│   控制、管理        │
                   │                                 └──────────────────┘
          ┌────────┴───┐                             ┌──────────────────┐
          │   自我采集   ├──────┐                  ┌──│ 实时采集，并且频率足 │
          └────────────┘      │                  │  │ 够满足质量管理要求   │
                              │  ┌───────────────┤  ├──────────────────┤
                              └──┤ 过程分析仪器    │──┤ 质量数据准确性高    │
                                 └───────────────┤  ├──────────────────┤
                                                 └──│ 可被信息化系统      │
                                                    │ 连接及控制、管理     │
                                                    └──────────────────┘
```

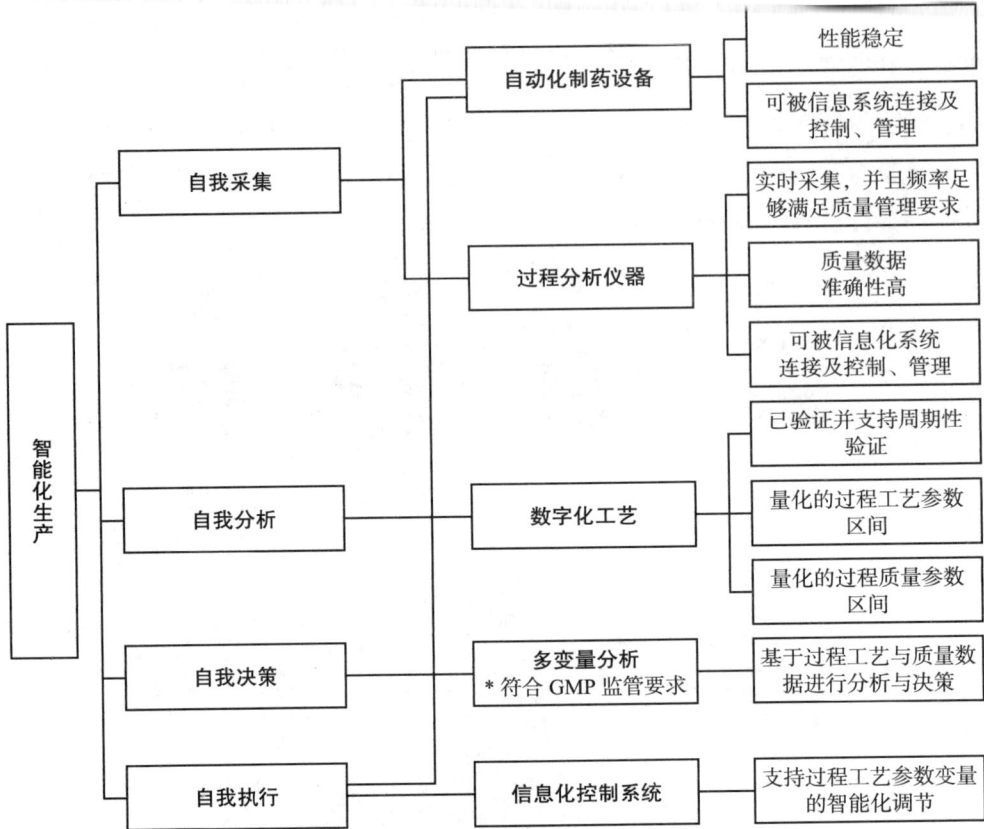

图 7-3　制药生产过程智能化技术组成举例

集成了过程分析技术、数字化工艺、过程参数分析及决策功能、信息化执行功能的智能制药技术的主要研究目的是借助于先进的软、硬件和监测技术，自动完成对制药工艺过程中半成品、产品的实时质量监测与设备工艺参数调整，完善自动化制药技术无法摆脱人为干预的短板，增强企业对制药过程产品质量把控能力的精细度、准确性与及时性，另一方面，智能制药技术包含了自动化与数字化制药技术，在 PAT 实时监测（过程分析技术）允许的前提下，可实时、准确、全面、完整地采集生产过程关键质量数据与工艺数据，并利用先进的数据工具对各类药品生产或实验过程的大数据进行科学的分析与归纳，让企业工艺研发人员更准确地理解工艺过程各参数的变化与关联性，从而为企业的产品研发、生产提供可靠的数据支撑。

同时，集成了数字化的智能化生产技术，协助实现制药工艺过程的全方位（人、机、料、工艺、环境、测量等）数据的自动化采集与电子化储存，更利于企业内部对生产过程的精细化控制，也可利用区块链等互联网技术让过程数据实时服务于监管部门的各项工作。

但需要注意的是智能化制药技术的应用受制于诸多相关技术、软硬件、设备仪器等方面的因素，当前环境下并非所有药物品种或工艺环节均能应用智能化制药技术，此部分内容将在 7.2.5 中详细阐明。

智能制药过程可遵循以下四步执行步骤。

● 自我感知：面向工艺生产设备与在线质量监测仪器，基于预设的（可按产品品种、工艺参数类别、质量指标类别等因素进行设置）采集频率、精确度等参数，自动完成制药工艺过程的原辅料属性、设备参数、质量指标的数据采集与储存。以应用在线质量监测仪器代替传统抽样检验监测质量的方式，最快可实现秒级频率的、准确的质量指标数据采集。

● 自我分析：以生产环节的相对时间轴为主线，将实时采集的数据与预设的、符合 GMP 要求的数字化工艺过程模型各项参数设计空间进行匹配，输出差异值。

● 自我决策：运用相关数学工具，将自我分析步骤输出的差异值与设备工作模型合并分析，输出设备参数的调整类别、幅度、持续监测时长等数据，也可借助历史数据的自动分析，提供更科学的调整需求数据。

● 自我执行：由生产执行系统将自我决策部分输出的数据转换为机器指令，下达给生产设备并监测、记录执行效果，返回自我感知步骤。

成功应用智能制药技术的主要关键因素包括需确认工艺过程的关键质量指标能否被及时、准确地信息化采集与量化；需保证工艺过程的设备工作参数被及时、准确地信息化采集与量化，并支持远程实时控制与调节各项工作参数；最核心的因素是数字化工艺与设备工作模型，通常可先实现生产过程的数字化建设，通过采集足够数量、准确的实际生产过程工艺、质量数据进行科学地汇总与分析后建立相关模型，并需完成验证工作。进而以此为基础设计相应的过程参数分析与决策系统以实现智能生产，从而保障制药生产全过程的合规性以及最终产品的质量水平。同时电子化、数字化的生产过程，辅以区块链等数据共享技术，能为相关部门的药品生产监管工作提供更完整、便捷、准确、及时的数据支撑。

7.2.2 自动化设备的应用

技术要求

自动化设备能按一定固化的设置条件（如相对或绝对时间点、持续时长、传感器数据、人工指令等），自动执行预设的控制程序内的操作步骤或流程，因此设备能在一定程度上代替人工操作。

首先，在制药行业的生产直接关联环节，目前广泛应用的自动化生产设备种类繁多，如送料机、混合机、离心机、干燥机、流化床、均质机、培养罐、制粒机、挤出机、冻干机、灌装机、压片机、包衣机、包装机等。

制药行业在部分产品的工艺环节生产过程中如达到以下技术条件可考虑在一定程度上应用自动化生产设备进行生产：

● 产品制造过程使用的生产设备关键工艺参数可被实时、及时、全面、准确、完整地被设备或软件系统进行自动化采集及记录；

● 工艺调整判断条件相对固化，能有可被量化的输入（工艺参数）、输出指标或参数；

● 工艺设备性能稳定，重现性高；

● 生产环境对产品工艺制造影响的风险可被识别、量化及充分解决。

但不可否认的是制药行业还有很多生产环节存在一些较为特殊的特点，这些特点使得这些生产环节的过程当前还难以被设备控制程序自动化完整执行，广大企业用户在决策之前需充分考虑此类风险，例如：

● 原辅料的关键属性（critical material attributes，CMA）存在波动范围导致自动化生产无法保障产品质量。在固体原料干燥的生产环节中，原料原有的水分值与标准值存在偏差，特别是环境湿度的变化对原料水分的影响无法预测，使得自动化干燥机内预设的干燥时长、温度等生产程序被执行完后，产品的质量无法达标，需人工干预完成部分生产过程设备动作的调节，解决原辅料质量波动造成的影响后方能保障产品的质量；

● 生产过程中无法自动采集数据的半成品 CQA（关键质量属性，critical quality attributes，CQA）与生产设备的 CPP（关键工艺参数，critical process parameter，CPP）之间存在关联性影响导致自动化生产无法执行。在使用流化床制粒的生产环节过程中，半成品的 CQA 水分和粒径与流化床如何调节进风风量、进风温度、喷液速度等 CPP 存在直接性关联，但 CQA 水分与粒径无法被生产设备自带传感器采集数据，需基于 GMP 法规相关条款或指南建议的方法进行人为抽样检验，抽样检验必然消耗时间，检验数据无法及时返回生产设备的控制程序进行匹配与处理，导致生产过程无法实现自动化执行，当前大部分需使用流化床进行生产的药物品种，基本仍需依赖人工基于抽样检验数据以及积累的经验进行设备 CPP 的实时或预先调节，全过程无法脱离人为干预。流化床内置的控制程序仅能实现按程序预设的固定时长或固定物料温度等局限性的条件进行各个生产动作的顺序执行，而基于非半成品的实时 CQA 数据进行实时判断与匹配后执行相应的生产动作。因此流化床的半人为控制生产模式较难保障产品质量，特别是各产品批次之间的质量波动幅度难以有效控制，即通常定义的产品批次质量重现性较低；

• 传感器或质量监测部件采用的技术存在一定错误率，此风险未被正确评估并予以预防，导致制药过程采集的部分错误数据引发设备程序误判并执行错误操作。在使用玻璃瓶灌装的药品装箱后的检验环节，较为普遍使用的缺陷品检测技术是 X 线或其他光源扫描成像匹配技术，在不透明包装箱的正上方或正下方、两侧同时进行扫描成像并通过预设模型转换为数据，再与标准的玻璃瓶图像数据进行匹配，如差异幅度大于一定程度则传递存在缺陷品的信号数据给自动化装箱设备，触发设备控制程序的缺陷包装箱剔除动作过程。但此技术存在一定风险，如玻璃瓶使用金属瓶盖则无法被光源穿透，故无法检验出玻璃瓶瓶口的缺陷；或无损的玻璃药瓶位置存在一定角度倾斜，图形成像后如缺少相应的角度修正算法纠正数据，也极易触发缺陷品信号。

因此，在目前的自动化和配套的检测技术尚未能完全避免质量风险的前提下，制药企业的此类生产环节需谨慎使用自动化设备进行全过程的自动执行，可根据不同环节的特点，采取部分人工干预、部分自动化执行的模式，在避免各类质量风险的同时降低现场配套人员的工作难度或工作负荷。

其次，在制药行业的非生产直接关联环节，自动化设备同样可以成为企业考虑的方案之一，如在仓库内使用堆垛机和货架机器人设备，可通过预设的动作与货位规则程序，实现自动接料、货物及路线规划、内部搬运、货位放置、自动取料的过程；在生产现场的物流管理中，使用自动化 AGV 物流车设备，可基于预设的动作与路径规则程序，实现产线需求的原辅料自动运输与送料、产线上产品或器皿的自动接收与运输的过程；在清洗车间使用自动化清洗机，可在控制程序内设定各类器皿清洗方式、用水种类、清洗时长、干燥方式与时长等参数，实现器皿清洗的自动化执行过程等。

最后，在应用自动化设备的同时，也可基于 SCADA、DCS、OPC（OLE for process control，用于过程控制中对象链接与嵌入的工业标准）等数据采集与通讯技术，通过网络系统，实时将设备上的状态数据、传感器数据及人工录入的生产关联数据进行集中采集与储存，并在计算机上进行展示，从而代替人工统计方式，协助实现生产或物流现场的实时数据化管理模式。

实施指导

当前制药行业的自动化设备应用广泛，但不乏投资了自动化设备却使用效果欠佳，无法达到预期要求的案例。当企业面对不断变化的生产、物流需求以及种类繁多的各类新技术、新自动化设备的时候，如何进行选择，如何进行使用，可供制药企业参考的实施方法与步骤建议如下。

A. 项目策划阶段

需使用自动化设备的生产或物流过程要明确所有的流程节点、配套动作、判断条件、量化的期望目标、时间计划、可用资源等内容，可借用 SWOT 等分析工具形成项目需求文档并向企业相关管理人员进行报审，审批通过后建议建立专职项目组，包含必要的技术人员及业务人员。

B. 项目评估阶段

邀请自动化设备供应商的相关技术人员、生产或物流过程的相关业务人员共同分解式讨论需求文档，定义各个流程节点、判断条件、对应操作以及配套的场地布局是否存在技术上或业务上的风险；是否可改善或使用其他技术、业务手段降低风险；针对流程中各类突发事件可选的备用流程；是否最终可达到期望目标，讨论结果需整理为项目技术方案文档，并可邀请具备相关专业知识的设计院人员进行技术方案评审，针对生产过程中涉及的粉尘、防爆、污染等因素需特别注意检查及处理方案的预备设计。

C. 项目审批阶段

基于技术方案文档，由自动化设备供应商制定项目预算文档及项目实施计划，再次向企业相关管理人员进行报审。

D. 项目开发及调试阶段

审批完成后，进入项目开发制造与安装调试周期，此周期内需注意管控项目需求的变更及带来的资源、风险、时间计划等的影响。

E. 项目试运行及验收阶段

需按实际效果填报试运行报告各项数据，并与项目期望目标值进行比对，如发生偏差，需邀请相关技术与业务人员共同进行问题分析，并提交整改与解决方案，持续循环直至试运行数据达标。如整改方案涉及设备或场地重要部分的设计变更，需重新执行项目评估与项目审批。

F. 项目上线准备阶段

需完成针对设备使用人员及维护人员的专项培训、制作配套的设备使用说明书及维保说明书（SOP）、在设备和器皿及相关场地或区域完成相应警示语和标志符等内容的标记工作。

G. 项目上线运行阶段

按维保说明定期维保，定期对设备控制系统进行数据备份。在条件许可的前提下，可对设备控制系统内的 PLC 模块及工控机建立双机备份系统，以避免故障时停机维修的时间损失。

H. 项目持续改善阶段

可借助 SCADA、OPC 协议等数据采集技术对设备工作过程数据进行采集，同时为避免数据因 PLC 或工控机内部储存空间存在限制而丢失，建议使用工业互联网将过程数据集中储存于专门的数据服务器，以保护数据的安全性及可追溯性，并可基于数据借助部分工具进行定期分析，遵循 PDCA（plan-do-check-act，计划 - 实施 - 核查 - 处理）的步骤进行相关改善活动，保证制造过程中涉及的加工工艺或设备硬件等相关因素能持续得到优化或提升。

实例分析

【实例 1】

某企业原有固体制粒产线原辅料的领料、称重、投料环节均为人工操作，按统计，每产线每生产班次需申请领料 3 次，并耗费约 1 小时的工作时间用于称重领料、运输与投料上，平均需配备的人员工作量见表 7-1。

表 7-1 平均需配备的人员工作量

工作任务	工作人员	平均工作时长（小时）
仓库物料及称重管理	1	2
物流运输	1.5	6
投料及回收容器	0.6	2.5

为节约相关工作量（目标为降低 50%）、提升工作效率（目标为提升 50%），该企业为自动化投料项目成立专门的项目组，并按项目实施步骤逐步落实工作计划，最终从四家供应商中选择了最合适的方案并实施。

自动化投料方案实现了生产原辅料的自动化连续称重、投料操作，产线可由自动投料机配备的实时称重器实现边投料边计算重量，达标后自动停止投料的方式完成。新方案实施后，每生产产线每班次仅需申请领料 1 次，且无需人员进行称重，物流工作量也大幅缩减，平均领料、称重、投料工作时间缩短至 0.4 小时，平均人员工作量比原有模式降低约 60%，达到并超过了预定目标要求，此自动化项目实施效果良好。

为了确保自动投料过程的受控与电子数据的可靠性，企业已完成以下工作：

● 控制系统的计算机化系统验证及文件归档；

● 定期对该过程应用的实时称重器精准度进行校检及数据归档；

● 制定应急方案及文件归档。

【实例 2】

某企业在试产某新产品时，使用该企业生产其他产品的片剂包衣机进行试产，工艺过程依赖人工观察或抽样检验来监测半成品状态，人工调节进风风量、温度、湿度等各类关键工艺参数，因操作员之间技术差异，该产品试产的各个批次的质量波动性较大（平均包衣膜厚度波动范围 30%），且成品率较低（70%），无法达到商业化生产的要求。

为改善试产效果，尽快实现该产品的商业化生产，企业内部集中了工艺研发、质量、生产、设备管理等部门的专业人员，共同研究该产品的工艺特点并衡量生产过程的各类风险因素，基于内部研究结果详细撰写了需求生产设备的 URS（用户需求说明）草案文档，其中标注了对生产设备的量化性能指标、工艺参数种类与调节精细度需求。此外，为充分保障 GMP 对设备稳定性及过程数据可靠性的要求，URS

草案中还详细标注了设备关键部件的品牌与型号、控制软件的功能、数据采集与储存的相关技术要求等内容，也加入了应对风险因素的应急方案等相关内容以及所有指标与需求内容的评估方式。

以 URS 草案为指导，企业在考察多家供应商的技术方案后，再次论证产品工艺过程并进行小试测试，对 URS 草案内容进行修订并增加了设备整体布局、相关部件如喷枪、包衣膜厚度检测仪器的安装位置及工作频率、精度等要求内容，最终形成招标的 URS 技术要求正式文档，以此为基础选用了更适合该产品工艺特性的包衣机，与原有设备相比，该设备不仅工艺参数种类更多，控制更精准，而且可提供自动化工艺操作执行，各操作之间的跳转条件可选配为按时长、按物料温度、按人员干预等方式自动进行，无需人工干预，同时设备的稳定性和相关数据的可靠性也经过了严格的验证。新设备调试完成后的带料试产结果良好，产品批次间质量波动更稳定，大幅提升了成品率，完成了 URS 内设定的产品相关指标要求，为企业商业化生产该产品提供了有力的支撑。

因此，企业在自动化项目选型及评估阶段，需充分考虑对应产品的工艺特性，充分评估各类风险因素，同时也需兼顾监管工作的各类要求，尽可能完善 URS 文件中对设备的布局与性能、关键部件的安装位置与功能、软件与系统的可靠性与稳定性、量化的验收指标等各项细节要求，进而为设备的技术方案选型提供可靠依据。

7.2.3 过程分析技术（PAT）

背景介绍

PAT（process analytical technology，过程分析技术）最早起源于 1993 年美国分析化学家协会（AOAC International）发起的一个论坛，后于 2001 年 7 月的 ACPS（the Advisory Committee for Pharmaceutical Science，制药科学顾问委员会）进行讨论，并在 2001 年由美国食品药品管理局（FDA）药品评价与研究中心主任 Janet Woodcock 博士总结提出了 PAT 的倡议。2004 年美国 FDA 正式发表了关于 PAT 的工业指南：*PAT-A Framework for Innovative Pharmaceutical Development*, *Manufacturing, and Quality Assurance*（PAT– 创新药物的研发、生产和质量保证的框架），开启了 PAT 在制药领域的应用。

本指南是在参考现有国外的法规和指南（包括 ICH 颁布的 Q2、Q8 和 Q9 指南文件、美国 FDA 颁布的 PAT 的相关指南和文件、欧盟的 GMP 标准等）的基础上提出的一套创新办法，旨在为制药企业在药物的开发、生产和质量保证过程中开发和实施该项技术提供参考思路。

基于科学的质量风险评估的理念，为达到理想的质量控制状态，须以预先设定的目标产品质量特性为研发的起点，在了解关键物料属性（CMA）的基础上，通过实验设计，研究产品的关键质量属性（CQA），确立关键工艺参数（CPP），即最终药品的关键质量属性（CQA）是在药品研发和生产的过程中被设计出来的（QbD）。这就要求在药品的设计与研发阶段需要利用过程中采集到的大数据对生产工艺过程进行充分的理解、优化和验证，建立能够满足产品性能且工艺稳健的设计空间（design space），并根据设计空间，建立质量风险管理，从而得到比较全面的药品质量控制逻辑，确立质量控制策略和药品质量体系。

这一质量源于设计（QbD）的理念可概括成如下的公式：

$$CQA = f(CPP_1, CPP_2, CPP_3, ..., CMA_1, CMA_2, CMA_3...)$$

通常，在药物开发的初期通过风险评估的过程识别哪些物料属性（CMA）和工艺参数（CPP）会对产品的质量属性（CQA）产生影响。在此基础上，在处方前研究、小试和中试放大研究等阶段积累各种数据和信息，利用在产品周期中积累的生产数据做持续的进一步分析，来持续完善和优化这样的关系。随着研究的深入和获得数据的增加反复对该影响过程进行评估和优化，最终实现：变化的物料属性作为输入，经过可控范围内的关键工艺参数的调整，最终形成稳定的关键质量属性的输出（图 7-4）。

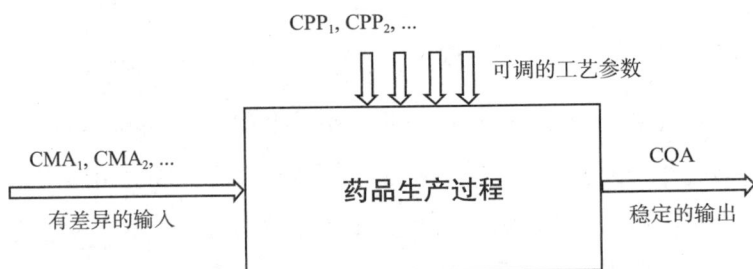

图7-4　药品生产过程中输入、控制和输出的关系示意图

常规的制药生产通常是用批抽样方式的实验室检验来对其关键质量属性（CQA）进行评价的。尽管该常规方法已能很好地为公众提供合格的药品，然而，随着技术的进步，更多的新方法和新技术在药品开发、生产和质量保证过程中被应用，以提高效率、保障药品质量，还可以使监管更加有据可依。

过程分析技术（以下简称"PAT"）是以实时监测（即在工艺过程中）原材料、

中间体和工艺过程的关键质量属性和性能特征为手段，建立起来的一种设计、分析和控制工艺过程的系统，其目标是确保最终产品质量。PAT中的"分析"是一种包括了化学、物理学、生物学、数学和风险分析等在内的多学科综合分析方式。使用PAT的目标是加强对生产过程的理解和控制，从而更好地贯彻和落实"药品质量不是靠检测出来的，而是被设计出来的"这一先进理念。因此，本指南中提到的工具和原理可用于对过程理解的信息获取，也可用于满足认证和控制生产过程的管理需求。

使用PAT可能带来的优势包括但不限于：

- 缩短研发和生产周期；
- 显著降低不合格品、返工品产生的概率；
- 过程或最终产品实时放行；
- 结合自我执行系统，保障操作者的安全，减少人为误差的产生；
- 降低能耗，降低原材料的消耗，增加产量；
- 有助实现连续制造。

A. PAT 的原则

药品生产过程通常包括多个单元操作环节，各单元环节都会改变原料的某些属性。要确保这些属性的变化是合格的并具有生产可重复性，就要重视各单元操作环节所投物料的属性变化及工艺过程中的工艺参数的变化。过去，基于对化学属性（如物质成分和纯度）的分析方法的开发取得了重大进步，然而对药物成分的某些物理和可加工特性并不十分清楚。因此，原材料中的那些内在的未被检测的某些变量可能影响最终产品的质量。要建立对原料和中间体物理性质的有效过程管理，就必须对那些影响产品质量的关键属性有一个根本的了解，例如物料的粒径大小和形状。

处方设计的策略是为了找到处方的工艺耐受度，合理的工艺耐受度可以保证在原材料的物理性质有微小差异时不会对工艺结果产生不利影响。处方工艺的设计策略并不具普适性，通常是基于专业配方设计者的经验而设计的，而这些处方的质量也仅仅是通过对中间体和最终产品的样品检查来评价的；当前，这些样品的检测都是在采样后进行离线分析的；由于这类检测在样品制备（如化学分离，把待测成分与其他成分分开）后只能检验其中一项属性，多个质量属性需要多种不同检测方法。这样，在样品制备时，处方中其他有价值的信息常常会丢失。现在，应用一些新技术则无需样品制备或仅需简单的样品，便可同时获取物料的多元特征属性，并且这些技术通常是无损检测。

当今，多数制药过程是基于时间判定终点（如混合时间），问题是，在有些情况下，用终点时间判定并未考虑原料物理性质间差异的影响，这样，即使原料符合药典标准（它通常只标明其化学特性和纯度），其生产难度也因此而增大，甚至可能导致产品质量的不合格。

恰当地运用 PAT 工具和原则能够提供物理、化学和生物学特性的相关信息，利用这些信息加强对工艺过程的理解，并控制和优化过程，能弥补上述终点判断生产模式的缺陷、提高生产效率。

B. PAT 工具

有许多工具可以用于对科学的、基于风险管理的制药开发、生产及质量保证中的过程理解。在系统中应用这些工具时，可有效和高效率地采集信息，来促进过程理解、连续改进和风险降低策略的开发。在 PAT 框架体系中，这些工具可分为：①用于设计、数据采集及分析的多元统计工具；②过程分析仪器；③过程控制手段；④连续改进和知识管理工具。可在一个单元操作或整个生产过程及其质量保证中联合运用这些工具（部分或全部）。

➢ 设计、数据采集和分析的多元统计工具

从物理、化学以及生物学角度来看，药品及其生产过程是一个复杂的多元系统。目前有许多开发策略可用于识别最佳配方和过程，在这些开发项目中获得的知识是产品和过程设计的基础。

对于生产中的创新和批准后的变动，该知识库将有助于支持和佐证这些灵活的管理路径的可行性。一个拥有各种多元相关关系（如处方、过程及质量属性间的关系）科学内涵的知识库将是非常有用的，它也可作为评价该知识在不同情形中适用性的一种工具（即普适性）；通过多元数学统计手段（如实验统计设计、响应曲面法、过程模拟和模式识别软件）的应用，与知识管理系统的结合使用，可以使该优势得到发挥。利用模型预测的统计分析可评估知识的数学关系及模型的适用性和可靠性。

基于正交分析、参照单位分布分析和随机分析等统计原则的方法学实验，能为识别和研究产品与工艺变化间的影响及交互作用提供有效手段，而传统的单因素循环实验方法却难以发现产品与工艺变化间的交互作用。

在产品和过程开发中所做的试验可看作是知识的积木，这些知识在产品周期中逐渐成熟并升级到更复杂的水平。从组织产品试验中获取的信息支撑着特定产品及其过程的知识系统的开发。

该信息与在其他开发项目中获得的信息一起，将成为整个公共知识库的一部分，随着该公共知识库覆盖面（变量范围和使用范围）和数据密度的不断增大，对它的挖掘，将为未来开发项目提供有用的模式。这些实验性数据库还可支撑过程模拟模型的开发，该模拟模型经过连续学习能帮助缩短整个开发时间。

恰当运用这些工具能对产品和过程变量（对产品质量和性能有关键影响者）进行鉴定和评价，还能识别潜在的不合格模型、机制，并量化它们对产品质量的影响。

> 过程分析仪器

在过去的几十年里，鉴于对过程数据采集的不断重视，过程分析技术已取得了显著进步，这一进步主要应归功于在生产力、质量及环境因素方面的工业化驱动。这些工具已从那些主要过程变量参数的测量（如 pH、温度和压力等）发展到了对生物、化学和物理特性的测定。一些过程分析仪器已经可以实现真正的无损检测，这些无损检测能提供与待生产物料的生物、物理及化学特性有关的信息。这些常见的过程分析仪器主要有以下三种实现类型（图 7-5）。

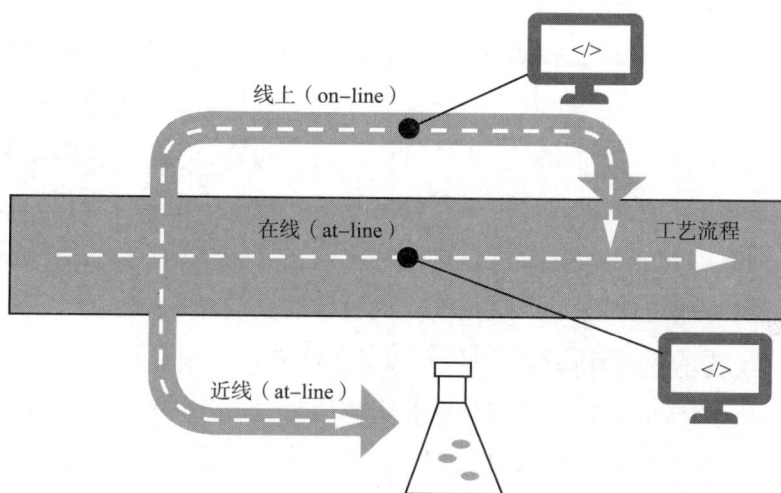

图 7-5 过程分析仪器的线上、在线和近线检测示意图

近线检测（at-line）：样品经取样、分离、尽可能接近生产线进行测定，以减少数据的延迟，提高依靠数据决策的时效性，符合 GMP 要求。例如：利用台式微波共振法快速测量水分、采用手持拉曼光谱仪对物料进行快速鉴别。

线上检测（on-line）：样品取自生产过程中，经过旁路进行测量，检测完成后，样品可再返回生产线中的测定。例如：TOC 的在线检测、在中药提取过程中通过构建流通池旁路利用近红外进行含量分析。

在线检测（in-line）：产品不离开生产线，可以是嵌入式或非嵌入式的测定，但无论采取何种技术，均需保证该测量方法不会对原生产工艺流程、状态及产品本身产生影响。例如：纯化水生产过程中电导率测量、利用快速成像的方法透过工艺设备原有的视镜窗对颗粒外形参数进行检测并获取统计分布规律。

过程分析仪器会采集大量的数据，其中某些数据与常规质量保证和管理决策可能相关。在 PAT 环境下，批记录应包含标示优质过程质量和产品的一致性的科学信息和程序信息，例如，批记录可能会包含能显示测量结果的可接受范围、可信区间和分布曲线（批间和批内）的一系列图表。便利且安全地使用这些数据对实时生产控制和质量保证是很重要的，因此使用的计算机系统应具备该功能。

过程分析仪器采集的数据不必是待测定属性的绝对值，只要能辨明原料在投料前（即批内、批间、不同供应商间）和加工过程中的相对差异就足够了，这对过程控制是有用的信息。可设计灵活的过程来控制拟加工物料的可变性，当质量特性上的差异和其他过程信息能用来控制［即前馈控制和（或）反馈控制］工艺时，该方法才能称得上建立和被认可。

过程分析仪器的发展使得在生产中应用实时控制和质量保证成为可行，但是要用于实时控制和质量保证，通常需要用多变量的方法学来提炼其中的关键过程知识。通常，对过程的综合统计分析和风险分析是评价预测数学模型可靠性所必需的。基于估计的风险，需要一个简单相关函数进一步支持和佐证，例如：对工艺、物料检测和目标质量标准之间因果关系链进行机制解析。对于应用软件来说，传感器测定的结果能得到有用的过程特定信息，这些特定信息可能与其后续过程步骤或转化有关。随着对过程理解的加深，当这些模式或特定信息与产品和过程质量有关时，这些特定信息对过程监测、控制和终点确定也是有价值的。

工艺设备、分析器及其接口的设计和组装对于保证数据采集是至关重要的，因为这些采集的数据与工艺和产品特征相关，是工艺和产品特征的表征，还应着重考虑其耐受性设计，可靠性和操作的简便性。

建议对过程分析仪器的选择可与药监局进行充分讨论。在本指南的实例分析中列出了一些较为成熟的过程分析仪器，对于那些想在某特定过程中使用过程分析仪器，并以其来理解和控制工艺过程的药企来说，则需要联合工艺过程和产品质量要求开发出一个基于科学、风险分析方法的 PAT 过程。

综上，在选择相应的过程分析仪器时，需要关注以下要求：

● 在生产线已有的工艺设备上安装过程分析仪器时，应保证该安装不会对过程或产品质量产生不利影响，只有在完成该风险分析后才能进行安装；

● 过程分析技术的稳定性，应尽量避免其他环境、设备等造成的对分析参数的影响。例如，应尽量消除空气、环境光、温度、颜色、形状、运动状态等对监控参数

的影响;

• 过程分析数据的实时性,根据采集时间对产品质量影响的程度,设定数据采集的速度。例如,在干燥过程中,某些产品水分数据采集 1 分钟的滞后便可能造成物料过度干燥,导致整批物料报废;

• 过程数据的分析和采集过程,应尽量避免对原生产工艺动态的影响,减少对工艺过程自身的影响。例如,在上文提到的三种实施 PAT 的方式中,应尽量采用在线(in-line)的方式进行,以减少采样延迟,保证有足够量的数据提供给智能控制系统。

➤过程控制工具

要保证对所有关键质量属性的有效控制,必须从根本上加强产品设计和工艺开发。过程监测和控制策略是监测工艺过程中的状态,并使之得到有效的控制并维持在一个目标的状态,该策略应根据物料的性质、过程分析仪器测定关键质量参数的能力和可靠性、实现过程反应终点的能力等来设计,以保证中间产品和最终产品质量的一致性。

在 PAT 框架体系下的药物处方和生产工艺的设计和优化应该包括以下几步:①鉴定和测定:与产品质量相关的关键原料及过程特征的鉴定和测定;②过程检测系统的设计:以实现对所有关键质量属性的实时或近实时的监测(即近线、线上或在线监测);③过程控制的设计:通过调整关键的工艺参数以保证对所有关键质量属性的控制,并使其在一定的目标范围内;④数学模型的开发:建立成品质量属性、关键物料属性与关键工艺参数之间的数学关系。

在 PAT 框架下,过程的终点不是一个固定的时间,而是实现预期的物料性质,但这并不意味着就不用考虑过程时间,它可根据生产期中的实际,确定一个可接受的过程时间范围(过程窗),并要通过验证;在该可接受的过程时间范围内,应对存在显著差异的问题予以研究。

由于 PAT 贯穿整个生产全过程,在生产中对各流程的中间体和终产品的评估所得到的信息要比在现有的实验室试验中得到的信息多得多,从而也为质量评价中应用更严谨的统计学原理提供了机会,该原理可用于终点特性合格标准的制定中,并考虑测定和取样策略。多维分布统计程序控制能够充分体现实时监测的价值且是可行的。质量决策应基于对过程的理解以及对相关过程/产品属性的预测和控制上,这样的控制程序作为一个有效的生产过程,是一条符合 GMP 相关要求的途径。

➤连续改进和知识管理

在整个产品周期中,对数据采集和分析的不断积累是十分重要的,这些数据对那些批准后的工艺变动建议的评价是有用的,支撑从这些数据库中获取知识的方法和信息技术系统对生产商有益，也能促进与药监局的科学交流。在管理决定制定中，应把握时机充分利用已有的相关产品和过程知识进行改进。一个由多元相关（如处方、过程和质量特性间的关系）的科学理解和该知识在不同情形下适应性（即普适性）的评价方法所组成的知识库是非常有用的，当今信息技术的支撑使该知识库的开发和维护有了可行性。

A. 获取工艺过程的关键参数

首先识别出工艺过程中有哪些具体的关键质量属性（CQA）、关键工艺参数（CPP）和关键物料属性（CMA）。借助于先进的分析仪器及传感器技术，采集全工艺过程中的数据，实时监控全过程的各项关键属性变化，及时发现过程中的异常，为深入理解工艺过程积累数据。

例如，在一个普通的口服固体制剂生产过程中，涉及的关键参数包括以下内容（本案例旨在罗列出一个工艺过程中所涉及的关键参数，可供参考，各企业可根据实际情况自行评估），见图 7-6。

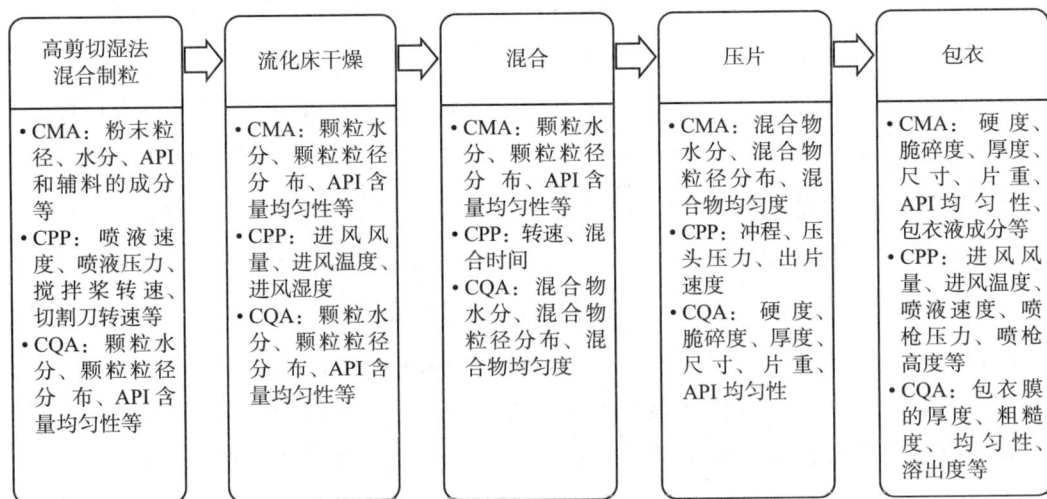

图 7-6 口服固体制剂生产过程中涉及的关键参数（示例）

B. 帮助理解工艺过程

一般来说，满足如下要求才称得上是完全理解了过程：

- 产生可变性的所有关键来源都有了甄别和解释的时候；

- 过程能控制可变性的时候；

- 根据所用物料、工艺流程参数、生产、环境和其他等情况所建立的设计范围，能准确且可靠地预测出产品质量属性的时候。

预测能力反映对过程理解的程度。尽管以往的加工能力数据也能表明对过程控制的状态，但仅这些数据不足以估量或说明对过程的理解。

对过程理解的关注能降低体系生效认证时的负担，可为体系［监测、控制原料和过程的生物、物理和（或）化学属性的系统］的评估和资质审查提供更多的选择。缺乏对过程知识的了解时，若用一个新的过程分析仪器，必须开展在线过程分析仪器和常规抽样检测方法间的比较，这也许是认证批准的唯一选择。

在组织小规模的产品和过程开发中，可利用实验设计、线上或在线过程分析技术来实现实时采集数据，这将有助于对过程开发、工艺优化、按比例中试放大、技术转移和控制方面的认识加深和理解增强；进而在生产阶段也可能遇到其他可变的因素（如环境的变化、原料供应商的变动等），对过程理解将进一步加深。因此，在产品的整个周期中不断加深对过程的理解是十分重要的。

C. 优化工艺过程

根据过程分析系统采集的完整过程数据（包括关键的质量属性、关键工艺参数和关键物料属性），结合理论或经验分析的结果，及时发现工艺过程中的异常点及可优化点，快速响应，及时调整，让过程中产品的关键质量参数趋向于更加合理的方向，并使得最终产品的关键质量参数和效率指标达到既定的目标设定值。

D. 建立工艺模型，智能控制工艺过程

基于如下关键质量属性的控制模型进行工艺模型的开发，在充分研究和考虑了所有的数据之后，可以对这些数据进行模型化，针对具体的品种，开发具有针对性的多变量分析软件，即当过程中的某一项或几项质量属性偏离既定方向时，系统需要明确此时可以调整的关键工艺参数有哪几项，并由软件判定调整何种参数是最有效的并且不会对其他关键质量属性产生较大的影响，实现生产过程的自我分析，自我决策和自我执行。

$$CQAs = F(CPP_1, CPP_2, CPP_3, \cdots CMA_1, CMA_2, CMA_3 \cdots)$$

E. 实时放行

实时放行是指基于过程数据来评价和保证中间产物和（或）成品达到预期质量的能力，实时放行的 PAT 部分通常包括对物料特性评估和过程控制的一套批准生效的组合。物料特性可以用直接和（或）间接的过程分析方法来评估，结合过程测定及生产过程中得到的其他生产数据可作为成品实时放行的依据，并应表明各批次产品均符合规定的质量标准要求。

在实时放行中，要测定和控制物料属性及工艺过程参数。产品投放市场需要申请或发证，在执行实时放行产品前应得到药监局的批准。对过程理解、控制策略以及对关键特性（产品质量有关的特性）近线、线上和在线的检测，可提供一种科学的基于风险分析的评价方法，用该方法可证明实时质量保证是如何优于（至少应相当）对采集样品后进行的实验室检测。此处的实时放行策略应能确保生产出符合预期用途和注册要求的产品。利用实时质量保证策略，通过对生产的连续评估，确保产品的预期质量，各生产批次的全部数据可用于过程的生效，它能反映整个系统的设计思想，各批生产情况的数据汇总也会从根本上支持实时放行这一做法。

实例分析

目前，常见的被应用在制药领域的技术包括但不限于：光谱学、电磁学、图像处理、声学、光学、力学等，利用这些技术可以分别就药品生产中的成分变化、水分变化、粒径变化、粒径分布变化、包衣膜的厚度、包衣膜的粗糙度、包衣膜的均匀性等属性进行实时监测以保障对实际生产过程的及时反馈控制，并尽量减少其他因素对测量值的影响。

本部分介绍的技术旨在对 PAT 理论进行补充说明并给有意向实施该项技术的药企一些参考，其中涉及的具体技术需要视实际的应用场景不同而有所取舍，不存在某一种过程分析技术适用于所有产品在各种场景下的情况。

A. 药品含水量实时分析技术

当药品中含有大量的水分时，不仅使有效成分含量降低、影响使用剂量的准确性，还会引起水解或发生霉败变质，而使药物失效，因此需进行水分的测定。在监测固体颗粒的水分时，通常采用离线的卡尔费休滴定法或干燥失重法，但这两种方法测量时间较长，且均无法实现对水分的实时监控。

为满足过程分析对于数据实时性的要求，通常有如下两种方案：一是采用在线近红外技术监测水分，二是采用二维微波法测量水分。此处以微波共振技术为例。

微波共振技术（MRT）：由于水分子具有偶极性，驻留在固体物质表面上或内部的水分子会与电磁场产生共振。利用这种效应的一个实例是微波炉，高能量的微波带动水分子快速震荡产生热量。微波和水分子之间的相互作用也可被测量出来，应用于技术用途。使用传感器产生在固定的参数范围内的低能微波场，当产品（例如粉末或颗粒）覆盖或接触传感器时，产品内含有的水分子将改变微波共振的位置和强度。

由于微波能深深地渗透到产品中，该技术可同时检测出物体内部和表面上的水分。低能量的微波不会对产品本身产生任何破坏，也不会改变产品的物理、化学性质，且测量结果不会受其颜色、孔隙率、表面粗糙度、堆密度、粒径大小、粒径分布、形状、空气水分等属性的影响，可进一步降低水分监测过程中的风险点。

微波共振水分检测仪器主要由微波传感器、控制系统和解析软件组成。

在口服固体制剂的生产过程中，需要对制粒完成后的颗粒进行干燥，颗粒干燥终点的水分高低会影响颗粒的流动性，并可能对后续的混合或压片等过程产生影响，导致混合不均匀、压片容易粘冲或裂片等问题。绝大多数药企在生产过程中都无法按照药典规定的卡尔费休滴定法或烘箱干燥法对物料的水分终点进行监控，因为按照这两种方法操作需要等待 30 分钟到 5 个小时不等的时间，而且等待之后得到的结果并不能很好的代表这段时间之后颗粒产品的实际水分。如果用快速水分仪的方法做检测，同样需要等待 10 分钟以上的时间，且不论取样是否具有代表性的问题。这些传统的方法无论是在水分把控的准确性、一致性上，还是对于效率的影响，都不是最优的。

在流化床制粒或干燥过程中，将在线微波水分监测探头安装在流化床的物料锅上，使得颗粒在运动过程中途径探头表面，进而对固体颗粒物料对微波能量场的影响记录下来并建模，后续通过比对微波能量值，即可得到实际的水分测量值。

通过收集不同水分含量的产品样品后，将微波共振读数与传统可信赖的实验室方法（例如药典规定的卡尔费休滴定法测量的水分结果）测出的水分含量进行比对，并将被检固体产品的密度和物料温度作为补偿因素共同建模，完成模型的建立之后，便可实时将微波共振读数经模型转化为水分含量显示。经过多批次的数据或长时间数据的并行比对和论证，可以得到相关系数、标准差等衡量指标，在这些指标均满足要求时，方可考虑将该方法测量得到的水分值作为该工艺流程实时放行的标准，以取代原有利用实验室测量数据放行的方法（表 7-2）。

目前在使用该方法进行水分检测时，需至少对该方法测量的准确性、相关性、重复性等方面进行验证，在验证时需与现有药典规定的水分测定方法进行比对校验。

表7-2 水分含量比对

数据点	标定水分值（%）	二维微波法测定水分值（%）	相关度值	标准偏差
1				
2				
3				
……				

B. 物料成分分析技术

GMP 和《中国药典》中均对确保原辅料的正确无误有较高的要求，需要对药品的活性成分、辅料、制剂、中间产物、化学原料以及包装材料进行测定，常见的用于物质成分鉴定的技术主要有以下两种。

➤ 近红外光谱分析技术

近红外分析方法越来越多地应用于制药行业，主要用于制药起始原料、中间体和成品的识别和分析，从而监视和控制生产过程。

近红外光是介于可见光和中红外光之间的电磁波，其波长为 780~2526nm。近红外光谱属于分子振动光谱的倍频和主频吸收光谱，主要是由于分子振动的非谐振性使分子振动从基态向高能级跃迁时产生的，具有较强的穿透能力。近红外光主要是对含氢基团 X-H（X=C、N、O、S）振动的倍频和合频吸收，其中包含了大多数类型有机化合物的组成和分子结构信息。由于不同的有机物含有不同的基团，不同的基团有不同的能级，不同的基团和同一基团在不同物理化学环境中对近红外光的吸收波长都有明显差别，且吸收系数小，发热少，因此近红外光谱可作为获取信息的一种有效载体。近红外光照射时，频率相同的光线和基团将发生共振现象，光的能量通过分子偶极矩的变化传递给分子；而近红外光的频率和样品的振动频率不相同，该频率的红外光就不会被吸收。因此，选用连续改变频率的近红外光照射某样品时，由于试样对不同频率近红外光的选择性吸收，通过试样后的近红外光线在某些波长范围内会变弱，透射出来的红外光线就携带有机物组分和结构的信息。通过检测器分析透射或反射光线的光密度，就可以确定该组分的含量。

近红外光谱分析技术包括定性分析和定量分析，定性分析的目的是确定物质的组成与结构，而定量分析则是为了确定物质中某些组分的含量或物质的品质属性的值。与常用的化学分析方法不同，近红外光谱分析法是一种间接分析技术，是用统计的方法在样品待测属性值与近红外光谱数据之间建立一个关联模型（或称校正模型）。因此在对未知样品进行分析之前需要搜集一批用于建立关联模型的训练样品（或称校正样品），获得用近红外光谱仪器测得的样品光谱数据和用化学分析方法（或称参考方法）测得的真实数据。

由于近红外光谱分析会受到物料颜色、孔隙率、表面粗糙度、堆密度、粒径大小、粒径分布、形状、空气水分、运动速度、探头填充度等性状的影响，因此如计划应用近红外技术，应充分评估此类风险，采用适当处理消除影响或使用其他不受影响的分析手段。

近红外光谱分析法的工作原理是，如果样品的组成相同，则其光谱也相同，反之亦然。在建立了光谱与待测参数之间的对应关系（称为分析模型）的前提下，仅需测得样品的光谱，通过光谱和模型，就能很快得到所需检测的质量参数值。

分析方法包括校正和预测两个过程：在校正过程中，收集一定量有代表性的样品（一般需要 80 个样品以上），在测量其光谱图的同时，根据需要使用有关标准分析方法进行测量，得到样品的各种标准质量参数作为参考数据。通过化学计量学对光谱进行处理，并将其与参考数据关联，在光谱图和其参考数据之间建立起一一对应的映射关系，这就是俗称的建立模型。虽然建立模型所使用的样本数目很有限，但通过化学计量学处理得到的模型具有较强的代表性。建模所使用的校正方法应视样品光谱与待分析参数关系不同而异，常用的有多元线性回归、主成分回归、偏最小二乘、人工神经网络和拓扑方法等。显然，模型所适用的范围越宽越好，但是模型的范围大小与建立模型所使用的校正方法有关，与待测的性质数据有关，还与测量所要求达到的分析精度范围有关。实际应用中，建立模型都是通过化学计量学软件实现的，并且有严格的规范（如 ASTM-6500 标准）。在预测过程中，首先使用近红外光谱仪测定待测样品的光谱图，通过软件自动对模型库进行检索，选择正确模型计算待测质量参数。

应用举例：在中药提取的生产线中，将近红外在线检测技术应用于过程中关键成分的检测。通过将提取罐中的提取液经过滤装置后倒入装有近红外仪器的流通池中，将提取液的近红外光谱变化与实际的关键成分浓度建立模型，经过一定量的数据建模后，便可根据近红外光谱的变化间接得到关键成分的浓度值及其变化规律，进而实现对提取液成分含量的在线检测。实际操作过程中可依据目标成分的不同变化值，决定提取时间以及提取次数等工艺参数。通过该实时监测的方法，既可保证产品质量，又可以避免能源浪费，降低生产成本（图 7-7）。

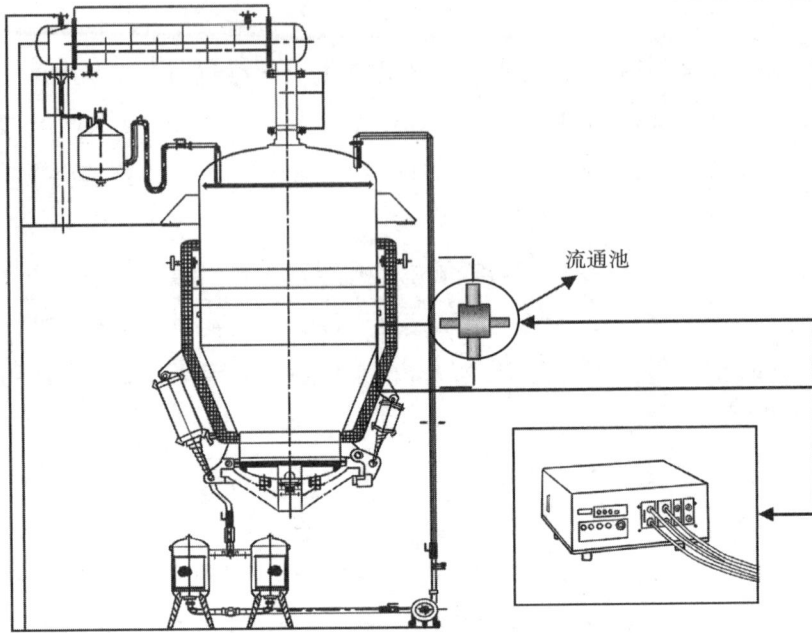

图 7-7　近红外光谱分析技术在线检测应用实例

　　为确保仪器能达到预期的应用目的，应采用聚苯乙烯薄膜（厚度约为 0.04mm）校正仪器绘制光谱图，并在使用中通过自检确保仪器的适用性。近红外光谱仪的校验通常需涵盖以下参数，见表 7-3。

表 7-3　近红外光谱仪的校验参数

项目	要求值	实际测量值		
		1	2	3
$3000cm^{-1}$ 附近的波数误差	$\leqslant \pm 5cm^{-1}$			
$1000cm^{-1}$ 附近的波数误差	$\leqslant \pm 1cm^{-1}$			
在 $3110\sim2850cm^{-1}$ 范围内的清晰峰个数	7 个			
峰 $2851cm^{-1}$ 与谷 $2870cm^{-1}$ 之间的分辨深度	$\geqslant 18\%$ 透光率			
峰 $1583cm^{-1}$ 与谷 $1589cm^{-1}$ 之间的分辨深度	$\geqslant 12\%$ 透光率			
标称分辨率（另有规定除外）	$\geqslant 2cm^{-1}$			

　　近红外定量分析方法学验证要求每个被验证参数可被接受的限度范围与该方法的应用目的有关，通常应考虑专属性、线性、准确度、精密度和重现性。例如，对于外部验证集，应计算其 SEP 和 SEP/range（参考化学值范围），同时结合其他统计

参数，如表征参考方法精密度的实验室标准差（SEL），这些参数应根据近红外光谱分析方法的目的进行相应的解释、讨论与评价。

当预测物质的物理性质改变，或物质的来源改变，如产品的组成、生产工艺、原（辅）料的来源或级别发生改变时，需要对已建立的定量模型进行再验证。必要时应对模型进行维护或建立新模型。

➤ 拉曼光谱分析技术

当单色入射光的光子与所测量的样品间的分子发生能量交换时，光子将改变运动方向，与此同时光子的部分能量传递给分子，或者分子的部分能量传递给光子，因而光子的频率发生了改变，这种非弹性散射的过程称为拉曼散射。所测量物质分子的振动和转动决定了拉曼谱线的特征。

同样因分子内部振动产生的还有红外光谱，拉曼和红外光谱都能用于检测分子中的官能团。拉曼光谱主要鉴定分子中均衡对称的官能团；而不均衡对称的官能团在红外光谱上有很强的吸收峰。

在应用在线拉曼分析系统时，可将探头通过插入的方式或通过视镜窗投射的方式对流通池内的产品进行监测，监测到的光信号经光纤传导至光谱仪中，通过嵌入式系统对光谱进行分析和相应的数据处理。前期需要将取样分析的结果与在线拉曼的监测结果建立相关模型，常用的建模方法有：特征峰面积法、偏最小二乘法（PLS）、子空间角度转换等。

在完成初步建模后，可在后续实际生产时持续采集样品，并做比对分析，得到长期比对数据，通过统计学分析的方法，得到数据比对的结果，评估将该种方法作为数据放行的可行性。在经过充分验证的前提下，可将得到的分析结果输出显示，作为对生产工艺过程的指导依据，甚至可以考虑作为放行的标准。

拉曼仪器的校准包括三个要素：初始波长（X轴）、激光波长及强度（Y轴）。为确保仪器能达到预期的应用目的，仪器使用者应根据仪器所提供的校准方法制定具体的 SOP，并严格按照 SOP 对上述参数进行验证。

激光波长变化可影响仪器的波长精度和光度（强度）精度。即使是最稳定的激光器，在使用过程中其输出波长也会有轻微变化。所以，激光波长必须经校正以确保拉曼位移的准确性。可使用仪器供应商提供的拉曼位移标准参考物质进行定期校正。推荐使用外部参考标准对仪器进行校正。

对不同光谱分辨率的拉曼光谱仪，其波数精度应与样品采集所需的光学分辨率相适应，台式、便携式和手持式仪器可有不同的波数精度要求。所有用于拉曼测量的光谱仪都应确认拉曼位移的准确性。

在使用拉曼光谱的方法对成分进行建模比对分析时，必须对方法进行验证，至少应考察准确度、精密度等主要指标。但这些指标受诸多可变因素的影响，其中荧光可能是影响方法适用性的主要因素。样品中荧光杂质的存在完全随样品而异。所以，方法必须能适应不同的样品体系，必须足以将杂质的影响降到最小。

表 7-4　拉曼光谱仪的校准

拉曼光谱仪校准信息								
校准地点：						日期：		
环境温度：						相对湿度：		
仪器型号：								
标称测量范围 / 准确度								
波长范围：						准确度：		
能量：						允许误差：		
中心波长测量值								
理论中心波长（nm）	测量值（nm）					平均值（nm）	准确度（nm）	稳定性（nm）
	1	2	3	4	5			
785.00								
激光线宽准确度								
理论线宽值（nm）	测量值（nm）					平均值（nm）		
	1	2	3	4	5			
0.08								
光谱分辨率								
原子谱线绝对波数（cm⁻¹）	测量值（cm⁻¹）						平均值（cm⁻¹）	
	1	2	3	4	5	6		
×××								
×××								
×××								
×××								

C. 颗粒粒径大小及分布分析技术

➤ 快速成像技术

快速成像系统主要由光源、高速成像系统、图像传输模块、图像分析系统（包括硬件和软件算法）、结果显示系统等部件组成。可采集粉末、颗粒的实时分析数据和图像轮廓，并对分析得到的数据从粒径大小、数量以及统计分布等维度进行记录、归类显示。

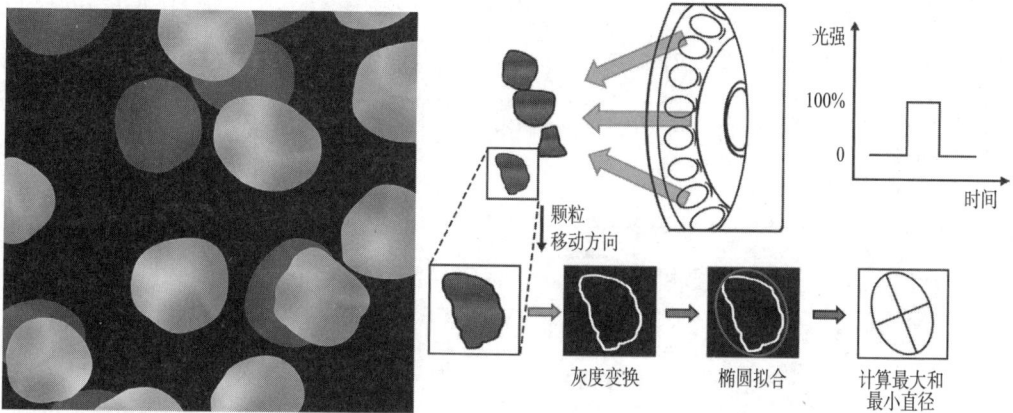

图 7-8 快速成像系统图示

在使用该仪器的设备、被测物料以及环境发生变化时，需要重新调整检测仪器的各项参数，包括但不限于：色调、明度、饱和度、对比度、空间关系、阈值、边缘检测、畸变、噪声、焦距、测试框、检测间隔、检测粒径大小区间等。

通过成像探头对产品进行在线测量，可以得到颗粒或粉末的实时粒径，并根据内部算法实时进行统计分布的数据分析，这些数据包括：D_v10，D_v50，D_v90，D_n10，D_n50，D_n90，平均粒径，中位数粒径，统计分布直方图甚至更详细的统计数据。

对过程数据进行分析，可以与中间产品放行的标准建立相关性，例如：可以通过对粒径分布趋势的监控，及时地调整设备参数以减少细粉量或改变颗粒团聚的速度；也可以在微丸包衣工艺过程中监测粒径的变化，以间接计算包衣膜厚度，进而与溶出度、生物利用度等属性建立相关模型，自动控制包衣工艺参数，做到产品实施放行。

在微丸包衣的生产过程中，通常通过控制增重的方式来控制包衣膜的厚度，并最终实现对产品溶出度的控制。然而，在生产过程中，并不能对产品的增重这一参数进行实时的控制，所以只有暂停生产过程才可能得到增重数据。而一次中断生产过程再重新开始大约需要花费 1 个小时的时间，这对生产效率是一种极大的浪费。有案例研究了利用包衣膜的厚度直接反应溶出度的情况，并进行了预测，实验数据与实测数据非常吻合，具体介绍如下。

在微丸包衣的过程中，可以近似地将微丸当成规则球体，则在监测的过程中得到的粒径变化便可转换成包衣膜的厚度，近似算法如下：

$$包衣膜厚 \approx \frac{包衣后粒径 - 包衣前粒径}{2}$$

得到包衣膜厚度和增重数据之间的关系，如图 7-9 所示。

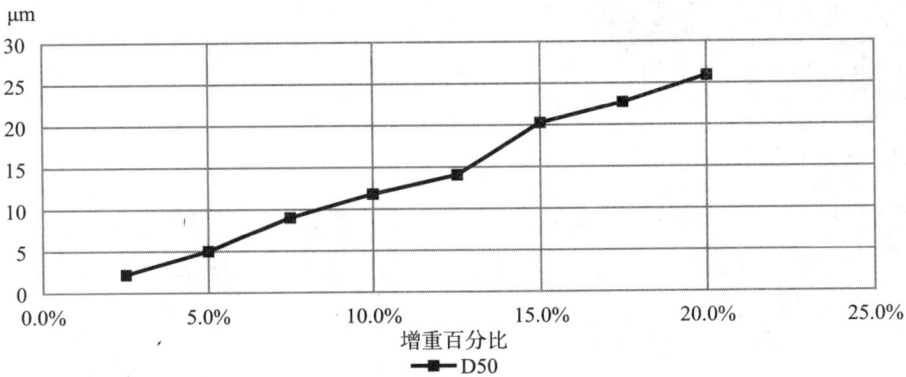

图 7-9　包衣膜厚度与增重百分比的关系

在不同的增重条件下，得到对应的溶出曲线，如图 7-10 所示。

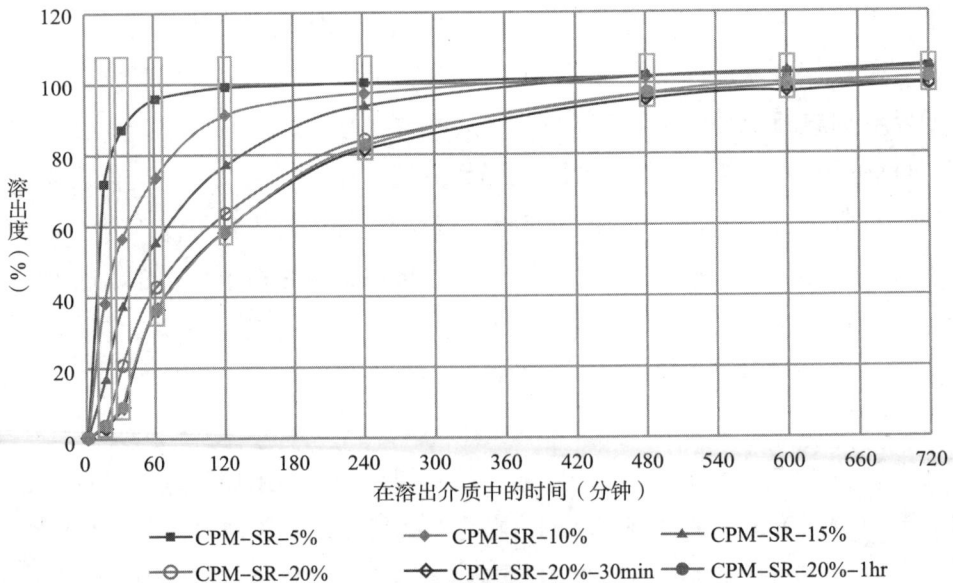

图 7-10　溶出度随时间变化趋势

得到包衣膜厚度与溶出度的预测模型，如图 7-11 所示。

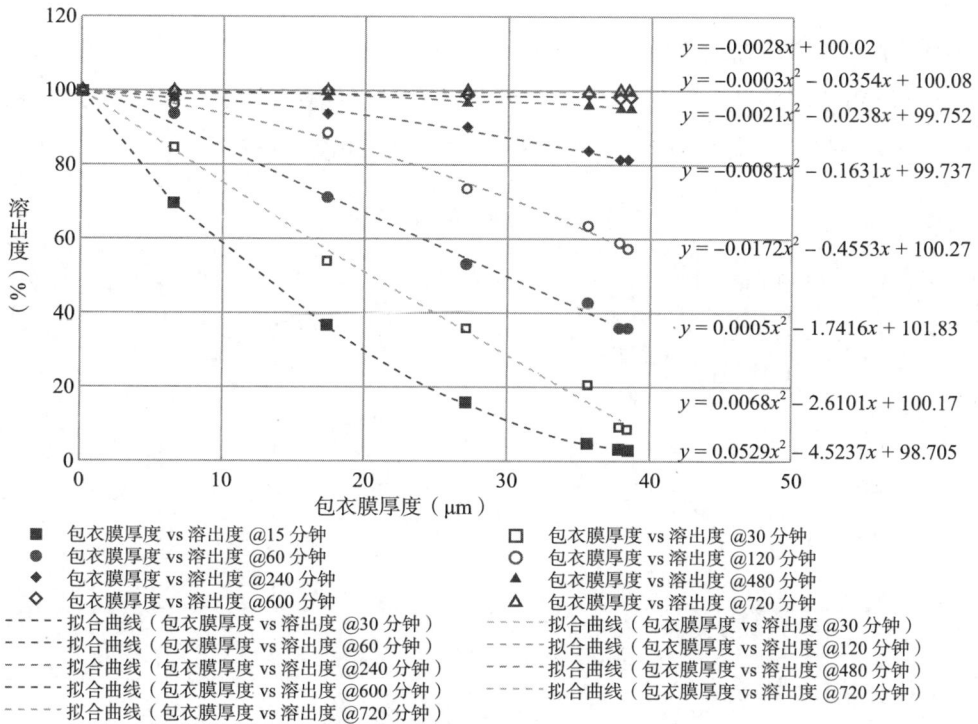

图 7-11 包衣膜厚度与溶出度的预测模型

通过在线监测包衣膜厚度得到的溶出度预测模型和实际增重得到的溶出度预测模型高度重合，如图 7-12 所示。

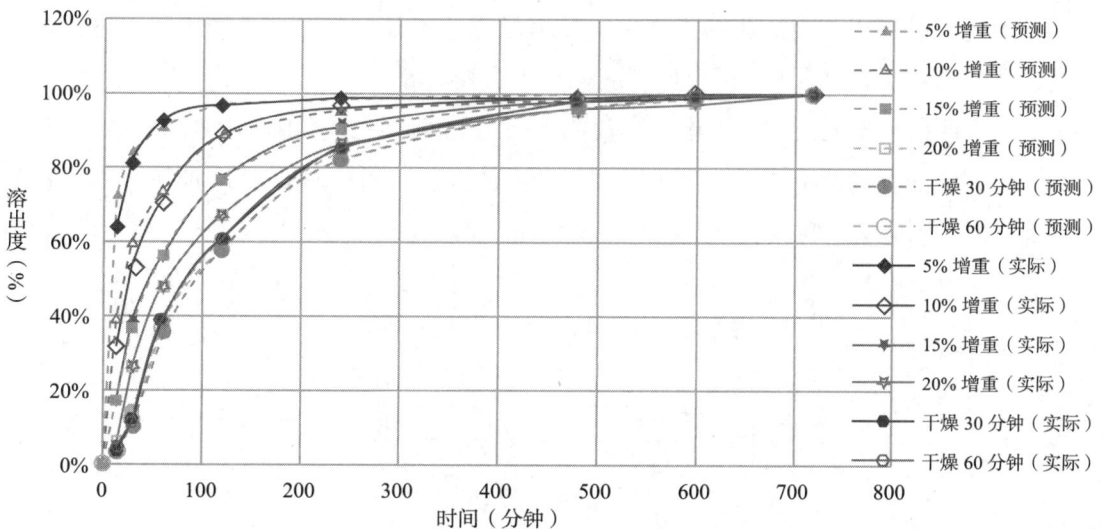

图 7-12 预测溶出曲线与实际溶出曲线对照

899

通过上述方法，仅需在线监测微丸的粒径变化便可在线预测包衣产品的溶出，真正做到实时监控、保障药品质量的一致性。

为确保仪器能达到预期的应用目的，仪器使用者需定期根据仪器所提供的校准方法对粒径测量值的准确性进行验证，通常可采用与具有标准粒径大小的外部标准品进行比对验证，进而得到粒径的测量值是否在接受的误差范围内。

表 7-5　快速成像仪的校准记录表

标准样品粒径值（μm）	D_v10 测量值（μm）					D_v10 平均值（μm）	D_v50 测量值（μm）					D_v50 平均值（μm）	D_v90 测量值（μm）					D_v90 平均值（μm）
	1	2	3	4	5		1	2	3	4	5		1	2	3	4	5	
200																		
500																		
1000																		
2000																		

要求：D_v10 平均值 < D_v50 平均值 < D_v90 平均值。

➢ 激光衍射技术

激光衍射通过测量激光束穿过分散的颗粒样品时不同角度的散射光强度，对颗粒粒度分布进行测定。大颗粒以小角度对激光进行散射，而小颗粒则以大角度散射光线。之后，对角度散射光强数据进行分析，使用米氏光散射理论，对形成散射图样的颗粒粒度进行计算。最后，粒度按等体积球直径进行报告。

激光衍射是用于表征药物物理性质较为成熟的工具之一。它已被应用于对气溶胶、乳液、悬浮液和喷雾剂以及低密度粉末流的表征等。

利用严格的米氏光散射理论，测量了光的衍射，并计算了由此产生的粒径分布。在一个典型的乳化液系统中，物质通过一个液体流池，测量如图 7-13 所示。由于物料连续通过测量区，粒度分布随时间的变化而变化。

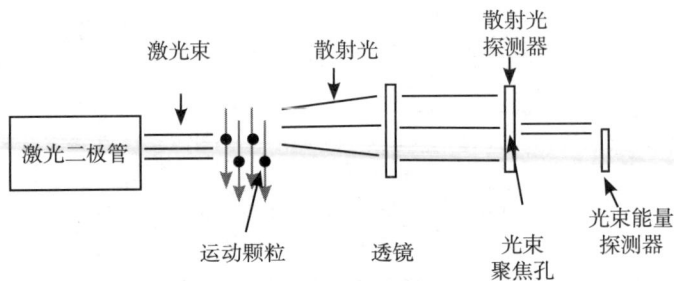

图 7-13　激光衍射原理示意图

可以将生产过程中的过程控制参数和平均粒度、D_v90 以及目数的趋势建立函数关系。

> 聚集光束反射测量仪（FBRM）

固体激光光源提供连续的单色光，然后从 FBRM 探头发射出去。一组复杂的透镜组将激光聚焦到一个很小的点上，并通过精确校准焦点使它位于探头窗口与实际体系之间。精确控制焦点位置以获得高灵敏度、高重现性的测量。气动或电动精密马达使精密光学元件以固定速率进行旋转。在整个测量过程中，为确保数据精度，需要严格监控旋转速度（标准探头以固定转速 2m/s 运行，某些型号转速更快，并且能在不同速率下进行校准及运行，从而提高颗粒应用方面的性能）。从探头窗口观测到，聚焦光束在探头窗口及颗粒体系之间作环形扫描。当聚焦光束扫过探头窗口表面时，单个颗粒或者颗粒结构将激光以反射散射光的形式反射回探头。紧挨着探头窗口的颗粒和液滴由扫描中的焦点及独特的反射散射光的脉冲信号确定。探头监测到这些反射散射光的脉冲信号，并以扫描速率（速度）乘以脉冲宽度（时间）通过简单计算转化为弦长，弦长可简化定义为颗粒或颗粒结构的一边到另一边的直线距离。一般情况下，每秒钟测量数千个单个弦长，并形成由 FBRM 基本测量获得的弦长分布。弦长分布作为颗粒体系的"指纹式"表征，能实时监测并控制颗粒粒径与粒数的变化。

值得注意的是，与其他的粒径分析技术所不同，FBRM 的测量方式不假设颗粒的形状，仅通过基本测量就能直接追踪颗粒体系的变化。由于这种测量方式没有多余的复杂数学模型假设，避免了在测量过程中引入重大的误差。

FBRM 技术采用的探头为可入到大型容器或管道中的坚固探头式仪器，以便在全工艺过程浓度下实时追踪颗粒粒径及粒数变化。随着过程参数的变化，持续监测颗粒、颗粒结构和液滴允许工程师有效地监控、解决并改进过程。

颗粒粒径与粒数直接影响多相工艺中的性能，包括：结晶、乳化、絮凝。通过在全生产规模下实时监测颗粒粒径与粒数，工程师可以监控过程的一致性并确定进行过程改进的策略。

随着操作条件的变化，通过连续监测颗粒，能够确定过程性能不佳的根本原因。操作人员可以快速识别过程扰动，工程师可以利用在全生产规模下获得的证据，重新设计具有挑战性的过程并加以改进。

D. 包衣膜厚度、粗糙度、均匀性实时分析技术

> 光学相干层析成像技术

光学相干层析技术依据弱相干光干涉仪的基本原理，利用近红外弱相干光照射

到待测组织，根据光的相干性产生干涉，采用超外差探测技术，测量反射回来的光强，用于组织浅表层成像。因此，可用于检测药品包衣膜二维或三维结构图像。

OCT 系统是由低相干光源、光纤迈克尔逊干涉仪和光电探测系统等构成。相比其他一些成像技术，OCT 技术具备较高的分辨率（通常可达几微米级），同时，OCT 技术又具有较强的层析能力，可以清楚地看到不同层级之间的结构。

将 OCT 探头安装在距离待测药品一定距离的固定装置上，待测药品产生了与探头的相对运动，从而可对待测药品的包衣膜进行动态扫描。扫描出的产品光学断层图像如图 7-14。

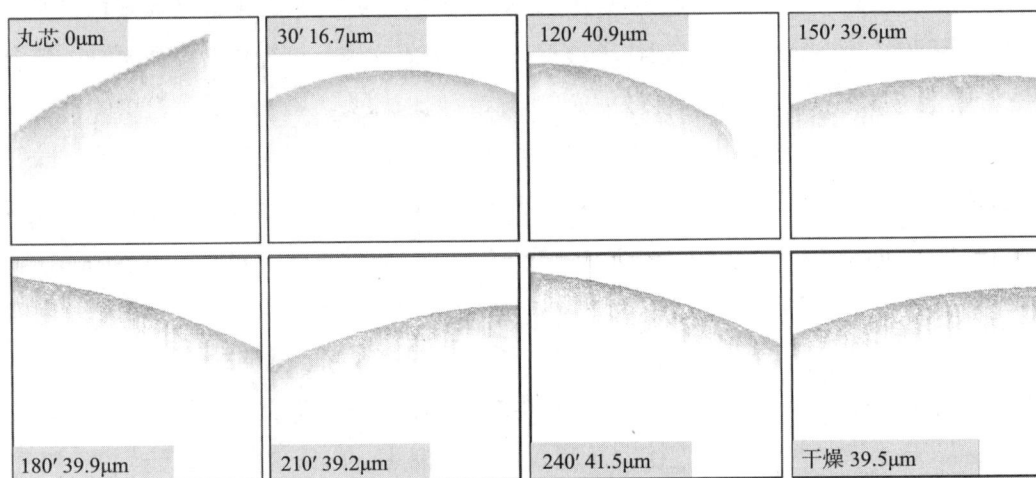

图 7-14　光学相干层析成像技术展示的产品光学断层图像

通过对全过程的包衣膜情况监控，可根据包衣膜厚度做自动包衣终点判断，另外可基于该技术研究生产过程中不同工艺参数（CPP）的变化对包衣膜的成长属性产生何种影响，进而理解和优化包衣过程，结合智能控制系统最终实现包衣过程的自我分析和自我执行。

为确保仪器能达到预期的应用目的，仪器使用者需根据仪器商所提供的校准方法对膜厚度测量值的准确性进行定期验证。通常使用的校验方法为：与具有标准膜厚度的标准品进行比对验证，进而得到使用该仪器进行膜厚度测量的数值是否在接受的误差范围内。若发现误差超过最大允许误差，需及时与相关人员联系校准。校对/校准误差记录表如表 7-6。

表 7-6　膜厚度测量校对／校准误差记录表

序号＼标准膜厚度（μm）	20	35	50	75	100
1					
2					
3					
4					
5					
……					
平均值（μm）					
偏差值（μm）					
相对偏差（%）					
偏差是否可接受（是／否）					

7.2.4 过程数据的应用

📋**技术要求**

企业用户如需对生产及配套物流、质量的过程数据进行规模化管理，需先确认以下条件：

● 各类数据已统一进行标准化管理，不同设备、仪器或软件、系统内的数据管理规则已经被统一；

● 过程数据，特别是生产工艺过程关键质量指标数据的采集技术及方式需合理、可靠，具备动态抗干扰能力，且能被周期性验证；

● 过程数据的采集技术及方式不能影响或改变工艺状态、物流过程；

● 过程数据的采集频率需基于工艺要求或应用要求进行定义，以确保数据的真实性、实时性、及时性、准确性、可靠性；

● 选择采集关键质量数据的仪器时，应优先考虑支持以秒级频率进行数据采集的仪器，以确保质量数据能及时、准确地反应半成品的实时质量状态，使实时工艺调整具备数据依据；

- 过程数据的传递与储存技术及方式合理、可靠，有实时备份系统；

- 过程数据的全面性、可追溯性、完整性、可靠性可以被验证；

- 实现用户与权限的分级管理，各类操作均有电子记录；

- 风险应对方案完善，可在设备、链路、软件或人员任何一方因素发生意外情况时，及时启用备用方案，且不影响数据的采集、传递、储存及查询。

实施指导

当前在制药行业内针对自动化设备的数据采集与远程控制技术主要集中应用于生产状态、环境与能源状态与物流状态的实时看板功能上，将车间各生产设备、物流设备、质量仪器、能源监视设备的各类数据实时采集，并由中控室监视端计算机统一进行监视，亦可针对部分重要指标设定一定的阈值，若实时数据超限则自动触发相关控制程序，自动下达一些设备或硬件的开关与调整指令。

如制药企业计划使用此类技术协助企业进行数字化管理，可考虑的建议为：

- 生产实时数据看板：可包含产线或设备数据、生产工单的基础数据、计划产量、实际产量与进度、生产与质检班组、良品率等相关数据，服务车间管理层实时监测生产状态与生产设备状态；

- 物流运行状态看板：可包含物流车或器皿的位置、数量、物流任务数据等信息，服务现场物流部门实时监测物流需求与工作效率；

- 质量数据看板：可包含生产工单的基础数据、相应的质量标准与实时监测数据、质检人员、时间、计划等数据，服务质量管理部门实时监测生产过程质量指标；

- 车间或实验室能耗与环境状态看板：服务相关人员监测生产及质检过程的能耗与状态，并可通过设定警告阈值实现相关硬件的自动化开关管理或人工远程控制功能；

- 仓库实时库存看板：服务仓库管理人员与生产计划人员对物料的科学化管理；

- 多监测端、多控制端模式：可在中控室之外的其他用户，如质量用户、工艺研发用户等的计算机上实现生产设备、物流设备的实时状态数据监视；

- 智能生产执行模式：可基于已优化、固化、充分验证及报备后的产品生产工艺转换制作相应数学模型，并在控制系统中程序化，结合在线检测技术及仪器，让控制系统与 PLC 模块代替生产操作员执行产品生产工艺过程的实时监测与调整操作，实现产品部分生产环节或全部生产环节的智能化生产。

实例分析

【实例 3】

某企业对生产车间的设备管理、物流管理、产品质量管理以及仓库的物料实时库存与需求管理均依赖人工统计的数据报表。由于生产过程中设备及物料状态实时变化，人工统计速度无法匹配实际生产进度，需要在每生产班次完成后，由 3 名数据统计员花费约 2 小时进行数据采集与总结，影响下一班次的生产进度，同时由于人工采集数据的准确性较低，导致仓库备料延误事故、物流人员工作效率、生产设备开动率等车间管理关键指标与工艺监管工作的质量均不理想。

为改善车间现场管理质量、提升工作效率、强化质量部门对生产工艺过程的监管质量，该企业对各相关设备进行信息化改造，并引入了包括扫码枪、自动货架、AGV 小车等配套自动化设备与部分 PAT 在线监测仪器，实施了生产过程各类数据的实时采集与集中显示项目，实现了各相关数据的自动化采集与数据库集中储存，并在车间现场、物流路线、仓库现场以及车间办公室安装了所有关联数据报表的实时看板，极大地改善了生产现场的管理效果；同时因完成了工艺过程的数据实时采集与记录，并支持以产品物料号、批次号、产线号等条件进行相关过程数据的查询，每个生产批次均可自动生成电子批记录，全面提升了质量部门对产品制造过程各个节点的控制精准度与效率，同时相关监管部门也可利用此部分过程数据对制药工艺过程进行监管。部分改善指标见表 7-7。

表 7-7 改造后的部分改善指标

指标名称	计算方式	原模式	数据看板模式
日均生产设备开动率	有效工作时长效率	75%	93%
物流人员工作效率	有效工作时长效率	68.75%	87.5%
仓库配料延误次数	平均月度次数	56 次	17 次
数据统计报告效率	平均每班次耗人/时	6 人时	0.1 人时
批记录监管	平均每批次耗人/时	1 人时	0.2 人时

7.2.5 智能化生产技术

📋 技术要求

各类企业用户如计划在制药过程的部分工艺环节或全部工艺环节实现智能化生产，需考虑以下技术条件：

- 性能稳定、质量重现性优越的自动化生产设备；
- 可对中间产品及最终产品关键质量参数进行在线检测的过程分析设备、仪器；
- 设备工艺参数及半成品关键质量参数监测速度需达到足够迅速的频率标准（制定频率标准需考虑产品的工艺特点及过程质量受影响及变化的速度与程度），符合准确性、及时性与全面性要求；
- 设计工艺过程时，需对工艺参数及质量指标进行设计空间与范围的研究，建立经过验证且支持周期性验证的数字化工艺，其中的设备工艺参数与半成品关键质量参数建议设定一定调整区间，以免在智能生产过程中因各类因素导致的半成品质量波动或工艺参数调节触发不必要的风险；
- 支持过程变量（工艺参数、质量参数）的自我采集、自我匹配（数字化工艺）、自我分析及设备调整指令自我执行的信息化软件、系统是执行智能化生产的核心控制端，也可应用集成了过程变量管理功能的 Smart MES 系统协助实现部分工艺过程的智能化执行；通过 Smart MES 系统与工艺制造设备、PAT 质量分析仪器进行集成，保障产品工艺制造过程的所有关键质量指标、工艺参数能被及时与准确地采集，设备的调整指令能被及时地传递与执行；
- 原辅料关键质量属性的波动范围已经被充分识别并被工艺模型所覆盖，不会影响工艺模型智能化执行的效果；
- 生产环境影响的风险已经被充分识别并被工艺模型所覆盖。

实施指导

智能化制药技术的项目管理方法与建议可参考前文中自动化设备项目的实施方法与建议，同时请考虑以下建议：

- 因各产品、各工艺步骤的管理要求不同，智能制药需按每个产品品种的每个工艺步骤进行实施；

- 自动化生产设备的性能稳定性需通过多批次试产进行验证，并保留数据及文档记录；

- 制造过程的关键工艺参数、关键质量参数需按预设频率实时采集并储存于专门的数据库服务器，以满足此类数据的应用与追溯要求；

- 制造过程的关键工艺参数、关键质量参数的准确性验证需周期性实施，并保留数据及记录文档；

- 数字化工艺的验证需按工艺验证要求进行，可适当周期性重复验证工艺模型对产品质量的效果，并保留数据及记录文档；

- 信息化控制软件、系统需按 GAMP 中计算机化系统验证的要求进行验证，并配备数据与链接网络的备份系统以及紧急处理方案，以确保在意外因素发生导致智能化制药无法执行时，生产过程可在一定条件下、一定时间内进行恢复，紧急处理方案需周期性进行培训与演练，并保留数据及记录文档；

- 原辅料以及生产环境需周期性抽检，以保障原辅料关键质量属性或生产环境相关因素的波动在数字化工艺的允许范围之内，并保留数据及记录文档。

实例分析

【实例 4】

某药企在利用流化床底喷工艺生产某缓控释微丸药品，为保证最终药品在人体内的生物利用度，传统的做法只能通过固定的工艺参数生产，待包衣完成后，通过称重的方法评估增重，间接评估包衣膜的情况，间接地预测生物利用度。

在生产的过程中，水分控制在一定的范围区间内可以有效避免微丸在生产过程中的异常，过高的水分会导致粘黏，过低的水分会导致静电严重，无论哪种结果都会造成最终产品质量的不合格，而包衣膜的厚度则直接关联到最终品种的释放度。

现在，该药企利用先进的在线过程分析技术对微丸的水分和包衣膜厚度进行直接的实时监测，并研究不同的工艺参数对包衣膜质量的影响，进而确定工艺参数区间。通过实时检测到的水分和包衣膜质量数据，反向控制流化床的工艺参数，以使得最终的微丸包衣产品能符合该肠溶药品的生物利用度要求。并且，该品种生产过程中的水分和包衣膜质量数据以及各项工艺参数均可以被保存形成电子记录，便于后续的质量追溯。

本案例通过前期的研究，首先找出工艺过程中水分控制和粒径控制的合理区间，通过粒径的变化值，间接得到包衣膜厚度的区间，进而得到包衣膜厚度和溶出度之间的预测模型。通过在线过程分析仪器分别就包衣过程中的水分和颗粒粒径进行监控，由此得到大量的生产数据，并利用这些数据充分验证该模型的准确性以及多批次间数据的一致性，最终得到可靠的数据控制模型。该模型可根据在线水分和粒径监测仪器得到的数据，自动判断包衣过程中和终点的数据是否合理，一旦检测到的数据超出模型的阈值设定，便会根据控制逻辑自动对流化床设备实施有效手段的评估和调节，让水分和粒径数据回归预测波动区间，实现稳定的包衣过程，并据此数据判定包衣终点，可保障每批生产的包衣膜厚度和水分均在允许的范围内，从而保障包衣产品溶出度的一致性；并且，在此过程中，无需人工干预包衣过程，完全实现了全包衣过程的自我感知、自我分析、自我判断和自我执行的智能控制过程。不仅节约了人工、能耗，也优化了包衣液的使用量，保证了产品质量的一致性。

7.3 连续制造

7.3.1 概述

连续制造是指产品制造的各道工序紧密相连的生产方式，具体可理解为从原材料投入到成品下线时止，按照预设的工艺要求，将各个工序顺次连续进行的模式。此种模式特点为：原材料被持续进入生产系统，同时产品不断输出。根据连续制造的定义，连续制造生产的批量可以根据产物的量、输入物料的量或在定义的质量流量下的运行时间进行定义，也可以考虑通过其他基于连续制造工艺特征的、科学合理的方法来定义批量，进一步的，批量也可以被定义为一个范围。例如，可以通过定义最小和最大运行时间来建立批量范围。

在连续制造的特点方面，具体的，在传统工业行业中，连续制造前后必须紧密相连，从原材料投入生产到成品制成时止，按照工艺要求，各个工序必须顺次连续进行。在化工、冶金、纺织等大规模传统生产中，连续制造以第二次工业革命产业结果为基础，采用大量机械化、自动化设备，以达到连续制造的要求。同时，在这些行业的连续制造流程中，时间上不宜中断，如发电、炼铁、炼钢、玻璃制品生产等，假日、节日一般也不停止生产。

而制药行业与化工、冶金、纺织等大批量传统工业不同，其生产条件、产品质量等监管法律法规限制了制药行业连续制造的快速推进进程。在已经成熟的制药过程中，某些特定的连续制造流程已经广泛应用，如制药用水储存与分配系统是典型的连续制造系统，为车间提供质量稳定的原辅料，但宏观来看，在药品生产过程中，连续制造模式的应用与传统批生产模式具有如下差异。

➤ 传统批次生产

产品以批次生产进行时，工序顺次进行，单个工序的生产放行并不耗时，但在实际生产过程中，每个生产工序后的检验及周转时间占批次生产的实际时间比重较大。

因此，为缩短生产时间、提高生产效率，常规做法为加大批次投放量以减少取样及中间过程控制检测。这种传统方式在提升了单批生产量的同时也带来了很多弊端。

一是设备体积及重量越来越大，使得设备单体重量体积增大，灵活性降低，从而车间需针对设备自身考虑分级除尘净化、公用工程管道分布、人流物流通道等重要因素，此外因药品离线检验、现场清场和设备清洗维护时需要在生产空间预留出中间品暂存空间等因素导致的厂房设计面积增大，同时，扩大设备也会带来初始成本、生产加工周期及运维成本方面的问题。

二是造成大量物料在生产现场各工序之间的多次转移，这不仅加大药品生产过程的劳动力投入量，也对不同工序之间的物料转移提出了质量挑战。

三是伴随单批次产量增大，工艺放大的风险增加。产品质量的放大稳定性难以保证。

四是传统批次生产依赖于离线监测放行，监测需要耗费大量的仪器、人力及耗材等投资，取样监测的代表性却又受到样品取样方式、取样数量、取样位置、样品均匀性等因素限制。

五是大量库存给生产厂家带来额外资金周转压力。同时库存压力还会造成交货期长、市场反应慢等不利影响。

➢ 连续制造

与传统批次生产模式相比，连续制造具备高灵活性、低放大风险性等特点。如一条产量在每小时 5~15kg 之间的连续制造线，基于连线生产的设计理念，主体设备可被布置在 $30m^2$ 的车间内。该条连续制造线可应对不同生产时期的挑战，进行工艺摸索时，可在不停机情况下调整工艺参数从而连续获得不同的对照实验结果；而中试及商业化生产时，同一条产线可在无需放大参数调整情况下沿用小试工艺条件，利用延长生产时达到日产 120~360kg 的最大产量。对于具有季节性特征的产品，可以根据市场需求生产，通过调节产线日工作时间对产量进行调控。

基于上述优势，连续制造可应用于生产工艺中的一些或所有单元操作。可实施的连续生产的模式包括：

● 生产方法的组合，其中一些单元操作以批处理模式运行，而其他单元操作则集成并以连续模式运行；

● 药品生产工艺的所有单元操作进行集成并以连续模式运行；

● 药品单元操作跨越原料药和制剂之间的边界集成形成单一连续制造过程（即，

原料药通过集成的单元操作连续形成并加工生成药品制剂)。

上述连续制造模式下的任何一种制造方法都可以结合缓冲管线或储罐,保持物料输入和输出的恒定流量,从而保证连续制造的实施。

除上述生产流程及模式方面的概念,值得注意的是,连续制造的实施并非只是工艺的变化,更需要应用过程分析技术对生产质量控制体系进行同步的改革。实时的质量保证在工艺控制中的广泛使用能够在制药工业推动连续制造得到更好的实施。

连续制造作为制药领域的新兴技术,相比于传统的批次生产方式而言,主要有以下优势。

- 降低设备占用空间。在与批次生产相同产量条件下,连续制造线相对紧凑,工艺步骤、设备以及相应空间的减少使连续制造运行变得更加高效。而在传统批生产系统中,由于需要转运、缓存、检验等操作,设备布局相对复杂。占用空间大于连续制造方式。

- 提高生产效率。相比于传统的生产方式,由于缩减了转运缓存等关键步骤,连续制造在相同时间内可以生产更多的产品。实时放行的理念更会推动连续制造的定义精确为原料持续输入系统同时成品持续输出连续制造系统终端。

- 提高生产灵活性。高灵活性是连续制造的一个重要优点:通过现有的连续制造线,新产品的研发周期缩短,不同产品转产灵活性增加。通过选择性引入连续工艺步骤会给生产环境带来额外的灵活性。例如,混合、制粒及压片可以连续进行,而包衣可以仍然在批模式下完成。

- 减少人为干预。连续制造可以节省批次生产中各工序间的物料转运环节,减少生产人员数量以及人与物料的接触发生风险的概率。

随着连续制造方式在制药领域的推广及发展,连续制造的优势将不仅体现在上述几个方面。连续制造可在优化产能、减少生产空间、降低人工费用等因素的基础上,降低生产成本。因此连续制造将具有多种多样的应用可能性。

7.3.2 风险和关键考量

7.3.2.1 风险点

连续制造技术在应用于制药领域过程中时,系统的稳定性、容错率、误差消除时间等涉及产品质量稳定安全的重要参数尤为重要,而在整个连续制造过程中,原辅料质量稳定性、系统控制逻辑容错率等风险点值得更多关注,本部分针对连续制造的一些风险点进行描述。

A. 原辅料的稳定性

由于原辅料的批间差异，对系统会带来潜在的生产风险，因此需对其稳定性做出规范。

在已有的相应生产准则中定义的使用中试规模批次进行稳定性研究的概念可能不适用于连续制造。用于生成初始稳定性数据的批次应通过代表商业化工艺的生产工艺和设备进行生产。假设能证明在较长的商业化运行时间内受控状态的建立和维持，则可能在相同的质量流量下从较短的生产运行中生产多个稳定性批次。或者，对于稳定化学制剂，当将上述可变性纳入批次时（例如，以顺序方式引入不同批次的原料药），可以使用具有单一启动 / 关闭顺序的单个连续制造运行来获得稳定性批次。

B. 连续工艺的稳定性

当原有批次生产转变为连续制造后，其工艺包由于加入了前馈、反馈等系统性调节功能，因此，其工艺在多变量复杂调控条件下的稳定性尤为重要，与此相关的系统稳定性验证则应受到更多关注。

除了使用固定数量的验证批次的传统工艺验证方法外，还可以使用连续工艺验证方法。应基于对产品和工艺的理解、系统设计和整体控制策略来论证使用连续工艺验证方法的合理性。

当使用连续工艺验证时，应持续监测连续制造系统的性能和物料质量，以便收集到的实时数据能够证明在运行时间内受控状态的维持以及具有所需质量的产物的生产。当使用连续工艺验证方法来支持初始产品上市时，申请人应规定验证活动何时足以为商业化生产工艺提供足够的数据及理论支持。

7.3.2.2 监测策略

连续制造中应体现出稳定可靠的监测策略（如 PAT 在线监测设备的应用），该策略的应用表明过程的关键节点处于实时监测下从而使连续制造过程能够维持受控状态。

监测策略应能保证控制系统利用连续制造关键节点测量值做出与工艺和质量相关的决策（例如，暂停工艺或转移物料）。因此关键节点的测量方法应能保证系统稳定性，同时测量结果应能得以重现。

监测策略应同时定义其他重要方面，例如监测方式（如节点位置、监测样本量、监测频次、统计方法和标准，以及它们与预期用途的相关性）、使用的模型（如多元统计过程控制）等。

值得注意的是，连续制造过程中可能发生的波动或变化不应被所使用的数据分析方法所掩盖。例如，当使用数据平均时，应考虑在适当的基于时间的间隔内取平均值，而不是对整个连续制造运行时间段内的数据取平均值。因此，统计取样计划和数据分析相关方面的内容在生产过程中值得注意。

在具体的连续制造工艺层面上，监控策略侧重于过程监控，过程监控支持在生产工艺中保持控制状态，并允许实时评估系统性能。过程监控的常用方法，包括建立目标设定点和控制限值、设计空间和测量属性的规范，均适用于连续制造的范畴。

在连续制造的典型工艺流程中，根据 ICH Q8 及 ICH Q11 所描述的，过程分析技术（PAT）是连续制造流程中一个典型的监测策略。在典型生产工艺中，过程分析技术的应用实例包括但不限于：监测治疗性蛋白质药物浓度信息的在线紫外流通池，评估混合物均匀性的在线近红外光谱，监测结晶器输出的在线粒度分析，在口服固体制剂生产过程中，流化颗粒的在线微波水分监测，包衣颗粒的包衣膜厚度分析，上述技术均能表达系统稳定参数的实时变化。因此，连续制造易于接受基于例如前馈或反馈控制等主动控制的自动化工艺控制策略。

适当的采样方案是监测策略的一个重要方面。监测的变量、监测方法和频率、物料取样量（物理取样或使用在线测量的数据取样）、取样位置、统计方法和验收标准取决于数据的预期用途（例如，监测干扰等快速变化，使用实时放行监测时对批次质量的评估，工艺趋势或漂移分析）和过程动态学。除此以外，另一个重要的考虑因素是避免测量干扰工艺。与数据差距相关的风险评估（例如，PAT 设备重新校准、给料系统重新加注、系统部件故障）应告知是否需要应急方法。

7.3.2.3 控制策略

连续制造工艺的控制策略旨在确保在运行时间内产出的物料具有所需的质量。该策略应涉及生产过程中使用的相关控制和方法以及连续制造工艺的操作方面。

以下概述了控制策略的一些内容。

● 输入物料属性：输入物料属性及其可变性（例如，批内、批间、不同供应商）对连续加工的影响应进行评估，并在建立物料质量标准时证明拟定的物料属性可接受范围是合理的。

● 操作方式：应在现场建立操作规程，用以管理系统的启动、关闭和暂停以及处理干扰。应考量这些操作（例如，处理干扰）的相关方法，考虑到对产物质量的潜在风险，应考虑对受到瞬态和暂停等影响的物料的处置方式。

- 物料转移和收集：应考虑物料转移和收集策略并论证其合理性。所描述的策略应包括触发物料转移的标准，确定转移物料量的依据，恢复物料收集的条件等。在制定转移策略时，应考虑诸如取样频率、驻留时间分布和干扰的幅度、持续时间以及传播等因素。考虑到驻留时间分布和其他测量的不确定性，转移物料的量应适当地纳入合理的安全裕度。

- 实时放行检验：基于 7.3.2.2 所描述监测策略充分得到考虑的基础上，实时放行检验可应用于某些或所有产物质量属性。当提出实时放行检验时，应采用具有同等效力的相关的参照检验方法（如与间接在线水分测试法对应的直接水分失重测试法）。实时放行检验实施的测量方法的开发应包括数据收集中的任何失误〔例如，重新校准近红外（NIR）探头〕可能如何影响与产品质量相关的决策的风险评估。实时放行检验所拟定的控制策略应包括稳定的外部额外质量控制方式，以减轻上述情况对产品质量造成的干扰。如果实时放行检验的结果不合格或趋向于不合格，则应对实时放行对应的监测策略进行排查，利用可靠的外部测量方式进行验证。

- 过程模型：模型开发、验证和维护的范围以及实施中面临的细节问题应与模型类型和影响类别相称。流程模型应针对所定义的系统而特定。尤其是作为工业化制造的一部分使用的模型的所有信息应保存在制造现场。对于模型，相关的监管措施则是保证连续制造顺利实施的要点。

- 工艺验证：对于工艺验证方面的需求，连续制造流程的实施者应保证工艺验证要求与批量生产工艺相似。首先，针对连续制造工艺，除依靠固定数量验证批次的验证方法外，还可以使用连续工艺验证方法，应根据对产品和工艺的理解、系统设计和总体控制策略，证明使用连续工艺验证方法是合理的。当使用连续工艺验证时，应持续监控连续制造系统性能和物料质量，以便收集的实时数据证明其在运行期间保持控制状态，并以所需质量生产输出物料。工艺验证方法应包含支持持续工艺验证拟议控制策略充分性的理由。其次，当使用连续工艺验证方法支持新产品时，连续制造工艺实施者应确定验证活动何时进行以支持工业化制造工艺实施。

7.3.2.4 连续制造的实施

在固体制剂的连续制造过程中，需要应用 PAT 技术来实现对生产过程的"内在理解"。从研发阶段开始，首先应确定产品需要达到的要求，并基于风险分析的方法定义产品质量的潜在关键属性（CQA）。下一步应定义一个可以提供质量属性连续监测的生产工艺过程，同时进行原料和产品的风险分析，进一步确认该产品的关键质量属性（CQA），并基于实验设计（DOE）的方法定义设计空间（design space）、关键控制参数（CPP）和控制策略。

由于整个连续制造线通常会涉及多个数据来源，例如：来自整线的 SCADA 系统或 DCS 系统的单变量工艺数据，这些数据来源系统又包括装料系统、连续喂料、双螺杆制粒、连续干燥系统、压片和连续包衣系统；来自测量关键质量属性（CQA）的 PAT 分析仪表的多变量数据，例如原位或在线形式的近红外或拉曼仪表的混合物料的 API 含量，微波颗粒的含水量分析以及原位影像粒径分布分析；来自实验室管理系统 LIMS 的原料参数数据和最终产品的质量数据写回 LIMS 系统；来自 MES 系统的产品批次编号和生产工单号等生产管理数据等，以上数据来源具有数据种类繁多，采集时间周期不同，需要数据的双向通讯等特点。

整线控制的系统架构中可采用一种 PAT 数据管理软件对众多数据源的数据进行统一的管理，包括采集、处理、归档和分析。软件平台还可以提供关键质量属性（CQA）的在线监测和质量评估，根据评估规则实时决定产品质量是否在规定质量区间内；能提供生产质量数据的记录和归档，作为数据放行的数据基础；能支持对 PAT 分析仪表进行校验管理，验证管理和适应性测试等操作；同时应符合我国 GMP 以及美国 FDA 的 CFR 21 Part11，EMA Annex 11 对计算机化系统的电子签名和审计跟踪等要求。

此外，由于连续制造工艺是药物生产领域的重要变革，可在连续制造的实施方案中考虑上下游联动，从研发阶段重新定义 CPP 和 CQA，对相关的可以在线监测的工艺参数进行研究，建立联系并论证。在具体方案实施中，可以光学相干层析技术在连续包衣中的应用为例，通过将光学相干层析探头安装在距离待测药品一定距离的固定装置上，待测药品产生了与探头的相对运动，从而可对待测药品的包衣膜进行动态扫描。通过对全过程的包衣膜情况进行监控，可根据包衣膜厚度做自动包衣终点判断，基于该技术研究生产过程中不同工艺参数（CPP）的变化会对包衣膜的成长属性产生何种影响，进而理解和优化包衣过程，结合智能控制系统最终实现包衣过程的自我分析和自我决策、执行。

A. 控制状态

控制状态是提供持续工艺性能和产品质量保障的状态。状态可能会有所不同，具体取决于连续制造的模式和具体工艺步骤。例如，当控制参数在规定的范围内时，可以证明某些连续制造工艺处于控制状态，但这些工艺不一定处于稳态条件。控制策略的要点是监测连续制造的状态处于受控状态下，如果状态发生偏移需采取适当的措施来维持对工艺的控制。

B. 工艺动态

工艺动态的稳定对于维持连续制造的受控状态很重要。具体而言，瞬态事件的影响与控制产品质量风险并制定适当的控制策略相关，连续制造操作期间发生的瞬态事件可能是计划内的（例如，工艺启动、停止和暂停）或计划外的（例如，突发情况）。

驻留时间分布（RTD）的概念可用于帮助了解工艺动态。驻留时间分布体现了物料输送和转化所需求时间，并且特定于工艺、成分/配方、物料性质、设备设计和配置等。了解工艺动态能够追踪物料并支持取样和转移策略的制定。应使用适当的方法（例如，通过计算机模拟来确定理论驻留时间分布）来了解工艺动态及其变化对物料输送和转化的影响。

C. 物料的表征和控制

物料属性会影响连续制造操作和性能的各个方面，例如物料进料、工艺动态和产出产物质量。了解物料属性及其变化对工艺性能和产品质量的影响，对于制定控制策略非常重要。输入物料可能需要对批制造中使用的物料质量标准之外的属性进行评估和控制。

D. 过程监测

过程监测在生产过程中对受控状态的维持，及对系统性能的实时评估起决定性作用。过程监测的常见方法适用于连续制造，包括目标设定点和控制限度的建立，设计空间，以及被测属性的质量标准。

过程分析技术（PAT）非常适合连续制造，其中制药行业可参考一些先进的在线监测技术，详见7.2.3。过程分析技术的使用实现了对干扰的实时监测。因此，连续制造很容易受控于基于自动化的工艺控制策略，例如主动控制（如前馈或反馈控制）。同时，适当的取样策略是过程监测的一个重要方面。另一个重要考虑因素是避免测量对工艺过程的干扰。

E. 工艺模型的建立

工艺模型可用于连续制造工艺的开发或作为商业化生产控制策略的一部分，包括转移策略。工艺模型也可用于实时预测质量属性，从而能够及时调整工艺以维持受控状态。在开发过程中，工艺模型可以通过解释输入和输出是如何关联的来支持设计空间的建立。通过使用计算机模拟实验，工艺模型还可以增强对工艺的理解并减少实验研究的数量。

- 工艺模型特定于系统设计和配置以及相关物料属性。
- 模型开发需要了解基本的模型假设［例如，PFR（平推流反应器）或 CSTR（全混流反应器）］以及这些假设何时仍然有效。选择模型输入和模型管理方程需要风险评估、合理的科学依据和相关数据。需要基于适当的方法来确定影响模型性能的相关输入。
- 模型性能取决于诸如数学构造和模型输入的质量等因素。在设定模型性能的可接受标准时，应考虑模型的预期用途以及说明实验测量和模型预测中不确定性的统计方法。
- 模型性能的监测应持续定期进行，并在实施工艺变更（例如，输入物料、工艺参数变更）时进行。通过基于风险的方法来评估模型变更（例如，模型性能的优化，模型预期用途的变更，基本模型假设的变更）的影响、模型开发的范围和模型验证的标准，能够实现有效和高效的模型生命周期管理。根据变更的程度及其对模型性能的影响，可能需要重新开发和验证模型。

F. 药品质量体系

连续制造流程中的药品质量管理体系应与批处理方式中的药品质量体系要求相同。连续制造的一个重要操作方面是，当物料可追溯性、过程监控和物料转移策略足够完善时，不合格物料可以从批次总量中转移。必要时，应根据药品质量体系制定物料转移程序。当计划事件（如系统启动和关闭）满足既定的工艺性能标准时，通常不需要调查计划事件导致的分流物料。当发生意外干扰时，应进行适当的调查、分析根本原因并采取纠正和预防措施。应根据质量管理体系维护一个总体计划或决策树，该计划或决策树描述了如何管理各类物料转移的干扰。

G. 设备设计与系统集成

设备的设计及其集成以形成连续制造系统会影响过程动态学、物料运输和转化、输出物料质量等。在开发连续制造过程及其控制策略时，需要考虑单个设备的特性以及集成系统的特性，这些特性会影响工艺性能。包括系统保持输入和输出物料连续流动的能力，对连续制造操作的潜在中断（例如，更换滤芯），以及在设备各自的计划操作范围内完成物料流的预期转换。

设计注意事项举例如下：

• 设备的设计和配置（例如，最大运行时间或周期内设备组件的兼容性和完整性；促进所需转变的组成部分的几何形状；设备的空间布置，以促进物料流动，避免堆积或污染）；

• 设备之间的连接（例如，在两个机组运行之间使用缓冲罐，以缓解质量流量差异）；

• 物料分流和取样点的位置（例如，在不中断物料流动和转换的情况下选择分流阀和取样探头的位置）。

此外，为连续制造采用适当设计或选择适当的设备可以简化工艺，促进工艺监控和物料转移，提高工艺能力和性能。例如，在原料药工艺中，反应器的设计可以有效地减少杂质的形成和堆积，从而减少纯化步骤。同样，对于治疗性蛋白质药物的制造，系统设计可以实现工艺强化和减少周期时间。

7.3.3 连续制造流程示例

本部分旨在介绍原料药、固体制剂及蛋白质药物等典型药物制剂连续制造示例，这些流程的应用以一些重要的前沿技术为依托，如热熔挤出技术及直压技术等，基于上述技术及其他前沿关键制造技术及监测技术，本指南给出如下原料药、固体制剂及治疗性蛋白药物的连续制造流程作为示例。

7.3.3.1 原料药的连续制造

本部分以一个典型的原料药连续制造工艺作为示例，介绍化学实体原料药的生产过程。图 7-15 描述了一个原料药生产工艺，由连续工艺段与批处理段共同构成。连续工艺段包括多个单元操作，由两个推流式反应器（PFR）、液相萃取、碳过滤、连续结晶和过滤组成。中间体 2 的生产以批次生产方式进行，最终加工包括过滤器干燥、粉碎和包装。本节侧重于对该工艺的连续部分进行描述。

在图 7-15 中的连续工艺段内，包括以下独立工艺。

反应 1：起始物料 1 和 2 在推流反应器中反应产生中间体 1。分流点 D1 位于反应器之后，以便在反应器条件超出预定验收标准时允许物料分流。反应在 PFR 后作为一个整体操作被淬灭，不需要的副产物通过液 – 液萃取被去除。所得中间体用作第二次反应的输入，无需进行分离。

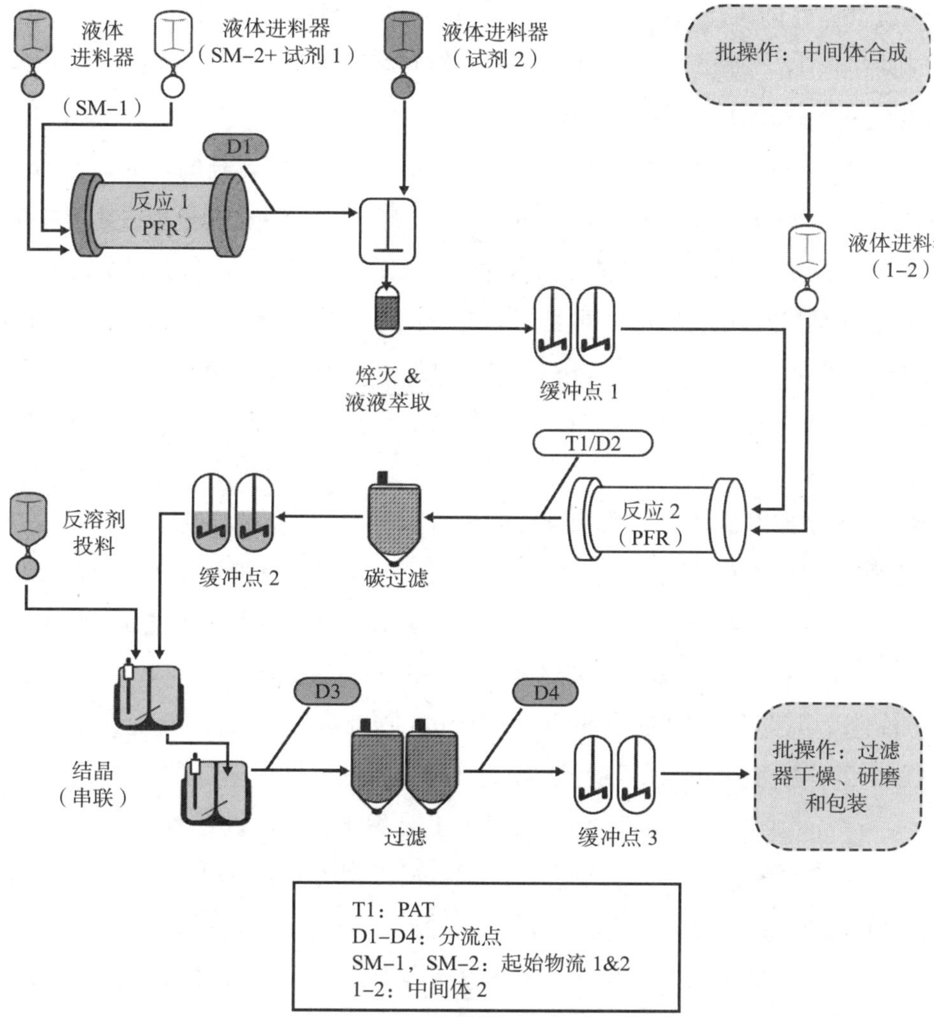

图 7-15 化学原料药连续制造系统示例

反应 2：中间体 1（连续制造方案第一步产物）和中间体 2（由批次操作模式在上游制备）在第二反应器中偶联以形成原料药。反应器 2 出口 T1 附近的 PAT 设备用于监控中间体 1 转化为原料药的实际情况。位于 PAT 之后的分流点 D2 用于分流不合格物料。

原料药分离：反应器 2 所得产物通过碳过滤和连续两阶段结晶进行纯化。使用两个以交替方式运行的相同过滤装置过滤结晶浆液。通过在第二个过滤器上分离结晶产物的同时在第一个过滤器上收集结晶产物的方法实现原料药结晶的连续处理。分流点 D3 和 D4 分别允许结晶器处和批次操作前的物料分流。最终，分批干燥研磨操作用于获得目标粒径分布原料药。

该系统有三个缓冲点（每个缓冲点包含多个缓冲罐）：一号缓冲点在反应 2 之

919

前，2 号缓冲点在两阶段连续结晶之前，3 号缓冲点在最终批次操作之前。这些是系统设计和控制策略的重要组成部分，因为它们通过缓解上游和下游操作压力来提高工艺稳定性和缓解质量流量的瞬时差异。

在反应 1 和反应 2 中使用的整体控制确保了所得到的原料药的一致操作和质量。反应 1 的化学计量比通过进料的浓度和流速来控制更为精确。通过控制反应温度，确保原料转化为中间体 1，以杂质生成量最小为目的。通过基于 PAT 测量的中间体 1 水平，控制中间体 2 的添加速率对反应 2 进行控制。这确保了反应 2 的正确化学计量，并将中间体 1 进料溶液的可变性对原料药纯度的影响降至最低。PAT 测量还会对原料药和工艺杂质的含量进行监测，以保证所有上述步骤的成功操作和产品质量的一致性。

驻留时间分布用于开发与系统匹配的干扰监测、纠正措施和物料转移的适当策略。驻留时间分布特性描述基于标准质量流量下整个连续制造过程中所有机组运行和缓冲点的数学建模。然后，通过商业设备的实验示踪研究以确认数学模型解得的驻留时间分布。将工艺参数及 PAT 测量值与预定的验收标准进行比较，再通过驻留时间分布得知反应进行时间与缓冲时间，由此触发连续制造过程的分流机制。

对整个工艺中生产物料的过程动态学及其对质量属性影响的理解也用于指导启动和关闭策略。例如，在反应 1 和 2 的启动工艺中，分别在转移点 1 或 2 转移少量中间体 1 或原料药，以使这些物料在加工进入后续操作之前达到目标浓度。基于时间考虑驻留时间分布，制定了分离标准。这种方法得到了开发研究的支持，并在工业化工艺设备中得到了证实。反应 2 后的 PAT 监测提供了额外的验证，证明在启动工艺中满足了适当的标准。如下文所述，物料收集一直进行到工艺结束。

考虑相关因素，如驻留时间、缓冲点、过程动态学以及测量的类型和目的，对取样和工艺测量需求进行了评估。反应 2 处 PAT 的测量频率足以监测系统干扰，确保根据已经定义的工艺标准及时转移物料。物料转移的标准基于扰动的大小和持续时间，对下游装置操作、缓冲点的过程动态学和驻留时间分布的理解，以及结晶操作的杂质净化能力。基于这种控制策略，所有进入连续结晶的原料药溶液都将符合预设的质量标准，并且可通过结晶器进行进一步处理。

对连续结晶的适当控制和监测要求，在开发过程中，在较小尺度的设备上已经进行了广泛的研究，并使用商业化设备进行了验证。工艺开发过程中使用杂质含量高的进料溶液进行高负载研究，并可以添加扰动工艺参数（即进料流速、比例和温度）。在延长的运行时间内对结晶器中结壳固体的评估表明，固体的形式和纯度与自由流动的原料药浆料相同。这些研究确定的一组工艺参数和范围被适当放大。这些控制措施的实施以及结晶后的物料测试（例如，晶体形态及纯度），确保了连续结晶和过滤工艺中所得目标原料药质量的一致性。

所得结晶产品在缓冲点 3 处收集，并使用分批操作进行干燥和研磨，为后续的制剂工艺提供合适粒径的原料药。预定的程序允许在不满足所需工艺条件或物料属性的情况下，在分流点 D3 或 D4 处分流物料。

从工艺验证的角度分析，过程控制、在线 PAT 监测、工艺参数和物料属性的综合监控以及最终产品测试结果的结合，为该工艺提供了一个数据丰富的环境。再加上开发工艺中产生的系统理解，这使得商业产品发布和连续工艺验证能够使用传统的工艺验证，以验证产品生命周期中的工艺更改。

该方法使用了较长运行时间的风险评估，得出的结论是工艺性能和物料质量不会受到影响。在连续工艺验证方法下，每个批次生产工艺中生成的数据用于支持该批次在延长运行时间内的成功验证。这包括系统性能监控和数据日志等信息，以及确保物料质量的其他控制措施，以及适当的监测和纠正措施。此外，通过采取适当的监管措施，使制造变更和持续工艺验证方法得以使用。

7.3.3.2 固体制剂直压法的连续制造

图 7-16 列举了一个连续直压固体制剂制备工艺，该工艺包括连续进料、混合和压片单元操作，后续采用批处理模式薄膜包衣。

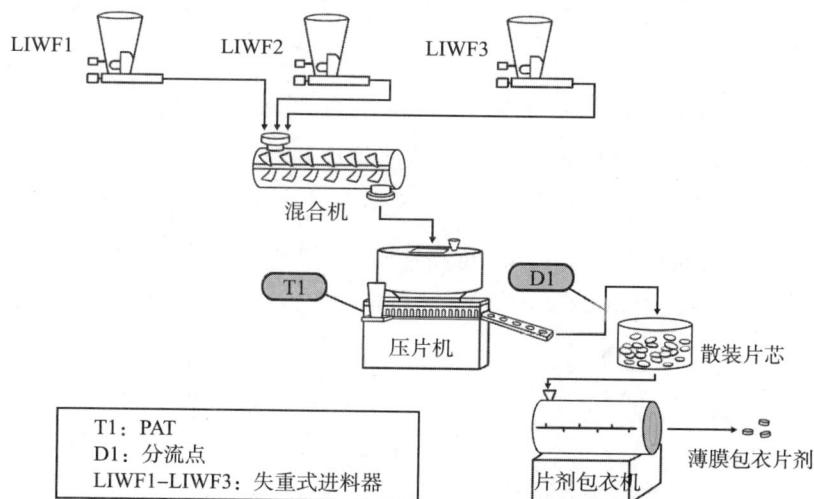

图 7-16 固体制剂直压法连续制造系统示例

在该工艺开发和设计中，采用了质量源于设计（QbD），确定了对工艺控制至关重要的设备和工艺参数。此外，还评估了物料质量属性与其对应单元操作（特别是失重式进料机和混合机）的影响和产品关键质量属性（CQAs）之间的关系。主要辅料的堆密度和原料药的粒度分布（PSD）对混合和含量均匀度非常重要。分别对辅料和原料药实施的堆密度范围和粒度分布进行规范。

该连续系统由以下独立单元前后连续构成。

● 失重式进料机（LIWF）：对进料的质量流量及其波动进行表征。通过配方提供每种输入物料的理论量对失重式进料器进行相应控制；结果表明，搅拌器的混合能力降低了产品成分微小变化的风险。使用实验设计（DOE）研究对进料器质量流量进行评估，并确定经验证的可接受目标流量范围。通过建模和统计方法帮助确定质量流量中干扰的大小和持续时间的极限，此过程需要操作人员进行评价。在重新填充过程以外，失重式进料器在重量分析模式下运行。同时还需对填充过程（如填充的持续时间和质量）进行评估，以减少对投放的影响。

● 混合机：为满足连续制造需求，工艺过程采用了一个卧式混合机，并对混合机的设计进行了评估（如搅拌桨形状、混合机中搅拌桨的数量和方向、旋转速度）。研究表明，桨式混合机对于确保所需的混合均匀性至关重要。在研究范围内，评估了桨叶转速、桨叶数量和方向对混合均匀性的影响，并确定了相应的混合工艺操作空间。驻留时间分布提供了正向和反向混合和扰动传播程度的信息，同时驻留时间分布可用于定义物料的可追溯性和转向策略。

● 近红外探头：将近红外探头放置在压片机进料架上。所选的近红外设备满足PAT应用要求（如分析速度、采样方法、质量流量）。探头位置和高度根据要求固定。该系统预期用于工业化生产来进行近红外方法的开发校准并生成验证数据。

● 包衣机：包衣机中的质量相当于1小时的生产量。包衣过程预期在45分钟内完成；在包衣的同时可将下组待包衣丸芯填充到片剂料斗中。

在该系统中，失重式进料机可能会引入快速动态扰动。这些也可能发生在操作条件变化期间（例如，在启动或工艺暂停期间）。因此，监控上述事件是控制策略的重要组成部分。控制策略包括光学相干层析成像技术（OCT）监测膜厚度、过程控制（例如，部分流量和总流量）、工艺参数（包括关键工艺参数，如桨叶转速）和主动控制工艺（例如，片剂重量的反馈控制）。监测和控制的采样策略反映了观察到的工艺动态，因此确保了所有相关干扰的可监测性。以上这些方面共同实现了对系统的主动控制，并确保其在控制状态下连续运行，根据预先确定的标准准确地将物料转移到不合格产品中。

7.3.3.3 固体制剂湿法的连续制造

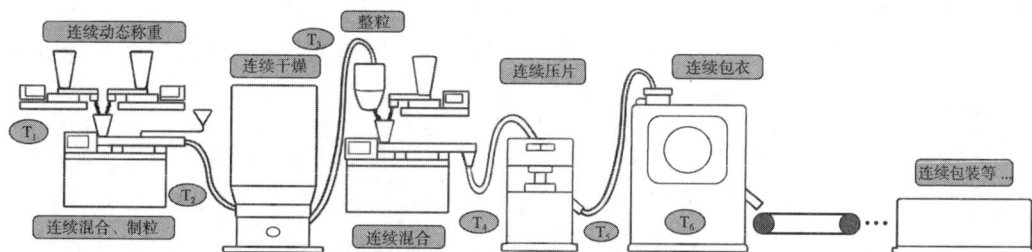

图7-17 固体制剂湿法连续制造系统示例

图7-17介绍了一个典型的固体制剂湿法连续制造流程，该过程含有连续进料、混合模块、制粒模块、干燥模块、压片模块、包衣模块等单元，每个控制单元间采取真空上料或重力方式进行连接，在混合模块、制粒模块、干燥模块、压片模块、包衣模块中等点位设置PAT设备，实时检出每个工作单元产品质量，依照既有工艺模型根据检出质量参数对设备参数进行调控，满足连续制造流程。

该连续系统具体单元说明如下。

• 失重式进料机：是由料斗、破架桥机构、输送螺杆、称重系统和控制器组成的机器。在操作中，料斗、物料和输送螺杆被共同连续地进行称重。随着物料送出后，测量真实的失重速率，并将它与所需要的失重速率（设定值）加以比较。失重式进料器通过调节输送螺杆速率来自动修正偏离设定点的偏值。从而可以均匀准确地连续输送物料。

• 连续混合机：在制药连续制造中使用的连续混合机为一种管状混合机。管状混合机主要包含圆柱形的腔体及搅拌轴等，搅拌轴沿轴线方向布置有许多叶片。搅拌轴的速度、叶片的形状和数量以及叶片的倾斜角度均作为影响混合性能的重要参数。粉体从混合机一端加入，通过旋转叶片及持续加入的粉体向前推动，从另一端排出。通过改变上述设备参数，可以控制粉体平均驻留时间分布，进而干预连续制造进程。

• 双螺杆制粒机：双螺杆制粒机是一种理想的连续制粒工具，其结构与双螺杆挤出机基本相同，包括传动、加料装置、料筒、螺杆、机头、加浆装置等几个部分，与挤出机最显著的区别是不需要口模。与连续混合机一样，物料在双螺杆制粒机中的驻留时间分布，是表征制粒机性能的一个重要参数，不同的揉捏和混合螺杆元件可以延长物料停留时间，并在此过程中形成轴向混合。因此，在某些情况下，原辅料不经过连续混合机，可以按比例直接进入双螺杆连续制粒机中完成混合。

• 连续干燥流化床：连续制造的干燥过程基于传统的干燥技术。原理是保持湿颗粒在干燥室内停留时间一致，以使所有颗粒经过相同的干燥状态得到一致的干燥产品。连续旋转式干燥流化床将传统的批生产流化床产品锅分隔成多个区域，分别为加料区、干燥区、出料区。物料流遵循先进先出的原则，连续的物料流被分割为不同区域，物料在不同的隔腔内进行干燥，后置隔腔内干燥完毕出料同时前置隔腔进行进料操作，以形成连续的干燥工艺。

• 压片机：连续制造压片机与批次压片机无本质区别，但为实现生产的连续性，应选用能长时间无故障稳定运行的压片机。

• 连续包衣机：连续包衣机的原理类似于卧式连续流化床，即在传统包衣机的基础上纵向延长包衣室，使药片在上下运动之外慢速向后方运动，最终出料。其原理同样是要控制所有药片在包衣室内的停留时间一致，使所有通过包衣室的药片包上相同厚度的包衣膜。

在本案例中，PAT 过程分析系统起到关键作用，本案例有 T1~T6 六个可监测点位，可根据工艺需求选择其中若干点位对整个系统过程进行监控，每个点位可以安装单个或多个过程分析仪，如在线粒径检测仪、在线水分检测仪、近红外含量检测仪、金属检测仪、光学相干层析成像仪等，但需要强调的是，并非所有检测点都必须执行检测，检测点应当根据工艺模型和控制策略的评估后合理选择，而非盲目增加检测点的数量。此外，可在系统中加装分流点，以符合实时放行的需求。

在本案例中，采用了持续工艺验证方法，考虑了一些因素，例如在实施类似连续制造工艺和控制系统（即平台方法）方面的经验、使用商业设备开发后期产品所产生的产品特定数据的可用性、工业化工艺的规模独立性（即批次大小随运行时间而变化）、具有高频数据收集的综合控制策略以及使用每次生产运行的实时数据进一步支持连续工艺验证。该控制策略通过使用微波在线水分、动态图像法粒径、失重式进料质量数据和监控工艺参数（如螺杆制粒机转速）产生的数据包，提供实时监控、趋势分析和预测分析，从而保证实时连续制造系统稳定性、持续性及输出材料的高质量特性。连续工艺验证方法，加上对于制造变更的适当监管措施，可用于验证超出当前经验的运行时间延长。

7.3.3.4 治疗性蛋白质药物的连续制造

图 7-18 阐释了治疗性蛋白质药物（例如单克隆抗体）的连续制造工艺示例。该工艺将灌流细胞培养生物反应器与下游色谱和其他纯化步骤相结合，用以持续捕获和纯化目标蛋白质。每个独立的单元操作与相邻单元操作集成，或在单元操作之间的连接中使用缓冲罐。此处使用缓冲罐或管线泳衣满足连续操作，以适应质量流量

或过程动态学的差异。

通常，用于确保批量生产安全的所有基本原则都适用于连续制造。外来因素（如细菌、病毒、真菌、支原体）的控制应基于对所有潜在污染源（如起始和原材料、生产操作）的风险评估，以及工艺去除和灭活外来物的能力、确保不存在外来物的测试能力。基于此评估，应制定一项策略，包括进行的不定因子测试的类型和频率，以证明该过程在细胞培养和其他下游步骤期间保持无污染。连续制造独有的一个特征是延长细胞培养时间和连续处理收获的细胞培养材料以获得药物。这意味着应采取措施证明用于生成给定药物批次的所有细胞培养材料的可接受性。在可能的情况下，快速监测外来物可以触发实时决策，以减轻连续运行期间污染事件的影响。

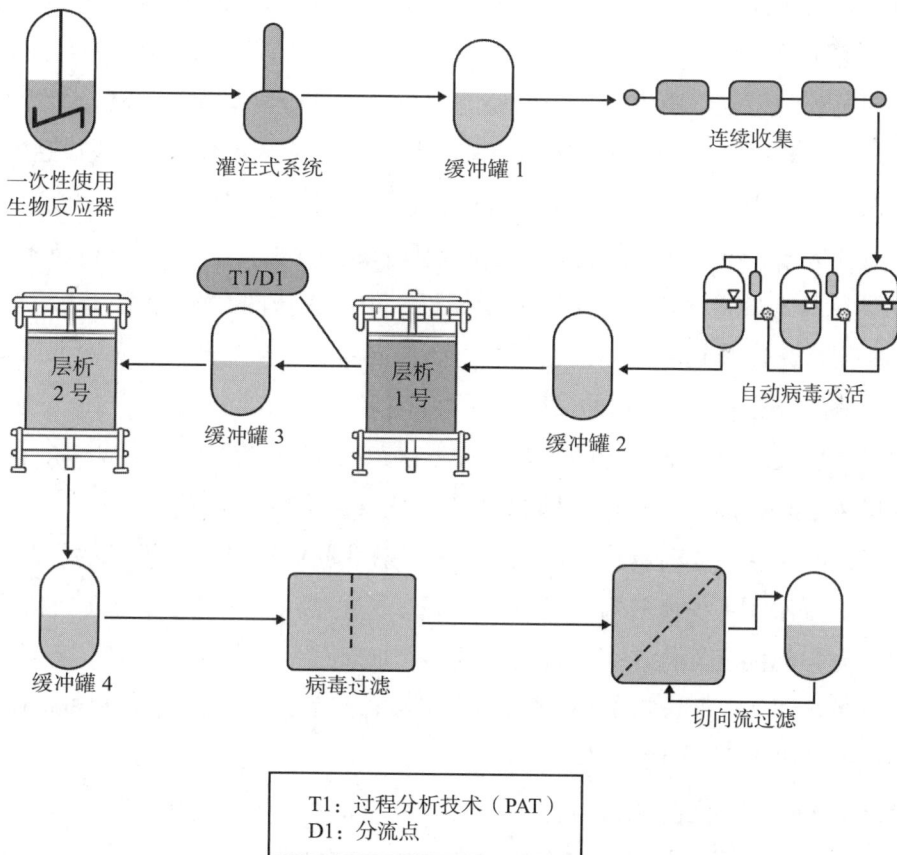

T1：过程分析技术（PAT）
D1：分流点

图 7-18　治疗性蛋白质药物连续制造系统示例

虽然使用封闭式加工设备可降低外来物污染的风险，但为了防止污染，也应确保一次性设备在使用期间的完整性。应评估潜在的弱点（如焊缝、接头）以及一次性系统需要在可能延长的时间范围内或在连续制造过程中需要以更高频率更换的典型位置的潜在污染风险。与批量生产模式相比，连续制造过程可能需要更长的过滤周期，同时每单位面积的吞吐量可能会增加，因此导致过滤耗材的更换频次更高。考虑到这些因素，应制定相应的控制策略并明确定义的方案，以便在不中断工艺的情况下，适当地进行过滤器更改和使用后完整性测试。如果过滤器出现故障，应明确材料分流和再过滤（再处理）策略。

连续制造系统应包含基于风险评估的适当取样位置，以监测意外污染，同时避免通过取样程序引入不必要的污染风险。采样位置和频率可根据产品和工艺进行调整。集成系统可使用缓冲罐进行流量调节或在步骤之间用于其他用途，如病毒灭活。使用缓冲罐时，应事先评估和确定缓冲罐中产品的相关驻留时间分布、均匀性和微生物风险。

连续制造过程适用于不同自动化水平的监控方案。例如直接放置在工艺容器或流动物料流中的在线传感器和进行自动取样的在线分析仪。无论采用哪种方法，在连续制造过程的适当阶段进行适当的监测都能及时进行数据分析，以确保运行处于受控状态。在某些情况下，可以调整相关的工艺参数，以保证在制品或成品的质量。增强 PAT 应用能力并开发用于工艺监控的自动化系统，可以实现支持生成控制策略的连续监控方案，该策略可能包括某些质量属性的在线放行。对于分析技术无法用于连线或在线测量（例如效价）的质量属性，产品放行的常规离线测试是必要的。同样，即便作为连续制造过程，也可能需要常规的监测和控制试验（例如微生物分析方法和其他需要长时间处理的试验）。

用于批次生产模式下运行的工艺验证方法也适用于连续制造过程。因此，验证的范围仍然是证明能够始终如一地制造具有所需质量属性的产品。

对于治疗性蛋白质药物的连续制造过程，任何选择来证明一致性的工艺性能和产品质量的方法应考虑所有潜在的变异来源。这包括从单个或多个细胞库收集的纯化材料批次之间的变异性。可变性可作为工艺验证的一部分进行评估，也可以通过替代研究进行评估（如合理）。对于某些单元操作，如果合理的话，使用缩小模型仍然是验证的替代方法（例如病毒清除）。

连续制造中应用的生物反应器运行时间可能比批次生产的生物反应器运行时间长得多。无论生物反应器的操作模式如何，为生产细胞建立体外细胞年龄限制的方法没有区别。先前建立的分批运行生物反应器的体外细胞年龄限制可能不适用于在不同培养条件下以连续模式运行的生物反应器。用于生产的体外细胞年龄限制应基于在中试规模或工业化规模条件下扩大到生物反应器已有规程（如 ICH Q5A）所述的拟议体外细胞年龄或更高的生产细胞中获得的数据。

7.3.4 可应用前沿技术

7.3.4.1 热熔挤出技术

背景介绍

自 20 世纪 30 年代起,热熔挤出技术(hot melt extrusion,HME)便应用于塑料和食品行业。20 世纪 80 年代,HME 被当作提高难溶性 API 的溶解度和生物利用度的技术。HME 技术正在成为一种新型的药物传递技术,创造性地将加工技术与药学结合起来进行药物传递研究。该技术可在聚合物载体中对 API 进行分子分散,增强其功效。对于不能采取其他方式进行溶解的新型活性成分,可采用 HME 进行溶解,生成的聚合物溶体适于直接制成片剂、球体、植入剂、粉剂、膜剂或贴剂。

热熔挤出技术结合了固体分散体技术和机械制备的诸多优势,实现了无粉尘、可连续化操作、良好的重现性以及极高的生产效率。该技术不仅可以促进难溶性活性成分溶解从而提高其生物利用度,还可用于延缓水溶性活性成分的溶解,制备缓控释或肠溶制剂;此外,还能应用于制备掩味微丸或其他特殊形状的制剂,如膜剂、棒剂等。由于整个挤出过程持续时间很短且无须加入水或有机溶剂,因此不需加热干燥,不易发生水解等问题。

热熔挤出的技术特点如下:连续的工艺过程;可一次形成最终产品;无有机溶剂问题(安全,节约,环保);产品中无溶剂残留;无需表面活性剂,极少使用增塑剂;改善可溶性差药物的生物利用性;适配过程分析仪器(PAT)可实现过程设计;剂型新颖(植入型给药新剂型、直接挤出透皮吸收产品、共挤缓释产品)。

实施指导

热熔挤出技术设备为熔融挤出机,可分为柱塞式和螺杆式,柱塞式由于混合能力不强,逐渐被淘汰。螺杆式挤出机分为单螺杆、双螺杆和多螺杆,目前在制剂领域应用最多的为前两种。单、双螺杆挤出机都是由加料系统、传动系统、螺杆机筒系统、加热冷却系统、机头口模系统、监控系统以及下游辅助加工系统构成的。

单螺杆挤出机采用整体式结构,由加料段、熔融段、计量段三部分构成,结构如图 7-19 所示。

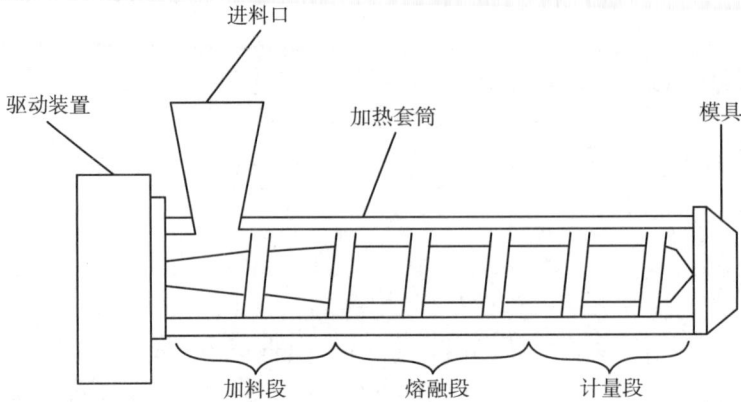

图 7-19　单螺杆挤出机示意图

由于常见的用于食品行业或化工行业的挤出机一般螺杆及机筒的机械结构都较为复杂，因此如何实现挤出机螺杆及机筒的拆卸和清洗以满足 GMP 要求也是热熔挤出技术在制药行业应用的一大难点。目前模块化双螺杆挤出机被认为是最适合制药行业的热熔挤出设备。

如图 7-20 所示，模块式的螺杆组合可更换不同的螺杆组件，其中主要分输送段和混合段。输送段主要起向前输送物料作用，并配合机筒加热物料，使聚合物熔融；混合段负责将 API 等主要成分均匀混合分布到熔融状态的聚合物中，通过增减混合段的数量或调整混合段间的角度组合可有效调整混合剪切力，以适配不同处方及工艺。因此螺杆的组合是热熔挤出过程中的重要工艺参数。

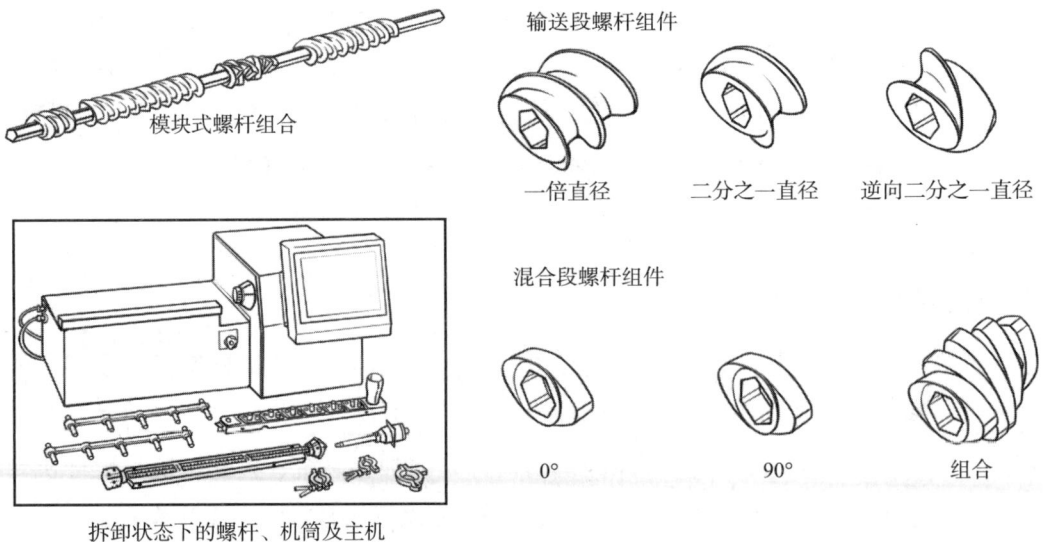

图 7-20　模块化双螺杆挤出机示意图

热熔挤出过程中，API 和载体以及各种辅料首先借助体积式单螺杆或双螺杆喂料机以定量的方式连续加入挤出机。这些原辅料具有各种形状和流动特性，对原料进行精确、可重现的计量，再将其装入挤出机。这对热熔挤出工艺相当重要，为保证进料的精确，常常会使用带有称量反馈的喂料机，实时监控喂料过程中失重的速率，实现对喂料螺杆转速的反馈控制，以实现均匀准确地连续喂料。此外对于不同的物料，有时需要选择或设计不同的螺杆。

进料后，在挤出机的机械作用力和机筒外加热量的作用下，首先将物料熔融，然后进行分布和分散混合使 API 和各种辅料均匀分散于载体中，再进一步进行脱挥操作将降解的小分子和水分等从物料中脱除，最后由挤出机螺杆建压将物料从机头挤出。在整个混合挤出过程中由于各种物料的熔点不同，因此应当对机筒实现精确地分段温度监测和控制。此外因为每种聚合物的流变性质不同，常常需要对螺杆进行模块化的设计和更换以应对不同的产品工艺需求。在挤出机的末端借助挤出口模将分散有 API 的聚合物挤出，对于模型可以有不同的设计，来制成下游固体剂型生产所预期的剂型。常见的一些使用热熔挤出的剂型模型包括膜剂模型（如透皮贴剂和口溶疗法）、共挤出模型（形成填埋避孕药和皮下控释制剂的共挤出物）、挤出滚圆模型（形成段状物，方便滚圆处理）。

通过热熔挤出来生产的一些新剂型在临床上已经得到了广泛应用，其中一些常见的包括表 7-8 中列出的产品。

表 7-8　美国 FDA 批准的热熔挤出路线制备产品

商品名	公司	原料药物	聚合物	适应证
Covera–HS	Pfizer	盐酸维拉帕米	羟丙基纤维素（HPC）	高血压与心绞痛
Gris–PEG	Pedinol Pharmacal	灰黄霉素（griseofulvin）	聚乙二醇（PEG）	真菌感染（甲癣）
Implanon	Organon	依托孕烯（etonogestrel）	乙烯 – 醋酸乙烯共聚物（EVA）	避孕
Kaletra	Abbott Laboralories	洛匹那韦（lopinavir）利托那韦（ritonavir）	聚乙烯吡咯烷酮 / 聚乙烯醇（PVP/PVA）	HIV 感染
Norvir	Abbott Laboralories	利托那韦	PEG– 甘油酯	HIV 感染
Noxafil	Merck	泊沙康唑（posaconazole）	醋酸羟丙甲基纤维素琥珀酸酯（HPMCAS）	侵袭性真菌感染
Nurofen	Reckitt Benckiser Healthcare	布洛芬	羟丙基甲基纤维素（HPMC）	疼痛

续表

商品名	公司	原料药物	聚合物	适应证
NuvaRing	Merck	炔雌醇、依托孕烯	EVA	避孕
Ommel	Merz	伊曲康唑（itraconazole）	HPMC	甲癣
Orzurdex	Allergan	地塞米松	聚乳酸–羟基乙酸共聚物（PLGA）	黄斑水肿；葡萄膜炎

7.3.4.2 3D 打印技术

背景介绍

3D 打印制药是通过 3D 打印技术生产药片的过程，是 3D 打印技术在制药领域的应用，其依赖于计算机辅助设计，采用逐层打印方法制造出药品。在打印药品时，打印机制造出的是药物化合物，而非常见的聚合物。3D 打印的药物最适合个体化治疗，不仅适用于剂量，也适用于剂型，通过设计和打印个体化剂型，使药物合并成单一药片或药丸，不仅可以使患者的治疗和时间安排更方便，而且还可以增加依从性。3D 打印技术在制药领域的应用，意味着药品生产的一大进步。

与其他药品生产工艺相比，3D 打印在产品复杂度、灵活性和产率上较为特别。作为一种层层堆积的工艺，3D 打印以生产公差换取个体化。同时，作为一种操作成本低的自动化工艺，3D 打印以规模换取按需生产。3D 打印与传统制造的巨大的差异，为先进的药物给药创造了机会。

与传统药品制造工艺相比，3D 打印制药技术具有很多有吸引力的优势：

● 由于快速操作系统的高生产率，可大大缩短和简化制药工艺过程；

● 药品的药物装载能力高，具有非常高的期望精度和准确度，尤其对有特殊用途的小剂量药物非常有效；

● 可减少材料浪费，节省生产成本；

● 可适应更广泛类型的药物活性成分，包括水溶性差的肽和蛋白质，以及具有专项治疗要求又不适宜大批量生产的药物。

另外，与人们普遍认为 3D 打印速度缓慢的理解不同，3D 打印技术完全可以实现药物的批量生产。目前可实现药物量产的 3D 打印设备已能够在一台打印设备上每天生产数以万计的片剂产品。

与目前制药企业需要维护昂贵的专业设备以制造数量较少的药物的情况不同，3D 打印制药技术理论上只通过简单地更换制药过程中使用的原料药粉末，甚至仅仅通过更换"墨盒"就可以实现药物的生产。这种不断更换"墨盒"的方法还可以在特定情况下实现现场制药，即在患者身边或者在医院、药房等场所制造单体患者需求的药物，并可通过改变药物含量、组分为个体患者配置定制化药物，实现个体化需要。

3D 打印制药技术最重要的突破是能够为患者量身定做药品。医学及药学的实践正在朝着个体化的方向发展，"一种剂量不适合所有人"，未来的药物将针对个体患者的需要而定制，同时考虑遗传图谱、年龄、种族、性别、表观遗传和环境因素的差异，以及内置即时、释放控制等，即针对个体提供特定治疗方案，以获得最大限度的治疗效果和最小的副作用。

个体化给药常常指基于生物标记物对患者人群进行分类，辅助决定治疗方案。但个体化也可指个体化剂型的设计。与传统工艺相比，3D 打印有利于个性化。改变计算机设计，比改变物理设备更简单。同时，自动化、小规模的 3D 打印操作成本可忽略不计。3D 打印产品可以使多批次、小规模、个体化批次的生产在经济上变得可行。这一生产模式也可以实现个体化给药、个体化植入以及个体化产品设计，改进顺应性。

7.4 数字化工厂

7.4.1 概述

背景介绍

信息化是将企业的生产过程、物料移动、事务处理、现金流动、客户交易等业务过程，通过各种信息系统、网络加工生成新的信息资源。

数字化是基于大量的运营数据（信息化系统记录的数据），对企业的运作逻辑（管理经验）进行数学建模、优化，反过来再指导企业日常运行。

智能化是指事物在网络、大数据、物联网和人工智能等技术的支持下（数字化产生的结果），所具有的能动地满足各种需求的属性（系统直接进行决策，并指挥相应的部门执行决策）。通俗一点来说，智能化将决策机制模型化后，直接指挥执行单元，执行单元接到指令后可以自动执行，从而降低了管理人员决策的工作难度，提高决策效率。但是，智能化的过程对各项技术的要求更高，这一过程的实现也更难、更遥远。

信息化、数字化、智能化是企业发展的不同阶段，这三个阶段不完全是递进关系，也会有重合。

数字化工厂包括三个维度，即：决策数字化、管理数字化、过程数字化。制药工业数字化工厂的主要目标是按照相关法规要求，实现生产记录和管控流程的电子化和系统化，确保生产全过程的合规性和信息透明化，提高生产质量管控水平，降低人为因素引起的合规性风险，从而提高产品质量、降低成本。

从药品业务环节上看，数字化可以赋能药物研发、生产、质量、物流等全生命周期管理，并在此基础上支持制药企业经营管理持续优化。为了实现这一目标，制药企业需要首先建立数字化体系，使系统、设备、环节互相融合成为可能，并建立由企业高层直接领导的组织体系和项目管理机制。

数字化工厂的业务流程见图 7-21。

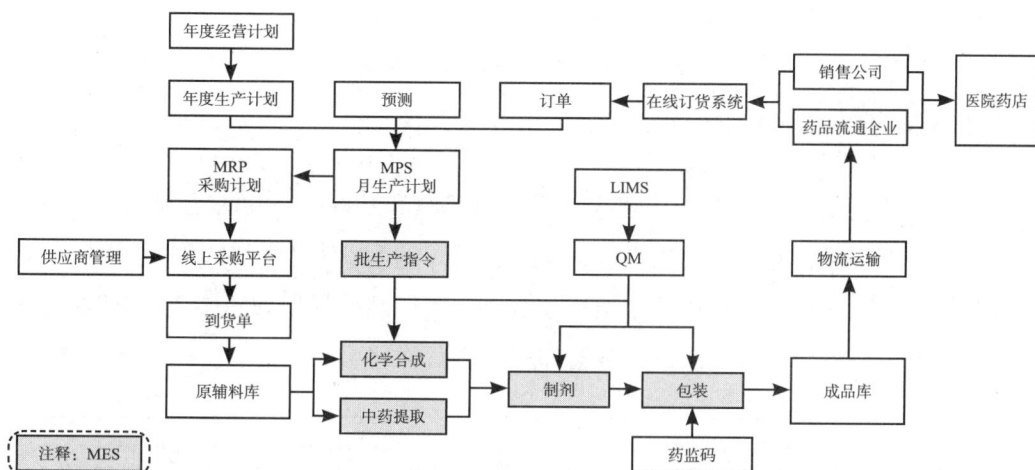

图 7-21 制药企业数字化工厂业务流程

数字化工厂所有涉及产品质量、安全性、有效性，数据的完整性、真实性及保密性的计算机系统都必须进行验证，尤其是电子签名系统的安全有效性、无纸化电子记录系统的可审计追踪性，都必须按照其系统生命周期进行严格验证后方可允许投入使用。

为保证数据的可靠性、药品的安全性、有效性和质量特性。数字化工厂需要符合的国际、国内智能制造方面的法规和规范，如：

- 国家关于信息系统建设及信息安全的相关规定；
- 药品生产质量管理规范（GMP）；
- ISO9001—2000 质量管理规范；
- 涉及的软件、硬件可以参照 ISPE 颁布的 GAMP5 指南；
- MESA（国际 MES 联合会）定义的 MES 规范；
- 实时数据采集可采用 OPC（Object Linking and Embedding for Process Control）国际标准；
- 系统实施严格按照 UML（Unified Modeling Language）国际软件开发规范进行。

在国家政策推动，质量监管加强和质量要求提升，以及提高生产效率的需求日益迫切这三大趋势促进下，制药行业向数字化转型迎来了新的契机，目前在疫苗行业已经有了明确法规要求以及实现生产过程采用信息化手段如实记录实时数据的具体时间节点。

根据《疫苗管理法》第二十五条规定，疫苗上市许可持有人应当采用信息化手段如实记录生产、检验过程中形成的所有数据，确保生产全过程持续符合法定要求。为贯彻落实《疫苗管理法》，国家药监局于 2020 年 4 月修订发布的《药品生产质量管理规范（2010 年修订）》生物制品附录，要求疫苗生产企业应在 2022 年 7 月 1 日前，采用信息化手段如实记录生产、检验过程中形成的所有数据，做到相关数据的真实、完整、可追溯，确保生产全过程持续符合法定要求。

7.4.2 数字化工厂的构架

数字化工厂的生产系统应该以生产质量管理规范（GMP）要求为标准，通过业务全程管控等手段，实现自动化与信息化的协同，优化整体业务协同能力。

制药企业数字化工厂总体系统架构及数字化工厂网络框架如图 7-22、图 7-23 所示，可以分为设备层、控制层、业务管理层和经营管理层。

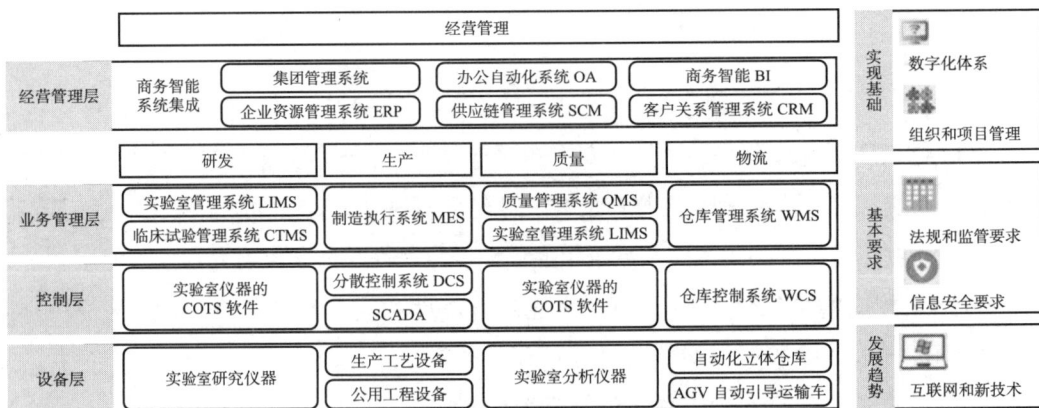

图 7-22　制药企业数字化工厂系统架构

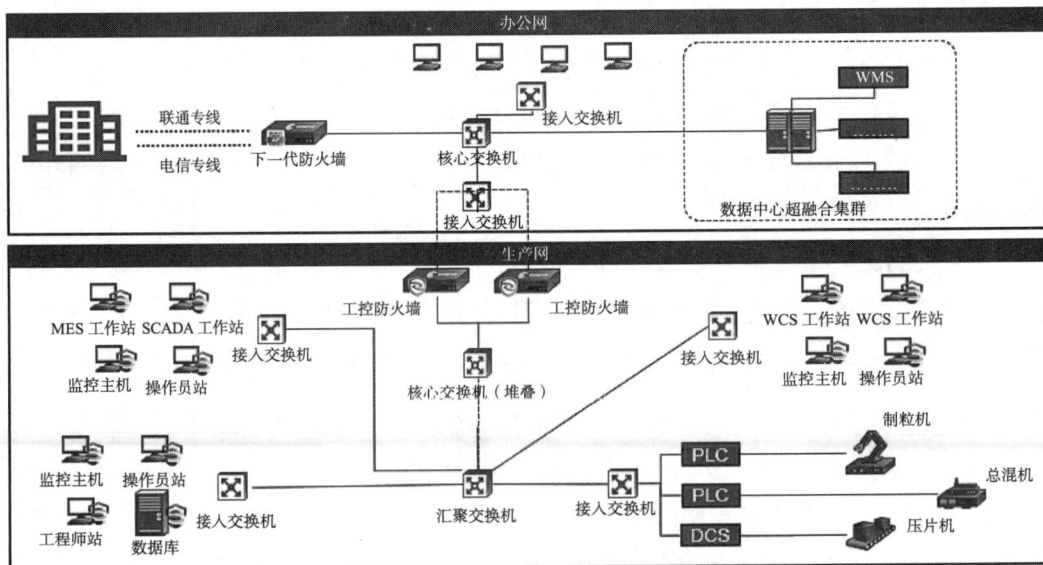

图 7-23　数字化工厂网络框架

7.4.2.1 设备层

背景介绍

设备层主要为物理基础设施，可通过可编程逻辑控制器（PLC）、过程管理系统（PCS）采集和管理设备以及传感器产生的数据，实现各类数据的完整记录。设备层主要包括生产工艺系统、公用工程系统、自动化控制系统、智能化制药执行四个部分。

技术要求

- 在生产工艺系统中，应关注可编程控制器（PLC）、分散控制系统（DCS）、人机接口（HMI）的数据标准、接口标准、通信协议，保证设备和系统之间数据的互联互通。

- 在公用工程系统中，企业应考虑建立集群式的公用工程自控系统，涵盖制冷机组、洁净室空调系统、水系统、电力系统、蒸汽系统等内容，将制药工业中洁净环境控制，水、电、气、汽等供应与调度作业全面覆盖和管理，以降低能耗，提升生产效率。

- 在自动化控制系统中，最常用的是集群式控制系统，可考虑通过分散控制系统（DCS）等过程控制系统技术手段和工业以太网等通讯手段，实现公用设备的互联互通，并根据实际情况进行联动控制。

- 智能化制药执行的环节需集成相应的在线质量分析技术（PAT）软、硬件，制造过程中半成品质量属性的采集频率、采样全面性以及数据的准确性应得到充分保障。

- 智能化制药执行的环节需验证相应的工艺制造设备的性能稳定性。

- 智能化制药环节需验证物料关键属性指标波动已经被评估及解决。

- 环境、人员、能源等因素对制药工艺产生影响的风险已经被量化并且被解决。

- 智能化制药环节需验证数字化工艺的可靠性及重现性，并需周期性验证。

- 智能化制药环节需具备完善的应急方案，并周期性演练及记录。

GMP 先进制造

实施指导

- 设备选型应重视用户需求说明（URS）的撰写，尤其是重视技术评估的相关要求。

- 在对传统生产车间进行数字化改造或新建数字化工厂时，应尽可能减少数据或信息的人工输入以降低人为差错，优先通过传感器、智能仪表等方式智能采集数据。

- 设备层的 PLC/DCS 设备控制模块要预留标准的通信接口，以便为数据采集及监控系统（SCADA）提供数据接口。

- 在线质量分析技术涉及软、硬件的选型需注意采集频率是否满足产品制造过程的工艺要求、采样全面性以及数据准确性。

- 工艺制造设备的选型应验证其性能的稳定性。

- 智能化制药的数字工艺模型需周期性进行验证并持续改善以保障产品质量的持续优化与稳定，相关的验证数据及文档需留档可追溯。

7.4.2.2 控制层

背景介绍

控制层主要由数据采集及监控系统（SCADA）和自动化控制系统以及在此基础上衍生的智能化制药系统构成，为生产系统提供数据采集及报警监控的一体化平台，实现全车间生产设备的数据采集、存储及流程运行监控。

技术要求

A. 数据采集及监控系统（SCADA）

- 一般包括生产过程的实时监控、异常报警记录、数据处理与分析、实时数据管理与归档、权限管理等。其中数据处理与分析是数据采集及监控系统（SCADA）的核心，它由数据采集、实时数据库、事件报警、历史趋势数据库、历史数据 / 事件报警转储等功能模块共同组成。

- 为其他信息化系统提供数据，从而改变既往分散的监控模式，实现各系统的集中管控。

• 能够对生产运行过程中出现的偏差和故障及时报警，将事后管理变为实时在线管理。

B. 自动化控制系统

• 系统通过与分散控制系统（DCS）或 SCADA 系统建立接口采集现场控制数据及信息，并与制造执行系统（MES）建立接口，实现信息流互通。

• 系统的电源、控制器和网络等关键环节，可采用 1 : 1 的冗余配置。

• 系统需配备 UPS 电源及交流电源切换器，确保供电、通讯及 CPU 方面的安全稳定性。

• 系统还可引入过程分析技术（PAT），在线收集生产过程的质量数据，实现产品质量控制。

• 自动化机器视觉识别系统采用机器代替人眼来做测量与判断，通过计算机摄取图像来模拟人的视觉功能，实现人眼视觉的延伸。

• 工业机器人结合机械手臂、自动输送技术，实现生产过程模块化与智能化，提高生产效率，改善车间劳动环境。

• 为便于后期数据的深度挖掘、整理等工作，在自动化控制系统中可增加 PI（Plant Information System）应用平台，作为大型实时数据库和历史数据库。

C. 智能化制药系统

• 智能化制药系统是在分散控制系统（DCS）或数据采集及监控系统（SCADA）的基础上，纳入对过程分析技术（PAT）和数字化工艺的集成，系统的数据采集、储存、分析及反馈过程需保障生产设备、质量仪器、网络链路及设备、服务器的性能可靠及稳定。

• 为保障制药过程中的工艺能得到及时性调整，智能控制流程（质量数据、工艺数据采集至数字化工艺匹配与分析，至设备调整指令执行）涉及的软、硬件性能应足够支持控制流程循环的速度能按工艺要求及时执行。

• 数字化工艺需涵盖工艺过程中所有相关的设备工艺参数及质量指标参数，参数需设定可量化的调整空间与幅度，如产品工艺有需求可增加量化的调整频率。

• 数字化工艺应充分验证，保障产品质量的稳定性、重现性，并可周期性验证进行持续改善和优化。

- 控制层需要配置审计追踪功能，保证操作的可追溯性。
- 为了满足制药行业对数据可靠性、实时性的要求，一般采用工业实时数据库作为企业信息化系统的基础存储池，并为其他信息化系统提供基础数据。
- 为了保障数据的安全性，可将数据采集和数据存储以及数据处理与工艺匹配分别配置于不同的服务器，并配备采用双机热备的服务器。
- 采用时钟服务器实现控制系统局域网内所有计算机控制系统的时间同步。
- 按照 GMP 相关要求，每个授权用户拥有唯一的身份识别码、密码、电子签名，系统可对电子签名及审计进行追踪查询。
- 基于 ISA-S88 标准提供一致的标准和术语，定义物理模型、规程和配方，控制批量制程生产，管理从原材料投入到产品交付出厂的整个生产制造过程。

7.4.2.3 业务管理层和运营管理层

制药行业数字化工厂业务管理层和运营管理层涉及的系统包括商业智能（business intelligence，BI）、企业资源计划系统（enterprise resource planning，ERP）、质量管理系统（quality management system，QMS）、产品生命周期管理（product lifecycle management，PLM）、仓库管理系统（warehouse management system）、制造执行系统（manufacturing execution system，MES）、智能制造执行系统（smart manufacturing execution system）、实验室信息管理系统（laboratory information management system，LIMS）、企业资产管理（enterprise asset management，EAM）、客户关系管理（customer relationship management，CRM）等。其 WMS、MES、LIMS 三大系统是构建数字化工厂的系统中与产品质量和风险管理关系最密切的系统，而在 MES 的基础上拓展了制药工艺智能化执行模块的智能制造执行系统（smart manufacturing execution system）则是实现数字化工厂智能制造的核心。

7.4.3 数字化工厂的实施

目前行业中部分企业已经开始分别通过下列 4 种方式，在为探索和实现制药行业的制药装备与药品生产过程"智能化"和"智能工厂"做积极准备：

- 对已有制药装备、自动化控制系统和信息化管理系统的改进、扩展和完善；
- 部分制药装备企业通过兼并、整合与业务扩展，在提升现有制药装备产品的自动化、网络化和智能化水平以及从下到上的纵向综合集成能力；

· 对智能化设备的运用（如机器人、AGV）；

· 通过国家有关智能制造的试点示范工程或新建工厂／车间项目，探索建立制药行业智能制造的示范样板和模式。

数字化制药工厂的建设目标：

· 实现设备、生产过程、产品、管理全方位满足 GMP 要求；

· 利用智能化设备实现更高效、高质量的生产；

· 利用自动化及机器人技术实现去人工化，提高效率的同时将人为差错降到最低；

· 智能化管理系统与设备的融合，实现柔性化、定制化生产；

· 利用云及互联网技术实现远程智能服务；

· 智能物流实现工厂间、工厂内部生产全流程高度集中；

· 实现产品全生命周期可追溯（防窜货、防伪追溯系统或药品电子监管码系统）；

· 利用大数据分析、优化生产。

7.5 先进制造的验证要点

为确保制药过程的受控状态以及保障产品的质量，完善过程监管工作的准确性、覆盖面和及时性，应用先进制造技术所涵盖的各类自动化设备、仪器、信息化软件与系统等元素均需完成相应的验证工作，以确立控制药物生产过程的运行标准，并通过对验证状态的监控，控制整个工艺过程，最终确保药物产品的质量。

实施指导

验证的主要要点包含涉及的设备稳定性验证、仪器精准度验证、计算机化软件或系统验证、数据可靠性与可靠性验证、工艺验证等。

设备的稳定性与质量重现性可通过基于完善的用户需求说明（URS）在工厂验收（FAT）、现场验收（SAT）过程中，完成设计确认（DQ）、安装确认（IQ）、运行确认（OQ）及性能确认（PQ）的工作，并保留数据与文件（含操作说明文档、培训文档等），以确保设备工作状态各特性的达标率及重现性可符合用户需求。

监测结果准确性的评估过程可参考本部分 7.2.3"过程分析技术（PAT）"中描述的方法。

数据可靠性验证需验证数据以下特性：①可追溯，数据相关的活动由谁进行，什么时候；②清晰可辨，数据文件是否可读取和存在写入接口；③同步，在活动发生时同步记录数据；④原始，能提供书面打印件或电子文件，或有效副本；⑤准确，没有错误数据，或编辑修改均有记录。

数据可靠性验证时可参考以下要点：

- 数据的采集是否全面、及时；
- 数据采集、传递、储存、查询的流程定义，是否不可修改，或必须有记录地编辑；
- 数据需周期性审核，需定义审核的重点、内容和文件记录的归档；

- 提供数据总结或报告时如何保障数据的全面性，即所有相关数据均被总结或含在报告内，并未经过定向性选择；
- 数据的储存与备份的相关人员、设备、时间、间隔、数据种类等信息，使用技术手段是否可靠；
- 数据工作相关流程和使用的软硬件、接口需进行相应验证；
- 数据相关的工作应有标准作业程序说明书、培训及相关记录。

计算机化软件或系统验证可参照 GAMP5 的分类标准与验证指南执行。

先进制造系统如涉及药物产品的工艺技术，可参考美国 FDA 于 2011 年发布的工艺验证指南，按工艺设计、工艺确认和持续工艺核实/核查三个阶段进行验证，具体建议方法如下：

- 工艺设计：及时、全面与准确地采集并记录多个工艺研究小试、中试批次的人员、物料、设备、质检仪器、设备操作、环境数据，并利用数据工具对研究数据进行充分分析、提炼，确定原辅料关键质量属性种类和范围、过程产品关键质量属性种类和范围、过程产品关键工艺参数种类和范围、最终产品关键质量属性种类和范围，用源自于真实、准确、全面的数据来设计商业化生产的工艺；
- 工艺确认：及时、全面与准确地采集并记录多个工艺试产批次的人员、物料、设备、质检仪器、设备操作、环境数据，与工艺设计中的工艺模型进行对比与评估，以证实设计的工艺是否可持续、重现地进行商业化生产；
- 持续工艺核实/核查：在日常商业化生产中坚持持续采集所有相关过程数据，并定期检查部分生产批次过程数据，对产品质量与工艺能力不断进行监控、趋势分析和评估，对预见和发现的问题采取措施加以解决，从而使工艺保持持续地受控。

可参考的流程图见图 7-24。

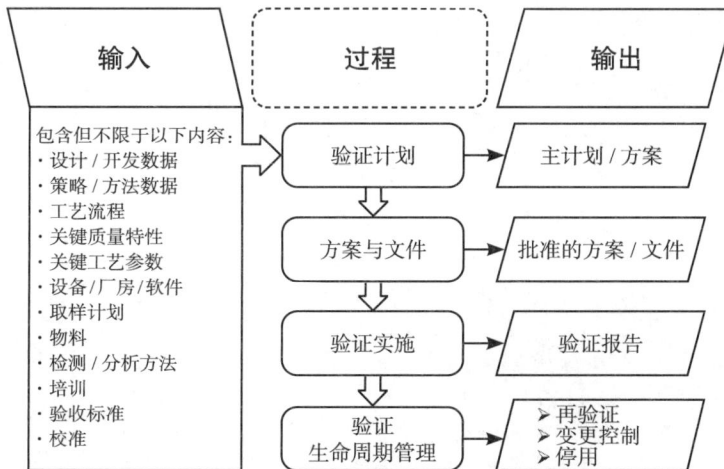

图 7-24 先进制造的验证流程示例